朝倉季雄 著　校閲 木下光一

DICTIONNAIRE
DES DIFFICULTÉS GRAMMATICALES
DE LA LANGUE FRANÇAISE

Nouvelle édition entièrement refondue

白水社

「新版」の校閲について

　著者は2001年4月11日に亡くなられた．享年91歳．その数年前まで書き続けてこられた『フランス文法事典』新版の原稿は，200字詰めで5千枚を越える．1955年の刊行以来，版を重ねながら，姑息な改訂は一切施さず，いずれ全面的に書き直した新版を出したいというのが，著者の意図であった．80年代に入ってからでも，『フランス文法ノート』(81年)，『フランス文法メモ』(84年)，『新スタンダード仏和辞典』(共著87年)，『フランス文法論』(88年) と驚くほど豊穣な著作活動が続いたが，その間にも著者が絶えず気遣っておられたのは，実は，『フランス文法事典』新版のことであった．生前，すでに原稿執筆がむずかしくなっておられた著者から，この段階でのとりまとめを託されながら，身辺の諸事情に妨げられて，著者のご存命中には間に合わなかった．ようやくにしてこの『新フランス文法事典』を著者の御霊前に供えようとするいま，校閲者の浅慮によって著者の意図を曲げたところがなかったか，それのみが気がかりである．以下に校閲の方針と作業の概略を示す．

1. 新版用に著者が新たに書き下ろした原稿，および旧版のコピーに著者が細かく訂正を施したもの，さらに旧版のままで著者が全く手を触れていなかったその他項目を含め，全体にできる限りの補訂を加え，新たな事典としての統一を図った．
2. イタリック体で表示された旧版の語彙的小項目の内，最近の仏和辞典で容易に検索できるような内容のものは先ず削除した．こうした項目でも，著者が改稿し，一般の辞典に見られぬ記述を若干とも含むものだけは残した．
3. 新版用原稿の欠けた部分を補った．
　　一つは，様々な用法の記述の中で，それを証する例文が空欄になっている場合である．一応例文が入っていても，欄外に「例文かえたし」と注記されたものもある．いずれも校閲者の判断で諸文献から該当する新しい例文をとって補った．
　　もう一つは，例文の日本語訳が空欄になっている場合である．改めて訳文をつけるまでもないものを除き，これも新たに訳文を入れた．文脈を確かめられなかった例文に，思わぬ誤訳がなければ幸いである．
4. 著者が手を付けなかった旧版の項目で，細かい修正が必要となったものがある．

一つは，綴り字と発音との関係を説明した項目である．著者が参照した文献から50年以上を隔てて，ここには明らかな変化が起こっている．現代の発音に留意した『小学館ロベール仏和大辞典』（小学館），『新スタンダード仏和辞典』（大修館）などを参照してすべてをチェックし直した．

　もう一つは，術語の解説の内，特に言語学関係の少数の項目である．いずれも簡略な説明であるが，その後の研究発展は著しく，わずかなスペースの範囲でやはり書き直さざるをえなかった．しかし言語学用語辞典ではないので，新たな項目を加えることは一切しなかった．

　全体として，大項目・文法的小項目とも著者が手を付けなかった部分は，新版でもある程度修正・加除を施したのみで，項目としてすべて残す方針をとった．

5.　本書で取り上げられた問題のそれぞれについて，校閲者の知る限りでも，その後様々な研究が出ている．それを書き加えるような大きな変更は，あきらめざるをえなかった．ただ，原稿中で著者自身が説明に疑問符を付している部分，あるいは著者自身の考えが固まらず一貫性を欠く部分があり，その解決のために，著者の引用にない研究書・文法専門書，および辞書・文法辞典の新版などを援用した個所はある．これらはすべて引用文献一覧に加えた．

6.　大項目では，新版用原稿が完結していないものもあり，それを旧版とどう合体させるかもやはり微妙な問題を含む．著者の考えを確かめられぬ現在，これも校閲者の判断で処理せざるをえなかった．その他一つの項目の内部構成を一部変更したり，簡潔すぎる説明に言葉を加えたりして理解の便を図ったところがある．

7.　著者の頻繁に援用する Hanse は，しばしば1949年版の内容と参照ページが残っていたが，これはできる限り，後年の著者が主として利用した84年版（略号 H）によることとし，必要あればさらに94年版（略号 H 新）を参照して修正した．同様 Grevisse についても，古い引用はできる限り75年の第10版（略号 G）で修正し，必要な場合のみ，パラグラフ構成の一変した86年の第12版（略号 G 新）により加筆した．文献略号は，巻頭の引用文献一覧に説明がある．ただし，雑誌名・巻号・著者名を示して引用された論文タイトルは，一覧からは除外した．

8.　著者の80年代の著作の間でも，文法用語は必ずしも統一されていない．新版では，原則として『メモ』の用語に従ったが，国内のフランス語学界で慣用化している若干のものについては，旧版および新版用原稿の用語を修正したところがある．

　また，説明中でしばしば用いながら見出しにはなかった文法用語「不定形容詞」「限定辞」などは，新たに項目をたてて書き加えた．

9. 著者の1975年以降の論文・著書では，ある言い方が可能かどうかを複数のフランス人にアンケートを採って調べている．不定詞・節を代名詞にするときの制約，主節と従属節の主語の一致の制約なども著者の関心事であった．新版にはそれらも盛り込まれた．誤りとなる用例にはすべて×印を付してある．
10. 欄外の書き込みで著者は，動詞の語幹・語尾の分析が不徹底であることを気にしておられた．これも，厳密な形態分析は『新スタンダード仏和辞典』付録などにゆずるほかなく，ほぼ旧版のままに残った．
11. 執筆時期の古いものでは，前記80年代刊行の諸著作の内容が，必ずしも全面的には反映されていない．時期の新しいものといえども，事典となればスペースの制約がある．校閲に当たっては既刊の著書の関連個所はできる限り参照したが，ある問題のさらに詳しい考察については，やはり前記諸著作を披見していただきたいと思う．

この新版をまとめあげるまでには，いろいろの方々から励ましの言葉をいただいた．また，白水社編集部におられた鷺森 保氏は，生前の著者との連絡，厖大な改稿原稿の整理，新版構成上の様々な工夫，根気の要る校正作業まで，退職後もなお自宅で仕事を続けて協力して下さった．ワード・ワークス社は，校正の最終段階まで続いた細かい修正にも綿密に応じて下さった．末筆ながら，こうしたすべての方々に心よりお礼を申しあげたい．

2002年6月　　木　下　光　一

初　版　の　序

　この事典は，フランス語の学習者が，正しく文意をとらえ，正しく綴り話そうとするに当って，絶えず座右に置いて参照し得るように，私自身が疑問を抱いて書き留めておいた覚書を中心に，フランス文法に関する諸般の事項を非常に圧縮した形式でまとめたものである．内容はフランス文法の全般にわたっているが，学習者の疑問の大部分は，一般の文法書には説かれていない構文上の細部の問題であるから，フランス語の構文と発音の実際を記述し，正規の構文を示すことに大部分の紙面をさき，語形，語形成，意味の変化，専門的術語の解説などは比較的簡単に取り扱った．

　規範文典の規則が偏狭であり，フランス語の現実にそくしないことは，周知の事実である．言い古されたことながら，言語は絶えず変化し，文法の規則をもってその進化ははばむことはできない．従来正しいとされていた構文が今日では古めかしく感ぜられ，廃用されたはずの古い語法が復活し，語学者たちが俗用として排斥する語法も広く文語に採り入れられれば正規の用法となる．ことに，発音の変化は急激で，ここ2,30年の間にもかなりの変化が認められる．文法があってフランス語が綴られるのではなく，フランス文が綴られてフランス文法が生れるのであるから，フランス語が時代と共に変化する以上，フランス文法もそれに応じて改められなければならない．われわれが現代文の解釈に困難を感じ，ひと昔もふた昔も前の発音をして気づかずにいるのは，われわれが習い覚えたフランス文法がフランス語の進化にいちじるしく立ちおくれているためである．

　言語の進化ということを考えるならば，規範文典によく見られるように，古典時代の文例にもとづいて文法を論ずることは，たとえその構文が現在もなお通用するものであっても，決して穏当ではない．古典時代の文例は古典時代の慣用の例証としてしか役立たないはずである．このような見地から，本書では19世紀後半から現在に至る作家の文例にもとづいて，現代フランス語の慣用を把握しようと試み，規範文典では取り扱わない俗語法や卑語法も，読書の際には頻繁に遭遇するのであるから，文語と同等にこれを記述した．

　しかしながら，フランス人の綴った文のすべてが作文の模範となるものではない．文語に卑語の調子をまじえ，独創をてらってことさらに正常の構文をゆがめる作家は，近年では目立って多くなっている．この種の構文はフランス語の現実として知る必要はあっても，決してまねるべきではない．フランス文を綴る際にのっとるべき構文は，慣用によって確

立され，文法学者が正規の構文と認めたものでなければならない．それゆえ，正規形の決定は，語感を欠く他国の研究者が自分が参照した文例だけにもとづいてこれを独断することは誤りを犯す因であるから，主として現代の権威ある文法学者の判断に頼り，文献によってその成否を明らかになし得なかった構文については，フランス人の意見をたずねて正確を期した．従って，本書は文法の規範的役割を少しも閑却するものではない．記載した文例のうち，避けるべき構文，例外的な或は稀な構文，俗語法，卑語法はそのむねを記して，正常の構文とは区別してある．

　文法の研究は今世紀に入ってから急速に進み，基本的な問題に対して検討が加えられ，研究方法もいちじるしく変ってきている．これらの学説の紹介は本書の目的とするところでないが，将来いっそう学問的な文法書に進まれる学習者の予備的知識として役立つように思われる学説はそのいくつかを簡単に紹介した．編者自身の文法上の説明は，なるべく学習者がすでに習い覚えた用語を用い，伝統的解釈に従うことにしたが，伝統的解釈がもはや支持し得ない場合には，編者の信ずるところに従って，新しい解釈を採り入れた．

　本書のように，フランス語の現在の慣用を記そうという試みは，フランス語の進化の歩みが不断に続き，新しい研究書が次々に発表される限り，当然のことながら，完成ということはあり得ない．しかしながら，わが国で刊行されたフランス文典はきわめて数少いし，それらとは意見を異にする点もかなりあるので，私は私なりに今までのノートをまとめて，学習者のご参考に供することにした．このままの形でも，LE BIDOIS, *Syntaxe du français moderne*; NYROP, *Grammaire historique* (ことに t. V, VI); SANDFELD, *Syntaxe du français contemporain* (t. I, II); GREVISSE, *Le Bon Usage*; HANSE, *Dictionnaire des difficultés grammaticales et lexicologiques* (語彙に関する部分を除く)の主な内容を網羅してあるし，通読しなければ使用することのできない BRUNOT, DAUZAT, WARTBURG, CRESSOT などの研究の新しい意見も採り入れてあるから，これらを直接利用し得ない学習者にとっては，多少のお役に立つのではないかと思っている．

　本書は昭和12年ごろ，恩師渡辺一夫先生のお勧めで企てられたものである．当時の私は数冊の文法書を参考して骨組を作り，それに新しい文例を加えて責を果す積りでいたが，参照した文典の規則に矛盾があることと，文典の規則と蒐集した文例の相容れないことの多いことを発見して，文典編纂の容易ならざるわざであることに初めて気がつき，それ以来，新しい文法書を読んではノートをとり，文例の蒐集を続けてきた．昭和15年2月から昭和29年4月まで，ちょうど50回にわたって，雑誌『ふらんす』に掲載した『フランス文法覚書』は，本書作成のためにとった断片的なノートを学習者に適するようにまとめたものである．

こうしてノートは年々量を増し，いかに圧縮した形式によるにしても，戦後の出版界の状態では出版は不可能と思っていたところ，たまたま数年前に白水社社長草野貞之氏からフランス文法事典編纂のお勧めがあり，予定の原稿枚数も2000枚まで許して下さったので，喜んでお引き受けすることにしたのであるが，戦後に刊行された文法書を手に入れるたびに，私が今まで気づかずに過してきた問題に少からず出あい，その問題の解決に思いのほかに時間を費した．こうして難渋をきわめながら，大項目の執筆には1, 2か月をかけ，数行の小項目は1日にひとつふたつと書き続け，予定の枠の中に収めるために何度も書きなおして，それからまた満5年たった今日，やっとまがりなりに形をなすに至ったのである．渡辺先生から宿題をいただいてから，20年近くもたって，愚鈍な学生がおそるおそる答案を提出するといった次第で，前代未聞の間抜けた話と，われながらあきれている．

　渡辺先生は本書の構想を与えて下さっただけでなく，私の怠慢を絶えず鞭打って下さった．戦争当時，私が絶えず座右を離さなかった文典・辞典をことごとく焼失し，ノートだけを救って，信州の片田舎に引きこもったまま茫然として無為な日日を送っていた時，先生からいただいた激励のお手紙に，私はどれほど勇気を鼓舞されたか知れない．私がともかくもこの仕事をまとめあげることができたのは，全く先生のお蔭によるものであって，先生なくしては本書は存在しなかったに違いない．ここに深甚なる感謝の意を表し，本書を先生に捧げる次第である．

　なお，校正にご協力下さった水野明路氏にも，厚くお礼を申しあげたい．

朝　倉　季　雄

1955年2月

凡　例

1. **見出し語**　配列はアルファベット順により，文法用語は立体，語彙はイタリック体で区別した．
   見出しに先立つ名詞等があるときは末尾に（　）で示した．
   agent (complément d') → complément d'agent
   interrogative (phrase, proposition) = phrase interrogative　または
   　　　　　　　　　　　　　　　　　　proposition interrogative
2. **発音**　[　]を用いて国際音声記号で示した．
3. **章立て番号の順位**　I. A. 1° ① (1) (i) (先頭の番号)．ただし，I. と A. は大分類の順位を逆にしたところがある．
4. **文法用語の訳語**は[　]で，また**例文の訳**は「　」で示した．訳文は読者の理解を助ける意味で加えたものであるから，非常に簡単なものや，文意よりは語順や構文の変化を示すための例文では，省略したものがある．
5. **省略・短縮**
   品詞等は次の形で示した．

冠	冠	冠詞	形	形	形容詞	前	前置詞
名	名	名詞	副	副	副詞		
代	代	代名詞	接		接続詞		
動	動	動詞	間		間投詞		

....

形	(関係)	関係形容詞	代	(関係)	関係代名詞
形	(感嘆)	感嘆形容詞	代	(疑問)	疑問代名詞
形	(疑問)	疑問形容詞	代	(指示)	指示代名詞
形	(指示)	指示形容詞	代	(不定)	不定代名詞
形	(所有)	所有形容詞	代	(中性)	中性代名詞
形	(品質)	品質形容詞	副	(関係)	関係副詞
形	(不定)	不定形容詞	副	(感嘆)	感嘆副詞
形	(数)	数形容詞	副	(疑問)	疑問副詞
			接	(等位)	等位接続詞

....

男	男性形	女	女性形	単	単数形	複	複数形

構文パターンにおいて品詞等に次のような省略記号を用いた．

固有	固有名（詞）	非人称	非人称動詞
不定詞	不定詞	過分	過去分詞
助動	助動詞	現分	現在分詞
代動	代名動詞	直	直説法
他動	他動詞	接	接続法
自動	自動詞	条	条件法

....

本文解説中において次のような省略表記を用いた．

直・現	直説法現在	接・現	接続法現在
		接・過	接続法過去
直・半	直説法半過去	接・半	接続法半過去
直・大	直説法大過去	接・大	接続法大過去
条・現	条件法現在	条・過	条件法過去

命	命令法［形］	単未	単純未来
複過	複合過去	前未	前未来
半過	半過去	近未	近接未来
大過	大過去	直・目	直接目的語
単過	単純過去	間・目	間接目的語
前過	前過去		
複複過	複複合過去		

....

| **qn** | quelqu'un | **qch** | quelque chose |

....

all.	allemand	angl.	anglais	ar.	arabe
esp.	espagnol	franc.	francique	germ.	germanique
gr.	grec	it.	italien	lat.	latin
néerl.	néerlandais	port.	portugais	scand.	scandinave

6. **語法上の位相差**の一部に次の略号を用いた．

　（古）古語　　　（文）文章語　　　（俗）俗語　　（旧版の（卑）の表示は用いない）

7. 索引　見出し語あるいは該当箇所がわからない場合に利用する．なお，索引の前の説明を参照．

8. 記号・略号

- ♦ やや大きな注記や追加説明．
- ▶ 細かい注記や補足説明．
- / ; , 文，語句，事項の区分に適宜使用した．おもに / は例文・語句の列挙，あるいは用法の対立を示し，; は例示や文献引用の区切りなどに用いた．
- × 文または語句の初頭に付けて，それが誤りであることを示す．
- ( ) ① 引用文の筆者，作品名，先行する説明の論者・典拠などを示す．
  - ② 省略可能であることを示す．
    - 例：(代)名詞＝名詞または代名詞．
      - l'histoire d(e l)'Europe ＝ l'histoire d'Europe または l'histoire de l'Europe．
  - ③ フランス語による説明．例：aussi (＝ au même degré que)
  - ④ 説明文中でフランス語の術語を示す．例：冠詞 (article)
  - ⑤ 発音に関する説明で無音の文字を示す．例：hui(t) jours, tem(ps)
  - ⑥ 見出し語では，agent (complément d') ＝ complément d'agent
  - ⑦ 先行語句の説明，注解．
- [ ] ① 文法用語の訳語．
  - ② 発音記号を示す．
  - ③ 先行する語や語句に置き換え可能であることを示す．
    - 例：être [aller] en France「フランスにいる［行く］」
      - ＝ être en France 「フランスにいる」，aller en France「フランスに行く」
- 《 》 語法上の位相差を示す．例：《文》＝文章語
- 〔 〕 専門用語の分類．例：〔法〕＝法律用語
- ~ 説明文中の該当する語に代わる．
  - 例：(索引で) 動詞の一致：~と集合名詞 ＝ 動詞の一致と集合名詞
    - apercevoir「…を認める」，s'~ de 「…に気がつく」＝ s'apercevoir
- ＞,＜ 語源，起源的意味・形態などを示す．
  - 例：accueillir ＞ accueil．　　　voiture「車＞自動車］」
- ‿ liaison することを示す．例：les‿arbres．
- | ① liaison しないことを示す．例：Jean|est à Paris．
  - ② 発音・音節の切れ目を示す．例：ma|dame．
- « » フランス語文中の会話，強調，等．それに対応して訳文中では『 』や" "を用いた．
- cf. 参考文献を示す．
- ⇨ … の項目を参照せよ．

9. 出典

① 引用文献　著者名・著書名を略記して示した．略号は引用文献一覧に示したとおりである．

(1) 略号に続くローマ数字は巻数，アラビア数字は原則としてページ数を示す．

N, IV, 56＝Nyrop, *Grammaire historique de la langue française*, t. IV, p. 56.

Meillet, *Ling. hist.*, 40＝Meillet, A., *Linguistique historique et linguistique générale*, Honoré Champion, 1948, p.40.

(2) ただし G は，数年ごとに増補版が出てページの移動があるので，パラグラフ番号で示した．ほかにも，W の一部（§を付す），Tog など，検索の便に合わせてパラグラフ番号で引用したもの，あるいは F のように例文番号で示したものもある．

G, 556＝Grevisse, *Le bon usage*, §556.

(3) 引用文献一覧中の略号 *List* の頻度の示し方は次の通りである．例：5-12　→　5 はある語の用いられている冊数．12 は合計使用度数．

② 引用例文：作家名・作品名．

(1) 次の作家名は略記した：A.-Fournier (Alain-Fournier), Apollin. (Apollinaire), Beauv. (Beauvoir), Corn. (Corneille), Dumas f. (Dumas fils), Jouhand. (Jouhandeau), La Bruy. (La Bruyère), La Font. (La Fontaine), M. du Gare (Martin du Gare) の *Les Thibault* は単に *Thib.*, Mandiarg. (Mandiargue), Mol. (Molière), Montherl. (Montherlant), Rac. (Racine), Rob,-Gril. (Robbe-Grillet), St-Exup. (Saint-Exupéry), Ste-Beuve (Sainte-Beuve), Superv. (Supervielle), V. de L'Isle-Adam (Villiers de L'Isle-Adam), Yourc. (Yourcenar)．なお Clair = R. Clair, *Comédies et commentaires*, Gallimard, 1959.

(2) 作品名はその中に含まれている主要な 1 語，あるいは語頭の数音節で示した．作品名に続くアラビア数字は最も普及している版のページ数，ローマ数字とアラビア数字を併せて用いたものは，戯曲であるか，小説であるかに従い，次のように判読されたい．

France, *Dieux*, 56＝A. France, *Les Dieux ont soif*, Calmann-Lévy, p.56.

Anouilh, *P.B.*, 307＝Jean Anouilh, *Pièces brillantes*, La Table ronde, 1951, p.307.

Daudet, *Pet. Chose* II, 3＝Alphonse Daudet, *Petit Chose*, 2e partie, chapitre 3.

Beauv., *2e sexe* II, 3＝Simone de Beauvoir, *Le deuxième sexe*, Gallimard, t. II, p.3.

③ 引用箇所に関連して次の略号を用いた．

Id.　(= Idem)　　　　　　直前の例文と同一作者．

Ib.　(= Ibidem)　　　　　直前の例文と同一書，同一箇所．

op. cit.　(= opere citato)　2，3 の例文をへだてても同一書からの引用．

v.　(= vers) は韻文劇の詩句の行数．

この事典の使い方

以下簡単な具体例をいくつかあげてみるが，やはり常々使って捜し方に慣れることが必要．

1. C'est aimable *à* vous. のような à はどういう用法か？

    まず見出し aimable を引くと ⇨ à I. 7º ④ とあって，そちらのほうに詳しい説明が出てくる．à は大きい項目なので，最初から à の中で捜そうとすると，I. à+ 名 [代]，7º 所有，そして ④ とたどらなくてはならない．

2. vers *les une* heure の les は何か？ une との間はリエゾンするのか？

    見出し un, une を引くと I. が élision と liaison，その 2º 形容詞的・代名詞的用法の中にこのとおりの例があり ⇨ article défini II. 5º と指示している．こちらに vers [sur] les une heure の説明があるが，最初から article défini で引くと，II. 意味と用法，の中の最後の項 5º を見つけるまで少し時間がかかる．

3. 「列車で旅行する」と言う場合，前置詞に何を使うか？

    見出し chemin de fer に *en* chemin de fer ⇨ à I. 10º ② とあり，こちらに乗物に使ういくつかの前置詞の説明がまとめてある．見出し train¹ で見ても voyager *en* [*par le*] train とあり，˟ par train, ˟ au train は不可，また arriver *au* train de 7h. 20 は俗語調とわかる．

4. Quand part Pierre? ; Quand Pierre part-il? はどちらも言えるが，*Que* dit Jean? に対し ˟ *Que* Jean dit-il? とは言えない．中性疑問代名詞 que² の 2º 直接目的語を見ればその理由がわかる．

    Je laisse lire *ce livre* à Paul. を ˟ Je laisse *le* lire à Paul. とするのは不可．Je le laisse lire à Paul. としなければならない．見出し laisser の I. laisser+不定詞 で 4º laisser+不定詞+名₂ à 名₁ の項を見ればその理由もわかる．

5. ˟ *Quand* il achevait son récit, le domestique entra. は不可．Il achevait son récit, *quand* le domestique entra. としなければならない．複合的見出し quand¹ ; lorsque の I. で，quand, lorsque の後の時制と主節の時制を分類しているが，その 2º 部分的同時の項の①後半がこの問題を扱っている．

引用文献一覧

(本文中において左段の略号によって示した)

Ac	*Dictionnaire de l'Académie française*, 8ᵉ éd., Hachette, 1932-5.
Ayer	Ayer, C., *Grammaire comparée de la langue française*, 4ᵉ éd., H. Georg, 1885.
B	Brunot, F., *La pensée et la langue*, 3ᵉ éd., Masson, 1936.
B, *Obs.*	Id., *Observations sur la grammaire de l'Académie française*, Droz, 1932.
Bailly, *Synon.*	Bailly, R., *Dictionnaire des synonymes*, Larousse, 1946.
Bally, *Ling. gén.*	Bally, Ch., *Linguistique générale et linguistique française*, 3ᵉ éd., Droz, 1950.
Bauche	Bauche, H., *Le langage populaire*, nouv. éd., Payot, 1951.
Béchade	Béchade, H.-D., *Syntaxe du français moderne et contemporain*, PUF, 1986.
Bénac	Bénac, H., *Guide alphabétique des difficultés du français*, Hachette, 1978.
Blanche-Benveniste	Blanche-Benveniste, Cl., *Recherches en vue d'une théorie de la grammaire française*, Champion, 1975.
Blink, *Accord*	Blinkenberg, A., *Le problème de l'accord en français moderne*, Munksgaard, 1950.
Blink, *Ordre*	Id., *L'ordre des mots en français moderne*, 2 vol., Munksgaard, 1928-33.
Blink, *Trans.*	Id., *Le problème de la transitivité en français moderne*, Munksgaard, 1960.
de Boer	Boer, C. de, *Syntaxe du français moderne*, 2ᵉ éd., entièrement revue, Leyde, 1954.
Bonn	Bonnard, H., *Grammaire française des lycées et collèges*, S.U.D.E.L., 1950.
Bonn, *Exercices*	Id., *Exercices de langue française*, Magnard.
Bonn, *Code*	Id., *Code du français courant*, Magnard, 1985.
Börj	Börjeson, L., «La fréquence du subjonctif dans les subordonnées complétives introduites par *que* étudiée dans des textes français contemporains», *Studia néophilologica*, nº 38, 1966.
Bott	Bottequin, A., *Subtilités et délicatesses de langage*, Baude, 1946.
Bourciez	Bourciez, E., *Précis de phonétique française*, 8ᵉ éd., Klincksieck, 1950.
Brachet	Brachet & Dussouchet, *Grammaire française, cours supérieur*, 24ᵉ éd., Hachette.
Brun	Brunot, F. & Bruneau, Ch., *Précis de grammaire historique de la

	langue française, 3ᵉ éd., entièrement refondue, Masson, 1949.
BRUNEAU	BRUNEAU, Ch., *Manuel de phonétique pratique*, 2ᵉ éd., Berger-Levrault, 1931.
BRUNEAU, *Pet. hist.*	ID., *Petite histoire de la langue française*, Armand Colin, I, 1955; II, 1958.
BSLP	*Bulletin de la Société de linguistique de Paris*, 1865-
BUFFIN	BUFFIN, J.-M., *Remarques sur les moyens d'expression de la durée et du temps en français*, PUF, 1925.
BUSSE-DUBOST	BUSSE, W. & DUBOST, J.-P., *Französisches Verblexikon*, Klett-Cotta, 1977.
C	CAYROU, G. et al., *Le français d'aujourd'hui*, Armand Colin, 1949.
CAP	CAPUT, J. & J.-P., *Dictionnaire des verbes français*, Larousse, 1969.
CL	CLARKE, G. H. & CHARPENTIER, A., *Manuel lexique des difficultés linguistiques du français*, Harrap, 1929.
CLÉDAT	CLÉDAT, L., *Grammaire raisonnée de la langue française*, Le Soudier, 1897.
COH	COHEN, M., *Histoire d'une langue: Le français (des lointaines origines à nos jours)*, nouv. éd., Les Editeurs Français Réunis, 1950.
COH, *Encore*	ID., *Encore des regards sur la langue française*, Ed. Sociales, 1966.
COH, *Gr. et style*	ID., *Grammaire et style*, Ed. Sociales, 1954.
COH, *Nouv. reg.*	ID., *Nouveaux regards sur la langue française*, Ed. Sociales, 1963.
COH, *Reg.*	ID., *Regards sur la langue française*, SEDES, 1950.
COH, *Subj.*	ID., *Le subjonctif en français contemporain*, 2ᵉ éd., SEDES, 1965.
	ID., «Emploi du passé simple et du passé composé dans la prose contemporaine», *Travaux de l'Institut de linguistique*, v. I, 1956.
COL	COLIN, J.-P., *Nouveau dictionnaire des difficultés du français*, Hachette /Tchou, 1971.
CORNU	CORNU, M., *Les formes surcomposées en français*, A. Francke AG. Verlag, 1953.
CO VET	CO VET, *Temps, aspects et adverbes de temps en français contemporain*, Droz, 1980.
CR	CRESSOT, M., *Le style et ses techniques*, PUF, 1947.
D	DAUZAT, A., *Grammaire raisonnée de la langue française*, 2ᵉ éd., Editions I. A. C., 1947.
D, *Etudes*	ID., *Etudes de linguistique française*, 2ᵉ éd., d'Artrey, 1946.
D, *Etym.*	ID., *Dictionnaire étymologique de la langue française*, Larousse, 1ᵉʳᵉ éd., 1938.
D, *Génie*	ID., *Le génie de la langue française*, nouv. éd. revue, Payot, 1947.

D, *Guide*	ID., *Le guide du bon usage*, Delagrave, 1954.
D, *Hist.*	ID., *Histoire de la langue française*, Payot, 1930.
D, *Lang. fr. d'auj.*	ID., *La langue française d'aujourd'hui*, 4ᵉ éd., A. Colin, 1927.
D, *Phon.*	ID., *Phonétique et grammaire historique de la langue française*, Larousse, 1950.
D, *Précis*	ID., *Précis d'histoire de la langue et du vocabulaire français*, Larousse, 1949.
DARM	DARMESTETER, A., *Cours de grammaire historique de la langue française*, 4 vol., Delagrave (Phonétique, 14ᵉ éd., 1930; Morphologie, 14ᵉ éd., 1934; Formation des mots et vie des mots, 14ᵉ éd., 1934; Syntaxe, 12ᵉ éd., 1931).
DB	DAVAU, M. et al., *Dictionnaire Bordas*, Bordas, 1972.
DBF	GIRODET, J., *Dictionnaire du bon français*, Bordas, 1981.
DFA	DUBOIS, J. et al., *Dictionnaire du français d'aujourd'hui*, Larousse, 2000.
DFC	DUBOIS, J. et al., *Dictionnaire du français contemporain*, Larousse, 1970.
DG	HATZFELD, A. & DARMESTETER, A., *Dictionnaire général de la langue française*, 9ᵉ éd., Delagrave, 1932.
DH	GUERARD, Fr., *Dictionnaire Hachette de la langue française*, Hachette, 1980.
Dict. fréqu.	*Dictionnaire des fréquences. Vocabulaire littéraire des XIXᵉ et XXᵉ sciècles*, 7 vol., Didier, 1969.
DMC	GILBERT, P., *Dictionnaire des mots contemporains*, Le Robert, 1980.
D-P	DAMOURETTE, S. & PICHON, Ed., *Des mots à la pensée. Essais de grammaire de la langue française*, 7 vol., d'Artrey, 1930-47.
DSF	CÉLÉRIER, P. & MAILLARD, J.-P., *Dictionnaire des structures fondamentales du français*, CLE International, 1979.
DUB	DUBOIS, J., *Grammaire structurale du français*, I. nom et pronom, 1965; II. le verbe, 1967; III. la phrase et les transformations, 1969, Larousse.
DUB, *Dict.*	DUBOIS, J. et al., *Dictionnaire de linguistique et des sciences du langage*, Larousse, 1994.
DUB, *Dict. class.*	DUBOIS, J., & LAGANE, R., *Dictionnaire de la langue française classique*, Belin, 1960.
DUB, *Eléments*	DUBOIS, J., & DUBOIS-CHARLIER, F., *Eléments de linguistique française : syntaxe*, Larousse, 1970.
DUB-LAG	DUBOIS, J. & LAGANE, R., *La nouvelle grammaire du français*, Larousse, 1973.
DUCROT, *Dict.*	DUCROT, O. et al., *Nouveau dictionnaire encyclopédique des sciences du langage*, Seuil, 1995.

EBF	DUPRÉ, P., *Encyclopédie du bon français dans l'usage contemporain*, 3 vol., Trévise, 1972.
ENGVER	ENGVER, K., *Place de l'adverbe déterminant un infinitif dans la phrase du français contemporain*, Uppsala, 1972.
Et. Rom. BLINK	*Etudes romanes dédiées à A. Blinkenberg*, Munksgaard, 1963.
F	FREI, H., *Le livre des deux mille phrases*, Droz, 1953.
F, Gr. fautes	ID., *La grammaire des fautes*, Geuthner, 1929.
FDM	*Le français dans le monde*, Hachette et Larousse, 1961-.
FF	GOUGENHEIM, G. et al., *L'élaboration du français fondamental* (1er degré), nouvelle édition refondue et augmentée, Didier, 1964.
F-G	FREY, M. & GUENOT, H., *Manuel de langue et de style français*, 3e éd., Masson, 1935.
FISCHER-HACQUARD	FISCHER, M. & HACQUARD, G., *A la découverte de la grammaire française*, Hachette, 1959.
FM	*Le français moderne*, d'Artrey, 1933-.
FOUCHÉ	FOUCHÉ, P., *Traité de prononciation française*, Klincksieck, 1956.
FOULET	FOULET, L., *Petite syntaxe de l'ancien français*, 3e éd., Champion, 1930.
FURUKAWA	FURUKAWA (古川), N., *Le nombre grammatical en français contemporain*, France Tosho, 1977.
G	GREVISSE, M., *Le bon usage*, Duculot, 10e éd., 1975.
G 新	ID., 12e éd., refondue par GOOSSE, A., Duculot, 1986.
G, *Fr. cor.*	ID., *Le français correct : Guide pratique*, 3e éd., Duculot, 1982.
G, *Pr.*	ID., *Problèmes de langage*, 5 vol., Gembloux, Duculot, 1961-70.
GA	GAATONE, D., *Etude descriptive du système de la négation en français contemporain*, Droz, 1971.
GALICHET, *Gr. psych.*	GALICHET, A., *Essai de grammaire psychologique*, PUF, 1947.
GALICHET, *Méthod.*	ID., *Méthodologie grammaticale : Etude psychologique des structures*, 2e éd., PUF, 1963.
GALICHET, *Physiol.*	ID., *Physiologie de la langue française*, coll. «Que sais-je?», PUF, 1958.
GEORG	GEORGIN, R., *Pour un meilleur français*, nouv. éd., revue et augmentée, A. Bonne, 1951.
GEORG, *Diff.*	ID., *Difficultés et finesses de notre langue*, nouv. éd., A. Bonne, 1953.
GEORG, *Guide*	ID., *Guide de langue française*, A. Bonne, 1952.
GEORG, *Jeux*	ID., *Jeux de mots : De l'orthographe au style*, A. Bonne, 1952.
GEORG, *Probl.*	ID., *Problèmes quotidiens du langage : Comment s'exprimer en français*, 5 vol., Ed. Sociales françaises, 1954-69.

GEORG, *Prose*	ID., *La prose d'aujourd'hui*, A. Bonne, 1956.
GLLF	*Grand Larousse de la langue française*, 7 vol., Larousse, 1971-8.
GOUG	GOUGENHEIM, G., *Système grammatical de la langue française*, d'Artrey, 1939.
GOUG, *Dict. fond.*	ID., *Dictionnaire fondamental de la langue française*, Didier, 1958.
GOUG, *Etudes*	ID., *Etudes de grammaire et de vocabulaire français*, Picard, 1970.
GOUG, *Mots*	ID., *Les mots français*, Picard, 1966.
GOUG, *Périphr.*	ID., *Etude sur les périphrases verbales de la langue française*, Nizet, 1929.
Gr. Ac.	*Grammaire de l'Académie française*, nouv. éd., Firmin-Didot, 1933.
Gr. d'auj.	ARRIVÉ, M. et al., *La grammaire d'aujourd'hui : Guide alphabétique de linguistique française*, Flammarion, 1986.
Gr. Lar.	CHEVALIER, J.-Cl. et al., *Grammaire Larousse du français contemporain*, Larousse, 1964.
Gr. Lar. XXe	GAIFFE, F. et al., *Grammaire Larousse du XXe siècle*, Larousse, 1936.
Gr. méthodique	RIEGEL, M. et al., *Grammaire méthodique de français*, PUF, 1994.
GRAM	GRAMMONT, M., *Traité pratique de prononciation française*, 26e éd., Delagrave, 1948.
GROSS	GROSS, M., *Grammaire transformationnelle du français : Syntaxe du verbe*, Larousse, 1968.
GROSS, *Nom*	ID., *Grammaire transformationnelle du français : Syntaxe du nom*, Larousse, 1977.
GUILL	GUILLAUME, G., *Le problème de l'article*, Hachette, 1919.
GUILL, *Verbe*	ID., *Temps et verbe*, Champion, 1929.
GUIRAUD, *Fr. pop.*	GUIRAUD, P., *Le français populaire*, coll. «Que sais-je?», PUF, 1965.
H	HANSE, J., *Nouveau dictionnaire des difficultés du français moderne*, Gembloux, Duculot, Baude, 1983.
H新	ID., 3e éd., établie d'après les notes de l'auteur avec la collaboration scientifique de BLAMPAIN, D., De Boeck-Duculot, 1994.
HAASE	HAASE, A., *Syntaxe française du XVIIe siècle*, trad. et remaniée par M. Obert, 4e éd., Delagrave, 1935.
HARMER	HARMER, L. C., *The French language today*, Hutchinson's University Library, 1954.
HENRY, *Etudes*	HENRY, A., *Etudes de syntaxe expressive*, PUF, 1960.
HENRY, *Il y a*	ID., *C'était **il y a** des lunes*, Klincksieck, 1968.
HØYB	HØYBY, P., *L'accord en français contemporain*, Høst, 1944.
IMBS	IMBS, P., *L'emploi des temps verbaux en français moderne*, Klincksieck,

	1960.
IMBS, *Subj.*	ID., *Le subjonctif en français moderne*, Fac. des lettres de Strasbourg, 1953.
KAHN	KAHN, F., *Le système des temps de l'indicatif*, Droz, 1954.
KAYNE	KAYNE, R. S., *Syntaxe du français: Le cycle transformationnel*, Seuil, 1977.
KLUM	KLUM, A., *Verbe et adverbe*, Almqvist & Wiksell, 1961.
LAFAYE	LAFAYE, B., *Dictionnaire des synonymes de la langue française*, 8e éd., Hachette, 1903.
Lar.	*Larousse du XXe siècle*, 6 vol., Larousse, 1928-33.
Lar. 3 vol.	*Larousse 3 volumes en couleurs*, Larousse, 1965-6.
Lar. Gr.	LAGANE, R., *Larousse de la grammaire*, Larousse, 1983.
Lar. Univ.	LAROUSSE, P., *Grand dictionnaire universel du XIXe siècle*, 15 vol., Larousse, 1966-76.
LE B	LE BIDOIS, G. & R., *Syntaxe du français moderne*, 2 vol., Picard, 1935-8.
LE B, *Inv.*	LE BIDOIS, R., *L'inversion du sujet dans la prose contemporaine*, d'Artrey, 1952.
LE GAL, *Dites*	LE GAL, E., *Ne dites pas... Mais dites*, 61e éd., Delagrave, 1948.
LE GAL, *Parler*	ID., *Le parler vivant au XXe siècle*, Denoël, 1960.
LE GOF	LE GOFFIC, P. & MCBRIDE, N. C., *Les constructions fondamentales du français*, Hachette / Larousse, 1975.
LE GOF, *Gr.*	LE GOFFIC, P., *Grammaire de la phrase française*, Hachette, 1993.
LEGRAND	LEGRAND, E., *Méthode de stylistique française à l'usage des élèves*, 9e éd., Gigord, 1951.
LF	*Langue française*, Larousse, 1969-.
LÉON	LÉON, M., *Exercices systématiques de prononciation française 2*, Hachette / Larousse, 1964.
Lex	*Lexis, dictionnaire de la langue française*, Larousse, 1975.
List	CLARK, R.E. and POSTON, L., *French syntax list*, Henry Holt, 1943.
LIT	LITTRÉ, E., *Dictionnaire de la langue française*, 4 vol., et 1 supplément, Hachette, 1863-77.
Log	*Logos, grand dictionnaire de la langue française*, 3 vol., Bordas, 1976.
LORIAN, *Cause*	LORIAN, A., *L'ordre des propositions dans la phrase française contemporaine : La cause*, Klincksieck, 1966.
M	MANSION, J. E., *Harrap's Standard French and English dictionary*, Part one, French-English, Harrap, 1934.

MAROUZ, *Aspects*	MAROUZEAU, J., *Aspects du français*, Masson, 1950.
MAROUZ, *Notre langue*	ID., *Notre langue*, Delagrave, 1955.
MAROUZ, *Précis*	ID., *Précis de stylistique française*, 3e éd., Masson, 1950.
MART	MARTINON, Ph., *Comment on parle en français*, Larousse, 1927.
MART, *Pr.*	ID., *Comment on prononce le français*, Larousse, 1913.
MARTINET	MARTINET, A., *Eléments de linguistique générale*, Armand Colin, 1960, 4e éd., 1996.
MARTINET, *Gr. fonct.*	MARTINET, A. et al., *Grammaire fonctionnelle du français*, Didier, 1979.
MATORÉ	MATORÉ, G., *Dictionnaire du vocabulaire essentiel*, Larousse, 1963.
MAUGER	MAUGER, G., *Grammaire pratique du français d'aujourd'hui, langue parlée, langue écrite*, Hachette, 1968.
MEILLET, *Ling. hist.*	MEILLET, A., *Linguistique historique et linguistique générale*, t. I, Champion, 1921.
Mel, Delbouille	*Mélanges de linguistique romane et de philologie médiévale offerts à Maurice Delbouille*, Gembloux, I, 1964.
MFU	BONNARD, H. et al., *A Dictionary of Modern French Usage*, second edition, Oliver & Boyd, 1973. (*Grammatisches Wörterbuch: Französisch*, Lambert Lensing, 1970 の翻刻本)
MILNER, *Syntaxe*	MILNER, J.-Cl., *De la syntaxe à l'interprétation*, Seuil, 1978.
MOGET, *De vive voix*	MOGET, M.-Th. & NEVEU, P., *De vive voix*, livre du maître, Didier, 1972.
MOIGNET, *Signes de l'exception*	MOIGNET, G., *Les signes de l'exception dans l'histoire du français*, Droz, 1959; nouv. éd. entièrement refondue, 1973.
MOIGNET, *Systématique*	ID., *Systématique de la langue française*, Klincksieck, 1981.
MOUNIN, *Clefs*	MOUNIN, G., *Clefs pour la linguistique*, Seghers, 1968.
MOUNIN, *Dict.*	ID., *Dictionnaire de la linguistique*, PUF, 1974.
MOUNIN, *Ling. et philos.*	ID., *Linguistique et philosophie*, PUF, 1975.
MOUNIN, *Ling. XXe s.*	ID., *Histoire de linguistique, des origines au XXe siècle*, PUF, 1967.
MR	*Micro Robert, dictionnaire du français primordial*, Société du Nouveau Littré, 1971.
M-W	MARTINET, A. & WALTER, H., *Dictionnaire de la prononciation française dans son usage réel*, France-Expansion, 1973.
N	NYROP, Kr., *Grammaire historique de la langue française*, 6 vol., Gyldendalske Boghandel & Picard, 1899-1930.
NIQUE	NIQUE, Chr., *Initiation méthodique à la grammaire générative*, A. Colin, 1974.

N. Lar	*Nouveau Larousse illustré*, 7 vol., Larousse, 1897-1904.
Niv. 1	DUBOIS, J. & DUBOIS-CHARLIER, F., *Dictionnaire du français langue étrangère, Niveau 1*, Larousse, 1978.
Niv. 2	ID., *Niveau 2*, Larousse, 1979.
OBENAUER	OBENAUER, H.-G., *Etudes de syntaxe interrogative du français: Quoi, combien et le complémenteur*, Niemeyer, 1976.
OLSSON	OLSSON, L., *Etudes sur l'emploi des temps dans les propositions introduites par* quand *et* lorsque *et dans les propositions qui les complètent en français contemporain*, Almqvist & Wiksell, 1971.
PÉCHOIN	PÉCHOIN, D. et al., *Dictionnaire des difficultés du français d'aujourd'hui*, Larousse, 1998.
PERROT, *Linguist.*	PERROT, J., *La linguistique*, coll. «Que sais-je ?», PUF, 1953.
PINCHON	PINCHON, J., *Les pronoms adverbiaux* en *et* y, Droz, 1972.
	なお、PINCHON の *FDM* 論文は下記に収録。
	ID., *Morphosyntaxe du français*, Hachette, 1986.
P. Lar.	*Nouveau petit Larousse illustré*, Larousse, 1949, 1981 ほか.
PR	*Petit Robert, dictionnaire de la langue française*, Societé du Nouveau Littré, 1977; *Le nouveau petit Robert*, nouv. éd. remaniée et amplifiée par REY-DEBOVE, J. et al., Le Robert, 1993.
Q	*Dictionnaire encyclopédique Quillet*, 6 vol., A. Quillet, 1952.
QLF	*Dictionnaire Quillet de la langue française*, 3 vol., A. Quillet, 1948.
Quillet-Fl.	*Dictionnaire usuel illustré*, Quillet-Flammarion, 1980.
RAD	RADOUANT, R., *Grammaire française*, 2e éd., Hachette, 1922.
RC	*Le Robert & Collins, Dictionnaire français-anglais, anglais-français*, Le Robert, 3e éd., 1993.
RENCHON	RENCHON, H., *Etudes de Syntaxe descriptive II, La syntaxe de l'interrogation*, Palais des Académies, 1967.
RLR	*Revue de linguistique romane*, Société de linguistique romane, 1925-.
RM	*Le Robert méthodique*, Le Robert, 1982.
ROSENBERG	ROSENBERG, S.-N., *Modern French* CE, Mouton, 1970.
ROB	*Dictionnaire alphabétique et analogique de la langue française*, 6 vol., Société du Nouveau Littré, 1953-64; 2e éd. entièrement revue et enrichie par REY, A. et al., 9 vol., Le Robert, 1985.
RR	*Revue romane*, Akademisk Forlag, 1967-.
RUWET	RUWET, N., *Introduction à la grammaire générative*, Plon, 1967.
RUWET, *Théorie*	ID., *Théorie syntaxique et syntaxe du français*, Seuil, 1972.

S	SANDFELD, Kr., *Syntaxe du français contemporain*, I. *Les pronoms*, Champion, 1928; II. *Les propositions subordonnées*, Droz, 1936; III. *L'infinitif*, Droz, 1943.
SAUVAGEOT, *Fr. écrit*	SAUVAGEOT, A., *Français écrit, français parlé*, Larousse, 1962.
SAUVAGEOT, *Procédés*	ID., *Les procédés expressifs du français*, Klincksieck, 1957.
SECHEHAYE, *Essai*	SECHEHAYE, A., *Essai sur la stucture logique de la phrase*, Champion, 1926.
SENSINE	SENSINE, H., *L'emploi des temps en français*, éd. définitive, Payot, 1951.
S-H	SPANG-HANSSEN, E., *Les prépositions incolores du français*, G.E.C. Gads, 1963.
STEN	STEN, H., *Les temps du verbe fini (indicatif) en français moderne*, Munksgaard, 1952.
TAMBA-MECZ	TAMBA-MECZ, I., *La sémantique*, coll. «Que sais-je?», PUF, 1988.
THÉRIVE, *Clinique*	THÉRIVE, A., *Clinique du langage*, Grasset, 1956.
THÉRIVE, *Querelles*	ID., *Querelles de langage*, Stock, III, 1940.
TH	THOMAS, A. V., *Dictionnaire des difficultés de la langue française*, Larousse, 1956.
TLF	*Trésor de la langue française, dictionnaire de la langue du 19e et du 20e siècle*, par IMBS, P. et al., CNRS, 1971-94.
TLL	*Travaux de linguistique et de littérature*, le Centre de philologie et de littératures romanes, 1963-.
TOG	TOGEBY, K., *Grammaire française*, 5 vol., Akademisk Forlag, 1982-5.
VENDR	VENDRYES, J., *Le langage. Introduction linguistique à l'histoire*, A. Michel, 1950.
Voix et Im.	Ministère de l'Education Nationale, *Voix et images de France*, Didier, 1962.
W	WARTBURG, W. von, & ZUMTHOR, P., *Précis de syntaxe du français contemporain*, A. Francke, 1947; 2e éd. entièrement remaniée, 1958.
WAGN, *Essais*	WAGNER, R. L., *Essais de linguistique française*, Nathan, 1980. なお、WAGNER の *FDM* 論文は本書に収録されている。
WAGN, *Gr. Fr.*	ID., *La grammaire française* I, SEDES, 1968; II, 1973.
WAGN, *Hypoth.*	ID., *Les phrases hypothétiques commençant par «si» dans la langue française, des origines à la fin du XVIe siècle*, Droz, 1939.
WILMET, *Gr.*	WILMET, M., *Grammaire critique du français*, Duculot, 1997.
W-P	WAGNER, R. L. & PINCHON, J., *Grammaire du français classique et moderne*, éd. revue et corrigée, Hachette, 1966.
YVON, *Imparfait*	YVON, H., *L'imparfait de l'indicatif en français*, Les Belles Lettres, 1926.

『覚え書』	朝倉季雄『フランス文法覚え書』白水社, 1967.
『ノート』	朝倉季雄『フランス文法ノート』白水社, 1981.
『メモ』	朝倉季雄『フランス文法メモ』白水社, 1984.
『新考』	中平解『フランス語学新考』(三訂版)三省堂, 1950.
『探索』	中平解『フランス語学探索』大学書林, 1944.
『フ研』	『フランス語研究』(季刊), フランス語学会編集, 大修館書店, 1951-62.
『フ語研』	『フランス語学研究』, 日本フランス語学会, 1967-.
松原『冠詞』	松原秀治『ふらんす語冠詞の用法』, 1949; (同書の新装版)『フランス語の冠詞』白水社, 1978.

『市河博士還暦祝賀論文集』第2輯, 研究社, 1947.

『前置詞活用辞典』	クロード・ロベルジュほか, 『現代フランス前置詞活用辞典』大修館書店, 1983.
『小学館ロベール仏和大辞典』小学館, 1988.	
『新スタ』	『新スタンダード仏和辞典』大修館書店, 1987.
バイイ『言語活動と生活』	シャルル・バイイ, 小林英夫訳『言語活動と生活』岩波書店, 1941 (原著 BALLY, Ch., *Le langage et la vie*, 1ère éd., 1913, 3e éd., Droz, 1952)

『白水社ラルース仏和辞典』白水社, 2001.

『フランス語学の諸問題』	東京外国語大学グループ«セメイオン»『フランス語学の諸問題』三修社, 1985.
『フランス語ハンドブック』	新倉俊一ほか『フランス語ハンドブック』白水社, 1978.

A

a — 発音. [a], [ɑ]. この区別に関する規則はない.
①強勢のa. (1)語末**-a, -at, -ac, -ap**. 多く[a]: état, drap. (2)**-as**. 多く[ɑ]: cas, las. ただし bras, tu as, auras, chantas は[-a] (3)語末[r], [ʒ], [v]の前. 多く[ɑ:]: part, cage, cave. ただし rare [rɑ:r] (4)語末[z]の前. [ɑ]: vase. (5) **t, c, f+l, r** の前. 多く[a]: battre, obstacle. (6) **b, d, v+l, r** の前. 多く[ɑ:]: diable, cadavre. ただし table [tabl], 語尾 -able [-abl]の形容詞. (7)上記以外の子音の前. [a]: tache, glace, chasse, dame, canne, marche. ただし[ɑ:]: flamme ([a]も), basse, lasse, grasse, tasse.
②無強勢のa. 多く[a]: papier. ただし[ɑ]: passion, 語尾 -ation.

à [a]: à, là, deçà, déjà.

â 多く[ɑ]: mât, âme [ɑ:m], théâtre [teɑ:tr], grâce [grɑ:s] 無強勢音節でもやや長め: tâcher, pâté. ただし vous aimâtes [-at], il aimât [-a]

æ [e]: cæcum [sekɔm]

ae ① [a]: Caennais [kanɛ] ② [ɛ]: Haeckel [ɛkɛl], Maeterlinck [mɛtɛrlɛ̃:k, 正しくは mɑtɛrlɛ̃:k].

aë ① [a]: Staël. ② [aɛ]: Raphaël.

æn [ɛn]: Hændel.

aen [ɑ̃]: Caen [kɑ̃]

aën [ɑ̃]: Saint-Saëns [sɑ̃:s]

ai ① 一般には[ɛ(:)]: laid, jamais. 動詞活用形の語尾**-ais, -ait, aient**もすべて[ɛ]. ② [e]. まれ: aigu, quai. 動詞活用形の語尾**-ai**は常に [e]: j'ai, j'aurai, j'aimai. ③ [ə]. 例外: je f*ai*sais, malf*ai*sant, など faire とその派生語で無強勢のaiにsが続く場合. したがって je fais [ɛ] (強勢), bienfaiteur [fɛ] (sを伴わない) ④ **ouai** douairière, souhaiter は, [dwɛ-], [swɛ-] または[swe-]

aî [ɛ]または[e]: traîner.

aï ① [ai]: haïr, naïf. ② [aj]. 母音の前: aïeul.

-ail [aj]: travail. ただし rail [rɑ:j].

-aill- ①原則として[aj]: bataillon. ② [ɑj]: railler, canaillerie.

-aille ① Gramでは原則として[ɑ:j]. ことに軽蔑的接尾辞の場合: canaille. ②一般には [aj]. 名詞-ailの派生動詞: je travaille. 接続法の活用: aille, vaille, faille. その他: j'assaille, médaille.

-âill- [ɑj]: bâillement.

-âille [ɑ:j]: je bâille.

aim, ain [ɛ̃]: faim, saint.

aïn [aɛ̃]: Caïn.

am ① [ɑ̃] (1)p, bの前: champ, jambe. (2)例外的に語末で: dam ([dam]は誤り—Rob), Adam. ② [am] (1)ラテン語, 外来語: hamster, tramway, Amsterdam. (2)時に m, n の前で: mammifère, amnistie. ③ [a]. m, nの前: flamme ([flɑ:m]も), condamner.

an ① [ɑ̃]: dans. ② [a]. nの前: année. ③ [an]. (1)時にnの前で: annal [a(n)nal]. (2)時に英語で: sportsman.

ao ① [o]: curaçao [-so]. ② [ao, aɔ] (2音節): chaos [kao], extraordinaire [-traɔ-], kaolin [kaɔ-]

aô [o:]: Saône.

aon ① [ɑ̃]: paon, faon, taon, Laon, Craon. ② [a]. nの前で: paonne [pan], faonner [fane], laonnois [la-], Craonnais [kra-] ③ [ɔ̃]: Saint-Laon (Gram). ④ [aɔ̃]: Pharaon.

aou ① [u]: saoul [su], août [u] ② [au]: caoutchouc.

au [o, ɔ] ①強勢 (1)有音子音を伴わないときは常に[o]: chaud, défaut. (2)+有音子音は[o:]: aube, débauche. 例外は+[r] (saur [sɔ:r])とPaul [pɔl] ②無強勢 (1)一般に[o]: audace, aussi. (2) [ɔ]. rの前: aurore, j'aurai(s), je saurai(s) (ただし vaurien [vo-])

その他: mauvais [mɔ-].
　aü [ay]: Saül.
　ay ①[ɛj]: crayon.　②[ei]: pays.　③[ɛ]: tramway.　④[aj].　外来語: bayadère, cobaye. 固有名（詞）: La Fayette, Mayence.

à ── 前 定冠詞 le, lesと合体して au, aux となる. (⇨ contraction de l'article) 人称代名詞は縮約されない.

I. *à* + 名 代

1°　場所　①**方向**: aller *à* Rome / lever les bras *au* ciel / Je montai *à* ma chambre. (GREEN, *Voyageur*, 38)「部屋に上がった」拡張的用法: partir *à* Paris. ◆省略的 (Accourezを補う): Au feu!「火事だ」/ Au voleur!「泥棒」/ Au secours!「助けてくれ」
▶類推で: crier *à* l'injustice [*au* paradoxe]「不正だ［矛盾だ］と叫ぶ」/ crier *au* miracle (GLLF)「奇跡だと驚嘆する」/ Tout le monde ne parlait que de vous. On criait *au* génie! (ANOUILH, *Nombril*, 111)「みんなあなたの話で持ち切りでした．天才だと騒いでいました」
◆俗用: aller *au* médicin [*au* boulanger] 正: aller consulter [aller chez] le médicin / aller chez le boulanger (G, 916, 7)

②**到着点, 行為・状態の場所, 付近**: arriver *à* Paris / Elle courut *à* son secrétaire. (*Thib.* III, 21)「自分の机に駆け寄った」/ Elle descendit *à* la salle à manger. (GREEN, *Mesurat*, 62)「食堂に降りた」/ être *à* la porte「戸口にいる」/ se mettre *au* piano「ピアノに向かう」/ La tête de Nadine apparut *à* une fenêtre. (BEAUV., *Mand.*, 539)「Nの顔が窓の所に現れた」/ Son père est proviseur *à* Louis-le-Grand. (B, 607)「彼の父はL高校の校長だ」cf. Son père est *le* proviseur *de* L. (*Ib.*)
◆次の型の副詞句も「近く」を表わす*à*の用法: face *à* face「向かい合って」/ tête *à* tête「差し向かいで」/ dos *à* dos「背中合わせに」/ bout *à* bout「端と端を合わせて」, など.

③ *à* / *dans*, *en*
(1) *à*は場所の包括的とらえ方, *dans*は内部の意を明示: Il est *à* la maison.「在宅する」（屋内・屋外を問わない）/ Il est *dans* la maison.「家の中に」（屋外に対する）/ Il habite *à* Paris.「パリに住んでいる」/ On a habité partout *dans* Paris. (DURAS, *Véra*, 43)「パリじゅうどこにも住んだことがあります」
(2) au(x) = dans le(s). 古仏語の en le, en les の縮約形 ou, ès が消滅した結果, au(x) は le(s) と並んで en le(s) に代わる: jeter *au* feu「火にくべる」/ Nous allons faire un tour *au* jardin. (GREEN, *Moïra*, 167)「庭を一回りしよう」/ Il se rendit *au* salon. (ID., *Mesurat*, 151)「客間に行った」
(3) 類義で dans le(s) も用いられるが, 多くは内部の意が強い: Je me jetterais *dans le* feu pour lui. (G, 933 b)「彼のためなら火の中に飛び込みもしよう」/（まれ）Papa et maman se tenaient *dans le* salon. (DURAS, *Vie*, 35)「父と母は客間にいた」cf. 慣用的: Papa et maman se tenaient toujours *au* salon. (*Ib.*, 40)
(4) 前置詞によって意味が変わる: aller *au* [*à* son] bureau「（会社・役所の）事務所に行く」; Mon père est *dans* son bureau.「父は書斎にいます」/ *à* la cour「朝廷で」; *dans* la cour「中庭で」/ *à* la ville「町に」（à la campagne の対）; *dans* la ville「市内に」（hors de la ville の対）; *en* ville「町で」（chez soi の対）: dîner *en* ville「町で夕食をとる」
(5) 成句: *au* grand air「戸外で」/ *en* mon nom et *au* vôtre「私とあなたの名において」
(6) au(x) = dans le(s)は名詞の前に定冠詞以外のものが置かれるときは, dans, en となる: *au* ciel; *dans un* ciel sans nuages. cf. 時間的意味: *au* XXe siècle; *dans* [*en*] *ce* siècle.

④**地名と** *à*, *dans*, *en*
(1) 五大州名・国名
(i) 冠詞 la, l'をとる国名（女性単数名詞, 母音で始まる男性単数名詞）, 無冠詞の Israël は〈en + 無冠詞〉: en France, en U.R.S.S., en Iran, en Israël.
(ii) 五大州名はすべて女性: *en* Asie, *en* Afrique.
(iii) 冠詞 le, les をとる国名（子音で始まる男性単数名詞, 複数名詞）は au, aux: *au* Japon, *au* Brésil, *aux* Etats-Unis, *aux* Pays-Bas. ▶ ただし, ヨーロッパの国名 le Danemark, le Portugal, le Luxembourg は auのほか en も用いられる.
(iv) 国名 + 形 [補語名詞] 臨時の性質を表わすときは〈dans + 冠〉: *dans* une France appauvrie par la crise (GA, *FM*,'82 n° 2, 111)「危機により疲弊したフランスにおいて」/

dans la France des rois (LAGANE, *FDM*, nº 58)「国王の国フランスにおいて」/ *dans* la Hollande de jadis (N, VI, 97)「昔のオランダでは」/ *dans* toute l'Espagne (*Ib.*)「スペイン全土で」
(v) 空間的に限定するときは dans または en: *en* [*dans* la] France méridionale (*Lar.Gr.*, 62)「南フランスで」/ *en* [*dans* l'] Amérique du Sud「南アメリカで」/ après avoir voyagé *en* Europe centrale, *en* Afrique du Nord et *en* Extrême-Orient (SARTRE, *Nausée*, 9) / Envoyez quelqu'un *en* Allemagne occidentale. (BEAUV., *Mand.*, 298)
(2) **地方名・州名**
(i) 普通は en: *en* Bretagne, *en* Auvergne.
(ii) 語頭が子音の男性名詞は en Limousin, en Dauphiné, en Poitou より dans le ～ が普通．▶ ただし dans le Maine, dans le Vercors とのみ言う．
(iii) 外国の地方名．女性：*en* [*dans* la] Lombardie. 男性：*dans* le Milanais / *dans* le New Jersey. ただし *au* Bengale.
(3) **県名** (i) 単一語．昔の州名・地方名をとったものは en: *en* Savoie / *en* Vendée. その他は多くは dans: *dans* la Seine / *dans* l'Eure / *dans* le Jura / *dans* les Vosges.
(ii) 合成語．X-et-Y 型は en: *en* Loir-et-Cher / *en* Maine-et-Loire / Des élections partielles vont avoir lieu *en* Seine-et-Marne. (SARTRE, *Nekr.*, 46) その他は dans: *dans* le Pas-de-Calais / *dans* la haute-Saône. ただし *en* [*dans* l'] Ile-et-Vilaine. 第1名詞が河の名のものは一定しない：*en* [*dans* la] Meurthe-et-Moselle / *en* [*dans* la] Seine-et-Inférieure.
(4) **島名** (i) 無冠詞の島名は à: *à* Malte / *à* Cuba / *à* Ceylan / *à* Madagascar / *à* Terre-Neuve.
(ii) 冠詞をとる島名．大きな島は冠詞を省いて en: *en* Corse / *en* Islande / *en* Nouvelle-Guinée. 小さな島：*à* la Réunion / *à* la Jamaïque / *à* la Martinique. 群島名：*aux* Antilles / *aux* Philippines.
(5) **都会名** (i) 一般に à: Il va [habite] *à* Paris.
(ii) dans は空間的広がりとしてとらえる：Il se promenait *dans* Paris. (BEAUV., *Mand.*, 30) ▶ 南部の都会について *en* Arles, *en* Avignon (en = à) と言うのは Provence 語法の名残り. *en* Alger は 17 世紀に Algérie の代わりに国名・都市名ともに Alger と言った名残り.
⑤ *mot à mot*「逐語的に」/ pas *à* pas「一歩ずつ」/ petit *à* petit「少しずつ」/ peu *à* peu「次第に」，など．▶ aller *d'*un endroit *à* un autre のように推移を表わす言い方に由来し，古語では traduire *de* mot *à* mot と言った．
⑥ (*de*) + 数₁ + *à* + 数₂ + 名
(1) 数₁, 数₂ が**連続数でなければ**「数₁ないし数₂」の意. de の使用は一定しない：Il y avait là (*de*) dix *à* quinze personnes. (H, 20)「そこには 10 人ないし 15 人の人がいた」/ Par mois, un ouvrier gagne *de* 40 *à* 80 yens. (BEAUV., *Marche*, 54)「月に 1 人の職工は 40 ないし 80 円かせぐ」/ Il n'y avait que quinze *à* vingt mètres entre les deux groupes. (SIMENON, *Chien*, 113)「2 つの群の間は 15 ないし 20 メートルしかなかった」▶ LE B (II, 675) は de の使用を勧めるが, 慣用は de を省く (G, 920, Rem. 3; G, *Pr.* III, 190). de の省略は 20 ou 30 personnes (⇨ou 1º ①) との混同による (MART, 197-9). 別の理由で de が用いられているならば, 上記の de は自動的に省かれる：un groupe *de* 20 *à* 30 personnes. cf. un groupe *de* 20 personnes.
(2) 2 つの数が**連続数であるとき**, その中間数を考えられれば上記に準じる：Elle vivait à cheval sept *à* huit heures par jour. (DÉON, *Taxi*, 108)「日に 7・8 時間は馬上で暮らしていた」その他：(*de*) 5 *à* 6 euros [kilomètres, heures]
(3) 2 つの数の**中間数が考えられない場合**は ou を使用し (7 ou 8 personnes), (de)... *à* は誤用とされる (D, 353; MART, 198; LE B, II, 675; H, 20; *EBF*, I, 7). しかし, à の使用例もまれではない：cinq à six chênes (MÉRIMÉE, *Carmen*) / Il y avait six *à* sept personnes. (GONCOURT, *Journal* I, 280) ▶ G (916, 30 N.B.); G (*Pr.* III 189) に類例多数．
2º 時間 ① **方向**: remettre *à* la semaine prochaine「来週にのばす」/ du matin *au* soir「朝から晩まで」(⇨jusque I. 1º) / d'ici (*à*) demain「今から明日までに」(⇨ici 1º) / *à* perpétuité [*à* jamais]「永久に」/ A bientôt.「ではまた近いうちに」
② **同時**: Il avait dix-huit ans *à* la mort de son père. (GREEN, *Epaves*, 64)「父が死んだ

とき，彼は18歳だった」/ Je n'ai pas une grosse faim *au* saut du lit. (RENARD, *Poil* sc. 3)「起きたてはあまり腹がへっていないんだ」/ *A* ces mots, il fronça le sourcil. 「この言葉を聞くと，彼は眉をひそめた」（多く原因の意を含む）

③**行為の行なわれるとき**: *à* midi [*à* 6 heures]「正午［6時］に」/ *à* la nuit tombante「日暮れ時に」

au matin, *au soir*, *à la nuit*, など GOUG (288) は *à la nuit* (＝à la tombée de la nuit), *la nuit* (＝pendant la nuit); *au jour* (＝au lever du jour), *le jour* (＝pendant le jour); *au matin*, *le matin*; *au soir*, *le soir* も同じと説く. S-H (196) も同説: Il fut relâché *au matin*. (VERCORS, *Colères*, 233)「彼は朝になると釈放された」/ Je devais y être *au* matin. (ID., *Yeux*, 119)「翌朝にはそこに着く予定だった」/ Et, comme Prométhée s'ennuyait, *au* soir il appela son aigle. (GIDE, *Prométh.*, 67)「そして，Pは退屈していたので，夕方になると鷲を呼んだ」/ Elle part *le* matin. Elle revient *à la* nuit. (DURAS, *Eden*, 95)「彼女は朝出かける．夜になると帰ってくる」/ *A l'*aube, il s'endormit. (DÉON, *Taxi*, 230)「夜明けになると眠りにおちた」

3° 用途: brosse *à* dents「歯ブラシ」/ corbeille *à* papier「紙くずかご」/ moulin *à* café「コーヒーミル」/ papier *à* lettres「便箋」/ une tasse *à* thé「紅茶茶碗」cf. une tasse *de* thé 「1杯の紅茶」

4° 順応: faire *à* son idée「自分の考えに従って行なう」/ vivre *à* son gré [*à* sa fantaisie]「勝手気ままに暮らす」/ Dieu créa l'homme *à* son image.「神は自分の姿にかたどって人間を創造した」/ *à* mon avis「私の意見では」/ *au* dire de「…の語るところによれば」/ *à* ce qu'il disait「彼の語ったところによれば」

5° 程度・結果: Il rit *aux* larmes. (VERCORS, *Anim.*, 316)「涙が出るほど笑う」/ Frances dut se mordre les lèvres *au* sang. (*Ib.*, 240)「Fは血の出るほど唇をかみしめなければならなかった」♦**成句**: chauffer *à* blanc「（金属を）白熱するまで熱する」/ *A* ma surprise Luc était déjà là. (SAGAN, *Sourire*, 77)「驚いたことにLはもう来ていた」/ *à* mon grand désespoir「私が非常に失望したことには」

6° 帰属の補語，間接目的語: écrire *à* qn「人に手紙を書く」/ donner un livre *à* son frère.
♦ connaître, croire, découvrir, deviner, juger, savoir, soupçonner, trouver, voir, などの後では，認知・判断の結果としての帰属関係を示す (LE B, II, 676): Il me regarde de cet air qu'on voit *aux* gros chiens. (FRANCE)「大きな犬によく見られるような様子で私を眺めている」/ une vieillerie qu'il connaissait *à* sa mère (DAUDET)「母親のものだと知っていたがらくた」⇨ pronom personnel III. 1°④

7° 所有 ① 名₁＋*à*＋名₂ 常用の de (la mère *de* Paul) に代わるàの使用は古文体の名残りの慣用句 (bête *à* bon Dieu「てんとう虫」, vache *à* Colas「プロテスタント」, など) のほかは俗語: Mon Dieu qu'elle est vieille la mère *à* Jacquot. (DURAS, *Journ.*, 45)「ああ，Jのおふくろは何て老いぼれているんだ」 ♦son, leur を明確にするために: C'est de *sa* faute *à* Sara. (ID., *Tarquinia*, 20)「Sのせいだ」/ Mets-toi à *sa* place *à* cette petite. (ROUSSIN, *Enfant*, 201)「あの子の身にもなってておやりなさい」（正規形: à la place de cette petite）

② 名＋*à*＋代 常用: Roger est un cousin *à* toi! (*Ib.*, 193) (=un de tes cousins)「Rはあなたのいとこよ」/ C'est un livre *à* moi.「私の（所有する1冊の）本」（不特定）cf. *mon* livre（特定）; un livre *de* moi「私が書いた本」/ Il a une manière bien *à* lui d'agir. (*DFC*)「彼には彼独特のやり方がある」 ▶**所有者の強調**: Quand aurai-je *ma* chambre *à* moi? (CAYROL, *Hist. maison*, 16)「いつになったら，ぼくだけの部屋を持てるの」♦**所有者の明示**: Il était assis sur *son* lit *à* elle. (SAGAN, *Chien*, 46)「彼は彼女のベッドに腰かけていた」/ *Sa* mère *à* lui était morte. (DURAS, *Amant*, 45)「彼の母は死んでいた」/ *Notre* sort, *à* toutes, est entre vos mains. (ANOUILH, *P.R.*, 23)「私たちみんなの運命はあなたの手中にあります」

③ *être* [*rester*, など]＋*à*＋名 代 常用: Ce livre *est à* mon frère [*à* lui].「この本は弟[彼]のだ」cf. Ce livre *est de* mon frère [*de* lui].「この本は弟[彼]が書いたのだ」
♦**動詞を略して**: *A* nous la liberté.「自由をわれらに」/ Bien *à* toi. (親しい友人間で用いる手紙の末尾の文句)

④ C'est aimable *à* vous. (VIAN, *Pékin*, 28) (=Vous êtes aimable.)「ご親切にありがとう」♦ *à* vousはc'estに従属, c'estは「親切である」,「私はこの親切をあなたに属するものと思う」の二重の判断を導く (W, §767). 類例: Que *c'est gentil à* vous d'être venue. (IONESCO, *Rhinoc.*, 166)「来てくださってほんとにありがとう」/ Libre *à* elle de le croire. (DÉON, *Déjeuner*, 33)「そう信じるのは彼女の自由だ」/ Je ne travaillerai pas pour vous. — Libre *à* vous. (*Ib.*, 292)「あなたのために仕事はしませんよ. — ご勝手に」

8º 所属
① *c'est à* + 名 [代] + *de* [à] 不定詞 〈de 不定詞〉が普通. どちらも「…するのが義務だ」と「…する番だ」の2義がある: C'était plutôt *à* lui *de* me présenter ses condoléances. (CAMUS, *Etr.*, 10)「むしろ彼のほうが私にお悔やみを言うべきだった」/ Le chien rampe de frayeur et se laisse traîner. A ce moment, *c'est au* vieux *de* le tirer. (*Ib.*, 43)「犬は怖気をふるって這いつくばい, 引きずられるままになる. この時は老人が引っぱる番なのだ」/ Mais ce n'est pas *à* moi *à* vous renseigner. (H. BATAILLE, *Masque* II, 14)「でも, ぼくが教えるわけにはいかないよ」/ Monsieur, j'ai fait place à madame ; mais *c'est à* vous qui êtes jeune *à* me laisser passer maintenant. (LARBAUD, *Márquez*, 36)「私は奥さんに道を譲りました. だが, 今度は, お若いあなたが, 私を通してくださるべきです」

② *à* + 名 [代] + *de* [à] 不定詞 c'estの省略形: *A eux de* définir le langage de la bonne société, *d'*imposer un stage plus ou moins long aux néologismes de tout genre et de toute origine, *à* admettre dans la langue littéraire ou *à* en exclure telles expressions ou tels mots qu'il leur plaira. (D, *Lang. fr. d'auj.*, 10)「上流社会の言語を定義し, あらゆる種類・あらゆる起源の新語法に多少長い見習期間を課し, 望むがままに, ある言い方ないしある語を文学語の中に受け入れたりそこから除外したりするのは, 彼らの仕事なのだ」/ *A vous de* jouer... (...) *A vous à* faire. (MUSSET, *Jurer de rien* II, 2)「(トランプをしながら)あなたの番です (…) さあ, あなたのなさる番です」(2例とも à, deが同義で混用されている) / *A qui de* jouer? (DURAS, *Détruire*, 86)「(トランプをしながら)だれの番です」

③ *c'est à* + 名 [代] *de* [à] 不定詞 の省略形: Allons, *c'est à toi*, il faut que, toi, tu décides de la seconde où tu vas t'élancer. (CAMUS, *Justes*, 94)「さあ, きみの仕事だ. きみが突進する瞬間を決めなければならない」/ Ce n'est pas encore *à* moi. (VERCORS, *Divag.*, 83)「(講演の順番を待ちながら)まだ私の番にはならない」

④ *à* + 名 [代] c'estとde [à] 不定詞の同時省略: Dis-lui d'abord ce que tu proposais, Peter... — *A toi*, Hector, *à toi*. (ANOUILH, *P.R.*, 51)「まずお前の提案をあいつに言えよ. P. —お前が言ってくれ, H, お前が」/ *A vous*, dit-elle à Pierre. (BEAUV. *Inv.*, 311)「今度はあなたの番よ, とPに言った」/ *A moi*, maintenant. (LE CLÉZIO, *Déluge*, 139)「今度は私の番よ」

♦ c'est à... de [à] 不定詞 の de [à] 不定詞は論理的主語. これを省略しても「義務」と「順番」の両義を表わしうるから, 意味の違いはàとdeによるのではなく, 文脈や状況による.「à, deの選択は全く自由で, ことにeuphonieによる」(LE B, II, 701).

この言い方の曖昧さを避けるために, C'est *à* lui *qu'il appartient de* rompre cette liaison. (MAUPASS., *Vie*, 253)「この関係を断つのは彼の義務だ」/ *c'est* [à] *votre tour de* [à] 不定詞 を用いる.

9º 道具 *à* / *de*, *avec*, *par*
① *à* + 総称の単数定冠詞: pêcher *à* la ligne「釣竿で釣る」/ écrire *au* crayon「鉛筆で書く」/ taper *à* la machine「タイプで打つ」/ travailler *à l'*aiguille「針仕事をする」/ cousu *à* la main「手縫いの」/ accompagner *à* la guitare [*au* piano]「ギター[ピアノ]で伴奏する」▶ ただしfouler *aux* pieds「踏みにじる」♦ 成句: fermer *à* clef「鍵をかける」

行為名詞 + *à la* [*au*]: pêche *à* la ligne「竿釣り」/ travail *à l'*aiguille「針仕事」/ des mois de travail *à la* hache et *au* couteau (TOURNIER, *Vendr.*, 30)「斧やナイフでの幾か月にわたる細工」

à + 無冠詞名詞 器具・機械などを表わす名詞の補語: lampe *à* pétrole「石油ランプ」/ moulin *à* eau [*à* vent]「水車[風車]」/ avion *à* réaction「ジェット機」

② *de* + 定冠詞 体の部分, それが扱う道具:

faire signe *de la* tête「うなずいて合図する」/ montrer *du* doigt「指さす」(*au* doigt とも言う) / cligner *des* yeux「まばたきする」▶これらの定冠詞は所有を表わす． cf. Je l'ai vu *de mes* yeux.「自分の目で見たのだ」/ Il le frappa *de son* épée.「自分の剣で切りつけた」
③ *avec* 臨時に使用する道具．名詞の限定辞に制限なし: attacher *avec* des cordes「紐でゆわえつける」/ écrire *avec* un [ce] crayon「鉛筆で書く」(①の au crayon に ×à un, ×à ce の置き換えは不可) / De sa main libre, il s'essuyait le visage *avec* un mouchoir. (TROYAT, *Marie*, 124)「空いている手を使って，ハンカチで顔を拭いた」/ frapper *avec* [または *de*] sa hache「斧で切る」
④ *par* は動作主から見て外部的な道具を表わす: conduire qn *par* la main「人の手をひく」/ Il ne voit que *par* tes yeux.「彼はいつも君の目で物を見る」/ attacher qch *par* [または *avec*] une chaîne「鎖でつなぐ」

10° 乗物 *à / en, dans, par, sur*

① *à* (馬の類): aller *à* cheval [*à* âne]「馬[ろば]に乗って行く」▶ただし，×*à* chameau とは言わず *à dos de* chameau と言う．
② *en* (内部に入る乗物): aller *en* voiture, *en* auto, *en* autocar, *en* chemin de fer, *en* avion, *en* hélicoptère, *en* bateau / monter *en* voiture, *en* seconde, など．◆voyager *en* train [または *par le* train]. *au* train de midi「正午の列車で」は俗語 (H, 941): Nous sommes arrivés *au* train de 7 h. 10. (ANOUILH, *P.R.*, 181) / Je suis arrivée ici *au* train de quatorze heures seize. (*Ib.*, 252)
③ 限定辞 + 乗物: Henri partit pour l'Italie *dans une* petite auto d'occasion. (BEAUV., *Mand.*, 357)「Hは中古の小さな自動車でイタリアに出かけた」/ Il monta *dans son* auto. (*Ib.*, 386) / Nous partons en voyage de noces *avec la* voiture du beau-père. (TOURNIER, *Coq*, 285)「義父の車で新婚旅行に出かける」/ Vous rentrerez *avec ma* voiture. (SAGAN, *Bonj.*, 59) / monter *sur son* [*un* superbe] cheval.
④ 自転車類 伝統的: aller *à* bicyclette, *à* vélo. ◆これらも en に代わられる傾向が強く，次例は en のみを用いる: *en* bécane, *en* tandem, *en* scooter, *en* patinette / Martine aime bien rouler *en* vélomoteur. (LE CLÉZIO, *Ronde*, 12) ▶限定辞を添えると: *sur sa* bicyclette, *sur un* vélo, *sur une* moto / Il a glissé *sur le* toboggan. (MODIANO, *Garçons*, 62)「トボガンぞりで滑った」
⑤ *par* (手段): voyager *par* [*en*] bateau, *par* [*en*] avion, *par* (*le*) [*en*] paquebot, *par* (*le*) [*en*] chemin de fer / venir *par l'* [*en*] autobus. ▶×par train は不可 (H, 940).

11° *à* + (*nous* [*vous, eux*]) + 基数詞 同じ行為への協力を表わす: *A eux deux*, ils n'avaient plus que douze francs. (MAUROIS, *Dumas*, 46)「2人でもう12フランしかなかった」/ Vous avez donc dîné *à trois*? (SIMENON, *Chien*, 134)「では3人で夕食をしたのですね」/ *A deux*, nous aurons bien plus vite fini. (VAILLAND, *Fête*, 112)「2人でやればずっと早く終えられます」◆名詞の補語として: la vie *à deux*「共同[夫婦]生活」または単独に: Et maintenant, *à nous deux*! (IKOR, *Gr. moy.*, 249)「さあ今度は2人で話をつけよう」
◆ *à moi* [*toi, ...*] *seul* は協力者の欠如を示す: Il occupait *à lui seul* la maison de ses ancêtres. (MANDIARG., *Lis*, 39)「先祖の家を1人で占領していた」/ *A lui seul*, il est plus fort que nous deux. (SIMENON, *Chien*, 87)「彼1人でも我々2人よりもっと力があります」

12° 価格 *à / de*

① 名 + *à* [*de*] + 価格: Donnez-moi (...) dix timbres *à* 25 centimes. (*Voix et Im.*, 88)「25サンチームの切手を10枚ください」/ Vous devez vous gaver de romans *à* quatre sous. (ANOUILH, *P.G.*, 149)「三文小説の読みすぎだよ」▶ *de* は常に可能: votre roman *de* quatre sous (*Ib.*, 166) ◆ à は廉価版，均一価格品について用いられるのが普通であったが，現代では高価なものについても用いられる: Il s'offre des costumes *à* [*de*] mille francs. (COL)「奮発して千フランのスーツを買う」▶Ce costume est *à* mille francs.(⇨下記②)の影響．
② 動 + *à* + 価格: Je vous laisse ce tapis *à* [または *pour*] mille francs. (PR, laisser)「このカーペットは千フランでお譲りします」/ On liquide les œillets *à* cinquante francs la botte! (MAUROIS, *Femmes*, 20)「ひと束50フランでカーネーションの投売りだよ」/ *A* combien faut-il affranchir cette lettre

exprès? (CLAIR, 198)「この速達便はいくらですか」(⇨ pour I. 4º ①) ◆〈être à＋価格〉ではàが必要: Les œufs *sont à* 96 fr. (GIDE, *Journal 1942-9*, 131)「卵は96フランだ」▶Ce livre *est à* cent francs.「この本は100フランする」よりはCe livre coûte cent francs. またはLe prix de ce livre est de cent francs.(⇨ de I.13º)のほうが望ましい(*DBF*; COL).

13º 数量: *La Jeune Parque*, tirée *à* six cents exemplaires, est épuisée en trois mois. (CHAIGNE, *Vies et œuv.*, 19)「『若きパルク』は600部刷られたが3か月で売り切れた」/ Vos ouvrages tirent *à* trente mille. (SARTRE, *Mur*, 80)「あなたの著作は3万部刷られている」/ On disait qu'il était riche *à* deux cent mille francs. (AYMÉ, *Jument*, 34)「20万フランの金持だと言われていた」/ Tu es riche *à* combien? (RENARD, *Poil*, 238)「お金いくらあるの?」

14º 様態: *à* la folie「夢中になって」/ *à* la nage「泳いで」/ *à* la rage「狂わんばかりに」/ *à* la renverse「仰向けに」/ *à* cœur ouvert「腹蔵なく」/ *à* cloche-pied「片足で」, など.
◆ à la (=à la manière＋形 [de＋名]): des stores *à l'*italienne「イタリア式ブラインド」/ s'asseoir *à la* turque「トルコ風にすわる, あぐらをかく」/ un tableau *à la* Goya「ゴヤ風の絵」

15º 特徴 付属物, 形, 模様, など. à＝avec, qui a: une femme *à* nez busqué (LE B, II, 679)「わし鼻の女」. 定冠詞の有無により2種類に分かれる.

① *à*＋無冠詞 多く恒常的特徴: des arbres *à* feuilles persistantes [caduques] (*PR*)「常緑樹[落葉樹]」/ des chaussures *à* talons hauts [plats] (*Niv.* 2)「ハイ[ロー]ヒールの靴」/ Tu veux un pull *à* manches courtes ou *à* manches longues? (*Ib.*)「半袖のセーターがほしいのですか, それとも長袖のですか」/ un jeune homme blond, *à* figure avenante (FLAUBERT, *Educ.* I, 34)「感じのいい顔付をした金髪の青年」/ un grand mouchoir *à* carreau (CAYROL, *Hist. maison*, 132)「チェックの大きなハンカチ」

② *à*＋定冠詞 多く一時的特徴: Le vaincu était un jeune garçon *au* teint rose et *aux* cheveux bouclés. (TOURNIER, *Coq*, 187)「負けたのはバラ色の頬をした巻き毛の青年だった」/ J'ai remis le chapeau d'homme *au* ruban noir. (DURAS, *Amant*, 59)「黒いリボンのついた男物の帽子をまたかぶった」/ Elle aimait à errer avec lui dans le Paris du dimanche, *aux* rues vides, *aux* boutiques fermées. (MAUROIS, *Cercle*, 138)「通りに人気なく店が閉まっている, 日曜のパリを彼とぶらつくのが好きだった」

16º 対立: Les enfants s'avançaient deux *à* deux.「子供たちは2人ずつ進んでいった」/ tête *à* tête [face *à* face, nez *à* nez]「向かい合って」/ dos *à* dos「背中合わせに」
◆ A est à B ce que C est à D「AのBに対する関係はCのDに対する関係に等しい」

17º 分離 ラテン語の前置詞 ab (=en partant de) に由来. 特定の動詞の後に限られる *acheter, *arracher, *boire, dérober, *échapper, *emprunter, enlever, escamoter, extorquer, *ôter, *prendre, *puiser, ravir, reprendre, *retirer, soustraire, voler, など. (*印はdeその他の前置詞も用いる) / enlever un drapeau *à* l'ennemi「敵から軍旗を奪う」

18º 動作主: mangé *aux* (=par les, des) vers「虫に食われた」⇨ agent (compl. d') 2º
　不定詞の主語: Faites prendre ce remède *au* malade.「病人にこの薬を飲ませなさい」/ Je l'ai entendu dire *à* [または *par*] mon ami.「私の友だちがそう言うのを聞いた」⇨ écouter; entendre; faire; laisser; regarder; voir

19º 属詞の導入 まれ: prendre qn *à* partie [*à* témoin]「ある人を相手どる[証人にする]」/ tenir *à* honneur de 不定「《文》…することを名誉と考える」

II. *à* 不定 不定詞は名詞的に機能し, その前にdans, enは用いないから,〈à 不定〉は〈à [dans, en]＋名〉に代わる: un fer *à* repasser「アイロン」cf. 上記 I. 3º / Je me tue *à* travailler.「必死に仕事をする」 cf. Je me tue *au travail*. / persévérer *à* faire le bien「善を行なってうむことがない」 cf. persévérer *dans le bien* / exceller *à* peindre「絵がうまい」cf. exceller *en peinture*.

　注意すべき意味と用法
1º 継続的行為 être, demeurer, rester, surprendre, trouver, voici, voilàなどの後で属詞として用いるのが普通: Il était [restait] là *à* attendre.「彼はそこで待っていた」/ Je l'ai

trouvé *à* écrire une lettre.「彼が手紙を書いているのを見つけた」/ Je la surpris *à* chanter. (ARLAND, *Terre nat.*, 19)「彼女が歌っているのを見つけた」/ Que je te reprenne *à* rôder par ici, et je préviens la police. (ACHARD, *Nouv. hist.*, 6)「この辺をうろうろしているのをまた見つけたら、警察に訴えるよ」

2°　予定, 必要, 義務

① *à*＋直接他動詞: une maison *à* vendre [*à* louer]「売家［貸家］」/ Il me reste quelques visites *à* faire.「まだ二三訪ねなければならぬところがある」/ Qu'avez-vous *à* me dire?「何か言うことがありますか」/ Il est *à* plaindre.「彼はかわいそうだ」/ C'est *à* prendre ou *à* laisser.「取るか取らぬかハラを決めなければならぬ」

② *à*＋自動詞［間接他動詞］　俗用, 商業文体: Je n'ai plus qu'un seul endroit *à* aller. (B, 400)「行くべき所はもう一カ所しかない」/ une occasion *à* profiter (LE B, II, 685)「利用すべき機会」(正: dont il faut profiter)　MART (436, n. 1)は誤用とみなす。　▶慣用的: un enfant *à* naître「(胎内にある)やがて生まれる子供」

3°　donner *à* manger「食物を与える」. 予定の補語 quelque chose à manger の被限定語が略され, à manger (=de quoi manger, de la nourriture) 自体が目的語となったもの.

① *à*＋直接他動詞: Je lui prépare *à* manger. (ARLAND, *Ordre*, 493)「彼のために食物を作ってあげます」/ Je vais vous apporter *à* manger. (*Ib.*, 539)「召上り物を持ってまいりましょう」/ Tu me paies *à* dîner? (*Ib.*, 404)「晩飯おごってくれる?」/ On vous montera *à* souper. (ANOUILH, *P.B.*, 33)「夜食は2階まで運んであげます」/ Dois-je vous servir *à* boire? (CAMUS, *Malent.* I, 5)「お飲物を持ってまいりますか?」

② *à*＋直接他動詞＋目的語　Qu'elle apprenne la sténo, et on trouvera bien *à* la caser quelque part. (BEAUV., *Inv.*, 23)「速記を習えば、きっとどこか就職口を見つけてやれるよ」/ Elle lui donnait *à* porter son manteau. (BEDEL, *Molinoff*, 162)「彼に自分のコートを持たせた」

③ **avoir *à*** 不定詞: J'ai *à* travailler.「仕事がある」/ J'ai *à* faire un devoir [J'ai un devoir *à* faire].「宿題をしなければならない」/ Je n'ai pas *à* te remercier.「君に礼をいう義理はない」

④ ***n'avoir qu'à*** 不定詞: Vous n'avez qu'*à* me dire.「私に言いさえすればいい」

4°　到達すべき結果, 程度: C'est *à* éclater de rire. (=Cela est si ridicule qu'on pourrait éclater de rire.)「ふき出してしまうほどだ」/ Elle est laide *à* faire peur.「ぞっとするほど醜い」/ Il est fou *à* lier.「しばっておかねばならぬほど狂っている」/ bâiller *à* se décrocher la mâchoire「顎がはずれるほど大きなアクビをする」　▶形容詞的: des propos *à* faire rougir un singe「猿の顔を赤らませるほどの淫らな言葉」/ vent *à* écorner les bœufs「牛の角を吹き折るほどの烈風」

5° Il est ***homme*** [Elle est ***femme***] *à* tout tenter. (=Il [Elle] est capable de)「どんなことでもやりかねない男［女］だ」(B, 838; W, §163 は結果の意に加える)

être＋数量［序数］＋*à* 不定詞: Nous sommes encore nombreux *à* t'aimer. (CAMUS, *Caligula* IV, 12)「われわれのうちには、まだ君を愛しているものが大勢いる」/ Combien étaient-ils *à* rôder autour d'elle...? (TROYAT, *Araigne*, 132)「彼らは何人で彼女のまわりをウロウロしていたのだ」/ ils étaient cinq [des milliers, un certain nombre] *à*...「5人［数千人, 何人か］で…していた」/ Il fut le premier [le dernier, (le) seul] *à* m'encourager.「彼が最初に［最後に, 彼だけが］私をはげましてくれた」

♦同一構文は予定の補語(⇨　上記2°)ともなる: Nous sommes quatre *à* partager la proie. (LA FONT., *Fab.* I, 6) (=quatre qui devons partager...)「われわれ4人して獲物を分けよう」/ Cette voiture est la première *à* partir. (B, 400)「この車が最初に出ることになっている」

6°　条件, 仮定: *A* l'en croire, il sait tout faire. (=Si on l'en croit)「言うとおりならば、彼は何でもできるはずだ」/ *à* tout bien prendre「すべてを考え合わせれば」/ *à* vous entendre「あなたの言うことを聞くと」/ *à* (en) juger par「…から判断すると」

7°　原因: *A* trop veiller, il s'est usé les yeux.「仕事で夜ふかしし過ぎたので彼は目を痛めた」/ Tu es agaçant *à* [de] me déranger, quand je travaille.「仕事をしているのに邪魔するなんてうるさい奴だ」

♦問いの動機: Qu'est-ce que vous avez ce soir, à rire comme ça? (AMIEL, *Voyageur*, sc. 4)「そんなに笑うなんて，今夜はどうしたのです」cf. LE B, II, 685 ; S, II, 331.
8º 手段: Il s'est ruiné à jouer.「賭博で破産した」/ Il passe les heures à dormir.「眠って時を過ごしている」
9º 目的 (=pour) まれ: Thérèse s'installe à écrire. (PORTO-RICHE, *Vieil h.* I, 13)「Thは書くために机に向かう」
　成句的: à vrai dire「本当を言えば」/ à ne point mentir「ありのままに言えば」/ à vous parler franchement「率直に話せば」
　古い語法: Je ferai mon possible à bien venger mon père. (CORN., *Cid* v. 982)「みごと父の仇を討つために力の及ぶ限りのことをしよう」

III. à+節
1º *à ce que* 〈à 不定詞 [名]〉を補語とする構文で，従属節が補語となるときは à ce que を用いる: Je m'attendais à le voir. (LE B, II, 356)「彼に会えるものと期待していた」; Il s'attend à ce que je revienne. (AC)「彼は私が帰って来るものと期待している」/ Je ne *vois pas de mal à cela*. (DFC)「私はそれを悪いとは思わない」; *Voyez*-vous un inconvénient à ce que je le reçoive? (ROUSSIN, *Hélène*, 137)「私が彼を迎えることを不都合とお思いか」/ Il n'y a pas de honte à faire son devoir. (ACHARD, *Patate*, 58)「義務を果たすのは恥ではない」; Y a-t-il un inconvénient à ce que j'épouse Oreste? (ROUSSIN, *Hélène*, 39)「私がOと結婚すると不都合があるのですか」

　à ce queを補語とする動詞
① **自動詞:** aboutir, arriver, concourir, condescendre, consentir, parvenir, réfléchir, tenir, veiller, venir, viser, など.
② **代名動詞:** s'accoutumer, s'appliquer, s'attendre, se décider, s'employer, s'exposer, s'occuper, s'opposer, se refuser, se résoudre, など.
③ **他動詞＋目的語:** aider qn, attacher de l'importance, avoir intérêt [de la difficulté], faire attention, il y a qch, voir qch, など.
④ **形容詞:** attentif, intéressé, résolu, décidé,など.
▶ aimer, demander, tâcher の後で que に代わるà ce que は誤用とされる.

2º *à*＋副詞節 ⇨ comme II. 3º ⑤; comment 6º ③.

abréviation —— I. [略語(法)] 長い語の一部を切除して同義の略語を作ること. 略語はことに20世紀にはいってから新語の発生に大きな役割を演じた.
1º 頭部・中部・尾部の数音節の切除
① 尾部切除: aristo(crate), auto(mobile), ciné(ma(tographe)), déca(féiné), labo(ratoire), météo(rologie), métro(politain), micro(phone), photo(graphie), pneu(matique), propé(deutique), rétro(grade, viseur), stylo(graphe), taxi(mètre), télé(vision), など. その他2語からなる名称で: surgé (< surveillant général)
　-oで終わるものが多いので，-oは略語の印と感じられ，ある略語は語尾母音を-oに変えて作られる: apéro (< apéritif), mécano (< mécanicien), métallo (< métallurgiste), proprio (< propriétaire), など.
　第2・第3音節の子音のあとの切除 (ことに学生語・兵隊語): bac(calauréat), fac(ulté), math(ématiques), manif(estation), prof(esseur), sous-off(icier); Boul'Mich' (=Boulevard Saint-Michel), Vel'd'hiv' (=Vélodrome d'hiver), など.
② 頭部切除: (auto)bus, (auto)car, (Amé)ricain, など.
③ 中部切除: margis (< *mar*échal des logis), など.
♦ train rapide > rapide などの省略は ⇨ ellipse
2º 各語の頭文字だけを用いるもの. ⇨ sigle
II. [省略記号] 長い語を簡単に記す記号. 発音は完全に書いた場合と同じ: M. (=Monsieur), MM (=Messieurs), Mme (=Madame), M^e (=Maître), D^r (=Docteur), N^o (=numéro), etc. (=et cætera), など.

accent —— I. [アクセント] 音節間の声の強弱・高低の差，あるいは強さ・高さの頂点を言う.
1º accent d'intensité [accent tonique] [強さアクセント] 孤立した語では最後の音節にある: vérit*é* / p*è*re (1音節). 文のアクセントはリズム要素 (élément rythmique) の終わりにある. したがって，語強勢は文強勢に歩を譲る: Il par*lait*. / Il parlait *bien*. ; Tu *viens*? / Viens-*tu*? ; Donnez-*moi* de ce que vous *avez*. ♦イ

タリック体の部分にアクセントがある．強さアクセントによって，次の意味が区別される：un signale*ment*と un *si*gne alle*mand* / Sa toi*le* était *fai*te.と Sa toi*lette* est *fai*te.

2° accent de hauteur [accent musical] ［高さアクセント］ 孤立した語では終わりから2あるいは3番目の音節にある：Un *man*teau, (D, *Génie*, 51)．文については ⇨ intonation

3° accent d'insistance [accent emphatique] ［強調アクセント］ 強調したい語の上におかれるアクセント．Je *le* veux. [ʒəlvø]の無強勢のleを強調するときは[lø]となる．

① 驚き，称賛，命令，拒絶などの感情を表わすための強調では，多音節語の強勢は，子音で始まる場合は第1音節に，母音で始まる場合は第2音節に置かれる：C'est *t*errible. / Il a *par*faitement chanté. / C'est im*p*ossible. 強調アクセントを置かれる音節は高さアクセントを持ち，子音も母音も長くなる．

強調アクセントを表わす文字上の工夫：ces *p'*petits rubans (GARY, *Au-delà*, 31) / Allez, dites-nous tout. — Tout. T*t*tout... je ne vais rien garder. (SARRAUTE, *Isma*, 62) ② ある語を明瞭に表わす場合の強調（ことに意味の反対の2語を対立させる場合）では，アクセントは原則として第1音節にある：Ce n'est pas *of*ficiel, c'est *of*ficieux. 特別な場合：Le pluriel de cheval est che*vaux* et non che*vals*.

II. ［アクサン記号］ 綴り字記号（signe orthographique）の一種．

1° accent aigu (´) eにのみ用いられ原則として狭母音のé[e]を表わす：été. ただし accent aiguなしでも pied, aimer, nez, clef, などは [e]．16世紀に[e]を表わすために案出され，17世紀には[ɛ]をも表わした．-ége [-ɛːʒ]は19世紀まで伝わったが，1878年の Académie 辞典で-ègeと改正．例外的にévénement, aimé-jeなどが残る．⇨ e

2° accent grave (`) ① è [ɛ]は子音＋無音のe，語末sの前に用いられる：pèlerin, procès．② à [a]: déjà．③ 同音異綴異義語を区別するための標識となる：dès, des; à, a (< avoir); là, la (冠詞); çà, ça; où, ou (ùは où のみ)．16世紀に考案，種々の用い方をされた．Académie 辞典が最終音節の広母音のèに用いたのは1740年．

3° accent circonflexe (^) a, e, i, o, uに用いる．① [ɑ] [o]などを表わす：grâce, crâne, rôle. ② 消失した文字に代わる：âge (< aage), âme (< anme), fête (< feste), île (< isle), 副詞の語尾 -ûment (< uement)．③ 同音同綴異義語を区別する標識：dû (< devoir), du (冠詞); crû (< croître), cru (< croire). 16世紀にeの脱落を示し，17世紀にsの脱落を示すために用いられ始めた．

accord du verbe ［動詞の一致］——動詞はその主語の人称と数に一致する．主語が名詞ならば，常に3人称．数の一致は，名詞の数・形態によるほか，その意味によることがある．過分のほかは性の一致をしない．

A. 数の一致
I. 1つの主語との一致
1° 集合名詞 ① 集合名詞が補語を伴わないときは，動詞は単数：La foule *glissa* vers le buffet. (MAUROIS, *Cercle*, 293)「群集は食堂のほうに進んでいった」 / La troupe *suivit* au galop. (KESSEL, *Steppe*, 23)「一隊は早駆けで後に従った」◆ただし，同格語を添えるときは複数の観念が喚起される：Toute l'expédition, Kreps, Pop et les Greame, *étaient rentrés* par bateau. (VERCORS, *Anim.*, 159)「KもPもG夫妻も，探検隊の全員が船で帰って来た」
② 集合名詞＋補語 集合体の観念に支配されて動詞を単数にしたり，あるいは個体の多数の観念に支配されて複数にする．多くはそのどちらにも考えられるから，一致は一定しない：Une foule de gens *est venue* [*sont venus*]. (D, 449)「人の群［多くの人］が来た」（複数が普通） / La foule des soldats *couvrit* entièrement la place. (MART, 320)「兵士の群が広場全体をおおった」 / Une bande d'hirondelles *passa* au-dessus de nous. (ARLAND, *Terre nat.*, 227)「ツバメの群がわれわれの頭上を通りすぎた」 / Une bande de filles et de garçons *passaient* devant nous. (*Ib.*, 30)「一群の女の子と男の子がわれわれの前を通りすぎた」 / Un groupe de jeunes gens *passa* en chantant. (ID., *Ordre*, 475)「若者たちの一団が歌いながら通りすぎた」

2° *un grand* [*bon*, *petit*] *nombre de*, une grande [petite] quantité de, une (grande [petite]) partie de, le plus grand [petit] nombre des, la majeure [plus grande] partie des, la majorité des, le reste des, などの後でも動詞の一致は一定しない：Une grande quantité d'arbres *a été abattue* [*ont été abattus*]. (D, 449)「多くの木が伐り倒された」

　補語名詞が省略されているときも同じ: Les tribus se révoltèrent, mais bientôt une partie *se soumirent*. (H, 965)「部族は反乱を起こしたが、やがてその一部は投降した」/ Le plus grand nombre... *préférait* attendre qu'il s'endormît. (KESSEL, *Steppe*, 52-3)「大部分のものは彼が眠るのを待つほうを選んだ」

▶ 次例では意味からして単数: Un grand nombre d'enfants *est* une lourde charge.「子供の多すぎるのは重荷だ」

3° *une* [*la*] *moitié*, un [le] tiers, un [le] quart の後でも、量に重点をおくか、補語に重点をおくかに従って、動詞は単数あるいは複数: La [Une] moitié des députés *a voté* pour, la [une] moitié contre. (MART, 322)「議員の半数は賛成投票を、半数は反対投票をした」/ La moitié de vos contemporains vous *tiennent* pour un imbécile. (ROMAINS, *Trouhadec* I, 1)「現代人の半数はあなたをバカ者だと思っていますよ」/ Un bon quart de nos contemporains... *vit* dans la terreur des bacilles. (L. DAUDET—G, 806, Rem. 3)「現代人の4分の1以上は細菌を恐れて生きている」/ Un bon tiers des fidèles ne *vont* plus à la messe. (ARLAND, *Ordre*, 457)「3分の1以上の信者はもうミサにはいきません」

▶ 分数の分子が2以上のときは動詞は複数: Deux tiers du pays *étaient* occupés.「国の3分の2は占領されていた」

▶ 補語が複数なら、属詞・過分は多く補語に一致: Deux tiers des maisons *ont été détruites* [*détruits*]. (H)「家の3分の2は破壊された」

♦ une douzaine, une vingtaine, une centaine, un millier, などの後では普通は補語に一致: Une vingtaine d'élèves *formèrent* le cercle autour de lui. (ARLAND, *Ordre*, 387)「20人ばかりの生徒が彼のまわりに輪を作った」　▶ この場合にも数を支配的観念とみなして、動詞を単数にも用い得る: Une douzaine de mouchoirs *fait* [*font*] défaut. (M)「ハンカチが1ダース足りない」

4° *beaucoup* [*trop*, *tant*, *peu*, *assez*, *combien*, *nombre*, *quantité*, など]+*de* の後では動詞は補語に一致: Beaucoup de monde le *connaît*.「多くの人が彼を知っている」/ Beaucoup [Peu] de personnes *ignorent* la gravité de cette affaire.「多くの人がこの事件の重大さを知らない [...を知らない人は少ない]」

▶ 補語省略の場合は動詞は複数: Beaucoup [Peu] *ignorent*...

♦ 時に数量が支配的観念になる: Trop de plaisirs *est malsain*. (H)「快楽も度を越すと健康に害になる」⇨ peu 3°; plus (plus d'un) I. 9°③; moins (moins de deux) I. 4°③

5° 基数形容詞+名　動詞は当然複数。ただし、特別な場合に、その語群を単数として考えることができる (H, 973): Mille francs *est* une somme.「1000フランといえば相当な金だ」　▶ 冠詞や限定形容詞に先立たれるときは複数: Ces mille francs *sont* une somme. (*Ib.*)

6° 基数詞+*pour cent*　慣用は一定しないが、D (448) は次の一致を妥当とする.

① 補語を伴わないときは動詞は単数: Quel pourboire donnez-vous? — Dix pour cent *est* assez.「チップはいくらやる?—1割で十分だ」

② 補語を伴うときは、動詞・属詞・過分は補語に一致: Vingt pour cent de la population *s'est abstenue*.「住民の2割が棄権した」/Quatre-vingts pour cent des électeurs *ont voté*.「有権者の8割が投票した」

7° 表題と動詞・形容詞の一致

① 表題が固有名(詞)、あるいは〈冠 [限定形容詞]+名〉の場合は、この名詞と一致: «Esther» *a été écrite* pour Saint-Cyr. (H, 977) / «Les Méditations» *ont été saluées* comme une aurore éclatante. (MORNET, *Hist. litt.*, 186) / «Les Etudes de la nature», *publiées* en 1784, le *rendirent* aussitôt célèbre. (DOUMIC, *Hist. litt.*, 461-2) ♦ 時に中性とみなし、男性単数として扱う: «Les Rougon-Macquart» ... *est* le tableau d'une famille... (THIBAUDET, *Hist. litt.*, 372) / Je pense aux «Chouans», qui *est* la première réussite de Balzac. (ALAIN, *Balzac*, 18) ▶ この一致は次の場合には曖昧を避け得る: «Les Misérables», *relié* en maroquin (reliés とすると本が数冊あるように考えられる)

② 無冠詞名詞は中性と考えて多く男性単数扱い: «Justice» enfin *n'a pu être écrit*. (THIBAUDET, *op. cit.*, 374) / «Climats» *limitait* son objet au couple. (CHAIGNE, *Vies et œuv.*, 213)

③ (冠)+名 *et* (冠)+名

accord du verbe

(1) 第1名詞が固有名（詞），あるいは冠詞を伴う名詞のときには，これに一致：«La Coupe et les lèvres» *semble injouable*. (GIRAUD, *Ec. romant.*, 124) / «Le Rouge et le Noir» *marquait* un grand progrès sur «Armance». (*Ib.*, 171) / «Les Voleurs et l'âne» *sont* une des rares fables politiques du livre premier. (MICHAUT)

(2) 無冠詞の普通名詞．中性として男性単数扱い：«Coulisses et Secret du Cirque» *est* d'une lecture très amusante. (E. JALOUX — G, 813 b) ▶ あるいは冠詞を添えて第1名詞に一致させる：Les «Emaux et Camées» (1852, *accrus* en plusieurs éditions jusqu'en 1872) *illustrent* cette nouvelle manière. (JASINSKI, *Hist. litt.* II, 571)

④ 名 + 動 多く主語名詞に一致：«Les Affaires sont les Affaires» ... *ont mérité* de rester... (THIBAUDET, *op. cit.*, 504) ▶ 時に中性扱い：«Les Dieux ont soif» *est* un livre d'une maîtrise absolue. (*Ib.*, 433) livre の影響が考えられる．

⑤ その他の型の節，〈 前 + 名 〉は単数扱い：«A quoi rêvent les jeunes filles» ne *s'analyse* pas plus que «Les Romanesques» de Rostand. (GIRAUD, *Ec. romant.*, 125) ▶ 形容詞の一致：«De l'Allemagne», une fois *utilisée*, a été de moins en moins *lue*. (THIBAUDET, *op. cit.*, 51)

▶ 表題の定冠詞の縮約について ⇨ contraction de l'article 2°

8° 関係代名詞 *qui*

① *un(e) des* + 名 + *qui*　qui の先行詞が un であるか補語名詞であるかは文意が決定する：Un de ses fils qui *est* officier habite Bruxelles.「士官である彼の息子の一人はBに住んでいる」/ Pasteur est un des hommes qui *ont* le plus *illustré* la France.「Pはフランスの名を最も高めた人の一人である」（この種の例で動詞を un に一致させるのは古い語法．cf. S, II, 231 ; N, V, 36) / Il répondit à un des juges qui l'*interrogeaient*. (H, 974)「彼に訊問した裁判官の一人に答えた」（à un des juges qui l'interrogeait「裁判官のうちの彼に訊問した者に…」）▶ un de ces... qui の後でも一致は文意による．un de ceux qui の後では複数．

② *un groupe de* [*une foule de*, *le reste des*, など]... *qui* の後では上記 1°～4° にならう．

9° 属詞との一致　Sa nourriture ordinaire *sont* des fruits. (BUFFON—G, 811)「彼の普通の食物は果物である」▶ des fruits を主語とみなし得ることによる．この種の一致は今日ではまれ．普通は ce を加えて ce sont des fruits と言う．⇨ ce¹ II. 4°①

10° *c'est, ce sont*　⇨ ce¹ II. 12°. *ceci est* [*sont*] ⇨ ceci 15°

11° 非人称主語 *il*　⇨ il impersonnel

12° 成句：mieux vaut (⇨ valoir 3°); n'était, n'eût été (⇨ être V. 1°); n'[qu',peu] importe (⇨ importer); reste (⇨ rester 2°); soit; vive (⇨ vivre 4°). 各項参照．

13° 2つの限定補語を伴う名詞　時に意味上の一致をする：Elle semblait se réveiller dès que *la santé de son père et de sa sœur venaient* à se déranger. (GREEN, *Mesurat*, 73)「父と妹の健康がそこなわれるようなことがあるとすぐさま奮起するようだった」（=la santé de son père et celle de sa sœur）

II. 数個の主語との一致

1° 主語 + (*et*) + 主語　一般に動詞は複数：La gloire, la richesse, la puissance *sont* éphémères. (C, 308)「名誉も富も権力もはかないものだ」

動詞を単数にする場合

① 数個の主語が同一物，同一観念を表わすとき：C'est un fourbe et un traître qui l'*a accusé*.「彼を非難したのはあるペテン師の裏切者だ」/ Le rêve, le désir de cette déclassée... *était* de passer pour une femme comme il faut. (DAUDET, *Jack*, 16)「この落伍者の夢と望みは上流婦人と思われたいということだった」

② 並置された主語が漸次に強調され，あるいは単に最後の語に重点がおかれるとき：Une parole, un geste, un regard nous *trahit*. (C, 308)「一つの言葉，一つの身振り，一つの眼差しすらわれわれの本心を表わすことがある」（... nous trahissent も可能．MART (326) は単数を勧める）　◆ 古典時代には最後の主語との一致はかなり自由に行なわれた．この一致法は近頃まで残っている：Une langue, une législation, un catéchisme n'*est* jamais qu'une chose abstraite. (TAINE, *Hist. litt. angl.*, Introd.)「言語や法規や教理問答は決して抽象物以外のものではない」（複数を用いると ... ne sont jamais que des choses abstraites となる)」

③ **数個の主語が一概念**と考えられるとき: L'allongement et l'élargissement des quais *a été* leur œuvre. (SARTRE, *Nausée*, 109)「岸壁を延長し広げたのは彼らの仕事だった」
♦ 不定詞 + (et) + 不定詞　各語が相容れない意味を持たぬ限り, 一概念にまとめられやすい: Gémir, pleurer, prier *est* également lâche. (VIGNY, *Mort du Loup*)「うめくも泣くも祈るもひとしく卑怯なり」▶これに反し, 各語が相容れない性質を持つときは, 動詞は複数: Affirmer et nier me *paraissent* également *impossibles*. (MAUROIS, *Cercle*, 271)「肯定することも否定することもひとしく不可能に思われる」

④ 〈動 + 主語〉の語順では最初の主語に一致することがある: A quoi *sert* la jeunesse, la santé, la richesse...? (MART, 326)「青春, 健康, 富が何になろう?」/ Elle découvre au fond des yeux du geôlier haï une lueur, — un reflet où *peut* se lire la prière et l'amour. (VERCORS, *Silence*, 40)「彼女は自分のにくむ獄吏の目の底に一つの光を, — 祈りと愛の読みとられる一つの内心の輝きを見出す」/ Mais où *se trouve* l'humain et l'inhumain? (RADIGUET, *Diable*, 165)「だが, 人間的なものや非人間的なものが一体どこにあるのだ?」

⑤ **各語が** *chaque*, *tout*, *aucune*, *nul* **に先立たれるとき**. 一般に単数. ⇨chaque 5°; aucun III.

2° 数個の主語が *tout* [*chacun*, *personne*, *nul*, *aucun*, *rien*, など] **で要約されるときは**, 動詞はこれらの要約した語に一致: La liberté, la jeunesse, l'amour, *tout* leur *semblait* merveilleux. (MAUROIS, *Cercle*, 137-8)「自由, 青春, 愛, すべてが彼らにはすばらしいものに思われた」

3° *avec*, *comme*, *ainsi* [*aussi bien*, *autant*, *de même*, *non plus*, *non moins*] *que*, などで結ばれた数個の単数名詞. 普通はこれらの語が随伴・比較を表わすものとして動詞を第1名詞に一致させるが, 添加を表わす接続詞と考えて動詞を複数にすることもできる: Le français, ainsi que l'italien, *dérive* du latin. [Le français ainsi que l'italien *dérivent*...] (LIT)「フランス語はイタリア語と同様に [フランス語もイタリア語も] ラテン語に由来する」▶〈 , 〉の用法は上記の通りが望ましいが, 絶対的ではない.

allié à, *joint à*, *accompagné de* を伴う単数名詞の後でもまれに動詞を複数にする: Une femme tout habillée de rose, ... *accompagnée d*'un cavalier en tricorne, ... *se glissèrent* dans la chaumière. (FRANCE, *Dieux*, 52)「バラ色ずくめの服装の婦人が, 三角帽をかぶった騎士と連れ立って, 茅葺きの小屋の中に入っていった」

4° *non seulement... mais* (*encore*)... の後では多く最後の主語に一致 (⇨ seulement 4°): *Non seulement* toute sa fortune, *mais* sa vie même *courait* les plus grands dangers. (AYER, 499)「彼の全財産のみならず, 彼の命さえも非常な危険に瀕していた」▶ただし, 時に動詞は複数.

5° *non*, *et non*, *plus que*, *moins que*, *plutôt que*, などで結ばれた主語. 最初の語が主語になる: C'est la vertu, *et non* les richesses, qui *grandit* l'homme.「人間を偉大にするのは美徳であって富ではない」♦C'est le ministre, *et non* ses bureaux, qui *est* responsable.「責任があるのは大臣であって事務当局ではない」と言うよりは, C'est le ministre qui *est* responsable, *et non* ses bureaux. と言うほうがよい. 同様にして, Ce n'est pas les bureaux, mais le ministre, qui *est* responsable.「責任があるのは事務局というよりは大臣だ」よりもCe ne sont pas les bureaux, c'est le ministre qui *est* responsable.; Ce sont bien moins les bureaux qui *sont* responsables que le ministre lui-même. のほうがよい (MART, 327, n.3).

6° *ou* で結ばれた主語 ⇨ ou 6°
7° (*ni*)... *ni*...⇨ni I. 2°
B. 人称の一致
I. 1つの主語との一致
1° *la plupart* [*un grand nombre*, *plusieurs*, *beaucoup*, *combien*, *trop*, など] + *de* [*d'entre*] *nous* [*vous*] の後では, 動詞はほとんど常に複数3人称: La plupart [Beaucoup, Un grand nombre, Plusieurs] d'entre nous *regrettent* ce temps-là.「われわれの大部分 [多数, いく人も] がその時代をなつかしんでいる」♦ D (450) は La plupart d'entre nous *sommes* [または *sont*] atteints par cette mesure.「われわれの大部分はこの措置で迷惑

を被っている」/ ceux d'entre vous qui *avez* [または *ont*] terminé le travail「あなたがたのうちで仕事を終えた者」の例をあげ、動作の主語の中に nous, vous が含まれるときは、動詞は人称代名詞と一致すると説くが、この一致はまれで、そのような場合に nous, vous との一致が可能というにすぎない. cf. G, 806, Rem. 5; H, 968.

2º 名 [代] + qui 一般に先行詞の数・人称に一致: *Moi qui avais si peur de la mort, je ne tremblais pas.* / *C'est moi qui l'ai fait.*

特別な場合

⑴ 呼びかけの語の後では多く2人称: *Notre Père, qui êtes aux Cieux.*「天にましますわれらの父よ」/ *Etoiles qui avez lui sur la tête... de tous mes ancêtres.* (FRANCE, *Bonnard*, 97)「私のすべての先祖の頭上に輝いた星よ」♦ 時に3人称: *Chère créature, qui ne parle que du mal qu'on m'a fait... Vous ne savez donc pas que...* (DAUDET—N, V, 98)「人が私に与えた苦労のことしか話さない愛する者よ、あなたは…」

⑵ **nous, vous の属詞 + qui**

(1) 属詞が〈定冠詞［指示形容詞］+ 名〉, celui, あるいは主節が否定あるいは疑問形のときは、関係節は限定的で、その動詞は先行詞である属詞に一致: *Je suis l'homme [celui] qui est venu hier.* / *Vous n'êtes pas [Etes-vous] un homme qui sait réfléchir.* [?]

(2) 主節が肯定のとき、先行詞を主語とも属詞とも解し得る場合がある.

(i) 属詞が〈不定冠詞 + 名〉: *Nous sommes de pauvres gens qui n'ont* [または *n'avons*] *rien.* (MART, 213)「無一物の貧乏人です」(avons は Nous, qui n'avons rien, sommes... と解したもの)

(ii) 属詞が〈le seul [le premier, le dernier, l'unique] (+ 名)〉: *Vous êtes le premier qui l'ait* [または *l'ayez*] *dit.* (*Ib.*, 213)「あなたがそれを言った最初の人です」▶主語との一致は今日ではまれ. MART (213, n. 2) は主語との一致を C'est vous qui le premier l'*avez dit*. 「それを最初に言ったのはあなただ」の類推によると考える.

(iii) 属詞が指示詞を伴わない固有名（詞）: *Je suis Pierre, qui vous a* [または *ai*] *tant soigné.* (*Ib.*, 213)

(3) 属詞が冠詞・指示詞なしの基数詞（+ 名）, beaucoup, quelques-uns, などの場合は、ほとんど常に主語に一致: *Nous étions deux [plusieurs, quelques-uns, beaucoup] qui voulions partir.*「われわれ2人［何人もの者、何人かの者、多数の者］は出発したがっていた」

II. 数個の主語との一致

1º 主語 + et + 主語 1人称を含めば動詞は複数1人称, 1人称を含まず2人称を含めば動詞は複数2人称: *Vous [Lui] et moi, (nous) le ferons.* / *Ton ami et toi, (vous) le ferez.* ⇨ pronom personnel II. 3º ④

2º ou, ni で結ばれた主語. 多く動詞は複数, 人称は1ºと同じ: *Vous ou moi, (nous) le ferons.* / *Ni toi ni lui ne pouvez le faire.* ♦ 主語の一方しかあずかり得ない行為については動詞は単数3人称であるが、*Mon père ou moi viendra.* (D, 450) よりは *Mon père ou moi, l'un de nous viendra.* がよい. 同様にして、*Ni vous ni moi, aucun de nous ne sera nommé président.* [または単に *Aucun de nous deux ne sera...*] (cf. H, 987) と言う. ▶ ni... ni の最後の主語が aucun, personne, rien ならば、動詞は最後の主語に一致: *Ni vous ni personne n'aura finalement à se réjouir.* (J. et J. THARAUD — G, 818 b, N.B. 3)

accoucher — *accoucher d'*un garçon [*d'*une fille]「男［女］の子を生む」♦ 助動詞は動作には avoir, 結果である状態には être: *Elle est accouchée depuis un mois.* (GLLF)「子供を産んでひと月になる」/ *Elle a accouché il y a un mois.* (ID.)「ひと月前に子供を産んだ」▶ 19世紀には動作にも être が普通, この用法は現代でも文語に残る: *Cécile est accouchée hier d'une fille.* (M. DU GARD—*TLF*) (TH は誤用とする)

accoutumer — *avoir accoutumé de* 不定 《文》「…する習慣がある」(= avoir coutume de, avoir l'habitude de, être accoutumé à): *Les deux sources où il avait accoutumé de puiser son eau douce tarirent.* (TOURNIER, *Vendr.*, 94; 197 にも)「彼がいつも真水を汲んでいた2つの泉はかれた」/ *M. l'abbé Jérôme Coignard fit visite, comme il avait accoutumé, à M. Blaizot.* (FRANCE, *Coignard*, 35)「C師はいつものようにB氏を訪れた」

♦ 古めかしいが MAURIAC (*Pharis.*, 35) は話し言葉にも用いている. 単純時制の用例 (D-P, V, 78) は例外的で、いつも複合時制. この

accoutumerをDGは[他動], 一般には[自動] (LIT; Lar.; ROB; Q; LE B, II, §1852) と考える. 複合時制は動作の結果である状態を表わし, j'ai accoutumé de は j'ai coutume de の意で現在時. S (III, 114-6) は avoir を[他動], de [不定詞] を avoir の直・目, accoutumé を直・目の属詞と解する. D-P (V, 77-8) は, 多くのフランス人の言語感覚ではそのように感じられるが, このような古風な語法に対する感じ方は必ずしも一定しないと断定を避けている.

acheter — ①*acheter* qch *à* qn (1)「…から何を買う」. この意味ではいつも à を用いる (S-H, 146): N'*achetez* rien *à* cet homme! (GIRAUDOUX, *Folle*, 23)「こんな男から何も買ってはいけない」 (2)「…に何を買う」. この意では pour も用いられる: J'*ai acheté* un livre *à* [*pour*] Paul.「私はPに [のために] 本を買った」/ Je *lui ai acheté* un livre.; J'*ai acheté* un livre *pour* lui.;
▶ *à* Paul, lui が(1)の意に解されることを避けるためには pour を用いる (TH; H). ただし pour では与える行為が遠い将来であることもあり得る: J'*ai acheté* une maison *pour* mes enfants.
②*acheter* qch + 価格の補語: Je vous *ai acheté* ce tableau cinq cents francs. (SALACROU, *Poof*, 60)「あなたからこの絵を500フランで買った」/ Et la propriété qu'elle lui *a achetée* près d'Amboise, *dix ans d'économies. En une nuit hypothéquée.* (DURAS, *Amant*, 94)「そして, Aの近くに, 10年分の貯金をはたいて彼に買ってやった不動産. 一夜にして抵当に入った」
③ *s'acheter* qch 自分で使用するために深い関心を寄せているものについてしか用いられない (GOUG, *TLL* VIII, 1): Enfin, réalisant un vieux rêve, il *s'était acheté* une maison de campagne. (FLAUBERT, *Educ.* I, 98)「ついに古い夢を実現して別荘を買ったのだった」

achever — ① Il *achève* son discours.「彼は演説を終える」 > Il l'*achève*.「彼はそれを終える」 ◆*achever de* [不定詞]: J'*ai achevé de* ranger mes papier. (MR)「書類の整理を終えた」 ▶ de [不定詞] に le の代入は不可で ×Je l'ai achevé.
②*être achevé de* [不定詞] 古典派以来の用法: Il voudrait que son œuvre *fût achevée d'*imprimer avant sa mort. (BOURGET—G, *Pr.* V, 160)「彼は死ぬまでに自分の作品の印刷が終わって欲しいと思っている」 ▶B (363) は次第に常用されると言ったが, 不定詞 imprimer のほかはまれ. 避けることを勧める文法家が多い. ただし出版物の奥付に: Cet ouvrage *a été achevé d'*imprimer sur les presses de l'Imprimerie Floch à Mayenne le 1er juin 1970. (SARRAUTE, *Isma*) もっと頻繁に *Achevé d'*imprimer le 21 mai 1972. のように記す習慣は今日も残っている.

action-ligne ［線行為］ / **action-point** ［点行為］ — B (746) の用語. 時の経過を線で示す場合, 点で表わされる行為 (瞬間的行為) と線で表わされる行為 (継続的行為) を言う. 例えば, J'*avais* 14 ans quand j'*ai perdu* ma mère. における2つの行為は次のように図示される.

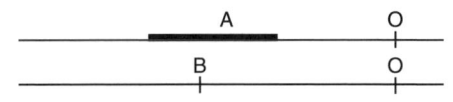

```
————————A————————
        ┃         O
————————B————————
                  O
```

A : action-ligne (J'*avais* 14 ans.)
B : action-point (J'*ai perdu* ma mère.)
O : 現在.

ただし ⇨ passé simple II. 1°

adjectif apposé ［同格形容詞］ ⇨ attribut II. 3°; adjectif qualificatif V. 3°

adjectif composé ［合成形容詞］ — composition によって作られた形容詞. adjectif simple ［単一形容詞］に対する. 構成については ⇨ composition

1° ［形］+［形］ ともに変化する: des poires *aigres-douces*「甘ずっぱい梨」/ des femmes *ivres-mortes*「泥酔した女」/ des enfants *aveugles-nés*「生まれながらに盲目の子供」/ une fille *sourde-muette*「聾啞の娘」
◆第1要素が -o, -i で終わるものは, 第2要素のみ変化: des guerres *franco-allemandes*「独仏戦争」/ des auteurs *tragi-comiques*「悲喜劇作家」

2° ［副］［副詞的形容詞］, ［前］+［形］ 第1要素は無変化: des enfants *bien-aimés*「最愛の子供」/ une femme *court-vêtue*「短いスカートをはいた女性」/ les *avant-derniers* événements「最後から2番目の事件」⇨ nouveau 3°

3° 1語に書かれるものの一致は単一形容詞にならう: une région à population *clairsemée*「人口のまばらな地方」

adjectif démonstratif [指示形容詞]— adjectif déterminatifの一種．事物を指示する形容詞．
　形態　①単一形 [無強勢形]：ce, cet, cette, ces．②複合形 [強勢形]：ce [cet, cette, ces] ...-ci [-là]．Martは même, tel を加える．

adjectif détaché [遊離的形容詞]＝adjectif apposé

adjectif déterminatif [限定形容詞]— adjectif qualificatifに対し，意味の上で名詞に外面的限定を加える形容詞の総称：adj. numéral, adj. possessif, adj. démonstratif, adj. relatif, adj. interrogatif, adj. exclamatif, adj. indéfini.

adjectif exclamatif [感嘆形容詞]— adjectif déterminatifの一種． ⇨ quel

adjectif indéfini [不定形容詞]— 限定形容詞 (⇨ adjectif déterminatif) のうち，意味・機能の規定しやすいものを除き，残りを一括して伝統文法では不定形容詞と呼ぶ．大きく分けて，量に関わるもの（①）と質に関わるもの（②）を区別できる．以下では男形のみ示す．cf. W-P, 111; *Gr. d'auj.*, 325; Dub, *dict.*, 244.
①ゼロ：aucun, nul. 単数：quelque, certain. 複数：plusieurs, certains, maint(s), quelques, divers, différents. 総体：tout, tous. 配分：chaque, tout.
②同一：même(s). 別種：autre(s). 種類：quel, quelconque, n'importe quel(s), je ne sais quel(s). 指示的：tel(s).
♦ ①のゼロにpas un, 複数にplus d'unを加える者もいる．
　統辞法上はさまざまで，もっぱら限定辞 (⇨ déterminant) としてのみ用いられるもの (aucun, nul, quelque, plusieurs, certains, chaque など) と，限定辞と名詞との間に用いてもよいもの (certain, quelques, divers, différents など)，また tout, tous のように限定辞の前の位置に用いられるもの，quelconqueのように普通は名詞の後に用いられるものが混在する (⇨ 各語)．
　quelque, certain, plusieurs などは意味上「不定」とも言えるが，même, chaque, tous などは明確な意味なので，すべてを不定形容詞として一括するのは全く便宜的と言うほかない．cf. pronom indéfini.

adjectif interrogatif [疑問形容詞]— adjectif déterminatifの一種． ⇨ quel

adjectif numéral [数形容詞]— adjectif déterminatifの一種．adj. num. cardinal [基数形容詞] と adj. num. ordinal [序数形容詞] とに分ける．multiplicatif もこれに加えることができる． ⇨ multiplicatif; numéral, numéral cardinal, numéral ordinal

adjectif possessif [所有形容詞]— 限定形容詞 (adjectif déterminatif) の一種．人称を示し，所有その他の関係を表わす．adjectif personnel [人称形容詞] (W, 232) とも言う．
I. 形態　所有者の人称と数および被所有物の性と数に従って変化する．
1° 無強勢形 (forme atone)：

		被所有物 1個		被所有物 2個以上	
		男	女	男	[女]複
所有者 1人	1人称	mon	ma	mes	
	2人称	ton	ta	tes	
	3人称	son	sa	ses	
所有者 複数	1人称	notre		nos	
	2人称	votre		vos	
	3人称	leur		leurs	

　ただし，母音字または無音のhで始まる名詞・形容詞の前では，hiatusを避けるために ma, ta, sa の代わりに mon, ton, son を用いる：*mon* âme, *son* histoire. ▶古仏語ではélisionが行なわれて *m*'âme, *t*'âme, *s*'âmeと言った．ma mie (＜ m'amie) 「私のいとしいひと」，faire des mamours (＜ m'amour. amourは古仏語では女)「可愛がる」がその名残り．
♦ notre, votre はくだけた発音では [nɔt], [vɔt] となり，時に not', vot' とつづられる (ただし ⇨ r)．演説調ではしばしば強意アクセントをとる：pour *no*tre pays (Coh, 346)．
2° 強勢形 (forme tonique)　所有代名詞 (pronom possessif) の定冠詞を省いた形：mien, tien, sien, ...
II. 意味　所属関係 (*mon* livre, *sa* maison) だけでなく，いっそう広い種々の関係を示す．
1° 親族関係，その他：*ma* mère / *ses* amis / *mes* domestiques / *ma* maison / *mon* village.
2° 学習・研究・不断の接触によって被所有物になぞらえ得るもの．多くは connaître, savoir, posséderと共に：Cet élève a bien su *sa* fable. 「この生徒は寓話をよく覚えた」/ Il possède bien *son* arithmétique. 「彼は算数がよくできる」/ Il connaît *sa* grammaire. 「彼

は文法にくわしい」

3° **義務的行為，ふさわしい行為**：Apprenez *votre* leçon.「習ったところを覚えなさい」/ Fermez *votre* porte.「入ってきたらその後のドアを閉めなさい」/ faire *son* service「兵役に服する」

4° **すでに記述され語られたもの**（＝susdit, en question）俗語調：Voilà *notre* homme.「おや，奴さんやってきた」/ *Mon* homme était là.（AYMÉ, *Confort*, 8)「例の男はそこにいた」/ Et *notre* petite malade, Madame, comment va-t-elle? (*Thib.* I, 36)「奥さん，（例の）小さなご病人はいかがですか」

5° **慣用的言い回しでは，所有形容詞の表わす関係は微妙で分析しがたい**：Cette auto fait *ses* 200 kilomètres à l'heure.「この車は時速200キロ出る」（高速度についてのみ用いる）/ Elle gagne *ses* deux cents euros par jour.「日に200ユーロかせぐ」（多額の収入についてのみ用いる）/ Ce bel endormi trompe *son* monde.（＝les gens avec qui il est habituellement en rapport）(ANOUILH, *P.R.*, 227)「ここに眠っている美男子は世間をあざむいている」/ La musique ne fait pas vivre *son* homme.（＝l'homme qui s'y consacre)「音楽では食っていけない」/ J'attends *mon* heure! (ACHARD, *Patate*, 25)「芽の出る時機を待っているのだ」/ J'ai tout *mon* temps.（＝le temps qui m'est nécessaire)「暇は十分にある」/ Elle dispose de tous *ses* dimanches.「どの日曜も自由に使える」/ Nous travaillons *nos* huit heures par jour.「日に8時間労働だ」/ Cela sent *son* parvenu [*son* vieillard].「いかにも成金らしい［年寄くさい］」（主語の特徴）

III. 情意的用法

1° **尊敬**　多く呼びかけ，1人称．

① **敬称**：*M*onsieur, *M*adame, *M*ademoiselle, *M*onseigneur, *M*essire（mesは古仏語で男性単数主格の形）．高位の者について*Sa* Sainteté「教皇猊下」, *Sa* Majesté [*Leurs* Majestés]「陛下［両陛下］」, *Son* Altesse「殿下」, *Son* Excellence「閣下」, *Sa* Grandeur「猊下」と言うが，相手に呼びかけるときは一般にTrès Saint-Père, Sire, Excellence, Eminence, Monseigneur. 婦人に対しては女王，聖母にも*M*adameと言う (H, 36)．

② **陸軍の慣用**　目上の将校に対して：*Mon* général「閣下」, *Mon* colonel「大佐殿」ただしMonsieur le Maréchal「元帥閣下」．上官は目下の将校にColonelと呼びかける．下士官への呼びかけは位の上下に関係なしにCaporal「上等兵,《古》伍長」, Sergent「伍長,《古》軍曹」と言う．民間人は将校にMonsieurと言う．*Mon* capitaineは親愛あるいは尊敬を，単にCapitaineはなれなれしさを表わす．海軍では所有形容詞を用いない．

③ **宗教団**：*Mon* Père「神父様」, *Ma* Mère「（女子修道院の）院長様」, *Mon* frère「修道士様」, *Ma* sœur「修道女様」, *Notre*-Seigneur「われらが主（キリスト）」, *Notre*-Dame「聖母マリア」

④ **その他**：*Mon* président「裁判長殿」, *Mon* maire「市長さん」

2° **愛情**：*mon* fils, *mon* enfant, *ma* fille, *mon* chéri, *ma* chérie, (*mon*) cher ami, (*mon*) cher Monsieur (monがあるほうがなれなれしい)．ただしchère madame [mademoiselle]とのみ言う．▶ことに名の前で：*mon* René．

3° **軽蔑**：Voilà *mon* imprudent!「なんて軽率な奴だ」/ Ils m'ennuient avec *leur* pêche.「あの人たちの釣ときたらやりきれない」/ *Ton* Jaurès, qu'est-ce qu'il a fait? (*Thib.* VII, 145)「お前のJが何をしたというんだ」

IV. 所有形容詞＋行為名詞（nom d'action）名詞の表わす行為の主語または目的語となる．

1° **主語**：J'y penserai dès *mon* arrivée.「着いたらすぐそのことを考えましょう」/ J'attends *son* retour.「彼の帰りを待っている」

2° **目的語**：Je vole à *ton* secours.「大いそぎで君を助けにいく」/ A *ma* vue, le voleur s'en fuit.「私を見ると泥棒は逃げ出した」/ Demande-lui *mon* pardon. (ACHARD, *Mal*, 109)「彼女に私の許しを乞うてくれ」/ Je rentrai dîner, très absorbée par *sa* pensée. (SAGAN, *Bonj.*, 17)「彼のことで頭が一杯になって夕食に帰った」/ La maigre pension que, de Paris, mon père envoyait à mon oncle pour *mon* entretien (...) (GASCAR, *Graine*, 9)「パリから父が私の養育のために叔父に送っていたわずかな下宿料」

♦ある場合には1°, 2°の区別は文脈による：*Mon* aide l'a sauvé.「私の与えた援助が彼を救った」（主語）/ Venez à *mon* aide.「私を助けに

来てください」(目的語)
V. 所有形容詞 ＝ 前 ＋ 人称代名詞
1° 前 ＋定冠詞＋ 名 ＋ de qn の〈de qn〉に代わり定冠詞の位置に置かれる. 所有の意以外の場合: Je me fais du souci *au* sujet *de* ma fille [à *son* sujet].「娘[彼女]のことを心配している」 その他 à *l'*égard *de*「に関して」/ à *la* façon [manière] *de* 「の流儀で」/ à *l'*insu *de* 「の知らぬ間に」/ à *l'*intention *de* 「のために」/ à *la* recherche *de* 「を捜しに」/ à *la* rencontre *de* 「を迎えに」/ en *l'*absence *de* 「がいないときに」/ sur *le* compte *de* 「に関して」なども, à *son* égard, à *sa* façon, ... となる.

▶この型の〈定冠詞＋ 名 〉でも〈de qn〉が〈de ＋ 代 〉となるものがある: au milieu *d'*eux「彼らの中に」/ au lieu *de* moi「私の代わりに」/ au fond *de* moi「心の奥底で」, など.

前 ＋ 名 ＋ de qn の〈de qn〉は〈de＋代 〉となるのが普通: à cause *de* mon frère [à cause *de* lui]「兄[彼]のせいで」/ à côté *de* lui「彼のそばに」/ en face *de* lui「彼の真向いに」 ◆ en faveur *de* 「に有利になるように」, à propos *de* 「について」は en faveur *de* lui, à propos *de* lui と並んで en *sa* faveur, *son* propos とも言う. ▶dans la direction *de* 「の方向に」, à la droite *de* 「の右に」は dans *sa* direction, à *sa* droite と言うが, 同義の en direction de, à droite de には de lui は用いられない.

◆à son avis「彼の意見では」, à sa connaissance「彼の知る限り」, sur votre droite「あなたの右手に」の源となるはずの ×à l'avis de, ×à la connaissance de, ×sur la droite de は不可.

2° 定冠詞 ＋ 名 ＋ *à* [*avec,* ...] qn の〈à [avec, ...] qn〉に代わる: *mon* égal, *mon* pareil (＝à moi)「私に比肩し得る者」/ *son* commerce (＝《古》 avec lui)「彼との交際」/ sauf *votre* respect (＝sauf le respect que je vous dois)「失礼ですが」

◆所有形容詞は古典時代にはきわめて自由な関係を示した: Ariane aux rochers contant *ses* injustices (RAC., *Phèdre* I, 1) (＝injustices qu'elle a subies)「Aはわが身の受けたむごい仕打ちを巌に語り」/ dans *son* entretien (CORN., *Cid* I, 2) (＝l'entretien que vous avez avec elle)「彼女と語りあうときに」

3° 体の部分が2つ関わる場合
①所有者が異なる2つの体の部分
(1) 両方に所有形容詞: J'ai passé *ma* main autour de *sa* taille. (CAMUS, *Étr.*, 33)「彼女の腰に手を回した」 ◆ 2人の所有者が3人称ならば所有者の区別は文脈による: Elle se rapproche de lui, elle pose *ses* lèvres sur *ses* yeux fermés. (DURAS, *Emily*, 118)「彼に近づき, 自分の唇を彼の閉じた目に押し当てる」

◆同じ体の部分については, 第2名詞に所有代名詞を用いる: Elle (...) pose *ses* lèvres sur *les* siennes. (*Ib.*, 118)「自分の唇を彼の唇に押し当てる」または同じ名詞を反復する: Je posai *ma* main sur *sa* main. (SAGAN, *Sourire*, 145)「私の手を彼の手の上にのせた」/ Elle mit ses mains sur les épaules d'Henri, *sa joue* contre *sa* joue. (BEAUV., *Mand.*, 25)「彼女は, Hの肩に両手を置き, 頬を彼の頬に押しあてた」 ▶ただし, 相互的動作には定冠詞を用いる (LE B, I, 205): Il regarde Madeleine *les* yeux dans *les* yeux. (AMIEL, *Voyageur*, sc. 4)「目と目を見合わせながらMを見つめる」
(2) 主語に対する体の部分に定冠詞, 他の者に属する体の部分に所有形容詞, または間・目代名詞と定冠詞を用いる: Elle posa tout doucement *la* main sur *son* épaule. (SARTRE, *Sursis*, 31)「彼の肩にそっと手をかけた」/ Maud *lui* mit *la* main sur *la* bouche. (*Ib.*, 46)「Mは手で彼の口を押さえた」

②同じ所有者の2つの体の部分. 次の4つの型が共存. (1) 両方に定冠詞: Il porta *la* main à *la* bouche. (BEAUV., *Inv.*, 208)「口に手を持っていった」(2) 上記に再帰代名詞を併用: Il *se* passa *la* main sur *le* menton. (TOURNIER, *Coq*, 199)「手を顎に持っていった」(3) 両方に所有形容詞: Il (...) passe *sa* langue sur *ses* lèvres. (ID., *Gilles*, 28)「唇を舌でなめる」(4) 定冠詞と所有形容詞: Elle croisa *les* mains sur *son* ventre. (SARTRE, *Sursis*, 9)「腹の上で手を組んだ」

VI. 所有形容詞と定冠詞
1° 被所有物が体の一部を表わし, 所有関係が明らかならば, 所有形容詞の代わりに定冠詞を用いる.

①所有者は主語 体の部分は直・目: baisser *la* tête [*les* yeux]「うなだれる[目を伏せる]」/ fermer *la* bouche [*les* yeux]「口[目]を閉じる」/ froncer *les* sourcils「眉をひそめる」/

adjectif possessif

hausser *les* épaules「肩をそびやかす」/ lever *la* tête [*les* yeux, *la* main, *le* bras]「顔［目，手，腕］をあげる」/ ouvrir *la* bouche「口を開く」▶これに準ずる精神能力：perdre *la* tête [*la* mémoire]「正気［記憶］を失う」

　体の部分は前置詞付き補語：avoir mal à *la* tête「頭が痛い」/ montrer *du* doigt「指でさし示す」/ saigner *du* nez「鼻血が出る」/ suivre *des* yeux「目で追う」/ porter *sur le* dos「背負う」/ Odette eut chaud *aux* joues. (SARTRE, *Sursis*, 26)「Oは頬がほてった」/ Il se souleva *sur les* coudes. (*Ib.*, 29)「両肱をついて身を起こした」/ Elle n'avait pas quitté Gueret *des* yeux. (SAGAN, *Chien*, 29)「Gから目を離さないでいた」

② **所有者は直・目**：Il *me* tenait par *la* main.「私の手を引いていた」/ Elle regardait Alan dans *les* yeux. (SAGAN, *Nuages*, 34)「Aの目を見つめていた」/ Il s'est blessé *au* genou.「膝にけがをした」

③ **様態の補語**：Elle se tenait immobile, *l'*air gêné, *les* mains pendantes. (MEERSCH, *Empreinte*, 10)「当惑した様子で，両手を垂れて，じっと立っていた」⇨ nom V. 2°④

④ **所有者の明示**　一般には所有者を間・目代名詞で示す：Elle *me* caressait *les* cheveux, *la* nuque, tendrement. (SAGAN, *Bonj.*, 112)「私の髪を，首筋を，優しく撫でていた」/ Il *lui* cracherait à *la* figure. (CAMUS, *Etr.*, 50)「彼女の顔につばをかけるだろう」

♦所有形容詞が上記構文と特に意味上の区別なく用いられることがある：Françoise *lui* prit *le* bras. (BEAUV., *Inv.*, 42)「彼女の腕を取った」; Elle prit *son* bras. (*Ib.*, 177) / Elle se frotte *les* yeux. (DURAS, *Andesmas*, 47)「目をこする」; Gerbert frotta *ses* yeux. (BEAUV., *Inv.*, 18) / Va *te* laver *les* mains. (*RM*)「手を洗いに行っといで」; J'ai lavé *mes* mains. (SARTRE, *Mur*, 86) / Tiens! Tu *t'*es rasé *la* moustache? (*Niv. 1*)「おや，ひげを剃ったのか」; Il est en progrès depuis qu'il a rasé *sa* moustache! (TROYAT, *Araigne*, 16)「ひげを剃ってから前よりよくなった」/ Je *lui* ai saisi *le* bras [J'ai saisi *son* bras].「彼の腕をつかんだ」/ Elle s'est teint *les* cheveux [a teint *ses* cheveux].「髪を染めた」

♦所有者が名詞の場合，Je *lui* ai serré *la* main. の源として serrer qch à qn を記す辞典が多いが (*RM*; *DFC*; *Niv. 2*; *MFU*, 339), qn = 名 ならば 〈de + 名〉 が普通：Elle prit la main *de* Françoise. (BEAUV., *Inv.*, 194) / Elle serra le bras *de* Gerbert. (*Ib.*, 428)

♦間・目と所有形容詞の併用は避けたい：On *m'*avait coupé *mes* cheveux. (BENOIT, *Kœnigs.*, 213)「私の髪を切りました」/ Je vais *lui* prendre *sa* tension artérielle. (ANOUILH, *P.G.*, 101)「彼女の血圧を計りましょう」▶ N (V, 281) は contamination とみなす．

♦被所有物が主語となる次の言い方は少数の慣用句に限られる：La tête [*La* gorge] *me* fait mal.「頭［のど］が痛い」/ La langue *lui* démange.「話したくて舌がムズムズしている」

　2つの言い方が可能なもの：*La* tête *lui* tournait [*Sa* tête tournait].「目まいがした」/ *Le* cœur *lui* battait [*Son* cœur battait].「胸がドキドキしていた」(H, 34)

　多くは所有形容詞だけを使う：*Sa* fièvre redoublait.「熱がさらに高くなった」/ *Son* cœur ne bat plus.「もう心臓の鼓動がしない」/ *Mes* oreilles bourdonnaient. (SAGAN, *Sourire*, 185)「耳鳴りがしていた」▶代名動詞ならば所有形容詞が必要：*Son* regard *s'*assombrit. (H, 35)「彼の目が曇った」

♦体の一部でないものには：J'ai reconduit Michel à *sa* maison. (CAU, *Paradis*, 43)「Mを家まで送っていった」/ Il a lavé *mon* [*son*] linge.「彼は私［自分］の下着を洗った」▶ Il *m'*a lavé *mon* linge.「私に下着を洗ってくれた」とも言うが，再帰代名詞は用いられない (×Il s'est lavé *son* linge. は不可) (CLÉDAT, 140, n. 1). ただし，衣服については Il s'est sali *la* chemise.「シャツをよごした」/ Elle s'est déchiré *la* jupe.「スカートを破った」より Il a sali *sa* chemise. / Elle a déchiré *sa* jupe. のほうが普通．

⑤ **体の一部ではないが，定冠詞を用いる慣用句** (所属関係が明らかなため)：porter [tirer] *l'*épée「剣を帯びる［抜く］」(tirer *son* épée とも言う) / garder *la* chambre「(病人が)部屋に閉じこもる」/ rentrer à *la* maison「家に帰る」/ saisir qn *au* collet [par *la* manche]「人の襟首［袖］をつかまえる」/ Il avait *la* pipe *aux* dents [*le* cigare à *la* bouche].「口にパイプ［葉巻］をくわえていた」cf. Il mit *sa* pipe entre *ses* dents.「口にパイプをくわえた」▶継続的状態には多く定冠詞を用いる．

adjectif possessif

2° ⑥所属関係の明らかな場合でも用いられる所有形容詞

(1)強調．成句：Je l'ai vu de *mes* propres yeux.「それを自分の目で見たのだ」/ Je l'ai entendu de *mes* propres oreilles.「それを自分の耳で聞いたのだ」/ Je suis resté toute la journée sur *mes* jambes.「一日中立っていた」/ Il m'a serré entre *ses* bras.「彼は私を腕に抱きしめた」/ de toutes *ses* jambes「一目散に」/ de toutes *ses* forces「全力で」/ de tout *son* cœur「心から」

(2)一般的動作と特殊な動作．donner *la* main à qn「人に手を貸す，握手をしようとして，または手を引いてやろうとして手を差しのべる」，tendre *la* mainも類義．donner *sa* mainは特殊な状況で「手を差し出す」：Donnez-moi *votre* main. (ROB.-GRIL., *Djinn*, 67)「（菓子を与えようとして）手をお出しなさい」(医者・手袋屋が患者や客にこう言う．LE B, I, 204) / Elle (...) lui tendit *sa* main à baiser. (TROYAT, *Marie*, 16)「接吻するようにと手を差しのべた」/ Elle tendit *sa* main aux flammes. (BEAUV., *Inv.*, 397)「炎に手をかざした」

所有形容詞使用上の注意

(1)定冠詞と区別なしに：Elle tourna *le* [*son*] visage vers Paul.「Pのほうに顔を向けた」/ Il a détourné *les* yeux. (CAMUS, *Etr.*, 163)「目をそらせた」; J'ai constaté que le jeune journaliste avait détourné *ses* yeux. (*Ib.*, 151) / Françoise trempa *les* [*ses*] lèvres dans son verre. (BEAUV., *Inv.*, 135, 305)「Fはグラスに唇をひたした」/ Miguel serrait *les* poings dans ses poches.(TROYAT, *Pain*, 10)「Mはポケットの中でこぶしを握りしめていた」; Anne Desbares desserra *ses* poings. (DURAS, *Moderato*, 79) / Je me soulevais sur *le* coude. (SAGAN, *Sourire*, 153)「肱をついて身を起こしていた」; Elle se souleva sur *son* coude. (BEAUV., *Inv.*, 339)

(2)体の部分が付加形容詞（相当句）を伴うときは所有形容詞は必要：Elle releva *ses beaux* bras. (MAURIAC, *Désert*, 220)「美しい腕を上げた」(すべての女が美しい腕を持つとは言えないから) / Le barman hochait la tête, *sa* tête *de petite frappe*. (SAGAN, *Chien*, 129)「バーテンは首を，そのちんぴらやくざのままの首を振っていた」/ Il essuya *ses* lèvres *gluantes* avec le revers de sa main. (QUENEAU, *Zazie*, 211)「手の甲でべとべとした唇をふいた」（形容詞がなければIl s'essuya *les* lèvres.)

様態の補語も同じ：Tullia, *ses* yeux *noirs* élargis, le regardait. (VERCORS, *Yeux*, 47)「Tは黒い目を見開いて彼を眺めていた」▶ただし，時に不定冠詞も用いる：Elle levait au ciel *des* yeux rougis. (ARLAND, *Terre nat.*, 21)「赤く泣きはらした目で空を見あげた」

◆体の部位を示す形容詞，数形容詞は所有形容詞を必要としない：Il leva *la* main *gauche*. (SARTRE, *Sursis*, 13) / Il leva vivement *les deux* bras. (*Ib.*, 29) ▶特殊な動作（前記2°(2)）ならば：levant vers moi *sa* main *droite* (GIDE, *Isabelle*, 44)「（接吻するように）右手を私のほうにあげて」/ Il leva *ses deux* mains en l'air. (BEAUV., *Inv.*, 206)「（操り人形を両手に持っている仕草で）両手を上にあげた」

(3) deと共に用いられる言い方：Il est militaire de *son* état.「彼は職業が軍人である」/ Il est mince de *sa* personne.「体がほっそりしている」

(4)習慣的所属関係：J'ai *ma* migraine.「いつもの偏頭痛がする」/ J'ai mal à *ma* jambe.「また脚が痛む」/ Il fait bien un peu *son* têtu. (LOTI, *Pêch.*, 59)「少し片意地を張る癖がある」/ Elle décida de téléphoner à *son* médecin. (MAURIAC, *Désert*, 248)「かかりつけの医者に電話をかけることにした」▶ただしJ'ai *mon* mal de tête. (×J'ai mal à *ma* tête.は不可)

VII. 所有形容詞とen

1° 名₁+*de*+名₂のグループで名₂が人ならば原則として所有形容詞を用いる：C'est *son* père. (＜ le père de Jean) *en*も時に人について用いられるが(⇨ en² I. 6°)，ことに3人称の所有者が2人あるときは，曖昧さを避ける長所がある：Mais elle adore son père, mais elle m'*en* vante la bonté, la douceur, les qualités exquises. (BALZAC, *Auberge*)「だが，彼女は父親を愛し，父親の親切，優しさ，美点を自慢するのだ」(*sa* bontéは彼女の親切の意にもとれる)

2° 名₂が物ならば，sonとenは次のように使い分けられる．

① *son, sa, ses*だけが可能

(1) 〈名₂ et 名₁ de 名₂〉の型：J'aime le Midi et *son* soleil. (PERROT, *FDM*, n° 13,

6) (=le soleil du Midi)「南フランスとそこの太陽が好きだ」
(2) 名₂が主語となるとき: Chaque âge a *ses* plaisirs et *ses* joies. (SALACROU, *Th.* VI, 268)「いくつになっても、それなりに楽しみも喜びもあります」
(3) 名₁が〈他動＋直・目〉の主語となるとき: Le soleil se leva : *ses* rayons caressèrent la cime de la montagne. (G, 429)「日が昇った. その光は山の頂をやさしく照らした」
(4) 前＋名₁: La brise s'était levée. On devinait *à sa tiédeur* l'approche de l'été. (DURAS, *Square*, 17)「そよ風が吹き始めていた. そのなま暖かさで夏の近づいたことがそれと知れた」／ Une place de province : pendant un instant, il me plaît de me promener chaque jour *sous ses platanes*. (BEAUV., *Compte*, 237)「田舎の広場. 一瞬私は毎日そのプラタナスの下を散歩したらいいなと思う」
② en も son も可能　名₁ de 名₂ が 名₂ を主語とする文に書き換えられる場合 (PINCHON, 154).
(1) 書き換え: 名₂＋a＋名₁　名₁は形容詞・動詞の派生語でない: le clocher *de l'église* (< L'église a un clocher.) > *Son* clocher [Le clocher *en*] a été construit.「その鐘楼が建てられた」
(2) 書き換え: 名₂＋est＋形 過分　名₁は形容詞・動詞の派生語: la beauté *du monument* (< Le monument est beau.) > On admire *sa* beauté. [On *en* admire la beauté.]「人々はその美しさに見とれる」／ la représentation *de la pièce* (< La pièce est représentée.) > *Sa* représentation [La représentation *en*] est assurée.「その上演は確定した」
(3) 書き換え: 名₂＋自動　名₁は動詞の派生語: le grondement *du tonnerre*「雷鳴」(< Le tonnerre gronde. 「雷が鳴る」) > *Son* grondement [Le grondement *en*] est effrayant.「そのとどろきは恐ろしい」
③ *en* だけが可能　名₁を主語とする文に書き換えられないとき (PINCHON, 154): Quand je pense à ce plat, l'envie m'*en* vient aussitôt. (PERROT, *FDM*, n° 13, 7) (=l'envie de ce plat)「あの料理のことを考えると、すぐそれが食べたくなる」／ C'est un acte injustifié, je n'*en* prends pas la responsabilité. (*Ib*.) (=la responsabilité de cet acte)「それは不当な行為だ. 私はその責任は取らない」

♦ 〈名₁ de 名₂＋動＋名₃ de 名₂〉の型の構文でも en を用いる: Le fond du livre *en* vaut la forme. (PINCHON, 158) (=la forme du livre)「この本の内容はその形式に匹敵している」

♦ 名詞以外のものに関する場合は、常に en: Je n'avais jamais pensé à la mort parce que l'occasion n'*en* était pas présentée. (SARTRE, *Mur*, 16) (en = de penser à la mort)「私は死ということを考えたことがなかった. その機会がなかったからだ」

VIII. 所有形容詞の反復　冠詞の反復と同じ扱い. ⇨ article VI.

1° 名詞が形容詞を伴わない場合
① *mon* père, *ma* mère et *mes* enfants.
② 同一物: *mon* oncle et tuteur「後見人である私の叔父」
③ 成句・一群: en *son* lieu et place「彼の代わりに」／ à *ses* risques et périls「自分で全責任を負って」／ *ses* faits et gestes「彼の全行動」／ *ses* biens et revenus「財産と収入」／ Je ne l'interroge pas sur *ses* allées et venues. (COCTEAU, *Th.* II, 171)「彼の奔走について問いただしたりはしません」
④ *ses* date et lieu de naissance「彼の生年月日と出生地」／ On m'a fait écrire en français *mes* nom, prénoms et qualités. (LOTI, *Chrys.*, 55)「私の名と姓と肩書をフランス語で書かされた」／ son fils qui (...) vivait avec *ses* oncle et tante (DHÔTEL, *Pr. temps*, 14)

2° 名詞が形容詞を伴う場合
① *mon* très cher et très fidèle ami「私の非常に親愛な忠実な友」／ *son* doux, *son* naïf, *son* innocent sourire (IKOR, *Gr. moy.*, 269)
② *notre* bonne et *notre* mauvaise fortune「われわれの幸運と不運」

IX. 所有者のあいまいさ解消: Elle m'a même dit qu'elle aurait été heureuse de le revoir avant *sa* mort.—Avant *sa* mort *à elle*... ou avant *sa* mort *à lui* ? (CR, 97)「彼女は死ぬ前に彼に再会できれば仕合せだとさえ言った. ─彼女が死ぬ前なのか、それとも彼が死ぬ前なのか ?」　▶ 同じ方法は数人の所有者を明示する手段ともなる: *nos* bicyclettes *à* moi et *à* mon frère「私と私の兄弟の自転車」

X. 所有形容詞の強調

adjectif qualificatif

1° 強意語 propre の使用.
2° C'est *sa* faute *à elle*.「それは彼女のあやまちだ」/ C'est *mon* idée *à moi*.「それが私の考えなのです」

XI. 強勢形の用法
1° 付加形容詞として　多くは不定冠詞・指示形容詞に先立たれた名詞の前あるいは後に. まれ: un *mien* ami (=un ami à moi, un de mes amis) / une chose *sienne*「彼のもの」/ *ce mien* cousin que vous avez vu chez moi「あなたが私の家で会ったあの私のいとこ」▶時に *mon mien* concierge「うちの管理人」(LE B, I, 522) ◆品質形容詞的: Ce que nous avons de plus *nôtre*, de plus précieux, est obscur à nous-mêmes. (VALÉRY—*Lar. XX*ᵉ)「われわれの持つ最も個性的なもの, 最も貴重なものは, われわれ自身にもよくわからない」

2° 属詞として: Cordialement *vôtre*. [Je suis tout *vôtre*.] (手紙の文末の常套句) / J'étais disposé, en ce temps-là, à prendre pour *miennes* les idées d'autrui. (FRANCE, *Vie en fl.*, 2)「当時はとかく他人の思想を自分の思想と思いがちであった」/ Il (=Staline) a fait *sienne* cette phrase de son ami Gorki. (GARY, *Clowns*, 205)「友人Gの次の言葉を自分のものということにしてしまった」◆主語の属詞が所属を表わすときはCe chapeau est *le mien*. (代名詞) ともCe chapeau est *mien*.とも言い得るが, ... est *à moi* がいちばん普通. 上記1°, 2° の用法では leur は用いない.

XII. Ils ont ouvert *leur(s) parapluie(s)*. 各人が1つしか持たないものと所有形容詞の数 ⇨ nombre des noms IX. その他 ⇨ chacun 3°; chaque 5°; on IV.

adjectif qualificatif　[品質形容詞]— 属性・様態などを表わす形容詞. adjectif déterminatif に対する.

I. 分類　語形成上の分類
1° adjectif simple [単一形容詞]　一語より成るもの: bon, grand.
2° **adjectif composé** [合成形容詞]　合成 (composition) によって形成されたもの: clairsemé, aigre-doux.
3° adjectif dérivé [派生形容詞]　派生 (dérivation) によって形成されたもの: rougeâtre (< rouge + âtre), mortel (< mort + el), redoutable (< redouter + able)

II. 一致　品質形容詞は, それが関係する名詞・代名詞の性と数に一致する. 性と数の形態は ⇨ féminin des adj.; pluriel des adj.

1° 数個の名詞との一致
① 性が同じ名詞: la langue et la littérature *françaises*「フランス語・フランス文学」/ l'artilleur et le fantassin, *sales* et *couverts* de poussière「よごれて埃にまみれた砲兵と歩兵」

性が異なる名詞　形容詞は男性複数. (1) un chapeau et une robe *noirs*. (2) une robe et un chapeau *noirs*. (3) Son père et sa mère sont *contents*. (4) son chapeau et sa robe, *verts* et *ornés* de perles. ▶この規則は, 名詞と形容詞の間が動詞によって隔てられる場合 (3), 名詞と形容詞の間に発音上休止のある場合 (4) には, 常に使用できる. ◆形容詞が名詞の直後に続く(1)(2)の場合には, 女性形と発音の異なる男性複数形容詞は男性名詞の後に置くほうがよい: une robe et un chapeau *verts* (un chapeau et une robe *verts* を避ける) ▶ MART (83) が Il avait la bouche et les yeux *ouverts*.「彼は口をあけ目を見開いていた」と言ったほうがよいが, Il avait les yeux et la bouche *ouverts*. と言っても差支えないと言っているのは, avoir の構文として付加形容詞ではなく属詞となり, bouche と ouverts の間に短い休止が入るため. ⇨ avoir III. 1°

◆名詞の1つが男性複数であるか, 形容詞が男性単数複数同形 (語尾が s, x のもの) の場合は, 形容詞を繰り返したほうが文意が明瞭になる: Le ciel *gris* et la terre *grise* s'étendaient sans fin. (VIGNY, *Cachet rouge*)「灰色の空と灰色の大地が限りなく続いていた」/ une robe *verte* et des bas *verts* (une robe et des bas *verts* は verts が bas のみを修飾するものと解され, des bas et une robe *verts* は女性名詞の直後に女性形と発音の異なる男性形容詞が接続する) ▶ただし, 多くは文意から判断できる: En vain, ... prenait-elle un accent et des gestes *nus*. (ARLAND, *Terre nat.*, 154)「彼女が飾りけのない口調になり飾らぬ態度をとっても無駄であった」(prenait un accent だけでは意味がないから)

② 最も近い名詞との一致: Dès qu'il entre chez elle, elle prend un ton et *une attitude hostile*. (VIGNY, *Journal* I, 505)「彼が彼女の部屋に入るやいなや, 彼女は調子も態度も喧嘩腰になる」/ Il y a donc un système dans

les sentiments et dans *les idées humaines.* (TAINE, *Hist. litt. angl.*)「したがって、人間の感情と思想には一つの体系的機構がある」◆この一致は古典時代には普通、今日ではまれ．多くは数個の抽象名詞が類似の意を持ち、etなしで並置される場合: Je me sentais envahie d'un bonheur, d'*une insouciance parfaite.* (SAGAN, *Bonj.*, 39)「私は完全な幸福と安心感に満たされるのを感じていた」/ Il éprouva de nouveau un soulagement, un repos, *une tranquillité subite.* (MAUPASS., *En famille*)「彼は急にまた慰めと安らいと心の静かさを感じた」▶順次に意味を強調した名詞を列挙するときは、添加があるとは考えられないから、最後の名詞に一致させるのが自然である．▶形容詞の男性複数形が単数形と発音が異なる場合（語尾alの形容詞）は、多くこの一致に従う: la couronne et le sceptre *royal* (MART, 83)「王冠と王杖」/ Il a soulevé le rire et *le mécontentement général.* (CLÉDAT, 120-1)「彼は一同の笑いを招き不満を買った」
③ 形+名₁+*et*+名₂　各々の名詞の前に冠詞と共に繰り返される: un *bon* bifteck *et* une *bonne* côtelette / les *grandes* pensées *et* les *grandes* actions. ただし、(1)類義の抽象名詞: en *pleine* liberté *et* indépendance (MART, 84, n.)「勝手気ままに」(2)同一人物: mon *cher* collègue *et* ami (3)成句: certificat de *bonne* vie *et* mœurs「人物証明書」
④ 名₁ *ou* 名₂+形　多く後の名詞に一致: Il a la jambe *ou* le bras *cassé.*「彼は脚か腕を折った」　形容詞が後の名詞だけを修飾するものと解される恐れがあるときには2つの名詞に一致: Je mangerai un abricot *ou* une pêche bien *mûrs.*「よく熟したアンズか桃を食べよう」▶形容詞が後の名詞だけを修飾する場合（例: des noix *ou* une pomme *cuite*「クルミか焼リンゴ」）は問題ない．
⑤ 名₁+*avec, comme, ainsi que*, など+名₂　一致はaccord du verbe A. II. 3°にならう: Le pêcheur *avec* sa femme, *attentifs et silencieux*, réparaient les filets. (B, 650)「漁師もその妻も、黙々と一心不乱に網を繕ていた」/ Le général, *avec* ses officiers, *immobile* et *anxieux*, attendait le passage de l'Empereur. (*Ib.*)「将軍は、身じろぎ一つせず不安げに、士官たちと皇帝のお通りを待っていた」

2° 1つの複数名詞に関係する数個の単数形容詞: les langues *française et italienne* (=la langue française et la langue italienne) / les *cinquième* et *sixième* siècles (=le cinquième siècle et le sixième siècle) ⇨ article VI. 2°②

3° 色彩を表わす形容詞
① blanc, bleu, gris, jaune, noir, rougeなどの一致は普通の形容詞と同じ．
② 名詞が色を表わす形容詞として用いられるときは一般に無変化: aurore「曙［黄金］色の」, cerise「桜んぼ色の」, citron「レモン色の」, fraise「イチゴ色の」, garance「アカネ色の」, grenat「ガーネット色の」, jonquille「黄水仙色の」, marron「栗色の」, noisette「淡褐色の」, olive「オリーヴ色の」, orange「オレンジ色の」, paille「麦藁色の」, ponceau「ヒナゲシ色の」, puce「ノミ色の, 茶褐色の」, tabac「たばこ色の」, turquoise「トルコ石色の」, など / des rubans *cerise.*
◆形容詞として用いられるとき、変化するもの: écarlate「深紅の」, mauve「薄紫の」, pourpre「緋色の」, rose「バラ色の」/ des manteaux *pourpres.*
③ 色彩を正確に表わす〈形+形〉〈形+(de)+名〉は無変化: une robe *vert foncé* (=d'un vert foncé)「濃緑色のドレス」/ des cheveux *châtain clair*「明るい栗色の髪」/ une cravate *bleu (de) ciel*「空色のネクタイ」/ *gris perle*「真珠色の」, *gris (de) fer*「鉄灰色の」, *gris d'acier*「はがねに似た灰色の」, *jaune paille*「麦藁色の」, *vert bouteille*「(ガラス瓶のような)濃緑色の」, など．
④ 混色を表わす形容詞も無変化が原則だが、好んで変化させる作家もいる: des yeux *bleu vert* (ROB)「緑がかった青色の目」/ des yeux *gris-jaunes* (Cl. SIMON—G新, 109 c)「黄色がかった灰色の目」
⑤ 2種の色を表わす〈形 et 形 [名]〉の組合せでは、形容詞的名詞は無変化、形容詞の一致は不定: Il s'achète des complets *rose et vert.* (SARTRE, *Putain* I, 4)「彼はバラ色と緑の背広を買う」/ cette chambre *bleu et rose* (TROYAT, *Marie*, 44)「青とバラ色のこの部屋」/ les gros paons *vert et or* (DAUDET, *Lettres*)「緑に金色を交じえた大きな孔雀」/ le pantalon à énormes carreaux *noirs et blancs* (ACHARD, *Nouv. hist.*, 51)「黒と白の

adjectif qualificatif

大きな格子縞のズボン」 / sa longue robe d'intérieur *verte et blanche* (BEAUV., *Inv.*, 147)「緑と白の長い部屋着」

4º 名₁ *de* 名₂ + 形 一致は意味による: un bouquet *de fleurs sauvages*「野生の花の花束」/ un *bouquet de* roses bien *composé*「巧みに作られたバラの花束」; des bas *de soie artificielle*「人絹の靴下」/ des *bas de soie tachés*「汚れた絹の靴下」▶ 2つの一致の可能な場合: des robes *de* soie *verte* [あるいは *vertes*]「緑の絹のドレス」

♦ beaucoup [assez, peu, trop] de + 名 の後では形容詞は名詞に一致: beaucoup d'*animaux sauvages*. ▶ただし、数量に注意を向けるときは形容詞を男性単数にする: *Trop de précipitation pourrait devenir dangereux.* (MART, 325)「あわてすぎると危険なことになるかもしれない」

5º 副詞的用法の形容詞 ⇨ 下記IV 無変化. ただし cf. court, fin, frais, grand, large, nouveau, tout.

6º *nous*, *vous*, *on*, 命令形複数1, 2人称, 〈非人称動詞 + 不定詞〉の後の形容詞. 関係する語の意味に従って一致: Soyons *modeste*「慎ましくしよう [しなさい]」(自分自身, あるいは一人の相手に向かって) / Nous sommes *embellie*!「きれいになったね」(1人の女性に向かって) / Pour ça, il fallait être *hardis*. Si on avait manqué notre coup, on était tous *pendus*. (BEAUV. *Bouch.*, 1ᵉʳ tab., 18)「そうするには肝っ玉がなけりゃならなかったんだ. しくじりゃ, おれたちはみんな首をくくられたんだからな」

7º その他一致上注意すべき語句: air (avoir l'air), bon enfant, bon premier, courant, court, de (quelques heures de libre(s)), défunt, demi, égal (n'avoir d'égal de, d'égal à égal), feu, fin, fort, franc de port, gens, grand, haut, ne... que (ne + de + 形 + que), nu, personne, plein, plus (des plus, des moins, des mieux + 形), possible, proche, sauf, seul (seul à seul), など.

III. 形容詞の名詞化

1º 省略された名詞と同じ性の名詞となる (専門語, 俗語に多い): une (ligne) courbe「曲線」/ sa (femme) légitime「彼の (入籍している) 妻」/ un (train) rapide「特急列車」/ J'aimais sa voiture : c'était une lourde *américaine* décapotable. (SAGAN, *Bonj.*, 142)「私は彼の車が好きだった. それはコンバーティブルの, どっしりした米国製の車だった」⇨ genre des noms III. A. 2º

2º その性質を備えた事物名詞となる (男): le creux「くぼみ」/ un rond「環」/ un tranchant「刃」, など.

3º その性質を備えた人物名詞となる (sexe に従い 男 あるいは 女): un [une] malade「病人」/ un saint, une sainte「聖者, 聖女」/ un Français, une Française「フランス人」/ *Un plus sot que moi*, s'y serait laissé prendre. (ROMAINS, *Trouhadec* II, 1)「おれより間抜けな奴だったら, 一杯食わされたろうよ」/ Le jour où ils favoriseront *un moins digne que toi*, un cancre, *un fort en thème*, — réclame! (GIRAUDOUX, *Simon*, 8)「彼らが, 劣等生とかがり勉とか, お前より値打ちのない者をひいきにするようなときには, 文句を言ってやれ」/ Il y avait *plus malheureux que moi*. (CAMUS, *Etr.*, 110)「私よりもっと不幸な者もいた」⇨ plus I. 2º ②

4º 抽象名詞となる (男): le beau「美」, l'infini「無限」, le vrai「真」, など / *le plus frappant* de sa physionomie「彼の容貌の一番目立った点」/ des sentiments cachés *au plus profond* de l'âme「魂の奥深くに秘められた感情」/ En tout cas il y a *plus grave*. (ANOUILH, *P.B.*, 451)「とにかく, もっと重大なことがある」/ J'aimerais aussi qu'il m'arrivât *de l'inattendu*, *du nouveau*, des aventures pour tout dire. (SARTRE, *Nausée*, 53)「私はまた意外なこと, 新しいこと, 一言で言えば事件が起こればいいと思っているのです」/ C'est d'*un comique*!「なんて滑稽なんだ」⇨ article indéfini II. 5º ②

5º 既出の名詞の省略により, 同性の代名詞となる: Ton chiffre est *le bon*. (PORTO-RICHE, *Vieil h.* I, 11)「お前の数が合っているのだよ」/ Tu vois que tu en (= des cravates) as trop! — Je ne t'offre pas *cette bleue*! (GÉRALDY, *Gr. garç.*, 9)「ほれみろ. ありあまってるじゃないか. ——この青いのはやらないよ」⇨ article défini II. 1º ④

IV. 形容詞の副詞化 mettre *bas*「(動物が) 仔を生む; (服などを) 脱ぐ」, sentir *bon* [*mauvais*]「いい [いやな] 匂いがする」, manger *chaud*「熱いものを食べる」, coûter

cher「値が高い」, voir clair「はっきり見える」, s'arrêter court「急に立ちどまる」, songer creux「空想にふける」, payer double「2倍の金を払う」, filer doux「おとなしく従う」, aller droit「まっすぐ行く」, travailler dur「うんと働く」, chanter faux「調子はずれに歌う」, travailler ferme「しっかり働く」, frapper fort「強く打つ」, parler franc「率直に話す」, parler gras「喉にこもったような話し方をする；下品な話をする」, monter haut「高く上る」, rire jaune「苦笑する」, chanter juste「正しい音程で歌う」, peser lourd「目方が重い」, hacher menu「細かくきざむ」, refuser net 「きっぱり断る」, labourer profond「深く耕す」, tomber raide「ばったり倒れる」, voir rouge「激怒する」, parler sec「無愛想に話す」, jouer serré「慎重に勝負する」, など. ▶多くは1音節の古くからの形容詞. 形容詞の自由な副詞化はまれ.
◆対応する-ment型の副詞と意味の相違するもの: parler bas [haut]「低い声で[大声で]話す」 / parler bassement [hautement]「いやしい言葉を使う[高ぶった物言いをする]」
◆あるものは属詞・同格形容詞と論理的に区別できない: couper court「短く切る」 / se fâcher tout rouge「まっかになって怒る」 ▶イタリック体の語を副詞とみなし無変化につづるのは, 単に伝統による.

V. 機能
1º 付加形容詞 (épithète)　名詞の直前, 直後に添えられるもの(⇨ 下記VI): une grande maison / un enfant intelligent.　補語名詞に相当: le succès ministériel (=du ministère)「内閣の成功」(主語関係) / la crise européenne (=que subit l'Europe)「ヨーロッパの危機」(同上) / l'élection présidentielle (=du président)「大統領選挙」(目的語関係)
◆時に主語の性質が他の語に移行される: Joseph lui tendit une main défiante. (GREEN, Moïra, 169)「Jはいぶかりながら彼に手を差しのべた」
◆特殊な構成: une drôle de fille (=une fille drôle) / rien d'intéressant ⇨ de I. 22º; II. 2º
2º 属詞 (⇨ attribut): Il semble malade.「病気らしい」/ Je trouve cette idée bonne.「その考えをうまいと思う」▶ de+形 ⇨ de II. 2º

3º 同格　動作の行なわれる際の主語, 目的語などの様態, 性質を表わすもの. 間接属詞とも言う. ⇨ apposition II. 1º ③; 3º ②; attribut II. 3º, IV (前置詞を伴うもの).
(1)**主語の同格**: Je partis inquiet. (MAUROIS, Climats, 82)「私は不安にかられながら出発した」/ Il la regarde satisfait. (ANOUILH, P.B., 508)「彼は満足して彼女をじっと見る」
(2)**直・目の同格**: Il la regarde, pitoyable et haineuse dans ses bras. (Ib., 316)「彼は自分の腕に抱かれている哀れな憎悪に満ちた彼女をじっと見る」
(3)**間・目の同格**. まれ: Regardez Taillefer! tenez ; assis dans la bergère, là, au coin de la cheminée, mademoiselle Fanny lui présente une tasse de café. (BALZAC, Auberge)「Tをごらんなさい. ほら, あそこの暖炉の隅の肱掛椅子に座って, Fさんからコーヒーを出してもらっています」
同格形容詞の表わす意味
(1)**時**: J'ai eu toute petite, une gouvernante anglaise. (ANOUILH, P.B., 434) (=quand j'étais toute petite)「ごく幼いころ, 私には英国人の家庭教師がついていました」/ On pense mal, assis. (Thib. I, 85)「腰をおろしていては, ろくな考えは浮かばない」/ Il savait que déchaînée, rien ne comptait plus pour elle. (DAUDET, Sapho, 301) (=quand elle était déchaînée)「彼女がカッとなったら最期, もう何の見境もなくなってしまうことを知っていた」
(2)**原因**: Après l'Immoraliste, Gide, découragé, ne veut plus écrire. (CHAIGNE, Vies et œuv., 134) (=comme il est, étant découragé)「『背徳者』の発表後, Gは失望して, もはや筆を執ろうとはしない」/ ingrat que [comme] tu es「君は恩知らずだから」⇨ que[1] III. 1º ②; comme[1] I. 1º ⑨
(3)**対立, 譲歩**: Malade, il gardait sa bonne humeur. (=Bien qu'il fût malade)「病気ではあったが, 彼は相変わらず上機嫌だった」/ M'aimerais-tu légère et insouciante? (CAMUS, Justes III, 105) (=même si j'étais légère...)「軽薄な呑気な女でも, あなたは私を愛してくれて?」
VI. 付加形容詞の語順　意味・語形・語呂・感情・慣習・個人的趣味・表現意図など複雑な要素で決定されるから, 語順に関する絶対的規則は立てがたい.

adjectif qualificatif

1º 合成語・成句 古仏語の自由な統辞法が固定されて今日まで伝わったもので，現代の統辞法とは無関係：*blanc*-bec「青二才」/ *chauve*-souris「こうもり」/ *flagrant* délit「現行犯」/ *rond*-point「ロータリー」/ à *plat* ventre「腹ばいで」/ faire la *sourde* oreille「聞こえない振りをする」; amour-*propre*「自尊心」/ coffre-*fort*「金庫」/ sang-*froid*「冷静」，など．

2º 名＋形 個別的性質を表わし，対象を同種の他のものと区別して識別の印となるもの．例えばune robe *blanche*の「白い」は対象を他の色のドレスと区別して識別の印となる．この場合，名詞と形容詞はそれぞれ独立単位として共にアクセントを負い，一般には複数記号sでさえ成句を除いてliaisonされない．すべての形容詞はこの意味で名詞に接続し得るが，なかでも下記のものは客観的価値を持ち，感情をまじえないから，特別な場合のほかは名詞に先行しない．

① **国籍，宗教，社会，科学，芸術などの分類を示すもの**：la culture *japonaise* / le droit *romain* / l'église *catholique* / le temple *shintoïste* / le code *civil* [*pénal*] / la poésie *épique* [*lyrique*] / l'acide *sulfurique*，など．
▶ le secrétaire du très *nippon* vicomte (VIOLLIS, *Japon*, 43)「いかにも日本的なかの子爵の秘書」では，形容詞は単に国籍を表わしているのではなく，土地柄にふさわしいという意味に用いられているので，主観的感情的要素が入り名詞に先行した．

② **色彩，形状，肉体的状態などのqualité physiqueを表わすもの**：une robe *noire* / du papier *gris* / la table *ronde* / un plat *creux* / un homme *aveugle* / un pays *chaud* / un vent *froid*，など．
♦ これらの形容詞は比喩的意味に用いられるときはqualité moraleを表わし，あるいは3º①に準じて名詞に先行することがある：une *noire* destinée「不幸な運命」/ une *verte* semonce「きびしい小言」/ un *aveugle* désir「盲目的な欲望」/ de *chauds* admirateurs「熱烈な賛美者」/ un *froid* accueil「冷遇」，など．▶ これらは比喩的意味でも識別の印となることができる：une humeur *noire*「憂鬱」/ une éloquence *chaude*「熱のこもった雄弁」/ une confiance *aveugle*「盲目的な信頼」，など．
♦ 下記3º②の場合：une *verte* prairie / la *blanche* hermine / ce jeune matelot aux *rondes* joues d'abricot (VIOLLIS, *op. cit.*, 5)「アンズのような丸い頰をしたこの若い水夫」

③ **形容詞的用法の過分**：les gens *instruits*「教養ある人々」/ les tâches *accomplies*「完成された仕事」，など．▶ おそらく過分が関係節の要約と感じられるため (CR, 191)．
♦ 全く儀礼的表現となった次例は3º②に準じる：notre *distingué* collaborateur「われわれの優れた協力者」/ notre *dévoué* président「われわれの献身的な社長」/ notre *regretté* camarade「今は亡き我らが仲間」
♦ 軽蔑的意味を持つものは4ºに従う：un *sacré* personnage「言語道断な男」/ cette *damnée* affaire「このいまわしい事件」/ un *maudit* métier「いやな職業」

④ **語尾-*eur*, -*teur*, -*ard*の形容詞**：un enfant *couard*「臆病な子供」/ l'évolution *créatrice*「創造的進化」

3º 形＋名
① 簡単な印象評価を表わして**名詞と密接に結びつき，いわば対象の呼称の一部をなすもの**．une *petite* maisonと言うとき，観念は一つでune maisonnetteと言う一語をもって表わすことができる．こうした形容詞は名詞の表わす観念を少し修飾して表わすdiminutif, péjoratif, augmentatifなどのような接尾辞の価値を持つにすぎず，名詞の表わす観念に第2の観念を加えない (B, 639-40)．この場合，〈形＋名〉は1単位と感じられて，常にliaisonが行なわれ，心理的に最も強い要素である名詞だけがアクセントを受ける：un *savant*‿*aveugle*「博学な盲人」(形＋名) / un *savant* | *aveugle*「盲目の学者」(名＋形)．この分類に属する形容詞はgrand, gros, petit, menu, bon, meilleur, mauvais, pire, beau, cher, joli, vilain, vrai, faux, ancien, nouveau, jeune, vieuxなど，きわめて頻繁に用いられる短い形容詞：une *grande* [*petite*] maison / un *bon* [*mauvais*] garçon / un *jeune* [*vieil*] homme．▶ この種の形容詞も識別の印としてアクセントを負い，名詞の後に接続し得る：un homme *jeune*「若々しい人」/ une montagne *haute*「高い山」

② **épithète de nature** 名詞のうちに含まれる性質を表わす形容詞 (B, 640; G, 212, Rem. 3)：un *rapide* éclair / le *triste* hiver / la *vaste* mer / une *faible* femme / un *pieux* évêque / un *savant* professeur / la *blanche* neige，など．

♦名詞の性質が補語によって予想される場合：ce *rouge* soleil au déclin (LOTI)「まさに沈もうとするあの赤い夕日」/ ces *froides* pluies d'hiver (ID.) / une *claire* nuit d'étoiles. ▶ 〈形〉+ 固有 も名詞固有の性質を表わす：le *divin* Platon「かの崇高なP」⇨ article III. A. 3°

4° **感情によって強調された形容詞** アクセントをとって名詞に先行：un *fameux* [*fier*] imbécile「大バカ者」/ Quelle *cynique* créature!「何というひねくれ者だ」 ♦それ自体感情を表わす形容詞は常にアクセントを担って名詞の前あるいは後に置かれる：l'*incomparable* beauté, une beauté *incomparable* / un *horrible* supplice, un supplice *horrible*. その他：délicieux, effrayant, énorme, exquis, extraordinaire, magnifique, prodigieux, redoutable, sublime, superbe, surprenant, terrible, など。

5° **その位置によって意味の違う形容詞** un *ancien* ami「かつての友だち」, un ami *ancien*「昔からの友, 旧友」/ un *bon*homme「男, やつ」, un homme *bon*「善良な人」/ un *bon* air「上品な様子」, un air *bon*「善良そうな様子」/ un *brave* homme「実直な人」, un homme *brave*「勇敢な人」/ la *dernière* année「最後の年」, l'année *dernière*「去年」/ un *galant* homme「信義を重んじる人」, un homme *galant*「女性に優しい男」/ un *gros* propriétaire「大地主」, un propriétaire *gros*「肥った地主」/ une *grosse* femme「肥った女」, une femme *grosse*「妊婦」/ un *honnête* homme「《古》紳士」, un homme *honnête*「正直な人」/ un *maigre* repas「貧しい食事」, un repas *maigre*「肉ぬきの食事」/ de *méchants* vers「下らぬ詩」, des vers *méchants*「辛辣な詩」/ un *pauvre* homme「かわいそうな男」, un homme *pauvre*「貧乏な男」/ un *simple* soldat「一兵卒」, un soldat *simple*「純朴な兵士」/ un *vieil* ami「旧友」, un ami *vieux*「年老いた友」/ un *vilain* homme「卑劣な男」, un homme *vilain*「醜男」/ une *vraie* épopée「正真正銘の叙事詩」, une épopée *vraie*「真実を語る叙事詩」 cf. certain, différent, divers, grand, propre, seul.

♦これらの形容詞の多くは位置が同じでも修飾する名詞によって意味が変わることがある：un *gros* propriétaire / une *grosse* femme ; un *brave* homme / un *brave* soldat「勇敢な兵士」; un *triste* personnage「くだらない人」/ une *triste* nouvelle「悲しい知らせ」

6° **構成と語呂の要素** 長い語(群)は強勢をとって文末に置かれるというフランス語語順の一般的規則は、多くは形容詞の語順にも適用される。したがって、

① 補語を伴う形容詞 常に名詞に後続する：des fruits *bons* à manger cf. de bons fruits.

② 長い形容詞 より短い名詞に後続しやすい：un mot *audacieux* / une femme *délicate*. ▶意味や感情の要素のほうが強く働くことが多いから、絶対的な規則とはならない。cf. un *affreux* temps / de *nouvelles* lois.

③ 1音節の形容詞は1音節の名詞の前に置かれがたい。ただし *bon* lit, *grand* chat, *gros* chien など頻繁に名詞に先行するもの (3°①) を除く。

froid hiver, *laide* personne, *brève* réponse, *sèche* réponse (名詞は2音節) とは言えても、×*froid* homme, ×*laid* fils, ×*bref* cri, ×*sec* style (名詞は1音節) と言えず、*verte* prairie (3°②) にならって×*vert* pré, ×*noir* merle とは言えない。臨時に名詞に先行する形容詞はアクセントを担うから、2つのアクセントが相次ぐことを避ける傾向による (D, 414).

④ 副 + 形 tout, très, trop, si, assez のような短い副詞に先立たれる形容詞は多くその位置を変えない：un *très gros* homme / une *fort jolie* femme / un *assez petit* temple.

♦長い副詞に先立たれる形容詞は多く名詞に後続する：une femme *délicieusement belle* / des branches horizontales *étonnamment longues*. ▶ただし、現代作家はこの場合も 副 + 形 を先行させる傾向がある。

7° **補語を伴う名詞と形容詞** 形容詞の意味、〈名 + 補語〉の結び付きの程度に従って次の組合せができる。(形 = 形, 名 = 名, 補 = 補語)

① 形 + 名 + 補：leur *étroite* maison de planches / l'*universelle* menace de mourir / le *pessimiste* roman de Flaubert. 形 + 名 の語順が可能な場合は多くこれに従う。

② 名 + 形 + 補：les soirs *pluvieux* d'arrière-saison / la laideur *épouvantable* des délices charnelles / un bruissement *perpétuel* de cigales.

③名＋補＋形：le mouvement de hanche *oriental* / des manteaux de soie *traînants* / de la viande de mouton *sèche*.
8° ２つ以上の形容詞と１つの名詞
①形容詞が等位されないとき　形＋名，あるいは名＋形が一体をなし，他の形容詞は上記に従って位置を定められる．

形＋(形＋名)：une *grande* ¦ *belle* dame / un *vrai* ¦ *honnête* homme / un *bon* ¦ *petit* garçon.

(形＋名)＋形：un *vieux* canapé ¦ *usé* / une *bonne* soupe ¦ *chaude*.

形＋(名＋形)：une *remarquable* ¦ étude *historique* / cette *belle* ¦ armée *française*.

(名＋形)＋形：un château *fort* ¦ *imprenable* / une étude *historique* ¦ *remarquable*.

②形容詞が等位されるとき　形容詞はetで結ばれ，その各々が名詞に先行し得るときは，名詞の前あるいは後に置かれる．

形＋et＋形＋名：une *grande et belle* femme / de *belles et éloquentes* paroles.

名＋形＋et＋形：une femme *grande et belle* / des paroles *belles et éloquentes* / une figure *ronde et jeune*.

形＋名＋et＋形　最後の形容詞を強調する手段，多く副詞を伴う：une *intéressante* étude *et très* [*assez*] *approfondie* (MART, 81)「興味ある，しかも非常に［かなり］深い研究」/ Il dit... que c'était une *bonne* personne, *et pieuse*. (FRANCE, *Lys*, 115)「彼は，善良な，しかも信心深い人だ，と言った」

形＋ou [ni] ＋形は名詞に後続：un homme *ni beau ni laid* (D, 417).

▶ 属詞，同格の語順 ⇨ attribut V; apposition II. 4°
VII. 形容詞の補語
1° 形容詞と補語
①ある形容詞は補語を伴わない：circulaire「円形の」/ maritime「海洋の」/ mortel「死すべき」

②ある形容詞は常に補語を要する：enclin [sujet] à「の傾向がある」/ désireux de「を望む」

③多くの形容詞はある時は補語なしに，ある時は補語と共に用いられる．この場合，意味が変わることがある：une attitude *digne*「立派な態度」/ une conduite *digne d'*éloges「称賛に値する行為」

2° 形容詞の補語となる語
①副詞（相当句）：*très* beau.

②名詞, 代名詞, 不定詞：être fier *de son fils* [*de lui, d'avoir réussi*]「自分の息子［彼，成功したこと］を得意がる」

③節：Je suis fâché *qu'il soit parti* [*de ce qu'il est parti*].「彼が行ってしまったのは残念だ」⇨ que⁴ I. 5°; de IV. 1°

3° 形容詞の要求する前置詞　補語の品詞, 意味に従って異なることがある．主なものは，

à: accessible, accoutumé, adhérent, admissible, adroit, affilié, agréable, antérieur, applicable, âpre, apte, ardent, attentif, bon, cher, comparable, conforme, contigu, contraire, convenable, crédule, ⁺difficile, docile, égal, enclin, tout entier, essentiel, étranger, exact, ⁺facile, familier, fatal, favorable, fidèle, funeste, habile, hostile, impénétrable, impitoyable, importun, impropre, impuissant, inabordable, indifférent, inexorable, inférieur, infidèle, inflexible, inhérent, inutile, ⁺lent, ⁺long, nuisible, opposé, parallèle, pareil, postérieur, préalable, préférable, préjudiciable, présent, prêt, prompt, propice, propre, rebelle, réfractaire, relatif, semblable, sensible, souple, sourd, sujet, supérieur, utile, など. (⁺印は《à 不定詞》の構成だけ)

de: absent, affligé, alarmé, âgé, altéré, ambitieux, amoureux, avare, avide, capable, certain, charmé, complice, confus, consterné, content, coupable, coutumier, curieux, dénué, dépourvu, désireux, différent, digne, économe, éloigné, enchanté, ennuyé, envieux, épris, étonné, exempt, fâché, fier, friand, furieux, glorieux, grave, gros, hérissé, heureux, honteux, idolâtre, ignorant, impatient, inconsolable, indépendant, indigne, infatué, innocent, inquiet, insouciant, ivre, jaloux, justiciable, las, léger, libre, lourd, natif, orgueilleux, originaire, paralysé, plein, proche, prodigue, ravi, satisfait, sobre, soucieux, sûr, susceptible, vide, voisin, など.

その他：*avec* (compatible), *dans* (expert), *en* (abondant, fécond, fertile), *envers* (poli), *par* (remarquable *par la*

qualité「品質のすぐれた」)，など．
♦補語の意味に従って前置詞の変わることも多い：fort *de* caractère [*en* mathématique]「性格が強い［数学が得意な］」/ furieux *d'*un échec [*contre* qn]「失敗して［ある人に対して］腹を立てた」

4° **2つの形容詞の補語** 2つとも同じ前置詞と構成されるときには，共通の補語を持ち得る：Cela est utile et agréable *à* tous.「それは誰にとっても有益で愉快である」 cf. utile *à*, agréable *à*.

　2つの形容詞の構成が違うときは，補語の反復が必要：Il est soumis *à* ses parents et respectueux *envers* eux.「彼は両親に従順で彼らに礼儀正しい」

5° **数個の補語**
① 構成の異なる2つの補語が同時に用いられる場合：Il est redevable *de* son succès *à* vos utiles conseils.「彼が成功したのはあなたの有益な忠告のお蔭です」/ reconnaissant *à* qn *de* qch「…についてある人に感謝している」
② 等位された補語：Il est plein *de* zèle et *d'*ardeur.「情熱と熱意に満ちている」 時に品詞の異なる補語が等位される：Ils commençaient à être inquiets *de ne pas les voir revenir* et *de ces gémissements* qu'on entendait à travers bois. (DAUDET, *Sapho*, 315)「彼らは，2人が帰って来ないのと，森から聞こえてきたうめき声に，心配しはじめた」

VIII. 比較級・最上級 ⇨ degré de signification

adjectif relatif　［関係形容詞］— pronom relatifの形容詞的に使われるものを言う．形態：lequel, laquelle... 例外的にquel, quelle ... ⇨ lequel II; quel IV

adjectif verbal ⇨ participe présent III

admirable — *admirable* de courage [par la qualité]「あっぱれ勇敢な[品質の卓越した]」/ vous êtes *admirable* de 不定詞「…とは驚くね」(=étonnant) / c'est *admirable* que + 接「…はすばらしいことだ」/ *admirable* à voir「見た目のすばらしく美しい」

admirer — *admirer que* + 接 ： Il admirait qu'elle restât si belle. (VERCORS, *Colères*, 143)「彼女がかくも美しいままであるのに感嘆した」

　être admiré de [*par*]　deは心に抱かれた称賛の念，parは言葉や行為によって表わされた称賛に用いられるが，区別は微妙で現代語はdeを好んで用いる (*EBF*; TH)：Ses manuscrits (...) furent *admirés des* Romantiques. (BRUNEAU, *Pet. hist.* II, 1)「彼の原稿はロマン派作家に称賛された」/ ce général *admiré* même *par* ses ennemis (LIT)「敵からさえ称賛されたあの将軍」 cf. Il fut *admiré* même *de* ses ennemis. (TH)

adorer — ① *adorer* qn [qch] : Il *adore* sa mère [Il l'*adore*].「彼は母［彼女］が大好きだ」 ♦目的語が物ならば（例：Il *adore* le cinéma), le, la, lesの代入は好まれず，çaを用いる傾向が強い：Le cinéma? Il *adore* ça. (BUTOR, *Degrés*, 207)「映画? 彼は大好きだよ」⇨ le, la, les 1°②

② *être adoré de* [*par*] qn
(1)「熱愛」の意では de, par：Dumas fut vite *adoré de* ses hôtes. (MAUROIS, *Dumas*, 13)「Dはすぐに家の主人から愛された」/ Regarde la petite Mme Vigier, riche, ravissante, *adorée par* son mari... (DORIN, *Th.* II, 184)「お金持で，魅力的で，だんな様が夢中になっているV夫人をごらんなさい」▶能動態の目的語が物ならば，受動態に変形不可能（DUB, *Verbe*, 94).
(2)本来の「崇拝，礼拝」の意では par：Les rois de Perse étaient *adorés par* leurs sujets. (AC)「ペルシャ国王は臣下から崇拝されていた」

③ *adorer* 不定詞 [*que* + 接]：Elle *adore* discuter. (BEAUV., *Mand.*, 353)「彼女は議論するのが大好きだ」/ J'*adore qu'*on me lise. (BUTOR, *Degrés*, 318)「人に本を読んでもらうのが大好きなの」▶目的語に le の代入不可能，çaを用いる．

adroit — Il est très *adroit de* ses mains. (*DFC*)「手先がとても器用だ」/ *adroit à* un jeu [*à* la chasse] (*TLF*)「あるゲーム［狩猟］が上手な」/ *adroit dans* toutes sortes de métiers (*EBF*)「どんな職業をしても器用にこなす」/ Ma fille est *adroite* en couture. (*DFC*)「娘は裁縫が上手です」▶adroit à 不定詞: *adroit à* tirer à l'arc (AC)「弓を射るのが上手な」

advenir — 不定詞と各時制の3人称にだけ用いる．助動詞はêtre：Songe à ce qui *serait advenu* si j'avais comme toi délaissé la Maison du père. (GIDE, *Enf. prod.*, 213)「おれがお前のように父の家を捨てたとしたならば何が起こったか考えてごらん」

多く非人称: Et vous savez tous ce *qu'il est* ensuite *advenu.* (QUENEAU, *Fleurs*, 147)「それから何が起こったのかはみんなが知ってのとおりだ」/ *Que* va-t-*il advenir* de l'orthographe des jongleurs? (BURNEY, *Orthogr.*, 11)「吟遊詩人の綴りから何が起こるだろうか」/ quoi *qu'il advienne*「何が起ころうと」/ *Advienne que pourra!* (ACHARD, *Patate*, 16)「何が起ころうと構いはしない」/ Fais ce que dois, *advienne* que pourra.「《諺》結果がどうあろうと義務を果さなければならない」▶ il advient que＋ 接 (可能事) [＋ 直 (現実)]. il arrive que にならう.

♦ *advenant* は契約書などの文体で s'il advient [arrive] que の意: *advenant* le décès de l'un des deux (AC)「2人のうち一方が死亡した場合には」

adverbe [副詞] — 動詞, 形容詞 (相当句), 副詞, 文を修飾する不変化語. 例外的に変化するもの. frais, ⇨ grand, large, tout

I. 分類
A. 形態上の分類
1° ラテン語を語源とするもの: assez (< ad satis), avant (< abante), bien (< bene), など.
2° フランス語で形成されたもの ①合成 (composition): aussitôt, dedans, longtemps, など.
②派生 (dérivation) (1)形容詞の転用: voir *clair* (⇨ adjectif qualificatif IV) (2)接尾辞 -ment; -on(s): (à califourch*on*, à recul*ons*, à tât*ons*)

B. 意味上の分類
1° 様態の副詞 (adv. de manière)
① ainsi, bien, comme, comment, debout, ensemble, exprès, mal, mieux, pis, plutôt, vite, volontiers, など.
② -ment の副詞.
③副詞的用法の形容詞. ⇨ adjectif qualificatif IV
④ 副詞相当句: à dessein, à loisir, à reculons, à tâtons / à l'envi, au hasard / de force, de même, de préférence / en détail, en général, en vain / côte à côte, mot à mot, tête à tête / bon marché, bon gré, sens dessus dessous, など.
2° 量の副詞 (adv. de quantité) あるいは 強度 [程度] の副詞 (adv. d'intensité, de degré)

① assez, aussi, autant, beaucoup, bien, combien, comme, comment (=à quel point), davantage, environ, fort, guère, mais, moins, par (cf. *par* trop), peu, plus, presque, que, quelque (=environ), si, tant, tout, très, trop, など.
② -ment: affreusement, autrement, bi[bou]grement, diablement, énormément, excessivement, extrêmement, furieusement, horriblement, joliment, rudement, suffisamment, tellement, terriblement, など.
③ à demi, à moitié, à peine, pas mal, tout à fait, など.
3° 時の副詞 (adv. de temps)
① alors, après, après-demain, aujourd'hui, auparavant, aussitôt, avant, avant-hier, bientôt, déjà, demain, depuis, derechef, désormais, dorénavant, encore, enfin, ensuite, hier, incontinent, jadis, jamais, longtemps, lors, maintenant, naguère, parfois, puis, quand, quelquefois, sitôt, soudain, souvent, tantôt, tard, tôt, toujours, など.
② -ment: antérieurement, dernièrement, fréquemment, immédiatement, ordinairement, postérieurement, précédemment, prochainement, récemment, soudainement, ultérieurement, など.
③ à jamais, à présent, à la fin, à l'instant / d'abord, de suite, de loin en loin, de temps à autre [de temps en temps] / sur-le-champ / tout à coup, tout à l'heure, tout de suite, など.
4° 場所の副詞 (adv. de lieu)
①ailleurs, alentour, arrière, autour, avant, çà, ci, contre, dedans, dehors, derrière, dessous, dessus, devant, ici, là, loin, où, partout, près, proche, など.
②en, y.
③au-dedans, au-dehors, ci-après, ci-contre, en arrière, en avant, là-bas, là-dedans, nulle [quelque] part, など.
5° 肯定の副詞 (adv. d'affirmation)
① assurément, certainement, bien, certes, évidemment, oui, précisément, si, soit, volontiers, vraiment, など.
② à la [en] vérité, sans doute, si fait, si

vraiment, que si, など.
6° 否定の副詞 (adv. de négation) non, ne, nenni / aucunement, guère, jamais, nullement, pas, point.
7° 疑惑の副詞 (adv. de doute) apparemment, peut-être, probablement, sans doute, など.
II. 機能
1° 動詞 (相当句) の修飾: Il vit *heureusement*.「幸福に暮らしている」 ♦aussi (=autant), quelque, si, tout, tout à fait, très は動詞を修飾しないが, aussi, si, très は動詞相当句を修飾し得る: J'ai eu *très* peur.「とてもこわかった」
2° 形容詞 (相当句) の修飾 量・強度の副詞: Il est *très* heureux [*très* musicien, *très* en colère].「非常に幸福である [音楽が上手である, 怒っている]」▶ 否定の副詞 ⇨non; pas
3° 副詞 (相当句) の修飾: Il comprend *fort* [*très*] bien.「非常によくわかる」
4° 文全体の修飾: *Heureusement*, il est arrivé.「幸にして彼は到着した」/ *Peut-être* viendra-t-il.「おそらく彼は来るだろう」▶ 文頭の副詞は時に que を伴う. ⇨que⁴ VIII. 2°
5° 名詞的用法 ある副詞は冠詞を伴って名詞化される: le devant「前部, 前面」, le derrière「後部, 背面」, le dedans, le dehors, le dessus, le dessous, le haut, le bas, など.
　副詞はまた無冠詞で名詞的機能を果たすことがある.
① 前置詞に先立たれる: le journal *d'aujourd'hui* [*de demain, d'hier*]「今日 [明日, 昨日] の新聞」/ les hommes *d'ici*「ここの人々」/ depuis [*pendant*] *longtemps*「ずっと前から [長い間]」/ pour *toujours*「永久に」/ faute de *mieux*「やむを得ず」
② 主語: Ils pensent que *demain* sera meilleur qu'*aujourd'hui*. (BEAUV., *Sang*, 59)「明日は今日より楽しかろうと考えている」
③ 目的語: mettre *longtemps* à 不定詞「なかなか…しない」/ Je fis *plus*.「それ以上のことをした」⇨mieux
6° 形容詞的用法
① 行為名詞 (nom d'action) の修飾: C'était le jour de mon arrivée *ici*. (DAUDET, *Lettres*)「私がここに着いた日のことだった」 cf. J'arrivais *ici*. / l'accueil *à bras ouverts* (ID.,

Sapho, 279)「心からなるもてなし」 cf. accueillir *à bras ouverts*.
② au temps *jadis*「昔」/ le jour *après*「次の日」/ le mois *avant*「前の月」/ la chambre *à côté*「隣室」/ le paragraphe *ci-dessus*「上記の項」/ à l'étage *au-dessus* [*au-dessous*]「上 [下] の階に」/ La ville est tout *près*. (=toute proche)「町はすぐ近くだ」/ Le but est encore *loin*. (=éloigné)「目標はまだ遠くにある」 同様にして C'est *bien* [*mal, assez, peu, beaucoup, mieux*]. も形容詞的.
⇨ bien 3°; loin 1°③; alentour 1°; mieux 2° cf. DAVAU, *Adjectifs invariables*, *FM*, janv.'50 ; LE B, II, 588-9 ; CR, 107 ; F, *Gr. fautes*, 204.
7° 前置詞的用法: *sitôt* le repas (DAUDET, *Sapho*, 241)「食事を終えるとすぐに」/ J'y vais *aussitôt* le déjeuner. (MAUPASS., *Lit.*, 29)「昼食をすませたらすぐ行きます」 ♦ N (III, 348) は古くからの慣用として許容. LE B (II, 67) は動作名詞を従える場合 (aussitôt son arrivée「彼が着くとすぐに」) しか許容しない. この構文は aussitôt la nuit venue (aussitôt + 分詞節) が dès la nuit venue に相当するため, dès la nuit の analogie で aussitôt la nuit となったもの.
▶ その他 dedans, dehors, ⇨dessous; dessus, partout
8° 接続詞的機能　文頭の ainsi, aussi, au [du] moins, cependant, en effet, néanmoins, partant, pourtant, seulement, tant, tellement, などは接続詞的機能を持つ. aussi「…もまた」も添加の接続詞に近い. ⇨ conjonction III. 1°
9° 節に代わる　肯定, 否定, 疑惑の副詞: Viendra-t-il? — *Oui* [*Non, Sans doute, Certainement,* など]. / Je crois que *oui*.「そうだと思います」
III. 副詞の比較級・最上級　ある副詞は形容詞のように比較級・最上級を持つ. ⇨ degré de signification
1° 分析形をとるもの: (1) loin, longtemps, près, souvent, tôt, tard, vite. (2) 副詞の用法の形容詞. (3) 多くの語尾 -ment の副詞.
　plus loin, aussi noblement, le plus vite, など.
2° 総合形をとるもの: beaucoup—plus / bien—mieux / mal—pis / peu—moins.

adverbe

IV. 副詞の補語
1° 副詞: *très* bien.
2° 量の副詞 (assez, autant, beaucoup, combien, davantage, moins, peu, plus, など) は 〈de + 名詞 (相当句)〉を補語として名詞的に機能する: J'ai beaucoup de livres. (直・目) / Beaucoup de gens savent que... (主語) ◆ Mart (503); C (228)はこれらの副詞を名詞と考え, DG (196)は集合名詞とみなす. これらは不定形容詞の一種とみなすこともできる. 〈énormément, extrêmement, infiniment, médiocrement, suffisamment, tellement, terriblement, など + de + 名〉は上記の構文の analogie によるもの.
3° 語尾 -ment のいくつかの副詞は**語幹となる形容詞**に伴う前置詞を介して補語をとる. antérieurement à, concurremment avec, conformément à, conjointement avec, conséquemment à, convenablement à, dépendamment de, différemment de, indépendamment de, inférieurement à, pareillement à, postérieurement à, préférablement à, proportionnellement à, relativement à, supérieurement à, など: Il m'a écrit *relativement à* votre affaire. 「彼はあなたの事業について手紙をくれた」 cf. une lettre *relative à* votre affaire「あなたの事業に関する手紙」 ▸ *Gr. Lar. XXe* (380)は loin de, près de などと共にこれらを前置詞相当句とみなす.
4° 比較を示す副詞, ailleurs, autrement は 〈que + 補語〉を伴う. plus [moins] + de + 数詞 ⇨ plus I. 9° ①; moins I. 4° ①
V. 語順 一般に語順は固定されず, 文の調和・強調など, 文体上の理由に支配されやすい.
1° 感嘆の副詞 (que, comme) は常に, 疑問の副詞 (combien, comment, où, pourquoi, quand) は普通は文頭に置く. ⇨ interrogative (phrase)
2° 文を修飾する副詞一般に文頭: *Naturellement* il a refusé de venir.「もちろん, 彼は来るのはいやだと言った」 ▸ ただし: Il faut *bien* s'en aller. (D, 317)「どうしても立ち去らなければならぬ」
3° 動詞を修飾する副詞
① 単純時制　多く 動 + 副: Il viendra *bientôt* nous voir. / Il travaille *beaucoup*.
② 複合時制　助動 + 副 + 過分, あるいは 助動 + 過分 + 副: Il a *beaucoup* travaillé [Il a travaillé *beaucoup*]. / Il a *admirablement* réussi [réussi *admirablement*]. / Je le lui ai *souvent* dit [dit *souvent*]. ◆場所の副詞, いくつかの時の副詞 (tard, tôt, aujourd'hui, hier, demain, など), ensemble, 量の副詞以外の1音節の副詞は助動詞と過分の間には置かれない: Il est resté *là* deux heures. / Il est venu *hier* [*aujourd'hui*]. / Il s'est couché *tard*.
③ **動詞相当句**　動 + 副 + 補語: Vous avez *bien* [*parfaitement*] raison.
④ **不定詞** (1) 副 + 不定, あるいは 不定 + 副: Il ferait mieux de *moins* boire [boire *moins*].「飲むのを控えたほうがいい」 ◆2音節以上の副詞は不定詞に後続するのが普通. 動詞に先行する場合は強調: Je l'aimais trop pour ne pas *joyeusement* sourire. (Montherl.—W, §285)「彼を熱愛していたからうれしそうにほほえまずにはいられなかった」
(2) 無強勢代名詞があるときは, 〈副 + 代 + 不定〉が普通: Elle ne pouvait *bien* me voir. (Radiguet, *Diable*, 31)「私をよく見ることができなかった」/ Je n'ai pas résisté au désir de *mieux vous* connaître. (Anouilh, *P.N.*, 437)「もっとよくあなたを知りたいという気持にあらがえませんでした」

〈代 + 副 + 不定〉は古い語順, 近代の snobisme が流行させた避けるべきもの (D, *Etudes*, 92): pour *la mieux* rattraper (Troyat, *Vivier*, 30) ▸ ただし, 慣用句: à *le bien* prendre「よく考えてみれば」/ à *y bien* réfléchir (類義).

◆代名動詞は pour *mieux se* porter あるいは *se* porter *mieux*「いっそう健康になるように」▸ *se mieux* porter を D (*op. cit.*) は許容しない.
⑤ **強調的語順** (1) 文頭: *Bientôt* il viendra nous voir. / *Adroitement*, il s'acquitta de sa mission. (*Gr. Lar. XXe*, 379)「巧みに彼は使命を果たした」
(2) 主語名詞 + 副 + 動: Odile *tout de suite* m'entraîna dans l'univers des couleurs, des sens. (Maurois, *Climats*, 35)「Oはすぐに私を色彩と感覚の世界に導いた」
(3) 文末: Il viendra nous voir *bientôt*. / Il s'était précipité par la brèche, *impétueusement*. (Flaubert)「彼は勢いこんで突破口から突進した」 ▸ 副詞を動詞から離し, 文末で virgule の後におくのは Flaubert の文体の特

徴の一つ (THIBAUDET, *Flaubert*, 295).
⑥ *ne... pas* ⇨ pas I. 4º
4º 形容詞・過分・副詞の修飾 副詞は一般にそれらに先行: *très* [*bien*] joli.　時の副詞の語順はかなり自由: un homme *encore* jeune [時に jeune *encore*]. まれに〈［形］＋様態の副詞〉: Vous êtes aimable *infiniment*. (MART, 486)「ほんとうに有難うございました」⇨ peu 1º ①; encore 1º
5º 注意を引こうとする語に従って語順を変えるもの: *Précisément* j'ai appelé votre attention sur ce fait.「ちょうど私はこの事実にあなたの注意をうながしたのです」(文の修飾)
　以下, イタリック体の語に注意を引く: J'ai *précisément* appelé...; J'ai appelé *précisément* votre attention...; J'ai appelé votre attention *précisément sur ce fait*. (D, 442)
　Certainement votre père ne viendra pas.; Votre père *certainement* ne viendra pas.; Votre père ne viendra *certainement* pas. (MART, 486) 同種の副詞: justement, seulement, encore, exactement, など.

adverbe pronominal ［代名詞的副詞］— 副詞を語源とし, 現在も場所の副詞としての用法がある en と y を言う. 副詞的代名詞 (pronom adverbial) とも言う.

adverbe relatif ［関係副詞］— 副詞を語源とし, 現在もなお副詞的機能を失わない dont と où を言う.

adversative (proposition) ［反意節］— 反対, 対立の意を表わす副詞節. alors que, cependant que, là où, au lieu que, lorsque, pendant que, quand, où, tandis que, などで導かれる (各項参照).

advienne que pourra ⇨ advenir

affaire — ① *avoir affaire* [*à faire*] *à* **qn** (=avoir à lui parler, être en rapport avec lui)　affaire が普通だが à faire の綴りも許容されている: Il *a eu affaire à* moi pour une question de passeport. (ROMAINS, *Hommes* XXIII, 255)「旅券のことで私に相談にきた」/ avoir *affaire* à forte partie「手ごわい人を相手にする」/ Vous *aurez affaire à* moi.「(おどして) 私が相手になってやる」/ C'est bien *à* toi que j'*ai à faire*. (GIRAUDOUX, *Lucrèce* II, 3)「用があるのはきみなのだ」

② *avoir affaire* [*à faire*] *avec* **qn**　avec によって相互関係が示され avoir à traiter quelque question avec lui (ROB) の意: Quoique Olivier *eût* souvent *affaire avec* lui, ils se voyaient très peu. (ROLLAND—GLLF)「O はよく彼とかかわりがあったが, 2 人はほとんど顔を合わせなかった」/ J'*ai eu affaire* [*à faire*] *avec* lui tous les jours. (H, 49)「毎日彼とは行き来があった」► à qn との陰影の差は微妙で GEORG (59) は今日では区別なしに用いられると言う.

③ *avoir affaire* [*à faire*] *de* + ［名］［不定詞］ (=avoir besoin de)　古文調: Qu'*ai-je à faire d'*un ami qui me juge? (ST-EXUP.—G, *Pr*. III, 281)「私を批判する友だちなど何の用があろうか」

④ *avoir à faire*　直・目が添えられるか, それが略されて avoir à travailler, avoir du travail の意ならば, いつも à faire とつづる: J'*ai à faire* une démarche. (EBF)「交渉しなければならないことがある」/ Antoine *eut* fort *à faire* pour éveiller le gardien de nuit. (*Thib*. V, 275)「A は警備員を起こすのがひと苦労だった」/ J'aime le jazz, mais j'*ai à faire*. (BEAUV., *Mand*., 147)「ジャズは好きだが仕事がある」

affixe ［接辞］— 1 語として独立せずに他の語の語幹に添えて, その意味を変え, 特別な機能を与えるもの. 接頭辞 (préfixe), 接中辞 (infixe), 接尾辞 (suffixe) の総称.

agent (complément d') ［動作主補語］— 受動構文の行為をなす人・物 (動作主 agent) を表わす補語. 対応する能動構文では主語となる: Cet arbre a été déraciné par *la tempête*.「この木は嵐で根こそぎにされた」 cf. *La tempête* a déraciné cet arbre.
動作主補語を導く前置詞
1º *par*, *de* 古仏語では par も de も共に用いられたが de が一般的. 17 世紀でもなお de が多い (B, 371). 今日では一般に par. 両者の使い分けは確定していないが, ほぼ次のような区別が設けられる.
① ***par*** は行為が特殊的, 一時的である場合, **動作主が人であるときは意志によって積極的に行動する場合**, 一般に行為と動作主とを強調する場合に用いられる: L'incendie fut vite éteint *par* les pompiers.「火事は消防士によってすぐ消された」/ Il a été puni *par* son père.「彼は父から罰を受けた」/ Les chiffres ont été inventés *par* les Arabes.「数字はアラブ人によって発明された」► これらの例で de は用いられ

ない．
② *de* は行為が習慣的，恒常的で，**行為そのものよりは状態の継続を表わす場合**，動作主が自然の衝動に従う場合に用いられる．したがって感情を表わす動詞（être aimé, estimé, regretté, haï, détesté, など）の後では de が用いられやすい．しかし，この場合でも行為そのものを強調するときは par が用いられる：Un homme obligeant est aimé *de* tout le monde. 「親切な人は誰からも愛される」 cf. Elle fut aimée *par* un jeune homme riche. 「彼女はある金持の青年に愛された」／ Elle était suivie *de* son domestique. 「彼女は召使をつれていた」 cf. Elle a été suivie *par* un homme. 「彼女は１人の男に後をつけられた」／ Le jardin était entouré *d'*une haie. 「庭は垣根で囲まれていた」 cf. Il fut entouré *par* des agents. (*DG*) 「彼は警官に取り囲まれた」／ Il était saisi *de* crainte. 「彼は恐怖にとらわれていた」 cf. Il fut saisi *par* des voleurs. 「彼は盗賊たちにつかまった」／ accablé de [par la] douleur (M)「苦痛にうちひしがれて」▶ de の代わりに常に par を置くことはできるが，par の代わりに常に de を置くことはできない (L<small>IT</small>)．♦人を表わす動作主補語に代名詞を用いると：Elle est aimée *par* lui [*de* lui]. Elle *en* est aimé. ⇨ en² I. 1° ③
2° *à* (例外的)：mangé *aux* vers 「虫に食われた」(*des* [*par* les] vers とも言う)／être pris [conquis, gagné] *à* 「…に心をとらえられる」

agir — 1° 他動詞としては受動態の *être agi* 以外はまれ．古語法の現代での復活：la liberté qui consiste à n'*être* point *agi* par les autres, mais aussi à ne pas les *agir* (M<small>AURRAS</small>—T<small>H</small>)「他人の掣肘（ ）を受けず，それと同時に他人を掣肘しないことに存する自由」▶ 受動態は B<small>RUN</small> (329) が新用法として指摘，R<small>OB</small> も採択．
2° **en agir** 17世紀以来非難されているが，今日では常用 (G, *Pr.* III, 315-)：Joseph n'*en agit* pas ainsi avec moi. (J<small>AMMES</small>—T<small>H</small>)「J は私に対してそんな振舞いはしない」▶ en なしでは：Il a bien [mal] agi avec moi [envers moi, à mon égard]. (T<small>H</small>)「彼は手厚くもてなした [ひどく扱った]」
3° ① **il s'agit de qn** [**qch**] 「…が問題となっている，(問題の人・物が)…である」(= il est question de)：*Il s'agit de* l'honneur d'une femme. (C<small>LAIR</small>, 266)「ひとりの女性の名誉にかかわるのだ」／ *Il s'agit de* Xavière. (B<small>EAUV</small>., *Inv.*, 213)「Ｘのことなのだ」／ *Il s'agit de* lui [*d'*elle]. 「彼[彼女]のことです」／ ce passé *dont il s'agit* (B<small>UTOR</small>, *Degrés*, 253)「問題のその過去」／ *De* quoi *s'agit-il*? (C<small>AMUS</small>, *Peste*, 55)「何のことです」／ *De* qui *s'agit-il* alors? (S<small>ARRAUTE</small>, *Isma*, 24)「じゃあ，誰のことです」
② **il + 準助動詞 + s'agir**：*Il* ne *peut* guère *s'agir d'*un interrogatoire. (R<small>OB</small>.-G<small>RIL</small>., *Projet*, 9)「訊問ではありそうもない」／ *Il doit s'agir d'*une métisse. (*Ib.*, 88)「混血の女に違いない」▶ 不定詞 s'agir の使用はこの場合に限られる．
③ **il s'agit** [**pour qn**] **de** 不定詞
(1) (= il convient de, il est nécessaire de, il faut)：*Il* ne *s'agit* pas *de* rêver, *il s'agit de* vouloir. (B<small>EAUV</small>., *Inv.*, 268)「夢を抱いていてはだめ．意欲を持つことが肝心なのよ」／ *Il* ne *s'agit* pas *d'*être pris maintenant. (A<small>NOUILH</small>, *P.R.*, 79)「今つかまったら大変だ」
(2) (= il est question de)：Quand *il s'agit de* se mettre à table, il est toujours le premier. (*PR*)「食卓につくとなると，彼がいつもまっ先だ」
④ **il s'agit que** まれ．多くの辞典はこの用法を記載しない．
(1) +［接］(= il faut que)：*Il s'agit que* la participation *devienne* la règle et le ressort d'une France renouvelée. (de G<small>AULLE</small>—G, 998 Rem. 3)「協力が革新フランスの準則となり原動力となることが必要だ」
(2) +［直］(= le fait est que)：Ta crise de sentimentalité... — Il ne *s'agit* pas *de* ça. *Il s'agit qu'*il n'en *a* aucun! Aucun sentiment. (S<small>AGAN</small>, *Violons*, 93)「感傷にとらわれたの…—そうじゃない．問題はやつにはそれが何もないことなんだ，感情なんか」
⑤ **s'agit de** [**que**] くだけた会話では il は省略される：*S'agit* maintenant *de* sortir d'ici. (*Thib.* VII, 129)「今度はここから出るのだな」
♦ de qn が de lui, d'elle となるが de qch, de 不定詞，que は de cela で受ける．上例④(2)の S<small>AGAN</small> の例参照．en の使用 (× Il s'en agit.)，補語の省略 (× Il s'agit.) は不可．
4° **s'agissant de** 文学的：*S'agissant de* rectifier les soupapes d'une Georges Irat (...) il les avait passées à la machine meulante spéciale. (T<small>OURNIER</small>, *Roi*, 87)

(=puisqu'il s'agit de)「GIの弁を修理しなければならないので、彼はそれを特殊なグラインダーにかけた」/ J'ai de tout temps répugné à me relire, même *s'agissant de* pages qu'il m'était arrivé d'écrire avec plaisir. (WAGN, *Essais*, 5)「私はかつて楽しんで書いた文でも、自分の書いたものを読み返すのはいつも嫌いだった」

aide — ① *aide à* qn [qch]「人〔何〕への援助」: *aide aux* pays sous-développés「開発途上国に対する援助」cf. apporter son *aide* à qn「人を援助する」

② *à l'aide de* qch「何を使って」(=en se servant de, au moyen de): marcher *à l'aide d*'une canne [de béquilles] (ROB)「杖〔松葉杖〕にすがって歩く」

③ *avec l'aide de* (1)+qn「人の助けを借りて」: *Avec l'aide de* Delphine, il grimpa sur son arbre. (AYMÉ—S-H, 175)「Dに助けられて、木によじのぼった」
(2)+qch　道具として特殊なものについて用いる: La société américaine l'a acculé à ne plus pouvoir être poète qu'*avec l'aide de* l'alcool. (BUTOR—*Ib.*)「アメリカの社会はアルコールの力を借りなければもはや詩人になりえない状態に彼を追いつめた」

aïeul — aïeuls「父方と母方の祖父; または祖父母」, aïeules「父方と母方の祖母」. aïeux は「祖先の人々」(=ancêtres)の総称. 17世紀にはこの意でもaïeulsを用いた.

ail — 複　古形aulx [o]は文学語、方言に残るが、日常語では廃止. 複数を表わすにはdes gousses d'*ail*, また植物学者にならいdes *ails* と言う. 一般には集合名詞として de l'*ail* を用いる: Arsule mange aussi *de l'ail*. (GIONO, *Regain*, 76)

ailleurs — 1º *ailleurs que* (=en un autre endroit que): On pourrait aller *ailleurs qu'*à Cannes? (DURAS, *Th.* II, 26)「カンヌよりほかの所に行けるかしら?」/ On peut vivre *ailleurs qu'*en France. (BEAUV., *Mand.*, 475)「フランスよりほかの所でだって暮らせるさ」

2º ① *d'ailleurs*　類義のen outre, de plus が添加しか表わさないのに対し、すでに表現した考察とは別の考察を加える意を含む(=d'un autre côté): Tu as assez regardé la télévision, *d'ailleurs* il est l'heure de te coucher. (MR)「テレビはたっぷり見ただろう、それに寝る時間だよ」　◆譲歩的な注意: Cet attachement, réel *d'ailleurs*, ne répond pas à son amour. (GLLF)「この愛情は、ほんものではあるが、彼女の愛に応えるものではない」

② *par ailleurs* は20世紀からd'un autre point de vue, d'autre part, pour une autre raisonなど d'ailleursに似たいろいろな意味に用いられる. EBFは念入りな文にはこれを避けることを勧める: *Par ailleurs*, il paraît assez intelligent. (*Thib.* III, 140)「ほかの点では、かなり利口に見える」◆次例では単なるailleursと同義: J'ai écrit *par ailleurs* ce que je pensais de France. (GIDE—GEORG, 101; *Prose*, 27)「別のところで、フランスをどう思っているか書いた」

③ *ailleurs*, *par ailleurs* を文頭に置くとき、主語を倒置することがある (LE B, *Inv.*, 108, 427).

aimable — Vous êtes *aimable* de 不定詞「…して下さってありがとう」(de は原因) / C'est bien *aimable* à vous. ⇨ à I. 7º④

aimer — 1º *aimer* qn [qch]「…を愛する、(人に)愛情を抱く、(異性を)恋する; (事物を)好む」◆aimer bien qn は異性間の愛ではなく、非常に好感を抱くの意: Je t'*aime* bien, mais je ne t'*aime* plus. (CORNEAU, *Ménace*)「きみが好きだけれど、もう愛してはいないんだ」

aimer + 不定詞 / *aimer à* [*de*] 不定詞「…することが好きである」. aimer+不定詞が普通, aimer à 不定詞は使用度低く, de 不定詞は古文調 (GOUG, 280). à 不定詞は古めかしくMR; MFUは文学的とするが, J'aime à croire [à penser] que「…と思いたい、…でありたい」(=je veux croire, j'espère)が言い回しとして残る: J'*aime à penser que* vous n'êtes pas dupe de ses histoires. (DFC)「彼のでたらめにだまされたのではないといいのですがね」 ▶ de 不定詞を愛用する作家がある: Il *aime* encore *de* lire Alexandre Dumas. (VERCORS, *Marche*, 14)「彼はいまだにDを愛読している」cf. S, III, 108-9; G, *Pr.* III, 341. ◆+不定詞 は leでは受けられない (PINCHON, 220): *Aimez*-vous vous promener? — Oui, j'*aime* me promener [j'*aime* bien / j'*aime* ça]. ▶ × Je l'*aime*. は不可.

aimer que [*à ce que*] +接: Il *aime que* l'on soit heureux autour de lui. (DFC)「彼は自分のまわりの人たちが幸福であるのがうれし

いのだ」▶aimer à 不定詞にならったaimer à ce queはくだけた調子，念入りな文体には用い得ない．(S, II, 38 ; G, 975, 3)．

j'aimerais + 不定詞 [*que* + 接] (=je voudrais, je désire)：*J'aimerais* acheter quelques cigares. (F, 240)「(たばこ屋で)葉巻を2・3本もらいたいんですが」/ *J'aimerais* bien aller à la campagne. (SAGAN, *Mois*, 40)「いなかに行きたいものです」/ *J'aimerais* bien *qu'*un jour nous bavardions un peu longuement. (BEAUV., *Mand.*, 182)「いつか少しゆっくりお話したいものです」◆ + 不定詞, que + 接をleでは置き換えられないから (⇨ le 1° ②) これを省略して：Veux-tu venir avec moi chez les Maligrasse, ce soir? — *J'aimerais* bien. (SAGAN, *Mois*, 29)「今晩Mの家にぼくと来ない？ — 喜んで行きます」

ce que j'aime, c'est + 不定詞：Mais *ce que j'aime* par-dessus tout, *c'est* flâner dans les vieilles rues. (MAUROIS, *Climats*, 32)「だがぼくが何よりも好きなのは古い街をぶらつくことだ」

2° ***aimer mieux*** + 不定詞 + *que* (*de*) + 不定詞 (=préférer) 複合時制では J'*ai mieux aimé partir*. (CLAIR, 283) の語順．deの使用・省略は話者の好みによるが de 不定詞のほうが普通： J'*aimerais mieux* être privé de pain *que d'*être privé de livres. (PORTO-RICHE, *Vieil h.* I, 11)「本を取りあげられるくらいならパンを取りあげられるほうがましだ」/ C'est le seul auteur dont j'*aime mieux* voir jouer les pièces *que* les lire. (BEAUV., *Compte*, 215)「戯曲を読むよりもその上演を見るほうが好きな唯一の作家だ」◆aimer mieux + 不定詞 + plutôt que [de] + 不定詞．上記と同義．deの使用も同じ (⇨ préférer, plutôt)：*J'aimerais mieux* avoir perdu tout ce que j'*ai plutôt que d'*avoir perdu cette bague. (MAETERLINCK—S, III, 134-5)「あの指輪をなくすくらいなら，むしろ私の持っているものをみんななくしてしまうほうがましです」/ J'*ai* toujours *mieux aimé* renoncer au bonheur *plutôt que* le payer ce prix. (CARCO—*Ib.*)「幸福を得るのにそんなにも犠牲を払うのなら，むしろ幸福になることを諦めたほうがましだと，私はいつも思っていた」◆plutôt queを文頭に出して：*Plutôt que de* parler à un inconnu, il *aimait mieux* quitter ce lieu. (GREEN, *Moïra*, 233)「見知らぬ人に話をするくらいなら，この場所から立ち去ったほうがましだと思っていた」

aimer mieux que + 接 (*plutôt*) *que de voir* + 不定詞 [*que si* + 直] aimer mieuxが2つの従属節を比較するときには，論理的な構成 ×J'*aimerais mieux qu'il meure que qu'il trahisse*.「彼が人を裏切るくらいなら彼など死んだほうがましだ」は用いられないから，(1) J'*aimerais mieux qu'il meure (plutôt) que de le voir trahir*. (2) ... *que s'il trahissait*. (3) J'*aimerais mieux le voir mourir que de le voir trahir*. が現代において可能な構文 (cf. LE B, II, 272-3; G, *Pr*. III, 344-6). ROBは(1)の型だけを記す．

3° ***aimer autant*** + 名 [不定詞, *que* + 接] (=aimer mieux)：J'*aime autant* ça. (ROB)「そのほうがいい」/ J'*aime autant* me promener seule. (GIRAUDOUX, *Tessa*, 104)「ひとりで散歩するほうがいいのです」

4° ***aimer quand*** + 直：Je n'*aime* pas *quand* il a ce regard. (ACHARD, *Th*. II, 208)「彼があんな目付をしているときは嫌いです」⇨ quand III. 3°

5° ***être aimé(e) de*** [*par*] **qn**：Il *est aimé de* ses amis [*de* tous].「彼は友人たち[すべての者]から愛されてる」/ Je veux *être aimée par* des hommes. (GREEN, *Sud*, 95)「私は男の人たちから愛されたい」/ Elle ne se jugeait pas digne d'*être aimée par* quelqu'un de vraiment beau. (BEAUV., *Mém.*, 328)「自分が本当に美男の男から愛される値打があるとは思っていなかった」

6° ***aimer*** + 名 + 属詞：J'*aime* le café fort. [Je l'*aime* fort.] (BONN, *Code*, 262)「コーヒーは[それは]濃いのが好きだ」/ J'*aime* mieux mon œuf bien cuit. (*DSF*)「卵はよく茹でたほうが好きです」

ainsi — **1°** 様態 (=de cette façon, de cette manière)

① ***ainsi*** + 主語倒置：*Ainsi* discutent-*ils*. (VAILLAND, *Loi*, 59)「こんなふうに彼らは議論をしている」/ *Ainsi* soit-il.「かくあれかし，アーメン」 ◆〈主語名詞 + 自動〉は単純倒置：*Ainsi* parlent *tous les tyrans*. (IKOR, *Gr. moy.*, 174)「どの圧制者もそんなふうに言うものです」◆〈主語名詞 + 他動 + 直・目 [自動] + 属詞]〉は複合倒置：*Ainsi l'enfant* conçut-*il* la dignité humaine. (VAILLAND, *Loi*, 201)「少

年は人間の尊厳をそのようなものと考えた」▶時に〈主語＋動〉：*Ainsi* l'on bavardait. (DHÔTEL, *Pays*, 209)「そんなふうに、おしゃべりをしていた」

② **非人称文で**：*Il en serait* toujours *ainsi.* (ST-EXUP., *Vol*, 31)「いつでもこんなふうであろう」/ *Il en est ainsi pour* tout le monde. (CAMUS, *Peste*, 97)「誰でもそういうものなのだ」/ *Ainsi en est-il* parfois *du* conditionnel. (GALICHET, *Gr. psych.*, 101)「時には条件法もこれと同じである」

③ **省略的** (et) ainsi... ; ainsi de... ; ainsi du reste: Deux jours plus tard, (...) je l'ai retrouvé à neuf heures du matin dans un café de la place Saint-Marc. *Et ainsi* les trois jours suivants. (BEAUV., *Adieux*, 73)「それから2日して、朝の9時にS-M広場のカフェでまた彼を見かけた。そして次の3日も同じであった」

④ **機能** 副詞的機能のほか、形容詞的機能を果たす。◆**主語の属詞**：Ils sont tous *ainsi.* (GIRAUDOUX, *Judith*, 14)「彼らはみんなこの調子だ」◆**直・目の属詞**: Je ne supportais pas que Luc nous vît *ainsi.* (SAGAN, *Sourire*, 55)「Lにわれわれのそんなところを見られたことは我慢がならなかった」◆**同格**: Que vous êtes charmante *ainsi*! (*Ib.*, 67)「そうしていると、なんてかわいいんでしょう」◆**付加形容詞**: Il y a beaucoup de femmes *ainsi.* (ID., *Château*, 56)「そうした女はたくさんいる」▶H (58)はun homme *ainsi*をun homme semblableに、des choses *ainsi*をde telles chosesと言い換えることを勧める。

2º 結論 (=comme vous venez de le voir, par conséquent, donc) 接続詞的機能を果たすから文頭に出るが、日常語では主語倒置は行なわない：*Ainsi* rien n'a changé depuis mon départ. (*MR*)「つまり私が出発してから何ひとつ変わらなかったわけだ」/ Je sais ce que font les jeunes gens au bal, (...) — *Ainsi,* de votre temps, vous alliez, vous, au bal? (SALACROU, *Th.* IV, 18) (=alors「それでは」)「若い人たちが舞踏会で何をしているかは知っているよ。—じゃあ、昔は、舞踏会にいらしたのね、お父さまも？」▶doncで強めて：*Ainsi donc* vous ne pouvez pas venir? (*DFC*)「じゃあ、来られないんですね？」

3º ainsi que (=comme, de même que)：Puis elle lui prit le bras, *ainsi qu*'elle faisait avec son frère. (*Thib.* VII, 234)「それから兄によくしたように、彼の腕を取った」

◆ 名₁ ＋ ainsi que ＋ 名₂の後の動詞の一致. 比較を表わすものとして第1名詞に一致させることも、添加を表わすものとして複数にすることもできる：*Le français, ainsi que* l'italien, *dérive* du latin. (LIT)「フランス語はイタリア語と同様にラテン語から派生している」/ *Le français ainsi que l'italien dérivent* du latin. (*Ib.*)「フランス語もイタリア語も…」

4º ainsi... que (=de telle manière que) que以下は結果節。...は大部分はfait: Je suis *ainsi fait* que je n'ai pas de goût à vivre quand la liberté m'est ôtée. (IKOR, *Gr. moy.*, 206)「わしは自由を奪われれば生きている気がしなくなってしまうように生まれついているのだ」

air — **1º avoir l'air** ＋ 形 ① **主語が人** (1) 名男 avoir l'airをparaître, semblerに相当する動詞相当句、形容詞を主語の属詞と解し、形容詞を主語に一致させるのが普通：Elle *a l'air gentille.* (SAGAN, *Sourire*, 58)「親切そうな方ですね」(2) airを容貌 (=physionomie, mine)の意に解し、形容詞をairに一致させることがある。この場合、形容詞はairの属詞 (⇨ avoir II. 1º): Elle *avait l'air sournois et buté.* (SARTRE, *Mur*, 118)「陰険で強情そうな様子をしていた」▶しかし、筆者が意識的に(1)(2)を区別しているとは考えられない。

② **主語が物** ほとんどいつも上記(1)の場合と考えられ、形容詞は主語に一致する：On peut toujours dire ces choses-là et elles *ont l'air justes* et *vraies.* (MAUROIS, *Climats*, 185)「いつだって、そういうことは言える。そしてそれは正しい本当のことのように見えるものだ」▶しかし、airを外観 (apparence extérieure)の意に解し、形容詞をまれにairに一致させることがある：Il n'y a que les fausses barbes qui *ont l'air vrai.* (ANOUILH, *P.N.*, 419)「付けひげのほうがかえって本当らしく見える」

◆il me paraîtにならって間・目を添えて：Il *m'a l'air bien désœuvré.* (DORIN, *Th.* I, 195)「ずいぶん時間をもてあましているようね」

avoir l'air ＋ **形容詞相当句**: Vous *avez l'air de bonne humeur.* (BEAUV., *Mém.*, 17)「ずいぶんご機嫌のようね」/ Il *avait l'air au courant de tout.* (ID., *Mand.*, 442)「彼は何も

かも知っている様子だった」
　avoir l'air de＋**不定冠詞**＋**名**：Il pensa qu'elle *avait l'air d'une tragédienne*. (SARTRE, *Mur*, 49)「彼女はまるで悲劇女優のようだと思った」／ Sa maison *a l'air d'un château*. (DFC)「彼の家はまるでお館のようだ」
　avoir l'air de **不定詞**：Il n'*eut* pas *l'air de l'entendre*. (SARTRE, *Mur*, 119)「彼女の声が聞こえない様子だった」／ Ses joues *avaient l'air d'être vernies*. (FRANCE, *Dieux*, 174)「彼のほおはニスでも塗ったようにつややかだった」
　♦形容詞，〈de＋名〉〈de 不定詞〉の代名詞化。〈avoir l'air＋形〉の構文で形容詞をそのまま代名詞化することはできないから，〈l'air d'être＋形〉に基づき，enを用いる：Il n'est pas aussi mauvais qu'il *en a l'air*. (DÉON, *Taxi*, 275)「彼は見かけほど悪い人ではありません」
　♦〈de＋名〉〈de 不定詞〉の問いは de quoi（×de qui は不可）：*De quoi ai-je l'air*? (ANOUILH, *Ardèle*, 18)「僕はどんなふうに見えますか」
　2° ***avoir un air***＋**形** [*de*＋**無冠詞名詞**]
　形容詞は付加辞：Je devais *avoir un air heureux*. (DURAS, *Marin*, 132)「私は幸福そうな様子をしていたに違いなかった」／ Tu *as un air de bonheur*. (ID., *Détruire*, 39)「仕合せそうね」／ Elle *avait un air de fée morte*. (LOTI, *Chrys*., 102)「死んだ仙女のような様子をしていた」
　3° ***d'***[***avec***] ***un air***＋**形** [***de***＋**名**, *de* **不定詞**]；***de*** [***avec***] ***l'air***＋**形** [***de***＋**名**, *de* **不定詞**]
　de, avec で意味の区別はつけにくい：Il cligne des yeux *d'un air surpris et intimidé*. (SARTRE, *Nausée*, 95)「びっくりして物おじした様子でまばたきする」／ Elle (...) dit *d'un air de se jeter à l'eau*. (BEAUV., *Inv*., 109)「水にでも飛び込むような思い切った様子で言った」／ Il rapporte deux volumes qu'il pose sur la table, *de l'air d'*un chien qui a trouvé un os. (SARTRE, *Nausée*, 45)「本を2冊持ってきて, 骨を見つけた犬のような様子でそれを机の上に置く」／ Il est parti *avec un air fâché*. (CAMUS, *Etr*., 95)「腹を立てた様子で出ていった」／ Elle me regarda *avec un air de triomphe*. (TOURNIER, *Coq*, 151)「勝ち誇った様子で私を見つめた」／ Elle sentait Fosca qui marchait derrière elle *avec son air* gauche et timide. (BEAUV., *Tous les h*., 47)

「Fが例のぎこちないおずおずした様子で自分の後ろを歩いているのを感じていた」／ *avec un air d'*en savoir long (BEAUV., *Mand*., 245)「事情はよくわかっているといった様子で」／ *avec l'air gêné* (LE CLÉZIO, *Ronde*, 34)「ばつが悪そうに」／ *avec l'air de* s'ennuyer (ID., *Désert*, 267)「退屈そうな様子で」
　l'air＋**形** [*de*＋**名**]　前置詞なしの様態の補語。上記〈de [avec] l'air＋形〉などと意味の区別はない：Il marchait vite, *l'air soucieux*. (GASCAR, *Herbe*, 153)「心配そうに足早に歩いていた」／ Besson, figé, *l'air d'une statue exotique*, regarde droit devant lui. (LE CLÉZIO, *Déluge*, 31)「Bは立ちすくみ, 異国の彫像のような様子でまっすぐ前を見つめる」

alentour ── **1°** 副 (＝aux environs)：rôder *alentour*「あたりをうろつく」. 名詞的：les bois d'*alentour* (AC) (＝des environs)「付近の森」形容詞的：C'étaient de vrais torrents qui s'abattaient sur les arbres *alentour*. (DHÔTEL, *Pr. temps*, 73)「まさに激流があたりの木々に襲いかかるような有様であった」
　2° ***alentour de*** (＝autour de)　古文調. H; TH は避けることを勧める.
　3° ***les alentours*** 名男複：*les alentours* de ce château (AC)「その館の付近」／ Le jeune homme se promenait (...) dans *les alentours* de la ville. (GREEN, *Voyageur*, 4)「青年は町の近くを散歩していた」／ *aux alentours* de la maison (COL) ♦時間的意味：*aux alentours* de 1900 (GIDE, *Interv*., 50)「1900年のころ」(⇨ environ 2°) ▶まれに文学的表現で単数にも用いられる (LE B, II, 623; H; GLLF).

Alger ── 17世紀では en *Alger* が慣用. 最近復活しつつあるが一般には à Alger (COH, *Reg*., 88; H, 18; G, 933 c, Hist.).

aller ── **1°** 活用形　命令形単数2人称はva. ただし*Vas-y*.〈Va(s)＋y [en]＋不定詞〉では vasのほうが俗語調 (DBF)：*Vas-y* voir.「そこに見に行っといで」／ *Va y* chercher ma mère.「お母さんを迎えに行って」⇨ y² II. 7°
　♦Je *vas*. 18世紀までは教養人も用いたが, 現在は方言または俗用：Je *vas* l'enterrer. (IKOR, *Gr. moy*., 58)「彼を埋葬してやりましょう」／ J'*vas* être bien seule! (VIALAR, *Eperon*, 9)「全くひとりになりそうだわ」

2º *aller à* [*en*, *dans*, *chez*,...] + 名　方向を示す〈前＋名〉［代］〉の代理語はy．Je vais *à Paris*. ＞ J'*y* vais. yの省略不可能．ただし，未来形，条・現の前ではyは用いられない．⇨ y² I

3º *aller à qn* ① 「人の所に行く」の意では〈à qn〉の代理語は〈à＋強勢形〉: Elle *va à Amanda*. (ANOUILH, *P.R.*, 249)「彼女はAのほうに行く」/ Elle *va à* elle. (*Ib.*, 246)「彼女は娘のほうに行く」

② 「人に似合う，気に入る」などの意では無強勢形: Cette robe *lui va* admirablement. (*DFC*)「このドレスは彼女にすばらしくよく似合う」/ Ceci *me va*. (*Ib.*)「これが私にはいい」

aller sur qn 「人のほうにつかつかと進む」: Elle *va sur* Hector. (ANOUILH, *P.R.*, 286)

4º *aller* + 不定詞　「…しに行く」　〈aller＋不定詞〉が一連の動作をなす: J'*irai* le *voir* demain. 「あす彼に会いに行こう」/ Je *vais* au jardin, *respirer* un peu. (*Thib.* V, 259)「庭に行って少しいい空気をすってきます」

◆不定詞はallerという動作の終着点と感じられ，次例では不定詞はoùに応じる: Où *vas*-tu? — Voir la lune. (GIRAUDOUX, *Tessa*, 66)「どこへ行くの．——月を見に」

◆不定詞を代名詞にすればy: Vous retournez voir votre famille? — Sûrement, je compte bien *y* aller cet été. (BEAUV., *Inv.*, 265)「家族に会いに戻るんですか．——もちろん，今年の夏はぜひ行くつもりだわ」(*y* aller＝aller *voir ma famille*)

aller pour 不定詞　① 不定詞は目的の意．目的が達せられるか否かは問題としない: Avant, il faut *aller* aux Halles *pour* acheter la marchandise. (MAUROIS, *Femmes*, 21)「その前に商品を買いに中央市場に行かなければならない」　◆不定詞のみとpour 不定詞とが同時に用いられた例: Nous sommes allés à Aisnières voir la vieille mère Rouzet, *pour prendre* des nouvelles de son fils. (ACHARD, *Nouv. hist.*, 217)「息子さんの便りを聞くためにRお婆さんに会いにAに行きました」⇨ pour II. 2º

② 「まさに行なわれようとして行なわれなかった動作」を表わす．ことにト書きで，「行く」の意が残ることが多い: Comme elle *va pour* entrer dans la tente, Emile l'arrête. (CLAIR, 20)「彼女がテントの中にはいろうとすると，Eは彼女を押しとどめる」　◆次例では「行く」の意はまったくない: Il approche la main de Marguerite de sa joue, puis *va pour* y poser ses lèvres. Marguerite se lève. (*Ib.*, 113)「彼はMの手を自分の頬に近づけ，それからその手に唇を押し当てようとする．Mは立ち上がる」▶普通は直・現だけ．直・半 (G, 655, 1º N.B. 3)がまれなのはallait＋不定詞がすでにこの意を含むため (S, III, 420; STEN, 20; HENRICHSEN, "Aller pour＋inf." in *Et. Rom.*, *Blink*, 45-53)．

5º *aller* (*se*) *promener* 「散歩に行く」seを用いるのが普通．aller promenerはくだけた言い方 (G, *Pr*. I, 276-8)．

6º *aller* + 不定詞　① 「…しよう」　近接未来の助動詞．上記4ºの空間的移動から時間的移動に転じたもの．時制は直・現と直・半に限られる．例外的に現分，不定詞，接・現，接・半 (D-P, V, 100)，すべて継続相を表わし得る時制のみ．bientôt, tout à l'heure, ce soir, demainなどのほか，かなり遠い未来を表わす状況補語を伴うことがあるが (8.5% — KLUM, 217)，多くは時の補語を伴わない: Il *va* pleuvoir. 「雨が降りそうだ」/ Il *va* faire beau aujourd'hui. 「きょうは天気になるだろう」/ Je *vais* avoir bientôt dix ans. (GARY, *Cerfs*, 25)「もうじき10歳になる」/ Les neiges *vont* commencer dans trois semaines. (SAGAN, *Château*, 19)「3週間もすれば雪が降り始めるでしょう」/ Qu'*allons*-nous faire cet été? (F, 1660)「ことしの夏はどうしようか?」/ La route *va* être élargie l'année prochaine. (F, 1426)「この道路は来年広げられることになっている」/ Quand on *va* t'arrêter, comment ferai-je la preuve que je ne suis pas ton complice? (SALACROU, *Th*. V, 331)「きみがつかまることになったら，きみの共犯者ではないということを，ぼくはどうやって証明したものだろう」

aller + *aller*: Je *vais aller* à Paris. (GARY, *Cerfs*, 162)「パリに行きます」

*aller*の半過＋不定詞　ことに時制の照応により，従属節に用いられる: Je savais qu'ils *allaient* l'envoyer. (SARTRE, *Mains*, 250)「彼らが彼を送ることは知っていました」▶ 6º ②の末段参照．

aller + *avoir* [*être*] + 過分　完了相の表現: Je *vais* avoir déjeuné. (B, 470)「すぐ昼飯を食べてしまいます」

ne pas aller + 不定詞: Maintenant, je *ne vais pas* pouvoir fermer l'œil. (GARY,

Clair, 34)「これからはおちおち眠れませんな」
② 「…しようとしている」 まさにある動作を行なおうとしている状態を表わすアスペクトの助動詞．単未で置き換えられない．
(1)時況節の中，または時況節を伴い，ト書・物語体の現在形と用いられる：Ils *vont* fuir ensemble, quand survient Mme Armaury. (COPEAU, *Critiques*, 109)「彼らがいっしょに逃げようとするところにA夫人が突然姿を現わす」(話の筋書) / Comme on *va* la faire rentrer, deux coups de feu éclatent soudain tout près. (ANOUILH, *Ardèle*, 114)「彼女を家の中に入れようとすると，突然すぐ近くで2発の銃声がとどろく」(ト書)
(2)時況節・関係節の中で習慣的または超時的事実を表わす：Ils tapent leur cigarette contre leur porte-cigarettes quand ils *vont* fumer. (GIRAUDOUX, *Folle*, 82)「たばこを吸おうとするときはシガレット・ケースの上でたばこをぽんとたたく」/ Un homme qui *va* vraiment s'arrêter devant une porte freine depuis quelques minutes. (MAUROIS, *Climats*, 253)「ある家の前で本当に立ちどまろうとする者は何分か前から歩みを遅くするものだ」

*aller*の直・半 + 不定詞 主節ではほとんどいつも「…しようとしていた」の意：Il *allait* être neuf heures. (GASCAR, *Herbe*, 44)「9時になろうとしていた」/ Nous *allions* sortir lorsque mon frère et Roussy arrivèrent. (*Ib.*, 37)「外に出ようとしたとき，兄とRがやってきた」

7° *aller* + 不定詞 近接未来の助動詞からの派生的意味．
① *Tu vas* [*Vous allez*] + 不定詞 命令：*Tu vas* aller porter ce mot à mon secrétaire. (PEYRÉ, *Sang*, 119)「この手紙を秘書のところに持っていっておくれ」 ▶ 直ちに服従することを要求する強い命令：*Tu vas* te taire, toi! (GIRAUDOUX, *Ondine*, 39)「黙っていろ，お前は」
♦疑問形：*Allez-vous* me laisser, à présent? (SARTRE, *Th.* I, 139)「さあ今度はひとりにしておいてください」/ 強い命令：*Vas-tu* te taire! (GIRAUDOUX, *Ondine*, 27)「黙らないか」/ *Allez-vous* déguerpir! (ID., *Folle*, 30)「消えうせろ」cf. 単未：Te tairas-tu? (COCTEAU, *Bacchus*, 119) (=Vas-tu te taire.) / 強い禁止命令：*Tu ne vas pas* faire ça! (BEAUV., *Images*, 163)「そんなことをするのはおやめ」 ▶

音調，ことに疑問調で語気は緩和される：*Vous n'allez pas* partir ainsi, sans manteau? (GIRAUDOUX, *Judith*, 97)「そうやってコートも着ないで出かけるんじゃないでしょうね」
② *Tu vas* [*Vous allez*] + 不定詞 話者の意志によって行なわれる行為：*Tu vas* connaître un secret que j'avais pensé ne te confier que plus tard. (GREEN, *Voyageur*, 159)「もっとたってから打ち明けようと思っていた秘密をお前に知らせよう」 ▶ 3人称で：Roy *va* te fabriquer une citronnade. (*Thib.* V, 167)「Rにレモネードを作らせよう」

8° ① *Ne va pas* [*N'allez pas*] + 不定詞 強い禁止命令：*N'allez pas* croire que j'essaie de vous retenir. (GASCAR, *Herbe*, 152)「ぼくがきみを引き止めるなどと思わないでくれたまえよ」
② *Va* [*Allez*] (*donc*) + 不定詞 皮肉な命令：Mais *allez donc* lutter contre la vanité. (ETIEMBLE, *Litt. dég.*, 35)「でも虚栄心に逆らおうなどとしてみたまえ」（できはしない，の意）♦ この意味では単未にも用いられる：*Vous irez* faire entendre raison à celui-là. (DHÔTEL, *Pays*, 28)「あの子に道理をわきまえさせようなどとしてごらんなさい」
③ *Que* + *aller* (接)：*Qu'il n'aille* pas croire que c'est comme ça que je mourrai. (PEYRÉ, *Sang*, 22)「おれがそんな死に方をするなんて奴に思ってもらいたくないな」

9° *aller* + (*en*) 現分 enなしでもgérondifに代わる．① 漸次増大：Garnetta était d'une mauvaise humeur qui *allait en s'aggravant*. (CASTILLOU, *Etna*, 170)「Gは不機嫌だったが，それが次第にはげしくなっていった」〈aller + 現分〉は凝った文体：L'amour pour le roi *allaient croissant*. (MAUROIS, *Dumas*, 88)「国王に対する愛が次第につのっていった」
② 〈aller + 現分〉は継続を表わす：Maintenant il *va répétant* que le père des peuples n'était qu'un fils de pute. (VERCORS, *Colères*, 236)「今では彼は国民の父も娼婦の子にすぎなかったと絶えず言っている」

10° *aller bien*「健康である」 allerは健康状態を表わす副詞と共に用いる．この意味では単純時制に限られる：Il *allait bien* quand je l'ai quitté. (LE B, II, 633)「別れたときには彼は元気でした」♦複合時制にはêtre [se porter] bienを用いる：J'ai été bien.「私は健康だった」⇨ bien 3°

11° *Allez* ; *Va* 励まし・強調の間投詞. Allez は主語がtuのときにも用いられるが，Vaはtuの場合に限られる：*Allez*, viens avec moi. (GARY, *Cerfs*, 158)「さあ，わたしとお出で」/ *Allez*, vas-y, je t'écoute. (*Ib.*, 34)「さあ，お話し，聞いてるから」

aller (s'en) — 1° 複合時制：Il *s'en est allé*. s'enfuir > Il s'est enfui. (古仏語 Il s'en est fui.)の類推形 Il s'est en allé. は俗用から18世紀以来文語にもはいったが (D, *Etudes*, 93; G, *Pr.* III, 52-6)，正規形と認められていない．▶命令形 Va-t'en, Allons-nous-en, Allez-vous-enの語順は変えられない．

2° *en allé* 類推形 (Il s'est en allé.)からen allé はenfuiに対応する過分と感じられ，19世紀から形容詞的用法が行なわれ始めた (G, 669, Rem. 2, n. 1) ◆付加辞：cette autre enfant *en allée* (DURAS, *Andesmas*, 36)「去っていったあの別の子供」◆同格：Modéré et chantant, dit l'enfant totalement *en allé* où? (ID., *Moderato*, 16)「程よい速さで歌うように，と子供は心は全くどこへやらの様子で言った」◆属詞：J'étais déjà *en allée* dans ce projet. (ID., *Emily*, 144)「私はすでにその計画にのめりこんでいた」

3° s'en aller (*pour*) + 不定詞 「…しに去って行く」：Je *m'en vais* demain, à Toulouse, chez moi, *chercher* du travail. (KESSEL, *Enfants*, 64)「あすTのぼくの家に仕事を捜しに行く」⇨ aller (s'en) 5°

4° faire en aller：un acide pour *faire en aller* les taches (AC)「しみ抜き用の酸」▶faireの後のseの省略 ⇨ faire XII. 4°②

5° s'en aller + 不定詞 未来の助動詞 (=aller). 直・現と直・半の単数1人称だけ．俗用：Tu désirais savoir pourquoi j'ai quitté la maison; je *m'en vais* te le dire. (GREEN, *Epaves*, 173)「あなたは私がどうして家を出たのか知りたがっていましたね．それを申しましょう」(女の手紙) / Si vous me jurez de ne pas appeler, je *m'en vais* vous retirer votre bâillon. (ANOUILH, *P.R.*, 77)「人を呼ばないと誓えば猿ぐつわを外してあげますよ」

6° s'en aller + 現分 漸次増大 (=aller)：cette musique mystérieuse et qui *s'en va déclinant*** (BARRÈS—PR)「次第にかすかになっていくこの神秘な音楽」

alors — I. 副 **1° 時の副詞** (=à ce moment-là, à cette époque-là) 過去・未来について用いられ，直・現はこの意味では「史的現在形」に限られる：*Alors* il *commence* à le regarder. (H)「その時，彼はそれをじっと見つめ始める」▶ quand [lorsque] ... alors... 強調的：*Lorsque* nous serons déjà de vieux mariés, *alors* j'aurai des fils comme ceux-là. (BUTOR, *Modif.*, 117)「もう老夫婦になる頃には，その時にはこんな息子たちがいることだろう」

◆〈助動 + 過分〉との語順は一定しない．文頭：*Alors*, je l'ai quittée. (CAMUS, *Etr.*, 48) / 助動 + alors + 過分：Le juge m'a *alors* demandé si (...) (*Ib.*, 97) / 助動 + 過分 + alors：Le procureur lui a demandé *alors* comment (...) (*Ib.*,135)

◆名詞的機能. d'alorsの形で名詞・動詞の補語となる：tous les beaux danseurs *d'alors* (LOTI, *Pêch.*, 54)「当時のすべての美しい踊り手たち」/ Cela date *d'alors*. (ROB)「その時代にさかのぼる」

2° 論理的関係 (=dans ce cas, s'il en est ainsi)：*Alors*, n'en parlons plus. (RM)「それでは，その話はもうやめよう」

◆ si... alors... IMBS (73)は時間的関係と論理的関係を同時に表わすと考える：*Si* Jacques n'était pas fait pour moi, *alors* personne ne l'était. (BEAUV., *Mém.*, 218)「Jが私に似つかわしくなければ，それなら誰も似つかわしくなかったのだ」

II. alors que

1° 同時性，文学的 〈alors que + 直・半, 主節：単過 [複過]〉の組合せが普通である点でquand, lorsque (⇨ quand¹ I. 2°①)とは異なる：*Alors que* je *lisais*, j'entendis une voiture. (GARY, *Cerfs*, 292)「本を読んでいたとき，車の音が聞こえた」

◆時の状況補語の説明的同格：Je l'ai connu en 1923, *alors qu*'il habitait rue de Douai. (GREEN, *Journal* X, 42)「1923年，彼がD通りに住んでいたときに知り合った」

◆名詞に添えて形容詞節となる：Mᵐᵉ X (...) me rapporte un mot de sa fille, *alors qu*'elle n'avait pas plus de douze ans. (GIDE, *Journal 1942-9*, 161)「X夫人は12歳にもなっていないころの自分の娘の言葉を話し

てくれる」⇨quand¹ III. 7°

2° 対立 (=tandis que, bien que) 現代で常用：Charles a voulu être un héros, *alors que* je voulais être heureuse. (SALACROU, *Th.* VI, 257)「私が幸福になりたがっていたのに、Chは英雄になりたがった」◆相反する事実の同時存在の意味は次例では全くない：Napoléon était un génie, *alors qu*'Hitler était un fou. (EBF)「Nは天才であったが、Hは狂人であった」

　alors même que + 直 (現実)：Il m'a semblé que mon image restait sérieuse *alors même que* j'essayais de lui sourire. (CAMUS, *Etr.*, 115)「(食器に映った) 私の姿は、私がそれに向かってほほえみかけようとしたのに、まじめくさったままに思えた」▶ 多くは + 条 (仮定)：*Alors même que* vous *seriez* un saint, on vous trouverait encore des défauts. (GLLF)「たとえあなたが聖人でも、やはり欠点は見つけられるでしょう」

alphabet ［アルファベット, 字母］— 大文字 (majuscule) と小文字 (minuscule) の2種がある．フランス語の字母は26種．ラテン字母の踏襲で初めは23種, j, u, wを欠き, i, v が j, u を兼ねた．wは外来語と共に入ったもの．

1° アルファベットの発音　a[a], b[be], c[se], d[de], e[ə], f[εf], g[ʒe], h[aʃ], i[i], j[ʒi], k[ka], l[εl], m[εm], n[εn], o[o], p[pe], q[ky], r[ε:r], s[εs], t[te], u[y], v[ve], w[dubləve], x[iks], y[igrεk], z[zεd].　▶ e は綴り字を読むときは [ə], アクサン記号の付いた é のときは [e] あるいは〈[ə] accent aigu〉と読む．

2° 各字母の性
① 母音字は男性：un e muet.
② 子音字は全部男性にも用い得るが, その音が母音で始まるものは, xを除き, 女性に用いることもある：un x / un h muet (あるいは une h muette)

alternance vocalique ⇨ apophonie

alternative —「二者選一」の意であるから J'hésite devant cette *alternative*. (TH)「どちらにしたらよいか迷っている」．選ぶべき解決策・手段の意に用いて ˣJ'hésite entre ces *deux alternatives*. ˣJe me trouve devant une *double alternative* [devant *deux alternatives*].「どちらかを選ばねばならぬ」というのは正しくない (TH; COL; GEORG, 49). 正しくはJe me trouve devant [en face d'] une *alter-*

native. ; Je dois choisir entre deux solutions [deux partis]. G (*Pr.* V, 185-191) はこれを誤用とは断じないが伝統的用法を選ぶという．

âme qui vive — 本来は une personne の意．否定と共に用いられて否定の personne の意に移る．用法は personne に類するが, ne... (pas) と共に用いられる：Le professeur Faust n'a été vu par *âme qui vive*. (CLAIR, 117) 「F教授の姿を見たものはいない」/ Nous n'avons *pas* aperçu *âme qui vive*. (BEAUV., *Compte*, 333)「誰の姿も見かけなかった」/ *sans* rencontrer *âme qui vive* (BECKETT, *Godot*, 37)「誰にも会わずに」/ le grand jardin blanc *sans âme qui vive* (CESBRON, *Prison*, 134) 「人気のない白い大きな庭」/ Défense également de communiquer avec *âme qui vive*. (GIDE, *Feuillets*, 104)「誰かと連絡を取ることも同じく禁止されている」/ Je vous donne ma parole d'honneur que pas *âme qui vive* ne sait que nous dînons ensemble ce soir. (ROMAINS—GA, 200)「誓って言いますが今夜2人で夕食を取ることは誰も知りません」

amour — **1°** 16世紀までは語尾 -eur の名詞にならい主として 囡. 16・7世紀に語源 (lat. amor) の性にもどして 男 としたが 囡 も残り、性が混乱した．
①「恋愛」以外の意ではいつも 男：l'*amour maternel*「母性愛」/ son grand *amour* pour les arts「芸術に対する大いなる情熱」/ De *tous les amours*, l'*amour* du jeu est le plus répréhensible. (AC)「あらゆる情熱のうちで賭博熱が最も非難されるべきだ」
②「恋愛」の意では, 単数は 男：D'où naquit mon plus grand *amour*. (MAUROIS, *Climats*, 31)「そこから私の最も熱烈な愛が生まれたのだ」まれに 囡 (文学的, ことに詩)：pour désaltérer cette *amour curieuse* (VALÉRY, *Narcisse* I)「この珍しき恋の渇きをいやすため」
◆複数では 囡 が規則であったが 男 が一般化しつつある：Il a eu deux *grands amours* dans sa vie. (MART, 28)「生涯で2度熱烈な恋をした」/ Ça se rencontre dans *tous les amours*. (BEAUV., *Sang*, 37)「そんなことはどんな恋愛にもあることだ」/ Il n'y a pas deux *amours* qui soient *pareils*. (ID., *Mand.*, 569)「同じような2つの恋はないよ」▶ しかし 囡複 も用例が多い．成句：*premières amours*「初恋」/ *éter-*

nelles amours「永遠の恋」/ *secrètes amours*「秘めたる恋」（3例とも強意複数）/ *courir toujours à de nouvelles amours*「絶えず新しい恋を追い求める」/ *folles amours*「狂おしい恋」(euphonieによる)　散文の例（古文調）: Elles rêvaient à de *pures amours*. (MAUROIS, *Dumas*, 189)「彼女たちは純愛を夢みていた」/ Il revoyait ses *amours passées*. (IKOR, *Gr. moy.*, 152)「過ぎたる恋をまざまざと思い浮かべていた」/ Il aurait par-ci, par-là, des *amours joyeuses* et *brèves*. (BEAUV., *Mand.*, 18)「あちこちで陽気な束の間の恋を味わうのでしょう」/ Je pensai que *toutes* mes *amours* avaient été ainsi. (SAGAN, *Bonj.*, 46)「私の恋はすべてこんな風だったと思った」

2º *amour de* qch: *l'amour de* la musique [*de* la liberté, *de* la patrie]「音楽〔自由, 祖国〕を愛すること」/ *amour de* qn「人を〔人が〕愛すること」　◆主語・目的語関係を同時に表現するときは: *l'amour des* parents *pour* leurs enfants「わが子に対する親の愛」/ *l'amour de* Simon *pour* la musique「Sの音楽好き」/ son *amour de* la musique「彼の音楽好き」/ son *amour pour* Pau;「Pに対する彼女の愛」/ *l'amour* que j'ai *pour* la musique「音楽に対する私の愛好」(S-H, 38-41)

an; année — **1º**「年」*an*は年を数える単位. 〈無冠詞＋基数＋an(s)〉または〈定冠詞＋an(s)〉の形で用いられる: depuis cinq *ans*「5年前から」/ un *an* après sa mort「彼が死んでから1年後に」/ le premier de l'*an*, le jour de l'*an*「元旦」/ deux fois l'*an*「年に2回」/ tous les *ans*「毎年」▶ 1年間の事件を念頭において形容詞を付加するのは例外的: Souhaitons qu'elle (=l'année prochaine) soit moins sombre que ces deux affreux *ans* de disgrâce. (GIDE, *Interv.*, 89)「この恐ろしい不幸な2年よりも来年がもっと明るい年であるように願いましょう」

*année*は1月1日から12月31日までの1年間. 年内の事件を念頭に置き, 多く性質形容詞を伴う: au commencement de l'*année*「年の初めに」/ l'*année* scolaire「学年」/ chaque *année*「毎年」/ cette *année*「今年」/ toute l'*année*「1年じゅう」/ une *année* d'abondance「豊年」/ Je vous souhaite une bonne et heureuse *année*.「よい幸せな年を祈る, 新年おめでとう」

♦年を位置づける付加形容詞は*an*にも*année*にも添えられる: / l'*année* prochaine, l'*an* prochain「来年」/ l'*année* dernière [passée], l'*an* dernier [passé]「去年」

▶配分詞: deux fois l'*an* [par *an*]「年に2回」時に*année*も: Les Chinois consomment en moyenne 365 catties de grains *par année* et par tête. (BEAUV., *Marche*, 56)「中国人は年に一人当たり平均365斤（中国斤＝500g）の穀物を消費する」

♦*année*は次第に*an*に代わり年数の単位として用いられる傾向にある: Elle était morte depuis six *années* déjà. (MAURIAC, *Pharis.*, 16)「すでに6年前に死んでいた」▶*année*と*an*の使い分けは意味のほか, 音調にも左右されて次例では*an*を用いない: l'*année* suivante「翌年」/ tant d'*années*「かくも多くの年月」/ il y a quelques *années*「数年前」/ pendant ces dernières *années*「最近数年の間に」/ Pedro l'avait fait bâtir au début des *années* cinquante. (MODIANO, *Garçons*, 13)「Pは50年代の初めにそれを建てさせた」

♦「年号」: l'*an* [普通にはl'*année*] 1930 (D, 307)　日本の年号: la 30ᵉ *année* de Meiji. 疑問文では常に: En quelle *année*?「何年に」

2º　状況補語: Quelques nuages déjà montaient peut-être à l'horizon de l'Europe en cette *année* 1932. (VERCORS, *Portrait*, 67-8)「その1932年には, ヨーロッパの地平線に, 恐らくはすでに暗雲が湧き起こっていた」/ Il perd la même *année* son père et sa mère. (TOURNIER, *Gilles*, 15)「同じ年に父と母を失う」/ L'*année* 1946, je dînai chez des personnes qui (...) (MONTHERL., *Demain*, 119)「1946年は, 私は（…）の人々の家で夕食をとった」/ On l' (=la villa) a achetée l'*année* de ta naissance. (DURAS, *Agatha*, 36)「お前の生まれた年にあの別荘を買ったのだよ」

3º「年齢」: un enfant de dix *ans*「10歳の子供」/ Il a vingt *ans*.「彼は20歳だ」/ à l'âge de 5 *ans*「5歳の年に」▶ただしIl est dans sa 20ᵉ *année*.「20歳である」/ jusqu'à sa 50ᵉ *année*「50歳まで」/ Il devait avoir une dizaine d'*années* de plus que Nicole. (*Thib*. II, 206)「Nより十ほど年上に違いなかった」cf. avoir dix ans de plus que lui「彼よ

り10歳年上である」

anacoluthe [破格構文] — 構文が一貫しないこと，種々の型の文をこの名で呼ぶ．Toute espèce de divertissement fut défendu à Vienne et observé exactement. (ST-SIMON —GIDE, *Journal 1942-9*, 193)「あらゆる種類の娯楽がウィーンでは禁じられた，そしてそれはきちんと守られた」▶toute espèce de divertissement は fut observé の主語にはなり得ない．et *cette défense* fut observée とすると正規の構文になる．

En attendant votre réponse, veuillez agréer... 書簡文末でしばしば用いられるが，attendre の主語が veuillez と一致しない点が誤用．veuillez... の代わりに je vous prie d'agréer... とすれば正規の構文となる．

analogie [類推] — 既知の原型にならって語や文法形式を構成すること．しかし類推には多くの要因が関わるので，必ずしも均一な結果とはならない．動詞活用形から例をあげよう．

envoyer の単未：j'en*verrai* は不規則と思えるが，古仏語では規則的な env*oierai* であった．頻度の高い voir の直・半：je *voyais*，単未：je *verrai* と，envoyer の直・半：j'en*voyais* とを対比すれば，単未：j'en*verrai* は voir の単未からの類推と推測できる．pleurer の直・現：il pl*eure*, ils pl*eurent* に対する nous pl*eurons* は規則的と思えるが，古仏語では語幹母音が交替し pl*ourons* であった．ここでは類推による統一が起こったと考えてよい．ところが mourir では，je m*eurs*, nous m*ourons* と母音交替 (⇨apophonie) が残る．contredire の直・現：tu contred*is*, vous contred*isez* は，例えば lire の tu l*is*, vous l*isez* と平行するが，その語幹に含まれる頻度の高い dire は, tu d*is*, vous d*ites* と特別な不規則な活用形をそのまま保ち続けている．cf. *GLLF*, 164-5.

類推は言語変化の説明原理として重要で，例外的語形の多くが類推作用を働かせた原型を発見することによって説明される．( ) 内が原型：copain > copine (voisin > voisine), je m'en rappelle (je m'en souviens), quoique ça (malgré cela).

ange — 名男 女性についても男のまま用いる：C'est *un ange*, cette femme-là. (ACHARD, *Th.* II, 173)「天使だよ, あの女は」◆しかし特に女性であることを示そうとして女に用いることがある：Vous savez qu'Eloa était *une ange, une belle ange*, car il y a des *anges* féminins. (FRANCE, *Vie litt.* IV, 23)「諸君もご承知のようにEは女性の天使，美しい女性天使だった．というのは，天使にも女性があるからだ」▶*TLF* の例：(*ma*) *chère ange, une ange charmante, cette ange*. ▶COL は女性形を記さず TH は勧めない．

année ⇨ an

antécédent [先行詞] — 関係代名詞が代理する語 [節]

1° 先行詞となるもの

①名詞：*le livre* que j'ai acheté．

②代名詞：*ce* que j'ai vu / Je *l'*entendis qui pleurait.「彼の泣き声が聞こえた」/ *Qu*'ai-je dit qui puisse vous effrayer?「あなたをこわがらせるようなことを何か言いましたか」⇨ pronom relatif II. 2°

③副詞（大部分は où の先行詞）：*partout* où vous irez ⇨ où I. 1°②

④形容詞・過分（属詞 que の先行詞）：*Malheureux* que je suis!「私はなんて不幸なんだろう」⇨ que¹ III. 1°②③

⑤節 quoi(⇨ quoi I. 2°), où(⇨ où I. 4°) のほかは，一般に ce [chose] を先行詞とする同格構文を用いる (⇨ ce¹ III. 3°). 特別な場合 ⇨ qui¹ A. I. 4°; dont 5°

2° 先行詞と冠詞 関係代名詞は一般に無冠詞名詞の代理をしない (⇨ pronom II). Il m'a reçu avec *politesse* qui m'a charmé. では，avec politesse が poliment に相当し，politesse に独立性がないから，これを qui で受けるのは正しくない（正：avec *une* politesse qui...). ただし，**先行詞が無冠詞の場合**がある．

①古い語法の名残り (1)諺：*Pierre* qui roule n'amasse pas mousse.「転がる石に苔は生えぬ，商売変えばかりしては金はたまらぬ」(2) Il n'est [n'y a] + 名 + que [qui] (⇨ ne I. 1°) (3) C'est *chose* à quoi il ne pense guère.「彼がほとんど考えていないことだ」

②同格名詞 ⇨ apposition I. 1°

③*en* + 名：Cornudet souriait *en homme* qui sait le mot des destinées. (MAUPASS., *Boule de S.*, 44)「Cは運命の鍵を握る男のように微笑んでいた」(限定的関係節)

④*de* + 名：des cris terribles *d'animal* qu'on égorge (ZOLA—S, II, 219)「しめ殺される獣のような恐ろしい叫び声」(限定的関係節) ◆同様に de の後で des, du が省略された場

合: Il est coupable *de crimes* qui méritent châtiment. 「罰を受くべき罪を犯した」

antiphrase [反用] ── 語・文を文字通りとは反対の意味に用いる修辞的技法: Tu as vraiment fait *du joli*. (ROUSSIN, *Enfant*, 206)「ほんとに大したことをしでかしたね」/ C'est *du propre* d'entrer chez les autres et de les voler. (GIRAUDOUX, *Tessa*, 130)「他人の家に入りこんで泥棒を働くなんて結構なことね」/ Chargée de trois gosses, ce sera *facile* de me remarier. (SALACROU, *Th*. V, 286)「3人の子供を抱えて、再婚するのはたやすいことでしょうよ」

antonyme [反義語, 対義語] ── 意味が正反対の語: grand / petit ; ancien / moderne ; long / court ; loin / près ; naître / mourir.

août ── [u]が正規の発音. [ut]は日常語に普及, [au]はFOUCHÉ (9)によれば古めかしく, 方言的. しかし現代のフランス国営放送では頻繁 (COL). ⇨ mois (nom de)

apercevoir ── 1° *apercevoir*＋名＋*qui*＋直 / *apercevoir*＋名＋*en train de* 不定詞: J'*aperçois* les enfants *qui jouent* [les enfants *en train de jouer*]. 「子供たちが遊んでいるのが見える」

apercevoir＋名＋不定詞　voir, regarderにならったこの構文はCAP; ROB; BUSSE-DUBOST; S (III, 169); G (§1008, n.1)にも例があげられているが現代では廃用に近い. *TLF*はこの構文をinsoliteと評し, GROSS (*Verbe*, 80); LE GOF (101); *DBF* (51)は誤用とみなす.

apercevoir qn [qch]＋現分: J'*aperçus* Anne *poussant* la barrière du jardin. (DÉON, *Taxi*, 152)「Aが庭の柵を押しあけている姿が見えた」

2° *s'apercevoir de* qch [(*de ce*) *que*＋直]: Il *s'est aperçu de* son erreur [*qu*'il s'était trompé]. 「彼は自分の誤り[間違えたこと]に気がついた」▶de ce qu'il s'était trompéは凝った文体 (LE GOF, 117)

♦ ne pas *s'apercevoir que*＋直 [接]: Je *ne m'aperçus pas qu*'on me suivait. (*EBF*)「人にあとをつけられていることに気がつかなかった」

♦ de qch, que＋直の代名詞はen: Elle s'*en* est aperçue. enは省略不可能. 過分は主語に一致.

aphérèse [語頭音消失] ── 語頭の1音節, 数音節が消失すること: Antoine > Toine, (auto)bus ⇨ abréviation I. 1°②

apocope [語尾音消失] ── 語尾の1音節, 数音節が消失すること. ラテン語が仏語に変化する過程に多く見られる現象: homo > on. ▶接尾辞の添加に伴う語尾音消失 (⇨ suffixe III. 2°③). 意識的な短縮についてもいう: auto(mobile). ⇨ abréviation I. 1°①

apophonie [母音交替] ── 語尾変化, 接尾辞の添加によりアクセントの位置がずれるために, 語幹末の母音が変化すること. alternance vocaliqueとも言う: gl*oi*re, gl*o*rieux / je m*eu*rs, n. m*ou*rons. ⇨ suffixe III. 2°④

apostrophe ── 1° [省略符号, アポストロフィ] 綴り字記号 (signe orthographique) の一種〈'〉. élisionにおいて脱落した語末母音に代わるのが普通. grand'mèreはeの省略と誤って考えられたもの (⇨ grand 2°). 俗語の発音を表わすためにも用いる: not'père (=notre) / J'peux pas. (=Je ne peux pas.) / v'là (=voilà)

2° [呼びかけ] 真の, あるいは仮想の相手に呼びかけること. 修辞学では頓呼(とんこ)法と言う. 呼びかけとして用いられた語 (名詞, 強勢人称代名詞) は, 文の構成要素ではなく, 文の外にある. 時に, 形容詞, 同格辞, 補語名詞, 関係節を伴う: *Jean*, où vas-tu?「J, どこへ行くの?」/ *Enfants*, venez vite.「子供たち, 早くおいで」(⇨ article V. 12°) / Hé! *l'ami*, venez ici.「おい君, ここへ来たまえ」(⇨ article défini II. 1°③) / *Mon colonel*「連隊長殿」(⇨ adjectif possessif III. 1°②) / *Toi, mon frère*, reste avec moi.「兄さん, あなたは私とここにいてください」⇨ accord du verbe B. I. 2°①

apparaître ── 1° 助動詞は, 動作・状態の意にかかわりなく, 現在ではêtreが普通: Il leva les yeux. La tête du garagiste *était apparue* dans l'encadrement de la porte. (ROB.-GRIL., *Voyeur*, 80)「彼は目をあげた. 自動車修理工場の主人の顔が戸口に現われていた」(状態) / Cette jeune fille est belle. Moins belle que toi quand tu m'*es apparue* ce premier soir de Colchide. (ANOUILH, *N.P.N.*, 394)「あの娘は美しい. だがCの最初の晩に私の前に姿を現わしたときのきみほど美しくはないよ」(動作) / le spectre qui lui *avait* [*était*] *apparu* (AC)「彼に現われた幽霊」▶こ

appeler

の意味ではparaîtreにはない意外な感じを伴う．
2º *apparaître à* qn + 属詞: Combien lui *apparaissaient* artificiels, inutiles, inactuels, ces problèmes d'esthétique! (THIB. VI, 93)「そうした美学の問題など，彼にはなんとわざとらしく，無益で，時代にそぐわないものに思えたことだろう」/ Bientôt Luc m'*apparut comme* un homme agréable, séduisant et plus du tout terrifiant. (SAGAN, *Sourire*, 36)「そうしているうちにLが感じよく，魅力的で，少しも恐ろしくない男に思えてきた」

3º *il apparaît* + 名: De temps à autre, *il apparaît* de nouvelles étoiles dans le ciel. (BAILLY, *Synon.*, 416)「ときどき空に新しい星が現われる」

　il apparaît que + 直 (=on reconnaît que, il est certain, évident que): Mais *il* nous *est* bientôt *apparu que* ce n'était pas tout à fait ce qu'il pensait. (BEAUV., *Compte*, 38)「それが彼の本心でないことがやがてわかった」

appeler — **1º** *appeler* A B [B A]「AをBと呼ぶ」

① A = 名, B = 名: On *appelait* le bureau de Gilbert le bureau mondain. (ARLAND, *Ordre*, 400)「人々はGの事務所を社交的事務所と呼んでいた」

② B = 形: Nous *appelons* dangereux ceux qui ont l'esprit fait autrement que le nôtre et immoraux ceux qui n'ont point notre morale. (FRANCE, *Jardin*, 90)「その頭脳がわれわれの頭脳とは違ったふうに作られている人々を危険と呼び，われわれの道徳を持たない者を不道徳と呼ぶ」

③ B = 不定詞: Moi, j'*appelle* ça avoir de la carrure. (SARTRE, *Mur*, 105)「私はそういうのを逞しいって言うんです」

④ A, B = 不定詞: J'*appelle* être triste simplement n'être pas aussi bruyant qu'eux. (GIDE, *Porte*, 141)「私は単に彼らほど騒々しくないのを悲しいと呼んでいるのだ」/ Qu'est-ce que tu *appelles* t'amuser? (ROHMER, *Pauline*)「あなたの楽しむってどういうこと」

2º *ce qui s'appelle* 既出の語を繰り返してこれを強調する．既出動詞は多く不定詞で繰り返される: La plupart des gens ne pensent jamais à Dieu, *ce qui s'appelle* penser à Dieu. (GREEN, *Journal* V, 196)「大部分の人間は，神を考えるという値するほどには決して神のことを考えない」/ En bas, jamais on n'avait faim, *ce qui s'appelle* faim. (IKOR, *Gr. moy.*, 26)「地下じゃ腹がへったことはなかった，へったと言うほどにはな」/ En es-tu sûr, *ce qui s'appelle* sûr? (MALRAUX, *Cond.*, 187)「それは確かかね，確かと言えるほど」/ Voilà *ce qui s'appelle* parler. (GLLF, 1 parler I, 3)「まさにその通りだ」▶ まれに属詞を省略して: J'étais affolé, *ce qui s'appelle*. (ROMAINS—S, II, 110)「私はいやもう気も狂わんばかりだった」

◆類似構文: Il l'a *ce qu'*on *appelle* séduite, n'est-ce pas? (GIRAUDOUX, *Tessa*, 65)「彼は彼女をいわゆる誘惑したというんでしょう」

apposition [同格；同格辞] — 語源 (lat. appositio)はaction de poser à côté の意．⟨名₁ + 名₂⟩ の形で連結語なしに並置され，名₂が名₁を補足説明するとき，一般に名₂は名₁の同格に置かれている (apposé, mis en apposition) と言い，名₂を同格辞と呼ぶ．ギリシア語源のépithète (=placé sur, chose ajoutée)「付加辞」も動詞なしに名詞を修飾するから，同格辞は付加辞と混同され，名₁名₂が並ぶというだけで，名₂を同格辞とみなす者，名₁と名₂の間に小休止がある場合だけ名₂を同格辞とみなす者があって，同格の定義に定説はない．例えばgâteau maison「自家製のケーキ」のmaisonは*PR*; *DH*; *RM*は同格辞，*DFC*; *GLLF*; *Log*; *RC*は形容詞 (付加辞)，*DMC*は合成語の第2要素とみなす．本書では，gâteau fait à la maisonの省略による名₂ (maison) を直接構成の補語名詞として取扱った．employé modèle.「模範的職員」のmodèleは*PR*; BONN (*Code*, 275) では同格辞だが，本書では*GLLF*; *RM*; *Niv. 2*にならって形容詞 (付加辞) とみなした．⇨ nom III

I. 休止なしの並置

1º le poète Hugo「詩人ユゴー」/ le roi Louis XIV「国王ルイ14世」/ la note do「ド音」/ le gaz hydrogène「水素ガス」

　名₁, 名₂は同一物を指し, Ce poète est Hugo. の関係にある，名₁, 名₂のどちらが同格辞かについても意見は分かれ，PIGNON (*FM*, oct.'61); W (§269 a) は名₁を，W-P (§63, Rem. 1); BONN (*Code*, 275) は名₂を同格辞とみなす．後者の論拠は次の一致にある: *La vedette* Charles Chaplin est *morte* la nuit de Noël. (BONN)「人気俳優Chはクリスマスの

夜死んだ」

2º $[名]_1 + de + [名]_2$ の型の間接構成：la ville de Paris「パリ市」/ le mois de mai「5月」/ ce sot de Jacques「あの間抜けのJ」⇨ de

II. 休止のある同格辞：⟨$[名]_1$ + 休止 + $[名]_2$⟩ の型．綴りでは〈, 〉で表わされる休止を同格の必要条件とする学者が多い：LOMBARD (*FM*, oct.'61, 254); BALLY (*Ling. gén.*, 293); D-P (II, 231); BLINK (*Acc.*, 128); *Gr. Lar.* (78); W-P (§5, 5)

休止の有無によって同格辞は付加辞と区別される：Cet élève *travailleur* sera récompensé.「この勤勉な生徒は褒美をもらうだろう」（付加）/ Cet élève, *travailleur*, sera récompensé.「この生徒は勤勉だから，褒美をもらうだろう」（同格） ▶付加辞は限定的で名詞の概念を制限し，同格辞は説明的で，これを省略しても文意はさして変わらない．

1º 同格辞の性質
① **名詞**：Paris, *capitale* de la France.
② **代名詞**：*Moi*, je n'irai pas.
③ **形容詞・分詞**：La foule, *indignée*, protesta.「群集は憤激して抗議した」⇨ adjectif qualificatif; participe passé; participe présent
④ **不定詞**：Elle comprit qu'il n'avait qu'une envie, *partir* au plus vite. (PHILIPE, *Amour*, 51)「彼の願いはただ1つ，できるだけ早く立ち去りたいのだということがわかった」
⑤ **節**：Je ne désire qu'une chose : *que vous soyez heureux*.「私の願いはただ1つ，あなたが幸せになることだけです」(⇨ que⁴ I. 6º; ceci 4º) / Mais il faut que vous me disiez enfin la vérité, *où vous étiez*. (LE CLÉZIO, *Mondo*, 107)「でもとにかく本当のこと，あなたがどこにいたかということを言ってくれなければいけません」

2º 被修飾語の性質
① **名詞**：*Paris*, capitale de la France.
② **代名詞**：Moi, *je* n'irai pas. / *Nous* sommes ensemble, elle et nous, ses enfants. (DURAS, *Amant*, 21)「私たちはみんないっしょなんです．母も子供である私たちも」
③ **不定詞**：*Travailler*, grand devoir, est aussi une joie. (G, 212, 5º, Rem. 2)「働くことは大きな義務であるが，それはまた楽しいことでもある」
④ **節**：A cette époque, souvenir gênant, *il était ce qu'on appelle un brillant élève*.

(GREEN, *Epaves*, 118)「当時は，これは照れ臭い思い出なのだが，彼はいわゆる優等生だった」

♦被修飾語が間・目人称代名詞，所有形容詞であったり，その一部しか表現されなかったり，全く表現されないことがある：Plus *agressifs* que lui, sa délicatesse *leur* semblait affectation. (MAUROIS, *Proust*, 31) (=Comme ils étaient plus agressifs...)「彼らは彼より攻撃的だったから，その繊細さは彼らには気取りと思えた」/ *Endormie* ou *éveillée*, (...) on passait outre à *votre* existence. (DURAS, *Moderato*, 76) (=Que vous soyez endormie ou éveillée)「眠っていようと起きていようと，みんなはあなたの存在を無視していた」/ *Arrivés* à la place Clémenceau, Emilienne s'arrête net. (ANOUILH, *P.R.*, 129) (=Quand ils sont arrivés à la place)「いっしょにCl広場に着くと，Eははたと立ちどまる」/ *De taille petite*, on eût dit un enfant, n'eût été *sa* voix très grave. (GIDE, *Feuillets*, 128) (=Comme il était de taille petite)「背が低かったから，非常に太い声をしていなかったら，子供と思われたろう」/ Taper des enveloppes et tenir des fichiers à longueur de journée : *intelligente* comme elle est, c'est un crime. (BEAUV., *Mand.*, 66) (=puisqu'elle est si intelligente, ...)「1日じゅう封筒にタイプを打ち，カードの整理をする．彼女はあんなに頭がいいのだから，それは罪なことだ」/ Partir *tous les deux* serait l'idéal. (BONN, *Code*, 232)「2人で出発できれば理想的だろう」

3º 同格辞の表わす意味 名詞・代名詞などの説明として用いられるほか，副詞節の圧縮された表現となる．
① **時**：*Enfant*, j'ai cru en Dieu. (BEAUV., *Mand.*, 26) (=Quand j'étais enfant)「子供のころ，私は神を信じました」
② **原因，条件**：*Pauvre* elle-même, elle eût peut-être méprisé cet homme, mais *riche*, elle éprouvait pour lui un sentiment confus d'admiration et de curiosité. (GREEN, *Epaves*, 113) (=Si elle avait été pauvre elle-même, ... mais comme elle était riche...)「彼女自身も貧乏だったら，恐らくその男を軽蔑したことだろう．しかし金持だったので，彼に対して，ぼんやりとした称賛と好奇の念を抱いたのだった」

4º 同格辞の語順の自由：*Glorieux*, le soldat

revenait de la guerre.「栄光に包まれて，兵士は戦場から帰ってきた」の同格辞 glorieux は次の語順を取りうる：Le soldat, *glorieux*, revenait de la guerre. / Le soldat revenait, *glorieux*, de la guerre. / Le soldat revenait de la guerre, *glorieux*. (D-P, II, 23) ◆このように語順が自由であることは，同格辞を属詞・付加辞と区別する規準の1つと考えられるが，すべての同格辞の語順がこの例のように全く自由というわけではない． cf.『文法論』57.
5º 同格辞と前置詞の反復 同格辞を添えられる語（被修飾語）が先行する場合，同格辞の前では，
① 前置詞は**一般に反復されない**．同格辞は説明的：On a refusé *à* Lucia, sa femme, un visa pour la France. (BEAUV., *Adieux*, 48)「彼の妻Lにはフランス行きビザの発行を拒否した」/ C'est la pensée *d*'un autre auteur: Stendhal lui-même. (ARAGON, *Stendhal*, 36)
② 前置詞が**まれに反復される場合**．既知の情報として先行する語を別語で繰り返し強調する：Découvrir *chez* Philippe, *chez* mon héros, de tels soins m'étonnait. (MAUROIS, *Climats*, 179)「Phのうちに，私の英雄のうちに，このような心遣いを発見するとは意外だった」/ Nous sommes *d*'ici, *de* Staadt. (DURAS, *Abahn*, 8)「われわれはここ，Sの者です」 cf. OLESEN, *Répétion de la prép. devant les appos.*, in *Et. rom. Blink.*, 127-143.
◆同格辞が不定詞の場合は，文脈によって前置詞に先立たれる：Il faut tout rapprendre : *à* parler, *à* lire. (VERCORS, *Colères*, 36)「何もかも，話すことも読むことも覚えなおさなければならない」⇨ infinitif C. VII

apprendre — **1º** *apprendre* qch [*à* 不定詞, *que*＋直]]「…を習う，覚える，聞き知る」：J'ai appris cette nouvelle par la radio [par un ami].「そのニュースをラジオで［友人から聞いて］知った」/ J'apprends *à* nager.「泳ぎを習っている」/ J'ai appris (de Paul) *qu*'il était marié.「（Pから聞いて）彼が結婚していることを知った」◆*à* 不定詞, *que* に le を代入：Il *l*'a appris de son père. (PR)「彼はそれを父から聞いたのだ」
2º *apprendre* qch [*à* 不定詞] *à* qn; *apprendre à* qn *que*＋直]「人に…を教える」ことに実地の訓練を要することについて：Il apprend la grammaire *aux* élèves. (*MFU*)「彼は生徒に文法を教えている」/ Sa mère *lui* apprend *à* lire et *à* écrire.「母親が彼に読み書きを教えている」/ Ça t'apprendras *à* te servir sans payer. (CLAIR, 346)「（相手をけとばして）ただ飲みのみせしめだ」/ On m'a appris *que* vous deviez partir.「ご出発の予定と聞いています」/ Notre classe a toujours eu un fort contingent d'imbéciles ; je ne *te l'*apprends pas. (ANOUILH, *P.G.*, 378)「われわれの階級にはいつだってばかが大勢いた．教えるまでもないとだが」
◆ *à* 不定詞 は le にできない：C'est lui qui m'*a* appris. (LE GOF, 108)「彼が教えてくれたんです」
3º *que... apprendre*＋不定詞 ： Il avait parlé avec un marin de la compagnie *qu*'il apprit être comme lui natif de l'île. (ROB.-GRIL., *Voyeur*, 32)「船会社の水夫と話して，その男も彼のようにこの島の生まれであることを知った」

après — **1º** ① *après*＋名 時間・順位の後続性：*Après* le repas, nous irons au cinéma. (*DFC*)「食事のあとで映画に行こう」/ *Après* six heures où seras-tu? (DURAS, *Th.* II, 33)「6時以後にはどこにいて」/ *Après* 20 ans, (...) s'amorce une involution des organes. (BEAUV., *Vieill.*, 18)「20歳を過ぎると，器官の退縮が始まる」/ Je rentrerai *après* l'hôpital. (*Thib.* II, 151)「病院がすんだら帰ります」/ Il est arrivé bien *après* moi. (*DFC*)「私よりずっと経ってやってきた」
◆原因の意を帯びる：Comment peux-tu encore défendre les femmes, *après* ce que la tienne t'a fait. (ACHARD, *Th.* II, 167)「女房にあんな目に会わされて，まだ女をかばうなんてことがどうしてできるんだ」
② *après*＋期間〈期間＋après〉(⇨ 4º) と同義だが，使用はまれ：*Après* vingt ans, nous n'avions guère changé. (MODIANO, *Garçons*, 160)「20年経っても，ほとんど変わっていなかった」/ *Après* une heure, j'avais oublié. (DURAS, *Th.* II, 31)「1時間もすると忘れてしまいました」（「1時以後」の意なら常用）/ *Après* trois ans, (...), le jeune gardien était persuadé qu'elle l'avait oublié. (DURAS, *Emily*, 126)「3年経って，若い管理人は彼女が自分のことを忘れてしまったと思い込

んでいた」 ▶MFUは*après* deux joursと言わず、au bout de deux jours, deux jours plus tardと言うことを勧める。

♦ただし *après* un tempsは *après* avoir marqué un temps「ちょっと間を置いて」/ *après* un moment d'hésitation「ちょっとためらってから」の意の成句で、戯曲のト書に ×un temps après, ×au bout d'un tempsは不可。

③ ***après*** + 期間 + ***de*** + 名　〈期間 + de〉が数量詞として次の名詞を限定するこの構文は常用される: *Après* cinq ans *de* bons et loyaux services, nous voici sur la paille. (SAGAN, *Violons*, 12)「5年もまじめに忠実に勤めた挙句、今となって宿なしか」/ *après* un moment de réflexion「ちょっと考えてから」/ *après* des années de silence「何年も沈黙を守った後で」

④ ***après*** + 名 + 過分　古めかしい構文 (*TLF*): *Après* deux jours passés à Moscou, nous nous sommes embarqués un matin dans un avion spécial. (BEAUV., *Compte*, 323)「Mで2日過ごしてから、ある朝特別機に乗りこんだ」

⑤ ***après*** + 場所: *Après* le pont, la route bifurque. (GLLF)「橋を過ぎると道はふたまたに別れる」(時間的意味を含む)

2° ***après*** + 不定詞　① 複合形: *Après* avoir dîné, il va [il est allé] se promener.「夕食を終えると、彼は散歩に行く [行った]」

♦主語と不定詞の動作主は同一であるのが原則。ただし、原則は時として破られる: *Après* avoir quitté la ville, la pluie cessa. (MALOT—S, III, 499) (= après qu'ils eurent quitté...)「町を離れると雨がやんだ」

♦ *après* ne pas + 不定詞 (複合形). 好まれない: C'est le porcher qui me la (=une grenade ouverte) rapporta l'autre soir, *après* *n'*être *pas* rentré de trois jours. (GIDE, *Enf. prod.*, 233)「豚飼いが3日も帰らなかったあとで、この間の晩それを持ってきてくれたのだ」

② 単純形 (古文調): Toute la population, *après* manger, était dehors. (*Thib*. VII, 113)「町の人たちはことごとく、食事の後で外に出ていた」

♦ *après* boire (=après avoir trop bu, après s'être enivré)は古文法の名残りを留めた単純形とみなされるが、*après* déjeuner [dîner, souper, goûter]は無冠詞名詞 (*TLF*; *GLLF*; S, III, 499)、または不定詞 (COL; *DBF*) とみな

されて定説がない. *après* le déjeuner [le dîner]のほうが普通。

3° ***après que*** ① + 直 (完了相): Il nous a reçus *après que* son ami l'en a eu prié. (H, 85)「彼の友人が頼んでくれてすぐ我々は彼に会ってもらえた」/ Si vous venez me voir *après que* j'aurai terminé ce travail, nous aurons le temps de bavarder. (*Ib*.)「この仕事を終えた後で会いに来てくれれば、おしゃべりする時間をつくれますよ」

② + 接 (完了相)　一見非論理的だが使用増加の傾向: Le soleil se coucha peut-être une demi-heure *après qu'*on eût pris la direction de la mer. (DURAS, *Marin*, 56)「海に向かってから恐らく半時間後に日が沈んだ」/ *après que* the Mob se soit réveillée (ARAGON, *Stendhal*, 37)「群集が目ざめたあとで」

♦前過去形 on eut pris との形態の類似, avant que + 接 の類推による. D (*Guide*, 120); H; TH; COLは誤用とし, G (*Pr. I*, 202)は慣用が確立するまでは伝統的な 直 を勧める。

4° 期間 + ***après***　過去 (まれに未来) を起点とする (= 期間 + plus tard): Un jour *après*, les sérums arrivaient par avion. (CAMUS, *Peste*, 76)「それから1日たつと血清が飛行機で届いた」/ J'ai raconté ça à Stanislas longtemps *après*. (DÉON, *Déjeuner*, 50)「私はずっと経ってからSにそれを話した」/ peu *après*「ほどなく」▶現在を基点とすればdansを用いる: Il arrivera *dans* deux jours.「2日後に来るだろう」

♦期間 + après + 名 [que]: J'irai chez vous tout de suite *après* 2 heures. (F, 1666)「2時直後にお宅に伺います」/ Longtemps *après que* nous eûmes quitté la salle de concert, Gertrude restait encore silencieuse. (GIDE, *Symph*., 53)「音楽会場を出てから長い間たってもGはなおも押し黙ったままであった」

5° 時点 + (***d'***)***après***: Le samedi *d'après*, Lutigneaux vint me trouver. (TOURNIER, *Roi*, 37)「次の土曜日にLは私に会いに来た」/ Le jour *d'après*, Jonas sortit très tôt. (CAMUS, *Exil*, 169)「翌日はJはたいへん早く家を出た」/ ce qui s'est passé l'année *d'après* (BUTOR, *Degrés*, 304)「翌年起こったこと」

♦d'を省き付加辞として: Il est revenu la

après-midi

semaine *après*. (DAVAU, *FM*, janv.'50, 47)「次の週に帰ってきた」(d'*après* のほうが普通) / Ce qu'il y a de terrible, c'est le temps *après*. (SAGAN, *Château*, 52)「恐ろしいのはそのあとの時間なのです」

♦ 名 + (d')*après* + 時点: la Chine *après* 1911 (*Lar. 3 vol.*, Chine)「1911年以後の中国」/ la littérature chinoise *après* 1840 (*Ib.*)「1840年以後の中国文学」/ la linguistique d'*après* 1930 (MOUNIN, *Ling. et philos.*, 5)「1930年以後の言語学」

6° 自動 + *après* 例えばcourir après qn の qn を略し、またはこれを lui, leur で表わして: Il est parti? Courez *après*. (*DB*) (=*après* lui)「彼は行ってしまったのですか。追っかけていらっしゃい」/ Il y a longtemps qu'on *vous* court *après*? (CLAIR, 358) (=on court après vous)「ずっと前から追われているのかね」/ その他: Je *leur* aboyais *après*. (SAGAN, *Sarah*, 22) (=J'aboyais *après* eux)「彼らにわめき立てた」

après-midi — 1° 男または女 慣用は不定: L'*après-midi* était *beau*. (CAMUS, *Etr.*, 35) / C'était *un bel après-midi* de septembre. (GARY, *Clowns*, 53) / L'*après-midi* a été *chaude*. (BEAUV., *Mand.*, 428) / *une belle après-midi* d'été (YOURC., *Orient.*, 31)

2° 状況補語

① *l'après-midi* 習慣的行為: L'*après-midi* nous nous promenions un peu. (BEAUV., *Compte*, 239)「午後はいつも少し散歩した」/ Elle dort *l'après-midi* chaque jour. (DURAS, *Détruire*, 37)「毎日午後は眠るんです」▶特定の午後: J'ai revu Sartre *l'après-midi*. (BEAUV., *Adieux*, 61)「午後Sにまた会った」

dans l'après-midi 午後の一時期: J'arriverai *dans l'après-midi*. (CAMUS, *Etr.*, 9)「午後には着くだろう」/ Je me repose *dans l'après-midi*. (DURAS, *Agatha*, 47)「午後には休息します」(習慣) ▶ *pendant* の例: Les heures de travail *pendant l'après-midi* ne me gênaient plus. (SAGAN, *Bonj.*, 87)「午後の間は勉強時間はもう苦にはならなかった」

② *un(e) après-midi*「ある日の午後」/ *cet(te) après-midi*「きょう[その日]の午後」/ *tout(e) l'après-midi*「午後の間じゅう」/ *toutes les après-midi*「毎日午後になると」: Un *après-midi*, Clairaut s'approcha de moi, un livre à la main. (BEAUV., *Mém.*, 312)「ある午後のこと、Clは本を片手に私に近づいて来た」/ Je viendrai vous voir *cet après-midi*. (CAMUS, *Paris*, 28)「きょうの午後会いに来るよ」/ Ils avaient décidé de faire quelque chose en commun *cet après-midi*. (DURAS, *Tarquinia*, 65)「その日の午後にはいっしょに何かしようと決めてあった」/ Elles travaillèrent ainsi *tout l'après-midi*. (LACRETELLE, *Bonifas*, 118)「彼女たちはそうして午後の間じゅう働いた」

③ *hier* [*demain*, *le lendemain*, *dimanche*] *après-midi*「きのう[あす、翌日、日曜日]の午後」: dès *le lendemain après-midi* (CESBRON, *Prison*, 171)「早くも翌日の午後になると」/ *Un samedi après-midi*, Rateau vint apporter à Louise un ingénieux séchoir à linge. (CAMUS, *Exil*, 157-8)「ある土曜日の午後、RはLに気の利いた干し物掛けを持ってきた」♦ただし2つの状況補語として並べる場合: *Le lendemain, dans l'après-midi*, Duc se remit au travail. (VAILLAND, *Fête*, 82)「翌日、午後のうちにDはまた仕事に取りかかった」▶次例では *suivant* の添加により *dans* は必要: Il fut convenu qu'Hélène se rendrait à Treinte *le samedi suivant dans l'après-midi*. (DHÔTEL, *Pays*, 186)「次の週の土曜日の午後HがTに行くことにきまった」

④ (*dans*) *l'après-midi de* + 日付: *dans l'après-midi du 2 septembre* (CASTILLOU, *Etna*, 144)「9月2日の午後」/ L'*après-midi du même jour*, Villars fit une promenade. (ARLAND, *Ordre*, 38)「同じ日の午後、Vは散歩した」▶ le lendemain *après-midi* または dans l'*après-midi* du lendemain、しかしいつも la veille dans l'*après-midi* と言う. cf. matin, soir.

archaïsme [古語法] — 古めかしい、あるいは廃用になった語句を用いること.あるいはこのように用いられた語句.例: devant que d'évacuer la ville (GIDE, *Journal*, 7-5-1943)「町を立ち退く前に」(devant que de は17世紀以来廃用)

Arles — à *Arles*. プロヴァンス語法 en が時に用いられるが南仏の地方なまり (COH, *Reg.*, 88; H, 18).

arracher — 1° *arracher* qch [qn] *de* qch

[**qn**]「つかんでいるものからひったくる、奪い取る」: La mère lui *arrache* les assiettes *de* mains. (ANOUILH, *N.P.N.*, 235)「母は彼の手から皿をひったくる」/ Hans, s'*arrache d*'eux en criant. (COCTEAU, *Bacchus*, 215)「Hは叫びながら彼らから身を振りほどく」/ Il *arracha* presque la feuille *des* mains de La Marne. (GARY, *Clowns*, 65)「LMの手から紙片をもぎ取るように奪った」
♦ arracher qn d'un lieu「ある場所から引き離す」: *arracher* qn de son foyer (*GLLF*)「人を家庭から無理やり追い出す」/ La sonnerie du réveil m'*arracha du* lit. (*DFC*)「目ざましが鳴ったのでしぶしぶベッドを離れた」
2º *arracher* qch *à* qn「密着している物をもぎとる」: Un obus lui *a arraché* le bras. (*MR*)「砲弾が彼の腕をもぎとった」/ Le dentiste m'*a arraché* une dent. (*DB*)「歯医者が私の歯を1本抜いた」/ Il a pris un poulet, il lui *a arraché* toutes les plumes. (LE CLÉZIO, *Déluge*, 117)「ひな鶏を取って、羽を全部むしった」♦比喩的: *arracher* de l'argent *à* un avare「けちん坊に無理に金を出させる」/ Le souvenir de cette scène *arracha* un gémissement *à* la vieille fille. (GREEN, *Epaves*, 217)「その光景を思い出して老嬢はわれにもなくうめき声を立てた」/ ces paroles qui *arrachent* des larmes aux plus impies (GIDE, *Prométh.*, 127)「不信心この上ない者も涙せずにいられぬこうした言葉」

arracher qn *à* qch: *arracher* qn *à* ses habitudes「習慣をやめさせる」/ *arracher* qn *à* la misère「貧困から救い出す」/ *arracher* qn *au* sommeil [*à* un rêve]「眠り[夢]を覚まさせる」
3º s'*arracher* qn [qch]「…を奪い合う」: On *se l'arrache*.「彼は引っぱりだこだ」▶ただし On se vous [t'] arrache. (S, I, 4)「あなたは引っぱりだこだ」は冗談にしか言われない.

arrêter — **1º** ① = cesser d'avancer. 多く命令形: *Arrêtez! arrêtez! c'est ici.* (BEAUV., *Mand.*, 421) (タクシーの運転手に)/ Dites au chauffeur de *s'arrêter* [*d'arrêter*]. (*DFC*)「運転手にとめるように言ってください」② = cesser de parler, d'agir: *Arrête!*「おやめ」
2º *arrêter de* 不定詞 (=cesser de): *Arrête de rire.* (SAGAN, *Violons*, 150)「笑うのはやめて」H; TH は認めないが、ことに否定文で用いられる: ces soldats qui n'*arrêtent* pas *de* passer (HAMP—S, III, 356)「ひっきりなしに通ってゆく兵士たち」/ Il n'*a* pas *arrêté de* pleuvoir ce soir-là. (SAGAN, *Chien*, 50)「あの晩は雨が降りやまなかった」▶cesser de のほうが文学的、arrêter de は口語的 (*EBF*). s'*arrêter de* 不定詞 も同義: Il (*s'*)*arrête de* lire. (*DFC*)
♦ (s')arrêter de 不定詞 不定詞 に代名詞の代入は不可能、上記1ºにならい補語を省く: Rose a éclaté de rire (...); puis elle *s'est arrêtée*, gênée. (BUTOR, *Emploi*, 63)「Rは大笑いをした. それから、間が悪くなって、笑うのをやめた」/ Il travaille sans cesse, il n'*arrête* pas.(ROB)「彼は絶えず働き、手を休めることがない」
3º s'*arrêter à* 不定詞: On *s'arrête à* regarder les affiches du cinéma. (FRAPIÉ—S, III, 314)「みんなは立ち止まって映画のポスターを眺めている」

arriver — **1º *arriver à* qn** à qn に代わる代名詞は終着点を特に示す意図があるときだけ〈à + 強勢形〉、一般には無強勢形: Il était impossible d'*arriver à* [jusqu'à] *lui*. (S, I, 82)「彼のところまで行きつくことはできなかった」/ Pas un son n'*arrivait à elle*. (GREEN, *Epaves*, 49)「何の物音も彼女のところまでは聞こえてこなかった」/ L'arome de ces mimosas *nous arrivait*. (BOURGET—S, I, 82)「ミモザの香がわれわれのところまでおってきた」▶転義ではいつも無強勢代名詞: Cela *m'arrive* très souvent. (BEAUV., *Compte*, 114)「私にはよくそういうことが起こる」
2º *arriver à* 不定詞 [*à ce que* + 接] (= réussir à, parvenir à): Comme je n'*arrivais* pas *à* dormir, j'étouffais à moitié. (QUENEAU, *Pierrot*, 136)「眠れなかったので息がつまりそうだった」/ Nous voudrions *arriver à ce que* chacun fasse son possible.「めいめいが全力をつくせるようになりたいものだ」♦ *à* 不定詞, à ce que... の代名詞は y: Il y a huit ans que j'attends de le (= mon travail) quitter, mais j'*y arriverai*. (DURAS, *Marin*, 25) (y = à le quitter)「仕事をやめる時のくるのを8年越し待っているのだが、やめてみせるよ」

3º *en arriver à* 不定詞 (=se résoudre finalement à): J'*en arrive à* croire qu'il avait raison. (*GLLF*)「私は彼が正しかったと信ずるに至った」♦ *à* 不定詞 の代名詞は là: Il fallait *en* arriver là. (PINCHON, 263)「そうならざるを得なかった」

4º il arrive (à qn) + 名 [代] 実主語は原則として不特定語：*Il m'est arrivé* un grand bonheur tout à l'heure. (BEAUV., *Inv.*, 148)「さっきとてもうれしいことがあったのよ」/ *Il* allait *arriver* quelque chose. (LE CLÉZIO, *Déluge*, 137)「何か起ころうとしていた」▶人称構文 Un grand bonheur *m'est arrivé* tout à l'heure. Quelque chose allait *arriver.* より非人称構文のほうが多い.

♦*C'est hier qu'il lui est arrivé* cet accident.「きのう彼にその事故が起こったのだ」は正・不正の境界にある例．人称構文にしたほうがよい.

ただし，物について承前的でない定冠詞は可能：*Il arrivera la* guerre. (GA, *FM* '70, 395, 399)「戦争が起こるだろう」/ *Il* m'*est arrivé* à peu près *la* même chose. (LE CLÉZIO, *Déluge*, 164)「わたしにもほとんど同じことが起こったわ」

♦ 実主語に対する問いは，多くは人称構文：Qu'est-ce qui vous *arrive*? (VIAN, *Pékin*, 68)「何が起こっているのです」

que + 非人称構文も普通：*Que* lui *arrive-t-il*? (BEAUV., *Images*, 183) / *Que* serait-il *arrivé* si j'avais accepté? (ID., *Compte*, 30)「もし承知していたらどんなことになっていたか」▶ Qu'est-ce que は俗用：*Qu'est-ce qu'il* lui *arrive*, à Juju? (CLAIR, 366)

ce qui [*qu'il*] *arrive* qui が普通：C'est *ce qui est arrivé*. (BUTOR, *Degrés*, 317)「そのとおりになった」/ Arrivera *ce qui arrivera*. (DORGELÈS—S, II, 168)「なるようになるさ」qu'il は俗用：Il arrivera *ce qu'il arrivera*. (CLAIR, 396) ▶ただし quoi qu'*il arrive*「何が起ころうと」は固定している.

il arrive à qn *de* 不定 à qn は多く人称代名詞：*Il m'arrive*, l'été, *de* lire en plein air. (BEAUV., *Compte*, 158)「夏には戸外で読むことがある」/ *Il arriva* souvent *à* Sartre *d'y* coucher. (ID., *Age*, 40)「Sがそこに泊まることもよくあった」

5º il arrive que ① + 接 ：*Il arrive qu'*elle *sorte* le soir.「彼女は晩に外出することがある」/ *Il arrivait qu'*il me *lançât* un regard fixe et vide. (PINGAUD, *Scène*, 71)「彼がじっとつろなまなざしを私に投げかけることがよくあった」

② + 直 ：*Il arriva que* le petit prince (...) *découvrit* enfin une route. (ST-EXUP., *Prince*, 64)「王子ははからずもついに道を発見した」▶ 単過のあとでは 直 ，その他の時制のあとではまれ (G, 997, Rem. 3).

♦実主語 = 名詞とは異なり de 不定 , que... を人称構文の主語にはできない：×*De lire en plein air m'arrive*. / ×*Qu'elle sorte le soir arrive*.

article [冠詞] ― 名詞の表わす概念に限定を加え，これを個体化して示す語．名詞限定辞のうちで最も使用頻度が高い．従来は独立した品詞とみなしたが，限定形容詞 (adjectif déterminatif) に加えることもできる (RAD, 116; GOUG, 63). 冠詞は伝統的に定冠詞 (article défini)，不定冠詞 (article indéfini)，部分冠詞 (article partitif) の3種に分けられる．部分冠詞を定冠詞に従属させる者もある (⇨ article partitif I. 1º). ラテン語には冠詞がなかった．冠詞は古仏語で現われ，初めは例外的に用いられたにすぎないが，次第に使用範囲を拡張，ことに16世紀に複数語尾 s，女性語尾 e の無音化の結果，冠詞は名詞の性・数を示すために必要となり，急速に発達した．今日では，人名と都会名を除き，原則としてすべての名詞が文中では冠詞そのほかの限定辞に先立たれる.

I. 冠詞の機能

1º 名詞の標識となる．他の品詞の属する語・語群・節が名詞的に機能する場合には，冠詞に先立たれる：*le* beau「美」/ *le* pour et *le* contre「賛否」/ éviter *les* à peu près「生半可なことを避ける」/ Le jeune homme eut *un* «Oh!» désappointé. (DAUDET, *Sapho*, 14)「青年は失望して『おお！』と言った」/ *Le* «Tu es malheureusement laide» de ma mère m'obsédait. (MAUROIS, *Climats*, 161)「母の『不幸にしてお前は器量が悪い』という言葉が私につきまとっていた」

2º 名詞を個体化 (individualiser) し，同種の他の対象と区別する：*Le* médecin est venu.「医者が来た」/ C'est *un* médecin.「彼は医者である」では médecin は個体 (individu) として表わされる．Il est médecin. では単なる観念であって，具体化されていない．かくして，無冠詞名詞は形容詞に接近する (⇨ nom III). ただし，文体上の理由から冠詞を省略する場合は別である (⇨ 下記 V. 9º ②, 10º, 11º ①).

3º 名詞の性・数を示す．*un* livre, *des* livres / *un* ami, *une* amie の性・数を区別するものは，

発音されないsとeではなく,冠詞である.同様にして,*le* mousse「少年水夫」/ *la* mousse「苔」の区別は冠詞による.

II. 普通名詞と冠詞

1º フランス語ではすべての名詞があらゆる種類の冠詞をとり得る(⇨ 各冠詞; nombre des noms).

① 種(espèce)を抽象的に示すものは単数定冠詞: *Le* chien est un animal utile. / J'aime *le* vin.

② 種を構成する不特定の1個体, 1種類は単数不定冠詞: Voici *un* chien. / C'est *un* vin excellent. ◆数個体, 数種類は複数不定冠詞: Voici *des* chiens. / Avec les hors-d'œuvre on recommande *des* vins blancs. 「前菜のときの飲物としては白ぶどう酒をお勧めします」

③ 種を構成する個体の総体は複数定冠詞: *les* chiens / *les* vins. ▶個体の厳密な総和ではなく, 種別を示すことに重点が置かれる場合も多い(⇨ article défini II. 3º).

④ 種は更にこれを下位の種(sous-espèce)に分けることができる. *les* vinsにはvin blanc, vin rougeなどの種類を設けられるが, vin blancにも種々の種類があるから, その数種は *des* vins blancs, 総称は *les* vins blancs. 更にこれを下位の種に分けると *un* vin blanc sec, *des* vins blancs secs, *les* vins blancs secsとなる.

⑤ 特定の個体は定冠詞. 不可算名詞の前の単数定冠詞, 可算名詞の前の複数定冠詞はその総量, 総数を示す: *la* maison de mon père / *les* tragédies de Racine / *le* vin que vous m'avez donné.

⑥ 数えられないものの若干量は単数部分冠詞: Je bois *du* vin. ▶数えられるものの数個も量の形式で表わし得る(⇨ article partitif II. 1º⑤). ◆数えられないものの不特定の1種(un vin)の若干量を表わす *d'un* vin excellentの形は現在では例外的: manger *d'un* ragoût, *d'un* rôt「シチュー, ローストを食べる」 cf. 松原『冠詞』, 114, n. 40 ; 134.

⑦ 特定のものの一部は部分を表わす〈de+定冠詞〉: *des* fruits [*du* vin] que vous m'avez donnés [donné].

2º 病名 ①一度だけしかかからないような病名は定冠詞: avoir *la* coqueluche「百日咳」[*la* grippe「インフルエンザ」, *la* peste「ペスト」, *la* petite vérole「天然痘」, *la* rougeole「はしか」, *la* scarlatine「猩紅熱」, *la* syphilis「梅毒」, *la* typhoïde「チブス」] ▶医者は〈avoir+定冠詞〉の代わりに〈faire+不定冠詞〉を用いる: Il a *fait une* rougeole.

② 繰り返される病名は不定冠詞: avoir *une* [あるいは *de la*] bronchite「気管支炎」[*une* angine「口峡炎」, *une* ophtalmie「眼病」, *une* pneumonie「肺炎」, *un* rhume「かぜ」] 《俗》: avoir *la* bronchite [*le* rhume]

③ 症状は定冠詞あるいは部分冠詞: avoir *la* colique「腹痛」[*de la* constipation「便秘」, (*de*) *la* diarrhée「下痢」, (*de*) *la* fièvre「熱」, *le* frisson「悪寒」, *le* hoquet「しゃっくり」] / Pendant huit jours, j'eus *de la* fièvre et *du* délire. (MAUROIS, *Climats*, 147)「1週間高熱とうわごとがつづいた」

④ 限定語を伴うとき: avoir *une* forte fièvre / avoir *une* scarlatine très grave. cf. D-P, I, 479; MART, 38-9.

III. 固有名(詞)と冠詞 論理的に言えば, 固有名(詞)はそれ自体特定のものであって改めてこれを特定のものとして示す必要はない. 古仏語では, 人名だけでなく, 民族名・国名・島名・河川名なども無冠詞であった. 近代語は「特定」の観念を冠詞で表わし, 人名と都市名を除く固有名(詞)に定冠詞を先立てる.

A. 人名

無冠詞: Molière / Racine. ▶ある人名は定冠詞が姓の一部をなす: *Le* Brun [Lebrun] / *Le* Nôtre / *La* Bruyère / *La* Fontaine.

冠詞をとる場合

1º 定冠詞の特殊用法 ①方言や俗語で, ことに女性の名の前に用い親しみを表わす: *La* Lucie, c'est notre petite. (ARLAND, *Ordre*, 493)「Lはうちの娘です」/ Vous n'auriez pas vu *le* René? (ID., *Terre nat.*, 161)「Rを見かけませんでしたか」/ J'étais décidé d'aller le voir, *le* Gustin. (CÉLINE, *Mort* I, 13)「Gに会いに行こうと決心していた」/ Vous avez erré avec Quasimodo et *la* Esmeralda dans de vieilles rues. (MAUROIS, *Paris*, 5)「QとEと共に古い街の中を歩き回ったわけです」⇨ élision 2º③

② 庶民の妻・娘を表わすために夫・父の姓の前に*la*を用いる: *la* Masson「Mの女房」 ▶時に姓を女性形にする: *la* Thibaude「Thibaudのかみさん」/ *la* Clarandelle (PÉROCHON, *Nêne*, 46)「Clarandeauのかみさん」 ◆この定冠詞は*la* Saint-Jeanのlaと同じく指示代名詞的 ((CR, 88). 人名部分は所有を表わす古仏語被制格に

由来(W, §555). ⇨ article défini II. 1°①
③**軽蔑**を表わす: *la* Pompadour (Louis XVの妾) / *la* du Barry (同) / *le* Buonaparte (王党がナポレオンをそしって言う. 姓をコルシカ流に発言する) ▶平常 la を用いない者が不機嫌に: Qu'elle se débrouille toute seule, *la* Marie. (TROYAT, *Signe*, 70)「ひとりで何とかするがいい, マリーの奴」
④**イタリア語**にならい, イタリアの著名な画家・作家・女優・歌手・舞踊家の姓・名・あだ名の前に用いる. (1)姓: *le* Tasse (=Tasso) (2)名: *le* Dante (=Dante Alighieri) ▶イタリア語では姓の前にしか用いられないから誤用. (3)あだ名: *le* Corrège (=Antonio Allegri. Correggio で生まれる)
◆フランス人の名もこれにならうことがある. (1)画家: *le* Poussin / *le* Puget. (2)女優: *la* Champmeslé. (3)歌手・舞踊家は国籍を問わない: *la* Malibran (スペイン系歌手) / *la* Loïe Fuller (アメリカの舞踊家) / *la* Pavlova (ロシアの舞踊家) / *la* Argentina (スペインの舞踊家).
⑤**強意的**用法の les. ⇨ nom propre III. 2°; pluriel augmentatif 3°
　同じ家族の数名あるいは全体を表わす les. ⇨ nom propre III. 1°

2°　不定冠詞の特殊用法
①**強意的**用法: Auprès d'eux *un* Sully Prudhomme, *un* Glatigny, *un* Dierx, *un* Coppée, même *un* Heredia ne font pas grande figure. (MARTINO, *Parn. et Symb.*, 3)「彼らにくらべると, PもGも…Hさえも, いささか遜色がある」◆これらはP, G…に類する人物(⇨下記4°③)ではなくP, Gその人をさす: On imagine très bien dans l'avenir le règne despotique d'*un* Clémenceau, d'*un* Lloyd George. (*Thib.* IX, 124)「将来, ClやLGの独裁になることは十分予想がつく」　cf. D-P, I, 523.
②**軽蔑あるいは称賛**を表わす: S'abaisser à prier *un* Mathan! (RAD, 123)「Mごときに泣きつくほど卑下するとは!」 / Juger si sévèrement *un* Colbert! (ID.)「Cともあろうものをかくも手厳しく批判するとは」
③**話者・聴者間に了解のないこと**を表わす: J'ai connu *un* Frédéric Falsen à Stockholm. (SAGAN, *Château*, 20)「SでFという人と知り合いになりました」

3°　形容詞・補語を伴う人名
①[形]+**人名**　形容詞の表わす性質は話者・聴者間あるいは一般的に了解あるもの. 定冠詞を伴う: *le* grand Corneille / *La* petite Lucienne sera mère cet été. (TOURNIER, *Coq*, 191)「ちびのLはこの夏に母親になるんです」◆ただし, 無冠詞に *saint* Paul などのほか, 俗語・小児語: Elle se tourna vers *petit* Pierre. (*Ib.*, 47)「彼女はPのちびちゃんのほうを向いた」呼びかけ: Ecoute, *petit* Louis.
②**人名**+[形][補語]
(1)形容詞・補語は**人物の様相の一つ**を示し, それが話者・聴者間あるいは一般的に了解あるか否かに従い, 定冠詞または不定冠詞を用いる.
定冠詞: Aussi est-ce une grande erreur que d'établir une séparation entre *le* Molière de la haute comédie et *le* Molière des farces. (DOUMIC, *Hist. litt.*, 323)「それ故, 高級喜劇を書いたMと笑劇を書いたMとの間に区別を設けるのは大きな誤りである」 / Dès qu'elle était de nouveau plus forte…, je retrouvais *l'*Odile mystérieuse. (MAUROIS, *Climats*, 53)「彼女がまた体が丈夫になると, 私は例の謎のようなOを再び見出すのだった」
不定冠詞: J'y découvrais *un* Philippe anxieux et jaloux que je n'avais jamais imaginé. (*Ib.*, 175)「私はそこに, 想像したこともない, 不安な嫉妬深いPhを発見したのだった」
(2)形容詞がある時期における**一時的性質**を示すときは**無冠詞**: Sans doute arriverais-je sur une petite plage pour trouver *Odile* radieuse et tranquille. (*Ib.*, 104)「おそらく海岸に着いたところで, 輝かしい落ち着き払ったOを見出すだけのことだろう」

4°　普通名詞化された人名 (⇨ nom propre II. 1°)　冠詞の用法は普通名詞にならう.
①**その人の作った作品**: *Le* Corneille est beau. (=les vers de C)「Cの詩は美しい」 / Il achète tous *les* Corots qu'il rencontre. (=tous les tableaux de C)「彼はCの絵を見つけ次第にみんな買う」 / Il jouait *du* Chopin. 「彼はChを弾いていた」 / Tu lis *du* Michelet, toi! 「Mを読んでるのか, 君が!」
②**その人の作に比すべき作品**: Il a fait *du* Raphaël. 「彼はRにも比すべき作品を作った」
③**その人と同じ特徴のある人**: C'est *une* Vénus. 「ヴィナスのような美人だ」 / C'est *un* nouveau Cicéron. 「キケロ(ローマの雄弁家)の再来だ」 / Napoléon fut *l'*Alexandre des

temps modernes.「Nは近代のA大王だった」/ *Les* Corneilles sont rares.「Cのような劇作家はまれだ」

④その人を表わす作品: *la* Vénus de Milo「ミロのヴィーナス」

⑤その人の特徴: Il y avait *du* Rousseau de vingt ans dans ce personnage. (FAGUET, *18ᵉ s.*, 381)「その人のうちには20歳の頃のRの面影があった」⇨ article partitif II. 1°⑦(1)

B. 地理名

1° **州名・国名・地方名**: *l'*Europe, *l'*Asie, *la* France, *le* Japon, *la* Bretagne, など.

　　de+州名・国名・地方名

①女性名詞

(1) **一般に冠詞を用いる**: La capitale *de la* France [*de l'*Angleterre] / la rivalité *de la* France et *de l'*Angleterre / la perte *de l'*Alsace et *de la* Lorraine / la découverte *de l'*Amérique.

(2) **冠詞を省略する場合** ◆王・皇帝などの称号, 政治・外交上の施設を示す語の後: le roi *de* France [*d'*Espagne] / l'empereur *d'*Allemagne / l'ambassadeur [l'ambassade] *d'*Italie / le duc *de* Bourgogne. ◆ヨーロッパ以外の国名: les empereurs *de* (*la*) Chine / les rois *de* (*la*) Corée (MART, 55) ◆同格: le royaume *de* France [*de* Belgique] / l'empire *d'*Allemagne. ◆産地: les vins *de* France [*d'*Espagne, *de* Bourgogne] / l'encre [la porcelaine] *de* Chine. ▶ただし, Les vins *de la* France sont l'une des principales richesses naturelles de ce pays. (W, 285)「フランスのワインはこの国の主要天然資源の一つだ」◆出発点: revenir *d'*Italie [*de* France] / les lettres que je reçus *d'*Amérique. ▶ただし, revenir *de* (*la*) Chine.

(3) **一定しないもの**: l'histoire *d*(*e l*)'Europe (MART, 56) / l'histoire *d*(*e l*)'Italie, *d*(*e l*)'Angleterre (Q, 2437, 151) / les peuples *d*(*e l*)'Afrique (MART, 56) / une carte *d*(*e l*)'Italie (*Ib.*) / le gouvernement *de* (*la*) France (N, V, 200) ◆l'histoire *de* Franceは古くからの慣用. MAUROIS著l'Histoire *de* Franceは強調的. 新しい学問名の後では: la géographie *de la* France. ▶被限定語+形: l'histoire littéraire *de la* France.

◆等位された国名の一方が冠詞を持つときには, 他方も多くは冠詞を用いる: les porcelaines *de la* Chine et *du* Japon (MART, 57) ただし絶対的ではない: la porcelaine *de* Chine et *du* Japon (Q, 3758) / les expéditions *de* Syrie, *de* Chine et *du* Mexique (*Lar. 3 vol.*, 605) / Elle reçoit régulièrement (...) des invitations à la cour *d'*Angleterre, et à celle *du* Danemark, *du* Luxembourg et *de* Norvège. (GARY, *Cerfs*, 126)「彼女はいつもイギリスやデンマーク, ルクセンブルク, ノルウェーの宮廷への招待を受けている」

②**男性名詞**　原則として冠詞を用いる: l'empire [l'empereur, l'histoire] *du* Japon / la république *du* Brésil [*du* Chili] / les paysans *de* Bretagne, *du* Poitou et *de l'*Anjou. ◆例外: le royaume [les vins] *de* Portugal / les chevaux *de* Danemark / le royaume *de* Siam [*de* Cambodge] / la république *de* Vénézuéla [*de* Panama, *de* Honduras, *de* Nicaragua, *de* Costa-Rica, *de* Libéria]

▶ à, en, dans+国名 ⇨ à I. 1°④

2° **県名**: *l'*Ain, *la* Meuse, *le* Pas-de-Calais, *les* Basses-Pyrénées, など.

　　de+県名　le département de...「…県」という場合は, X-et-Y型と le Vaucluseのほかは冠詞をとる: le dép. *de l'*Aisne [*de la* Seine, *du* Lot, *des* Vosges] ▶ただし *de* Vaucluse. ◆X-et-Y型は慣用が一定しないが, 第1名詞の姓に関係なく全部冠詞の省略が可能: le dép. *d'*Eure-et-Loir [*de* Loir-et-Cher, *de* Seine-et-Marne] ◆産物名などの後では, 女性県名は冠詞を略すほうが普通: les noix *de* Dordogne / les mines *de* Meurthe-et-Moselle et *de* Moselle. ◆男性県名, 複数県名, X-et-Y型の第1名詞が男性のものは一般に冠詞を用いる: l'outillerie *du* Doubs / la clouterie *des* Ardennes / les prunes *du* Lot-et-Garonne.

▶ à, dans, en+県名 ⇨ à I. 1°④

3° **川・山の名**: *la* Seine, *le* Nil, *le* Rhin, *le* Danube, など / *l'*Himalaya, *le* Vésuve, *les* Alpes, など.

　　無冠詞の場合　①同格として用いられる山の名: le Mont *Etna* / les monts *Ourals*.

②他の語と合成されて都会名を作る川の名（古仏語の統辞法の名残り）: Mar-sur-*Seine*. (ただし, 外国の都会名: Francfort-sur-*le*-Mein). その他: la rue de *Seine*（パリの通りの名）/ l'eau de *Seine*（水の出所と水質を指す）

cf. l'eau de la Seine（水の流れを指す）

4°　島の名　島名は国名にならって冠詞をとり，あるいは都会名に準じて無冠詞に用いる．両者の区別について一般的な規則は設けにくいが，フランスと歴史的に関係の少ない小島の名は多くは無冠詞．

① 冠詞をとるもの：*la* Corse, *la* Sicile, *la* Sardaigne, *la* Crète, *l'*Islande, *la* Réunion, *la* Martinique, *la* Jamaïque, *la* Nouvelle-Zélande, など．▶群島名は常に冠詞をとる：*les* Antilles, *les* (îles) Philippines.

② 無冠詞のもの：Malte, Chypre, Rhodes, Majorque, Sainte-Hélène, Madagascar, Cuba, Haïti, Ceylan, Bornéo, Sumatra, Java, など．

5°　都会名　無冠詞：aller à Paris / venir de Marseille / passer par Lyon. ◆ただし，冠詞が都会名の一部をなす特殊なものがある：*Le* Havre, *La* Rochelle, *La* Ferté, *La* Haye, *Le* Caire, *La* Mecque, *Les* Andelys, *Les* Sables-d'Olonne. ▶冠詞の縮約：aller *au* Havre / venir *des* Andelys.

6°　形容詞・補語を伴う地理名　前記A. 3°にならう．

①［形］+ 地理名　国名を始め，無冠詞の都会名も定冠詞をとる：*la* douce France / *la* belle Florence. ▶ただしtout(e) Rome. ⇨ tout I. 1° ①(3)

② 地理名 +［形］［補語］　(1)定冠詞：*le* Paris du XVIIIe siècle / *les* vins de *la* France méridionale(cf. les vins *de* France) ◆ただし le royaume-uni de Grande-Bretagne et d'Irlande du Nord「グレート・ブリテンおよび北部アイルランド連合王国」はIrlande du Nordが一国をなす．dans *l'*Amérique du Nord [*l'*A. centrale, du Sud]という一方，現代では*en* Amérique du N. / *en* Europe occidentaleともいうのは，〈国［州］名 + 補語〉を1単位と考えたもの．⇨ à I. 1°④(1)(v)

(2)不定冠詞：*une* France désunie（松原『冠詞』, 7）/ J'ai connu *un* Paris où les boutiques restaient ouvertes toute la soirée. (D-P, I, 527)「商店が夜もずっと営業していた頃のパリを知っている」

7°　普通名詞化された地理名　⇨ nom propre II. 3°

IV. 否定冠詞 de

不定冠詞・部分冠詞は否定文中の直・目，実主語となる名詞の前では多くはdeに変わる．しかし，否定文でも不定冠詞・部分冠詞がそのまま用いられることも多く，〈pas de +［名］〉/〈pas un [des, du, de la] +［名］〉の使い分けの規定が否定文における冠詞の用法の焦点となる．なお否定はpasのほかplus, jamais, guèreなど．さらにrien, personne, aucunなどと関連して〈de +［名］〉となることも．▶このdeは本来はune goutte d'eau「一滴の水」, des miettes de pain「パン屑」のdeと同じ性質のもの．今日では否定文における不定冠詞・部分冠詞のvarianteとみなすことができる (GA, *FM*, oct.'70, 392)．

◆定冠詞，属詞の前の冠詞は否定文でも変わらない：Ce *n'*est *pas un* hôtel. (< C'est *un* hôtel.) / Ce *n'*est *pas du* vin. (< C'est *du* vin.) / Il *n'*aime *pas les* voyages. (< Il aime *les* voyages.)

1°　pas de +［名］　動詞も名詞の表わす人・物の存在も否定される絶対的否定．

① ne +［動］+ pas de +［名］：Je *n'*ai pas commis *de* fautes. (SALACROU, *Th*. IV, 118)「私はあやまちを犯さなかった」(< J'ai commis des fautes.) / Il *ne* me reste presque *plus d'*argent. (GASCAR, *Herbe*, 65)「私にはもうほとんど金が残っていない」(< Il me reste encore de l'argent.) / *Aucune* grammaire *ne* donne *de* règle à ce sujet. (THÉRIVE, *Clinique*, 33)「どの文法書もこの問題について規則を記してはいない」/ Je t'ai demandé de *ne pas* me poser *de* questions. (GREEN, *Epaves*, 152)「何もきかないでと言ったでしょ」

② ne +［動］+ pas +［不定］+ de +［名］：Je *n'*ai *pas* eu le temps *de* retenir de place. (BUTOR, *Modif*., 177)「席を予約する暇がなかったのです」/ Je *ne* veux *pas* te faire *de* peine. (GIRAUDOUX, *Amph*. III, 3)「お前につらい思いをさせたくない」/ Cyril me demanda si je *ne* craignais *pas* d'avoir *d'*enfant. (SAGAN, *Bonj*., 138)「Cは子供ができるのがこわくないかと私にきいた」

◆ deにならぬ例：Je *ne* voudrais *pas* te faire *de la* peine. (COCTEAU, *Monstres* III, 5)「あなたを苦しませるのはいやですもの」/ Elle *ne* veut *pas* lui faire *du* mal. (ARAGON, *Aurél*., 192)「彼女は彼を傷つけるようなことはしたくない」

③ ne +［動］+ pas que... de +［名］：Je *ne* veux *plus que* tu aies *d'*ennuis. (GREEN, *Epaves*,

117)「もうあなたを困らせておきたくないの」 / Je *ne* pense *pas* qu'il existe *de* garçon aussi bien que Pradelle. (BEAUV., *Mém.*, 329)「Pほどりっぱな青年がいるとは思わない」

④ *de* の類推的用法　動詞が否定の意を含む語を伴うか, 文意に否定が潜在するとき : Il y a rarement eu *d'*édition sans objectifs commerciaux. (GA, 110)「商業的な目的のない出版はこれまでほとんどなかった」 / A-t-on jamais écrit *de* lettres pareilles? (GREEN, *Journal* X, 202)「こんな手紙を書いた者がいるだろうか」

♦ *de* の後の名詞の数. J'ai un enfant. > Je n'ai pas *d'*enfant. / J'ai des enfants. > Je n'ai pas *d'*enfants. 否定の *de* の後の名詞の数は肯定文における名詞の数と同じ. この例では単数のほうが好まれる (古川『7語研』nº 10, 15). Je n'ai pas *de* père. はいつも単数. Les arbres n'ont plus *de* feuilles. はいつも複数.

2º *pas un* [*des, du, de la*] + 名　否定が動詞・名詞の両方に及ばず, その一方, または名詞の付加辞, 状況補語などに及ぶとき. 何が否定されるかは話し手の考え方で定まるから, *de* と *un* [*des*, ...] の使い分けは一定しない.

① **対立を表わす文** : Le président a déclaré qu'on ne lui demandait *pas des* appréciations, mais des faits. (CAMUS, *Etr.*, 135)「裁判長は, 判断ではなく事実をきいているのだとはっきり言った」　▶demandait が否定されているのではなく Ce n'était pas des appréciations qu'on lui demandait. の意.

♦ ただし, Sinon, il ne m'inspirerait pas *d'*envie mais *de* la pitié. (BEAUV., *Mém.*, 291)「さもなければ彼は私に羨望を抱かせはせず, あわれみを催させるだろう」の例では, まず il ne m'inspirerait pas d'envie と言って, その後に mais (il m'inspirerait) de la pitié を添えたもの.

② **肯定を表わす修辞的否定疑問文** : N'avons-nous *pas des* goûts bien proches? (BUTOR, *Modif.*, 153)「私たちはずいぶん近い趣味を持っているのではないでしょうか」 (Nous avons des goûts bien proches. を修辞的に否定疑問で表わしたもの) / Tu n'as *pas un* objet d'inquiétude quelconque? (ROUSSIN, *Enfant*, 243)「何か心配事があるんじゃないの」

③ **文全体の否定** : Tu fais un drame de rien. — Je *ne* fais *pas un* drame. (SAGAN, *Brahms*, 163)「あなたは何でもないことを大げさに考えるのね. ―大げさに考えているわけではないよ」 / *Ne* me dis *pas un* mensonge! Un mensonge inutile! — Je *ne* dis *pas de* mensonge. (ANOUILH, *N.P.N.*, 94)「おれにうそを言うのはやめてくれ. 無用なうそは. ―わたしゃうそはつかないよ」 / Mon dessein *ne* représentait *pas un* chapeau. (ST-EXUP., *Prince*, 10)「私の絵は帽子を描いているのではなかった」 / Elle lit éperdument quand elle n'écoute *pas de la* musique. (DÉON, *20 ans*, 262)「音楽を聴いていないときは, 夢中で本を読んでいる」

♦ 単なる疑問なら *de* を用いる : *Ne* pourrai-je donc *jamais, jamais* faire *de* bêtises? (SAGAN, *Brahms*, 100)「それではわたしは決してばかなまねはできないのだろうか」

④ **否定が付加辞, 副詞などに及ぶとき** : Je n'aurai *pas du* courage *éternellement*. (ANOUILH, *Antig.*, 76)「いつまでも勇気を持ち続けるわけにはいきません」 / Je n'ai *jamais* rencontré *une* femme *aussi indéchiffrable*. (*Thib.* II, 250)「あんな正体の知れない女に出会ったのは初めてだ」　▶勇気はあるだろうがそれが永久に続くとは思えない, 女には会ったが, あんな不可解な女には会ったことがない, の意. / On *ne* dit *pas une* chose *comme ça*. (CLAIR, 34)「そんなことは言うものじゃない」 / Elle *ne* lui avait *jamais* fait *un tel* aveu. (CASTILLOU, *Etna*, 109)「彼女が彼にこのような告白をしたことは一度もなかった」

♦ 〈 名 + 付加辞(補語) 〉を一体とみなして *de* を用いることも頻繁 : Je n'ai *pas de* temps à perdre. (SARTRE, *Mains* V, 1)「むだにする時間はありません」 (成句的) / Je n'ai *jamais* eu *d'*amitié féminine. (BEAUV., *Mém.*, 322)「私は女性から友情を寄せられたことは一度もなかった」 / Peut-être personne n'avait-il connu *de* solitude aussi parfaite que cet homme. (GREEN, *Epaves*, 35)「おそらく誰もこの男ほど完全な孤独を味わった者はあるまい」

♦ ne + 動 + pas + 不定詞 + jamais のあとでは *de* を用いやすい : Elle était si belle qu'il *ne* se souvenait *pas* avoir *jamais* rencontré *de* femme plus belle. (DURAS, *Marin*, 17)「あまりに美しかったので, 彼女より美しい女性にかつて出会った記憶はなかった」

⑤ ***pas un*** + 名　(=pas un seul) ⇨ pas un 1º

▶ ne... de [un, des, ...] + 名 + que ⇨ ne... que 5° ①
▶ sans + 不定冠 [sans que]... de + 名 ⇨ sans II. 4° ①

V. 無冠詞

1° **祭日名** (Pâques, Noël), **勤行名** (matines, vêpres), **月名**, **曜日名**, *midi*, *minuit*: Il reviendra à *Pâques*.「復活祭には帰るだろう」/ Venez me retrouver avant *vêpres*.「晩課の前に私に会いにいらっしゃい」/ *Avril* a été beau.「4月はいい天気だった」⇨ jour (de la semaine) 1°; mois (nom de) 1°

♦祭日名で冠詞をとるもの: *l'*Ascension「主の昇天の祝日」/ *l'*Assomption「聖母被昇天の祝日」/ *la* Toussaint「万聖節」

♦勤行名は常に無冠詞とは限らない: dire, chanter *vêpres* (*DG*) / dire, chanter *les vêpres* (*P. Lar.*) / aller à *vêpres*, assister *aux vêpres* (*DG*) / avant [après] *vêpres* (*M*).

2° **諺**: *Contentement* passe *richesse*.「満足は富に勝る」

3° *tout*, *autre* を含む成句 ⇨ tout I. 1° ①(2); autre I. 3°

4° 〈動 + 直・目〉の形をとる成句

① *avoir faim*「腹がへっている」/ avoir *honte*「恥じる」/ avoir *peur*「怖れる」/ donner *congé*「暇を出す」/ fermer *boutique*「閉店する」/ imposer *silence*「沈黙させる」/ acheter *chat* en poche「品物を見ないで買う」/ avoir *maille* à partir avec「と不和になる」, など. ♦devoir (*du*) respect à「を尊敬しなければならない」/ prendre (*du*) plaisir à「を喜ぶ」/ trouver (*le*) moyen de「の手段を見出す」, などは凝結し方が弱く冠詞も用い得る.

② *avoir bon appétit*「食欲が旺盛である」(ただし avoir *de l'*appétit) / avoir bonne [mauvaise] mine「顔色がよい［悪い］」/ faire bonne [mauvaise] chère「美食［粗食］する」, など. ♦faire (*un*) bon accueil「厚遇する」/ prêter (*une*) grande attention「非常に注意する」/ souhaiter (*un*) bon voyage「旅の無事を祈る」, など.

③ 冠詞の有無によって意味の違うもの: faire *feu*「発砲する」, faire *du* feu「火をたく」/ faire part de「を通知する」, faire *la* part de「を考慮する」, など.

④ ①に属する成句に形容詞を添えると, 成句的性質を失い普通の統辞法に従う: avoir *une* soif ardente「激しい渇きを覚える」cf. avoir soif. ♦ただし, grand, entier などの量的修飾語の前では無冠詞のことが多い: Elle avait si *grand faim*. (BEAUV., *Sang*, 160)「非常に腹がすいていた」/ J'attache à ce curieux dossier *grande importance*. (GIDE, *Journal 1942-9*, 128)「私はこの珍しい記録を非常に重要視する」/ Ce n'est pas que j'y trouve *grand plaisir*. (SARTRE, *Nausée*, 67)「それが非常に嬉しいわけではない」/ Lambert a eu *grand tort* de te gifler. (BEAUV., *Mand.*, 356)「Lがあなたに平手打ちをくらわすとは大間違いでした」/ Je vous faisais *entière confiance*. (TROYAT, *Araigne*, 34)「あなたを全く信頼していました」

⑤ 成句ではなしに無冠詞のことがある. 直・目は多く〈plus [si] + 形〉を伴う. ことに否定文, 否定の意を含む疑問文: Je n'y vois pas *grande différence*. (FRANCE, *Vie litt.* II, 80)「大して違いがあるとは思えない」/ On ne peut rêver plus *belle vie* que la sienne. (SARTRE, *Nausée*, 79)「彼の生活よりもっと美しい生活を想像することはできない」/ Connais-tu plus *singulière bouffonnerie*? (ID., *Diable* XI, 2)「これ以上に奇妙な道化芝居を知っているかね」

▶ 第1例に pas de, 第2, 3例に une plus... を用い得る.

5° *jamais* + 主語名詞 ⇨ jamais 3°

6° 非人称文 ① *il y a*, *il est* 成句的: il y a *apparence* que「…らしい」/ il y a *lieu* [*moyen*] de「の理由［手段］がある」/ il est *question* de「が問題である」/ Il y a *marché* [*réunion*] demain.「明日は市が立つ［集会がある］」/ Il y a *erreur* sur la personne. (GIRAUDOUX, *Amph.* II, 5)「人違いです」♦ことに否定文: Il n'y a *pas grand mal* à cela.「それは大して悪いことではない」/ Dans la petite chapelle, il n'y avait, ce matin-là, *pas grand monde*. (GIDE, *Porte*, 29)「小さな礼拝堂には, その朝たくさんの人は来ていなかった」/ Il n'y a (pas de) *livre* qu'il n'ait lu.「彼が読まなかった本はない」

② *c'est* 成句的: C'est *folie* [*dommage*, *pitié*, *péché*].「狂気の沙汰［残念, 不憫, 罪なこと］だ」/ C'est *chose* à quoi il ne pense guère.「それは彼がほとんど考えていないことだ」/ C'est *peine perdue*. (SARTRE, *Nekr.* III, 1)「むだ骨です」

③ **実主語**　まれ: Jacques s'imagina qu'il lui était arrivé *malheur*. (*Thib*. I, 89)「Jは彼に不幸な事件が起こったのだと考えた」
④ *Il fait* jour [nuit, beau temps]. ただしIl fait *du* vent [*du* soleil]. ⇨ faire XIV. 2°
7° *comme*を用いる比較　成句: amis *comme* cochons「非常に親密な」/ amer *comme* chicotin「アロエの汁のように苦い」/ battre *comme* plâtre「(石膏を粉にするように)激しく打つ」/ s'entendre *comme* larrons en foire「悪事を働くためにぐるになる」
◆近代の統辞法では冠詞を用いる: fort comme *la* mort / silencieux comme *la* tombe / doux comme *un* agneau / muet comme *un* poisson / se fondre comme *de la* cire / dur comme *du* parchemin.　▶あるものは古語法と新語法とが両立し冠詞の用法が一定しない: blanc comme (*la* あるいは *de la*) neige / doux comme (*le*) miel / dur comme (*le*) fer.
▶成句でなくても, 時に古語法をまねることがある: sec comme allumette (N, V, 162)「マッチ棒のように痩せこけた」
8° 前+名 ① *à* (1) ◆用途: verre *à* bière「ビールのコップ」/ tasse *à* thé「紅茶茶碗」◆手段: moulin *à* vent「風車」◆特徴: homme *à* barbe noire「黒い髭をはやした男」/ assiette *à* soupe「スープ皿」/ pot *au* [*à*] lait「ミルク壺」(2)副詞的: *à* bras ouverts「両腕を広げて」/ *à* genoux「ひざまずいて」, など. cf. *à la* nage「泳いで」/ *à la* renverse「仰向けに」, など. (3) prendre *à* bail「賃借する」/ avoir *à* cœur「に執心する」, など.
② *de* (1) ◆性質: homme *de* génie「天才」/ regard *de* haine「憎悪をたたえた眼差」◆用途・目的: chien *de* garde「番犬」/ robe *de* soirée「夜会服」◆材料: table *de* marbre「大理石の机」◆同格: le titre *de* duc「公爵の称号」◆原因: rougir *de* colère「怒って赤くなる」離脱・出発点: descendre *de* voiture「下車する」/ perdre *de* vue「見失う」◆時期: partir *de* nuit「夜でかける」◆=quant à: large *d'*épaule「肩幅が広い」◆副詞的: *de* bon appétit「うまそうに」/ *de* bonne grâce「喜んで」
▶ une voix *de* femme「女の声」ではde femmeは形容詞に相当.　cf. la voix *d'une* femme「ある女性の声」/ la voix *de la* femme dont vous m'avez parlé「あなたが話した女性の声」
(2) de + du [de la, des] を避けるための部分冠詞, 不定冠詞の省略: une dizaine *d'*œufs「卵10個」/ se nourrir *de* viande「肉を食べる」/ remplir *de* vin「酒を満たす」/ couvert *de* boue「泥まみれの」
◆ de + 定冠詞 (特定): beaucoup *des* livres que vous avez achetés.「あなたの買った本の多くのもの」
③ *en* ◆場所・方向: être [aller] *en* France「フランスにいる[行く]」◆時間: *en* été「夏に」◆材料: assiette *en* porcelaine「陶器の皿」◆手段: se ruiner *en* folles dépenses「ばかばかしい浪費をして破産する」, など.
④ *sans*: une maison *sans* habitants「人の住んでいない家」/ être *sans* argent「金がない」⇨ sans I. 1°
⑤ *par*: *par* hasard「偶然に」/ *par* erreur「誤って」/ trois fois *par* jour「日に3度」
⑥ *avec* + 抽象名詞: *avec* courage (=courageusement) / *avec* prudence (=prudemment) cf. *avec un* grand courage「非常な勇気をもって」/ *Avec du* courage, on surmonte toutes les épreuves. (=Quand on a du courage)「勇気があれば, あらゆる試練に打ち勝つことができる」/ Il faut surmonter *avec* courage toutes les épreuves.「勇敢にあらゆる試練を克服せねばならぬ」▶ただし, まれに *avec* bonne humeur「上機嫌に」の形をとる.
⑦ **その他の慣用句**: après mûre délibération [réflexion]「熟考の末」/ après délibéré「合議の後」/ accoucher *avant* terme「早産する」/ *hors* concours「無鑑査級の」/ *hors* service「使用不能の」/ *sur* pied「起きて」/ être *sous* presse「印刷中である」, など.
9° 対照語 ① *corps à corps*「取っ組み合って」/ dos à dos「背中合せに」/ de ville en ville「町から町に」/ page par page「1ページ毎に」/ coup sur coup「続けざまに」/ faire sottise sur sottise「愚に愚を重ねる」/ se donner corps et âme「身も心も捧げる」/ nuit et jour [nɥitʒu:r]「夜も昼も」/ jour et nuit「昼も夜も」/ été et hiver「夏も冬も」/ matin et soir「朝も晩も」/ suer sang et eau [sɑ̃keo]「ひどく苦労する」/ jeter feu et flamme「烈火の如く怒る」
② 近代作家は文章に生気を与えるためにこの構成をまねて, 〈名+ *et* +名〉を主語・補語・属

詞にも用いる：*Portes et fenêtres* étaient ouvertes. (Thib. V, 256)「戸も窓も開け放されていた」/ Ses maîtres sont des Frères portant *redingote et chapeau haut de forme.* (FILLON, *Maurois*, 33)「彼の先生はフロックコートを着、シルクハットをかぶった修道士たちである」/ On nous croirait *frère et sœur.* (RADIGUET, *Diable*, 69)「人は私たちを兄妹と思うだろう」

③ *il y a* + 名 + *et* + 名 ⇨ et 7°

④ その他の接続詞：*soit* raison *soit* [*ou*] caprice「理性からか気紛れからか」/ Je n'ai *ni* femme *ni* enfant.「妻も子もない」

10° 列挙　文章に生気を与える文学上の手段：Il ne voyait partout que *calcul, égoïsme, avarice, laideur.* (TROYAT, *Signe*, 134)「至る所打算と利己主義と貪欲と醜さしか見えなかった」▶冠詞は各々の名詞を強調：*La* liberté, *la* jeunesse, *l'*amour, tout leur semblait merveilleux. (MAUROIS, *Cercle*, 137-8)「自由も若さも愛も、すべてが彼らにはすばらしいものに思われた」

11° 前置詞なしの状況補語　①様態を表わす成句：*bouche* bée「口をポカンとあけて」/ donner *tête* baissée dans qch「すっかりのめりこむ」/ charger *sabre* au clair「白刃をかざして突撃する」◆現代作家は好んでこの構成にならう：Des officiers entrent, sortent, *pas* sonores, *verbe* haut, *rire* éclatant. (VIOLLIS, *Japon*, 29)「士官たちは足音高く、声高に話し、大声立てて笑いながら、入ったり出たりする」/ Jambes écartées, *poings* aux genoux, *bouche* ouverte, Tchen regardait les courriers.(MALRAUX, *Cond.*, 148)「股を開き、拳を膝の上に置き、口を開けて、陳は伝令たちを眺めていた」▶(*les*) pieds nus「素足で」、(*la*) tête nue「無帽で」も無冠詞が普通.

②場所：Nous demeurons *rue X.*「X街に住んでいる」/ Je répète ici ce que j'ai dit plus haut *page 16.* (SENSINE, 25)「先に16ページで言ったことをここに繰り返す」/ comme nous le verrons *ch. X* (D-P I, 448)「第10章で見るように」⇨ nom V. 2° ①

③話題：parler *affaire*「商売の話をする」/ causer *politique*「政治を語る」

④配分：payer un euro *pièce*「1個1ユーロ払う」

⑤手段・道具：cousu *main*「手縫いの」⇨ nom V. 2° ⑦

12° 呼びかけ：Allons, *enfants* de la patrie (*La Marseillaise*)「いざ、祖国の子らよ」/ *Père*, écoutez-moi!「お父さん、聞いて下さい」◆ D (251) によれば、複数名詞の前では Venez, *enfants.* より Venez, *les* enfants. のほうが普通：Allez vous laver les mains, *les* gosses! (CAYROL, *Hist. maison*, 17)「子供たち、手を洗っておいで」ただし定冠詞は単数名詞の前では俗語的：Venez, *la* maman. cf. Ça va bien, *la* mère...? (MAUPASS., *En Famille*) *le* père は不遜だという。⇨ article défini II. 1° ③

13° 感嘆的に用いられた名詞：Pauvre homme!「かわいそうに」/ Menteur!「嘘つきめ」▶ CR (89) によると、この感嘆は呼びかけに近い. *Le* menteur!「あの嘘つきめ」はむしろ傍白. ただし ⇨ ce² 7°; article défini II. 1° ②

14° 属性：Je suis *Français* [*français*]. (フランス人の性格・心情など、その属性を抽象的に表わす. ⇨ nom III). cf. Je suis *un* Français. (具象的な一個のフランス人) / Je suis *le* Français. (フランス人の典型. ⇨ article défini II. 3° ③) ◆ il(s), elle(s) の属性は多く無冠詞：Il est *négociant.* ▶個体として表わすときは C'est *un* négociant. が普通.

15° 同格：Napoléon 1er, *empereur* des Français / Paris, *capitale* de la France. ▶不特定な一個体として表わすときは Bayeux, *une* petite ville de Normandie. ◆定冠詞は周知性の強調：Paris, *la* capitale de la France (=cette capitale que tout le monde connaît) ⇨ article défini II. 2° ⑥ ▶ son frère, *le* professeur「教授である彼の兄弟」は他の兄弟と区別する (D, 251) / Avec Lecoq. — Quel Lecoq? *L'*imprimeur? (SALACROU, *Th.* V, 289)「Lといっしょだ.—どのLと? 印刷屋のか?」

16° 固有名(詞)として扱われる語

①血縁・家族関係を表わす名詞—père [papa], mère [maman], grand-père [grand-papa], grand-mère [grand-maman], parrain, marrain, など：Je cherche *tante.* (Thib. I, 244) / *Père* ne dit rien. (*Ib.*, 184) / *Papa* et *maman* se tenaient dans le salon. (DURAS, *Vie*, 35)「パパとママは客間にいた」

②省略された学校名 (⇨ ellipse ①)—Polytechnique (< *l'*Ecole polytechnique「理工科学校」), Normale (Sup) (< *l'*Ecole normale supérieure「高等師範学校」),

Centrale (< *l'*Ecole centrale「国立中央工芸学校」), Navale (< *l'*Ecole navale「海軍兵学校」): Vous préparez *Centrale*? (SARTRE, *Mur*, 187) / Il préparait aussi *Normale*. (BENOIT, *Kœnigs.*, 23)

17° **書名, 章題, 看板, 広告, 掲示, 電報文, 日記体の文**, など: *Epicerie* en gros「乾物卸商」/ *Appartement* à louer「貸間」/ *Défense* d'afficher「貼紙を禁ず」/ On cherche *valet de chambre*「召し使いを求む」/ *Entrée*「入口」/ *Contes* du lundi『月曜物語』/ *Guerre et Paix*『戦争と平和』 ▶ 書名は冠詞を用いるほうが多い: *Les* Orientales『東方詩集』

18° **先行詞と冠詞** ⇨ antécédent 2°

VI. 冠詞の反復

1° **形容詞を伴わない数個の名詞**

① 原則として**冠詞は各々の名詞の前に繰り返される**: *le* père et *la* mère / *une* table et *une* chaise / *du* vin et *de la* bière / *le* chaud ou *le* froid.

② 冠詞は次の場合には**繰り返されない**.

(1) 名詞が**成句, ないし一群をなすとき**: *les* arts et métiers「工芸」/ *les* dommages et intérêts「損害賠償」/ *les* ponts et chaussées「土木」/ *les* tenants et (les) aboutissants「〔法〕隣接地」/ *les* us et coutumes「慣例風習」/ *les* voies et moyens「(政府の)歳入財源」/ *les* frères et sœurs「兄弟姉妹」/ *les* officiers et sous-officiers「士官と下士官」▶ この構成はかなり自由に用いられる: *Des* femmes, enfants, vieillards, font la queue... (BEAUV., *Bouch.* 2ᵉ tab.)「女も子供も年寄りも列を作り…」/ Le général Araki se préoccupe peu *des* opi-nions et désirs de ses collègues. (VIOLLIS, *Japon*, 28)「荒木将軍は同僚の意見も希望もほとんど意に介さない」

♦ 2つ以上の単数名詞を一群とみなして, その前に複数冠詞を用いることがある: *les* 5 et 6 mai [*le* 5 et *le* 6 mai]「5月5日と6日」/ *les* lundi et mercredi [*le* lundi et *le* mercredi] de chaque semaine「毎週の月曜と水曜」/ *les* père et mère [*le* père et *la* mère] de cet enfant. ▶ 日付を ou で結ぶときは: *le* 5 ou (*le*) 6 mai.

(2) 2つの名詞が**同一の人・物**を示すとき: *le* maître et seigneur de ce domaine (MART, 41)「この領地の領主」/ plus d'*un* rêveur et rôdeur mélancolique (STE-BEUVE, *Gr. Ecriv.* II, 275)「一人ならずの憂鬱な夢想的逍遥者」 ♦ ただし, 同一人物の2つの性質を表わす次例では冠詞が繰り返されている: cette femme qui fut... *une* épouse et *une* mère irréprochables (LEMAÎTRE, *Contemp.* VII, 2)「申し分のない妻であり母であったこの女性」/ Il était *une* mazette et *un* criminel. (ANOUILH, *P.N.*, 267)「だめ男だし重罪人でした」

(3) ou で結合された**第2名詞が第1名詞の類義語**あるいはその説明にすぎないとき: *le* sel de nitre ou salpêtre「硝酸塩すなわち硝石」

2° 形+名 ① et, mais で結ばれた数個の形容詞が**同一の人・物を修飾**する場合は冠詞は繰り返さない: *une* bonne et charmante femme / *de* nombreux et brillants discours / C'était *un* terrible, mais rapide orage. (DHÔTEL, *Pays*, 54)

♦ 古典時代には各々の形容詞を強調する意図で冠詞を繰り返した: *la* douce et *l'*innocente proie (LA FONT., *Fab.* VII, 1) ▶「この言い回しはもはや style artificiel にしか見出されない」(CR, 94) cf. Ah! *l'*admirable et la poignante chose que la vie! (AMIEL, *Voyageur*, sc. 5)「ああ, 人生とはなんとすばらしくもまたいたましきものであろう」

♦ 各々の形容詞を強調するときは, et で結ばずに冠詞を反復するのが普通: *La* fière, *l'*obstinée, *la* dure Elisabeth, demandait un maître. (TROYAT, *Araigne*, 31)

② et で結ばれた形容詞が**相容れない性質**を表わし, 同一物に適用されないときは, 次の構成をとる.

(1) *le* XIXᵉ et *le* XXᵉ siècle (=le XIXᵉ siècle et le XXᵉ siècle) / *l'*Ancien et *le* Nouveau Testament「旧約聖書と新約聖書」/ dans *les* bonnes comme *les* mauvaises heures (L. DAUDET, *A. Daudet*, Dédicace)「楽しい時も苦しい時も」 最も普通の構文. 冠詞が単数のときは名詞も単数. ▶ 時に On y trouve une riche collection de livres français *du* XVIIᵉ et *du* XVIIIᵉ siècles. (APOLLIN., *Flaneur*, 72)「そこには17・18世紀のフランス書の豊富な蔵書がある」とつづる.

(2) *le* XIXᵉ siècle et *le* XXᵉ. まれ.

(3) *les* XIXᵉ et XXᵉ siècle*s* / *les* premier et deuxième acte*s* (H, 101) / la musique italienne *des* XVIIᵉ et XVIIIᵉ siècle*s* (DÉON, *Déjeuner*, 209) ▶ ただし ˣ *les*

premier et deuxième *chevaux* は不可．
3º 名＋形 形容詞が相容れない性質を表わすときには，次の構成をとる．
① *l'*histoire ancienne et *l'*histoire moderne「古代史と近世史」/ *les* historiens anciens et *les* historiens modernes「古代の史家と近代の史家」▶ 名詞と冠詞の反復が普通．
② *l'*histoire ancienne et *la* moderne / *les* historiens anciens et *les* modernes．まれ．
③ *les* histoires ancienne et moderne / *les* pouvoirs législatif et judiciaire「立法権と司法権」/ *les* langues grecque et latine「ギリシア語とラテン語」/ *les* historiens anciens et modernes / *les* côtes italiennes et françaises (B, 165)「イタリアとフランスの海岸」▶ ただし ⇨下記 ④(2)
④ *l'*histoire ancienne et moderne
(1) = l'histoire ancienne et l'histoire moderne．(1910年の文部省令で許容) cf. *l'*encre rouge et violette (TROYAT, *Faux jour* I, 1)「赤インクと紫のインク」
(2) = l'histoire ancienne ou moderne「古今の歴史」(歴史一般を示す) ▶ 同様にして *les* historiens anciens et modernes も ③の意のほかに「古今の史家」(=tous les historiens anciens et modernes) の意ともなる．

article contracté ⇨ contraction de l'article

article défini ［定冠詞］
I. 形態　ラテン語の指示詞 ille を語源とし，男単 *le*, 女単 *la*, 男・女複 *les* の形をとる．母音字省略形: *l'* (=le, la)　縮約形: *au* (＜ à+le)，*aux* (＜ à+les)，*du* (＜ de+le)，*des* (＜ de+les) ▶ ただし，母音字省略や縮約の行なわれない場合がある (⇨élision, contraction de l'article)．　▶ 古仏語の縮約形 *ou* (＜ en+le) は16世紀に廃用，*ès* (＜ en+les) は特殊な言い方に残る．

II. 意味と用法
1º 指示詞として（語源的意味）
① 成句: pour *le* moment「今のところ」/ sur *le* moment「そのときに」/ pour *l'*heure「さしあたり」/ à *l'*instant「すぐに」/ pour *le* coup「今度こそは」/ de *la* sorte「そんなふうに」/ à *l'*époque「その当時」◆手紙の日付: Paris, *le* 2 mai (時に *ce* 2 mai ⇨ ce² I. 2º) ▶ 上例の定冠詞は指示形容詞に相当する．
la saint Jean (=celle [la fête] de saint Jean)「聖ヨハネ祭」/ *la* Noël (=celle [la fête] de Noël)「クリスマス」(Noël は 名男) / Villeneuve-*la*-Guyard (=Villeneuve, celle de Guyard) (地名) ▶ これらは定冠詞が代名詞的に用いられた古語法の名残り．
② 感嘆文　定冠詞は quel に近い意味を持つ (⇨ ce² I. 7º; article V. 13º): *Le* brave homme!「何といういい人だろう」/ Oh! *la* bonne idée!「ほう，それは名案だ」/ *L'*insolent! (ARLAND, *Monique*, 60)「無礼な奴だ」
③ 呼びかけ (俗語的．⇨ article V. 12º): Hé! *l'*homme, venez ici!「おーい，そこの人，こっちへ来なさい」
④ 形容詞，または形容詞的に用いられた名詞の前で celui の意: Des deux sœurs, j'aime mieux *la* jeune. (*Gr. Lar.XXᵉ*, 262) (=celle qui est jeune)「2人の姉妹のうち僕は妹のほうが好きだ」/ Le style Troisième République fait regretter *le* Napoléon III, qui faisait regretter *le* Louis-Philippe, qui faisait regretter *le* Charles X, qui faisait regretter *l'*Empire, qui faisait regretter *le* Directoire, qui faisait regretter *le* Louis XVI. (FRANCE, *P. Pierre*, 49) (=celui [le style] de Napoléon III)「第三共和国式はナポレオン三世式をなつかしませるが，このナポレオン三世式はルイ・フィリップ式を，ルイ・フィリップ式はシャルル十世式を，シャルル十世式は帝政式を，帝政式は執政式を，執政式はルイ十六世式をなつかしませたものであった」(styl は装飾芸術の「様式」．Style *Napoléon III* のような名詞の形容詞的用法については ⇨ nom III) ◆YVON (*FM*, '49, nº 4; '50, nº 1), MART (35, n. 1) はこの用法の le, la, les を代名詞とみなす．同様にして *le* mien; *le*quel; *le* même; *le* premier などの代名詞的価値は le によって示される．YVON によれば Philippe *le* Bel「フィリップ美貌王」/ la peinture *la* plus difficile / La raison *du* plus fort est toujours *la* meilleure．の le, la も代名詞．

2º 特定的用法　発生以来の機能．特定とは，ある事物について喚起する観念が同種の他の事物に適応されないこと，言い換えれば，ある事物が「唯一物であること」(松原『冠詞』，14) を言う．本書では概念の外延に制限を加えることを「限定」(例えば une *belle* fleur の belle は fleur を限定する)，限定の結果唯一の存在となるとを「特定」と使い分けた．定冠詞は，話者と聴者と

がある事物が特定のものであることを知っている場合，あるいは話者が特に特定のものであることを強調する場合に用いられる．
① **既出の語を受ける**：M. Aristide (...) a sauvé une nichée de chardonnerets frais éclos dans *un rosier*. (...) *Un chat* grimpait dans *le rosier*. (...) M. Aristide prit son revolver et tira sur *le chat*. (FRANCE, *Jardin*, 79)「A 氏は（…）バラの木の中でかえったばかりのゴシキヒワのひなを助けた．（…）1 匹の猫がバラの木に登ろうとしていたのだ．（…）A 氏はピストルを取って猫を撃った」/ *Un homme* et une petite fille viennent d'entrer. Alissa regarde *l'homme*. (DURAS, *Détruire*, 31)「男と少女が入ってきたところだ．A は男をじっと見る」
◆先行の〈un +名〉を〈le +名〉で受けられるのは，〈un +名〉が他の名詞句と対比をなす場合が普通．DURAS の例を Un homme vient d'entrer. と変えれば，次は Alissa regarde *cet* homme. となる (cf. KAWAGUCHI『フ語研』13, 89；小野「照応に関する一考察」,『フランス語学の諸問題』, 210)．▶ただし，対立語がなくても〈le +名〉で受けることがある：Ils ont eu *un enfant*. *L'enfant* se porte bien. (春木『フ語研』20, 18) ⇨ ce² I. 3°
② **別語による反復**：N'avait-il pas *une sœur*? On me précisa que *la jeune fille* était employée dans des champs de mil. (TOURNIER, *Gaspard*, 15)「彼には妹がいたのではないか？娘はキビ畑に雇われているとのことだった」/ Je remarquai dans une allée *un jeune couple* qui marchait devant moi; *le garçon* appuyait légèrement sa main sur l'épaule de *la femme*. (BEAUV., *Mém.*, 145)「散歩道で若い 2 人連れが私の前を歩いているのに気がついた．男は女の肩に軽く手をのせていた」
③ **先行詞なしで特定の強調**：*La* voiture avait traversé *le* village. (MEERSCH の小説 *L'Empreinte de Dieu* の冒頭) ▶作者は定冠詞によって，車は主人公が乗っている車であり，村は主人公が目指した村であることを示す．*Le* singe et *le* léopard gagnaient de l'argent à la foire. (LA FONT., *Fab.* IX, 3 の冒頭)「猿と豹とが縁日で金を稼いでいた」でも，物語の主人公を示す．
④ **先行の記述による特定化**：Devant lui, un rocher pareil à un long mur s'abaissait, en surplombant un précipice ; et, à *l'*extrémité, deux boucs sauvages regardaient *l'*abîme. (FLAUBERT, *St Julien* I)「彼の前には，長い塀のような岩壁が断崖に張り出して落ち込んでいた．その尖端に野生の山羊が 2 匹深淵を見おろしていた」▶岩の「尖端」，断崖の下の「深淵」であることは容易に察知できる．
⑤ **状況による特定化**：Passez-moi *le* plat.「その皿を取ってください」/ *L'*affaire est d'importance.「事件は重大である」/ C'est un œuf *du* jour.「今日産んだ卵です」/ Portez cette lettre à *la* poste.「この手紙を郵便局に出してください」/ Rentrons à *la* maison. (GASCAR, *Herbe*, 115)「家に帰ろう」/ Et qui est *le* gros homme? (ROB.-GRIL., *Imm.*, 81)「(あの) 太った男は誰です」▶*le* Directeur は環境に従って特定の「校長」，「病院長」等を示す．この種の名詞が時に大文字で書き始められるのは，固有名詞に近いため．
⑥ **一般的知識による特定化** 唯一物名詞 (*le* soleil, *la* lune, *la* terre, *le* paradis, *l'*enfer, など), *la* Vierge「聖母マリア」, *la* Pucelle (=Jeanne d'Arc), *le* Sauveur「救世主」, *le* Créateur「造物主」, *l'*Ecriture「聖書」, などは一般的知識が予想される限り定冠詞を用いる．これらの名詞は③のように状況の制限を受けず，絶対的に特定のもの．固有名詞 (*la* France, *l'*Europe, *la* Seine, *le* Corse, など) の前の定冠詞も同じ．
◆誇張的用法．万人周知のものであることの強調 (le = ce fameux)（1）メニューに記す**料理名**：*le* brochet de Moselle「モゼル河産のカワカマス」▶普通は無冠詞．冠詞の使用は snobisme による古い慣用の復活 (D, 252)．（2）**同格名詞**：Lycurgue, *le* législateur de Sparte「かのスパルタの立法者リュクルゴス」/ Louis XII, *le* père du peuple「国民の父ルイ十二世」/ Je suis bien ici chez Monsieur Sanger, *l'*illustre musicien anglais? (GIRAUDOUX, *Tessa*, 13)「こちらは S 先生のお宅ですか，かの有名な英国の作曲家の」⇨ article V. 15°
⑦ **習慣的行為による特定化**：Maman met *la* table. (=la table qu'elle met pour chaque repas)「お母さんが食卓の用意をしている」
◆**表現的方法**：J'ai toujours *la* faim. (VIGNY, *Chatt.* III, 1)「相変わらず腹が減っています」▶飢えが不断につきまとっていることの強調．
⑧ **所有の観念による特定化**：J'ai mal à *la* tête.(⇨ adjectif possessif VI. 1°) / Elle a *les*

article défini

cheveux noirs.(⇨ avoir III. 1º)

⑨ **補語名詞，補足節による特定化**

(1) ***de*** +名: *l'*auteur du «Cid»「『ル・シッド』の作者」/ *le* fond d'un puits「井戸の底」/ *le* couvercle d'une casserole「鍋の蓋」/ Le principal causait avec *le* père d'un élève.「校長はある生徒の父親と話していた」▶ auteur, fond, ...はそれぞれ補語名詞に対して唯一物．

de 定詞: demander *la* permission de「…の許しを請う」/ avoir *l'*intention [*l'*honneur, *le* plaisir] de「…する意図［光栄，喜び］を持つ」/ valoir *la* peine de「…する値打ちがある」♦ 限定補語の省略: A qui avons-nous *l'*honneur? (SARTRE, *Mouches* I, 1) (=de parler)「どなた様でいらっしゃいます」/ Je serai seul. J'ai *l'*habitude. (ANOUILH, *P.N.*, 487)「一人ぼっちになるでしょう．慣れていますが」/ Mais lui as-tu seulement demandé son avis? ─ Je n'ai pas eu *le* temps. (ACHARD, *Th*. II, 180)「だが，せめて彼の意見は聞いたのだろうね．─（その）暇がなかったんです」

(2) **形容詞** (=de +名): *l'*étoile polaire「北極星」/ *le* Gouvernement français「フランス政府」/ *la* race humaine「人類」 cf. *une* belle fleur.

(3) **同格**: *la* reine Victoria「V女王」/ *la* ville de Paris「パリ市」(⇨ de I. 22º①) ▶ この場合，同格名詞は周知のものと考えられる．♦ 同格におかれた補足節で限定される名詞は定冠詞（あるいは指示形容詞）を伴う: *le* fait qu'il est parti「彼が出かけたという事実」

(4) **関係節**: *le* bateau qu'il a pris「彼が乗った船」/ à *l'*âge que vous avez「あなたの年では」/ dans *le* siècle où nous sommes「この時代では」/ Elle sentait *la* lutte qui se faisait en moi.「彼女は私の心の中で行なわれている闘争を感じていた」/ J'imagine *la* femme que tu seras. (SOLLERS, *Folies*, 21)「きみがどんな女になるか想像がつく」▶ 関係節によって唯一物化されなければ定冠詞は用いられない．cf. *un* livre qui est intéressant（なお ⇨ 3º②）

(5) **最上級** 最上級の形容詞を伴う名詞はほとんど常に定冠詞をとる．「ある事物の中で最上のものは1つしかないからである」（松原『冠詞』，40）: C'est *l'*homme le plus heureux que je connaisse.「私が知っているうちで一番幸福な人だ」♦ ただし，時に不定冠詞も見られる: *un* ouvrier le plus habile du monde (D-P, II, 330-2に類例34)．N(V,171)はこの不定冠詞に定冠詞の価値を認め，F (*Gr. fautes*, 259)は le plus = très と考える．▶ 代名詞的に用いられた〈le plus +形〉が同格として名詞に添えられている次例は，上記とは異なる: Vous oubliez *un* mort, *le plus* regrettable de tous... (FRANCE, *P. Pierre*, 12)「あなた方は一人の死者を，すべての人のうちで最も哀惜すべき死者を忘れている」

(6) **序列** ある物がある系列の中で占める順序を定める語を添える場合: *le* vingtième siècle「20世紀」/ C'est *la* trente-septième maison après le pont.「それは橋を渡ってから37番目の家です」

(7) **比較による同一**: Il habite *la même* ville que vous.「彼はあなたと同じ町に住んでいる」/ Ils habitent *la même* ville.「彼らは同じ町に住んでいる」/ Ils marchaient *du même* pas.「彼らは同じ歩調で歩いていた」▶ いずれも甲と乙を比較して言う．cf. les habitants d'*une même* nation「同じ国の住民」

3º 総称的意味を表わす．単数定冠詞は抽象的に考えた種（espèce）の名称を，複数定冠詞は種を構成する各個体（individu）の総和を表わす．例えば，une table, des tables は机と名づけられるもの（individu）の任意の1個・数個を表わすのに対し，les tables はこれら個々の机の総和であり（ただし末段参照），la table は個々の机の個別性を度外視してその共通の属性のみを考えた抽象的概念である．

♦ 物質名詞・抽象名詞は単数定冠詞をとりやすい: *Le* courage est *la* force des faibles.「勇気は弱者の力である」/ Je préfère *le* café *au* thé.「私は茶よりコーヒーのほうが好きだ」ただし，⇨ nombre des noms II, III; article II. 1º

♦ 総称単数に用いがたい名詞．構成分子間の差異が大きいもの．動植物の類・科の名称など: *les* animaux / *les* végétaux / *les* oiseaux / *les* poissons / *les* insectes / *les* mammifères / *les* composées, など．▶ 物質名詞 *les* fluides, *les* liquides, *les* gaz（「気体」の意．「家庭用ガス」は「*le* gaz」），*les* métaux も個々の物質の名ではなく，共通な性質を持つ多くの物質の総括的な名である．▶ ただし，これらを対立的に表わすときは総称単数も可能: *L'homme* contre *l'animal*（«Que sais-je?»叢書の書名）/ Il est certain que nous retrouvons *le minéral* dans *la* plante, *la* plante dans *l'*animal, *l'*animal dans *l'*homme. (*TLF*, plante A)「植物の中に鉱物を, 動物の中に植物を, ヒトの中に動物を見出せることは確かだ」

① **総称的定冠詞**は**普遍的意味に用いられた名詞**の前に広く用いられる.

(1) **科学・芸術**を表わす名詞: étudier *les* lettres [*les* sciences, *la* médecine, *le* droit, *le* français]「文学 [科学, 医学, 法律, フランス語] を研究する」/ aimer *la* musique [*les* arts]「音楽 [芸術] を好む」

(2) **楽器名**: jouer *du* piano [*du* violon]「ピアノ [ヴァイオリン] を弾く」

(3) **手段・道具**の補語: travailler à *l'*aiguille「針仕事をする」/ pêcher à *la* ligne「釣をする」/ écrire *au* crayon「鉛筆で書く」

(4) **用途**を表わす補語: la bouteille à *l'*encre「インク瓶」/ la boîte *aux* lettres「郵便ポスト」/ l'assiette *au* beurre「バター皿」(ただし le pot à beurre「バター入れ」, la brosse à dents「歯ブラシ」)

(5) **乗物**: prendre *le* train [*le* bateau, *le* tramway, *l'*autobus]「列車 [船, 電車, バス] に乗る」(ただし prendre *un* taxi「タクシーに乗る」)

(6) **その他**: crier *la* faim「飢えを訴える」(ただし crier misère「窮乏を訴える」) / perdre *l'*espoir「希望を失う」(ただし perdre patience「忍耐を失う」) / jouer *la* comédie à qn「ある人に対して芝居を打つ」/ mourir *au* champ d'honneur「戦死する」/ prendre *la* parole「発言する」/ tirer *au* sort「くじを引く」/ aller *au* bal「舞踏会にいく」/ Un jour, on vint installer *le* téléphone. (IONESCO, *Solitaire*, 93)「ある日, 電話を取り付けに来た」

◆la boîte *aux* lettres は実際には à *des* lettres であるが, 種別だけを問題にしたもの. 成句ではない次の用法も同じ: *La* sueur coulait sur mes joues. (CAMUS, *Etr*., 26)「汗が私の頬を流れていた」/ Il n'y avait plus dans la rue que *les* boutiquiers et *les* chats. (*Ib*., 35)「街にはもや店の商人と猫しかいなかった」/ Dans *les* grandes flaques, Daniel cherchait *les* poissons, *les* crevettes, *les* coquillages. (LE CLÉZIO, *Mondo*, 163)「大きな水溜りの中で, D は魚や小えびや貝を捜していた」/ Elle partit aussitôt pour *les* pays d'outre-mer. (FRANCE, *P. Pierre*, 9)「彼女はすぐに海のかなたの国々に出かけていった」

② **限定する語を添えられた名詞**も範囲の限られた下位の種を形成する: *Les* faux amis vous trompent.「二心ある友は人を欺く」/ *L'*homme qui trahit sa patrie mérite la mort.「祖国を裏切る男は死に値する」/ *les* tragédies de Racine「ラシーヌの悲劇」◆上例では, 形容詞, 関係節, 補語名詞が名詞を限定しているが, これらは名詞を特定化するには十分ではなく, *un* faux ami, *un* homme qui trahit..., *une* tragédie de Racine, およびこれらの複数形が可能. 定冠詞の使用は特定化ではなく, 総称を表わす意図による.

③ **種属の典型** (type): Ce n'est pas un poète, c'est *le* poète.「ただの詩人じゃない. 本物の詩人だ」/ Montesquieu est *le* parlementaire, Rousseau *le* plébéien, Voltaire *le* grand bourgeois, riche, somptueux et orgueilleux. (FAGUET, *17ᵉ s*., 289)「M は国会議員の典型, R は平民の典型, V は裕福で豪奢で傲慢な大ブルジョワの典型である」/ Tu es *le* désordre, tu es *le* mensonge, tu es *la* paresse! (ANOUILH, *N.P.N*., 277)「あんたは自堕落, あんたは嘘の塊, あんたはぐうたらよ」

▶ faire *le* malade「仮病を使う」/ faire *le* mort「死んだふりをする」/ faire *la* prude「淑女ぶる」, などの定冠詞も典型的用法 (N, V, 177).

④ **属性を表わす**: *Le* moraliste est ce qui domine dans Molière. (VIGNY, *Journal*, 5 janv. 1831)「モラリスト (的性格) が M にあっては目立っている」/ *La* mère seule parle en elle. (R. BAZIN, *Tache*, 197)「母親らしい気持だけが彼女のうちで働いている」

4° **配分詞的用法**: trois fois *l'*an [*la* semaine]「年 [週] に 3 度」/ Les œufs valent 2 euros *la* douzaine; les poulets, 10 euros *la* paire.「卵は 1 ダース 2 ユーロ, 雛鶏はつがいで 10 ユーロする」/ C'est combien *le* mètre? (LE CLÉZIO, *Fièvre*, 37)「1m いくら?」/ Il vient *le* mardi. (=chaque mardi)「彼は火曜ごとに来る」

5° vers [*sur*] *les deux heures*「2 時ごろ」, les は近似値を表わす (CR, 87). 普通は vers deux heures, sur は常に les を伴う. これにならい vers [*sur*] *les* une heure [leynœ:r] [*les* midi, *les* minuit] (=vers une heure, vers midi, minuit) とも言う《俗》.

article indéfini ［不定冠詞］—

I. 形態　1° 男単 *un*, 女単 *une*, 男・女複 *des*（形容詞の前で *de*）

① un, une は本来は数詞．un seul の意味が弱まって un certain の意を表わすに至った．古仏語の複数形 uns, unes は16世紀に廃用，今日では les *uns*, quelques-*uns* に残る．

② des は発生的には部分冠詞の複数形．多くは quelques を意味するから，意味の上からこれを不定冠詞に加えるのが普通 (B; BRUN; D; W-P; *Gr. Lar. XX*ᵉ; *Gr. d'auj.*)．語形に重点をおいて des を部分冠詞としてのみ取扱う学者もある (AYER; DARM)．

2° *de* [*des*] + 形 + 名　① *des* は複数形容詞の前では *de* となるのが原則： Ce ne sont pas *de* vraies hallucinations. (ACHARD, *Th.* II, 203)「それは本当の幻覚ではありません」/ Xavière avait *d*'étranges sautes d'humeur. (BEAUV., *Inv.*, 36)「Xは妙にむら気だった」

♦ de は不定形容詞の前にも用いられる： *de* tels livres「このような本」/ (*de*) pareilles histoires「そのような話」/ (*de*) certaines choses「あるいくつかの事」/ *d*'autres amis「他の友人たち」　▶ しかしそれ自体数量詞である quelques, plusieurs は de に先立たれない．

♦ des が日常的に普及したとはいえ，書き言葉では今日でも de が正規形．「*des* grosses larmes は依然として俗語的，ないしは甚しくぞんざいである」(D, *Génie*, 195)．形容詞の前の des は，du, de la (⇨ article partitif I. 2°) とは異なる．「boire *du* bon vin とためらわずに言う教養人も，voir *des* beaux pays とは決して言うまい」(B, 113)．

② *des* の使用

(1) 形 + 名 が一体をなして，一種の合成名詞を作るとき： *des* beaux esprits「才人」/ *des* bons mots「警句」/ *des* petits pois「えんどう豆」/ *des* grands hommes「偉人」/ *des* petits bourgeois「小市民」/ *des* jeunes gens et *des* jeunes filles「青年男女」，など．

(2) その他の場合でも上記 2° ① にかかわらず，話し言葉でも文語でさえも de の代わりに des を使用することが多い．形容詞が日常的なものほど，この傾向が強い： Il lui semblait entendre *des* petits cris de rats. (CAMUS, *Peste*, 29)「ねずみの小さな鳴き声が聞こえたように思われた」/ Il y avait *des* grands marécages à l'embouchure de la Magra. (DURAS, *Bay*, 57)「M河の河口には大きな沼がいくつかありました」/ Car *des* jolies filles, il y en a toujours. (ANOUILH, *Hurlub.*, 78)「だってきれいな娘なんか，いつだっているよ」/ Elle avait *des* longs gants remontant sur les manches. (ARAGON, *Aurél.*, 264．この本では頻出)「袖にかぶさる長い手袋をはめていた」

▶ 次例では混用されている： Ce sont *de* vrais remparts, c'est une vraie ville avec *des* vrais habitants. (SARTRE, *Diable* II, 4)「本物の城砦なのだ．本物の住民のいる本物の町なのだ」

II. 意味と用法

1° *un* [*une*, *des*] + 可算名詞　種属中の不特定な1つあるいは数個の個体を表わす： Je vous apporterai *un* livre. / Il y a *des* arbres dans le jardin.

名詞がそれを限定する補語を伴っても，特定化されなければ不定冠詞を用いる： *une* belle fleur / *un* roman de Flaubert / J'ai lu *un* livre écrit par *un* jeune Allemand dont j'ai oublié le nom. (FRANCE)「名前を忘れたがある若いドイツ人の書いた本を読んだ」

♦ ⟨des + 名⟩ が主語になることはまれ： *Des* larmes vinrent dans ses yeux. (CAYROL, *Mot*, 32)「彼の目に涙が浮かんだ」

2° 物質名詞，抽象名詞，唯一物名詞の前にも用いられる： L'amour est *une* passion absurde. (FRANCE)「愛は不合理な情熱である」/ C'est *un* vin exquis.「実においしいワインだ」/ *Un* soleil radieux inondait l'aéroport. (DÉON, *Taxi*, 30)「輝く陽光が空港にあふれていた」

♦ *la* passion, *le* vin, *le* soleil に種々の種類を設けるときには，その不特定の各々は *une* passion, *un* vin, *un* soleil である．同様にして *une* large lune, *un* ciel sans nuages と言う．これに反して，*le* triste hiver では triste は個々の様態の1つを示すのではなく，hiver の本来の性質を示す (⇨ adjectif qualificatif VI. 3°②)．なお，Il montra *du* courage. Il montra *un* grand courage. avec courage, avec *un* grand courage となる．

♦ このように様態・種類を考えるときは形容詞（相当句）を伴うのが普通であるが，それは必ずしも必要ではない： *Une* timidité l'empêchait de le lui dire. (MEERSCH, *Empreinte*, 34)「彼女は何とはなしに気遅れして，それを彼に言えなかっ

た」/ Une faiblesse la prit. (YOURC., *Anna*, 99)「彼女は気を失った」/ Une puanteur émanait de son ancienne demeure. (CAYROL, *Mot*, 40)「何とも言えぬ悪臭が彼の以前の住居から発散していた」▶THIBAUDET (*Flaubert*, 272)によれば,形容詞を伴わない抽象名詞を不定冠詞と共に用いたのはFLAUBERTが最初という.

3° un, une は**若干量を表わし得る**: Il vaut mieux ne pas nous revoir *un* temps. (SAGAN, *Brahms*, 142)「しばらく会わないほうがいいわ」/ Je ne sais pas, dit lentement Egmont après *un* silence. (VERCORS, *Colères*, 92)「僕は知らない,とEはちょっと口をつぐんでから言った」/ Je suis là depuis *un* moment, j'ai tout entendu. (GIRAUDOUX, *Lucrèce* II, 3)「ちょっと前からここにいるんだ.何もかも聞いたよ」

4° **総称の不定冠詞** 不特定な一個体が同種属の他のすべての個体を代表することがある: *Un* homme ne pleure pas. (GREEN, *Moïra*, 82)「男は泣くものじゃない」/ *Un* officier n'a qu'une parole. (CLAIR, 305)「武士に二言なしだ」

♦この用法は un, une に限られ,その複数は des ではなく les である: *Un* livre est un ami de tous les instants. > *Les* livres sont des amis... (GUILL, 229-30)「書物は不断の友である」▶単数で表わし得ない次例はこの限りではない: *Des* frères qui s'aiment mettent tout en commun. (RENARD, *Poil*, la Carabine)「愛しあっている兄弟は何でも共有するものだ」

5° **un, une の誇張的用法** 驚き・称賛などを表わす.

① 総称の用法から転じて**種属の典型**を表わす: Celui-là, c'est *un* officier. (B, 608) (=un vrai officier)「あの男こそ(真の)士官と言うべきだ」/ C'est *une* ville, Marseille. (SAGAN, *Chien*, 51)「立派な町だね,Mは」

② **extraordinaire, incroyable, inouï**, などの省略: Il fait *un* froid dehors! (TROYAT, *Araigne*, 127)「外はひどい寒さよ」/ Ah! Tu m'as fait *une* peur! (ROUSSIN, *Enfant*, 262)「まあ,びっくりするじゃない」/ Ma foi! c'est *une* idée. (MAUROIS, *Dumas*, 67)「なるほど,名案だ」/ C'est *une* somme, deux cents guinées! (SÉGUR, *A. France*, 87)「200ギニといえば大した金額だ」/ C'est vrai que j'ai une coiffure! (GÉRALDY, *Rob. et Mar.* II, 2)「ほんと,ひどい髪をしていること」/ Tu as *une* façon de causer à la femme. (ACHARD, *Nouv. hist.*, 131)「奥さんにひどい口のきき方をするんですね」/ Vous voilà dans *un* état! (GREEN, *Mesurat*, 324)「とんだことになりましたね」

cf. un de ces ⇨ ce² I. 7°④

d'un(e) + 名 : Il est *d'une* force!「強いのなんって!」/ Elle a des traits *d'une* finesse. (TROYAT, *Signe*, 141)「まことに端正な顔立ちをしている」

d'un + **男性形容詞**(形容詞は名詞化されている): Le cadet a des cheveux *d'un* noir. (LARBAUD, *Márquez*, 215)「弟のほうはまっ黒な髪をしている」/ Cette salade était *d'un* vinaigré. (B, 691)「そのサラダのスッパかったこと」▶ d'un は強意の副詞と考えられ,俗語では形容詞を主語に一致させることがある: Elle est *d'un* gentille. (D-P, II, 170)「彼女はほんとうに優しい人だ」これらの言い方では,声を下げずに省略のあることを示す (N, V, 432; *cf.* W, 288). ⇨ de I. 19°

③ *un... que* (=un tel... que): Je suis dans *une* colère *que* je ne me sens pas. (MOL.—CR, 92)「むしゃくしゃして何が何だかわからぬわい」⇨ que⁴ VI. 4°

6° **des とその特殊用法**

① *des* は**1 または全体に対する不特定な数を表わす**: Je n'ai vu que *des* étudiants.「学生にしか会わなかった」は学生以外のもの,教授・商人など他の種類に対立させる表現で quelques [plusieurs] étudiants (⇨ plusieurs)とは異なる.

したがって対立を表わす次例では,des の代わりに quelques, plusieurs, certains は用いられない: Il comprit rapidement que ses disciples ne lui demandaient pas *des* critiques, (...) mais seulement *des* encouragements. (CAMUS, *Exil*, 148)「彼は弟子たちが批評を求めているのではなくて,励ましの言葉だけを求めているのだ,ということがすぐ分かった」

② **情意的用法**

(1) *des* + 数詞 + 名 **驚き・称賛**など: Elle le laisse *des six* semaines tout seul! (ACHARD, *Patate*, 175)「彼女は彼を6週間もひとりぼっちにしておくのか」▶これにならい: Tu sors tous les soirs. Et tu rentres à *des* minuit et plus. (CLAIR, 403)「お前は毎晩外に出て帰ってくる

のは真夜中も過ぎてだ」
(2) 多数の強調: Il s'en passe *des* choses, dans la vie! (ACHARD, *Nouv. hist.*, 153)「人生にはいろいろなことが起こるものだ」/ Vous en savez *des* choses, capitaine. (VIAN, *Pékin*, 105)「いろんなことを知っているんですね, 船長さんは」(en... des+[名]による強調. cf.『ノート』80) ◆**名詞を重複させて**: Nous marchions lentement, pendant *des heures* et *des heures*. (GARY, *Cerfs*, 359)「何時間も何時間もゆっくり歩いた」
(3) 性質の情的表現: Elle le regardait avec *des* yeux! (CLAIR, 297)「あの人を妙な目をして見ていましたよ」(⇨ 上記5°②; en² III. 2°②)
③ **数詞+*et des*** (+[名])**端数を示す**: C'était un homme de cinquante et *des* années. (ARAGON, *Aurél.*, 167) (=et quelques années)「50何歳かの男だった」/ A soixante et *des*, (...) je ne veux pas être à charge. (*Thib.*, VIII, 201)「60いくつになって, 厄介になっているのはいやなんだ」

article partitif [部分冠詞]――
I. 形態
1° 起源は部分を表わす de (de partitif)と定冠詞との結合: [男][単] *du* [*de l'*], [女][単] *de la* [*de l'*], [男]・[女][複] *des*. 単数部分冠詞は形容詞の前で*de*となることがある.

古仏語では manger *du* pain は常に特定のパンの一部を表わし, 不特定のものについては manger pain あるいは manger *de* pain と言った. その後, 総称的定冠詞の発達につれて, 不特定のものについても manger *du* pain が用いられ, この形は17世紀に確立されて今日に至った. des も特定のものの一部の意から, 不特定のものの数個の意に発展したが, 後者の意の des は一般に不定冠詞に分類される (本書もこれに従う).

部分冠詞中に含まれる定冠詞は特定あるいは総称の定冠詞であるから, 部分冠詞を de partitif の特殊用法と考え, これを定冠詞に従属させて説く者もある (*Gr. Ac.*; RAD).

2° *du*, *de la* と *de*
① [形]+[名]の前 かつては, 不定冠詞 des と同じく, 不特定のものの若干量を表わす du, de la は[形]+[名]の前では de (部分冠詞の発生的形態)となると説かれた: manger *de* bonne viande (*Gr. Ac.*, 41) / boire *de* bon vin (*Ib.*) 今日では日常語でも文語でも *de la* bonne viande, *du* bon vin が普通で, これを des+[形]

(⇨ article indéfini I. 2°)と同一に論ずべきではない: Si j'avais sous la main une bonne plume, *de la* bonne encre et *du* bon papier (...) (GIDE, *Journal 1942-9*, 318)「もし手元によいペンとよいインクとよい紙があったら」
◆ことに抽象名詞の前で: C'est *de la* grande éloquence [*de la* haute philosophie, *du* pur matérialisme]. 「堂々たる雄弁[高尚な哲学, 純然たる唯物主義]だ」 しかしまれに物質名詞の前では: Pourquoi le boulanger est-il heureux d'avoir fait *de* bon pain? (VERCORS, *Yeux*, 34) / C'est d'abord *de* très bon théâtre. (HENRIOT, *Romant.*, 65) ▶D (241; *Génie*, 195)は, *de* bon pain は普通には用いられない古文調で, de はよき慣用で母音の前に保持されるにすぎない(cf. boire *d'*excellent vin), と説く.
② [形]+[名]が合成語をなすときはdu, de laを用いる: *du* bon sens「良識」/ *de la* bonne volonté「熱意」

II. 意味と用法
1° **不特定の名詞の前** 不可算名詞に用いられる不定冠詞の価値を持ち, 若干量 (une certaine quantité de)を表わす. これが最も普通の用法で, この意味ではほとんど常に単数.
◆**複数形 *des* の使用は例外的.** 集合的意味を持つ複数名詞の前に用いられる: *des* épinards「料理用ホウレンソウの葉」/ *des* lentilles「レンズまめ」/ *des* confitures (de la confiture とも)「ジャム」
① **物質名詞・抽象名詞の前で**: manger *du* pain / acheter *de la* viande / boire *de l'*eau / avoir *du* courage [*de l'*ambition] / montrer *de l'*impatience / causer *de l'*angoisse, など.
② 同質の物質から成るもの, あるいは**個体の名称とそれを構成する物質の名称とが等しいもの**は, 数え得るものとも, 数え得ないものとも考えられる: *du* gateau (cf. *un* gateau, *des* gateaux) / *du* fruit (cf. *un* fruit, *des* fruits) / *de l'*œuf (cf. *un* œuf, *des* œufs) / *du* pain (cf. *un* pain, *des* pains), など. ▶不定冠詞は数え得る形を備えた個体と考えたもの. 部分冠詞は, 一個の菓子の半分でも菓子というように, もはや数え得るものとしてではなく, 物質だけを考えた言い方. 同様にして, *du* gravier, *des* graviers「砂利」/ *de l'*herbe, *des* herbes「草」/ *de la* volaille, *des* volailles「家禽」
③ **可算名詞でもその特徴ある部分を示す物質名詞に, あるいはその機能・属性を示す抽象名詞**

に変わり得る：manger *du* bœuf (=de la viande de bœuf) / avoir *de la* tête (=du jugement) / Il y a *du* théâtre en ce célèbre roman. (ALAIN, *Balzac*, 114)「この有名な小説には芝居じみたところがある」/ Il y a *de la* sainte en Denise. (MAUROIS, *Cercle*, 278)「Dには聖女のようなところがある」/ Il y a *du* printemps dans l'air. (TOURNIER, *Roi*, 74)「あたりに春の気配がただよっている」

④ **集合名詞の前** 集合を構成する若干数が量の概念で表わされる：Dans la cave j'avais *de la* compagnie. (SARTRE, *Mur*, 13)「地下室では仲間がいた」/ Je doit y recevoir *de la* famille. (ANOUILH, *P.R.*, 120)「そこで家族の者と会うことになっています」/ Il y en a *du* monde! (MAUROIS, *Dumas*, 215)「大した人出だな」/ Il lui eût semblé plus naturel de servir ses chiens dans *de la* vaisselle plate. (MAUPASS., *Pr. neige*)「彼には銀の皿で犬に餌をやったほうがまだしも自然に思われたろう」

⑤ **可算名詞の前** 数え得るものの若干数を量の概念で表わすことができる．総称的単数定冠詞に先立たれた名詞は集合名詞に近いことによる：Il y a *de la* truite dans ce lac. (B, 112) (=des truites)「この湖にはマスがいる」/ Ce pays est giboyeux: on y trouve *du* lièvre, *de la* perdrix, *du* faisan. (CR, 85)「この国には狩猟用の獲物が多い．兎やシャコやキジがいる」

◆体の部分も量的にとらえられる：Tu prends *du* ventre. (BEAUV., *Tous les h.*, 258)「腹が出っぱりだしたな」/ C'était une assez jolie fille, un peu déparée par *trop de* nez. (AYMÉ, *Chemin*, 19)「かなりきれいな娘だったが、鼻が大きすぎるのが玉にきずだった」

⑥ **唯一物名詞の前** 太陽・月の「光」，空の「一角」：Nous aurons *du* soleil dans la journée. (ARLAND, *Ordre*, 515)「昼間は日が差すだろう」/ Elle revit le jardin plein *de* lune. (THIB. II, 281)「彼女は一面月光に照らされた庭を思い浮かべた」(< plein de + de la lune) / Alors, devant, il y avait *du* ciel. (GIONO, *Regain*, 91)「そのとき、前には空があった」

⑦ **固有(名)詞の前** (1) **人名** その人の性質・特徴：Il y avait *du* Rousseau de vingt ans dans ce personnage. (FAGUET, *18ᵉ s.*, 381)「この人のうちには20歳のころのRの面影があった」 その人の作品：Nous lisions à haute voix *du* Pascal. (L. DAUDET, *A. Daudet*, 13)「大声でPを読んでいた」/ Tu jouais *du* Fauré. (PORTO-RICHE, *Marchand* I, 8)「君はFを弾いていた」

(2) **地名**：J'aime bien l'Anjou, parce que c'est *de la* France. (D-P, I, 524)「私はAが好きだ．フランスそのものだから」

⑧ **部分冠詞の情意的用法**

(1) **軽蔑的**：Il faut absolument que je tue *du* pauvre, ce soir. Je n'en peux plus de les entendre crier misère dès qu'ils ont fini leur saucisson! (ANOUILH, *P.G.*, 499)「今夜はどうしても貧乏人の奴らを殺してやらにゃならん．おれは奴らがソーセージを食べてしまうとすぐ腹がへったとわめくのを聞くのは、もう我慢がならんのだ」(du pauvreが多数物を意識していることはlesで受けていることで示される) / le droit de massacrer *du* sans-culotte (*Ib.*, 487)「過激共和派の一味をぶち殺す権利」

(2) **称賛的**：Voilà *du* cheval solide. (AYMÉ, *Jument*, 50)「(un chevalを見て)あれはがっちりした馬だ」/ Ça c'est *de la* voiture. (CARRIÈRE, *Soupirant*)「(une voitureを見て)これが車ってもんです」/ C'est *du* bon gentilhomme français, bien élevé. (ANOUILH, *P.B.*, 450)「(ひとりの男について、皮肉に)ありゃあ、育ちのいい、フランスの善良な貴族だ」/ Ça, c'est *de l*'amitié. (GARY, *Clair*, 35)「これこそ友情というものです」◆誇張的：Quatre francs! c'est *de l*'argent. (MAUPASS., *Contes*, 80)「4フラン！相当の金だ」/ Ça c'est *du* vin. (B, 694)「見事な酒だ」

(3) **拡張的** SAUVAGEOT (120)は「現代フランス語は量の観念を目立たせるために、部分的表現を多用する傾向がある」と説く：Il y avait *du* gendarme derrière chaque buisson. (*Ib.*)「どの茂みのかげにも憲兵がいた」

2º 特定の名詞の前 特定のものを表わす定冠詞と de partitifが臨時に組み合わされ、特定物の一部 (une partie du, de la, des)を表わす：J'ai mangé *du* pain que vous m'avez donné [*des* fruits que vous m'avez apportés].「いただいたパン[果物]を食べてみました」◆形容詞に先立たれても deとはならない：*du bon* pain que vous m'avez donné / *des bons* fruits que vous m'avez apportés. ▶これらは de partitifの一用法で、冠詞の特別な形態とはみなされない (W-P, 98).

♦上記の関係節は限定的．同格的関係節ならば普通の部分冠詞：Il (...) se verse *du* vin qu'il avale d'un trait. (CLAIR, 126)「自分のグラスにぶどう酒をつぐと，一息に飲み干す」/ Elle me sert *du* cherry que je bois. (DURAS, *Stein*, 115)

aspect［相］— 動詞の表わす動作の進行の様態・性質を表わす文法形式を言う．一般に **inchoatif**［起動相］（動作の開始），**instantané**［瞬間相］（瞬間的動作），**duratif**［継続相］，**itératif**［**fréquentatif**］［反復相］，**progressif**［進行相］，**aspect d'accomplissement**［完了相］，**résultatif**［結果相］（動作の結果である状態）などに分ける．

　動詞の相は次のような方法で示される．

1° 動詞の意味　poursuivre が継続，s'endormir, s'envoler が起動，redire, relire などが反復を表わす，など．

2° 状況補語　pendant trois jours が継続，chaque matin が反復，de jour en jour が進行を表わす，など．

3° 迂言法 (périphrase)　起動：commencer à, se mettre à, se prendre à 不定詞　継続：être en train de, être à 不定詞　反復：ne faire que + 不定詞　進行：aller (en) + 現分．

4° 動詞時制　1つの時制はいくつかの相を表わすのが普通であるが，文脈で察知できる．ことに直・半は継続・反復・進行を，複合時制は完了・結果を表わす．

aspirer — aspirer à + 名 [不定詞]：*aspirer aux* honneurs「名誉を渇望する」/ Je n'*aspire* plus qu'*à* me reposer. (*MR*)「もはや休息したいと願うばかりです」 ▸ à + 名, à 不定詞 に y の代入可能．

asseoir — 不定詞，過分 assis, 単過 j'assis, 接・半 j'assisse のほかは，正規形と並んで［　］の中に記す不定詞の類推形がある．直・現：j'assieds [assois], n. asseyons [assoyons]; 直・半：j'asseyais [assoyais]; 単・未，条・現：j'assiérai(s) [assoirai(s)]; 現分：asseyant [assoyant]　♦現在では-oi-型のほうが多く用いられる (*MFU*)：Claude *s'assoit* sur le lit. (CLAIR, 229) / Nous nous *assoirons* sur le banc des accusés. (SARTRE, *Séques*., 34) 不定詞にならった-eoi-の綴りは TH は記さず，*EBF* は誤用とするが普及している：Il *s'asseoit*. (CESBRON, *Prison*, 65) / Je ne m'ass*eoi*rai plus à cette table. (BEAUV., *Mand*., 483)

G (679, N.B. 2) に 16 例．▸単未，条・現の別形 j'asseyerai(s) は廃用．

♦s'asseoir の命令形単 2 は Assieds-toi. が普通．卑語 Assis-toi! は Assis! (=Restez assis) に基づく誤用 (D, 168)，古典語，現代俗語の活用形 Tu t'assis. に基づくとの説もある．

assez — 1° *assez* + 形 [副]

① (=suffisamment)：Il est *assez* riche.「なかなか金持だ」

② 意味の緩和 (=à peu près, presque)：Ma santé est *assez* bonne. (*DB*)「健康状態はかなりいい」/ Je l'ai vu *assez* souvent. (*DFC*)「何度も彼に会った」

③ 意味の強調．ことに感嘆文で：Est-ce *assez* beau cet adagio! (PROUST—LE B, *Inv*., 84)「何てきれいなのだろう，あのアダージョは」

2° 動 + *assez*　1°の①～③に対応する意味になる：Il mange *assez*.「十分に食べる」/ Il s'en plaignait *assez*! (MAURIAC, *Pharis*., 210)「彼はそれをずいぶんこぼしたものだ」

♦複合時制との語順：Vous avez *assez* mangé [mangé *assez*]. / Je n'ai pas *assez* dormi [dormi *assez*].

3° *assez de* + 名 (可算・不可算名詞)：Il a *assez d'*argent [*assez d'*amis].「彼はかなり金がある［友だちがいる］」

♦複合時制との語順：Il a perdu *assez de* temps comme cela.「彼はそのようにしてかなりの時間をむだにした」/ Il avait *assez* perdu *de* temps comme cela. (ROB.-GRIL., *Voyeur*, 98)

4° *ne... pas* [*jamais*] *assez*：Elle pense que je *ne* la vois *pas assez*. (BEAUV., *Inv*., 58)「彼女はわたしがあまり会ってくれないと思っています」/ Je *ne* te demanderai *jamais assez* pardon. (ROUSSIN, *Enfant*, 245)「いくらあやまってもあやまりたりません」/ On *ne* fait *jamais assez* attention. (CAYROL, *Hist. maison*, 53)「いくら注意をしても十分ということはない」

5° *assez... pour* 不定詞 [*pour que* + 接]　主動詞の主語と不定詞の動作主が同じならば + 不定詞，異なれば pour que を用いる：Il est *assez* fort *pour* vous tenir tête. (AC)「彼はかなり強いから，あなたに刃向かうことができます」/ Il est *assez* grand pour que nous lui fassions confiance. (H)「すっかり大きくなったんだから信用しても大丈夫ですよ」　♦*assez... pour ne pas* + 不定詞 [*pour que ne... pas*]：

Crois-tu que je suis *assez* sotte *pour n'*avoir *jamais* songé à cela? (BOYLESVE—S, III, 449)「わたしがばかだから、そんなことは考えたこともなかったと思うんですか」◆*ne... pas assez pour* [不定詞] [*pour que* + [接]]：Mon oncle *n'*était *pas assez* riche *pour* nourrir un cochon. (GASCAR, *Graine*, 152)「叔父はあまり金持ではなかったから、豚を飼うこともできなかった」

6° *c'est assez de* + [名] [不定詞]：*C'est assez d'*une fois. (MAURIAC, *Agneau*, 201)「一度でたくさんです」/ *C'est assez de* faire le pitre. (TH)「おどけたまねをするのはたくさんだ」

7° *en avoir assez de* + [名] [不定詞], *que* + [接]：J'*en ai assez de* ce roman. (MR)「この小説はうんざりだ」/ J'*en ai assez d'*écouter votre petite musique. (ANOUILH, *P.B.*, 383)「あんたのつまらない音楽を聞くのはうんざりだ」/ J'*en ai assez qu'*il me ridiculise. (ID., *Ornifle*, 207)「やつに笑いものにされるのは、もうたくさんです」

◆この言い回しを複合時制に用いるときは、いつも〈[過分] + assez〉の語順：J'*en ai eu assez*, je suis parti. (W-P, 384)「私はうんざりして立ち去った」

assimilation [同化] — 1語または接続する2語において、1つの音が近くの音の影響をうけること。

① **assimilation progressive** [前進同化] 前の音が後の音に影響するもの。フランス語では例外的：Alsace [alzas] / subsister [sybziste]（有声音l, bが無声音sを有声化した）

② **assimilation régressive** [逆行同化] 後の音が前の音に影響するもの：absent [aps-] / obtenir [ɔpt-] / anecdote [anɛk[g]-] / transvaser [trɑ̃s[z]-] / disjoindre [dis[z]-] / médecin [mɛd[t]sɛ̃] / chemin *de* fer [-d[t]fɛːr]（後の有声音、無声音が先行の音を同化したもの） cf. GRAM, 97; MART, *Pr.*, 202-3.

母音の同化：étais [e[ɛ]tɛ] (cf. *été* [ete]) / *aimé* [eme] (cf. j'*aime* [ʒɛm]) / pêcher [pɛ[e]ʃe] (cf. pêcheur [pɛʃœːr]) ▶ 後続母音と同一化したもの。cf. GRAM, 13, 41.

astérisque [アステリスク、星じるし] — 〈*〉の印。G (1071) は signe de ponctuation に加える。①脚注などの参照を示す。②1個あるいは3個の * は明記したくない固有名詞に代わる：A monsieur le baron de *** (MUSSET, *Mimi P.*, V) ▶ 多くは頭文字の後に *（**）を記す：monsieur de B***。③言語学で実証されていない推定形の前に記す：jouir < 民衆 lat. *gaudire（古典 lat. gaudere からでは現在の語形は導けない）。④文法的に誤りとなる文の前に。(本書では × 印を用いる)

attendre — 1° *attendre* qn [qch]「来るであろう人・物をある場所で待っている；人・物が来る[起こる]であろうことを期待する」：Je vous *attendrai* jusqu'à sept heures. (*DFC*)「7時まで待ちましょう」/ Jenny ne l'*attendait* pas si tôt. (*Thib.* VII, 231)「Jは彼がそんなに早く来るとは思っていなかった」/ Je veux partir à votre place.— J'*attendais* cela. (GIRAUDOUX, *Judith* I, 8)「あなたの身代わりになって行きたいのです。—そう言うだろうと思っていたわ」/ C'est bien là que je vous *attendais*. (CLAIR, 339)「そう来るだろうと思っていました」
▶ *attendre après* qn [qch]「必要とする、待ちこがれる」

2° *attendre* qn [qch] *pour* [不定詞] [*pour que* + [接]]：Je l'*attends pour* me mettre à table. (MORAND—S, III, 420)「食卓につこうとあの人を待っているのです」/ Nous l'*attendions pour qu'*elle nous aide. (BUTOR, *Degrés*, 311)「ママに手伝ってもらおうと思って待っていたんだ」

attendre (*à*) + 期日 + *pour* [不定詞]：*Attendez* (*à*) demain *pour* faire cette promenade.「その散歩はあすまでお待ちなさい」▶ *à* = *jusqu'à*：Il faut *attendre à* demain. (BUTOR, *Degrés*, 80)「あすまで待たなければいけない」(*à* はまれになった)

attendre de [不定詞]：*Attendez de* connaître la vie. (GRENIER, *Ciné*, 125)「人生がわかるまでお待ちなさい」◆完了動詞は複合形：*Attendez* tout de même *d'*avoir vu Angel. (VIAN, *Pékin*, 146)「それにしてもAに会うまでお待ちなさい」

attendre de [不定詞] + *pour* [不定詞]：J'*attendrai d'*avoir votre opinion *pour* expédier mon rapport à Paris. (CARCO—S, III, 421)「パリに報告書を送るのは、ご意見を伺うまで待ちましょう」

attendre que + [接] + *pour* [不定詞]；*attendre pour* [不定詞] + *que* + [接]：Il *attendit pour* me mettre au courant *que* le «petit» fût parti. (Tr. BERN.—S, III, 421)「チビが出ていくのを

attention

待って私に事情を話した」▸attendre à 不定詞 + que + 接 は古典語法.

3° *attendre* qch *de* qn: Qu'*attendez-vous de* moi? (ROB)「私から何を期待しているのです?」

***attendre de* qn** 不定詞 [*que* + 接]: N'*attends* pas *de* moi *d'*y (= à la peur) céder. (VERCORS, *Colères*, 254)「私が怖じけづくなどということは期待しないでください」/ On *attendait de* moi *que* je l'incitasse au dialogue. (COCTEAU, *Colette*, 34)「人々は私に対し彼女を対談に仕向けてくれるようにと期待していた」

4° *attendre que* + 接: J'*attends qu'*il vienne. 「彼が来るのを待っています」/ *Attendez que* je vous accompagne. (BEAUV., *Inv.*, 22)「いっしょに行くから待ってください」▸同義の attendre jusqu'à ce que + 接 は話し言葉 (S, II, 275).

***attendre que* + *ne* + 接** avant que + ne の類推でまれに虚辞neを添える: N'*attends* pas *que*, t'arrachant à moi, il *ne* te traîne indignement. (FRANCE, *Thaïs*, 69)「ぐずぐずなさると, 彼はあなたを私から引き離して, 無法にも引き立ててまいりましょう」

♦ J'*attends que* je…は不可能, しかし3人称では次例がある *Elle* attend *qu'*elle ait dix-huit ans. (MICHELET —LE B, II, 356)

5° *s'attendre à* qch「何を予期する, 当てにする」: Je *m'attendais à* un meilleur résultat. (*DFC*)「もっとよい結果を期待していた」/ Avec lui, il faut *s'attendre à* tout. (*GLLF*)「あの男のことだ, 何をしでかすかわかったものじゃない」

s'attendre à 不定詞: Je *m'attendais à* le voir. (LE B, II, 356)「彼に会えるものと期待していた」/ Il *s'attend à* perdre sa place. (*DFC*)「地位を失うことは覚悟している」▸ à 不定詞 の代わりにyを用いて Il s'y attend. Attendez-vous-y. と言う. Attends-t'y. よりは Attends-toi à cela. がよい (TH).

6° *s'attendre que* + 直 古文調: Je *m'attends qu'*il viendra. 「彼がくるを期待しています」

***ne pas s'attendre que* + 接** [時に + 直] (LE B, II, 356)

***s'attendre que* + 接** 現代文語: Je *m'attends qu'*il vienne. (G, *Pr.* I, 248 に例)

***s'attendre à ce que* + 接** [時に + 直] が常用: Il *s'attend à ce que* je revienne. (AC) cf. G, 999, Rem. 7, b; *Pr.* I, 249;『探索』76.

7° *en attendant* (副詞的)「それまで」「ともかくも, それはそれとして」(=quoi qu'il en soit, toujours est-il que): Puisqu'il est blessé Roussy peut se considérer comme vengé. *En attendant*, j'ai faim. Mets la table. (GASCAR, *Herbe*, 109)「奴がけがをしたからにはRは復讐を果たしたものと考えることができる. それはそれとして腹がへった. 食卓の用意をしてくれ」

***en attendant que* + 接**「…するまで」
主節の行為が従属節の行為の開始まで継続する (=jusqu'à ce que): Restez ici *en attendant qu'*il revienne. 「彼が帰ってくるまで, ここにいらっしゃい」
主節の行為が従属節の行為の開始前に終わる (=avant que): Dressons le couvert, *en attendant que* notre invité arrive. (*DB*)「客が来るまでに食卓の仕度をしよう」/ *En attendant que* vous partiez pour Anvers, nous allons faire ensemble une partie de dames. (DHÔTEL, *Pays*, 74)「Aに発たれる前に, チェッカーをしましょう」

en attendant de 不定詞 (=avant de): *En attendant de* partir, nous pouvons déjeuner. (*DSF*)「出発までに昼食が食べられます」

attention — **faire attention à** qch [qn]: Faites bien [très] *attention à* ma question. (*PR*)「私の質問によく注意なさい」/ Je n'*y* avais pas *fait attention*. (ROB)「それには気づかなかった」▸ à qn に代わる代名詞は à + 強勢形: (Elle) ne *faisait* pas *attention à* lui. (BUTOR, *Degrés*, 319)

prêter [porter] attention à qch [qn]: Vous n'*y* prêtez pas *attention*. (SOLLERS, *Parc*, 19)「それには注意を向けない」♦ à *qn* の代名詞は普通は無強勢形: Personne ne *leur prêtait attention*. (GARY, *Clowns*, 75) / Les autres ne *lui portaient* aucune *attention*. (QUENEAU, *Fleurs*, 273) ▸まれに à + 強勢形: On ne *prêta* pas *attention à* eux. (CASTILLOU, *Etna*, 156)

faire attention à [de] ne pas 不定詞: Faites *attention à [de] ne pas* tomber. (TH)「転ばないように注意なさい」

faire attention que + 直 (=ne pas oublier [perdre de vue] que): Faites *attention que* la route est glissante. (COL)「道がすべるから注意なさい」

faire attention (à ce) que + 接 (= prendre garde que, veiller que): Faites *attention que* personne ne vous voie. (PR)「誰にも見られないように注意なさい」 / *Attention qu'*ils ne tombent pas dans les trous! (VIAN, *Arrache*, 183)「彼らが穴に落ちないように注意してね」 / Elle ne *faisait* pas toujours *attention à ce qu'*il n'y eût personne dans la chambre voisine. (PROUST—S. I, 39)「隣室に誰もいないように必ずしも注意しなかった」

attirer — *attirer* + 名 + *à* qn ① 具体的意味 (=tirer à soi): Elle l'*attira à elle.* (IKOR, *Gr. moy.*, 48)「彼女は彼を自分のほうに引き寄せた」◆主語＝物でも同じ: Cette région *attire à elle* beaucoup de touristes. (PINCHON, *FDM*, '75, n° 29)「この地方は多くの観光客を引きつける」

② 抽象的意味では無強勢形: Cette réussite *lui attira* beaucoup d'amis. (*DFC*)「この成功で彼には多くの友ができた」 / Il *s'est attiré* beaucoup d'ennemis. (*PR*)「多くの敵を作った」

attraction [牽引] — 文の1要素が近くにある他の要素の影響を受け，その性・数・人称・法・時制などに一致すること．①性の牽引: *un* espèce de *vaurien*「ならず者のような奴」(誤用) ② 数の牽引: *ces sortes* de gens「この種の人々」 ③ 人称の牽引: C'est *moi* qui l'*ai* fait. (⇨ ce¹ II. 6°④). ④叙法の牽引: Je dirais hautement que tu *aurais* menti. (MOL., *D. Juan* I, 1)「お前が嘘をついたんだとはっきり言うよ」 (現代では tu *as* menti) ⑤ 時制の牽引: Je *savais* bien que Nancy *était* une ville élégante.「Nが美しい都会であることをよく知っていた」(⇨ concordance des temps I. A. 3°②)

attribut [属詞] — 主語あるいは直・目の性質・状態を表わす語 [語群, 節]: Il est *heureux*.「彼は幸福である」(heureux は主語 il の属詞) / Je le crois *heureux*.「私は彼が幸福であると思う」(heureux は直・目 le の属詞) ▶ 上記の être, croire のように主語あるいは目的語とその属詞とを結ぶ動詞を **verbe copule** [繋合動詞, 連結動詞] (B, 628) または **verbe attributif** [属詞動詞] (Log; BONN, *Code*, 205) と呼ぶ.

I. 属詞となるもの

1° 名詞: Paul est *mon frère*. / Paris est (la) *capitale de la France*.

2° 代名詞: C'est *moi*. / Ce n'est *rien*.「なんでもない」 / Ils ne sont pas habiles, mais ils *le* deviendront.「上手ではないが，上手になるだろう」 / *Que* deviendrai-je?「どうなるだろうか」 / Malheureux *que* je suis!「なんて不幸なのだろう」

3° 形容詞, 過去分詞: Le ciel est *bleu*. / Il est *blessé*.

◆形容詞相当句: il est *en colère* [*à bout de force*].「怒って［力が尽きはてて］いる」 / J'étais *de santé délicate*. (GIDE, *Porte*, 10)「ひ弱であった」 / Moi, je trouve cela *de très mauvais goût*. (ANOUILH, *P.R.*, 57)「それは非常に悪趣味だと思う」

◆形容詞的用法の副詞: Elle est *debout* [*fort bien*].「彼女は立っている［なかなか美人だ］」 / Je ne supportais pas que Luc nous vît *ainsi*. (SAGAN, *Sourire*, 55)「Lにそうした我々の姿を見られるのが我慢ならなかった」 / On ne vous voit jamais *ensemble*. (ID., *Château*, 62)「あなたがたが一緒にいるところを見ることはない」

4° 様態の補語: Ils sont *tête nue* dehors et dedans *chapeau sur la tête*. (GIRAUDOUX, *Folle*, 82)「外では帽子をかぶらず，家の中では帽子をかぶっている」 / La souillon demeura *les yeux vides, la bouche ouverte*. (TROYAT, *Vivier*, 198)「下女はうつろな目をして口をあけていた」

5° 不定詞: Vivre, c'est *souffrir*.「生きるとは苦しむことだ」 / Le mieux est *d'attendre*.「一番いいのは待つことだ」⇨ infinitif C. II. 1°, 2°

6° 節: La vérité, c'est *que* tu es un traître. (SARTRE, *Diable*, 224)「実際はお前は裏切者なのだ」⇨ que⁴ I. 2°

II. 主語の属詞を導く動詞

1° 状態 (être, se trouver), 状態の継続 (rester, demeurer), 状態の変化 (devenir, tomber, se faire), 外観 (avoir l'air, paraître, sembler, faire (= avoir l'air), passer pour) を表わす動詞: Il *se trouve* fort embarrassé.「非常に当惑している」 / Il *demeure* [*reste*] pensif.「じっと考えこんでいる」 / Je *suis tombé* malade.「病気になった」 / Son visage *se fit* sérieux.「彼は真顔になった」 / Il *paraît* [*semble, a l'air*] malade.「病気のようだ」 / Elle *fait* très jeune.「とても若く見える」 / Elle

attribut

passe pour très belle.「非常な美人と評判されている」
2º 動作の結果としてある属性が主語に与えられるもの. 直・目の属詞を導く動詞 (⇨ 下記 III. 1º) の受動形あるいはその受動的代名動詞が主なもの: Il a été appelé juste.「正義の士と呼ばれた」/ Il a été déclaré coupable.「有罪と宣告された」/ Le plaisir durable se nomme bonheur.「永続的な喜びは幸福と名づけられる」/ Il a vécu vieux. (B, 619)「年老いるまで生きた」(⇨ vivre 1º) ◆助動詞なしで: cette prison nommée la vie (VIGNY, Journal, 1832)「人生と呼ばれるこの牢獄」/ cette passagère et sublime marionnette appelée l'homme (Ib., 1835)「人間と呼ばれるこのはかない崇高な操り人形」/ l'humaniste dit «de gauche» (SARTRE, Nausée, 149)「左翼と呼ばれるユマニスト」
3º 動作の行なわれる際の主語の性質・状態を表わす属詞を導くもの: Saurez-vous vivre pauvre? (ANOUILH, P.B., 500)「貧乏暮らしができますか」/ Elle était née riche. (FRANCE, Lys, 23)「裕福な家に生まれた」/ Mon père est mort si jeune! (SALACROU, Th. VI, 22)「父はとても若死しました」/ Elle finira centenaire. (Ib., 234)「百歳まで生きるだろう」►BONN (Code, 259); Gr. Lar. (81) はこれらの動詞も属詞動詞に加える. 動詞は意味が弱まり, 属詞が主要語だから, 省けば文は意味をなさないが, この属詞に le の代入はできない.

Il partit furieux.「彼は激怒して出かけた」partit と furieux の間に休止なく, 音調は Il était furieux. と同じである点, furieux は属詞に近いが, これを省いても文は成り立ち, 動詞の意味が変らない点は上記 1º~3º とは異なる. 属詞と同格辞の中間的性質を持つが, G (206); BÉCHADE (132); BONN (Exercices, §727) はこれを属詞の中に加える. ►類例: Je ne comptais que faiblement sortir vivant de la clinique. (GIDE, Journal 1942-9, 316)「生きて病院から出られようとはほとんど期待していなかった」/ Si tu es entré troisième, pourquoi ne pourrais-tu pas, en travaillant, sortir premier? (Thib. II, 185)「3番で入学したのなら,勉強すれば1番で卒業できないはずはなかろう」⇨ le neutre II, 1º
4º 潜在的な主語 主語は表現されず暗黙裏に了解されることがある.

① 不定詞: Pour vivre heureux, vivons cachés.《諺》「幸せに暮らすためにひっそりと暮らそう」
② 命令法: Dormez tranquille. (ANOUILH, Ardèle, 96)「静かに眠りなさい」
III. 直接目的語の属詞を導く動詞
1º 作為的な広い意味を持つもの (rendre, faire, mettre), 任命・命名 (appeler, armer, baptiser, choisir... pour [comme], consacrer, couronner, créer, désigner... pour, élire, instituer, intituler, nommer, proclamer, qualifier (de), sacrer, saluer, surnommer), 断言 (déclarer, définir, dire), 認知・感知・判断・仮定 (concevoir, connaître, considérer comme, croire, deviner, estimer, imaginer, juger, penser, prendre... pour, reconnaître pour, regarder comme, réputer, savoir, sentir, soupçonner, supposer, tenir (pour), traiter de [en, comme], trouver), 意欲 (exiger, vouloir), 状態の持続 (garder, laisser, maintenir, tenir) など, これらと類義の多数の動詞, それらの再帰的代名動詞: Cette nouvelle l'a rendu triste.「この知らせを聞いて彼は悲しくなった」/ J'ai fait mon fils avocat.「息子を弁護士にした」/ On l'avait baptisé «le Nègre».「皆は彼に"黒ん坊"というあだ名をつけた」/ Le pape le couronna empereur.「教皇は彼を皇帝に任じた」/ On l'a élu président.「彼を議長に選んだ」/ Je ne te connaissais pas si lyrique!「君がそんなに情熱的とは知らなかった」/ Je le crois riche.「彼は金持だと思う」/ Je vous sais consciencieux.「あなたが良心的であることを知っている」/ Je la trouve jolie.「彼女を美しいと思う」/ Je la veux heureuse.「彼女が幸福であることを望む」/ Il gardait les yeux ouverts.「目を見開いたままでいた」/ Laissez la porte ouverte.「戸を開けたままにしておきなさい」/ Il se dit fatigué.「彼は疲れたと言っている」/ Chacun de nous se croit le centre de l'univers. (FRANCE)「われわれのめいめいが宇宙の中心だと思っている」

その他, **動作の結果として生じる性質・状態を表わすもの**: Comment peindre le fond de ce dessin? Je le peindrais bleu. — Moi, je le mettrais jaune pâle. (DAVAU, FM,'50, nº 1)「この絵のバックをどう塗ったものだろう? 僕なら青く塗るが.—僕は薄黄にする」/ On lui a coupé les cheveux ras. (CLÉDAT, 142)「彼の

髪を短く切った」(ras の代わりに court(s) を置くと, これを副詞と解するから, 属詞か副詞の区別は明瞭でない) cf.『覚え書』70

常習的・一時的な性質・状態を表わすもの: Elle *porte* les cheveux longs [courts].「髪を長く[短く]している」/ Il *a* les yeux grands.「大きな目をしている」⇨ avoir III. 1º

2º 動作の行なわれる際の性質・状態を表わすもの: J'*aime* le café fort. [Je l'*aime* fort.] (BONN, *Code*, 262)「コーヒー[それ]は濃いのが好きだ」/ Je ne l'*ai* jamais *vu* fatigué de nager. (VERCORS, *Portrait*, 67)「彼が泳ぎ疲れたのを見たことがない」/ Je t'*aimes* mieux en colère que morne. (GREEN, *Moïra*, 242)「浮かない顔でいるより怒っている時のほうが好きだ」/ Ils me *prendraient* vivant. (SARTRE, *Mur*, 89)「おれを生捕りにするだろう」/ Il ne s'agit pas de vous *retenir* prisonnière. (ANOUILH, *P.R.*, 252)「あなたを閉じ込めるというのではありません」/ Je l'(= cette robe) *ai achetée* neuve dans un grand magasin de Paris. (ID., *N.P.N.*, 292)「パリの百貨店で新しいのを買ったの」/ Je veux vous *avoir* vieille à côté de moi. (*Ib.*, 20)「お婆さんになっても, そばにいてもらいたいね」

◆上例で形容詞を省いても文は成立ち動詞の意味は変らない点, 形容詞は上記 1º とは異なり同格辞に近い. この形容詞は Il partit furieux. にならい, 属詞に加え得る (BONN, *Code*, 262; *DSF*, aimer).

属詞と付加形容詞 動+名+形の語順では形容詞は付加辞とも解される. これは名詞が定冠詞・所有[指示]形容詞に先立たれるときに起こり得る: Je *veux* ma robe rouge. (D-P, II, 18) robe の後に小休止を置けば「ドレスは赤くしてほしい」(=Je veux que ma robe soit rouge.) Je *veux* rouge ma robe. も可能. 代名詞を用いると Je la *veux* rouge.; la robe que je *veux* rouge. 小休止がなければ rouge は付加辞で「赤いほうのドレスがほしい」. 代名詞を用いると Je *veux* la rouge.「赤いのがほしい」. 同様にして J'*ai trouvé* ce livre [Je l'*ai trouvé*] intéressant.「その本[それ]を興味深いと思った」. 付加辞ならば「この興味深い本を見つけた」. すなわち Je l'*ai trouvé*.「それを見つけた」► Je *veux une* robe rouge. と J'*ai trouvé un* livre intéressant. の形容詞は常に付加辞.

IV. 属詞の構成 前置詞なしで接続されるものを直接構成 (construction directe), 前置詞 (多くde, en, pour, まれにà ⇨ à I. 19º), 接続詞 comme を伴うものを間接構成 (construction indirecte), この属詞を**間接属詞** (attribut indirect) とも言う (BONN, *Code*, 258; *Gr. d'auj.*, 85).

1º 前置詞の一定しないもの: choisir... pour [comme]「として選ぶ」/ être reconnu pour [comme]「と見なされる」/ traiter qn en [de, comme un]...「として扱う」

2º 直接構成か間接構成か一定しないもの: considérer... (comme) / estimer... (comme) / qualifier... (de) / tenir... (pour) ► 俗語では間接構成を直接構成に変える傾向がある: mettre un garçon (comme) pensionnaire dans un lycée (cf. N, VI, 180)「子供を寄宿生として高等学校に入れる」

V. 属詞の語順

1º 主語の属詞 ①主語+動+属詞 一般的語順: Ma mère [Elle] est *bonne*.

②属詞+動+主語名詞 属詞の強調: *Très brusque* a été l'ordre de départ. (LOTI, *3e jeunesse*, 203)「出発の命令はいかにも唐突だった」/ *Plus joyeuses* sont les musiques du matin. (ID., *Chrys.*, 126)「朝の音楽はもっと愉快だ」/ *Telle* fut sa réponse.「彼の返答は以上の通りであった」(⇨ tel I. 1º ②)

◆**感嘆文**: Combien *étrange* est le destin des héros de Tchekhov! (MAUROIS, *Cercle*, 324)「チェホフの主人公の運命は何という不思議なものだろう!」

③属詞+主語 (人称代名詞, 名) +動: *Radical* il demeura toujours. (MAUROIS, *Alain*, 16)「彼は常に急進的だった」/ *Jalouse* elle est. (DURAS, *Amant*, 31)「嫉妬しているんだ, 彼女は」◆属詞を le で繰り返す: *Honnête*, il ne *l*'est guère. (ANOUILH, *P.N.*, 342)「誠実かというと, 彼はほとんどそうではないのです」► この形容詞は転位されたもので, le が真の属詞 (⇨dislocation 1º; pour V. 3º ②).

④**動詞の欠如** アクセントを負うことの少ない繋合動詞が略される.

(1) 属詞+主語 (名 [代, de 不定冠]): *Si pauvre*, moi! (CESBRON, *Prison*, 175)「哀れな男だ, おれは」/ *Heureux* ceux que satisfait la vie, ceux qui s'amusent, ceux qui sont contents! (MAUPASS., *Sur l'eau*, 52)「人生に

attribution (complément d')

満足する人々，遊び楽しむ人々，満ち足りている人々は何と幸福なことだろう」/ *Fini*, le sermon? (IKOR, *Gr. moy.*, 227)「終ったかい，説教は」/ *Malsain*, de remâcher le passé. (*Ib.*, 153)「体に悪いぞ，過ぎたことにくよくよするのは」

属詞＋que＋主語: Curieuse chambre *que* celle-là. (MANDIARG., *Lame*, 59)「妙な部屋だ，その部屋は」/ Quel beau métier *que* le nôtre! (SARTRE, *Nekr.* VIII, 5)「何という立派な職業だろう，我々の職業は」⇨ que⁴ VIII. 5°

⑵**主語＋属詞:** Quinze ans d'amitié *effacés* en une heure! (BEAUV., *Mand.*, 401)「15年にわたる友情が1時間にして消え去るとは」/ Bernard! *Mort*! (SALACROU, *Th.* V, 269)「Bが! 死んだ!」/ Moi, *une voleuse*! (YOURC., *Eau*, 114)「わたしが泥棒だって」

2° 直接目的語の属詞 ①**主語＋動＋直・目＋属詞:** On a appelé les yeux *les fenêtres de l'âme*. (DAUDET, *Jack*, 45)「人は目を心の窓と呼んだ」/ Supposons cela *vrai*.「それを真実と仮定しよう」

主語＋動＋属詞＋直・目 多くは直・目が属詞より長い: La brume comme la neige a le pouvoir de rendre *beau* tout paysage. (PHILIPE, *Amour*, 87)「霧は雪のようにあらゆる風景を美化する力がある」◆直・目＝de 不定詞 [または補足節]. 常にこの語順: Elle jugea *inutile* de répondre. (DURAS, *Moderato*, 51)「返事するのは無駄だと判断した」/ Je trouve *singulier* que je sois informé de vos projets par le général. (FRANCE, *Lys*, 68)「将軍からあなたの計画を知らされたのは不思議ですね」⇨ participe présent III. 2°

②**直・目が無強勢代名詞 主語＋直・目＋動＋属詞:** Je le crois *riche*. ⇨ 上記 III. 1°

③**直・目が関係代名詞que 直・目＋主語＋動＋属詞:** Il avait amassé une fortune que l'on disait *considérable*. (FLAUBERT, *Educ.* I, 24)「彼は莫大といわれる財産を蓄えていた」⇨ que¹

attribution (complément d') [付与の補語] ⇨ complément d'objet 1° ②

aucun(e) — I. 形 (不定)

1° 肯定 本来のquelqueの意が残るが, 裏の意はいつも否定: Je n'imaginais pas qu'il existât sur terre *aucun* endroit plus agréable à habiter. (BEAUV., *Mém.*, 79)「この地上にこれ以上住み心地のいい場所があろうとは想像もしていなかった」/ Mon bonheur était trop compact pour qu'*aucune* nouveauté pût m'allécher. (ID., *Force*, 82)「私の幸福はあまりにも充実していたから, どんな新しいものにも心をひかれることはなかった」/ Bien loin de lui adresser *aucun* reproche (...) (MAURIAC, *Pharis.*, 235)「彼に何らかの非難をするどころか」▶sans *aucun* doute「疑いもなく」 cf. sans doute「おそらく」◆ sans＋名＋aucun. sansのあとでだけ時として名詞に後続: Il souriait sans contrainte *aucune*. (THIB. IV, 86)「何の屈託もなくほほえんでいた」/ sans hésitation ni prudence *aucunes* (DURAS, *Tarquinia*, 212)「少しもためらわず慎重さもなしに」

2° 否定 ne... (plus [jamais]) aucun: *Aucun* nuage *ne* cachait le ciel. (CASTILLOU, *Etna*, 147)「空をおおう雲ひとつなかった」/ Il n'y a *plus aucun* espoir. (BEAUV., *Sang*, 165)「もう何の希望もない」/ On *n*'apercevait les feux d'*aucun* village. (YOURC., *Anna*, 28)「いかなる村の灯も見えなかった」/ *Ne* bougez d'ici sous *aucun* prétexte. (ANOUILH, *P.R.*, 18)「どんな口実があってもここから動いてはいけません」

◆動詞句: Je n'ai *aucun* sommeil. (THIB. IX, 99)「ちっとも眠くない」/ Je n'ai *aucune* envie de dormir. (BEAUV., *Inv.*, 57)「眠りたいとは全く思わない」/ Je n'avais *aucun* appétit. (TOURNIER, *Roi*, 21)「全然食欲がなかった」/ Je n'ai *aucun* besoin d'argent. (SAGAN, *Violons*, 37)「金はちっとも必要ない」

◆ne＋動 を略して: Plus *aucun* bruit d'*aucune* sorte maintenant. (DURAS, *Détruire*, 20)「今ではもうどんな種類のどんな物音もない」

3° aucuns＋複数名詞 普通の名詞を複数に用いるのは例外的 (G, 447 c に10例). 単数のない名詞, ある意味では複数にしか用いられない名詞: Elles non plus ne toucheraient *aucuns* gages.「彼女たちも給金は全くもらえないだろう」/ *Aucunes* funérailles ne furent célébrées avec plus de magnificence. (AC)「どんな葬儀もこれほど盛大に挙行されたことはなかった」▶日常語では別の表現を用いて: Jamais on n'a vu de funérailles... (S, I, 364). ▶ CLÉDAT (158)は *aucunes* armoiriesのように

liaisonによって発音の変わる場合を許容しない.
II. 代 (不定)
1º 肯定 (=quelqu'un)
① (*d'*)*aucuns* (=quelques-uns). 古文調: *Aucuns* ont pu le (=«Salambô») prendre à l'origine pour un poème romantique. (LEMAÎTRE, *Contemp.* VIII, 96)「ある者は初めそれをロマン派の詩とまちがえた」／ *D'aucuns* disent qu'on ne le reverra jamais. (R. BAZIN, *Terre*, 4)「ある者は彼の姿を2度と見ることはあるまいと言っている」
② 否定の観念を含む文 (⇨ 上記 I.1º): Vous êtes plus jeune qu'*aucun* d'eux. (MONTHERL., *D. Juan*, 21)「あなたは彼らの誰よりもお若い」／ Je doute qu'*aucun* d'eux réussisse. (*PR*)「彼らの誰かが成功するとは思わない」
2º 否定 (=*aucun* homme, personne)
① *ne...* (*plus* [*jamais*]) *aucun* すでに述べた語に関係し、または de+ 名 代 を伴って人・物を表わす: Dehors il y a des taxis (...); *aucun* n'est libre. (BEAUV., *Compte*, 121)「外にはタクシーがいるが、空車は1台もない」／ *Aucun* de ces livres *n'était* encore traduit. (GIDE, *Feuillets*, 74)「これらの本はどれもまだ訳されていなかった」
◆既出の語を受けて直・目, 非人称構文の実主語となるときはenが必要: Je ne connais [Il n'est venu] *aucun* médecin.「医者は誰も知りません[来なかった]」＞ Je n'*en* connais [Il n'en est venu] *aucun*. ▸主語 (前記例), 間・目にはenを用いない: ×*Aucun* n'*en* est venu.
◆前後の語と関係なしに用いるのは古語法: *Aucun* n'est prophète chez soi. (LA FONT., *Fab.* VIII, 20)「何人も故郷では予言者たり得ない」▸今日ではpersonneを用いる.
◆主語の同格として用いるのは俗語: Ils ne sont *aucun* contents de rentrer. (W, 52)「彼らは誰ひとり帰るのを喜ばない」 ▸普通は: *Aucun* d'eux n'est content de rentrer.
② 省略文: Lequel préférez-vous? ― *Aucun*. (*PR*)「どれがいいですか？―どれもいりません」
III. 動詞の一致
1º ⟨*aucun* (+ 名), *aucun* (+ 名)⟩ を主語とする動詞は多く単数: *Aucune* femme, *aucune* jeune fille ne porte de feutre d'homme dans cette colonie. (DURAS, *Amant*, 19-20)「どんな女もどんな娘もこの植民地で男物のソフトをかぶる者はいない」◆まれに複数: *Aucune* pensée, *aucune* émotion ne se lisaient sur ses traits.(GREEN, *Mesurat*, 351)「何らの考えも何らの感動も彼女の顔つきからは読みとれなかった」
2º *aucun de* [*d'entre*] *nous* [*vous*] の後の動詞は単数3人称: *Aucun de nous* ne voulait cette guerre. (BEAUV., *Sang*, 175)「われわれの誰もがこの戦争を望んではいなかった」

aucunement; nullement ― **1º** *ne*と共に: Il n'avait *aucunement* faim. (*Thib*. VIII, 208)「少しも食欲がなかった」／ Je ne regrette *nullement* d'être célibataire. (ROUSSIN, *Hutte*, 36)「結婚しなかったことをちっとも後悔していないよ」
2º *ne*なしで: J'exagère? *Nullement*. (*Thib*. VI, 226)「誇張しているだろうか．絶対に否だ」(Aucunement.も可)／ *Nullement* troublé par cette nouvelle, il continua. (H, 116)「この知らせにいささかも動じず、彼は言葉を続けた」

augmentatif 〔拡大辞〕 ― 「大」の意を表わす接頭辞 (préfixe), 接尾辞 (suffixe): super-, sur-; -issime など. ballon*の*-onも語源は拡大辞.

aujourd'hui ― **1º** 副詞的用法
① 動詞の時制 ことに現在形: Nous sommes le 17 *aujourd'hui*, n'est-ce pas? (F, 1858)「きょうは17日だね」▸広義に (=de nos jours): La myopie *est* très répandue *aujourd'hui*. (F, 19)「昨今は近視が非常に多くなった」▸未来形: Je ne *mettrai* pas de gilet *aujourd'hui*. (F, 283)「きょうはチョッキは着ないことにしよう」▸複過: J'*ai été* à Paris *aujourd'hui*. (F, 385)「きょうはパリに行ってきた」
◆時の起点の転移で: Mais *aujourd'hui* (...) son regret prenait tardivement consistance. (*Thib*. IX, 80)「ところが今、愛惜の思いはおそまきながらはっきり感じられていた」／ Il fallait que je lui parle *aujourd'hui* même. (DURAS, *Marin*, 80)「きょうのうちに彼女に話さなければならない」(自由間接話法)
② 語順 複合時制と共に用いるとき、助動詞の直後に置けない: ×Il est *aujourd'hui* venu.
ただし 〈助動 + 過分〉 が完了の意を表わせば、〈*aujourd'hui* + 過分〉 は可能: Ménélas (...) est *aujourd'hui* rentré dans Sparte en vainqueur. (ROUSSIN, *Hélène*, 13)「MはきょうS勝利者としてSに帰ってきている」◆期間を示

す副詞は動詞と結びつくから：*Aujourd'hui*, il restera longtemps. Il restera longtemps *aujourd'hui*. ×Il restera *aujourd'hui* longtemps. (PINCHON, *LF*, nº 1, 77-8)

2º 名詞的用法 ① 前 + *aujourd'hui* : On a remis l'affaire *à aujourd'hui*. (AC)「仕事をきょうまで延ばした」/ *jusqu'à aujourd'hui* (⇨ jusque) / *dès aujourd'hui*「きょうからさっそく」/ le français *d'aujourd'hui*「今日のフランス語」/ *d'aujourd'hui* en huit「来週のきょう」/ C'est tout *pour aujourd'hui*.「きょうはこれだけです」

② **主語** : Mais *aujourd'hui* est un jour exceptionnel. (GÉRALDY, *Gr. garç.*, 7)「でもきょうは例外的な日だ」

③ **冠詞・形容詞を伴うのは文学的** : Le vierge, le vivace et le bel *aujourd'hui*. (MALLARMÉ, *Sonnet*)「処女であり生気にあふれた美しいきょう」/ Ce bel *aujourd'hui*. (J. GREENの日記の題名) / Les politiciens passent tous les *aujourd'huis* à nous déclarer que (...) (PÉGUY—ROB)「政治屋たちは、…と言い切りながらその日その日を過ごしている」

auparavant — 未来、多くは過去を基点として「その前に」. avantの強調形であるが、si, assez, tropなど強度の副詞で修飾されない点 avantと異なる.

1º 単独に : Vous me raconterez cela, mais *auparavant*, asseyez-vous. (AC)「それを話してください. でもその前におすわりなさい」▶ 比較の補語 : Il y avait presque autant de monde qu'*auparavant* sur le quai. (BUTOR, *Degrés*, 36)「プラットホームには前と同じくらい人がいた」

2º 期間 + *auparavant* : Elle avait épousé Gomez cinq ans *auparavant*. (SARTRE, *Age*, 50)「彼女は5年前にGと結婚していた」/ Le triste événement se sera produit quelques mois *auparavant*. (CLAIR, 146)「この悲しい事件はそれより数ヵ月前に起こっているだろう」⇨ avant 5º

3º *le jour* [*la semaine*] *d'auparavant* (*TLF*)「前の日 [週]」⇨ avant 6º

auprès — *auprès de* / *au prix de* 共に en comparaison de「…にくらべて」の意であるが、au prix deは古文調で文語以外にはほとんど用いられず、しかも価格あるもの、よい意味で評価し得るものに限る : La fortune n'est rien *auprès de* (=*au prix de*) la santé.「財産など健康に比べたら物の数ではない」▶ しかしMes malheurs ne sont rien *auprès des* vôtres.「私の不幸などあなたの不幸にくらべたら取るにたらない」では au prix de はよくない. ⇨ près 2º ①

aussi — **I. 同等比較の副詞**

1º *aussi* + 形 [副] + *que* : Il fait *aussi* chaud *qu'*hier.「きのうと同じくらい暑い」/ L'amour, ce n'est pas *aussi* simple *que* ça. (BEDEL, *Jérôme*, 121)「恋愛って、それほど単純なものではない」/ Il est *aussi* à plaindre *que* vous. (AC)「あなたと同じくらい気の毒だ」(形容詞的) / Ils sont *aussi* émus l'un *que* l'autre. (CLAIR, 245)「ふたりとも同じように感動している」/ Je vous serai fidèle *aussi* longtemps *que* vous m'aimerez. (ROB) (=tant que)「私を愛してくださる限りあなたに操をたてましょう」/ Je fus *aussi* saisie *que* s'il m'avait giflée. (BEAUV., *Mand.*, 443)「平手打ちをくらわされたかのようにぎょっとなった」(⇨ si² II. 4º) / Ton oncle était *aussi* rusé *qu'*il était méchant. (GREEN, *Voyageur*, 164)「叔父さんは意地も悪ければ悪賢くもあった」▶ 比較節の主語・動詞を略して : Elle est *aussi* belle *qu'*intelligente.「才色兼備だ」

◆**反比例的. 正反対の事実を比較して程度が同じであることを表わす** : Ma voix était *aussi* tremblante *que* celle de Jacques hier était assurée. (GIDE, *Symph.*, 79)「きのうJの声がしっかりしていたのにひきかえ私の声は震えていた」/ Il est *aussi* dépensier *que* son père était avare. (F, 568)「父親がけちであったのとは打って変わって彼は金使いが荒い」

◆**否定文・疑問文で** : Il n'était pas *aussi* (=si) généreux *qu'*on le croyait. (DFC)「思ったほど気前がよくはなかった」/ Est-il *aussi* (=si) faible *que* vous le dites? (Ib.)「あなたが言うほど体が弱いのですか」/ Il n'est peut-être pas *aussi* lâche *que* vous le croyez. (ACHARD, *Patate*, 259)「あなたの思っているほど卑劣ではないかも知れない」▶ 補語が省略されればsiのほうが自然 (COL) : Ce n'est pas si simple.「それほど単純ではない」

2º 動詞相当句と : J'ai *aussi* froid [faim] *que* vous. (ROB)「あなたと同じように寒い [お腹がへっている]」

3º *que* **以下の省略** : Il est aussi grand que vous, mais il n'est pas *aussi* fort. (ROB) / Il est toujours *aussi* sage. (M<small>ART</small>, 521) (=aussi sage qu'auparavant)「彼は相変わらず思慮深い」/ Je n'ai rien vu d'*aussi* beau. (*Ib.*) (=aussi beau que cela)「こんなに美しいものは見たことがない」♦多くは比較より程度の意が著しい (=à ce point)：On dort mal quand il fait *aussi* chaud. (D<small>URAS</small>, *Marin*, 62)「こんなに暑いとよく眠れませんね」/ Je n'ai jamais eu *aussi* peur à la guerre. (K<small>ESSEL</small>, *Enfants*, 30)「戦場でもこんな恐ろしい思いをしたことはなかった」

4° *aussi... comme* (=aussi... que) 古典語法 (B<small>RUN</small>, 463-4). 現代では例外的に古文調の文体に残る (C<small>OL</small>). 一方, 俗語・方言でも Il est *aussi* grand comme lui. (B<small>AUCHE</small>, 87) と言うが, これは *aussi* grand que lui と grand comme lui の混成と考えられる.

5° *d'aussi loin que* ⇨ loin

II. 動+*aussi* ; 名 代 +*aussi*

1° (=pareillement, également)：Vous le voulez, je le veux *aussi* [moi *aussi*].「あなたはそうしたい. 私もそうしたいのです [私もです]」

　　aussi と *non plus*　aussi は肯定の観念, non plus は否定の観念の比較 (⇨ non 7° ①). ただし, 否定文に aussi が必要な場合がある.

① 動+*aussi* の否定：Je pensais à Delarue.—Est-ce que tu ne pourrais pas *aussi*, quelquefois, penser un peu à moi? (S<small>ARTRE</small>, *Age*, 32)「Dのことを考えていたのだ.—たまには私のことも少しは考えてくれられないの」

② *non que... ne* (否定に相当) の後で：Non que l'Amérique *n*'eût, elle *aussi*, des fermiers. (M<small>AUROIS</small>, *Sent.*, 14)「アメリカにも農夫がいないわけではなかった」

③ *ne... plus* の後で plus の反復を避けるため：Moi *aussi*, je *ne* le crois *plus*. (H, 634)「私ももう彼を信じない」/ Mais rien *aussi ne* donne *plus* de modestie. (M<small>AUROIS</small>—H<small>ARMER</small>, 273, n. 2)「だが, これ以上人を謙虚にさせるものもない」

④ *ne... que* を含む文では aussi または non plus：Toi *aussi* [*non plus*] tu *ne* fais *que* des sottises. (H,635)「きみもばかなことばかりしている」

⑤ 2つの否定文の状況の同一を強調するとき. 話し言葉：Il n'était pas bien portant; moi *aussi* je ne me sentais pas bien.「彼は健康もすぐれなかった. 私も気分がよくなかった」/ Moi *aussi* je ne suis pas de votre avis. (*DFC*; *TLF*)「私もあなたの意見に賛成ではない」♦ 名 代 + aussi が文頭, 動詞の前に置かれるときに限る (G, *Pr.* IV, 242).

2° (= *et encore*, de plus, en outre)：Il écrit, il dessine *aussi*.「文も書くが絵も描く」/ Vous ne faites pas qu'écouter? Vous regardez *aussi* par les trous de serrure? (A<small>NOUILH</small>, *Ornifle*, 228)「立ち聞きだけじゃないの. かぎ穴からのぞきもするのかい」/ Il parle l'anglais et *aussi* l'allemand. (*MR*)「英語とそれにドイツ語も話す」/ Vous êtes plus jeune que moi... plus intelligente *aussi*. (D<small>URAS</small>, *Détruire*, 101)「あなたは私より若いし, それにもっと頭がいい」♦ Ma sœur *aussi* [Elle *aussi*] parle l'anglais.「妹 [彼女] も英語を話します」/ Elle parle *aussi* l'anglais.「英語も話す」

III. 文頭で　接続詞機能.

1° (= *c'est pourquoi*, en conséquence)　多く主語倒置：Je suis parti trop tard, *aussi* ai-je manqué mon train! (*DB*)「出かけるのが遅すぎた. だから汽車に乗り遅れたのだ」/ Je pense que vous savez la suite, *aussi* je n'insite pas. (V<small>IAN</small>, *Pékin*, 288)「その先は知っているね. だから, くどくは言わない」▶倒置：不倒置＝21：10 (*List*, 33). 主語 je は倒置しにくい.

2° (= *après tout*, d'ailleurs, somme toute) 話し言葉. 主語倒置をしない：Je me suis trompé de jour; *aussi* c'est ma faute. (*DFC*)「日を間違えたのだ. つまりは私が悪いのだが」/ Je n'arrive même pas à finir le premier. — *Aussi* pourquoi lis-tu des choses pareilles? (*Thib*. II, 191)「第1巻でさえ読みきれないの.—じゃあ, なんだってそんなものを読むのだい」

3° *aussi bien*　2° の強調形. 主語倒置も行なわれる：Je sais que vous ne me trahirez point, *aussi bien* ai-je besoin d'un confident. (A<small>POLLIN</small>., *Amphion*)「あなたが私を裏切らないことはわかっている. それに私は腹心の友が必要なのだ」/ Qu'il y aille! *aussi bien*, je m'en moque.「行くがいい. どっちみち私にはどうでもいいことだ」/ Je ne veux point y aller, *aussi bien* est-il trop tard. (Ac)「そこに行きたくない. どっちみち遅すぎるから」/ Oui, elle reverrait Noémi, puisque *aussi bien* elle avait accompli de plein gré ce voyage!

(Thib. II, 232)「そうだ．Nにも会おう．なにしろ自分から進んでこの旅をしたのだから」 ▶ aussi bien は意味が漠然としているので無用なことがある (G, Pr. III, 285-7). puisque aussi bien は puisque の強調 (W, 97).

IV. **aussi** + 形 副 + **que** + 接 (=si... que): *Aussi* incroyable *que* cela paraisse, le professeur Faust est vivant. (CLAIR, 119)「どれほど信じがたいことに思われようとF教授は生きておられる」/ *aussi* loin *qu*'il pût remonter dans sa mémoire (CAMUS, *Exil*, 130)「どれほど記憶を遠くさかのぼっても」/ *aussi* extravagant *que* soit votre ami (MAURIAC, *Fin*, 180)「あなたの友達がどれほど無鉄砲でも」

aussi riche soit-il (=qu'il soit)の型．si riche soit-il (⇨ si² IV. 2°)の類推型: Elle garderait les yeux grands ouverts sur la vérité, *aussi* cruelle *fût-elle*. (TOURNIER, *Coq*, 213; 162にも類例)「彼女は真実がどれほどむごかろうと, それに目を大きく見開いていることだろう」/ *aussi* exaltant *soit-il* (VIALAR, *Eperon*, 42)「それがどれほど熱狂的であろうと」 cf. G, 1031, Rem. 3, N.B. a; H, 122; 『探索』376-89.

V. *aussi bien que* (=ainsi que) 動詞の一致: Le fils, *aussi bien que* le père, est un ivrogne. (TH)「息子も父親のように酒飲みだ」/ Le fils *aussi bien que* le père sont des ivrognes. (*Ib.*)「息子も父親も酒飲みだ」

aussitôt — **1°** *aussitôt que* + 直 時制は dès que に準じる: Il le reconnut *aussitôt qu*'il le vit. (ROB)「相手を見るとすぐに誰だかわかった」

2° *aussitôt* + 名 + 過分 ; *aussitôt* + 過分 + 名 : *Aussitôt* le repas achevé, ils retournèrent dans la chambre. (VAILLAND, *Fête*, 272)「食事を終えると, 部屋に戻った」/ *Aussitôt* achevé le défilé au cimetière, Antoine s'était fait conduire en auto à Compiègne. (*Thib.* IV, 293)「墓地への葬送が終わるとすぐAは自動車でCまで送ってもらった」

3° *aussitôt* + 過分 : *Aussitôt dit* il frappe. (DURAS, *Amant*, 74)「言うが早いか彼はなぐるのだ」

aussitôt + 状況補語: *Aussitôt* dans la chambre, il s'installa devant une feuille de papier blanc. (BEAUV., *Mand.*, 437)「部屋に戻るとすぐ, 1枚の白紙を前にして腰をおろした」

4° *aussitôt que* + 過分 : Elle avait l'impression que la course finissait *aussitôt* que commencée. (ROMAINS—LE B, II, 429)「競走は始まったとたんに終わったような気がした」 ▶ 文学的 (PR). 1°の aussitôt que と 3°の aussitôt + 過分 の混成 (S, II, 280).

5° *aussitôt* + 名 (前置詞的用法): Le bateau arriva presque *aussitôt* son départ. (DURAS, *Tarquinia*, 206)「彼が立ち去るとほとんど間をおかず船が着いた」 ▶ LE GAL (*Dites*, 19) はこの用法を認めず, aussitôt après, dès と言うべきだと説く. TH; ROB も勧めない (⇨ sitôt 2°).

autant [数量の同等比較の副詞]—

1° 動 + *autant que* + 名 代, 時の副詞] : Il travaille *autant que* Paul [vous]. 「彼はP [あなた]と同じくらい働く」/ *Autant qu*'autrefois, j'aime voyager. (BEAUV., *Compte*, 235)「昔と同様, 私は旅が好きだ」

autant que de 不定詞 : Cela la retourne presque *autant que de* voir pleurer un officier en uniforme. (DAUDET—S, III, 131)「軍服の士官が泣くのを見るくらい, それは彼女の心を動転させるのだ」

▶ 直・目の比較: Ils s'accordèrent à nous aimer *autant* l'une *que* l'autre. (BEAUV., *Mém.*, 48)「彼らはわれわれを2人とも同じように愛することにした」

▶ 名詞の補語の比較: Ce jeu (...) était pour moi une source d'angoisse *autant que* de plaisir. (PINGAUD, *Scène*, 53)「この遊戯は私にとって喜びの種でもあれば不安の種でもあった」/ La presse du soir (...) publia *autant* d'images d'elle *que* de son frère. (DÉON, *Taxi*, 192)「夕刊は彼女の兄と同じくらいの数の彼女の写真を載せた」

♦ ne... pas autant que: Je crois que je *ne* t'aime *plus autant qu*'avant. (BEAUV., *Mém.*, 100)「あなたが前ほど好きでなくなったと思うわ」/ Personne *n*'avait *autant que* lui la conscience de son destin. (TOURNIER, *Roi*, 171)「彼ほど自分の運命を意識している者はなかった」/ Il paraît *jamais* les Français *n*'ont *autant* lu *qu*'aujourd'hui. (GARY, *Cerfs*, 274)「フランス人が現代ほど本を読んだことはいまだかつてなかったという」 ▶ que 以下なしで: Il me semblait que je *n*'avais *jamais*

autant parlé. (CAMUS, *Etr.*, 97)「こんなにしゃべったことはなかったように思われた」
▶ aimer autant ⇨ aimer 3°; autant que jamais ⇨ jamais 2° ④; autant que possible ⇨ possible 2°

2° 形 + ***autant que*** + 形 [名, 節] 文学的 : Il est modeste *autant qu'*habile. (AC)「敏腕家でありながら謙虚だ」/ Antoine, soucieux *autant que* son frère, respectait ce silence. (*Thib.* IV, 112-3)「Aは弟と同じく不安そうにこの沈黙を尊重していた」/ La vie n'est jamais romanesque *autant qu'*on l'imagine. (LACRETELLE—G, 843 a, Rem.)「人生は決して人の想像しているほど小説的なものではない」▶〈autant + 形〉は古典語法. 現代では不可. 上例は日常語では aussi modeste qu'habile, aussi soucieux que son frère となる.

♦代名詞 le... autant (que) : Elle était belle. Je n'aurais jamais cru qu'une femme pût *l'*être *autant*. (FRANCE, *Vie en fl.*, 129)「彼女は美しかった. 私は女性がこれほどまでに美しくなり得るとは思いもよらなかった」▶属詞 le と共に aussi は用いられない.

♦ autant comme. 古典語法. 現代俗語 : Il n'est pas *autant* beau *comme* lui. (BAUCHE, 87) (=aussi beau que lui)

3° ***autant de*** + 名 (*que*) (名詞は可算・不可算名詞) : Il a *autant de* force *que* vous.「彼はあなたと同じくらい力がある」/ Il y a *autant de* femmes *que d'*hommes sur terre. (BEAUV., *2e sexe* I, 17)「この世には男と同数の女がいる」/ Je connais *autant de* gens à Londres *qu'*à Paris. (DÉON, *Déjeuner*, 71)「ロンドンにはパリと同じくらい知り合いがいる」

(*Tous*) *les* [*ses*] + 複数名詞₁ + *sont autant de* + 複数名詞₂ : *Toutes ses* réponses sont *autant de* sottises. (MART, 519)「彼の答えはどれもこれもばかげている」

♦ que 以下なしで : Rien ne lui avait causé *autant de* plaisir. (*Thib.* V, 161)「彼女にとってこれほどうれしいことはなかった」/ Nous ne voulons plus *autant d'*ennuis. (DURAS, *Th.* I, 155)「もうあんなに気苦労をするのはいやです」

♦比較の対象が逆の性質を持つときには否定の意を表わす : Il avait à peu près *autant d'*intelligence *qu'*une bûche. (SARTRE, *Mur*, 17)「まるで馬鹿っぽように頭が悪かった」/ L'enfant a 37-2... Il a *autant de* coqueluche *que* moi. (PAGNOL, *Fanny* III, 14)「子供の熱は37度2分. わたし同様百日咳なんかじゃない」cf. aussi.

4° ***en*** + 動 + ***autant*** (*que*) : J'en ai *autant*.「同じだけ持っています」/ De la joie? Il *en* a éprouvé *autant* que vous. (PINCHON, 59)「喜びなら彼もあなたと同じくらい味わいました」

en faire [*dire*] *autant* (= faire, dire la même chose) : Moi je me défends; le voisin n'a qu'à *en faire autant*. (BEAUV., *Sang*, 47)「私は自分を守る. ほかの人も私にならえばいいのだわ」/ Il me semble qu'on pourrait *en dire autant* de beaucoup de femmes. (DURAS, *Marin*, 138)「それは多くの女についても言えそうね」

5° ***autant de*** + 過分 : C'est *autant* de gagné [de perdu, de pris]. (くだけて = C'est toujours cela de...)「それだけ得をした [損をした, 奪い取った] ことになる」▶autant は名詞的. de は属詞を導く. ⇨ de II. 2°③(2)

6° 否定 [疑問] + ***pour autant*** (= pour cela) : La sixième et dernière édition date de 1628, mais l'influence d'Estienne n'en cesse pas *pour autant*. (BURNEY, *Orthogr.*, 25)「最後の第6版は1628年であるが, だからといってEの影響がなくなったわけではない」(en も pour cela の意) / Tu crois qu'il sera heureux *pour autant*? (DURAS, *Tarquinia*, 94)「だからといって彼が幸せになると思うかい」

7° ***il vaut autant*** [***autant vaut***] + 不定詞

① *Autant vaudrait* parler à un sourd. (ROB) (=C'est comme si on parlait...)「まるで耳の聞こえない人に話しているようなものだ」

② (=il vaut mieux + 不定詞 / il est préférable de 不定詞) : *Il vaudrait autant* essayer d'avoir une vie correcte. (BEAUV., *Inv.*, 38)「きちんとした生活をしようとするほうがましよ」/ *Autant vaut* se suicider. (ID., *Sang*, 35)「自殺をしたほうがましだわ」

③ 文末で不定詞なしに (= ou presque, peu s'en faut, pour autant dire) : C'est un homme mort ou *autant vaut*. (*DFC*; *GLLF*)「まるで死人同然だ」

8° ***autant*** + 不定詞 (= autant vaut + 不定詞)

Courir après les singes? *Autant* vouloir mettre la forêt dans sa poche. (S, III, 206)「猿を追いかけるんですって? 森をポケットに入れ

autant

ようとするように、できない相談です」/ Si vous n'avez que des conseils comme ça à nous donner, *autant* vous taire. (ARLAND, *Ordre*, 241)「そんな忠告しかできないのなら、黙っていたほうがましです」
 + *que*: *Autant* mourir chez soi *que* n'importe où, s'était-elle dit. (CAYROL, *Hist. maison*, 231)「どこともわからぬ所で死ぬくらいなら自分の家のほうがいい、と彼女は思った」
9º *autant dire que* + 直 (= on peut tout aussi bien dire...): Il sait tout juste signer son nom: *autant dire qu*'il est illettré. (*DB*) (= C'est comme si l'on disait que...)「彼は署名をするのがやっとだ．無学文盲と言ってもいい」
 autant dire 単独に (= pour ainsi dire, presque, à peu près): L'hiver était *autant dire* fini. (S, III, 207)「冬は終わったも同然だった」▶ まれに (= autrement dit): Depuis qu'il avait commencé de l'aimer, *autant dire* depuis le jour où elle lui était apparue (...) (BOURGET—*Ib.*)「彼が彼女を愛し始めてから、つまり彼女が彼の前に姿をあらわした日から…」
10º *autant* (*vaut*) *que* + 接 : *Autant que* vous le sachiez tout de suite. (DORIN, *Th.* II, 172)「今すぐ知っておいたほうがいいと思うわ」
11º (*pour*) *autant que* + 接 [時に + 直] (=dans la mesure où): (*pour*) *autant que* je sache (*GLLF*; *DB*)「私の知る限りでは」/ (*pour*) *autant que* je puisse l'imaginer (COH, *Subj.*, 255)「私の想像し得る限りでは」/ Je n'éprouvais alors, *autant qu*'il m'en souvienne, aucun désir particulier. (PINGAUD, *Scène*, 28)「思い出す限りでは、そのとき私は特になんの欲望も感じていなかった」
 ♦ まれに: *autant qu*'il m'en souvient (GIDE, *Symph.*, 65) / Les vins (étaient) merveilleux, *pour autant que* j'en ai pu juger. (GIDE—S, II, 437)「ぶどう酒は私の判断し得る限りではすばらしかった」▶ pour autant que は pour... que と autant que の混成 (LE B, II, 259). 接続法の優勢は現代の傾向. cf. *DFC*; *GLLF*; *TLF*.
12º *autant que* + 接 : 譲歩を表わす新構文: *Autant qu*'il ait plu, le sable d'Angelouse ne retient aucune flaque. (MAURIAC, *Thérèse*, 219) (=Si abondamment qu'il ait plu)「どんなに雨が降ってもAの砂に水溜まりはできない」cf. ROB; G, 1031, Rem. 3, n.1.
13º *autant* + 直, *autant* + 直 autant que より強意的．2つの節が反対の意を持つことが多い: *Autant* la pensée de Sartre m'avait frappée par sa maturité, *autant* je fus déconcertée par la gaucherie des essais où il l'exprimait. (BEAUV., *Mém.*, 342)「Sの思想の円熟ぶりに驚嘆させられたのに引きかえ、彼がそれを表現する論文の無器用さにはとまどってしまった」
 autant... de + 名, *autant... de* + 名: *Autant* il a *de* vivacité, *autant* vous avez *de* nonchalance. (AC)「彼は万事素早いが、あなたはそれに劣らずのんきだ」▶ 動詞を略して: *Autant de* têtes, *autant d*'avis.《諺》「十人十色」
14º *d'autant* (= de la même quantité): Cela augmente *d'autant* son profit. (ROB)「それだけ彼の利益が増すことになる」⇨ de I. 11º
15º *d'autant plus* [*moins, mieux*] (+ 形 +) *que* 原因節 (= surtout parce que): La chambre semblait *d'autant plus* spacieuse *qu*'elle était à peu près vide. (GREEN, *Epaves*, 171)「部屋はほとんど空であっただけに、それだけ広く見えた」/ Dessiner, pour moi, c'était copier et je m'y attachai *d'autant moins que* j'y réussissais mal. (BEAUV., *Mém.*, 70)「絵を描くということは私にとっては写すことだった．私はそれがうまくできなかっただけに好きにはなれなかった」♦ *que* 以下なしで: D'ordinaire, il méprisait les filles et j'appréciai *d'autant plus* son amitié. (*Ib.*, 62)「彼はふだん女の子を軽蔑していた．それだけに彼の友情が私にはうれしかった」
16º *d'autant que* (= attendu que, vu que): A votre place, je n'irais point là, *d'autant que* (=d'autant plus que) rien ne vous y oblige. (TH)「私があなたなら、そこには行きません．行かなくてはならないわけはないのですから」/ Du reste il est tard, et il va falloir que je vous quitte; *d'autant que* le médecin m'a recommandé de ne pas marcher trop vite. (MARCEL, *Chapelle* I, 11)「それに遅いからお別れしなければ．医者からもあまり速く歩かない

ように言われていることですし」

17° ***d'autant plus*** [***moins***, ***mieux***] **...** ***que...*** ***plus*** [***moins***, ***davantage***]　程度の比例的増減：La France fut *d'autant plus* aimée qu'elle était *plus* malheureuse. (VALLERY-RADOT—G, 982 c)「フランスは不幸になればなるほど愛された」

auteur ― 女性についても un auteur, 必要ならば une femme auteur「女流作家」と言う：A quinze ans, elle rêvait d'être *un auteur* célèbre. (BOISDEFFRE, *Roman*, 126)

auto ⇨ à I. 10°

autobus ⇨ à I. 10°

automne ― **1°** 名男 古典語、まれに現代詩で女：L'*automne* est *morte*. (APOLLIN. ― GLLF)

2° ***automne***, ***été***, ***hiver*** en *automne*「秋に」、en *été*「夏に」、en *hiver*「冬に」：Je ne me lève pas très tôt *en hiver*. (F, 1783)「冬にはあまり早くは起きません」

à l'automne は en automne と同義、または「秋になると」(cf. au matin)：*A l'automne*, M. Larousselle (...) décidera de louer, près du Bois, un appartement. (MAURIAC, *Désert*, 223)「秋になれば、L氏はボワの近くにアパルトマンを借りる決心をするだろう」/ *A l'automne*, Françoise devint enceinte. (ARLAND, *Grâce*, 16)「秋になるとFは妊娠した」 ▸ à l'été, à l'hiver はまれ (TH 203; G, 933 a, N.B. に例あり)。まれに dans l'hiver (BAZIN, *Douce Fr.*, 110)

形容詞・年号で限定されるときは：*à l'automne* dernier (AYMÉ, *Chemin*, 20; GASCAR, *Meubles*, 28)「この前の秋に」/ *à l'automne* suivant (MAUPASS., *Folle*) / *dans l'automne* qui suivit (GIDE, *Porte*, 35) / *à l'automne* de 1953 (BUTOR, *Degrés*, 304) ▸ 時に：*dans l'été* de 1928 (AYMÉ, *Confort*, 107) / *en l'été* de 1914 (GOBLOT, *Traité*, xvii) / *en cet été* de 1914 (Thib. V, 43) / de なしで：*à l'automne* 1941 (*Q*, suppl., 328) / *au cours de l'automne* 66 (BEAUV., *Compte*, 279) / *dans l'été* 1933 (GASCAR, *Herbe*, 7) dans は古文調。普通は en *automne* [en été, en hiver] 1970 (S-H, 197)

前置詞なしに：Jean viendra *cet été*? (DURAS, *Th.* II, 47)「Jは今年の夏来るだろうか」/ *Cet été-là*, (...) j'envisageais avec Sartre de visiter la Bretagne. (BEAUV., *Age*, 36)「その夏、SとB見物の計画を立てていた」/ *Tout cet été*, je répétais «Bertrand» en moi-même. (SAGAN, *Sourire*, 15)「その夏の間じゅう、心の中でBの名を繰り返していた」 (cet automne は言えるが ce printemps はまれ) / *hiver* comme *été* (VERCORS, *Yeux*, 27; Thib. V, 54)「冬も夏も」/ J'ai été l'*automne* dernier dans un village qui s'appelle Vézelay. (GARY, *Clowns*, 206)「この前の秋Vという村に行ってきた」/ L'*hiver* suivant, il était lieutenant sur le front russe. (SARTRE, *Séques.* I, 2)「次の冬、彼はロシア戦線で中尉だった」/ l'*hiver* prochain (MAUGER, 314)「今度の冬」/ L'*été*, la plaine est verdoyante. (D, 347)「夏には野原が青々としている」/ Je suppose que ce pays est plus gai *l'été*. (BEAUV., *Images*, 234)「この国は夏にはもっと陽気なんだと思うわ」/ L'*hiver*, il crache dans ses mouchoirs. (SARTRE, *Nausée*, 100)「冬には彼はハンカチにたんを吐く」 ▸ この〈定冠詞＋季節名〉は一般的な事柄、規則的な反復を表わすが ×l'automne, ×le printemps とは言わない (cf.『文法メモ』60)。

autre ― **I.** 形　**1°** 形 (不定)

① 1つあるいは数個の個体に対立し、それと区別されるものを表わす。

l'autre　l'un に対し、「二者の第2のもの」の意：dans l'un et *l'autre* cas「どちらの場合にも」(=dans les deux cas) / l'un ou *l'autre* sexe「男または女」/ Il a passé sur *l'autre* rive.「向こう岸に渡った」

l'un et l'autre の後の名詞・動詞の一致　名詞は単数、動詞は単数あるいは複数：L'une et *l'autre* saison est favorable [sont favorables].「どちらの季節も好ましい」 ▸ 時に名詞を複数に置く：L'une et *l'autre* saisons sont favorables. cf. G, 458 B, Rem. 2; 819.

les autres　1個体または他の1群に対立する群の総体：Là où *les autres* hommes prendront peur, il restera intrépide. (*Gr. Lar. XXe*, 255)「ほかの者なら恐れもしようが、彼は勇敢であろう」

un autre　特定の人（あるいは話者）・物以外の不特定の人・物：Allons d'*un autre* côté.「別の方向に行こう」

d'autres　個体・1群に対立する群の不特定の一部：Zola et *d'autres* romanciers

naturalistes「ゾラを初め他の自然主義小説家」 ⇨ certain(e) ² I. 3º

des autres 俗用：*des autres* enfants (=d'*autres* enfants)は誤用とみなされている (cf. *DBF*).

限定形容詞 + **autre** : *quelques* [*certains*] *autres* écrivains「ほかの二三の作家たち」/ Il amena son frère et *deux autres* personnes.「弟とほかの2人の者を連れてきた」(ˣ *autres deux* は不可)

▶以上すべての場合に, autre は同種の他のものと比較して言うので, des peintres et d'*autres* artistes「画家と他の芸術家」とは言えるが, ˣ des peintres et d'*autres* sculpteurs と言うのはよくない (N, V, 397).

② = *second* : C'est un *autre* Napoléon.「Nの再来だ」/ Une *autre* semaine s'écoula.「また1週間が過ぎ去った」

③ ***autre jour*** [*semaine, mois, année, fois*]
(1) **l'autre** + 名 多くは近い過去：Elle était encore plus pâle que *l'autre jour*. (LE CLÉZIO, *Mondo*, 67)「彼女はこの前よりいっそう青ざめていた」/ Je n'ai pas fermé l'œil *l'autre nuit*. (*Thib.* IX, 98) (= la nuit dernière)「ゆうべは一睡もしませんでした」/ On vous a parlé de l'effroyable avalanche que nous avons eue *l'autre hiver*? (GIRAUDOUX, *Tessa*, 48) (= l'hiver dernier)「この前の冬の恐ろしいなだれのこと, お聞きになりましたか?」

未来：Tu veux partir après-demain? Mais tu devais rester au moins jusqu'à *l'autre lundi*. (MAUPASS.—S, I, 444) (= lundi prochain)「あさって出発したいのかい. でも今度の月曜日まではいるはずだったのに」

(2) **un autre** + 名 多くは近い未来：Je reviendrai *un autre jour*. (*DB*)「いつかまた来ましょう」/ Je vous le dirai *une autre fois*. (ROB)「今度それをお話ししますよ」

過去：*Un autre jour*, arrivant en retard à un dîner, il fit son entrée en chantonnant gaiement. (SAGAN, *Réponses*, 44)「また別の日には, 夕食に遅れると, 陽気に鼻歌まじりにいってきた」

④ **nous** [**vous**] **autres** nous, vous を他の人々と区別して強調する. 無強勢の nous, vous の同格として：Vous *autres*, vous êtes jeunes. (DURAS, *Tarquinia*, 40)「あなたたちは若い」多くは同格名詞を添える：Vous êtes tous les mêmes, *vous autres*, Polonais. (GARY, *Cerfs*, 346)「きみたちポーランド人はみんな同じなんだな」/ *Vous autres* incrédules, vous êtes comme les éphémères. (MAUROIS, *Cercle*, 273)「あなた方不信心者はかげろうのようなものです」♦呼びかけ：Ecoutez, *vous autres*, nous sommes des voyageurs égarés. (SARTRE, *Mouches* I, 1)「聞いてください, みなさん, われわれは道に迷った旅の者です」▶ 前 + nous [vous] autres: chez *vous autres* (BEDEL—G, 458 C, Rem. 2)「あなたがたのところでは」/ Elle parle de *nous autres*. (KAYNE, 172)

▶すべて話し言葉. eux autres は古典語法, 現代俗語 (G, 458 Hist.).

2º 形 (品質) ① = *différent* : Elle est si *autre que moi*.「彼女は私とは全く違っている」/ Il est devenu tout *autre qu*'il n'était.「前とは全く別人のようになった」(⇨ ne explétif 6º ①) / *Autre* est promettre, *autre* est donner.「約束するのと与えるのは別問題だ」

② **autre**; **bien** [**tout**] **autre** (= supérieur, bien plus considérable)：C'est un *autre* homme que vous.「あなたよりはましな人間だ」/ L'affaire a une *tout autre* importance.「この事件のほうがはるかに重大だ」cf. autrement.

3º 無冠詞の **autre** ① **entre autres** + 名：Gérard, *entre autres* qualités, avait celle d'être loyal et fidèle. (BOYLESVE—S, I, 442)「Gにはいろいろな長所のなかでもとりわけ誠実にして忠実であるという長所があった」

② **sans autre** + 名 「他の…なしに」という普通の意のほか, 時に sans aucun の意：Nous sommes arrivés *sans autre* accident. (MART, 170)「何らの事故もなく到着した」

③ **et autres** + 名：les fusils *et autres* armes「銃とその他の武器」/ les jungles du Malabar, du Bengale, de l'Assam *et autres* contrées avoisinantes (*N. Lar.*, kitool)「M, B, A, その他隣接する国々のジャングル」「所属の de も略されている」▶ et がなければ必ず d'autres と言う.

④ 古い語法では多く無冠詞：Auriez-vous *autre* pensée en tête? (MOL., *Tart.*, v. 414)「ほかの考えがありますか」▶成句：*d'autre* part「また一方では」

4º 中性代名詞 + ***d'autre*** 〈中性代名詞 + de + 形〉にならう：quelque chose *d'autre* / personne *d'autre* / rien *d'autre* / n'importe qui *d'autre* / qui *d'autre* / quoi *d'autre* / que

(疑問代名詞) ... *d'autre* / De *qui d'autre* veux-tu que je te parle? (SALACROU, *Th.* IV, 61)「ほかの誰の話をすればいいっていうの」/ *Qu*'est-ce que tu veux que j'aie fait *d'autre*? (BEAUV., *Sang*, 35)「ほかに何をしたらいいっていうの」▶ただし文語で personne *autre* (⇨ personne 3°), quelqu'un *autre* (⇨ quelqu'un I. 1° ①(2))、rien *autre* の例も (⇨ rien 4°).
5° *ne... (pas) d'autre... que* ⇨ ne II. 5°
6° 語順　一般に autre＋名.
　名＋*autre* となる場合
① 強調：C'est une conclusion tout *autre* qui se dégage des documents d'argot qu'il a analysés. (D, *Lang. fr. d'auj.*, 21)「彼が分析した隠語の資料から引き出されるのは全く別の結論である」
② 名＋形＋*et autre* : Il s'agit de théories politiques *et autres*. (SÉCHÉ—S, I, 441)「政治その他の学説が問題なのだ」
③ *autre que* : Il a d'*autres* soucis *que* ceux-là.「1) 彼はそれ以外にもまだ心配事がある. 2) それとは違った心配事. 3) それより大きな心配事 (⇨ 2° ②)」この 2) の意では Il a des soucis *autres que* ceux-là. とも言う (W, 146). ◆名詞が定冠詞あるいは否定語＋de に先立たれるときは次の語順が普通：tous *les* verbes *autres que* ceux de la 1ère conjugaison「第 1 変化の動詞以外のすべての動詞」/ Je *n*'aimerai jamais *d'autre* femme *que* toi.（上記 5° の語順）「決してお前以外の女を愛しはしない」cf. S, I, 441-2.
II. 代 (不定)
1° 既出の名詞に関係しない場合 ⇨ nominal
① *l'autre*　既に問題となった 2 人・2 物の一方：A *l'autre* maintenant!「今度はもう 1 人の男の番だ」
あるいは特定の人を婉曲に示す：Elle avait la crainte d'être tournée en dérision quand *l'autre* aurait pris sa place. (PÉROCHON, *Nêne*, 215)「彼女は "例の女" が自分の後釜にすわったとき、もの笑いになりはしまいかと、それが心配だった」
▶ comme dit l'autre [cet autre] (=comme on dit généralement)「よく言われるように」
② **les autres**　問題となっている個人・1 群の人以外のすべての人々：Il ne faut pas juger *les autres*.「ほかの人たちを批判してはいけない」
③ **un autre**; **d'autres**　既出の人、話者以外の不特定の人 1 人〔数人〕：Je ne suis pas plus nerveux qu'*un autre*. (DUHAMEL, *Confess.*, 8)「私はほかの者より神経質なわけではない」/ Allez raconter cela à *un autre*.「そんなことはほかの人のところにいって話したまえ. 誰が本気にするものか」/ *D'autres* vous diront le contraire.「ほかの者なら反対のことを言うだろう」⇨ certain(e)² II. 1°
◆ quelque *autre*「誰か他の者」/ nul *autre*「他の誰も」/ tout *autre*「ほかの誰しも」/ quel *autre*「ほかの誰が」; et (d')autres : Zola *et (d')autres*「Z やその他の人々」; autre que : tout *autre que* moi「私以外の誰でも」/ *D'autres qu*'elle ont de beaux visages. (MAUROIS, *Climats*, 105)「彼女以外の女だって美しい顔をしている」
④ *ne, sans* を伴い personne の意. 17 世紀の用法：Madame, *autre que* moi *n*'a droit de soupirer. (CORN., *Cid* IV, 2)「王女様、私以外には誰も溜息をついていい者はございませぬ」
2° 既出の名詞の省略
① 直前の文脈中の名詞：La plupart des hommes emploient la première *partie* de leur vie à rendre l'*autre* misérable. (LA BRUY., *Caractères*, 102)「大部分の人間は生涯の前半をその後半をみじめにするために使っている」/ Des *femmes* dansaient, *d'autres* s'endormaient. (MUSSET, *Confess.* II, 4)「いくたりかの女性が踊っていた. ほかのいくたりかは居眠りをしていた」◆d'un *pays* à l'*autre*「国から国へ」/ d'un *bout* à l'*autre*「端から端へ」2 つのものについては常に d'un... à l'autre, 多数のものについても多く同じ. ▶ 時に：*d'une* personne à *une autre*「人から人へ」　名詞を繰り返す場合もある：aller *d'une* ville à *une autre* ville「町から町にゆく」cf. 松原『冠詞』48-50.
② 代名詞 *un(e) autre* ; *d'autres* と *en*
　直・目、非人称構文の補語、属詞となる場合には、原則として en を用いる：Il posa son livre et *en* prit *un autre* dans sa poche. (VIAN, *Pékin*, 98)「彼は本を置いてポケットから別のを取り出した」/ Tu me détestes, tu *en* aimes *un autre*. (*DFC*)「きみは私が嫌いだ. ほかの男を愛しているのだ」（直前の文脈に名詞が明示されていない）/ Maintenant le concert est manqué. — Il y *en* aura *d'autres*. (BEAUV.,

Tout les h., 61)「これで音楽会には行きそこなったな。—ほかのがありますよ」/ Le mariage est une chose et l'amour *en* est *une autre*. (MAUROIS, *Climats*, 233)「結婚と恋愛は別物です」

♦ただし、en不使用の例: Et si j'aimais *un autre*, tu m'aimeras toujours? (ROLLAND—G, 458 c, Rem. 5 b)「私がほかの男を愛していても、やっぱり私を愛してくれる?」/ Je n'ai jamais eu de peignoir blanc. Vous voyez bien que c'est *un autre*. (ROB.-GRIL., *Marienbad*, 125)「私は白いガウンを持っていたことはありません。よくおわかりでしょ、これが別のだってことは」/ Mais toi, c'est une chose; et Daniel, c'est *une autre*. (*Thib.* II, 14)「だがお前とダニエルは別なのだ」▶ また主語、前置詞に先立たれる補語となるときはenは用いられない。

③ 無冠詞の成句: de temps à *autre*「時々」/ de part et d'*autre*「双方とも」/ parler de choses et d'*autres*「よもやまの話をする」、など。

3° **comme un autre**「まれに **d'autres**」; **comme (tous) les autres** : C'est une idée *comme une autre*. (RENARD, *Plaisir*)「別に変わった思いつきでもない」/ Je suis une femme *comme les autres*. (COCTEAU, *Th.* II, 190)「私は月並な女です」/ Vous n'êtes pas une femme *comme les autres*. (*Ib.*, 189)「あなたはそんじょそこらにいるような女じゃない」/ C'était un jour de pluie — en apparence un jour de pluie *comme les autres*. (ROB.-GRIL., *Voyeur*, 18)「雨の日だった.見かけはごく普通の雨の日」

4° **entre autres** 先行・後続の(代)名詞と関係しているのが普通: J'ai visité les principales bibliothèques de l'Italie, *entre autres* celle de Rome. (LIT)「私はイタリアの主な図書館、なかんずくローマの図書館を見学した」

♦ 関係する語を表現しない用法を誤用とする文法家もあるが、今日では普通: C'est l'opinion qu'a exposée *entre autres* Sainte-Beuve. (MICHAUT, *Luttes de Mol.*, 93) (=parmi d'*autres* écrivains)「それはなかんずくSBが述べた意見だ」

5° **autre que**の後の前置詞の反復

① queの後に主動詞が省略されたものと考えられるときは多く前置詞を反復: J'aime mieux avoir affaire à d'*autres* qu'à vous. (MART, 169) (=que d'avoir affaire à vous)「あなたを相手にするよりほかの人を相手にするほうがましだ」▶ queはmieuxに応じる。

② 動詞の省略がないときは前置詞を反復しないほうが正式らしい (MART, 169; LE GAL, *Dites*, 2は反復を禁止). ただし、反復する例も多く、G (910, Rem. 3)は任意とする: Adressez-vous à d'*autres* que [qu'à] moi.「私とは別の人に話したまえ」▶ 反復はplutôt qu'à moiと考えたもの。

autre chose — 1° 中性不定代名詞とみなされ、一致は男性、形容詞を添えるときはdeを先立てる: *Autre chose* sera *fait*. (N, V, 76)「別のことがなされるだろう」/ Il m'a dit (...) qu'il avait *autre chose* à faire *de* plus *intéressant* dans la vie. (ANOUILH, *P.B.*, 371)「彼は人生にはほかにやらなければならないもっとおもしろい仕事があると言いました」/ Y a-t-il *autre chose de nouveau*? (*MFU*)「ほかに何か新しいことがありますか」

2° 無冠詞で〈*autre* + *chose* (名女)〉とみなされる。

① **tout(e) autre chose** : Elle était venue pour *tout autre chose*. (FRANCE—S, I, 438) (= une chose tout à fait autre)「まったく別のことのために来たのだった」/ L'histoire l'intéresse plus que *toute autre chose*. (COULEVAIN—*Ib.*) (= n'importe quelle autre chose)「歴史はほかの何よりも彼の興味をひく」▶ toutは副詞、touteは不定形容詞.ただし、両者は頻繁に混同される (S, I, 420; LE B, I, 251).

② **autre chose que** : Est-ce qu'on fait *autre chose que* se battre, au village? (VIAN, *Arrache*, 190)「村では戦うほかに何かしているの?」

③ **autres choses** 無冠詞: On peut être aussi attaché à des futilités qu'à *autres choses*. (SAGAN, *Bonj.*, 51)「人はほかの事と同じように下らないことにも愛着を抱くことがあり得る」

④ 女性形限定辞・代理語の使用: *Quelle autre chose* voulez-vous de moi? (N, V, 76)「ほかのどんなものを私に求めているのです」/ Il me faut *autre chose*...—Mais, malheureux, je ne peux pas vous *la* donner, *cette autre chose*. (BOURGET—S, I, 439)「私には別のものが必要です.—だが困った男だ、やるわけにはい

かないのだ，その別のものは」

3° *autre chose est*＋名₁ [(*de*) 不定詞₁], *autre chose est*＋名₂ [(*de*) 不定詞₂] : *Autre chose est une simple affirmation, autre chose est une affirmation avec serment.* (AC)「単なる断言と誓いを立てての断言とはわけが違う」/ *Autre chose est de juger, autre chose est d'aimer.* (ROLLAND—S, III, 36)「判断するのと愛するのとは別問題だ」▶まれに de を省く (*Ib.*; S, I, 439). autre chose は属詞．

autrement — 1° *autrement... que*＋(*ne*) : Il agit *autrement qu*'il (*ne*) parle. (AC)「彼は言行が一致しない」◆主節が否定でも多くは ne を使用する (⇨ ne explétif 6° ②) : *Ils ne peuvent pas agir autrement qu'ils ne font.* (BEAUV., *Mand.*, 172)「彼らはああするよりしようがないんです」

2° *autrement*＋形 [副] (*que*＋名) (= beaucoup plus) : *Vous êtes autrement séduisante quand vous êtes simple!* (GIRAUDOUX, *Folle*, 129)「あなたは気取らないときのほうがずっと魅力がある」/ *Nous avons à régler une question autrement grave (...) que la mort d'une poule.* (AMIEL, *Carcasse* I, 6)「鶏が死んだことよりずっと重大な問題に片を付けなければならない」

3° *autrement plus* [*mieux*] autrement が beaucoup, bien の意となって比較の副詞を強調 : *Il était devenu autrement plus souple.* (THARAUD—G, 365)「彼はなおいっそう柔軟になっていた」/ *Ton mari s'y entendait autrement mieux que moi.* (KESSEL—G, 828, N.B. 2, d)「きみの夫は私よりずっとそのことに明るかった」

4° *autrement de*＋名 (= plus de) まれ : *Avec tout autrement d'impartialité et d'indulgence qu'il ne serait possible de l'imaginer ici...* (STE-BEUVE, *Poisons*, 2)「ここで想像し得るよりもはるかに公平寛大に」

5° *ne... pas autrement* ; *sans... autrement* (=ne... guère, pas beaucoup, pas très) : *Daniel ne parut pas autrement surpris.* (*Thib.* V, 296)「Dはそれほど驚いたようにも見えなかった」/ «Non», *répondit Jacques, sans paraître autrement surpris.* (*Thib.* IV, 72)「いや、とJはそれほど驚いた様子も見せずに答えた」

autrui — un autre「他人」, tous les autres hommes「他のすべての人々」の意の不定代名詞．下記4°を除き，限定辞を伴うことはない．文語調．日常語では les autres を用いる．

1° **前置詞に先立たれ名詞・動詞の補語**となるのが一般的用法 : *convoiter le bien d'autrui*「他人の財産を欲しがる」/ *Il ne s'intéressait pas à autrui.* (GIDE, *Feuillets*, 101)「彼は他人に興味はなかった」/ *Je ne l'ai jamais entendue formuler le moindre grief contre autrui.* (ID., *Symph.*, 113)「彼女が他人に対して少しでも不平を言うのを聞いたことがなかった」/ *Je me suis souvent montré sans indulgence pour autrui.* (*Thib.* III, 264)「わたしは他人にたびたびつらく当たった」/ *mes rapports avec autrui* (BEAUV., *Compte*, 51)「私と他人との関係」

2° **直・目** : *Il ne faut pas juger autrui.* (S, I, 436)「他人を批判してはならない」/ *Il n'aimait rien tant qu'à persuader autrui.* (*Thib.* VIII, 196)「彼は他人を説得するのが何より好きだった」

3° **主語** (まれ) : *Autrui la fascinait.* (BEAUV., *Age*, 159)「他人が彼女を魅了するのだった」/ *Hors de là, autrui n'était pas un prochain.* (ID., *Mém.*, 180)「それ以外の点では他人は隣人ではなかった」

4° *l'autrui / cet autrui* 既出の autrui を繰り返すとき，定冠詞・指示形容詞に先立たれ，形容詞(節)を伴うこともあるがまれ : *Servir autrui la ravissait : et son ingéniosité était inépuisable à découvrir cet autrui indigent.* (PRÉVOST—S, I, 436)「他人の役に立つのが嬉してたまらず，そういう貧乏な他人を捜し出すのが限りなく巧妙だった」/ *Mais pour autrui, l'autrui dont on a la responsabilité, raisonne-t-on comme pour soi-même?* (*Ib.*)「だが，他人，自分が責任を負っている他人のために，自分自身のためと同じようにじっくり考えるだろうか」

auxiliaire (verbe)［助動詞］— 本来の意味を失い，動詞の分詞・不定詞と構成されて，時制・法・アスペクト・態を表わす形態的要素となる動詞．

I． *avoir* と *être* 複合時制を作る基本的助動詞

1° *avoir* を助動詞とする動詞 : すべての他動詞，本来の非人称動詞，大部分の自動詞．

2° *être* を助動詞とする動詞

① **少数の自動詞**：aller, arriver, décéder, devenir, *entrer, intervenir, mourir, naître, partir, parvenir, *rentrer, repartir, rester, *retourner, revenir, *sortir, survenir, *tomber, venir, など．(*印は他動詞ともなる ⇨ 3° ①)

② **すべての代名動詞**．卑語・方言でavoirを用いることがある：Je *m'en ai* aperçu souvent. (N, VI, 215)

③ **受動態** ⇨ passive (voix)

3° ある時はavoir，ある時はêtreと活用する動詞

① ある動詞は他動詞的用法では**avoir**を，自動詞的用法は**être**をとる：⁺descendre, entrer, ⁺monter, ⁺passer, rentrer, retourner, sortir, tomber, など．(⁺印は下記②) J'*ai rentré* ma bicyclette.「自転車を中に入れた」/ Je *suis rentré* à la maison.「家に帰った」

② ある自動詞は**過去の行為**を示すときは***avoir***を，**完了した行為の結果である状態**を示すときは***être***をとり得る：aborder, accourir, accroître, apparaître, atterrir, augmenter, baisser, camper, cesser, changer, chavirer, commencer, crever, croître, crouler, croupir, déborder, décamper, déchoir, décroître, dégénérer, déménager, descendre, diminuer, disparaître, divorcer, échouer, éclore, embellir, empirer, enchérir, enlaidir, expirer, finir, grandir, grossir, maigrir, monter, paraître, passer, pourrir, rajeunir, résulter, sonner, vieillir, など．

◆B (299) によれば，ある状態に入ることを意味する動詞はすべて avoir, être をとり得る．これらの動詞がêtreと共に変化されるときは繋合動詞êtreに形容詞的用法の過分（属詞）を添えたものと考えてよい：Ce livre *a paru* le mois dernier.「この本は先月出た」/ Ce livre *est paru* depuis un mois.「この本は先月から出ている」；La rivière *a débordé* deux fois cette année.「川は今年2回あふれた」/ La rivière *est débordée*.「川があふれている」；Cet enfant *a grandi* pendant mon absence.「この子は私がいない間に大きくなった」/ Comme il *est grandi*!「なんて大きくなったのだろう」▶ただし，上記の動詞でも，助動詞が常に論理的に使い分けられはしない．D (196) は各人はその家庭ないし個人的な習慣に従ってavoirあるいはêtreを好んで用いるだけで，日常語は両者の区別をしない，

と言う．したがって，

(1) 行為を表わすのに***être***を用いることがある：Vous *êtes* peut-être *passé* par le parc? (ARLAND, *Ordre*, 148)「あなたはきっと公園を通ってきたんでしょう？」▶ RAD (191) は教養ある人々はêtreを用いる傾向にあると言う．

(2) **状態を表わすのにavoirを用いることは一層多い**：Je t'assure que tu *as maigri*. (TROYAT, *Signe*, 148)「ほんとに痩せましたよ」▶ある動詞は，人については常にavoirを用いる：Il a paru [échoué, cessé, péri]. (cf. LE B, I, 418)

③ ある動詞は**意味に従って**avoirまたはêtreをとる：convenir, demeurer, échapper, など．

4° 助動詞の省略 主語を同じくする同一複合時制・同一助動詞の数個の動詞が並置されるとき，それらの動詞が一体をなすものと考えられるならば，主語と動詞を一度しか表現しないことも可能：Il *a examiné, fouillé, retourné, disséqué* cette proposition. (B, 473)「彼はこの提案を検討し詮索し吟味し分析しつくした」/ Je n'*ai* ni *tué* ni *volé*.「私は人を殺したことも盗んだこともない」

II. 準助動詞 (verbe semi-auxiliaire)

avoir, être 以外の助動詞として働く動詞をいう：aller [s'en aller], avoir à, avoir beau, devoir, être en passe de [sur le point de, près de], être en train [voie] de, être à, être pour, faillir, faire, falloir, laisser, manquer, ne faire que (de), penser, pouvoir, savoir, sortir de, venir (à, de), vouloir, など．

avant — **1° *avant*＋時点** 多く完了動詞と共に：Il part [arrivera] *avant* 6 heures.「6時までに出発する[着くだろう]」/ Il faut absolument que tu sois rentré *avant* minuit. (ANOUILH, *P.R.*, 203)「夜中の12時までにはどうしても帰っていなければならない」▶ただし，未完了動詞と共に行為の反復・継続を表わすことがある：Il ne savait rien *avant* ce soir. (DURAS, *Véra*, 99)「今晩まで彼は何も知りませんでした」▶この場合jusqu'à も可能．

d'avant＋時点：Le jardin s'étendait dans la lumière sourde *d'avant* l'orage. (VIAN, *Arrache*, 211)「庭は雷雨の前の鈍い光を浴びて広がっていた」

2° *avant*＋期間 過去・未来について「ある期間が経過してしまう前に，…以内に」：Ils se marieront *avant* un an [*avant* peu].「1年以

内に［間もなく］結婚するだろう」/ Elle (= la maladie) risque de tuer la moitié de la ville *avant* deux mois. (CAMUS, *Peste*, 62)「2か月とたたぬうちに町の住民の半数を殺しかねない」▶多くは否定文で完了動詞と共に: On ne s'apercevra de rien *avant* une heure. (SUPERV., *Shéhér.* I, 6)「1時間たつまでは何も気づくまい」/ Je ne reviendrai pas *avant* longtemps. (BEAUV., *Mand.*, 353)「すぐには帰って来ないよ」

3º *avant de* 不定詞: J'irai le voir *avant de* partir. (AC)「出発する前に彼に会いに行こう」/ Tu ne vas pas mourir *avant* d'avoir revu Michel. (COCTEAU, *Th.* I, 186)「Mにもう一度会うまでは死んじゃだめよ」

♦不定詞の動作主は原則として主語と同一. まれに直接・間接目的語: Je ne te donnerais pas deux ans, *avant* d'être complètement ruinée. (MIRBEAU—S, III, 497)「2年とたたないうちに完全に破産するよ」

▶古典語法 avant que de 不定詞, avant que + 不定詞のうち前者は文学語に残る: *avant que* d'être nubile (M. DU GARD, *France*, 48)「結婚適齢期になる前に」

4º *avant que* (*ne*) + 接 主節と従属節の主語は必ず異なる: J'irai le voir *avant qu*'il (*ne*) parte. (AC)「彼が出発する前に［出発しないうちに］会いに行こう」▶neの使用: 不使用 = 13:148 (GA, 99). neの使用は否定の観念が含まれるため, neの有無で文の陰影は変わらない (H; G, *Pr.* IV, 219)

▶強調形: *avant* même [seulement] que (S, II, 274)

5º 期間 + *avant* 過去, 未来のある時点から見て, それより「…前に」,〈期間 + plus tôt〉とも言う: Avertissez-moi 2 ou 3 jours *avant*, pour que je puisse m'arranger. (F, 1625)「準備ができるように2・3日前に知らせてください」/ Une semaine *avant*, je l'avais rencontré.「その1週間前に彼に会っていた」▶現在を基点にするとJe l'ai rencontré *il y a* une semaine. (DUB, II, 214)と言う.

期間 + *avant* + 期日 [*de* 不定詞, *que*]: peu *avant* le dîner「夕飯も間もないころ」/ une heure *avant de* dîner (S, III, 495)「夕飯より1時間前に」/ longtemps [deux heures] *avant qu*'il vienne (G, 1017, N.B.)「彼が来るよりずっと［2時間］前に」

6º 名 + *avant* 形容詞的に: à un degré plus *avant* (MAROUZ, *Notre langue*, 155)「もっと進んだ段階では」/ Est-ce qu'il y a eu quelque chose, le jour *avant*? (F, 608) (= le jour précédent)「前の日に何かあったのかい」▶自動車用語: la roue [le siège] *avant*「前の車輪［座席］」

多くは 名 + *d'avant* : Jacques l'avait connu, l'année *d'avant*, à Lausanne. (*Thib.* V, 37)「Jはその前の年にLで彼と知りあった」

avec — 1º 主要な意味

①添加・同伴: Venez *avec* moi. 時にàと混用: se marier *avec* [à] qn「と結婚する」/ joindre la sagesse *avec* [à] la beauté「才色を兼備する」

avec ça (*que*) : Je suis grand et *avec ça* mince.「背が高くて, その上やせている」/ Elle en eut la nausée. *Avec ça qu*' (= de plus, en outre) il parlait d'abondance. (ARAGON, *Aurél.*, 349)「彼女はそれで吐き気を催した. その上, 彼がベラベラしゃべりまくるのだ」

avec ça que (=comme si. ⇨ comme¹ I. 2º③) 皮肉な言い方として否定文は肯定, 肯定文は否定の意: *Avec ça que* tu ne m'as pas fait du tort. (N, VI, 7) (= Mais si, certainement, tu m'as fait du tort)「君が僕に害を加えなかったとでも言うのかね」/ *Avec ça qu*'une pareille entreprise m'aurait été facile. (PORTO-RICHE, *Vieil h.* I, 13)「そんなことが, そうおいそれとできるものですか」/ Vous ne m'avez pas reconnu dans ce déguisement? — *Avec ça!* (= Mais si)「こんな風に変装していると私だってことがわかりませんでしたか?—わかりましたとも」(否定文の後で抗議を表わす)

②手段・道具 (⇨ à I. 9º) : *Avec* de la persévérance on réussit presque toujours.「忍耐があればほとんど常に成功する」/ *Avec* ton cinéma! (F, 270)「お前の映画の話なんて」(tu nous ennuies「うんざりだ」を補う)

▶材料: bâtir *avec* des briques「煉瓦で建てる」⇨ de I. 9º③

③同時: Nous partîmes *avec* le lever du soleil.「日の出と共に出発した」

④様態: *avec* courage「勇敢に」

⑤関係: la guerre *avec* l'Allemagne「ドイツとの戦争」

⑥対立 (= malgré) : Je t'aime bien tout de même *avec* ton sale caractère. (ANOUILH,

Antig., 72)「お前はいやな性格だが，それでもお前が好きだ」/ *avec* (tout) cela「それにもかかわらず」

⑦ **原因** (= à cause de)：Vous êtes insupportable avec vos jérémiades! (GASCAR, *Meubles*, 121)「そう泣き言を並べられちゃ，やりきれませんよ」

⑧ **分離**：divorcer *avec* qn「…と離婚する」/ rompre *avec* qn「人と絶交する」/ séparer l'or d'*avec* [de] l'argent「金と銀を分ける」

2º *avec* qn (= pour, à l'égard de, envers) 日常語で広く用いられる．

① [形] + *avec* qn：Tu n'es guère aimable *avec* ton père. (ANOUILH, *P.N.*, 172)「お前，お父さんにあんまり優しくないのだね」/ Je te trouve bizarre *avec* moi. (TROYAT, *Tête*, 151)「お前はわたしに対して妙な態度だと思うよ」/ Elle est très tendre *avec* moi. (MAUROIS, *Climats*, 266)「私にとても優しい」
▶その他：abominable, affectueux, bon, charmant, cordial, courtois, cruel, désagréable, dur, faible, franc, froid, généreux, gentil, juste, injuste, insolent, poli, malpoli, méchant, sévère, など. ◆形容詞相当句+avec: Je me sentais vraiment en confiance *avec* Henri.(BEAUV., *Mand.*, 190)「Hに対しては本当に信頼した気持になっていた」/ C'est rare que je me sente tout à fait à l'aise *avec* Henri. (*Ib.*, 188)「Hとは完全にくつろいだ気分になることはまれだ」

② [名] + *avec* qn：Votre attitude *avec* moi est absolument déroutante. (ANOUILH, *P.R.*, 410)「僕に対するあなたの態度には全く当惑するばかりだ」/ Rien ne justifie ta conduite *avec* cette enfant. (GIRAUDOUX, *Tessa*, 198)「あの子に対するお前の仕打ちを正当化するものは何もない」/ votre dispute *avec* Lafaurie (BEAUV., *Mand.*, 193)「Lとのあなたの争い」

③ [動] + *avec* qn：Je trouve que tu t'es mal conduit *avec* moi. (SAGAN, *Château*, 61)「あなたは私にひどい仕打ちをしたと思うわ」/ Ne te gêne pas *avec* moi. (ACHARD, *Th.* II, 124)「僕に遠慮するなよ」▶*Comment* est-il *avec* toi? (*Thib.* I, 191)「彼はお前に対してどんなだい」

3º *avec* + [副] [状況補語] + 支配語　avecは支配語と離れることが多い：*avec* toujours son sourire au coin des lèvres (AMIEL, *Couple* II, 1)「口もとに相変わらず微笑を浮かべながら」/ Elle resta debout, *avec sur son visage* une expression d'extase. (BEAUV., *Mand.*, 412)「彼女は恍惚とした表情を浮かべて立っていた」
◆avec + 属詞 + 支配語：Sur la porte il remarque un bouton de sonnette, *avec écrit*: Sonnette de nuit. (ARAGON, *Aurél.*, 101) (= à côté duquel était écrit)「扉の上にベルのボタンがあるのが目にとまった．"夜間用ベル"と書いてある」

4º *Nous nous promenons avec Louise*.「私はLと散歩する」はくだけた会話．Nous nous promenons L. et moi. と Je me promène *avec* L. との混成 (contamination) による構文 (N,V,36). 普及しているが, H (139) は誤用とみなす：*Avec* Marie, nous nous sommes éloignés. (CAMUS, *Etr.*, 76)「Mと2人して遠ざかっていった」/ *Avec* mon père d'ailleurs, nous n'avons jamais parlé que d'un accident. (SAGAN, *Bonj.*, 18)「それに父とは事故であったということのほかには話したことがない」▶2人称・3人称はまれ：Vous vous promenez [Ils se promènent] *avec* L. (N, V, 37)「あなた[彼ら]はLと散歩する」
◆相互的代名動詞と共に：Qu'est-ce que vous vous êtes raconté *avec* le type? (DURAS, *Tarquinia*, 140) (= le type et toi)「お前とあの男は何の話をしていたんだ」/ Impossible de s'entendre *avec* Buenos-Aires. (ST-EXUP., *Vol*, 129)「(無線技師が操縦士に)Bとは交信不能」
◆ tous les deux と共に：On est perdu *tous les deux*, *avec* mon petit frère. (ANOUILH, *P.N.*, 472) (= mon petit frère et moi)「2人とももうだめです，弟も私も」/ Ils disent qu'ils veulent vous prendre *tous les deux avec* Monsieur Gaston! (ID., *Nombril*, 195)「写真屋はG様とお2人のところを撮りたいと申しております」

5º **副詞的用法**　すでに表現されている支配語の省略による副詞化：Ce n'est pas que j'aime l'argent plus que tout, mais j'aime les choses qu'on achète *avec*. (BEAUV., *Mand.*, 292)「何よりもお金が好きというのではなくて，それで買う物が好きなんです」/ Prenez un fusil de chasse... Dormez *avec*. (SAGAN, *Château*, 157)「猟銃をとってきてそれを抱えて寝なさい」▶支配語が前に表現されていない用法は北仏・ベルギー方言 (*PR*)：Tu viens *avec*?

avenue ― se promener *dans* [または*sur*] l'*avenue* (B, 414)「大通りを散歩する」/ J'ai marché (...) *sur* l'*avenue* Villadeval. (MODIANO, *Vestiaire*, 128) ◆通りの名を添えるときは dans [sur] l'はしばしば省略される：Jacques était de retour *avenue* de l'Observatoire. (*Thib*. VII, 231)「Jは天文台通りに帰っていた」▷ boulevard, rue

avérer (s') ― s'avérer+属詞. se révéler, se montrer, se manifester, apparaître, の意で多用される (G, 701, 7). ただし語源 lat. verus (= vrai) を考えれば *s'avérer* exact [faux]「正確[誤り]ということが明らかになる」は、前者は pléonasme (冗語法)、後者は矛盾するから、これを誤用とみなす文法家が多い (DBF; GEORG, 80; ID., *Prose*, 24). しかし、Hは拡張された意味としてこれを許容し、EBFもHを支持する.

Avignon ― 1791年までの教皇領については en *Avignon*. 都会名はà *Avignon*. プロヴァンス語法 en *Avignon* が地方色を出すために用いられることがある (G, 933 c, Hist.; B, 425).

avion ⇨ à I. 10°

avis ― **1°** *Mon avis est que* ①+直 (= je pense, je juge que): *Mon avis est qu'*il viendra. (B, 566)「彼は来ると思う」②+接 忠告: *Mon avis est que* vous preniez garde. (*Ib*., n.)「用心したほうがいいと思う」
 2° *être d'avis de* 不定詞 (= penser que le mieux serait de, trouver bon de): Je *suis d'avis d'*appeler un médecin. (TROYAT, *Vivier*, 90)「医者を呼んだほうがいいと思う」
  être d'avis que ①+接 上記と同義: Armand Dubernet *était d'avis qu'*on se mît à table. (MAURIAC, *Galigaï*, 11)「Aは食卓についたほうがよかろうという意見だった」②+直 [条] (= croire que): Tu *es* pourtant *d'avis qu'*il n'y a plus rien à tenter? (*Thib*. III, 207)「でもきみは、ほかに策の施しようがないというのだね」/ Je *suis d'avis* (...) *que* nous ferions mieux de nous en aller. (SARTRE, *Mouches*, 14)「立ち去ったほうがいいと思う」
 3° (*Il*) *m'est avis que*+直 は古語法: M'est avis qu'elle doit avoir vingt-cinq ans aujourd'hui. (R. BAZIN, *Terre*, 34)「今では25にはなっているに違いねえです」
 4° *à mon avis*「私の意見によれば」、à ton [son, notre, votre, leur] avis. これらの源となるはずの 〈×à l'avis de+名〉 は成り立たず *de l'avis de*+名 と言う: *De l'avis de* tous [*de* Paul], c'est lui qui a raison.「すべての者[ポール]の意見では、彼が正しいのだ」▶これに基づく ×de mon avis は不可.

avocat ―「婦人弁護士」を表わすのに、今日もなお女性形 avocate に反発を感じる者があるが、avocateは AC にも認められ、もはや俗用とは言いがたい：Vous serez une brillante *avocate*. (SAGAN, *Sourire*, 19)「あなたは輝かしい弁護士になりますよ」◆婦人に対しても男性語の使用を固執する習慣も残り、une femme avocat とも言う. 姓の後に肩書として添えるときは、男性語が好んで用いられる (ROB): Madame D., *avocat* à la Cour d'appel「控訴院弁護士D夫人」
 ◆「弁護人, 擁護者」の意では古くから女性形が用いられた (LITに FROISSARTの例あり): Sa mère fut son *avocate*. (ROB; *Q*)「母が彼のかばい手であった」▶ただし、男性の使用例も見出される: Ah! j'ai été un piètre *avocat*. (SUPERV., *Shéhér*. III, 1)「(姉が妹に)わたしはうまくかばってあげられなかった」

avoir ― **I. 活用** 直・現: j'ai, il a は語尾なし, ils ont は語幹が語尾に吸収される (『新スタ』). ont は sont, vont, font とだけ共通. 発音: j'ai [ʒe], ai-je [ɛːʒ], tu as [tya].
 命令形 aie, ayons, ayez は接・現から. aie [ɛ] は en, y の前では aies.
 接・現複 1・2 は 18 世紀までは古形 ayions, ayiez が ayons, ayez と併用されたが、1835 年刊の AC 以来、後者だけが正規形となる. soyons と共に接・現 複にiが入らない例外. 古形はほかの接・現 複1・2の類推で俗語に復活. 書き言葉にもまれではないが (G, 645, n.2; G, Pr. IV, 168-9), Gも ayons を勧める. il ait も il soit と共に例外語尾,《俗》il aye (G, 632).
 II. *avoir*+名
 1° Il *a* une maison à la campagne. (*GLLF*)
  avoir+親族名 限定辞に注意: *avoir une* femme et *des* enfants. (*RM*) / Elle *a un* père? (MODIANO, *Garçons*, 188) / J'*ai un* papa, *une* maman, une poupée qui s'appelle Amanda, et aussi un chat. (TOURNIER, *Coq*, 33) / J'*ai* encore *ma* mère. (DURAS, *Détruire*, 82) / Elle n'*a* plus *son* père. (ROUSSIN, *Enfant*, 228)

2º *avoir*＋瞬間的行為：Il *eut* un cri.「叫び声をあげた」⇨ nom d'action 2º ②

3º avoirは俗語でtromper, duperの意を表わす場合のほかは受動態には用いられない：Tu *as été* bien *eu*! (GLLF)「まんまとだまされたね」

III. 繋合[連結]動詞

1º *avoir*＋定冠詞＋名＋形　Il *a des* yeux *bleus*.「彼は青い目をしている」ではbleusは付加形容詞, aはposséderの意. Il *a les* yeux *bleus*.「彼の目は青い」では, avoirは本来の意を失い, les yeuxとbleusを結ぶ繋合[連結]動詞, bleusはles yeuxの属詞, les yeuxとbleusの間に小休止を置き得る(LE B, II, 75). 全体はSes yeux sont bleus. に相当する. この構文は何を所有するかを表わすのではなくて, 各人が所有する物をどのように所有するかを示すのだから, 誰もが持つと限らないものについて ×Elle *a le* chapeau *bleu*. とは言えない.

♦この構文では, 原則として主語は人, 直・目は体の一部, または性格・心情・精神の働きを表わす：Elle *a les* cheveux *longs*.「髪が長い」/ Il *a la* tête *lourde*.「頭が重い」/ Il *a l*'esprit *lucide*.「頭脳明晰である」▶類推で：Il *a le* vin *triste* [*gai*].「酒を飲むとしめっぽくなる [陽気になる]」/ Elle *a la* larme *facile*. (BEAUV., *Tous les h.*, 59)「彼女は涙もろいんです」/ Tu *as le* chagrin *spirituel*. (PORTO-RICHE, *Vieil h.* III, 9)「お前は悲しいときには気のきいたことを言うね」/ Tu *as le* bonheur *mélancolique*. (*Ib*.)「お前は幸せなときにも寂しそうになる」

♦属詞構文と付加辞構文は意味内容は同じだから, 両者が混用されることがある：Il *avait* les yeux *rapprochés* et *des* lèvres *épaisses*. (SARTRE, *Age*, 9)「寄り目で唇が厚ぼったかった」

属詞構文は恒常的状態も一時的状態も表わせる：Elle *a les* jambes *courtes*. (F, 75)「彼女は脚が短い」(恒常的) / J'*ai la* gorge *sèche*. (CAYROL, *Hist. maison*, 119)「のどがカラカラだ」(一時的)

付加辞構文は多く恒常的状態を表わす：Elle *avait de* grands yeux calmes et doux. (LE CLÉZIO, *Mondo*, 33)「穏かで優しい大きな目をしていた」▶したがって目を泣きはらしている人について ×Elle a *des* yeux rouges. とは言わない. 正：*les* yeux rouges. ただし, avoir des [les] cheveux blancs ⇨ cheveu

2º *avoir*＋定冠詞＋名＋*qui*... : J'*ai la* tête *qui* tourne un peu. (SAGAN, *Violons*, 72)「少し目が回る」/ Il *avait les* genoux *qui* tremblaient. (GARY, *Clowns*, 176)「膝が震えていた」▶類推で：J'*avais* ma petite maison *qui* ne se louait pas. (ZOLA—LE B, II, 390)「私の小さな家は借り手がつかなかった」

3º *le* [*la*, *les*]＋*avoir*＋属詞：Je vais lui prendre sa tension artérielle. (...) Elle *l'a* d'ailleurs toujours *excellente*. (ANOUILH, *P.G.*, 101-2)「彼女の血圧を測りましょう. もっとも, いつも血圧は申し分ありませんが」

4º 定冠詞 [所有・指示形容詞]＋名＋*que*＋主語＋*avoir*＋属詞：C'est *le rein*, lui, *qu'il avait faible*. (ANOUILH, *P.B.*, 164)「この子は腎臓が弱かったのです」/ *cette ligne* de la nuque *qu'elle avait fine et pure* (FRANCE, *Lys*, 161)「彼女の美しい清らかなあの襟足」♦代＋que...: J'aimais moins votre visage de jeune femme que *celui que* vous *avez* maintenant, *dévasté*. (DURAS, *Amant*, 9)「若い頃の顔より, やつれた今の顔のほうが好きでした」

5º *avoir*＋属詞＋名：Elle *avait* très *vif le* sens des réalités. (BOYLESVE—LE B, II, 76)「彼女の現実感は生き生きとしていた」

6º *avoir*＋定冠詞 [所有形容詞]＋名＋過分：Ils *avaient les* yeux presque *clos*. (SARTRE, *Nausée*, 208)「目をほとんど閉じていた」/ Jacques *avait* toujours *ses* yeux *rivés* à ceux d'Antoinette. (*Thib.* I, 265)「Jは相変わらずAの目をじっと見つめていた」

♦この構文では主語に物, 限定辞に不定冠詞も可：Cette pauvre femme *a un* fils *tué* à la guerre. (B, 629)「このかわいそうな女性は戦争で息子を失った」/ Il *a eu son* appartement *cambriolé*. (COH, *Encore*, 262)「アパルトマンが泥棒に入られた」/ Les boulangeries *avaient* leur rideau de fer *baissé*. (LE CLÉZIO, *Mondo*, 30)「パン屋はシャッターをおろしていた」/ La plupart des magasins *avaient* leur volets *clos*. (SIMENON, *Chien*, 47)

7º *avoir pour*＋無冠詞名詞＋目的語 (名, de 不定詞, que) : *avoir pour* but la réussite [*de* réussir] (ROB)「成功 [成功すること] を目標とする」/ J'*ai pour* principe *d'*être correct. (CAMUS, *Etat*, 69)「公正であることを立て前としている」

avoir comme＋無冠詞名詞＋目的語

(名)：Mieux vaut l'*avoir comme* ami que *comme* ennemi. (*PR*)「彼を敵に回すよりは見方につけておいたほうがましだ」

8° ***avoir facile*** [***difficile***] ***de*** [***à***] 不定詞 (= avoir des facilités [des difficultés] à 不定詞, il est facile [difficile] à qn de 不定詞)：Le Parti *aurait facile d'*organiser une nouvelle Semaine rouge. (*Thib.* VI, 37)「党は難なく新しい赤の週間を企画準備するだろう」／ Il ne sortait jamais sans la canne de plomb, très lourde, que j'*avais difficile à* lever. (*Ib.* V, 67)「外に出るときにはきまって鉛の杖を持っていたが、とても重くて僕にはなかなか持ちあげられなかった」▶G (596, Rem. 1); H (144); *EBF*は誤用とする. cf. F (*Gr. fautes*, 224).

IV. ***avoir que***　avoirを用いた問いを受けて：Qu'est-ce qu'il a donc? — Il *a qu'*il est bizarre. (GREEN, *Moïra*, 99)「一体どうしたんだろう？—変なのだよ」▶ avoir queは問いと答えを結ぶ. 上記 III. 7°にならい Il *avait pour* principe *que*... (S, II, 198)とも言う.

V. 叙法の助動詞
1° ***avoir à*** 不定詞
◆ 不定詞 = 他動 + 直・目：J'*ai à* écrire une lettre.「手紙を書かなければならない」cf. J'ai une lettre à écrire. ⇨ à II. 2°①／Nous n'*avons* pas *à* te remercier. (GÉRALDY, *Rob. et Mar.* III, 2)「君に礼を言う義理はない」▶直・目なしで：J'*ai à* faire à la poste. (COCTEAU, *Th.* II, 6)「郵便局に用がある」

◆ 不定詞 = 自動：Nous *avons à* travailler. (ANOUILH, *P.R.*, 286)「仕事があります」／Léon *a à* te parler. (ACHARD, *Patate*, 49)「Lはあなたに話があります」▶ 不定詞 = 代動：Il n'*a* pas *à* se plaindre. (*PR*)「彼は不平を言うことはない」

◆eu à 不定詞 の一致. les ennemis qu'il *a eu*(*s*) *à* combattre「彼が打倒せねばならなかった敵」qu'がavoirの直・目と考えて一致、またはavoir à = devoirと解しqu'はcombattreの直・目と考えて無変化. 実例も一定しない (G, 794, N.B. 4).

2° ***n'avoir qu'à*** 不定詞 (= Il suffit de)：Tu *n'as qu'à* l'inviter à goûter. (BUTOR, *Degrés*, 32)「彼をおやつに呼べばいい」▶ n'avoir plus qu'à 不定詞 (= Il ne reste qu'à)：Je *n'ai plus qu'à* mourir. (BEAUV., *Images*, 173)「もう死ぬほかはない」

VI. 時制の助動詞 ⇨ auxiliaire (verbe I); 各複合時制参照.

avril ⇨ mois (nom de)

B

b — 発音. ① [b]：*bas*, ha*b*it. ② [p] (c, s, t の前)：a*b*cès, a*b*solu, a*b*stenir, o*b*tenir, o*b*stination. (⇨ assimilation) ③無音 (固有名詞)：Fa(*b*)vier, Lefe(*b*)vre[fε:vr] ④語末の b (まれ) ▶[b] (ことに外来語)：baoba*b*, clu*b*, naba*b*. ▶無音：aplom(*b*), Colom(*b*), Dou(*b*s), plom(*b*).

bb [b]：a(*b*)bé, ra(*b*)bin. ▶例外的：gibbeux は時に [bb]

bail — 正規の複数形は baux. 新しい bails が次第に用いられ始めた (FURUKAWA, 90).

bain — salle de *bain*(s)「ふろ場」では bain は単数・複数が区別なしに用いられる．ただし serviette [peignoir] de *bain*「バスタオル [バスローブ]」

baisser ⇨ auxiliaires I. 3°②

bas — en [au] *bas de*　区別なく用いられるが en が普通：Je saute *en bas de* mon lit. (SARTRE, *Nausée*, 50)「寝台から飛び降りる」/ *En bas de* l'escalier, elle étreignit Douglas. (VERCORS, *Anim.*, 117)「階段の下で彼女は D を抱擁した」/ (...) le docteur Bardot, que Ludovic croisa *au bas de* l'escalier (*Thib.* VIII, 192)「B 医師に L は階段の下ですれ違った」

à bas de　次の運動動詞と共に *en bas de* と同義で用いられるほかはまれ：sauter [se jeter] *à bas du* lit [*de* son cheval]「寝台 [馬] から飛び降りる」/ tomber *à bas d'*une échelle (TH; COL)「はしごの下に落ちる」

A bas + 名!：*A bas* les traîtres!「裏切り者を倒せ」▶しかし *Bas* les armes!「武器を捨てろ」では à は用いない．　cf. mettre *bas* les armes「武器を捨てる」

battant — *à deux heures battant*(*es*)「時計が 2 時を打っているときに」▶battant を現分と考えて無変化にするか，形容詞として一致させるかは一定しない．TH は一致を勧め, DFC は一致例だけを記す．

battant neuf「真新しい」des meubles *battant neuf*(s) [*battants neufs*] の 3 通りの一致が行なわれているが, H (422)；TH；EBF は *battant neufs* を選ぶ．女性語に関係する場合は une robe *battant neuve* または *neuf. battante neuve* の例未見．

beau — 1° *beau* と *bel*　bel は男性古形．副詞句 *bel* et bien「まったく，本当に」，古めかしい慣用句 Tout cela est *bel* et bon, mais...「(相手の言葉に対する不信を表わして) それも結構だが...」，国王名 Charles [Philippe] le *Bel*「Ch [Ph] 美貌王」に残るほか, 母音で始まる男性単数名詞の前に用いる：un *bel* arbre. (cf. de *beaux* arbres)　◆et, ou, à の前では beau：un *beau* et grand jardin (*GLLF*) / un enfant *beau* et charmant (*EBF*) ▶bel とするのは古文調：le *bel* et juste mot d'art (DUHAMEL—G, *Pr.* III, 216)

2° *avoir beau* + 不定詞　本来は 不定詞 は名詞化され Il *a beau* parler. = Il parle bien. (GOUG, 341, n.)　現代では独立節で皮肉に en vain の意：Vous *avez beau* faire, *beau* dire. (ROB)「何をしても何を言ってもむだです」◆ avoir beau は一体をなし, その間に他の語の挿入はできない. 多くは他の節に先立って従属節に相当し, 対立・譲歩を表わす.

① 対立 (avoir は 直)：Tu *as beau* être monsieur le directeur, tu es un enfant. (BUTOR, *Modif.*, 148)「部長様といっても坊やね」/ J'*ai eu beau* chercher, je n'ai pas trouvé de solution. (SAGAN, *Bonj.*, 107)「ずいぶん捜したけれど解決策は見つかっていない」/ J'*eus beau* m'acharner, il n'en démordit pas. (BEAUV., *Mém.*, 354)「どんなに攻め立てても彼は言い張り続けた」/ J'*aurai beau* faire, je ne me ferai jamais à la corruption du petit monde où vous vivez. (ANOUILH, *P.B.*,

467)「どうやってもあなたの暮らす庶民階級の退廃に慣れることは到底できないでしょう」
② 譲歩（avoirは ｟条｠）：Il *aurait beau* protester, personne ne l'écouterait. (SARTRE, *Mur*, 135)「文句を言ったって、誰も聞いてはくれないだろう」
3º ***beau à*** ｟不定｠：C'est si *beau à* voir. (A. DE TOURVILLE, *Jabadoo*, 140)「見るととてもきれいだ」
4º **副詞的**：Si j'avais su que c'était un soir de gala je me serais habillée *beau*. (BEAUV., *Inv.*, 147)「公式の夜会と知っていたら、きれいな服を着たのに」
5º ***il fait beau*** + ｟不定｠ ⇨ faire XIV. 3º

beaucoup — 1º 数量副詞 話し言葉のun peu *beaucoup*（= trop）のほか、**他の副詞で修飾されない**．複合時制ではIl l'a *beaucoup* aimé. の語順が普通．pをリエゾンする．用法は ⇨ bien 1º

2º ***beaucoup des*** [*de mes*, *de ces*] + ｟名｠；***beaucoup d'entre*** + 強勢形人称代名詞：*Beaucoup des* survivants vivent dans un quartier misérable. (BEAUV., *Compte*, 310)「生存者の多くは貧民街で暮らしている」/ *Beaucoup de mes* amis sont des enseignants. (*Ib.*, 232)「友人の多くは教師である」/ *Beaucoup de ces* relations sont anciennes. (*Ib.*, 51)「これらの関係の多くは古くからのものだ」/ *Beaucoup d'entre* nous [parmi nous] s'en sont plaints. (H, 159)「我々のうちの多くの者はそれについて不平を言った」/ *beaucoup de ceux* qui parlent「話している人の多くの者」

3º ***beaucoup de*** + ｟名｠（可算・不可算名詞）：J'ai *beaucoup d*'amis.「友だちはたくさんいる」/ Vous avez eu *beaucoup de* chance. (MR)「運がよかったですね」▶なお ⇨ bien 1º ⑤ ◆この用法のbeaucoupをMART (502)は名詞, B (115)；W (350)；*Gr. Lar.* (425)は準名詞, G (225, 446)は不定形容詞, W-P (404)は名詞の非固有限定辞, D-P (VI, 651)は一種の冠詞とみなす．

4º **単独に** ①（=*beaucoup de gens*）：*Beaucoup* m'envient. (*Thib.* IX, 141)「みんなはぼくをうらやんでいます」/ Nous sommes *beaucoup* ce soir. (GLLF)「今夜は大勢です」/ Pour *beaucoup* l'habitude est la seconde nature. (*Ib.*)「多くの人々にとって習慣は第2の天性である」/ Le passé surcomposé (...) est suspect à *beaucoup*. (*DFC*, 131))「この複合過去の用法は多くの人が正しくあるまいと思っている」
②（=*beaucoup de choses*）：J'ai vraiment *beaucoup* à faire. (IKOR, *Gr. moy.*, 208)「本当に仕事が山ほどある」/ C'était déjà *beaucoup* (...) de pouvoir faire cela. (GREEN, *Mesurat*, 274)「そうできるというだけで、すでに大したことだった」/ Elle a *beaucoup* de toi. (*Parapluies de Cherbourg*)「彼女はあなたにとても似ていてよ」

5º **不定代名詞的** 既出の語を受ける．
① **主語** enを並用しない：Les restaurants étaient plus accueillants; *beaucoup* nous plaisaient. (BEAUV., *Compte*, 326)「レストランのほうが客あしらいがよかった．気に入った店がたくさんあった」
② **直・目** enの使用が必要：J'*en* connais *beaucoup*. < Je connais *beaucoup* de médecins.

6º ⟨***beaucoup de*** + ｟名｠⟩ と動詞・形容詞の一致 原則として補語名詞に一致する：*Beaucoup* (*de* gens) m'envient.「多くの人が私をうらやんでいる」/ *Beaucoup de* personnes *sont venues*.「多くの人が来た」/ *Beaucoup de* monde *a assisté* à cette rencontre. (TH)「多くの人々がこの試合を観戦した」◆ただし *Beaucoup* de cierges *valait* mieux! (FLAUBERT—G, 807 a, Rem. 2)「ろうそくをたくさん使うほうがよかった」．valaientは「多くのろうそくがほかのよりましだった」(*EBF*). 同様にして *Beaucoup* n'*est* pas encore assez. (*GLLF*)「多いというだけではまだ充分ではない」

7º ***beaucoup*** と ***de beaucoup***
① **形容詞比較級の後**, 最上級の前または後, 比較の意を含む動詞の後ではいつも de beaucoup：Il est plus riche *de beaucoup*. (MART, 507)「彼のほうがはるかに金持だ」/ Il est *de beaucoup* le plus riche [le plus riche *de beaucoup*]. (*Ib.*)「彼がずばぬけていちばん金持だ」/ Je le préfère *de beaucoup*. (GLLF)「彼のほうがはるかに好きだ」/ Il le dépasse [surpasse] *de beaucoup*. (*Ib.*)「彼は相手をはるかにしのいでいる」/ Ce projet l'emporte *de beaucoup* sur l'autre. (H, 158)「この計画はもう一方のよりはるかにすぐれている」
② **形容詞比較級の前**では：J'étais *de beaucoup* plus adroit qu'eux. (BENOIT,

Kœnigs., 163)「彼らよりはるかにじょうずだった」またはde なしでbeaucoup plus. ⇨ plus I. 1°
③ *Il s'en faut (de) beaucoup.* beaucoup は性質の差, de beaucoup は量の差について用いるとする区別は古い: Le cadet n'est pas si sage que l'aîné, *il s'en faut beaucoup.* (AC)「弟は兄ほどおとなしくない。大違いだ」/ Vous croyez m'avoir tout rendu, *il s'en faut de beaucoup.* (AC)「私にすっかり返したと思っているが、それどころではない」今日ではどちらの場合にもde beaucoup を用いるのが普通 (MART, 505; G, 844 c, Rem. 2; TH; ROB).

bénir — 1° *bénir* qn *que*＋接 : Je *bénis le ciel que* l'idée ne lui soit pas venue de rendre visite à ces Baillaud. (MAURIAC, *Pharis.*, 50)「彼がこのBの一家を訪れる気にならなかったなんて天に感謝します」
2° 過分: *bénit*, *béni* bénit は古形, béni は -ir 動詞の過分の類推形。19世紀に「祭式による祝別」の意には bénit, その他の意には béni を用いるという規則が確立されたが, 祭式の有無によるこの区別は守られていない (TH). 今日では祭式によって祝別された事物について形容詞として用いるときは bénit, 動詞形または人について用いるときは béni が普通 (G, 652 b; ROB; *EBF*; *GLLF*): pain *bénit*「祝別パン」/ eau *bénite*「聖水」/ Cette médaille a été *bénie* par le pape. (H)「このメダイは教皇によって祝別された」
3° 受動形は béni par が普通。時に béni de, こと に béni des dieux (S-H, 86).

bergère — dans [sur] une *bergère*. fauteuil にならう (G, 934,12).

besicles — 旧式な lunettes をいやしめて言う語で, 1個を表わすのにいつも複数: Elle met *ses besicles*. (ANOUILH, *P.G.*, 129)

besoin — 1° *avoir besoin de* qch [qn]: Je n'*ai besoin de* rien.「何もいりません」/ le livre *dont* il *a besoin*「彼に必要な本」
　avoir besoin de 不定詞 : Il *a besoin de* se reposer.「彼は休息する必要がある」/ Il *en a besoin*.「その必要がある」
　avoir besoin que＋接 : J'*ai besoin que* vous sortiez rapidement. (ANOUILH, *P.R.*, 73)「とっとと出ていってもらいたい」
2° *il est besoin de* qch [de 不定詞, *que*＋接] は文学的。疑問・仮定・否定にしか用いられない: Est-il *besoin de* [*que*]...? / Qu'est-il *besoin de* [*que*]...?「…など何の必要があろうか」(que = en quoi) / *il n'est pas besoin de...* [Pas n'*est besoin de*...]. / Il n'*en est pas besoin*. / *s'il est besoin de* [*que*] ... / *s'il en est besoin* または si *besoin* est (= en cas de *besoin*, au *besoin*)「必要あれば」
　日用語では *il n'y a pas besoin de* qch [*de* 不定詞]: Il n'*y avait pas besoin d*'alcool pour m'enivrer. (BEAUV., *Age*, 60)「酔うために酒は必要なかった」/ Il n'*y avait pas besoin de* se presser tellement. (BUTOR, *Degrés*, 78)「そんなに急ぐ必要はなかった」▶ 省略的に: *Pas besoin d*'explications. (CLAIR, 35)「弁明する必要はありません」/ *Pas besoin de* le dire. (BUTOR, *Emploi*, 25)

bétail, bestiaux — bétail (＜古仏語 bestail) は集合名詞で複数はない: Mon père qui élevait du *bétail* en Argentine (...) (KESSEL, *Enfants*, 63)「Aで牧畜をやっていた父は…」
　bestiaux ＜古仏語 : bestial の複数形。したがって bestiaux は bétail の複数形とは言えない。1匹の家畜はune bête と言う。

bête — 1° 形 être bête de 不定詞 : Vous *êtes bêtes de* croire qu'il va à Baluzac voir le curé. (MAURIAC, *Agneau*, 197)「彼が司祭様に会いにBに行くなどと考えるのはばかげている」
◆ *bête à* 不定詞 : C'est extraordinairement *bête à* dire. (ANOUILH, *P.R.*, 305)「言うのもばかげきったことです」
2° 名「ばか者」の意で une bête, しかし表現的な話し言葉では Tu es un gros *bête*. (COL)「大ばかだ」▶「パリでは gros bête という表現を頻繁に聞く」(D-P, II, 225).
◆ un(e) *bête de*＋名. bête の前の限定辞は de のあとの名詞に一致する: *Quelle bête de* lettre! (GLLF)「何という間の抜けた手紙」/ Il a fait *un bête de* mariage. (COL)「彼はばかげた結婚をしたものだ」

bicyclette — aller [arriver, venir, passer, partir] *à* bicyclette [時に *en* bicyclette]「自転車に乗って」。en は話し言葉, 新傾向, 次第に à を侵す (G, 916, 2; *Pr.* I, 93-7). ◆ *sur* une [la, sa] bicyclette: apprendre à monter *sur une bicyclette* (DFC)「自転車の乗り方を習う」/ Elle s'amenait souvent le soir *sur sa bicyclette* rouge. (BEAUV., *Mand.*, 520)「夕方, 赤い自転車に乗ってよくやってきた」/ Il se promène *sur la bicyclette* de son frère. (G)

bien ― 1° 副 母音の前で[bjɛ̃-n]となって liaison: *bien* aimable. 劣等比較級でmoins *bien*と言うが, 優等比較級・最上級は別語 mieux.

　bienとbeaucoup　bienは量を表わす場合でも感嘆・驚きなど話者の関心が含まれる点で, 客観的なbeaucoupとは異なる.

① + 動: Il a *bien* [beaucoup] souffert.「非常に苦しんだ」. ◆ bienが「すぐれて」の意に解される場合: Il parle *bien*.「彼はじょうずに話す」/ Il parle beaucoup.「よくしゃべる」

② + 動詞相当句 (beaucoupは用いない. ただしtrèsは可能): J'ai *bien* soif [faim, chaud, froid, ...]. / Vous avez *bien* raison [tort]. / C'est *bien* dommage. ◆複合時制: J'ai eu *bien* peur.「とてもこわかった」▶J'ai *bien* eu peur. は譲歩の意. ⇨下記2°

③ + 形 [副]: Il travaille *bien* [beaucoup] mieux que vous.「あなたよりはるかによく働く」▶その他 *bien* [beaucoup] plus [moins, trop, meilleur, moindre]. ただし, *bien* meilleur [moindre] のほうを好んで用い, *bien* pis [pire, davantage] とのみ言う (Mart, 507; H, 158). ◆形容詞・副詞の原級の前ではいつも *bien* grand [vite]. しかし形容詞に代わるleの後では: Est-il riche? ― Il l'est beaucoup.

④ + 過分: un écrivain *bien* [beaucoup] admiré (Le B, II, 594)「非常に称賛されている作家」

⑤ **bien du [de la, de l', des]** + 名 / **beaucoup de** + 名: Il a *bien de l'*esprit [*beaucoup d'*esprit].「非常に才気がある」/ *Bien des* [*Beaucoup de*] gens disent que...「多くの人々がこう言っている」/ Il y a *bien du* [*beaucoup de*] monde.「大勢人がいる」/ *Bien de la* jeunesse devait être sur la place du village. (Duras, *Andesmas*, 25)「多くの若者たちが村の広場にいたに違いない」

◆bien du + 具象名詞 (例: Il a *bien de l'*argent.) は疑問文 (例: Il a donc *bien de l'*argent?) を除き俗語調 (Mart, 505).

◆bien des [du] は否定文には用いられない: Luc ne lit pas beaucoup de livres.「Lはあまり本を読まない」▶×Luc ne lit pas bien des livres. は不可 (Gross, *Nom*, 19).

◆bien de(s) + 形 + 複数名詞. Lit はdeを用いると説いたが実例はdesだけ: *bien des* braves gens (N, V, 185; G, 329, N.B. 1; G, *Pr*. IV, 332). Mart (504)は〈des + 複数形容詞〉をきらってbeaucoup deを勧める. autresの前では *bien* [beaucoup] *d'autres* choses「多くの他のこと」

◆名詞をenで受ければbienは不可: Il *en* a *beaucoup*. ▶bienは量の副詞としては名詞の機能を果たせない.

2° 譲歩　多くはmaisと相応じて: Elle en avait *bien* envie, *mais* elle avait à faire. (Camus, *Etr*., 66)「そうしたいのはやまやまだが, 用事があった」/ Robert a *bien* été à Paris quelques jours plus tard, *mais* n'a rien pu découvrir. (Gide, *Porte*, 177)「Rは数日後パリに行くには行きましたが何も発見できませんでした」/ Il a *bien* eu peur, *mais* il s'est ressaisi. (Le B, II, 105)「こわかったには違いないが気を取りなおした」cf. Il a eu *bien* peur. (上記1° ②) / Il éprouve *bien des* difficultés, *mais* il ne se décourage pas. (H, 165)「確かに困難に会いはしたが落胆はしない」▶この意味ではbienのあとに短い休止を置く. beaucoup de difficultésの意ではこの休止がない (W, 344).

3° 形容詞的機能　distingué, en bonne santé, joli, beauの類義語. *PR*; *DFC* は不変化形容詞とみなす.

① 付加辞: Ce sont des gens très *bien*. (Giraudoux, *Tessa*, 64)「とても立派な人たちよ」/ J'ai vu quelqu'un de très *bien*. (Sagan, *Brahms*, 32)「とてもすばらしい人に会った」/ Ce qu'il y a *de bien* chez vous, c'est que vous ne refusez jamais rien. (Beauv., *Mém*., 326)「あなたのいい点は, 何事でもけっしていやと言わないことね」

② 主語の属詞: Je suis *bien*? ― Tu es merveilleux. (Giraudoux, *Tessa*, 204)「りっぱかい? ― すてきよ」/ Tessa n'est pas *bien*, tu sais. (*Ib*., 240)「ね, Tは体の具合がよくないの」/ Tessa est très *bien*. (*Ib*., 241)「Tはりっぱな娘です」

◆複合時制: J'ai été *bien* pendant quelque temps.「しばらく体の調子がよかった」▶形容詞機能では×J'ai bien été... の語順は不可.

③ 直・目の属詞: Mais je ne trouve pas du tout ça *bien*. (Achard, *Nouv. hist*., 133)「だが私はそれをいっこうにりっぱだとは思わない」

4° *aller bien*「健康である」⇨ aller 10°; *bien* + 形 + *pour* (= trop... pour) ⇨ pour II. 4° ③

bien que ― 1° 日常語ではquoiqueのほうが

bilabiale

多いが，会話でも用いられる．用法はquoique と同じ．

① + 接 : Il n'est pas venu, *bien qu*'il l'ait promis. (F, 1025)「約束したのに来なかった」/ Vous êtes une gentille petite fille, *bien que* vous soyez parfois fatigante. (SAGAN, *Bonj.*, 56)「あなたは可愛らしい女の子だ．ときにはこちらがくたびれるがね」

② + 形 過分，など (主語とêtreの省略) : La nuit, *bien qu*'étoilée, est encore très noire. (*Thib.* VIII, 141)「夜は星こそ出ていたが，まだまっ暗だった」/ *Bien que* blessé au genou, Berger peut marcher. (MALRAUX, *Lazare*, 56)「膝にけがをしていたが，Bは歩くことができる」/ Ce petit animal, *bien que* de la famille des primates, n'a presque rien des singes. (GIDE, *Feuillets*, 59)「この小動物は霊長類に属するが猿に似たところはほとんど何もない」

③ + 副詞的補語 : J'avais grand soin de continuer à lui sourire, *bien que* le cœur outré. (*Ib.*, 57)「腹は立ったが，つとめて彼にほほえみ続けた」

④ + 現分 : *Bien que* n'ayant jamais tenu un sabre, si le général l'exige, je me battrai. (ANOUILH, *P.G.*, 198)「剣を手にしたことは1度もありませんが，将軍のお言い付けとあらば，闘いましょう」

⑤ + 直 (= et pourtant) : Je suis encore digne de Pascal, *bien qu*'il est probable (...) que je ne profiterai pas de cette chance. (COCTEAU, *Th.* II, 175)「わたしはまだPと結婚することもできる体よ．もっともそうしそうもないけれど」/ *Bien qu*'après tout, Blanchette est libre... (ARAGON, *Aurél.*, 110)「とはいえ，結局Bだって自由だが」

2° = *quoi que* (誤用) : *bien que* j'en aie (JOUHANDEAU, *Procès*, 129)「否応なしに」(< quoi que j'en aie < malgré que j'en aie) / *bien qu*'en dise le colonel (COURTELINE—S, II, 393)「大佐が何と言おうと」

bilabiale ⇨ consonne

bientôt — à [pour] + bientôt : Ce ne serait pas *pour bientôt*. (LOTI, *Ramuntcho*, 76)「そうすぐのことではないだろう」/ A bientôt. 「また近いうちに」

　Très bientôt. (くだけた会話) : Mais un jour, je te demanderai tout. Très bientôt. (SAGAN, *Brahms*, 143)「だが，いつかは何もか も話してもらうよ．ごく近いうちにね」/ A très bientiot. (ID., *Sourire*, 33)「じゃあ，またじきにね」

binocle — lorgnonの旧称．単数が普通 : Elle portait *un binocle* cerclé d'or. (ARLAND, *Ordre*, 470)「金縁の鼻めがねをかけていた」 ▶ lunettesの類推による複数形も見られる : un ingénieur à *binocles* (ROMAINS—TH) / derrière *ses binocles* (DORGELÈS—TH)

bœuf — 発音 : [bœf] 複 bœufs [bø]. 単数のbœuf grasは伝統的に[bøgra]と発音され，FOUCHÉ (478)；*PR*はこれだけを記すが，D (103, n.)は1880-90年ごろまでの古い発音で今日では単数はいつも[bœf]と説き，GEORG (*Jeux*, 59)；*EBF*はこれに従う．

bon(ne) — 1° liaison : *bon* ami [bɔnami]. 非鼻音化する．

2° 比較級 : meilleur, moins *bon*.　最上級 : le meilleur, le moins *bon*.

　plus bon を用いる場合

①*Plus* il est *bon*, plus il est dupe.「人がよければよいほど，だまされる」/ Plus il vieillit, *plus il est bon* [または meilleur il est]. (H, 575)「年をとればとるほど，人がよくなる」

②Il est *plus bon* enfant que moi.「彼は私よりお人よしだ」(bon enfantは複合語)

③*plus* ou moins *bon*「多少ともよい」

④Ce n'est ni *plus bon* ni plus mauvais.「もっと良くももっと悪くもない」

⑤simple, créduleの意のとき : Vous êtes bon de croire cela! — Et vous, vous êtes encore *plus bon* de croire ceci! (G, 364 a; N, II, 333)「そんなことを真に受けるとは人がいいね．—でも君は，こんなことを真に受けるなんて，もっと人がいいよ」▶H (174)はVous l'êtes encore davantage. を勧める．

⑥Il est *plus bon* que juste. (G)「彼は公正というよりは善人だ」　MART (95)はIl est *bon* plus qu'il n'est juste [または *plutôt bon* que juste].と言うことを勧める．LE B (II, 276)は許容．

3° *il fait bon* (de) + 不定詞 ⇨ faire XIV. 3°

4° *à quoi bon* 17世紀には*A quoi* est *bon* de se cacher? (MALHERBE)「隠れたとて何になろう」/ *A quoi bon* de dissimuler? (MOL.)「隠したとて何になろう」と言ったが，17世紀後半以後全くの成句となる．

①A quoi bon + 不定詞 ?「…をしたとて何になろ

②省略的に：*A quoi bon*?「そんなことをしたとて何になろう」

③A quoi bon＋名 (bonは無変化)：*A quoi bon* la fortune?「財産など何になろう」

5° ***bon à*** 不定詞 ⇨ infinitif V. 1°

bon marché ⇨ marché

bouger ── Il ne *bouge* pas.「身じろぎもしない；家にじっとしている」▸まれに古文調でpasを省く (*EBF*, 1684)：Ne *bougez* de là. (Ac)「そこから動くな」

boulevard ── (sur le) boulevard X：Il habite *sur le boulevard* Magenta. (Col)「彼はM通りに住んでいる」◆dansは不可．通りの名を添えるときはsur le はしばしば省略される：J'allais assez souvent dîner *boulevard* Monparnasse. (Beauv., *Mém.*, 200)「M通りにちょくちょく晩ごはんを食べに行った」⇨ avenue, rue

but ── 発音．地方では一般に[byt]，パリでは常に[by] (Mart, *Pr.*, 329)．

♦ dans le but de「の目的で」 dansは類義の dans le dessein de, dans l'intention deの類推．cf. *dans* ce *but*「この目的で」/ *dans* quel *but*「何の目的で」．時に同義でavec le *but* de．

▸ dans le but deはremplir un *but*「目的を達する」/ poursuivre un *but*「目的に達しようと努める」と共に今日なお非難されることがあるが (cf. Georg, 52-3), いずれも許容すべきである．

C

c — 発音. ① [s]. e, i, yの字の前: *c*ent, *c*e*c*i, *c*ygne. 例外的に æ, œ の前: *c*æsium [sezjɔm] (=césium) / *c*œliaque [seljak] ② [k] (1) a, o, uの字の前: *c*anne, *c*aisse, *c*oq, *c*ontre, *c*œur, *c*ube, *c*ueillir. (2)子音の前: *c*loche, *c*rabe, a*c*te, di*c*tée, do*c*te. ③ [g]. 例外的: se*c*ond, se*c*onder, zin*c* (次項). ④ 語末のc (1)[k]: la*c*, be*c*, su*c*. 有音子音の後: ar*c*, fis*c*, mus*c*. ただし cler(*c*), mar(*c*), por(*c*). (2)無音: caoutchou(*c*), cro(*c*), estoma(*c*), taba(*c*). ことに鼻母音の後: ban(*c*), blan(*c*), fran(*c*), jon(*c*), tron(*c*). ただし donc または don(*c*).

ç [s]. a, o, uの前に用いる: *ç*a, le*ç*on. ことに [s]の音のcを持つ語からの派生語, 動詞活用形: Français, reçu.

cc ① [ks]. e, i, yの前: a*cc*ès, a*cc*ident. ② [k]. 上記以外の場合: a(*c*)compagner, a(*c*)cumuler, a(*c*)clamer.

ch ① [ʃ]: *ch*eval. ② [k]: ar*ch*ange, *ch*œur, or*ch*estre. 子音の前では常に: *ch*rétien, te*ch*nique. ③語末: (1)普通は[k]: vare*ch*, auro*ch*s[-k(s)]. (2)若干の固有名詞は [ʃ]: Fo*ch*, Marrake*ch*. (3)無音 (例外的): almana(*ch*). ④ 英語からの借用語 (i) [tʃ]: sandwi*ch*. (ii) [ʃ] (フランス化されたもの): 飲物の pun*ch*[pɔ̃:ʃ], lun*ch*[lœ̃:ʃ]または[lœntʃ]. (iii) 特別な例: ya(*ch*)t [jɔt].

ck [k]: colba*ck*, bo*ck*.

cq (1)[k]: Leco*cq*. (2)無音: Lecler(*cq*).

cqu [k]: a*cqu*érir.

ct (語末) (1) [kt]: ta*ct*, inta*ct*, conta*ct*, dire*ct*, corre*ct*. (2)無音: aspe(*ct*), respe(*ct*), succin(*ct*), instin(*ct*). (3) [kt]または無音: circonspe(*ct*), distin(*ct*), exa(*ct*), suspe(*ct*).

ça — 一般に cela の短縮形とみなされる. D (*Etym.*)は v'là (< voilà)が va とならないように, cela > ça とはなり難いと考え, 副詞 ci, çaから ceci, c(e)ça > çàが作られたらしいと説く. 用法は ⇨ ceci.

cabinets — 「トイレ」の意ではいつも複数. Сон (*Reg.* I, 51)はこれを pluriel pudique と名づける: aller *aux cabinets* (*DFC*)

caleçon — 「(男子用)パンツ」(*caleçon court*) から「ズボン下」(*caleçon long*) までを言う. イタリア語 calzoni (複数)を借用したもので, 複数語としてフランス語にはいったが, pantalon, culotte の類推による単数のほうが現代では普通: Garde *ton caleçon*, ça suffit. (Maupass., *En famille*) 「パンツをはいたままで, それで充分」/ Il faut que je mette *des caleçons* plus chauds. (F, 320) 「もっと暖かいズボン下をはかなけりゃいけない」▶ ACの勧める caleçons のほうが, かえって俗用と感じられる. 単数も slip「ブリーフ」に代わられる傾向にある.

canaille — cette *canaille* de Guizot (CL) 「あのGの悪党」. 俗語では後続名詞の性に一致して, 時にce *canaille* de gamin (G, 303, Rem. 2, n. 3) 「あの悪童」(⇨ espèce). 形容詞的用法では, Lit は無変化とし, *DG* は変化させる: des manières *canaille*(*s*) 「下品な態度」

car — 1° *car*と*parce que* carは前文の理由・説明を述べ, parce que は原因を表わす. carは常に他の節に後続, parce que ではじまる従属節は時に主節に先行: Mon ami est certainement fatigué, *car* il est plus nerveux que d'habitude. 「私の友だちはきっと疲れているのです. というのは, いつもよりもっと神経がいらだっているからです」/ Paul ne nous accompagnera pas aujourd'hui, *parce qu*'il est malade. ; *Parce qu*'il est malade. Paul... 「Pは今日いっしょに来ないでしょう, 病気ですから」▶ 凝ったフランス語は上記の区別をするが, 口語では混同し, 作家は用語に変化を与えるために car, parce que, puisqueを同義に用いることがある.

2° *car*と*en effet* ⇨ effet

3° car... et que : Il était bien obligé, alors, d'accepter un peu de chocolat. Il le faisait volontiers, *car* il l'aimait *et que* c'était le meilleur de Paris. (VIALAR—GEORG, 151)「そうなるとどうしても少しばかりココアをもらわざるをえなかった. 喜んでそうしたが, それというのも, 彼はココアが好きだったし, それがパリで一番上等のものだったからだ」▶現代作家がしばしば用いるこの用法は誤用とされている. *que*を省くか, 陰影は異なるが*parce que... et que*とすると正規の構文になる.

cas — 1° ***en tout cas***「ともかくも」/ *dans* [まれに *en*] *tous les cas*「ともかくも」/ *en* [*dans*] *ce cas*「それなら」/ *en* [*dans*] *chaque cas*「どの場合にも」/ *dans ce cas-là*「その場合には」/ *en cas d'accident*「もしものことのあった場合には」/ *dans* [*en*] *aucun cas*「いずれにしても…でない」/ *auquel cas*[⇨ *lequel* II)

2° ***au*** [***dans le***] ***cas où***＋条; ***au*** [***en***] ***cas que***＋接 (文学的. まれ) ①条件: Je voudrais bien savoir s'il serait venu *en cas qu*'on l'eût invité [*au cas où* on l'aurait invité]. (MART, 430)「彼をよんだ場合, 彼が来たかどうか知りたいものだ」▶まれに*au cas que* [*dans le cas où*]＋直 (CL), *au cas où*＋接 (S, II, 353) ②譲歩「…にしても」(中平『フ研』n° 1) ◆*pour le cas où*＋条 [まれに 接]「…の場合に備えて」

catachrèse [濫喩] — 語の本来の意味と相容れない意味に語義が拡張すること. *débarquer* (=sortir d'une barque)「上陸する」が単に *sortir*の意となり (cf. *débarquer d'une diligence* [*d'un train*]「乗合馬車 [列車] から降りる」), 本来「羽」で作られた「ペン」が *plume de fer*「鉄のペン」といわれ, *parricide*「父殺し＞親殺し」などがその例. 事物を示す語のないときに共通の性質を持つ他の事物を表わす語を用いることを言うこともある: *les ailes d'un moulin*「風車の翼」(*Gr. Lar. XX*ᵉ, 428)

causale (proposition) [原因節] — 原因を表わす副詞節.
1° 原因の接続詞 (相当句) ⇨ *conjonction* II. 2° ①
2° 原因を表わす他の手段 ①*pour* [*à, de*] 不定詞: Tu es agaçant à [de] me déranger, quand je travaille. (N, VI, 364)「仕事をしているのに邪魔をしてはうるさいね」⇨ *pour* II. 5° ②形容詞: Honteux de sa faute, il ne se montrait plus. (C, 395) (=parce qu'il était honteux)「自分の過失を恥じて彼はもはや姿を現わさなかった」⇨ *comme*² II; *que*¹ III. 1° ② (1); adjectif qualificatif V. 3° ③ ⇨ participe présent III. 4° ⑤; participe passé IV. 4° ②, 5° ②
④副詞 ⇨ *tant* 6°
⑤独立節: Ma femme ne sortira pas ce soir; elle est souffrante.「妻は今夜外出しますまい. 加減が悪いので」⇨ deux points 3° ①; imparfait de l'indicatif II. A. 4°

cause — *à cause que* (=parce que) 古典語から用いられ, 現代でも古文調として文学語に採り入れられることがあるが, 普通は俗語: Ça le gênait de ne pas pouvoir appeler Leurtillois Aurélien, *à cause qu*'il était Roger pour Simone. (ARAGON, *Aurél.*, 337)「LのことをAと呼べないのにはまいっていた. SにはRという名にしておいたからだ」

causer — 自動 (=parler, bavarder)
1° ①***causer de qch*** [***qn***]: Nous *causions de* nos études, *de* nos lectures, *de* nos camarades, *de* nos professeurs. (BEAUV., *Mém.*, 92)「われわれは勉強, 読書, 学友, 先生のことを話した」/ *De* quoi veux-tu *causer*? (ID., *Mand.*, 155)「何の話をしたいのかい」/ Je voudrais qu'on *en cause*. (*Ib.*, 155)「それを話し合いたいのだ」/ Les pavillons *dont* je *cause*, ils y sont toujours. (CÉLINE, *Mort*, 100)「私が話している小屋は今でもそこにある」
②省略的: *causer* affaires「商談する」/ *causer* littérature [politique]「文学 [政治] を論じる」▶*causer d'*affaires, *de* littérature, *de* politique とも言うが, *causer* chiffons「おしゃれの話をする」は慣用句で *de* は用いない (*DBF*).
③***causer avec qn***: J'ai *causé avec* lui à ton sujet. (*DH*)「きみのことを彼と話した」
　causer à qn *parler à qn* の類推形. 誤用 (*RM; DH; DBF; MFU*). G. (*Pr.* IV, 180-2); Hは普及を予言.
④補語なしに (=s'entretenir familièrement): Mes parents me parlaient, et moi je leur parlais, mais nous ne *causions* pas ensemble. (BEAUV., *Mém.*, 92)「両親は私に話しかけたし, 私も彼らに話しかけた, しかしいっしょに話し合うことができなかった」

2° ***causer*** (***le***) ***français*** *parler* (*le*) *français* にならった誤用.

ce¹ ── 中性指示代名詞. 古仏語では強勢をとり得たが, 現代では古語法の名残り(⇨ I)を除き無強勢 (強勢形は ceci, cela, ça). être の主語 (⇨ II), 関係代名詞の先行詞(⇨ III)となるのが主要な用法である.

I. 古語法の名残り (=*cela*)

1° *devenir*, *laisser*, *paraître*, *sembler*, *venir* などの主語：*Ce* lui *devint* un plaisir de la voir. (M)「彼女に会うのが彼には楽しみになった」/ quand *ce vint* à mon tour (M)「私の番になったとき」/ Dire : «J'ai perdu ma place», *ce* me paraissait encore assez facile. (DUHAMEL, *Confess.*, 27)「『職を失った』と言うのは, まだしもかなり容易なことに思われた」/ L'améthyste est une pierre très convenable, *ce* semble, à orner l'anneau pastoral. (FRANCE, *Anneau*, 120)「紫水晶は司教の指輪を飾るにはまことにふさわしい宝石のように思われる」

▸ *ce* me semble が最も普通 (ce semble は古文体). 文の中間・末尾に挿入される. il (me) semble que では, il の代わりに ce は用いられない.

♦次例では être の主語 ce が強勢をとる：J'avais cru que cet enfant serait un lien nouveau et beaucoup plus fort entre Philippe et moi. *Ce n'était pas.* (MAUROIS, *Climats*, 259)「この子が Ph と私との間の新たなはるかに強い絆となるであろうと信じていた. ところが, そうはいかなかった」/ *quand ce serait* (ARLAND, *Ordre*, 255)

2° 直接目的語：*ce* disant「そう言いながら」/ *ce* faisant「そうしながら」/ pour *ce* faire「そうするために」(語順については ⇨ complément d'objet 5°) ▸ いずれも文章語. 17世紀には *ce* crois-je「私の信ずるところによれば」/ *ce* dit-on「噂によれば」等の挿入節が用いられた.

3° 前+*ce* : sur *ce*「そこで」/ pour *ce*「そのために」

4° 独立して：On l'a attaqué et *ce* en plein jour. (M)「彼は襲われた. しかも白昼に襲われたのだ」⇨ ceci 4°

II. être の主語となる *ce* ce は無強勢, 代名詞 en と e で始まる être の活用形の前では *c'* : *c'*est / *C'*en est fait.「万事休す」▸ その他の場合には, 語末母音は脱落しない：Est-*ce* assez? / Est-*ce* à lui que tu l'as donné?

♦ a で始まる être の活用形の前では *ç* : *ç*'a été / *ç*'aura [aurait] été / *ç*'avait été. ▸ 複合形複数 ×ç'ont été, ×ç'auront été, ×ç'eussent été 等, また疑問形 ×a-ce été, ×ont-ce été 等は用いられない.

♦ ce は être のほか devoir être, pouvoir être の主語にもなる：*C'est* vrai.「本当です」/ *Ce* doit [peut] *être* vrai.「本当に違いない [かも知れない]」/ *Ce ne saurai(en)t être* qu'eux.「彼らでしかあり得ない」

♦時に être と共に変化する自動詞の複合時制の主語となる：*C'est arrivé* comme je vous l'ai dit. (MART, 121)「それは私が言った通りになった」/ *C'était venu* très tôt. (MAUROIS, *Climats*, 286)「あまりにも早くそうなってしまいました」/ Comme *c'est devenu* triste. (BEAUV., *Inv.*, 350)「なんて寂しくなったんでしょう」

1° 指示語としての価値が弱まり漠然とした**形式的な主語として**

① ***C'est bon.***「結構」/ *C'est* trop tard.「後の祭だ」/ *C'est* tout.「これっきりです」/ *C'est* mon père.「私の父です」/ *C'était* le lendemain de l'amnistie. (DAUDET)「特赦の翌日のことであった」

② ***Alors ce sont des cris***, des rires, un tapage infernal. (MÉRIMÉE, *Carmen*)「すると, 大声を立てたり, 笑いこけたり, 地獄のようなかまびすしさだ」/ Quand la chèvre blanche arriva dans la montagne, *ce fut* un ravissement général. (DAUDET, *Chèvre*)「白い山羊が山に着くと誰もかもがうっとりとしてしまった」/ Puis *ce fut* un hurlement dans la montagne. (*Ib.*)「それから山の中で唸り声がした」⇨ nom d'action 2° ②

③ 前文の説明：Le chant d'un coq vibra dans l'air. D'autres y répondirent; *c'était* le jour. (FLAUBERT, *St Julien* II)「鶏の声が空中に響き渡った. ほかの鶏がそれに応えた. 夜が明けたのだ」♦多くは関係節を伴う：La salle était remplie d'un monde en grande toilette. *C'était* la haute société de Chambéry qui attendait le train d'Aix-les-Bains. (BORDEAUX, *Peur* I, 1)「室内は盛装した人々で一杯だった. Ch の上流階級の人たちが A 行きの列車を待っていたのだ」/ J'avertirai ton papa que tu musardes et il te grondera. ─ Madame, *c'est* Poil de Carotte qui m'a dit d'attendre. (RENARD, *Poil*)「お前がブラブラ遊

び歩いているって, お父さんに言いつけるよ. そうしたら, 叱られるだろうよ.——おばさん, "にんじん"がここで待ってろって言ったんだもの」
▶︎ Qu'est-ce qu'il y a? Qu'est-ce que vous avez donc?「どうしたのです」の答えにしばしば用いられる. 召使が来客を告げる *C'est* M. X.「X様がお出でです」はこの種の問いに応じる説明.
④ ***C'est un soldat.***「彼は兵卒だ」(Il est soldat. は一般に無冠詞) ▶︎ ただし, 俗語で *C'est* vicomte, on ne sait comment! (M)「どうしてなったかは知らないが, 奴は子爵なのだ」
2° ***c'est ici*** [***là***] = ceci [cela]. 名詞・代名詞を属詞とするとき, ceci, celaはその構成要素に分かれる (ただし c'est ici は属詞が場所あるいは時を表わす場合に限る): *C'est ici* le moment de parler. (M)「今こそ話すべき時だ」◆属詞が場所・時以外のものを表わす場合 ceci は est と c'est là に分かれる: *Ceci est* un roman. (MAUPASS., *Le Roman*) / *C'est là* ce que je voulais dire.「私の言おうとしたのはそれなのです」/ *Ce n'était* pas *là* mon intention.「私はそのつもりじゃなかったのです」
3° 既出の観念を受けて: Vous avez tort, *c'est* évident.「君は間違っている. それは明らかだ」
4° 文頭に転位した主語を繰り返す
① **主語が名詞** (1) **属詞が人称代名詞**の場合, あるいは主語が単数名詞で属詞が複数名詞の場合は ce が必要: Les vraies victimes de la guerre *c'est* nous. (SARTRE, *Mur*, 163)「戦争の本当の犠牲者はわれわれだ」/ Le gibier du lion, *ce* ne sont pas moineaux. (LA FONT., *Fab.* II, 19)「ライオンの獲物は雀ではない」⇨ accord du verbe A. I. 9°
(2) **属詞が不定詞・節**ならば多く ce を用いる: La vérité, *c'est* que tu es un traître. (SARTRE, *Diable*, 224)「本当のところは, お前は裏切者なのだ」/ L'important *c'est* de réussir ce qu'on fait. (BEAUV., *Tous les h.*, 14)「肝腎なのは自分のしていることをやりとげることだ」▶︎ 属詞が節の場合, ce を用いないことも少なくない. ⇨ que⁴ I. 2°
(3) **属詞が形容詞**ならば, 普通は ce を用いない. ce の使用は感情的表現: Ah! les coutumes, monsieur, *c'est*... *c'est* curieux. (SARTRE, *Nausée*, 52)「風俗って, ほんとに不思議なものですね」/ Ces gens de campagne, *c'est* si rapace. (DAUDET, *Sapho*, 38)「田舎者ってや

つは実に強欲なのだ」▶︎ この種の文では属詞は転位された語を直接に修飾するのではなく, 独立して示されるから強調的, 無変化. S (I, 292) は Une main *c'est* laid. は Une main est laide. と同じではなく, Une main est quelque chose de laid. に相当すると説く
② **主語が *ce* + 関係節** (1) **属詞が名詞・不定詞**ならば, 多く ce を使用: Ce que j'aime, *c'est* la vérité.「私が愛するのは真実だ」/ Ce que je crains(, *c'*)est d'être surpris. (LIT)「私が恐れているのは不意打を食うことだ」(c' の省略は例外的)
▶︎ 属詞が複数名詞ならば ce は必要: Ce qu'il faut lessiver, purifier, *ce* sont les âmes. (DUHAMEL, *Querelles*, 43)「洗い清めなければならないのは魂だ」
◆ce dont [à quoi] ..., c'est (de [à]) ... (前置詞の反復が普通): *Ce dont* j'eus le plus à souffrir, *ce fut de* ma sensibilité maladive. (GIDE—S, II, 108-9)「私が一番苦しまなければならなかったのは, 私の病的な感受性だった」
(2) ***c'est*** は時に原因節, ⟨pour 不定詞⟩を伴う (S, II, 109): Ce que j'ai fait, *c'est* parce qu'il souffrait. (=Si j'ai fait cela)「私がそうしたのは彼が苦しんでいたからです」/ Ce que j'en dis, *c'est pour* te remercier.「私がそういうのは君に礼を言うためなのだ」
③ **主語が不定詞** (1) **属詞が不定詞**ならば ce は必要: Laisser le crime impuni, *c'est* s'en rendre complice.「罪を罰さずに置くのは, その共犯者になるのに等しい」
◆否定文では一般に ce を用いない: Abuser n'est pas user.「濫用は使用にあらず」▶︎ まれ: Peindre, *ce n'est pas* copier servilement l'objectif. (PEYRÉ, *Conn. de Baudelaire*, 152)「描くとは対象を卑屈に描写することではない」
(2) **属詞が名詞**ならば, ce の使用は任意: Abuser de l'infirmité, de l'innocence, de la candeur, *c'est* une abominable lâcheté. (GIDE, *Symph.*, 74)「病身, 無邪気, あどけなさにつけこむのは, にくむべき卑劣行為だ」/ Mais tuer n'est pas la solution. (CAMUS, *Caligula* IV, 12)「だが, 殺すのは解決にはならぬ」
④ **主語が節** 多く ce を用いる: Que la vie organique soit répandue dans tous les univers, *c'est* ce dont il est difficile de douter. (FRANCE, *Jardin*, 5)「有機的生命が

全宇宙に瀰漫しているというのは疑い難いことだ」⇨ que⁴ I. 2°

5° 外観的主語として 論理的主語は（代）名詞,〈de 不定詞〉,従属節：*C'est* charmant Paris, en ce moment! (GÉRALDY, Rob. et Mar. I, 3)「今パリはすばらしいよ」/ *C'est* joli, une jolie vieille dame! (*Ib.*, I, 4)「きれいなんだなあ, きれいなお婆さんてのは」(上記4°①(3)と同じく, 属詞は無変化) / *C'est* très grave *ce que vous allez me dire*. (*Ib.*, I, 5)「あなたが言おうとしていることはとても重大よ」/ Comme *c'est* laid *d'être jaloux*! (CAMUS, Caligula II, 10)「人をそねむのは何という醜いことだろう」(⇨ 下記 6°①) / *C'est* grand dommage *qu'il ait échoué*! (DG)「彼が失敗したのは非常に残念だ」⇨ si¹ II. 1°②; comme¹ II. 3°③; quand¹ III. ①

なお, c'est＋形＋de 不定詞 [従属節]については ⇨ 下記 11°①(2)

6° *c'est... qui* 主語の強調. ① ***C'est lui qui a dit cela.*** 「それを言ったのは彼だ」. 本来は上記5°の構成：*C'est* lui, (celui) *qui a dit cela*. (⇨ qui¹ B. I. 1°)すなわち「誰かがそれを言った」ことが話者・聴者間の既知の事実である場合, その主語を強調的に表わす言い方. ◆*Qui est-ce qui* a dit cela? (< qui est-ce, celui qui a dit cela) / *Qu'est-ce qui* est arrivée? (< Qu'est-ce, ce qui est arrivé)は c'est の属詞に疑問詞 qui, que を用いた同一構成.

② ***C'est votre frère qui va être ravi!*** (Thib. I, 153)「弟さんもさだめしお喜びのことでしょう」/ *C'est* le grand *qui riait*! (DAUDET, Contes, Enfant espion) (=Le grand, comme il riait!)「兄貴の笑ったこと」▶ 主語も関係節の内容も聴者にとって未知の事実. Votre frère va être ravi. Le grand riait.の感情的表現.

③ 前文の説明 ⇨ 前記 1°③

④ 関係節の動詞の人称 qui はcelui qui の意であるから, 論理的には動詞は常に3人称に置かれるべきだが, ce の属詞が先行詞と考えられて, 動詞はこれに一致する：*c'est moi qui ai dit* / *c'est toi qui as dit* / *c'est nous qui avons dit* / *c'est vous qui avez dit* / *ce sont* [c'est] *eux qui ont dit*. ◆この規則は17世紀に定められたもの. 17世紀にはまだ次のような例がある：Je vous demande si *ce n'est pas vous qui se nomme* Sganarelle. (MOL., Méd. m. lui I, 5)「Sとおっしゃるのはあなた様ではございませんか」▶ 現代俗語：*C'est nous qui est* [*sont*] *les prolétaires*. (BAUCHE, 93)「プロレタリアはわれわれだ」

7° *c'est... que* ① 直・目の強調：Ce n'est pas *cela que nous demandons*.「われわれが求めているのはそんなことではない」▶ *Que'est-ce que vous cherchez?*は直・目として疑問代名詞 que を用いた構成.

② 属詞の強調 ***c'est... que*** ＋名：*C'est* peu de chose *qu'un homme*. (FRANCE, Vie litt. II, 199)「一個の人間は取るに足らぬものだ」◆これは Un homme est peu de chose. に c'est... que を用いて得られた *C'est* peu de chose *qu'un homme est*. の最後のestを省略した形と説明される (AYER, 628; MART, 123, n. 3). *Qu'est-ce que* la vie? または *Qu'est-ce que c'est que* la vie?「人生とは何か」も同じ構成.

c'est... que de 不定詞：*C'est* un péché *que de mentir*.「嘘をつくのは罪悪だ」 c'est... de 不定詞は ⇨ 上記 5°

◆c'est... que ＋不定詞は今日では古文調. この構成は属詞も不定詞である場合に限ると説く者があるが (cf. AYER, 626), 属詞が名詞のこともある：*C'est* pouvoir *que* [*de*] *vouloir*. (*Lar.*)「欲するは能うるなり」/ *C'est* encore obéir *que faire ce que tu fais*. (VIGNY, Journal, 1838)「お前がしているようなことをするのは, やはり服従することにほかならない」▶ まれ：*C'est* une grande erreur *que* faire une confiance illimitée à la méchanceté des hommes. (MONTHERL.—G, 522, B, Hist.)「人間の意地の悪さに度の過ぎた信頼を与えるのは大きな間違いだ」

c'est... que ＋主語＋繋合動詞：*C'est* Georges *que vous vous appelez?* (ANOUILH, P.N., 312)「Gっておっしゃるのですか」/ *C'est* officier *que je veux être*. (W, §318)「私がなりたいのは士官です」▶ 属詞が形容詞の場合 ×*C'est* malheureux *que je suis*. は不可 (D, 427).

③ その他の要素の強調 (1) 間・目：*C'est* à lui *que je parle*.「私は彼に話しているのだ」(2) 同格形容詞 (間接属詞)：*C'est* monté sur l'hippogriffe *que Roger délivre Angélique*. (N. Lar., hippogriffe)「ヒッポグリフ (翼のある鷲頭馬身の怪獣) にまたがってRはAを救う」(3) 状況補語：*C'est* maintenant *qu'il faut agir*.「今こそ行動を起こさねばならぬ」/ *C'est*

à ce moment *que* j'entrai.「私が入ったのはその時であった」/ *C'est* sérieusement *que* tu dis cela?「本気でそう言っているのかね?」/ *C'est* pour te tromper *qu*'il t'a dit cela.「彼が君にそう言ったのは君をだますためなのだ」/ *C'est* en rougissant *qu*'elle l'a dit.「彼女は顔を赤らめながらそう言った」/ *C'est* surtout quand le malheur arrive, *qu*'on est heureux d'avoir une petite épargne.「少しばかり蓄えがあるのが幸福に思われるのは, ことに不幸が起こった時だ」
♦間接補語の強調には前置詞を補語の前に置くのが普通の構成. ただし, 今日でも時に〈前 ＋ 関係代名詞〉によってこの関係を表わす古語法にならうことがある：*C'est* vous *à qui* je parle. (=C'est à vous que je parle.) / *C'est* vous *pour qui* je travaille. (=C'est pour vous que je travaille.) / *C'est* Rome *où* il demeure. (=C'est à Rome qu'il demeure.) / *Ce* n'est pas la faim *dont* je souffris. (=Ce n'est pas de la faim que je souffris.)
この構成は次の場合には必要. (i) ***dont**, de qui* が名詞の補語となるとき *Ce* n'est pas sa vie réelle *dont* Villon nous fait ici le tableau. (G. PARIS—N, V, 12)「Vがここに描いているのは彼の真の生活ではない」(ii) 関係節が *qui* または *que* で始まる他の関係節の後に並置されるとき：*C'est* elle justement *que* je venais voir et *à qui* je voulais parler. (BECQUE—S, II, 129)「私がお目にかかってお話ししたいと思っていたのは丁度彼女なのです」♦ *C'est à* vous *à qui* je parle. 前置詞を繰り返すこの構成は古典時代には普通, 今日では許容されない (LIT, *à*, Rem. 3). 使用もまれ：*C'était de* cela *dont* elle souriait. (ZOLA—S, II, 128)

8° ***c'est... qui*** [*que*] における *c'est* の時制　後続する動詞の時制とは無関係に現在形に置くことができる：*C'est* lui qui *parle* [qui *a parlé*, qui *parlait*, qui *parlera*, など]. cf. *C'est* Marthe qui *vint* m'ouvrir. (RADIGUET, *Diable*, 55)「ドアをあけに来たのはMである」
♦後続する動詞が単純時制に置かれている場合には, *c'est* を同じ時制に用いることができる：*C'était* lui qui *parlait*. / *Ce fut* lui qui *parla*. / *Ce sera* lui qui *parlera*. など. cf. Ce n'*était* pas de froid qu'il *tremblait*. (DAUDET)「彼が震えていたのは寒かったからではなかった」/ *Ce fut* Eve qui *vint* lui ouvrir. (SARTRE, *Mur*, 44)「彼のためにドアを開けに来たのはEだった」

9° ***c'est que*** ① 単に**属詞となる補足節を導く**：Ce qu'il y a de sûr, *c'est que* vous n'avez pas l'air d'un mauvais homme. (DAUDET—S, II, 10)「確かなのはあなたが悪人には見えないことだ」/ La vérité [Le malheur, L'essentiel], *c'est que*...「真実は [不幸なのは, 肝心なのは] …という [する] ことだ」

②**陳述の強調**：Pensez-vous que je ne m'en sois pas aperçue? *C'est que* je suis fine, moi! (MONTHERL., *Brocél*. II, 6)「私がそれに気づかなかったと思っていらっしゃるの. 目ざといんですよ, 私は」/ *C'est qu*'il a la peau blanche comme une fille, ce môme-là. (*Thib*. I, 96)「女のこのように白い肌をしているのね, この坊やは」

③ (=***c'est parce que***)：Si je suis venu, *c'est que* vous me l'avez demandé. (MART, 403)「私が来たのは, あなたが来てくれと言ったからです」/ M'écoutes-tu?—Mais oui, très bien. — *C'est que* tu as l'air de dormir... (*Thib*. II, 95)「聞いてるのか.—そうとも, ちゃんと.—眠っているみたいだからさ」(M'écoutes-tu? と尋ねた理由) ▶ *c'est que* の後を言うのをためらって：Faites-lui porter un masque de fer.—*C'est que*...「彼に鉄仮面をつけさせなさい.—実は…」

quand [chaque fois que, puisque]..., *c'est que*：*Quand* on entend sonner à la porte, *c'est qu*'il y a quelq'un à la porte. (IONESCO, *Th*. I, 34)「ベルをならす音が聞こえるときには, 戸口に誰かいるからさ」/ Ecoute: *quand* les gens hésitent à mettre un million pour un mois dans une villa *c'est qu*'ils peuvent le faire. (DURAS, *Th*. II, 20)「いいか, 別荘にひと月 100 万出そうか迷っているなんてときは, それができるからなのさ」/ *Quand* on ne couche pas ensemble, *c'est* parce *qu*'on se fait une idée presque religieuse de l'Amour. (GRENIER, *Ciné*, 212)「いっしょに寝ないなんてときは, 愛について宗教的とも言える考えを持っているからさ」/ *Puisqu*'il en est ainsi, *c'est qu*'il ne peut en être autrement. (IONESCO., *Rhinoc*., 151)「そうなったところをみると, そうなるほかはないからです」

[名] [代] ＋ *qui... c'est que* くだけて：Ceux qui s'ennuient ici-bas, *c'est qu*'ils ne savent pas voir. (DOUMIC, *Etudes Litt. fr.*

III, 123)「この世で退屈するやつは物を見ることを知らないからだ」
▶ *L'infirmerie, c'est qu'on est pour mourir.* (CARCO—S, II, 13) (=Quand on est à l'infirmerie, c'est qu'on va mourir.)：「医務室に入ったってのは死にかかっているからさ」
④疑問詞+*c'est que* (《俗》= 疑問詞+est-ce que)：*Où c'est que je signe?* (PAGNOL, *Fanny* I, 2)「どこに署名するんだね」⇨ que ⁴ VIII. 3º

10º *ce n'est pas que*+接 ① (=il ne faut pas croire pour cela que ; on ne peut pas dire que ; je ne veux pas dire par là que)：*Ce n'est pas que je sois vraiment malade.* (TH)「私が本当に病気なわけではない」
② (=Ce n'est pas parce que)：*Ce n'est pas que j'aie faim, mais je suis gourmand.* (F, 46)「お腹が減っているからではなくて、食いしん坊なのだ」
▶ ただし17世紀の語法で *Ce n'est pas que*+直 =en vérité, tout de même. (B, 828, n. 1).

11º *ce と il*
①*c'est* [*il est*]+形 (1)ceは既出の観念を受け、ilはその後に論理的主語を伴う：*Voulez-vous que je vous accompagne? — C'est inutile.*「ごいっしょしましょうか?—それには及びません」(cf. 上記 3º) *Il est inutile de m'accompagner.*「いっしょに来てくださるには及びません」▶ ただし、*c'est vrai* [*cela est vrai*] とも *il est vrai* とも言う。⇨ il impersonnel IV. 2º
(2)論理的主語を伴う場合、ceの使用は形容詞を強調する感情的表現：*Comme c'est bon d'être heureux!* (DUHAMEL, *Confess.*, 66)「幸福であるというのは何と楽しいことだろう」
▶ *Il est bon d'être heureux.* は客観的記述。
② *Quelle heure est-ce? — C'est quatre heures.*「今鳴っているのは何時ですか? — 4時です」cf. *Quelle heure est-il?*「今何時ですか」
▶ ce と cela ⇨ ceci 14º

12º *c'est と ce sont* 16世紀まで ce suis je, ce es tu, ce est il, ce sommes nous, ce estes vous, ce sont ils の構成 (je, tu...が主語。強勢をとるceが属詞)が用いられたが、これと並んで c'est moi [toi, lui, nous, vous] の構成が現われ、17世紀に後者が確立。今日 C'est eux. と並んで Ce sont eux. と言われるのは文法家の干渉による (B, 287).
① 複数(代)名詞の前で(人称代名詞を除く) (1)*ce sont* を用いるのが普通：*Ce sont mes paroles qui vous donnent à réfléchir?* (CAMUS, *Malent.* I, 6)「私の言葉で考え直したのですか」
♦ c'est は古典時代に多い。今日では文語より口語に多く、Gr. Ac. (199) もこれを許容：*C'était des hommes entre deux âges.* (BEAUV., *Tour les h.*, 192)「中年の男たちだった」/ *Ceux qui sont dans la voiture, c'est... toujours les mêmes.* (GIONO, *Regain*, 11)「車の中にいるのはいつも同じ人たちだ」▶ 《俗》：*Ça, c'est des couillonnades de cinéma.* (BEAUV., *Sang*, 39)「映画にはよくあるバカげた話だ」(ce sont とは言わない)
(2) 疑問形 *seront-ce, furent-ce* は聞き苦しいので、BRACHET (360) は sera-ce, fut-ce を勧める：*Sera-ce vos amis qui vous tireront d'affaire?*「あなたを苦境から救ってくれるのは友人たちでしょうか」
♦ sont-ce も同一に扱われ、B (288) は seront [furent]-ce と同様に barbare だと説く。ただし、用例は極めて多く、特にこれを避けるには及ばない。〈est-ce + 複数名詞〉より sont-ce のほうがかえって正規形に感じられると言うフランス人も：*Sont-ce les mêmes gens qu'hier?* (BEAUV., *Bouch.*, 140)「昨日と同じ人たちなんですか」/ *Sont-ce là mes affaires?* (ID., *Pyrrhus*, 13) / *Sont-ce des gens ou filles que vous avez?* (PORTO-RICHE, *Vieil h.* II, 3)
(3)*ce doit* [*peut*] *être* / *ce ne saurait être.* 単数・複数共に可 (G, 809 a, Rem. 2)：*Ce doivent* [*doit*] *être vos amis.*「それがあなたの友だちに違いない」
② *ce sont* [*c'est*] *eux* ce sont eux を用いる伝統は未だに根強いが、c'est は複数名詞の前よりもいっそう多く、次の場合には c'est のほうが普通。(1)疑問形：*Est-ce eux?* (2)否定形：*Ce n'est pas eux.* (3)bien を用いるとき：*C'est bien eux* qui l'ont fait. (4)euxが関係代名詞に先立つとき：*C'est eux que j'accuse.* cf. MART, 120; H, 986.
③ 数個の名詞の前で (1)第１名詞が単数ならば後続名詞が複数であっても c'est が普通：*C'est la gloire et les plaisirs.* (Gr. Ac., 199) ♦ Gr. Ac.; BRACHET (360) はこれを規則とするが、決して絶対的ではない：*Ce sont le goût et*

l'oreille qui décident. (LIT)「決めるのは趣味と耳だ」/ *Ce sont* le tempérament, le milieu, les circonstances qui mènent ces héros. (MORNET, *Hist. litt.*, 248)「これらの主人公たちを動かすのは気質, 環境, 状況である」

(2) **第1名詞が複数**ならばce sontが普通: *Ce sont* [*C'est*] les plaisirs et la gloire. (*Gr. Ac.*, 199)

(3) ceが**複数名詞・集合名詞**を受けてその**内容を分解列挙**するときはce sontを用いる: Il y a en latin trois genres: *ce sont* le masculin, le féminin et le neutre.

♦ceが複数名詞を受けるだけではce sontになるとは限らない. MART (120) はIl y a deux choses qui me manquent: ×*ce sont* du vin et des fruits. 「私に欠けているものが2つある. ワインと果物だ」と言わないのは列挙とは言えないからだと説く. cf. Les deux cercles concentriques, *c'est* Tostes et Yonville. (THIBAUDET, *Flaubert*, 99)「2つの同心円というのはTとYだ」/ Je ne suis pas tout seul. Les autres *c'est* Durand et le garde de première classe Boudousse. (ANOUILH, *Antig.*, 48)「私はたったひとりではない. ほかの者というのはDと一等衛士のBだ」

④ **時間・価格など** 単に1つの時間・金額と考えられるときには単数を用いる: *C'est onze heures* qui sonnent. (LIT)「11時が鳴っている」/ *C'est huit francs*, dit le garçon. (BEAUV., *Inv.*, 412)「8フランです, とボーイが言う」♦属詞が複数の観念を想起させるときは複数（または1°に従って単数）を用いる: *Ce sont* [*C'est*] *deux cents francs* que je ne regrette pas. (H, 989)「200フランだが惜しくはない」/ *Ce furent* pour moi quatre jours de stupeur. (G, 809, 3°)「私にとっては茫然自失の4日間だった」

⑤ *si ce n'est* (=excepté) 無変化の成句: Qui donc mérite la pitié, *si ce n'est* les orphelins et les veuves?「孤児や寡婦を除いて誰が憐憫に値しようか」 ▶普通の条件節の構文を用いて *si ce ne sont pas* les orphelins も可能 (MART, 120).

III. 関係代名詞の先行詞として この場合はàの前でもélisionが行なわれない: ce à quoiとなる.

1° (= *la chose*): Ne tente pas *ce qui* au-dessus de tes forces.「力にあまることは試みてはいけない」/ *ce qu*'il a vu「彼が見たこと」/ *ce à quoi* je pense「私が考えていること」/ *ce dont* il parle「彼が話していること」

ce... de+形: *ce qu*'il a d'original「彼の持つ独創的な点」/ *ce qu*'il y a de terrible「恐ろしいこと」/ *ce qu*'il a trouvé de beau「彼が見出した美しいもの」 cf. *ce qu*'il a trouvé beau「彼が美しいと思ったもの」

ce... de plus+形 最上級: *ce que* j'ai vu *de plus* beau「私が見た最も美しいもの」/ Le sacrifice est *ce qu*'il y a *de plus* beau au monde. (VIGNY, *Journal*, 1829)「犠牲はこの世の最も美しいものだ」. tout ce qu'il y a de plus+形については ⇨ tout I. 1°①(6)

ce... de+名: *ce qui* vous reste *d*'argent「あなたに残っている金」

2° 時に人を表わす (=celui, celle): Il est plus facile de tuer *ce qu*'on ne connaît pas. (CAMUS, *Malent.* I, 1)「知らない者を殺すほうが楽さ」

3° 同格 ①文の同格 多くは文末, 時として文頭・文中に置く: Elle parla de son mari, *ce qu*'elle faisait rarement. (*Thib.* VI, 12)「彼女は夫の話をした. これは彼女としては珍しいことだった」/ Leonor Fini m'a appris que son père était boucher, *ce dont* il avait mortellement honte. (GREEN, *Journal* V, 31)「LFは父親が畜殺業者だと私に教えてくれたが, 彼はそれを死ぬほど恥じていた」/ Elle voulait à tout prix voir le pape, *ce à quoi* vous vous refusiez. (BUTOR, *Modif.*, 124)「彼女はぜひとも教皇に会いたがったが, あなたはそれに応じなかった」

♦文頭: Mais, aujourd'hui, je ne sais plus que dire, et, *ce qui* est plus grave, je ne sais quoi penser. (*Thib.* I, 136)「だが今ではどう言ったらよいか分からない. そしてもっと重大なことに, どう考えたらよいか分からないのだ」

♦文中: Je compris aussitôt, *ce que* je ne savais pas encore, que le chagrin coûtait moins cher. (GIDE, *Feuillets*, 40)「私にはすぐに理解できた. それまで知らなかったことだが, 悲しむほうが痛手は少ないのだ」

♦前文との間の休止を〈；〉〈．〉で表わすことがある: Il avait l'air d'attendre qu'Antoine se remît en marche. *Ce qu*'Antoine fit, sans rien dire. (*Thib.* I, 181)「彼はAがまた歩き出すのを待っているふうだった. そしてAは歩き出

た．何も言わずに」

②**前文中の名詞，形容詞の同格**：Le château des Bronicki ressemblait à une forteresse, *ce qu*'il fut d'ailleurs autrefois. (GARY, *Cerfs*, 108)「B家の館は砦に似ていた．もっとも昔はそうだったのだ」/ Encore faut-il que mes idées soient claires, *ce qu*'elles ne sont pas le plus souvent.(VERCORS, *Portrait*, 40)「それにしても私の考えがはっきりしていなければならないが，たいていはそうではないのだ」

4º **間接疑問節として** qu'est-ce qui, que [qu'est-ce que] は間接疑問節ではそれぞれce qui, ce queとなる．

①*ce qui*：Dites-moi *ce qui* est arrivé.「何が起こったのか話してください」（直接疑問：Qu'est-ce qui est arrivé?）

②*ce que* ⑴**直・目**：Dites-moi *ce que* vous faites.「何をしているのか話してください」（直接：Que faites-vous?）

⑵**属詞**：J'ignore *ce qu*'il est devenu.「彼がどうなったかは知らない」（直接：Qu'est-il devenu?）/ Ce jour-là, je compris *ce que c'était que d*'avoir peur. (MAUPASS., *Peur*)「その日私は恐ろしいとはどういうことであるのかがわかった」/ Vous croyez que je ne sais pas *ce que c'est que* tuer? (ANOUILH, *P.N.*, 86)「殺すとはどういうことか知らないとでも思っているのかね?」/ J'ai voulu que tu saches *ce que c'était de* tuer, d'avoir tué? (*Ib.*, 110)「人を殺すとはどういうことか，人を殺したことがあるとはどういうことか，君に知ってもらいたかったのだ」

▶ c'est... de 不定詞, que de 不定詞 [または単に＋不定詞] の構文に基づく．⇨ 前記II. 5º, 7º

⑶**副詞的補語**（＝combien）：Lorsque Augustin aura vingt ans, vous saurez *ce que* coûte l'éducation des enfants. (PORTE-RICHE, *Vieil h.* II, 14)「Aが20歳になったら，子供の教育がどれほど金がかかるかわかるさ」/ Tu ne peux pas savoir *ce que* cela me dégoûte. (DANIEL-ROPS, *Epée*, 149)「それが僕にどれほどいやな思いを起こさせるかは君にはわからないさ」/ Je ne sais pas *ce que* mon beau-frère a payé celui-là. (FRANCE, *Anneau*, 104)「義理の兄がその男にいくら払ったかは知りません」/ Si vous saviez *ce que* les petits jeunes gens que je connais peuvent faire *d*'erreurs sur mes amies! (GÉRALDY, *Rob, et Mar.* I, 5)「私の知っているつまらぬ青年たちが，私の女

だちについてどれほど間違った考えを抱き得るか，あなたが御存じだったなら!」

5º *Ce que* [skə] ...! 1880年代からの感嘆副詞 (HENRY, *Etudes*, 133-5). Qu'est-ce que...! が俗語で普及してから，感嘆副詞 comme, que, combien に代わって，くだけた会話で常用される．

① *Ce que...!* 属詞形容詞・副詞・動詞（相当句）を修飾（＝que, comme）：*Ce que* c'est joli! (DORIN, *Th.* I, 190)「なんてきれいなんでしょう」/ *Ce qu*'elle dort bien. (DURAS, *Dix h.*, 166)「よく眠っていること」/ *Ce que* j'ai eu peur. (SAGAN, *Chien*, 86)「ああこわかった」◆ことに準助動詞pouvoirと共に：Oh, *ce que* tu *peux* être assommant! (BUTOR, *Degrés*, 325)「全くうるさい奴だ」

② *C'est*＋形＋*ce que...!* ce que...は転位要素：*C'est* inouï *ce qu*'elle te ressemble! (ACHARD, *Patate*, 88)「驚くわねえ，この方あなたにそっくりだわ」◆文頭転位：*Ce qu*'elle a pu changer, Véra, *c*'est fou. (DORIN, *Th.* I, 177)「変わったわね，Vったら，驚くほどだわ」

③他動＋*ce que...* ce que...は直・目：Si vous saviez *ce que* je suis content ! (VIAN, *Pékin*, 50)「私がどれほど満足しているかわかってくれたらなあ」

▶ ②③でce queの代わりにqueは用いられない．

④ *Ce que*＋他動＋*de* [*du, des*]＋名*!*

⑴〈*de*＋名〉ならば*ce que*は数量詞（＝combien de, que de）：*Ce que* nous avons perdu *de* temps! (*DFC; Lex*)「なんと時間を無駄にしたことか」/ *Ce que* je vais avoir *de* regrets! (SARTRE, *Mur*, 116)「どんなに懐しくなるでしょうね」cf. *Que de* temps nous avons perdu!では✕ *Ce que de* temps...は誤り．

⑵〈*du* [*des*]＋名〉ならば*ce que*は強意語（＝comme）で文全体を強調する：*Ce que* maman a dû avoir *de la* peine! (SARTRE, *Nausée*, 121)「お母さんはどんなにかつらかったに違いない」

⑤*Ce que... comme*＋無冠詞名詞*!*：*Ce qu*'il y a *comme* monde sur la plage!「浜辺は何という人出だろう」/ *Ce qu*'il y a *comme* voitures dans la rue!「通りには何と車があることか」▶ 日常語では④の *Ce qu*'il y a *de* [*du*] monde, *de* [*des*] voitures よりも好まれる．

◆*Ce que...!*の起源については定説がない．上記の従属節の独立使用と考えるのが有力 (S, I,

317 ; GAUTIER, *FM*, '62, nº 4).

IV. 接続詞 *que* を伴って

1º 補足節の前に à, de, en, sur, 時に pour を先立てるときには、前置詞の後に ce を入れ、***à ce que***, ***de ce que***, などの形をとる（各前置詞の項参照）．

2º ***ce*** + **願望の*que***. 成句：*Ce qu*'à Dieu ne plaise! (=Que cela ne plaise à Dieu)「どうかそういうことがありませんように」

ce² ── 形（指示）男単 子音字の前の形．母音字、または無音の h の前では ***cet***：*cet* arbre / *cet* hôtel．ただし、élision を妨げる o, y の前では ***ce***：*ce* onzième mois / *ce* yacht / *Ce* «Oh!» est un succès. (ANOUILH, *P.R.*, 284)「その『まあ』はすてきね」

女単 ***cette***；男[女] 複 ***ces*** cet, cette は卑語では [st] と発音され、時に c't, çt, çte などとつづられる：çt homme (BAUCHE, 89) / çte femme (*Ib.*) / c'te phrase (DURAS, *Pluie*, 139) / c't'enfant (*Ib.* 118) (=cette)

I. 単純形：*ce*, *cet*, *cette*, *ces* + 名

1º 目前のものの指示　英語：this / that ; these / those の区別をしない：A qui est *ce* chapeau?「この［あの］帽子は誰のですか」/ Quelle est *cette* femme? (ACHARD, *Mal*, 122)「あの女は何者だ」

2º 現在いるところ：*ce* monde「この世」/ *cette* ville「この町」

現在；現在に近い「時」：en *ce* moment「今」/ *ce* matin「けさ」/ *cette* semaine「今週」/ *cette* année「今年」/ *ce* siècle「今世紀」/ Nous nous reverrons *cet* été à Paris. (BEAUV., *Mand.*, 309)「今年の夏パリでまたお会いしましょう」/ Il y a eu une tempête *cette* nuit. (DÉON, *Taxi*, 23) (=la nuit dernière)「ゆうべは嵐だった」/ Après *cette* nuit la situation sera différente. (F, 1613) (=la nuit prochaine)「今夜を過ぎれば状況は変わるだろう」▶同一語が過去にも未来にも用いられる他の例：*ce* midi / *cet* après-midi.

遠い過去を-là なしで表わすのは文学的 (*TLF*)：à *ce* moment / à *cet* instant / *ce* soir / *cette* année / *Cette* année encore, j'étais invitée à Laubardon. (BEAUV., *Mém.*, 273)「その年もまた、私は L に招待されていた」◆ただし、〈*ce* + 名〉が副詞句をなすのでなければ、-là はしばしば省かれる：A partir de *ce* jour, je ne quittai plus Francis. (PINGAUD, *Scène*, 51)「その日から、私は F の傍らを離れることはなかった」/ à partir de *ce* moment (BUTOR, *Degrés*, 279)「その時から」/ à compter de *ce* jour (S, I, 245)「その日から」

手紙の日付：*Ce* 5 mai 1980 (Le が普通) / *Ce* jeudi, 5 mai [または Jeudi, 5 mai]

3º 既述の人・物を同じ名詞で受ける：Une femme entra dans la pièce. J'avais vu *cette* femme chez un ami. (CORBLIN, *FM*, '83, nº 2, 118)「ひとりの女性が部屋に入ってきた．私は友人の家でこの女性を見たことがあった」

別語で受ける：Un arbre dressait ses branches tordues non loin de là. Il décida de passer la nuit près de *ce* compagnon. (*Ib.*, 123)「そこから程遠からぬ所に1本の木がねじれた枝を伸ばしていた．彼はこの友の傍らで夜を明かすことにした」▶類似の場合に定冠詞を用いることも多い．⇨ article défini II. 2º ①

既述の話を受けて：Si *cette* histoire vous plaît, j'y donnerai une suite demain. (W, 300)「この話が気に入ったのなら、明日続きを話してあげましょう」/ de *cette* façon [de *cette* manière]「そんな風に」/ pour *cette* raison「そうした理由のために」

これから話そうとしていることを指して：Ecoutez *cette* histoire ; elle vous amusera. (MAUGER, 122)「この話をお聞きなさい．面白いと思いますよ」

4º 一般的知識の予想：C'était une de *ces* jolies et charmantes filles, nées comme par une erreur du destin dans une famille d'employés. (MAUPASS., *Parure*)「それは運命の手違いのようにして月給取りの家庭に生まれた、美しい魅力のある娘の一人であった」

5º 相手の了解している人・物：Et *ce* mariage, où en est-il?「それで例の結婚の話は、どこまで進んだね」/ Et *ce* café, garçon?「ボーイさん、さっき頼んだコーヒーは?」

6º 限定を伴う．*ce* + 名 + de 不定詞

①定冠詞より強い指示：J'ai *cette* impression *d*'être enfermé vivant. (MIRBEAU ─ S. I, 255)「あの生きながらにして閉じ込められるといった印象を受けている」

② *ce* + 名 + 関係節：Jean Baxter a *cette* grâce que donne l'argent. (DURAS, *Véra*, 90)「B は金のお陰で身につけた、あの優雅な物腰をしている」

③ *ce* + 名 + *que* + 補足節：J'ai sur vous *cet*

avantage *que* j'habite à Paris. (MAU, 123)「あなたよりはパリに住んでいるという利点がある」/ Rendez-moi *cette* justice *que* je ne me suis jamais mêlé de vos affaires de cœur. (ANOUILH, *P.B.*, 361)「あなたの愛情問題に口を出したことがなかったことは褒めてもらいたい」/ à *ce* point *que*「…するほどに」/ en *ce* sens *que*「…という意味で」

7° 情意的用法

① 軽蔑, 驚き, 憤慨：*Cette* idée!（=Quelle drôle d'idée!）「妙なことを考えたもんだ」/ *Cette* question!「ばかなことを聞くなあ」/ Ah, *ces* sacrés moustiques! (F, 1207)「ああ, 憎らしい蚊だ」/ *Ce* Perrichon n'arrive pas! (LABICHE, *Perrichon* I, 1)「Pの奴, 来ないじゃないか」

② 称賛：*Ce* courage!「勇敢なこと」/ C'est une idée de mon gendre! — *Ce* M. Poof! (SALACROU, *Poof*, 77)「うちのむこの思い付きです。—すばらしいですね, Pさんは」

③ 親愛, 同情：*Cette* Annie est incapable de garder sa langue. (ROUSSIN, *Enfant*, 178)「Aときたら黙っていられないんです」/ *Ce* pauvre homme!「かわいそうに」

④ *un*(*e*) *de ces* + 名　程度の高いことを示す：Tu nous as fait *une de ces* peurs! (ANOUILH, *Ornifle*, 214)「驚かすじゃないか」/ Il me tombe sur la tête *une de ces* aventures! (ROUSSIN, *Enfant*, 155)「とんでもない事件が降って湧いたんだ」/ Tu faisais *une de ces* têtes! (ACHARD, *Patate*, 209)「情ない顔をしてたな」

♦時にunなしで：Tu me donnes *de ces* coups, brusquement! (ROUSSIN, *Enfant*, 177)「お前はだしぬけに驚かすからな」/ Tu as *de ces* idées! (ACHARD, *Patate*, 150)「妙なことを考えたものね」

⑤ 敬語的：*ces* messieurs [dames, demoiselles]

(1) 召使いが数人の主人・主人の関係者に話し, ボーイが客に向かって話すとき, 対等関係のvousを避けて：Qu'est-ce que je sers à *ces dames*? (ANOUILH, *P.N.*, 372)「「ボーイが」奥様がたには何をお持ちいたしましょう」/ Le café de *ces messieurs* est servi dans le bureau. (*Thib.* V, 228)「(2人の主人に向かって)お書斎にコーヒーの用意をしてあります」

(2) 召使いなどが主人に向かい, 主人が召使いに向かって上記の人々について話すとき：*Ces demoiselles* voulaient être sûres de vous plaire. (ANOUILH, *P.G.*, 142)「(裁縫師が娘たちの父に)お嬢様がたは旦那様のお気に召すという確信をお持ちになりたかったのですわ」▶単数ならばmonsieur, madame, mademoiselleと言う。

(3) 軽い皮肉：*Ces dames* sont à papoter dans le salon. (MAUGER, 123)「奥様がたは客間でおしゃべりをしていなさる」

II. 合成形：*ce*＋名-*ci*[-*là*]　使用度は〈ce＋名〉の約6％ (*List*)。

〈形〉＋〈名〉に：*ces* deux hommes-là。

〈名〉＋〈形〉には-*ci*, -*là*は用いない：*ce* livre bleu (誤：×*ce* livre bleu-*ci*, ×*ce* livre-*ci* bleu) (MAUGER, 122)

〈名〉＋de＋〈名〉には〈-〉を省く：*ce* point de vue *là* (*PR*)「その見地」▶しかし, 時に：avec *cette* espèce de haine-*là* (*Thib.* III, 75)「あれほど憎々しげに」

1° -*ci*は近いもの, -*là*は遠いものを示すのが原則：*ce* livre-*ci* [-*là*]「この[あの]本」▶ただし2物の対立がなければ-làが普通。ce ...-ci：ce ...-là=28：313 (*List*) ⇨ celui-ci, celui-là。

2° *ce*＋時を表わす名詞-*ci*[-*là*]

① *ce* ...-*ci*

(1) -ci の使用不可能：*ce* matin / *ce* soir / *cet* après-midi / *ce* midi。

(2) -ci は必要：*ce* mois-*ci*。▶慣用：*ces* jours-*ci* / *ces* temps-*ci*「近ごろ」

(3) -ci は任意：Il a fait froid *cette* semaine (-*ci*) [*cette* nuit(-*ci*), *cette* année(-*ci*)]. (PINCHON, *LF*, n° 21, 47)「今週[昨夜, 今年]は寒かった」

② *ce* ...-*là*　事件のあった過去・未来を指す：Il faisait beau *ce* matin-*là* [*cet* après-midi-*là*, *ce* soir-*là*, *ce* jour-*là*, *cette* semaine-*là*, *ce* mois-*là*]. (MAUGER, 124)「その朝[午後, 晩, 日, 週, 月]は天気がよかった」(上記①との違いに注意) ▶-làの省略については ⇨ 前記 I. 2°

3° -*là* は強意的に指示する：Il habite *cette* maison-*là*. (W-P, 88)　単なるcette maisonより強い。▶既述の内容を指す：A *ce* prix-*là*, j'accepte.「その値段なら承知です」

4° -*là* は軽蔑的意味を帯びる：*Cette* femme-*là* est insupportable.「あの女ときたら, 我慢がならないね」▶したがって, 人を指示するにはce monsieur-làをやめてmonsieur que voilàが望

ましい (B, 144).

5º *-là*の情意的用法　①称賛：*Cet homme-là, quelle force de la nature!* (MAUGER, 124)「あの男はなんという性格のたくましさだろう」　②軽蔑：*Je n'ai rien de commun avec ces gens-là.* (*Ib.*)「あんな人たちと似たところはこれっぽっちもありません」

ceci; cela; ça — 中性指示代名詞. 無強勢形 ce に対する強勢形. ça は日常語で多く cela に代わる.

1º 2つのものを対立させ, ceci は近くのものを, celà は遠くのものを指す：*Ceci vaut mieux que cela.*「これはあれよりましだ」

2º 対立なしに単独に用いられ, ceci はこれから言おうとすることを, cela はすでに述べたことを表わす.

① 目前の事物, **現に問題となっている事柄**については *ceci* よりも *cela* が普通：*Retenez bien ceci: le travail est un trésor.*「よく覚えておきなさい. 労働は宝です」 / *Il a échoué, cela ne me surprend pas.*「彼は失敗した. それは意外なことじゃない」 / *Cela est fort beau.*「それは見事だ」 / *Il y a deux ans de cela.*「それから2年になる」

② **俗語では *ceci* と *cela* を区別せず**, どちらにも ça を用いる. 例えば, これから話そうとする事柄についても, すでに話した事柄についても, 共に *Faites bien attention à ça.*「こう［そう］いうことによく注意したまえ」と言い, 2つの物をくらべて *Aimez-vous mieux ça ou ça?*「あれとあれとどっちがいいですか」と言う. この場合は身振りで品物を区別する (MART, 114). cf. *J'emporte ça, ça, ça.* (AMIEL, *Couple* I, 2)「あれと, あれと, あれを持っていくよ」 / *Nous emportons ceci, ceci, ça, ça et ça.* (*Ib.*, I, 3)

③ ceci, cela は *de* を介して形容詞を伴う (⇨ 3º). ただし, tout, seul, même は直接に添えられる：*Tout cela est absurde.*「それはみんなばかげている」 / *C'est cela même.*「まさにその通り」

3º　ceci も cela も共に**次に説明される事柄**を指し,〈ceci [cela] + que + 節〉または〈ceci [cela] + de + 形 + que + 節〉の形をとる. que の後の従属節は ceci, cela の同格,〈de + 形〉は ceci, cela を修飾：*La jeunesse a cela de beau qu'elle peut admirer sans comprendre.* (FRANCE, *Vie litt.* IV, 224)「青年にはわかりもせぬのに称賛ができるという美点がある」 / *Jacques a ceci d'excellent, qu'il suffit, pour le retenir, de ces simples mots: «Je fais appel à ta conscience.»* (GIDE, *Symph.*, 78)「Jには,『私はお前の良心に訴える』と言いさえすれば抑えられるという, よいところがある」 / *Par cela seul qu'il pensait, il était un être étrange...* (FRANCE, *Anneau*, 156)「物を考えるということだけからしても, 彼は不思議な人物だった」 / *à cela près que...*「…という点のほかは」

4º cela, 時に ceci は**文全体に代わり, 一種の省略文**を作る. 多くは et cela の形をとる：*Elle défit sa chevelure, et cela avec la simplicité d'une enfant.* (B, 173)「彼女は髪をほどいた. しかも少女のように無造作にそうしたのだ」 / *Un jour sur deux, elle prenait ses torchons et cirait ses meubles à tour de bras. Cela par orgueil de servante réputée.* (PÉROCHON, *Nêne*, 36)「2日に一度は雑巾をとって力いっぱいに家具を磨いた. それは評判のいい女中としての誇りによるものであった」

5º cela は**前節中の名詞・不定代名詞に代わる**：*J'aperçois quelque chose, cela bouge.* (F-G, 56) (cela = ce quelque chose)「何かが見える. 動いている」

♦ある場合には, cela は普遍的意味に用いられた名詞に代わる：*Aimez-vous le vin? — Non, cela me fait mal.* (*Ib.*)「ぶどう酒は好きですか. —いいえ, 飲むと気持ちが悪くなるのです」cf. *Je n'aime pas ce vin, il est trop fort.*「このぶどう酒は好かない. あんまり強すぎるから」

6º 称賛・嫌悪等の感情を含んで：*pas plus haut [grand] que cela, haut comme cela*「たったこれっぽっちの」(背の低い意. 身振りを伴う) / *Je m'en soucie comme de cela.*「そんなことはこれっぽっちも気にするもんですか」 / *Pas de cela.*「そんなことはやめてください」 / *N'est-ce que cela?*「それっきりの話ですか」 / *C'est bien cela.*「その通り」

7º　感情的用法では時に人を表わす：*Il est maigrichon et pâlot. Ça ne fera pas un fameux soldat.* (FRANCE, *P. Nozière*, 40)「やせっぽちで蒼白い顔をしている. こいつは立派な軍人にゃなれまいな」(軽蔑) / *Vous voyez comme on est attaché à ça.* (B, 191)「(母親が子供を示しながら) あたしがこの子をどんなに可愛がっているかはおわかりでしょう」(愛情)

8º　ceci, cela は**不特定な意味**にも用いられる：*Nous avons parlé de ceci, de cela.* (*Gr. Ac.*,

61)「われわれはよもやまの話をした」/ On a discuté tantôt sur *ceci*, tantôt sur *cela*. (*Ib.*)「ある時は甲の問題につき、ある時は乙の問題について論争した」

9° cela, çaは**一種の強意語**
① 省略的疑問文：Je l'ai vu hier.— *Où ça?*「きのう彼に会ったよ．—どこでね?」/ Je sais pourquoi vous vous êtes battus. — Tiens, par qui *ça*?「どうして君たちがなぐりあいをしたか知っているよ．—へえ，誰から聞いたんだい」
② *Ça oui* [*non*].「それはそうさ [そんなことがあるものか]」
③ Il est charmant... *ça*... charmant. (S,I, 271)「感じがいい人だ，そう，感じがいい」

10° çaは**特種の成句**に用いられて，表現されない名詞を代表する：Il a de *ça*. (=l'argent, le savoir-faire, など)「彼は金 [腕] がある」/ Comment *ça* va-t-il? (=la santé, l'affaire, など)「ご機嫌はいかがです [景気はいかが]?」

11° *c'est* (*donc*) *ça que* 今までわからなかった理由がわかったことを示す俗語的言い回し：C'est donc ça qu'elle est si belle. (ARAGON, *Aurél.*, 42)「(美人としてうたわれた女性の名をきいて)だからこそ，あんなに美しいのね」 ▶ この言い方はC'est pour cela queとは異なる．上例にpour celaを用い得ても，C'est pour cela que je l'aime.「それで私は彼を愛しているのです」にC'est donc ça que は用いない (S, II, 9).

12° **冗語的用法** ① **後続** 文頭に転位した要素を繰り返す．この用法はきわめて広く，不定詞・節だけでなく，人・物を表わす名詞をも性・数に関係なくcelaで繰り返す：De parler avec vous, *cela* l'épuise. (LOTI, *Ramuntcho* IV, 2)「あなたと話していると，(彼女は) 疲れるのです」/ La voir si malheureuse, *cela* m'est pénible. (M)「彼女があんなに悲しんでいるのを見るのは僕にはつらいのだ」/ Qu'elle encourageât Michel et Pierre et Jacques pour se moquer d'eux ensuite, *cela* n'était pas trop mal! (PÉROCHON, *Nêne*, 141)「彼女がMやPやJの気をひいて，それから彼らを鼻であしらったのは，なかなかよかった」
② **先行**：Eh bien! *ça* va-t-il mieux, les affaires? (FRANCE, *P. Nozière*, 20)「どうです，前よりうまくいってますか，ご商売は?」/ Tu vois, *ça* te stimule, *ça* te fouette ce que j'ai dit. (AMIEL, *Voyageur*, sc. 6)「ほらね，僕の言ったことで君は刺激され興奮する」

◆直・目となる従属節の前にçaを冗語的に用いるのは俗語：On lui demanda où il avait vu *ça que* les éléphants adoraient le soleil. (DAUDET, *Jack*, 25)「みんなは象が太陽を拝むなんてどこで見たのだと彼にたずねた」 ▶ 同様にして俗語ではdireの直接補語となる不定詞あるいは従属節の前にcomme çaを挿入する：Monsieur m'a dit comme ça de lui mettre le lit de fer dans son cabinet. (FRANCE, *Mannequin*, 146)「旦那様は書斎に鉄のベッドを入れてくれとおっしゃいました」

13° **非人称的主語**, de 不定, またはqueに先立たれる従属節を告げる外観上の主語となるcela, ça：*Ça* pleut.「雨が降っている」/ *Ça* fume.「けむったい」/ *Ça* chauffe.「さあ，えらいことになるぞ」/ *Ça* sent le brûle.「こげくさい」/ *Ça* vous fatigue peut-être *de marcher*.「歩くとくたびれるかもしれませんね」/ *Ça* ne vous gêne pas *que je reste là*?「ここにいてもお邪魔じゃありませんか」

14° **cela**, **ça**と**ce** ceは原則としてêtre [devoir être, pouvoir être] の前にしか用いられないが, celaはあらゆる動詞の主語になる．êtreの主語となる場合のみについて，その用法の差異を記せば，
① **補語なしの*être*の主語**にはcelaを用いる：Je le dis, parce que *cela* est. (S, I, 271)「そうだから，そう言っているのだ」(c'estとは言わない) ▶ ただし，Sの言うようにN'est-ce pas?だけが唯一の例外ではなく, *ce n'était* pas, quand *ce serait*も可能. ⇨ ce¹ I. 1°
② **属詞が形容詞**ならば，ceもcelaも共に用いられる：*C'* [*Cela*] est faux.「それは間違っている」 ceは形式的主語, celaは前文中の観念を指示するから強調的.
　×*Ça* est faux. とは言わないが (B, 191), *Ça serait* [*sera*] faux. は可能 (S, I, 272-3).
◆論理的主語となる従属節を伴う場合, êtreの外観上の主語にはceを用いる (⇨ ce¹ II. 5°). 次例は古い語法：*Cela* est étrange, *que* mes propres enfants me trahissent. (MOL., *Avare* I, 4)「とんでもないことですよ，実の子供たちが私を裏切るなんて」
③ **属詞が(代)名詞**ならばceを用いる：C'est justement ce qu'il m'a dit.「それはちょうど彼が私に言ったことだ」/ C'est pour moi une grande joie.「それは私にとってとても嬉しいことだ」

◆cela はこの場合，その構成要素に分かれ，C'est là... となる(⇨ ce¹ II. 2º). ただし，est との間が ne，準助動詞などで隔てられれば: *Ça n'est pas* ce qu'on dit. / *Ça doit être* une femme honnête et droite. (S, I, 273)

④ 属詞が不定詞ならば普通は ce を使用(⇨ ce¹ II. 4º③). cela は *C'est là* pousser l'antisémitisme à un point que... (S, I, 273)「それは反ユダヤ主義を…の程度にまで徹底させることになる」となる. ただしここでも，cela と est とが離れれば: Nous avons revendiqué l'Alsace-Lorraine, *cela* [*ce*] n'était en aucune façon demander une conquête. (B, 191)「われわれは A-L の所有権回復を要求した．それは決して領土の獲得を求めたことにはならぬ」

15º *cela* **を主語とする疑問文** ほとんどいつも複合倒置．ToG (V, 2013, 2) は cela, quelque chose, quelqu'un のように特定性が低く重み (poids) のない主語は単純倒置ができないと言う: Combien *cela* coûte-t-il? / ×Combien coûte *cela*?(⇨ combien I. 2º②) しかし動詞と切り離すことができない que が直・目の疑問文で cela が主語のときは，複合倒置も不可となる: ×Que *cela* signifie-t-il [veut-il dire]? 常用のフランス語は Qu'est-ce que *cela* signifie [veut dire]? (『ノート』109)

16º *cela* **を主語とする** *être* **の一致** 属詞が複数名詞の場合は ce を挿入する: Tout *cela*, *ce* sont des fanfaronnades. (Porto-Riche)「それはみんな空威張りの文句なのだ」▶ ce なしで cela sont は古めかしい: Tout *cela* ne *sont* pas des preuves. (J.-J. Rousseau)「それはすべて証拠にはならぬ」

cédille [セディーユ] —— 綴り字記号 (signe orthographique) の一種. ⟨,⟩ の印. c の下に用い, a, o, u の前で c が [s] の音を表わすようにする. ⇨ c

cela ⇨ ceci

celui, celle —— 男複 ceux, 女複 celles 無強勢の指示代名詞．いつも補語を伴い，⟨定冠詞 + 名⟩ の代理をするか，被代理語なしに不特定な人を表わす (準名詞的用法).

1º *celui de* + 名 [不定冠] ; *celui* + 関係代名詞
① 代名詞: sa maison et *celle* (= la maison) *de* son père / Quelle heure est-il? — *Celle* (= l'heure) *d*'aller se coucher. (Miomandre—S, I, 232)「何時です．—寝にいく時間さ」/ Les œuvres que tout le monde admire sont *celles que* personne n'examine. (France, *Vie litt*. IV, vi)「万人の称賛する作品は何人も検討しない作品である」

◆先行の名詞と数が一致するとは限らない: C'était peut-être de tous ses *livres celui* (= le livre) auquel il tenait le plus. (Maurois, *Destins*, 23)「それはおそらく彼のすべての著書のうちで彼がいちばん愛着を感じていたものだった」/ Ce *volume*, comme *ceux* (= les volumes) que j'ai donnés précédemment, s'adresse particulièrement aux étudiants en littérature. (Faguet, *18ᵉ s*., v)「この巻は先に発表した諸巻と同じく，ことに文学の学生を対象にしている」

② 準名詞 (1) *ceux de* (= les gens de): Qu'est-ce qu'ils font, *ceux du* palais? (Sartre, *Mouches* II, tab. 1, sc. 1)「王宮の人たちは何をしているのだろう」/ N'est-ce pas précisément ce désintéressement que *ceux d*'aujourd'hui lui reprochent? (Gide, *Interv*., 115)「今日の人々が非難しているのは，まさに彼のこの清廉さではないのか」

(2) *celui qui* (= l'homme, la femme, toute personne qui): Les femmes aiment *celui qui* ne s'abaisse devant personne. (Vigny, *Chatt*. III, 1)「女というものは誰の前にも身を屈することのない男を愛するのだ」/ Les souvenirs de *ceux* ou de *celles qui* ont connu Marcel Proust m'ont été précieux. (Maurois, *Proust*, 5)「P と知り合った男たち，または女性たちの思い出話は私には貴重なものだった」

▶ *tous ceux*: Peut-être en est-il un peu ainsi chez *tous ceux* qui souffrent d'un excès de mémoire. (Gary, *Cerfs*, 21-2)「おそらく記憶力の過剰に悩む人々は誰しもまあこんななのだろう」

▶ faire *celui* [*celle*] *qui*「…の振りをする」⇨ faire III

③ *celui* と *de*, 関係代名詞との分離
(1) *celui de* [*d'entre*] + 被代理語 + 関係代名詞: *Ceux des* patients *qui* ne pouvaient payer étaient traités aussi bien que les milliardaires américains et les rajahs d'Asie. (Maurois, *Destins*, 73)「患者のうちで金を払えない人たちもアメリカの大富豪やインドの王と同じように治療を受けた」/ Ce que peuvent penser aussi *ceux d*'entre vous *qui* ont lu mes livres ne compte pas. (Vercors,

Plus ou moins h., 230)「また、あなたがたのうちで私の本を読んだ人たちがどう考えようと、それは問題ではない」

(2) 形容詞・過分の挿入: Le visage tourmenté de Tolstoï frappe bien plus que *celui*, presque banal, de Tchékhov. (MAUROIS, *Destins*, 14)「Tの苦悩に満ちた顔はTcのほとんど平凡な顔よりはるかに人の心を打つ」/ Les photographies de Mme de Fontanin, de Daniel, de Jenny, voisinaient avec *celles*, dédicacées, *d'*une chanteuse viennoise. (*Thib.* VI, 69)「F, D, Jの写真がウィーンの女性歌手の献辞のある写真と並んでいた」

(3) 節・句の挿入: Son cadavre est-il *celui*, comme l'affirme Horace Walpole, *qui* fut découvert quelque vingt ans plus tard (...)? (BENOIT, *Kœnigs.*, 120)「彼の遺体は、Wが言うように、約20年後に発見されたあの遺体なのか」/ Les dimensions sont *celles*, en hauteur et en épaisseur, *de* la digue d'un grand port. (VERCORS, *Divag.*, 117)「その大きさは、高さと厚さが、大きな港の堤防と同じである」

2° *celui* + 形容詞(相当句)

① **+ 過分**: Le chiffre est beaucoup plus élevé que *celui* indiqué plus haut. (BEAUV., *Marche*, 55)「この数字は上記の数字よりはるかに大きい」/ Les bombes de la nuit précédente semblaient aussi beaucoup plus puissantes que *celles* tombées précédemment sur Tunis. (GIDE, *Journal 1942-9*, 157)「前日の夜の爆弾はまた、先にTに落ちたものよりはるかに強力に思われた」

② **+ 現分**: La plus surprenante de ces aquarelles, c'était *celle* représentant un cabinet particulier. (HUYSMANS—N, V, 301)「これらの水彩画の中で最も驚くべきものは、ある個室を描いたものであった」

③ **+ 形**: Ils dînèrent sans autres mots que *ceux* strictement nécessaires. (VIALAR—GEORG, 177)「彼らはどうしても言わねばならぬことのほかは何も言わずに夕食を食べた」

④ ***de*以外の 前 + 補語**: Pour les motocyclettes, nous ne réparons que *celles à* notre marque. (B, 635)「オートバイは当社製造のもの以外は修理しません」/ Ça ne me regarde pas, moi, ses histoires avec sa femme. Ce sont *celles avec* toi qui me regardent. (SAGAN, *Mois*, 10)「彼と奥さんとのいざこざな

ど、知ったことじゃない．ぼくに関係があるのは彼と君とのいざこざなのだ」/ Récitez-moi *ceux* (= les poèmes) *sur* le sifflet du train dans la nuit. (TROYAT, *Araigne*, 123)「夜行列車の汽笛の歌っていうのを聞かせてよ」

♦①~③では過分・形容詞は副詞か補語を伴う．定冠詞を用い得る場合 Vous m'offrez deux roses, je prends *la jaune*. の代わりに ×celle jauneとは言わない．多くの文法家は①③のみについて論じて、この構成を禁止し、〈celui + 形 [過分] + 関係代名詞〉(上記 1°③ (2))を許容 (LIT; *Gr. Ac.* 59-60; MART, 110-1; TH). 他の学者はこれらの用法の明快さを指摘し、celuiの用法の正規の発展として全面的に許容する (B, 634; B, *Obs.* 46; N, V, 298; G, 515; H, 209; ROB; COL).

3° *celui*の省略

① **等位された 〈*de* + 名〉の前**: L'invasion allemande bouleversa la face de la France et (*celle*) *du* monde. (DUHAMEL, *Civilis.*, 69)「ドイツの侵入はフランスと世界の局面を一変させた」

② **比較の *que* の後**: Je doute s'il est d'autre vertu que (*celle*) *d'*aimer. (GIDE, *Porte*, 192)「愛することのほかに美徳があるかどうかは疑わしい」/ (...) bien qu'il fût incapable de s'exprimer en d'autres termes que (*ceux*) *de* théâtre. (IKOR, *Gr. moy.*, 240)「彼は芝居の用語でしか自分の考えを表わせなかったが」

③ ***être de* + 名**: Vos idées sont (*celles*) *d'*un autre temps. (GREEN, *Moïra*, 173)「あなたの考え方は時代離れしている」/ Sa peau, son teint *étaient d'*un homme jeune. (BEAUV., *Tous les h.*, 16)「膚も顔の色艶も若々しい人のそれだった」▶celuiの省略とみなさず、所属を表わすdeの用法とも考えられる (B, 193, n. 1).

celui-ci; celui-là, など — celuiの強勢形．名詞と同じ機能．

1° 人・物を遠近で区別し、*celui-ci*は近くのものを、*celui-là* は遠くのものを指示する: Voici deux tableaux, préférez-vous *celui-ci* ou *celui-là*?「ここに2枚の絵があります．こっちがいいですか、それともあっちがいいですか」

ただし、-ci, -làは遠近を区別する力は弱まり、-làは次第に-ciの領域を侵す(⇨ ceci 2°①). したがって、遠近の区別を明示するためにcelui-là là-bas「あそこにあるあれ」と言うことがあり、

-ciとlàを混同してcelui-ci, làと言うことさえある (B, 189, n. 3)：Il la salua à peine, et la conduisant aussitôt vers les fleurs, il s'écria: «*Celle-ci, là*, voyez.» (BORDEAUX, *Peur* II, 3)「挨拶もそこそこにすぐ彼女を花のほうに案内して大声で言った。『そこのその花、ごらんなさいな』」

2者の対立なしに用いられた *celui-là* は目の前の人・物を力強く指示する：J'ai choisi *celui-là* pour confident.「心を許す相手としてあの男を選んだ」cf. Je l'ai pris pour confident.「彼を」/ On n'étouffe pas un livre comme *celui-là*. (GREEN, *Journal* X, 252)「このような本は黙殺できるものではない」

celui-là は称賛・軽蔑の感情を含む：Ah! *celui-là*, quel génie! (C, 115)「ああ、あの男は何という天才だろう」

2° *celui-ci* は最後に述べたもの、*celui-là* は最初に述べたもの：Le radio toucha l'épaule de Fabien, mais *celui-ci* ne bougea pas. (ST-EXUP., *Vol*, 68)「無線技師はFの肩に手を触れたが、Fは身じろぎもしなかった」

♦同性・同数の2つの名詞の一方を示すには celui-ci の使用は曖昧を避ける。性が異なれば il, elle で区別できる：Jerry n'aimait pas Moïra. *Elle l*'avait toujours traité en enfant. (DÉON, *Taxi*, 22)「JはMが好きではなかった。彼のことをいつも子供扱いしていたからだ」

3° *celui-ci* は次に述べること、*celui-là* は述べたばかりの人・物を示す：On pose parfois cette question en d'autres termes, tels que *ceux-ci*. (VERCORS, *Plus ou moins h.*, 233)「この問いは次のような別の言い方を用いてよく発せられる」/ Mais il y a les pauvres honteux, et *ceux-là* sont à plaindre. (FRANCE, *Vie en fl.*, 290)「だが自らを恥じている貧窮者がいる、そういう人たちこそ同情に値する」

4° *celui-ci... celui-là* 代（不定）(=l'un... l'autre)：Tout le temps il faut courir à droite, courir à gauche, porter une lettre à *celui-ci* ou un rapport à *celui-là*. (P. MILLE —S, I, 225)「しょっちゅう右に走り左に走って、こちらに手紙を、あちらに報告書を持っていかなければならないのだ」

5° *celui-là*＋*seul* [*même*]＋関係節
① 文語的表現で限定的関係節との間に他の語（多く seul, même）が挿入されるとき：Moi seul, *celui-là seul dont* la fortune est infinie peut agir avec un désintéressement absolu. (GIDE, *Prométh.*, 112)「私だけが、つまり限りない富を持つ者だけが絶対的に無私無欲に行動できるのだ」/ C'était le moulin de maître Cornille, *celui-là même où* nous sommes en train de faire la veillée en ce moment. (DAUDET, *Lettres*)「それはC親方の風車小屋、われわれが今、夜なべをしているちょうどその風車小屋だった」

♦ただし、même の挿入が -là の使用を強制するわけではない：*Ceux mêmes qui* prenaient le plus de plaisir à la comédie (...) (MICHAUT —S, I, 231)「喜劇を最も楽しんだ者さえも」

② 主動詞が限定的関係節の前に置かれる文語的表現では -là は必要：*Celui-là* est vraiment fort *qui* commande à ses passions.「己の激情を抑制する者こそ真の強者である」▶ Celui qui commande à ses passions est vraiment fort. より表現的.

③ *celui-ci* [-*là*]＋関係節
(1) 同格的・付随的関係節：Vous pouvez faire confiance à *celui-ci* et non à *celui-là qui* vous a déjà trompé. (*EBF*) (= parce qu'il vous a déjà trompé)「あなたはこちらの男は信頼してもいいが、あちらの男は信頼してはいけない。すでにあなたをだましたことがあるのだから」/ Ses autres portraits paraissent factices quand on a vu *celui-là* qui est peint par Ricard. (APOLLIN., *Flaneur*, 42)「彼のほかの肖像画は、Rの描いたこれを見たあとでは、わざとらしく思われる」

(2) 限定的関係節 ceux qui の強調：*ceux-là qui* liront les pages de mon livre (NOAILLES —LE B, I, 98)「私の本を読むであろう人たち」

cent — 1° 一致 ①倍数に先立たれ端数を伴わぬときはsが付く：deux *cents* ans.不特定の倍数は des, quelques で表わされる：quelques *cents* mètres「数百メートル」/ depuis des *cents* et *cents* ans「いく百年も前から」(desは強意的) ♦quelques [trois] *cent mille* euros では quelques, trois は cent mille に関係するものとして cent は無変化。▶端数を伴うときも無変化：deux *cent* cinquante. vingtの一致と共に17世紀末に作られた規則（古くは deux *cents* mille）。1901年の文部省令では端数の有無にかかわらず一致を許容.

②序数に代わるときは無変化：l'an huit *cent* / page deux *cent*.

centaine

③ centaineに代わる名詞として商品の数を示すときはsが付く: deux *cents* d'épingles「ピン200本」

2° *cent un*と*cent et un* 数を数えるときはcent un [sɑ̃œ̃]. etの挿入は古い語法. 現代でもetを加えた例がまれに見出される (cf. G, 403, Rem. 1, n. 2). また, 漠然とした数を示すためにもcent et unを用いる: Il vous contera *cent et une* histoires. (*N. Lar.*)「彼はあなたにいろいろ話をするだろう」▶cent deux以上の数にはetを用いないがdeux cents et quelques euros「200数ユーロ」と言う. この場合, centは端数を伴ってもsが付く.

3° 1100-1999までの数にはmilleを用いる代わりに日常語では*onze cents*, *douze cents*, ...と言う: l'an 1955 (= dix-neuf cent cinquante-cinq). ▶百位の端数のないmille, deux milleの代わりに×*dix-cents*, ×*vingt-cents*とは言わない. un million cent [deux cent] mille「110 [120] 万」の代わりにonze [douze] cent milleとも言う.

4° *pour cent* ⇨ accord du verbe A. I. 6°

centaine — une *centaine* de + 名の後の動詞の一致 ⇨ accord du verbe A. I. 3°

cependant — **1°** 本来のpendant ce tempsの意はまれ, 古めかしい: Et *cependant*, le rideau tombe. (MONTHERL., *Cardinal* II, 5)「その間に, 幕おりる」

　普通は対立 (=pourtant)の意　意味はmaisに近いが, et, maisの後, 文中, 文末に用いられるから接続詞とは言えない: Il a réussi; *cependant*, il est mécontent. (*MR*)「彼は成功した. それでも満足してはいない」 / Et *cependant* je disais la même chose qu'eux. (BEAUV., *Tous les h.*, 179)「しかし私は彼らと同じことを言っていたのだ」 / Il (= le ciel) s'est découvert peu à peu *cependant*. (CAMUS, *Etr.*, 36)「それでも空は少しずつ晴れてきた」 / J'ai répondu *cependant* que (...) (*Ib.*, 94) / Ce n'est *cependant* pas cette crainte qui le retint. (DÉON, *Dejeuner*, 83)「しかしながら彼が思いとどまったのはこの心配のためではない」

2° *cependant que* + 直《古》《文》(= pendant que): *Cependant que* la jeune femme lui caressait le front d'un geste reconnaissant, il poursuivit. (KESSEL, *Enfants*, 175)「若い女が感謝の身振りで彼の額を愛撫している間に, 彼は言葉を続けた」

♦対立 (= tandis que, alors que): Il peut arriver aussi que l'étymon se soit éteint *cependant que* le dérivé a survécu. (GUIRAUD, *Fr. pop.*, 61)「派生語が生き残っているのに語原形が消滅してしまうこともあり得る」

certain(e)[1] — 形 (品質)　いつも〈名 + certain(e)〉, または属詞: des progrès *certains*「確実な進歩」/ Le succès est *certain*.「成功は確実だ」/ être *certain* de + 名 [de 不定詞]「...を確信している」/ être *certain* que + 直; n'être pas *certain* que + 接: Je *n'étais pas certain que* son regard (...) me cherchât véritablement. (PINGAUD, *Scène*, 37)「彼の目が本当に私を捜していたかどうかは確信がない」/ il est *certain* que + 直; il n'est pas *certain* que + 接 直「...することは確かである; ない」▶接: 直 = 14 : 5 (BÖRJ, 53)

certain(e)[2] — **I.** 形 (不定)　いつも名詞に先行. 母音の前で非鼻音化してリエゾンする: *certain* âge [sɛrtɛnɑ:ʒ]

1° *un certain* + 抽象名詞　不特定のかなりの量: J'ai pour lui *un certain* respect. (H)「彼をかなり尊敬している」/ un homme d'*un certain* mérite「相当の功績ある男」/ au bout d'*un certain* temps「しばらくして」/ Ses yeux semblaient trahir *une certaine* satisfaction. (QUENEAU, *Contes*, 170)「彼の目はかなりの満足を示しているように思えた」

2° *un certain* + 可算名詞　不特定の強調. 話者が知っている人・物を不特定のものとして表わす: Il est venu nous voir avec *un certain* cousin à lui. (*DFC*)「彼はいとこという人をひとり連れて会いに来た」/ d'*un certain* point de vue (*Ib.*)「ある見地からすれば」/ *un certain* jour (PINGAUD, *Scène*, 36)「ある日のこと」

　certain + 名　古文調, 気どった文体: *certain* soir que nous étions à table avec lui (GIDE, *Feuillets*, 66)「彼と食卓に向かっていたある晩」

　un certain + 固有　やや軽蔑的: Vous n'avez pas entendu parler d'*un certain* Trarieux? (BEAUV., *Mand.*, 139)「Tとかいう男の話を聞いたことはありませんか」

3° *certains* + 名 / *quelques* + 名　quelquesが同質の個体の少数を表わすのに反し, certainsは全体の中から取り出した異質のものの不特定の少数を表わす: *Certains* aliments me rendent malade. (=Parmi les aliments il

y en a qui me rendent malade.)「私はあるいくつかの食べ物を食べると病気になる」 cf. CULIOLI, *LF*, n° 22, 7.
　両者の本質的相違から次の用法の区別を生じる.
① **価値判断を表わす動詞**（aimer, détester, apprécier, approuver, など）のあとでは quelques より好んで certains を用いる : Il aime bien *certains* fruits.「彼はあるいくつかの果物が大好きだ」▶ ×Il aime des fruits. は不可.
② **制限表現**　ne... que, seulement と共に用いると : Je *n'*ai vu *que certains* [*quelques*] étudiants.「ある幾人かの［何人かの］学生に会っただけだ」/ Ce ne sont pas *seulement certains* [*quelques*] étudiants que j'ai vus.「ある幾人かの［何人かの］学生に会っただけではない」◆certains は tous の対, quelques は beaucoup の対. cf. GONDRET, *FM*, '76, n° 2.
③ ***certains* は単位名詞の前には用いられない** : Il en a acheté *quelques* [×*certains*] kilos.「何キロか買った」
④ ***de certains* +** 名　古文調 : à *de certains* moments (SARTRE, *Nausée*, 55)「ある時には」▶ H(214) はほとんど用いられないと言う.
◆本質的に数量詞である quelques, plusieurs は de に先立たれることはない.
▶ ×les [ces, mes] certains + 名 は不可 (GROSS, *Nom*, 22).
II.　代 (不定) 複　単数はなく ×un certain d'entre eux / ×Il en a vu un certain. は不可.
1° **不特定の少数の人**　多くは主語 : *Certains* prétendent que vous êtes d'accord. (CASTILLOU, *Etna*, 76)「ある人たちはあなた方がぐるになっていると言っています」
◆まれに補語 : Etre plaint et admiré, c'est le plaisir de *certains*. (DORIN, *Th.* II, 382)「人から同情され感心される、それはある人たちにとってはうれしいことです」
▶ *certaines*「ある女たち」はまれ.
2° ***certain(e)s de* +** 名 [*d'entre eux, elles*] 特定の人・物のうちのいくつか : Je fréquentais avec plaisir *certaines de* mes camarades. (BEAUV., *Mém.*, 60)「友達の何人かとつきあうのが楽しかった」/ *Certains de* ses conseils m'étonnèrent. (*Ib.*, 211)「彼の忠告のいくつかは意外だった」/ M. Bonnini venait d'expliquer à *certains d'entre eux*, le sixième chant du Purgatoire, (...) (BUTOR, *Degrés*, 111)「B 先生は彼らの数人に煉獄篇の第 6 歌を説明したところだった」
3° ***certain(e)s***　既出の名詞の省略 : On continue à m'adresser beaucoup de lettres et en général j'y réponds. *Certaines* sont assez intéressantes pour qu'une correspondance s'engage. (BEAUV., *Compte*, 68)「相変わらずたくさんの手紙がくるが、たいていはそれに返事を書く. 中には興味深いのもあって、文通が始まることもある」
◆*certain(e)s* が直・目となるときは en が必要 : J'ai noué des relations privées avec quelques-unes de mes jeunes lectrices. J'*en* ai perdu de vue *certaines*. (*Ib.*, 69)「私は若い女性の読者と私的に交際を結んだ. そのいくたりかとは今では交際していない」⇨ en² I. 3°
◆*certain(e)s... d'autres* : *Certains* ont été battus violemment sur la nuque et la tête. *D'autres* ont été pendus par les pieds plusieurs heures. (VAILLAND, *Fête*, 158)「ある者は首と頭を激しく打たれ、他の者は何時間も足を上にしてつるされた」

cesse — 次の 2 つの成句にしか用いられない.
1° ***sans cesse*** : Pendant toute la séance, il a bavardé *sans cesse* avec son voisin.「会議の間じゅう、彼は隣の男としゃべりつづけていた」/ Hier il a plu *sans cesse*.「きのうは絶え間なく雨が降り続いた」
2° ***n'avoir (pas) de cesse que* + (*ne*)** 接 (que = jusqu'à ce que, avant que; ne は虚辞) : Vous *n'*avez eu de cesse que vous *ne* m'ayez eu à vos pieds. (BEAUV., *Inv.*, 362)「ぼくを足もとにひざまずかせるまでやめなかった」/ Il *n'*aura de cesse qu'il *ne* soit arrivé à ses fins. (ANOUILH, *P.B.*, 402)「目的をとげてしまうまではやめやしないよ」　◆時に ne を省く : Les pauvres *n'ont* de cesse que leur misère soit une fatalité. (ANOUILH, *Grotte*, 14)「貧乏人は自分たちの貧窮が宿命的なものとなるまで努力をやめない」▶ 時に pas, point を加える : Il *n'*aura *pas* de cesse qu'il *n'*obtienne ce qu'il veut. (*PR*)「ほしいものを手に入れるまではやめないだろう」
◆*n'avoir (pas) de cesse avant de* 不定詞 [avant que + 接, jusqu'à ce que + 接, tant que + 直] まれ : Il *n'*a pas eu de cesse avant d'avoir obtenu le renseignement qu'il cherchait. (*DFC*)「求める情報が手に入るまで

やめなかった」
♦特殊構文: (Je) *n'ai de cesse que conduit* jusqu'au bout. (GIDE, *Journal 1942-9*, 206)「最後まで行きつくまではやめない」

cesser ── **1°** 用いる助動詞　現代ではいつも avoir. AC は être の用例を記さない: Le bruit *a cessé* il y a quelques instants.「騒音はしばらく前にやんだ」(動作) / Le bruit *a cessé* ; le calme règne.「騒音はやんだ．あたりがひっそりしている」(動作の結果である現在の状態)

2° cesser＋名 [*de* 不定詞]: Il *cesse* le travail. [Il le *cesse*.]「彼は仕事[それ]をやめる」▶ *de* 不定詞 に le の代入不可能: Il travaille encore? — Non, il a cessé (de le faire).「彼はまだ働いているのかい．──いいえ，もうやめました」▶ ×Il l'a cessé. は誤り．

♦非人称動詞と共に: Il *cessa* pratiquement *de* pleuvoir. (LE CLÉZIO, *Déluge*, 151)「雨はほとんどやんだ」

3° ne (pas) cesser de 不定詞「絶えず…する」(= faire constamment qch)の意では文語では多く pas を省く．▶ ne *cesser* : ne pas *cesser* ＝ 11-14 : 3-3 (*List*, 25): Il *ne cesse* (*pas*) *de* bavarder. (*EBF*)「彼はいつまでもおしゃべりしている」/ Hier il n'*a* pas *cessé de* pleuvoir.「きのうは雨が降りやまなかった」

♦「…するのをやめない」(=ne pas renoncer à) の意では pas は省かない: Je *n'ai pas cessé de* lui écrire. (*PR*)「彼に手紙を書くのをやめてはいない」/ Je *ne cesse pas de* travailler avant midi. (MART, 539)「正午になるまでは仕事をやめない」

♦ne cesser de 不定詞＋que＋ne＋接 [jusqu'à ce que＋接] (que は文学的): Il *n'a cessé de* m'importuner *qu'*il *n'*ait obtenu satisfaction. (*PR*)「満足な応答が得られるまで私にしつこく要求を続けた」▶ 類義で ne pas cesser de 不定詞＋avant de 不定詞 [avant que＋接]とも言う (ROB).

♦pas の省略は 不定詞 を伴うときに限る．したがって、いつも: Il *ne cesse pas* son travail. / Il *ne cesse pas*.

chacun(e) ── 人・物の総体を形作る各個体を個別的に示す．

1° 単独に (=toute personne, tout le monde): *Chacun* a ses défauts.「人それぞれに欠点がある」/ *Chacun* imagine qu'il est le seul à qui ça arrive. (GARY, *Au-delà*, 33)「誰しもそんなことが起こるのは自分だけだと思っている」/ Comme *chacun* sans doute vous le tenez pour détestable. (VERCORS, *Yeux*, 112)「おそらく誰とも同じくあなたはそれが全く不出来だと思っているのでしょう」

♦chacun は集合の観念を含むため、相互的代名動詞の主語となりうる: Dans une ville *chacun se* connaît. (S, I, 382)「町の中では、めいめいが知り合いだ」

2° 特定の人・物の一群を形作る各個体
①**chacun de**＋名 ; **chacun de [d'entre] nous [vous, eux]**: J'ai lu *chacun de* ces ouvrages. (BEAUV., *Compte*, 149)「それらの本はどれも読んだ」/ *Chacun de nous* s'emparait alors d'un bâton. (GASCAR, *Graine*, 167)「われわれのめいめいがそのとき棒をつかんだ」/ Mis dans d'autres conditions, *chacun d'entre eux* vivrait la même angoisse. (IONESCO, *Solitaire*, 107)「別の状況に置かれても彼らのめいめいは同じ不安を味わうことだろう」▶ chacun de nous [vous]を主語とする動詞は単数3人称．

②既出の複数の語に関係して: On envisagea diverses hypothèses, mais à *chacune* quelqu'un se récriait. (QUENEAU, *Pierrot*, 138) (= à chacune de ces hypothèses)「いろいろな仮説を検討したが、どれにも誰かが文句をつけた」/ Alors elle l' (=la Sonate Pathétique) a fait jouer avec expression par les quarante élèves successivement et nous a obligées à rester pour écouter *chacune*. (GIRAUDOUX, *Tessa* II, 3, sc. 2)「すると次々に40人の生徒に表情をつけてそれを弾かせ、めいめいが弾くのを聞くために無理に引きとめられたのよ」

♦同格: Ils prennent *chacun* un journal. (PAGNOL, *Marius* III, 2)「彼らはめいめいに新聞を手に取る」/ *Chacune* à un aviron, elles rament. (LE CLÉZIO, *Géants*, 41)「めいめいが1本のオールの所に座って彼女たちは漕ぐ」

♦他の不定代名詞と異なり、直・目となるときにも、en は用いられない: Luc a lu *chacun* de ces livres.＞Luc les a lus *chacun*. 誤 : ×Luc en a lu chacun. (GROSS, *Nom*, 83; H, 365)

3° chacun と所有形容詞
①chacun が既出の語に関係しないとき、つまり単独用法の chacun (上記 1°)、chacun de＋名 [de nous, de vous, d'eux] が主語となる

ときは son, sa, ses を用いる：*Chacun de nous a ses* ennemis. (*EBF*)「われわれのめいめいが敵を持っている」
② chacun が既出の複数の語の同格となるとき
(1) ***nous***, ***vous*** に関係するときは各人の所有するものが1個ならば notre, votre, 数個ならば nos, vos を用いる：Nous nous sommes assis *chacun* à *notre* place.「われわれはめいめいの席についた」/ Nous avons eu *chacun nos* difficultés.「われわれはめいめいさまざまな障害に出会ってきた」

♦ Nous gagnâmes *chacun nos* places. (DUHAMEL)「めいめいの席についた」のような複数の nos の使用は例外的 (H, 216; G, 428, n. 2).

♦ nous, vous のあとの chacun に関係する son, sa, ses の使用：Nous vivons bien à l'aise, *chacun* dans *son* absurdité. (VALÉRY—G, 428 a)「われわれはめいめいにその不条理の中にひたって安穏に暮らしている」▶ 多くは chacun の前で文が完結している. ⇨ 下記(2)(i). H もまれな例外とみなす.

(2) 3人称の複数の語に関係するときは son, sa, ses または leur(s): Ils ont bu *chacun sa* [*leur*] bouteille. (B, 131)「めいめい自分の瓶を飲んだ」/ Remettez ces livres *chacun* à *sa* [*leur*] place. (*DFC*)「その本はそれぞれの場所にしまいなさい」

ただし，son, sa, ses だけを用いる場合がある.
(i) chacun の前で文が完結しているとき：Les riches doivent tous contribuer à l'entretien des malheureux, *chacun* selon *sa* fortune. (MART, 169)「金持はみな，それぞれの資力に応じて貧乏人の救済に協力しなければならない」
(ii) chacun ＋ 現分 の後：On ne les comprenait plus, *chacun* parlant *sa* langue. (H)「めいめい自分の国の言葉を話していたから，彼らの言うことがわからなくなった」▶ (i)の特別な場合.

4° ***chacun*** と ***lui / leur***　　chacunを含む主節のあとの関係節で：Ils font *chacun* ce qui *leur* [*lui*] plaît. (*Lar. XXᵉ* ; *EBF*)「彼らはめいめい好きなことをしている」/ Ils s'en tenaient *chacun* à l'opinion qui *leur* [*lui*] paraissait la meilleure. (MART, 167)「めいめい自分に最良と思われる意見にもっぱら従っていた」

5° ***chacun*** と ***le / les***
① 〈chacun de ＋ 名〉の代理語は les: *Chacun* de ces objets, il *les* avait touchés de ses mains, jadis. (*Thib*. IV, 151)「これらの物のひとつひとつに，昔彼は自分の手でさわってみたのだ」
② chacun の前が完結した文の場合：Ils doivent tous profiter de vos observations, *chacun* en ce qui *le* concerne. (MART, 167)「彼らは皆，めいめい自分に関する限り，あなたの忠告をなおざりにしてはならない」

6° ***un chacun***, ***tout*** (***un***) ***chacun*** (＝ chacun, toute personne, n'importe qui), 古文調，または現代口語：Je prends mon apéritif avec *tout un chacun*. (ANOUILH, *Hurlub*., 75)「ぼくは誰とでもアペリティフを飲みます」/ (...) ou je dis à *tout chacun* que vous êtes mal fichue de la poitrine. (AYMÉ—COL)「さもないと，あなたが胸が悪いと誰にでも言いますよ」

▶chacun と lui / soi ⇨ soi; chacun と chaque ⇨ chaque 5°

chambre — dans [à] sa chambre　運動動詞のあとでは dans または à: Je montai *dans ma chambre*. (SAGAN, *Bonj*., 53)「部屋にあがった」/ Elle montait *à sa chambre*. (GREEN, *Mesurat*, 77) ▶ 運動の意がなければ dans: Il est *dans sa chambre*.

champion(ne) — 1°「選手権保持者」または転じて「名人」の意では 女 は普通：C'était une jeune Allemande, une *championne* de natation. (ANOUILH, *P.B*., 137)「若いドイツ人女性で水泳のチャンピオンでした」/ Tu es la *championne* de gaffe. (DURAS—TH)「へまの名人だ」

♦「…の擁護者」の意では従来は 男：La France est *le champion* de la liberté. (TH)「フランスは自由の擁護者だ」▶ 女 も普及： Elle s'est faite *la championne* du vote des femmes. 「婦人参政権の闘士となった」

2° remarquable の意の俗語では不変化形容詞 Elle est *champion*. (VAILLAND, *Loi*, 188)「彼女はすばらしいよ」

chance — 1° *avoir de la chance de* 不定詞 [*que* ＋ 接]：Tu *as de la chance d*'être en vacances. (*DFC*)「休暇中とは運がいい」/ Tu *as de la chance que* j'aie été bonne fille. (ARLAND, *Ordre*, 403)「わたしがいい娘だったから運がよかったわね」/ Vous (en) *avez de la chance*!「運がいいですね」(Je n'ai) pas *de chance*!「ついてないな」

c'est une chance de 不定詞 [*que* ＋ 接]：

*C'est une chance qu'*on ait fait le plein hier. (BEAUV., *Mand.*, 196)「きのう満タンにしたとは運がいいな」
　ce n'est pas de chance que+接「…するとは運が悪い」　言い回し：*Ce n'est pas de chance.* (BEAUV., *Inv.*, 393, 409)「運が悪い」
　2° 複 = probabilités：*Il y a bien des chances pour que* ça traîne encore vingt-quatre heures! (*Thib.* V, 271)「だがまだ一日続く可能性は充分ある」

changement de sens [意味変化] ― 語の意味は、音声や形態のように、次第に変化する。意味変化は音声変化のように機械的な法則に従わない。連想作用の働く限り、どの方向にも変わってゆくから、その結果は予見できない。音声や形態の変化では古いものは捨て去られるが、意味変化では、新義は旧義を駆逐しないのが原則であるから、語は次第に多義となる。意味変化の型は、
　① **意味の制限** (restriction de sens)　意味が特殊化されること：traire「引き出す>乳をしぼる」／ voiture「車>自動車」／ femme「女>妻」／ opération「作用、働き>（外科）手術、（軍）作戦、（財界）取引、（数学）演算」▶一般的意味が専門語となって特殊化される場合。
　② **意味の拡張** (extension de sens)　特殊な意義の一般化：boucher「山羊 (bouc) 肉商>肉屋」／ panier「lat. panarium パンかご>かご」
　③ **意味の移行** (glissement または déplacement de sens)　本義と転義との関係が上記のような制限でも拡張でもなく、適用範囲の上から同等であるもの：gorge「のど>（女性の）胸、乳房」／ feuille「木の葉>紙片」(D, *Précis*, 204 ; VENDR, 235)
　意味変化は多く連想作用で起こるもので、métaphore, métonymie, synecdoque, catachrèseなど、みなこれである（各語参照）。語の本来の意味を本義 (sens propre)、かくして生じた転義を比喩的意味 (sens figuré) と言う。語の意味の研究を意味論 (⇨ sémantique) と言う。

changement phonétique [音(声)変化] ― 語の音声がその歴史的過程において変化を受けること。音は消失し (lat. se*c*urum > sûr)、変化し (lat. *c*antare > *ch*anter)、添加する (lat. numerum > nom*b*re)。音(声)変化は無意識のうちに順次に行なわれるが、一定の時期・一定の場所においては、同じ音は同じ条件のもとでは同じ変化を受ける。例えばラテン語の強勢のaは開音節では[ɛ]に変わるが (lat. mátrem > mère)、この音が語尾に来るときは[e] (lat. násum > nez)、閉音節では無変化 (lat. váccam > vache)。広いeは開音節では[jɛ](lat. petram > pierre)、語末では[je] (lat. pedem > pied)、閉音節では無変化 (lat. herbam > herbe)。このような対応関係を方式化したものを音声（変化）の法則、あるいは単に音法則 (loi phonétique) と言う。音(声)変化はなお assimilation, dissimilation, métathèse, épenthèse などのような一般的原理の支配を受ける。

changer ― 1° 助動詞は avoir : Elle n'*a* pas *changé*, elle est toujours la même. (*PR*)「彼女は変わっていない、昔のままだ」▶状態を表わすために être を用いて Il *est* bien *changé.*「彼はすっかり変わりはてた」と言うのは病人・死人についてだけ (COL)。
　2° *changer* qch [qn]　汚れた［いたんだ、不良の］ものをよいものと取り替える：*changer* les draps「シーツを取り替える」／ *changer* la lampe「電球を取り替える」／ *changer* le personnel d'une administration「役所の職員を入れ替える」／ Les pneus de ma voiture sont usés, il faut les *changer.* (*GLLF*)「車のタイヤがいたんでいる。取り替えなければいけない」
　3° *changer de* qch [qn]　同種の他のものと変える：*changer de* nationalité [*d'*assiettes, *de* secrétaire, *de* direction, *de* nom, *d'*adresse, *de* conversation]「国籍［皿、秘書、方向、名前、住所、話題］を変える」／ *changer de* train「列車を乗り替える」／ *changer de* vêtements「服を着替える」(cf. *changer* les vêtements d'un malade「病人の衣類を取り替える」) ／ Il *changera d'*attitude [Il *en changera*].「彼は態度［それ］を変えるだろう」／ L'encre est noire, et jamais il n'*en aura changé.* (SOLLERS, *Parc*, 26) (= d'encre)「インクは黒である。決して彼はそれ (= インク) を替えはしなかったのだろう」▶不特定の名詞が en で置き換えられる点、特別 (GROSS, 38, 55)。
　♦*changer* qch *de* qch：*J'ai changé* le lit *de* place.「ベッドの位置を変えた」

chanteur ― 女 chanteuse は chanteur「職業的または素人の歌い手、歌手」のすべての意を持つ。イタリア語を借用した cantatrice は「専門的

なオペラ，古典音楽の歌手」でこれに対応する男性語はない．補語を添えるときはいつも chanteuse を用いる：*chanteuse* d'opéra (TH)

chapitre ⇨ nom V. 2°①(2)

chaque — **1°** *chaque* と *tout*　*chaque* は集合体を個別的に示し，個々の異なることを表わす．*tout* は全体のうちからどの1つを取りだしても同じ性質を持つことを表わす：*Chaque* homme a sa passion.「人はめいめいにめいめいの情熱がある」/ *Tout* homme a des passions.「どんな人間にも情熱はある」

♦ある場合には，この陰影は認められない：à *chaque* instant [moment] = à *tout* instant [moment]「絶えず」

2° *chaque* と *tous les*　*chaque* が個別的であるのに対し，tous les は個々の全体を示すが(cf. *tous les* hommes)，tous les も日時などを表わす名詞の前では個別的に示す：Il vient *tous les jours*. (= *chaque* jour)「彼は毎日来る」/ Il vient *tous les* ans à la campagne. (= *chaque* année)「毎年田舎に行く」/ *toutes les* fois que (= *chaque* fois que)「…の度毎に」

♦〈基数詞+名〉の前では tous les が普通：Cela arrive *tous les dix ans*.「それは10年毎に起こる」▶誤用とされている *chaque dix ans* は俗語めくが文学語にも入りつつある (cf. G, 454, Rem. 2).

3° (à) *chaque fois* ⇨ fois 3°

4° 動詞の一致　①〈chaque+名〉の並列．動詞は多く単数：*Chaque* homme, *chaque* femme *a* les préjugés de son sexe. (Lar.)「どの男どの女もその性相応の偏見がある」

② chaque+名+et chaque+名．単数3人称所有形容詞を用いる次の文では動詞は単数：*Chaque* garçon *et chaque* fille *aura son* prix. (MART, 167)「どの男の子も女の子も賞品をもらうだろう」▶所有形容詞がなければ *Chaque* garçon et *chaque* fille aura [auront] un prix. (*Ib.*, 326)

5° 俗語的用法で *chacun* に代わる：Ils ont bu leur bouteille *chaque*. (B, 131)「彼らはめいめいに自分の瓶を飲んだ」♦商業文では普通．MART (166) は品物の価格を表わす場合のほかは避けるべきだと説く：douze volumes de douze cents pages *chaque*「各1200ページの本12巻」

châtain — 多く女は無変化．19世紀に始まる châtaine も次第に普及：la chevelure *châtain(e)* / Elle est plutôt *châtain* que blonde. (*DFC*)「彼女はブロンドというよりむしろ栗色の髪だ」/ une femme *châtain* (*MR*) / cette belle jeune femme *châtaine* (LARBAUD—G, 352 N.B. 4)

複は châtains : des cheveux *châtains*. まれに無変化：Lisa avait des cheveux *châtain*. (BEAUV., *Mand.*, 477) ▶ châtain+形はいつも無変化：des cheveux *châtain clair* (AC)「明るい栗色の髪」

chef — 女性についても un chef を用いる：Dix-huit femmes sont *chefs* de bureau. (*Avenirs*, n° 67, 29)「18人の婦人が課長である」▶ B (89) ; D-P (I, 316) が俗語で用いるという chefesse は消滅．工場で用いるという la chef (D, *Guide*, 106) も TH は許容しない．

chemin — dans le chemin : Une jeune femme (...) passa *dans le chemin*. (TROYAT, *Tête*, 35)「若い女性が道を通った」

♦en [sur le] chemin : Je l'ai rencontré *en* [*sur le*] *chemin*.「途中で彼に出会った」 cf. ROB ; D, 359. ▶ sur le chemin のみ：Il s'en allait lentement *sur le chemin* qui traversait la ville. (LE CLÉZIO, *Mondo*, 185)「彼は町を横切る道をゆっくりと去っていった」

chemin de fer　en chemin de fer ⇨ à I. 10°②

chercher — *chercher à* 不定詞 : Il *cherche à* me séduire par de belles paroles. (AC)「甘言で私を誘惑しようとしている」▶同義の chercher de 不定詞は古文調：J'*ai cherché de* vous dire comment je devins qui je suis. (GIDE, *Imm.*, 240)「どのようにして今日の私になったのかあなたに話そうとした」

　　chercher (à ce) *que* + 接 : *Cherchez* (à ce) *qu'*on soit content de vous.「人に満足されるように努めなさい」▶ que は à ce que よりまれ (GLLF), しかし TH は que のほうが優雅と説く．

♦à 不定詞, à ce que+接に代わる代名詞は le, その問いは que : Je ne pouvais espérer passer longtemps inaperçu. Je ne *le cherchais* d'ailleurs plus. (PINGAUD, *Scène*, 43)「私は長い間人目につかずにいられることを期待はできなかった．それに，もはやそうしようと努めてもいなかった」(le=à passer longtemps inaperçu) / Il t'a demandé : *Que cherchez*-vous par ici? Tu as dit : Je *cherche à* parler avec quelqu'un. (DURAS, *Abahn*, 17)「彼は『ここ

cheval

でどうしようというのです』とお前にたずねた．お前は『誰かと話をしたいのだ』と言った」 cf. GROSS, *LF*, n°1, 68.
▶envoyer chercher ⇨ envoyer 1°

cheval — à *cheval* ⇨ à I. 10°①

cheveu — 1° 一般に複数 Ile a des [les] *cheveux* blonds. は構文は異なるが意味内容は同じ(⇨avoir III. 1°). ただし, J'ai *les cheveux* blancs. 「総白髪である」, J'ai *des cheveux* blancs. 「白髪が何本かある」と区別するのが普通 (MAUGER, 98). BONN (*Code*, 262) は des *cheveux* blancs は総白髪とも解せるという: Elle avait *un cheveu* blanc. (IONESCO, *Solitaire*, 12)「白髪が1本あった」/ Tu as des *cheveux* blancs! (DURAS, *Th.* II, 88)「(白髪を見つけて)お前, 白髪があるね」
2° まれに集合的に単数　新用法で = chevelure (COL; *TLF*; *GLLF*): Ils ont pourtant *le cheveu* blond. (QUENEAU, *Fleurs*, 15) / C'était une fille de *cheveu* terne et rare. (MAURIAC, *Pharis.*, 30)「髪の薄くくすんだ色をした娘だった」

chez — *chez* + 名 [代] 名詞的機能 (= la maison de): C'est ici *chez* Abahn? (DURAS, *Abahn*, 8)「Aの家はここですか」/ Où est-ce «*chez toi*»? (ST-EXUP., *Prince*, 16)「どこなの, きみの家は」
♦*chez(-)soi* [moi, lui, など] 男性単数名詞. 〈-〉はないことのほうが多い (*TLF*, chez Rem. 1): Pourtant vous avez *un chez-vous*. (DUHAMEL—*GLLF*)「それでもあなたには我が家がある」/ Je n'ai pas de *chez moi*. (GIRAUDOUX, *Tessa*, 226)「私には家はないの」
　前置詞(相当句) + *chez* + 名 [代] : Je viens *de chez* moi. (*PR*)「私は家から来たんです」/ A deux heures, il était *devant chez* elle. (SAGAN, *Brahms*, 96)「2時に彼女の家の前にいた」/ Elle tourne sur la droite dans la direction qui mène *vers chez* elle. (DURAS, *Stein*, 148)「右に曲がって自分の家の方向に行く」

chic — 女性は無変化: une toilette *chic* (AC)「すてきな装い」/ Une *chic* fille! (SALACROU, *Th.* VI, 230)「すてきな娘だ」/ Tu es *chic*! (ANOUILH, *P.R.*, 67)「(姉に向かって)いい人ね」▶女性形 chique (G, 351, n. 2) は普及しなかった.
♦複数も AC; TH; *PR* は無変化とする: des gens *chic* (BERNSTEIN—G, 359)「りっぱな人たち」(= bien) ▶しかし chics は次第に多くなり *DFC*; *EBF*; *P. Lar.* は変化させる: officiers allemands très *chics* (BEAUV., *Age*, 470)「とても粋なドイツ将校」/ les maîtresses de maison les plus *chics* (TROYAT—G, 359, N.B.1)「この上なく粋な主婦たち」/ les restaurants *chics* (GARY, *Au-delà*, 72)「しゃれたレストラン」

chose — 1° 節の同格: *Chose* impressionnante, ces catastrophes ont enseigné au vieux monde un pessimisme qui n'était pas son fait. (SIEGFRIED, *Ame*, 5)「驚いたことに, この破局が旧世界に柄にもない厭世主義を教えた」/ Il m'a écouté, et, *chose* qui m'a étonné, il s'est laissé convaincre. (LE B, II, 389)「彼は私の話を聞いてくれ, 意外なことに, 説き伏せられてしまった」/ Tout cela ce soir-là m'a entraîné—*chose* dont je n'ai pas l'habitude — à la réflexion. (MODIANO, *Vestiaire*, 10)「その晩のすべてのことで, 私としては珍しいのだが, すっかり考え込んでしまった」
2° 文頭の転位節を受ける: Que Balzac n'appartienne pas au romantisme, *la chose* est donc claire. (SOURIAU, *Hist. romant.*, 77)「Bがロマン派に属さないことは, したがって明らかである」

Christ — 発音: [krist]. ただし Jésus-Christ [ʒezykri]. FOUCHÉ (430) は新教では [-krist] と言うと説くが, 新教でも [-kri] と発音することがあり, *EBF* は旧教でも [-krist] と発音する傾向があると言う.
♦ *(le) Christ* 一般にカトリックでは le Christ, プロテスタントでは単に Christ (*GLLF*; BRUN, 219). Christ は人名に準じたもの. しかしプロテスタントでも le Christを用い始め (*EBF*), カトリックでも Christ が見られ, カトリック・プロテスタントによる用法の区別がなくなりだした.

chuintante (consonne) ⇨ consonne

ci — 代 (指示)　ceci の短縮形. 話し言葉で ça と応じて用いられる: On s'intéresse à *ci*, à *ça*. (VERCORS, *Colères*, 65)「人はあれやこれやに興味を持つのです」▶慣用句: Comment vous portez-vous? — Comme *ci* comme *ça*. (*PR*)「ご機嫌いかが.—まあまあです」

ci-annexé; ci-inclus; ci-joint —
1° 代 名詞に後続するときは一致: Vous trouverez cette lettre [Vous la trouverez] *ci-*

jointe [*ci-annexée*].「この手紙を同封します」(同格) / les lettres *ci-incluses*「同封の手紙」(付加形容詞)

2º 名詞に先行する場合 ① 省略的文体で文頭におくときは無変化：*Ci-joint* (la) quittance「領収書同封」 cf. *Ci-incluses*, ces pièces sont, je crois, en sûreté. (G, 785 a)「ここに同封すれば、書類は安全だと思います」(同格)
② 文中で動詞の後では、定冠詞に先立つ場合のみ一致させるのが伝統的：Vous trouverez *ci-incluse* la copie du contrat [*ci-inclus* copie du contrat].「契約書の写し同封致します」
▶ 現代の傾向では冠詞の有無にかかわらず、無変化 (LE B, II, 177). CLÉDAT (126-7)は副詞的用法と考える. ⇨ participe passé VI. 7º

ciel — **1º**「空」の意では唯一物として *le ciel*.「空の一角」は *du ciel*：Alors devant, il y avait *du ciel*, et *du ciel* aussi de chaque côté. (GIONO, *Regain*, 91)「そのとき、前には空があった。両側にも空があった」
ある様相のもとにとらえられた空は *un ciel*：Le vent chassait d'immences nuages blancs dans *un ciel* bleu clair. (GREEN, *Journal* V, 57)「明るい青空に大きな白い雲が風に吹かれて流れていた」▶ sur *le ciel* rose du petit matin (VIALAR, *Eperon*, 34)「明け方のばら色の空に」は限定補語によって常識的に rose という性質が予想されるための定冠詞.
les ciels はある様相を反復的に呈する空の総称：J'imaginais déjà la fenêtre ouverte sur *les ciels* bleus et roses, *les ciels* extraordinaires de Paris. (SAGAN, *Bonj.*, 139)「今からもう、青とばら色の空、パリのすばらしい空に向かって開かれた窓を心に描いていた」▶ 種々の様相：Il était familier aussi avec tous *ces ciels* ténébreux ou déblayés et rongés d'étoiles (...) (MAURIAC, *Désert*, 53)「まっくらな空、あるいは雲もなく星をちりばめた空（…）そういったあらゆる空ともなじみになっていた」
♦ *ciels* は比喩的に ciel と称されるものの数個にも用いる：des *ciels* de lit「寝台の天蓋」/ les *ciels* d'une carrière「採石場の天井」▶ 描かれた空：A cette époque, il peignait des *ciels*. (CAMUS, *Exil*, 164)「その時期には空の絵を描いていた」

2º 阅 *cieux* 文学的. ① 空という無限の空間の内部に無数の世界が存在するという考え方から複数性が生じたもの. D-P (I, 453)は集合複数 (pluriel collectif), D (100); *Gr. Lar.* (171)は強意複数 (pluriel emphatique)とみなす：l'immensité des *cieux*「空の広大さ」/ la voûte des *cieux*「蒼穹」/ Il regardait, par la croisée, la nuit qui s'avançait dans les *cieux*. (V. DE L'ISLE-ADAM, *Contes*, Véra)「窓越しに空に進んでくる夜を眺めていた」
②「天国」：le royaume des *cieux*.
③「気候から見た１つの国」：Il voulait aller vivre sous d'autres *cieux*. (*DFC*) (= dans un autre pays)「ほかの国に行って暮らしたがっていた」

3º au [dans le] ciel：Le changement des saisons ne s'y lit que *dans le ciel*. (CAMUS, *Peste*, 13)「そこでは季節の変化は空にしか現われない」/ Il n'y a pas un nuage *au ciel*. (GIONO, *Regain*, 50)「空には雲一つない」▶ 具体的な空にはほとんど常に dans (S-H, 188).

4º「神」の意では ciel, または Ciel (G, 170, 3º, 1, Rem.).

cinq — 発音. 母音の前, 語群の終わり, 名詞的用法では [sɛ̃(ː)k]：cin*q* ans / J'en ai cin*q*. / page cin*q*.
♦ 子音の前では [sɛ̃] が正式とされた：cin(q) garçons. 日常語では [sɛ̃k] が普及した.

circonstanciel ⇨ complément circonstanciel; proposition subordonnée 3º

cisaille — １個の品物を表わすのに歯が１枚の「切断機」は une cisaille, トタン板を切ったり、木を刈り込むのに用いる「大ばさみ」は des cisailles (*DBF*). TH は単数を認めないが、*DFC*; ROB は「はさみ」の意でも単数を記す.

ciseau — １個の品物を表わすのに「のみ」の意では un ciseau, 「はさみ」の意では des ciseaux. TH の記す「はさみ」の意の単数例を *EBF* は認めない.
▶ レスリング用語「ヘッド・シザース」は un ciseau.

classe; cours — avoir *classe* [*cours*]「授業がある」/ avoir *une classe* [*un cours*]「授業が１つある」/ avoir *des classes* [*des cours*]「授業がいくつかある」
♦ したがって否定文は：Je n'ai pas *classe* [*cours*]. / Je n'ai pas de *classe* [de *cours*].

clin — un *clin* [des *clins*] d'œil「（片目をまばたく）目くばせ」▶ 両眼を使用すれば des *clins* [まれに un *clin*] d'yeux (G, 293, n.1)と言うが意識的に区別しているか疑問 (G新, 515b, 2º). *EBF* は両眼については un [des] clignement(s) d'yeux を勧める.

collectif ⇨ nom collectif

combien — **I.** 副 (疑問) 後続語とリエゾンされない: *Combien* | *en a-t-elle?* (FOUCHÉ, 463)「それをいくつ持っているのでしょう?」

1° *combien de* + 可算名詞・不可算名詞 [*d'entre* + 代] ① 主語: *Combien de personnes sont invitées?*「何人招待されましたか」◆主語倒置をしないのが原則だが、複合倒置は次第に用いられ定着した感がある: *Combien d'entre nous auraient-ils droit au titre d'homme?* (VERCORS, *Anim.*, 304)「われわれのうちの何人が人間という資格を要求する権利があろうか」cf. G, 186 B, N.B.; *Pr.* I, 227-9; RENCHON, II, 57-9.

② 直・目, 非人称動詞の補語: *Combien de photos as-tu prises?* (*DFC*)「写真を何枚撮った?」(過分の一致に注意) / *Combien de temps vous faut-il pour ouvrir une porte?* (CLAIR, 33)「ドアをあけるのにどれだけ時間がかかるんだ」◆この場合に限り〈de + 名〉を動詞のあとに置くことができる: *Combien as-tu pris de photos?* (過分は無変化) / *Combien faut-il de temps pour obtenir Paris au téléphone?* (SAGAN, *Mois*, 78)「電話でパリを呼び出すのにどれだけ時間がかかります」▶ この②の場合に限り〈de + 名〉を en で置き換えられる: *Combien en as-tu pris?*「何枚撮った?」/ *Combien en reste-t-il?*「どれだけ残っています」

◆主語が名詞の場合の語順: *Combien de poissons a pris ton père?* または *Combien de poissons ton père a-t-il pris?*「お父さんは何びき魚を捕りましたか」

◆ combien de + 不可算名詞: *Combien d'argent aviez-vous en poche?—Onze francs et de la menue monnaie...* (SIMENON, *Chien*, 161)「いくら金を持っていた.—11フランと小銭」/ *Et vous avez mis combien de beurre? — Cinquante grammes.* (*Voix et Im.* II, 9)「で, どれだけバターを入れました?—50グラム」/ *Vous faites combien d'encolure?*「カラーサイズはどれくらいです」

③ 属詞: *Combien d'invités sommes-nous?* (*GLLF*)「私ども招待された者は何人ですか」

④ その他: *Combien de temps restez-vous encore à Paris?* (BEAUV., *Inv.*, 21)「まだどれだけパリにいますか」/ *De combien de temps disposons-nous?* (MALRAUX, *Cond.*, 36)「どれだけ余裕をいただけますか」/ *A combien de femmes avez-vous parlé ainsi?* (ARAGON, *Aurél.*, 182)「何人の女にそんなことを言ったのです」

◆ combien des + 名 「…のうちどれだけ」: *Combien des romans écrits par X as-tu lus?* (COL)「Xの書いた小説を何冊読んだ?」

2° 補語なしに ① 主語: *Combien les suivront?* (MALRAUX, *Cond.*, 99) (= *Combien de personnes*)「彼らのあとに何人ついていくだろうか」

② 直・目, 実主語・*coûter* などの補語: *Combien vous dois-je?*「いくらですか」/ *Combien avez-vous donné pour cette maison?* (F, 564)「この家にいくら出しました」/ *Combien te faut-il?* (ANOUILH, *P.R.*, 185)「いくら必要なの」/ *Combien y a-t-il d'ici à la mer?* (*PR*)「ここから海までどれだけありますか」

◆主語=名詞: *Combien coûte ce livre?* (*DFC*); *Combien ce livre coûte-t-il?* (MATORÉ)「この本はいくらです」cf. *Combien cela coûte-t-il?*「それはいくらです」/ ×*Combien coûte cela?* は不可. ⇨ ceci 15° / *Combien mesure [pèse] cet enfant?* (*DFC*); *Combien cet enfant mesure [pèse]-t-il?*「この子供の背たけ[体重]はどれだけあります」

③ 属詞: *Combien êtes-vous? — Nous sommes sept.*「何人ですか.—7人です」/ *Combien étaient les bolcheviks?* (MALRAUX, *Cond.*, 167)「過激派はどれくらいいたね」

④ その他: *Combien avez-vous payé ce meuble?*「この家具にいくら払いました」(⇨ payer) / *Depuis combien ne nous sommes-nous pas vus?* (*GLLF*)「どれくらい前から会わなかったかね」/ *Jusqu'à combien savez-vous compter?* (GIRAUDOUX, *Tessa*, 15)「いくつまで数えられます」/ *A combien faut-il affranchir cette lettre exprès?* (CLAIR, 198)「この速達はいくらになります」

◆主語=名詞. 自動詞は単純倒置: *A combien vous revient votre villa?* (*GLLF*)「あなたの別荘はいくらぐらいしましたか」▶ 他動詞は複合倒置: *Combien Paul a-t-il payé ce meuble?*「ポールはこの家具にいくら払ったの」

3° 主語倒置の回避 ① *combien est-ce que*: *Combien est-ce qu'il faut de tickets d'autobus pour aller chez toi?* (*Niv.* 2)「君の家までだとバスの回数券は何枚いるの」

② *combien* (*c'est*) *que* 《俗》: Combien (c'est) qu'elle coûte cette cravate?「いくらなの, このネクタイ」

③ 主語＋[動]＋*combien* : Vous êtes *combien*?「何人です」／ Ça fait *combien* de chambres? (DURAS, *Th.* II, 9)「いく部屋になります」／ Tu en as *combien*? (LE CLÉZIO, *Déluge*, 246)「いくつ持っている」／ Il y a *combien* de temps que Robert est parti? (ANOUILH, *P.R.*, 221)「Rが出かけてからどれくらいになります」 ◆言い回し: C'est *combien*, ces raisins? (F, 215)「いくらです, このぶどうは」／ Ça fait *combien*?「いくらになります」／ Ça coûte *combien*?「いくらです」

④ *combien* ＋ 主語 ＋ [動]? 《俗》: Combien d'enfants vous avez maintenant? (F, 598)「お子さんは今何人ですか」

II. [副] (感嘆) 動詞・形容詞・副詞を修飾. I と同じく名詞の機能も果たす. 原則として主語倒置を行なわないが, 単純倒置・複合倒置も見られる.

1º 副詞的機能 ①＋[動]: Combien il [Paul] a changé!「彼[P]はなんて変わったのだろう」／ Combien Gœthe, auprès de Schiller, paraît grand! (GIDE, *Journal 1942-9*, 28)「Sに比べればGがなんと偉大に見えることか」 ◆動詞が補語名詞を伴わないとき単純倒置も可能: Combien me charmait son génie! (LE B, *Inv.*, 78)「彼の天与の才能はどれほど私を魅惑したことだろう」

②＋[形]: Combien il [Paul] a été lâche!「なんと彼[P]は意気地なしだったろう」／ Combien je suis heureux de le revoir! (*DFC*)「彼にまた会えてなんて嬉しいのだろう」／ Combien étrange est le destin des héros de Tchekhov! (MAUROIS, *Cercle*, 324)「Tの主人公の運命はなんと数奇なことか」

◆省略的: Robinson éprouvait la première joie que lui eût donnée Speranza—mais *combien* douce et profonde!—en caressant de la main les tiges adolescentes. (TOURNIER, *Vendr.*, 49)「若々しい茎を手で撫ぜながら, RはSが彼に与えた最初の喜びを感じた. それにしてもなんという快い深味のある喜びだったろう」 ▶一般に〈combien＋[形]〉で文は作れない.

③ [副]: Combien facilement il se console! (*DFC*) または Combien il se console facilement!「あきらめがいいこと」／ Tu étais intelligent, mais *combien* différemment des autres! (DURAS, *Th.* II, 102)「お前は頭がよかったけれど, 他の者とは頭のよさがまるで違っていたよ」

◆上記①～③では, 主語倒置, 形容詞・副詞が combien の直後にくる場合を除き comme, que のほうが普通.

2º *combien de*＋[名] ① 主語: Combien de gens voudraient être à votre place!「どれほど多くの人たちがあなたの身がわりになりたがっていることか」

② 直・目: Combien de temps vous avez perdu! (MART, 502)「どれほど時間をむだにしたことか」 ◆主語倒置も可能: Combien de larmes j'ai versées! または Combien ai-je versé de larmes!「どれほど涙を流したことか」

◆〈combien de＋[名]〉が主語や直・目の場合は〈que de＋[名]〉(⇨ que³ 2º)のほうが普通. ことに不可算名詞は少数の語に限られる.

③ その他: Combien de fois je lui ai répété de venir!「彼に来るようにといく度繰り返して言ったことか」／ A *combien* de gens vous avez rendu service! (MART, 502)「あなたはどれほど多くの人々につくしたことか」 ◆主語倒置可能: Dans *combien* de métairies avais-je assisté à ce drame du vieux qui se laisse enjôler! (MAURIAC—HENRY, *Etudes*, 142)「どれほど多くの小作地で, こんなふうにうまうまと騙される老人の悲劇を目にしていたことか」

▶combien ne... pas ではいつも倒置: Combien de fois *ne* lui avait-on *pas* dit qu'il était bien fait! (GREEN, *Epaves*, 13)「彼はスタイルがいいとどんなに言われたことだろう」⇨ pas I. 3º

④ *de combien...*　まれに名詞の補語: Ceci est la preuve, cher Monsieur, *de combien* on doit se défier des suppositions hâtives. (BENOIT, *Kœnigs.*, 145)「あなた, これがせっかちに下した憶測など, どれほど当てにしてはならないかということの証拠です」

III. 従属節 Dites-moi *combien* de livres vous avez [*combien* vous avez de livres].「本を何冊持っているか教えてください」／ Dites-moi dans *combien* de temps vous aurez fini.「あとどのくらいしたら終えてしまうか教えてください」／ Vous verrez *combien* il a changé.「どれほど変わったかわかりますよ」(*Combien* il a changé! よりも従属節として用いるほうが自然である)

♦主語＝名詞．補語名詞を伴わないとき単純倒置も可能：(Je) lui dis *combien* m'alarmaient la pâleur et la maigreur d'Alissa. (GIDE—LE B., *Inv.*, 281)「Aが青白くやせているのがどれほど心配であるかを彼に話した」/ Nous avons montré *combien* est malaisée la définition d'un mot. (VENDRYES—*Ib.*)「語の定義がどれほど困難であるかを示した」(*combien* malaisée est la définition とも言う)

IV. combien... en 過分の一致については，文法家の説も慣用も一定しない (G, 795 b). MART (482)はすべての場合に無変化を勧めGもこれを支持する：J'ai reçu de vous beaucoup de lettres, *combien* m'en avez-vous écrit? (MART) ▶ この例のように一致させると発音が変わる（écrites）場合には，一致を避けるのが普通 (COL, 247).

V. le [les] combien : Le *combien* sommes-nous (aujourd'hui)? (MART, 143; *DFC*); Nous sommes [On est] le *combien* (aujourd'hui)? (MART, 143; G, 845, Rem. 3; F, 1644)「きょうは何日ですか」(= Quel jour (du mois) sommes-nous?) / Le *combien* es-tu? — Le sixième. (cf. *DFC*; ROB; MART)「何番なの．— 6番だよ」(= Quelle place as-tu, Quel est ton rang dans ta classe?) / Tous les *combien* passe l'autobus? (ROB); L'autobus passe *tous les combien*? (B)「バスは何分置きに通りますか」 ▶ 俗語であるが言い換えにくい (ROB).

comme¹ — **I.** 接 様態・程度の比較 D (384)によればIl est grand *comme* vous l'êtes.「彼はあなたのように大きい」では節を導く接続詞，Il est grand *comme* vous. では代名詞を限定する副詞．ただし，この場合も動詞が省略されたものと考え，接続詞とみなすのが伝統的な解釈 (cf. AYER, 668; C, 391).

1° 様態の一致，２つの事実の類似・適合

① …のように (= de la même manière que) : Elle leur répondait *comme* les grandes personnes répondent aux enfants. (MAUROIS, *Cercle*, 74)「大人が子供に答えるように彼らに答えていた」/ Il se conduit *comme* un fou. (*DG*)「まるで狂人のような振舞をする」/ travailler *comme* un nègre.「奴隷のように休みなく働く」♦blanc *comme* (la) neige「雪のように白い」(⇨ article V. 7°) / *comme* tout (《俗》= extrêmement) / Je lui ressemble *comme* deux gouttes d'eau.「ぼくは彼とうり二つだ」/ *comme* de juste「例のごとく」/ *comme* de bien entendu「もちろん」/ dire *comme* ça que [de 不定詞]（冗語的 ça ⇨ceci 12°②）

② 主節の動詞または類義の動詞を否定語と共に比較節で繰り返すときは，**行為の特異なことまたは強度を表わす** ：Edmond se jeta dans le travail *comme* il ne l'avait jamais fait jusqu'alors. (MAUROIS, *Cercle*, 223)「Eはそれまでになく勉強に没頭した」(⇨ faire VI. 1°) / Elle l'adorait *comme* jamais elle n'avait aimé aucun homme. (DAUDET, *Sapho*, 177)「未だかつてどんな男でもこれほどまでに愛したことがなかったほどに彼を熱愛していた」

♦比較節の動詞を略して：J'ai souffert *comme* jamais pour aucun homme. (*Ib.*, 373)「私は今までどんな男のためにもこれほどまでに苦しんだことがないほどに苦しみました」▶comme jamais「かつてないほどに」は一種の成句： sentant *comme jamais* ma jeunesse (ARLAND, *Terre nat.*, 276)「今までになく自分の若さを感じ」

③ **反語的比較** ：être fin *comme* une dague de plomb「鉛の短剣のように（頭の働きが）鈍い」 / être chargé d'argent *comme* un crapaud de plumes「ヒキガエルに羽根がないように金がない」/ Il est fait pour diriger une usine de papier *comme* moi pour une grande actrice. (MAUROIS, *Climats*, 161)「あたしが立派な女優なんかになれないように，あの人は製紙工場の経営には向かないのです」

♦ gros [grand, haut, ...] comme「と同じくらいの大きさ［高さ］の」も多くは「…ほどに小さい［低い］の意：Elle cultive son jardin qui est *grand comme* une serviette. (RENARD, *Vigneron*)「彼女はナプキン［猫の額］ほどの庭を耕している」

④ **trois fois grand comme**「…より３倍も大きい」/ un pays qui est *grand mille fois comme* la France (ARLAND, *Ordre*, 479)「フランスより千倍も大きな国」/ la forêt de Sénart et ses fougères deux fois hautes *comme* moi (RADIGUET, *Diable*, 89)「Sの森と私の背丈の２倍もあるそこのシダ」

⑤ *Rien n*'est beau *comme* la liberté. (= comme l'est la liberté, autant que la liberté)「自由ほど立派なものはない」 ▶ *Rien* n'est *plus* beau *comme* la liberté.（同義）は古語法 autant [tant, aussi, si]... *comme* (= que) と同じく plus beau que la liberté との contamination (N, V, 39-40)．

⑥ (= de la manière que) : **Faites *comme* vous voudrez.**「好きなようになさい」

⑦ ***comme*** + 名 代, 節 の形容詞的用法
(1)付加形容詞 : un homme *comme* lui (= tel que lui)「彼のような男」/ C'est une femme *comme* il n'y en a pas à Paris. (ARLAND, *Terre nat.*, 225)「パリにはいないような女だ」/ C'est un petit volume à couverture jaune, *comme* on en voit tant aux étalages des librairies. (FRANCE, *Vie litt.* IV, 19)「本屋の陳列棚でざらに見られるような黄表紙の小さな本だ」
(2)属詞 : Il est *comme* ça.「彼はそんな風なのだ」

⑧否定文に用いられた *comme*
(1) *comme* は否定語に後続 : Je ne sais pas *comme* vous ce qui s'est passé. (MART, 496) は *comme* vous le savez「何が起こったかあなたは御存じでも私は知りません」の意が普通．しかし，この文は *comme* vous ne le savez pas「あなたが御存じないように」とも解せる．この意では下記(2)の形式を用いることが望ましい (S, II, 427)．cf. Tu n'es pas venu après ton examen *comme* tu l'avais promis. (DAUDET, *Sapho*, 141)「約束したのに試験がすんでも来なかったね」
(2) *comme* が文頭にあるとき : *Comme* vous, je ne sais pas... は常に *comme* vous ne le savez pas の意．

⑨ ***aimable comme il (l')est*** 原因・対立などを表わす形容詞・過分 (⇨ adjectif qualificatif V. 3° (2)) に様態の一致を表わす比較節を添えて強調した形．
(1)原因 : Et Mathurin pourrait en mourir, *blessé comme il est*! (BAZIN, *Terre*, 219)「M はそれで死ぬかも知れないよ，あんな大けがをしてるんだから」/ *Etendus comme ils l'étaient*, ils ne voyaient aucun horizon. (FAYARD, *Mal d'amour*, 127)「彼らは寝そべっていたから，地平線は何も見えなかった」⇨ que¹ III. 1°②(1) (cf.『新考』123 以下)
(2)対立 : Je lui demandai si, *grande comme elle était*, elle sautait encore à la corde. (FRANCE, *Bonnard*, 188)「彼女にこんなに大きくなってまだ縄とびをするのかと尋ねた」

⑶ 様態 : Pourvu qu'il fasse assez clair, au moins, ... pour que le monde nous voie passer, décorés *comme* nous sommes! (LOTI, *Ramuntcho*, 166)「せめてまだ明るくて，みんなにこうやって着飾って通る所を見てもらえばいいけれど」

⑩ *été **comme** hiver*「夏も冬も」．*comme* は添加を表わす接続詞の機能を持つ．〈 名 + *comme* + 名 〉が主語となるときの動詞・形容詞の一致．⇨ accord du verbe A. II. 3°; adjectif qualificatif II. 1°⑤

⑪ (= en qualité de, à titre de) : **Je vous dis cela *comme* ami.** (M)「私はあなたに友達として言っているのです」

⑫属詞を導く : considérer [regarder, choisir, estimer, reconnaître, traiter, voir,...] *comme*.

⑬ ***Ce que... comme*** + 無冠詞名詞 *!* ⇨ ce¹ III. 5°⑤

2° ***comme si*** 仮定的事実との比較 ⇨ si¹ I. 12°④
①叙法と時制
(1)主節が現在形・未来形
   comme si + 直・半 (同時性) : Je m'en souviens *comme si* c'était hier. (DURAS, *Th.* II, 121)「きのうのことのように覚えています」/ Je lui en parlerai *comme si* vous ne le *saviez* pas. (ARLAND, *Ordre*, 138)「あなたがそれを知らないことにして彼にその話をしましょう」
   comme si + 直・大 (過去・完了) : Je me souviens, *comme si* la chose s'était passée hier, de (...) (STEN, 226)「まるできのう起こったことのように，覚えている」
   comme si + 接・現 (同時性), 接・過 (過去・完了)．例外的 : C'est *comme si* tout d'un coup, la porte *se soit murée* et que je ne *puisse* sortir. (ZOLA—S, II, 446)「急に戸がふさがれて出られなくなったかのようなのです」
   comme si + 条・現 (同時性) 《俗》: C'est *comme si* on serait en voiture sur une bicyclette. (MARNI—*Ib.*)「自転車に乗っていると車にでも乗っているようだ」 ▶この c'est *comme si* は慣用的 ⇨ 下記⑵(1)
(2)主節が過去時制
   comme si + 直・半 (同時性) : Elle vécut *comme si* la gloire n'*existait* pas. (COCTEAU, *Colette*, 20)「彼女は栄光など存在しないかのように暮らした」
   comme si + 接・半 (同時性) まれ: Willie

entendait sa respiration sifflante *comme si* ce *fût* quelque'un d'autre qui souffrît d'asthme à côté de lui. (GARY, *Clowns*, 233)「Wは誰か別の人が彼のそばで喘息に苦しんでいるかのように, ヒューヒューいう自分の息遣いを聞いていた」

comme si + 直・大**（過去における過去・完了）**：Ils se serrèrent la main, en silence, *comme si* rien ne *s'était passé* la veille. (*Thib.* VIII, 19)「彼らは, 前の日に何ごとも起こらなかったかのように, 黙って手を握りあった」

 comme si + 接・大 **（同上）文語調**：Il tressaillit *comme s'il eût été* frappé au visage. (*Thib.* I, 53)「顔を殴られたかのようにびくっとした」

♦過去については, 直・半, 直・大, 接・大 が共に可能な場合がある：Il parlait *comme s'il était [avait été, eût été]* le maître. 「主人ででもあるような口振りだった」

♦仮定的事実との比較はcomme + 条 でも表わせる. ⇨ conditionnel B. 6° ②

 comme si... (et [ou]) que ⇨ que⁴ V. ①

(3) 直・目：On entend *comme s'ils* traversaient la chambre. (DURAS, *Amant*, 55)「彼らが部屋を横切っているような音が聞こえる」/ Il fait *comme s'il* n'avait pas entendu. (*Ib.*, 65)「聞こえなかったような振りをする」

② 副詞節以外の機能

(1) 属詞：Toutes ces choses sont pour moi *comme si* elles n'étaient pas. (BEAUV., *Mém.*, 354)「そうしたことはみんな私にとってはなかったも同然なのです」♦*c'est comme si* は慣用的：Pour le moment, *c'est un peu comme si* maman n'était pas morte. (CAMUS, *Etr.*, 10)「今のところ, ちょっとお母さんが死んでいないみたいだ」

(2) 付加辞：(Il) s'est mis à marcher d'un pas *comme s'il* voulait nous échapper. (DAUDET—S, II, 444)「彼はわれわれから逃げようとするかのような足どりで歩き始めた」

③ 独立節 感嘆的に拒絶・抗議を示す（= Vous parlez comme si...）：Elle est là-bas? — *Comme si* vous ne le saviez pas! (GIDE, *Isabelle*, 130-1)「彼女はあそこにいるんですか.—御存じのくせに」 ♦仮定の拒否を強調するために条件法も用いられる：*Comme si* vous n'*auriez* pas *pu* me le dire plus tôt! (H, 242) (= Vous auriez pu [N'auriez-vous pas pu] me le dire...)「もっと早くそう言えたはずじゃありませんか」cf. G, 1044, Rem. 2; S, II, 446; W, §472.

④ *comme si de rien n'était* (= *comme s*'il (=cela) n'était de rien > *comme si* la chose dont il s'agit n'était pas arrivée)「そんなことは何もなかったかのように」

⑤ 近似を表わす *comme* Il est *comme* (s'il était) mort.「まるで死んでいるようだ」のような言い方からcomme=presque, pour ainsi dire, une sorte deの意となり, 形容詞・名詞の前に用いられる：Il la regarde *comme* épouvanté. (DURAS, *Amant*, 48)「彼はぎょっとしたように女を見つめる」/ Pour moi, c'est *comme* une petite sœur. (*Thib.* I, 103)「僕にとっては妹のようなものだ」/ David a *comme* un sourire. (DURAS, *Abahn*, 117)「Dは微笑いを浮べる」

♦comme + 現分 ：Elle tremblait de tous ses membres *comme ayant peur* de tout le monde. (VIGNY, *Laurette*)「誰に対しても恐れを抱いているように全身を震わせていた」

♦*c'est tout comme*：Je n'ai pas encore donné ma parole, mais *c'est tout comme* (si j'avais donné ma parole).「まだ請け合ったわけじゃないが請け合ったようなものだ」▶この意から：Un peu plus tôt, un peu plus tard *c'est tout comme*. (ZOLA—S, II, 446) (= c'est sans différence)「少しぐらい早かろうと遅かろうと同じようなものだ」

⑥ *comme qui dirait* ⇨ qui¹ B. I. 7°

II. 副　**感嘆の副詞**

1° 強度の副詞　形容詞・副詞・動詞を修飾. ただし, que, ce que (⇨ce III. 5° ①)と同じく修飾される語の直前には用いられない：Oh, *comme* c'est beau! (ANOUILH, *Ornifle*, 9)「まあ, なんて美しいのでしょう」/ *Comme* il écrit bien! (MART, 502)「なんて字 [文章] がじょうずなのだろう」/ Ah, *comme* elle vieillissait! (BUTOR, *Modif.*, 31)「なんてふけたのだろう」▶上記のすべてにque, ce queを用いられる.

♦ 他動 + comme（従属節）：Regardez *comme* c'est joli. (BEAUV., *Mand.*, 423)「ごらんなさい, なんてきれいなんでしょう」/ Tu sais *comme* il a peur de s'ennuyer? (DURAS, *Th.* II, 38)「彼が退屈するのをどれぐらいかは知っているでしょう」

♦c'est + 形 + comme：*C'est* étonnant *comme* elle peut être futile. (SARTRE, *Mur*,

104)「軽薄ったらありゃしない」
2º *comme* + 他動 + *du* [*des*] + 名 : *Comme il lui avait fait du mal!* (MAURIAC—HENRY, *Etudes*, 140)「彼は相手をどんなに苦しめたことか」 ◆従属節: *Vous n'avez jamais senti comme j'avais de la tendresse pour vous?* (BEAUV., *Inv.*, 403)「わたしがあなたにどれほど愛情を抱いているか感じたことは一度もなかったの?」

◆commeを数量副詞として〈de + 名〉を使用することはまれ: *Comme on perd de trésors dans sa jeunesse!* (FLAUBERT—LE B, II, 600)「人は若い時にいかに多くの宝を失うことか」 ▶*Combien [Qu']on perd de trésors...! / Combien [Que] de trésors on perd...!* と言えても × comme de + 名 は不可.

3º 様態の副詞

① (= *de quelle manière, comment*): *Voilà comme nous sommes.* (SARTRE, *Mains* III, 2)「おれたちはこんなんなのだ」/ *Et tu sais comme étaient mon père et ma mère?* (ANOUILH, *N.P.N.*, 37)「わしのおやじとおふくろがどんなだったかは、お前も知ってのとおりだ」/ *Voyez-vous comme les accidents arrivent.* (ARLAND, *Ordre*, 515)「事故はこんなふうに起こるものですよ」/ *J'aime pas comme elle s'habille.* (BEAUV., *Inv.*, 208) (= *la manière dont elle s'habille*)「彼女の服装はきらいよ」

② 強度と様態の両義を兼ね、情意的に de quelle manière remarquable, excellente, révoltante, blâmable, など (S, II, 60)の意. 一般に que, ce que, combien では置き換えられない: *Comme cela se rencontre!* 「よくあること」/ *Comme vous y allez!* (= *Vous exagerez!*) (*DFC*)「そりゃ度が過ぎますよ」/ *Comme le temps passe!* (ANOUILH, *P.R.*, 213, 234; F, 1734)「時のたつのは速いものだ」(この例では *Ce que le temps passe!* も可能)

③ *c'est* + 形 + *comme* : *C'est étonnant comme le temps passe.* (SALACROU, *Poof*, 11)「時のたつこと驚くばかりだ」

④ *voilà comme* ; 他動 + *comme* : *Et voilà comme on est payé de bien faire.* (MONTHERL., *Brocél.* II, 6)「いいことをしようと思った報いがこれだ」/ *Tu as entendu comme il joue du piano?* (CLAIR, 231)「彼のピアノの弾き方の見事なこと、聞いたか」/ *Il admirait comme sa mère s'effaçait pour éviter tout conflit.* (MAURIAC, *Désert*, 202)「母があらゆるいざこざを避けるために、目立つまいと努めている様子に彼は感心していた」

⑤ 前 + *comme* (避けるべき語法): *Les gens se moquaient de comme il roulait les hanches en marchant.* (ARAGON, *Aurél.*, 115)「人々は彼が歩くときひどく腰を振るのをあざけった」/ *A comme il avait dit un jeune, on pouvait comprendre que Poulenc (...) n'en était plus un pour lui.* (*Ib.*, 41)「彼が"若者"と言ったその調子で、Pは彼にとってはもう若者ではないことがわかった」 ◆時として前置詞を省く: *Tu ne te rends pas compte comme tu es utile.* (GRENIER, *Ciné*, 248)「きみは自分がどれほど役に立っているかわかっていないのだ」

4º *comme quoi*

① = *comment il se fait que* : *Voilà comme quoi on peut se tromper.* (MART, 495)「人はこんな風にして間違いを起こすものだ」

◆名詞を修飾(俗語法): *Elle a reçu tout à l'heure un papier du gouvernement comme quoi son fils est mort.* (LAVEDAN—S, II, 71)「彼女は今しがた息子が死んだ次第を報ずる政府からの通知書を受け取った」

② = *que* 《俗》: *Il m'a dit comme quoi il mourait de faim.* (M)「彼は腹がへってたまらないと言った」cf. W, §111.

③ = *c'est la preuve que* 俗語. 独立節を導く: *Il est parti en emportant la caisse. Comme quoi j'avais raison de me méfier de lui.* (W, §111)「彼は金庫を持ち逃げした。だから、私が彼を警戒していたのも当り前なのだ」

comme² — 接 I. 時の接続詞

1º *comme* + 直・半, (主節:) 単過 [複過] 同時性 (= *à l'instant même où, juste au moment où*). 主節の瞬間的動作に対し継続的動作を表わす. この場合〈quand + 直・半〉の使用は甚だしく制約を受け、次例で quand は用いられない (⇨ quand¹ I. 2º ①): *Comme je longeais la frontière italienne, je rencontrai des soldats qui manœuvraient.* (BEAUV., *Age*, 384)「イタリアとの国境沿いに歩いていたとき、演習中の兵士に出会った」/ *Ce matin comme je montais l'escalier, je l'ai aperçue qui descendait.* (ID., *Inv.*, 45)「けさ階段を上っているとき、彼女が降りてくるのを見かけたよ」

2º *comme* + 直・半, (主節:)直・半 [直・大]: *J'entrais comme elle descendait de voiture.*

(GYP—S, II, 267)「彼女が車から降りようとしたとき、私は中にはいっていった」(2つの継続動作の同時性) / J'avais rencontré Luc *comme* il *sortait* de sa cabine. (SAGAN, *Sourire*, 72)「Lが更衣室から出てきたときに彼に出会ったのだった」(主節の動作は物語の進展する過去から見てさらに過去に行なわれた.) この2例では*comme*の代わりにquandを用い得る.
♦*comme* + 直・半以外の時制. まれ: *Comme* nous *buvons* du thé au milieu d'une pelouse, une délégation japonaise apparaît au fond d'une allée. (BEAUV., *Marche*, 425)「芝生の真中で茶を飲んでいるとき、日本の代表団が並木道の向こうに現われる」▶例外的: 直・大 (LE B, II, 417), 未来形 (S, II, 267; G, 1018 a, Hist.; *TLF*).
II. 原因の接続詞 puisque, parce queとは異なり、主節・従属節の内容は共に聞き手には未知である (GOUG, 345).

時況節の*comme*と原因節の*comme*
① 〈comme + 時況節〉は多く主節に先行するが後続も可能 (⇨ I. 2°). 〈comme + 原因節〉は原則として主節に先行 (N, VI, 363; S, II, 325; GOUG, 116, n. 2): *Comme* je serai là demain, vous pourrez venir.「あすは家にいるから来てもいいですよ」▶しかし×Vous pourrez venir *comme* je serai là demain. は不可 (*EBF*, I, 470 右).
② 〈comme + 時況節〉の動詞はほとんど直・半に限られる. 〈comme + 原因節〉の動詞は意味に従って種々の時制に用いられる.
③ 時況節はいつも肯定, 原因節は肯定または否定: *Comme* je descendais l'escalier, la patronne m'a appelé.「階段を降りていたとき、女主人が私を呼んだ」/ *Comme* je ne descendais pas (...)「私が降りて来ないので…」
④ 〈comme + 直・半〉が主節の前にあるとき, 原因節か時況節か識別しにくいことがある: *Comme* on allait aborder un tournant, la camionnette ralentit. (GRACQ, *Balcon*, 20)「曲がり角に差し掛かると、トラックは速度を落とした」

commencer — 1° *commencer à [de]* 不定詞 àが常用, deは文語調: Sa vue *commence à* baisser. (F, 15)「彼の視力は衰え始めた」/ Il *commença* brusquement *de* s'intéresser à Gertrude. (GIDE, *Symph*.)「彼は突然Gに興味を持ち始めた」▶Il commença à も用いられるが (G, *Pr*. III, 193), [aa]の接続を避ける傾向がある.
♦Il commence le travail. > Il le commence. ただしà [de] 不定詞 をleでは受けられない: Le jardinier a-t-il taillé les arbres? — Il *a commencé* (à le faire) hier. またはIl *a commencé* cela hier. (PINCHON, 219)「植木屋は木を刈りましたか. — きのう刈り始めました」(×Il l'a commencé. は不可)
▶非人称動詞と共に用いられて: Il *commence à* pleuvoir.「雨が降りだした」
2° *commencer par* 不定詞: Commencez par travailler.「まず仕事をなさい」♦現代俗語でcommencer àの意でparを用いることがあるが避けるべきである: Il commence par m'embêter, celui-là. (G, *Pr*. III, 197)「うんざりしてくるね、あの男には」(cf. COH, *Reg*., 107)
3° *être commencé de* 不定詞: La maison n'*était* pas encore *commencée de* bâtir.「家はまだ建て始められてはいなかった」▶正しくはないが次第に普及 (COL).

comment — Comment allez-vous? のほかは次の母音と liaison されない.
1° **属詞** ① **主語の属詞** 人については肉体的特徴・性格, 物については形状・性質の問い. 主語名詞は単純倒置: *Comment* est-elle [*Comment* est cette femme]? — Elle est gentille.「彼女[その女]はどんな人ですか. — 優しい人です」(cf. Quelle femme est-ce? の両義 ⇨ quel I. 2° ②) / *Comment* est sa maison? — Elle est très moderne.「彼の家はどんなですか. — とても近代的です」/ *Comment* est-ce, dehors? — C'est calme. (ROB.-GRIL., *Projet*, 16)「外はどんな? — 静かだ」
② **直・目の属詞**: *Comment* trouves-tu ça? (F, 828)「これをどう思う」/ *Comment* appelez-vous ça? (F, 971)「それは何というものですか」/ *Comment* te sens-tu? (CLAIR, 217)「気分はどうだい」/ *Comment* aimez-vous le thé? — Je l'aime léger.「お茶はどんなのが好きですか. — 薄いのが好きです」
2° **状況補語** 手段・様態・原因の問い.
① **主語＝人称代名詞**: *Comment* le savez-vous? (CLAIR, 311) (= par quel moyen)「どうしてそれを知っているのです」/ *Comment* écrit-on votre nom? (*DFC*) (= de quelle manière)「あなたの姓はどうつづるのですか」/ *Comment*

faut-il faire?「どうしなければいけないでしょう」/ *Comment* n'êtes-vous pas avec les autres? (*PR*) (= pourquoi)「どうして他の人たちといないのです」

② **主語＝名詞** (1) 動詞＝自動詞・代名動詞ならば単純倒置または複合倒置: *Comment s'appelle votre sœur?* [*Comment* votre sœur s'appelle-t-elle?]「妹さんはなんという名前ですか」▶ 主語が長ければ単純倒置: *Comment s'appelle ce lieutenant qui dansait avec madame Rivière?* (CLAIR, 284)「R 夫人と踊っていたあの中尉はなんておっしゃるの」(2) 動詞が直・目を伴えば複合倒置: *Comment le menuisier tient-il son rabot?* (*DBF*)「指物師はどんなふうに鉋を持つんですか」

◆ **主語名詞の転位**: *Comment* est-il ce Frédéric? (SAGAN, *Château*, 18)「どんな人、Fって」/ Et votre père, *comment* va-t-il?「それでお父さんは、ご機嫌いかがです」

3º **主語倒置の回避** ① ***Comment est-ce que***: *Comment est-ce que vous avez appris ça?* (F, 882)「どうしてそれを知ったのです」▶ ただし、属詞の問い *Comment* est-ce qu'elle est? は《俗》.

② ***comment que*** 《俗》: *Comment qu'elle s'appelle?* (CLAIR, 370)「彼女は何という名前だね」▶ 感嘆文にも: *Comment que tu es fringuée!* (BEAUV., *Mand.*, 96)「すてきな服を着ているねえ」◆ **comment c'est que** 《俗》: *Comment c'est que tu le connais?* (CLAIR, 406)「どうして彼を知っているんだ」

③ ***comment* + 主語 + 動** 《俗》: *Comment vous le savez?* (*Ib.*, 392)「どうしてそれを知ってるんです」▶ ただし *Comment* ça va? — Merci, pas trop mal. (F, 651)「ご機嫌いかが. —ありがとう．まあまあだ」は日常語.

④ **主語 + 動 + *comment***: Cela s'appelle *comment* ce que vous jouez? (ANOUILH, *P.N.*, 379)「あなたが弾いている曲は何ていうの」/ Elle s'appelle *comment*? (GIRAUDOUX, *Judith*, 209)「彼女は何ていう名前」

4º ***comment* + 不定詞**: *Comment* faire [dire]?「どうしたら［何と言ったら］よかろうか」(= Comment dois-je...?) / *Comment* savoir la vérité? (CAMUS, *Justes*, 159)「どうして真相を知れるだろう」/ Ah, *comment* ne pas aimer la musique, avec un maître tel que vous? (CLAIR, 223)「あなたのような先生につけば、どうして音楽を愛さずにいられましょう」/ *Comment* payer les frais de voyage? (MAUROIS, *Duras*, 45)「どうやって旅費を払えばいいのだ」◆ 従属節として: Je sais *comment* le punir. (CESBRON, *Prison*, 145)「彼をどう罰すればいいかはわかっている」

5º **不明な形容詞・名詞の位置に** 《俗》: Il faudra des cerveaux *comment*? (VERCORS, *Colères*, 306)「どんな頭脳が必要なのか」/ Comment vous vous appelez? — Marthe. Marthe *comment*? — Marthe Janin. (LE CLÉZIO, *Déluge*, 137)「名前は何ていうの．—M.—マルト・何?—M.J」⇨ qui² 5º; quoi² 4º ③

6º **従属節** ① **直・目**: Tu sais *comment* je m'appelle? (CLAIR, 392)「おれの名前を知ってるか」◆ 主語＝名詞ならば 1º ①, 2º ② の場合に多く単純倒置: Tu ne m'as pas dit *comment* allait ta mère. (SAGAN, *Sourire*, 138)「お母さんがどんな具合か言わなかったじゃないか」

◆ 疑問の意を含まない次例は破格: Il n'aima pas *comment* elle était habillée. (ARAGON, *Aurél.*, 9) (= la manière dont elle était...)「彼女の服装が気に入らなかった」

② ***c'est* の後に**: Mais ce que je voudrais savoir, *c'est comment* tu te trouvais, toi, dans un meeting communiste. (BEAUV., *Sang*, 18)「だがわたしの知りたいのは、どうしてお前が共産主義者の会合にいたかということだ」

③ **破格用法** **主語**: Tel est en somme *comment* il faut interpréter la question. (PIOT—GEORG, 160)「要するに問題をいかに解釈すべきかは以上のとおりだ」◆ **前** + **comment**: J'ai souvent songé *à comment* vous serez quand vous serez vieux. (MONTHERL.—*Ib.*)「年をとったらあなたがどんになるだろうかとよく考えたものです」

7º **副** (感嘆) ① ***comment* = *pourquoi***, comment se fait-il que の意味の疑問文を感嘆的に発音し、驚き・非難・遺憾などを表わす: *Comment* n'ai-je pas enfoncé la porte! (LE B, *Inv.*, 77)「どうしてドアをぶち破らなかったんだろう」

② **単独に**: *Comment!* c'est une veuve, cette femme? (F, 594)「なんですって、未亡人なんですか、あの人は」/ Alors vous niez? — Et *comment*. (QUENEAU, *Zazie*, 82) (= mais certainement)「では否認するのか. —そうとも」/

Mais le grand a cogné d'abord, et *comment*! (KESSEL, *Enfants*, 96)「大きいほうが最初になぐったんだが，いやもうすごかったね」/ Puis-je entrer? — Mais *comment* donc! (*PR*)「はいってもいいですか．——いいですとも」

comparatif ⇨ degré de signification
comparative (proposition) [比較節] — 比較を表わす従属節
1° 比較を表わす接続詞 ⇨ conjonction II. 2° ⑧
2° 比較を表わす副詞・形容詞の補語としての que で始まる従属節: tel [autant, tant] que, même [aussi, si]... que; autre [autrement, plus, moins] que; d'autant plus [moins]... que, など．
3° tel... tel; autant... autant. plus... plus [moins], moins... plus [moins], など (各語参照)．

complément [補語] — 18世紀以来のこの用語は漠然としていて，学者によって種々の意味に用いられるが，一般には「文の要素の意味を補う語，語群」(BRACHET, 278; RAD, 41) と解する．語の意味を限定し，その外延を制限する補語 (大部分の補語はこれに属する) を限定補語 (compl. déterminatif)，同格語 (Louis, fils de Charlemagne) を説明補語 (compl. explicatif) と称することがある (BRACHET, 280)．
I. 補語をとるもの，補語となるもの 補語をとるものは名詞，代名詞，形容詞，副詞，動詞．
1° 名詞の補語 ①名詞，名詞的用法の語: la maison *de mon père* / les hommes *d'autrefois*. ②代名詞: l'amour *de soi* / l'opinion *d'autrui*. ③不定詞: le désir *de partir*. ④形容詞 (相当句): un *bon* garçon / un homme *comme il faut*「立派な人」⑤副詞: le jour de mon arrivée *ici*「私がここに着いた日」(⇨ adverbe II. 6° ①) ⑥節 (1) 関係節: un paysage *qui charme les yeux*. (2) 補足節: la nouvelle *qu'il est mort*「彼が死んだという知らせ」(3) 副詞節: ta figure *quand tu étais jeune*「あなたが若かった頃の顔」(⇨ quand¹ III. 7°)
2° 代名詞の補語 ①名詞: ma maison et celle *de mon frère*. ②代名詞: l'un *de nous*. ③不定詞: Entre autres qualités, il a celle *de réfléchir*.「種々の長所の中でも，彼は深く物を考えるという長所を持っている」④節: ce *que j'ai vu*.

3° 形容詞の補語 ①名詞, 代名詞: Je suis content *de mon fils* [*de lui*]. ②不定詞: facile *à lire*「読みやすい」③副詞: un ami *très* fidèle. ④節: Je suis heureux *qu'il soit guéri*.「彼が治ったことは嬉しい」⇨ adjectif qualificatif VII
4° 副詞の補語 ①名詞, 代名詞: conformément *à vos ordres*「あなたの命令に従って」(⇨ adverbe IV) ◆一般に beaucoup *de livres* の livres を量の副詞の補語と称するが，この場合，副詞は名詞的機能を持つ．あるいは beaucoup de を一種の限定辞 (⇨ déterminant) と考えることもできる．⇨ beaucoup 3°
②副詞: *très* bien. ◆plus [aussi, moins, など] que の que 以下を副詞の補語とみなすことができる (G, 225, 2°, c; RAD, 44). ▶RAD (44) は peut-être que, heureusement que, などの que 以下を副詞の補語とみなすが，それは一般的な解釈でもなければ妥当でもない (⇨ que⁴ VIII. 2°)．
5° 動詞の補語 ①名詞, 代名詞: Il aime *son père*. / Il *l'*aime. ②不定詞: J'espère *vous revoir*. ③節 (1) 補足節: Je crois *qu'il est malade*. (2) 独立関係節: Je choisis *qui je veux*.「選びたい者を選ぶ」(3) 副詞節: *S'il pleut*, je n'irai pas. ④副詞: Il court *vite*.
 動詞の補語は一般に3種に分ける．(i) **目的 (補) 語** (compl. d'objet) (ii) **動作主補語** (compl. d'agent) (iii) **状況補語** (compl. circonstanciel)
II. 補語の構成 補語は一般に前置詞で導かれるが，前置詞なしで構成されるものもある．前置詞付補語 (compl. prépositionnel) を**間接補語** (compl. indirect)，前置詞なしの補語 (compl. non prépositionnel) を**直接補語** (compl. direct) と言う (B, 300; BRACHET, 187; RAD, 41)．
①直接補語: l'Hôtel-*Dieu*「パリの市立病院」/ Cette guerre dura *trois ans*.「この戦争は3年続いた」
②間接補語: la maison *de mon père* / Cette guerre dura *pendant trois ans*.
◆古くは直接目的補語 (⇨ complément d'objet) を直接補語と称した．この用語は今日でもまだ使われている (cf. D, 345). 本書では**直接目的語** (略: 直・目) とする．
III. 補語の語順 補語が副詞，無強勢代名詞でなければ，〈被限定語 + 限定語〉が普通の語順．

① 倒置： *D'un chef*, il avait également l'âme. (W, 151)「彼はまた指揮者の魂を持っていた」/ *De sa vie*, je ne connais que ce qu'il nous *en* a livré. (MAUROIS, *Alain*, 10)「彼の生涯については，彼がわれわれにうちあけたことしか知らない」
② 主語の補語が動詞より長いときには，文の釣り合い上，補語は動詞の後に置かれる： Un long temps passa, *de méditation et d'étude*. (GIDE, *Porte*, 114)「瞑想と研究の長い月日が過ぎた」⇨ que⁴ I. 1º, 6º

complément circonstanciel ［状況補語］
── 動詞の表わす状態・動作に伴う状況を示す文の副詞的要素．complément de circonstance とも言う．
状況補語の表わす意味
① 場所，位置： Il est *à la maison*. / Il est *ici* [*là*]．方向： Il va *à Paris*. / Il *y* va. / Je pars *pour la France*. / Il s'approche *de la ville*. 「町に近づく」　出発点： Il vient *de Paris*. / Il *en* vient.　通過点： Il s'introduit *par la fenêtre*.「窓から忍び込む」
② 時，時期： Il viendra *ce soir* [*demain*]. / J'irai le voir *avant son départ* [*avant qu'il parte*]．期間： Il est resté (*pendant*) *deux heures*.
③ 様態： Il court *vite*. / Il marche, *la tête baissée*.「うつむいて歩く」/ Il se promenait, *rêvant à son projet*.「計画のことを考えながら散歩していた」
④ 手段，道具： Il vit *de sa plume*.「文筆で生活する」/ Il écrit *au crayon* [*avec un stylo*].「鉛筆［万年筆］で書く」/ Il est venu *par le train*.「列車で来た」
⑤ 原因： Il mourut *de faim*.「餓死した」/ Il est mort *pour avoir trop bu* [*parce qu'il avait trop bu*].「飲みすぎて死んだ」
⑥ 目的： Il travaille *pour son plaisir*.「楽しみに勉強する」
⑦ 結果： Il est tellement sourd *qu'il faut crier*.「ひどく耳が遠いから大声でものを言わなければならない」
⑧ 対立： Il fut condamné, *malgré son innocence* [*quoiqu'il fût innocent*].「罪もないのに有罪を宣告された」
⑨ 譲歩： *Quand même il aurait tort*, je dois lui obéir.「彼が間違っているにしても，彼に従わなければならぬ」
⑩ 条件，仮定： *Sans votre protection* [*Si vous ne m'aviez protégé*], j'aurais échoué.「あなたが保護して下さらなかったなら，失敗したことでしょう」
⑪ 価格・重量: Il a cédé ce terrain *pour vingt mille euros*.「2万ユーロでこの地所を譲った」/ Ce colis pèse *cinq kilos*.「この小包は5キロある」
⑫ 程度： Ma montre retarde *de dix minutes*.「私の時計は10分遅れている」
⑬ 同伴： Il vient *avec son père*.
⑭ 話題： Il m'a parlé *de ses projets*.「彼は自分の計画を話してくれた」
◆状況補語の表わす意味は非常に広く，これだけにとどまらない．状況補語となるものも副詞から副詞節に至るまでさまざまである．状況補語は多く前置詞で導かれるが，前置詞を伴わない直接構成をとるものも少なくない（上例②③⑪）．詳しくは ⇨ nom V. 2º
状況補語の語順
── 一定しない．強調，文の調和など，文体上の理由によって決定される．例えば *En peu de temps* il a fait une grande fortune.; Il a fait *en peu de temps* une grande fortune.; Il a fait une grande fortune *en peu de temps*.「わずかな期間で巨万の富を築いた」．副詞の語順については ⇨ adverbe V

complément d'agent ⇨ agent

complément d'objet ［目的（補）語］── 他動詞(verbe transitif)の動作の対象となる補語．他動詞的意味を持つ動詞相当句・代名動詞 (avoir peur de; s'apercevoir de, など) の補語も目的語に加え得る．自動詞の他動詞的用法については ⇨ verbe intransitif
◆動作を表わすものは動詞のみではないので，B (304-7, 377) は名詞・形容詞の目的語を認める： le transport *du charbon*「炭の運搬」/ l'obéissance *à la loi*「法に従うこと」/ la crainte *qu'on ne le trompe*「だまされはしまいかという恐れ」/ nuisible *à la santé*「健康に害のある」
1º 構成
① **直接目的語** (compl. d'objet direct)　前置詞に先立たれないもの: aimer *son père*.
② **間接目的語** (compl. d'objet indirect)　前置詞に先立たれるもの: obéir *à la loi* / triompher *de l'ennemi*「敵を征服する」⇨ verbe transitif I. 1º ◆動詞相当句・代名動詞は一般

に間・目をとる: avoir besoin *d'argent*「金が必要である」/ s'apercevoir *de son erreur*「自分の誤りに気がつく」

第2目的語 (compl. d'objet secondaire) B (375)の用語。Je donne un livre *à Pierre.* のイタリック体の部分．これを付与の補語 (compl. d'attribution)と称して状況補語に加えることがある (C, 367)が，この名称は避けるべきである (*Gr. Lar.*, §273).

2° 目的語となるもの
① 名詞, 代名詞: J'aime *mon père.* / J'obéis *à mon père.* / Je *l'*aime. / Je *lui* obéis. / J'aime *le mien* [*celui-ci*]. / J'obéis *au mien* [*à celui-là*]. / mon père *que* j'aime, *à qui* j'obéis / *Qui* aimez-vous? / *A qui* obéissez-vous? / Je n'aime *rien*. / Je n'obéis *à personne*.
② 不定詞: J'aime *à jouer*. (直・目に相当. cf. J'aime le jeu.) / Il a renoncé *à fumer*. 「彼はタバコをやめた」(間・目に相当. cf. Il a renoncé *au tabac*.) ⇨ infinitif C. III. 3° ②
③ 節 (1)補足節: Je désire *qu'il vienne.* (直・目に相当) / Je doute [Je tiens à ce] *qu'il vienne.*「彼は来まい[ぜひ来てほしい]」(間・目に相当)
(2)間接疑問節: Je ne sais *s'il viendra.*「彼が来るかどうかは知らない」
(3)関係節: Nous aimons *qui nous aime.*「われわれは，われわれを愛する者を愛する」
(4)不定詞節: Je vois *le soleil se coucher*.「日が沈むのが見える」⇨ infinitif B, C. III. 1°
(5)副詞節: J'aime *quand il y a du soleil*.「日の照っている時が好きだ」⇨ quand¹ III. 3°

3° 数個の動詞に共通の目的語 同じ構成の目的語をとる動詞は共通の語を使える: Il aime et respecte *ses parents*.「彼は両親を愛し敬う」
◆構成の異なる目的語は繰り返すことが必要: Il aime *ses parents* et *leur* obéit.「彼は両親を愛し彼らに従順である」(×Il aime et obéit *à ses parents.* は不可)

4° 性質の異なる数個の目的語 1つの動詞が数個の目的語を伴うとき，目的語は名詞，代名詞，不定詞，節のどれかに統一されるのが普通。ただし，これら異質の目的語が組合されることがある: Il avoua *sa détresse* et *qu'il était proscrit*. (NORMAND—S, II, 21)「彼は自分の悲嘆と自分が追放されたこととを打ち明けた」/ Ne voulant point *les dépasser* et *qu'ils me* reconnussent... (MIRBEAU—*Ib.*)「彼らを追い越して私だということに気づかれたくなかったので…」

5° 語順 一般には〈動〉+ 直・目 + 間・目〉。ただし，強調，文の調和，前文との結びつきなどで，この語順に従わないことがある。
① 成句 語順が自由であった古仏語の名残り．
(1) *chemin* faisant「途中で」/ *tambour* battant「太鼓を鳴らして>てきぱきと」/ à *son corps* défendant「自衛のために>意に反して」(⇨ gérondif 1°) / geler à *pierre* fendre「石も割れんばかりに凍る>ひどい寒さになる」/ sans *bourse* délier「財布の紐をほどかずに>びた一文払わずに」/ sans *coup* férir「腕力に訴えずに>やすやすと」
(2) *A Dieu* ne plaise! (= qu'il [cela] ne plaise pas à Dieu)「そんなことにならねばよいが」/ *Grand bien* vous fasse! (= qu'il [cela] vous fasse grand bien)「それがあなたのためになればよいが」⇨ subjonctif II. A. 1°
② 疑問文: *Que* cherchez-vous?
③ 〈動〉+ 間・目 + 直・目〉 直・目が長く文末のアクセントをになうにふさわしい場合: J'ai donné à Pierre *le livre qu'il m'avait demandé.*「私はPに彼がくれと言った本を与えた」cf. J'ai donné *un livre* à Pierre.
④ 文頭の目的語
(1)直・目. 文頭に置いて強調するとき，その機能は不明となるから，代名詞で繰り返す必要がある．つまり，倒置ではなく，文の埒外に転位したわけで，真の目的語は代名詞: *Tous ses loisirs*, il *les* consacrait à l'étude. (BRUNO, *Tour de la Fr.*, 105)「彼はその余暇のすべてを研究に捧げていた」◆単なる倒置は正規の構文ではない: *Trois enfants j'avais*, ils sont tous morts. (W, §324)「3人子供がいたがみな死んだ」
(2)間・目. 3つの構文が可能．

A cet homme, je dirai...「その人に私は言おう」(倒置) / *A cette restauration*, je crois fermement. (GIDE, *Journal*, 28-9-1942)「この復活を，私は固く信じている」

A cet homme, je *lui* dirai... (倒置, pléonasme) / *A cela* encore, il *y* parvint! (VERCORS, *Marche*, 52)「それもまた，首尾よくなしとげた」

Cet homme, je *lui* dirai... (転位) ⇨ dislocation

◆補足節の転位: *Qu'il ait tort*, j'*en* suis

persuadé.「彼が間違っていることは，私は確信している」⇨que⁴ III

composition [合成] — 語形成 (formation des mots) の主要な手段で，既存の語を結合して新語を作ること．派生 (dérivation) に対立する．合成によって作られた語を **mot composé** [合成語] と言う．合成語は数個の要素が結合して一概念を表わすもので，各要素は心理的に独立しない．

I. 合成語の形態

① 各要素が融合するもの：plafond (plat + fond) / chacun (chaque + un) / toujours (tous + jours) ▶第1要素が無音の綴りで終わるときは多くこれを省略．例外：hau*t*bois / longtemps / sangsue.

② trait d'union で結ばれるもの：arc-en-ciel / chef-d'œuvre.

③ 綴りの上で各要素が独立するもの：pomme de terre / salle à manger.

♦①②③ の分類にはかなりの気紛れがある：portefeuille, porte-clés / eau-de-vie, eau de rose, など．同一語でも個人により慣用が異なることがある：fusil-mitrailleur, timbre-poste は，それぞれ GLLF；BONN (*Code*, 120) では2語の間に〈-〉をいれない．

II. 合成語の構成

1º 名+名 ①2要素の添加を表わす：point-virgule「；の記号」(point et virgule とも言う) / whisky-soda「ウイスキーソーダ」/ arts et métiers「工芸」/ poids et mesures「度量衡」

②同格関係を表わす．(1)限定語 + 被限定語 (まれ)：chef-lieu (= lieu qui est chef)「県庁所在地」/ mère patrie「母国」

(2)被限定語 + 限定語：café-concert「(歌やショーも演じられる) カフェ・コンセール」/ wagon-restaurant「食堂車」

③従属関係を表わす．(1)限定語 + 被限定語．6-9世紀の構文にならう型 (D, *Précis*, 160)：chaufour (= four à chaux)「石灰がま」/ banlieue (= lieue du ban)「郊外」▶lundi 以下の5曜日名はラテン語法，主格と属格の結合 (lat. lunis-dies = jour de la lune).

(2)被限定語 + 限定語．10-14世紀の型．古仏語の統辞法で例えば le fils Aymond (= le fils d'Aymond) と言った名残り：Hôtel-Dieu (= hôtel de Dieu)「パリの市立病院」/ Fête-Dieu「キリストの聖体の大祝日」

(3)近代になって前置詞を省略して形成したもの：timbre-poste (= timbre de [pour] la poste)「郵便切手」/ panneau-réclame (= panneau destiné à la réclame)「広告掲示板」

2º 名詞と形容詞 ① 形+名．古仏語ではこの語順が普通であったから，その名残りを留めるものが多い：bonjour / gentilhomme「貴族」/ basse-cour「家禽飼育所」/ rouge-gorge「ロビン(鳥名)」/ vif-argent「水銀」

所有形容詞 + 名：monsieur / madame / mademoiselle.

数形容詞 + 名：deux-points「：の記号」/ trois-mâts「3本マストの船」

副詞の形成：longtemps / autrefois.

② 名+形：fer-blanc「ブリキ」/ coffre-fort「金庫」/ carte postale「郵便はがき」

3º 名+前+名 [不定詞]　前置詞は à, de, en, sur, lez：pot-au-feu「ポトフー (料理名；鍋)」/ salle à manger「食堂」/ chef-d'œuvre「傑作」/ chemin de fer「鉄道」/ arc-en-ciel「虹」

▶ sur と lez (= à côté de. 時に les, lès とつづる) は地名のみに用いる：Bar-sur-Aube / Plessis-lez-Tours.

4º 副+名 [不定詞]　avant-scène (= la partie de la scène qui est en avant)「舞台最前部」/ arrière-saison「晩秋」/ bien-être「安楽」

名+副 (例外的)：basse-contre「最低音域バス」/ haute-contre「カウンター・テナー (男声の最高音)」

5º 前+名 [代, 不定詞] ①名詞：après-midi「午後」/ hors-d'œuvre「前菜」/ pourboire「チップ」

②副詞：enfin「最後に」/ ensuite「それから」/ surtout「ことに」/ pourquoi「なぜ」

③形容詞 (例外)：débonnaire (< de bonne aire (= race))「お人よしの」

6º 現在分詞 [不定詞] と直接補語：lieutenant (< lieu+tenant = (officier) qui tient lieu (de capitaine))「中尉」/ ayant cause「権利承継人」/ savoir-faire「手腕」/ savoir-vivre「礼儀作法」

7º 動詞 ①+直・目：portefeuille「紙挟み」/ porte-cigarette「巻たばこ用パイプ」/ couvre-pieds「(キルティングした) 掛け布団」

②+状況補語：réveille-matin「目覚し時計」/ passe-partout「マスターキー」

③+不定詞：laissez-passer「通行証」

④+動：va-et-vient「往来」

8° 間接補語＋[動]　ラテン語的手法. 16世紀までに作られた語：bouleverser (= verser comme une boule)「ひっくり返す」/ colporter (= porter sur le cou)「行商する」/ vermoulu (= moulu par les vers)「虫に食われた」

9° [形]＋[形] [分詞] ① 並列：aigre-doux「甘ずっぱい」/ ivre mort「泥酔した」
② 第1形容詞は副詞的：clairsemé「まばらの」/ nouveau-né「生まれたばかりの」

10° [副]＋[形] [分詞]：maladroit「へたな」/ bienveillant「親切な」

11° その他の語群, 節 ① 名詞：coq-à-l'âne (= propos où l'on passe du *coq à l'âne*)「ちぐはぐな話」/ pied-à-terre (= endroit où l'on met *pied à terre*)「仮住まい」/ dinde (= coq d'Inde)「七面鳥」/ on-dit「噂」/ qu'en dira-t-on「噂」/ m'as-tu-vu「うぬぼれ屋」/ sauve-qui-peut「潰走」
② 副詞：aujourd'hui (= au jour de hui)「今日」/ cependant (= ce pendant)「その間に」/ naguère (= n'a guère = il n'y a guère de temps)「少し前」/ peut-être (= cela peut être)「おそらく」
③ 形容詞：comme il faut「申し分ない」

comprendre — 1° *comprendre que*＋[接] (= ne pas s'étonner que, trouver naturel que)：Je comprends que vous ayez été choqué. (IONESCO, *Rhinoc.*, 141)「あなたが気を悪くしたのもむりはない」▶ 意味上は〈que＋節〉は pourquoi を先立てた間接疑問節に相当：Je comprends que je me sois trompé. (= Je comprends pourquoi je me suis trompé.) (LE GOF, 117)「間違えたのもむりはない（どうして間違えたかわかります）」
♦〈que＋[接]〉の主語と主節の主語が同一でありうる点, 例外的.

2° *comprendre que*＋[直] (= se rendre compte que, saisir que)：Vous comprenez que cela doit m'inquiéter [*que* cela se saurait]. (cf. H, 248)「それが私の心配になるだろうということは [それが人に知れるかもしれないことは] おわかりでしょう」

3° *comprendre*＋[不定詞]：Elle a compris lui avoir fait de la peine. (*DSF*)「彼を苦しめたことがわかった」/ Jerry eut le temps de voir la jeune fille s'engouffrer dans ce qu'il comprit enfin être une haute tour. (DÉON, *Taxi*, 18)「Jには娘が急いで入って行くのを見届ける余裕

があったが, その時ようやく, それが高いビルだということに気づいた」

compte — *se rendre compte de qch* [*que*＋[直]]：Elles ne *se rendent* pas *compte de* ce qu'il y a à faire. (VIAN, *Pékin*, 165)「なすべきことがわからないのだ」/ Ils *se sont rendu compte qu'*on les trompait. (H, 250)「だまされていることがわかった」(過分は不変)
♦〈que＋[直]〉の代名詞は en：Tu es comme un frère pour elle et je m'*en suis* parfaitement *rendu compte*. (ROUSSIN, *Hutte*, 131)「きみは彼女にとっては兄のようなものだ. それはよくわかった」 ▶ くだけた会話で en の省略可能：Vous ne pouvez pas vous *rendre compte*. (VIAN, *Pékin*, 254)「あなたにはおわかりになれない」

compter — 1° *compter*＋[不定詞] (= se proposer de, avoir l'intention de)：Il *compte* partir demain. (AC)「彼はあす出発するつもりでいる」/ Vous ne *comptez* pas dormir cette nuit? (VIAN, *Pékin*, 146)「今夜は眠らないおつもりですか」▶ de [不定詞] は古典語法.

2° *compter que*＋[直] (未来形) [条]：Nous *comptons* bien *que* tu te rejoindras à nous. (QUENEAU, *Fleurs*, 20)「お前もいっしょにきてくれるものと当てにしているよ」/ Je *comptais qu'*il viendrait. (MR)「彼が来るだろうと思っていた」♦疑問形・否定形のあとでは＋[接]：Je ne *compte pas qu'*il *vienne* à présent. (*DFC*)「今はもう彼が来るなんて当てにしていません」

3° *compter sur* qn [qch]：Je *compte sur* vous [*sur* votre discrétion].「あなたを [あなたの口がかたいことを] 当てにしています」
♦上記＋[不定詞] [que..., sur qch] に代わる代名詞は y (PINCHON, 238)（副詞 là-dessus も用いる）：Tu m'aimes. Et je t'épouserai. — N'*y compte* pas. (COCTEAU, *Th*. II, 179)「私のこと好きなんだから, あなたと結婚してよ. — そんなことは考えないがいいよ」/ Il m'a promis de m'aider, mais je ne compte pas trop là-dessus [je n'*y compte* pas trop]. (*MFU*)「彼は手を貸してくれると約束したけれど, あんまり当てにしていません」

concessive (proposition) [譲歩節] — 譲歩という名称が適切ではないが, 主節の表わす事実との間に, 期待されるはずの論理的関係が成り立たぬような事実を表わす従属節をこう呼んでいる (G新, 1090). 例えば Il a cessé son travail, parce qu'il est malade. は原因・結果の関係を表わすがIl n'a pas cessé son travail, bien qu'il soit malade.「病気であるのに仕事をやめなかった」とすると，譲歩の意が表わされる．このように現実の事実とその結果とが食い違うことを対立 (opposition) と呼び，対立を表わす節を対立節 (proposition d'opposition) と言うことがある．

譲歩はまた仮定的事実に基づく．*S'il est malade*, il cessera son travail. は条件節，*Même s'il est malade*, il ne cessera pas son travail.「病気であろうと仕事をやめまい」は譲歩節．譲歩はこのように原因・条件と密接な関係にあり，quand, alors que のようにそのいずれの意味も表わし得るものがある．

1° 譲歩を表わす接続詞 ⇨ conjonction II. 2° ⑤

2° 譲歩を表わす他の形式 ① que + 接 ⇨ que⁴ VI. 5°; subjonctif III. 2°②

② 疑問形 ⇨ conditionnel II. B. 5°; subjonctif III. 2°②, 3°③

③ 命令形 ⇨ impératif II. 1°③, 2°②

④ 前 + 名 [不詞] : *Sans être savant*, il est très cultivé.「学者ではないが［学者でないにしても］教養が高い」/ *Avec tous ses millions*, il n'est pas heureux.「数百万の金があっても，幸福ではない」

⑤ (en +) 現分 ⇨ participe présent III. 4°④; gérondif 5°⑦

⑥ 形, 過分 : Je l'aimerais, *criminel*. (S, II, 396)「罪人であるにしても，彼を愛しましょう」

⑦ 関係節 : L'homme, *qui est un être faible*, est le roi de l'univers. (= bien qu'il soit un être faible)「人間は，弱いものとはいえ，世界の王者である」

⑧ n'importe où (⇨ importer 4°②); pouvoir bien (⇨ pouvoir 2°④); avoir beau (⇨ beau 2°)

⑨ 2 節の並列 ⇨ futur simple II. B. 7°②; conditionnel II. B. 5°; subjonctif III. 2°②, 3°③

concevoir — 1° *concevoir que*

① + 接 (= trouver naturel, comprendre que + 接) : Je *conçois* qu'il n'*ait* pas *été* satisfait de votre conduite. (Ac; *MFU*)「彼があなたの行ないに満足しなかったのは無理もない」

② + 直 (= saisir, se rendre compte) : Tu *conçois* bien *que* je ne me laisserai pas faire. (*MFU*)「私がされるままにならないことはよくわかるでしょう」 ◆この意味でも concevoir の否定，疑問の後では + 接 (*Lar. Gr.; EBF*) : Je ne *conçois* pas qu'on l'*ait fait* attendre. (H, 252)「彼を待たせたとは訳がわからない」/ Je *conçois* mal qu'il *ait pu* agir comme ça. (*Niv.*2)「彼がそんな振舞いをしたとは合点がいかない」

2° *concevoir* + 直・目 + 属詞 (= imaginer) : Il le *concevait* jeune, beau, insolent. (FRANCE, *Dieux*, 231)「その男が若くて，美男で，横柄なのだと考えていた」cf. *DSF*.

concordance des temps [時制の照応] —

主節の時制と従属節の時制との相関関係をいう．

I. 従属節が直説法

A. 主節が直説法

1° 直説法現在 従属節の時制は，主節の時制と同じく，意味によって定まる : Je crois qu'il *est* chez lui [qu'il *sera* chez lui ce soir, qu'il *était* chez lui hier].「私は彼が家にいる［今晩家にいるだろう，昨日家にいた］と思う」

2° 未来 従属節の時制は，主節の未来の時点から見て，過去・現在・未来であるかに従い，1° と同じように決定される : Il vous dira qu'il *sera* chez lui demain [que vous *avez* raison, qu'il *était* chez sa mère].「彼は明日家にいる［あなたの言うのがもっともだ，母の家にいた］と言うだろう」

3° 過去

① 従属節が過去 (1) 一般には，主節の過去を基点として更に過去を表わすために直・大を用いる : Je crus [croyais] qu'il *avait menti*.「私は彼が嘘をついたと思った［思っていた］」 ⇨ plus-que-parfait II. 2°

(2) 多くの文法書は直・大の使用を絶対的規則と説くが，従属節の内容が現在を基点として考えられるとき，単過，複過が用いられる : Je vous ai dit qu'un beau jour il *disparut*. (G, 1050 b)「あなたに言ったように，ある日のこと彼は姿を消したのだ」(⇨ passé simple II. 1°) / J'ai appris que votre fille *s'est mariée*. (B, 796)「お嬢さんが結婚なさったことを聞きました」/ Je n'ai même pas compris comment ça *a pu* se produire. (SARTRE, *Age*, 86)「どうしてそんなことになったのか，僕にもさっぱりわからなかったのです」▶ 多く主節は複過で，従属節の複過は現在につながりを持つ (⇨ passé composé II. B. 1°

①）.

◆従属節に複過を用い得る場合にも，直・大は可能：Vous ai-je dit qu'il *a remporté*［または qu'il *avait remporté*］le prix d'honneur? (G, 1050 c)「彼が優等賞をもらったことを，あなたに話しましたかね?」

② **従属節が現在** (1) 主節の**過去から見た現在**［過去における現在］を表わすには直・半を用いる：Je savais qu'il ne *pouvait* pas répondre.「私は彼が返答できないことを知っていた」／ Il sentit qu'il *pâlissait*.「彼は顔のあおざめるのを感じた」

(2) 従属節の内容が**現在まで継続する事実**，**超時的真理**であることを表わすには**現在時制**を用いる：Il m'a écrit qu'il *est* capitaine. (D, 234)「彼の手紙によると，彼は大尉である」◆qu'il est capitaineは彼が現在も大尉であることを明示する．彼の手紙の内容として表現しているのではなく，話者・筆者の意見としての表現．qu'il *était* capitaineは単に手紙の内容としての表現で，現在も大尉であるかどうかは示されない．

Galilée a démontré que la terre *tourne* [*tournait*] autour du soleil. (F-G, 219)「ガリレオは地球が太陽のまわりを回転していることを証明した」▶上例と同じくtourneは話者の意見として超時的現在を用いたもの，tournaitはガリレオの証明の内容としての表現．

③ **従属節が未来** (1) 主節の**過去から見た未来**，**前未来**として「過去における未来・前未来」（条・現，条・過）を用いる：Je savais qu'il *arriverait* aujourd'hui [qu'il *serait parti* avant vous].「私は彼が今日着くことを［あなたより先にでかけてしまうことを］知っていた」⇨ conditionnel II. A. 1º

過去における近き未来としての直・半の使用については ⇨ imparfait de l'indicatif II. A. 8º ②

(2) 過去における未来・前未来が**現在から見ても未来**になる場合．未来を表わすには，4つの時制が可能：Il m'a écrit qu'il *viendrait* [*venait*, *viendra*, *vient*] demain.「彼は明日来ると手紙をよこした」▶viendrait, venaitは手紙の内容としての表現，venaitのほうが確実性を表わす．viendra, vientは話者の意見としての表現，確実性の強調．vientのほうがいっそう断定的，viendraは未来という時の表現に重点をおく (D, 234).

◆条件法の使用が普通．未来時制は確実性を強調する意図がある場合に限る：Il m'a encore affirmé tout à l'heure qu'il *viendra* sûrement demain. (Coh, *Reg*, 74)「彼はさっきもまた明日はきっと来ると言った」／ Il m'a affirmé qu'il *viendrait* demain. cf. Mart, 358, n. 1.

◆同様にして前未来を表わすには，条・過が普通：Il m'avait dit d'abord qu'il *serait arrivé* demain avant vous. (Le B, I, 458)「彼は初め，明日あなたが来る前に来ていると言った」▶確実性の強調として qu'il sera arrivé も可能.

B. 主節が条件法

1º **条件法現在** 従属節の時制は主節が直・現または未来の場合と同じ：Il croirait que tu *mentais* [tu *as menti*].「彼は君が嘘を言っていた［言った］と思うだろう」

2º **条件法過去** 主節が直説法過去の場合と同じ：Il aurait cru que tu *avais menti* [que je *viendrais*].「彼は君が嘘をついた［私が来る］と思っただろう」

C. 主節が命令法 主節が直・現または未来の場合と同じ：Sachez qu'il le *faut* [*faudra*].「そうしなければならない［なるまい］ということを知っておきたまえ」

II. 従属節が条件法 条件法が過去における未来・前未来を表わす場合は，時制としての価値を持つのみで，法としては直説法に加えられる．⇨ 上記 I. A. 3º ③; conditionnel II. A.

従属節が法としての条件法の価値を持つ場合は，主節の時制には影響されないから，独立節と同じように時制が決定される：Je crois [Je croyais] qu'il viendrait s'il le fallait [qu'il serait venu s'il l'avait fallu].「私は必要な場合には彼が来るだろう［必要があったなら彼が来ただろう］と思う［思っていた］」

III. 従属節が接続法 ⇨ subjonctif IV

conditionnel［条件法］— 伝統的に叙法の1つとみなされ，mode conditionnelと称された．しかし，未来形と形態的に類似するうえ，未来形も不確実さを帯びるから，Guill (*Verbe*, 56-7); Imbs (61-2); W-P (333); Béchade (56) は未来形と共にこれを直説法の1時制とみなす．Wagn (*Hypoth*., 525) は forme en-rai「-rai形」(=futur) に対して forme en-rais「-rais形」と呼び，Imbs (72) は《 》付きで conditionnel を用いる．本書でも単なるレッテルとして「条件法」の名称を踏襲した．

I. 形態

1°　現在形　語尾はすべて**-rais, -rais, -rait, -rions, -riez, -raient**. 単未と同じく本来は合成語で〈不定詞 + avoir の直・半〉の構造：chanter + (av)ais (=J'avais à chanter). 構成法は futur simple と全く同じ.
2°　過去形：助動詞の条・現 + 過分 (j'aurais chanté)
3°　複過去形：助動詞の条・過 + 過分 (j'aurais eu chanté)
　この他に, 多くの文典は**条件法過去第2形**として接・大を挙げるが, 接続法は他の時制でも条件法の価値を持つから, 本書ではこれを subjonctif で説いた.
II. 用法
A.　時制的用法　現在形・過去形・複過去形は, それぞれ過去から見た未来・前未来・複前未来を表わす. この用法では直説法に属するから, CLÉDAT (168-9); B (755, 758) は条件法とは区別して, 直説法の中に**過去における未来** (futur dans le passé), **過去における前未来** (futur antérieur dans le passé) という時制を設けることを主張した.
1°　従属節で　最も普通の用法で, 過去時制に置かれた主節に従属, あるいは文脈で過去を示すことが明らかな現分・不定詞に従属するような補足節, 時況節, 関係節などで.
① **現在形**：Je savais qu'il *partirait*. 「彼が出かけることは知っていた」(cf. Je sais qu'il *partira*) / Il la pressa pour savoir quand elle *viendrait*. (MAUPASS., *Bel-Ami*, 109)「彼女がいつ来るかを知ろうとして返答を迫った」◆条・現の表わす「時」は, 現在から見て未来であることもある：Il a dit à Jacqueline qu'il me *prendrait* dans ses usines. (ANOUILH, *N.P.N.*, 38)「彼は J に私を彼の工場に雇ってやろうと言いました」
② **過去形**：Je croyais qu'il *aurait fini* à midi.「正午には終えているだろうと思っていた」(cf. Je crois qu'il *aura fini*...) / Le Prussien fit répondre qu'il *admettrait* ces deux hommes à lui parler quand il *aurait déjeuné*. (MAUPASS., *Boule de S.*, 44-5)「プロシア人は昼飯をすませたら2人の男が彼に話すことを許そうと答えさせた」
③ **複過去形**：Il m'a dit que, dès qu'il *aurait eu lu* ce livre, il me le *rendrait*. (GOUG, 215)「彼はこの本を読んでしまったらすぐ返そうと言った」cf. Il m'a dit：《Dès que j'*aurai eu lu* ce livre, je vous le *rendrai*.》/ Il m'a dit qu'il *aurait eu* vite *lu* ce livre. (*Ib.*)「彼はこの本をすぐ読み終えてしまうだろうと言った」cf. J'*aurai eu* vite *lu* ce livre. ⇨ futur antérieur surcomposé
④ 過去における (前) 未来が現在から見ても未来になる場合, 未来を表わすには, 4つの時制が可能：Il m'a écrit qu'il *viendrait* [*venait, vient, viendra*] demain. ⇨ concordance des temps A. I. 3° ③
2°　自由間接話法で　⇨ discours indirect libre
3°　独立節で：Trente hommes et dix femmes gisaient sur la terre... Quelques blessés *s'éteindraient* avant la nuit. (B, 756-7)「30人の男と10人の女が地面に横たわっていた. いくたりかの負傷者は夜にならぬうちに息絶えることだろう」/ Les nuages qui frôlaient les sommets s'épaississaient. Bientôt le soleil *disparaîtrait*. (CASTILLOU, *Thaddëa*, 12)「山頂をかすめていた雲は厚さを増していった. やがて日は隠れるだろう」　▶ 単に予想として述べる点が, 単未とは異なる.
B.　叙法的用法　未来を表わす未来形が叙法的価値を帯びるように (⇨ futur simple II. B.), 過去未来を表わす条件法も仮定的・非現実的事実を表わすなど叙法的価値を帯びる. 時制的価値と叙法的価値はこの形態の発生当初から同時に並行して存在していたので, 一方が他方の起源とは言えない (BRUN, 353; WAGN, *Hypoth.*, 525).
1°　従属節　① 過去未来と未来における可能事のどちらも表わす　Il m'a dit qu'il *viendrait*. 「彼は来ると言った」は Il m'a dit：《Je viendrai.》と解するのが普通だが, WAGN は《Je viendrais bien [volontiers].》「できれば来たいものだ」の意にも解し得ると説く (STEN, 263).
　叙法的価値が顕著な例：J'ai pensé que vous *auriez* besoin d'un peu de café. (SAGAN, *Bonj.*, 154)「少しコーヒーが必要じゃないかって思ったのよ」/ Ce jeune homme a parfaitement compris qu'une mauvaise humeur de votre part *pourrait* lui coûter cher. (BEAUV., *Mand.*, 479)「あの青年はあなたを怒らせたら厄介なことになりかねないということがよくわかったのです」
　従属節中で用いられた条件文　主節の時制に影響されず, 独立節と同じように時制が決定される：Tu m'avais dit hier soir que tu me

conditionnel

quitterais si tu ne *pouvais* pas me faire changer d'avis. (SARTRE, *Mains* VI, 2)「僕の意見を変えさせられなければ僕とは別れるだろうと、きのうの晩言ったよ」/ Vous disiez que vous ne m'*auriez* pas tant *aimée* si j'*avais été* différente. (BEAUV., *Mand*., 446)「私が今とは違った女だったらこんなに私を愛しはしなかったろうと、あなたは言っていました」

2º 自由間接話法 叙法的価値が顕著な例：Mais il y *aurait* un jour où Béatrice lui *dirait* (...): «Ma carrière m'importe moins que toi» et il *enfouirait* son visage dans les cheveux noirs, *embrasserait* ce masque tragique, le *ferait* taire. Il s'était dit cela en buvant sa citronnade. (SAGAN, *Mois*, 45-6)「だが、いつかBが彼にこう言う日があるだろう。『わたしの職業はあなたほど大切ではないわ』すると彼は黒髪に顔を埋め、あの悲劇的な顔に接吻し、黙らせるだろう．彼はレモネードを飲みながら、こう考えたのだった」

3º 条件文の帰結節（主節） 未来における可能な事柄、現在・過去における非現実な事柄を表わす．siで導かれる条件節 ⇨ si¹ I; 〈si+条件節〉の代用表現 ⇨ conditionnelle (proposition) 2º

① **条件は時に前文で暗示される：** Veux-tu que je t'accompagne? — Tu nous *gênerais*. (BECQUE, *Parisienne* I, 2)「いっしょに行ってもいい？—邪魔になるよ」(= Si tu m'accompagnais...) / J'ai eu tort de ne pas me presser. Je *serais partie* à l'heure qu'il est. (*Ib*., II, 2)「急がなかったのがいけなかったんだわ．今ごろは出かけていられたのに」(= Si je m'étais pressée...) / Je connais cette écriture. — Ça m'*étonnerait*! (ACHARD, *Patate*, 155)「この筆跡には見覚えがある．—まさか」/ Je ne l'ai pas fait exprès. — Ce *serait* le comble! (COCTEAU, *Th*. I, 203)「わざとしたんじゃないよ．—わざとされてたまるかよ」

② **主節の条件法が主語名詞に仮定的な性質を与える：** Un plus sot que moi *s'y serait laissé* prendre et *aurait demandé* pardon de la bévue. (ROMAINS, *Trouhadec* II, 1)「わたしより間抜けな男なら、一杯食わされたうえに、とんだ間違いをしてすみませんと謝ったところさ」

③ **条件法を用いた関係節も同じ：** Quelqu'un qui me *verrait croirait* que je vais à un rendez-vous d'amour ou chercher de l'argent. (GAUTIER, *Maupin*, 40)「誰かが私を見たら逢引か金の工面にいくところだと思うだろう」

4º 条件節 ① *si* + 条 18世紀まで用いられた古い語法 (cf. B, 890). 現代俗語. ⇨ si¹ I. 6º
② 条 + (*que*) + 条 ［まれに 直］ : Nous serions à Paris, tout *serait* bien différent. (ANOUILH, *P.N*., 67)「パリにいれば、何もかも全く違うのですがね」/ Il ne vous *aurait* pas *connue qu*'il *serait* encore garçon. (PORTO-RICHE, *Amoureuse* II, 4)「あなたと知り合いにならなかったら、彼は今でも独身でいるでしょう」/ Il *serait tombé* de l'autre côté de la route *qu*'il *était* perdu. (ID., *Vieil h*. III, 7)「道路の反対側に落ちていたら助からなかったよ」⇨ *que*⁴ VIII. 1º

◆条件法疑問形 + (que) + 条 ［まれに 直］ 条件の意では疑問形はまれ： N'y *aurait*-il plus que vingt mètres à faire, rien ne m'*empêchera* de me reposer un peu avant de continuer ma route. (J.-J. BERNARD, *Th*., 98)「あと20mしかないのなら、ここらで一休みしたって構わないでしょう」

5º 譲歩節 ① quand même, lors [alors] même que の後で．
② 4º ② と同じ構文で： Il *travaillerait* [*Travaillerait*-il] dix fois plus, (*qu*')il n'en *serait* pas plus riche. (MART, 366)「10倍働いたにしても（未来）、今より金持にはなるまい（未来）」/ Il *aurait* [*Aurait*-il] *travaillé* dix fois plus, (*qu*') il n'en *serait* pas plus riche. (*Ib*.)「10倍働いたにしても（過去）、今より金持にはなっていまい（現在）」/ Il la *rencontrerait* dans la rue, il ne la *reconnaîtrait* pas. (ARAGON, *Aurél*., 97)「街で出会ったにしても、彼女だということがわからないだろう」/ Je le *voudrais que* je ne le *pourrais* pas. (BECQUE, *Parisienne* II, 5)「そうしようと思ったって出来はしません」/ *Voudrais*-je obéir *que* je ne le *pourrais* pas. (PÉROCHON, *Ombres*, 160)「従おうと思ったって出来はしません」

▸ serait-ce...「たとえそれが…であろうと」/ ne serait-ce que...「たとえそれが…にすぎなかろうと」は成句的．

◆主節・従属節の時制の関係は si¹ と同じく意味によって異なるが、主節に直説法も可能： Et je *voudrais* l'oublier *que* tout *est* pour me le rappeler. (LAVEDAN, *Servir* I, 8)「それを忘れ

ようと思ったって、ここにある何もかもがそれを思い出させるのだ」

6°　仮定的事実　① C'est une idée *qui ne viendrait à personne*. (ANOUILH, *Ornifle*, 13)「誰の頭にも浮んできそうもない考えだ」 ◆同種の Il cherche un camarade qui *partirait* avec lui. について BRUN (559, 367) は partirait は俗語的、接続法 parte は文学的であるだけの相違で、共に Il a trouvé un camarade qui *partira* avec lui. という現実に起こるであろう事実を表わす直説法に対立すると説く.

② **仮定的・非現実的事実との比較**：Il la prend comme il *prendrait* son enfant. (DURAS, *Amant*, 123)「彼はわが子を抱きでもするように彼女を抱く」/ Mon âme est légère et joyeuse aujourd'hui comme un oiseau qui *aurait fait* son nid dans le ciel. (GIDE, *Porte*, 233)「私の心は、大空に巣を作った小鳥のように、今日は軽やかに楽しい」

③ **未来を想像して**：Vous *viendriez* tous les deux me raccompagner à Paris... On *passerait* là quelques jours charmants... On *mangerait* au restaurant... On *courrait* les magasins. (AMIEL, *Carcasse* I, 11)「2人して私を送ってパリに来るさ…そこで数日楽しい日を送ろう…飯はレストランで食べる…買物もして回ろう」

④ **遊戯の状況設定**：Jouons avec le chat. Ça *serait* notre fils, et moi je *serais* la maman. (BONN, *Code*, 233)「猫と遊ぼう．これがうちの息子で、わたしがママよ」

7°　推測・疑惑 (conditionnel de probabilité)：J'*aurais attrapé* froid mardi en sortant du théâtre. (MAUPASS., *Bel-Ami*, 98)「火曜日に芝居から出たとき、風邪をひいたらしい」 ◆ことに報道の真実性について断言を控えて：Ce *serait* samedi que le crime *aurait été* commis. (FRANCE, *Orme*, 280)「犯罪が犯されたのは土曜日らしい」

8°　語気緩和 (conditionnel d'atténuation) 現実を単なる可能事として表わすから、願望・命令・示唆、その他の断定的語気が和らげられる：Je *voudrais* vous demander quelque chose. (SAGAN, *Bonj.*, 65)「お願いしたいことがあるんですが」/ Je *désirerais* un renseignement. (H)「伺いたいのですが」/ J'*aimerais* voir Chicago. (BEAUV., *Mand.*, 304)「シカゴを見たいのです」/ Il *faudrait* tout vous raconter.

(ID., *Tous les h.*, 79)「あなたにみんな話さなければなりますまい」/ *Auriez*-vous une place de libre? (F, 1581)「（レストランで）空いている席がありますか」/ *Pourriez*-vous me le prêter? (F, 543)「それを貸していただけないでしょうか」/ *Voudrais*-tu me changer ce billet? (F, 551)「この札をくずしてくれないか」/ J'*aurais dû* refuser de venir. (SARTRE, *Mains* IV, 4)「来るのを断わるべきだったのだ」/ J'*aurais voulu* être là.「いればよかったなあ」

9°　情意的用法　感嘆文・疑問文で、仮定的事実を憤慨して否定する：Moi, j'*oublierais* vos bienfaits!「私がご恩を忘れるなんてことがあるものですか」/ Quoi! J'*aurais* le tyran devant moi et j'*hésiterais*? (CAMUS, *Justes*, 32)「何！僕が暴君を前にしながら、ためらうとでもいうのか」

　反対の答えを当然と予想：*Auriez*-vous la prétention de me donner une leçon? (LABICHE, *Perrichon* III, 9)「私に説教するつもりじゃないでしょうね」/ *Croirais*-tu que, depuis ce moment, nous sommes restés dans l'ignorance de son adresse. (GIDE, *Porte*, 177)「それからと言うもの、彼女の居所はわからずじまいだったのですから、驚かれたでしょう」/ Le *croirait*-on?「そんなことが信じられようか?」

　反対の真意を逆に強調：Qui *pourrait* en douter? (MAUPASS., *Boule de S.*, 59)「誰がそれを疑えましょう」/ Pourquoi *aurais*-je peur de lui? (BEAUV., *Tous les h.*, 286)「彼などどうして恐れよう」/ Comment le *pourrais*-je? (SARTRE, *Mouches* II, tab. 1, 4)「どうしてそれができましょう」/ Que ne *donnerais*-je pas pour vous revoir... (FRANCE, *P. Nozière*, 49)「あなたにまた会えるものなら、僕は何を与えても惜しくはありません」/ Qu'est-ce que je n'*aurais* pas *fait* pour que tu ne sois pas malheureuse... (BATAILLE, *Marche* II, 9)「あなたが不幸にならないためなら、どんなことでもしたのに」

conditionnelle (proposition)［条件節］
——条件・仮定を表わす節, proposition adverbiale の一種.

1°　条件節を導く接続詞(相当句) ⇨ conjonction II. 2°⑥

2°　条件節に代わるもの

①(que +) 接 ⇨ que⁴ VI. 5°; subjonctif III.

1º, 2º ③, 3º ②(2) n'était, n'eût été ⇨ être V
② 疑問形 ⇨ sujet C. II. 6º
③ 命令形 ⇨ impératif II. 1º ③
④ [前]＋[不定詞]：Tu serais sot *de ne pas accepter*. (= si tu n'acceptais pas)「承知しなければバカだよ」/ Il ne réussira pas *sans travailler*. (= s'il ne travaille pas)「勉強しなければ成功しまい」
⑤ (en＋) [現分] ⇨ participe présent III. 4º ②; gérondif 5º ⑤
⑥ [形] [過分]：*Surpris dans une telle situation*, il perdrait sa réputation. (= S'il était surpris)「こんなハメに陥っているところを見つかったら、評判をおとすだろう」/ Et je ne t'aimerais pas, *différent*. (GIDE, *Porte*, 216) (= Si tu étais différent)「あなたが違った人だったら、あなたが好きにはならないわ」
⑦ sinon, autrement, sans cela, sans quoi, など：*Sans toi*, il serait perdu. (= Si tu n'étais pas là)「君がいなければ、助かるまい」/ Qu'est-ce que vous auriez fait *à ma place*? (= si vous aviez été à ma place) (*Thib*. III, 20; ANOUILH, *Hurlub*., 31)「あなたが私だったらどうしました」
⑧ 補足節：Il me déplairait *qu'elle n'eût point ce tort*. (FRANCE, *Livre*, 224)「彼女にこうした欠点がなかったら、かえって私の気にいらないだろう」
⑨ その他の語群：*Deux jours plus tôt*, l'opération l'eût sauvé. (B, 872)「もう2日早かったら、手術が彼の命を救ったのだが」/ *Une erreur d'un moment*, et on perdrait sa vie. (GÉRALDY, *Rob. et Mar*. I, 1)「一瞬のミスだけで、命を落としてしまうだろう」
⑩ 2つの節の並列 ⇨ futur simple II. B. 7º; conditionnel II. B. 4º ②

conduire — conduire qn＋[不定詞]：*J'ai conduit Jean chercher son frère*.「弟を捜しにJを連れていった」> Je l'y *ai conduit*.「そうしに彼を連れて行った」(y＝chercher son frère) ▶ 文脈によりyを省く (LE GOF, 103). ⇨ y² II. 1º

confiture — de la *confiture*, まれに集合的意味 (D, 241) で des *confitures*：Tu veux *de la confiture* ou du miel? (BEAUV., *Inv*., 411)「ジャムにする、蜂蜜にする?」/ Tu as encore volé *des confitures*! (GIRAUDOUX, *Tessa*, 45)「またジャムを盗んだね」▶ 補語名詞は多くは複数：manger de la *confiture* de *groseilles* [ときに des *confitures* de *groseille*] (COL)

conjonction [接続詞] — 2つの文、または同一文中の2要素を結合する不変化語．以下各語の用法についてはそれぞれの項参照．
I. 起源と形態
1º ラテン語から受けついだもの（少数）：car, comme, donc, et, mais, ni, or, ou, quand, que, si.
2º フランス語で形成したもの
① [副]＋que：ainsi que, alors que, aussitôt que, bien que, encore que, loin que, lorsque, non que, outre que, sitôt que, tandis que, など.
♦ [前]＋[副]＋que：pour autant que, de même que, à moins que, pour peu que, など.
② [前]＋que：avant que, après que, depuis que, dès que, malgré que, sans que, sauf que, selon que, など.
③ [前]＋ce que：à ce que, de ce que, en ce que, jusqu'à ce que, parce que, sur ce que, など.
④ [動]＋que (1)[現分] [ジェロンディフ]＋que：considérant que, moyennant que, pendant (< pendre) que, suivant que / en attendant que, en supposant que, など. (2) [過分]＋que：attendu que, excepté que, hormis (< hors＋mis) que, posé que, pourvu que, supposé que, vu que, など. (3) [前]＋[不定詞]＋que：à supposer que, など.
⑤ [前]＋[名]＋que：à cause que, à condition que, afin (< à＋fin) que, à mesure que, à proportion que / au cas que, au lieu que, au point que / dans le cas que / (de) crainte que, de façon que, de manière que, de peur que, de sorte que / en cas que / sous prétexte que, など.
♦ 数語より成る接続詞を**接続詞相当句** (locution conjonctive) と言う.
II. 分類
1º 等位接続詞 (conj. de coordination) 同一機能の語（群）・節、2つの文を結合するもの：Il est pauvre, *mais* honnête.「貧しくはあるが実直である」（語の結合）/ Je crois qu'il reviendra *et* qu'il nous apportera la réponse.「彼が戻って返事を持ってきてくれると思う」（節の結合）/ Je pense, *donc* je suis. (DESCARTES)「われ思う、故にわれあり」（文の

結合）
◆等位接続詞で結ばれる要素は同一品詞に属するのが正常な構文である．したがって ×Il aime *la pêche* et *chasser*.「魚釣りと狩猟が好きだ」/ ×Il aime *les honneurs* et *qu'on le loue*.「名誉と賛辞を受けることを好む」は Il aime la pêche et la chasse [les honneurs et les louanges]. とするのが正しい．Il était *intelligent* et *homme de cœur*.「頭がよくて情のある人であった」は，homme de cœur が形容詞的用法であるから正常の構文（W, 67）．
▶上記の注意は原則としてこれを守ることが必要であるが，文意によってはこれを守らないほうがかえって文が簡潔になることがある．
　意味上の分類〔　〕内は本来は等位接続詞以外のもの．
①**添加**：et, ni, (non seulement)... mais aussi, encore〔副詞: puis, ensuite, alors, de plus, en outre. 従位接続詞: comme, ainsi que, aussi bien que, de même que. 前置詞: avec〕
②**理由**：car〔副詞: en effet〕
③**結果, 結論**：donc, c'est pourquoi〔副詞: aussi, partant, alors, ainsi, enfin, par conséquent, en conséquence〕
④**小前提**：or.
⑤**対立, 譲歩**：mais, et〔副詞: au contraire, par contre, en revanche, cependant, toutefois, néanmoins, pourtant〕
⑥**制限**：〔seulement, du [au] moins, du [au] reste, d'ailleurs〕
⑦**選択**：ou, ou bien〔soit... soit [ou], tantôt... tantôt〕
⑧**説明**：〔c'est-à-dire, (à) savoir, soit〕
2º 従位接続詞（conj. de subordination）従属節を主節に結合するもの．(➪ que⁴ 各項）
　意味上の分類　①**原因**：attendu que, d'autant que, à cause que, comme, étant donné que, parce que, puisque, que, soit que, sous prétexte que, vu que.　**原因の否定**：non (pas) que.　◆時の接続詞 après que, depuis le temps que, dès lors [l'instant] que, dès que, du moment que [où], quand, 条件の si も原因の意を表わし得る．
②**目的**：afin que, à seule [cette] fin que, pour que, de peur [crainte] que, par crainte que, que.
③**結果**：de (telle) façon [manière, sorte] que, en sorte que, que, si [tellement, tant, tel]... que, (tant et) si bien que, au [à ce, à tel] point que, assez [trop]... pour que.
④**対立**：alors que, au lieu que, bien que, encore que, loin que, lorsque, malgré que, nonobstant que, quand, quoique, tandis que, tout... que, など．
⑤**譲歩**：alors même que, aussi... que, lors même que, même quand [si], où que, pour... que, quand (même), quand bien même, quel que, quelque... que, qui que, quoi que, soit que... soit [ou] que, など．
⑥**条件, 仮定**：en admettant que, au [dans le] cas où, au [en] cas que, à [sous] (la) condition que, dans [pour] l'hypothèse où, à moins que, pour peu que, posé que, pourvu que, supposé que, à supposer que, dans la supposition que, en supposant que, selon que... ou [que], si, si... que, si tant est que, que si, など．
⑦**時**：alors que, après que, en attendant que, aussitôt que, avant que, cependant que, comme, depuis que, dès (lors) que, durant que, jusqu'à ce que, lorsque, à mesure que, pendant que, quand, sitôt que, tandis que, など．
⑧**比較**：ainsi que, comme, comme si, de même que, (au fur et) à mesure que, selon que, suivant que, など．
⑨**単なる接続**：que.
◆上記の等位接続詞と従位接続詞の区別は絶対的ではない．de même que, ainsi que, aussi bien que は添加を表わす等位接続詞となり，de sorte [manière] que, tandis que, au lieu que は独立節を導く等位接続詞に近い機能を持ち，独立節の冒頭に用い得る．quoique（= et pourtant）も同じ．
III. 接続詞と他の品詞
1º 接続詞と副詞　et, ni, ou は接続詞, ne, non, très は副詞というように，その機能がはっきりと分かれている語があるが，文頭に置かれた副詞は多く接続詞的機能を帯びる：Il échouera; *en effet* il ne travaille pas.「彼は失敗するだろう，事実勉強をしていないのだ」の en effet は原因を表わし，接続詞 car に近い．Il est triste; *toutefois* il est souriant.「悲しいのに笑みを浮かべている」の toutefois, 類義の pourtant, néanmoins, cependant もそれぞれに陰影の差は

あるがmaisに近い．これらの語は副詞と接続詞の機能を兼ねるものと考えられる（B, 702）．辞典の品詞別は独善的で，*QLF*は接続詞の説明では上記すべての語を接続詞に加えながら，各語の項目ではcependant以外を副詞としている．*DG*がTous les hommes sont mortels, or Paul est homme; donc Paul est mortel.「すべての人間は死ぬべきものである．さて，Pは人間である，故にPは死ぬべきものである」のorを副詞，doncを接続詞としたのはorの古い語義（= maintenant）にとらわれ，機能を無視した矛盾した解釈である．上文のor, doncは共に文を結合する点で，全く同じ機能を持つ．

2°　接続詞と前置詞　Rentrez *avant* la nuit.「夜になる前に帰っていらっしゃい」（前置詞）/ Rentrez *avant que* la nuit tombe.（同義）では，la nuitの代わりに名詞節が置かれているにすぎないが，avant queを節を結合する接続詞相当句と言う．

　ある前置詞は時に接続詞的に機能する．cf. avecにより，名詞を結ぶ場合など．

IV. 分詞法　接続詞相当句は発音上1単位を形作り，lorsque, puisque, quoiqueのように1語として書かれるものさえある．したがって，その合成要素の間に他の語を挿入することは原則として許されないが，ある接続詞相当句ではqueの前に他の語を挿入することがある：bien, *dit-on*, qu'il nous ait nui (N, VI, 56)「彼がわれわれに害を加えたと人は言うけれども」/ depuis *surtout* qu'il était rendu à la nature (DAUDET, *Sapho*, 151)「ことに彼が自然のふところに立ち帰って来以来」/ lors *même* qu'elle (= la vraie vertu) déplaît (B, 864)「たとえそれが気に入らなくても」◆その他: lors *donc* que (S, II, 258) / sans *pour cela* que (*Ib.*, 418) / sans *pourtant* [*toutefois*, *même*] que (*Ib.*) / tandis, *en effet*, que (*Ib.*, 302) / avant *même* que，など．

▶接続詞の省略については ⇨ juxtaposition

conjugaison　[活用]——人称・数・時制・法・態を示す動詞の語形変化．

I. 活用の分類　古くは，不定詞の語尾に従い，動詞を4種に分けた．(1)第1変化 (aim-er)．(2)第2変化 (fin-ir)．(3)第3変化 (recev-oir)．(4)第4変化 (rend-re)．

すでにAYER (230)はこの分類に反対し，第3変化の動詞は単一語17にすぎず，各々の変化に関連がないこと，-oirは-reの付随的形態にすぎないこと(cf. 古仏語 recivre = recevoir)を指摘して，第3，第4変化の区別をしりぞけ，-ir動詞は現分-issantと-antに分けるべきことを説いた．

学校文典（RAD, 157; BRACHET, 192; C, 165）では次のように分類する．①**第1群**（aim-er型）②**第2群**（fin-ir型）③**第3群**（その他の動詞）(i) -ir. 直・現-s (vien-s)または-e (offr-e) (ii)-oir. (iii) -re.

第1, 2群の動詞を**規則動詞**（verbe régulier），第3群の動詞を**不規則動詞**（v. irrégulier）と言う．第1, 2群の変化（ことに-er型）はこれにならう動詞が新たに形成されるので，これを活変化（conjugaison vivante）と言い，第3群に属する動詞は，その変化にならう動詞が新たに形成されることはないので，これを死変化（conjugaison morte）と言うことがある．

ACに収められた動詞の単一語は約4000，その中-er型 3600, -ir型 330, 不規則動詞-ir 28, -oir 17, -re 50（BRACHET (193)による．合成語 *revoir*, *revenir*, などは含まれない）．-erの不規則動詞は aller, envoyer（合成語 renvoyer）だけである．

II. -erの規則動詞の注意

① **-cer**　cはa, oの前でç：je plaçai / n. plaçons.

② **-ger**　gはa, oの前でge：je nageai / n. nageons.

③ **e + 子音 + er**　語尾erがeとなる場合，不定詞の終わりから2番目の音節のeは[ɛ]の音になる．このために (1) -eler, -eter以外はすべて**e**をèとつづる：je mène / je sèmerai. (2) **-eler**, **-eter**は多く**-elle**, **-ette**: j'appelle / je jetterai. ▶少数のものは(1)の型：j'achète / il gèle. ▶(1)型，(2)型の不定のものがかなりある：il halette [または halète]

④ **-é + 子音 + er**　活用型の語尾がe muetとなるときé > è: céder > je cède. ▶単未，条・現ではéの綴りを保つ：je céderai（ただし発音は[sɛdre]）　▶語尾**-éer**の動詞は常にéを保つ：je crée / je créerai.

⑤ **-yer** 語尾　erがe muetになる場合． (1) **-oyer**, **-uyer**はすべて**-oie**, **-uie**となる：j'emploie(rai) / je m'ennuie(rai) (2) **-ayer**は**-aye**または**-aie**: je paye[pɛj]またはpaie[pɛ] (3) **-eyer**は常に**-eye**: je grasseye．

◆時制の語尾については各時制の項参照．

connaissance —— faire connaissance avec qn, faire la connaissance de qn「人と知り合

いになる」: Je suis très heureux de *faire votre connaissance*.「お知り合いになれまして嬉しく存じます」/ Nous fîmes *connaissance* pendant ce voyage. (AC)「その旅行の間に知り合った」◆時として faire connaissance de qn (*EBF* は避けることを勧め, COL; G (930, Rem. 4) は正用とする): Il fit surtout *connaissance* de jeunes filles. (ARAGON, *Aurél.*, 21)「ことに若い娘たちと知り合った」

connaître — 1° *connaître* qn [qch]: Je *connais* son père [ce mot].「彼の父 [その語] を知っている」/ Je le *connais*.「彼 [それ] を知っている」◆くだけた会話では特定語に代わる le, la, les を略し得る: Maître Truffaut, vous ne *connaissez* pas? (BEAUV., *Mand.*, 472)「T 弁護士のこと, 御存じないので?」/ Tu *connais* le New Bar? — Je *connais*. (*Ib.* 463)「NB を知っている? — 知っている」

2° *connaître* qch à qn (= savoir, apprendre que qn a qch): On ne lui *connaissait* pas de famille. (GRENIER, *Ciné*, 272)「彼女には家族がいないようだった」

3° *connaître* qch à qch: Tu ne *connais* rien *à* la vie d'abord. — *Connaît*-il seulement quelque chose *à* l'amour? (SAGAN, *Château*, 76)「第一あなたは人生ってものが何もわかっていやしません.—彼は恋愛のことなら, せめて何かわかっているのですかね」/ Il n'y *connaît* rien. (PR)「彼はそのことについては何もわかっていない」

4° *connaître* qn + 形: Je t'*ai* toujours *connu* prudent. (VAILLAND, *Loi*, 263)「私の知っているきみはいつだって用心深かった」

 connaître qn *pour* + 形: Ordi remarqua également la raideur d'un corps et d'un visage qu'il *connaissait pour* vifs et mobiles à l'extrême. (KESSEL, *Enfants*, 8)「Oは, 極めて生き生きとして柔軟に動いていたはずのその人の体と表情が, こわばってしまっていることにも気がついた」

5° *connaître* と *savoir*

① + 名　人については connaître. 物については connaître は努力なくして得られた漠然とした観念を持つことを表わす: Je *connais* ce pays [ce chemin, ce mot, le nom de cette plante].

savoir は努力・経験で得られた深い知識を予想する. 言語・科学などについてはどちらも用いられる: *connaître* [*savoir*] le grec [les mathématiques, son adresse, son numéro de téléphone] / Je ne *savais* rien de cette ville, je n'en *connaissais* que le nom. (GLLF, en の項)「この都市のことは名前以外には何も知らなかった」

◆〈名〉+ 関係節〉が従属節に相当すれば savoir: Je *sais* le mal qu'il a eu à faire cela. (= Je sais quel mal il a eu...)「それをするのにどれほど苦労したかを知っている」

② + *ce que, ce qui* : Je *connais ce que* vous voulez.「お望みの品は (かつて所有したり使用したりして) 知っている」/ Je *sais ce que* vous voulez.「何をお望みか知っている」(*EBF*)

③ + 不定詞 [*que*] は savoir だけ. connaître que は古典用法.

6° *se* [*s'y*] *connaître en* qch (= être habile en): Je *me* [*m'y*] *connais en* peinture.「絵のことはよく知っている」▶ COL; *EBF* は y を省くことを勧める.

7° *être connu de*: Il *est connu de* tout le monde.「誰からも知られている」▶ par は例外的 (S-P, 84).

◆ pour raison à moi connue「私の知っている理由で」成句, まれ. むしろ pour raison connue de moi と言う (COL).

consécutive (proposition) [結果節] — 結果を表わす副詞節. 所要の接続詞は ⇨ conjonction II. 2° ③

consentir — consentir à qch: Je *consens à* ce mariage [J'*y consens*].「その結婚 [それ] に同意する」

 consentir à 不定詞: Je *consens à* partir. (AC)「出発することに同意する」▶ de 不定詞 の構文は直・目になるが, 古文調 (S, III, 107).

 consentir (à ce) que + 接: Je *consens (à ce) qu*'il y aille. (MR)「彼がそこに行くことに同意する」/ J'*aurais consenti* (...) *à ce qu*'il partît pour le Japon. (BEAUV., *Compte*, 29)「彼が日本へ発つことには同意しただろうに」▶ consentir que は à ce que より好ましいとされているが (TH; *EBF*), 日常語では à ce que のほうが普及している.

considérer — *considérer* + 名 + *comme* + 名 [形]: Je *considérais* notre foyer *comme* exemplaire. (BEAUV., *Mém.*, 49)「私は自分の家庭を模範的だと思っていた」▶ 名詞の前には冠詞がつく: Je le *considère comme* un ami. (MR)「彼を友人とみなしている」◆形

容詞の代わりに現分を用いて：Certaines conduites sont *considérées* à juste titre *comme* caractérisant le grand âge. (BEAUV., *Vieill.*, 15)「ある行為は当然のことながら高齢の特徴を示すものとみなされている」

　*comme*の省略 (Je le *considère* coupable.) はJe le crois coupable. の類推形. B (631, n. 1)が新聞では頻繁と指摘したこの構文はいまだに誤用とされているが (*EBF*), 常用化される傾向にある：Celui qui écrit comme il prononce *est*, en France, *considéré* inférieur à celui qui écrit comme on ne prononce pas. (VALÉRY—G, 208, Rem. 1, N.B.)「発音通りに書く者は, フランスでは, 発音とは違った書き方をする者より劣るとみなされている」(*comme*が３つ続くのを避けたもの) / Puis-je vous *considérer* de mes amis? (KESSEL, *Enfants*, 184)「きみを友人の１人と考えて差し支えないね」

consonne [子音] ── 呼気の通路が閉ざされ, または狭められて生ずる音.
I. 分類
1° 声帯の振動を伴うか, 伴わぬかに従って, ２種に大別する.
① **無声子音** (c. sourde)　声帯の振動を伴わないもの (清音)：p, t, k, f, s, ʃ. ▶発音器官の緊張が強いので硬子音 (c. dure), 強子音 (c. forte)とも言う.
② **有声子音** (c. sonore)　声帯の振動を伴うもの (濁音)：b, d, g, v, z, ʒ, m, n, ɲ, l, r; ɥ, w, j. ▶軟子音 (c. douce), 弱子音 (c. faible)とも言う.
2° 調音法による分類
① **閉鎖音** (occlusive)　口腔で呼気の通路が閉ざされるもの：p, b, t, d, k, g. ▶破裂音 (explosive), 瞬間音 (momentanée)とも言う.
② **鼻音** (nasale)　口腔が閉ざされるが口蓋帆が下げられて呼気が鼻腔を抜けて出るもの：m, n, ɲ. ▶ BRUN (10)は閉鎖音に加える.
③ **摩擦音** (fricative)または狭窄音 (constrictive).　呼気がせばめられた通路を通るときに発する音：f, v, s, z, ʃ, ʒ. ▶瞬間音に対し継続音 (continue)とも言う. s, zを歯擦音またはスー音 (sifflante), ʃ, ʒをシュー音 (chuintante)とも言う. **半子音** (semi-consonne)も軽度の摩擦音である.
④ **ふるえ音** (vibrante)または**流音** (liquide)　舌の側面, 舌先, 口蓋垂の震動によって生じる音：l, r, R. ▶r, Rのみをふるえ音と称し, lを側 (面)音 (latérale)と呼ぶのが普通.
3° 調音点による分類
① **唇音** (labiale)または**両唇音** (bilabiale) 両唇が密着して調音されるもの：p, b, m. 両唇の不完全な接触によるもの：ɥ, w.
② **唇歯音** (labio-dentale)　上の前歯と下唇の接触によって障害が作られるもの：f, v.
▶ BOURCIEZ (XXXIV)は唇音を両唇音と唇歯音に分ける.
③ **歯音** (dentale)　舌先を上の前歯に当てて通路を閉鎖するもの：t, d, n. ▶舌の側面を臼歯から離して呼気を流出させる側 (面)音 l を加えることができる. 舌先を下の門歯に, 舌の両端を上の臼歯に当てて障害を作るもの：s, z. 舌先と歯茎との接触が断続するもの：r.
④ **口蓋音** (palatale) 舌面を口蓋に接触させて通路を閉鎖し (k, g, ɲ)または近づけて障害を作るもの (ʃ, ʒ; 半子音j).　舌面の接触 [接近] 点が硬口蓋 [口蓋前部]のもの (ɲ, ʃ, ʒ)のみを「硬口蓋音」(palatale) と呼び, 軟口蓋 [口蓋帆]のもの (k, g)を喉音 (gutturale)または**軟口蓋音** (vélaire)と呼ぶ者もある.
　口蓋垂 [喉彦]のふるえ音Rは軟口蓋音に加えられる.
　1° 2° 3°を組合せると,

		両唇	唇歯	歯	軟口蓋	硬口蓋
閉鎖音	有声 無声	b p		d t	g k	
鼻　音	有声	m		n		ɲ
摩擦音	有声 無声		v f	z s		ʒ ʃ
半子音	有声	ɥ, w				j
ふるえ音	有声			r	R	
側面音				l		

II. loi des trois consonnes ⇨ e caduc
contamination [混交] ── ２つの類似の語・構文を混交して新しい語・構文を作ること. croisement とも言う.
1° 語彙上の混交　× entre*mélacé* (< entre*mêlé* + entre*lacé*)「ごちゃ混ぜになった」は無意識に犯した誤り. 標準語にとり入れられたもの：midinette (< midi + dînette) (= qui fait la dînette à midi)「ミーハー娘」
2° 統辞法上の混交：Lantier n'est pas *si*

gentil *pour qu*'on souhaite d'être sa femme. (ZOLA—N, V, 35) (< assez gentil *pour que* + *si* gentil *que*)「Lはみんなが女房になりたがるほど優しい男じゃない」 ◆これは作者が偶然に犯した誤りであるが、混交が普遍化されて慣用となったものがある：Nous nous promenons *avec* Louise. (N, V, 36)「私はLと散歩する」(< *nous* nous promenons Louise *et moi* + *je* me promène *avec* Louise) / se rappeler *de* qch (< se rappeler qch + se souvenir *de* qch) ▸ne explétifも混交として説かれることが多い.

contester — contester que + 接 : Je conteste qu'il soit venu. (TH)「彼が来たことは疑わしい」◆主節が否定・疑問ならば虚辞neを用い得る：Nous *ne* contestons pas que votre rôle (*n'*)ait été important. (DFC)「あなたの役割が重大であったことに異議をはさみはしません」

ne pas contester que + 直 従属節の表わす事実の現実性の強調：Je *ne* conteste *pas qu*'il réussira. (PR)「彼が成功することは疑いなしだ」

continuer — continuer à [de] 不定期「…し続ける」 à, deに意味の区別はなく、選択は筆者の好みによる. Listによると à (21-42), de (12-22)：Elle *continuait à* n'être pas bien portante. (MAUROIS, *Climats*, 79)「彼女は相変わらず健康がすぐれなかった」/ Tous *continuaient de* lui tourner le dos. (ROB.-GRIL., *Voyeur*, 22)「みんな彼に背を向け続けていた」 ◆à [de] 不定期をleでは受けられない (PINCHON, 219)：Tu travailles? — Et toi? — J'en ai un peu marre. Je *continuerai* demain. (BUTOR, *Degrés*, 223)「勉強するかい. — きみは? — 少しうんざりなんだ. あした続けるさ」(× Je *le* continuerai. は誤り)

contraction de l'article [冠詞の縮約] — 冠詞le, lesが前置詞à, deと合体して一語を作ること. (1) à + le > al > ***au***. (2) à + les > als, aus > ***aux***. (3) de + le > del, deu > ***du***. (4) de + les > dels > ***des***. ◆古仏語の縮約形：en + le > el > eu, *ou* (16世紀に廃用) / en + les > els, ens > ***es***. ⇨ ès

縮約が困難な場合

1° 冠 + 固有 ①冠詞付きの**地名** (Le Havre, Les Andelys)は縮約する：Il vient *du* Havre [*des* Andelys]. / Il va *au* Havre [*aux* Andelys]. ▸地名の冠詞は大文字、縮約冠詞は小文字.

② **人名** 冠詞付きの人名は縮約しない：les œuvres *de Le* Sage / les tableaux *de Le* Brun. ▸何らかの理由で定冠詞を添えられた人名 (⇨ article III. A. 1°) は縮約する：les tableaux *du* Poussin.

2° **表題**

①冠 + (形) + 名 + (形) + (補語名詞) の型
(1) 多く縮約：l'auteur *du* «Misanthrope» / l'auteur de «l'Esprit des lois» et celui *du* «Discours sur l'histoire universelle» / l'auteur *des* «Fleurs du mal»
(2) まれ：créateur de «Les Parents terribles» (COLETTE—G, 311, Rem. 2) ▸E. FAGUETは冠詞が表題の一部をなすことを理由に、縮約しないことを勧めたが、慣用に反する. cf. MART, 40, n. 3.

② 冠 + 名 + *et* [*ou*] + 冠 + 名 の型 最も困難な場合で慣用は一定しない.
(1) la fin *de* «Le Rouge et le Noir» (DUHAMEL—*Ib.*)
(2) sous les sujets d'apparence romanesque *du* «Rouge et *du* Noir» (MORNET, *Hist. litt.*, 215) / les recueils lyriques *des* «Rayons et des Ombres» (*Ib.*, 188)
(3) le premier projet *du* «Rouge et Noir» (MARTINEAU, *Œuv. de Stendhal*, 377)
(4) le recueil *des* «Rayons et les Ombres» (THIBAUDET, *Hist. litt.*, 147)

◆無冠詞の表題、または前置詞がà, de 以外の場合には、前置詞は繰り返されない：l'auteur *de* «Paul et Virginie» / dans «le Rouge et le Noir» ▸(2)はdeの場合ながら繰り返しは異例. (1)は de leが接続、その他は表題がゆがめられる欠点がある. この場合 la fin de la fable «Le Chêne et le Roseau» (FAGUET, *17ᵉ s.*, 257) / le succès de la comédie «Le gendre de M. Poirier» (B, 170)のように、fable, roman, poème, recueil, comédieなどの語を挿入してà, deと冠詞の接続を避けるのが好ましい.

③ 冠 + 名 + 動 の型 縮約が普通：le premier acte *du* «Roi s'amuse» (MART, 40, n. 3) / l'auteur *des* «Dieux ont soif» ▸表題についてはなお ⇨ accord du verbe A. I. 7°

contraindre — 1° *contraindre* qn *à* qch : contraindre qn à l'obéissance [*au* repos]「人に服従 [休息] を余儀なくさせる」

contraindre qn *à* [*de*] 不定詞 : Il lui prit le poignet et *le contraignit à* se rasseoir. (GREEN, *Mesurat*, 53)「彼の手首を捕えて、また座らせた」/ Une habitude de l'esprit *le contraignit de* chercher une raison à cet acte. (ID., *Epaves*, 38)「いつもの頭の働きから彼はこの行為に理由を求めずにはいられなかった」♦TH は à, de を無差別と考える。ただし、不定詞に代わる代名詞はいつも y : La nécessité m'*y a contraint*. (ROB)「必要に迫られてそうしたのだ」 2° **se contraindre à** 不定詞「無理をして…する」de 不定詞は古めかしくなった (ROB)。
3° **être contraint à** [*de*] 不定詞 ①動作主補語を伴うときは à 不定詞 : Il *a été contraint par* ses chefs *à* faire ce voyage. (MART, 443)「彼は上役たちからこの出張に無理に行かされた」② 動作主補語がなければ多くは de 不定詞 : La ville *fut contrainte de* se rendre. (AC)「町は降伏を余儀なくされた」 à 不定詞の例 : Elle *était contrainte à* demander divers renseignements. (HERVIEU—S, III, 226)「いろいろ照会しなければならなかった」♦不定詞に代わる代名詞は、いつも y : Il est contraint *de partir*. > Il *y est contraint*. (PINCHON, *FDM*, n° 75, 53) / J'*y ai été contraint* depuis. (TOURNIER, *Roi*, 35)「その後はそうせざるをえなくなった」

convenir — 1° **convenir à** qn [qch] 助動詞 は avoir : Cet emploi lui *aurait bien convenu*. (AC) (= être approprié à)「この職場は彼には打ってつけだったのに」/ Cette maison m'*a convenu*. (*Ib.*) (= plaire)「この家は気に入った」
2° **convenir de** + 名 ; **convenir** + 不定詞 (= reconnaître) : Je *conviens de* mon erreur. (DB)「私は自分の誤りを認めます」/ Je *conviens* avoir dit cela dans un moment de précipitation. (DFC) (= admettre)「あわてていたとき、そう言ったことは認めます」
3° **convenir de** + 名 [*de* 不定詞] (= décider ensemble, tomber d'accord) : Nous *avons convenu d'*un lieu de rendez-vous. (DFC)「われわれは会合の場所を決めた」/ Ils *avaient convenu de* se retrouver à Rome. (ROLLAND—G, 658, 3)「彼らはローマで落ち合うことにしていた」
♦2° 3° 4°の意では助動詞 avoir が現在の常用 (DFC; DB; ROB)。伝統的に用いられた助動詞 être は念入りな文体に残る : Vous *êtes* peut-être même *convenus* de cela tous les deux? (ANOUILH, *P.R.*, 65)「ことによると、あなたたちは2人ともそうすることに示し合わせてさえいるかもしれないのだわ」/ Je viens dîner avec toi, comme nous en *sommes convenus*. (MONTHERL., *D. Juan* III, 7)「約束どおりきみと晩餐をしに来たよ」
4° **convenir que** + 直 [接]
① **reconnaître, avouer** の意では + 直 : Je *conviens que* je me suis trompé. (DB)「まちがったことは認めます」
② **s'accorder** の意では + 直 または + 接 : Ils *conviennent que* chacun prenne [prendra] sa part tout de suite. (ROB)「めいめいが自分の分け前をすぐ取ることに決めている」/ Nous *avons convenu* avec Lewis *que* je m'amènerais à Chicago un jour avant lui. (BEAUV., *Mand.*, 531)「私が彼より1日早くシカゴに行くことにLと相談をきめた」
5° 受動構文 convenir は直接他動詞には用いられないが、受動構文が可能 : Une date *a été convenue* pour cette fête. (DFC)「祝いの日取りがきめられた」
6° 非人称構文
① **il convient de** 不定詞 : La question était seulement de savoir quelles mesures *il convenait de* prendre. (CAMUS, *Peste*, 60)「問題はどんな処置を取るべきかを知ることだけだった」

il conveint que + 接 : *Il convient que* vous en soyez informé le premier. (COL)「あなたが最初にそれを知るのが当然だ」
② **il est convenu que** + 直 (= il est entendu, décidé) : Il *avait été convenu qu'*Antoine (...) accompagnerait Jenny à l'hôpital. (*Thib.* IX, 52)「AがJを病院まで送っていくことになっていた」▶形容詞の過去分詞
③ **comme il est convenu** (que 以下の省略) : A six heures, *comme il était convenu*, je me rendis à Schlossberg. (CASTILLOU, *Thaddëa*, 106)「6時に、打ち合わせたとおりに、私はSに行った」♦**comme convenu** (くだけて il est の略) : Je retrouvai Cyril dans le bois de pins, *comme convenu*. (SAGAN, *Bonj.*, 130)「私は打ち合わせておいたようにCに松林の中で会った」

coordination [等位] — 2つの文、文の要素が等位接続詞で結ばれ対等の関係にあること。

⇨ conjonction
copule (verbe) ⇨ attribut
corail — 正規の複数形coraux, 数種のサンゴの意でまれにcorails (D-P, I, 459; FURUKAWA, 89).

côté — 1º *à côté de* qn [qch] : Elle posa son chapeau de feutre *à côté d*'elle. (SARTRE, *Nausée*, 202)「ソフト帽を自分のそばに置いた」
　à côté : Au bout de la rue, vous verrez un hôtel: la poste est *à côté*. (DFC)「通りのはずれまで行くとホテルが見えます. 郵便局はそのわきにあります」◆付加辞 : Je suis dans la chambre *à côté*. (VIAN, *Pékin*, 150)「ぼくは隣の部屋にいる」/ または l'appartement *d'à côté* (SOLLERS, *Parc*, 52)

2º *au côté de* qn ; *à son côté* : Elle descendait le boulevard *au côté d*'un grand garçon. (SARTRE, *Age*, 57)「彼女は背の高い青年と並んで大通りを下っていった」/ Elle était *à son côté*. (ARLAND, *Ordre*, 319)「彼女は彼のかたわらにいた」
　aux côtés de qn ; *à ses côtés* : *Aux côtés d*'une silhouette qui balançait un fanal (...) (GRACQ, *Syrtes*, 21)「手さげランプを振っている人影のかたわらに」/ Que ferais-je sans vous *à mes côtés*. (CAMUS, *Malent*. I, 8)「あなたがそばにいてくださらなかったら, 私に何ができましょう」/ Lila était assise *à mes côtés*. (GARY, *Cerfs*, 106)「Lは私のかたわらに腰かけていた」 ▶最後の例のように動作の位置を左右のどちらか一方に固定してしまう場合には論理的でないが, この複数は漠然と前後左右の身辺を表わすものと考えられる. cf. aux environs [alentours] de「…の付近に」
　◆比喩的意味で特に複数が用いられる : Lutter *aux côtés du* prolétariat, comment le pourrions-nous? (BEAUV., *Sang*, 16)「プロレタリアの側に立って戦うことなど, 私たちにどうしてできましょう」▶その他 combattre [se battre, se ranger] *aux côtés de* qn.

3º *du côté de*「…の方面 [側] に」: De quel côté vas-tu? (Thib. VI, 132)「どっちへ行くんだい」/ Je vis un promeneur qui se dirigeait *de mon côté*. (GREEN, *Voyageur*, 38)「散歩していた1人の男が私のほうにやってくるのが見えた」/ Ses longs cheveux lui tombaient *de chaque côté* du visage. (*Ib*., 183)「長い髪が顔の両側に垂れていた」/ Il habite *du côté de* Montmartre. (DSF)「Mのほうに住んでいる」/ *De mon côté*, j'essaie de vous aider. (MR)「私としてもお手伝いするようにしましょう」
　◆時として「…の方面から」: *De quel côté* viennent-ils? (VIAN, *Pékin*, 120)「彼らはどっちから来るんです」/ La pluie arrive *du côté de* la mer. (DFC)「雨は海のほうからやってくる」
　de tous les côtés ; *de tout côté* ; *de tous côtés*「四方八方に[から]」: Léon (...) cherche son képi *de tous côtés*. (CLAIR, 202)「Lは軍帽をあちこち捜し回る」/ Des gens accourent *de tous côtés*. (*Ib*., 202)「人々が四方八方から駆けつける」

4º *côté* + 名 ①成句 : le *côté* cour [jardin]「(演劇用語で) 上手 [下手]」/ le *côté* pile [face]「(硬貨の) 裏面 [表面]」/ Il a un *côté* grand seigneur.「殿様のような一面がある」
②自由な用法 : Du *côté* rue nous avons une belle façade. (COH, *Reg*. I, 71) (= du côté de la rue)「通りの側は正面の作りがりっぱです」
③前置詞的 : *Côté* mœurs, rien à dire. (*Ib*.)「品行に関しては申し分がない」/ *Côté* terre, la montagne se dresse (...) (VAILLAND, *Loi*, 146)「陸の側では, 山がそびえている」▶ GEORG (*Prose*, 28); EBFは誤用とするが, 次第に普及する言い方としてMR; ROBは収録.

couleur — couleur (de) + 名　形容詞的用法. couleur は無変化. de の使用は浮動的だが省略の傾向が強い : les cheveux *couleur (de)* blé mûr (DB)「(熟した小麦色の) あざやかな金髪」/ des rubans *couleur* chair [paille] (PR)「肌色 [麦わら色] のリボン」/ des manteaux *couleur* feuille morte (GLLF)「枯葉色のコート」▶次例のdeも省くほうが日常的 : ses yeux *couleur de* marron tout frais (CESBRON, *Prison*, 39)「とれ立ての栗の色をした目」/ de fins souliers *couleur d*'orange mûr (G, 381 bis, N.B. 2)「熟したオレンジ色の上等な靴」◆次例のdeは省けない : une calotte de nuage *couleur de* mer (HERRIOT—*Ib*.)「海の色をした雲の帽子」/ Mon visage devenait *couleur de* terre. (VERCORS, *Pas*, 189)「顔が土色になった」/ Son visage était *couleur de* brique. (LE CLÉZIO, *Fuite*, 105)「顔は煉瓦色だった」

coup — *tout à coup* (= soudain, brusquement) : Il se fâcha *tout à coup*.「いきなり怒

り出した」

tout d'un coup (= en une seule fois)：Il fit sa fortune *tout d'un coup*. (Ac)「一挙に富を築いた」 ◆意味がtout à coupと似ているため、古典時代から混用され、今日でもtout à coupの意味に用いられることは普通：*Tout d'un coup* l'un d'eux venait vers lui. (Green, *Epaves*, 46)「突然、彼らの1人が彼のほうにやってきた」

d'un coup　tout d'un coupと同じく2義を持つ：Si je ne peux pas tout emporter *d'un coup*, je ferai un deuxième voyage. (GLLF)「一度にみんな持っていかれなければ、もう一度行ってきます」／Il se retourna *d'un coup*. (Malraux, *Cond.*, 74; cf. 65, 89)「いきなり後ろを振り向いた」

couple — 1º 名男　結婚、または友情・利害などで結ばれた2人、動物のつがい：un *couple* de pigeons (Ac)「つがいのハト」／un *couple* bien assorti (Ac)「似合いの夫婦」／Un *couple* de vieilles gens le dépassa. (*Thib.* IX, 134)「一組の老人夫婦が彼を追い越した」
2º 名女　同種の2個の物：une *couple* d'œufs「2個の卵」／une *couple* d'heures「2時間」 ▶使用はまれ、単にdeuxと言う．機能的に1対のもの (souliers, gants) についてはune paire deを用いる．

courant — fin *courant* (= à la fin du mois courant)「月末に」⇨ fin 2º ◆前置詞的用法 (= dans le *courant* du mois de)：Je voudrais vous rendre visite *courant* janvier.「1月中にお訪ねしたいものです」

courir — 1º *courir à* qch：Les gens *courent à* ce spectacle. (Rob)「人々はこの興行に殺到する」／On y *court*.

courir à qn：Créon *court à* lui. (Anouilh, *Antig.*, 105)「Cは彼のところに駆け寄る」

courir après qn [qch]：*courir après* le voleur [les honneurs]「どろぼうを追いかける[名誉を追い求める]」／Il faut leur *courir après*. (Anouilh, *P.N.*, 472) (= courir après eux)「彼らを追いかけなければならない」

2º *courir* + 不定詞：*Courez* vite *chercher* un médecin. (Id., *Ardèle*, 115)「急いで医者を呼びに行ってきなさい」／Je *cours* le *prévenir*. (Cocteau, *Th.* II, 89)「すぐ彼に知らせてきます」

3º 過去分詞の一致　①時間の補語を伴うときは自動詞：les vingt minutes que j'*ai couru* (G, 786 a)「私が走った20分間」は実際には見かけぬ例 (Høyb, 156). 距離の補語を伴うIl a couru trois kilomètres.「3キロ走った」をHøyb(*Ib.*); EBFは自動詞、Robは他動詞とみなす．それに従って一致は異なり les trois kilomètres qu'il *a couru(s)*.
② 次例は他動詞：S'il avait tué tous les lièvres qu'il *a courus* (...) (Le B, II, 183)「追いかけた兎をみんな殺したのならば」(= poursuivre)／les dangers qu'il *a courus* (*Ib.*)「彼が冒した危険」、など．

court — 1º *couper* [*tailler*] *court*　普通はcourtを副詞とみなして無変化にする：Ses cheveux étaient *coupés court*. (Beauv., *Inv.*, 403)「髪は短く刈られていた」 ◆まれにcourtを刈られた結果としての状態と考えて形容詞とみなし一致させることもある：C'était un gros homme aux cheveux gris *coupés courts*. (Gascar, *Graine*, 17)「ごましおの髪を短く刈ったふとった男であった」 ▶ただし、この一致はcourtsに限られ、発音の変化するcourteは例外的：une barbe noire, *taillée courte* et en pointe (*Thib.* V, 29)「短く先をとがらせて刈りこんだ黒いひげ」

2º *demeurer* [*rester*, *se trouver*] *court*「はたと答えにつまる」も無変化：Elle est restée *court*. (Georg, *Jeux*, 323)／Ils se sont trouvés *court*. (*Ib.*)

3º *être à court de* qch (= n'avoir pas assez de)：Il se tut, *à court d*'arguments. (Rob)「論拠を失って黙りこんだ」／Je suis *à court d*'argent.「金に困っている」 ▶話し言葉でd'argentを略してJe suis à *court*. (Ac)「困っている」．

Litが勧めるêtre *court* de qch (Elles sont *courtes d*'argent.) は消滅しつつある．

4º *tout court* (= tel quel, sans rien ajouter) 名詞の後に添えられても無変化：la vérité *tout court* (H, 285)「そのものずばりの真実」

coûter — 1º *coûter* + 価格：Ce livre *coûte* 10 euros.「この本の値段は10ユーロだ」／Il les *coûte*. (cf. D-P, III, 253)「それだけの値段だ」／les trois mille francs que ce meuble m'*a coûté* (Ac)「この家具に払った3000フラン」 ◆受動態が成り立たないため伝統的に自動詞とみなされ、過分を無変化にする．ただし価格にはles

の代入可能. / Que *coûte* le train d'ici au Havre? (SIMENON, *Chien*, 181)「ここからルアーヴルまで列車はいくらだ」/ Combien cela *coûte*-t-il? [くだけて Ça *coûte* combien?]「それはいくらですか」/ Ça *coûtera* ce que ça *coûtera*. (MAURIAC, *Thérèse*, 72; *Pharis.*, 134)「金はいくらかかってもいい」
♦転義で: Il faut que je parle *coûte* que *coûte*. (COCTEAU, *Th.* II, 26) (= à tout prix)「どうしても話さなければならない」

2° 転義 (= causer, occasionner) では他動詞: les efforts que ce travail m'*a coûtés*.「この仕事に払った努力」▶ただし、この意味でも受動態は成り立たない.

craindre — *craindre que* + (*ne*) + 接

1° *craindre que* 肯定形の後では多く虚辞のneを用いる: Je *craignis qu*'elle *ne* se réveillât. (GARY, *Au-delà*, 134)「彼女が目を覚ましはしまいか心配だった」♦neなしで: Il *craignait qu*'elle prît la fuite. (YOURC., *Anna*, 76)「彼女が逃げだしはしまいかと心配していた」

♦ craindre que ne... pas 従属節は真の否定: Je *crains que* cela *ne* soit *pas* possible. (GARY, *Au-delà*, 92)「それが不可能ではないかと心配だ」▶したがって Je *crains qu*'il *ne* vienne [*qu*'il *ne* vienne *pas*].「彼が来る [来ない] のではあるまいか」と区別される.

♦ 〈le = que + 節〉の使用は任意: Il est peut-être malade.— Je (*le*) crains. (PINCHON, *FDM*, n° 75, 32)「彼は恐らく病気です.—それを心配しているのです」

2° *ne pas craindre que* neを用いない: Je *ne crains pas* [Je *crains* peu] *qu*'il vienne. (MART, 567)「彼がくることを恐れてはいない」

3° 疑問の後 疑問が肯定でも否定でもneの使用は一定しない: *Craignait*-elle *que* sa voix manquât de fermeté? (CASTILLOU, *Thaddëa*, 233)「声に力がなくなることを恐れていたのだろうか」/ *Craignez*-vous *que* nous *ne* soyons épris de la même personne? (GREEN, *Sud* III, 1)「ぼくたちが同じ人に恋をしているのではないかと心配しているのですか」♦否定疑問: Ne *craignez*-vous pas *qu*'il *ne* porte plainte? (CASTILLOU, *Thaddëa*, 201)「彼が訴えて出る恐れはありませんか」

♦肯定疑問が否定の意をはっきりと表わせばneを用いない: Comment pouvez-vous *craindre qu*'il vienne? (MART, 567)「どうして彼が来るのを恐れることがあるのです」(恐れるには当たらない)

crainte — 1° *crainte que* (*ne*) + 接 「…しはしまいかという恐れ」 neの使用は不定: Il me fit part des *craintes qu*'il avait *que* Jammes *ne refusât* de changer rien à son texte. (GIDE, *Feuillets*, 86)「彼は J が原文を一字一句も変えることは承知しないのではないか気がかりだと私に言ってきた」/ Il m'arriva de lui téléphoner avec la *crainte qu*'il *fût* parti rejoindre sa maîtresse. (PEYRÉ, *Sang*, 109)「彼が恋人に会いに出掛けてしまったのではないかと心配しながら彼に電話をかけたことがあった」

♦neの使用・不使用の混合例: Elle était obsédée par la *crainte qu*'il se *fît* des illusions sur elle, et *qu*'il *ne fût* affreusement déçu, le jour où il la connaîtrait mieux. (*Thib.* VII, 233)「彼女は彼が自分について錯覚を抱いていて、もっとよく自分を知るようになったなら、ひどい幻滅を感じるのではなかろうかという不安につきまとわれていた」

♦Sa crainte est que + ne + 接 : Ma seule *crainte était qu*'il *ne s'y ennuyât*. (MAUROIS, *Climats*, 271)「私の唯一の不安は彼がそこで退屈しはしまいかということであった」

2° *de* [*dans la*] *crainte que* [あるいは単に *crainte que*] + (*ne*) + 接 neの使用が普通: *de* [*dans la*] *crainte qu*'il *ne* vienne 「彼が来はしまいかと思って」/ Elle ne souffla mot de la somme qu'elle avait retenue sur les sept mille francs, *crainte qu*'Eliane *ne* la *prît* pour une avare. (GREEN, *Epaves*, 210)「彼女はEが自分のことをけちな女と思いはしまいかと恐れて、7000フランのうちから取っておいた金額についてはひとことも言わなかった」 ♦neのない例: Elle les appela près d'elle, *de crainte qu*'ils *pussent* se croire importuns. (*Thib.* II, 38)「彼らが邪魔をしたと思うかも知れないと心配して彼らを自分のそばに呼んだ」

3° (*dans la*) *crainte de* + 名 : Il n'ose pas sortir, *crainte d*'accident. (TH)「事故を恐れて外に出ようとしない」

de [*par*, *dans la*] *crainte de* + 不定 : Il marche lentement, *de crainte de* tomber. (*DFC*)「転びはしまいかと思ってゆっくり歩いている」/ *dans la crainte d*'échouer (ROB)「失敗を恐れて」/ Vous faites semblant de ne pas me comprendre, *par crainte de* vous trahir. (LAVEDAN—S, II, 405)「うっかり本心をもらすのを恐れて私の言うことがわからないふりをしている」

4° *N'ayez crainte.*「恐れてはいけない」 固定した言い回しをなし, pas は用いない.

crochets［角括弧］— signe de ponctuation の一種．［ ］の印．parenthèses と同じ用法だがやや限定される．ことに，すでに（ ）を含む注記全体をさらに括弧に入れたいときとか，文の一部省略を示す［...］，あるいは国際音声字母（発音記号）の表示［krɔʃɛ］などに利用される．本書での用法については凡例参照．

croire — **1°** *croire* **qch** (= tenir pour vrai) : Je *crois* ce que vous dites.「あなたの言うことは本当だと思う」

 croire **qn** (= ajouter foi à ses paroles) : Il ne *croit* pas les médecins.「彼は医者の言うことを本気にしない」

 croire à **qch** : *croire à* la vie future「来世というものがあると信じる」/ *croire à* la guerre「戦争が起こると思う」/ *croire à* la parole de qn「人の言葉が真実であると思う」/ *croire à* la médecine「医学（の効果）を信じる」

 croire à **qn** : *croire aux* revenants「幽霊というものがあると思う」

 croire en **qch**「期待を寄せる, 価値を確信する」: Il *croit en* la puissance de sa pensée.「自分の思考の力を信じる」◆ただし, 時に en qch = à qch: Les bonnes gens ne pouvaient *croire en* la vilenie de Brunot. (CURTIS—S-H, 215)「善良な人々はBの卑劣な行為を信じることはできなかった」▶次例でも à, en で意味の区別は認めがたい: Je *crois à* l'amour, à l'amitié. (ANOUILH, *P.R.*, 153)「愛を, 友情を信じる」/ J'*ai* toujours *cru en* l'amitié, moi! (*Ib.*, 163)

 croire en **qn**「人の価値［才能］を信じる, 人を信頼する」: Je *crois en* lui.「私は彼の才能を信じている」▶言い回し: *croire en* Dieu「神を信じる」

 croire dans + **le** [*les*] + 名 (en le, en les を避けるため) : J'ai appris à *croire dans* les hommes. (SARTRE, *Nausée*, 146)「人を信頼することを覚えた」

2° *croire* + 不定詞 不定詞の動作の主体はいつも主語と同じ. ①**人が主語** : Il *croyait* être le seul héritier. (*DFC*)「彼は自分が唯一の相続人であると思いこんでいた」/ Mathias *crut* entendre une plainte. (ROB.-GRIL., *Voyeur*, 28)「Mはうめき声を聞いたように思った」/ Il *crut* défaillir de douceur. (*Thib.* I, 278)「あまりの心地よさに気が遠くなりそうだった」▶S (III, 91) は être près de, manquer de に近い意味と言う.

②**物が主語**（変則的）: La clarinette joue une musique qui *croit* être tragique. (ANOUILH, *P.R.*, 101)「クラリネット奏者は悲劇的と思っている曲を演奏する」（qu'il との混同が考えられる）

3° *croire* **qn** [**qch**] + 不定詞「人［何］が…すると思う」 古語法. ただし, 直・目が関係代名詞（ことに que）の場合に限り今日でも用いられる: J'ai fait ce que j'*ai cru* être mon devoir. (ID., *Hurlub.*, 42)「私の義務であると信じたことをしたまでだ」◆過分は無変化が普通. 一致させることもあり得る: Il y avait donc encore des enfants hardis dans cette Italie qu'il *avait crue* n'être plus préoccupée que de scooters et de télévision. (VAILLAND, *Loi*, 282)「もはやスクーターやテレビにしか関心を示さないと思っていたこのイタリアにも, してみればまだ大胆な少年たちがいたのだ」

4° *croire que* + 直 ［例外的に + 接］: Je *crois* qu'il *viendra*. ◆今日では 直 だけが常用. しかし, 17世紀までは 接 も用いられ, 今日なお疑惑の意を帯びる文脈ではまれに 接 が見られる: Même je *croyais* voir parfois dans son sourire quelque défi, du moins quelque ironie, et qu'elle *prît* amusement à éluder ainsi mon désir. (GIDE, *Porte*, 21)「時おり彼女の微笑のうちに挑むような調子, 少なくとも皮肉の色が認められるように思った. こうやって私の欲望をそらせてしまうことをおもしろがっているような気がした」▶ ⟨croire + 不定詞 + et que⟩ という混用.

◆従属節と croire の主語が同じであることも普通: *Je crois* que *je* vais devenir folle. (BEAUV., *Compte*, 91)「発狂すると思うわ」

 croire à + 名 + *et que* : Je *croyais à* mon étoile *et que* ce qui m'arriverait ne pouvait être que bon. (*Ib.*, 25)「私は自分の星を信じ, 私に起こるであろうことはよいことでしかあり得ないと信じていた」

ne pas croire que + 接 ［直］ ［接］ : 直

=55 : 23 (BÖRJ). 23例中12例は未来形：Je ne crois vraiment pas qu'elle m'ait menti. (VAILLAND, Fête, 143)「彼女が私にうそを言ったとは全く思いません」/ Elle n'avait jamais cru que Jacques fût mort. (Thib. IV, 168)「Jが死んだとは一度も思ったことがなかった」/ Richardley se refusait à croire qu'il y eût danger de guerre. (Ib., V, 138)「Rは戦争の危険があるとは信じなかった」(se refuserが否定に代わる) / Je ne croyais vraiment pas que votre mère continuerait son voyage. (Ib., VII, 82)「お母さんが旅行をお続けになろうとは全く思っていませんでした」(条・現は過去未来) / Je ne peux pas croire qu'un jour j'aurai soixante-dix ans. (BEAUV., Images, 18)「いつかは70歳になるなんて信じられない」

croyez-vous que + 接 [直] : Croyez-vous qu'il vienne [viendra]? ► 接 : 直 = 36 : 42. ただしVous croyez que...?では 接 : 直 = 0 : 13 (BÖRJ): Croyez-vous que ce soit si simple? (DÉON, Taxi, 222)「それがそんなに簡単なことだと思いますか」/ Croyez-vous que c'est facile de vivre avec quelqu'un qu'on aime et qui ne vous aime plus? (BEAUV., Mand., 529)「自分は愛しているのに、自分のことはもう愛していない人と暮らすってやさしいと思う?」/ Croirais-tu que, depuis ce moment, nous sommes restés dans l'ignorance de son adresse. (GIDE, Porte, 177)「その時以来彼女の所在がわからずじまいなのですから驚くではありませんか」►ことに未来形：Croyez-vous qu'un jour, Georges et moi, nous nous aimerons autant que vous et M. Gilbert? (ARLAND, Ordre, 329)「いつかジョルジュと私が、あなたとジルベールさんのように愛しあえると思います?」

♦Ne croyez-vous pas que + 直 [まれに 接]? / Vous ne croyez pas que + 直 ? : Tu ne crois pas que nous buvons trop? (BEAUV., Mand., 497)「飲み過ぎるとは思わない?」

♦si vous croyez que + 直 [接] : si vous croyez qu'il fera [fasse] mieux que moi (ROB)「彼のほうが私よりうまくやると思うのなら」 ►ただしBÖRJの統計では 直 : 接 = 32 : 0.

♦節に代わるleは頻繁に略される：Tu crois? ― Tu ne le crois pas? (BEAUV., Inv., 120)「そうかしら。―あなたはそうとは思わないの」

5° *croire* + 直・目 + 属詞 [属詞 + 直・目]

① 直・目 = 名詞：Je croyais cette théorie abandonnée depuis longtemps. (VERCORS, Colères, 179)「その理論はずっと前から打ち捨てられたものと思っていた」/ Toujours j'avais cru douce la voix de Paola. (GIRAUDOUX, Lucrèce I, 7)「いつも私はPの声が優しいと思ってきました」

② 直・目 = 人称代名詞：Je vous croyais heureuse. (ANOUILH, P.R., 45)「あなたは仕合わせなのだと思っていました」♦ se croire + 属詞：Tu te crois tout permis. (GARY, Cerfs, 195)「何をしてもいいと思っているのね」/ Surtout ne vous croyez pas une martyre! (ANOUILH, P.R., 45)「何よりも自分を殉教者だと思ってはいけません」/ Elle est allée chercher un livre qu'elle croit à moi. (BUTOR, Emploi, 62)「私のだと思っている本を取りに行ったのです」

♦過分は直・目に一致するのが普通：On m'a toujours crue laide. (MAURIAC, Désert, 189)「私は醜い娘だと思われ続けてきました」 ►過分を無変化に用いることがある：Derrière la maison qu'ils avaient cru abandonnée. (MAUPASS., Deux amis)「廃屋と思っていた家のうしろに」

♦属詞 = 様態の補語：Tu me croyais un pied dans la tombe? (COCTEAU, Th. II, 90)「わたしが棺桶に片足を突込んでいると思っていたの?」

③ 直・目 = de 不定 (必ず〈属詞 + 直・目〉の語順)：Sylvestre (...) crut bon d'expliquer à la jeune fille ce que c'était que des antécédents. (DHÔTEL, Pr. temps, 84)「Sは娘に前歴とは何かを説明しておいたほうがよいと思った」

④ 直・目 = que... (必ず〈属詞 + que〉の語順) 従属節の叙法は属詞となる形容詞の意味に従い il est + 形 + queの後と同じ叙法：Je crois bon qu'on le prévienne. (BUSSE-DUBOST)「彼に知らせるのがいいと思う」

6° *croire* + 直・目 [*se croire*] + 状況補語：Je ne vous croyais pas là. (DORIN, Th. II, 210)「あなたがここにいるとは思っていなかった」/ Maman le croyait encore à Vienne. (Thib. V, 235)「ママは彼がまだウィーンにいると思っていたのです」/ Il se croyait à Paris. (Ib., I, 94)「パリにいるのだと思っていた」/ Où te croyais-tu? (GIRAUDOUX, Judith II, 2)「ここをどこだと思っていたのだい」/ On se croirait à l'église.

croisement

(SARTRE, *Mur*, 40)「まるで教会にでもいるようだ」

7° *croire* qch *à* qn; *se croire* qch : Je *te croyais* de l'orgueil. (ACHARD, *Patate*, 24) (= Je croyais que tu avais)「あなたは気位が高いと思っていたのに」/ Il *se croyait* du talent. (TROYAT, *Signe*, 13) (= Il croyait qu'il avait)「自分に才能があると思っていた」 ▸se croireの用例のほうが多く*GLLF*はこれのみを記載. cf. LE B, II, 677.

croisement ⇨ contamination

culotte — culを語源とするから本来は単数. 同種の語 (⇨ pantalon) の類推により複数も普及し porter une culotte [des culottes], mettre sa culotte [ses culottes] と言うが, 単数のほうが普通: Il portait *des culottes* de monte. (VIALAR, *Eperon*, 12)「乗馬ズボンをはいていた」 ▸culotte(s) = pantalon は俗用: Des gouttes tombaient de son pantalon.—Tu pisses dans *la culotte*. (SARTRE, *Mur*, 23)「彼のズボンからしずくが垂れていた.—お前, ズボンに小便しとるぞ」

D

d — 発音. ①[d]. 語頭, 語中で: admirer, adjoindre (音節は[ad-ʒwɛ̃:dr])
②[t] (1)liaisonの場合: gran*d* homme. (2)同化(⇨ assimilation): mé*d*ecin[mɛd[t]sɛ̃], chemin *d*e fer[-d[t]fɛːr]
③語末の d. (1)一般に無音:chau(d), fécon(d), sour(d). 語末-auld [o], -ould [u] の人名: Rochefoucau(ld), Arnou(ld). (2)時に[d]: su*d*. 人名: Alfre*d*, Davi*d*. ことに外来語: cellul*oï*d, lie*d*, yo*d*, Madri*d*, Bagda*d*.

dd 一般に[d]: a(d)dition. 時に[(d)d]: reddition.

dans — **1°** 場所: entrer *dans* la chambre / sortir *dans* le jardin.
♦抽出: boire *dans* un verre「コップから飲む」/ un oiseau qui mange *dans* la main「手から餌を食べる小鳥」/ copier qch *dans* un livre「本から写しとる」/ découper un article *dans* le journal「新聞から記事を切り抜く」/ exemple pris *dans* le Bible「聖書からとった例」/ puiser de l'eau *dans* le tonneau「樽から水を汲む」

dans / **sur** ①道路: jouer *dans* la rue / se promener *dans* les ruelles / passer *dans* le chemin「道を通る」/ rencontrer qn *sur* le chemin (D, 359)「道で出会う」/ *sur* la route / *sur* la chaussée / *sur* le trottoir / *sur* le quai / se promener *sur* l'avenue [*sur* le boulevard, *sur* la place]
②街: Je demeure *dans* [*sur*] une avenue, *sur* un boulevard [une place] ♦街の名を入れるときは普通に前置詞を省く: Je demeure avenue X. ⇨ nom V. 2°①
③草原: s'asseoir *sur* [*dans*] l'herbe, *sur* le gazon, *sur* la mousse, *sur* la pelouse, *dans* la prairie (*sur*は不可) / Le papillon vole *sur* [*dans*] la prairie. (D, 360)
④椅子, ベッド: s'asseoir *sur* une chaise, *sur* un canapé, *sur* un divan, *sur* un sofa, *sur* un banc, *sur* un tabouret, *sur* un trône.
♦s'asseoir *dans* [時に*sur*] un fauteuil. ▸動詞の意味によりsurが必要: Il jeta son pardessus *sur* un fauteuil.「肱掛椅子の上にコートを投げ出した」
♦être couché *dans* le lit「就寝のためにベッドに横になっている」▸coucher qn *sur* le lit「一時的にベッドに寝かす」⇨ lit
⑤乗物, 船: *dans* une auto, *dans* une voiture, *dans* [*sur*] une barque, *dans* [*sur*] un vaisseau.⇨ à I.10°
⑥本, 新聞など: lire qch *dans* un livre, *dans* [《俗》: *sur*] un journal, *sur* [時に*dans*] un registre / lire qch *sur* un mur, *sur* une affiche.

dansと***à, en*** ⇨ à I. 1°③
dansと***en*** ⇨ en[1]

2° 状態など: être *dans* la misère [*dans* le doute]「貧困のうちにある [疑っている]」
文意により様態・原因・対立などの意を帯びる.
①様態: Le canon ne cessait pas, semblait avancer de l'ouest à l'est, *dans* un roulement ininterrompu de foudre. (Zola—B, 656)「大砲の音はやまなかった. 雷のように止めどなくとどろいて, 西から東に進んでいくように思われた」
②原因: *Dans* son affolement, elle n'y avait pas songé. (Green, *Mesurat*, 232)「気もそぞろになっていたので, 彼女はそれを考えなかったのだ」
③対立: Vous ne raisonnez pas trop mal, *dans* l'ignorance où vous êtes encore de la gnose et de la cabbale (=cabale). (France, *Rôtisserie*, 120)「グノーシスやカバラを御存じないのに, なかなかうまい理屈をおっしゃる」
④目的: agir *dans* son seul intérêt (C, 256)「自分の利益のみを考えて行動する」

date

3º **時**: *dans* mon enfance 「私の幼年時代に」/ *dans* ce temps-là 「その時代に」/ *dans* la matinée 「午前中に」/ J'arriverai (*dans*) l'après-midi. 「午後着きましょう」

4º ***dans les*** およその数量を表わす言い方: Elle a *dans les* 40 ans. (B, 115) (= environ) 「彼女は40前後だ」/ C'était *dans les* midi. (GIONO, *Regain*, 102) (= vers) 「正午ごろのことだった」

date [日付] — 1º *le* + **基数詞** (1日だけle 1er): Nous partirons le 6. 「6日に出発しよう」◆年月日: *le* 6 juin 1976. 曜日を加えると *le* mardi 6 juinが普通. 時に *ce* mardi 6 juin. 簡略した文体: mardi 6 juin. ▶aujourd'hui, 6 juinではいつも無冠詞 (MAUGER, 313): aujourd'hui, mardi 17 juin (BUTOR, *Emploi*, 103) ⇨ jour de la semaine

◆〈日付 + 月名〉の発音. 日付の数字は「何番目の日」の意であるから、論理的には月名の語頭が母音か子音かに関係なく、数を単独に読むときと同じ発音: le 6 mai [ləsismɛ] / le dix avril [lədisavril] / le 2 août [lədøu]. しかし、多くのフランス人は〈数形容詞 + 名〉と同等に扱って、子音の前で語尾子音を発音せず (le 6 mai [ləsimɛ])、母音の前ではリエゾンを行なう (le 2 août [lədøzu]) (FOUCHÉ, 471, 478). LÉON (135)は子音の前では語尾子音を発音するが、リエゾンは避ける傾向にあると言う.

▶un + 基数詞. 毎年繰り返される日付の任意の1つ: Véronique est partie *un* douze juin. (ACHARD, *Patate*, 216)「Vはある年の6月12日に出発した」/ *un* 11 novembre (BEAUV., *Vieill.*, 483)

2º *au* + 日付 現在については Nous sommes *le* 5 mai. (×au 5 は不可) ▶過去については le または au: Nous étions *le 12* mai 1944. (GARY, *Cerfs*, 327) / On était *au quinze* du mois. (ARLAND, *Ordre*, 391) ▶未来については leが普通, auは話者の待ちうけている日付: Nous serons bientôt *le 2* mai [*au 2* mai].

3º 日付の問い: Quelle est la date d'aujourd'hui? — Aujourd'hui c'est le 2 mai. が無難 / Quel jour sommes-nous? — Nous sommes le 17 mai. (GUÉNOT, *Valentine*, 5) / Quel jour sommes-nous? — Le 21 prairial. (ANOUILH, *P.G.*, 469)「今日はいく日? — 草月21日だ」▶この問いは曜日の問いと同じ. ⇨ jour de la semaine

◆くだけた会話: Le combien sommes-nous? (TH) / Le combien est-ce aujourd'hui? (Ib.) ▶Nous sommes le combientième? (*DFC*) は避けよ (PÉCHOIN)

davantage — 1º 動 + *davantage* plus と同義. ことに文末では、アクセントを受けるには短すぎる plus より好んで用いられる: Jacques l'aimait toujours *davantage*. (RADIGUET, *Diable*, 67)「Jはますます彼女に対する愛を深めていった」/ Quatre heures et demie; inutile d'attendre *davantage*. (ARLAND, *Ordre*, 399) (= plus longtemps)「4時半. これ以上待ってもむだだ」

◆bien, encore で強調されて bien [encore] davantage, davantage encore: Il était surpris *bien davantage*. (CASTILLOU, *Etna*, 87)「なおいっそう驚いた」/ Leur complicité me séparait d'eux *davantage encore*. (MAURIAC, *Pharis.*, 59)「示し合わせていたと知って私の心はなおいっそう彼らから遠ざかった」

◆否定文で plus が ne... plus の意にとられるときは davantage が必要: Aucun émoi ne me surprit *davantage*. (JOUHAND. — G, *Pr.* III, 37)「どんなショックもこれほど意表をつかれたことはなかった」(下記6º ①)

2º *davantage* + 形 避けるべき構文: Je la vis *davantage* inquiète. (CASTILLOU, *Thaddëa*, 192)「彼女はいっそう不安に駆られているように見受けられた」

◆ 〈être + davantage + 形〉はまったく不可. Il est *plus* savant. に davantage は用いられない. 形容詞を表現せず davantage = plus + 形 の意に用いることも不可. plus を用いる: Ce livre est aussi intéressant que l'autre, sinon *plus*. (H, 300)「この本はもう1冊の本以上ではないにしても同じくらいおもしろい」

◆ le (中性) + être davantage. 形容詞が le で置き換えられれば, plus よりも好んで davantage を用いる: Le cadet est riche, mais l'aîné *l'est davantage*. (AC)「弟は金持だが、兄はそれ以上だ」

3º *davantage* + 副 は不可 いつも plus を用いる.

4º *davantage de* + 名 plus de と同義の古典語法. 現代でも用いられるが davantage que (下記5º) よりはるかに少ない: Il faudra revenir me voir un jour où j'aurai *davantage de temps*. (ANOUILH, *P.G.*, 443)「いつかもっと暇

な時にまた会いに来てくれなければいけないよ」/ ... pour que *davantage de* gens puissent y assister. (BEAUV., *Adieux*, 157)「もっとたくさんの人が出席できるように」/ Là-haut, il y a encore *davantage de* lumière. (LE CLÉZIO, *Ronde*, 56)「崖の上には，なおいっそう光がある」

en + 動 + *davantage* ⟨de + 名⟩が en で置き換えられれば plus よりも普通：Vous avez de l'argent, mais il *en* a *davantage*. (LIT)「あなたは金があるが，彼はもっとある」

♦davantage = ⟨davantage de + 名⟩の場合も普通：Il se passa vingt minutes peut-être, ou *davantage* avant que la voiture du lieutenant revînt. (VERCORS, *Yeux*, 157)「中尉の車が帰ってくるまでに，おそらく20分，あるいはそれ以上過ぎ去った」

5º *davantage que*　plus que と同義の古典語法．19世紀以来復活し，現代では文語でも口語でも動詞を修飾するときは plus que と区別なく用いられる：Tu aimes Armand *davantage que* moi? (ANOUILH, *P.B.*, 313)「わたしよりAのほうを愛しているのかい」/ Il se sentit mal à l'aise, encore *davantage que* les jours précédents. (VAILLAND, *Fête*, 61)「今までよりいっそう居心地が悪かった」　♦*davantage que...ne*（虚辞）：Elle les (= les romans de Duc) a aimés *davantage qu'il ne* les aime lui-même. (*Ib.*, 207)「彼自身よりもっとそれが好きになった」

6º *ne... pas davantage* (*que*)　⇨ plus I. 8º
① 優等比較の否定：Rien *ne* flatte les gens *davantage que* l'intérêt que l'on prend, ou semble prendre, à leurs propos. (GIDE, *Journal 1942-9*, 94)「人が自分の言葉に興味を寄せる，あるいは興味を寄せているように思われることほど，人間を嬉しがらせることはない」/ Rien *ne* l'attire *davantage que* le mystère. (CLAUDEL—COL)「神秘ほど彼を引きつけるものはない」
② *ne... pas davantage* (*que ne*)「同様に…でない」：Il *ne* le pouvait *davantage qu'il n'*avait pu refuser son invitation. (KESSEL, *Enfants*, 76)「彼は招待を断わることができなかったように，それもできなかった」/ Mais il *ne* les entendit *pas davantage que* le pêcheur *n'*entend le moteur de son bateau. (VAILLAND, *Loi*, 198)「漁師に舟のエンジンの音が聞こえないように，彼には彼らの言葉が耳に

はいらなかった」/ L'action de La Beauté du diable se passe à une époque qui n'est pas définie et dans un lieu qui *ne* l'est *pas davantage*. (CLAIR, 100)「映画『悪魔の美しさ』の舞台は，時代も場所も特定できない」

7º = *le plus*　古典語法．まれに現代でも：C'est la vertu que nous devons, en effet, pratiquer *davantage*. (DANIEL-ROPS—G, *Pr.* III, 36)「事実，それは最も実践しなければならない美徳である」

de— 母音の前で *d'*, 定冠詞 le, les と縮約されて *du*, *des* となる．⇨ contraction de l'article
I. *de* + 名　代

1º 出発点（場所・時，比喩的）：Il vient *de* Paris.「パリから来た」/ à deux semaines *de* là「それから2週間すると」/ Il y a longtemps *de* cela.「それからずいぶんになる」/ *de* Paris (jusqu')à Lyon「パリからリヨンまで」/ *du* matin (jusqu')au soir「朝から晩まで」（⇨ depuis 1º; jusque I. 1º）/ *d'*ici (à) demain「今から明日まで」/ *de* 20 à 30 personnes「2, 30 人」⇨ à I. 1º ⑥

♦*de... à* (= *entre*)：une rivalité *de* femme *à* femme「女同士の競争」/ les rapports *de* père *à* enfant「父子の関係」

2º 起源・離隔：tirer de l'eau *d'*un puits「井戸から水を汲む」/ le vin *de* Bourgogne「B 産のぶどう酒」/ Ce vin est *de* Bourgogne.「このぶどう酒は B 産だ」/ *De* quel pays est-il? — Il est *de* Normandie.「彼はどこの地方の生まれですか？ — N です」

descendre *de* la colline [*d'*un arbre]「丘 [木] から降りる」/ descendre *de* voiture [*de* train, *de* cheval]「車 [列車，馬] から降りる」/ tomber [sauter] *de* cheval「馬から落ちる [飛び下りる]」

un livre *de* lui「彼の書いた本」/ Ce livre est *de* lui [*de* Pierre].「この本は彼 [P] が書いたのです」/ un livre *de* Pierre「1) P の本（所有）2) P の書いた本」（所有主　⇨ à I. 7º)

形容詞 absent, distant, distinct, exempt, indépendant, inséparable, issu, natif, originaire, séparable, veuf, などの後の de.

3º 貴族の姓の *de*　本来は起源の de. 初めは単に出身地を表わしたが，後に貴族の姓の特徴となった．多く爵位名・職名・名, monsieur, madame, mademoiselle の後に用いる：Alfred *de* Vigny / Madame *de* Sévigné.

これ以外の場合は，deを姓の一部とみなしてこれを使用する傾向と，被限定語に支えられないdeを略す傾向とがあって，deの使用・不使用は甚だ不安定．

① **子音で始まる姓**　省略が普通: Vigny est un poète romantique. (H, 304) / Sainte-Beuve semble avoir détesté Vigny. (MAUROIS, *Destins*, 124) / l'étude sur Vigny (*Ib.*, 123)
♦時に: Voilà *de* Vigny à l'Académie. (STE-BEUVE—G, 918, Rem.) ▶ 1音節の姓は多くdeを略さない: *De* Thou a bien écrit. (LIT) / Quand *de* Gaulle aura disparu,... (G, 918, Rem.)
♦所属などの意のdeの後ではde + deを避け，姓のdeを略すのが正式: le théâtre *de* Vigny. ▶ ただし，de + deもまれでない: le dévouement de *de* Thou (GIRAUD, *Ec. romant.*, 136) / la position de *de* Gaulle (GIDE, *Journal 1942-9*, 203) / les tristes confidences de *de* Potter (DAUDET, *Sapho*, 219) / le journal de *de* Guérin (*N. Lar.*, Guérin)

② **母音で始まる姓**　d'は略さないのが普通: Le rêve de *d'*Alembert (DIDEROTの作) / le roman de *d'*Urfé.

③ **姓の前の *du, des***　略さない: les jolis vers de *Du* Bellay (G, 918, Rem.) / dans les bras de *Du* Bartas (ANOUILH, *P.B.*, 243) / Les *des* Esseintes marièrent... leurs enfants entre eux. (HUYSMANS, *A Rebours*, 2)

4º *de* partitif　離隔の意より発展して，後続(代)名詞の示す一群，全体の一部を表わす．
① *de* + 名 代 (= une partie de): Est-ce que vous avez *de* ses nouvelles?「彼から便りがありますか?」/ Quand j'entends *de* ces phrases, quand je lis *de* ces livres,... tout mon être est bouleversé. (PORTO-RICHE, *Vieil h.* I, 11)「そうした言葉を聞いたり，そうした本を読んだりすると，全く心が転倒してしまうのです」/ manger *de* tous les plats「どの料理にも箸をつける」/ Il mange *de* tout. 「彼は何でも食べる」cf. Il a tout mangé. 「彼は全部平らげた」▶de+定冠詞 ⇨ article partitif II. 2º
♦属詞として: Il est *de* mes amis. (= un *de* mes amis)「彼は私の友だちの1人だ」/ J'ai été *des* plus grands admirateurs de Mozart. (ROLLAND, *Beeth.*, 137)「私はMの最も熱烈な称賛者の1人だった」
② 名 代 + *de* + 名 代 : Paul est le plus grand *de* mes enfants. 「Pは私の子供のうちで一番大きい」/ Paul est le plus grand *d'entre* nous. 「Pは私たちのうちで一番大きい」⇨ entre 4º
l'un *d'*eux「彼らの1人」/ Lequel *de* ces chapeaux préférez-vous?「この帽子のうち，どれがいいと思いますか」/ Rien *de* ce qu'il faisait ne lui paraissait vrai. (GREEN, *Moïra*, 227)「彼のしていることは何一つ本当とは思えなかった」/ Un officier *de* ses amis le reconduisit jusqu'à sa porte. (SARTRE, *Nausée*, 29)「彼の友だちの一人の士官が戸口まで彼を送っていった」
♦le roi *des* rois「王者の中の王者」/ le brave des braves「勇者の中の勇者」▶本来はヘブライ語法と言われる (B, 691).

③ **数詞 + 名 + *de* + 物質名詞**　数量名詞 beaucoup, peuなどにならい，〈数詞 + 名〉を名詞限定辞として用いて，後続名詞を数量的に限定する: une tasse *de* thé「茶1杯」/ un verre *d'*eau「水1杯」/ deux morceaux de sucre「角砂糖2個」/ une tranche de jambon / une bouteille de vin / un pot de confiture / un litre de lait / une livre de beurre / 100 grammes de farine, など．⇨ nombre des noms I

5º 手段・道具: grincer *des* dents「歯ぎしりする」/ cligner *des* yeux「まばたきする」/ *d'*une main tremblante「ふるえる手で」(道具 ⇨ à I. 9º)

6º 原因: mourir *de* faim「餓死する」/ *De* surprise elle ouvrit la bouche. (GREEN, *Moïra*, 223)「びっくりして彼女は口をあけた」/ des larmes *de* joie「喜びの涙」
♦その他　content, envieux, fâché, fier, fou, furieux, heureux, honteux, ivre, joyeux, las, malade, reconnaissant, satisfait, soucieux, triste; envier, féliciter, plaindre, pleurer, rire, などの後のde.

7º 動作主補語 ⇨ agent (complément d')

8º 様態　状況補語: répondre *d'*un ton sec「ぶっきらぼうに答える」/ *s'*éloigner *d'*un pas rapide「足早に遠ざかる」/ dormir *d'*un profond sommeil「ぐっすり眠る」/ boire *d'*un trait「一息に飲む」

9º 材料　*de* / *en* / *avec*
① 名詞の補語　deまたはen: une table *de* [*en*] marbre「大理石の机」/ une maison de

[en] brique「煉瓦作りの家」◆ただし、どちらを用いるか慣用により決定されているものがある： un cheval *de* bois「木馬」/ une montre *en* or「金時計」(*d'*or は古い) ▶「選択に迷う場合はenを選ぶほうがよい」(D, 358)

◆比喩的意味ではdeを用いる： un cœur *de* pierre [*d'*or]「冷酷無情な [心の美しい] 人」/ l'âge *d'*or「黄金時代」/ les cheveux *d'*argent「銀髪」(enは不可) ▶ただし、Voilà une idée *en* or! (VERCORS, *Anim*., 79)「それは名案だ」

② 属詞： Cette robe est *en* soie.「このドレスは絹でできている」 ◆deはまれ、古い感じ (B, 663)： Les cuillers... étaient aussi *d'*argent et non *d'*étain. (GREEN, *Moïra*, 144)「スプーンも銀製でスズ製ではなかった」

③ 動詞の補語： construire *en* maçonnerie「煉瓦で建てる」/ statue faite *en* [*de*] marbre (M)「大理石で作った像」

◆原料： fabriquer le papier *avec* de la pâte de bois「パルプで紙を製造する」/ pain fait *avec* du seigle「ライ麦で作ったパン」

10° 話題： On raconte *de* lui des choses merveilleuses.「彼については驚嘆すべき噂が流れている」/ Que sais-tu *de* la Chine?「中国について何を知っている?」/ parler *de*「…について話す」/ traiter *de*「…を論じる」

◆書物・章の題名： *De* l'éducation des enfants「児童の教育について」/ *Des* passions「情熱論」

11° 程度： avancer [reculer] *d'*un pas「1歩進む [退く]」/ rajeunir [vieillir] *de* dix ans「10年若返る [年をとる]」/ être en retard *d'*une heure「1時間遅刻している」/ Il est mon aîné *de* trois ans. [Il est *de* trois ans plus âgé que moi.]「彼は私より3つ年上だ」/ C'est trop *de* deux.「2つ多すぎる」/ Il est trop âgé *de* six mois pour se présenter à ce concours.「彼は半年年をとりすぎているので、この競争試験に参加できない」/ dépasser qn *de* beaucoup [*de* peu]「はるかに [わずかに] 人をしのぐ」/ Il s'en faut *de* beaucoup [*de* peu]. ⇨ falloir 10°

12° 語の外延の制限 (quant à の意)： Il est large *d'*épaules.「肩幅が広い」/ pauvre *d'*imagination「想像力が乏しい」/ petit *de* taille「背が低い」/ bizarre *de* forme「妙な形をした」/ Je lui ressemble *de* visage seulement.「私は顔付だけで彼に似ている」

13° 価格： un livre *de* 30 euros「30ユーロの本」

14° 行為の行なわれる場所・時 成句、慣用句に用いられる。

① *de toutes parts*「至るところに」/ *de* tous (les) côtés「四方八方に」(「…から」の意にもなる)

◆比喩的： *de* mon côté「私のほうでは」/ *d'*une part... *d'*autre part「一方では…また、他方では」

② *de* + 時・期間 成句： *de* jour「昼間」/ *de* (la) nuit「夜間に」/ *de* bonne heure「朝早く、普通より早く」/ *de* bon matin「朝早く」/ *de* nos jours「今日では」/ *du* temps de「…の時代には」/ J'aime bien rouler *de* nuit. (DURAS, *Véra*, 25)「夜ドライヴするのが大好きだ」/ Une grande tempête s'élève *de* la nuit. (CÉLINE, *Mort*, 11)「激しい嵐が夜の間に起こる」

ne... (pas) de + 期間 (= pendant tout) 多くpasを用いる： Je *ne* pus *pas* dormir *de* cette nuit-là. (SAGAN, *Sarah*, 138)「その夜は一晩中まんじりともしませんでした」/ Jacques, *de* toute l'après-midi, *n'*était *pas* sorti de sa chambre. (*Thib*. IV, 206)「Jは午後の間じゅう部屋から出なかった」/ *De* tout le chemin, il *ne* parut *pas* entendre ses questions. (*Ib*., II, 163)「道を行く間じゅう彼は彼女の質問が聞こえないようだった」/ *De* ma vie, il *ne* m'est arrivé ce genre de choses. (SAGAN, *Nuages*, 38)「生涯、あんなことは起こったことがなかった」▶否定文に従属する節： Il *ne* faut *pas* qu'on nous voie *de* quelques jours. (VAILLAND, *Loi*, 273)「2, 3日は人に見られてはいけない」

15° 方向 (= vers)： la route *de* Paris「パリに通じる街道」/ le train *d'*Italie「イタリア行き列車」(「イタリア発の列車」の意にもなる) (B, 434) ▶転じて、目的： robe *de* soirée「イヴニング・ドレス」/ lycée *de* jeunes filles「女子高校」

16° 所属： le livre *de* Paul「Pの本」(⇨上記 2°) ▶ただし、属詞の場合はCe livre est *à* Paul.「この本はPのです」⇨ à I. 7°

◆従属関係： la lumière *du* soleil「日光」/ le bout *du* doigt「指の先」/ Vos idées sont *d'*un autre temps. (GREEN, *Moïra*, 173)「あなたの考え方は時代離れしている」⇨ celui 3° ③

17° *le sombre de la nuit* (= la nuit sombre) 19世紀後半, ことに印象派が好んで用いた表現: Il sentait les mains de Fanny sur la moiteur *de* son front. (DAUDET, *Sapho*, 47)「じっとりと汗ばんだ額にFの手を感じた」/ Une barque blanche... glissait sur l'indigo *de* la mer. (*Thib.* I, 100)「白い小舟が紺青の海の上を滑っていた」

18° 主語［目的語］関係 ⇨ nom d'action 1°

19° 性質, 特徴

① ***d'un*(*e*)** + 名 + 形容詞（相当句）(1)属詞: Sa sœur est *d'une* grande beauté.「彼の妹は実に美しい」/ Vous êtes *d'une* intelligence qui m'émeut.「あなたの頭のいいのには感心しました」(2)付加形容詞: une femme *d'une* grande beauté「実に美しい女性」

② ***d'un*(*e*)** + 名 : Elle est *d'une* bêtise!「ひどい間抜けだ」⇨ article indéfini II. 5° ②

③ ***de*** + 名 + 形 ［形 + 名］(1)属詞: Le séjour espagnol de la famille Hugo devait être *de* courte durée. (HENRIOT, *Romant.*, 27)「H一家のスペイン滞在は短期間の予定であった」/ L'Assemblée nationale déclara *d'*utilité publique la construction d'une église sur la colline Montmartre. (SARTRE, *Nausée*, 60)「国民議会はMの丘の上に教会を建てることは公益性があると宣言した」(2)付加形容詞: un séjour *de* courte durée「短期間の滞在」/ un homme *de* ［*d'*］un grand talent「すぐれた才能のある人」

④ ***de*** + 無冠詞名詞　品質形容詞に相当. le Dieu *de* majesté (= majestueux)は聖書の仏訳に踏襲されたヘブライ語法. これにならった構成は中世以来用いられ, 今日に至る (BRUN, 426).

◆成句的: une affaire *d'*importance「重大な事件」/ un homme *d'*honneur「名誉を重んじる人」/ un homme *de* talent ［*de* génie］「才能ある人［天才］」など.

◆自由な構成: une mer *de* lumière (MAUROIS, *Cercle*, 15)「輝く海」/ ce regard *de* haine (DAUDET, *Sapho*, 367)「憎悪の眼差」/ ces rives *de* soleil (*Ib.*, 372)「日のさんさんと降りそそぐ河岸」/ le silence *de* mort (*Ib.*, 79)「死の如き沈黙」/ sur le même ton *de* douceur (GREEN, *Mesurat*, 309)「同じようなやさしい調子で」

20° 比較の補語の導入 ⇨ plus I. 9°; moins I. 4°

21° 間接目的語の導入 ⇨ complément d'objet 1° ②; verbe transitif I. 1°

22° 連結語としての ***de***　論理的価値を失い, 単なる文法的道具 (outil grammatical) となったもの.

① 同格: la ville *de* Rome「ローマ市」/ le titre *de* roi「王の称号」

② Il *en* a *une belle de* voiture! (*Gr. Lar. XXe*, 162) (= Il a une belle voiture)「立派な車を持っているなあ」/ Veux-tu *la mienne de* place? (*Ib.*) (= ma place)「私の席をゆずりましょうか」⇨ en^2 III. 3° ②

③ 限定辞 + 名$_1$ + *de* + 名$_2$　名$_1$が名$_2$を修飾する. 名$_1$は大部分は軽蔑語, まれに美称語.

(1) 限定辞は名$_1$が性の変化をするものは名$_2$に一致: *un* coquin de *valet* ［*une* coquine de *servante*］「したたか者の下男［下女］」/ *ce* sot de *Jacques* ［*cette* sotte de *Marie*］「あの間抜けのJ［M］」◆その他の限定辞: *ton* imbécile de père (ANOUILH, *P.B.*, 287)「お前のばか親父」/ *les* pendards de laquais (FRANCE, *Rôtiss.*, 152)「悪党の従僕ども」（定冠詞は特定）/ *Quelle* drôle d'idée! (ACHARD, *Patate*, 59)「妙なことを考えたものだ」

(2) 名$_1$が性を変え得ない場合の限定辞の一致.

　名$_1$に一致: *cette* canaille de marchand (H, 195)「あの下司な商人」/ *ma* brute d'oncle (MAURIAC, *Pharis.*, 275)「私の粗暴な叔父」/ *un* amour de petite fille (*TLF*)「かわいい小娘」/ *un* bijou d'architecture (*Ib.*)「珠玉のような建築物」

　名$_2$に一致〈名$_1$ + de〉が形容詞的に機能するとみなし得るもの (GEORG, 170; MILNER, *Syntaxe*, 193). ことに名$_1$の位置に感嘆詞を用いた例: J'essaie de réparer *cette* bon Dieu de *serrure*. (TROYAT, *Pain*, 183)「このいまいましい錠をなおそうとしています」/ *cette* bon sang ［*cette* nom de Dieu］ de + 女性名詞 (HØYB, 278)　▶その他 ⇨ diable; drôle; espèce

◆ 名 は形容詞を伴い得る: *ses deux* rustauds d'amants (SAGAN, *Orage*, 166)「彼女の2人のがさつ者の情夫」/ *son grand* niais de mari (*Ib.*, 162)「彼女の大ばか者の亭主」

④ 属詞を導く.

(1) traiter qn *de*, qualifier... *de*.

(2) on dirait *de* ⇨ dire 6º

(3) si j'étais (que) *de* vous (= si j'étais à votre place)「私があなただったら、あなたの立場にあったら」(que de vousは古くなった) cf. si j'étais vous (= si j'étais l'homme que vous êtes)「私があなたのような人間なら」

(4) de＋数詞（＋名）: Leur altitude... est *de* trois cents mètres. (ST-EXUP., *Terre,* 69)「その高さは300メートルだ」/ Le chiffre officiel est *de* cent victimes. (GIDE, *Journal 1942-9,* 205)「当局発表の数字は犠牲者100名である」 ▶ 主語と属詞とがêtreで結ばれる関係に何か無理が感じられるのを和らげるためと考えられる.

II. *de*＋形 過分

1º 出発点: A ces mots, il devint tout bleu, *de* rouge qu'il avait été. (W, 366)「このことばを聞くと、赤い顔をしていたのが、まっさおになった」

2º 連結語 ① **中性の語** autre chose, grand-chose, je ne sais quoi, personne, peu de chose, quelque chose, quelqu'un, quoi que ce soit [fût], rien; ce (⇨ce¹ III. 1º), ceci, cela (⇨ceci 3º); 疑問代名詞 qui, que, qu'est-ce qui [que], quoi, などの後で（各語参照）: Quoi *de* nouveau? [Qu'y a-t-il *de* nouveau?]「何か変わったことはありませんか?」

♦ 文法家 LEMAIRE はこの構文を説明して「形容詞は一般概念 (une idée générale) ないし一つの総体 (un tout) を表わし、その一部が不定語によって示される」(LE B, I, 88) と言う. D-P (I, 128) も同説. つまり quelque chose *d'intéressant* は「興味あるもの」（総体）の中の「何物か」（一部）, Il n'y a rien *de* vrai. は Il n'y a parcelle de vérité.「真実の片鱗すらない」となる. したがって、この de は本来は分離、部分を示す de (上記 I. 4º).

② **代名詞 *en* の後:** Ils n'*en* (= des histoires) ont jamais lu *de* semblables dans les faits-divers de leur journal. (VILDRAC, *Pèlerin,* sc.1)「彼らはそうしたことを新聞の三面記事で決して読んだことがないのだ」▶de の代わりに des を用いることがある: Tu m'*en* (= des souliers) achèteras *des* neufs. (BEAUV., *Inv.,* 394)「新しいのを買ってください」

♦ MART (65) によると Il y *en* avait *des* petits et *des* grands. では des のほうが普通だが、de は常にいっそう正しい形. Il y avait des mouches bleues et des mouches vertes. ＞ Il y *en* avait *de* bleues et *de* vertes. のほうが *des* bleues et *des* vertes よりはるかに優雅. Il y *en* avait *de* très bleues et *de* très vertes. では de は必須. 過分の前でも de がよい: Il y *en* avait *d'*argentées et *de* dorées.「銀色のも金色のもあった」 同様にして Il y *en* avait *d'*instruits [*de* fort instruits, *de* fort remarquables].「学識のある者［非常に学識のある者，傑出した者］がいた」と言う.

♦ 上記の構文の de, des は冠詞と解するのが普通らしい (AYER, 430; MART). 私としては、〈de＋形〉では de を連結語、形容詞は en の属詞 (cf. *Gr. Lar. XXᵉ,* 222; 下記 ③(1)); 〈des＋形〉では des を不定冠詞、形容詞は代名詞的用法と解したい.

③ **数詞, 不定な数量を示す語の後**

(1) en を補語とする代名詞的用法の数詞, 不定代名詞, 名詞的用法の量の副詞の後: **Il *en* reste quinze de bons.**「いいのが15残っている」/ J'*en* ai quelques-uns *d'*excellents.「いいのをいくつか持っています」/ J'*en* ai vu *peu d'*aussi charmantes.「あんな可愛いのはそう見たことがない」/ Quand il y *en* a *un de* tombé, il faut que dix autres se lèvent. (ARAGON, *Serv.,* 38)「1人が倒れたときには、ほかの10人が立ちあがらなければならない」

♦〈en... 数詞＋de＋形 過分〉の形が規則的になったのは17世紀以来. この時代には Il y *en* avait *un arraché.* (MALHERBE)「1つ抜きとられた」の構成も用いられた (B, 636; BRUN, 431; HAASE, 302-3). この de は LE B (I, 88) によると一種の連結語 (cheville syntaxique). 形容詞に注意を引き、これを属詞として表わす.

♦ J'*en* avais *un de jaune.*「黄色いのは1つ持っていた」はいくつか持っていた中に黄色いのが1つあった、他のは黄色くなかったの意. de が jaune を強調するところから対立の意を生じる. / J'*en* avais *un jaune.* (un jaune は代名詞 ⇨ en² I. 5º ④) では、持っていたのは黄色いのだけ (cf. D-P, II, 131; MART, 191). この区別は時に成り立たない.

(2)〈数詞［不定形容詞, 量の副詞＋de, 不定・部分冠詞, pas (de)］＋名〉, en なしの代名詞的数詞の後.

多く avoir, c'est, il y a その他の非人称的表現や voici, voilà に先立たれ、あるいは動詞なしで省略節を作る: **Il y a deux [*quelques, des*** tableaux *de faits*. (MART, 191)「絵が2枚[いく枚か]できている」/ J'ai trois [peu de, beaucoup de, assez de] jours *de* libres. (*Ib.*)「自由な日が3日ある[あまりない, たくさんある, かなりある]」」/ Il n'y a pas de temps *de* perdu. (F-G, 180)「時間を無駄にしたということはない」/ Encore un carreau *de* cassé. (*Gr. Lar. XX*^{e}, 384)「また1枚ガラスがこわれた」/ Sur les deux, qu'il y ait un au moins *de* sauvé. (BATAILLE, *Masque* II, 8)「2人のうち, せめて1人は助けたいものだ」/ Pour un *de* perdu, deux [dix] *de* retrouvés. 《諺》「1つなくなると, その代わりに2つ[10]見つかる」(これにならった構文は多い. 時にpourを略す) ▶上記(1)と同じく, 形容詞・過分は属詞. cf. A partir de mercredi j'aurai *de* libre une très bonne chambre à un lit. (F, 89)「水曜からとてもよい1人部屋があきます」de libreは属詞の語順. ⇨ attribut V. 2°①

♦deの使用は名詞の後では任意: Il y eut mille soldat (*de*) tués. (H, 301)「兵士が千人殺された; 殺された兵士が千人いた」(mille soldats/*de* tués / mille/soldats tuésと分かれる)

♦形容詞・過分の一致. 属詞であるから, 上例のように関係する語に一致する. まれに無変化: quand j'avais quelques heures *de libre* (F. DE ROUX, *Jours*, 163)「何時間か暇があったときには」/ une bouteille *de bouché* (FAYARD, *Mal d'amour*, 51)「きっちり栓をした瓶」▶上記①の構文の無変化にならったものらしい.

(3) 定冠詞[所有形容詞] + 名 の後 (俗語): J'ai ma sœur *de* malade. (F, 89)「妹が病気です」/ le temps qu'ils ont *de libre* (B, 636)「彼らの暇な時」⇨ avoir III. 1°

④ *ne* + *de* + 形 + *que* ⇨ ne... que 6°

⑤ 成句: J'irai pour *de* bon. (= sans faute)「間違いなく行きます」/ Je vous le dis pour *de* vrai. (= sérieusement)「本気でそう言っているのです」/ comme *de* juste (= comme il est juste)「当然のことながら」/ comme *de* bien entendu (= comme on peut s'y attendre)「もちろんのことだが」

III. *de* 不定詞

1° 〈*de* + 名〉に相当する場合: Il est l'heure *de* partir.「出発する時間です」(cf. l'heure *du* départ) / Il est digne *d'*être récompensé.「ほうびを受ける資格がある」(cf. digne *de* récompense) / *De* le voir dans cette résolution, Zita témoigna son contentement. (FRANCE, *Révolte*, 361)「彼がこう決心したのを見て, Zは満足の意を表した」(原因 ⇨ 上記 I. 6°)

2° 不定詞の標識としての *de*　deは英語のto, ドイツ語のzuと同じく, 不定詞を特徴づける一種の標識となった. 主語, 論理的主語, 属詞, 直・目, 比較の補語, 物語体不定詞の場合 ⇨ infinitif C. I. 2°, 3°②; II. 2°; III. 2°; VI; V

IV. *de* + 節

1° *de ce que*　〈de + 名 [不定詞]〉を補語とする動詞・形容詞の多くは〈de ce que + 従属節〉を補語にとり得る.

動: abuser, applaudir qn, avertir qn, bénir qn, excuser qn, informer qn, louer qn, mépriser qn, prévenir qn, profiter, en vouloir à qn, ricaner, rire, rougir, souffrir, tâcher; s'affecter, s'applaudir, s'attrister, s'autoriser, se choquer, se consoler, se désoler, s'émerveiller, s'enorgueillir, s'étonner, se féliciter, s'inquiéter, s'irriter, se lamenter, se louer, se plaindre, se réjouir, se rendre compte, se venger, など.

形: blessé, choqué, content, déçu, dégoûté, dépité, désolé, enragé, exaspéré, fâché, fier, froissé, furieux, impressionné, inquiet, irrité, jaloux, joyeux, mortifié, navré, offensé, rassuré, reconnaissant, soulagé, stupéfait, surpris, touché, triste, vexé, など.

Il s'est beaucoup réjoui *de ce que* tu as réussi à cet examen.「彼は君がこの試験に受かったことを非常に喜んだ」/ Je suis fâché *de ce qu*'il est parti.「彼が出発したことを残念に思う」

♦この種の動詞・形容詞は, 〈que + 従属節〉を伴う (⇨ que^4 I. 4°, 5°). 多くはque, de ce queが共に可能. de ce queの後では + 直 が普通. + 接 も少なくない (例 ⇨ fâché, se plaindre). ある場合には, queのみが正用: avoir peur, aviser qn, redouter, など.

♦起源・出発点の補語としてはde ce queのみを用いる. conclure, provenir, résulter, venir, などの後: Sa surprise *venait de ce qu*'elle était pieuse. (S, II, 43)「彼女の驚きは彼女が信仰に厚いことが原因だった」

2° *de* + 副詞節　正規の用法ではない. ⇨ combien II. 2°④; comme^1 II. 3°⑤; quand^1

III. 5°

debout — 副詞として無変化であるが機能的には形容詞に近く不変化形容詞とみなし得る (D-P, II, 151; *Gr. Lar.* 81; *DFC*). ◆主語の属詞: Elles sont *debout*. ◆直・目の属詞: Elle le vit *debout* devant une valise. (TROYAT, *Vivier*, 236)「彼がスーツケースの前に立っているのが見えた」 ◆主語の同格辞: *Debout*, Edouard hésitait. (SAGAN, *Mois*, 143)「立ったまま、Eはためらっていた」 ◆直・目の同格辞: Il aperçut son confesseur, *debout* dans l'ombre du vestibule. (Thib. I, 220)「聴罪司祭が玄関の暗がりに立っているのが見えた」 ◆付加辞: Il y a maintenant sept ou huit personnes, assises ou *debout* par petits groupes. (ROB.-GRIL., *Imm.*, 36)「今では少しずつに分かれて座ったり立ったりしている人が7・8人いる」 / place *debout*「立席; 立見席」/ tir *debout*「立射」
◆名詞的用法: Les *debout* sont toujours inquiets. (SARTRE, *Sursis*, 30; ほか31, 61)「生きている者はいつも不安なのだ」/ Il y a vingt-cinq places assises, quatre *debout*. (= quatre places *debout*) (IONESCO, *Th.* II, 12)「25の座席と4つの立見席がある」cf.『覚え書』19-33.

débuter — débuter par + 名: Le concert *débutera par* une sonate de Beethoven. (*DB*)「音楽会はBのソナタで始まるだろう」▶débuter par 不定詞 (= commencer par)は今日ではまれ (*GLLF*; COL).
◆débuter en qch: Je *débutais en* grec. (BEAUV., *Mém.*, 173)「ギリシア語を習い始めた」
◆débuter + 名: *débuter* la séance par un discours (*DFC*)「会議の冒頭に演説する」 / *débuter* un élève en latin (*GLLF*)「生徒にラテン語の手ほどきをする」 ▶*EBF*; COLはこの用法を認めない.

décider — 1° *décider* qch; *décider de* 不定詞 「なすべきことを決定する」: *decider* un plan 「計画を決める」/ Nous *décidâmes de* partir sur-le-champ. (AC)「すぐ出発することに決めた」
◆décider que + 直 [条]: Il *décide qu'*il n'ira pas travailler. [Il a décidé qu'il n'irait pas travailler.]「働きに行かないに決める[決めた]」
◆予測的内容については + 接: J'*ai décidé que* chacun me fasse un rapport sur cette question. (*DFC*)「めいめいこの問題について報告してもらうことに決めた」/ Je *décide qu'*elle soit fouettée. (KESSEL, *Steppe*, 32)「彼女に鞭を加えるように決めた」▶H; THは接を許容しない.
2° *décider* qn *à* qch [à 不定詞] 「(人)に(何)をする決心をさせる」: Je l'*ai* enfin *décidé à* ce voyage [*à* venir me rejoindre]. (*DFC*)「とうとう彼にこの旅行をする[私のいるところまで来る]腹を決めさせた」 ◆se décider [être décidé] à qch [à 不定詞]: Elle *est décidée au* divorce. (*GLLF*)「離婚を決意している」/ Il s'*est décidé à* venir nous voir. (*DB*)「われわれに会いにくる決心をした」/ J'*y suis décidé*. (*MR*) yの省略可能 (PINCHON, 224). ▶se décider [être décidé] de 不定詞 (S, III, 381)は例外的.
3° *décider de* qch 「(運命・未来などを)決する」: Cet événement *décida de* mon sort. (AC)「この事件が私の運命を決した」

défendre — 1° défendre à qn de 不定詞: Je vous *défends d'*y aller.「そこに行ってはいけない」 ◆de 不定詞(直・目)にleを代入して: Je vous le *défends*.「そうしてはいけない」
2° défendre que + 接: Je *défends que* vous fassiez cela.「そんなことをしてはいけない」 ▶empêcher, éviterに近い意味を持つが, 現代ではdéfendre queの後で虚辞neを用いない.

définir — définir A (comme) B: Plusieurs ont *défini* l'homme «un animal qui sait rire». (BERGSON, *Rire*, 4)「いくたりもの人が人間を"笑うことができる動物"と定義した」/ On peut *définir* la phrase la forme sous laquelle l'image verbale s'exprime et se perçoit au moyen de son. (VENDR., 82)「文とは音声によりことばのイメージが表わされ知覚される形式と定義できる」/ La syntaxe est habituellement *définie comme* l'étude de la structure de la phrase. (MOUNIN, *Clefs*, 121)「統辞論は普通は文の構造の研究と定義される」

degré de signification [級] — 形容詞・副詞の比較変化の段階
1° 分類　伝統的分類によれば,
　原級 (positif): grand, vite.
　比較級 (comparatif): (1) 優等比較級 (comp. de supériorité): plus grand, plus vite.　(2) 同等比較級 (comp. d'égalité): aussi grand, aussi vite.　(3) 劣等比較級

degré de signification

(comp. d'infériorité): moins grand, moins vite.
最上級 (superlatif) (1)相対最上級 (sup. relatif): le plus grand, le plus vite. (2)絶対最上級 (sup. absolu): très grand, bien vite.
　これらは語尾によって比較変化を示したラテン文法の用語の踏襲で,原形を変えず副詞によって比較を示す分析的な近代フランス語の現実には即さない. 相対最上級は個と群との比較にすぎず,絶対最上級は高度を示す表現であって,程度にはこのほかに種々の段階が設けられる. 本書では説明中に従来の用語を用いたがB (682)が伝統的分類をしりぞけて以来,今日では次の分類が行なわれている.
① **比較の級** (degré de comparaison) または相対級 (degré relatif) (1)個物・群・性質などの相互の比較 (上記「比較級」). (2)個と群の比較 (上記「相対最上級」). comparatif généralisé (BRUN, 207; GOUG, 257) とも言う.
② **強度の級** (degré d'intensité) または絶対級 (degré absolu). 高い程度 (「絶対最上級」) の外に中位の程度,低い程度を含める.
　比較・強度に種々の段階を設け得るのは形容詞・副詞とその相当句 (例: Il est très *en colère*. / Elle est plus *mère* que sa sœur.) だけでなく,動詞 (相当句) も同じ: J'ai plus *faim* que vous. / Il *parle* beaucoup [peu].
2° 比較級・最上級の形態
① **総合形** (1)形容詞 (3語): (i) bon ― (le) meilleur, (le) mieux (中性) (ii) mauvais ― (le) pire, (le) pis (中性) (iii) petit ― (le) moindre.
(2)副詞 (2語): (i) bien ― (le) mieux. (ii) mal ― (le) pis. ▶(le) plus, (le) moins はそれぞれ beaucoup, peu の比較級・最上級に相当 (各語参照).
◆ラテン語の比較級を語源とする antérieur, citérieur, extérieur, inférieur, intérieur, postérieur, supérieur, ultérieur は,一般には比較の意を失ったが,比較の副詞を添えることはまれ.
② **分析形**　副詞を用いるもの. (1)優等比較: plus, davantage, autrement. (2)同等比較: aussi, autant, si, tant. (3)劣等比較: moins. (4)相対最上級: le plus, le moins. ▶le plus が比較級を,(un [ce]) plus が最上級を表わすことがある. したがって,le の性質が問題になる. ⇨ plus I. 14°; II. 6°; mieux 3°②
3° 強度の級

① **高い程度** (1)副詞: très, fort, bien, tout, remarquablement, excessivement, extrêmement などの使用. (2) au possible / s'il en fut (⇨ si¹ I. 13°④) / des plus (⇨ plus II. 9°) / on ne peut plus / tout ce qu'il y a de plus (⇨ tout I. 1°①(6)) / fort comme un Turc / comme tout / fou à lier / laid à faire peur,など成句の使用. (3)感嘆的表現: Il est d'une force! (⇨ article indéfini II. 5°②) / Il est si bon! / Quelle belle nuit! / Comme il est joli! (4)同一語の反復: C'est joli, joli, joli. (5)接頭辞 extra, super, sur, ultra, archi, 接尾辞 -issime (cf. rarissime, richissime) の使用.
② **中位の程度:** assez, suffisamment, passablement, などの使用.
③ **低い程度:** peu, un peu, ne... guère, pas beaucoup, modérément, médiocrement, などの使用.
4° 比較級・最上級の補語
① *plus* [*aussi, moins, meilleur, mieux, pire, pis, moindre,* など] ... *que* + 名　代,形容詞(相当句),副詞(相当句),節]: Il est *plus* instruit *que* son frère [*que* moi, *que* je ne suis]. / Turenne était *aussi* modeste *que* vaillant. 「Tは勇敢であると同程度に謙譲であった」/ La vie a été alors *plus* agréable qu'aujourd'hui. 「当時は今日より生活が快適だった」/ Le bon-heur est *moins* rare qu'on ne le dit. 「幸福は人の言うほどまれなものではない」/ Philippe restait *aussi* calme *que* si rien ne se fût passé. (ARLAND, *Ordre*, 166) 「Phは何事も起こらなかったかのように冷静だった」⇨ si¹ I. 12°④
▶plus de, moins de ⇨ plus I. 9°; moins I. 4°
▶aussi [autant]... comme ⇨ aussi I.4°; autant 2°
② *antérieur* [*inférieur, postérieur, supérieur*] *à*: Cet accident est *postérieur à* mon départ. 「この事件は私の出発後のことです」
③ **最上級** + *de* [*d'entre, que* + 接]: le plus brave *des* [*d'entre les*] soldats 「兵士のうちで最も勇敢な者」(⇨ de I. 4°②) / le soldat le plus brave *que je connaisse* 「私が知っているうちで最も勇敢な兵士」⇨ subjonctif II. B. 2°②
5° 比較・強度の級のない形容詞 (絶対的観念を表わすもの): aîné, cadet, carré, circulaire, dernier, divin, double, éternel, excellent,

excessif, immortel, impossible, infini, parfait, premier, principal, suprême, triple, ultime, unique, universel, など.
♦ただし、これらの形容詞も相対的観念を表わし、あるいは比喩的意味に用いられるときには種々の級を持ち得る: l'auteur *le plus* divin「最も崇高な作家」/ l'art *le plus* parfait「最も完璧な芸術」

déjà — 1° Il est *déjà* 4 heures.「もう4時だ」/ Il était *déjà* marié à ce moment-là. (ROB)「彼はその時すでに結婚していた」/ Quand vous lirez cette lettre, je serai *déjà* loin. (ROB)「あなたがこの手紙を読むころには私はすでに遠くに行ってしまっていることでしょう」
♦複合時制: Tu m'as *déjà* dit ça. (BEAUV., *Inv.*, 63)「もうそれは聞いた」/ La nuit était tombée *déjà*. L'automne était là *déjà*. (SAGAN, *Orage*, 112)「すでに日が暮れていた。もう秋だった」/ J'avais *déjà* été frappé par la façon qu'il avait de dire: «ils», «les autres». (CAMUS, *Etr.*, 16)「彼が"あの人たち"とか"ほかの人たち"と言うその言い方にもう驚いてしまっていた」
♦完了の意と自然に結び付く *déjà* を単過と用いるのは例外的だが、時の状況補語を伴うなどして大過の意を表わすとき、あるいは古い複過の意の用法の名残り、その他も含め、*TLF* の原資料では30例ばかりが採録されているという (TOG, II, 958, 2): Ce fut cette raison-là, je l'ai su depuis, qui le *retint déjà* d'aller la trouver le jour où je crus pouvoir le mettre dans mon secret. (AYMÉ—*Ib.*)「後で知ったことだが、この理由があったからこそ彼は、私が秘密を明かしてもよいと思った日には、もう彼女を探しに行くのを思い止まっていたのだ」 なお cf. KLUM, 201, n. 7.
2° 否定文で
① ***ne... pas déjà***: Il *ne* faut *pas déjà* commencer à faire de mauvais rêves. (BEAUV., *Inv.*, 286)「今から妄想を抱き始めるようではいけません」
② ***ne... déjà plus***: Vous *ne* m'aimiez *déjà plus* à cette époque-là. (DURAS, *Emily*, 144)「あの当時すでにもう私を愛してはいなかった」
▶encore で置き換えられない.
3° 疑問文の末尾, 動詞の後で、一度聞いて忘れていたことを聞きなおすのに用いる: Quel est votre nom, *déjà*? (ANOUILH, *Becket*, 115)「お名前は何とおっしゃいましたっけ」/ Comment est-ce que ça s'écrit *déjà*, ce mot? (F, 970)「どうつづるんだっけ、この語は」/ Quand ça *déjà*? (DORIN, *Th.* II, 202)「いつだっけ」

déjeuner; dîner; souper —
1° déjeuner *de* [*avec du*] chocolat「昼食にココアを飲む」/ dîner *d'*[*avec*] un potage et *d'*[*avec*] un légume「スープと野菜で夕食をます」/ souper *d'*[*avec*] un plat de pommes de terre「夜食にポテトを一皿食べる」▶LE B (II, 718)は avec を許容しない.
2° après (le) déjeuner [dîner, souper]「昼食[夕食, 夜食]の後に」 ▶多くle を用いる. ⇨ après 2°
3° au déjeuner [dîner, souper]「昼食[夕食, 夜食]のときに」 cf. Qu'est-ce que nous avons à dîner?「夕食の料理は何ですか」⇨ à II. 2°

demain — 1° 副詞的用法 さまざまな時制と共に用いられる. ことに未来形, aller+不定詞: Je viendrai *demain*.「あす来ましょう」♦前未: Il sera parti *demain*. (ANOUILH, *N.P.N.*, 104)「あすは出発してしまいましょう」(複合時制と共に用いるとき助動詞の直後には置き得ない) ♦現在形: Que faites-vous *demain*? (F, 1610)「あすは何をしますか」
♦過去の時点から見た翌日・近い未来: *Demain* j'allais trahir ma classe. (BEAUV., *Mém.*, 178)「あす私は自分のクラスを裏切ろうとしていた」/ Elle me proposait une attirante image de la jeune fille que je serais *demain*. (*Ib.*, 149)「彼女は、娘としてのあすの私の魅力的な姿を描いてみせるのだった」/ *Demain*, Simon irait vers ce père qu'il n'avait jamais vu. (PHILIPE, *Amour*, 53)「あすSは、一度も会ったことのないその父親のところに行くのだ」
2° 名詞的用法 主語: *Demain* est le jour férié. (PR)「あすは祭日だ」/ *Demain* arrivera dans quelques heures. (DURAS, *Dix h.*, 51)「あと何時間かすればあすになるだろう」▶目的語: Vous avez tout *demain* pour réfléchir. (PR)「考えるのにあす一日あります」♦前+demain: à partir de *demain*「あしたから」/ dès *demain*「あす早々に」/ A *demain*.「ではまたあした」/ Restez jusqu'à *demain*.「あすまでいらっしゃい」/ C'est pour *demain*.「あすの予定です」⇨ matin 1°

demander — 1° *demander à* [*de*] 不定詞
① 間・目を伴わない場合 demander の主語

は不定詞の動作主と同じ．à を用いる：Je demandai à le voir. (DÉON, Déjeuner, 76)（= Je demandai la permission de le voir)「彼に会わせてくれと言った」 ▶de はまれ．古文調 (ROB)：Peut-être demanderai-je de mourir. (DUHAMEL—S, III, 111)「おそらく私は死なしてくれと言うだろう」

② 間・目を伴う場合 (1) 2つの動詞の動作主が異なればいつも de：Je vous demande de me dire un peu la vérité. (SAGAN, Sarah, 87)「少しは本当のことを言ってほしいのです」
(2) 2つの動詞の動作主が同じでも de が普通：J'ai écrit à ma mère pour lui demander de finir mes études à Paris. (A.-FOURNIER, Meaulnes, 194)「パリで学業を終えさせてほしいと許しを得るために母に手紙を書いた」◆この場合は時として①にならって à を用いることもあるが，どちらの場合も意味の上で不定詞の動作主が明らかでなければならない：Il m'a demandé à voir ce que j'écrivais. (GIDE, Ecole, 75)「彼女は私が書いているものを見たいと言った」

2º ne demander que de [à] 不定詞 de, à の使用は ne... que がない場合にならう：Je ne demanderais pour elle que d'être bien portante. (CHABRIER—S, III, 142)「彼女のためにひたすら健康を祈るばかりです」/ Je ne demande qu'à nous entendre. (GIDE, Prométh., 75)「ただ、お互い理解しあいたいのです」

3º demander que + 接：Je demande que vous m'écoutiez.「私の話を聞いていただきたいのです」 Je vous demande de m'écouter. (1º ②(1))と同義． ▶demander à 不定詞 の類推形 demander à ce que + 接 は避けたほうがよい．PR は誤用とみなす．cf. H, 315; S, II, 38.

4º ne pas demander mieux que de 不定詞 [que + 接]：Je ne demande pas mieux que d'aller le voir. (ROB)「彼に会いに行ければ何よりです」/ Je ne demande pas mieux qu'il vienne. (ROB)「彼が来てくれれば願ってもないことです」◆第2例の que は mieux que の que と従属節を導入する que とを兼ねて論理的でないが許容される．MART (415)はこれを許容せず第1例にならい Je ne demande pas mieux que de le voir venir. (⇨ voir 7º)とするを勧める．

demeurer — 1º 助動詞は être．(= s'arrêter, rester en un endroit, en un certain état)：Il était demeuré trois ans à la manufacture. (CASTILLOU, Etna, 14)「彼は3年工場に留まった」/ Les routes sont demeurées (...) dans un état épouvantable. (GIDE, Symph., 116)「道路はひどい状態のままだった」

◆+ 属詞：Je suis demeuré quelques minutes étendu sur les pierres. (DHÔTEL, Lieu, 59)「私は数分石の上に倒れたままでいた」
◆非人称：Il lui en est demeuré une cicatrice au visage. (ROB)「その傷跡が顔に残った」
2º 助動詞は avoir（= habiter）：Il a demeuré dix ans dans cette maison. (Lar. Gr.)「彼は10年この家に住んだ」

demi(e) — 1º 〈demi-名〉の形では demi は無変化：une demi-heure「半時間」/ toutes les demi-heures「半時間ごとに」 ▶B (645); BRUN (212)は接頭辞とみなす．17世紀以来の規則．

〈demi-形〉では demi は副詞，無変化：les paupières demi-fermées「半ば閉ざされたまぶた」

2º 名 + et demi(e)では名詞と同性の単数名詞：une douzaine et demie「1ダース半」/ deux litres et demi「2リットル半」 ▶×...s et demi のリエゾン不可 (FOUCHÉ, 447).

動詞の一致 et demi(e)を付随的要素と考え，動詞をその前の名詞に一致させるのが普通：Un an et demi s'était écoulé. (GREEN, Epaves, 67)「1年半が過ぎ去っていた」/ Sept heures et demie venaient de sonner. (Thib. VI, 138)「7時半が鳴ったところだ」 ▶ただし鳴ったのは半であるから，単数を主張する者もあり (D, 448; D, Génie, 261, n.1), DBF (372)は Trois heures et demie sonnent [sonne]. の両方を許容．

◆midi [minuit] et demi. demi は une heure の半分を表わすが，男性単数形が普通．LIT は demi-heure と解し，G (Pr. IV, 187)は男性名詞 midi との近接一致と説く．これとは逆に，deux heures et demie の類推でà midi et demie (BUTOR, Emploi, 22)の綴りもまれでない．G (387 a, Rem. 2)に例多し．

demoiselle ⇨ mademoiselle; ce² I. 7º ⑤

démonstratif [指示詞] — adjectif démonstratif と pronom démonstratif の総称．

dentale ⇨ consonne

dépêcher — se dépêcher de 不定詞「急いで…する」：Dépêche-toi de rentrer. (BUTOR,

Degrés, 80)「急いで帰りたまえ」◆de 不定詞 に en の代入不可: Avez-vous lu cet ouvrage? — Non, mais je vais *me dépêcher* de le faire. (PINCHON, *FDM*, nº 75, 31)「この作品を読みましたか？—いいえ、でも急いで読みましょう」多く de 不定詞 なしで用いる。
 ◆命令形は *Dépêchez-vous*. 話し言葉で *Dépêchez*. 同様に Allons, *dépêchons*, vite. (BRIALY, *Eglantine*)「さあ急ごう、早く」
 se dépêcher pour 不定: Je *me dépêcherai pour* être plus tôt revenu chez nous. (*Thib.* I, 263)「もっと早く家に帰っていられるように急ぐよ」/ Il faut *se dépêcher pour* avoir le bateau! (ROB.-GRIL., *Imm.*, 171)「船に乗るには急がなければいけません」

dépendre — **1º** *Il dépend de* qn [qch] *de* 不定詞 [*que* + 接]: *Il dépend de* vous *de* réussir. (MR)「成功するもしないもあなた次第です」/ *Il dépendait de* moi *que* cette valeur qu'elle leur accordait fût une illusion ou une vérité. (BEAUV., *Sang*, 103)「彼女がそれに与える価値が錯覚なのか真実なのかは僕次第で決まるのだった」
 ◆否定・疑問の主節のあとで que のあとに虚辞が用いられることがある: *Il ne dépend pas de* moi *qu*'il (*ne*) réussisse.「彼が成功するしないは私の力ではどうにもなりません」 ►H; TH は ne を用いないことを勧め、DUB (II, 169) は ne の使用は自由と説く。
 2º *dépendre* + 間接疑問節　くだけた会話: Ça *dépend s*'il est marié. (CAMUS, *Justes*, 120)「それは彼が結婚しているかどうかによる」/ Ça *dépend comment* vous vous plaisez là-bas. (BEAUV., *Mand.*, 550)「それはあなたがたのあの土地の気に入り具合によります」/ Ça *dépend qui* on est. (ID., *Inv.*, 257)「人によりけりよ」/ Ça *dépend sur qui* vous tombez. (GARY, *Au-delà*, 24-5)「どんな女性にあたるかによります」

depuis — **1º** *depuis* + 時点　過去の時間的出発点から現在までの継続または完了行為の結果: Il *pleut depuis* hier.「きのうから雨が降っている」/ *Depuis quand est*-il absent?「いつから留守にしているのですか」(現在までの継続動作、未完了動詞に限る) / *Depuis le matin* il n'a rien *mangé*. (*Thib.* VIII, 90)「朝から何も食べていない」(食べていない状態の継続) / Il *s'est passé* déjà tant de choses pour moi *depuis lundi*. (BUTOR, *Degrés*, 329)「月曜日からぼくにはもういろいろなことが起こりました」(月曜日から現在までの間に行なわれてきた動作)
 ◆過去のある時期までの継続または完了行為の結果: Il *pleuvait depuis le matin*.「朝から雨が降っていた」/ La *pièce avait été* soigneusement rangée *depuis* son départ. (LE CLÉZIO, *Déluge*, 187)「彼が家を出てから、部屋はていねいに片づけられていた」/ Il n'avait rien mangé *depuis* la veille. (*Ib.*, 196)「きのうから何も食べていなかった」
 ◆時点の表示を略して depuis を副詞として用い得る: J'ai appris tout cela *depuis*. (BUTOR, *Degrés* 107)「それはみんなその後知ったのだ」
 ► 未来については à partir de, dès を用いる。
 2º *depuis* + 期間　現在または過去のある時期まで継続している動作の出発点までの時間間隔を表わし、動詞は継続を表わせることが必要: J'habite [J'habitais] Paris *depuis deux ans*.「2年前からパリに住んでいる[いた]」/ Je ne *me suis pas rasé depuis trois jours*. (VERCORS, *Colères*, 280)「私は3日前からひげをそっていません」/ *Depuis deux jours*, Daniel *est parti*, sans dire où. (*Thib.* I, 51)「2日前から D はことも言わずに出かけてしまっているのです」 ►複過によりひげをそっていない、出かけて不在である状態の継続を表わせる。 ◆次例では複過は反復動作を表わす: *Depuis* un mois, elle m'*a dit* tellement de mal de Gilbert! (BEAUV., *Images*, 167)「ひと月前から、G のことをさんざんに言ってきた」
 ◆直・大の例も同様: M. Bonnini *était rentré* à Paris *depuis huit jours*. (BUTOR, *Degrés*, 137)「B 氏は1週間前からパリに帰っていた」(完了動詞) / Cela ne m'*était* pas *arrivé depuis bien longtemps*. (QUENEAU, *Fleurs*, 126)「ずいぶん前からそんなことはなかったことです」(完了動詞) / *Depuis huit jours*, elle n'*avait* pas *eu* l'occasion de lire un journal. (*Thib.* VI, 220)「1週間前から、新聞一つ読む折もなかった」(未完了動詞) ►例えば *depuis trois heures* は「3時から」とも「3時間前から」とも解せる (STEN, 37).
 ◆*pour la première fois* があれば1回限りの動作を表わし得る: *Pour la première fois depuis bien longtemps*, j'ai pensé à maman. (CAMUS, *Etr.*, 171)「ずっと前からでも初めての

ことだが, ママンのことを思った」/ Elle (...) le regarda pour la première fois depuis son arrivée. (SAGAN, *Brahms*, 67)「着いてから初めて彼のことをじっと見た」

3° *depuis que*

① 〈+複過, 直·大〉は完了を表わし上記1°の時点に相当 (前過は用いない) : *Depuis que* tu m'*as quitté*, chacune de tes lettres m'*a apporté* une déception nouvelle. (ACHARD, *Th*. II, 222)「きみがぼくと別れてから, きみの手紙の1つ1つがぼくに新たな失望をもたらした」/ La serrure *est* bloquée *depuis que* j'y *ai introduit* un clou. (ROB.-GRIL., *Projet*, 46)「私が錠に釘を突込んで以来, 錠に鍵ははいらない」/ *Depuis que* le soleil *avait disparu*, l'air *fraîchissait* vite. (CASTILLOU, *Etna*, 141)「太陽が沈んでから空気は急速に冷えていった」/ ce nègre que je n'*avais* pas *revu depuis qu*'il m'*avait accueilli* dans Bleston (BUTOR, *Emploi*, 95)「Bで私をもてなしてくれて以来, 会っていなかったあの黒人」

② 〈+直·現, 直·半〉は継続期間を表わし, 上記2°に相当 : *Depuis que* j'*habite* ici, je m'*ennuie*. 「ここに住むようになってから退屈している」/ La petite *connaît* le passeur *depuis qu*'elle *est* enfant. (DURAS, *Amant*, 30)「娘は子供の時から渡し舟の船頭を知っている」/ Et qu'est-ce que tu *as vu depuis que* tu *es* à Paris? (BUTOR, *Degrés*, 207)「パリにいるようになってからなにを見たの」/ Je ne *voyais* plus le yacht *depuis que* nous *étions* dans les roseaux. (DURAS, *Marin*, 86)「わたしたちが葦の中に入りこんでからは, もうわたしにはヨットは見えなかった」/ Elle eut un sourire que je ne lui *avais* jamais *vu* encore *depuis que* nous nous *connaissions*. (*Ib*., 244)「彼女は私たちが知り合ってからまだ一度も見たことのないような微笑を浮かべた」/ Et pour la première fois *depuis* que Rieux le connaissait, il se mit à parler d'abondance. (CAMUS, *Peste*, 96)「そして彼は, Rが知り合って以来初めてのことだが, 思いつくままにとうとうとしゃべり始めた」
▶depuis que ne... (pas) ⇨ ne II. 8°

③ *depuis que*の形容詞的機能 : Ils se racontèrent leur existence *depuis qu*'ils s'étaient quittés. (DURAS, *Marin*, 295)「彼らは別れて以来の生活を語りあった」

4° *depuis*+期間+*que* 直·現, 直·半が普通 : *Depuis* dix ans *que* nous travaillons ensemble (...) (ANOUILH, *Ornifle*, 11)「いっしょに仕事をするようになって10年このかた…」

depuis le temps que 時間的: Vous avez changé *depuis le temps que* je ne vous ai vu. (ROB)「ひさしくお目にかかりませんが, お変わりになりましたね」/ *Depuis le temps que* nous étions à la Faculté! (*DFC*)「学部にいたころからずいぶんになるなあ」 原因:*Depuis le temps que* nous revenons ensemble, il ne faut pas perdre l'habitude. (MAURIAC, *Désert*, 124)「ずっとごいっしょに帰ってきたのですもの, やめてはいけません」

5° *depuis*+名+過分 : *depuis* la lettre reçue (LE B, II, 433)「手紙を受け取ってから」

6° *depuis*+場所·順序 ① *depuis* Paris *jusqu'à* Lyon (= de P. à [jusqu'à] L.) / *depuis* le premier jusqu'au dernier (= du premier au [jusqu'au] dernier) ▶depuisのほうがdeより強調的. depuis... àとは言わない.

② *jusqu'à*を伴わない*depuis* (= de)をLE B (II, 721); GEORG (*Prose*, 19)は好まないが, 現代では普及し誤用とは言えない (H; G, *Pr*. III, 156-) : *Depuis* la fenêtre, la grosse femme nous injuriait.(GASCAR, *Graine*, 12)「窓からその肥った女がわれわれにののしりかけていた」/ Mathias imagina la vue exacte que l'on avait *depuis* la place qu'occupait son voisin. (ROB.-GRIL., *Voyeur*, 143)「Mは隣の男のいる場所から正確に何が見えるか想像してみた」 ▶ラジオ用語: radiodiffusion de «Carmen» *depuis* le théâtre de l'Opéra (cf. H)「オペラ座からのカルメンの中継放送」

③時間的意味を含む場合: Un homme qui va vraiment s'arrêter devant une porte freine *depuis* quelques mètres. (MAUROIS,*Climats*, 253)「本当にドアの前で立ちどまろうとする男は数メートル手前から歩調をゆるめるものだ」/ Nous roulions au ralenti *depuis* Orléans. (GEORG, *Jeux*, 93)「Oからはスピードを落として走っていた」

dérivation [派生] — 語(幹)に接辞 (affixe)を添えて新語を作ること. かくして作られた語をmot dérivé [派生語] と言う. 派生は語形成の主要な手段で. ① 接頭辞の添加(⇨ préfixe) ② 接尾辞の添加(⇨ suffixe) ③ 接頭辞·接尾辞の同時使用(⇨ parasynthétique) ④ 逆形成 (⇨ dérivation régressive)がその主な型.

上記の派生を dérivation propre と称し，品詞の転換（名詞の形容詞的用法など）を dérivation impropre と称することがある．

dérivation régressive ［逆形成］——派生(dérivation)による語形成の一種．語の接尾辞と思われる部分を除去して新語を作ること．例えば accueillir > accueil, effrayer > effroi. 動詞＞名詞の型が最も多く，動詞語尾の除去による造語を formation postverbale, この手段で作られた名詞を substantif verbal, あるいは nom postverbal, あるいは déverbal と言う．
1° 動詞の語尾の除去
① 男性名詞（語幹のまま）： accord (< accorder), bond (< bondir), choix (< choisir), combat (< combattre), coût (< coûter), galop (< galoper), labour (< labourer), pli (< plier), refus (< refuser), soupir (< soupirer)
♦ 語幹の変化 (i) 音が変わる： aveu (< avouer), accroc (< accrocher) 口母音＞鼻母音: gain (< gagner) (ii) r の後の n が脱落: retour (< retourner)
② 女性名詞（語幹＋e）： adresse (< adresser), attaque (< attaquer), marche (< marcher), nage (< nager), visite (< visiter) ▶ 語幹の最後の子音が支えとなる母音字を必要とする場合が多い．
2° 接尾辞の除去： aristocrate (< aristocratie), démocrate (< démocratie)
接尾辞-ant, -ent を除去し, -er を加えるもの: somnoler (< somnolent), arc-bouter (< arc-boutant)
現代俗語： Ça m'indiffère.「そんなことはどうでもいい」(< indifférent) / Ça urge.「急を要する」(< urgent) (D, Précis, 185)
3° 語末 -e の除去：médecin (< médecine), châtain (< châtaigne), violet (< violette)

dès —— **1°** dès＋名
①＋時期 depuis と異なり，期間を示す語を伴い得ず，過去・現在・未来について用いられ，補語となる時期と同時に動作が始まることを示す．行為は瞬間的または継続的: Dès son enfance, il manifestait une grande intelligence.「子供のころから早くも頭のよさを示していた」/ Il s'est levé dès l'aurore.「夜明けになると早々に起きた」/ Vous viendrez me voir dès mon retour.「私が帰ったらすぐ会いに来てください」/ Partons dès ce soir pour Paris.「今晩にもすぐパリに発とう」/ Elle l'avait reconnu dès la voix. (DURAS, Amant, 141)「声を聞くなり彼だということがわかっていた」/ dès à présent「今からもう」/ dès avant la guerre「戦前から早くも」
②＋場所 いつも時間の観念を伴う: Dès le seuil, elle aperçut la porte de la chambre ouverte. (Thib. II, 60)「戸口まで来るとすぐ，部屋のドアがあいているのを認めた」
2° dès que＋直 depuis que と異なり，過去・現在・未来について用いられる．
従属節と主節の動詞時制の主な対応関係: Dès qu'il dort, il ronfle. (RENARD, Poil, 22)「眠るとすぐにいびきをかく」(習慣) / Dès qu'il est sorti, on sonne. (ANOUILH, P.R., 151)「彼が外に出るとすぐ，ベルが鳴る」(ト書) / Dès que Robert a ouvert la bouche, mes mains sont devenues moites.(BEAUV., Mand., 204)「Rが口を開くやいなや私の手は汗でじっとりとしてきた」/ Dès qu'il prenait la parole, tout le monde se taisait. (Ib., 145)「彼が発言すると，みんな口をつぐんだ」(習慣) / Dès que sa mère était revenue des vêpres, il lui consacrait la fin de la journée. (MAURIAC, Galigaï, 43)「母が晩課から帰ってくると，彼は一日の終わりを彼女のために費やすのだった」(習慣) / Il avait appris le métier dès qu'il était sorti de l'école. (DHÔTEL, Pr. temps, 25)「学校を卒業するとすぐその職を覚えたのだった」/ Dès que je pus écrire, je lui envoyai un mot. (VERCORS, Portrait, 47)「字が書けるようになるとすぐに彼に一言書き送った」/ Dès que sa tante fut sortie, elle se mit à genoux et pria. (ARLAND, Monique, 188)「叔母が出かけるとすぐひざまずいて祈った」/ Dès qu'elle ne t'aimera plus, tout s'arrangera très bien. (ACHARD, Th. II, 92)「彼女があんたをもう愛さなくなれば万事申し分なくうまくいくんだけれど」/ Je parlerai à Fabrice dès que vous l'aurez mis au courant de votre projet. (ANOUILH, Ornifle, 227)「あなたの計画をFにちゃんと伝えてくれたらすぐにあの人と話をします」
3° dès＋名＋過分 [過分]＋名: dès le dîner fini (SAGAN, Brahms, 96)「晩ごはんを終えたらすぐ」/ dès la nuit venue「夜になるとすぐ」/ Dès passé le seuil, ton collègue a quitté sa bonne humeur. (BUTOR, Degré, 141)「敷居をまたぐやいなや君の同僚の上機嫌は消えた」⇨

aussitôt 2°; sitôt 2°

4° *dès*+ジェロンディフ DAUDET (*Jack*, 199)に見られる×*dès* en entrant「入るとすぐ」は今日では誤用, *dès* son entréeと言う (*TLF*; COL).

5° une avance (...) qu'il rembourserait ***dès que possible*** (*Thib*. V, 258)「返せるようになったらすぐ返すであろう前払い金」

descendre ― **1°** 自動詞は動作を表わすときは助動詞avoirを用いるのが従来の規則: J'*ai descendu* pour acheter le journal. (VERCORS, *Divag.*, 12)「新聞を買いに降りていきました」♦ しかし, この場合にもêtreが普通: Le lendemain matin je *suis descendue* tôt dans le jardin. (BEAUV., *Mand.*, 354)「翌朝早く庭に降りた」/ Brusquement, au cours de la nuit, le thermomètre *est descendu* de dix degrés. (ID., *Marche*, 410)「急に, 夜の間に寒暖計は10度下がった」▶状態を表わすにはいつもêtre: Le soleil *était descendu*. (APOLLIN., *Poète*, 44)「日は沈んでしまっていた」

2° *descendre* chez des amis「友だちの家に泊まる」/ Elle *était descendue* dans un petit hôtel. (*GLLF*)「彼女は小さなホテルに泊まっていた」/ A quel hôtel *descendez*-vous? (ROB)「何ホテルに泊まりますか」/ Où *êtes*-vous *descendus*? (ANOUILH, *P.R.*, 29)「どこにお泊まりですか」

désirer ― **1°** *désirer* qch: Je *désire* une voiture confortable et rapide. (*DFC*)「乗り心地のよいスピードの出る車がほしい」/ Que *désirez*-vous?(補語なしに Vous *désirez*?)「(店員が客に)何をお求めでしょうか?」

2° *désirer* + 不定詞 : J'*avais* passionnément *désiré* avoir un enfant. (MAUROIS, *Climats*, 227)「ぜひとも子供がほしかった」

désirer de 不定詞は古文調: Il *désirait* tant *d'être* seul. (*Thib*. III, 47)「とてもひとりになりたかった」

3° *désirer que* + 接 : Elle *désire qu*'il vienne la voir. (*PR*)「彼女に会いに来てもらいたがっている」♦2つの節が同じ主語ならば必ず上記2°の構文.

dessous; dessus ― **1°** 前 単独に前置詞として用いるのは古文体(常用はsous; sur): L'âme est *dessous* ce masque. (*Thib*. IV, 9, Jacquesの小説の中の文)「こうした仮面の下に彼女の心がひそんでいる」▶dessusはさらにまれ, 古文調 (COL).

♦前置詞としての現用語法はこの2語が対立するとき: Mettez votre carte *dessus* et non *dessous* le paquet. (*MFU*)「名刺を包みの下ではなく上にお載せなさい」

♦par, deなどに先立たれるとき: Mettez un chandail *par-dessus* votre chemise. (*DFC*)「ワイシャツの上にセーターを着なさい」/ Il a sorti *de dessous* ses draps la revue à couverture jaune. (BUTOR, *Degrés*, 218)「シーツの下から黄表紙の雑誌を取り出した」/ Enlève tes papiers *de dessus* la table. (*DFC*)「机の上から書類をどけておくれ」▶話し言葉ではde sous, de surと言う.

2° 副詞的 en dessous「下部が」, en dessus「上部が」/ au-dessous「その下に」, au-dessus「その上に」: Ma tarte est brûlée (par) *en dessous* [*en dessus*]. (*MFU*)「私のパイは下[上]が焦げている」/ Dans cette bibliothèque, les auteurs latins sont *en dessous*, les auteurs grecs *en dessus*. (*DFC*)「この書架では, ラテンの作家は下に, ギリシアの作家は上に置いてある」▶最後の例のようにau-dessous, au-dessusに代えてen dessous, en dessusを使うのは新傾向. en dessous deも用いられだしたが, Hはau-dessous deを勧める.

♦形容詞的に: à l'étage *au-dessus* (VERCORS, *Yeux*, 126)「上の階で」/ à l'étage *au-dessous* (BEAUV., *Inv.*, 321) / C'est un fou! cria-t-elle de l'étage *en dessous*. (DÉON, *Déjeuner*, 160)「狂ってるわよ, と下の階から彼女が叫んだ」

3° 副 俗用: Je vais te tirer *dessus*. (VIAN, *Pékin*, 243) (= tirer sur toi)「君を撃つよ」/ J'ai envie de lui sauter *dessus*. (ROUSSIN, *Hutte*, 81) (= sauter sur lui)「彼に飛びかかってやりたい」/ Il m'a marché *dessus*. (H) (= sur les pieds)「彼は私(の足)を踏んづけた」

déterminant [限定辞] ― フランス語では名詞を文中で用いる場合, 限られた条件のもと以外では, 必ずその前に冠詞またはそれに類する語を必要とする. この機能を共有する多様な語(群)を一括して限定辞と呼ぶ. 限定辞は名詞の性・数と一致するが, 現代フランス語では逆に限定辞によって名詞の性・数が明示されると考えたほうがよい (cf. 名詞複 の語尾-sは発音されず, 男・女 の区別も発音上ほとんど区別できない). 〈限定辞+ 形 + 名 〉の構成では 名 が省略されて〈限定辞+ 形 〉となることがある. cf. W-P,

48-9; *Gr. d'auj.*, 218; G新, 556-62.

大きく分けて，常に単独で用い他の限定辞と併用できないもの（①）と，単独でも用い他の限定辞と併用も可能なもの（②）とを区別できる．①定[不定,部分]冠詞；所有[指示]形容詞．②不定形容詞の多く；数形容詞；関係[疑問,感嘆]形容詞．

不定形容詞のうち，même, autre は現代フランス語では限定辞としての使用に制約があり，je ne sais quel, n'importe quel など合成によるものも，他の限定辞とは違いがある．もし機能のみを重視するならば，[名]の前で用いられる〈数量副詞＋de〉(beaucoup de, assez de, など) も限定辞の一種とみなすことができよう． cf. BONN, *Code*, 157; W-P, 404; 本書 ⇨ beaucoup 3º; de I. 4º ③

détester — **1º** *détester* qn [qch]: Il *déteste* son voisin [la neige]. 「彼は隣の男［雪］が嫌いだ」> Il le [la] *déteste*.

2º *détester* (de)＋[不定詞]: Je *déteste* parler de mon travail. (COCTEAU, *Th.* II, 114)「仕事の話をするのは嫌いだ」◆＋[不定詞]が普通. de は文学的 (*EBF*; *DBF*): Je *déteste* de me coucher, de m'étendre. (MAURIAC, *Vipères*, 96)「寝るのはね，からだを横にするのは嫌いなんだ」▶ ことに ne pas détester de が多い (*Lar. Gr.*).
♦ (de) ＋ [不定詞] に le の代入は不可．これを省かnle faire で受ける: Aimez-vous repeindre les plafonds?— Je *déteste* (le faire). (PINCHON, *FDM*, nº 75, 31)「天井を塗り替えるのは好きですか？—嫌いですよ」

3º *être détesté de* [*par*]: personne *détestée de* tous (ROB) / J'ai senti combien j'étais *détesté par* tous ces gens-là. (CAMUS, *Etr.*, 127)「ああいう人たちみんなにいかに嫌われているかが感じとれた」

deux —発音[dø]，同一語群の母音の前[døz]: deu(x) lits / deu(x) z ans. ▶ 成句: deu(x) z à deux / deu(x) z ou troi(s) z enfants. ▶ 名詞的用法: deu(x) (z) et trois font cinq. (会話では liaison しない) ▶ 月日: le deu(x) (z) août [avril, octobre] (liaison しないのが普通)
♦ nous deux ton père 俗語で＝ton père et moi (B, 126): On pédalait par là souvent, *nous deux* Rosette. (ARAGON, *Serv.*, 15)「Rと2人してよくその辺に自転車で行ったものだ」/ Nous voilà mariés, *nous deux* Antoinette. (TOURNIER, *Coq*, 285)「Aと2人は結婚した」

deuxième ⇨ second

deux-points [コロン] — signe de ponctuationの一種．〈：〉の印．

1º 直接話法を導く: Il s'écria: «Ce n'est pas possible!» 「彼は『そんなことはあり得ない！』と叫んだ」⇨ guillemets; tiret

2º 自由間接話法を導く ⇨ discours indirect libre

3º 説明的な節・語句を導く
① 原因・結果: La loi est la loi: il faut obéir. 「法律は法律だ．従わなければならぬ」(結果) / En vain, je voulais haïr la grande-duchesse: je ne pouvais pas. (BENOIT, *Kœnigs.*, 129)「私は太公妃を憎もうとしたが，だめだった．私にはできなかったのだ」/ Mais Jacques n'était jamais pressé: il était avoué, il avait le temps. (SARTRE, *Age*, 108)「だがJは決して急ぐことはなかった．代訴士で暇があったからだ」(原因)

② 説明的同格，列挙: Trois passions: l'amour, l'ambition et l'avarice, par leurs mélanges, produisent toutes les autres. (MAUROIS, *Alain*, 70)「愛と野心と吝嗇という3つの情熱が混ざりあって，他のすべての情熱を生み出す」/ Deux auteurs étaient, toute l'année, lus et commentés: Platon et Spinoza. (*Ib.*, 13)「2人の作者が一年中読まれ解説された．PとSである」

③ 属詞を目立たせる: Le titre est: *Don Juan*. (*Ib.*, 136)「題名は『ドン・ジュアン』である」/ Ce dictionnaire devrait s'intituler: ce que savait M. Bayle. (FAGUET, *18ᵉ s.*, 22)「この辞典は『B氏の知っていたこと』と題されるべきだ」

devenir — devenir ＋ 属詞: Il *est devenu* riche [ingénieur]. 「彼は金持［技師］になった」
♦ 属詞 ＝ le: Je ne suis pas ambitieux. — Garde-toi de le devenir. (BEAUV., *Bouch.*, 52)「ぼくは野心家ではない．—そうならないようにしたまえ」

déverbal ⇨ dérivation régressive

devoir — 過分： [男単]dû, [女単]due, [男複]dus, [女複]dues
devoir＋[不定詞] 叙法・時制の準助動詞．

1º 義務・必然・必要・妥当: Il *doit* terminer ce travail ce soir. (MR)「彼はこの仕事を今夜終えなければならない」

vous devriez [*vous auriez dû*] ＋ [不定詞] 現

実との食い違いを表わし，多くは語気緩和：Cette affaire traîne: il y a huit jours qu'elle *devrait* être terminée. (SARTRE, *Mains*, 175)「仕事が長びくわね．1週間前に終わっていていいはずなのに」/ Tu *devrais* être enchantée. (ROUSSIN, *Enfant*, 154)「喜んでしかるべきだよ」/ J'*aurais dû* vous prévenir. (SAGAN, *Bonj.*, 27)「あなたに前もって知らせておけばよかったけど」(後悔) / Vous *auriez dû* tourner à gauche. (F, 1551)「左に回ればよかったのに」(非難)

je devais = j'aurais dû 現代でも頻繁 (IMBS, 100)：Je *devais* avoir mon complet pour mercredi. (F, 1638)「水曜日には服ができていなければいけなかったんです」

je (le) dois le は不定詞の代理：Pourquoi as-tu tenté d'enterrer ton frère?—Je le *devais*. (ANOUILH, *Antig.*, 173)「どうして兄を埋葬しようとしたのだ．—それが私の義務でしたから」▶le は頻繁に省略される：Je t'aime quand même mais je ne *devrais* pas. (SAGAN, *Brahms*, 19)「それでもきみを愛しているよ．愛してはいけないのにね」

2º 推測・仮定： A Chicago il *doit* faire encore plus chaud qu'ici. (BEAUV., *Mand.*, 441) (= Il est probable qu'il fait encore plus chaud.)「Cではここよりずっと暑いにちがいない」/ Il *devait* avoir sept ou huit ans de plus que moi. (GARY, *Au-delà*, 19)「彼は私より7, 8歳年上にちがいなかった」/ Je *dus* pâlir sous ce regard. (GREEN, *Voyageur*, 236)「その視線を浴びて私は青くなったにちがいなかった」◆非人称構文と共に：Il *doit* se passer quelque chose. (QUENEAU, *Chiendent*, 29)「何か起こっているにちがいない」

Il a dû partir. ; (まれに) Il doit être parti. 多くは同義：Il *a dû* se tromper de date. (MAURIAC, *Désert*, 122)「彼は日を間違えたに相違ない」/ Il *doit* avoir essayé. (VIAN, *Pékin*, 250)「彼はやってみたにちがいない」

◆Il *a dû* partir. は推測 (「出発したにちがいない」) とも義務 (「出発しなければならなかった」) とも解せるから，MART (349) ; H (327) は Il *doit* être parti. を勧めるが，これもまた「出発しているにちがいない」(完了) とも解し得る (cf. CL ; IMBS, 58). 完了の表現には Je *dois avoir terminé* demain. (DB)「あすは終えていなければならない」．次例は à cette heure があるため，

devoir 直・現の構文が必要：Il *doit*, à cette heure, *avoir terminé* son travail.「彼は今ごろは仕事を終えているにちがいない」

▶ Ce doit [doivent] être mes amis. ⇨ ce¹ II

3º 未来・予定： Ma femme *doit* venir me chercher dans quelques jours. (DURAS, *Détruire*, 18) (= Il est convenu que ma femme viendra.)「2・3日すると妻が私を迎えに来ることになっています」/ Nous avons été invités aux fêtes qui *devaient* se dérouler à Kiev. (BEAUV., *Compte*, 335)「私たちはK開催予定の祭典に招かれた」

◆この devoir は条件文の si の後のように未来形を使用しにくい表現，未来形を欠く叙法・不定詞などにも利用される：S'il *doit* mourir, il aura souffert plus longtemps. (CAMUS, *Peste*, 234)「助からないものとすれば，人より長く苦しんだことになる」/ S'il *doit* réussir, ce sera certainement cette fois-ci. (IMBS, 58) (= S'il a des chances de réussir)「成功するとすれば，きっと今度です」/ La plaidoirie de mon avocat me semblait ne *devoir* jamais finir. (CAMUS, *Etr.*, 146)「弁護士の弁論はいつまでたっても終わることがないように思われた」▶義務の意と解される 不定詞 devoir partir, 現分 devant mourir, などの使用は例外的 (D-P, V, 157 ; GOUG, *Périphr.*, 78).

4º 過去未来 devais / 条件法現在形 / 未来形
①**devais** は過去未来であると同時に，話者が不可避な宿命として確認した事実を示す：Je ne *devais* le revoir que deux ans après. (DURAS, *Marin*, 193)「2年後にやっと彼と再会しました」/ Je ne *devais* jamais oublier cet instant. (GARY, *Cerfs*, 130)「私はこの瞬間を決して忘れることがなかった」▶この devais は事実を過去に位置づけるための「時の副詞」(上例では deux ans après, jamais) を必要とする (IMBS, 70).

②**条・現** (①との対比) 過去の時点に立ち，既述の事実の結果として予想される未来の事実を述べる．実現の有無は問題にしない：Les nuages qui frôlaient les sommets s'épaississaient. Bientôt le soleil disparaîtrait. (CASTILLOU, *Thaddëa*, 12)「峰をかすめていた雲が次第に厚くなっていった．やがて太陽は隠れるだろう」

③**未来形** (①との対比) (futur des historiens, futur de perspective) 歴史・伝記などで，筆者が過去の叙述を中断し，過去の時点に立って

その後に起こった事実を展望し付記する：Il y eut chez Maurois (...) plusieurs rencontres essentielles. Celle d'Alain dominera sa carrière d'homme et d'écrivain. (MICHEL—DROIT, *Maurois*, 20)「Mにはいくつもの重要な出会いがあった。Aとの出会いは人としての，作家としての彼の生涯を支配することになる」

5° *ne pas devoir*＋不定詞／*devoir ne pas*＋不定詞
① **動作をしない義務**の意では，もっぱらne pas devoir＋不定詞を用いる：Je *ne dois pas* le faire.「私はそうしてはならないのです」▶義務がないの意を表わすには言い回しを変えて：Je ne suis pas obligé de le faire. (MART, 537)「そうする義務があるわけではない」
② **義務以外の意**では，同義でどちらも用い得るがne pas devoirのほうが普通：Vous *ne devez pas* être naturellement bavarde? (ANOUILH, P.R., 317)「生まれつきおしゃべりなわけではないのだろう」／Tu *ne devais pas* être en France, à ce moment-là. (ACHARD, *Patate*, 93)「きみはあの時フランスにいなかったはずだ」／Vous *n'auriez pas dû* le laisser boire. (SARTRE, *Mains*, 177)「彼に勝手に飲ませておいてはいけなかったのに」
♦devoir ne pas＋不定詞：J'*aurais dû ne pas* l'écouter. (ST-EXUP., *Prince*, 33)「彼女の言葉に耳をかしてはいけなかったのに」／On *devait ne jamais* guérir tout à fait de la passion. (DURAS, *Stein*, 88)「情熱が完全にいやされることは決してなかったにちがいない」／En présence de ma famille, je *dois ne jamais* lui adresser la parole. (ID., *Amant*, 65)「家族の前では私は絶対彼にことばをかけてはならない」

6° *dussé-je* [*dût-il*]＋不定詞 譲歩を表わす接・半．文学的．いつも主語倒置．あらゆる人称に用い得るが単数1・3人称が普通．対応する主節は過去・現在・未来時制：*Dussé-je* [*Dusses-tu, Dût-il, Dussions-nous,* ...] en souffrir, il faut [fallait, faudra, faudrait] s'y résigner. (C, 74)「私［きみ，彼，…］がそのために苦しむことになろうと，それを甘受しなければならない［ならなかった，なるまい］」／*Dussé-je* périr à la tâche, j'en aurai le cœur net. (ANOUILH, P.R., 38)（＝Quand bien même je devrais...）「この仕事で倒れようと，わしは納得がゆくまではっきりと知りたい」
♦主語名詞は単純倒置：Je ferai ce que je crois bon, *dût le monde* en périr. (SARTRE,

Diable, 141)「たとえそのためにこの世が滅びようと，正しいと信じることをしよう」▶ただしcela *dût-il* nuire à votre émotion (GIDE—LE B., *Inv.*, 219)「それがあなたの感激を害することになろうと」（celaは主語倒置をしにくいため．⇨ cela) cf.『新考』172-3, 234-8.

diable, diablesse — ① **女性についても多くは男性形を用いる**：Cette femme est un vrai *diable*. (AC)「あの女はまさに悪魔だ」／Ne me regardez pas comme si j'étais le *diable*. (GREEN, *Moïra*, 210)「(女性の言葉)悪魔かなんぞのようにわたしを見ないでよ」
▶diablesseは日常語でfemme désagréable, emportée, méchanteの意：Il a épousé une véritable *diablesse*. (TH)「まったく手のつけられない女と結婚した」
② *un* [*ce*] *diable de*＋名 限定辞は名（人・物）の性に一致する：*une diable d'*affaire (AC)「厄介な仕事」／*cette diable de* femme (AC)「あの手に負えない女」
▶une [cette] diablesse de＋名 奇怪・危険な人・物について：*cette diablesse de* chatte (*Lex*)「あの物騒な雌猫」
③ *du diable si* 強い否定を表わす．全体が独立節に相当するから，si＋未来形，条件法も可能：Ce que tu es, *du diable si* je le saurai jamais. (FRANCE—S, II, 347)「あんたの正体などわかりっこありません」／*Du diable, si* je vous aurais reconnu. (ARLAND—G, 1039, 7°, N. B. 2)「あなただということは，とうていわからなかったでしょう」
④ *Qui* [que, quoi, où, quand, pourquoi, comment, combien] *diable...?* [*!*] 感嘆詞的用法．驚き・当惑・不機嫌など：*Que diable* me veut-il? (THIB. VII, 100)「一体何の用があるのだろう」／*Pourquoi diable* t'ai-je amené ici? (GIRAUDOUX, *Tessa*, 262)「どうしてきみをここに連れてきたのだろう」／*Comment diable* êtes-vous ici! (*Ib.*, 145)「何だってこんな所にいるんだ」
♦疑問詞 que は無強勢であるため常に動詞と結びつき，間に ne と無強勢の代名詞以外は挿入できないが，この diableは例外．また que diable の後では複合倒置も可能：*Que diable* cet abbé français peut-il faire ici? (ROMAINS—G新, 388 b, 2)「このフランス人神父にここで一体何ができるというのだ」
▶〈疑問詞＋diable〉は文頭にしか置けない．

誤：×Il est allé où diable?
⑤ *que diable!* 強意語：Un peu de sang-froid, maman, *que diable!* (ACHARD, *Patate*, 125)「少し落ちついてよ、ママってば」

différent(e)s; divers(es) — 形 (不定) 複 「それぞれに異なったいくつかの」質の相違を強調する：*Différentes [Diverses] personnes m'en ont parlé.*「いろいろな人が私にその話をした」

♦ les [mes, ces] différents [divers] + 名：*Il apporte le même soin à ses différents travaux.* (*DFC*)「彼はどの仕事も同じように念を入れてする」/ *Il étudie les diverses questions que posent ces expressions.* (GOUG, *BSL*, '63 fasc. 2, 154)「彼はこれらの表現が提起するさまざまな問題を研究する」

▸ × *de différents [divers]* + 名 は不可．

♦ plusieurs と同じく *ne... que, seulement* とは用いられない．

diminutif [指小辞] ——「小さい」、「愛らしい」の意を表わす接尾辞、あるいはこの接尾辞を添えられた語．

-**eau, -elle**：monceau (< mont), tourelle (< tour) ▸ 動物の子：chevreau (< chèvre)

-**et, ette**：jardinet (< jardin), garçonnet (< garçon), maisonnette (< maison), fillette (< fille), Jeannette (< Jeanne)

-**ille**：charmille (< charme)

-**on, -illon, -eron**：chaton (< chat), jupon (< jupe), Madelon (< Madeleine), négrillon (< nègre), moucheron (< mouche)

-**ule, -cule**：lunule (< lune), molécule (< lat. moles (= masse))

dîner ⇨ déjeuner

diphtongaison [二重母音化] —— ある言語の歴史的過程において単母音が二重母音に変わること：lat. p*i*pere(m) > p*ei*vre, p*oi*vre．

diphtongue [二重母音] —— 1音節中に連続して発音される2個の母音．現代フランス語では古仏語における二重母音 au, eu, ou などはいずれも1母音として発音され、pied, lui などは最初の母音が半子音となるから ([pje], [lɥi])、厳密に言うと「現代フランス語には二重母音は存在しない」(D, 32)．半子音と母音の組合せ (p*ieu* [pjø], *œil* [œ:j]) を二重母音と呼ぶことがある (cf. BRUN, 3; C, 8; G, 27) が、避けたほうがよい．

dire —— 1° *dire* (*à* qn) + 不定 (《文》)「人に自分が…すると言う」 不定 の動作主は dire の主語と同じ：*Il m'a dit avoir parlé de Gertrude au docteur Roux.* (GIDE, *Symph.*, 104)「彼はR先生にGの話をしたと言った」 ▸ 日常語では *Il dit avoir besoin d'argent.*「金がいると言っている」よりも下記3°の構文 *Il dit qu'il a besoin d'argent.* のほうが普通．

dire (*à* qn) + 直・目 + 不定 「(人に)…が…すると言う」古語法．ただし直・目 (= 不定 の動作主) が関係代名詞 (ことに que) ならば今日でも用い得る：*M*^lle *Swann qu'on m'avait dit être une si jolie petite fille* (PROUST, *Swann* I, 146)「人が私にとてもきれいな娘さんだと言っていたSさん」 ▸ 過分は無変化が普通．

2° *dire* (*à* qn) *de* 不定 「(人に)…せよと言う」 不定 の動作主は qn：*Je vous dis de chasser cet homme.* (GIRAUDOUX, *Folle*, 14)「あの男を追い出せと言っているのだ」

3° *dire* (*à* qn) *que* + 直 「(人に)…だと言う」：*Dites-lui que j'ai été fatiguée et que votre père m'a ramenée.* (SAGAN, *Bonj.*, 59)「私が疲れたのであなたのお父さまが連れて帰ったと彼女に言ってください」 ♦ dire の主語と従属節の主語が同じであることも普通 (⇨ 上記1°)：*Elle me dit qu'elle ne me hait pas.* (BEAUV., *Mand.*, 369)「彼女は私を憎んでいるわけではないと言っています」

ne pas dire que + 接 [直] [接]：[直] = (je ne dis pas que の後) 7 : 10; (on ne peut (pas) dire que の後) 25 : 7; (ne dites pas que の後) 0 : 13 (BÖRJ). [接] は hésiter à dire の意：*Je ne dis pas qu'il l'ait [l'a] fait.* (ROB)「彼がそうしたとは言わない」/ *Je ne peux pas dire qu'elle soit jolie.* (Thib. II, 216)「彼女がきれいだとは言えないな」/ *Je ne dis pas que ce soit une passion.* (BEAUV., *Inv.*, 125)「情熱だなんて言わない」

est-ce à dire que + 接 [直] [接]：[直] = 10 : 7：*Est-ce à dire que la lecture ne soit pas utile [que c'est un mauvais livre]?* (BÖRJ, 46)「新聞を読むことは有益ではない[それは悪書である]と言うことになるか」 ▸ これ以外の dire の疑問文、あるいは *Si vous dites que...* では [直] が普通．ただし次例は否定の意を含む：*Qui vous dit que je veuille plaire à Dieu?* (SALACROU, *Th.* IV, 85)「私が神様のお気に召すことを望んでいるなどと誰が言いまして?」

4° *dire* (*à* qn) *que*+接「(人に)…するように言う」: Il vient là parce qu'on lui *a dit qu*'il vienne. (*Thib.* I, 192)「来いと言ったから来たのだ」▶上記2°の構文 on lui a dit de venir と同義.

♦2°3°4°の構文を同一文に用いた例: Allez lui *dire de* s'en aller, *qu*'il ne *mette* plus les pieds ici, *que* je ne *veux* plus le voir. (SAGAN, *Violons*, 98)「あの人に帰れって言ってよ．もうここに足を入れるなって，わたしはもう顔も見たくないって」

5° *dire de*+名+*que*+直 従属節の主語は名 (人·物): On *dit de lui qu*'il n'a pas d'amitié. (M. DU GARD, *France*, 76)「彼のことを友情がないと言う人もいる」♦〈de+名〉を dont で置き換えて: Il y a des femmes *dont* on *dit qu*'*elles* sont des révélées. (MONTHERL., *Brocél.* III, 1)「天啓を受けた人だと言われる女性たちがいます」

6° *on dirait* (*de*) ; *on aurait* [*eût*] *dit* (*de*): On *dirait* (*d*')un fou. 「まるで狂人のようだ」/ Il a mon âge et *on dirait* un vieillard. (BEAUV., *Mand.*, 70)「私と同い年だがまるで老人だ」/ On *aurait dit d*'une poupée aux yeux ronds. (DÉON, *Taxi*, 22)「丸い目をした人形のようだった」♦de の使用は on dirait cela de (TH), on dirait qu'il s'agit de (GLLF; DUB; *Lex*)の省略形と言われる．LE B (II, 690)は属詞を導く de (⇨ de)と解する．de の使用は古典語法，文学的 (GLLF; *Lex*), 気取った文体 (TH).

7° *on dirait* [*aurait dit, eût dit*] *que*+直 [まれに接]: On *dirait qu*'il l'*a* oublié. (CASTILLOU, *Etna*, 265)「彼はあの男のことを忘れたみたいだ」/ On ne *dirait* pas *qu*'il *a* plu. (MAURIAC, *Désert*, 190)「雨が降ったとは思われない」/ On *aurait dit qu*'il te *faisait* peur. (BEAUV., *Tous les h.*, 286)「あんたはあの人をこわがっているみたいでした」/ Mais on *eût dit qu*'elle lui *était* attachée malgré elle. (ARLAND, *Ordre*, 420)「だが，彼女はわれにもなく彼に引かれているようであった」▶接の例: On *eût dit qu*'elle *fût* à jeun depuis plusieurs jours. (*Ib.*, 405)「何日も前から食べていないようだった」

♦on (le) dirait: De vraie hermine? — *On le dirait*. (GIRAUDOUX, *Folle*, 91)「本物のアーミンかい？— そうらしいですよ」/ J'ai réussi à vous intéresser un peu, *on dirait*. (CASTILLOU, *Thaddëa*, 249)「少しはあんたの気を引くことができたようね」/ Il fait beau ce matin. — *On dirait*. (ARLAND, *Ordre*, 20)「今朝はいい天気だ．— そのようですね」

8° *dire*+直·目+属詞 (croire 5°にならう): Personne n'*a dit* Balzac homme d'Etat. (GONCOURT, *Journal* I, 163)「誰ひとり B を政治家と言ったものはない」/ On le *dit* mort. (SARTRE, *Mouches* I, 1)「彼は死んだということだ」/ Il était surtout lié avec Sartre qu'il *disait* prodigieusement *intéressant*. (BEAUV., *Mém.*, 312)「彼はことに S と親交があり，S のことを驚くほど興味のある男だと言っていた」▶dit+属詞: l'humaniste *dit* «de gauche» (SARTRE, *Nausée*, 149)「左翼といわれるユマニスト」

9° *je ne dis pas... mais*: L'ignorance est la condition nécessaire, *je ne dis pas* du bonheur, *mais* de l'existence même. (FRANCE, *Jardin*, 26)「無知は，幸福のとは言わないが，生存そのものの必要条件だ」/ On pardonne tout avant même que le pardon ait été, *je ne dis pas* mérité, *mais* demandé. (MAUROIS, *Climats*, 257)「許して当然と思われる前に，ではないにしても，許しを求められるより前にすでに，すべてを許すのだ」

10° *je ne vous* [*te*] *dis que cela* [*ça*] 俗語で称賛·驚愕などの感情を含み，高い程度を表わす慣用句．副詞的あるいは形容詞的に用いる: L'auto patinait, *je ne te dis que cela*. (ARLAND, *Ordre*, 536)「いやもう，車がひどくすべってな」/ Une jolie satire, *je ne vous dis que cela*. (*Ib.*, 192; なお *Ib.*, 88, 165)「なかなか気のきいた皮肉だ，全く」

11° (*Et*) *dire que...!* 原義が薄れ，驚き·憤慨の表現となる: *Dire que* j'ai eu un vrai béguin pour cet imbécile. (*Thib.* VI, 12)「それにしてもわたしがあんなばかな男に本当にほれたなんて」/ *Et dire qu*'il va avoir soixante-dix ans! (GARY, *Au-delà*, 12)「もうすぐ 70 歳になるというんですから驚きましたよ」

direction — *en* [*dans la*] *direction de*: Elle (...) s'éloigne *en direction du* salon. (SARTRE, *Jeux*, 28)「客間のほうに遠ざかっていく」/ Elles (...) continuèrent à marcher *dans la direction de* l'Observatoire. (ID., *Mur*, 118)「天文台の方角に歩き続けた」/ Les autres

disciple

regardèrent d'un bloc *dans* cette *direction*. (ARAGON, *Serv.*, 72)「ほかの者たちはみんなその方角を見た」/ *dans la direction* opposée (ROB)「反対方向に」

♦省略されて前置詞的に：*direction* Paris (B, 434)「パリに向けて」/ Il s'oriente *direction* plumard. (QUENEAU, *Zazie*, 52)「寝床のほうに行く」/ Ils ont attendu sur le quai *direction* Auteuil. (BUTOR, *Degrés*, 36)「A行きのホームで待った」

disciple — 女性についても男：Elle est son meilleur *disciple*. (COL)「彼女は彼の一番弟子だ」

discours direct [indirect] ［直接［間接］話法］— 人の言葉・考えを語られ考えられた通りの形で伝えるものを直接話法, その内容を物語り手の言葉になおして伝えるものを間接話法と言う：Il disait:«Je suis malade.»（直接）/ Il disait qu'il était malade.（間接）▶間接話法は導入動詞 avouer, croire, déclarer, demander, dire, penserなどと，接続詞que（疑問文ならばsi, 疑問詞）で導かれる.

♦現代作家は導入動詞を表現しながら，queと«»を略すことがある：Regarder l'autre et penser *je vais l'aimer*, c'est déjà l'aimer. (PHILIPE, *Amour*, 14)「相手を見て好きになりそうだと思えば，それはもう愛しているということだ」/ Je lui dis:*c'est pas cher du tout*. (DURAS, *Amant*, 32)「ちっとも高くないわ，と彼に言った」

　直接話法を間接話法に改める場合, 人称・時制・法などが変わることがある.

1°　人称：Je te plains. > Je lui ai dit que *je le plaignais.* / Tu m'as dit que *tu me* plaignais. / Il lui a dit qu'*il le* plaignait.

2°　時制　導入動詞が現在［未来］時制ならば時制は変わらない. 過去時制ならば, 過去時制 > 直・大, 現在形 > 直・半, 未来形 > 過去における未来 (futur dans le passé)となる. ⇨ concordance des temps I. A. 3°

3°　叙法　命令法が不定詞または接続法となるほか, 叙法の変化はない： Entrez. > Dites-lui d'entrer. / Fais-le entrer. > Dites qu'on le *fasse* entrer. cf. Changez de conduite. > Il m'a dit que je devais changer de conduite.

4°　指示詞, 時・場所の副詞　導入動詞が現在時制以外の場合に変化する： Qu'on porte cette lettre-*ci*.「この手紙を届けてくれ」> Il disait qu'on portât cette lettre-*là*.「彼はその手紙を届けるように言った」/ Je suis arrivé hier. > On disait qu'il était arrivé *la veille*. / Je partirai aujourd'hui [demain]. > Il disait qu'il partirait *ce jour-là* [*le lendemain*]. ▶ただし, 彼の言葉が今日言われたために, 直接話法と間接話法の時間的指示が一致する場合： Il m'a dit qu'il *partira* [*partirait*] *aujourd'hui* [*demain*].

discours indirect libre ［自由間接話法］— 直接話法 (discours direct)と間接話法 (discours indirect)の中間的性質を持つ話法. 作中人物の言葉や考えを表わすのに, 間接話法に必要な接続詞 (多くque)を略し, 多くは導入動詞 (dire, croire, penser, など)をも略して独立節の形を与え, 間接話法と同じ人称・叙法・時制を用いたもの. BRUN (376)によればこの用法は LA FONTAINE に始まる： Mon oncle m'écrivit: *il m'attendait, se réjouissait de m'accueillir*. (GASCAR, *Herbe*, 155)「叔父が手紙をくれた. 私を待っている, 私をもてなすのが楽しみだ, とのことだ」(イタリック体が手紙の内容) / Le coup de téléphone de Dooley m'avait réveillé (...) à sept heures du matin. *Il voulait me voir. C'était assez pressé*. (GARY, *Au-delà*, 7)「Dの電話で朝の7時に起こされた. 私に会いたい, 急用だ, というのだ」(イタリック体は電話の内容) / Par le trou du plafond je voyais déjà une étoile: *La nuit serait pure et glacée*. (SARTRE, *Mur*, 16)「天井の穴からもう星が一つ見えていた. 今夜は晴れて寒いだろう」(導入動詞はないが je pensais の内容) / Aucune trace de lumière ne passait sous la porte: *sa sœur dormait déjà*. (*Thib*. II, 271)「ドアの下から光が洩れていなかった. 妹はもう眠っているのだ」(イタリック体は表現されていない il pensait que の内容) / On me fit entrer dans sa chambre: *je pouvais l'y attendre, elle ne tarderait pas*. (BEAUV., *Mém*., 122)「彼女の部屋に通された. ここでお待ちになっても構いません, やがてお帰りになるでしょう, とのことだ」(表現されていない On me dit que の内容) / Je décrochai le téléphone: *«J'étais navrée, je m'excusais, mais un rhume m'obligeait à garder le lit.»* (ID., *Mand*., 302)「私は受話器をとった. 残念です. すみません. でも風邪で寝ていなければならないのです」(導入動詞はなく, «»の使用が直接話法に近づけているが, 動詞が直・半に置かれて

いることが自由間接話法であることを示す．私の言葉の内容．直接話法なら現在形を用いるところ）

♦疑問文が自由間接話法に用いられるときは，時制が平叙文と同じ変化を受けるほかは，直接話法と同じ：Mais j'étais de plus en plus mal à l'aise. *Qu'avait-elle au juste contre moi?* (*Ib.*, 415)「だが私は次第に気詰りになった．はっきり言って，私のどこがいけないと言うんだ」（私の考えの内容．直接話法ならQu'*a*-t-elle...となる）cf. 田島宏「Madame Bovaryに於けるstyle indirect libreについて」『フ研』nº 2.

自由間接話法の変種 間接話法とは異なり時制の変化をせず，作中人物の考えをそのまま記すもの．W-P (357)は自由間接話法の一種とし，HARMER (*French language today*, 301)はstyle direct libre, STEN (23)はmonologue intérieur「内的独白」と称す：Mathieu fit quelques pas vers l'escalier. Il entendait la voix de Sarah. *Elle a ouvert la porte d'entrée, elle se tient sur le seuil et sourit à Brunet. Qu'est-ce qu'elle attend pour redescendre?* (SARTRE, *Age*, 49)「Мが階段のほうに数歩あるいた．Sの声が聞こえた．彼女は入口のドアを開けて，戸口に立ってBにほほえみかけている．降りてくるのに何を待っているのだろう」 以下，単過が続く．イタリック体の時制は直接話法と同じで，se dit-ilが省かれているだけ．自由間接話法ならば動詞はElle *avait ouvert*, elle *se tenait*, *souriait*, elle *attendait* となる．
♦次例は，《 》を加えたから，se demanda-t-ilを加えれば直接話法と同じ：Henri s'étonna brusquement : «*Qu'est-ce que je fais ici?*» (BEAUV., *Mand.*, 391)「Hは愕然とした．自分はここで何をしているのだろう」

dislocation [転位] — 感情的表現で，文の要素を文頭あるいは文末に置いて強調すること．倒置（inversion）とは異なり，転位要素は文の埒外にあるから，一般にはこれを代名詞で繰り返して機能を示す必要がある．
1º **文頭転位**：*Celui-ci, il* était vraiment beau comme un Jésus. (PÉROCHON, *Nêne*, 24)「この子は少年キリストの像のように本当に美しかった」/ *Nos succès*, c'est à lui que nous *les* devons. (GÉRALDY, *Rob. et Mar.* I, 3)「われわれの成功は彼のお蔭なのです」/ *Malheureux*, je *le* suis. (D)「不幸だ，私は」(⇨ complément d'objet 5º④; attribut V. 1º③)
▶これらは本来はCelui-ci? il était... / Nos succès? c'est... (D, 425)
2º **文末転位**：*Elle* avait été longue et cruelle, *cette lutte*. (LOTI, *Yves*, 302)「この闘争は長くむごたらしかった」/ Je ne *l'*aime pas beaucoup, moi, *ma tante*. (V. DE L'ISLE-ADAM, *Contes*, Virginie et Paul)「あんまり好きじゃないな，僕，伯母さんなんか!」/ Je *le* suis, *malheureux*. (D, 426)「私は不幸者だ」▶各代名詞の項にも例を記した．

disparaître — apparaîtreとは異なり，助動詞は動作・状態の区別なくavoirが普通．状態の意味でêtreも用いる：Il apprit que Vivant *avait disparu* après six jours de travail. (KESSEL, *Enfants*, 123)「Ｖが6日働いた後姿を消したと知った」/ Sa famille *a* complètement *disparu*. (DHÔTEL, *Pays*, 144)「家族は完全にいなくなった」/ Il *est disparu* et nous le recherchons. (VAILLAND, *Loi*, 269)「彼がいなくなって探しているんです」

dissimilation [異化] — 近接する同一あるいは類似の2音の1つが別の音に変化すること：*l*usciniolus > rossignol (lの反復の回避).

dissimuler — dissimuler que + 直 接 ：Il faudra *dissimuler que* nous en ayons [avons] été informé. (GLLF)「われわれがその知らせを受けたことは隠しておかなければなるまい」
♦ne pas dissimuler que + 直 接 ：Je *ne* vous *dissimule pas que* ce soit [c'est] difficile. (EBF)「それが困難であることを隠しはしません」

dissoudre — 単過，接・半は不使用．ただしACはje dissolusを挙げる．誤用例：Le calcul trop compliqué se *dissolvit* dans sa tête. (VIAN, *Pékin*, 8)「あまりに複雑な計算は頭の中で消えてしまった」/ Il se *dissolva* dans les ténèbres. (ROSNY—TH)「闇に溶けて姿を消した」▶過分：dissous, 女 dissoute：L'école fut *dissoute*. (MAUROIS, *Dumas*, 18)「学校は解散した」

distributif [配分詞] — 1個，あるいは数個ずつを表わす語．chaqueとchacunが主なものだが，tous les jours「毎日」/ tout homme「どの人も」/ qui... qui...「ある者は…ある者は…」(⇨ qui¹ B. I. 8º) なども，これに加え得る．配分数詞はフランス語にはないから基数詞を用いて迂言法で表わす：s'avancer deux *à* [*par*] deux

「2人ずつ進む」⇨ nom V. 2°⑥

divers(es) ⇨ different(e)s

dix ── 発音. ①語群の最後, (代)名詞的用法, 序数の代用. [dis]: J'en ai *dix*. / page *dix* / *dix* et demi / le *dix* mai / le *dix* avril [août]（月名の前の[diz]は liaison の濫用）②子音で始まる名詞・形容詞の前. [di]: di(x) livres. ③母音で始まる名詞・形容詞の前. [diz]: di(x) *z* ans, di(x) *z* hommes. ④*dix*-sept [dissɛt], *dix*-huit [dizɥit], *dix*-neuf [diznœf]（[dizɥit]の類推）

docteur, doctoresse ── 1° 「博士」の意は女性についても un docteur を用いる: Elle est *docteur* en droit. (ROUSSIN, *Lorsque l'enfant...*, 160)「彼女は法学博士だ」/ Mlle X, *docteur* en médecine「医学博士 X 嬢」/ Madame le *D^r* X「博士 X 夫人」/ la célèbre gériatre roumaine, le *docteur* Aslan (BEAUV., *Vieill.*, 34-5)「ルーマニアの著名な老人病学者 A 博士」▶ 特に女性を示すには une femme docteur と言う.

2°「女医」についても男性語を用いる: Mme X est mon *docteur* attitré. (THOMAS)「X 夫人は私のかかりつけの先生です」◆この意では une doctoresse も普及している: Réunion de *doctoresses* à l'Office public d'hygiène sociale. (*Avenirs*, n° 67, 56)「社会衛生局における女医の会合」(写真説明文) / Ma *doctoresse* m'a dit: ... (ROUSSIN, *op. cit.*, 216) ▶ 女医に向かって「先生」と呼びかけるときは常に男性語を用いる: Toutes mes félicitations, cher *Docteur*. (*Cette sacrée gamine*)「（女医に向かって）先生, おめでとうございます」

dommage ── 1° *il est* [*c'est*] *dommage que* + 接; *dommage que* + 接: *Il est* bien *dommage que* vous n'ayez pu arriver à temps. (AC)「時間に間に合うように来られなかったのは本当に残念です」/ (*C'est*) *dommage qu*'il soit arrivé trop tard.「彼の来るのが遅くなりすぎたのは残念だ」/ Je t'aime. *Dommage que* tu sois ma sœur. (GARY, *Cerfs*, 67)「好きだよ. お前がおれの妹とは残念だな」

c'est dommage de 不定詞: *C'est dommage de* vivre à Paris comme une séquestrée. (BEAUV., *Inv.*, 64)「パリでひきこもってばかりいるのは残念ですね」

quel dommage que + 接: *Quel dommage que* tu n'y aies pas pensé plus tôt! (BUTOR, *Degrés*, 314)「それにもっと早く気がつかなかったのは残念だな」

◆まれに que + 直. 事実の強調 (H, 337; *TLF*): *Dommage que* je n'étais pas là! (VERCORS, *Colères*, 183)「わたしがそこにいなかったのは残念だ」

2° de 不定詞, que + 接 なしで: *C'est dommage*.「残念です」([×]Il est dommage. は不可) / C'est bien [vraiment] *dommage*. (*EBF*) ▶ C'est grand *dommage*. (AC; H) は古文調.

donc ── I. 接 文頭で結論を表わす (発音 [dɔ̃:k]): La baleine allaite ses petits, *donc* c'est un mammifère. (*DB*)「鯨は子に乳を呑ます. だから哺乳動物だ」/ Je pense, *donc* je suis. (DESCARTES)「われ思う, 故にわれあり」

II. 副 文中・文末で 発音は [dɔ̃k] + 母音, [dɔ̃] + 子音が正式 (FOUCHÉ, 411; LÉON, 89). ただし, 現代では [dɔ̃k] + 子音も普及している (*EBF*). M-W は [dɔ̃k] しか記さない.

1° 前文の結果, 複合時制と共に用いるときは過分の前に置かれる: J'ai *donc* dû choisir un autre métier. (ST-EXUP., *Prince*, 10)「それで別の職業を選ばなければならなかった」

◆推測の意味を帯びる: Je ne le vois pas, il n'est *donc* pas venu. (GOUG, 110)「彼の姿が見えない. してみると来なかったのだ」 cf. *Donc* il n'est pas venu.「だから彼は来なかったのだ」

2° 強意語
① 疑問文　*donc* は疑問詞の直後, 動詞の後, しかしいつも過分の前に置かれる: Qui *donc*?「いったい誰のこと」/ Qui *donc* êtes-vous? [Qui êtes-vous *donc*?]「いったいどなたです」/ Qui *donc* est venu? [Qui est *donc* venu?]「いったい誰が来たのです」([×]Qui est venu donc? は誤り)

▶ 母音の前でもしばしば [kidɔ̃] (*DFC*).

② 命令文: Taisez-vous *donc!*「お黙りったら」
③ 感嘆文: Que ton fils est *donc* intelligent! (*DFC*)「きみの息子はなんて利口なんだろう」

donner ── 1° *donner* qch *à* qn [*à* qch]　à qn も à qch も lui で受ける: La lune baignait la salle et *lui donnait* une blancheur aveuglante. (MANDIARG., *Lis*, 172)「月の光は部屋にみなぎり, 部屋はまばゆいばかり白かった」

2° *donner à* qn *de* 不定詞 ((文)) = permettre, accorder): O mon Dieu! *donnez*-moi *de* trouver mes mots. (CAMUS, *Malent.*, 61)「お

お神様、言葉を見つけさせてください」
3° ① ***donner à* qn *qch à*** 不定詞: *Donnez-moi nos pommes de terre à éplucher.* (VILDRAC, *Auclair* I, 2)「皮をむくからじゃがいもをください」
② ***donner à* qn** 不定詞: *Donne-nous à boire.* (SALACROU, *Th.* IV, 68)「酒をくれ」/ *Tu me donne à déjeuner?* (KESSEL, *Enfants*, 72)「昼ごはんをおごってくれる?」 ▶à 不定詞がdonnerの直・目となる. ⇨ à II. 3° ①
③ ***donner à* qn *à*** 不定詞+**qch**: *Elle nous avait donné à boire du porto.* (GASCAR, *Herbe*, 176)「ポートワインを飲ませてくれた」/ *Je lui donnai à lire ma dissertation sur «la personnalité».* (BEAUV., *Mém.*, 314)「"人格"についての私の論文を読んでくれといって彼に渡した」

◆donnéの一致: *les objets que je vous ai donnés à vendre* (= *que je vous ai donnés pour que vous les vendiez*) / *les livres qu'on nous a donné à lire* (= *qu'on nous a ordonné de lire*) / *les exercices qu'on nous a donné(s) à faire.* (TH) ▶この区別は微妙で、一致はいつも可能 (G. 794 b, Rem. 4; *EBF*; H, 683).

4° ***étant donné*** + 名 前置詞相当句としてdonnéを無変化につづるのが普通: *Etant donné les circonstances, sa conversation pourra être instructive.* (*Thib.* VI, 136)「場合が場合だから、彼の話も参考になるだろうよ」◆これまで長らく後続名詞との一致は浮動的(cf. B, 644)で、今日でも一致が見られる: *Cela me paraît délicat étant données les lettres.* (ANOUILH, *P.G.*, 123)「手紙の一件があるから面倒だと思いますね」

◆***étant donné que*** + 直 (= *puisque*): *Et les heures de travail pendant l'après-midi ne me gênaient plus, étant donné que je n'avais pas ouvert un livre depuis Bergson.* (SAGAN, *Bonj.*, 87)「午後の間の勉強の時間ももはや苦にはならなかった. B以後は1冊も本を読んでいなかったからだ」

donneur, donneuse — 男性について軽蔑的に女性語を用いることが多い: *Sale petite donneuse!* (SARTRE, *Jeux*, 19)「(男に向かって)けがらわしい裏切り者の小僧め」

dont — 代 (関係) 前置詞deの持つあらゆる意味を与えられて、〈de + 名 代〉(人・物)の形の補語に相当する. 男性・女性、単数・複数同形.〈dont+母音〉は必ずリエゾンされる.

1° 動詞・形容詞の補語
① 〈*de* + 名 代〉を補語とする動詞・形容詞: *la maison dont vous parlez*「あなたが話している家」(< *parler de*) / *le livre dont vous avez besoin*「あなたが必要とする本」(< *avoir besoin de*) / *Pyrrhus a en lui tout ce dont une femme rêve.* (ROUSSIN, *Hélène*, 53)「Pは女が夢みるすべてのものを自分のうちに持っています」(< *rêver de*) / *Il y a une chose dont tu n'as pas l'air de te rendre compte.* (BEAUV., *Mand.*, 350)「ママがわかっていないらしいことがあるの」(< *se rendre compte de*) / *le malheur dont vous êtes responsable* (ROB)「あなたに責任がある不幸な出来事」

② 原因: *Sais-tu ce dont je souffre le plus?* (*Thib.* VIII, 240)「私が何をいちばん苦しんでいるか知っている?」(< *souffrir de*) / *Est-ce là un âge dont une femme doive rougir?* (ROUSSIN, *Hélène*, 25-6)「女が顔を赤らめなければならないような年でしょうか」(< *rougir de*) / *la maladie dont il est mort*「彼の命とりになった病」(< *mourir de*)

③ 手段・道具: *les marronniers dont est planté le côté droit du boulevard* (CARCO—S, II, 187)「大通りの右側に植わっているマロニエの木」(< *être planté de*) ◆par, avecで表わされる補語にdontを用いるのは古文調: *la colonne dont est soutenu le toit du perron* (KEMP—G, 556) (= *par laquelle*)「玄関前の階段の屋根を支えている円柱」/ *Schlemer sortit de sa poche un journal dont il commença par s'éventer.* (DUHAMEL—*Ib.*) (= *avec lequel*)「Schはポケットから新聞を取り出してそれで自分をあおぎ始めた」

④ 動作主: *l'enfant dont il est aimé*「彼を愛している子供」/ *les amis dont il est entouré*「彼を取り巻く友人たち」 ▶parで導かれる動作主補語にdontを用いるのは古文調: *ceux dont il se croyait attaqué* (FAGUET—G, 556) (= *par lesquels*)「彼が自分を攻撃していると思っていた人々」

◆*ce même enfant dont je suis menacée* (RAC.) (= *par qui, par lequel*)「私がおびやかされているその子供」の古文調に対して、*le malheur dont je suis menacé*「私がおびやかされている不幸」が現代でも用いられるのはêtre menacé de qchによる.

⑤ **様態**: Le ton *dont* il a dit ça m'a bouleversée. (BEAUV., *Adieux*, 34)「彼がそう言ったときの調子が私を動転させた」/ Elle disait qu'elle adorait la manière *dont* je parlais. (SAGAN, *Violons*, 73)「彼女は私の話し方が大好きだと言っていました」/ au train *dont* ça va (IKOR, *Gr. moy.*, 155)「この調子でいくと」/ la manière *dont* elle est habillée (ROB)「彼女の服の着こなし方」

⑥ **場所** 文学的, 古文調 (= d'où): Je me sentais au fond d'un grand trou *dont* il était difficile de remonter. (ST-EXUP., *Vol*, 96)「なかなかはい上がれない大きな穴の底にいるような気がした」/ Désormais, il passa ses nuits dans la soupente *dont* il ne redescendait presque plus. (CAMUS, *Exil*, 173)「それ以来彼は天井部屋に寝起きして, もうほとんど降りてくることはなかった」

♦ 比喩的: l'idée *dont* je suis parti (MAUGER, 166)「私が出発点とした考え」/ Hermione court un danger, *dont* nous pouvons la sauver. (ROUSSIN, *Hélène*, 50)「Hは危険をおかしているが, われわれはそれから彼女を救うことができる」▶ 起源, 出所など: la famille *dont* il est sorti [né]「彼が生まれた家柄」

⑦ **話題**: Nous avons reçu un nouveau moka d'Arabie *dont* on me dit beaucoup de bien. (SUPERV., *Shéhér.* II, 8)「またアラビアのモカをもらったが, たいへん結構な品だそうだ」(< dire à qn beaucoup de bien de「人に…のことをほめそやす」)

dont (= à propos duquel, au sujet duquel) + **関係節** + **補足節**: Rieux reçut un jeune homme *dont* on lui dit qu'il était journaliste. (CAMUS, *Peste*, 22)「Rはある青年の訪問を受けたが, その男は新聞記者だということであった」/ Ils lui étaient reconnaissants d'une bonté *dont* ils ne devinaient pas qu'elle prenait ses racines dans l'opium. (MALRAUX, *Cond.*, 54)「彼らは彼の善良さを感謝していたが, この善良さが阿片から来ていることは見抜いていなかった」

dont + **関係節** + *qui*: Ils me font penser à ce philosophe *dont* Labrousse m'a parlé *qui* riait en voyant une tangente à un cercle. (BEAUV., *Inv.*, 296)「彼らは円の接線を見て笑ったとLが話したあの哲学者のことを思い出させ

ます」

⑧ **直・目, 属詞**（部分的意味）: Moi, je fournissais la matière brute, cette matière *dont* j'avais à revendre (...) (SARTRE, *Nausée*, 127)「私は原料を, ありあまるほど持っていた (…) あの原料を納めていた」(< J'avais de cette matière à revendre) / Il montra les clients *dont* j'étais. (DURAS, *Marin*, 295)「彼は客を示したが, 私もその一人だった」/ Juillet 1914: quelque chose finit, *dont* nous étions; et quelque chose commence, *dont* nous, les vieux, nous ne serons pas. (*Thib.* VII, 266)「1914年7月. われわれが属していた何物かが終わり, われわれ老人が属さないであろう何物かが始まるのだ」

2º （代）名詞の補語

① **主語の補語**: Nous avons déjeuné dans un hôtel *dont* la pelouse (...) descendait en pente douce vers la mer. (BEAUV., *Compte*, 297)「われわれはホテルで昼食をとったが, そこの芝生はゆるやかな勾配をなして海のほうに下っていた」

② **直・目の補語**: On y mangeait (...) des plats nationaux *dont* j'ai oublié les noms. (*Ib.*, 298)「そこでは名前は忘れたが国民的料理を食べた」/ C'est le chemin *dont* elle a l'habitude. (BUTOR, *Modif.*, 49)「彼女が通りなれた道だ」

③ **属詞の補語**: Il raconta l'histoire *dont* il avait été le témoin. (DUB-LAG, 98)「彼は自分が目撃した話を語った」

♦ 動詞を省略された並列節の前にdontは繰り返されない: On arriva devant la cabane ouverte *dont* le cadenas avait été forcé, la chaîne arrachée. (CAYROL, *Hist. maison*, 63)「開け放しの小屋の前に着いたが, 南京錠はこじ開けられ, 鎖は引きちぎられていた」

④ 〈前+名〉**の補語** 原則として誤用. Vous vous inquiétez du sort de cet ami.「あなたはその友の身を案じている」から ×Je vais chez l'ami dont vous vous inquiétez du sort. を作るのは誤り. 正: chez l'ami du sort de qui [du sort duquel] vous vous inquiétez. 上記①の構文になおしてchez l'ami *dont* le sort vous inquièteとすればなおよい (H, 339).

×une femme *dont* la grâce des mouvements est remarquable「身ごなしが際立って

美しい婦人」はune femme chez qui la grâce des mouvements est remarquable, またはune femme remarquable par la grâce des mouvementsと変えるほうが望ましい (MART, 219).

　dontが〈前＋名〉の補語となることが容認される場合

(1) 〈名＋de＋無冠詞名詞〉が一体をなすとき: cet homme *dont* on admire la force de caractère (*EBF*)「その性格のたくましさに人々が驚嘆しているあの男」

(2) 〈*un* [*chacun, une partie*]*des*＋名〉: une société secrète *dont* il est un des chefs de file (COCTEAU, *Th*. II, 126)「彼が指導者の一人である秘密結社」/ Gilles assista (...) à l'interminable défilé des témoins, *dont* chacune des paroles retombait sur sa tête comme une pierre. (TOURNIER, *Gilles*, 123)「Gは引きも切らずつづく証人たちを前にしたが、その言葉の一つ一つが、石つぶてのように頭の上に降りかかってくるのだった」(cf. TOG, I, 547, 4)

(3) 並列された名詞の1つが〈名＋*de*＋名〉の形をとるとき: ce petit livre (...) *dont* je ne sais plus ni le titre ni le nom de l'auteur (GIDE—G, 560, N.B. 1 b)「もはやその題名も著者名も覚えていない小さな本」

(4) dontが関係節の主語または直・目の補語となると同時に〈前＋名〉の補語となるとき: cet enfant *dont* l'intelligence transparaissait dans le regard (*EBF*)「頭のよさが眼差からもうかがえたその少年」/ Il y a ceux (...) *dont* on lit la pensée dans les yeux. (DUMAS f., *Fils nat.*, Prologue, V)「その眼に考えを読みとれるような人たちがいるものだ」　◆次例の所有形容詞の使用を見れば、この構文でもdontは前置詞の付かぬ名詞だけの補語と考えたほうがよい: l'histoire d'une femme *dont* la mort de son fils avait dérangé l'esprit (GREEN, *Vers l'invisible*, 166)「息子が死んだため精神に異常をきたしてしまった女性の話」

(5) 〈前＋無冠詞名詞＋*de*〉が成句を示すとき: Vous aspirez (...) à faire renaître cette Allemagne humaniste *dont* le monde est en deuil. (VERCORS, *Plus ou moins h.*, 248)「諸君は世界がその喪に服している人道主義的なのドイツを復興させたいと願っている」(＜être en deuil de qn「人の喪に服す」)/ des difficultés *dont* on ne viendra jamais à bout (S, II, 190)「決して打ち勝てない困難」(＜venir à bout de qch「何に打ち勝つ」)/ les honneurs *dont* il est à l'écart (MAUGER, 167)「彼には縁遠い栄誉」(＜être à l'écart de ＝ être exclu de)

⑤ *dont*とその先行詞に代わる人称代名詞・所有形容詞の併用（誤用）: ×les enfants *dont* les parents *les* ont bien élévés「両親が立派に育てた子供たち」(正: les enfants *que* leurs parents ont bien élevés) / ×l'enfant *dont* les parents se sont sacrifiés pour *lui*「両親が身を犠牲にした子供」(正: l'enfant *pour qui* ses parents se sont sacrifiés) / ×l'homme *dont* *ses* amis ont besoin「友だちが必要とする男」(正: l'homme nécessaire à ses amis) ▶ただし, Il a réussi à trouver l'homme *dont ses* amis ont besoin.「彼の友人たちが必要とする男を遂に見つけた」は正用. sesはilを受ける (cf. LE B, I, 304; II, 400; MART, 221; S, II, 192).

3° 数の表現の補語（部分的意味）

① **主語となる数詞・不定代名詞・数量副詞の補語**: Voici des livres *dont* deux [quelques-uns, beaucoup] sont remarquables.「ここに本がありますが、そのうちの2冊 [何冊か, 多く] はすぐれたものです」

② **直・目となる不定代名詞の補語**: J'ai là des livres *dont* je peux vous prêter quelques-uns. (MAUGER, 166)「そこに本があるが、そのうちの幾冊かはあなたに貸してあげられる」

◆数詞は用いにくい. ×Voici des livres dont je vous donne deux [dont il y a deux qui sont remarquables].「ここに本があるが、そのうちの2冊をあなたにあげます [そのうちの2冊はすぐれています]」▶文を2つに切ればよい (cf. H, 341): Voici des livres; je vous en donne deux [il y en a deux qui sont remarquables].

③ **状況補語となる数詞の補語**: Tu me l'as dit au moins trois fois, *dont* deux avec des larmes. (ANOUILH, *P.B.*, 419)「少なくとも3回は私にそう言ったが、そのうちの2回は涙しながらね」

4° 動詞の省略（dont＝parmi lesquels）: Une dizaine de morts, *dont* une femme, se trouvent dans la pièce. (SARTRE, *Jeux*, 56)「10人ほどの死体が部屋にある．そのうちの1人は女性だ」/ Il y avait (...) deux photos *dont* *dormir*

une de moi. (ID., *Mains* I, 1)「写真が2枚あったが，そのうちの1枚はぼくのだった」/ On comptait cinq cadavres *dont* trois femmes et un enfant à la mamelle. (*Thib.* IX, 90)「死者は5人．うち3人は女性で一人は乳呑み子だった」

5° 節を先行詞とする *dont*　古典時代までの語法．現代でもまれに用いられるが常用は ce dont (⇨ ce¹ III. 3°): Elle voudrait bien être la plus forte, mais elle ne peut pas, *dont* elle rage! (CLAUDEL—G, 539, Hist.)「彼女はいちばん強くなりたいのだが，それができないので，腹を立てている」

dormir —　過分 は無変化: les douze heures que (= pendant lesquelles) j'*ai dormi*「私が眠った12時間」▶ 文学的文体で形容詞として用いられた dormi は一致: une nuit mal *dormie* (GLLF)「よく眠れなかった一夜」

doublet [二重語] — 語形と意味は異なるが語源の同じ1組の語．

① ラテン語は音(声)変化の法則に従い，民衆の間で自然にフランス語に変わっていったが，その意味と語形が語源から離れすぎたため語源が認知されなくなり，14,15 世紀にラテン語翻訳の必要上，学者がラテン語に基づいて新語を作った．かくして同一語源の2語が共存するに至ったのが最も普通の型: lat. captivum > chétif (12 世紀), captif (14 世紀) / lat. fragilem > frêle (11 世紀), fragile (14 世紀) / auscultare > écouter (10 世紀), ausculter (1819 年) ▶ 後者が学者の作成．( )内は文献に現われた年代．
② 同一語源の方言・外国語，あるいはフランス語を語源とする外国語がフランス語に入り，既存の語と共存するもの: noir (< lat. nigrum), nègre (< esp., port. negro) / entrevue, interview (英語 < entrevue) / tonneau, tonnelle (< 古仏 tonnel), tunnel (英語 < tonnel)

doute — 1° **mettre en doute que** + 接 (douter にならう): Antoine ne semblait pas *mettre en doute que* son frère *eût* le désir de revoir Daniel. (*Thib.* VI, 59)「AはDにまた会いたがっていることを疑ってはいない様子だった」◆+ 直 は事実の現実性を強調: Elle leur parlera d'un tel ton qu'ils n'oseront pas *mettre en doute que* tu *es* malade. (VAILLAND, *Fête*, 132)「お前が病気であることを疑えないような調子で話すだろう」

2° **nul doute que** + 接 [直]　接 : 直 = 22:13. しかし類義の Il ne fait aucun doute que の後は 1:19, Il est hors de doute que の後は 0:14, Il ne fait pas de doute que の後は 1:9, Il n'y a pas de doute que の後は 1:8 (BÖRJ). nul doute だけ 接 が多いのは文語的であることによる．

① + (*ne*) + 接 : *Nul doute qu'*il *ne fût* ivre. (ARLAND, *Ordre*, 475)「彼が酔っていたことは疑いをいれない」/ *Nul doute qu'*il *eût préparé* ce qu'il avait à dire. (*Thib.* III, 184)「彼が言うべきことを準備していたのは疑いなかった」
② + 直 : *Nul doute qu'*elle *entendra* cet appel. (*Paris-Match*—BÖRJ)「彼女はこの呼び声を聞きつけるに違いない」

3° **sans doute**　assurément の意は古く，その意味ならば今日では sans aucun [nul] doute と言う．普通は probablement, または certes, je vous l'accorde の意．文頭に置くと多く主語倒置: *Sans doute* avait-il la fièvre. (YOURC., *Anna*, 28)「おそらく彼は熱があったのだろう」/ Eh! *sans doute* elle avait raison! (GIDE, *Porte*, 188)「いやおそらく，彼女は正しかったのだ」▶ 倒置: 不倒置 = 8-10 : 5-5 (*List*, 33)
◆ sans doute que + 直 : *Sans doute qu'*il *viendra*.「多分彼は来るよ」⇨ que⁴ VIII. 2°

douter — 1° **douter de qch[qn]**: Je *doute de* sa bonne foi. (H) [J'*en doute*.]「彼の誠実さ[それ]を疑う」/ *Douteriez*-vous *de* cette personne? (*DFC*) [*Douteriez*-vous *de* lui?]「あの人[彼]を疑っているのですか」▶ douter de 不定詞 : Je *doute d'*avoir dit cela.「そんなことを言いましたかね」

2° **douter que** + 接 : Je *doute que* cela *soit* vrai.「それが本当とは思わない」
① **ne pas douter que**　(1) + (ne) + 接 : Il ne *doutait pas que* Michel *n'en fût* peiné. (MAURIAC, *Pharis.*, 137)「Mがそれに心を痛めていることを疑ってはいなかった」/ Thérèse ne *doutait pas que* Noémi *eût souffert*. (*Thib.* II, 240)「ThはNが苦しんだことを疑ってはいなかった」/ Je *ne peux pas douter que* vous *soyez* un homme de parole! (DORIN, *Tournant*, 128)「あなたが約束を守る方であることは疑えません」 (2) + 直 は事実の現実性を強調: Nous *ne pouvions douter qu'*on nous *espionnait*. (VERCORS, *Yeux*, 118)「われわれの動静を探っていることは疑う余地がなかった」
▶ 接 : 直 = 14 : 11.

②***doutez-vous que*** (1)+(ne)+接: *Doutez-vous que* je *ne tombe* malade, si je fais cette imprudence? (AC)「そんな軽はずみをしても私が病気になるとは限らないと思っているのですか」前記①よりさらに 接 が多い．(2)+ 直: *Douterais-tu que* cette main que tu peux toucher *a tué* Cragnasse? (SILVESTRE―G, 999 Rem.1, b)「お前の握れるこの手がCを殺したのを疑うとでもいうのか」

3° ***douter si***+直 古文調: Je *doute* moi-même *si* je n'*ai* pas *rêvé*. (FRANCE―GLLF)「われながら夢をみたのではないかと疑いたくなる」

4° ***se douter de*** qch [*que*+直]: Je *me doutais de* l'effet produit.「そんな結果になると思っていた」/ Je *me doutais qu*'il me *préparais* une surprise pour mon anniversaire. (GLLF)「彼が私の誕生日のために私をびっくりさせるような贈り物を用意しているのは気づいていた」/ Vous *ne vous doutez* même *pas qu*'un jour prochain vous ne me *saluerez* pas. (KESSEL, *Enfants*, 79)「近いうちにぼくに挨拶もしなくなるなんてことは，思いも寄らないのだな」

douteux ― Il est douteux que+接; Il n'est pas douteux que (ne)+直 接 (普通はneなしで 直 接 直=1:22: *Il n'est pas douteux qu'*on *a été* heureux de se débarrasser de ce Cassandre. (VERCORS, *Portrait*, 81)「あのCを厄介払いできて仕合わせだったことは確かだ」

droit ― avoir le droit de 不定詞 〈de 不定詞〉に当たる代名詞enは略し得る: Tu vas donner ces lettres à Véronique? (...) Tu n'as pas le *droit*! (ACHARD, *Patate*, 185)「その手紙をVに渡すの？そんな権利はなくてよ」

droite; gauche ― Suivez cette rue, puis tournez *à droite* [*gauche*].「この通りを行って，それから右［左］に曲がりなさい」/ Il est assis *à* (*la*) *droite* [*gauche*] de son père.「彼は父の右［左］に座っている」/ Asseyez-vous *à ma droite* [*gauche*].「私の右［左］にお座りなさい」(×à droite de moi は不可)/ Vous verrez un hôtel *à*[*sur*] *votre droite*[*gauche*].「右手［左手］にホテルが見えましょう」

drôle ― 限定辞+***drôle de***+名 drôleは形容詞(=bizarre)， 男女同形．普通は〈名+drôle〉．名詞に先立つときは必ずdeをはさむ．限定辞は名詞に一致，複数不定冠詞は de, 〈副+drôle〉も可能: avoir *une drôle d'*idée (=une idée drôle)「妙なことを考える」/ *Quelle drôle d'*idée! (ACHARD, *Patate*, 59)「おかしなことを考えたものだな」/ C'est *un drôle de* nom. ― Oui. Ils ont tous *de drôles de* noms. (VIAN, *Pékin*, 140)「妙な名前ね．―彼らはみんな妙な名前をしているのだ」/ Les hommes ont *de* si *drôles de* goûts. (BEAUV., *Mand.*, 367)「男って妙な趣味があるのね」/ Après *la drôle de* guerre, *une drôle de* paix. (CAYROL, *Hist. maison*, 240-1)「おかしな戦争の後でおかしな平和が訪れた」◆des drôles de は俗用: Tu as *des drôles d'*idées. (SAGAN, *Bonj.*, 109) ⇨ de I. 22°③

◆名詞限定辞の省略: *Drôle de* raisonnement! (ACHARD, *Patate*, 22)「妙な理屈ね」

dru ― La pluie tombe *dru* pendant l'enterrement. (TROYAT, *Flaubert*, 336)「葬式の間雨が降りしきる」ではdru は副詞とみなされて無変化 (AC; TH; *EBF*). ただし主語の属詞と考えて一致も可能: La pluie tombait si *drue*. (BUTOR, *Modif.*, 60; 類例 124, 169) / L'herbe pousse *drue* malgré les cailloux. (SOLLERS, *Parc*, 147)「小石があるにもかかわらず草が密生している」

durant ― 1° ***durant***+期間 pendantより文語的，継続的同時性を表わす: Il restait à rêver *durant* des heures. (*DFC*)「何時間も空想にふけっていた」/ *Durant* ses vacances, il s'est reposé. (*EBF*)「彼は休暇の間，休息した」/ *durant* toute la nuit「ひと晩じゅう」/ *durant* l'année entière「まる1年の間」

2° 期間+***durant*** 継続の観念の強調．durantは現分: Il a disparu une année *durant*. (THIB. II, 93)「1年の間，姿を隠した」/ Il resta ainsi, immobile, un quart d'heure *durant*. (ARLAND, *Ordre*, 258)「15分の間，そうやってじっとしていた」◆多くは期間は1音節の名詞: deux jours [heures, mois] *durant*「2日［2時間，2カ月］の間」/ des heures [des années] *durant*「何時間［何年］も」▶成句: (toute) sa vie *durant*「一生涯」

3° ***durant que***+直 上記の用法よりさらに古めかしく文学的．継続の観念を明示したければpendant tout le temps que+直を用いる．

E

e — 発音. ①[ə] ⇨ e caduc. ②無音: ass*e*oir, dévou*e*ment, joli*e*, mang*e*ons, douc*e*âtre, J*e*an, C*ae*n[kã] ⇨ 下記 eau ③[e]. 無音の d, ds, r, zの前に: pi*e*d, premi*e*r, n*e*z. 外来語: vic*e* v*e*rsa [vis(e)vɛrsa], r*e*volver [revɔlvɛːr] ④[ɛ] (1)③以外の無音子音の前: r*e*gret, asp*e*ct, il *e*st. 例外: *e*t [e] (接続詞), cl*e*f [kle] (2)同音節の有音子音の前: b*e*c, s*e*l, n*e*t, n*e*ttoyer. ⇨ 下記 er, es

é ①[e]: élan. ②[ɛ] (1)例外的: abrégement [abrègement], allégement, allégrement, crémerie, empiétement, événement, je céderai, aimé-je [mɛːʒ], Liége (1946年に Liège が公式の綴りとなった). (2)次の音節に [ɛ]が含まれるとき[ɛ]となることもある: élève [e[ɛ]lɛːv] ⇨ assimilation

è [ɛ(ː)]: père.

ê ①[ɛ]: tête. ②強音節の(狭母音の)前でしばしば[e]: bêtise, têtu, fêlure, fêter.

ë ①[ɛ]: Noël (poëme, poëteなどは1878年のAcadémie辞典でëに改正) ②無音: aiguë.

eau [o]: beau.

ei ①[ɛ(ː)]: peine. ②[aj]または[ɛ]. 独語: Kleist, Reichstag, edelweiss. ▶Leibniz [lɛbnits], Leipzig [lɛpsig]は[lajbnits], [lajptsig] とも.

eî [ɛ]: reître.

eil ①語末[ɛj]: soleil. ②語中[ɛj] (例外的): Meilhac [mɛjak]

eille [ɛj], **eill-** [ɛj]: abeille, meilleur.

eim, ein[ɛ̃(ː)]: Reims [rɛ̃ːs], plein, atteinte.

em ①[ã(ː)]. p, bの前: empereur, décembre. 時にmの前(接頭辞 em-): emmener [ãmne]. ②[ɛm]: indemnité. 外来語: harem, Jérusalem. ③[a]: femme. 副詞の語末-emment [-amã]: violemment. ④[ɛ]. 時にmの前で: dilemme [-lɛm]

en ①[ã(ː)]: tente, science. 時にnの前で: ennui. 接頭辞 en-: ennoblir, enivrer [ãni-], enorgueillir [ãnɔr-] 最後の2例は en-ivrer と切り, liaisonによって[ã+i]の間に[n]を加えたもの. ②[ɛ̃] (1)語末-éen, -ien, -yen: européen, chien, citoyen. ただし, 語末-ient [-jã, -iã]: client. (2) venirとその同変化の動詞の活用形と派生語: viens, reviendra, soutien. (3)その他: examen, appendice. ③[a]. nの前に: solennel. ④[ɛn]. ことに語尾: amen, spécimen. ⑤[ɛ]. 時にnの前で: ennemi, Parisienne. ⑥無音. 動詞の複数3人称の語尾: aim(ent), aimai(ent).

er ①(1)語中で常に[ɛr]: éternel. (2)語末で時に[ɛːr]: amer, cher, fer, fier, hier. 外来語, 固有名(詞): revolver [-vɛːr], Prosper. ②[e]. 語末で: léger, Bérenger. -er動詞 aimer. ③[ɛ]. rの前に: terre. ④[œːr]. 英語: steamer [stimœːr]

es ①無強勢音節で[ɛs]: esprit. ②[e, ɛ] (1) les, des, ces, mes, tes, sesは[e]. [ɛ]は古く, 演説や演劇などで用いる. (2)sの前に: dessin [desɛ̃], presser [prɛse], または同化により [prese] ③[ə]. de-, 接頭辞 re-にsで始まる語が続きsが [z]となることを避けるためにssを用いた場合: dessus [dəsy], dessous; ressembler, ressource (ただし desservir [de-]) ④無音: certes, tu aimes. 複数のs: arbres.

ès (語末) ①一般に[ɛ]: dès, très, succès. ②[ɛs]. ギリシア語・ラテン語: Hermès. 外来語: aloès, londrès. およびpataquès.

eu ①[ø] (1)絶対語末で: dieu, deu(x), queue. (2)無強勢の音節では例外的. [ø]で終わる語の派生語: deuxième, heureusement, feutrer, creuser. その他: jeudi, euphonie. ②[øː]. 最終音節で発音される語末子音(群)の前: berceuse, meute, feutre, leude, Zeus, Polyeucte, Maubeuge. ③[œ] (1)上記①(3)

以外の無勢音節で：abreuvoir. (2)最終音節で[f], [l], [n], [r]＋子音, g [p, b]＋1 の前：neuf, seul, jeune, heurte, aveugle, peuple. ④[œː]. 最終音節で[r], [v]の前：peur, heure, neuve. ⑤[y]. 例外的. avoirの活用形：j'ai eu, j'eus, j'eusse, など.
    eû [øː]：jeûne.
    eun [œ̃]：à jeun.
    ew 外国語. New-York [nujɔrk], Newton [njutɔn]
    ey ①＋子音 [ɛ]：Dreyfus, Ceylan, jockey. ②＋母音 [ɛj]：asseyez-vous, grasseyer.

e caduc ［脱落性のe］── GRAM (115)の用語. e instable「不安定なe」(D-P, I, 178-; GOUG, 29)とも言う. 一般にe muet「無音のe」と呼ばれるが, 発音されることもあるから穏当でない. eは時に無音, 時に弱く[ə]([œ], [ø]に近い)と発音される. 強勢をとることは例外的：Fais-le[lø] entrer.
1° 3子音の法則 (la loi des trois consonnes) eの脱落に関するGRAMMONTの有名な法則. すなわち, eは原則として脱落するが, eを脱落させないために3つの子音が連続するときは脱落しない, というもの. ここに言う子音とは発音される子音のことで子音字のことではない. この原則によって, eの脱落は前後の子音によって決定されることになるから, 語群中のeは辞典の発音に示してある通りになるとは限らない.
①eの脱落：longu(e)ment, naïv(e)té, évén(e)ment, j'étudi(e)rai, fièvr(e).
②[ə]：appartement, fermeté, ornement, propreté (eを落とせば3子音が連続). 同一語のeも前後の語によってあるいは脱落しあるいは発音される：la f(e)nêtr(e) / un(e) fenêtr(e). ▶eを含む音節の続く場合：Ell(e) ne m(e) dit rien. / Vous n(e) le d(e)venez pas. / Qu'est-c(e) que j(e) te f(e)rai?
2° 文頭［リズム段落初頭］**音節のe**
①最初の子音が摩擦音・鼻音・流音の場合
(1)eを含む音節が1つしかなければ脱落する(出だしの音節をとくにはっきり発音させる必要がない限り ⇨ 4°④⑤)：J(e) répondrai. / V(e)nez. / c(e) tableau / N(e) l'oublie pas. / L(e)vez-vous. / R(e)tirez-vous.
(2)eを含む音節が2つ以上続く場合は, 第2音節の子音が閉鎖音ならば, 第2音節のeは[ə]：j(e) te dis / c(e) petit / c(e) que j(e) veux / N(e) te l(e) red(e)mande-t-il jamais?

(3)第2音節も摩擦音・鼻音・流音ならば, 第1音節のeが[ə]となり, 第2音節のeは脱落：Je n(e) sais pas. / Je m(e) suis couché. / Ne m(e) laiss(e) pas. / Rel(e)vez-vous. / le l(e)ver du soleil / Je n(e) me r(e)but(e)rai pas.
②最初の子音が閉鎖音ならば, 普通の発音ではeは[ə]：Que dit(es)-vous? / Debout. / Te l(e) rappell(es)-tu? / Que n(e) veniez-vous?
3° 3子音の連続
①sは[ə]の支えを必要としないばかりか, その前後の子音の支えとなり, 子音＋s＋子音 の連続を許す：lorsque, obscure, texte [kst] / un(e) statue / Je compris tout d(e) suit(e) c(e) que [tskə] c(e)la voulait dir(e). ◆時に4子音が連続する：extrême [kstr], abstrait, une démarch(e) scandaleuse [rʃsk]
②子音＋閉鎖音, f, v＋l, r：arbr(e), pourpr(e), altruism(e), actric(e), j(e) crois, je l(e) trouve, pell(e)t(e)ri(e), pap(e)t(e)rie. -dfl- の例 ⇨ 下記4°⑥
③語末の子音＋l, rの後のeはささやきの音で声帯を振動させない. この場合は次の語頭子音との連続が起こる：Il enfl(e) de c(e) côté-ci. / Aussi sombr(e) qu'un caveau. ただし丁寧な発音では：pauvre femme, 常にquatre-vingts. ◆俗語めいた発音ではl, rをも省いて：quat(re) femmes, un maît(re) d'école, l'aut(re) jour. ▶最近では学校教育と綴り字の影響で, l, rを発音する傾向があり, le, reの脱落は多くパリの俗語 (COH, 325).
④その他：arc de triomphe / Le rest(e) n'import(e) pas. / plus mort(e) que viv(e) / Rest(e) là.
4° 注意 ①有音の**h**の前の**e**は脱落しない：une hach(e). cf. un(e) tach(e).
②*rien*, 語末音節の[-lj-], [-rj-]の前の**e**は脱落しない：Je n'ai besoin de rien. / bachelier / chandelier / nous serions / vous aimeriez.
③*je m(e), je l(e)*, ことに **je n(e)**は固定して前後の音に左右されない傾向がある：Est-c(e) que je l(e) savais [j(e) le savais]? / Tu t'imagin(es) que j(e) n(e) te l(e) demand(e)rai pas. / Si je l(e) pouvais, j(e) le ferais [je l(e) ferais].
④理解されやすく発音する必要から**e**を脱落させないことがある：ce sac / Ne négliger rien. (ss, nnを避けたもの) ▶使用頻度の低い語ほどeを

脱落させないのも同じ理由による：la femelle. cf. la s(e)melle.
⑤ 強意アクセント（⇨ accent I. 3º）を置く音節のeは脱落しない：Je le veux.
⑥ 丁寧な発音では俗語調の発音よりeの脱落は少ない： cf.《俗》I(l) t(e) dit. ◆ある場合には語の意味が荘重な調子を要求し，eを脱落させない：Notre-Dam(e) / Notre-Pèr(e), qui êtes aux cieux. / Couvre-toi de gloir(e). cf. Couvr(e)-toi d(e) flanell(e). cf. GRAM, 115-28; MART, Pron., 150-85; D, Génie, 15-20.

e muet ⇨ 前項 e caduc

échapper — 1º *échapper à* qn [qch]　助動詞は avoir：Il a échappé à Jenny. (Thib. VIII, 126)「Jから逃げ出した」/ Il lui a échappé.「彼女から逃げ出した」/ Rien n'avait échappé à Antoine. (Thib. I, 167)「Aは何一つ見逃さなかった」/ Il s'éclipse, après avoir fait entrer Mme Fano, et un méridional agité dont le nom *m'a échappé*. (BEAUV., Marche, 441)「彼はF夫人と，名前は忘れたがなんとも落着きのない南仏の人を部屋に通すと姿を消した」/ Il a échappé à de graves dangers. (DFC)「彼は非常な危険を免れた」/ Je ne crois d'ailleurs pas que nous y aurions échappé, (...), à notre part de malheur. (GIRAUDOUX, Tessa, 209)「それに自分たちの背負っている不幸から逃げ出せたとは思えません」
◆「うっかりと（言葉を）言ってしまう，（過失を）犯してしまう」の意でも助動詞 être は改まった言い方（DFC），普通は avoir を用いる：Cette phrase lui *était échappée* comme un cri. (GREEN, Epaves, 80)「思わず叫び声をあげるように彼はこの言葉を言ってしまった」/ Pardonnez-moi ces larmes; elles *m'ont échappé*. (MONTHERL., D. Juan III, 1)「涙などお見せしてすみません．われにもなく涙を流してしまったのです」▶ROB は「気づかれない」の意と混同される恐れのない限り，頻繁に avoir を用いると言う．
2º *échapper de*「ある場所から逃げる」の意は古く，s'échapper de を用いる．この意味では古典語では être, 今日では avoir が多いが，動作の完了の結果である状態を表わすときは être が可能：Est-ce qu'on ne va pas nous rattraper quand nous *serons échappées*? (SUPERV., Shéhér. I, 6)「逃げおおせてもまたつかまるんじゃないでしょうか」/ Ils ont échappé [sont échappés] de prison. (H, 350)
◆「災難を免れる」の意も古めかしい：*échapper d'*un naufrage [*d'*un danger] (ROB)「難破して助かる［危険を免れる］」/ Il *en a échappé*. (ROB)「彼は難場を切り抜けた」▶普通には échapper à を用いる．
◆*échapper des mains*「手から落ちる」は常用：La bouteille lui a échappé des mains. (DFC)「彼はうっかりびんを手から落とした」
3º *s'échapper de*：Un faible soupir *s'échappa de* ses lèvres. (Thib. VIII 46)「唇から力のない溜息がもれた」/ Linda *s'échappe de* ses bras. (GIRAUDOUX, Tessa, 75)「Lは彼の腕からのがれる」/ Son carnet était tombé sur le plancher. Une photographie *s'en échappait*. (GASCAR, Herbe, 56)「彼の手帳が床に落ちていた．写真が一枚そこから飛び出していた」
4º 非人称構文：Il lui a échappé un gémissement de douleur. (ROB)「彼はわれにもなく苦痛のうめき声をもらした」/ Il lui échappa de la tutoyer en public. (ROB)「彼はうっかり人の前で彼女のことをお前と言ってしまった」
5º *l'échapper belle*「危ないところをのがれる」は本来は球戯用語で「よい球をのがす，ひどい球をのがれる」の意．本来の意味（l'=la balle）は感じられなくなり Elle *l'a échappé belle*. と過分を無変化につづる．

écouter — écouter + 名 + 不定詞 entendre にならう：J'*écoute* les oiseaux chanter [chanter les oiseaux].; Je les *écoute* chanter.「鳥［彼ら］が歌うのを聞いている」/ J'*écoute* Paul [Je l'*écoute*] chanter une chanson.「P［彼］が歌を歌うのを聞いている」
◆écouter + 名 + qui：J'*écoute* les oiseaux [Je les *écoute*] qui chantent.
◆不定詞の動作主に à [par] + 名 を用いず（MFU, 401），écouter que と言わない点，entendre とは異なる．誤：×J'écoute chanter une chanson à [par] Paul.

effet — *en effet* ① (= en réalité, en fait)：S'il est froid en apparence, il est sensible *en effet*. (C, 271)「外見は冷たいが，実際には感じやすい人だ」
② (= effectivement)：Il a très mal agi. — *En effet*. (C)「彼は最低の振舞いをした．—全くそうだ」

③ (= car) : Son échec n'est pas étonnant; *en effet*, il n'a guère travaillé [il n'a guère travaillé, *en effet*].「彼が失敗したのも不思議はない. ほとんど勉強しなかったのだから」

説明を述べる car よりいっそう論理的考察を述べるにふさわしい. 一般に等位接続詞とみなされるが, 文末に置き文中に挿入し得る点で接続詞になりきっていない. car を用いる場合は2つの節の間の〈;〉を〈,〉に変え, car の後には〈,〉を用いないのが普通.

efforcer (s') — 1° **s'efforcer de** 不定詞 : Il *s'efforce de* me convaincre. (MR)「私を説得しようと努めている」◆同義の s'efforcer à 不定詞 はやや古く (PR), 文学的 (GLLF; COL). S (III, 328) に5例 : J'ai vu une petite fille qui *s'efforçait à* faire du patin à roulettes avec un seul patin. (LE CLÉZIO, *Fièvre*, 94)「一所懸命ローラースケートの片足だけで滑ろうとしている女の子を見かけた」▶ただし, 不定詞の代理辞は y であって en は不可 : Je *m'y efforce*.「そうしようと努める」 cf. contraindre, forcer, obliger.

♦s'efforcer pour 不定詞 (= faire des efforts pour) : les livres des auteurs qui *s'efforcent pour* parler argot (PROUST—ROB)「隠語を話そうと苦心している作家たちの本」▶ N (VI, 232) は現代口語とするが ROUSSEAU の例 (EBF) がある.

2° **s'efforcer à qch** : Il *s'efforce au* calme. (*Thib*. IV, 11)「努めて落ち着こうとする」 ▶ GLLF; Lar. Gr. は文学的, ROB は議論の余地ある新語法とする.

égal — ①**cela [ça] m'[t', lui] est égal que** + 接 「…は私［きみ, 彼］にはどうでもよいことだ」: Naturellement, *cela t'est égal que* je te maudisse? (ANOUILH, *P.R.*, 53)「むろん呪われてもお前は平気だろうが」

②**c'est égal** = quoi qu'il en soit, malgré tout : Il n'est pas venu au rendez-vous; *c'est égal*, il aurait pu donner un coup de téléphone. (DFC)「彼は約束したのに来なかった. それにしても電話ぐらいかけられたろうに」

③**d'égal à égal**「対等に」 男と女, 女同士をくらべるときに女性形を用いることがある : N'était-elle pas capable de lui répondre *d'égale à égal*? (BEAUV., *Sang*, 80)「彼に対等に答えることができなかっただろうか」/ Elle parlait à ces demoiselles (...) presque *d'égale à égale*. (ID., *Mém.*, 93)「あの女性たちにほとんど対等に話していた」/ traiter Renée *d'égal à égale* (ARLAND, *Ordre*, 212)「R を対等に扱う」/ traiter *d'égal à égal* avec qn「人と対等に接する［応待する］」▶ただし発音が変わる égaux は用いられないから, これらの一致は気まぐれにすぎず, すべての場合に無変化が合理的 (EBF; TH).

④**sans égal**「比べもののない, 比類のない」女性名詞に後続するときは女性形をとるほうが普通 : une joie *sans égale* / des perles *sans égales*. ◆女性名詞のあとでも時に sans égal (sans rien d'égal と解したもの) とつづる. 男性複数名詞のあとでは égaux は用いず無変化 : des élans *sans égal*.

⑤**n'avoir d'égal que** : Son talent *n'a d'égal(e) que* sa modestie.「彼の才能に比べられるのは彼の謙虚さだけだ」▶ égale は Seule sa modestie est égale à son talent. と解したもの. ただし, 2つの名詞の数も性も違えば一致は困難だから, いつも中性 égal とつづるのがよい (ROB).

égaler — Deux plus trois *égale* cinq.「2たす3は5に等しい」▶ DH; GLLF は égale を単数につづり, H (357); COL (237) は単数が普通と説く. ただし複数も可能 (PR; H 新; TLF).

élément rythmique [リズム要素] — GRAM (150) の用語. groupe rythmique [リズムグループ［段落］] あるいは mot phonétique [音声的語] (BRUN, 15; VENDR, 62) とも言う. 文はいくつかの統一ある概念を持つ語群から成り, 文の場合の強さと高さのアクセントはこの語群の最後の音節におかれる (⇨ accent I. 1°). この強勢の反復が文のリズムを作る. このような語群をリズム要素と言う. GRAM によれば, フランス語または他国語のただ1つの語で置き換えられるかどうかということが, リズム要素を見分ける手段になるという. 例えば,

Il y avait' une fois' une vieille femme' qui disait' la bonne aventure.

冠詞・所有［指示］形容詞・無強勢代名詞・前置詞などは1要素を形成し得ない. 上例の une vieille femme は青年・老人などと対立する一概念を作る (cf. 軽蔑的表現 vieillarde). un jeune homme, un grand homme など〈形〉+〈名〉の組合せは密接に結ばれて1要素なし, un homme' grand [jeune] は各語が独立して2要素となる.

同一語群でも，文中における意味によって，リズム要素の切り方が異なる．les petits enfants ǀ qui vont à l'écoleではvontは「行く」というはっきりした意味はなくvont à l'écoleで étudientに似た一概念を作り，vont àはliaisonされる．les petits enfantsǀqui vontǀà l'école, [ǀ à la promenade,ǀà la matinée,ǀau Jardin des Plantes]ではvontは独立して「行く」という意がはっきりと感じられる．vontとàはliaisonしない． ⇨intonation

élision [母音字省略, エリジョン] ― (半) 母音で始まり"有音のh"のない語の前で，語末の母音字のa, e, iが脱落する現象．この脱落は通常apostropheで示される: le+or > l'or / je+ai > j'ai.

1° élision が apostropheで示される語
① 冠詞 le, la.
② 代名詞 je, me, te, se, le, la, ce, que: *j'*aime / je *l'*aime / *c'*est. ▶ ただし: Ai-*je* aimé? / Dis-*le* à ton père. / Est-*ce* assez? / *ce* à quoi.
③ 不変化語 de, ne, jusque, que.
　lorsque, puisque, quoique は il(s), elle(s), on, un(e), en, ainsi の前でのみ規則的に apostropheをとる．その他の語の前では不定であるが，élisionしないのが規則．
♦次例は後続語を目立たせる意図による: le souper de deux amis d'une sobriété plus *que* érémitique (GAUTIER, *Hist. romant.*, 32) / parce *que* à elle ça fait tellement de mal (DURAS, *Emily*, 96) / le regard *de* Anne Desbaresdes (ID., *Moderato*, 113; 112 にも)
④ 接続詞 si (il(s) の前でのみ): *s'*il vient. cf. *si* on [elle] vient.
⑤ entre, presque, quelque は合成語の場合のみ apostropheをとる: s'*entr'*aider, *entr'*acte, / *presqu'*île / *quelqu'*un(e). ▶ その他は *entre* autres, *presque* achevé, *quelque* autre とつづるのが普通．

2° 次の語の前では élision は行なわれない
① un (数詞), *oui, *huit, huitaine, huitième, *onze, *onzième, uhlan, ululation, ululement, yacht, ya(c)k, yard, yatagan, yod, yole, youtre, youyou, yucca, など．Yalou, Yang-tsé-kiang, Yémen, Yucatan, など．*印は例外あり，その項参照．なお ⇨ Henri, Henriette, Hugo.
② 単独の文字としての母音字，子音字 f, h, l, m, n, r, s, x: une voyelle autre *que i* / la prononciation *de m* (GRAM, 61) / suivi *de i* ou *de y* (*Ib.*, 64) ▶ ただし: *l'e* muet / *l'h* aspiré / *L's* devient *z* en liaison.
③ 人名の前《俗》 女性の名の前: *la* Adèle (ANOUILH, *Grotte*, 66) / *la* Argentina / *la* Eynaud (D, *Phon.*, 117)「Eのかみさん」⇨ article III. A. 1°
♦一般には élision する: le visage *d'*Anne Desbaresdes (DURAS, *Moderato*, 150) / la mort *d'*André (DÉON, *Déjeuner*, 73)

elle(s) ⇨il(s)

ellipse [省略] ― 聞き手が補い得る文または語群中の1語・数語を省くこと．
① 限定語: dépêche (télégraphique), voiture (automobile), le Bois (de Boulogne).
② 被限定語: (train) rapide, (film) documentaire, à la (mode) française.
③ 前置詞: cousu (à la) main, (à la) fin (de) mai. ⇨ nom V. 1° ②
④ 主語 ⇨ pronom personnel I. 2°
⑤ 目的語: labourer (la terre) / Ouvrez (la porte).
⑥ 動詞: Combien ce livre? / Finies les vacances! ⇨ attribut V. 1° ④
⑦ 主語と動詞: (Je vous donne ma) Parole d'honneur! / (Il n'y a) Pas de chance. / (C'est) Trop tard.　♦簡潔な文語文で: Pas une maison sur la route. / Pas une voiture. / Rien que la forêt de chaque côté. (DHÔTEL, *Pays*, 242)
▶ 接続詞 (相当句) (bien que, quoique, parce que, puisque, など) のあとでも〈主語＋être〉の省略は頻繁．
⑧ 主節: Si vous croyez que ça m'amuse! (vous vous trompez fort) (ACHARD, *Mal*, 144)「それが私におもしろいとでも思っているのかい」⇨ si[1] IV; puisque 5°; quand IV
⑨ 既出の語の省略．同一構文の語群・節の等位・並置で: la langue latine et la (langue) grecque / Le ciel était bleu, la mer (était) violette. (IKOR, *Gr. moy.*, 320) / Il ne savait pas que la terre est si vaste et (que) la vie (est) si courte. (BEAUV., *Tous les h.*, 15)「地球がかくも広く人生がかくも短いことを知らなかった」(estを省けばqueも必ず省かれる) / La mère est morte d'abord, et puis le père (est mort). (DURAS, *Emily*, 70)

▸ 問いの答えで：Où va-t-il? — (Il va) A Paris. / Qu'est-ce que tu dis? — (Je ne dis) Rien.
　　cf. N, V, 13-30; F, *Gr. fautes*, 120-30; BALLY, 159-60

elliptique (phrase) ［省略文］— 動詞が省略された文。⇨ 前項 ellipse ⑥ ⑦

emmener — 1° *emmener* qn + 不定詞 ① 不定詞 = 自動, 代動 : Je vous *emmènerai* danser. (BEAUV., *Mand.*, 275)「踊りに連れていってあげよう」/ J'*emmenai* mon père se promener avec moi. (SAGAN, *Bonj.*, 133)「父をいっしょに散歩に連れていった」◆ 不定詞 の代理辞は y、またはこれを省く：Vous m'*emmènerez* dîner? — Oui, je vous (y) *emmènerai*.「晩御飯を食べに連れてって下さる？—ええ、連れてってあげますよ」⇨ y II. 1°
◆代名動詞の不定詞の se は時として略される：Je vais t'*emmener* promener à bicyclette. (BEAUV., *Mand.*, 454)「自転車で散歩に連れていってあげようか」
② 不定詞 = 他動 + 直・目 : Elle *emmenait* Jean voir ses pauvres. (ID., *Sang*, 10)「彼女の貧乏人たちを見せにJを連れていった」/ Il l'*emmenait* répéter une pièce de marionnette. (ID., *Inv.*, 210)「人形劇のリハーサルをしに彼女を連れていった」/ Il l'*emmena* les voir. (VERCORS, *Anim.*, 109)「それを見に彼を連れていった」
2° *emmener* qn *pour* 不定詞 : Françoise m'*emmena* dans sa chambre *pour* me faire essayer un de ses manteaux. (SAGAN, *Sourire*, 139)「Fは自分のコートの一つを私に着てみさせるために、彼女の部屋に私を連れていった」

empêcher — 1° *empêcher* qn *de* 不定詞 : Tu m'*empêches de* travailler.「仕事のじゃまになるよ」/ Une panne de voiture m'*a empêché de* partir. (DB)「車が故障したので出発できなかった」▸ en = de 不定詞 は省略可能： ... m'(en) a empêché.
2° *empêcher* qch [*de* 不定詞] : Ses parents ont *empêché* son mariage. (DB)「両親が彼の結婚を妨げた」/ La pluie *empêche d'*aller se promener. (AC)「雨で散歩に行けない」◆間・目を伴う empêcher qch à qn、empêcher à qn *de* 不定詞 は古い構文。×Il nous *empêche* l'accès de cette maison.「彼はわれわれがこの家に入れないようにする」の代わりに Il nous

défend [interdit]...と言う (TH).
3° *empêcher que* + (*ne*) + 接 主節が肯定ならば改まった文体では虚辞 ne の使用を勧める文法家が多い (MART, 567; TH) : Il a essayé d'*empêcher que* la nouvelle (*ne*) se répande. (DFC)「この知らせが広まるのを防ごうとした」/ Des rochers *empêchaient* qu'on les vît du plateau. (CASTILLOU, *Etna*, 227)「岩にさえぎられて高原からは彼らの姿が見えなかった」◆主節が否定または疑問ならば ne の使用は自由：Je n'*empêcherai* pas qu'il (*ne*) fasse ce qu'il voudra. (AC)「彼がしたいことをするのを妨げはしない」▸ ne の用例は文語でも次第にまれになる. cf. GA, 98.
◆ne pas empêcher que + 直 下記 4° ②になった構文. まれ：Quoi que je fasse, je n'*empêcherai pas que* dans l'esprit de la totalité des hommes, il y a l'image du cadavre de Robinson. (TOURNIER, *Vendr.*, 108)「私が何をしようと、すべての人間の頭の中にRの屍の映像が存在するのを防止することはできまい」
4° *cela* [*ça*] *n'empêche pas que*
① + 接 : Ça n'*empêche pas qu'*elle soit désespérée. (SARTRE, *Age*, 69)「それでも絶望せずにはいられまい」◆まれに虚辞 ne を添えて：Ça, n'*empêche pas qu'*en général il *n'*ait un vrai souci des autres. (BEAUV., *Mand.*, 189)「それでも大体において彼は、他人のことを本気で心配せずにはいられない」
② + 直 現実の事実：Cela n'*empêche pas qu'*il y est allé.「それでも彼はそこに行った」▸ 従属節は独立節の価値を持つ. Cela n'empêche pas que = malgré cela, et cependant.
5° (*il*) *n'empêche que* + 直 上記 4° ② と同じ用法：N'*empêche qu'*il fait rudement froid! (ANOUILH, *Becket*, 170)「それにしてもえらく寒いな」/ Tu ne le connais pas! — Il n'*empêche que* je pense à lui. (ROUSSIN, *Nina*, 227)「彼を知らないくせに。—それでも彼のことが気になるのさ」
◆(Il) n'empêche! *de* 不定詞, *que* の省略形：Une fois mort, mon opinion aura peu d'importance. — *Il n'empêche!* (*Ib.*, 190)「ぼくが死んでしまえば、ぼくの意見などかまわんでしょう。—そうはいきません」

emprunt ［借用］— 新概念を表わす語を他の

言語から借用すること．新思想，新しい品物と共に語が輸入されるのが普通．借用語は大部分が名詞．形容詞・動詞はまれ．借用の際に発音も綴りも仏語化されることが多い: riding coat > redingote / sport [spɔːr] / highlander [ajlɑ̃dœːr]．借用語はその語の表わす全部の意味を伝えるのではなく，多くは1つの意味に限られる．仏語は独・伊・西・アラブ・英など，歴史の流れにつれて接触した国々から多数の語を借用した．民間の借用とは別に，学者がギリシア語・ラテン語から採り入れた語も多い．

en¹ ── 冠 古仏語では広く用いられて定冠詞と縮約された: en+le > ou / en+les > es. ou は類似の発音の au (= à + le) と混同されて16世紀に消滅．es も特別な場合以外は伝わらない．en la は18世紀には古文調．今日では多く dans に代えられる．

I. dans / en 原則的には en は無冠詞名詞・代名詞の前に，dans は冠詞，指示 [所有] 形容詞の前に用いられるが，古い語法の名残りをとどめる成句が残り，en を復活する傾向も見られるから，両者の区別は不明瞭．

1° **無冠詞名詞** en が用いられる最も普通の場合．場所: *en* France / *en* bateau (⇨ à I. 10°) / mettre qn *en* prison「投獄する」/ habiter *en* banlieue「郊外に住む」

▶de... en...: *de* fleur *en* fleur「花から花へ」/ *de* jour *en* jour「日ましに」

▶sur の意: mourir *en* croix「十字架上で死ぬ」/ portrait *en* pied「全身像」/ avoir le casque *en* tête「頭にヘルメットをかぶっている」

▶時: *en* janvier / *en* été / *en* 1956.

▶状態: arbres *en* fleurs「花盛りの木々」/ être *en* larmes / *en* deuil / *en* bonne santé / *en* lambeaux.

▶材料: montre *en* or ⇨ de I. 9°

▶手段・道具: se ruiner *en* folles dépenses「バカな金遣いをして破産する」

▶属詞 (= comme): agir *en* soldat「兵士らしい行動をする」

2° **人名** 人そのものを表わすときは en または dans: J'apercevais *dans* Eléonore la privation de tous les succès... (CONSTANT, *Adolphe* VII)「何一つ成功を得られなかった原因をEのうちに認めた」

▶作品を表わすときは dans: Je viens de lire *dans* Tacitus une petite phrase qui... (GIDE, *Interv.*, 110)「私はTの作品の中である短い文を読んだところです」

3° **定冠詞 + 名** dans が普通．en は成句に残る．

en l': *en l'*absence de「…がいないときに」/ *en l'*air「空中に」/ *en l'*an 43「43年に」/ *en l'*espace de「…の間に」/ *en l'*état「あるがままの状態に」/ *en l'*état où je suis「私の状態では」/ *en l'*honneur de「…のために；…に敬意を表して」/ *en l'*occurrence「この場合」，など．

en la: *en la* circonstance「こういう状況で」/ *en la* demeure「遅れれば；遅れたとて」，など．

▶*en la*, *en l'* は文語でも用いる: Elle croyait *en* Dieu et *en la* vie éternelle. (MAUROIS, *Lélia*, 43)「神と永遠の生とを信じていた」/ D'autres saluent *en l'*auteur de ce recueil un membre de la grande famille des Vigny... (CHAIGNE, *Vies et œuv.*, 20)「ほかの人たちはこの選集の著者をVに連なる名門の1人としてたたえる」

en le, *en les* は古仏語で縮約されたから成句は残らない．19世紀末から好んでこれを用いる作家が現われたが，正用と認められていない．この場合には au(x)，または dans le(s) を用いる．

4° **不定冠詞 [所有 [指示] 形容詞] + 名** dans が普通 (*dans* un [ce, mon] livre) であるが，en の用例も多い: *en* de nombreux cas (MAUROIS, *Sent.*, 81)「多くの場合」/ Je sentais *en* mon corps une puissance étrange. (SARTRE, *Mur*, 79)「わが身に不思議な力を感じた」/ *en* ces régions (BEAUV., *Tous les h.*, 209)「これらの地方に」

▶次の場合には en のみを用いる: *en* mon absence (< en l'absence de)「私の留守中に」/ *en* sa faveur (< en faveur de)「彼のために」/ *en* cette qualité (< en qualité de)「この資格で」

5° **不定 [疑問] 形容詞** dans, en の用法は不定: *dans* [*en*] chaque [aucun] cas「どの [どんな] 場合にも」/ *dans* [*en*] quelque livre「ある本で」 ▶成句: *en* quelque sorte「いわば」/ *en* même temps「同時に」/ *en* tout cas「いずれにしても」/ *en* toute hâte [liberté]「大急ぎで [全く自由に]」，など．

♦*En* [*Dans*] quel mois?「何月に」/ *En* [*Dans*] quel état?「どんな状態に」/ *En* quelle année?「何年に」/ *En* quel siècle?「何世紀に」/ *En* quelle couleur le peindrez-vous?

「どんな色に塗りますか」(cf. peindre *en* vert「緑色に塗る」) / *Dans* quelle mesure?「どの程度に」(cf. *dans* la mesure de) / *Dans* quel but?「何の目的で」(cf. *dans* le but de)

6° **強勢形人称代名詞**　en が普通: Tous les charmes de la maturité semblaient réunis *en elle*, ce soir-là. (SAGAN, *Bonj.*, 55)「その晩, 成熟した女のあらゆる魅力が彼女のうちに集められたかのように思われた」/ Il y avait *en moi* quelque chose qui vous fascinait. (DURAS, *Détruire*, 128)「僕のうちには何かしらあなたを魅惑するものがあったのです」▶dans の使用は例外的: Ça m'a fait mal *dans moi*. (ANOUILH, *P.B.*, 346)「心のうちが苦しかったのです」

7° **期間を表わす語**: *en* deux heures「2 時間で[かかって]」/ *dans* deux heures「2 時間後に」/ *dans les* deux heures「2 時間以内に」

II. ***en ce que***: Le roman de Roger Vailland est toutefois émouvant *en ce qu*'il obéit gauchement aux règles du genre que nous venons de définir. (NADEAU, *Litt. prés.*, 234)「V の小説は, しかしながら, われわれが今しがた定義したこのジャンルの規則に不器用に従っている点で心を打つ」

en² [人称代名詞] ── いつも動詞と接合. 肯定命令文のほかは動詞に先行, 無強勢, 後続母音とリエゾンされる: J'*en*_ai.　▶肯定命令文では動詞に後続して強勢をとり, 次の語とリエゾンされない. 母音字で終わる命令形には s を添えてリエゾンさせる: Parles_-en¦ à Paul.

　本来は場所の副詞. 早くから(代)名詞, 不定詞, 節の代理語となり, GLLF; DB; ROB; W-P; PINCHON は副詞的代名詞 (pronom adverbial) と称し, DFC; Lex は de là の意味の en を副詞, その他の用法の en を人称代名詞に分類する.

I. 名詞の代理

1° **動詞の補語**　①**場所の状況補語** (= de là, de cet endroit): Vient-il de la ville? ─ Oui, il *en* vient. (AC)「彼は町から来たのですか.─ええ, 町から来たのです」/ Une voiture s'arrêta devant lui, Paule *en* descendit, seule. (SAGAN, *Brahms*, 96)「1 台の車が彼の前で止まり, 中から P が一人で降りてきた」

②**直・目, 非人称構文の実主語**　du [de la, de l', des] + 名, 否定文の de + 名 の代理: Il achète *du pain* [*des livres*]. > Il *en* achète. / Il y a *du pain* [*des livres*]. > Il y *en* a.

en が代理する語は**前の節で同じ形で現われるとは限らない**: Avez-vous *de l'argent*? ─ Je n'*en* ai presque plus. (BEAUV., *Tous les h.*, 44) (en = d'argent)「お金があって?─もうほとんどないよ」/ Elle n'aime pas du tout *le whisky*, mais elle *en* boit pour te faire plaisir. (VAILLAND, *Fête*, 47) (en = du whisky)「彼女はウィスキーなどちっとも好きじゃない. でも, きみを喜ばせるために飲んでいるんだ」/ C'est *un succès* comme jamais je n'*en* ai vu! (GIRAUDOUX, *Tessa*, 242)「わたしが今まで見たことのないような大成功だ」◆前節の無冠詞名詞の代理: Pourquoi ce qui est sans *intérêt* pour toi *en* aurait-il pour moi? (BEAUV., *Tous le h.*, 235) (en=de l'intérêt)「きみに興味がないことが, ぼくに興味があるはずはないでしょう」▶中性の le, en, y, où のほかは無冠詞名詞の代理はできない.

　主語となる〈**不定冠詞**[**部分冠詞**] + 名〉は il(s), elle(s) でも en でも代理できないから, Des invités arrivent. > Il arrive des invités. (非人称構文) > Il *en* arrive. となる. ただし非人称構文は動詞の制約がきびしく, 自由には作れない. ⇨ il impersonnel II. 1°, 2°②

　en と過分の一致　一般には en を中性語とみなして過分は無変化: Si elle a eu des torts, j'*en* ai *eu* moi aussi. (BEAUV., *Inv.*, 409) (en = des torts)「彼女によくない点があったにしても, ぼくにもあったのだ」◆en を修飾する形容詞は en が代理する語の性・数に一致し, en を先行詞とする qui のあとの動詞もその数に一致するから en を中性とみなす根拠は乏しく, 文語では過分の発音が変わっても一致させた例がある (例外的): une immense muraille telle que les hommes n'*en* ont jamais *construite* (GREEN─G, 795 a, N.B.)「人間がいまだかつて築いたことのないような巨大な城壁」▶大部分の場合, 一致は綴りだけの問題で, いつも無変化にすることができる. cf. MART, 482.

③〈***de*** + 名〉**に代わる動詞の補語**: Il parle *de cette question*. > Il *en* parle.「彼はその問題の話をしている>その話をしている」/ J'ai besoin *de ce livre*. > J'*en* ai besoin.「私はこの本が必要だ>それが必要だ」/ On vit ses yeux. Toute expression *en* avait disparu. (DURAS, *Moderato*, 23) (= de ses yeux)「目を見た. 全く生気が失われていた」▶無冠詞名詞を受けて: Il change *d'avis*.「意見を変え

en²

る」> Il *en* change.
手段: Elles (= ces fleurs) plaisaient à Eliane qui *en* ornait souvent la cheminée de la bibliothèque. (GREEN, *Epaves*, 167) (en = de fleurs)「それは書斎の暖炉棚をよく花で飾っていたEの気に入った」
原因: Vous souffrez *de tachycardie* comme tout le monde, et personne n'*en* meurt. (DÉON, *Taxi*, 243)「世間並みに頻脈で苦しんでおられるが、それで死ぬ人は誰もいませんよ」
所属: Il y a des malades qui ne veulent pas guérir. *En* êtes-vous? (*Ib.*, 241)「なおりたがらない病人がいるが、あなたもその仲間ですか」
***en* = *sur* + 名** s'expliquer, dire, raisonner, écrire などの後の〈sur + 名〉はenで代理する: Je voudrais que vous vous *en* expliquiez longuement. (COCTEAU — PINCHON, 305)「それについて詳細に意見を伺いたい」/ Il m'étonne que personne n'*en* ait écrit. (ARAGON—ID., 306)「誰もそれについて書かなかったとは意外だ」
▶ 慣用句: à l'*en* croire「彼の言葉を信じるなら」
④ **属詞** c'estと共に (まれ): De loin, il avait cru voir des flammes et c'*en* étaient. (PINCHON, *FDM*, nº 75, 27)「遠くから炎が見えたように思えたが、やはりそうだった」 ◆C'*en* sont. の代わりに多くは C'*en* est. を用いる(cf. ROB): On dirait des branches qui craquent. — C'*en* est! (GYP—S, I, 145)「まるで枝がぽきぽき折れる音だ．—ほんとに枝なんだよ」
2º 名詞の補語 広義に解した所有の観念を表わす。
① **名詞は主語**: Je vois la [une] maison, *le toit en* est rouge. (GROSS, 24) (en = de cette maison)「その[1軒の]家が見える．屋根は赤い」/ Cette église m'attristait et *les pierres noires* m'*en* paraissaient sinistres. (GREEN, *Voyageur*, 12)「その教会は私を暗い気持にさせた．その黒い石が私には不気味に思われた」
◆ 不定冠詞 + 主語名詞: Le rire cesse. Mais *des traces en* restent dans les yeux. (DURAS, *Détruire*, 85)「笑いがやむ．だが、その名残りが目の中に残っている」
◆ 動詞は être, paraître, 受身形, 一部の自動詞・代名動詞に限られるほか、enの使用は制限を受ける． ⇨ adjectif possessif VII
② **名詞は直・目**: Son chant avait un accent si mélancolique que je voulus *en* saisir *les paroles*. (BEAUV., *Tous les h.*, 210)「その歌は非常に哀調を帯びていたので、歌詞を聞きとりたくなった」
♦ 〈不定冠詞 + 名〉の補語: Je ne découvre jamais ses livres dans leur fraîcheur, j'*en* ai lu *des brouillons*. (ID., *Compte*, 54)「私は新鮮なうちに彼の本に初めて接することは決してない．その草稿をいくつか読んでいるのだ」
③ **名詞は属詞**: Il est le propriétaire de cette maison. > Il *en* est *le propriétaire*. / Nous entrions à *l'Eperon* pour nous désaltérer. Reginald *en* était devenu *un habitué*. (DÉON, *Taxi*, 228)「われわれはのどを潤すためにEによく入った．Rはそこの常連になっていた」
3º 不定代名詞, 名詞的用法の数詞・数量副詞の補語: J'ai *deux* [*plusieurs*] amis. > J'*en* ai *deux* [*plusieurs*]. / Il n'a fait *aucune* faute. > Il n'*en* a fait *aucune*. / Il a *beaucoup de* livres. > Il *en* a *beaucoup*.

Roger devait venir à neuf heures; il *en* était sept. (SAGAN, *Brahms*, 12) (= il était 7 heures)「Rは9時にくることになっていた．今は7時だった」/ Maintenant le concert est manqué. — Il y *en* aura *d'autres*. (BEAUV., *Tous les h.*, 61) (= d'autres concerts)「これで音楽会は行きそこなったな．—ほかのがありますよ」/ On dirait un tabouret de piano. — C'*en* est *un*. (SARTRE, *Mains* IV, 1) (= un tabouret de piano)「ピアノの椅子みたいね．—実はそうなんだ」◆enを用いた場合、数詞・不定形容詞は代名詞化され、enはその補語となる．それゆえ、quelquesのように代名詞になれない語はそのままではenとは用いられず、それに対応する代名詞を用いなければならない: Je connais *quelques* médicins. > J'*en* connais *quelques-uns*.
♦ 数詞, 不定代名詞が直・目, 実主語となるときにはenが必要だが、主語となるときはenは用いられない: Quelques-uns sont venus. 「そのいくたりかが来た」 cf. ˣQuelques-uns en sont venus. ▶〈動 + 主語〉の語順ではenが用いられる: A chaque prière *en* succédait une autre, plus ardente. (YOURC., *Anna*, 84)「祈りのたびに、もっと熱烈な祈りが続いた」

4° 属詞となる形容詞の補語: Il ne manque pas d'hôtels, la ville *en* est *pleine*. (ROB) (= pleine d'hôtels)「ホテルには事欠かない．町にはいっぱいある」

5° ⟨名+修飾語⟩の名詞の代理
① *du* [*des*] + 名 + 補語名詞 まれ: Si je peux vous servir de l'essence de fenouil? (...) Messire, j'*en* ai même *de plusieurs fabriques*. (QUENEAU, *Fleurs*, 29)「ういきょうのエキスを出せるかと仰せで？（…）お殿さま，いろいろの製造元のさえございます」

② *du* [*des*] + 名 + 関係代名詞: Depuis ton veuvage, tu as eu des amants? — Je n'*en* ai pas rencontré *qui* m'ait aimée. (ANOUILH, *P.R.*, 44) (= Je n'ai pas rencontré d'amant qui...)「夫をなくしてから，恋人を作ったの？—わたしを愛してくれるような恋人にめぐり合わなかったわ」 ◆この構文のenは表現されていないdes gensに代わり得る: Y *en* a (= Il y en a) vraiment qui ont du temps à perdre. (DORIN, *Tournant*, 17)「本当に暇人もいるもんだ」/ J'*en* connais qui regardent leurs vignes et qui pleurent d'*émotion*. (GARY, *Cerfs*, 181)「自分のぶどう畑を眺めて感激のあまり涙を流す人たちを知っています」 ▶その他: j'*en* sais qui / il *en* est qui (PINCHON, 98)

③ *du* [*des*] + 名 + 形 : Une foule de souvenirs me revinrent, pêle-mêle. Il y *en* avait *de* bons et *de* mauvais. (SARTRE, *Mur*, 25) (= de bons et de mauvais souvenirs)「いろいろな思い出がごっちゃになって頭に浮かんできた．よい思い出もあればいやな思い出もあった」/ On dirait qu'il n'y a pas de besogne plus pressée à la maison. — Sûrement qu'il y *en* a *de plus pressée*. (AYMÉ, *Jument*, 43) (= de la besogne plus pressés)「家にはこれより急ぎの仕事はないみたいだな．—もっと急ぎの仕事は，そりゃあるだ」

④ 数詞 + 名 + 形 : Avez-vous des chambres libres? — Oui, j'*en* ai *une* (*de*) *libre* [j'*en* ai *trois* (*de*) *libres*].「あいている部屋がありますか．—はい，あいているのが1つ[3つ]ございます」

6° *en* / *de lui, d'eux, d'elle*(*s*), *de moi* など
enは数量語の補語，⟨des + 名⟩ の代理としては人を表わすためにも必要: Avez-vous des amis? — Oui, j'*en* ai (beaucoup). ⇨ 上記 1° ③, 3°, 5° ④

enが ⟨de+事物名詞 [不定冠]⟩ あるいは節全体を表わし得る用法では，人については原則として ⟨de+人称代名詞⟩ を用いる: J'*en* parle. [Je parle *de lui*.]「その[彼の]話をしている」/ J'*en* doute. [Je doute *de lui*.]「それ[彼]は疑わしい」

しかし，*en* の代理する語が直前にあって，人を表わすことが明らかなときには人の代理をすることもまれではない．ことに口語: Tu t'occuperas *d'elle*? — Nous nous *en* occuperons ensemble. (BEAUV., *Tous les h.*, 293) (d'elleの反復を避ける)「あなたがこの子の世話をしてよ．—いっしょに世話をしようよ」/ Papa ne parle certainement pas *de M. Carradine*. — J'*en* parle! (ACHARD, *Patate*, 163)「パパはむろんCのことを言っているのじゃないわ．—やつのことを言ってるんだ」/ Il avait de l'affection pour *son fils aîné*; il *en* était fier. (*Thib.* I, 20)「彼は長男に愛情を抱いていた．長男が自慢の種だった」/ Je me mis à rire avec *lui*. Il fallait m'*en* faire un ami. (SAGAN, *Sourire*, 19)「私は彼といっしょに笑いだした．彼を友だちにしなければならない」（ことに多い構文）▶転位要素の代理: *Celui-là*, j'*en* fais ce que je veux. (ANOUILH, *Alouette*, 51)「あの人なら，わたしの思いどおりにできます」/ *La petite* d'en face, qu'est-ce que tu *en* penses? (CLAIR, 264)「向かいの娘，きみあの子をどう思う？」◆1・2人称の代理をするときは，多くは前の節に de moi, de toi などが表現される: Ne parlons pas *de moi*, veux-tu? — Mais si, parlons-*en*. (S, I, 142) (= parlons de toi)「わたしの話はやめよう，いいかね．—いや，話そうよ」/ Non seulement il se fout *de nous*, mais il exige que son laquais s'*en* foute aussi. (ACHARD, *Patate*, 18)「あいつはわれわれのことをばかにするだけじゃなく，召使いにもそうしろと命じているんだ」

▶動作主補語．文語．古めかしい (*PR*): Ce vainqueur continuait d'aimer *les femmes*; il *en* fut aimé. (MAUROIS, *Lélia*, 15)「この勝利者は女たちを愛し続け，女たちから愛された」

II. 不定詞・節の代理
1° 前の節の不定詞（+補語），節全体の代理をして，動詞・名詞・形容詞の補語となる: Je ne puis écrire que lorsque j'*en* ai envie. (GREEN, *Journal* V, 140) (en=d'écrire)「私は書きたいと思うときでなければ書くことはできな

い」/ Elle est ici avec d'autres papiers qu'un jour tu pourras lire si l'envie t'*en* prend. (DÉON, *Déjeuner*, 78) (en = de lire ces papiers)「彼女はほかの書類も持ってきているから、いつかその気になったら読んでみたらいい」/ Si je vous ai blessé, je m'*en* excuse mille fois. (SAGAN, *Violons*, 58) (en = de vous avoir blessé)「お気にさわったら、いくえにもお詫びします」/ On dirait que j'ai commis un crime. — Tu n'*en* es pas loin. (COCTEAU, *Par. terr.* I, 3) (en = d'avoir commis un crime.)「まるでぼくが罪を犯したみたいだ。—そんなようなものじゃないか」/ On travaille tant qu'on *en* oublie d'aimer. (CAMUS, *Peste*, 97) (en = à force de travailler)「働きに働いて、その挙句愛することも忘れてしまう」/ Cela m'était égal d'être son copain et il avait vraiment l'air d'*en* avoir envie. (ID., *Etr.*, 51) (en = que je sois son copain)「彼の仲間になろうとなるまいと私にはどうでもいいことだったが、彼は私が仲間になることを本気で望んでいる様子だった」

① ***de*** + 不定詞 を *en* で代理できるのは、不定詞の代わりに名詞を用いても 〈動〉+de+ 名 〉となる動詞だけである：Il vous remercie de votre visite [d'être venu]. > Il vous *en* remercie. 「彼はあなたが訪ねて［来て］くれたことを感謝している＞彼はそれを感謝している」

② 〈 動 + 名 〉型の他動詞は不定詞を目的語とするとき 〈 動 + de 不定詞 〉の構成をとっても *de* 不定詞 の代理辞は *le* である：On lui conseille de se soigner. > On *le* lui conseille.「彼は養生することを勧められている＞彼はそれを勧められている」⇨ le neutre I. 1°①

③ 〈 動 + *que* 〉〈être+ 形 + *que*〉の *que* 以下を *en* で代理するのは 〈 動 + de 不定詞 〉〈être + 形 +de 不定詞 〉の構文が成り立つときだけである：Je suis sûr qu'il viendra. > J'*en* suis sûr.「きっと彼は来る＞確かにそうだ」

2° *en* **の省略**　動詞の種類により en の省略は必要・自由・不可能．cf.『ノート』84-9．

① *en* の省略が必要な動詞： se dépêcher [se hâter, tâcher, faire semblant] de 不定詞　各語参照．

② *en* の使用が任意の場合　省略はくだけた会話： avoir le pouvoir [le droit, le temps, l'habitude] / il est temps / avoir envie / se rendre compte, se souvenir / n'avoir garde / se retenir, s'abstenir / blâmer [féliciter,

excuser, avertir, prier, empêcher, dissuader, prévenir, remercier] qn, など： Je vous (*en*) remercie [félicite].「ありがとう［おめでとう］」/ Il faut l'empoigner. A nous deux aurons-nous la force? (COCTEAU, *Machine* II, 9)「あの男をつかまえなければだめだわ．2人でその力があるかしら」

③ *en* の省略が不可能な場合　〈de+ 名 〉の有無で意味が違う動詞： Il s'était trompé et il s'*en* est aperçu. (PINCHON, *FDM*, n° 75, 30)「彼は思い違いをし、それに気がついた」/ Je vous *en* réponds.「それは請け合います」◆その他： se charger de 「…することを引き受ける」/ s'occuper de 「…することを仕事とする」

III. 転位要素の代理

1° 文頭転位： Ta volonté de régner, tu es le premier à *en* souffrir! (GÉRALDY, *Rob. et Mar.* III, 5)「あなたの支配欲、あなたが最初にその被害を受けているのです」/ Courir les agences, visiter des villas, je n'*en* avais guère le goût. (BEAUV., *Mand.*, 195)「不動産屋を回って別荘を見て歩く、私にはそんな趣味はなかった」/ Qu'il y eût en tout être, et en lui d'abord, un paranoïaque, il *en* était assuré depuis longtemps. (MALRAUX, *Cond.*, 83)「あらゆる人間のうちに、しかもまず彼のうちに、妄想症患者がひそんでいることは、彼はずっと前から確信していた」

間接補語となる文頭の〈*de*+ 名 ［ 代 ］〉は *en* で受けないのが原則： De cela je suis sûre. (GIRAUDOUX, *Folle*, 164)「それは確かだわ」（上例にならえば Cela, j'*en* suis sûre.）/ De linge, de vêtements, je n'aurai pas besoin avant longtemps. (SARTRE, *Nausée*, 215)「下着も衣類も当分は必要がなかろう」◆ただし、直・目や実主語となる en の使用は必要： Et *de la viande*, est-ce que tu *en* manges? (GIRAUDOUX, *Judith* I, 3)「肉なら食べる?」/ Des visages tels il n'*en* manquait pas. (BOSCO—PINCHON, 319)「そんな顔はざらにあった」

2° 文末転位

① *en... de* + 名 ： Il ne doit plus s'*en* souvenir beaucoup, *de* sa devise. (DORIN, *Tournant*, 44)「もはや自分のモットーもそう覚えていないに違いない」/ Il disait qu'à la vérité, je n'*en* avais point, *d'*âme. (CAMUS, *Etr.*, 143)「実際のところ私には心情なんかないのだと

彼は言っていた」
② **en... du** [des]+名 一見二重表現のようだが, 数量の強調, 性質の情意的表現： *En voilà, des* bagages! (GIRAUDOUX, *Tessa*, 1)「あら, 大変な荷物だこと」 / Tu *en* a mis *du* temps à venir! (TROYAT, *Marie*, 17)「来るのにずいぶん暇取ったね」 / *En* voilà *des* manières. (CLAIR, 197)「「ぶつかられた婦人が」まあ乱暴な」 / Vous *en* faites *des* figures. (COCTEAU, *Par. terr.* I, 3)「みんななんて顔をしているんです」

3º 俗語法
① **en...** 数量副詞+*des*+名 ： Et vous ne croyez pas qu'il y *en* a *assez* comme ça *des* romans? (QUENEAU, *Fleurs*, 152)「そんな小説ははいて捨てるほどあるとは思わない？」 / Il y *en* a *plein des* exemples comme ça, dans sa pièce. (DORIN, *Tournant*, 70)「彼の戯曲にはそんな例は山ほどある」 (⇨ plein 2º) ▶ 前記 2º ①に従えば J'*en* ai trop vu, *d'*évêques! (ANOUILH, *Becket*, 92)「見飽きたね, 司教なんぞは」

② **en... un** [un autre], **de**+名 ： Ils *en* font *un, de* tapage. (S, I, 152)「彼らは大騒ぎをしている」 / Faut que je m'*en* procure *une autre, de* femme. (QUENEAU, *Fleurs*, 77)「別の女を手に入れなけりゃならん」

③ **en... un**+名 ： *En* voilà *une* histoire. (ROUSSIN, *Enfant*, 211)「それは困ったことになりましたね」 / Vous *en* avez *une* santé. (VIAN, *Pékin*, 33)「健康にあふれていますね」 / T'*en* as *un* beau foulard! (CLAIR, 383)「りっぱなマフラーしてるのね」 ◆S (I, 152) は前記 2º ②の En voilà des idées!「とんでもない考えだ」の類推で En voilà une idée! が作られ, en は明確な意味を持たなくなったと言う.

▶ 次例の〈, 〉は上の②にならったもの： Il m'a habitué à en avoir un, patron. (ANOUILH, *P.R.*, 179)「主人を持つことに慣らされてしまったのだ」

IV. *en* の使用制限
1º 動詞がなければ用いられない：Paul a seize ans et Marie douze.「Pは16歳でMは12だ」 ▶ 動詞を加えると et Marie *en* a douze (en は必要).

2º 〈前〉+名 **の補語にはなれない**：Je voulais te mettre au courant.(ROUSSIN, *Enfant*, 170)「お前に知らせておきたかったのだ」 (mettre qn au courant *de* だが ×t'*en* mettre au courant とはしない)

◆Il suffirait d'un après-midi pour *en* venir à bout. (BUTOR, *Degrés*, 107)「午後の半日もあればやれるだろう」（無冠詞名詞による熟語 venir à bout de＝achever だから en は可能）

3º 2つの *en* の併用は不可 (PINCHON, *FDM*, nº 76, 20). Il rapporte des fruits du marché.「市場から果物を持ち帰る」から Il en (＝des fruits) rapporte du marché. Il en (＝du marché) rapporte des fruits. を作れるが ×Il en en rapporte. は不可.

4º 従属関係にある2つの語を同時に代名詞化できない (*Ib.*, 21). Pierre peindra la grille du jardin.「Pは庭の鉄柵にペンキを塗るだろう」からP. la (＝la grille du jardin) peindra. P. en (＝du jardin) peindra la grille. を作れるが, ×P. l'en peindra. は不可.

enclitique ［前接語］— 先行する語と密接に結ばれ, その一部のように発音される無強勢語： Que dis-*je*? Qu'est-*ce*? ⇨ proclitique

encore — **1º 継続** (＝ toujours)：Il est [était, sera] *encore* là.「まだそこにいる［いた, いるだろう］」 ▶ 否定は ne... plus.
◆〈encore +形〉または〈形+ encore〉： une femme *encore* jeune「まだ若い女」 / un visage enfantin *encore*「まだ子供らしい顔」

2º 反復 (＝ de nouveau) 複合時制との語順：Il a *encore* répété que c'était un malheur. (CAMUS, *Etr.*, 131)「不幸なことだとまた繰り返して言った」 まれに： Mais le procureur s'est redressé *encore*. (*Ib.*, 136)「検事はまた立ちあがった」 ▶ 否定は ne... plus, ne... jamais plus, ne... plus jamais. ⇨ jamais 2º ①

3º 添加 (＝ en outre)：L'hôpital pouvait la garder deux ou trois jours *encore*. (DÉON, *Taxi*, 114) (＝ encore deux ou trois jours)「病院はさらに2・3日彼女を入院させておく可能性があった」 / J'ai *encore* une déclaration à faire. (*Lar. Gr.*)「もう1つ申告しなくちゃならない」

4º 強度 (＝ davantage) 程度の増減を表わす動詞と共に： Il est très savant, mais il veut s'instruire *encore*. (*Log*)「彼は大変博学だがもっと知識を身につけたがっている」
◆複合時制との語順：On a augmenté *encore* les prix.「もっと物価があがった」 cf. On a *encore* augmenté les prix.「また物価があがっ

た」 ただしencoreの位置によって常にこの違いが出るわけではない.

♦不平等比較の副詞の強調： Réfléchissez *encore* plus [plus *encore*, *encore* davantage].「もっとよく考えなさい」/ Il est *encore* plus avare [ときに plus avare *encore*]. (*GLLF*)「彼のほうがずっとけちん坊だ」/ C'était plus pénible *encore* que de le voir pleurer. (*Thib.* II, 219)「彼が泣くのを見るよりもずっとつらかった」⇨ plus I. 4°

5° ne... pas encore

① ***déjà*の否定**　未完了動詞： Il *n'est* [*n'était*] *pas encore* là.「彼はまだ来ていない [いなかった]」　完了動詞：Il *n'est pas encore* venu.「まだ来ていない」/ Il *n'était pas encore* venu hier.「きのうはまだ来ていなかった」(×Il n'est pas *encore* venu hier. は不可. cf. 下記 6° ②; MULLER, *FM*, n° 1, 75) / Il *ne* m'a *encore jamais* connu. (ST-EXUP., *Prince*, 37)

♦時に 過分 + encore: Je *n'ai pas* fait *encore* le tour de mon royaume. (*Ib.*, 40)「まだ自分の王国を一回りしていない」

② ***encore = de nouveau***　pas encoreはリエゾンしない： Vous ne boiriez *pas encore* un coup? (BEAUV., *Inv.*, 11)「もう1杯あがりませんか?」/ On ne va *pas encore* se disputer. (*Ib.*, 86)「また口論をするのはおやめなさい」

6° ne... encore pas

① **まれに = *ne... pas encore***: Il *n'est encore pas* arrivé. (*GLLF*)「まだ着いていない」/ Je *n'ai encore pas* eu l'occasion de me fatiguer de quoi que ce soit. (DURAS, *Square*, 42)「何かをして疲れたということはまだありません」cf. DUB, II, 138; GA, 59.

② ***encore = de nouveau***: Il *n'est encore pas* venu hier.「彼はきのうもまた来なかった」(cf. 上記5° ①) / Demain tu *ne* pourras *encore pas* te lever. (BUTOR, *Degrés*, 218)「あしたもまた起きられないよ」

7° (*mais*) *encore* + 主語倒置 (= néanmoins, cependant, malgré cela)： *Encore* le *firent-ils* sans éclats. (ARLAND, *Ordre*, 162)「それにしても彼らはおだやかにそうした」/ M. Jouret a certainement raison, *mais encore* faudrait-il que vous expliquiez un peu ce qu'il a voulu dire. (BUTOR, *Degrés*, 34)「J氏は確かに正しい, だが, それにしても, 彼が言おうとしたことを少し私に説明してくれなければなるまい」/ *Encore faut-il* que mes idées soient claires. (VERCORS, *Portrait*, 40)「それにしても私の意見を明確にしておかなくては」

♦成句的な encore faut-il que から faut-il encore que を生じたが, MART (271, n. 2) は誤用とし*EBF*は文体のpseudo-éléganceと言う： Cette page est admirable, mais, pour être admirée d'un consentement unanime, *faut-il encore qu*'elle soit signée. (FRANCE, *Jardin*, 175)「このくだりは素晴らしい. だが, 万人からこぞって称賛されるには, なおそれに署名がなければならぬ」

♦同義の et encore の後では倒置は任意：*et encore* je préfère (MART, 271; LE B, *Inv.*, 104) ▶encoreの後に条件節を挿入すれば倒置しない: *Encore* si vous étiez parti plus tôt, vous seriez arrivé à temps.「それにしても, もっと早く出かけたら間に合ったのに」

8° *encore que* + 接 《文》 (= quoique, bien que)： Il en éprouva un plaisir assez vif, *encore qu*'il n'osât pas se l'avouer. (ARLAND, *Ordre*, 421)「自分でそうとは認めかねたが, それがたまらなくうれしかった」

♦まれに + 条 (ROB; *GLLF*). 動詞省略では多く主節に先行する： *Encore que* désespérante, cette situation n'est pas désespérée. (ETIEMBLE, *Litt. dég.*, 55)「状況は意気阻喪するほどだが絶望的ではない」

ensemble — **1° 副　形容詞的機能**　付加辞: Notre vie *ensemble* a été gâtée par (...) (BEAUV., *Compte*, 89)「われわれの共同生活は…のために台なしにされた」　♦主語の属詞： Ils sont *ensemble*.「彼らはいっしょにいる」♦直・目の属詞: On ne vous voit jamais *ensemble*. (SAGAN, *Château*, 62)「あなたがたがいっしょにいるところを見た者はない」/ Je veux absolument vous prendre *ensemble*! (*Thib.* II, 34)「ふたりいっしょにいるところをぜひ撮りたい」　♦同格： *Ensemble* ou séparés, ils disaient la même chose. (DURAS, *Abahn*, 75)「いっしょにいようと離れていようと, 同じことを言っていた」

2° 名男 *avec ensemble*「いっせいに」, *sans ensemble*「ばらばらに」： Deux gendarmes (...) se retournent *avec ensemble*. (ROB.-GRIL., *Projet*, 24)「2人の憲兵はいっせいに振り向く」

ensuite — (et) puis ensuite.　冗語的, 日常

語に散見するが誤用とされる：*Et puis ensuite vous avez oublié.* (DURAS, *Agatha*, 54; なお 20, 25, 26, 29 などにも) / *Et puis ensuite*, il a couru. (LE CLÉZIO, *Désert*, 362)

♦古文調: sitôt ensuite (GIDE, *Journal 1942-8*, 41) (= sitôt après) / peu ensuite (ID., *Symph.*, 84) (= peu après) / ensuite de quoi (= à la suite de cela)

ensuivre (s') — 不定詞と各時制 3 人称にしか用いられない。接頭辞 en (= de là) の意は弱まり, 冗語的に *d'où il s'ensuit [il s'ensuit de là]* que + 接 「それから…という結果になる」と言う。これに en を加えた *il s'en ensuit* は古く, 今日でも用いられるが, en の重複を避けて *Il s'en suit* を生じた (H; G, *Pr.* IV, 5-10). ►ことに複合時制で: *Il s'en est suivi* une bousculade assez vive. (KESSEL, *Enfants*, 36)「その結果かなり激しい小ぜりあいになった」

entendre — I. *entendre* + 不定詞

1° *entendre* + 名₁ + 不定詞 [不定詞 + 名₁] 不定詞 は自動詞または補語なしの他動詞。名₁ は entendre の直・目で 不定詞 の動作主: *J'entends Paul chanter.* または *J'entends chanter Paul.* [*Je l'entends chanter.*]「Pの歌っているのが聞こえる」/ *Paul que j'entends chanter.*

Jenny, il ne se souvenait pas de l'*avoir jamais entendue* rire. (*Thib.* II, 205)「Jといえば, 彼は今まで彼女の笑い声を聞いた覚えがなかった」/ *Les automobiles qu'il avait entendues s'éloigner avaient disparu.* (CASTILLOU, *Etna*, 173)「遠ざかって行く音の聞こえた自動車は見えなくなっていた」►過分は先行する直・目に一致するのが原則。

2° *entendre* + 名₁ 不定詞 名₂. 不定詞 は他動詞。名₂ はその直・目: *J'ai entendu Paul raconter cette histoire.*「私はPがその話をするのを聞いた」/ *Je l'ai entendu la raconter.*

♦*J'entends* Paul appeler.「Pが呼んでいるのが聞こえる」(名₂ の省略) / *J'entends* appeler Paul.「Pを呼んでいるのが聞こえる」(名₁ 省略)

3° *entendre* + 不定詞 名₂ + *à [par]* + 名₁: *J'ai entendu* chanter cet air *à [par]* X. (W-P, 315)「Xがこの歌を歌うのが聞こえた」/ *En entendant* parler de bateau *par* Diana il se retourna. (DURAS, *Tarquinia*, 95)「Dが舟の話をするのを聞いて彼は振り返った」

♦代名詞化: *Je vous l'ai entendu* raconter plusieurs fois. (ANOUILH, *Hurlub.*, 69)「あなたがその話をなさるのは何度も聞きました」/ *J'aime te l'entendre* dire. (SARTRE, *Nekr.* V, 7)「きみがそう言うのを聞くのが好きだ」/ *Je l'ai entendu* dire *par* Camille tous les jours. (ANOUILH, *P.G.*, 465)「それをCから毎日聞かされてました」

♦à [par] + 名₁ の省略: *Il était vrai que je l'avais entendu* dire. (SAGAN, *Bonj.*, 50)「誰かがそう言うのを聞いたことは本当だった」/ *Je les* (=les chansons) *ai entendu* chanter.「私はそれを歌うのが聞こえた」(les は chanter の直・目) cf. *Je les* (=les femmes) *ai entendues* chanter.「彼女たちが歌うのが聞こえた」(1° の構文)

♦不定詞 の間・目と解されるおそれのある場合にも, à + 名₁ が動作主を表わすために用いられる: *C'est à vous que je veux l'entendre* dire. (BENOIT—S, III, 174)「あなたにそう言っていただきたいのです」►この場合, par を用いて曖昧さを避ける傾向が強い (上記 ANOUILH, DURAS の例).

4° *entendre* 名₁ + 不定詞 (自動) + 前 + 名₂: *J'ai entendu* mon oncle parler *d'*elle.「叔父が彼女の話をするのを聞いた」

♦*entendre* + 不定詞 + 前 名₂ + par + 名₁: *Ils ont entendu* parler *d'*elle *par* Tatiana Karl. (DURAS, *Stein*, 84)「彼らはKから彼女の噂を聞いた」/ *Il en avait si souvent entendu* parler *par* son frère. (*Thib.* VI, 189)「その話は兄からたびたび聞いていた」►par 名₁ の省略: *J'en ai entendu* parler seulement. (IONESCO, *Rhinoc.*, 46)「噂を聞いただけです」

♦*entendre* + 名 不定詞 ; *entendre* + 名 + qui ; *entendre* que + 直: *J'entends* Paul [*Je l'entends*] chanter. は同義で *J'entends* Paul [*Je l'entends*] qui chante. *J'entends* que Paul [qu'il] chante. と言い換えられる。(⇨ sentir 3°; voir 5°) この変換は faire, laisser では成り立たない。

entendre que + 直: *Elle entend qu'*on vient. (GIRAUDOUX, *Tessa*, 203)「彼女は人の来る足音を聞く」/ *J'ai entendu qu'*il criait. (DURAS, *Détruire*, 74)「彼の叫び声が聞こえました」►TH; *DBF* は entendre que + 直 を避けることを勧める。

II. *s'entendre* + 不定詞

1° *s'entendre* + 不定詞 (他動) (*par* + 名₂)

① *se* = 不定詞 の 直・目： J'ai peur (...) de m'entendre appeler soudain. (ANOUILH, *Ardèle*, 98)「いきなり呼ばれはしまいか心配なの」/ Il aimait *s'entendre appeler* «vieux soldat» par son capitaine. (IKOR, *Gr. moy.*, 51)「彼は隊長から古参兵と呼ばれるのが好きだった」

② *se* = 不定詞 の 間・目： C'est plus agréable pour lui que de *s'entendre avouer* qu'on est déçue! (ROMAINS, *Dieu*, 145)「幻滅を感じたわと告白するのを聞くよりはそのほうが気持がいい」/ Vous avez téléphoné chez vous, (...) pour *vous entendre dire* qu'elle était sortie, que tous les enfants étaient en classe, bien sûr, par Marceline la cuisinière. (BUTOR, *Modif.*, 53)「料理女のMが、妻は外出している、当たり前だが子供たちはみんな学校に行っていると言うのを聞くために、あなたは自分の家に電話をかけた」

2° *s'entendre* + 不定詞　se = 不定詞 の動作主．まれ： Elle *s'entendit murmurer* des mots rassurants. (SAGAN, *Brahms*, 153; cf. 139, 185; *Mois*, 133)「相手を安心させるような言葉をささやいている自分の声が聞こえた」

III. *entendre* (= vouloir, exiger) + 不定詞 [*que* + 接]

1° *entendre* + 不定詞： J'*entends être obéi*. (ROB; *DFC*)「服従してもらいたい」/ Elle *entendait le dominer*. (MAUROIS—ROB)「彼女は彼を支配したかった」

2° *entendre que* + 接： J'*entends* bien *que* vous exécutiez mes ordres sans les discuter. (*Log*)「私の命令は文句を言わずに実行してもらいたいのです」

entre — 1° *entre* A *et* B; *entre* + 複数 (代) 名詞

① 2個の人・物の間： Sa maison se trouve *entre* l'église *et* l'école. (*MFU*)「彼の家は教会と学校の間にある」/ La rivière coule *entre* deux rangées de saules. 「川は2列に並んだ柳並木の間を流れている」

② 2つの時間 [時点] の間： Je reviendrai *entre* une heure *et* deux. (*Thib*. VIII, 41-2)「1時から2時の間に帰ってくる」/ Nous passerons chez vous *entre* 10 *et* 11 heures. (ROB)「10時から11時の間にあなたの家に寄りましょう」▶heures を略して： Léo m'avait dit d'être ici *entre* neuf *et* dix. (ACHARD, *Patate*, 83)「Lは9時から10時の間にここにいるようにとわたしに言ったの」

entre + 数$_1$ *et* 数$_2$ + 名　〈*entre* 数$_1$ *et* 数$_2$〉は名詞限定辞的用法．多く avoir の直・目： Il a *entre* 30 *et* 35 ans. (DURAS, *Véra*, 12)「彼は30歳から35歳ぐらいだ」/ Ces gens devaient avoir *entre* quinze *et* quarante ans. (ID., *Emily*, 49)「この人たちは年齢が15から40の間にわたっていたにちがいない」▶時に付加辞： une femme *entre* vingt *et* trente ans「20歳から30歳の間の女性」(×une femme *d'entre* 20 *et* 30 ans は不可)

entre deux + 名　2つの行為の間の短い時間： On le voit toujours *entre deux* trains [*entre deux* réunions]. (*GLLF*)「電車を待つ間に［会合のあい間に］いつも彼の姿が見られる」/ parler à qn *entre deux* portes「戸のあけたての間に＞人を家のなかにはいらせないで、戸口でちょっと話をする」(*PR*, *porte*)

③ 比喩的： *Entre* lui *et* son frère, il y a de nombreux points communs. (*DFC*)「彼と彼の兄の間には多くの共通点がある」/ Tu fais toi-même une distinction *entre* le patriotisme *et* l'idée de patrie. (*Thib*. V, 23)「きみ自身、愛国主義と祖国の観念との間に区別をしている」/ Il y a une différence énorme *entre* écrire une pièce de théâtre *et* écrire un roman. (SAGAN, *Réponses*, 102)「戯曲を書くのと小説を書くのでは、たいへんな違いがあります」

2° *entre* + 複数 (代) 名詞　二者・数者間の相互関係．自動詞、ことに相互的代名動詞と共に： Tout ceci est *entre* nous! (DÉON, *Taxi*, 218)「これはみんなここだけの話です」/ Les bénéfices étaient à partager *entre* eux quatre. (SIMENON, *Chien*, 166)「利益は彼ら4人で分けあうことになっていました」/ Les gens parlaient *entre* eux. (SARTRE, *Age*, 27)「人々は互いに話しあっていた」/ Ils se détestent *entre* eux. (BEAUV., *Mand*., 384)「彼らは憎みあっている」/ Nous jouons quelquefois, à Grenoble, *entre* amis. (DURAS, *Détruire*, 81)「グルノーブルでは、ときどき、友だち同士で勝負をします」

3° *entre* + 複数 (代) 名詞　多数の人・物の間： Bientôt il aperçut de nouveau la grand-route *entre* les arbres. (DHÔTEL, *Pays*, 69)「やがてまた木の間越しに本道が見えた」/ On l'aperçut bientôt *entre* les branches. (*Ib*.,

213)「間もなく木の枝の間から見えた」/ Il y a seulement le vent qui siffle *entre* les branches des arbustes. (LE CLÉZIO, *Désert*, 109)「灌木の枝の間を吹き抜ける風の音だけだ」

◆ *entre tous* [*toutes*] (+名) : Je suis fortunée *entre toutes*. (GIRAUDOUX, *Amph.* II, 5)「わたしは女の中でもしあわせ者ね」/ Il se sentait une pauvre chose *entre toutes les choses* périssables. (*Thib.* IV, 135)「彼はあらゆる滅ぶべきものの中で自分が最もみじめなものであるように感じていた」/ Je saurai vous reconnaître *entre tous*. (TOURNIER, *Gilles*, 9)「とりわけあなたのことは見分けられますよ」

◆ *entre autres* +名: Il y avait *entre autres* toiles, à cette exposition, une œuvre de Fragonard. (ROB)「その展覧会には、いろいろな絵の中にFの作品が1点あった」

◆ *entre autres* 先行・後続の語に関係して: J'ai vu les plus beaux tableaux de Rome, *entre autres*, la Transfiguration de Raphaël. (AC)「私はローマにある最も美しい絵、なかでもRのキリスト変容の図を見た」/ Sur cette question, il y a, *entre autres*, un livre remarquable d'un savant italien. (*DFC*)「この問題については、なかんずく、あるイタリアの学者のすぐれた著書がある」

◆この例から、関係する語が表現されない言い回しを生じた (= parmi d'autres personnes [choses], notamment, en particulier) : J'ai vu, *entre autres*, votre cousin. (*Lar. XX*ᵉ)「とりわけあなたのいとこに会いました」/ Je lis ceci *entre autres*: (...) (HERMANT—G, 458, C, Rem.3)「なかんずく次のような文がある」▶ 例外的な *entre autre* はこの成句が副詞化されたことを示す: Je te préviens *entre autre* que de ma chambre on entend tout ce qui se dit au jardin. (BEAUV., *Mand.*, 332)「ことに言っておくけど私の部屋からは庭でしゃべっていることがみんな聞こえるの」

4° 名 [代] + *d'entre* [*de*] *nous* [*vous, eux, elles*]　d'entre, de は部分を表わす.

①次の 名 [代] の後では多くは *d'entre* を用いる.

(1) la plupart, un grand nombre; beaucoup, peu, combien; certains, plusieurs, quelqu'un [quelques-uns]; 数詞: La plupart *d'entre eux* n'avaient aucun travail fixe. (*Thib.* V, 13)「彼らの大部分は何ら定職がなかった」/ Un grand nombre *d'entre eux* deviennent des vieillards. (BEAUV., *Vieill.*, 10)「彼らの多くは老人になる」/ Quelques-uns *d'entre eux* tiennent la vieillesse même pour l'époque privilégiée de l'existence. (*Ib.*, 19)「彼らの何人かは老年そのものを生涯の特権のある時期とみなしている」/ Deux *d'entre eux* saisirent les pioches. (VIAN, *Arrache*, 178)「彼らのうちの2人はつるはしを握った」 ▶ eux, elles の前では *d'entre* が必要.

(2) celui, 疑問代名詞 qui, lequel ⇨ celui 1°③(1); qui² 7°; lequel III. 1°

(3) 最上級の表現: L'aîné des frères Cazelle était le plus âgé *d'entre* nous. (GASCAR, *Herbe*, 31)「C兄弟の長兄がわれわれの最年長だった」

② (*l'*)*un*, *chacun*, *aucun* の後では *de* または *d'entre* (各項参照)

◆ 名 [代] + de [まれに d'entre] +名 ⇨ beaucoup 2°; plusieurs II. 1°; quelqu'un II. 2°

envers — 形 + envers qn (= à l'égard de) : Je m'imaginais que je devais être loyal *envers* toi. (BEAUV., *Mand.*, 483)「きみに対しては誠実でなければならないと思っていた」

◆ 動 +名 (感情) + envers qn: Il avait des remords *envers* Paule. (SAGAN, *Brahms*, 105)「彼はPに対して気がとがめていた」/ la haine que vous éprouvez *envers* moi (TROYAT, *Tête*, 229)「あなたが私に対して抱いている憎しみ」

◆ 名 + envers qn: Zénon enseigne à l'homme (...) qu'outre ses devoirs *envers* la loi, il en a *envers* lui-même, (...) (ROB)「Zは、人間には法に対する義務のほかに自分自身に対する義務もある、と教える」

envie — avoir envie de 不定詞. de 不定詞 を en で受けるのが正規形: Vous pourrez aller au cinéma, si vous *en avez envie*. (BUTOR, *Degrés*, 264)「映画に行きたければ行ってもよくてよ」 ▶ くだけた会話で en を略す: Dansons-nous?—Non, je *n'ai pas envie*. (BEAUV., *Tous les h.*, 13)「踊りましょうか。—いいえ、踊りたくありません」

◆ avoir envie que + 接 : Tu n'avais pas l'air d'*avoir envie que* je vienne! (ID., *Mand.*, 354)「ぼくに来てもらいたそうではなかったよ」

environ — **1°** 副 (= *à peu près*) : Il a *environ* 30 ans [30 ans *environ*]. (H)「30歳

ばかりだ」/ Il habite à *environ* cent mètres [à cent mètres *environ*]. (TH)「およそ100m 先に住んでいる」/ Il paraît âgé de trente-cinq ans *environ*. (SARTRE, *Jeux*, 8)「35歳くらいに見える」/ un jeune homme d'*environ* dix-huit ans (*Ib.*, 17)「18歳くらいの若者」

2° 名男複 *aux* [*dans les*] *environs de* Paris「パリの近くに」▶ 補語なしに: *aux* [*dans les*] *environs*「この近くに」/ On le connaît dans tous les *environs*. (GREEN, *Mesurat*, 291)「この近くではどこにいっても彼を知っています」

◆*aux environs de* 時間について: *aux environs de* sa trente-cinquième année (CAMUS, *Exil*, 129)「彼の35歳のころ」/ *aux environs de* 1900 [*du* 15 mai]「1900年 [5月15日] のころ」

◆量について: La dépense s'élève *aux environs de* deux mille francs. (*DFC*)「支出は2000フラン近くに上る」▶ ただし名詞限定辞的用法 La caisse pèse *aux environs de* 100 kilos. (*DSF*)「箱は重さが100キロばかりある」をTH; COLは不可とし, *environ* 100 kilos を勧める.

3° 前 古典語法 現代では文学的 (= aux environs de, vers): Cécile a été écrit *environ* 1809. (HENRIOT, *Romant.*, 472)「『セシル』は1809年ごろ書かれた」/ Et vint une voix *environ* l'heure de midi. (TOURNIER, *Gilles*, 19)「そして昼ごろだったが一つの声が聞こえた」

envoyer — 1° *envoyer* qn + 不定詞 (他動) + qn [qch]: J'*envoyai* Rudi *porter* la lettre. (CASTILLOU, *Thaddëa*, 258)「Rに手紙を持たせてやった」/ J'*envoyai* un gamin lui *porter* une lettre. (DHÔTEL, *Lieu*, 47) ◆代名詞の代入例: Elle m'*envoyait* toujours *choisir* les billets de loterie. (SALACROU, *Th.* VI,71)「私を宝くじの券を選びに行かせたものでした」/ J'*ai envoyé* Georgette *le chercher*. (ANOUILH, *N.P.N.*, 75)「Gを彼の迎えにやった」/ On m'*a envoyé* l'*interviewer*. (BEAUV., *Mand.*, 104)「彼とインタビューをしにぼくを行かせた」▶ *envoyer* (qn) *chercher* qn [qch] では On ne les *envoya* pas *chercher*. (VERCORS, *Colères*, 344)「彼らを呼びにはやらなかった」とも On n'*envoya* pas les *chercher*. とも言う.

◆J'*ai envoyé* chercher ce livre par ton frère.

(MART, 458, n.2) も可能.

◆ne pas *envoyer dire* qch à qn では qch, à qn の代名詞は共に動詞の前に出る: Il ne *le lui* a pas *envoyé dire*. (*PR*「自分であけすけにそれを彼(女)に言った」

2° *envoyer* qn *promener* / *envoyer* qn *coucher* (= renvoyer, repousser) se を省略した言い回し: Il pensait qu'elle (= l'URSS) *enverrait* Marshall *promener*. (BEAUV., *Mand.*, 442)「ソ連がMの申し出をはねつけると思っていた」/ Le concierge l'*envoya coucher*. (COURTELINE—ROB)「門番は彼を追い返した」

◆*envoyer* qn (se) *promener* [(se) *coucher*] は本来の「散歩に[寝に]やる」の意にも: Quand madame Lepic l'*envoie se coucher*, Poil de Carotte fait volontiers un tour dehors. (RENARD, *Poil*, 29)「ルピック夫人がもう寝なさいと言うと, にんじんは喜び勇んで表を一回りしてくる」/ L'enfant n'est pas là, je l'*ai envoyé promener*. (LE B, I, 159)「子供はいません. 散歩に行かせたんです」

épenthèse [語中音添加] — 発音を容易にするために, 語中に音を添加すること. 例えばラテン語のnumerus, -um がフランス語 nombre に変化する過程で b の発音が加わっている.

épithète [付加形容詞] — 動詞を介在させずに名詞の前または後に添えてこれを修飾する形容詞: une *belle* maison / un enfant *malade*.
　関係節 (proposition relative) のほか, 副詞・副詞節も同じように名詞を修飾し得る. ⇨ adverbe II. 6°; comme[1] I. 1°⑦(1), 2°②(2); quand[1] III. 7°

ès — en + les の縮約形(⇨ article défini I). 17世紀にすでに古語. 今日では称号 docteur *ès* lettres「文学博士」, licencié *ès* sciences「理学士」など, 法律用語 verser une somme *ès* mains de qn「人に直接ある金額を払込む」が残る. 単数名詞の前では docteur *en* médecine [*en* théologie]「医学 [神学] 博士」. 近代の言語感覚では ès = en + les であることが感じられず, ès = en と考えられて, docteur *ès* théologie, un maître *ès* prose française「フランス散文の大家」のように単数名詞の前にも用いられる. N (V, 61) はこれを許容, Hは避けることをすすめる.

escalier — monter [descendre] l'*escalier*「階段を上る[降りる]」　多数の段 (marches)

が複数の観念を喚起し，1つの階段について monter l'*escalier* または les *escaliers* と言う (*Niv. 2*; *RM*; H; BOTT, 138-40). *DBF*; *EBF* は許容しないが，descendre les *escaliers* quatre à quatre「階段を4段ずつ駆け降りる」は常用 (TH; THÉRIVE, *Querelles*, 3).

espèce — *une espèce de* + 名 名 の性とは無関係に espèce を女性に用いるのが正規の用法：Il habite *une espèce de* château. (*DFC*)「館のような家にすんでいる」▶名 が人ならば，近似の意から軽蔑の意に転じやすい点，軽蔑を含まない une sorte de とは異なる：*une espèce d'*avocat (H)「三百代言」

♦軽蔑語の前では形容詞的にそれを強調し，accompli, fieffé の意に近づく (B, 671, n. 1)：*une espèce d'*idiot (*RM*)「徹底的な間抜け」／*cette espèce d'*abruti (*DFC*)「あの大ばか者」
▶Espèce de + 名 ！ 名 は軽蔑語．限定辞なしに感嘆文で：*Espèce d'*idiot! (*RM*)「間抜けめ」／*Espèce d'*imbéciles! (*RM*)「ばか者ども」

♦un [cet] espèce de + 男性名詞．俗用．文学語にも普及したが誤用とされる．ことに軽蔑語の前で：C'est *un espèce de* grand escogriffe. (*Lar. Gr.*)「ひょろひょろのっぽだ」

♦de toute espèce「あらゆる種類の」．de toutes espèces はまれ (H)，複数では de toutes les espèces と言う (*DBF*).

♦plusieurs [diverses] espèces de + 名．具象名詞は複数，抽象名詞は単数 (*RM*; *DBF*; COL)：*plusieurs espèces de femmes* [*de plaisir*]「いくつものタイプの女性〔快楽〕」

♦espèce de + 名 + 形．形 は 名 と一致：*une espèce d'artiste méconnu* (*DH*)「一種の不遇な芸術家」▶複過の過分も同様：*Une espèce de fou est entré* subitement chez elle. (TH)「狂人のような男がいきなり彼女の家に入ってきた」

espérer — 1° *espérer* + 不定詞：J'*espère réussir*. (*Thib.* VI, 133)「成功を期したい」

　　espérer は désirer comme probable の意であるから 不定詞 は未来を表わすが，aimer à croire の意では 不定詞 は現在を表わし，また過去を表わすために複合形を用い得る：J'*espère me tromper* complètement. (BUTOR, *Emploi*, 66)「まったく私が間違っているのであればいい」／ J'*espère ne pas avoir mis* en danger la vie d'un homme qui m'est cher. (*Ib.*, 67)「私に大切な男の生命を危険に陥れるようなことがなかったらいいのだが」

♦*espérer de* 不定詞 《古》：Elle *espérait d'y rajeunir, d'y plaire, d'y briller*. (FRANCE, *Anneau*, 7)「彼女はそこで若やぎ，人の気に入られ，輝きたいと思っていた」▶*espérer* が不定詞のとき de が入りやすいとする説 (AC; *Lar. XXe*) は根拠が乏しい．

2° *espérer que*　vouloir, désirer などと異なり j'espère que je... も可能.

① *espérer que* + 未来時制：J'*espère qu'il viendra*.「彼が来ればよいと思う」／ J'*espère que tu auras terminé* ce travail ce soir.「今晩この仕事を終えてくれればよいと思う」▶主節が過去時制ならば従属節は過去未来：J'*espérais qu'il viendrait* [*que tu aurais terminé* ce travail avant de partir].

espérer que + 現在形 過去時制 (= aimer à croire) も普及：J'*espère que je ne vous dérange* pas. (GREEN, *Moïra*, 172)「お邪魔でなければいいけれど」／ J'*espère que tu as compris*. (TROYAT, *Tête*, 205)「わかってくれたのだといいがね」／ Elle *espérait que* cette étrangère ne l'*avait* pas *vue* pleurer. (GREEN, *Epaves*, 170)「この異国の女に泣いているところを見られなかったのならいいがと思っていた」

② *espérer que* + 直 [例外的に + 接]：*Espérons que ce ne soit* pas comme l'agneau dans la gueule du loup. (BERNANOS—G, *Pr.* I, 310. 他5例)「狼の口に捕われた子羊のようでないことを願おう」▶接 は古語法．方言に残るほか，COH (*Reg.* I, 42) は最近これが復活しつつあると言う．*Lar. Gr.* では文学的．BÖRJ(43)収集の61例には皆無．On *peut espérer qu'il vienne*. (MART, 393) は peut によって可能事として表現されたことによる．

③ *ne pas espérer que* + 接 [しばしば 直 (未来形)]：Je *n'espère pas qu'il vienne* [*viendra*]. ／ Il *n'espère* tout de même *pas que j'obéirai* à ses ordres? (COCTEAU, *Parents* I, 9)「まさか私が彼の命令に従うことを期待してはいないでしょう」／ Je *n'espérais pas qu'il vînt* [*viendrait*].「彼が来ようとは期待しなかった」▶TOG (II, 702) はこの否定の構文では常に未来形（単未，近未，条・現など）が可能と言う．主節が過去・否定では条・現によって

接・半を避けられる．
④疑問・*si* の後
　肯定疑問：*Espérez-vous qu*'il le fera [fasse, ferait]? (H)
　否定疑問：*N'espérez-vous pas qu*'il *viendra*[または*vienne*] demain? (『新考』, 65) / *N'espériez-vous pas* qu'il *viendrait*?
　si の後：*si* vous *espérez qu*'il *viendra* (MART, 394)

3° *j'espère* / *je l'espère* 　一般に le の使用は念入りな文体．省略はくだけた話し方．◆挿入節または単独では省略されやすい：Il arrivera, *j'espère*, avant mon départ. (ROB)「彼は私の出発前に着いてくれるだろう」/ *J'espère* bien. (ROB)「そうあって欲しいね」

espoir — avoir l'espoir [bon espoir] de 不定詞 [que + 直]「…する望みが［する望みが十分に］ある」が普通．まれに que + 接：J'*ai bon espoir que* nous *ayons* dans quelques jours les aveux de l'un des deux. (ANOUILH, Grotte, 29)「数日後には2人のどちらかが白状する望みは十分にあります」 cf. espérer que + 接; G, 999, Rem.5, N.B.2.

essayer — **1° *essayer* qch**：*essayer* un manteau [un chapeau]「コートを着てみる［帽子をかぶってみる］」/ Voici une paire de chaussures noires... *Essayez*-les. (APPIA, Fr. chez vous, 29)「はい，黒い靴です…履いてごらんなさい」

2° *essayer de* 不定詞 (= tenter de, s'efforcer de) de 不定詞 に代用辞の使用は不可，補語を略す：N'essaye pas de te sauver. — Je n'*essayerai* pas. (DURAS, Abahn, 12)「逃げようとしないでよ．—そんなことはしません」

essenntiel — L'*essentiel*, c'est qu'il *sache* dessiner. (B, 508)「肝腎なのは彼に絵の能力が欲しいということだ」(要求の意) / L'*essentiel*, c'est qu'il *sait* dessiner. (*Ib*.)「肝腎なのは彼が絵を描けるという点だ」(事実)

est-ce que — 起源はc'est... queの倒置形とは言えない．Qu'esse (= Qu'est-ce) que vous avez? が本来の「それは何ですか，あなたが持っているのは」から単なる「何を持っていますか」に移行すると共に est-ce que が疑問の道具(outil)と感じられるようになったもの (BRUN, 529)．16世紀以来，疑問詞として一般化．主語の倒置を避け得ると同時に，文頭で疑問を強調し得るために普及した．

1° 他の疑問詞なしで：*Est-ce que* tu viendras? ▶ことにje の倒置を避けるために必要：*Est-ce que* je cours?

2° 他の疑問詞と共に：pourquoi [comment, combien, où, quand] *est-ce que*; qui *est-ce que*; (à, avec, de...) qui *est-ce que*; qu'*est-ce que*; à [avec, de...] quoi *est-ce que*; lequel [auquel, duquel, avec lequel,...] *est-ce que*; 前 + quel + 名 + *est-ce que*; 属詞 quel の後では用いない．▶疑問詞が主語の場合は est-ce qui となる：qui [lequel, qu'] *est-ce qui*. ▶用例は各疑問詞の項参照．

◆est-ce que [qui] は俗語以外に間接疑問には用いない．間接疑問では疑問に基づく主語の倒置は行なわれないから，それ自体この倒置を含む est-ce que を許容しないのである．

◆est-ce que は主語の倒置を避け得て便利であるが，その形が鈍重であるために，quand [comment, pourquoi] est-ce que などは避けるべきであると *Gr. Lar. XXe* (77)は説き，THも話し言葉に限るべきだとする．しかしH新; *MFU*; G新 (389)などはこだわらない．

▶俗語では，疑問詞なしの est-ce que の代わりに c'est-ti que (⇨ ti)，疑問詞の後では c'est que (⇨ ce¹ II. 9° ④)，que (⇨ que⁴ VIII. 3°)，ti を用いる．

estimer — *estimer* qch (à) + 価格「…をいくらと評価する」/ la somme qu'on *a estimé* ce bijou「この宝石の評価額」(⇨ participe passé VI. 4° ①) / *éstimé* de [par] qn「…から尊敬された」

◆estimer + 不定詞, que + 直「…と思う」

◆estimer qn (comme) + 属詞：Je crus voir que Maître Mouche m'*estimait* un pauvre homme. (FRANCE, Bonnard, 208)「M氏はどうやら私を情ない奴だと思ったらしい」/ César l'*estimait comme* son meilleur lieutenant. (ID., Vie litt. IV, 124)「Cは彼を最もすぐれた副官とみなしていた」⇨ attribut IV. 2°

et — 等位接続詞．使用度：口語10位 (*FF*)，文語4位 (*Dict. fréqu*.)．後続母音とリエゾンされない：lui et ǀ elle / en France et ǀ en Espagne.

1° 肯定文中の同機能・同性質の語・語群・節の結合：J'achète du beurre *et* du fromage. / Je serai absent aujourd'hui *et* demain. / Je l'ai rencontré *et* je lui ai parlé.

◆否定節 + et + 肯定節：Bergmann ne

répondit pas *et* se servit à boire. (GASCAR, *Herbe*, 145)「Bは返事をせずに酒をついだ」
♦語の意味，文脈によって対立の意を帯びる：Tu te crois original *et* tu es banal. (ANOUILH, *N.P.N.*, 230) (= et pourtant)「あなたは独創的だと思っているけれど平凡なのよ」/ Ils n'avaient pas la foi *et* je l'avais. (CAMUS, *Exil*, 50)「彼らは信仰がなかったが，わたしにはそれがあった」
▶ 否定文中の要素，2つの否定節の結合 ⇨ ni II

2° 同じ機能を持つが異質な要素の結合：un livre énorme *et* sans intérêt (ROB)「大きいばかりでおもしろくない本」/ Voici un livre nouveau *et* qui n'est pas encore en librairie. (*Ib.*)「これは新刊でまだ書店には並べられていない本です」/ Préférez-vous sortir seule, *et* que je vous rejoigne dans la rue? (*Thib.* II, 167)「あなたがひとりで出て，街中で僕があなたと一緒になったほうがいいでしょうか」

3° 形容詞・副詞・関係節を被修飾語から離してこれを強調する：C'est un poème, madame Nozière, *et* charmant. (FRANCE, *P. Pierre*, 166)「Nの奥さん，これは詩ですよ，愛すべきね」/ Je l'ai rencontré, *et* souvent. (GIRAUDOUX, *Tessa*, 2, sc.13)「お会いしたわ，幾度も」/ Vas-y! *Et* vite! (ID., *Ondine* I, 8)「さあやってごらん．すぐによ」/ Il est sensible, *et* très vivement. (FAGUET, 19ᵉ *s.*, 43)「彼は感じやすい，しかも非常に鋭敏にだ」/ Je suis ton père, *et* qui t'aime profondément. (S, II, 248)「わたしはお前の父親だ．しかもお前を深く愛している父親だ」
♦これらはetの後に先行の節，形容詞，名詞が略されたもの：Apportez-nous une bouteille, *et* une bonne. (ARLAND, *Ordre*, 55)「ひと瓶持ってきておくれ．それも上等のをだよ」cf. Il m'a offert un livre, *et* un livre rare. (GLLF)「彼は私に1冊の本を，しかもめったに手にはいらない本をくれた」

4° 異種の節の結合：Que je te reprenne encore à rôder par ici, *et* je préviens la police. (ACHARD, *Nouv. hist.*, 6)「この辺をうろうろしているところをまた見つけたら，警察に訴えるよ」(etの省略可能 ⇨ que⁴ V.) / Gifle-moi *et* je te rendrai ta gifle. (COCTEAU, *Th.* II, 182)「ぶちなさいよ．ぶち返してやるから」
♦ 名 (省略節) + et + 節：Encore quelques jours de travail, *et* puis ce sera fini. (TROYAT, *Signe*, 180)「あと2・3日仕事をすれば，それでおしまいだ」/ La moindre déception, *et* notre peuple perd courage. (GIRAUDOUX, *Judith* III, 6)「ちょっと失望しただけで，わが国民は勇気を失ってしまう」

5° *Et*+感嘆文 驚き・憤りなどの強調：*Et* vous osez me proposer cela! (GLLF)「であなたは私にそんな申し出をするのですか」/ Tu acceptes sa proposition?—*Et* comment! (DB) (= Mais certainement!)「彼の申し出を受け入れるのかい．—もちろんさ」

(*Et*) moi qui...! (⇨qui¹ A. I. 3°); (*Et*) dire que...! (⇨ dire 11°); *Et*+主語+de 不定詞 (⇨ infinitif B. V)

6° A *et* B *et* C 2個以上の要素の等位はA, B et Cが普通. et B et Cは等位要素の強調：C'est parce que vos maris *et* vos pères *et* vos aïeux furent des guerriers. (GIRAUDOUX, *Troie*, 61)「お前たちの夫も父親も先祖も戦士だったからだ」/ C'était une douce *et* gentille *et* fidèle amie. (CÉLINE, *Mort*, 11)「優しくて親切で忠実な友だった」/ Le feu est magique, il donne aux gens l'envie de courir *et* de crier *et* de rire. (LE CLÉZIO, *Désert*, 135)「火は魔術的だ．見る人は駆けたり叫んだり笑ったりしたくなる」
▶ et A et B：Elle perdait *et* sa sœur *et* son fils. (DÉON, *Déjeuner*, 17)「妹も息子も失った」

7° il y a 名 *et* 名 名は同一の無冠詞名詞：Il y a *chansonnette et chansonnette*. (ANOUILH, *P.N.*, 177)「小唄にもいろいろある」/ Il y a *truffes et truffes* comme il y a *fagots et fagots*. (TLF, fagot)「薪といってもいろいろあるようにトリュフにもいろいろある」▶ PICABIA (*FM*, '83, nº 2)によれば，il y aのあとの 名 は前文中に表現された 名 を受け，前文中の 名 の数に従って，単数または複数になる．
♦ il y a + 不定詞 et 不定詞 まれ．上記にならった構文：Pourquoi vivre ensemble?—Ah oui, mais il y a *vivre ensemble et vivre ensemble*. (DORIN, *Th.* II, 330)「どうして一緒に暮らすんだい．—それはそうだけれど，一緒に暮らすったっていろいろあるわ」

8° A *et* B の後の動詞の一致
① 名 *et* 名 一般には動詞は複数．数個の主語名詞が同一物，または密接に結ばれた観念

を表わすとき動詞は単数：Mon ami *et* collègue vient de mourir. (HØYB, 218)「私の友であり同僚であった人が死んだところだ」/ Chaque conte est écrit dans une langue *et* dans une tonalité qui lui est propre. (BRUNEAU, *Pet. Hist.* II, 149)「各短編はそれにふさわしい言葉と調子で書かれている」

② 不定詞 *et* 不定詞 上記にならう：*Vaincre* les êtres *et* les *conduire* au désespoir *est* facile. (MAUROIS, *Climats*, 148)「人々を打ち負かし彼らを絶望に導くのは容易なことだ」

◆各不定詞が別概念または対立概念ならば動詞は複数：*Affirmer et nier* me *paraissent* également impossibles. (ID., *Cercle*, 271)「肯定するのも否定するのも同じく不可能に思われる」/ *Vouloir et réussir sont* deux choses. (ROB, deux)「望むのとなしとげるのは別物だ」

etc. — lat. et cætera の省略。LE GAL (*Dites*, 35) は物についてのみ用いると説き，Pierre, Paul, *etc.* を誤用とするが，許容すべきである (H; G, 1060, note 2)。

été ⇨ automne

étonner — *s'étonner* [*être étonné*] *que* + 接 ：Je *m'étonne que* vous n'ayez pas prévu cet accident. (AC)「あなたがその事故を予測しなかったのは意外だ」/ J'*étais étonnée qu*'elle me comprît si mal. (BEAUV., *Mand.*, 185)「彼女がこんなに私を理解しないのは意外だった」

s'étonner de ce que + 直 [接] ：Je *m'étonne de ce qu*'il est [soit] venu. (ROB)「彼が来たとは意外だ」/ Mais le curé *s'étonnait de ce que* nous n'avions donné directement aucun signe de vie. (MAURIAC, *Pharis.*, 137)「主任司祭は，われわれから直接なんの音沙汰もなかったことに驚いていた」▶現実を表わすには je suis étonné [je m'étonne] de voir que + 直 も用いられる．

ça m'étonne que + 接 (= je m'étonne que); Ça ne *m'étonne* pas.「不思議はないさ」/ *Ça m'étonnerait.*「そんなはずはない」

être — I. 活用 異なる動詞を語幹とする．① lat. essere → estre → être. essere + habeo → serai. ② lat. stare → 古仏語 ester → estant (étant), esté (été), estoie (étais). ③ lat. fui → fus, fusse (D, 157).

変則語尾 直・現・複：-mes, -tes, -ont. 接・現：-s, -s, -t, -ons, -ez. 過分：-é.

接・現 sois, soit, soient [swa] は俗語では [swaj] と発音 (BAUCHE, 112), これを soye とつづることがある：sans qu'on s'en *soye* rendu compte (CÉLINE, *Voyage*, 17). ▶この発音と綴りは文語にも見られる：Que ce *soye* pour une idée ou pour autre chose, ce n'était pas à dire. (FRANCE, *Crainq.*, 63)「何か考えがあったにせよ口にすべきことではなかった」▶接・現・複の誤った綴り soyions, soyiez もまれでない (HARMER, 21)：quoique nous *soyions* plutôt mécréants (VIAN, *Pékin*, 145)「我々はどちらかといえば無信仰だが」

II. être + 属詞

1° être + 形容詞(相当句)：La maison *est en feu.*「家は燃えている」/ Il *est à plaindre*.「彼は気の毒だ」

2° être + 形容詞的用法の副詞：Elles *sont debout*.「彼女たちは立っている」/ Je *suis bien*? — Tu *est merveilleux*. (GIRAUDOUX, *Tessa*, 204)「(おめかしした男が)りっぱかい？ すてきよ」/ Ce que je fais *est* très *mal*. (ACHARD, *Th.* II, 177)「わたしのしていることは，とても悪いことだわ」/ Est-ce que vous *êtes mieux*? (BEAUV., *Sang*, 201)「気分は前よりいいですか」

3° être + 名 ① *un* [*le, ce, mon*, など] + 名 ：Le lion est *un* animal [*le* rois des animaux].「ライオンは動物〔百獣の王〕である」/ Paul est *mon* ami.「Pは私の友人だ」◆上例の〈un + 名〉は，主語の上位概念語を表わし，後述③のような無冠詞名詞との選択は起こらない．

② 無冠詞名詞 (1) 国籍・職業を表わす名詞：Il est *ingénieur*. / Il est *français* [*Français*].

MAROUZ (*Notre langue*, 144); SAUVAGEOT (47) はこの無冠詞名詞は名詞と形容詞の中間の性質を持つと言う．

(2) 無冠詞名詞は名詞の属性を示す形容詞的用法：Mariette est encore *fille*. (VAILLAND, *Loi*, 12)「Mはまだ娘だ」/ Il est encore *garçon*.「彼はまだ独身だ」

◆ 副 + 名 ：Denise est très *musicienne*. (MAUROIS, *Cercle*, 22)「Dはとても音楽の天分があります」/ Je ne sais plus si nous étions très *amies*. (DURAS, *Stein*, 112)「私たちがとても仲よしだったかどうか，もう覚えていません」

③ 無冠詞名詞 / *un* + 名 理論的には無冠詞名詞は名詞の属性を，〈un + 名〉は具象的な

1個体を示すが,陰影の差は微妙で,両者の使い分けは主語が名詞であるか人称代名詞であるかによっても左右される.
(1) **主語が1・2人称代名詞または名詞**: Je suis (un) architecte. / Vous êtes (un) médecin. / Mon père est (un) ingénieur.
▶DUB-LAG (59) は Pierre est ingénieur. (= Pierre est un ingénieur.) と記し,両者の区別をしない.
◆⟨un + 名⟩は誇り・称賛などの情意的価値を帯びることがある: Puisque vous aimez le théâtre, pourquoi ne devenez-vous pas actrice? — Je suis *une actrice*. (COCTEAU, *Monstres* II, 3)「芝居が好きなのなら,どうして女優にならないの.—わたしは女優ですわ」/ J'en aurais fait autant que toi si j'avais été *un homme*. (BEAUV., *Mand*., 347)「私が男だったら,あなたと同じことをしたでしょう」 cf. 無冠詞で: Si j'avais été *homme* ça m'aurait été impossible d'en préférer aucune. (*Ib*., 343)「私が男だったら,あの女たちの誰ひとりとして好きにはなれなかっただろう」 ▶高度に表現的な名詞も un を略さない (GUILL, 284): Tu es *un* monstre [*un* diable].「お前は人非人[悪魔]だ」
(2) **主語が3人称代名詞ならば,多くは Il est ingénieur.**[またはC'est un ingénieur.] ▶Il est un ingénieur. は一般的でないが用いられ始めた (SAUVAGEOT, *FDM*, nº 28).
(3) ⟨名 + 形⟩[補語]は不定冠詞をとる: Il est [C'est] *un* médecin dévoué.「親切な医者だ」/ Ce professeur est *un* homme de mérite.「あの教授は有能な人だ」
▶Vous êtes (un) brave homme.「あなたはいい方だ」は brave homme が熟語をなすために(1)に準じて un を略し得る.
4º **être + 代**: Son chapeau est *celui-ci*.「彼の帽子はこれです」/ Tu ne serais plus *toi* si tu ne travaillais pas. (BEAUV., *Mém*., 214-5)「勉強しなければ,もうお前はお前でなくなってしまうよ」/ Tes parents sont riches?—Ils ne *le* sont plus. (VAILLAND, *Fête*, 129)「きみの両親は金持なのか.—もうそうではなくなったよ」
5º **être + 不定詞** ① *être de* 不定詞 一般的: Le mieux est *d'attendre*.「いちばんいいのは待つことだ」
② *être + 不定詞* (1) 主語も 不定詞: Prier *serait* les trahir. (CAMUS, *Justes*, 148)「祈れば彼らを裏切ることになりましょう」

(2) *ce que... c'est + 不定詞* ce queの後の動詞が直接に不定詞を補語とする場合: Ce que je voulais, c'était être seule. (SAGAN, *Sourire*, 64)「私が望んでいたのは,ひとりになることだった」/ Ce que j'aime par-dessus tout, c'est flâner dans les vieilles rues. (MAUROIS, *Climats*, 32)「何よりも好きなのは古い街なかを散歩することです」/ Ce qu'il faut, c'est se mettre à l'abri. (CLAIR, 19)「必要なのは雨宿りすることです」
6º *être que* + 節: La vérité *est que* je ne m'y attendais pas.「実はそれは思いも寄らぬことでした」⇨ que⁴ I. 2º

III. **存在** 補語なしに (= exister): Je pense, donc je *suis*. (DESCARTES)「われ思う.ゆえにわれあり」/ Ce temps n'*est* plus. (GLLF)「その時代はもはや過ぎ去った」/ Toutes ces choses sont pour moi comme si elles n'*étaient* pas. (BEAUV., *Mém*., 354)「そうしたことはみんな,私にとってはまるで起こらなかったかのようなのです」/ J'aurais donné n'importe quoi pour que cela ne *fût* pas. (SAGAN, *Bonj*., 170)「私はそうならないためなら,何を与えても惜しくはなかっただろう」/ Cela *est*.「そのとおりだ」/ Cela n'*est* pas.「そんなことはありはしない」/ Cela *sera*.「そうなるだろう」/ Cela ne *sera* pas.「そんなことにはなるまい」

IV. ***il est*** 非人称構文
1º ***il est* + 名** [代] (= il y a) 実主語は⟨不定冠詞[基数詞,不定形容詞] + 名⟩, en, ⟨en... 基数詞[不定代名詞]⟩に限られる.文学的: Il est des trésors que nul ne peut monnayer. (PINGAUD, *Scène*, 183)「何人も金に換えることのできない宝がある」/ Il en (= des notions) *est* une qui va me servir de fil conducteur. (BEAUV., *Compte*, 13)「私にとって道しるべの役割を果たすような一つの観念がある」/ En *est-il* parmi vous qui accepteraient? (ROB)「あなた方のなかに承知してくれる人がいますか」(il en est qui = il y en a qui = il y a des gens qui. ⇨ en² I. 5º ②) / Il était une fois un petit prince qui (...) (ST-EXUP., *Prince*, 20)「昔ある所に…という小さな王子がいた」(おとぎ話の書き出しの文体) ◆否定文: Il n'*est* point de bonheur pour toi dans ce monde. (ROLLAND, *Beeth*., 36)「きみにとってこの世に幸福はない」/ Il n'*est* rien d'aussi beau. (ROB)「これほど美しいものは何もない」

♦部分冠詞の使用は疑問文・疑惑文に限られる：Est-il *du* bonheur sur terre?「この世に幸福があろうか」/ S'il est *du* bonheur ici bas...「この世に幸福があるならば」(WAGN, *FDM*, n° 29)
♦il n'est + 無冠詞名詞 + que 格言調： Il n'est pire douleur qu'un souvenir heureux dans les jours de malheur. (MUSSET—G, 606, Rem. 3)「不幸の日々に，幸せな思い出ほど苦しいものはない」/ *Il n'est* bon champagne *que* de France. (ROB)「うまいシャンパンはフランスのだけだ」

▶ s'il en est [fut] ⇨ si¹ I. 13° ④

2° il est + 属詞

① *il est* 形 (*à qn*) *de* 不定詞 ; *il est* 形 *que*

　形容詞が疑惑・否定・可能・感情を表わせば que + 接： *Il* ne nous *est* plus possible *de* nous taire.「われわれはもはや黙ってはいられない」/ *Il est* possible *qu*'il vous ait mal compris.「彼はあなたの言うことがよくわからなかったのかも知れない」/ *Il est* nécessaire *d*'apprendre [*que* vous appreniez] le français.「フランス語を習うことが必要です」
♦ *de* 不定詞 は動作を，que + 節は事実を表わすから，容易・困難の意の形容詞のあとでは実主語はいつも de 不定詞： Il est difficile [facile] *de* le contenter.「彼を満足させることは困難だ［たやすい］」▶ 確実・不確実・真偽を表わす形容詞のあとでは，実主語はいつも que + 節： Il est certain [probable] *qu*'il viendra.「彼は必ず［おそらく］来るだろう」 cf. MARTIN, *RLR*, n° 135-6.

▶ c'est + 形 de 不定詞 [que] ⇨ ce¹ II. 5°; 11°

② *il est de* 名 *que*: *il est de* notoriété publique [de toute évidence, de fait] *que*「…は周知の事実［明々白々たること，事実］である」

3° *il est* + 時間の表現: *Il est* 3 heures.「3時です」/ *Il est* tôt [tard].「時刻が早い［遅い］」/ *Il est* l'heure.「時間です」(非人称の il est の後に定冠詞が用いられる唯一の場合)/ *Il est* temps de 不定詞「…すべき時だ」

V. 条件節, 譲歩節

1° *n'eût été* / *n'eussent été* (= si ce n'eût été) eût は後続名詞に一致. 文学的： *N'eût été* la fraîcheur de l'air, on se serait cru encore au mois d'août. (BUTOR, *Modif.*, 84)「空気がひんやりしていなかったら，まだ8月だと思われたろう」/ *N'eussent été* sa pâleur et sa toux, on en serait même venu à douter de son mal. (GASCAR, *Graine*, 140)「顔が青ざめ咳をしていなかったら，彼が病気であることを疑いさえしたろう」

2° *n'étai(en)t* 文学的.

① (= si ce n'était, s'il n'y avait eu)： *N'étaient* cette chaleur, ces mouches qui l'énervent, ce bruit qui lui martèle le crâne, il se sentirait calme. (THIB. VIII, 90)「この暑さ，いらいらさせるこの蝿，頭にがんがん響くこの騒音さえなければ，彼は落ちついた気持になれたろう」

② n'étai(en)t = sans とみなされ，主節の時制との対応は破れる： On aurait pu nous prendre pour un petit ménage de commis, *n'étaient* certaines sorties nocturnes. (BÉRAUD.—S, II, 356)「時折，夜外出をすることがなかったら，しがない勤め人夫婦と思われたことだろう」
♦ n'était は成句として時として無変化： *N'était* ses mains, cette fille serait jolie! (CHATEAUBRIAND—*Ib.*, 357)「手がなければあの娘はきれいなのに」

3° *n'était-ce, n'eût-ce été* (= n'était, n'eût été) 文学的, まれ： *N'eût-ce été* mes propres mots qu'il avait répétés, j'aurais pensé (...) qu'il s'était mépris, qu'il m'avait mal entendu. (LACRETELLE, *Ame*, 128)「彼が私自身の言葉を繰り返さなかったなら，私は彼が誤解していたのだ，よく理解してくれなかったのだとも思ったろう」

4° *fût-ce* (= serait-ce, même si c'était), *ne fût-ce que* (= ne serait-ce que, même si ce n'était que)： Je n'y toucherai pas, *fût-ce* du bout du doigt. (ROMAINS, *Trouhadec* IV, 5)「指1本触れるのもごめんです」/ Il m'a promis de rester, *ne fût-ce qu*'un instant, à la réunion. (THIB. VI, 136)「ほんのわずかな間でも会合に出ると私に約束した」◆直・目： Aucun des projets n'avait reçu *ne fût-ce qu*'un début de réalisation. (GARY, *Au-delà*, 19-20)「何を試みても成功のきざしすら見られなかった」

▶ 接・半のこの用法は avoir, être, devoir の単数3人称が普通. 上記は成句化されている.

VI. être (= *aller*) 複合時制, 単過, 接・半に限られる. 複過はことに口語的.「われわれは je suis allé と書くが，より好んで j'ai été と言う」(MAROUZEAU—S, III, 154 n.)： *Avez*-vous *été* à Paris la semaine dernière? (Ac)「先週パリに行ったのですか」/ Vous ne savez pas où il *a été*? (VIAN, *Pékin*, 143)「彼がどこに行ったか知りませんか」▶J'*ai été* à Rome. (= Je suis allé à Rome et en suis revenu.)とJe suis allé à Rome. との区別(LIT; *DG*)は多くの場合成り立たない.

être + 不定詞(⇨ aller 4°): J'*ai été* le chercher à la gare. (BEAUV., *Adieux*, 50)「駅まで彼を迎えに行った」/ Prévenante, la garde *avait été* prendre la stéthoscope. (*Thib*. III, 205)「気をきかせて付き添いは聴診器を取りに行った」/ Il (...) *fut* s'asseoir près de la fenêtre. (GREEN, *Moïra*, 152)「彼は窓の近くに行って腰をおろした」

♦俗語・南仏方言で助動詞êtreを用いることがある: Je *suis été* deux fois à la messe aujourd'hui. (PAGNOL, *Boulanger*, LP 91)「今日は2度もミサに行った」cf. 『探索』246-54.

s'en être (= s'en aller) 単過と接・半だけ: Et le petit prince *s'en fut*. (ST-EXUP., *Prince*, 44, 45, 57)「そして王子は去っていった」/ Il était temps que chacun *s'en fût* se mettre au lit. (G, 669, Rem. 3)「めいめいが寝に行く時間だった」cf.『新考』107-22, 257-75.

être + (*en*) + ~*ant* 継続, 漸進(⇨ aller 9°): La plupart de ces difficultés *ont été s'aggravant*. (DUHAMEL—G, 655, 1°, Rem. 2, N.B. b)「こうした困難は大部分, 次第に度を増していった」/ Cela *a* toujours *été en empirant*. (PÉROCHON, *Nêne*, 200)「次第に悪くなるばかりだった」cf.『探索』312-5.

VII. 時制の助動詞

1° 代名動詞 意味にかかわりなくすべてêtreを助動詞とする: Elle *s'est regardée* dans la glace.「彼女は鏡に映る自分の姿を見つめた」cf. Elle m'a regardé.「彼女は私をじっと見た」/ Je *me suis acheté* un manteau.「自分のためにコートを買った」cf. Je lui ai acheté un manteau.「彼にコートを買ってやった」

♦現代俗語・方言でavoirも用いられる: Vous allez voir comment je m'*ai* aveuglé. (RENARD, *Poil*, 124)「どうして目が見えなくなったかと言うと, まあこうなんだよ」/ Mais comment que tu t'*as* sorti de prison? (SALACROU, *Th*. V, 78)「でも, どうやって刑務所から出てきたの」cf. G, 656, 1° Hist.; BAUCHE, 116.

2° 自動詞 多くは運動, 状態の変化を表わす少数の動詞に限られる: aller, arriver, décéder, devenir, échoir, éclore, entrer, mourir, naître, partir [repartir], rentrer, rester, retourner, sortir, tomber [retomber], venir [intervenir, parvenir, revenir, survenir], など.

▶avoirまたはêtreを助動詞とする自動詞 ⇨ auxiliaire (verbe) I. 3° ②

VIII. 受動態の助動詞 être + 他動 の過分

① 未完了動詞は受動的動作を表わす: Il *est aimé* de tous.「彼はすべての人から愛されている」/ Cette maison *est habitée* par des gens tranquilles.「この家にはもの静かな人たちが住んでいる」

② 完了動詞は補語を伴わなければ過去における行為の結果である状態を表わす: La ville *est délivrée*.「町は解放された」/ La pelouse *est tondue*. (*Lar. Gr*., 108)「芝は刈ってある」/ Un crime *est commis*.「犯罪が行なわれた」⇨ verbe pronominal II. 3°

動作主・時・様態などの補語を添えれば, 多くは動作の観念が現われる: Le crime *est commis* en état d'ivresse.「犯罪は酩酊状態で行なわれる」▶補語を添えても状態を表わし得る: L'armée *est coupée* de ses communications par l'arrivée de renforts ennemis. (MAROUZ, 143)「軍隊は敵の増援部隊の到着によって連絡を断たれた」

étymologie [語源学] ── 語の起源・変遷を研究する言語学の部門.

♦étymologie populaire [民衆語源説] 語の本来の意味が明らかでない場合に, 類似の音・形・意味を持つ他の語に基づいて新しい解釈をすること. hébéter「鈍くする」がbêteの派生語と曲解されて「愚鈍にする」(rendre stupide)の意に用いられ, ドイツ語 Sauerkraut「酢漬け野菜」は, アルザスドイツ語のsûrcrûtを経てchou「キャベツ」+ croûte「軽食」と解され, フランス語でchoucrouteとなる, など.

euphémisme [婉曲語法] ── 不快な忌むべき観念を表わす語を避けて婉曲な表現を用いること: fille「町の女」(= prostituée) / intervention「手術」(= opération chirurgicale) / s'en aller「あの世にいく」(= mourir) / Elle est un peu forte. (F, 101)「彼女はちょっと太っ

てる」

eux ⇨ lui²

exclamatif (adjectif)［感嘆形容詞］⇨ quel III

exclamative (phrase)［感嘆文］— 驚き・喜び・悲しみ・称賛・非難など，強い感動を表わす文．多くは感嘆詞を先立てるが，抑揚・主語倒置だけでも表わされる．

I. 感嘆詞のない感嘆文

1°　抑揚 ①抑揚のみによって感嘆を表わす．語順は平叙文と同じ(⇨ intonation 3°; accent I. 3°)：C'est magnifique!「見事だね」/ C'est impossible!「まさか」/ Il fait une chaleur! (ANOUILH, *P. N.*, 377)「まあ暑いこと」(⇨ article indéfini II. 5°) / Me voilà grand-père maintenant! (F, 607)「これでわしもおじいちゃんになったな」

②**省略的感嘆文**　意味の担い方の少ない動詞（殊にêtre），主語（殊にce）は省略されやすい：Curieux!（< C'est curieux.)「妙だなあ」/ Pas possible!（< Ce n'est pas possible.)「まさか」/ Oui, il fait froid! Ce vent!... Cette pluie!... (APPIA, *Fr. chez vous*, leçon 28)「そう，寒いわね．この風…この雨ったら」⇨ ce¹ II

③**主節の省略**：Si je savais écrire comme toi! (F, 1043)「きみみたいに字がうまく書けたらなあ」/ Pourvu que ça dure!「（晴天）続いてくれればいいが」/ Puisque c'est pour l'Etat! (F, 630)「（税金）お国のためなんだから」

④ 名 + *qui*：Un mouton *qui* bêle!(F, 1189)「おや，羊が鳴いている」/ Une fille de cet âge-là *qui* s'amuse encore avec des poupées! (F, 680)「あんな年をした娘がまだ人形で遊ぶなんて」/ Et moi *qui*...! ⇨ qui¹ A. I. 3°

⑤ 名 + *que*：Les beaux biceps *que* vous avez! (F, 90)「腕の筋肉，見事ですね」

◆定冠詞を用いた最後の例では，名詞の前に情意的な形容詞を先立てる．それ故，×Le chapeau bleu qu'elle a! とは言わない (LE B, *Inv.*, 76-7)．

⑥ 形 + *que*：Friponne *que* tu es! (*Gr. Lar.*, 97)「いたずらっ子だな」/ Incapable *que* je suis! (*Ib.*)「私は無能だなあ」

2°　主語倒置 + 抑揚：Est-ce beau! (GIDE, *Porte*, 110)「何てきれいなんでしょう」/ Mon Dieu, suis-*je* bête! (DÉON, *Déjeuner*, 144)「ああ，何てばかなんだろう」

◆主語が名詞ならば，複合倒置：Pierre nage-t-il bien! (*Gr. Lar.*, 96)「Pは泳ぎの上手なこと」

▶ただし，転位構文のほうが普通：Est-*il* énorme, vu d'ici, *le Panthéon*! (LE B, *Inv.*, 82)「大きいな，ここから見ると，パンテオンは」/ *Ces enfants*, sont-*ils* drôles! (*Ib.*)「あの子供たち，滑稽だね」

II. 感嘆詞を伴う感嘆文　感嘆詞としてのcomme, combien, que, ce que, qu'est-ce que, comment, quelの用法・用例については各項参照．ここでは主語の語順の問題のみを扱う．cf. G新, 396．

1°　主語修飾のとき　必然的に〈主語＋ 動 〉：Combien de gens voudraient être à votre place! (ROB)「どれほど多くの人があなたの代わりになりたがっていることか」

♦否定形では時に複合倒置も：Combien de Français ne doivent-ils pas relire à plusieurs reprises certains vers elliptiques de Mallarmé (...)! (LE BIDOIS—G新, 396, b, 1°)「どれほど多くのフランス人が，Mの一部の省略的詩句を何回も読み返さざるをえないことか」

2°　主語以外を修飾（肯定形で）　基本的には〈主語＋ 動 〉．

①主語が人称代名詞，*ce*, *on*でも〈主語＋ 動 〉となる点で疑問文と異なる：Que de fois *je* lui ai répété de venir!「彼に来るようにと，なんど繰り返して言ったことだろう」

♦文学語でquel [que de, combien de] + 名 が文頭にあれば，時に単純倒置：Quels beaux questionnaires ai-*je* reçus! (GAXOTTES)「なんと立派なアンケート用紙が届いたことか」

②主語が①以外でも一般に〈主語＋ 動 〉：Quelle jolie femme *votre frère* a épousée!「弟さん，なんてきれいな人と結婚されたことか」

♦文学語では時に複合倒置：Quelle complication sentimentale *ce nouvel hôte* allait-*il* apporter dans la vie courante! (LA VARENDE)「感情の上のなんという厄介事をこの新たな客が日常の生活に持ち込もうとしていたことか」

♦文学語で時に単純倒置も：Eh, que brillent *tes yeux*! (LA VARENDE)「おや，なんと目が輝いていることか」

3°　主語以外を修飾（否定形）

①真の否定　〈主語＋ 動 〉：Que de fois *mon père* [*il*] n'a pas pris son médicament malgré le danger qu'il courait ainsi! (G新, 396, b, 3°)「父[彼]は病状が危くなるというのに何度薬を飲まずにいたことか」

② **肯定の意味**（反語的ないわゆる修辞疑問に対応）(1) 主語が人称代名詞, ce, on では単純倒置: Que de fois n'a-t-*il* pas couru des risques inutiles! (G新, 396, b, 3°)「何度無用の危険を冒したことか」 (2) 主語がそれ以外では複合倒置: Que de fois *cet automobiliste* n'a-t-*il* pas couru des risques inutiles!

♦ que が pourquoi の意味では上記②と同じ: Que ne l'a-t-*il* fait plus tôt!「どうしてもっと早くやらなかったのか」/ Que *M. Mallarmé* ne fait-*il* comme eux! (LANSON)「なぜM氏は彼らのごとくせぬのか」

excuser — 詫びの言い回し. くだけた言い方から次第に丁寧に: Je m'*excuse*. / Vous m'excuserez. / Excusez-moi. / Veuillez m'excuser.

Excusez-moi, il n'y a pas de restaurant par ici? (BUTOR, *Emploi*, 34)「すみませんが, この辺にレストランがありませんか」/ *Je m'excuse* de vous avoir fait attendre. (BUTOR, *Degrés*, 105)「お待たせしてすみません」/ Excusez-moi si j'ai remué le fer dans la plaie. (ANOUILH, *P.R.*, 283)「きみの古傷をうずかせたのは悪かった」(⇨ si¹ II. 1° ①) / *Je m'excuse* (...) pour la façon dont je t'ai traité tout à l'heure. (ACHARD, *Nouv. hist.*, 188)「さっきはあんな仕打ちをしてごめんなさい」/ *Je m'excuse* pour hier. (SAGAN, *Brahms*, 69)「きのうはごめんなさい」

explétif ［虚辞］— 文中で意味を持たない語を言う. 虚辞の ne (⇨ ne explétif) と, 間接補語となる人称代名詞の一用法 (⇨ pronom personnel III. 1° ③) も虚辞と言われるほか, heureusement *que* (⇨ que⁴ VIII. 2°), la ville *de* Paris (⇨ de I. 22° ①) などの que, de も虚辞と称する文法家がある.

explosive (consonne) ⇨ consonne

exprès — 付加辞的用法: un fait *exprès*「わざと仕組んだような間の悪い事実」/ Il y a une place *exprès*, au fond de la cour. (TROYAT, *Tête*, 27)「中庭の奥に（自転車）専用の場所がある」

▶ faire *exprès* de 不定詞 ⇨ faire VIII. ③

F

f — 発音. ①[f]：fève, œuf. ②リエゾンで[v]：neuf ans [heures] ③無音：Neu(f)châtel, Neu(f)bourg, cer(f), cle(f), che(f)-d'œuvre. ④囲覆で[f]と無音に変わるもの：bœuf, œuf.

face — 1° *en face* (*de*)＋名 deを入れるのが正規形：Cette maison est *en face de* la mienne.（AC）「その家は私の家のまん前にある」◆en face＋名をGEORG (211)は許容しないが，B (429) は前置詞相当句とみなす：Il était assis *en face* moi.（CASTILLOU, *Thaddëa*, 174）/ juste *en face* les casernes（DAUDET —G, *Pr.* V, 249. 他7例）
2° 名＋(*d'*)*en face* MART (492) は d'en face を誤用としたが，*DFC* は d'en face しかさず，今日ではこのほうが多い：dans la maison *d'en face*（BEAUV., *Mand.*, 414）「向かいの家の中に」/ sur le trottoir *d'en face*（ROB.-GRIL., *Projet*, 17）/ si on va au cinéma *en face*（BUTOR, *Degrés*, 264）/ Il est entré dans l'immeuble *en face*.（GARY, *Au-delà*, 225）「向かいの建物にはいった」
3° *face à* (＝ en faisant face à, vis-à-vis de, en direction de) 新しい用法：Elle s'immobilise *face à* lui.（DURAS, *Abahn*, 35）「彼女は彼と面と向かって身じろぎもしない」/ Lorsque son regard est *face à* la caméra, le plan change.（ROB.-GRIL., *Imm.*, 23）「彼の目がカメラのほうを向くと画面が変わる」▶ G (*Pr.* V, 247-8) に8例.

facile — facile à 不定詞：un homme *facile à* vivre「人づきあいのよい人」/ un livre *facile à* lire「読みやすい本」/ un objet *facile à* se procurer「手に入れやすいもの」◆MART (442) は事物名詞の後の不定詞に受動的意味を認め，直接他動詞しか許容せず，代名動詞の場合は un objet qu'il est *facile* de se procurer と言うことを勧めるが，H (400) は un livre qu'on lit facilement, un objet qu'on se procure facilementと解し，*facile à* se procurerを正規の用法とする． ⇨ infinitif C. V. 1°

façon — 1° *une façon de*＋名「一種の…，…のようなもの」 関係する形容詞は後続名詞に一致. ⇨ sorte 2°
2° *de* (*telle*) *façon que*
①＋直 得られた結果，時に方法の意を含む：Il pleuvait, *de façon que* je *fus* obligé de rentrer.（M）「雨が降っていたので帰らざるを得なかった」
②＋接 得らるべき結果，目的・方法の意を含む：Parlez *de façon qu'*on vous comprenne.（M）「人がわかるように話しなさい」
◆*de façon à ce que*＋直 接は文語でも普及しているが (G, 977; S, II, 410)，多くの文法家から非難されている．
◆*de façon à* 不定詞：Conduisez-vous *de façon à* vous faire aimer.「人から愛されるような行ないをなさい」
3° *de* [*d'une*] *façon* naturelle「自然に」(de のほうが普通) / *de la façon* la plus naturelle「最も自然に」

faire — faisant, faisons, faisionsなど s [z] で始まる音節の前の fai は [fə]．非人称動詞, faire＋不定詞 (使役の助動詞) の 過分 fait は無変化.
◆faire＋部分冠詞＋スポーツ：*faire du* sport [*du* golf, *de la* natation]「スポーツ[ゴルフ, 水泳]をする」/ Je *ne* fais *pas de* golf. ; Je *ne* sais *pas faire du* [*de*] golf.「ゴルフはできません」
◆faire＋部分冠詞 [des]＋学問：*faire du* grec [*des* mathématiques]「ギリシア語[数学]を勉強する」 ▶faire＋所有形容詞＋学問：*faire son* droit「法学を専攻する」
I. *faire*＋直・目＋属詞：La joie de tous (...) *fait* le fils aîné soucieux.（GIDE, *Enf. prod.*, 201）「一同の喜びが長男を不安にさせる」/ Cet accident de voiture l'*a fait héritier* des

biens de son oncle. (*DFC*) (= rendre)「その自動車事故で彼は叔父の財産の相続人になった」

se faire + 属詞: *se faire* catholique「カトリック信者になる」◆次例では能動的意味はなくなり devenir の類義語: Son visage *se fit sérieux*. (VERCORS, *Yeux*, 29)「彼は真顔になった」/ La respiration *se fait* plus *rapide*. (DURAS, *Abahn*, 54)「呼吸がさらに速くなる」/ Les nuits *se font* beaucoup plus *froides*. (GREEN, *Moïra*, 177)「夜はずっと寒くなった」

il se fait + 属詞: Il *se fait* tard.「夜もふけてきた」

II. *faire* A *de* [*avec*] B ①具体的なものを作るの意では、材料を表わすのに能動態では avec だけを用いる: On *fait* du pain *avec* de la farine.「小麦粉でパンを作る」(×*de* farine は不可) / On a *fait* cette cabane *avec* du bois, de la paille et de la terre.「この小屋は木とわらと土で作られている」(×*de* bois, *de* paille et *de* terre は不可)

◆受動態では avec も de も用いられる: C'est une cabane *faite avec* du bois, de la paille et de la terre [*faite de* bois, de paille et de terre].「木とわらと土で作られた小屋だ」

② 「B を A にする」(transformer en, faire devenir) の意では de だけを用いる: Je *ferai* un jardin *de* ce terrain. (*MFU*) > J'*en ferai* un jardin.「この地所[それ]を庭にしよう」/ Nous *ferons* un avocat *de* ce garçon. > Nous *en ferons* un avocat. (*MFU*)「この子[彼]を弁護士にするつもりだ」/ Il vous épousera et *fera de* vous la Reine de Paris. (JOUHAND., *Procès*, 23)「彼はあなたと結婚して、あなたをパリの女王にするでしょう」

n'avoir que faire de qch (= n'avoir aucun besoin de): Mais elle *n'avait que faire d*'explications. (Thib. IV, 106)「説明などはどうでもよかった」

III. **faire le** [**son**] + 名 (= faire semblant de, jouer le rôle de): *faire le grand seigneur*「殿様気取りでいる」/ *faire l'important*「えらぶる」/ *faire le malade*「仮病を使う」/ *faire le mort*「死んだふりをする」/ *faire le malin*「こざかしくふるまう」/ *faire l'impertinent*「無作法なふるまいをする」/ *faire le difficile*「何にでも文句をつける」/ Ça t'apprendras à *faire la brute* avec mon frère. (SARTRE, *Mur*, 111)「弟に乱暴したらどうなるかわかったろう」/ Depuis qu'elle le connaissait, il *faisait le jeune homme*. (SAGAN, *Brahms*, 18)「彼女が彼と知り合ってから、彼はいつも青年気取りであった」

◆日常語では son を用いて習慣的行為を表わす: Il *fait son* héros jusqu'au bout. (BAZIN—G, 427 c)「とことんいつもの英雄気取りだ」

◆主語が 女 複 ならば主語との一致が普通: Elle *fait la morte*.「彼女は死んだふりをする」(まれに無変化の例: Ils font le mort.) / Elle *fait la sourde* [Elles *font les sourdes*]. (HØYB, 179-80)「聞こえないふりをする」

faire celui [**celle**] **qui...**: *Fais celui qui* ne se rappelle pas. (ANOUILH, *P.B.*, 277)「とぼけるがいい」/ Je *ferai celle qui* n'est au courant de rien. (ROUSSIN, *Hutte*, 28)「何も知らないふりをするわ」▶まれに無変化: Ils *faisaient celui qui* ne comprend pas. (P. MILLE—S, II, 98)

IV. *faire* + 属詞 (= avoir l'air, paraître, donner l'impression de) 属詞は多くは無変化。主語が人のときに限り、これと一致することがある: Elle *fait vieille* [*vieux*] pour son âge. (ROB)「彼女は年のわりにはふけている」/ Tu *fais vulgaire* et *cornichon*. (AYMÉ, *Chemin*, 22)「きみはどう見ても俗悪で間抜けだ」◆**faire** + 不変化名詞: Tu *fais* tellement plus *femme*. (ANOUILH, *P.R.*, 67)「あなたのほうがずっと女らしいわ」/ Sa cravate *fait clerc de notaire*. (SAGAN, *Mois*, 66)「彼のネクタイは公証人見習いなみだ」

V. **Deux et deux font quatre.**「2たす2は4」/ Six moins quatre *font* deux. (*PR*)「6引く4は2」◆ただし: Quatre fois cinq *font* [*fait*] vingt.「4掛ける5は20」▶font が普通 (*DBF*) / Dix divisés par deux *fait* [*font*] cinq. (COL)「10割る2は5」

ne faire qu'un / **n'en faire qu'un(e)**: Ces deux personnes *ne font qu'un* [*n'en font qu'une*]. (D, *FM*, janv. '40)「2人は一心同体だ[同一人物だ]」(TH も同説) / Nos âmes *ne font* [sont] *qu'un*. (ROB)「心は一つに結ばれている」/ Massalia et Marseille? Attention! Ces deux villes *n'en font qu'une*. (*DBF*)「マッサリアとマルセーユ? 注意しなくちゃ、2つは同じ都市のことなんだ」◆主語が固有名(詞)の次の例では ne faire qu'un のま

まで2つの意味が可能 (H, 405)：Pierre et Paul [Louise et Marie] *ne font qu'un.*「一心同体だ；同一人物だ」

VI. 代動詞 ことに人称・時制が変わって動詞が反復されるとき，この反復を避けるために faire が既出の動詞の代理をする．これを pro-verbe (*Gr. Lar.*, 98; *Gr. d'auj.*, 570) と呼ぶ．ただし受動態・非人称構文には用いられない．

1° *faire* だけの使用 比較節に限られ，既出の動詞，〈動 + 目的語〉などに代わる：Vous n'auriez pas dû lui répondre comme vous *avez fait.* (ARLAND, *Ordre*, 61) (= vous lui avez répondu)「あんな返事をするって法はありません」/ Il me donna une lettre, comme *avait fait* Périclès. (= m'avait donné une lettre) (DHÔTEL, *Lieu*, 61)「P がそうしたように私に手紙をくれた」

2° *le faire* le は既出の動詞の概念を受ける．比較節をも含め，あらゆる節に用いられる：Il n'est pas accouru, comme il aurait dû *le faire.* (GIDE, *Symph.*, 129) (= accourir)「そうしなければならなかったのに駆けつけては来なかった」/ Je veux comprendre. — *Fais-le*, dit le juif, comprends. (DURAS, *Abahn*, 35) (= comprends)「わたしはわかりたいの．— そうするがいい，わかりなさい，とユダヤ人は言う」/ C'était plutôt à lui de me présenter ses condoléances. Mais il *le fera* sans doute après-demain. (CAMUS, *Étr.*, 10) (= il me présentera ses condoléances)「むしろ彼のほうが私におくやみを言うべきだった．しかし，多分彼はあさっておくやみを言うだろう」/ Nous avons causé ce jour-là comme jamais nous ne *l'avions fait* encore. (GIDE, *Feuillets*, 119) (= nous n'avions causé)「あの日は，それまでまだ一度もなかったようにおしゃべりをした」 ⇨ comme¹ I. 1° ②

3° *faire* + 直・目 動詞が同じで直・目が異なるとき，faire を既出の他動詞だけの代理をさせ，これに直・目を添えることがあるが，S (II, 448) は vieilli et très recherché，ROB は Vx，COL は文学的と言う：Il la reconnut comme il *aurait fait* une route de son enfance. (MAURIAC, *Désert*, 15)「子供のころの道がすぐわかるように，彼女の顔がすぐわかった」

この構文を避けるために，（①④のように faire 以外の手段を含め）次の構文が用いられる．

① 同じ他動詞の反復：Il continue d'*aimer* les femmes comme il les *a* toujours *aimées.* (VAILLAND, *Fête*, 130)

② ***faire de* + 名** : Rachel le considéra comme elle *eût fait d*'un enfant. (*Thib.* II, 179)「R は子供にでもするように彼のことをじっと見た」 ▶ この構文が最も多い．le faire de もまれに見られる (MOIGNET, *FM*, '60, n° 2, 117)：Lui, le Captain, il la regarde à tout moment; elle, non, elle ne *le fait* plus de personne. (DURAS, *Emily*, 97)「彼，船長は彼女を絶えず見つめている．彼女のほうは，もはや誰にもそんなことはしない」

③ **(*le*) *faire pour* [*avec*] + 人物名詞**：Il regarda Gilbert comme il *eût fait pour* un poulain. (R. BAZIN — S, II, 449)「仔馬にでもするように G をじっと見た」/ Mirambeau eut envie d'embrasser cette trogne ridée, comme il *l'eût fait pour* un enfant. (VERCORS, *Colères*, 192)「M は子供にでもするようにこの皺だらけの顔にキスをしてやりたくなった」/ Il saisit le petit dans ses bras, comme il *faisait* jadis *avec* son frère. (*Thib.* IX, 81)「昔，弟にしてやったように少年を両腕でだいた」/ Elle me parlait de loin, comme on *fait avec* quelqu'un dont on redoute le contact. (PINGAUD, *Scène*, 39) (= comme on parle à quelqu'un)「まるで体が触れたくもない人にするように，彼女は私に遠くから話しかけていた」

④ **動詞の省略：**Il vous accueillerait comme un père son enfant.「まるで父親がわが子にするようにあなたを迎えるでしょう」▶ しかし，上記 ①〜③ の例のように主節と従属節の主語が同じならば，動詞の省略は文意を曖昧にする．Il vous aime plus que son fils. は plus qu'il n'aime son fils とも plus que son fils ne vous aime とも解せる．

4° *faire de même* ; *le faire aussi* ; *en faire autant* 既出の動詞と同じ動作を表わす：Son frère sortit. Il *fit de même*. [Il *le fit aussi.* ; Il *en fit autant.*] (PINCHON, 183)

5° *ne pas le faire* ; *n'en rien faire* 後者は前者より意味が強く，DFC によると文学的：S'il vous dit de partir, surtout *n'en faites rien*. (*DFC*)「彼が出かけろと言っても，それだけはおやめなさい」

◆faire は繋合動詞 (être, paraître, sembler, devenir, rester, demeurer)，さらに一般に動作よりむしろ状態を表わす動詞の代理はしない：Il est moins timide qu'il n'*était* autrefois. (×qu'il ne *faisait*は不可)「彼は昔ほど内気ではない」/ J'en sais plus que vous n'en *saviez*. (*Lar. Gr.*, 68) (×que vous ne (le) faisiezは不可)「そのことはあなたよりよく知っている」

VII. 挿入節で (= dire, répondre) 身振りを伴うか，その場の光景がまざまざと心に浮かぶ状況で用いられる (LE B, *Inv.*, 194-5)：Ça c'est drôle, *fait* Etienne. (QUENEAU, *Chiendent*, 105)「そいつは妙だ，とEが言う」/ Oui! Oui! Oui! *fit*-elle agacée. (SARTRE, *Mur*, 42)「…と彼女はじりじりしながら言った」/ Adieu, *fit* le petit prince.— Adieu, dit la fleur. (ST-EXUP., *Prince*, 62)「さようなら，と王子さまが言った．—さようなら，と花も言った．」▶ 最後の例のように*fit*は dit, répondit, s'écriaなどの反復を避ける手段となる．しかし，次第に ditと同義となり，まれに間・目をも伴う：J'irai avec vous, lui *fis*-je. (AC)

♦俗語では会話にも用いる：La petite friponne, qu'il *faisait*, elle a voulu me jouer un tour. (SARTRE, *Mur*, 112)「このいたずらっ子が僕にいっぱい食わせようとしたんですよ，と彼は言った」/ «Vieux cul» qu'il lui *a fait*, en pleine figure. (*Ib.*, 110)「バカ野郎，と面と向かって彼に言った」/ Je monte une minute, qu'il *avait fait*, juste pour voir ta chambre. (*Ib.*, 122-3)「2階に上るよ，ちょっと君の部屋を見てくるだけだ，と彼は言った」⇨ que⁴ VIII. 4°

VIII. *faire*+副+*de*不定詞
① *faire bien* [*mieux*] *de* 不定詞：Vous *ferez bien de* ne parler de ça à personne. (MONTHERL., *Brocél.*, 59)「その話は誰にもしないほうがいい」▶ 多く条：Vous *feriez mieux de* partir. (GIRAUDOUX, *Tessa*, 113)「出かけたほうがいいよ」▶ くだけた調子：vous ne *feriez* pas *mal de* 不定詞 / J'ai bien *fait de* te parler. (BEAUV., *Mand.*, 135)「きみに話してよかった」(×de t'avoir parléは不可)
② *faire sagement de* 不定詞：Vous *ferez sagement de* ne pas compter sur moi. (GREEN, *Epaves*, 145)「私をあてにしないほうが賢明です」/ Tu *feras sagement de* te tenir coi et d'attendre mes ordres. (SARTRE, *Diable*, 130)「黙ってじっとぼくの命令を待ったほうが賢明だ」
③ *faire exprès de* 不定詞：Je ne *faisais* pas *exprès de* choquer. (BEAUV., *Mém.*, 211)「わざと人の感情を害したわけではなかった」

IX. *avoir vite* [*tôt*, *bientôt*, など] *fait de* 不定詞 動作の急速な完了を表わす．複過は現在完了：Comme tu *as vite fait de* condamner! (ID, *Mand.*, 203)「お前はすぐに人が悪いことにしてしまうのだね」/ Il *a eu vite fait de* se jeter dans la politique. (*Ib.*, 460)「彼はすぐ政界に身を投じてしまった」/ Il *avait vite fait de* s'assimiler le peu de matière nutritive d'un livre. (GIDE, *Feuillets*, 101)「1冊の本の中に含まれるわずかばかりの栄養分もたちまち自分に同化してしまうのだった」(習慣的) / Cette inquiétude *eut tôt fait de* devenir une angoisse. (MAURIAC, *Désert*, 179)「この不安はたちまち胸をしめつけられる苦悶となった」/ Nous *aurons vite fait de* la ramener aux idées saines. (ID., *Thérèse*, 51)「彼女をすぐに健全な考えに連れ戻してやれますよ」

X. *ne faire que*+不定詞
① (= *faire seulement*)：Je *ne fis que* le toucher, et il tomba. (AC)「ちょっとさわっただけなのに彼は倒れた」/ Mon état *n'a fait qu*'empirer. (*Thib.* IX, 68)「体の具合は悪くなるいっぽうでした」/ La pitié *n'eût fait que* l'humilier davantage. (MALRAUX, *Cond.*, 27)「あわれみをかければ彼にますます屈辱感を与えるだけだったろう」▶ne... que(⇨ 1° ⑨)は特別な場合のほかは動詞を制限できないから，この言い回しが必要となる．
② (= *ne pas cesser de*)：Il *ne fait que* bâiller. (ROB)「彼はあくびばかりしている」▶ 否定はne pas faire que：Vous *ne faisiez pas que* danser, vous causiez. (CUREL—中平『フ研』9, 28 n.)「あなた方は踊ってばかりいたわけではなかった．話し合っていた」
③近い過去 (= venir de). 古典時代には下記 ne faire que deと区別なく用いられたが，今日ではこの用法を認めないのが定説 (LIT; AC; TH; G, 655, 8° b; W, 56). ただし中平(『フ研』9)によれば20世紀の用例18中16は不定詞 = commencer：Ça *ne fait que* commencer. 「始まったばかりだ」 その他 entrer, sortir, arriverに限られる (S, III, 143).

ne faire que de 不定詞
① (= venir de)：Il *ne fait que d*'arriver. (ROB)「彼は着いたばかりだ」
② (= ne *faire* que +不定詞)：Elle *ne fait que d*'y penser. (TOURNIER, *Coq*, 14)「彼女は

絶えずそのことを考えている」 ▶誤用とされる (*EBF*).

XI. faire que

1° + 接 ① *faire*は命令形: Seigneur, *faites qu*'il pleuve. (VIAN, *Arrache*, 205)「神様、雨を降らせてください」

② *faire*を接続法に用いた慣用句: *Fasse* le ciel *qu*'il revienne bientôt! (ROB)「彼が早く帰ってきてくれますように」/ Dieu *fasse qu*'il ne soit pas parti! (ARLAND—ROB)「彼が出かけていないといいのだが」

③ **ne (pas) pouvoir faire que** (*ne*) + 接 (= ne pouvoir empêcher que): Je *ne* puis [Je ne peux pas] *faire qu*'il (*ne*) vienne. 「彼が来ないようにすることはできない」(虚辞 ne は empêcher の類推) ▶Je ne peux pas faire qu'il vienne. が一番日常的.

2° + 直 ① (= *avoir pour conséquence, pour résultat*): La chance *fit qu*'une vieille amie de ma famille me procura une situation. (GASCAR, *Herbe*, 184)「幸運にも私の家族の昔なじみの婦人が私に職を見つけてくれた」

② *faire*を用いた疑問文を受けて説明する: Que vous a-t-il fait?—Il m'*a fait qu*'il est parti! (PAGNOL, *Fanny*, 38)「彼があなたに何をしたというのです?—行ってしまったというのですよ」cf. avoir IV.

XII. faire + 不定詞 使役の助動詞. 過分 fait はいつも無変化. faire + 不定詞 は一体となり、否定の副詞 pas, plus, jamais, など以外の語を挿入せず、代名詞はすべて faire の前に置かれるのが原則であるが、faire が命令形の場合、2つの代名詞の結合が不可能な場合（下記 3° ⑤）には原則が破られ、また tout あるいは副詞が挿入されることがある.

1° 不定詞 = 自動, 補語なしの 他動 不定詞 の動作主はいつも直・目: J'ai *fait entrer* ma sœur. > Je l'*ai fait entrer*. ; ma sœur que j'*ai fait entrer* ; *Faites entrer* ma sœur. > *Faites*-la *entrer*. 最後の構文では、le, la, les は強勢を取り、liaison も élision も行なわれない. ▶副詞の挿入可能: *Faites*-la donc *entrer*.

♦自動詞に伴う状況補語に代名詞を用いれば、それも faire の前に置かれる: J'ai voulu *la faire aller* à Paris. > J'ai voulu *l'y faire aller*. (*Thib*. III, 150) / Il la *faisait entrer* dans le salon. > Daniel *l'y faisait entrer*. (*Thib*. VI, 232) / Je *l'ai fait venir* de Paris. > Je *l'en ai fait venir*.

♦faire + tout + 不定詞: Elle *fit tout disparaître*. (MAUPASS.—S, III, 167)（disparaître tout も可能）

♦faire + 副 + 不定詞 まれ: Un bruit tout proche le *fit*, d'instinct, *sauter* derrière la pile de bois. (VERCORS, *Yeux*, 155)「ごく近くで物音がしたので、彼は本能的に薪の山のうしろに飛びのいた」/ On le *fit* longuement et magnifiquement *dîner* à la cuisine. (TOURNIER, *Roi*, 217)「一同は調理場で彼に長い間豪華な夕食を食べさせた」

♦自動詞にも他動詞にも用いられる動詞の中には faire + 不定詞 と他動詞が同義になることがある: Le chimiste *a fait fondre* [a fondu] le métal. 「化学者は金属を溶かした」 ▶(faire) accoucher「出産させる」, (faire) atterrir「着陸させる」, など. ただし、他動詞は直接に作用する場合に限られるから、×Il a fondu trois sucres dans son café. 「砂糖を3個溶かした」は誤り（正 : a fait fondre）(RUWET, *Théorie*, 141, 158)

2° 不定詞 = 間接他動詞 + *à* [*de*] + 間・目

① 不定詞 の動作主が名詞 〈à + 間・目〉を伴えば動作主名詞は à に先立たれない: Cette chanson *faisait songer* le vieillard à sa jeunesse. 「その歌は老人に若いころを思い起こさせた」

〈de + 間・目〉を伴えば、2つの構文が可能: Cela *fit changer* d'opinion à mon père. (cf. H, 501) Cela *fit changer* mon père d'opinion. 「それが父の意見を変えさせた」

② 不定詞 の動作主が代名詞 le も lui も可能. H (*Ib*.) は le のほうが多くなっていると言う: Je l' [lui] *ai fait changer* d'avis. (COL) / Cela le [lui] *fit penser* à sa mère. (ROB) / Cela le [lui] *fit penser* à elle. / Cette chanson le [lui] *faisait songer* à sa jeunesse. (TH) / Cette chanson l'y *faisait songer*. (lui y の結合は存在しない) ⇨ lui[1]

3° 不定詞 = 他動 + 直・目 直・目 = A, 不定詞 の動作主 = B とすると、次の構文が可能.

① **faire** + 不定詞 A *à* B [*à* B A] 最も多い構文. ただし一般には A = 物: Je racontai à mes parents (...) que je *faisais répéter* une comédie à mes élèves. (BEAUV., *Mém*., 268-9)「私は生徒たちに喜劇のけいこをさせていると両親に話した」/ Il *fit faire* à son cheval le tour de la clairière. (VERCORS, *Portrait*, 25)

「馬に林間の空地をひと回りさせた」

B＝代：Je ne peux pas lui *faire perdre tout cet argent.* (ACHARD, *Patate*, 181)「彼女にその金をすっかり損させるわけにはいかん」/ Je leur *ai fait parler* le français.「彼らにフランス語を話させた」▶ただし Je les ai fait parler français. は parler français を動詞句とみなして1°の構文．

A＝代：Je ne les (= ces lettres) *fais* pas *lire* à tout le monde. (ACHARD, *Mal*, 29)「誰にでもそれを読ませるわけではありません」

A, B＝代：J'essayai de le lui *faire dire*. (GASCAR, *Herbe*, 150)「それを彼に言わせようとした」/ Vous ne me le *ferez* jamais *croire*. (COCTEAU, *Th.* II, 49)「そんなこと決して信じられるものですか」/ Je le lui *faisais croire* nécessaire à notre amour. (SAGAN, *Bonj.*, 167)「われわれの愛にはそれが必要なのだと彼に思いこませた」(nécessaire は le の属詞) / Quel goujat! — Je ne te le *fais* pas *dire*. (ACHARD, *Patate*, 252)「何という下等な男でしょう．——言わずと知れたことさ」(慣用句) / *Faites*-la-lui *écrire*. (ROB)「それを彼に書かせなさい」(< Faites-lui écrire la lettre.) / Pierre lui en *fait lire* un. (< lui fait lire un roman) ▶2つの代名詞の結合が不可能な場合は下記⑤の構文．

② faire＋不定詞 A *par* B：Elle *a fait porter* la lettre *par* Giuseppina. (VAILLAND, *Loi*, 163)「G に手紙を持って行かせた」/ Je lui conseillai seulement de ne pas *faire porter* le bouquet *par* Elsa. (SAGAN, *Bonj.*, 24)「私はただ E に花束を持たせないようにと彼に忠告した」▶この2例で à B を用いると「B のところに」という意味になる(下記(1)参照)．

A＝代：Je le *ferai chercher* partout *par* les gendarmes! (*Thib.* I, 13)「憲兵にくまなく彼を捜させよう」(下記(3)参照) / Je vais vous *faire accompagner par* le chauffeur. (ACHARD, *Patate*, 49)「運転手に送らせましょう」

B＝代 (強勢形)：*Faites écrire* la lettre *par* lui. (ROB) / J'ai *fait bâtir* cette maison *par* lui. (MART, 458) ▶ただし par lui はまれ．普通は①の構文を用いて Je lui ai fait bâtir cette maison. A, B＝代 なら Je la lui ai fait bâtir. と言う (cf. MART, 459)．

動作主補語の表示：à / par

(1) A＝物．à を用いると間・目と解される場合には *par* が必要．②の第1例を Elle a fait porter la lettre à G. とすれば「G のところに手紙を持って行かせた」となる．しかし，文法上両義に解せても常識的に文意を取り違えることがなければ，好んで à を用いる：J'ai fait faire un vêtement *à* mon tailleur.「洋服屋に服を作らせた」(= par mon tailleur) / J'ai fait faire un vêtement *à* mon fils.「息子に服を作らせた」(= pour mon fils)

(2) A＝物．主語の動作 (faire＋不定詞) に重点が置かれ，**動作主が消極的に動作にあずかる場合は *à* を用いる**：faire visiter le jardin *à* qn「人に庭を見せて回らせる」/ *faire* voir qch *à* qn「人に何を見せる」/ faire savoir [connaître] qch *à* qn「人に何を知らせる」/ *faire* observer [remarquer] qch *à* qn「人に何を注意する」/ faire accepter [comprendre] qch *à* qn「人に何を承知させる [わからせる]」，など / Le silence fait tourner la tête *à* Lewis. (GIRAUDOUX, *Tessa*, 281)「返事がないので L は振り返る」/ Jolyet se jura de faire payer cela un jour *à* Béatrice. (SAGAN, *Mois*, 143)「J はいつかは B にその仕返しをしてやろうと心に誓った」◆直・目＝不定詞または従属節のときも à を用いる：faire promettre *à* qn de 不定詞「人に…することを約束させる」/ faire jurer [admettre] *à* qn que...「人に…であることを誓わせる [認めさせる]」，など (S-H, 132)

これに反し，**動作主が積極的に動作にあずかる場合には *par* がふさわしい**：J'ai eu l'occasion de le (＝ce livre) faire employer *par* des étudiants étrangers. (PIGNON, *FM*, avril '59, 135)「私はこの本を外国人学生に使わせる機会を得た」

(3) A, B＝人 ならばいつも *par* (S, III, 183; W, 197)：Ecarte-toi ou je te fais saisir *par* les gardes. (BEAUV., *Bouch.*, 92)「そこをどけ，さもなくば衛兵に取り押さえさすぞ」◆A＝代：Je le fais suivre *par* mes espions. (ANOUILH, *P.R.*, 266)「スパイに彼のあとをつけさせる」▶A, B＝代：Je l'*ai fait* accompagner par lui.

◆ただし，受動態で〈de＋動作主補語〉を用いる動詞では de も見られる：Ses effronteries continuelles le font détester *de* tous. (ROB, effronterie)「いつもあつかましいので彼はみなから嫌われている」(下記5°① se faire＋不定詞(他動) ＋par [de] B 参照)

③ *faire*+不定詞+A *à* C (間・目) *par* B　B=名ならàは用いない： Vous *ferez dire* la vérité *à* votre père *par* Marie.「Mに言ってお父さんに本当のことを話すようにさせなさい」> Vous la *ferez dire à* votre père [Vous la lui ferez dire] *par* Marie. cf. Vous me le ferez dire par la bonne. (GREEN, *Moïra*, 5) ◆*faire*+不定詞+A+状況補語+*par* B　： Il *a fait mettre* les étiquettes sur ce colis *par* sa fille.「娘に言ってこの荷物に宛名の札をつけさせた」> Il les a fait mettre sur ce colis [Il les y a fait mettre] par sa fille. ▶ A=従属節：Il vient de me *faire dire*, *par* Monier, *qu*'il y avait du nouveau. (*Thib*. VI, 43)「Mをよこして，また新しい問題が起こっていると私に知らせてきたところです」
◆C=à+名, B=代ならば間・目の形 (lui) を用いる： Tu lui *as fait donner* de l'argent *à* Pierre. (MART, 459)「きみは彼に言ってPに金を与えさせた」 (... par Pierreは「Pをして彼に金を与えさせた」)
④ *faire*+不定詞+A *de* C [*de* 不定詞] Je vais *faire remercier* Jean *de* ses prévenances [*de* s'intéresser à notre fils].「Jの思いやりある態度に [Jが息子に関心を寄せてくれることに] お礼を伝えさせよう」> Je vais le *faire remercier de*... > Je vais l'*en faire remercier*.
⑤ *faire* B+不定詞+A　voir, entendre, などにならった構文.
◆B, A = 名. 古語法．現代では全く例外的： J'hésite depuis deux jours si je ne *ferai* pas Lafcadio *raconter* mon roman. (GIDE—LE B, II, 50)「2日前からLに私の小説の話をさせようかさせまいかと迷っている」
◆B = 代. ROB; *PR*はJe lui [le] fais étudier les sciences. を同列に置く. THはleを許容しないが文例も多い： L'ambition le *faisait adorer* Napoléon. (GASCAR, *Herbe*, 34)「野心が彼にNを崇拝させた」
◆B, A = 代. Il me *faisait* les (= les poèmes) *lire* à haute voix. (*Ib*., 211)「私にそれを大声で朗読させた」/ Qui te *fait* le *penser*? (COLETTE—S, I, 13)「誰がきみにそんなことを考えさせるのだ」 ▶普通はIl me *faisait lire.* / Qu'est-ce qui te le *fait penser*? (VAILLAND, *Loi*, 264)
　２つの代名詞の結合が不可能な場合はこの構文が必要： Un signe de toi m'*aurait fait* te *suivre*. (DAUDET—S, I, 13)「合図してくれたら君のあとについていっただろうに」
　２つの代名詞を並べると意味が異なる場合もこの構文が必要： Cette souffrance le *fera* m'*aimer* davantage. (BOURGET—S, I, 13)「この苦しみが彼に私をいっそう愛するようにさせるだろう」▶me le fera aimer は「私に彼を愛させる」 cf. Cette vieillesse me le fit aimer davantage. (SAGAN, *Sourire*, 158)「この年寄りくささが私に彼をいっそう愛するようにさせた」
4° *faire*+代動　①不定詞の動作主は普通は直・目　上記1°と同じ扱い： La faim *faisait se ruer* les misérables. (ZOLA—S, II, 166)「飢えのために貧困者が殺到している」/ Elle l'avait *fait s'étendre* sur le petit divan. (VERCORS, *Colères*, 292)「彼を小さな長いすの上に寝かせた」/ Un bruit différent les *fit se retourner*. (*Thib*. VIII, 146)「別の物音が彼らを振り返らせた」/ Le bruit de la serrure le *fit se lever*. (*Thib*. IX, 63)「かぎの音に彼は立ちあがった」/ Le premier parfum de Paris (...) le *fit s'arrêter*. (SAGAN, *Mois*, 123)「パリの最初の香りに彼は立ちどまった」◆例外的に動作主は間・目： Le spectacle des dissensions alliées *leur font se demander* où est la vérité. (VERCORS, *Plus ou moins h.*, 248)「連合軍同士の軋轢を見て，彼らは真理がいずこにあるかと自問する気になるのだ」▶ S (III, 175) に2例.
② *se*の省略　古仏語では頻繁，現代でも可能： Il la *fit étendre* face à lui. (GIRAUDOUX, *Judith*, 218)「自分と向かいあって彼女を寝かせた」/ Il *fit arrêter* le chauffeur. (*Thib*. V, 279)「運転手に車をとめさせた」　その他： *faire* agenouiller [retourner, sauver, dresser, lever] (S, I, 121-2) ▶ 慣用的 Faut-il te *faire taire* de force! (GIRAUDOUX, *Judith*, 221)「力ずくでも黙らせるぞ」/ Pierre le *fit asseoir*. (TROYAT, *Pain*, 105)「Pは彼を座らせた」/ Je t'en *ferai repentir*. (MART, 302)「後悔させてやるぞ」/ Le blé, qui est doré, me *fera souvenir* de toi. (ST-EXUP., *Prince*, 69)「小麦は，金色をしているから，ぼくにきみのことを思い出させるだろう」
◆se省略が一般的であっても現代ではseを用い得る： Un bruit de porte le *fait se retourner*. (CLAIR, 58)「ドアの音に彼は振り返る」/ Le premier tintement de gong qui annonçait l'approche du déjeuner, le *fit se lever*.

(Thib. VIII, 207)「昼食を知らせる最初のドラの響きに彼は立ちあがった」　▶その他：faire s'asseoir [se taire, se souvenir, se lever, se retirer, など] (S, I, 121-2; III, 166-7) / Il la fit s'asseoir près d'elle. (DAUDET—S, I, 123. ほか2例) / Je l'en ai fait se souvenir. (MART, 302)「彼にそれを思い起こさせた」

se が省略できない場合
(i) 省略によって意味が曖昧になるとき：On le fera s'habiller.「彼に服を着替えさせよう」(...habiller は「(洋服屋に)彼の服を作らせよう」、または「(誰かに)彼の着替えをさせよう」)　▶相互的代名詞：Je les ai fait se connaître [se plaire].「彼らを知り合いに [互に好きになるように] させた」 / Une tempête du sud-ouest fait s'entrechoquer les barques dans le port. (SIMENON, Chien, 11)「南西から吹きつける暴風雨で港の小舟がぶつかり合っている」
(ii) 代動 が moi [lui, ...]-même を伴うとき：Un coup frappé à la porte le fit s'ouvrir d'elle-même. (DAUDET—S, I, 122; LE B, I, 160; H, 404)「ドアをたたくとひとりでに開いた」

5º se faire + 不定詞
① se = 不定詞 (他動) の直・目：Votre sœur se fait attendre. (SALACROU, Th. IV, 92)「おねえさんは人を待たせますね」 / Je m'excuse de m'être tant fait attendre. (ID., Poof, 71)「こんなにお待たせしてしまってすみません」　▶＋状況補語：Je me fis conduire à un hôtel. (DHÔTEL, Lieu, 46)「ホテルに案内してもらった」/ Jérôme s'y fit conduire. (Thib. III, 53)
◆受動的意味　se faire connaître は「名を名乗る」(= se présenter) では使役的であるが「名を知られる」(= se rendre célèbre) では受動的意味が加わり、J'étais prêt à tout pour m'y faire aimer. (GASCAR, Herbe, 37)「そこで人に愛してもらえるためなら、どんなことでもする覚悟でいた」では、さらに受動的.　▶次例ではまったくの受動的意味：La petite s'est fait écraser. (Thib. II, 134)「娘さんが車にひかれたのです」 / Le pauvre garçon s'est fait refuser à son examen. (GIDE, Porte, 111)「かわいそうにあの子は試験に落ちたのです」 / Ils risquent de se faire dévorer. (BUTOR, Degrés, 347)「野獣の餌食になる危険がある」
◆se faire + 不定詞 (他動) + par [de] B　par, de の使い分けは受動形のあとにならう (⇨ agent 1º)：(Elle) se fit conduire par Léon à la chambre de Jacques. (Thib. IV, 256)「L に J の部屋まで案内させた」 / César se fait tuer par Brutus. (BUTOR, Degrés, 343)「C は B に殺されるのです」 / Une profonde pitié la prenait pour cet être qui ne réussissait pas à se faire aimer d'elle. (GREEN, Epaves, 112)「彼女から愛されることのできなかったこの男に対して深いあわれみを感じた」(cf. être aimé de) / Ne vous faites pas voir de Jerry. (DÉON, Taxi, 275)「J に見られないようにしてね」(cf. être vu de)

② 直・目を伴い se = 不定詞 (他動) の間・目：Les baillis (...) s'y faisaient construire des hôtels fort gracieux. (MAUROIS, Dumas, 12-3)「代官たちは自分たちのためにいとも優雅な館を建てさせた」/ se faire faire un costume「服を作ってもらう」 / se faire lire un livre「本を読んでもらう」 / se faire couper les cheveux「髪を刈ってもらう」 / se faire voler ses bijoux「宝石を盗まれる」

③ se = 不定詞 (自動) の主語 (= prendre des dispositions pour accomplir une action ou pour être le siège du procès — GLLF)：Voilà qu'il voudrait se faire passer pour le Cardinal. (APOLLIN., Flâneur, 21)「今や彼は枢機卿とみなされたいのだ」 / Que vous êtes-vous fait devenir? (GIDE, Porte, 162)「どんなふうにさせられてしまったのですか」

XIII. **cela [ça] fait + 期間**　経過期間を示す：Y a-t-il longtemps que vous m'attendez? — Ça fait un quart d'heure. (ROB)「長い間待ちましたか？— 15分ばかり」

cela [ça] fait + 期間 + que　継続期間を表わし il y a に準じる：Cela fait déjà deux ou trois ans que cela dure. (BUTOR, Degrés, 106)「もう2・3年も前から続いている」 / Ça fait une semaine que tu n'as pas voulu sortir le soir. (CLAIR, 26)「1週間も前から夜は出たがらないのだね」 / Ça fait bien quinze jours que je ne l'ai vu. (DFC)「彼に会わなくなってから2週間にはなる」 / Ça fait plus d'une semaine qu'on ne s'était pas vus. (LE CLÉZIO, Déluge, 95)「会わなくなってから1週間以上になるわね」 / Ça faisait des mois, ça faisait même une année qu'il n'avait pas eu avec Lambert de conversation vraiment amicale. (BEAUV., Mand., 460)「彼が L とほんとうに友情のこもった会話をしなくなって何か月にも、いやもう1年ぐらいにもなっていた」

XIV. *il fait* 非人称.
1° +形：Il fait *chaud* [*froid, beau, mauvais*]. / Il fait *bon* [*lourd, étouffant*].「気持のよい天気だ［うっとうしい天気だ，息が詰まるようだ］」▶ 2つの形容詞の等位：Il faisait encore *beau* mais *frais*. (BUTOR, *Degrés*, 267) ▶ +副+形：Il fait *très* [*si*] *chaud*. / Il faisait *assez frais*. / Il fait *très noir*.
◆準助動詞の挿入：Il va faire chaud. / Il commence à faire froid.
2° +名　無冠詞：Il fait *jour* [*nuit*]. / Il fait *clair* de lune.「月が照っている」◆形容詞を伴う無冠詞名詞の使用は成句的：Il fait *beau* [*mauvais*] *temps*. / Il fait encore *nuit noire*. (LE CLÉZIO, *Ronde*, 179)「まだまっ暗闇だ」/ Il fit grand *froid* cet hiver-là. (BEAUV., *Mém*., 64)「その冬は寒さが厳しかった」/ Qu'il faisait *bon chaud* dans la cantine! (CESBRON, *Prison*, 89)「食堂はなんと暖かくて気持がよかったことだろう」(chaudは名詞)
部分冠詞：Il fait *du* vent [*du* brouillard, (*du*) soleil, *de l*'orage, *des* éclairs]. / Il fait encore *de la* lumière dans le parc. (DURAS, *Détruire*, 14)「公園はまだ明るい」▶ 否定文：Il *ne* fait *plus* de vent. ◆多くIl y a も用いられる：Il y a du brouillard... ― Ici, ce matin, il y avait du vent. (DURAS, *Véra*, 55) / Dehors, (...) il y avait du soleil. (MODIANO, *Garçons*, 39) ▶ いつもIl y a du tonnerre.

un +形+名　[名+形]：Il faisait *un si beau clair* de lune. (BEAUV., *Tous les h*., 161)「月がとても美しかった」/ Il faisait *un magnifique automne*. (ID., *Adieux*, 76)「すばらしい秋日和だった」/ Il fait *une chaleur suffocante* dans la salle. (LE CLÉZIO, *Désert*, 246)「部屋は息の詰まるような暑さだ」/ Il faisait *un joli printemps* sur la campagne. (AYMÉ, *Jument*, 11)「田園は気持のよい春の陽気だった」

その他：Quel temps fait-il?「どんな天気ですか」/ Il faisait ce temps-là, le 5 octobre. (CESBRON, *Prison*, 192)「10月5日もこんな天気だった」/ A Mykonos, il faisait le temps de ce pays-là. (BUTOR, *Degrés*, 307)「M島ではあの国特有の天気だった」/ Dans la salle, il faisait la pénombre fraîche d'un début d'été. (DURAS, *Moderato*, 52)「部屋の中は初夏のさわやかな薄暗がりだった」/ Comment est-ce possible qu'il soit si tard déjà, à voir le soleil qu'il fait. (ID., *Andesmas*, 79)「太陽が照っているのに，どうしてもうこんなに遅い時間なのかしら」/ Il sait le temps qu'il fera. (QUENEAU, *Contes*, 128)「彼はどんな天気になるか知っている」

3° *il fait* +形+不定詞　il vaut mieux +不定詞 のように不定詞が実主語．bonは頻繁：*Il fait bon se promener sous les cèdres*. (SOLLERS, *Parc*, 47)「ヒマラヤ杉の木蔭を散歩するのは快い」/ *Il devait faire bon vivre* dans cette chambre. (BEAUV., *Mand*., 303)「この部屋で生活するのは快いに違いなかった」/ *Il fait beau voir* un pareil dévouement. (ROB, beau) (= il est agréable de)「これほどまでの犠牲的精神は見るも快い」◆皮肉には：*Il ferait beau voir qu'elle sache que quelqu'un a osé l'embrasser*. (ANOUILH, *P.G*., 150)「誰かが彼女に接吻しようとしたことを知ったら見ものだろう」

4° *il fait bon de* 不定詞：*Il fait bon de vivre*. (ARLAND, *Ordre*, 199)「生きるのは楽しいことだ」▶ il est bon de 不定詞 の類推．次第に普及している (G, 765 a, n. 2)．

fait ― 発音[fɛ]．単数形は語群末では多く[fɛt]：au [de, en] fai*t* / C'est un fai*t*. (M-W, 376)
◆特殊なリエゾン：fait‿accompli [acquis, authentique] (FOUCHÉ, 440) / Le fait‿est certain. le fait‿est que... (*Ib*. 443) / joindre le fait‿à la menace (*Ib*. 446)

1° *le fait de* 不定詞：*Le fait* [*Le seul fait*] *de ne pas dire oui peut être tenu pour un refus*. (MFU)「承諾すると言わないことは［言わないことだけでも］拒絶とみなされるかも知れない」

2° *le fait que* +接　[直]
① 主語：*Le fait qu'il n'ait pas* [*qu'il n'a pas*] *dit oui peut etre tenu pour un refus*. (MFU)「彼が承諾したと言わなかったことは拒絶とみなすとができる」▶ 叙法の選択は現実性の度合による (ROB)．接：直 = 58：26（両者同形15）(ALLAIRE, *FM*, '75, n° 4). 主語となるque +接（⇨ que[4] I. 1°）より口語的．
② 直・目：Il convient d'ajouter *le fait que dans l'hôtellerie le montant du salaire n'est pas toujours garanti*. (ALLAIRE) (= ajouter que)「ホテル業では俸給の総額が必ずしも保証されていないことを言い添える必要がある」▶ 同様にして souligner [déplorer] (le *fait*) que「…ということを強調する［嘆く］」

♦ただし×dire [croire, penser, savoir] +le fait queとは言わない.
③ **属詞**: Il avait quelque chose d'agressif. Peut-être était-ce simplement *le fait que* Luc ne s'étonnât pas de ma présence, mais de la sienne. (SAGAN, *Sourire*, 61)「彼はどことなく攻撃的だった. 恐らくそれは単にLが私のいることに驚かなくて彼がいることに驚いたからなのだろう」
④ 前 + ***le fait que***: Je suis surpris *du fait qu'*il a souffert à cause de moi.(=de ce qu')「彼が私のために苦しんだとは意外だ」/ Ce succès est dû *au fait que* vous avez travaillé régulièrement. (=à ce que)「この成功はあなたが規則正しく仕事をしたお陰です」/ Nous protestons *contre le fait qu'*on a encore relevé les tarifs ferroviaires.「また鉄道運賃を値上げしたことに抗議する」 ►au [du] fait que+直 (例外的に) 接
♦après [avant, depuis, dès, hors, outre, pendant, pour, sans, selon] que ; à [de, en, sur] ce que以外で前置詞に節を添えるにはle fait queが必要. ►à [de] ce que+他動では queが関係代名詞と解し得ることがある: Il faut tenir compte *de ce qu'*il a répondu.「彼がどう返答したかも考慮に入れなければならない」これに対し ... *du fait qu'*il a répondu「彼が返答をしたということも…」

falloir （非人称動詞）— 過分 falluは無変化.
1° *il* (*me*, *te*,...) ***faut* qch** 名詞はすべての冠詞, 所有 [指示・数・不定・疑問] 形容詞, 数量副詞+deに先立たれる: Il faut du courage si l'on veut réussir dans la vie.「人生で成功したければ勇気が必要だ」/ Il *faut* un peu [beaucoup] de patience.「少し[非常に]忍耐がいる」/ *Il faut* deux jours pour aller d'ici à Paris.「ここからパリに行くには2日かかる」/ Pour être intérieurement tranquilles, *il nous fallait* à mon père et à moi l'agitation extérieure. (SAGAN, *Bonj.*, 159)「内心が平穏でいられるためには父にも私にも外界の騒ぎが必要であった」
♦名詞的用法の副詞: *Combien* vous *faut-il*? (*PR*)「いくらいるのです」/ Il me *fallut longtemps* pour comprendre d'où il venait. (ST-EXUP., *Prince*, 15)「彼がどこから来たのか知るには長い間かかった」
♦否定文: *Il ne* me *faut pas d'*argent pour le moment.「さしあたって金はいらない」/ *Il ne* me *faut pas de* patience. (ANOUILH, *P.R.*, 311)「忍耐は必要ない」 ►肯定文の不定冠詞・部分冠詞はdeに変わる. 使用例はきわめてまれ.
♦ 名 > 代 : Il me *faut de l'argent.* > Il m'*en faut.*「私には金[それ]がいる」/ Il me *faut cet argent.* > Il me *le faut.*「その金[それ]が必要だ」/ Il me *faut* au moins *trente louis* (...) Il me *les faut* demain. (KESSEL, *Enfants*, 226)「少なくとも30ルイいるのだ. それが明日いるのだ」 ►非人称構文にle, la, lesを用いうる唯一の場合.

2° **疑問[関係]代名詞 *que* + *il faut*: *Que* vous *faut-il* [*Qu'est-ce qu'il* vous *faut*] encore?「まだあなたには何が必要なのです」/ Voilà le vent *qu'il faut*, ni trop fort ni trop faible. (F, 1927)「強すぎもせず弱すぎもせず, ちょうどいい風だ」/ Ce *qu'il faudrait*, c'est un grand plan de Paris. (BUTOR, *Degrés*, 108)「必要なのはパリの大きな地図だ」
♦*ce qu'il faut*, *c'est* + 不定詞 [*que* + 接] : Ce *qu'il faut, c'est se mettre* à l'abri. (CLAIR, 19)「必要なのは雨宿りすることです」(il faut + 不定詞の影響でc'est de 不定詞とならない) / Ce *qu'il faudrait, c'est que* vous nous fassiez des films tristes. (*Ib.*, 20)「必要なのは悲しい映画を作ってくださることです」(il faut que + 接の影響でc'est que+接となる)

3° *il* (*me*, *te*, ...) ***faut* qn**: Il me *faut* deux ouvriers pour ce travail. (*PR*)「この仕事には職人が2人必要だ」
♦疑問代名詞 qui + il faut; il faut + 人名は好まれない: *Qui* vous *faut-il* pour faire ce travail? — Il me *faut Paul.*「この仕事をするのに誰が必要ですか. —Pです」 ►普通はDe qui avez-vous besoin? — J'ai besoin de Paul [de vous].
♦人称代名詞の使用 *Qui* vous *faut-il?*に対し×Il me *faut vous.*「あなたが必要です」は不可. C'est vous. あるいは J'aimerais que ce soit vous. が普通. ただしc'est... queを用いてC'est vous qu'il me *faut.* は可能: Ce n'est pas lui qu'il *faudrait*, c'est toi seul. (BEAUV., *Inv.*, 242)「必要なのは彼ではなくて, あなただけよ」 / Il me *la faut.* (SAGAN, *Brahms*, 80)「ぼくには彼女が必要だ」

4° *il* (*me*, *te*, ...) ***faut*** + 不定詞 使用度はil fautの用例の60%: *Il faut* l'avertir tout de suite.

(MR)「彼にすぐ知らせなければいけない」/ Il vous faut choisir un bon avocat. (F, 740)「よい弁護士を選ばなければいけません」/ Il lui faudrait rester couchée toute sa vie. (BEAUV., Inv., 211)「彼女は一生床に寝たままになっていなければなるまい」◆il faut + 不定詞 に me, te, lui,...の使用はことに書き言葉、それも il me fallait [fallut, faudra, faudrait, a fallu] が普通 (『ノート』248-9). 会話では Il me faut partir. の代わりに Il faut que je parte. と言う. ◆il faut + 不定詞 (代動). 再帰代名詞は意味に応じて me, te, nous, vous: Il faut vous reposer. (ROB.-GRIL., Marienbad, 143)「(あなたは)休息しなければいけません」▶代名動詞の不定詞の前でも、動作主を me, te, lui...で強調し得る: Il nous faudrait nous acheter (...) un exemplaire de Britannicus. (BUTOR, Degrés, 166)「B を1冊買わねばなるまい」/ Tu m'as dit (...) qu'il te fallait te préparer. (Ib., 234)「きみは支度しなければならないと言った」/ Il leur fallait se dépêcher. (Ib., 214)「彼らは急がねばならなかった」/ Il vous faut vous marier. (DSF)
◆il fallait. なすべくしてなされなかったことを表わす. il aurait fallu の断定的表現: Il fallait me faire part de vos projets. (G, 718, Rem.)「計画を私に知らすべきでした」

5º il faut que + 接 　使用度は il faut の用例の30％、日常語における接続法使用例の45.6％ (FF, 221): Il faut que je parte ce soir.「今夜出発しなければならない」/ Il faut toujours qu'elle sorte avec des hommes, cette typesse! (F, 130)「しょっちゅう男と出かけずにはいられないんだ、あの女は」/ Pour spasmer comme ça, il faut que ses artères soient bien fatiguées. (BEAUV., Adieux, 35)「そんなふうに痙攣を起こすところをみると、彼の動脈はよほど老化しているに違いない」

6º il (le) faut 　上記4ºの + 不定詞、5ºの que + 接 に代わる代名詞 le の省略可能 (= cela est nécessaire): On travaillera toute la nuit, s'il le faut. (CLAIR, 49)「必要とあれば徹夜で仕事をしよう」(s'il le faut は慣用的) / Il faut le retrouver. Il faut. (VAILLAND, Loi, 269)「彼を捜し出さなければいけません、ぜひ」/ J'ai honte. — Mais il ne faut pas. (BEAUV., Inv., 120)「恥ずかしいわ. — いけないわ、そんなこと」/ Il faut bien.「やむを得ません」

7º 補語の省略 　上記6ºのほか、

① 関係代名詞 que のあとで、既出の不定詞の省略: Il a l'art de ne dire que ce qu'il faut. (ROB) (= ce qu'il faut dire)「必要なことしか言わぬすべを心得ている」

② quand のあとで: Les bébés, ça doit manger juste quand il faut. (VIAN, Arrache, 78)「赤ん坊というものは、ちょうど食べるべきときに食べなければいけない」

③ comme il faut 　副詞的: L'élève n'a pas répondu comme il faut. (ROB) (= d'une manière convenable)「生徒は正しく答えなかった」▶形容詞的 (くだけた表現): Vous avez l'air d'être une jeune fille comme il faut. (ANOUILH, P.R., 200) (= très bien, bien élevée)「申し分のない娘さんに見える」

◆これらの慣用句では faut は多く現在形. ただし一致の例も: Je l'ai traité comme il (le) fallait. (TH)「私は彼をそれ相応に待遇した」

8º ① **il ne faut pas +** 不定詞 [que + 接] 　禁止命令を表わす: Il ne faut pas fumer ici. (= Il est nécessaire de ne pas fumer.)「ここでたばこを吸ってはいけません」/ Il ne faut pas qu'elle vous voie avec une tête pareille. (BUTOR, Degrés, 94)「そんな顔をしているところを彼女に見られてはいけません」(ただし②第1例参照)

② **il faut ne pas +** 不定詞 [que ne... pas] 　ある結果を得るために否定の条件が必要なことを表わす: S'il faut ne pas être musicien pour vous plaire (...), je ne fais pas l'affaire. (ROLLAND—LE B, II, 114)「あなたの気にいるために音楽家でないことが必要なら、お役には立てません」▶s'il ne faut pas être musicien pour... は s'il n'est pas nécessaire d'être musicien pour...「音楽家である必要がないものなら」 pour があるので il n'est pas besoin de の意になる (cf. TOG, IV, 1849, 2) / Pour être si peu au courant de ce qui se passe, il faut que vous ne lisiez pas [plus] un journal. (MART, 537)「世の中の事情にそんなにうといところを見ると、新聞を(もう)読まないにちがいない」

③ **il faut que + ne jamais** [rien, personne, aucun] = **il ne faut pas que + jamais**, など: Il faut qu'il ne revienne jamais [qu'on n'en dise rien]. = Il ne faut pas qu'il revienne jamais [qu'on en dise rien]. (MART, 551)「彼は決して帰ってきてはならない[そのことは何

9° *il*の省略 俗語では頻繁：*Faudrait* peut-être la consoler. (CLAIR, 290)

10° *il s'en faut de* (= manquer)　助動詞は être：Il *s'en est fallu* de 5 euros.「5ユーロ不足だった」

♦*il s'en faut de peu* [*peu s'en faut*] *que* + (ne) + 接：*Il s'en fallut de peu que je ne renonçasse à la littérature.* (SARTRE, *Mots*, 178)「もう少しで文学に見切りをつけるところだった」/ *Peu s'en est fallu que je vomisse de douleur.* (TOURNIER, *Roi*, 13)「もう少しで苦痛のあまり吐くところだった」▶Il s'en faut peu は古い.

♦*il s'en faut de... que*：*Il s'en faut d'un point qu'il n'ait été admissible.* (ROB)「もう1点で合格するところだった」▶従属節は否定：*Il s'en est fallu d'un cheveu qu'Algren ne me répondît pas au téléphone.* (BEAUV., *Compte*, 35)「間一髪でAは私の電話に出ないところだった」

♦*Tant s'en faut qu'il y consente.* (AC)「彼は同意するどころではない」では ne は用いない.

fat — 名；形 [fat], まれに [fa] (COL; EBF). 女 fate は例外的, 形 だけ：*une attitude à la fois fate et très gênée* (A.-FOURNIER —TH; GLLF)「尊大な, しかし同時にひどくばつの悪そうな態度」▶不変化形容詞として：*Je ne suis pas si fat, dit-elle.* (BEAUV., *Inv.*, 402)「それほどうぬぼれ屋じゃないわ, と彼女が言った」

faubourg ⇨ nom V. 2°①

faute — *C'est (de) ma faute.*「私の過ちだ」de を使用しないのが正式, de の挿入は日常語的. LE B (II, 690) は過ちそのものよりはその結果に重点を置いた表現と言う. de は原因, 起源の de：*Ce n'est pas de ma faute.* (CAMUS, *Etr.*, 10) ▶*c'est (de) la faute de qn*：*C'est la faute de votre petit enfant.* (TH)「お宅の坊ちゃんのせいです」 TH は de を誤用とする.

♦*c'est (de) la faute à qn*.　俗語的：*C'est certainement la faute à votre vin.* (GIDE, *Caves* V, 5)「きっとあなたのぶどう酒のせいですよ」

♦*c'est (de) ma faute si*.　si は既知の事実の緩和的表現. 多くは que と同価値 (S, II, 359)：*Ce n'est pas notre faute si sa femme ne l'aime plus.* (ANOUILH, *N.P.N.*, 226)「奥さんが彼をもう愛さなくなったからといって私たちのせいではないわ」/ *Ce n'est pas de ma faute, si tu n'as qu'un seul dictionnaire Bailly.* (BUTOR, *Degrés*, 206)「きみがBの辞典を1冊だけしか持っていないにしても, ぼくのせいじゃないよ」

fauteuil — dans [sur] un fauteuil　背と両腕があるためdansが普通：*Elle s'assit dans un fauteuil.* (GREEN, *Mesurat*, 11) ▶形を無視して単に腰掛けと考え sur を用いた例も多い：*Je me laissai tomber sur un fauteuil.* (BEAUV., *Mand.*, 441)「肘掛け椅子にくずおれた」 ♦動詞の意味によっては sur が必要：*Il ôte son veston et le jette à la volée sur un fauteuil.* (SARTRE, *Nekr.*, 214)「上着を脱いで肘掛け椅子の上にほうり投げる」

faux, fausse — faux + 名「その名の示すものとは異なる, 見かけの」：*fausse* fenêtre「めくら窓」/ *fausse* dent「義歯」/ *fausse* barbe「付けひげ」/ *fausse* couche「流産」/ *fausse* monnaie「にせ金」/ *faux* diamant「模造ダイヤ」/ *faux* bonhomme「偽善者」/ *faux* nom「偽名」/ *faux* témoignage「偽証」/ *fausse* doctrine「誤った学説」 ♦ 名 + faux「偽りの, 誤った, 正確を欠く」：homme [air] *faux*「本心を偽る人［様子］」/ raisonnement *faux*「誤った推理」/ bijoux *faux*「にせの宝石」/ vers *faux*「規則にはずれた詩句」/ balance *fausse*「不正確な秤」

♦先行・後続の区別が微妙でどちらも用い得るもの：*faux* rapports, rapports *faux*「誤った報告」/ *fausse* position, position *fausse*「変な姿勢」/ *fausse* note, note *fausse*「調子はずれな音」

féminin des adjectifs ［形容詞の女性形］

— I.　性に従って2つの形をとるもの

　原則：**女性形＝男性形＋*e***

　発音と綴り字の変化　発音上の理由と語源の影響は女性形構成の一般的原則を乱し, 女性形は時に発音あるいは綴り字に複雑な変化を受ける (歴史的に見れば, 大部分の女性形は男性形から作られたのではなく, 男性形も女性形も共に語源の男性形・女性形から作られる. 一般に, 女性形は男性形よりいっそう語源に近い).

1° 発音の変わらないもの

① **男性形＋*e*** (有音子音 l, r, 例外的に x, 有音母音で終わるもの)：social, vil, cévenol ; sûr ;〔法〕préfix ; foncé, joli, nu, bleu, flou, など. 例外：nul ＞ nulle (＜ lat. nulla), -el ＞-elle

(⇨ ②), beau, など (⇨ 2º)
▶ 有音母音 + e が長母音になると説かれることがある (*Gr. Lar. XXe*, 213; RAD, 140; D-P, I, 309). しかし, 日常の発音で語末母音が長くなることはない. ⇨ voyelle II. ④
② ある形容詞は, **女性形の発音を男性形の発音と同一にするために, 綴り字に修正が加えられる**.

c [k] > **que** [k]: ammoniac, caduc, public, turc. ただし grec > grecque（女性形に-que, または-cque を用いた 16 世紀の綴り字の痕跡）. laïque (男・女) は時に男性形を laïc とつづる
el [ɛl] > **elle** [ɛl]: réel, cruel, tel, など.
eil [ɛj] > **eille** [ɛj] (2 語): pareil, vermeil.
gu [gy] > **guë** [gy]: aigu, ambigu, contigu, exigu.
er [ɛːr] > **ère** [ɛːr]: amer, fier, cher.
et [ɛt] > **ette** [ɛt]: net.
eur [œːr] > **eure** [œːr] (11 語): antérieur, citérieur, extérieur, inférieur, intérieur, majeur, mineur, meilleur, postérieur, supérieur, ultérieur. これらの語はラテン語の比較級を語源とし, 常に r は発音されたから eur > euse とはならなかった.

2º 発音の変わるもの
① *beau*, *fou*, *jumeau*, *mou*, *nouveau*, *vieux* の女性形 *belle*, *folle*, *jumelle*, *molle*, *nouvelle*, *vieille* は男性古仏語 bel, fol, jumel, mol, nouvel, vieil から作られたから, 歴史的には 1º に属する. manceau, morvandeau, tourangeau も -elle となる.
② **無音語末子音 > 有音子音** あるものは子音の前の母音も変わり, 時に長母音が短母音になる. したがって女性形は発音上〈男性形＋子音〉となり, 時に母音の変化, その長短によって男性形と区別される.
♦ **男性形＋*e***: lourd [luːr], lourde [lurd] / vert [vɛːr], verte [vɛrt], など. 語末子音として例外的なもの: soûl [su] > soûle [sul] (1 語)
   g > **gue** [g]: long [lɔ̃], longue [lɔ̃ːg] / oblong, oblongue.
   s > **sse** [s]: bas [ba], basse [baːs] / gras [gra], grasse [graːs] / las [la], lasse [laːs] / épais [epɛ], épaisse [epɛs] / gros [gro], grosse [groːs] / exprès [ɛksprɛ], expresse [-ɛs] / profès [prɔfɛ], professe [-ɛs] / métis [meti], métisse [-tis] ▶as > asse, ais > aisse は上記の語だけ. frais を除き, 他はすべて s > se [z] と

なる: ras, rase / niais, niaise / gris, grise / danois, danoise. 例外: tiers, tierce.
   et [ɛ] > **ette** [ɛt]: cadet, muet, など. 例外
   et > **ète** [ɛt] (8 語): complet, concret, discret, incomplet, indiscret, inquiet, replet, secret.
   ot [o] > **otte** [ɔt]: sot, および指小辞の語尾 -ot の語: bellot, boulot, maigriot, pâlot, vieillot. その他は **ot** > **ote** [ɔt]: dévot, falot, idiot, manchot.
   er [e] > **ère** [ɛːr]: léger, entier, など.
   eux [ø] > **euse** [øːz], **oux** [u] > **ouse** [uːz]: curieux (古仏: curius), glorieux (古仏: glorius), jaloux (古仏: jalous), など. x = us については ⇨ pluriel des noms I. 3º
   faux (古仏: faus) > *fausse* / roux (古仏: rous) > rousse / doux (古仏: dulz) > douce (古仏: dulce)
   c > **che**: franc, franche「率直な」/ blanc, blanche.
   c > **que**: franc [frã], franque [frãːk]「フランク族の」
   il [i] > **ille** [ij] (1 語): gentil.
♦ **鼻母音 > 口母音＋*e***
   ain [ɛ̃] > **aine** [ɛn]: certain.
   ein [ɛ̃] > **eine** [ɛn]: plein, serein.
   in [ɛ̃] > **ine** [in]: fin, enfantin.
   un [œ̃] > **une** [yn]: brun, aucun.
   en [ɛ̃] > **enne** [ɛn]: ancien, parisien, européen.
   on [ɔ̃] > **onne** [ɔn]: bon, mignon. ただし lapon, letton, nippon は -one または -onne.
   an [ã] > **anne** [an] (例外的): paysan, rouan. 他の語は -ane: plan, persan.
▶ n の重複は古仏語で女性形が鼻母音で発音されたことによる: bon-ne [bɔ̃n(ə)]. 鼻母音は 16 世紀に口母音に変わったが, 綴り字はそのまま今日まで伝わった.
例外: malin > maligne / bénin > bénigne.
③ **有音子音の変化**
   f > **ve**: neuf, actif, など.
   ef [ɛf] > **èv** [ɛːv]: bref.
▶ 女性形の v は語源による: lat. novus (neuf) / nova (neuve). cf. 派生語 nouveler / activité / brièveté, abréviation.
   c [k] > **che** [ʃ]: sec, sèche (< lat. sicca) (1 語)
④ **語尾 -eur**

eur > euse: trompeur.
teur > trice: consolateur.
eur > eresse（例外的）: enchanteur, pécheur, vengeur. singeur > singeresse または singeuse.

⑤ e > esse（例外的）: maître, traître, ivrogne. このうちtraîtreは時に無変化, ivrogneは一般に無変化. その他e > esse型の名詞は形容詞的用法では無変化. cf. une négresse, la race nègre / une Suissesse, une femme suisse.

⑥ 例外的: coi > coite / favori > favorite / andalou（古仏: andalous）> andalouse / rigolo > rigolote（ot > o(t)te型の類推）/ frais > fraîche. hébreuの女性形は人についてはjuive, israélite, 物についてはhébraïque. maximum, minimumは女性形無変化またはmaxima, minima.

II. 男性・女性同形のもの
1° 男性形が-eで終わる形容詞: facile, difficile（e > esseについては ⇨ 上記 ⑤）
2° angora, capot, châtain (châtaineはまれ), chic, grognon, kaki, marron, mastoc, rococo, rosat, snob, など: une chèvre angora / de l'huile rosat. これらの多くは数による変化もしない. ⇨ pluriel des adjectifs 6°
3° fort, grand ⇨ それぞれの項

III. 1つの性しか持たない形容詞 ある形容詞は常に男性語あるいは女性語のみに関係する. このような形容詞は多くは特定の名詞と共に常套的成句を作る.
1° 男性形容詞: vent coulis, œuf couvi, feu grégeois, raisin [vin] muscat, hareng pec, bois pelard, preux, marais salant, hareng saur, livre sterling, bleu [marbre] turquin, vainqueur, papier vélin, violat, cheval zain, など.
2° 女性形容詞: bouche bée, porte cochère, ignorance crasse, dive bouteille, enceinte, soie grège, mère goutte [laine], pierre philosophale, œuvre pie, main pote, jument poulinière, toutes et quantes fois, eau régale, fièvre scarlatine, suitée, Roche Tarpéienne, rose trémière, noix vomique, など.

IV. ⇨ adjectif composé

féminin des noms ⇨ genre des noms II. A.

février ⇨ mois (nom de)

fin 名女 — 1° **à la fin de** + 冠 + 名: à la fin du mois「月末に」/ Vous viendrez à la fin de l'après-midi. (DFC)「夕方いらっしゃい」/ Sa voix tomba à la fin de la phrase. (TROYAT, Tête, 58)「言葉の終わりで声が弱まった」

en fin de + 無冠詞名詞: Il est possible que je repasse en fin de journée. (COCTEAU, Th. II, 77)「夕方また寄るかもしれません」/ Je te rappelle en fin d'après-midi. (SAGAN, Mois, 31)「夕方また電話をかけるよ」/ en fin d'hiver (Thib. VIII, 203)「冬の終わりに」/ en fin de mot ou à la fin d'une syllabe intérieure (COH, Hist., 39)「語末または語中音節の終わりで」

2° 補語が月の名, 年号ならばà [jusqu'à] la fin de mai「5月末に [まで]」◆しばしばdeを略して: Ma mère me rapporta à la fin avril qu'il s'étonnait de ne plus me voir. (BEAUV., Mem., 240)「4月末に母は, 私が姿を見せないのを彼が意外に思っていると知らせてよこした」▶まれにenの例: Il allait mieux en cette fin décembre. (ID., Adieux, 87)「この12月の末は快方に向かっていた」

◆ à la も略して: Il rentra à Paris, fin septembre. (ID., Mém., 354)「9月末にパリに帰った」/ Nous sommes bientôt fin mai. (VERCORS, Colères, 194)「やがて5月の終わりです」/ On était fin juin. (GARY, Cerfs, 38)「6月の末だった」/ fin courant「月末に」(= à la fin du mois courant) / par cette claire après-midi de fin septembre (CASTILLOU, Etna, 16)「9月末のこの明るい午後」

3° **à seule fin de** 不定詞 [**que** + 接]「…だけのために」(= uniquement pour): Vous m'avez expédié à cette cabane à seule fin de vous moquer de moi. (COCTEAU, Th. II, 196)「あなたがたはただぼくをあざ笑おうとしてあの小屋にやったのだ」▶ afin de [que] を指示詞で強調した古形 à celle fin de [que] のなまり.

finale (proposition)［目的節］— 目的を表わす副詞節. afin que, pour que, que (= afin que ⇨ que⁴ VI. 2°), de crainte [peur] que, などで導かれる.

finir — 1° Il a fini son travail.「彼は仕事を終えた」→ Il l'a fini.「それを終えた」◆ finir de 不定詞: Finissez de vous plaindre. (ROB)「泣

き言をいうのはおやめなさい」 ▶de 不定詞 にleの代入は不可能, これを省く.

2° *être fini de* 不定詞 : cette dette énorme, qui ne *sera finie de* payer qu'en 1838 (...) (BRUNETIÈRE—G, *Pr.* V, 160)「1838年にやっと払い終えるこの莫大な負債」

3° *finir* + 属詞 : Bouchon (...) lui a promis qu'il *finirait* centenaire. (SALACROU, *Th.* VI, 22)「Bは彼に百歳まで生きられると約束した」 / Aurais-tu pensé que je devais *finir* assassiné? (ID., *Th.* V, 277)「おれが人に殺されると考えたことあるか」 / On l'aurait bien étonné en lui disant qu'il *finirait* concierge à l'asile de Marengo. (CAMUS, *Etr.*, 15)「Mの養老院の門番として一生を終えるだろうと言ったら, 彼はさぞ驚いたことだろう」

fois — **1°** *une fois que*

① =un jour que (⇨où[1] I. 2°②(2)) : *une fois que* nous revenions de la campagne (*N. Lar.*)「ある日, 田舎からの帰りがけに」

② =dès que (queは接続詞) : *une fois que* je serai parti「出かけたら最後」 ▶この意味で文学語として: *quand une fois* je serai parti.

　　省略的に　*une fois* + 過分 : *Une fois parti*, je ne reviendrai plus.「行ってしまったらもう戻って来ませんよ」 ▶partiの主語は原則的に主節の主語と同じ. ただし *Une fois (qu'il sera) parti, vous le regretterez.* (*DG*)「彼が行ってしまったら, 君は寂しくなるだろう」も可能.

♦une *fois* la confidence terminée「告白が終わると」. 時に 名 + une fois + 過分 : les limites précises, proches, infranchissables, une *fois* atteintes (MAUPASS., *Sur l'eau*)「明確な, 間近にある, 乗り越えがたい限界に達すると」 ⇨ aussitôt 2°; sitôt 2°

2° *des fois* ((俗) =quelquefois, parfois; par hasard) : si *des fois* il venait (*N. Lar.*)「ひょっとして彼が来たら」

♦des *fois* que(⇨que[4] VIII. 2°) : *Des fois que* vous trouveriez une voitrue. (BEAUV., *Sang*, 152)「自動車が見つかるかもしれませんよ」 ▶des *fois* que + 条 (=dans l'éventualité où) : *des fois qu'*il demanderait où je suis ... (*Log*)「万一私のいどころを彼に訊かれたら」

3° *chaque fois* ((俗) : à chaque fois)「そのたびに」 / *chaque fois* que「…するたびに」 ▶時に à *chaque fois* que je lis ce récit (ALAIN, *Balzac*, 112)「この物語を読むたびに」(S, II, 286 によれば文学的)

force — **1°** *force* (*de*) + 名 古文調 (=beaucoup de) : Nous faisions *force de* rames vers la côte. (BEAUV., *Tous les h.*, 236)「海岸に向かって力一杯オールを漕いだ」 ▶faire *force de* rames, faire *force de* voiles「ありったけの帆を張る」は言い回し.

♦普通はdeなしに: Il lui a fait *force* clins d'yeux. (BUTOR, *Degrés*, 78)「しきりに目くばせした」 / Il se retira en faisant *force* sourires. (ROB.-GRIL., *Voyeur*, 55)「満面に笑みを浮かべながら立ち去った」

2° *force est de* 不定詞 文学的 (=il faut, on ne peut éviter de) : *Force est d'*arrêter. (GIDE, *Journal 1942-9*, 72)「やめざるをえない」

♦多くはme, lui,...を伴う: *Force lui est de* revenir à sa place. (*Thib.* VIII, 98)「彼は否応なしに元の席に戻らざるをえない」

3° *à force de* + 名 [*de* 不定詞] : Il a réussi *à force de* travail [*de* travailler]. (TH)「懸命に勉強したので彼は成功した」 ♦ à *force que* + 直 は俗語調. 文章語に取り入れられた例: Edmond l'envoyait bouler *à force qu'*Aurélien lui écorchait les oreilles de ses interrogations. (ARAGON, *Aurél.*, 354)「Aがあまりうるさく訊くのでEは彼を追っ払った」

forcer — **1°** *forcer qn à qch*: *forcer* qn *au silence*「人を黙らせる」 ♦forcer qn à [de] 不定詞 (=obliger) à が普通: On me *force à* partir. (MR)「無理に私を出発させる」 / Il prit les mains d'Adrienne et la *força à* se découvrir le visage. (GREEN, *Mesurat*, 55)「Aの両手をつかんで無理にも顔が見えるようにさせた」 ▶deはまれ: ce monde inconnu de sensations où un homme la *forçait de* pénétrer (MAURIAC, *Thérèse*, 60)「1人の男がむりに彼女をはいり込ませた未知の感覚の世界」

♦à [de] 不定詞 の代理語はどちらもy : Tu vas parler (...) Je saurai bien t'*y forcer*. (GREEN, *Mesurat*, 49)「お話し, むりに話させることだってできるんだ」 ▶yの省略: Je ne voulais même pas venir. Sharon m'*a forcé*. (DÉON, *Taxi*, 274)「全然行きたくなかったのに, Shが無理じいしたんです」

♦まれに forcer qn pour 不定詞 : On ne *vous force* pas *pour* manger. (LICHT.—S, III, 468)「むりに食べろとは言いません」

2º *être forcé de* 不定詞 Me voilà *forcé de* partir. (*MR*)「出発せざるを得なくなった」 ◆de 不定詞に代わる代名詞はいつも y： J'*y suis* bien *forcé*.「そうせざるを得ない」

formation des mots［語形成］— 新たな概念・事物を表わすためさまざまな手段を用いて新しい語を作る，その過程（通時的）と作られた語の構造（共時的）との両面を意味する．

その手段の1つは，既にフランス語中に存在していた要素を利用するもの．接辞の添加による派生（⇨ dérivation）がある一方，接辞を除去して新語を作る逆形成（⇨ dérivation régressive）があり，既存の語を結合する合成（⇨ composition）がある一方，既存の語を短縮する略語（法）（⇨ abréviation）がある．

もう1つの手段は他言語からの借用（⇨ emprunt）で，英語その他の現用語からの借用のほか，ギリシア語・ラテン語から語または言語要素を借りて専門語を形成する学者語（mot savant）も，この借用の一種と言える．cf. ToG, V, 1896.

fort(e) — 1º 語源（lat. fortem）にならい，古仏語では 男女同形（⇨ grand）．地名 Roche*fort* などのほか，se faire *fort* de 不定詞「…ができると自負する」，se porter *fort* pour qn「人のことを保証する」という fort に無変化の言い方が残る．
◆se faire fort de は今日では fort を主語に一致させることもある（G, 350 a）：Elles se font *fort(es) de* le retrouver. (M)「彼女たちは彼を探しだせると自信を見せている」▶D(119)はこの意味では無変化を勧める．
2º 副詞的用法 形容詞，副詞，動詞を修飾： *fort* jeune「ごく若い」/ *fort* peu「ほんの少し」/ Je me suis *fort* ennuyé.「すっかり退屈した」▶très, trop, si などで修飾された fort は動詞しか修飾できない（LE B, II, 597）．
3º liaison 副詞 fort は tant などの影響で liaison されることがあるが一般にはしなくなった： fort(t) aimable. ▶その他の用法では liaison しない： un for(t) avantage; for(t) en anglais. ⇨ liaison 4º ⑧

fou, folle — 男性古形 *fol* は今なお母音字または無音の h で始まる男性単数名詞の前に用いる： un *fol* espoir「ばかげた望み」 子音で始まる名詞の前の fol は例外的：son *fol* reniement (*Thib.* VIII, 27) ただし，この形容詞は名詞に先行することはまれ．
◆名詞以外の前では一般に fou を用いる *fou à* lier「しばっておかねばならぬほど狂暴な」 まれに fol et... + 母音で始まる名詞： un *fol et* superstitieux espoir (GREEN, *Mesurat*, 27) ⇨ beau. cf. G, 345, A, 1º N.B. 3
◆名詞古形 fol は17世紀に既に古くなった．諺 Souvent femme varie. Bien *fol* est qui s'y fie.「女心はよく変わる．それを信じる者は大ばかだ」に残るほか，擬古趣味であるいは冗談に用いられる：C'est un *fol*. (BEAUV., *Inv.*, 394)

foule ⇨ accord du verbe A. I. 1º, 8º ②
fréquentatif ⇨ aspect
fricative (consonne) ⇨ consonne
frire — 現用では不定詞，過分，直・現・単・3 にしか用いられない (*TLF*; *EBF*)．他動詞（*frire* des légumes）は古く，補語なしの poêle à *frire*「フライパン」の型のほかは，他動詞の意味は faire *frire* で表わす：faire *frire* des pommes de terre dans une friteuse (*PR*)「フライ鍋でジャガイモを揚げる」/ Fais-moi *frire* tout de suite ces petits animaux-là. (MAUPASS., *Deux amis*)「この小魚をすぐフライにしてくれ」
▶不定詞はいつも自動詞：Il mit la viande à *frire*. (*TLF*)「肉をフライにした」⇨ mettre

fût-ce ⇨ subjonctif III. 2º ②

futur antérieur［前未来形］— 直説法未来時制の一種．
I. 形態 助動詞の単未+過分
II. 用法 前未は単未の完了形．単未は瞬間的・継続的行為を表わすから，前未も完了を瞬間的にとらえ，その結果を継続的にとらえ得る．
A. 時制的用法
1º 未来完了（futur accompli） 未来のある時期に完了する［している］であろう行為：Dans une heure tu *auras recouvré* ton sang-froid. (TOURNIER, *Gilles*, 27)「1時間もすれば君は冷静を取り戻しているよ」/ Dans un mois, tout le monde *aura crevé* de faim. (SARTRE, *Diable*, 60)「ひと月たてば，みんな飢え死にしているだろう」/ Bientôt tu m'*auras oubliée*. (RADIGUET, *Diable*, 63)「じきに私のことなど忘れてしまいます」/ Je t'apprendrai ce que j'*aurai décidé*. (DHÔTEL, *Pays*, 186)「決めたことは教えてあげます」/ Quand il *se sera retiré*, ce métier *aura* pratiquement *disparu* de Paris. (APOLLIN., *Femme assise*, 24)「彼が引退してしまえば，この職業は事実上パリから消え去ってしまうだろう」（2つの前未は同時）/ Je déposerai Gaspard à Revin et je *serai rentrée* chez Residore bien avant la nuit.

(DHÔTEL, *Pays*, 239)「GをRで降ろして，日が暮れるよりずっと前にRの家に帰っています」（前未は単未に後続するように見えるが，未来の基点は la nuit の方）

2º 先立性： Quand j'*aurai travaillé*, je passerai chez toi. (SAGAN, *Mois*, 33)「仕事がすんだら君の家に寄るよ」◆前未は単未に対して先立性を表わすが，quandの後で未完了動詞は前未には用いられない： Je comprendrai quand je *serai* vieille. (ANOUILH, *N.P.N.*, 146)「年をとったらわかりましょう」▶finirとその類義語は前未が必要 ⇨ quand¹ I. 3º ②

3º 過去を表わす： Vous avez bien fait de venir, cela m'*aura permis* de vous voir avant mon départ. (MART, 356)「来て下さってよかった．お陰で出発前にあなたに会えました」/ Toi, de ton côté, tu n'*auras* pas *eu* à te plaindre, je crois. (BATAILLE, *Masque* II, 4)「君のほうだって何もこぼすことはなかったと思うね」/ Ce n'est pas la première fois qu'un père *aura donné* sa vie contre celle de son fils. (SARTRE, *Nekr*. VIII, 4)「父親が息子の命と引き換えに自分の命を投げ出したのはこれが初めてじゃない」▶B (480) は最後の例と同型の文を引用し，未来とは無縁だと説く．上例は推測の前未（下記 B. 2º）からの発展用法．

B. 叙法的用法

1º 憤慨： J'*aurai fait* tout cela pour qu'un gamin me manque aujourd'hui de respect! (B, 480)「さんざん尽してやった挙句，今になって小僧っ子なんかにバカにされてたまるものか！」

2º 推測 ①**過去の推測**： Je ne regrette rien. Nous *aurons* bien *vécu*. (KESSEL, *Enfants*, 177)「僕は何も悔いてはいない．僕達は立派な生き方をしたんだから」/ En tout cas je n'aurai rien à me reprocher; j'*aurai fait* mon devoir. (SALACROU, *Th*. VI, 237)「とにかく，私はわが身をとがめることは何もあるまい．義務を果たしたのだから」/ Pas une fois dans votre vie, vous ne m'*aurez fait* confiance. (SARTRE, *Séques*. I, 2)「あなたは一生の間に1度として私を信頼しなかったことになるよ」◆予想・推測を表わす単未 (⇨ futur simple II. B. 6º) を過去に移したもの．単未のように avoir, être に限られるという動詞の制限はない．BRUN (383) は Il n'est pas là, il *aura manqué* le train.「彼は来ていない．列車に乗り遅れたのだろう」を本来は Quand il sera là, nous *saurons* (probablement) qu'il *a manqué* son train. の意と説明する．つまり〈単未＋複過〉が前未に変わるのは contamination の一種 (MAROUZ, 146; CR, 131). この用法では前未 ＝〈複過＋peut-être〉(*Gr. Lar.*, 354). ▶従属節の動詞時制は主節が過去時制の場合に準じる： Noël *aura cru* que Léon *était* seul. (ACHARD, *Patate*, 32)「Nはしだけかと思ったんですよ」

②**語気緩和**： Je viens de la voir.—Tu te *seras trompé*. (SARTRE, *Mouches* I, 2)「彼女が通るのを今見たよ．—間違えたのだろうよ」/ Tu *auras* mal *entendu*. (PORTO-RICHE, *Vieil h*. III, 9)「聞き違えたんだろうよ」/ Tu l'*auras voulu*. (SAGAN, *Château*, 114)「(相手の顔をなぐって) 自業自得よ」

③**他人の考えの推測**： As-tu revu l'entrepreneur pour cette réparation?—C'est inutile, il n'*aura* pas *reçu* les matériaux, ou bien il *aura été* souffrant. (CR, 131)「この修理のために請負業者にまた会ったかね．—それは無駄さ．材料が手に入らなかったとか，病気だったとか言うだけだもの」(Il n'aura pas reçu = Il dira qu'il n'a pas reçu)

3º 命令　命令を表わす単未 (⇨ futur simple II. B. 3º) の完了形： Vous *aurez fini* quand nous rentrerons [à six heures]. (MART, 357) (= Ayez fini)「我々が帰ってくるときには [6時には] 終えていなさい」▶疑問文で： *Aurez-vous bientôt fini*? (*Ib*.) (= Finissez le plus tôt possible)

▶命令を表わす〈Quand ＋ 単未 [前未]〉⇨ quand¹ IV. 2º; quand² 5º

futur antérieur dans le passé [過去における前未来形] — B (758) の用語．過去を基点として未来完了を表わす時制．条・過と同形であるが futur dans le passé と同じく直説法に加えられる： Je savais bien qu'il *serait parti* avant vous.「彼があなたより先に出発してしまうことはよく知っていました」⇨ conditionnel II. A.

◆同様にして過去を基点として futur antérieur surcomposé を表わすと： Il m'a dit que, dès qu'il *aurait eu lu* ce livre, il me le rendrait. (GOUG, 215)「この本を読んでしまったらすぐ返すと言った」/ Il m'a dit qu'il *aurait eu* vite *lu* ce livre. (*Ib*.)「この本をすぐ読み終えてしまうだろうと言った」(次項参照)

futur antérieur surcomposé [複前未来

形] — I. 形態: 助動詞の前未 + 過分
II. 用法 1° 未来の行為の完了を強調: J'*aurai eu mangé* avant qu'il vienne. (BRUN, 383)「彼が来るまでに食べ終わっているだろう」
2° 行為の急速な完了: J'*aurai eu mangé* en moins d'un quart d'heure. (*Ib.*)「15 分たらずで食べ終えてしまうだろう」

futur dans le passé [過去における未来] — B (755) の用語. 直説法の一時制. 現在から見れば過去であるが, 過去を基点として未来を表わす: Je savais qu'il *viendrait*.「彼が来るだろうということは知っていた」(cf. Je sais qu'il *viendra*.) 条・現と同形であるが, 条件法の価値はなく, 直説法に加えられる. ⇨conditionnel II. A; concordance des temps I. A. 3° ③; discours indirect

futur simple [単純未来形] — 直説法未来時制の一種.
I. 形態 語尾はすべて -rai [re], -ras [ra], -ra [ra], -rons [rɔ̃], -rez [re], -ront [rɔ̃]. 元来は複合時制で〈不定詞 + avoir の直・現〉の構造: chanter + ai, + as, + a, + (av)ons, + (av)ez, + ont (je chanterai = j'ai à chanter = je dois chanter. 未来と義務の意を兼ねる)

単純未来形の構成法
1° 直・現 (単・1) + **rai** ①語尾 **-er** の規則動詞: mener: mène > mènerai / jeter: jette > jetterai / employer: emploie > emploierai. céder 型は é が無強勢のときは é, 強勢をとるときは è とつづるのが規則: je cède, céderai [sɛdre]
②**-ir** の特殊なもの: cueillir [accueillir, recueillir]: cueille > cueillerai / tenir, venir (同変化のもの約 25): tiens > tiendrai, viens > viendrai.
2° 不定詞 + **ai** -ir, -re, -oir の動詞: partir + ai / mettr(e) + ai / recev(oi)r + ai.

例外
①**-er** aller > irai / envoyer > enverrai (voir > verrai の影響)
②**-ir** acquérir > acquerrai / courir > courrai / mourir > mourrai / ouïr > oirai (または ouïrai)
③**-re** être > serai / faire > ferai.
④**-oir** asseoir > assiérai (または ass(e)oirai) / avoir > aurai / falloir > (il) faudra / pouvoir > pourrai / prévoir [pourvoir] > prévoirai [pourvoirai] (-ir 型にならう) / savoir > saurai / valoir > vaudrai /

vouloir > voudrai.
♦発音上の注意 acquerrai, courrai, mourrai の rr は 2 つとも発音される: [akɛrre], [kurre], など. ただし, enverrai, pourrai, verrai は r を 1 つしか発音しない.
II. 用法
A. 時制的用法
1° 現在を基点として未来の行為を表わす
①瞬間的または継続的行為: J'*irai* le voir.「彼に会いにいこう」/ Il *pleuvra* demain.「あすは雨だろう」/ Tant que la pluie *durera*, je *resterai* à la maison.「雨が降り続く限り家にいよう」
♦継続的行為: Evitant de passer dans son quartier, vous *vous promènerez* tout seul et le soir vous *rentrerez* seul dans votre hôtel où vous *vous endormirez* seul. (BUTOR, *Modif.*, 228)「彼女の町を通るのを避けて, あなたはたった一人で散歩するだろう, そして夕方には一人でホテルに帰り, 一人で眠るだろう」(この小説では未来形で事件の推移を示して物語を進行させる)
♦反復的行為: Tout au long de ces quelques jours, vous *prendrez* tous vos repas seul. (*Ib.*, 228)「この数日間はずっと, どの食事も一人でするだろう」
♦漸進的行為: Vous l'*aimerez* plus, à mesure que vous le *connaîtrez* mieux. (B, 771)「彼をよく知れば知るほど, ますます彼のことが好きになりますよ」
②受動態の単未 完了した行為の結果である状態を表わし得る: Vous partez trop tard, la pièce *sera jouée*. (F-G, 139)「今出かけるのでは遅すぎます. 芝居はすんでいるでしょう」 cf. C'est chose certaine, la pièce *sera jouée*. (*Ib.*)「芝居はきっと上演されるでしょう」(普通の未来) ▶ 未来を表わす助動詞 ⇨ aller 6°; devoir 3°
2° 過去を基点とした未来 過去未来は一般に futur dans le passé (⇨ conditionnel II. A) で表わされるが, 過去の叙述の途中で筆者が観点を過去に移し, 未来の出来事を単未で表わすことがある. 例えば, GIRAUD (*Ec. romant.*, 4-5) は Rousseau のことを単過で述べた後に A l'aube du siècle, Chateaubriand *viendra* «ressusciter l'âme»...「世紀の黎明に Ch が現われて"魂をよみがえらせる"であろう...」と続ける.
▶ 単未は語り手が事実として確認していることを

futur simple

述べるもので，単に予想された事実を述べる条・現（⇨ conditionnel II. B. 3º）とは異なる．

◆この単未は歴史的現在形（⇨ présent de l'indicatif B.II.1º ②）に関係しても用いられる：En 1825 il part pour Florence où il *restera* secrétaire d'ambassade jusqu'en 1828. (*Ib.*, 16)「1825年，彼はFに旅立ち，1828年まで大使館書記官としてそこに留まることになる」

3º 自由間接話法で：歴史的現在形に関係するときには，自由間接話法にも用いられる：Renart lui demande de descendre dans le puits où lui-même est tombé par mégarde: il y *trouvera* le paradis terrestre. (DOUMIC, *Hist. litt.*, 36)「Rは彼に向かって自分がうっかりと落ちこんだ井戸の中に降りて来いと言う．ここに来れば地上の天国が見られると言うのだ」／ Elle claquait des dents: ils *passeront* par Laon, ils *brûleront* Paris. (SARTRE—W-P, 349)「彼女は歯をガチガチいわせていた．奴らはLを通り抜けてPを燃やすのだろう」彼女の考えたままの時制で記したもので直接話法に近い．⇨ discours indirect libre

4º 従属節の未来形　主節が過去時制の場合．
① 従属節の動詞が現在から見ても未来になる場合：Je disais qu'un jour j'y *passerai* un été. (DURAS, *Th.* II, 28)「いつかはあそこでひと夏過ごそうと言ったものです」　未来形の使用が義務的とは言えない．⇨ concordance des temps I. A. 3º ③ (2)

② **自由間接話法**（上記3º）**の特例**：導入動詞とqueが表現されながら，従属節の動詞は直接話法のまま．自由間接話法と間接話法の混交とみなせる：Elle *calcula* qu'elle *s'enfuira*, dès que don Cesare *sera* dans sa chambre. (VAILLAND, *Loi*, 92; 254にも)「彼女はこう予測した．Cが部屋に入ったらすぐ逃げ出そう」

5º 一般的真理を表わす．過去・現在において真実であったことは，未来においても真実であろうという結論の表現．時の副詞（toujours, souvent, ne... jamaisなど）を含む：Les faibles *seront* toujours *sacrifiés*. (*Gr. Lar. XXᵉ*, 330)「弱者は常に犠牲にされるだろう」／ Tel qui rit vendredi dimanche *pleurera*. 《諺》「金曜に笑う者は日曜には泣くだろう．喜びは長続きしない」

B. 叙法的用法　未来の出来事は予想されるだけで，過去のように客観性を持たないから，未来形は話者の主観に従ってさまざまな陰影を帯びる．

1º 意志　話者の意志によって行なわれるであろう行為：Nous ne nous *verrons* plus, Lidia. Il ne faut plus. (CASTILLOU, *Etna*, 270)「もう会うのはやめよう，L. もう会っちゃいけないんだ」／ Tu ne me crois pas, Thérèse? Non? Tant pis, alors tu *sauras* tout! (*Thib.* I, 48)「私を信じないの，Th? そうなの．じゃあ仕方がない．みんな言ってあげるわ」／ Tant que je serai le chef, il n'y *aura* pas de tortures ici. (IKOR, *Gr. moy.*, 246)「おれが隊長である限り，ここで拷問はさせないぞ」

2º 脅迫：Si tu parles, (...) vous *mourrez* tous les trois. (ANOUILH, *N.P.N.*, 164)「お前が話せば（…）お前たちは3人とも命がないぞ」／ Vous vous en *repentirez*.「今に後悔しますよ」／ Il s'en *souviendra*.「奴には今に思い知らせてやるぞ」／ Il me le *paiera*.「奴にこのお返しはきっとしてやるぞ」

3º 命令　① 要求・勧告・方法の教示などで**命令の語気を緩和**する：Tu n'*oublieras* pas de me rendre la monnaie. (F, 546)「（買物を頼んで札を渡し）お釣を返すのを忘れるんじゃないよ」／ Tu *traverseras* le pont, et tu *iras* droit devant toi. (DHÔTEL, *Pays*, 75)「橋を渡って，まっすぐ前に進むのだ」

② **絶対的命令**：Tu ne *tueras* point.「汝殺すなかれ」（神がモーセに与えた十戒の言葉）　◆疑問形で：Me *regarderas*-tu en face? Me *répondras*-tu, à la fin? (SARTRE, *Mouches* I, 5)「わたしの顔をまともに見たらどう？ さあ，何とか返事をおしよ」／ Te *tairas*-tu? (COCTEAU, *Bacchus*, 199)「お黙り」（⇨ aller 8º ①）

③ **3人称の命令**にも用いる：Si ta sœur n'est pas contente, elle me le *dira*, à moi! (MAUPASS., *En famille*)「あなたの妹に文句があるなら，あたしに言やあよござんす」（= Qu'elle me le dise!）

④ **皮肉な命令** ⇨ aller 8º ②

4º 直・現に代わる断定的語調の緩和（futur de politesse）：Je vous *demanderai* la permission de partir.「出発のお許しを願いたいのですが」／ Je vous *prierai* de n'en rien dire. (B, 570)「そのことについては何もおっしゃらないようにお願いいたします」／ Je vous *avouerai* que j'ai oublié votre commission. (SENSINE, 44)「実はあなたに頼まれたことを忘れてしまったのです」

◆疑問形: *Pourrai*-je vous demander de...?「…することをお願いできましょうか」/ *Aurez*-vous l'amabilité de...?「…していただけましょうか」/ *Oserai*-je vous demander la cause de ce refus? (MAUPASS., *Boule de S.*, 46)「いけないとおっしゃるわけを伺わせていただけませんでしょうか」

5°　憤慨・抗議　感嘆文・疑問文で: Quoi! Ces gens *se moqueront* de moi! (LA FONT., *Fab.* XII, 18)「何！奴らが私をばかにするなんてことがあってたまるか」/ Jean, tu ne vas pas faire ça? — Je *me gênerai*. (MAURIAC, *Pharis.*, 56)「J, そんなことするんじゃないでしょうね。— やるさ」(条件法にも用いる。⇨ conditionnel II. B. 9°)

▶Quand + 単未...!（否認・禁止）⇨ quand¹ IV. 2°。

6°　予想・推測　être, avoirの単未 (futur de probabilité): On sonne; ce *sera* le facteur. (CR, 127)「ベルが鳴った。郵便屋だろう」/ Notre ami est absent: il *aura* (=il a probablement) encore sa migraine.「彼は欠席だ。また例の偏頭痛だろう」▶この未来形は devoir + 不定詞 に近い。ce *sera*... = ce doit être... ⇨ devoir 3°

7°　条件・譲歩　①**条件:** Tu marche et moi, on *sera* dans la terre, qu'on n'aura plus besoin de toi. (中平『フ研』1)「Tとあたしがあの世へ行けば、あなたのことなんかかまう人はいなくなることよ」(que については ⇨ que⁴ VIII. 1°)

②**譲歩:** Vous y *mettrez* tout votre argent, vous ne sauverez pas cette maison de la faillite. (B, 870)「あなたが有金全部をつぎこんだとしても、あの店を破産から救うことはできまい」/ Tu *pourras* passer ta vie dans les bibliothèques, tu ne trouveras pas d'autre réponse. (GARY, *Cerfs*, 83)「図書館で一生過ごしたって、ほかの回答を見つけられはしないよ」(⇨ pouvoir 2° ④) / *Arrivera* ce qui [qu'il] arrivera.「なるようになるさ」(⇨ arriver 4°)

G

g — 発音。① [ʒ]. e, i, yの前：geste, gifle, gymnastique. 英語のように[dʒ]とならない.
② [g]. その他の字の前：gare, gomme, grand.
③ 語末のg：(1) 一般に無音：bour(g) とその合成語．鼻母音の後：ran(g), lon(g). それ以外の場合は3語：doi(gt), jou(g), le(gs). (2) [g]：grog, gang, zigzag. 多くの固有名(詞)：Zadig, Grieg. (3) 英語のngは多く [ŋ]：dancing [-siŋ], ping-pong [piŋpɔ̃:g] (4) [k] (liaisonで) 一般にはliaisonしない：de lon(g) en large. 成句：suer san(g) k et eau. これも現在ではむしろ [sãeo]．国歌マルセイエーズのQu'un sang impur [sɑ̃kɛ̃py:r].

ge [ʒ]. a, o, uの前：geai, pigeon, gageur.

gg ① [g] (多くa + ggl [r]) + 母音）：a(g)glomérer, a(g)glutiner, a(g)graver; tobo(g)gan. ② [gʒ]：suggérer [sygʒere], suggestion.

gh ① [g]：ghetto; Van Gogh. ② 無音：Marlborough [malbru, malbərø].

gn ① [ɲ]：agneau. ② [gn] 学術用語、外来語：gnome, diagnostic, incognito, récognition.

gu (+母音) ① 一般に [g]：guise, langue, Guy. ② 時にi, yの前で[gɥ]：aiguille [-gɥij], linguiste [-gɥist], la Guyanne [gɥijan]. 例外的：arguer [-gɥe] ③ 時にaの前で[gw]：lingual [-gwal]; jaguar.

gallicisme [フランス特有語法、ガリシスム] — 外国語に逐語訳できないフランス語特有の表現：Il *fait* beau.「天気がよい」/ il y a...「…がある」/ être sur les dents「神経がぴりぴりしている」/ se mettre en quatre「精一杯努める」、など．

garde — 1° *prendre garde de* 不定詞 (=tâcher d'éviter de) / *prendre garde de ne pas* 不定詞 (= avoir soin de ne pas 不定詞). 両者は結局同義：*Prenez garde de (ne pas) tomber.* (Ac; Tʜ)「転ばないように注意しなさい」/ *Prends garde de prendre froid, toi!* (*Thib.* III, 147)「かぜを引かないように気をおつけ」/ *Prenez garde de ne pas oublier vos clefs.* (GLLF)「かぎを忘れないように注意をなさい」/ *Prends garde de ne jamais plus dire un mot sur ta maîtresse.* (Rᴏᴜssɪɴ, *Hélène,* 22)「お前の主人のことは、もう決して一言も言わないように気をつけろ」
▶ *prendre garde de ne pas* をMᴀʀᴛ (568); *DBF*; Tʜ は避けることを勧める.

2° *prendre garde à* + 名 (= faire attention à)：*Prenez garde au chien.* (Tʜ)「犬に注意なさい」

◆ *prendre garde à* 不定詞 古文調：*Prenez garde à ne pas glisser.* (= de ne pas glisser) (DB)「すべらないように気をつけなさい」/ Il fallait *prendre garde à ne* briser et *à ne* trouer aucune des grandes feuilles. (Gᴀsᴄᴀʀ, *Graine,* 77)「大きな葉はどれも折ったり穴をあけたりしないように気をつけなければならなかった」

3° *prendre garde que ne* (*pas*) + 接 (= tâcher d'éviter que). neだけは虚辞 (W-P, 406). ne pasは日常語：*Prenez garde qu'on ne vous voie (pas).* (W-P, 402)「人に見られないように注意なさい」 ◆ *prendre garde à ce que ne pas* + 接：*Prenez garde à ce qu'on ne vous entende pas.* (DFC)「音を立てないように注意をなさい」 ▶EBFはこの言い回しを勧めない．

4° *prendre garde que* + 直 (= remarquer bien que)：*Prenez garde qu'on vous voit de tous les côtés ici.* (DFC)「ここにいるとどこからでも見られることに注意なさい」

garder — *se garder bien de* 不定詞 (= éviter de 不定詞)：*Gardez-vous bien de dire cela.* (Tʜ)「そんなことは言わないようにしなさい」/ *Gardez-vous bien de ne pas dire cela.* (Tʜ)「それを言い忘れないようにしなさい」 ◆ *Prenez*

garde de tomber. (= de ne pas tomber) とは違って，ne pas の有無によって意味が異なることに注意．
♦garder + 名 + 属詞: C'était une aventure que nous devions *garder* secrète. (MODIANO, *Remise*, 39)「秘密にしておかなければならない事件だった」

gare[1] 間 — *gare* (*à*) + 名 Si vous faites cela, *gare* les [*aux*] conséquences. (AC)「それをするなら結果に気をつけなさい」(à の使用は任意)
♦gare à + 代 [不定詞] à は必要: *Gare à toi!*「自分に気をつけなさい」/ *Gare à ne pas tomber.* (GLLF)「転ばないように用心しなさい」

gare[2] 名女 — 1° entrer en [dans la] gare en gare は列車が停車のために駅に入る: Le train *entrait en gare*. (*Thib.* II, 252) / Nous *entrions en gare* de l'Est. (VERCORS, *Portrait*, 46) ▶Le train *entre dans la gare.* は EBF; TLF では列車が停車するとは限らないと説くが，DBF; TH は列車についてはこの言い回しを認めない．
♦人については entrer dans la gare, arriver [aller] à la gare と言う: Simon sans *entrer dans la gare* s'accouda à la barrière blanche. (GRACQ, *Presqu'île*, 178)「S は駅に入らずその白い柵にひじをついた」

2° 場所の前置詞 *à* と冠詞の省略 も普通: J'ai laissé mes bagages *gare* des Invalides. (BEAUV., *Mand.*, 491)「荷物はI 空港駅に置いてきた」/ On prend le train *gare* Saint-Lazare. (CESBRON, *Prison*, 172)「S 駅で列車に乗るのです」/ le roman que vous aviez acheté *gare* de Lyon (BUTOR, *Modif.*, 41)「あなたがリヨン駅で買った小説」

gauche ⇨ droite

genre [性] — 名詞・代名詞・形容詞の性別を示す文法範疇の一種．すべての名詞は**男性** (masculin) と**女性** (féminin) のどちらかに分類される．代名詞には，代理する名詞の性に従って男性・女性をとるほかに，**中性** (neutre) をとるものがある．形容詞はそれ自体に性はなく，関係する語の性に一致する．
♦性の起源については定説がない．VENDR (114) によれば，ヨーロッパ諸言語の性は名詞が表わす種々の観念を分類する精神的企てから生じたもので，その類別の原理は古代人の世界観に基づき，その決定には神秘的宗教的動機が手伝っていたが，今日ではなぜそう決まったかということはわからなくなり，その伝統のみが残ったのだ，と言う．ある文法家は性が sexe と密接な関係を持つものと考え，無生物名詞の性までも「事物の擬人化の表現様式」とみなして，これを男性的性質・女性的性質によって説明しようと試みた (D-P, I, §§305-8)．しかし，la chaise, la cuiller がドイツ語では男性となり，英語で擬人性を与える場合，la montagne が男性，le printemps が女性であることを心理的に説明するのは不可能であろう．歴史文法家は性の問題は心理とは関係がないと断じ，このような心理的見解を「科学とは無関係な夢想」(N, III, 669) として一蹴した．DARM (*DG*, 184) によれば，性とはこのような人・物の特別な考え方に応ずる論理的な分類というよりは，単なる「名詞を分類する文法上の類別」とみなすべきだ，と言う．

genre — 1° *genre de* + 名 (= espèce, sorte, type): Quel *genre* d'homme est-ce? — Remarquable. (MAUROIS, *Climats*, 265)「どんな男です．— すばらしい方よ」/ Jugeait-il scandaleux (...) que je fréquente ce *genre* d'endroits? (BEAUV., *Mém.*, 294)「私がそうした場所に出入りするのをけしからぬと思っていたのでしょうか」

2° *genre* + 名 名詞の補語: une jeune fille *genre* midinette (= dans le genre de)「女店員風の娘」 ♦属詞: Vous me voyez calme. Mais à l'intérieur? Oh! c'est tout à fait *genre* tempête de septembre. (SALACROU, *Th.* VI, 271)「私は見たところ平静だ．だが心の中は？ まるで9月の嵐のようだ」 ♦直・目: Ma conviction est que la plupart des hommes aiment le *genre* Marilyn Monroe. (SAGAN, *Réponses*, 118)「私の確信するところでは大部分の男性はMM タイプが好きなんです」

genre des noms [名詞の性] — 名詞には男性と女性の2つの性があり，すべての名詞がそのどちらかの性を与えられる．名詞に中性はない．人・動物を表わす名詞のあるものは sexe に応ずる性をとる．無生物や抽象的観念を表わす名詞は伝統によって性を定められる．sexe に応ずる性を**自然的性** (genre naturel), sexe とは無関係な性を**文法的性** (genre grammatical) と称することがある．

I. 性決定の要素と性の変化 名詞の性を決定する規則はない．人・動物を表わす名詞でも sexe によって性が定められるとは限らない．しかし，性

の決定に影響を与える要素は歴史文法家によって明らかにされている。

1º 語源の性 多くの名詞は語源（ことにラテン語）の性を踏襲する： livre 男「本」(< liber 男) / livre 女「ポンド、半キロ」(< libra 女) ▶ ラテン語で中性の語は多くは男性、少数は複数形 -a を経て女性となった。

2º 語の形態 語尾だけで性を決定することはできないが、語尾は性決定の重要な要素である。ことにラテン語の女性語尾 a を表わす無音の e は女性を示す記号とさえなった。cf. le parti, la partie / le bal, la balle / le lac, la laque, など。

派生語の性は多く接尾辞で定まる。

男性接尾辞： -age (mariage), -ard (étendard), -as (plâtras), -eau (chapeau), -er (oranger), -et (livret), -ier (cerisier), -is (logis), -isme (barbarisme), -ment (bâtiment), -oir (parloir), -on (coupon), -ot (îlot), など。

女性接尾辞： -ade (barricade), -aie (roseraie), -aison (comparaison), -ance (indépendance), -arde (moutarde), -ée (armée), -elle (prunelle), -ence (exigence), -erie (bavarderie), -esse (hardiesse), -ette (maisonnette), -eur（抽象名詞 fraîcheur. 例外： (dés)honneur, labeur 男. 16 世紀に語源の性に戻そうとした試みの名残り）, -ie (courtoisie), -ille (flottille), -ise (bêtise), -otte (menotte), -té (bonté), -tion (attention), -ure (préfecture), など。

◆語形と性の関係を複雑にするのは、語源では異なる語尾がフランス語で同一語尾になることである。-e は女性語尾-a を表わすとは限らず、男性・中性の-us, -um も同じく-e となる： opercule 男 (< operculum [中性]) / vésicule 女 (< vesicula 女) ▶-oire は動詞語幹に添えたり (baignoire < baigner)、ラテン語-oria に相当するとき (histoire) には女性であるが（ただし observatoire 男）、語尾-orium のラテン語から出た語は多く男性 (territoire)。男性指小辞-on は女性語尾-aison, -son, -ison (chanson, guérison) と共存し、-age が接尾辞でないものは多く女性 (cage, image) である。

語尾の影響で語源の性が変わることも多い： romance 女 (< esp. romance 男) / mandoline 女 (< ital. mandolino 男) / art 男 (< lat. ars 女) / pastille 女 (< lat. pastillus 男) は接尾辞-ard, -ille の類推 (analogie)。

語源で女性のラテン語 (choléra; dahlia 等の植物名), イタリア語 (opéra) からの借用語は、既存の語尾-a (hourra, papa), -at (combat) にならい男性となった。

語頭母音の影響 語頭が母音であると、いっそう語尾の影響を受けやすい： huile 女 (< lat. 中性 oleum) これは、語頭が母音であると、定冠詞、所有形容詞で性を示せないことにもよる (cf. l'œil, l'oreille / mon œil, mon oreille): Son argent, *elle* est cachée derrière la porte. (QUENEAU, *Chiendent*, 163) cf. D, 81; B, 92-3; D, *Génie*, 135-6; N, II, 351; BAUCHE, 41, n. 1.

3º 意味の影響 人・動物を表わす名詞のあるものが sexe に応じて 2 つの性をとるのは意味の影響による。ラテン語の中性名詞 jumentum「駄獣」を語源とする jument は「雌馬」の意になると男性語尾にもかかわらず女性に変わり、une sentinelle「歩哨」は兵士の観念によって男性に用いられたこともあった (*EBF*; *GLLF*). 女性名詞 personne, rien, chose が不定代名詞になると男性（論理的には中性）に変わるのも意味の影響。ある名詞は類推によって同種の他の名詞の性に影響される。platine (< esp. platina 女) が語源も語形も女性なのに男性であるのは、他の金属名が男性であることによる。

II. 生物名詞の性

A. sexe に応ずる性をとる名詞 男性語・女性語の形態は語根の異なるものと語根のおなじものとに大別できる。

1º 語根の異なるもの

人: frère, sœur / garçon, fille / gendre, bru [belle-fille] / homme, femme / mari, femme / monsieur, (ma)dame [(ma)demoiselle] / oncle, tante / papa, maman / parrain, marraine / père, mère, など

動物: bélier [*mouton], *brebis / *bœuf [taureau], *vache / bouc, *chèvre / cerf, biche / *cheval, jument [詩: cavale] / coq, *poule / jars, *oie / *lièvre, hase / *porc [*cochon], truie / *sanglier, laie / *singe, guenon [singesse], など。ほかに mâle, femelle (*印は種族名 ⇨ C. 1º)

2º 語根の同じもの

① 男性語の語尾を変えて女性語を作るもの

(1) 男性形 + *e*

(i) 発音不変： ami, amie / rival, rivale /

martyr, martyre.
(ii) 発音不変, 綴り字が変化するもの：**el > elle:** colon*el*, colon*elle*.

c > que: tur*c*, tur*que*. 例外：gre*c*, grec*que*.

eau > elle 現在は発音が変わるが男性の古形 el から規則的に変わったもの：agn*eau*, 《古》 agn*elle* / cham*eau*, cham*elle* / 《古》 damois*eau*, 《古》 damois*elle* / jouvenc*eau*, 《古》 jouvenc*elle* / jum*eau*, jum*elle* / Manc*eau*, Manc*elle*「Le Mans 市または旧Maine 州の人」/ Morvand*eau*, Morvand*elle*「Morvan 地方の人」/ puc*eau*, puc*elle* / Tourang*eau*, Tourang*elle*「旧Touraine 州または Tours 市の人」

(iii) 語尾の無音子音 > 有音子音：marchand [ʃɑ̃], marchan*de* [ʃɑ̃:d] / marquis [ki], marqui*se* [ki:z]

(iv) 発音も綴り字も変化するもの
♦語尾の無音子音 > 有音子音

et [ɛ] > **ette** [ɛt]：cad*et*, cad*ette*. 例外：préf*et*, préf*ète*.

at [a] > **atte** [at], **ot** [o] > **otte** [ɔt]（例外的）：ch*at*, ch*atte* / lin*ot*, lin*otte* / s*ot*, s*otte*.
その他は **ate**, **ote** となる：avocat, candidat, dévot, Hottentot, huguenot, idiot, manchot.

oux [u] > **ouse** [u:z]：ép*oux*, ép*ouse*.

eux [ø] > **euse** [ø:z]：ambiti*eux*, ambiti*euse*.

er [e] > **ère** [ɛ:r]：berg*er*, berg*ère*.

♦鼻母音 > 口母音 + n

ain [ɛ̃] > **aine** [ɛn]：rom*ain*, rom*aine*.

in [ɛ̃] > **ine** [in]：vois*in*, vois*ine*.

en [ɛ̃] > **enne** [ɛn]：gardi*en*, gardi*enne* / lycé*en*, lycé*enne*.

an [ɑ̃] > **anne** [an]（例外的）：pays*an*, pays*anne* / Jean, Jeanne. 他の語は **ane**：courtisan, faisan, Mahométan, Persan, sultan.

on [ɔ̃] > **onne** [ɔn]：bar*on*, bar*onne* / li*on*, li*onne* / pi*on*, pi*onne*. Lapon, Letton, Nippon「日本人」は one か onne か不定.

f [f] > **ve** [v]：ser*f*, ser*ve*. veuf, Juif は f > ve 型の形容詞にならい, 女性形 veuve, Juive から逆に男性形が作られた.

(2) **e > 接尾辞 esse:** borgn*e*, 《俗》borgn*esse* [borgne] / 《俗》bougr*e*, bougr*esse* / chanoin*e*, chanoin*esse* / comt*e*, comt*esse* / diabl*e*, diabl*esse* / drôl*e*, drôl*esse* / druid*e*, druid*esse* / duc, duch*esse* (c > ch については cf. sac「袋」> sachet「小袋」) / faun*e*, faun*esse* / 《俗》gonc*e* [gonse, gonze], gonz*esse* / hôt*e*, hôt*esse* / ivrogn*e*, ivrogn*esse* / mair*e*, mair*esse* / maîtr*e*, maîtr*esse* / mulâtr*e*, mulâtr*esse* [mulâtre] / nègr*e*, négr*esse* / ogr*e*, ogr*esse* / pair, pair*esse* / pap*e*, pap*esse* / pauvr*e*, pauvr*esse* [pauvre] / poèt*e*, poét*esse* / prêtr*e*, prêtr*esse* / princ*e*, princ*esse* / prophèt*e*, prophét*esse* / sauvag*e*, sauvag*esse* [sauvage] / sing*e*, sing*esse* / Suiss*e*, Suiss*esse* / tigr*e*, tigr*esse* / traîtr*e*, traîtr*esse* / 《俗》typ*e*, typ*esse* / vicomt*e*, vicomt*esse*, など.

男性形語末が e 以外：abb*é* > abb*esse* / larron, larronn*esse* [larronne] / patron, patronn*esse*（普通は patronne）/ quaker, quaker*esse*.

(3) **eur > euse** この型の名詞は動詞からの派生語：pêch*eur*, pêch*euse* / vol*eur*, vol*euse*.

eur > eresse きわめて少数：baill*eur*, baill*eresse* / charm*eur*, 《古》charm*eresse* / chass*eur*, chass*eresse* / défend*eur*, défend*eresse*「被告」/ demand*eur*, demand*eresse*「原告」/ enchant*eur*, enchant*eresse* / péch*eur*, péch*eresse* / vend*eur*, vend*eresse*「売り主」/ veng*eur*, veng*eresse*. ▶大部分は法律用語・詩文に用いられる. ♦普通の意味では -euse 型の女性形をもつものがある：charmeuse, chasseuse, demandeuse「依頼者」, vendeuse「販売員」 古仏語では eur > eresse が普通. 15, 16 世紀に語尾 r が無音化し, 語尾 eux（x は無音）の女性形と混同されて eur > euse と変わり, その後 r が再び発音されるようになっても euse 型がそのまま残った.

eur > eure 本来は比較級を表わした語. maj*eur*, maj*eure* / supéri*eur*, supéri*eure*, など, 大部分は形容詞の名詞化されたもの（⇨ féminin des adjectifs I. 1° ②）, および pri*eur*, pri*eure*.

(4) **teur > trice:** conduc*teur*, conduc*trice* / direc*teur*, direc*trice*, など. ▶lat. -tor > -trix (consolator > consolatrix) の借用.

teur > teuse: acheteur, exploiteur, menteur, prêteur, radoteur, など. ♦ある名詞は意味に従い, -trice, -teuse の 2 つの語尾をとる：débi*teur*, débi*trice*「債務者」, débi*teuse*「（売り場の）伝票係」⇨ chanteur

② **不規則な女性形**
(1) **語源**によるもの（記載のないものは lat.）：diacre（< diaconus），diaconesse（< diaconissa）/ dieu（< deus），déesse（< dea+esse）/ doge（< it. doge），dogaresse（< it. dogaressa）/ empereur（< imperator），impératrice（< imperatrix）/ fils（< filius），fille（< filia）/ neveu（< nepos），nièce（< neptia）/ roi（< rex），reine（< regina）
(2) **特別な接尾辞の添加**：gnome, gnomide / héros（< lat. heros），héroïne（< lat. heroine）/ sylphe, sylphide / tsar, tsarine.
(3) **接尾辞の置き換え**：chevreau, chevrette / gouverneur, gouvernante / lévrier, levrette / perroquet, perruche / poulain, pouliche / serviteur, servante.
(4) 発音がカッコ内に示した男性形＞女性形の**類推**によるもの
　男性形＋(t)（cf. ot ＞ ote）：coco, coco*tt*e / loulou, loulou*tt*e.
　[ɛ̃] ＞ [in]（cf. in ＞ ine）：cop*ain*, cop*ine* / sacrist*ain*, sacrist*ine* / d*aim*, d*ine*.
　[ɛ̃] ＞ [ɛn]（cf. ain ＞ aine）：d*aim*, d*aine*.
　[ɛ] ＞ [ɛt]（cf. et ＞ ette）：pon*ey*, pon*ette*.
(5) **女性語が男性語の古形から作られたもの**：Andalou,（古仏：Andalou*s* ＞）Andalou*se* / compagnon,（古仏：compain ＞）compagne / mulet（lat.：mulus ＞古仏：mul の diminutif），（lat.：mula ＞）mule / taureau（＜古仏：taur），（lat. taura ＞）taure / vieillard（＜古仏：vieil＋ard），（古仏：vieil ＞）vieille（《俗》：vieillarde）
(6) **男性語が女性語から作られたもの**：dindon ＜ dinde / loup（古仏：leu）＜ louve.
③ **男性・女性同形**　語尾-e の名詞（e ＞ esse 型を除く）：aide, Arabe, artiste, camarade, élève, esclave, malade, Russe, など．および enfant, soprano, dactylo. 省略によって名詞化された sans-cœur, sans-souci, rien-du-tout, など．▶これらの名詞の性は冠詞・形容詞によって示される un [une] artiste, un [une] sans-souci.

B. sexe と性の一致しない名詞
1º　元来無生物あるいは抽象的観念を表わす名詞が換喩（métonymie），隠喩（métaphore）によって人を表わすに至ったもの．
①あるものは**初めの性を保持**し，sexe に応ずる性の変化をしない．

(1)男性を表わす女性名詞：basse「低音部＞低音歌手」，canaille「犬の群＞いやしい奴ら（集合的）＞ごろつき」，crapule「泥酔, 放蕩＞無頼漢（集合的）＞放蕩者, ならず者」，ordonnance「命令＞伝令, 従卒」，recrue「新兵募集＞新兵」，vigie「（船の）見張＞見張人」，など．
(2)女性を表わす男性名詞：bas-bleu「青い靴下＞文学かぶれの女性」，cordon-bleu「青綬＞料理の達人」，tendron「若芽＞若い娘」，mannequin「マネキン＞ファッションモデル」，など．
(3)女性にも男性にも用いられる名詞：une caution「保証＞保証人」，une connaissance「知り合うこと＞知人」，une créature「被創造物＞人間」，la dupe「ヤツガシラ（とぼけた様子をした鳥名）＞だまされた人」，un membre「肢体＞委員；会員」，un violon「バイオリン＞バイオリン奏者」，など / Il [Elle] est ma caution. 「彼[彼女]が私の保証人だ」/ Il [Elle] est ma dupe. 「彼[彼女]は私にだまされている」
②あるものは**無生物名詞の性を保持**することもあり，sexe に従って性を変えることもある：Puis, ce fut le tour d'*un modèle*, une jolie fille...（TROYAT, *Signe*, 99）「今度はモデルの番だった．それは美しい娘だ…」（modèle は常に 男）▶ 性を sexe に一致させようとする傾向から，前記(1)の例で un ordonnance も用いられる．この種の名詞は下記③に移ろうとする過渡期にあるもので，その性は辞典・文典によって一致しない．
③ある名詞は無生物＞人の意義転換をするとき，初めの性を失って，**sexe によって性を決定される**：aide「女助力＞男男性の助手，女女性の助手」/ cornette「女騎兵隊旗＞男騎兵隊旗手」/ critique「女批評＞男批評家」/ enseigne「女軍旗＞男《古》旗手；海軍少尉」/ garde「女保護；監視＞男警備員，女ベビーシッター」(cf. la garde nationale「国民軍」, un garde national「国民軍兵士」；les gardes-françaises「フランス近衛軍」, un garde-française「フランス近衛兵」), / grand-croix「女一等勲章＞男同上佩用者」/ manœuvre「女操作＞男人夫」/ trompette「女ラッパ＞男ラッパ手」
2º　**語形の影響**　ある人物名詞は語形の影響で性と sexe が一致しない：laideron, louchon, salisson, souillon, trottin, など
3º　**男性にふさわしい職業や状態を表わす名詞**

男に対応する女はまれで、多くは女性についても男のまま用いられるものがある: adversaire, agent, auteur, bourreau, censeur, chef, défenseur, écrivain, graveur, guide, imposteur, imprimeur, ingénieur, juge, littérateur, médecin, ministre, oppresseur, orateur, partisan, peintre, pionnier, poète, possesseur, professeur, sauveur, sculpteur, soldat, successeur, témoin, tyran, vainqueur, など.

♦Mme de Sévigné est *un grand écrivain*.「S夫人は大作家だ」/ Elle est *mon professeur* de piano.「彼女は私のピアノの先生です」/ Ma femme est *un tyran* domestique.「うちの女房はかかあ天下だ」 このように属詞として用いる場合には, 男性語を用いても女性であることは明らかだが, 主語名詞をとくに女性として示すためには, une *femme* [*dame*] professeur「女性教師」, または un professeur *femme* [*dame*] と言う (GOUG, 124): *Un reporteur féminin* ça n'a pas une chance sur mille de réussir. (BEAUV., *Mand.*, 171)「女性記者なんて千に一つも成功のチャンスはないわ」

♦性をsexeに一致させる傾向により, あるものは語形を変えずに, あるものは語尾を変えて女性語が作られた (上記の語の中にも例は少なくない). 作家が気紛れにこの種の女性語を作ることはまれではない. しかし, それは一般化するに至らなかったり, あるいは軽蔑的・俗語的であったりするから, その使用には注意を要する. ことに公式の言い方では男性語が用いられる: Madame *le* Conservateur de tel musée / Madame *le* bourgmestre. ►agita*teur* [*trice*], composi*teur* [*trice*], détrac*teur* [*trice*], inven*teur* [*trice*], pens*eur* [*euse*], précep*teur* [*trice*], romanci*er* [*ère*], specta*teur* [*trice*], théorici*en* [*enne*], など女性形が一般化しているものも, 女性を表わすのに男性語を用いる可能性がある. ⇨ C. 2º

4º 性の転換 妻や愛する女性や少女に呼びかけるときに mon petit, cher petit, mon chéri, mignon などと言うのは, ma petite, ma chérie, ma mignonne よりもいっそうなれなれしい親愛の情を表わす. 同様にして, 女性の名の指小辞には好んで男性語尾を用い, 多くこれを男性語として扱う: *mon petit* Suzon (< Suzanne) (VILDRAC, *Auclair* II, 3) / *mon petit* Nico (< Nicole) (*Thib.* II, 202) / *mon* Lulu chéri (< Lucie) (*Ib.*, IV, 231) ►ただし, 女性語として扱うこともある: la belle Suzon (BEAUV., *Mand.*, 458) / ma bonne Nini (< Fanny) (DAUDET, *Sapho*, 90)

♦逆に, 男性に対する愛称に, ma belle, ma chérie, ma petite fille などの女性語も用いられる. ►女性語の使用は時に軽蔑を表わす: Sale petite donneuse! (SARTRE, *Jeux*, 19)「裏切り者の小僧っ子め」

C. 種属名 (nom [terme] générique)

1º ある種属に属するもの全体を表わす名詞は sexe の観念を含まない: *Le chien* est un animal utile. / *Les chiens* sont des animaux utiles. ♦雌雄を区別する語を持つ動物の種属名には原則として男性語を用いる: *chien, chienne / *canard, cane / *dindon, dinde / *lion, lionne / *loup, louve, など. *印が種属名. ►女性語が種属名となるもの: chèvre, oie, など ⇨ 前記 II. A. 1º

♦次例は性別を考慮せずに, 他の種属と区別するための用法: des œufs de *poule* (GASCAR, *Graine*, 189)「鶏の卵」/ les œufs de *canard sauvage* (ANOUILH, *N.P.N*, 290)「カモの卵」/ la durée de gestation *du Loup* (PETTER, *Mammif.*, 58)「狼の妊娠期間」

♦種属を構成する個体も性別を考えずに種属名で呼ぶことができる: Oh! *le beau chien*! *le joli chat*! (B, 86)「やあ, りっぱな犬ですね. きれいな猫ですね」/ Têtu comme *une chèvre*, terrible. (DURAS, *Moderato*, 16)「山羊のように強情で, 手に負えません」/ Il est bête comme *une oie*. (慣用)「ガチョウのようにバカだ」

2º 人物名詞の無性的用法 (emploi asexué) (HØYB, 27の用語) いつも男性: Elle (...) vint vivre à Paris la vie d'*un homme de lettres*. (MORNET, *Hist. litt.*, 196)「彼女は文士の生活を送りにパリに来た」/ Il(...)jugeait Renée comme *un enfant désobéissant*. (ARLAND, *Ordre*, 285)「彼はR(女の名)を言うことをきかない子だと考えていた」/ Je deviens une vieille femme. (...) Excusez-moi, je ne suis pas *un bon compagnon*. (BEAUV., *Inv.*, 368)「お婆さんになっちゃった. (…) ご免なさい. 愉快な仲間じゃなくて」/ Puis il y a eu *un deuxième gosse*, une fille. (ARAGON, *Serv.*, 11)「それから2番目の子供が生まれた. それは娘だった」 ►男性語が男を表わすことを示す手段: Quand j'avais passé deux heures avec elle, je souhaitais mourir, disparaître ou discuter avec *un ami homme*. (MAUROIS, *Climats*, 23)「彼女と２時間も過ごすと、私は死ぬか、消えてなくなるか、それとも男の友達と議論がしたくなった」

♦２人の男女のいずれか一方を示す場合：*Nul époux ne peut adopter ou être adopté qu'avec le consentement de l'autre époux.* (*Code Civ.*—ROB, adopter)「夫婦のいずれか一方も、配偶者の同意なしに養子［女］を迎え、あるいは養子［女］に迎えられることはできない」/ *Nous conclûmes un autre pacte: non seulement aucun des deux ne mentirait jamais à l'autre, mais il ne lui dissimulerait rien.* (BEAUV., *Force*, 28)「我々(Sartreと Beauvoir)は別の協定を結んだ．２人のうちのどちらも相手に決して嘘をつかないだけでなく、何も隠しだてはしまいというのだ」/ *Lequel aimes-tu mieux, ton papa ou ta maman?* (RENARD, *Poil*, sc.9)「どっちが好きかい、パパとママと」

♦次例は男性語の無性的用法を示す同格語などを伴う：*Courrèges n'acceptait jamais de souffrir à cause d'un autre, maîtresse ou camarade.* (MAURIAC, *Désert*, 11)「Cは、情婦であれ仲間であれ、他人のことで苦しむことは断じて承知がならなかった」/ *On retrouve cette indifférence du paysan pour le mort, fût-il son père ou sa mère.* (MAUPASS., *En Famille*)「それが自分の父であれ母であれ、死者に対する百姓のあの無関心さがまた認められる」

3º **男性複数形＝男＋女**：*le mariage entre cousins* (= cousin et cousine)「いとこ同士の結婚」/ *les jeunes époux*「若夫婦」/ *les fiancés*「いいなずけ同士」/ *les deux amoureux*「恋人同士」cf. ils ＝ il＋elle.

4º **種属名のみあって、それに対応する男性語、女性語を持たない名詞**　常に上記1º 2ºのように用いられる．

① 小動物：un escargot, la mouche, la puce, など．動物の子を表わす名詞の多く：un agneau (une agnelleはまれ), un faon, un louveteau, un marcassin, un ourson, など．

② 鳥類の大部分：une hirondelle, un merle, など．

③ 多くの野獣、または外国産の動物：un blaireau, un chacal, une girafe, un lynx, une panthère, un renne, など．

④ 伝説中の動物：le dragon, l'hydre, la licorne, le sphinx, など．

⑤ un ange, un bébe.

♦この種の動物名の雌雄を特に区別する必要ある場合には、le renne *mâle*「雄のトナカイ」、le renne *femelle* [la *femelle* (du) renne]「雌のトナカイ」/ un *coq* faisan「雄のキジ」、une *poule* faisane「雌のキジ」/ le *coq* de la perdrix「シャコの雄」と言う．

D. **sexeに関係なく２つの性をとる人物名詞** ⇨ gens

E. **固有名(詞)の性**

1º **人の名は男女に従い異なった形を持つ**　男性専用：Alain, Christophe, など．女性専用：Brigitte, Céline, Hélène, Isabelle, など．♦あるものは男女名の語源が同じ：Charles, Charlotte / Emile, Emilie / Eugène, Eugénie / Henri, Henriette / Jean, Jeanne / Joseph, Joséphine / Léon, Léonie / Louis, Louise / Yves, Yvonne, など．まれに男女共通：Bénigne, Camille, Théodore.

2º **俗語では姓を女性形に用いることがある**：la Thibau*de*「Thibaudのかみさん」/ la Claran*delle*「Clarandeauのかみさん」あるいは冠詞なしに：Poncet*te* [Mlle Poncet], Branqu*ette* [Mlle de Brancas], Mirain*e* [la femme de Mirain] ▶ また、冠詞だけを用いて女性形に変えないこともある：la Masson「Massonのかみさん」

III. **無生物あるいは抽象的観念を表わす名詞**

A. **特殊な名詞の性**

1º **省略によって名詞化された形容詞**は省略された名詞の性をとる（カッコ内は省略された名詞）：la canine (la dent), la capitale (la ville; la lettre), une circulaire (une lettre), un complet (un vêtement), la courbe (la ligne), la diagonale (la ligne), le dirigeable (le ballon), le fossile (le corps), la générale (la répétition), le gothique (le style), la gothique (l'écriture 囡), le liquide (le corps), la scarlatine (la fièvre), la secrète (la police), le sous-marin, le submersible (le bateau), le tonique (le remède), la tonique (la note; la syllabe), など．

2º **ある名詞は省略された名詞の性**をとる：le bourgogne (le vin de Bourgogne), le champagne (le vin de Champagne), une pendule (une horloge à pendule), un terre-neuve (un chien de Terre-Neuve), le

vapeur (le bateau à vapeur), など.
3º 形容詞が省略なしに名詞化されたものは男性. 抽象名詞: le beau / le vrai. ◆具象名詞: le creux / le pneumatique.
4º 名詞的に用いられた他の語・語群・節は常に男性: Tu m'agaces avec tes «pourquoi» incessants. 「なぜなぜってうるさいね」
5º 合成名詞 ⇨ nom composé II
6º アルファベットの字母 ⇨ alphabet 2º
B. ２つの性を持つ名詞
1º 語源の同じ名詞 ①無生物・抽象的観念を表わすか, 人を表わすかに従って, 性の異なるもの (⇨ II. B. 1º ③). その他, 生物＞事物と変わったもの: guide 「男案内者」・「女手引, 手綱」共に形容詞が名詞化されたもの: statuaire 「男彫像製作者」・「女彫像術」
②性の異なるに従って意味の異なるもの: cartouche 「男（バロック建築の）巻軸装飾; 女薬莢」/ claque 「男オペラハット; 女平手打」/ crêpe 「男ちりめん (＜ tissu crêpe); 女クレープ (＜ pâte [pâtisserie] crêpe)」/ espace 「男空間; 女（印刷の）スペース」/ faune 「男（ローマ神話の）半獣神; 女動物相」/ finale 「男終曲 (it. finale); 女語末音綴 (＜ la syllabe finale)」/ laque 「男漆器; 女漆」/ manche 「男柄; 女袖」/ mémoire 「男研究報告 (＜ exposé écrit pour mémoire); 女記憶」/ mode (＜ lat. modus) 「男様式, 叙法; 女流行」/ parallèle 「男比較, 対照（形容詞の名詞化 ⇨ 上記 III. A. 3º); 女平行線 (＜ la ligne parallèle)」/ pendule 「男振子; 女振子時計 (＜ horloge à pendule)」/ physique 「男肉体; 女物理学」/ pourpre 「男深紅色; 女深紅染料」/ relâche 「男中休み; 女寄港地」/ vapeur 「男蒸汽船 (＜ le bateau à vapeur); 女蒸気」/ voile 「男ヴェール; 女帆」▶その他: couple, foudre, hymne, merci, œuvre, orge, Pâque(s), période.
③数に従って性の異なるもの: délice, orgue, など.
④性の不定なもの: amour, après-midi, automne, entrecôte, palabre, perce-neige, phalène, など.
2º 語源の異なる名詞 音声変化によって同綴異義語 homographe となったもの: aune 「男 (＜ lat. alnus) ハンノキ」・「女 (＜ franc. alina) オーヌ（旧計量単位）」/ barbe 「男 (＜ it. barbero) バーバリー馬」・「女 (＜ lat. barba) ひげ」/ barde 「男 (＜ lat. bardus) ケルト族の吟遊詩人; 女 (＜ ar. barda'a) ラードベーコン」/ carpe 「男 (＜ gr. karpos) 手根（骨）; 女 (＜ lat. carpa) 鯉」/ coche 「男 (＜ all. Kutsche)（昔の）乗合馬車; 女（語源不明）切込み; しるし」/ faux 「男 (＜ lat. falsus) 虚偽; 女 (＜ lat. falx) 鎌」/ foudre 「男 (＜ all. Fuder) 大樽; 女 (＜ lat. fulgura) 雷」/ livre 「男 (＜ lat. liber) 本; 女 (＜ lat. libra) ポンド, 半キロ」/ moule 「男 (＜ lat. modulus) 鋳型; 女 (＜ lat. musculus) ムール貝」/ mousse 「男 (＜ esp. mozo) 見習水夫; 女 (＜ franc. mosa) 苔」/ page 「男（語源不明）小姓; 女 (＜ lat. pagina) ページ」/ platine 「男 (＜ esp. platina) 白金; 女 (＜形) （プレーヤーの）ターンテーブル」/ poêle 「男 (＜ lat. (balnea) pensilia) ストーブ; 女 (＜ lat. pallium) 柩の掛け布; 女 (＜ lat. patella) フライパン」/ somme 「男 (＜ sommeil cf. lat. somnus) 睡眠; 女 (＜ lat. summa) 合計」/ souris 「男 (＜ sourire) 微笑; 女 (＜ lat. sorix) ハツカネズミ」/ tour 「男 (＜ tourner) 回転; 女 (＜ lat. turris) 塔」/ vague 「男 形 vague ＜ lat. vagus の名詞化）曖昧; 女 (＜ scand. vagr) 波」/ vase 「男 (＜ lat. vas) 花瓶; 女 (＜ néerl. wase) 沈泥」など.

C. 固有名（詞）の性　一般にその語形で決定されるが, 例外が多い.
1º 国名, 州名　五大州は全部女性: l'Europe, l'Asie. 古代の国名は大部分が女性: la Grèce, l'Egypte, la Perse, la Macédonie. 新しい国名も女性が多い: la France, l'Allemagne, l'Angleterre, la Belgique, la Hollande, la Suède, la Norvège, la Pologne, la Russie, la Chine.
◆男性: le Japon, le Danemark, le Portugal, le Pérou, le Piémont, le Tyrol. ▶語末-eの男性名詞: le Bengale, le Hanovre, le Mexique, le Péloponnèse.
2º 河川名: la Seine, la Tamise 「テムズ川」, le Rhin, le Mississippi. ▶語末-aのもの: le Niagara; la Plata, la Léna. ▶語末-eの男性名詞: le Tigre, l'Euphrate, le Rhône, le Danube, l'Elbe.
3º 都会名　定冠詞を伴う都市名は明らかに示される: Le Caire, Le Havre, La Haye, La Rochelle. その他の都会名は-eで終わるものは女性 (Genève), -eを伴わないものは男性 (Paris) と言われるが, 例外が多い.

♦女性はvilleの影響：Arras fut *prise* par Louis XIII. (*Lar.*)「Aはルイ13世によって占領された」/ Orléans est *fichue*. (ANOUILH, *Alouette*, 80)「Oは陥落した」/ Bucarest *triomphante* (VERCEL, *Conan*, 33)「勝ちほこれるB」ただしParis, Lyon, Nancyなどは常に男性．D (79; *Etudes*, 45)は男性語末のものは男性を勧める．▸-e 型は久しく女性が優勢だったが，今日では男性が普通（ことにフランスの都会名）という：Nice est *beau*. (D, 79) / Mon beau Nice. (*Ib.*) / Marseille est *bruyant*. (*Ib.*)　疑わしい場合にはla ville deを用いればよい．

▸tout＋都市名 ⇨ tout I. 1º①(3)

4º 山岳名, 山脈名　単数のものは多く男性：*le* Parnasse, *le* Jura, *le* Fuji. ただし*la* Jungfrau, *la* Gemmi. ▸複数のものは多く語形による．男性：les Apennins. 女性：les Pyrénées, les Alpes, les Vosges.

5º 船名　1935年にAcadémieと海軍省は船名は固有名（詞）の性に従うと決定した：*la* Jeanne-d'Arc「J号」/ *la* Normandie「N号」
♦しかしbateau, paquebot, cuirasséなどを想起して，船名を男性に用いる傾向も顕著：visiter *le* Normandie「N号を見学する」　▸冠詞の省略：revenir par Normandie (C, 60)「N号で帰る」　一致は男性：France [le France] a été vendu. (H, 450)「フランス号は売却された」

▸隠喩による小船の名は普通名詞の性に従う：*le* Goéland「鴎号」/ *la* Mouette (mouetteは同じくカモメだが小型)．

gens — la gent「国民，種族」の複数形．単数形は今日では文語，まれ．droit de *gens*「国際法」のほかは，hommes（「男たち」，「男女を含む人々」）の意で，意味の影響から男性になったが，下記1º①にだけ語源の女性が残る．cf.『探索』136-42.

1º 性　①〈男女性異形の形容詞＋**gens**〉に限り形容詞は女性形に置かれ，それに先立つ形容詞も女性形をとる：bonnes *gens* / certaines [toutes les] vieilles *gens* / toutes ces petites *gens*. ◆しかし，この語群をilsで受け，属詞・同格辞となる形容詞は男性．

◆また〈gens de＋補語名詞（職業・性質を表わす）〉が合成名詞を作るときは，いつも男性：certains *gens* d'affaire「ある実業家たち」/ de vaillants *gens* de guerre「勇敢な軍人たち」/ de nombreux *gens* de lettres「多くの作家」」

②その他の場合はいつも男性．直前の形容詞が男女同形：tous les honnêtes *gens* (AC)「すべての誠実な人々」/ tous ces *gens* que nous voyons d'habitude (SAGAN, *Bonj.*, 148)「ふだん会っているああしたすべての人々」　形容詞が後続：des *gens* âgés [instruits] (AC)「年配の [教養のある] 人々」　MART (20) はles hommes âgés, les personnes âgéesを勧める．
♦属詞：Vous trouvez ces *gens* ennuyeux, n'est-ce pas? (SAGAN, *Sourire*, 36)「あの連中は退屈でしょう」/ Il s'approcha du banc où étaient assis deux vieilles *gens*. (ESTAUNIÉ —COL)「2人の老人が座っていたベンチに近づいた」♦同格辞：Instruits par l'expérience, les vieilles *gens* sont soupçonneux. (TH)「経験に教えられて老人たちは疑い深い」

♦代名詞はいつも男性：Les petites *gens* voient soudain ce qu'*ils* ne voient jamais. (GIRAUDOUX, *Ondine* III, 1)「しもじもの者は見たこともないものが急に見えるようになる」/ Les *gens* du hameau sortaient *un* à *un* de la lisière des bois. (GRACQ, *Balcon*, 32)「村人たちは森のはずれから次々に出てきた」▸ただし ˣ*un* de ces bonnes *gens*は不可 (MART, 19, n. 2), ˣ*une* de ces vieilles *gens*も不可 (G, 257 a, n. 2). personnesを使えばよい．

2º hommeとgens　〈homme de＋ 名 〉の型の合成語のhommeは複数になるとき，多くはgensに置き換えられる：homme [*gens*] *de* bien「誠実な人」/ homme [*gens*] *de* lettres「作家」，など．

♦jeunes gensはjeune homme「青年」の複数：les jeunes filles et les *jeunes gens* (PR)「娘たちと青年たち」．また「男女を含めた若者たち」の意にも：Beaucoup de *jeunes gens*, filles et garçons, (...) connaissent ensuite ce genre de déceptions. (BEAUV., *Age*, 66)「多くの若者たちは，女も男も，それに次いでこうした幻滅を知るのだ」/ les deux *jeunes gens* (= le jeune homme＋la jeune fille)

3º 数詞＋gens　集合的な性質から〈数詞＋gens〉は18世紀まで (ROB)，今日ではˣtrois gensは不可 (TH; COL; G), *MR*はquelques, plusieursも許容しない．この場合はtrois personnes. ▸ただし，〈 形 ＋gens〉ではこの制限はない：trois pauvres *gens* (AC)「3人のあわれな人々」

gérondif ［ジェロンディフ］── 原則として〈en＋[現分]〉の形をとり, 副詞節に相当する. 動詞的要素 〜ant は不変.

1° *en* の不使用　en の添加が規則的になったのは 18 世紀以後で, 今日もなお en のない成句が残っている： payer argent *comptant* (＝ en comptant l'argent)「現金で払う」/ ce *disant* [*faisant*] (＝ en disant [faisant] cela)「そう言いながら［しながら］」/ chemin *faisant* (＝ en faisant son chemin)「途中で, 道々」/ tambour *battant* (＝ en battant le tambour)「太鼓をならして; どしどし」/ généralement [franchement] *parlant*「一般的に［率直に］言えば」/ Son mal va *empirant*. (＝ en empirant)「彼の病は次第に悪くなる」(⇨ aller 9°) ▸en 以外の前置詞に先立たれた名残り： à son corps *défendant* (＝ en défendant son corps)「〔身を守るために＞〕やむをえず」

2° *en* の反復・省略　一般に en は反復される： *en se levant* et *en se couchant* (TH, 149)「起きたり寝たりして」/ *en entrant* et *en sortant* (*Ib.*)「入ったり出たりしながら」

◆数個のジェロンディフが一連の動作を表わすとき, または第 2 のジェロンディフが第 1 のそれを敷衍するにすぎないときは, en を省略し得る： «Restez là», souffla Jacques, *en appuyant* sa main sur l'épaule de Jenny, et la *forçant* à se rasseoir. (*Thib.* VII, 198)「そこにじっとしておいで. ジャックはジェニーの肩に手を当て, 無理にまた座らせながら, こうささやいた」/ quand le camion s'ébranle *en soufflant*, *crachant* et *mugissant* (TOURNIER, *Coq*, 52)「トラックがガスを吐き, ガーガー鳴り, けたたましい音を立てながら動き出すと」/ *en expliquant* et *développant* cette idée (MART, 466)「この着想を説明し発展させて」▸2 つの動詞が密接に結ばれているときも： *en allant* et *venant* entre les murs tout blancs (VERCORS, *Colères*, 276)「真白な塀の間を行ったり来たりしながら」

3° ジェロンディフの主語　原則として主動詞の主語と一致する： *En lisant*, elle tricotait. (BEAUV., *Mém*, 67)「本を読みながら, 編物をしていた」

◆しかし, 古典時代にはかなり自由な構成が用いられた： Et cette bouche, *en la voyant*, inspire les désirs. (MOL., *Bourg.* III, 3) (＝ quand on la voit)「あの口を見ると欲望をそそられる」

今日でも, 文意が曖昧にならない限り, この構成が時として用いられる： Il nous resta à peine de quoi joindre les deux bouts, *en vivant* chichement. (BEAUV., *Age*, 86-7) (＝ quoique nous vivions chichement)「つましく暮らしたけれど, 支払いをすませるだけの金が辛うじて残るだけだった」/ Ce qui le frappa *en y entrant* ce fut la propreté des murs et du carrelage. (FRANCE, *Crainq.*, 20) (＝ quand il y entra)「そこに入ったとき, 彼の心を打ったのは, 壁とタイルの床の清潔さだった」/ Il ne fut pas étonné de l'entendre dire, *en courant* vers sa chambre:(...) (*Thib.* VII, 237)「彼女が自分の部屋のほうに走りながら, こう言うのを聞いたとき, 彼は驚きもしなかった」/ L'appétit vient *en mangeant*. 《諺》(＝ pendant qu'on mange)「食べるにつれて食欲が出る＞欲には際限がない」/ La lampe s'est éteinte *en ouvrant* la porte. (D-P, III, 419)「ドアを開けると, 明かりが消えました」

◆ジェロンディフは主節が非人称動詞ならば用いられない： ×Il pleut *en inondant* la route. (BONN, *Code*, 235)「道路を水浸しにして雨が降る」(主節を La pluie tombe とすれば可) ▸ジェロンディフ自体も非人称ならば可： Il pleut *en tonnant*. (*Gr. d'auj.*, 297)「雷を伴って雨が降る」

4° ジェロンディフの複合形　まれ. 完了相を表わす： Peu nombreux sont les gens qui se rendent au théâtre *en ayant lu* la pièce qui va leur être présentée. (BONN, *Code*, 236; GLLF, III, 2222)「これから上演される劇を読んでおいて劇場に行く人は少ない」/ Tout *en ayant travaillé*, il n'a pas été reçu à son examen. (*Gr. d'auj.*, 298)「勉強したのに試験に受からなかった」/ Si elle était devenue une fille des rues *en étant née* dans son milieu, là, elle aurait eu du mérite. (SAGAN, *Bonj.*, 50)「あんな境遇に生まれて街娼になったのなら, それはそれでほめてやれたのに」

5° 意味　常に副詞節に相当し, 主動詞を修飾する.

①同時性　2 つの継続行為： Elle disposait de fleurs sur la table *en chantonnant*. (BEAUV., *Mand.*, 115)「小声で歌を口ずさみながら, 机の上に花を生けていた」◆強調の tout の添加は頻繁： J'aime lire *tout en marchant*. (GIDE, *Feuillets*, 44)「私は歩きながら本を読むのが好

きだ」
♦ジェロンディフは継続行為, 主動詞は瞬間的行為: Elle répondit d'une voix calme *en essuyant* ses yeux humides. (MAUPASS., *Parure*)「涙に潤んだ目をぬぐいながら, 平静な声で答えた」
♦継起 〈en + 完了動詞〉は多く主動詞より以前に行なわれたことを表わす: *En revenant* du Portugal, j'irai m'installer à l'hôtel. (BEAUV., *Mand.*, 11)「ポルトガルから帰ったら, ホテルに行って落ち着こう」/ *En sortant* du cinéma, je me promenai dans les Tuileries. (ID., *Mém.*, 263)「映画館から出ると, T公園を散歩した」▶完了動詞の同一時制が継起を表わし得ることを参照. ⇨ quand[1] I. 3° ①
② 原因: Il se tut (...) *en voyant* que sa femme pleurait. (MAUPASS., *Parure*)「妻が泣いているのを見て, 彼は黙ってしまった」
③ 手段: C'est *en forgeant* qu'on devient forgeron. (諺)「人は実際に鉄を鍛えることによって鍛冶屋になる＞習うより慣れよ」/ On punit la vanité *en* ne la *regardant* pas. (AYER, 644)「他人の虚栄はこれを無視することによって罰することができる」
④ 様態: Il parle *en bégayant*.「彼はどもりながら話す」
⑤ 条件 (主動詞は未来か条件法): *En refusant* cette invitation, tu vas froisser ces gens. (DORIN, *Th.* I, 49)「この招待を断れば, あの人たちの気持を傷つけるでしょう」/ Tu ferais plaisir à Henriette *en allant* la voir. (GREEN, *Epaves*, 68)「会いにいってやれば, Hも喜ぶわ」
⑥ 対立 多くtoutに先立たれる: Le don, ça n'est presque rien,—*tout en étant* indispensable! (*Thib.* VI, 93)「才能など, ほとんど取るにたらぬよ, —それは不可欠ではあるが」/ Le secret du bonheur et le comble de l'art, c'est de vivre comme tout le monde, *en n'étant* comme personne. (BEAUV., *Mém.*, 210)「幸福の秘訣とその技術の極致は, 誰にも似ずに, しかし世の中のみなと同じように生きることだ」
⑦ 譲歩: *En admettant* que nous réussissions, ce serait inutile. (ACHARD, *Mal*, 83)「うまくいくにしても, 無駄だよ」
6° ジェロンディフと現在分詞 ジェロンディフは常にenを伴い, 原則として主動詞の主語を動作主とする点で現分と異なるが, 共に同時性・条件・譲歩などの意をあらわす点で酷似し, 同一文でそのいずれをも用い得る場合が少なくない: Des gamins courent *en criant*.; Des gamins courent, *criant*. この場合, ジェロンディフの副詞的性質と現分の形容詞的性質から, 両者の相違をElle passa *rapidement*. Elle passa, *rapide*. (⇨ attribut II. 3°) の相違に比することができる (CR, 148-9). またBALLY (『言語活動と生活』岩波, 115) は現分が文語的, ジェロンディフが口語的であることを指摘する.

grâce — grâce à. 感謝の意を含むから不快な結果の原因については用いない: *Grâce à* Dieu [*à* votre sang-froid], nous voilà sauvés. (COL)「神様の [あなたの沈着の] お陰でこのとおり助かりました」は正しいが, ˟ *Grâce à* vous [*à* votre inconséquence], j'ai tout perdu. (TH)「あなたの [あなたの無分別の] お陰で, みんな失ってしまった」は不可, à cause de, par suite de, par la faute deを用いる.

grand(e) — 1° *grand*+ 名 これが普通の語順. ある名詞の前では価値判断の意に転じる: *grande* dame「貴婦人」(cf. *grande* femme「大きな女性」) / *grand* poète [chimiste]「大詩人 [大化学者]」/ *grand* buveur「大酒飲み」/ *grand* ami「大の仲良し」
♦grand homme「偉人」この意では女性についても用い得る: Cette grande femme était un très *grand homme*. (MAUROIS, *Lélia*, 7)「この大女は非常に偉大な人間であった」
♦〈grand (et) + 形 + homme〉〈grand homme+ 形 〉は「大きい」の意: Quel est ce *grand jeune homme*? (MAURIAC, *Désert*, 11)「あの背の高い青年は誰です?」/ un *grand et bel homme*「背の高い美男子」/ un *grand homme brun* (GOUG, 109)「茶色の髪をした背の高い男」

名 +*grand* GOUG (109) によれば〈名 +grand〉を単独に用いるのは例外的・変則的で, homme de haute tailleと言うか, あるいは他の形容詞を等位してhomme grand et maigre [fort]「背の高い痩せた [たくましい] 男」と言う.
2° *grand*-女性名詞 grandを男性形のまま用いるのは, この語が古仏語で男女同形であった名残りで, 古い時代に合成されたもの: *Grand*-Chambre「〔歴〕大法廷」/ *grand*-chose「大したこと」/ *grand*-maman「おばあちゃん」/ *grand*-mère「祖母」/ *grand*-messe「盛式ミサ」/ *grand*-route「幹線道路」/ *grand*-rue

「(村の)本通り」, など. cf. *grande* chambre [rue]「大きな部屋 [大通り]」
♦従来はeが省略されたものと誤り grand'とつづったが, AC が 1932 年に〈-〉を用い, それ以後の作家は普通はこれに従う. 複数形は grand'とつづった時代にはsを添えないのが規則.〈'〉を〈-〉に変えたあとでも AC 辞典は des arrière-grand-mères「曾祖母」と記したため, Larousse 系辞典はこれに従ったが, 今日では grand(s)-mères (*P. Lar.*; *DFC*) に訂正. AC 自身首尾一貫せず *Gr. Ac.* (93) では grands-mères と記している.〈'〉を用いない以上これが論理的 (ROB; H, 457).

3° ouvrir grand 古仏語で副詞的用法の形容詞を変化させた名残りとして grand を ouvrir の直・目に一致させる伝統は, grand を ouvrir の結果としての状態 (属詞) とも解せることによって維持されてきたが, grand は副詞であるから無変化に用いる新しい傾向が生まれた: Lalla *ouvre très grand les yeux.*(LE CLÉZIO, *Désert*, 85) 「ララは目を大きく見開いた」/ Son premier mouvement avait été d'*ouvrir tout grand* la porte. (*Thib.* III, 171)「彼女が最初にしたのは, ドアを一杯に開けることであった」♦ただし, 不一致が可能なためには ouvrir (tout) grand は密接に結ばれて目的語がそのあとに置かれる必要がある. *ouvrir la porte toute grande* の語順では grande は結果を表わす属詞として一致する: Il *ouvrit les fenêtres toutes grandes*. (GRACQ, *Balcon*, 14) ▶ 同義で副詞相当句 en grand も用いられる: Vous avez ouvert les persiennes *en grand*. (BUTOR, *Modif.*, 112)「よろい戸を一杯に開けた」

grand ouvert ouvrir grand と同様に grand を一致させる習慣と, 無変化につづる傾向とが見られる: *Ses yeux furent grands ouverts*. (LE CLÉZIO, *Fièvre*, 61)「彼の目は大きく見開かれていた」/ *Les fenêtres étaient grand ouvertes*. (BEAUV., *Mand.*, 493)「窓が一杯に開かれていた」▶ 次例は無変化への過程を示す:*Le facteur les suit, laissant la porte grand'ouverte*. (ANOUILH, *N.P.N.*, 318)「郵便屋はドアを一杯に開け放したまま彼らの後に従う」♦FOUCHÉ (449) は grand がどのようにつづられてもいつも [grãt] と発音されるとしたが, 現状は以下のとおり (TOG, V, 1938, 3; cf.G 新, 926, 4°): *grand*(s) *ouvert*(s)は [grãtuvɛːr] または [grãuvɛːr]; grand *ouverte*(s)は [grãtuvɛrt] まれに [grã uvɛrt]; grande(s) ouverte(s)は [grãd uvɛrt] ⇨ large

grand-chose — 代 (不定) 否定文, または否定の意を含む疑問文, 条件文に用いられる: *L'instruction, ça ne sert pas à grand-chose*. (LE CLÉZIO, *Déluge*, 116)「教育なんて大した役には立ちません」/ *Mais on ne savait pas grand'chose.* (QUENEAU, *Pierrot*, 138)「だが大したことは知らなかった」/ *Cela signifie-t-il grand-chose pour la population* (...)? (GA, 198)「それは国民にとって大した意味を持つだろうか」/ *Mais si tu crois que cela sert à grand-chose pour une femme, l'intelligence!* (ANOUILH, *P.B.*, 305)「頭がいいなんてことが女にとって大した役に立つとでも思っているの」
♦ grand-chose de + 形 : *Il n'en sortira pas grand-chose de bon*. (*DFC*)「ろくな結果にはなるまい」
▶ 主語になることは例外的 (GA, 198).

guère — 語源的には beaucoup の意. ne と共に用いられて否定語となる.

1° ne... guère (=pas beaucoup, pas très): *Il n'est guère raisonnable*. (*DFC*)「彼はあまり分別がない」/ *Nous ne sortons guère*. (TROYAT, *Signe*, 128)「ほとんど外出しません」/ *Ils n'ont guère changé*. (*Ib.*, 185)「ほとんど変わっていない」/ *Il n'a guère d'argent*. (AC)「ほとんど金がない」/ *Il n'y a guère plus de deux kilomètres jusqu'au village*. (*DFC*)「村まではせいぜい2キロだ」/ *Elle n'a guère moins de trente ans*. (AC)「多分30歳にはなっている」♦不定詞と共に: *Je suis résolu à ne parler guère* [à *ne guère parler*]. (H, 460)「ほとんど口をきかないことに腹をきめた」
♦ 語順は pas I. 6°に準じるが, 文頭に置かれることはない.

2° ne... plus guère: *Ce mot n'est plus guère employé*. (*MR*)「この語はもうほとんど用いられない」
♦ ne... guère rien [personne] を LIT; TH; *EBF* は誤用とする. *Je n'ai guère rein à faire aujourd'hui.*「きょうはすることがほとんど何もない」/ *Je n'ai guère vu personne.*「ほとんど誰にも会わなかった」の代わりに *Je n'ai pas grand-chose à faire.* / *Je n'ai vu à peu près personne.* と言う. ▶ guère と rien が接していなければ可能: *Depuis trois jours, elle ne pense guère à rien d'autre*. (BEAUV.—TOG, IV, 1839)「3日前からそれ以外ほとんど何も考えない」

3º ne... guère que: Cela *ne* se dit *guère* qu'à Paris. (H, 460)「パリ以外ではほとんど言わない」/ Il *n*'y a *guère* cinq jours qu'il est parti. (*Ib.*) (= tout au plus)「彼が発ってせいぜい5日しか経っていない」⇨ ne... que 3º
4º 名詞的用法　Il n'a plus *guère* à vivre. (Ac)「余命いくばくもない」
5º *guère*の単独用法　省略的に: Monique s'irritait sur ce divan *guère* plus large qu'une banquette de chemin de fer. (GA, 153)「Mはせいぜい列車の座席の幅しかないその長椅子に座っているとじりじりした」/ Tu connais l'opium? — *Guère*. (MALRAUX, *Cond.*, 179)「阿片を知っているか。—ほとんどやったことないね」

guillemets [引用符, ギユメ] — signe de ponctuation の一種. «»の印.
1º 直接話法: Il dit: «C'est vrai.» »は⟨.⟩⟨!⟩⟨?⟩の後に置く.
　または«C'est vrai», dit-il. C'est vrai の後の⟨.⟩を省き, »の後に⟨,⟩を置く.
♦ dit-il などが文の途中に挿入されるとき: «A vingt ans», dit-il, «j'ai vu l'Esprit dans la nuée.» (MAUROIS, *Alain*, 9)「20歳のとき密雲の中に聖霊を見た, と彼が言った」/ «Elle m'a menti, pensa-t-il avec stupeur, elle me ment depuis six mois.» (SARTRE, *Age*, 241)「彼女はうそをついたのだ, と彼は茫然と考えた. 半年前からおれにうそをついてきたのだ」(⇨ tiret)
▶ 挿入節の前は常に⟨,⟩を用いる. 挿入節の後は, 分離された2部分の密接の度合に従い, ⟨,⟩⟨;⟩⟨.⟩を用いる.
♦ 直接話法の文が長く, 新しい alinéa に記されるときは, 各節の初めに «[または第2節以下は»] を用い, 言葉の最後のみに » を記す. ▶ 直接話法中に更に人の言葉が含まれるときには, これを « » で囲むが, この言葉が数行にわたる場合は, 多く各行の初めに «[または »] を用いる.
▶ 現代作家は時として直接話法で « » を省く: Je lui dis: ce n'est pas cher du tout. (DURAS, *Amant*, 32)「私は言った. ちっとも高くないわよ」
2º 引用: Ce «tu la vois» fut lâché après un temps. (DÉON, *Taxi*, 252)「彼女に会っているのか, というその言葉は少し間を置いて口を洩れた」/ Comme il l'a écrit, notre tête-à-tête en vint «à constituer de façon instantanée le maximum d'accord de deux esprits». (MAUROIS, *Destins*, 8)「2人だけの会談は, まさに彼が書いたように"即座に2つの精神のこの上ないほどの一致を作り出す"までに到った」
3º 特に注意を引こうとする語句: Et il n'est pas vrai que son horreur de «familles» lui ait été inspirée par la sienne. (ID., *Etudes litt.* I, 63)「そして"家族"というものに対する嫌悪が自分の家族のせいで湧いたというのは正しくない」 ▶ 特別な意味に用いられた語句: Elle était terriblement «chatte». (ID., *Climats*, 209)「彼女はおそろしくあだっぽかった」

gutturale ⇨ consonne

H

h — 発音. 実際の発音は常に無音であるが, 語頭のhは文法上**有音のh** (h aspiré) と**無音のh** (h muet) とに分けられる. 一般にラテン語・ギリシア語を語源とする語はまれな例外を除いてhが無音, その他（ことにゲルマン語源）は有音.

 有音のhの前ではélisionもliaisonも行なわれず, 脱落性のeは発音される: le héros [ləero] / une hache [ynəaʃ] / les ˈhaches. ▸母音・子音の前で異なる形をとる語は, 子音の前の形をとる: ce héros / un beau hêtre.

 無音のhで始まる語は母音で始まる語と同じ扱いを受ける: l'hôtel / des‿hôtels / cet‿hôtel.

 ♦hの無音・有音の扱いが一定しない語: Hamlet, Henri, Hugo, huit.

habiter — 他動または自動　意味の違いはない: J'habite (à) Paris. / Nous habitons (dans) le même hôtel. / (Dans) quel quartier habitez-vous? / Voilà la maison que (où) j'habitais. / J'habite (sur) le même palier que lui.「私は彼と同じ階に住んでいる」/ Une méfiance habitait en elle [l'habitait].「ある不信感が彼女のうちに住みついていた」(『メモ』35)

♦国名・地方名・五大州名の前で他動詞を用いることは日常語ではまれ: Vous habitez le Siam? (DURAS, Bay, 85) ▸ただし, 動物の棲息地を示すのにこの構文は普通: la Loutre de mer (...) qui habite exclusivement le nord de l'océan Pacifique (...) (PETTER, Mammif., 114)「北太平洋のみに棲息するラッコ」　動物については自動 vivre も頻繁.

♦住居に適しない場所については他動詞は不可: Il (= le chat) doit habiter sur les toits. (CAYROL, Hist. maison, 164)「屋根の上に住んでいるにちがいない」/ C'était un philosophe. Il habitait dans un tonneau. (LE CLÉZIO, Déluge, 117)「哲学者で樽の中に住んでいた」

habitude — avoir l'habitude de 不定詞 de 不定詞に代わる代名詞はen: On le brimera. — Il en a l'habitude. (COCTEAU, Bacchus I, 2)「痛めつけられるだろうな.—そんなことにはなれっこになっています」▸多くはenを略す: Je serai seul. J'ai l'habitude. (ANOUILH, P.N., 487)「ひとりぼっちになるでしょうが, 慣れています」

♦avoir l'habitude que + 直 : Il me regarde. J'ai déjà l'habitude qu'on me regarde. (DURAS, Amant, 25)「彼は私をじっと見ている. もう人から見つめられるのは慣れている」

habituer — habituer qn à qch [à 不定詞]: habituer un enfant au froid [à obéir]「子供を寒さに[服従するように]慣れさす」♦s'habituer à + 名 [à 不定詞]: Il faut que je m'habitue à marcher pieds nus, je peux m'habituer aussi à votre tutoiement. (ROUSSIN, Hutte, 49)「はだしで歩くことに慣れなければいけない. きみたちのなれなれしい口のきき方に慣れることもできる」

♦être habitué à + 名 [à 不定詞] : Nous sommes habitués au bruit [Nous y sommes habitués]. (MR)「そうぞうしい音［それ］には慣れています」▸y = à 不定詞は省略可能: Avec ce soleil, vous allez crever. — Je suis habitué. (LE CLÉZIO, Fuites, 98-9)「この日照りじゃ死んでしまいますよ.—慣れています」/ Est-ce que tu vas te décider à m'appeler par mon nom? — Il faut que je m'habitue. (CLAIR, 49)「わたしを名前で呼ぶことにしてくれるかい.—慣れなければいけませんわ」

♦habituer qn [s'habituer, être habitué] à ce que + 接 : Il s'habitue à ce que je vienne le samedi. (EBF)「土曜日ごとに私が来るのを見慣れている」▸日常語では voir 7° を用いてこの構文を避ける: Il s'habitue à me voir venir le samedi. (Ib.) / Nous sommes habitués à voir les prix monter tous les ans. (Ib.)「毎年物価が上がるのには慣れている」

Hamlet — [amlɛt]: l'âme d'Hamlet (Lar.) /

la Tragique histoire d'*Hamlet* (*Ib.*) ▸しかし le *Hamlet de* Shakespeare (FOUCHÉ, 263) / le monologue *de* Hamlet (*Q*) / d'*Hamlet* (*P. Lar.*, 1949)

harmonisation vocalique ［母音調和］— GRAM (13)の用語．母音の同化を言う．⇨ assimilation

hâter — se hâter de 不定詞 : A-t-il répondu à votre lettre? — Non, il ne *se hâte* pas (*de* le faire).「彼はあなたの手紙に返事を寄こしましたか．—いいえ，なかなか寄こしません」◆*de* 不定詞に代名詞化不可能．上記のようにそれを省くか，*de le faire*で受ければもっとよい．日常語では *se hâter* より *se presser* のほうが普通．

haut — 次例は副詞とみなされて無変化：Il portait *haut* la tête. (SARTRE, *Nausée*, 122) 「昂然と頭をあげていた」/ Elle tenait *haut* la tête. (TROYAT, *Araigne*, 54)「頭をあげていた」/ *Haut* les mains!「手をあげろ」 ▸ただし porter [tenir] la tête *haute*, marcher la tête *haute* では *haute* は la tête の属詞と解されて一致．

◆la *haute* mer「大洋，沖」/ la mer *haute*「満潮」/ à *haute* voix「大声に」 ▸時に Des hommes discutaient à voix *haute*. (BEAUV., *Sang*, 114) 意味は同じ．

◆haut de + 長さ : être *haut de* 2 mètres = avoir 2 mètres *de* haut (名男 = de hauteur)「高さが2メートルある」

Henri — hは無音：le père *d'Henri* / un Henri / trois Henri / c'est Henri. ▸丁寧な文体では有音として扱うことがある：la mère *de* Henri IV (FRANCE—G, 103, Rem.) ◆ FOUCHÉ (260)は歴史・政治に関する言い回しでは *de* のあとで h を有音とすることがあるが，現在の傾向は無音と説く：le règne [la mort, les guerres, l'avènement, など] *de* [*d'*]Henri IV. ▸次の言い回しでは有音：le bon *Henri* IV / le *Henri* IV de Shakespeare. また ces, des, les, chez のあとで liaison されない (FOUCHÉ).

Henriette — FOUCHÉ (260); COL は h はいつも無音と説く：C'est Henriette. / deux Henriette. ▸ただし王妃・王女の名は時として有音として扱う：l'oraison *de* Henriette d'Angleterre (FAGUET, 17*e* s., 431; DOUMIC, *Hist. litt.*, 308)

herbe — dans l'herbe「丈の高い草の中に」，sur l'herbe は「短い草が敷きつめられた上に」(TH; COL) : Il se coucha *dans l'herbe*. (MAURIAC, *Pharis.*, 128) / Nous nous assîmes *dans l'herbe*. (VERCORS, *Divag.*, 15) / Je m'étendis *sur l'herbe*. (MAUPASS., *Sur l'eau*, 92) ▸ herbe は集合名詞にも個別名詞にもなる．⇨ nom collectif 3°

hésiter — *hésiter entre* deux partis「どっちにしようかと迷う」/ *hésiter dans* ses réponses (ROB)「答えに口ごもる」/ Il *hésita sur* le parti à prendre [*quant au* parti qu'il prendrait]. 「どう決心するか迷った」

◆hésiter à [pour] 不定詞「…するのをためらう」: Il *hésita à* partir [*pour* répondre].「出発 [返事]をためらった」(cf. S, III, 315, 412) ▸à 不定詞に y の代入不可能：Partirez-vous? — J'hésite. [J'hésite à le faire.] (PINCHON, *FDM*, n° 75, 31)「出発しますか．—ためらっているのです」したがって補語なしの用法が多い：N'*hésitez* pas.「ためらっていてはいけません」/ sans *hésiter*「ためらわずに」，など．

◆hésiter de 不定詞は古文調．hésiter si「…かどうかためらう」も古文調：Don Miguel *hésita s'il* ne vaudrait pas mieux faire part de ses angoisses à sa mère. (YOURC., *Anna*, 29)「DM は自分の不安を母親に知らせるほうがいいのではないかとためらった」

heure — 1° 時刻 ① *Quelle heure est-il?* — Il est 2 *heures*.「何時ですか．—2時です」/ L'*heure* qu'il est n'a rien à voir à tout cela. (ANOUILH, *P.R.*, 270)「何時だってそれとは何の関係もありません」/ 代名詞 en: Roger devait venir à neuf *heures*; il *en* était sept. (SAGAN, *Brahms*, 12)「R は9時に来ることになっていた．7時だった」/ 間接疑問：Vous savez *quelle heure il est*? (CAMUS, *Etr.*, 78)「何時だか知っていますか」 ▸次の構文のほうが正式：Savez-vous *l'heure qu'il est*? (MAURIAC, *Galigaï*, 92)

時計が打っているときには：*Quelle heure est-ce?* — C'est 2 *heures*. ▸日常語では単に時刻の問いにも用いる：Quelle *heure* est-ce? — Presque 11 *heures*. (F, 1828) / Voyons, quelle *heure* est-ce? (F, 1010)「(ひとりごとを言って)さて，何時かな」

Vous avez l'heure? — Onze *heures* vingt-cinq. (DURAS, *Th*. II, 13)「(時計をお持ちでしたら)何時でしょう．—11時25分です」(省略的に Pardon, monsieur, l'*heure* s'il vous plaît. とも言う) / Ma montre retarde. Quelle *heure* avez-vous?「私の時計は遅れている．あなたの時計では何時です」

② **Il est six heures dix** [vingt et une または un].「6時10分 [21分] です」(Th は un のみを記すが Col は une が普通と言う) / six *heures* et quart [et demie][... œreka:r [œredmi]]「6時15分 [半]」◆この場合 en の使用可能：Il en est dix et demie. (Achard, *Patate*, 83) (= Il est dix *heures* et demie) / six *heures* moins dix [le quart]「6時10分 [15分] 前」 / Il est dix *heures* du matin [du soir].「朝 [夜] の10時です」(午後5時までは Il est trois *heures* de l'après-midi.「午後3時です」) / demain matin à 9 *heures*「あすの午前9時に」(×demain à 9 *heures* du matin は不可)
◆何時かがわかっているときには：Il est moins deux, le train passe à cinq! (Anouilh, *P.G.*, 124)「2分前だ．列車は5分過ぎに通る」 ▶日常語では heure を略して：Viens me prendre demain entre *neuf* et *dix*. (Beauv., *Mand.*, 124)「あした9時と10時の間に誘いに来て」/ On travaille tous les jours, de *cinq* à *huit*. (Beauv., *Inv.*, 206)
◆日常語では douze heures を用いず midi, minuit と言う．ただし，列車発着時刻や公式表現では24時間制を用い，Il est 13 heures. この場合，13 *heures* 15 [30, 40] と言い，quart, demie, moins を用いない．また21は vingt et un と読む．多くは *heures* を h と略記し 9 h 3 (03 でない) と書く (Th).
◆動詞の一致：Huit *heures* sonnèrent.(⇨ sonner) / Quatre *heures* approchent. (Butor, *Degrés*, 212) / Michel Arc avait dit que 4 heures moins le quart *était* une heure qui lui convenait. (Duras, *Andesmas*, 13)「MAは4時15分前が都合がいいと言っていた」

2º **il [c'] est l'heure de** 不定詞 非人称のil est に〈定冠詞＋名〉が後続する唯一の場合：Il est l'heure, je crois d'aller au concert. (Rob.-Gril., *Marienbad*, 103)「音楽会に行く時間だと思います」/ C'est l'heure d'aller se coucher. (MR)「寝る時間です」 ▶de 不定詞 を略して (en の使用不可)：Il est l'heure. (Butor, *Degrés*, 220)
◆c'est l'heure de＋名 (il は用いない)：C'est l'heure de la piqûre. (Beauv., *Inv.*, 201)「注射の時間です」

3º **tout à l'heure** ①近い未来 (= dans un instant). 動詞は単未，前未，vais＋不定詞，直・現，命令形：Je reviendrai *tout à l'heure*. (*Ib.*, 195)「あとで戻ってきます」/ Venez avec moi *tout à l'heure*. (*Ib.*, 206)
②近い過去 (= il n'y a qu'un instant). 動詞は多く複過，ときに直・半，直・大，venir de 不定詞．単過は不可：Je l'ai vu *tout à l'heure*. (PR)「ついさっき見かけた」/ Il était là *tout à l'heure*. (DB)「さっきいたよ」
◆名詞的：A *tout à l'heure*.「では，のちほど」/ Le breuvage qu'il m'a versé m'a paru aussi noir que la bière de *tout à l'heure*. (Butor, *Emploi*, 29)「彼がついでくれた飲物はさっきのビールと同じくらい黒く思えた」/ Depuis *tout à l'heure* tu parles d'une histoire sans importance. (Duras, *Th.* II, 43)「さっきから，つまらない話をしているのね」

hiatus [母音接続] — 同一語あるいは相続く2語で，異なる音節に属する母音が隣接すること：eblouir, créer, il *a* eu, joli *e*nfant.
◆語形成で〈母音で終わる語幹＋母音で始まる接尾辞〉の場合は子音 (ことに t) を挿入したり，語幹末の母音を省いて hiatus を避ける傾向がある：numéro-*t*er, bêt(e)-ise (⇨ suffixe III. 1º)
▶i, u, ou＋母音は多く半母音に変わるから自然に hiatus は避けられる：nier [nje], tuer [tɥe]
◆接続する2語の間に hiatus が生じる場合，最初の語が e で終わるならば，発音上 [ə] を省く：quelqu(e) autre [kɛlkoːtr] 綴り字でそれを省く場合もある. (⇨élision) ▶e 以外の母音で終わる語は特に hiatus を避けない：v*r*ai *a*mis, si *on*. しかし，ある語では élision, 子音挿入，その他の形でこれが避けられている：l'âme (l' = la), m*on* âme / a-*t*-il, va*s*-y, nouv*el* an.

hier — 1º 副詞的用法 さまざまな時制と共に用いられる．ことに複過：Il est parti *hier*.「彼はきのう出発した」/ 直・半：Il faisait beau *hier*.「きのうは天気がよかった」/ 直・現はまれ．手記・回想：*Hier* soir à la télévision: Pierre Dumayet me «pousse des colles» sur mes «mémoires intérieures». (Mauriac—Klum, 160)「きのうの晩，テレビで．Dが私の"内的回想"について難問を浴びせる」/ 単過もまれ：*Hier*, dans la nuit (...) j'entendis, à trois reprises, un cri déchirant. (Gide, *Journal* II, 40)「きのう，夜中に，悲痛な叫び声を3度くりか

えして聞いた」 ◆次例では過去を起点としてその前日の意：Une phrase musicale lui revint: quelques notes d'une sonate qu'il écoutait *hier* avec des amis. (ST-EXUP., *Vol*, 72)「曲の楽句が一つ彼の頭に浮かんできた。きのう友だちといっしょに聴いたソナタの一節だ」 ▶過去に転移された aujourd'hui, maintenant, demain を参照．

◆語順．複合時制と用いるとき〈hier + 過分〉は例外的：J'ai, *hier*, rencontré X. (PINCHON, *LF*, nº 1, 78)（hier のあとに休止がある）／ J'ai même *hier* soir, vous l'avez remarqué, essayé à deux reprises d'aborder la question avec Nina. (ROUSSIN, *Nina*, 257)「お気づきと思いますが，この問題について，ゆうべも2度までNと話し合おうとさえしました」

2º 名詞的用法 主語：*Hier* est si loin! (ANOUILH, *P.B.*, 8)「きのうなんて遠い昔のことだ」／目的語：Vous aviez tout *hier* pour vous décider. (*PR*)「決心するのにきのう丸一日あったではありませんか」／前置詞の支配語：depuis *hier*「きのうから」／ toute la journée d'*hier*「きのう丸一日じゅう」

homographe ［同綴異義語］ — 下記 homonyme 1º ②および2ºを言う．

homonyme ［同形異義語］ — 発音または綴り字が同じで意味の異なる語．

1º 語源の異なる語が音韻変化の結果同音となったもの ①綴り字の異なるもの：pois (< lat. pisum)「えんどう豆」, poix (< lat. pix)「松やに」, poids (< lat. pensum)「重さ」 ②綴り字の同じもの：louer (< lat. locare)「貸す」, louer (< lat. laudare)「称賛する」

2º 語源も綴りも同じであるが，現在の意味が全く異なるものも homonyme とみなされる：grève「砂浜；ストライキ」

homophone ［同音異義語］ — とりわけ上記 homonyme 1º ①をさす．

hors — **1º** *hors / hors de*

① *à l'extérieur de*「…のそとに」の意では hors de が一般的：*hors de* la ville「町の外に」／ *hors de* danger「危険を脱して」 ◆hors が de なしで前置詞として用いられるのは，(1)成句，専門用語：*hors* commerce「非売品」／ *hors* cadre「本勤務外の，出向の」／ *hors* courant「電流を通じてない」／ *hors*-jeu「（サッカーの）オフ・サイド」／ *hors* la loi「法を外れた」／ *hors* la ville「市外に」／ *hors* ligne「非凡の」／ *hors* rang「別格の」, など．(2)文学語：la langue tirée *hors* la bouche (FRANCE—LE B, II, 723)「口から舌をだして」

② *excepté*「…のほかに」の意では，(代)名詞・従属節の前では常に hors：*hors* cela「そのほかは」／ *hors* nous「われわれのほかは」／ *hors* quand il pleut (M)「雨降りのときのほかは」／ *hors* de 不定詞「…するほかは」

2º *hors que* + 直 ［条］ (= excepté que)「…するほかは」／ *hors* que... ne (explétif) + 接 《古》(= à moins que)「…でなければ」

Hugo — h の有音・無音は一定しない．
① 無音：la sensibilité *d'Hugo* (FAGUET, *19ᵉ s.*, 168, 178) / plus *qu'Hugo* (BRUNETIÈRE, *Evol.* II, 73) / sur un geste *d'Hugo* (SARTRE, *Mains*, 18)
② 有音：voix *de Hugo* (*Ib.*, 13) / Mais il y avait ce Hugo. (VERCORS, *Marche*, 16) / le Hugo des Misérables (ALBÉRÈS, *Hor. 2000*, 84)

huit — **1º** 発音．形容詞として子音に先立つときには [ɥi]，その他は [ɥit]：les ˈ hui(t) livres / J'en ai hui*t*. / le hui*t* mai / hui*t* ans.

◆huit の前では一般に élision, liaison をしない：livre huit / chapitre huit / cen(t) huit. ▶ ただし，h を無音として扱う場合がある：dix-(h)uit [dizɥit] / quarant(e)-(h)uit / mill(e) (h)uit cents / pag(e) (h)uit.

2º d'aujourd'hui [de demain, (de) mardi] en *huit*「来週の今日 [明日, 火曜]」 ▶ この語法の曜日名の前の de は日常語では省く．

hymne — 語源 lat. hymnus は 男．教会で歌うラテン語の賛美歌の意では 女（語頭母音と語末 e の影響 ⇨ genre des noms I. 2º）：les plus belles *hymnes* du bréviaire. ▶ 後に一般に「歌」の意となり，語源の性を復活して 男：un *hymne* national. ▶ CLÉDAT (111) によると賛美歌の意でも un bel *hymne* d'église が可能．

hypocoristique ［愛称語］ — 親愛を表わす語：mon chou「お前」／ mon vieux「ねえ君」, など．多く呼びかけ言葉．愛称語は接尾辞の付加 (Pierre > Pierrot, fils > fiston), 語頭音節の重複 (fille > fifille) のほか，性の転換によっても得られる．女性について男性語を使用：mon chéri / mon petit．男性語尾の付加：Mon petit Suzon (< Suzanne) / Margot (< Marguerite) 男性について女性語を使用：ma petite fille / ma vieille. cf. 『覚え書』170-5.

I

i **¹** — 発音. ①語末または子音の前 (1)[i]: cri, briser, disque. (2)[i:]. 語末の[r][z][ʒ][v][vr]の前: finir, rire, bise, tige, grive, ivre. ②母音の前 (1)[j]: fièvre, piano, bien. (2)[i]. 子音+1[r]の後: oublier [-blie], février [-vrie], prière. ▶Mart (*Pr.*, 189)はこれらは実際には[-blije]と発音すると説き, D-P (I, 248)は[ij]と表わす(現在ではこの表記が一般化). その他: anti-alcoolisme, hier [ijɛ:r, jɛ:r]

î [i]: gîte, huître, fîmes. [i:]となる場合について Gram (45)は上記①(2)の原則を適用し, Mart (*Pr.*, 118)も ̂ は長音と無関係と説く. D-P (I, 248)は ̂ はsの脱落を示すことが多いから元来は[i:]であると説き, Mもabîme [-i:m], île [il, i:l]などとしていたが, 現在ではすべて[i]と考えてよい.

a[o]ignは古くはa[o]-ignと切りignで[ɲ]を表わした. oignon [oɲɔ̃], encoignure [ãkɔɲy:r]. oignon, encoignureのほかは綴り字の影響で oi-gn [waɲ]となりつつある. cf. 人名: Philippe de Champa(i)gne. Montaigne [-tɛɲ]は綴り字を読み誤った発音が普及したもの.

-il, -ill ⇨ 1

im ① [ɛ̃]. p, bの前: timbre. 例外: immanquable [ɛ̃mã-], immangeable [ɛ̃mã-] ② [im]: immobile, immense, immoral. Gram (95)によれば[i]とも発音する.

in ① [ɛ̃(:)]: vin, mince. ② [in]. nの前: inné, innovation. [i]とも発音する. ③ [i]: innocence [inɔ-]

i **²** — 子音の前でのil, ilsのくだけた発音[i]の俗語的表記: Qu'est-ce qu'*i* croit? (Queneau, *Zazie*, 65)「あいつどう思ってるんだ」/ *I* sont tous pareils. (*Ib.*, 141)「みんな似たようなものだ」(c'est-*i*) ⇨ ti

ici — **1°** 名詞的機能 *d'ici*: les gens *d'ici*「ここの人たち」/ à deux kilomètres *d'ici*「ここから2キロの所に」/ dans deux ans *d'ici*「今から2年後に」/ Vous n'êtes pas *d'ici*?「ここの方ではないのですか」

d'ici (*à*) 空間・時間の到達点を示す àはしばしば省略: *d'ici* (*à*) Paris「ここからパリまで」/ *d'ici* (*à*) demain「今から明日まで」/ Je ne vois pas très bien combien de temps ça prend *d'ici* (*à*) la gare. (F, 1586)「ここから駅まで, どのくらいかかるかちょっとわからないなあ」/ Est-ce que vous pouvez finir le travail *d'ici* mercredi? (F, 1599)「水曜までに仕上がりますか」▶*d'ici*の後に期間を表わす語がくれば, àの使用は古く, àの省略が常用: *d'ici* une heure (Th; Col; G, 916, 4; Mart, 491)「今から1時間のうちに」/ J'étais décidée à ne plus remettre les pieds chez lui *d'ici* longtemps. (Beauv., *Mém.*, 232)「当分は彼の家の敷居はまたぐまいと心に決めていた」 成句: *d'ici* là「ここからそこまで; 今からその時まで」/ *d'ici* peu「もう少したてば」

♦*d'ici* (*à ce*) *que*+接 (= jusqu'à ce que): *d'ici* (*à ce*) *que* tu sois revenu (H, 478)「今から君が帰ってくるまでに」▶*d'ici* à ce que はまれ (Col). d'ici que+ne ⇨ ne explétif 7°

その他の前置詞: Il habite *par ici* [*près d'ici*].「彼はこの辺に[この近くに]住んでいる」/ Avancez *jusqu'ici*.「ここまでお進みなさい」/ Elle partage son temps *entre* le ministère *et ici*. (Roussin, *Enfant*, 161)「彼女は自分の時間を役所とここと半分ずつ使っている」

2° 形容詞的機能 行為名詞の後, または圧縮された表現で: Elle est partie le jour de *votre arrivée ici*. (Green, *Moïra*, 124)「あの方はあなたがここにお着きになった日に出立されたのです」/ J'étais le seul à savoir (...) qu'il y avait une raison précise à *sa présence ici*. (Duras, *Lol*, 90)「彼女がここにいるのにはっきりした理由のあることを知っていたのは僕だけだった」/ Sylvie a eu *ton adresse ici*. (Daniel-

Rops, *Epée*, 124)「Sはあなたのここの住所を知ったのです」/ C'était dans la chambre *ici*. (Duras, *Agathe*, 16)「ここの部屋の中でのことでした」

3º *ici* / *là* ⇨ *là* 1º. *c'est ici* (...) = ceci est (...) ⇨ *ce*¹ II. 2º

ignorer — 1º *ignorer* + 不定詞 : Il ignorait vous *avoir fait* tant de peine. (Rob)「あなたをそんなに苦しめたことは知らなかったのです」 ▶この構文はまれ、普通は次の従属節を用いる.

　　ignorer que + 直 接　　肯定文のあとでLitは接を規則とし、Le B (II, 346)は文学語では多く接を用いるが直も可能と説く. しかしBö RJ(31)では 直 : 接 = (肯定文) 76 : 6, (否定文) 51 : 1, (疑問文) 7 : 0で直が圧倒的 : J'ignorais *qu*'il *était* malade. (Roussin, *Nina*, 228)「病気とは知らなかった」/ J'ignorais *que* la pneumonie *fût* contagieuse. (Chardonne — G, 999, Rem. 2)「肺炎が伝染するとは知らなかった」/ Je *n'ignore pas que* Maxime *est* impossible. (Cocteau, *Th.* II, 173)「Mがめちゃな男だということを知らないわけではありません」/ *Ignorez-vous qu*'il n'*a* pas comme vous l'idée de la loyauté? (Castillou, *Thaddëa*, 273)「あなたのように誠実感を持っていないことを御存じないのですか」/ Elle *aurait ignoré qu*'on ait parlé d'elle. (Duras, *Camion*, 66)「自分の話をされたことは知らなかったろう」

▶不定詞, *que*に代わる代名詞 *le* の使用は自由 : Que me veut-on? Je *l'ignore*. (Pingaud, *Scène*, 11)「私にどうしてくれと言うのか. それは知らない」単にJ'*ignore*.とも言う (Pinchon, 222).

2º *ignorer* + 間接疑問節 : Il *ignore qui* je suis. (Rob)「私が誰だか知らないでいる」/ J'*ignore si* j'en serai capable encore longtemps. (Butor, *Degrés*, 101)「これからも長い間そうできるかどうかは知らない」/ J'*ignore si* vous avez ou non cette maladie. (Camus, *Peste*, 101)「あなたがその病気にかかっているかいないか知らないのです」

il(s), elle(s) — 無強勢主語人称代名詞. 1·2人称代名詞が名詞に代わらないのに反し、名詞の代理詞 (représentant) となる.

　　強勢をとる場合 : Viendra-t-*il*? (文末) / Je ne comprends pas pourquoi *il* ou *elle* a dit cela. (S, I, 2)「どうして彼か彼女かがそう言ったのかわからない」(並列) / Je ne sais pas qui c'est, il a raccroché. — Pourquoi «*il*» alors? (Sagan, *Mois*, 16)「誰かわかりませんが彼は電話を切ってしまいました.—じゃあ、どうして彼って言うの」(相手が用いた *il* の引用. 名詞的)

　　発音　正式には il(s) [il]. 日常語では母音の前のほかは [i] : il a [ila] / il va [iva]. ▶この発音を表わすために l を省くことがある : *I* buvait. (Queneau, *Zazie*, 67) / *Izont* (*Ib.*, 61) (= ils ont)

1º **既出名詞の代理** : J'ai téléphoné à un [au] plombier, *il* viendra demain. (Gross, 24)「ある [例の] 水道屋に電話をかけた. 彼はあす来るだろう」▶il = ce plombier. 必ず特定語に代わる. 第2の文を un plombier viendra demain とすると un plombier は電話をかけたのと別の人物.

◆il(s), elle(s) は前文の無冠詞名詞には代われない. したがって Il était en colère, mais ˣ *elle* est tombée vite.「怒っていたが, 怒りはすぐにおさまった」(正 : sa colère est tombée) (Georg, *Guide*, 234)

◆次例では既出の名詞の指すものを一般化するため、数を変えて受けられている : *La grosse mouette* restait immobile sur son perchoir. (...) D'habitude *elles* ne venaient pas si près de ma maison. (Rob.-Gril., *Voyeur*, 18)「大きなかもめは止まり木に止まったままじっとしていた. ふだんは, かもめはこんなに家の近くには来なかった」(elles = les mouettes)

2º 同じ文中の転位要素を受けて主語となる.

① **文頭転位** : Les roues, *elles* n'ont pas de mal. (F, 511)「(自転車事故で) 車輪はいたんでない」/ Maman, *elle* trouve que je rentre plus fatigué qu'avant. (Troyat, *Signe*, 174)「お母さんは、ぼくが前より疲れて帰ってくると思っている」

◆il, elle で受ける転位名詞は必ず特定. したがって ˣ Des bateaux, ils arrivent.「幾隻かの舟が到着する」は誤り. 正 : Des bateaux, il en arrive. (非人称構文)

◆俗語では名詞の直後に休止なしに il(s), elle(s) を添えることがある : Le patron *il* va bientôt venir. (Queneau, *Contes*, 61)「ボスはすぐにも来る」/ Mais *les autres ils* ont dit non. (Anouilh, *Antig.*, 48)「でもほかの者は反対している」▶N (V, 212); D-P (III, 211) はこの il(s), elle(s) を動詞の屈折の一種と考える.

② **文末転位**：*Elle* est charmante, *cette petite*. (QUENEAU, *Fleurs*, 104)「かわいいのう，あの小娘は」/ Est-ce qu'*il* te paraît intelligent, *ce jeune homme*? (GREEN, *Epaves*, 91)「利口そうに見えて？ その青年は」/ 文語でも：*Elle* était déjà presque terminée, vers 1960, *l'époque du nouveau-roman*. (ALBÉRÈS, *Hor. 2000*, 16)「1960年ごろには，ヌーヴォーロマンの時代はすでにほとんど終わっていた」

♦文末に転位された〈名〉₁ et〈名〉₂の〈名〉₁だけを il, elle で受けることがある：Mais *elle* repartira dans quelques jours, (...) *elle* et son amie Célina qui l'accompagne. (GREEN, *Moïra*, 131)「何日かすると帰って行きますよ．彼女も，彼女といっしょに行くお友だちのCも」

3º 表現されていない名詞に代わる

① *ils* 話者・聴者間に了解ある人々．多く軽蔑的：Je vois que vous ne savez pas comment *ils* sont dans ce pays. (GIDE—G, 470, Rem.)「してみると，あなたはこの国の人間がどんなか御存じないのですね」/ *Ils* ne voudront peut-être pas me la donner, la médaille. (DUHAMEL—S, I, 33)「やつらはおそらく私にくれようとはしますまいよ，勲章なんぞ」(ils＝政府要人)

② *elle(s)* ＝ la femme, les femmes：*Elles* sont toutes pareilles. (ZOLA—S, I, 34)「女ってみんな同じだ」

il impersonnel　［非人称の il］—

I. il を主語とする非人称構文の分類

1º A型　不定詞と単数3人称だけ．命令法を欠く．

① 非人称動詞としてしか用いられないもの：il faut.

② 人称動詞がまったく異なった意味で非人称構文をとるもの：il y a / il fait (天候)

③〈*il* +〈動〉〉の形で気象現象を表わすもの：il pleut / il neige / il gèle / il tonne, など．

♦ある動詞は人称動詞としても用いられる：L'étang *a gelé*.「池が凍った」▶多くは比喩的：Les obus *pleuvaient*.「砲弾が雨あられと降りそそいでいた」/ Le canon *tonne*.「大砲がとどろく」▶2人称：Eau, quand donc *pleuvras*-tu, quand *tonneras*-tu, foudre? (BAUDELAIRE, *Fleurs*, le Cygne)「水よ，いつ雨と降るのか，雷よ，いつとどろくのか」

♦人称動詞から，さらに下記のC型の非人称構文が作られる：*Il pleuvra* des ailes d'anges! (VIAN, *Arrache*, 60)「天使の翼が雨と降ろうぞ」/ *Il neigeait* du duvet. (BEAUV., *Compte*, 338)「雪のように綿毛が舞っていた」cf. GOUG, *Etudes*, 130-48.

④ 非人称の成句：il s'agit de / il est temps [question] de / il en est de même / il est tôt, など．

♦非人称構文の用例を採集した4308のうち，A型は3258で全体の76％．うち il y a (1605), il faut (1142), il s'agit (38), il fait (118), il est... heures [tôt, tard] (100). 各語参照．

2º B型　il +〈動〉+ (de)〈不定詞〉; il +〈動〉+ que の型．〈不定詞〉,〈que + 節〉が実主語となるから，C型の特別な場合であるが，動詞の多様性はC型とは異なる．多くは人称動詞としても同義で用いられる．

① 自動詞　763例中，il est +〈形〉+ de〈不定詞〉[que] (307) / il semble +〈不定詞〉[que] (139) / il arrive de〈不定詞〉[que] (72) / il paraît que (43) / il suffit de〈不定詞〉[que] (41) / il vaut mieux +〈不定詞〉[que] (19) / il reste à〈不定詞〉[que] (19)など．各語参照．▶C型には現われない être がB型の40％を占める．

② 代名動詞：il s'ensuit [se fait, se peut, se trouve] que, など．

③ 他動詞受動形 (C型では例外的)：*il m'est permis* [*donné*] *de*〈不定詞〉「…するのは私の自由だ」/ *il a été convenu* [*décidé*] *que*「…ということに決められた」/ *Il est interdit* aux autos d'entrer dans cette enceinte. (BEAUV., *Compte*, 268)「車はこの城壁内にはいることを禁じられている」/ *Il est écrit* (...) *que* je dois aussi surveiller votre courrier. (MODIANO, *Vestiaire*, 121)「私があなたの郵便物の監視もしなければならないと書かれています」

④ 他動詞　文学的，古文調：*Il ne m'intéressait pas de* les accepter tels qu'ils étaient. (PINGAUD, *Scène*, 163)「彼らをあるがままに受け入れるということは私には興味がなかった」/ *Il me désespère* quand même *que* vous vous en alliez si vite. (SAGAN, *Sarah*, 244)「それにしても，あなたがこんなに早く去っていかれるとは私には絶望的です」▶その他：Il m'*ennuie* [me *gêne*, m'*amuse*, me *touche*] de〈不定詞〉「…するのはいやだ［気づまりだ，おもしろい，ほろりとさせられる］」など，情意的意味を含む動詞．日常語

では Cela m'intéresse [m'ennuie,...] de と言う．
♦実主語を伴うとはいえ，その 不定詞, 〈que + 節〉が文法上の主語となることはまれ: *Il me paraît difficile de* répondre à cette quesiton.「この問いに答えることはむずかしいように思われる」/ *Il me déplaît qu*'il ait pu faire cela.「彼がそんなことをしでかしたことは気に入らない」はそれぞれ Répondre à cette question me paraît difficile. / Qu'il ait pu faire cela me déplaît. と書き換えられるが，動詞が arriver, s'avérer, se trouver, se pouvoir, sembler, などの場合は de 不定詞, 〈que + 節〉を主語とする構文は不可能 (RUWET, *FM*, '75, n° 2, 105).

3° C型 〈il+動+名〉の型. Un accident lui est arrivé. > Il lui est arrivé un accident.「彼に事故が起こった」のように実主語が名詞の場合である．287例（全体の6.7%）中，主な動詞は

自動詞: il reste (88) / il arrive (42) / il existe (27) / il manque (17) / il suffit de (17) / il est (9) / il résulte 名$_1$ de 名$_2$ (6)

代名動詞: il se passe (30); il se fait (3), など.

このほかに例外的に受動形の動詞がある．この型の非人称構文が成り立つためには動詞と実主語の両面から強い制限を受ける．

II. C型構文の成立条件

1°　動詞の意味上の制限　動詞は出現 (apparition), 存在 (exsistence), 消滅 (disparition), 非存在 (inexistence), を表わさなければならない. (cf. GOUG, 239; PIELTAIN, *Mél. Delbouille* I, 482; ESKÉNAZI, *RR*, III, fasc. 2, '68, 99; MARTIN, *RLR*, '70, n°s 135-6, 381)

① **自動詞**: *Il* nous *arrivera* un tas d'aventures. (BEAUV., *Inv.*, 252)「いろんな事件が起こるでしょうね」/ Parfois *il entrait* un insecte. (VIAN, *Arrache*, 39)「ときどき虫がはいってきた」 / *Il tombait* une pluie fine. (MODIANO, *Garçons*, 20)「細かい雨が降っていた」 / Vous savez qu'*il court* des bruits fâcheux sur votre compte? (SAGAN, *Mois*, 175)「あなたについていやな噂が流れていることを知っていて?」/ Ses yeux étaient à peu près de la couleur du ciel, ce soir-là, à cette chose près qu'*il y dansait* l'or de ses cheveux. (DURAS, *Moderato*, 67)「そこに髪の金色が舞っていたことを除けば，その晩，彼女の目はほとんど空の色をしていた」/ On ne saurait guère plus dire s'il continue à pleuvoir, ou s'*il brûle* un soleil de feu. (LE CLÉZIO, *Déluge*, 46)「雨が降り続いているのか，灼熱の太陽が燃えているのかは，ほとんどもう言いがたいだろう」/ Personne en ville ne savait combien, en temps ordinaire, *il mourait* de gens par semaine. (CAMUS, *Peste*, 93)「町で誰ひとり，平時には毎週何人の人が死ぬのか知る者はなかった」

♦上例のように brûler, danser は存在を修辞的に表現する限りにおいて，非人称構文が可能なのである．非人称構文に用いられた動詞でも他の構文で意味上の制限規則に反すれば非人称構文は不可能になる．誤: ×Il brûlait une maison. / ×Il dansait des jeunes gens.

▶自動詞中，être を助動詞とするものが目立って多い (MART, 257; ESKÉNAZI, *op. cit.*, 108)

② **代名動詞**　上記と同じ意味上の制限を受けるから，大部分は受動的代名動詞，その他は自動詞的意味を持つ．〈se + 他動〉の組合せで，se が直・目であるもの (se ragarder dans la glace), 相互的意味を持つもの (se battre en duel), se が間・目で直・目を伴うもの (se procurer qch, se rappeler qch), se が統辞上の機能を持たない本質的代名動詞のうち, de, à を介して目的語をとるもの (s'apercevoir de, s'attendre à) は非人称構文から除外される: *Il se trame* des intrigues. (ANOUILH, *P.R.*, 21)「陰謀がたくらまれています」/ *Il s'y produit* constamment des embouteillages. (BEAUV., *Compte*, 288)「そこでは絶えず交通渋滞が起こる」/ *Il devait se construire* là un immeuble. (QUENEAU, *Fleurs*, 24)「そこにマンションが建てられることになっていた」 ▶誤: ×*Il se taisait* des femmes.「女たちが口をつぐんでいた」/ ×*Il se plaint* des étudiants.「学生たちが不平を言っている」

③ **受動形の非人称構文**　実主語が名詞ならば例外的だが，受動形をとれない間接他動詞が非人称構文では受動形をとることがある．

(1) 他動詞の受動形: *Il a été commis* des erreurs. (RUWET, 225)「誤りがおかされた」(< Des erreurs ont été commises. < On a commis des erreurs.) ▶官庁文体や法律文では頻繁に見られるが，日常語でも文語でも例外的．MARTIN (*RLR*, n°s 135-6, 386) は2重の変換を経るためと考える． cf. 松原秀治『市河

博士還暦祝賀論文集』II;『フ研』n° 3, n° 5.

(2) 間接他動詞の擬受動形： La dernière aventure dont *il fut* beaucoup *parlé* se passa lorsque Gaspard eut ses douze ans. (DHÔTEL, *Pays*, 15)「よく話題にのぼった最後の出来事はGが12歳の時に起こった」/ *Il lui est pardonné*. (QUENEAU, *Fleurs*, 89)「彼は許された」/ *Il est répondu* à cette question dans le chapitre suivant. (MOIGNET, *TLL*, '71, IX, 1, 279)「この問いに対する答えは次の章で与えられている」/ *Il a été réfléchi* à cette question. 「この問題についてよく考えられた」/ *Il a été débattu* de ce problème. 「この問題が議論された」，など.

(3) 動詞相当句の受動形〈他動〉＋無冠詞名詞〉の構成の動詞相当句も，上記(2)の型の非人称構文が可能である：*Il n'est* point *fait* mention de l'analyse des signes. (GA, *FM*, '70, n° 4, 404-5)「記号の分析については言及されていない」▶その他：*il est tenu* compte de「…が考慮に入れられている」/ *il est fait* allusion à「…のことに暗に触れられている」/ *il est fait* bon marché de「…のことが軽視されている」/ *il est fait* usage de「…が用いられている」，など.

2° 実主語の制限 B (289)は実主語が直・目に酷似していることを指摘した．人称構文とil arriveを用いた非人称構文の比較：J'attends des invités. ; Il arrive des invités. / J'en attends. ; Il en arrive. / Je n'attends pas d'invités. ; Il n'arrive pas d'invités. / Qu'attendez-vous? ; Qu'arrive-t-il? ◆ただし，次例の非人称構文はすべて誤り．カッコ内が正用：×Il arrive les invités. (Les invités arrivent.) / ×Il les arrive. (Ils arrivent.) / ×Qui arrive-t-il? (Qui arrive?) / ×Il arrive Paul. (Paul arrive.) / ×Il arrive vous. (Vous arrivez.) / ×les invités qu'il arrive (les invités qui arrivent)

非人称構文はまず出現・存在・消滅の観念から出発して，次いでその実体が何であるかを告げる構文であるから，実主語は原則として未知のものに限られる．既知の人・物について何事かを述べるならば，既知の語が主語になる．しかし動詞によってこの制限が緩和される．

① 不特定の名詞 代表は〈不定［部分］冠詞＋ 名 〉，その他，基数詞，数量副詞，数量名詞 (une dizaine de など)，不定形容詞などの付いた名詞：*Il arrive* deux [plusieurs, beaucoup d']invités.「招待客が2人［何人も，大勢］やってくる」◆動詞の種類とは関係なしに，肯定文で実主語に先立つ不定［部分］冠詞は否定文では de に変わる：*Il ne passait* presque *pas de* voitures. (GASCAR, *Herbe*, 107)「ほとんど車が通っていなかった」(< *Il passait des* voitures.)

② 代名詞 *en*，不定代名詞： (Il arrive des invités.＞) Il *en* arrive.「彼らが来る」/ (Il arrive plusieurs [quelques] invités.＞) Il *en* arrive plusieurs [quelques-uns].「彼らが何人も［何人か］来る」/ Il se passera des choses atroces. Il s'*en* passe déjà... (DÉON, *20 ans*, 202)「恐ろしいことが起こるだろう．もう起こっている」/ Je sifflerai quand il viendra *quelqu'un*. (ANOUILH, *P.R.*, 80)「誰か来たら口笛を吹くわ」/ Il allait arriver *quelque chose*. (LE CLÉZIO, *Déluge*, 137)「何か起ころうとしていた」/ Il ne s'était *rien* passé. (SAGAN, *Bonj.*, 27)「何も起こらなかった」

③ 特定の名詞
(1) 指示［所有］形容詞，既出の語を示す前方照応的 (anaphorique)〈定冠詞＋ 名 〉は一般的には実主語になれない．誤：×Il s'est produit *l'[cet]* accident sous ma fenêtre.「その事故は私の窓の下で起こった」正：L'[Cet] accident s'est produit...
(2) 補語や関係節で特定化された名詞は実主語になり得る：Il entrait dans la chambre *l'odeur douce et épaisse des magnolias*. (DURAS, *Vie*, 71)「部屋の中にモクレンの甘い濃厚な香が入ってきた」/ Il ne vous vient pas *l'envie de les avoir*? (ID., *Marin*, 138)「それを手に入れたくはなりませんか」
(3) 総称冠詞も実主語の前に用いられる：Il lui venait *la sueur* au front. (ROMAINS — GA, *op.cit.*, 398)「彼の額に汗がにじんできた」
(4) rester, manquer には名詞限定辞の制限はなく ce, mon, 前方照応的〈le＋ 名 〉，固有名詞も実主語になり得る：Il ne m'*est* plus *resté* de mon passé que *ma sœur*, *Stépha et Fernand*. (BEAUV., *Compte*, 29)「もはや私の過去からは妹とSとFしか残ってはいなかった」/ Tout le monde est là? — Il *manque* Pierre.「みんな揃いましたか．—Pがいません」

④ 強勢形人称代名詞 il reste (⇨ rester 2°) とA型の il y a だけ．

⑤ 疑問代名詞 *que* 使用は少数の動詞に限ら

れる．⇨que² 3º
⑥ 疑問代名詞 *qui*　A 型の il y a, まれに il faut としか用いられない．
⑦ 関係代名詞 *que*　まれ ⇨que¹ II. 2º
III. *il* の省略
1º 成句的: N'empêche. (⇨ empêcher) / N'[Peu] importe. (⇨ importer) / Peu s'en faut. (⇨ falloir 9º) / mieux vaut (⇨ valoir) / reste à (⇨ rester) / Suffit. (⇨ suffire)
♦反復・省略:Ce jour-là comme aujourd'hui, il pleuvait, ventait, tempêtait. (QUENEAU, *Contes*, 147)「あの日は今日と同じく、雨、風、まさに嵐だった」
2º 俗語的: faut (⇨ falloir 9º) / y a (⇨ il y a 1º ⑪) / paraît (⇨ paraître 5º)
IV. 中性代名詞の代理
1º 既出の代名詞の代理: Chacun fait ce qu'*il* veut. (BEAUV., *Mém.*, 302)「めいめいがしたいことをするんです」/ Comment cela finira-t-*il*? (CLAIR, 301)「終わりはどうなるのかね」▸ それぞれ chacun, cela の代理．
2º *il* = *cela*　成句的: Il est vrai.「それは本当だ」/ *Il* (me) semble.「そうらしい」/ *Il* ne me semble pas.「そうではないらしい」(⇨ sembler 10º) / *Il* importe.「それは重大だ」/ *Il* n'importe.「構いはしない」/ *Il* paraît.「そうらしい」/ *Il* y paraît.「見ただけでわかる」(⇨ paraître 7º)
♦〈接続詞 (相当句) + il est + 形〉の構文で: Il partit beaucoup plus tôt *qu'il* n'était nécessaire. (VAILLAND, *Fête*, 231)「彼は必要以上にはるかに早く出かけた」/ L'enfant résistait depuis plus longtemps *qu'il* n'était normal. (CAMUS, *Peste*, 234)「少年は普通よりずっと長い間病に耐えていた」▸ その他: dès qu'*il* sera possible「そうできるようになるとすぐに」/ comme *il* lui fut appris「教えられたとおりに」/ comme *il* avait été convenu「決められたとおりに」

il y a — I. 存在を表わす
1º *il y a* の補語　補語の省略は不可能．
① **不定冠詞名詞:** On dit qu'*il y a eu* un accident.「事故があったそうだ」/ *Il y a* du bruit dans votre chambre.「あなたの部屋で物音がする」/ *Il y a* deux points importants.「重大な点が２つある」*Il y a* beaucoup de choses à faire.「なすべきことがたくさんある」◆

否定文で補語の前の不定 [部分] 冠詞は直・目にならい、普通は de に変わる (⇨ article IV): *Il n'y a pas de* bon père, c'est la règle. (SARTRE, *Mots*, 11)「よき父親などない．そういうものだ」/ *Il n'y avait pas d*'eau chaude.「お湯はなかった」
② **en**, 不定代名詞など: *Il y en a.* / *Il y en a* trois [plusieurs, beaucoup]. / *Il n'y a* rien [personne].
③ **固有名 (詞) ・定冠詞** (特定・総称) + 名: *Il y a* Elisabeth au buffet. (BEAUV., *Inv.*, 164)「ビュッフェに E がいる」/ A Paris, *il y aurait* Cyril. (SAGAN, *Bonj.*, 139)「パリには C がいるだろう」/ Dans la maison, *il y avait* la veste d'Anne, ses fleurs, sa chambre, son parfum. (*Ib.*,183)「家の中には A の上着と、彼女の花と、彼女の部屋と、彼女の香りがあった」/ Dans la brume grise de la ville, *il y a la* peur, *la* haine, *le* dégoût. (LE CLÉZIO, *Ronde*, 55)「都会の灰色のもやの中には、恐怖、憎しみ、嫌悪がある」▸ 名詞に le, la, les の代入不可能．
♦*il n'y a pas (de)* + 固有: S'*il n'y avait pas* eu Anne, ce n'aurait pas été fatal du tout. (*Ib.*, 117)「A がいなかったら、宿命的なことには全くならなかったろうに」▸ 存在が全面的に否定されるときは pas [plus] de を用いる: *Il n'y avait plus de* Françoise. (BEAUV., *Inv.*, 12)「もはや F は存在しなかった」/ *Il n'y avait pas d*'Albertine à l'Hôtel de l'Europe. (GARY, *Cerfs*, 313)「ホテル E には A という女はいなかった」
④ **無冠詞名詞**　成句的: *Il y a* erreur sur la personne. (GIRAUDOUX, *Amph.* II, 5)「人違いです」/ *Il y a* marché [réunion] demain.「あすは市が立つ [集会がある]」/ Cet après-midi *il y a* concert au jardin public! (CLAIR, 286)「今日の午後は公園でコンサートがあるんです」/ Le mercredi, (...) *il y a eu* grand goûter dans sa villa. (BUTOR, *Degrés*, 289)「水曜日には、彼の別荘で盛大なおやつが供された」/ *Il y a* classe [(des) cours] cet après-midi.「今日の午後授業 [講義] があります」◆否定: *Il n'y avait pas* classe. (BUTOR, *Degrés*, 224) (pas de classe とも言う)
♦si [まれに puisque, parce que] + 無冠詞名詞 + il y a.　文語調: L'erreur, *si* erreur *il y a*, n'est pas imputable à Victor. (HENRIOT, *Romant.*, 32)「もし過ちがありとするならば、それ

はVに帰すべきではない」/ Noter que le problème, *puisque* problème *il y a*, existe aussi en anglais. (COH, *Reg.* I, 30)「問題があるから言うが，この問題は英語にも存在することに注意」
▶il y a 名 et 名 [まれに 不定詞 et 不定詞] ⇨ et 7°

⑤ **強勢形人称代名詞**：Mais il n'y a pas de touristes.—*Il y a* vous et moi. (ROB.-GRIL., *Imm.*, 75)「しかし観光客はいませんよ。—あなたと私がいます」/ *Il y a* vous. (MONTHERL., *D. Juan* III, 5)

⑥ **名詞的用法の副詞，形容詞**：*Il y a* loin, d'ici le château? (GIDE, *Isabelle*, 18)「ここからお城までは大分ありますか」/ *Il y a* tout près, d'ici l'Opéra. (WAGN, *FDM*, n° 29, 12)「ここからオペラまではほんのすぐです」/ *Il y a* mieux que les lignes de la main. (CLAIR, 292)「手相よりいいものがある」/ *Il y a* plus malade que vous. (BEAUV., *Mand.*, 71)「あなたより重い病人だっている」/ *Il y a* plus grave. (ANOUILH, *P.R.*, 205)「もっと重大なことがある」

⑦ **疑問代名詞** *qui*, *que* [*qu'est-ce que*]，**関係代名詞** *que*：Qu'y *a-t-il*? [Qu'est-ce qu'*il y a*?]「どうしたというのです」/ Qui *y avait-il* au tennis? (MARCEL, *Chapelle* I, 2)「テニスコートに誰がいた」/ La différence qu'*il y a* ici entre l'été et l'hiver... c'est inimaginable. (DURAS, *Th.* II, 60)「ここでは夏と冬の違いが想像もつかないほどです」

⑧ **à** 不定詞：*Il y a* toujours à faire. (S, III, 278)「いつだってすることはある」/ *Il n'y a pas* à dire. (*Ib.*)「言うまでもないことだ」▶省略的：*Y pas* [*Pas*] *à* dire. (*Ib.*) / *il y a* gros [fort] à parier que + 直「…することは確かだ」▶Il n'y avait qu'à laisser faire. (*Thib.* VIII, 68)「勝手にさせておくより仕方がなかった」/ *Il n'y a plus qu'à* attendre. (BUTOR, *Degrés*, 94)「もはや待つほかはない」

◆il y a + 不定詞 (まれ)：Il y a tout de même autre chose que boire et manger (...) — Naturellement, *il y a* marcher, chasser, dormir, ne rien faire... (QUENEAU, *Chiendent*, 281)「でも飲んだり食べたりするほかのこともあるわ。—もちろん，歩いたり，猟をしたり，眠ったり，何もしないってこともあります」

⑨ **de quoi** + 不定詞：*Il n'y a pas de quoi* sourire. (CLAIR, 37)「にたにたすることはない」
◆省略的：*Il y a de quoi*. (BEAUV., *Inv.*, 49)「それだけのことはある」/ *Il n'y a pas de quoi*.「それには当たらない；(礼の言葉に対して) どういたしまして」⇨ quoi II. 2° ④

⑩ **que** + 直 il y aが反復されるか，あるいは類似の構文に限る：Qu'y a-t-il donc? — *Il y a que* j'étouffe. (MAUROIS, *Dumas*, 115)「どうしたというのです—息が詰まりそうなんです」/ Il y a bien pis! (...) *Il y a que* Nekrassov vient de faire une déclaration à la radio. (SARTRE, *Nekr.*, 125)「もっとずっと悪いんだ。Nがラジオで声明を発したところなんだ」/ Dis-moi ce que tu as... — *Il y a que* tu ne m'aimes pas. (SAGAN, *Brahms*, 152-3)「どうしたのか話してよ…—どうしたかって，きみがぼくを愛してないということなんだよ」

⑪ **y a** 《俗》：Si jamais *y avait* quelque chose, faudrait me le dire tout de suite. (IKOR, *Gr. moy.*, 163)「もし何かあったら，すぐわたしに言わなくちゃいけない」

2° il y a + 名 **+ qui [que] +** 直 主語や直・目に注意を引く：*Il y a* Pierrot *qui* est dehors! (CLAIR, 396)「Pが外にいるんだ」/ *Il y a* des poissons *que* nous allons pêcher. (D, 427)「魚をな，釣りに行くんだ」

3° il n'y a que + 名 [代] **+ qui**
① + 接：*Il n'y a que* vous *qui* soyez de taille à lutter contre Anne. (SAGAN, *Bonj.*, 94)「Aと戦えるのはあなただけよ」
② + 直 現実：*Il n'y a que* vous *qui* pouvez le faire. (F, 1959)「それができるのはあなただけです」/ *Il n'y eut qu'*elle et moi *qui* restâmes à bord. (DURAS, *Marin*, 321)「船に残ったのは彼女と私だけだった」▶ことに未来性の明示：*Il n'y a que* nous *qui* serons remarqués! (ANOUILH, *P.R.*, 62)「人目を引くのはぼくたちだけでしょうから」
③ + 条 仮定：*Il n'y a que* lui *qui* ne la verrait pas. (PAGNOL, *Marius*, 117)「あの娘のほうを見ない者があるとすれば，それは彼だけだ」
④ **il n'y a que de** 不定詞 **+ qui**：*Il n'y a que d*'être aimée *qui* compte. (S, II, 135)「肝心なのは愛されることだけです」

4° il n'y a que + 〈関係代名詞と前置詞〉
① *Il n'y a que* toi *à qui* je puisse demander ce service. (DORIN, *Th.* II, 286)「こんなことお願いできるのはあなただけよ」▶il n'y a

(personne) à qui... que (= excepté) toi の構成．cf. c'est moi à qui ⇨ ce¹ II. 7º ③
② *il n'y a que* + 前 + 名 [代] + *que* + 直 [接]: *Il n'y a qu'à vous que je puisse parler.* (COCTEAU, *Th*. II, 146)「話ができるのはあなただけです」/ *Il n'y a qu'à vous que je peux parler d'elle.* (DURAS, *Andesmas*, 100)「彼女の話ができるのはあなただけです」/ *Il n'y a qu'en elle que j'avais confiance.* (DORIN, *Th*. I, 244)「ぼくが信頼していたのは彼女だけです」(que + 直 が普通. cf. c'est à vous que)
③ Vous croyez donc qu'*il n'y ait qu'à* Paris *où* l'on soit dévergondé? (DEKOBRA—S, II, 138)「人間が放埓なのはパリだけだと思っているのですか」cf. c'est à moi à qui.
④ *Il n'y a que* cela *dont* je sois sûre. (SAGAN, *Sarah*, 99)「私が確信しているのはそれだけです」
▸il n'y a de + 形 + que [que de + 形] ⇨ ne... que 6º
▸il n'y a pas jusqu'à... qui (ne) ⇨ jusque II. 3º
II. *il y a* + 期間
1º 文をなし，経過期間を表わす　期間の開始点 (de cela)，終止点 (maintenant, aujourd'hui) を示す補語が必要: *Il y a [avait] quatre ans de cela.*「それから4年になる［なった］」/ *Il y aura demain huit jours.* (MAURIAC, *Pharis*., 207)「あすで1週間になる」/ *Il y a douze jours de cela aujourd'hui.* (DORIN, *Tournant*, 91)「あれからきょうで12日になる」
2º 副詞相当句　示された期間だけ現在と隔たった過去の時点を表わす．主動詞の時制: *Je l'ai vu il y a quelques jours.* (CLAIR, 33)「数日前に彼に会った」/ *Je suis passé là, en voiture, il n'y a pas un quart d'heure.* (GASCAR, *Femmes*, 113)「15分とたっていないが，車でそこを通った」/ *J'y étais il y a huit jours.* (DURAS, *Marin*, 183)「1週間前そこにいた」▸まれに単過: *Il y a quatre ans, lorsque l'Académie donna à l'auteur de Mireille le prix de trois mille francs, Mme Mistral eut une idée.* (DAUDET, *Lettres*, 157)「4年前, フランス・アカデミーが『ミレイユ』の著者に3000フランの賞金を贈ったとき, 著者ミストラルの母親はある案を思いついた」
♦時の起点を過去にとるときは huit jours avant「それより1週間前に」と言う．ただし, 自由間接話法: *Elle avait été malade, il y avait quelques mois.* (LE CLÉZIO, *Déluge*, 139)「何か月か前彼女は病気だったのだ」
3º ① *il y a* + 期間 + *que* 現在まで継続する動作の起点を示す: *Il y a trois jours que je la connais.* (DURAS, *Marin*, 167)「彼女と知り合ってから3日になる」/ *Il y a longtemps que je voulais te poser cette question.* (ID., *Th*. II, 54)「ずいぶん前からこれをきいてみたかったのだ」▸問いを発したい気持は問いを発してしまった今しがたまで続く．直・現, 直・半の場合は未完了動詞に限る．
Il y a longtemps que vous avez perdu votre mère? (BUTOR, *Degrés*, 224)「お母さんがなくなってから大分になりますか」/ *Il y a si longtemps que vous me l'aviez passé.* (ID., *Emploi*, 63)「それを私に渡してからずいぶんになります」▸複過, 直・大は肯定では完了動詞だけ．否定では未完了動詞も可: *Il y a longtemps que vous n'êtes pas venu chez moi.* (ID., *Degrés*, 297)「私の家においでにならなくなってから大分経ちますね」(完了動詞) / *Il y a longtemps, n'est-ce pas, que vous n'aviez pas si bien dormi.* (CLAIR, 122)「あまりよく眠れなくなってから大分経つのじゃありませんか」(未完了動詞)
② *il y avait* + 期間 + *que* 過去のある時点までの継続期間: *Il y avait deux jours que je la connaissais.* (DURAS, *Marin*, 154)「彼女と知りあってから2日経っていた」/ *Il y avait huit jours que je vous avais dit de la lire.* (BUTOR, *Degrés*, 322)「それを読むようにあなたに言ってから1週間経っていました」(直・大では肯定は完了動詞だけ) / 否定文: *Il y avait trois ans que nous ne nous étions pas vus.* (DURAS, *Marin*, 188)「互いに会わなくなってから3年経っていた」(完了動詞) / *Il y avait longtemps qu'il n'avait pas plu.* (LANOUX—G 新, 975, 6º)「雨が降らなくなってからずいぶん経っていた」(未完了動詞)
♦まれに単過: *Il y eut quatre jours et trois nuits que je la connaissais.* (DURAS, *Marin*, 183)「彼女と知り合いになってから4日3晩経っていた」/ *Il y eut un jour entier que je ne l'avais pas vue seule.* (*Ib*., 230)「彼女1人のときに会わなくなってから丸1日経っていた」
4º *il y a* + 期間の機能
① 名詞の補語: *Je suis effrayée de reprendre mon existence d'il y a trois mois.* (BEAUV.,

Mém., 303)「3か月前の私の生活をまた続けるなんてぞっとします」 ◆直接に名詞を修飾： Je revois l'atelier de Maud, *il y a dix ans*. (SOLLERS, *Folies*, 82)「10年前のMの仕事場がまざまざと目に浮かぶ」
② ***C'est*の後続語**： C'était *il y a longtemps* maintenant. (DURAS, *Agatha*, 24)「今からずいぶん前のことでした」cf. HENRY, *Il y a*, 66
③ **比較の補語**： Il fait presque aussi beau qu'*il y a huit jours*. (BUTOR, *Degrés*, 19)「1週間前とほとんど同じように快晴だ」

imaginer — 1° ***imaginer de*** 不定詞 (= avoir l'idée originale, inattendue de)： Il *a imaginé d'*acheter un garage. (DFC)「彼は車庫を買おうと思いついた」
2° ***imaginer que*** + 直 ： J'*imagine que* vous ne souhaitez pas prolonger la séance. (GLLF) (= J'ai l'idée que, Je suis presque sûr que)「会議を長びかせたくないと思っているのでしょう」
imaginer que + 接 (= supposer que)： *Imaginons que* ce soit à refaire. (GLLF)「やりなおさなければならないものと仮定しよう」
ne pas imaginer que + 接 [まれに 直 , 条]： Vous *n'imaginez pas que* je puisse vivre sans elle? (SAGAN, *Violons*, 132) (= Vous ne sauriez pas croire...)「わたしが彼女なしで生きていけるなどと考えているわけではないだろうね」/ Tu *n'imagines pas que* Gilbert me parlerait à moi de ses rapports avec toi? (BEAUV., *Images*, 136)「Gがお前との関係をわたし自身に話すかも知れないなんて考えているんじゃないだろうね」
imaginer + **間接話法**： Tu ne peux pas *imaginer* comme je me sens heureuse! (ID., *Mand.*, 497)「あたしがどれほど幸せに思っているか、あなたには想像もつかないわ」
3° ***imaginer qn [qch]*** + 形 [現象], **状況補語**： Elle l'*imagine* adroit de ses mains. (VAILLAND, *Loi*, 169)「彼のことを手先が器用だと考えている」/ Il *imaginait* Paule recevant cette phrase sans rien dire. (SAGAN, *Brahms*, 82)「Pが黙ってこの言葉を受けとめている姿を思い浮べていた」/ Elle l'*imagina* sur une chaise longue. (GREEN, *Mesurat*, 275)「彼が寝椅子に横になっている姿を想像した」
4° ***s'imaginer*** + 不定詞 (= se figurer)： Je *m'imaginais* être au centre de Bleston.

(BUTOR, *Emploi*, 16)「私はB市の中心街にいると思っていた」
5° ***s'imaginer que*** + 直 (= croire à tort)： Elle *s'imagine qu'*il viendra. (ROB)「彼女は彼が来るだろうと勝手に考えている」
6° ***s'imaginer qn [qch]*** + 形 ： Elle ne pouvait détacher ses yeux de ce visage qu'elle *s'imaginait* tout à fait différent. (GREEN, *Mesurat*, 308)「彼女が全く違ったものと想像していたこの顔から目をそらすことができなかった」/ Je *me l'imaginais* plus grand. (DB)「私は彼がもっと背が高いと想像していた」

imparfait de l'indicatif [直説法半過去形] — 直説法過去時制の一種.

I. 形態 語尾はすべて**-ais, -ais, -ait, -ions, -iez, -aient**. 語幹は現分と同じ. 例外： avoir. 直・現・複1の語幹と同じと考えれば、例外はêtre: n. sommes / j'étais.
▶ -ions, -iezの発音. LÉON(29); FOUCHÉ (34)はcroyons [krwajɔ̃], croyions [krwajjɔ̃s]と区別させるが、日常語ではともに[krwajɔ̃]. 文脈で区別する (G, 645R. n I)
II. 用法 過去時制のうちで最も表現的で、感情の陰影を表わす力に富み (D, 214), 活用が容易なこともあって主節・従属節、文語・口語の別なく広く用いられる. 会話では直・現、複過、不定詞についで使用度が高い (MALANDRAIN, *Conjugaison en fr. fond.*, FDM, n° 83). 多彩な時制であるだけに、本質的機能についても定説がない.
A. 過去時制として
1° **継続** (durée) 始まりも終わりも考えず、継続相でのみとらえられた過去の行為を表わす. STEN (125)は、├──┤で図示される単過に対し、半過を(├)──(┤)と図示した: Quel âge *avais*-tu quand la guerre a éclaté? (SALACROU, *Th.* VI, 230)「戦争が起こったとき、お前はいくつだったの」/ Il *passait* devant et je le *suivais*. (SAGAN, *Sourire*, 16)「彼は先に立って歩き、私はそのあとについていった」
◆継続相を表わすとは言え、行為の始まり、終わり、またはその両方が副詞 (相当句)・文脈で示されることがある. 始まり： Or, cette année-là, aux Rois, il *neigeait depuis une semaine*. (MAUPASS., *M*^{lle} *Perle* III)「さて、その年の公現節には、1週間前から雪が降っていた」/ 終わり： J'ai pris tout ce qu'il y *avait*. (F, 1813)「あっただけのものをみんな買ったよ」/ 始まりから

imparfait de l'indicatif

終わりまで: Je t'*attendais* depuis longtemps. (GIDE, *Prométh.*, 67)「ずいぶん前からお前を待っていたのだよ」
継続相を表わす半過から次の用法が派生する.
① 反復 (répétition)・習慣 (habitude): Quand il *faisait* beau, nous *sortions* ensemble. (MAUROIS, *Climats*, 171)「晴れた日には, 一緒に外出したものだった」/ Elle *rougissait* chaque fois qu'il la *flattait* ainsi. (TROYAT, *Signe*, 6)「彼がこうやってお世辞を言うたびに, 彼女は顔を赤らめた」/ Elle fit le tour du bassin rempli de navires, *se heurtait* contre les amarres. (FLAUBERT, *Cœur* III)「船で一杯の碇泊場を回って, 幾度かもやい綱につまずいた」(この作者の好んで用いた用法) ▶ 交互反復: Sa pomme d'Adam *montait* et *descendait* sous sa peau, à chacune de ses réponses. (MALRAUX, *Cond.*, 46)「彼の喉仏は返事をするたびに, 上ったり下ったりしていた」/ L'image de Jenny *passait* et *repassait* devant ses yeux. (*Thib.* VII, 135)「Jの面影が目の前を行ったり来たりした」
② 漸進 (progression): A mesure qu'il *s'approchait*, le bruit des vagues *grandissait*. (LE CLÉZIO, *Mondo*, 158)「近づくにつれて, 波の音は次第に大きくなっていった」/ Le jour *naissait*, les étoiles *s'éteignaient*. (MAUPASS., *Sur l'eau*, 7)「次第に夜が明け星が消えていった」
③ 状態 (état): Il *était* de petite taille.「彼は背が低かった」
2° 同時性 (contemporanéité, simultanéité) ある行為の継続中に他の行為が行なわれれば, quand, pendant que などの接続詞を用いるまでもなく, 2つの行為は同時に行なわれたことになる: La mère *se mourait*, les enfants *jouaient* dans la cour. (B, 773)「母親は死に瀕していたが, 子供たちは中庭で遊んでいた」/ La mère *se mourait*, les enfants *accoururent* pour la voir encore. (*Ib.*)「…母親はもう一度彼女を見るために駆けつけた」
DG; Q; Lar.; B (773) その他が同時性に基づいて半過を定義しているが, 同時性が半過専属の機能とは言えない. その理由として
① 他の時制を並置しても, 同時性を表わし得る: Je *voyage*, mon frère *s'occupe* de mes affaires.; Je *voyagerai*, mon frère *s'occupera* de mes affaires.; J'*ai voyagé*, mon frère *s'est occupé* de mes affaires.; Je *voyageai*, mon frère *s'occupa* de mes affaires. (YVON, *Imparfait*, 5)
② 半過が他の半過, または他の過去時制と共に用いられても, 同時性が表わされるとは限らない: Le chemin *grimpait* parmi les hêtres. C'était un vieux chemin abandonné, où jadis *passaient* les diligences. (VERCORS, *Colères*, 70)「道はブナの間を上っていった. それは昔駅馬車が通っていた人気のない旧道だった」/ Elle me tendit un paquet de lettres; je reconnus celles que je lui *écrivais* d'Italie. (GIDE, *Porte*, 170)「彼女は私に手紙の包みを差出した. 見れば, それは私がイタリアから書き送った手紙であった」(*écrivais* は反復行為)
◆ 対立 (opposition) 同時性の表現は時に対立の意を帯びる. alors que, quand, lorsque, tandis que も同時から対立の意に移行した: On la *croyait* timide, elle se montra hardie, verbeuse, violente. (MAUPASS., *Boule de S.*, 58)「皆は彼女を内気だと思っていたが, 彼女は大胆で雄弁で気性の激しいことを示した」/ Le 13 juillet, Paris ne *songeait* qu'à se défendre. Le 14, il attaqua. (MICHELET—B, 862)「7月13日にはパリは防御することしか考えていなかったが, 14日には攻撃した」(BRUNOT によれば, 最後の例は同時ではないが, 同時に起こったものとして示されるところに対立の意が生じる, という)

3° 描写の半過去形 (imparfait descriptif) 継続と同時性を表わすために, 中心となる行為の背景ともいうべき状況や, 人物の性格・風貌・心理の描写に用いられる. 単過が事件の継起を物語る説話の時制であるのに対し, 半過は絵画的な描写の時制である: (...)il gagna sa chambre. La chambre *était* un grenier assez étroit dont les fenêtres *donnaient* sur la Meuse; dans l'angle opposé au lit de fer, des fruits *séchaient*, étalés sur de vieux journaux qui *tapissaient* une commode bancale. (GRACQ, *Balcon*, 14)「彼は自分の部屋に戻った. 部屋は狭苦しい屋根裏部屋で窓はM川に面していた. 鉄製のベッドと反対の隅には, 脚がびっこの整理だんすの上に敷いてある古新聞に並べられて果物が干からびかけていた」▶ il gagna は作中人物の動作を示し, 以下の半過はその動作をした

際のあたりの状況を描く．単過は舞台における俳優の動きを示し，半過は舞台の背景にたとえられる．

◆**物語冒頭の半過**．描写の半過の一種で，読者をして次の物語に好奇心を抱かせ，読者を事件のさなかに投じる手段となる：Il *étoit* (= était) une fois un bûcheron et une bûcheronne. (PERRAULT, *Petit Poucet*)「昔々，ある所にきこりの夫婦がありました」/ Au temps du roi Louis, il y *avait* en France un pauvre jongleur. (FRANCE, *Jongleur de N.D.*)「ルイ王の御代，フランスに一人のあわれな軽業師があった」 ▶物語の時期・場所などを示すc'était も同様である：C'*était* la deuxième année de la paix. (DURAS, *Marin*, 11)「平和になってから2年目のことだった」

4° **説明** (imparfait d'explication)・**原因** (imparfait causal)　ある行為に伴う状況の描写は，その行為の説明となり，あるいはその原因を表わす：Je me sentis souffrante. Je *toussais*. Je *frissonnais*. (MAUROIS, *Climats*, 223)「気分が悪かった．咳が出て寒気がしていた」/ On parla peu: on *songeait*. (MAUPASS., *Boule de S.*, 48)「一同はあまり口をきかなかった．考え込んでいたのだ」/ Il sursauta: la porte *s'ouvrait*. (VERCORS, *Yeux*, 101)「彼はびくっとした．ドアが開いたのだ」

5° **未完了** (inachèvement)　継続しつつある行為は未完了の行為である：Il *mourait* de faim. 「彼は餓死しかかっていた」(cf. Il *mourut* de faim. 「彼は餓死した」) / La famille *achevait* de dîner. (DAUDET, *Arlésienne*)「一家は夕食を終えようとしていた」(cf. La famille *acheva* de dîner.「一家は夕食を終えた」) / Il *tombait* de fatigue. (*Thib.* I, 92)「疲れて倒れそうであった」/ Septembre *finissait* tristement. (KESSEL, *Enfants*, 151)「9月がものさびしく終ろうとしていた」

派生的用法　①**試みて実現できなかった行為**：Les pleurs qu'il *retenait* coulèrent un moment. (VIGNY, *Prison*)「こらえんとすれど，一瞬涙が流れた」/ A propos de quoi te *noyais*-tu? (RENARD, *Poil*, sc. 7) (=tentais-tu de te noyer)「どうして溺れ死のうとしたんだ」

②**企てた行為の中断**：Ma mère se réveilla brusquement comme je *partais*. (SAGAN, *Sourire*, 143) (=j'étais sur le point de partir, j'allais partir)「出かけようとしていたとき，母が突然目を覚した」/ Tiens! Tu es encore ici! — Je *sortais*. (LAVEDAN, *Servir* I, 9)「おや，お前まだいたのか．——出かけようとしたところです」

③**継続行為の中断**: Ah! J'*oubliais* de vous présenter ma secrétaire. (CAMUS, *Etat*, 71)「秘書を紹介するのを忘れていました（今，思い出した）」/ Mes lunettes... Je n'y *pensais* pas. (CLAIR, 122)「眼鏡か…うっかりしていた」

6° **絵画的半過去形** (imparfait pittoresque) 一定の時期に完了した瞬間的行為を，さながら読者の眼前で行なわれているかのように，生彩をもって描く半過をいう(cf. RAD, 196; B, 776). 描写の半過の一種と考えられる．

①**継起する行為**：«J'ai soif», *disait*-il. (...)Alia *posait* le morceau de pain par terre, et elle *courait* à travers la ville pour chercher un seau d'eau. Quand elle *revenait*, à bout de souffle, Martin *buvait* longuement, à même le seau. (...) (LE CLÉZIO, *Mondo*, 183)「喉がかわいた，と彼は言った．(…)Aはパンの切れを下に置き，バケツ一杯の水を求めて町を駆け抜けた．息を切らせて戻ってくると，Mはバケツからじかに長い間水を飲んだ(…)」

◆これらの半過は単過に相当する．単過は次々に行なわれた行為を述べるだけだが，半過は各行為を浮彫りにし，いわばクローズアップ（gros plan）にして描く (GOUG, 211). この半過は夢の描写 (VERCORS, *Colères*, 124, 155; AYMÉ, *Chemin*, 7; BEAUV., *Mém.*, 101), 劇・映画の筋書き (GREEN, *Epaves*, 162; BEAUV., *Mém.*, 153), 手紙・小説の内容 (*Ib.*, 207, 210) などにも用いられる．

②**過去の事実に後続する事実**：Le 30 juillet 1793, Dumas fut promu général et *le 3 septembre de la même année*, «l'homme de couleur» *devenait* général de division. (MAUROIS, *Dumas*, 16)「1793年7月30日，Dは将官に昇進し，同年9月3日，この"黒人の男"は陸軍少将になった」/ J'enlevai mon veston. (...) Quelques instants après nous *entrions* dans la mer. (DHÔTEL, *Lieu*, 21)「私は上着を脱いだ．(…)しばらくして我々は海に入った」/ La chance me servit, car le dernier train pour Dieppe *partait deux minutes plus tard*. (TOURNIER, *Roi*, 68)「幸運に救われた．というのはD行きの最終列車は2分後の出発だったからだ」

◆この型の文では，最初の事実は一般に単過で表わされ，次いで後続する事実との間の時間的隔たりが，日付や quelques instants plus tard のような状況補語で示される．状況補語は後続節に先行するのが普通．後続節の動詞は単過も可能だが，半過は先行の節との関連を表わし，動作が読者の眼前で展開されたように活写する．次例では結果の意を帯びる：L'oiseau fut mis en cage: huit jours après il *mourait*. (CR, 129)「鳥は籠に入れられた．すると1週間後には死んでしまった」
③ **直接話法を導く動詞**　continuer, crier, dire, s'écrier, écrire, répondre, などにスポットを当て，読者に臨場感を与える：Le matelot (...) *disait*: — Beau temps, monsieur. (MAUPASS., *Sur l'eau*, 2)「水夫は言った．——いい天気ですぜ，旦那」▶ 多くは〈動+主語〉の型の挿入節で：Dernièrement, *disait*-il, un grand meeting avait eu lieu en Angleterre. (*Ib.*, 196)「最近イギリスで大規模な集会がありました，と彼が言った」/ «Cela me fait un excellent incognito», *écrivait*-il à sa femme en 1839. (*Mercure*—STEN, 161)「これで申し分のないお忍びができます，と1839年に彼は妻に書いた」
7° **過去における現在**　同時性を表わすことから，過去の観点に立つとき，半過で表わされた行為は過去における現在を表わす．
① 従属節で　Il *dit* qu'il *travaille*. の主動詞を過去時制に移せば Il *avait dit* [*a dit, disait*] qu'il *travaillait*. となる：Il me demanda ce que je *faisais*. Je lui répondis que je *travaillais*, que je *lisais*. (SAGAN, *Sourire*, 168)「彼は私に何をしているのかと尋ねた．私は勉強している，本を読んでいる，と答えた」⇨ concordance des temps I. A. 3° ②
② 自由間接話法で：Je lui ai demandé des nouvelles de Lambert: il lui avait écrit, il *rentrait* dans une semaine. (BEAUV., *Mand.*, 345)「Lの消息を尋ねると，Lから便りがあって1週間後には帰る，とのことだ」(= Il a répondu: «Il m'a écrit, il *rentre*...»)⇨ discours indirect libre
8° **過去における過去・未来**　直・現が過去，未来を表わし得るのと同じ用法．
① 過去における近い過去：Il *débarquait* à l'instant du train. (*Thib.* VI, 173)「今しがた列車から降りたばかりだった」/ Véra Baxter *sortait* de prison, lorsqu'elle s'est mariée avec Jean Baxter. (DURAS, *Véra*, 111)「Ｖは出獄するとＪと結婚した」
② 過去における未来：J'ai dit à tout le monde que je *partais*.(GÉRALDY, *Rob. et Mar.* I. 1)「僕はみんなに出掛けるって言ってしまった」(*partirais*より確実性を表わす) / Corbier *se mariait* dans dix jours. (PÉROCHON, *Nêne*, 232)「Ｃは十日後に結婚することになっていた」/ Le train de Belgique qui amenait Müller *arrivait* à Paris un peu après cinq heures. (*Thib.* VII, 237)「Ｍを乗せたベルギー発の列車は5時少し過ぎにパリに着くことになっていた」
B. 現在を表わす半過去形
1° **要求・願望の緩和** (imparfait d'atténuation, imp. de politesse, imp. de discrétion)：Je *voulais* te demander quelque chose. (G, 718, 2°)「頼みたいことがあるんだ」/ Je *venais* te demander si tu as changé d'avis depuis l'autre jour. (BEAUV., *Mand.*, 388)「この間から気が変わったかどうか聞きに来たんだが」▶ 人に直接話しかけるときに限られる (IMBS, 97).
2° **愛情の表現** (imparfait hypocoristique)：Ah! qu'il *était* joli, mon petit Maurice. (*Ib.*)「まあ，かわいいこと，Ｍちゃんは」▶ 殊に母親がわが子に3人称で呼びかけて言う．眼前の事実を過去に押しやることが，大人と子供の世界の隔たりを象徴する．cf. WAGN, *Hypoth.*, 318, 323; W-P, §440; D-P, V, 241-2; D, 215.
C. 条件法に代わる半過去形
1° **si + 半過**　未来における可能な条件，現在における非現実的仮定を表わす(⇨ si¹ I. 3°)．この半過は条・現に相当するが，〈si + 条・現〉は俗語のほかは用いない．
2° **条件に支配される主節**で，実現さるべくして実現されなかった過去における行為を示す．条・過の代わりに現実の法である直説法を用いることにより，行為の実現が確実であったことが強調される．この半過は過去時制の中に分類することもできる (W-P, 364)：Une heure de plus, et la chance *tournait* peut-être en ma faveur, la caprice de Michel *s'évanouissait* peut-être en fumée... (PORTO-RICHE, *Vieil h.* IV, 5)「あと1時間もしたら，恐らく私に運が向いて，Ｍの出来心も煙のように消えてしまったに違いありません」
3° ***devoir*, *falloir*, *pouvoir* の半過去形**　古典時代には義務・可能事の実現されなかったこと

を示し，条・過の価値を持った．この用法は今日でも可能（H, 486）: Je *pouvais* le perdre.「なくしたかもしれなかったのだ」/ Je *devais* bien m'y attendre.「当然そうなるものと思っていなければいけなかったのに」/ Il *fallait* aller outre et passer les fossés! Paris *était* à nous. (TOURNIER, *Gilles*, 26)「一路邁進して壕を乗り越えるべきだったのだ．パリはわれわれの手中にあったのだ」

impératif (mode) ［命令法, 命令形］── 命令・希望・勧告などを表わす法．古仏語では人称代名詞を主語として用い得たが（FOULET, 215），近代では主語と共に構成されたり，従属節に用いられることはない．

I. 形態 単複2人称，複数1人称を持つのみで，対応する直・現の形態と同じ．ただし，語尾-erの動詞，語尾-irの動詞中単数2人称が es で終わるもの（assaillir, couvrir, cueillir, défaillir, offrir, ouvrir, souffrir, tressaillir とそれらの合成語）は，不定詞を伴わない代名詞 en, y を添える場合のほかは，単数2人称の語尾に s を加えない: Va. / Mange. / Va*s*-y. / Mange*s*-en. / Va y mettre ordre. / Va en Amérique. (en は前置詞)

例外: avoir, être, savoir, vouloir の命令法は接続法から作られる．◆欠如した人称に対する命令（ないしは希求）には〈que + 接〉を用いる: Qu'il vienne [Qu'ils viennent].「彼[彼ら]に来てもらいたい」/ Que je meure à l'instant si j'ai menti.「私の言ったことが嘘なら，私などすぐ死んでしまうがよい」

単数1人称に対する命令には，命令法の複数1人称あるいは単数2人称を用いる: Meurs ou tue.「死ぬか殺すかどっちかだ」/ Mourons du moins sans offenser Chimère. (CORN.)「せめて Ch の気持を傷つけずに死のう」

時制 単純形と複合形（助動詞の命令形 + 過分）を持ち，一般にはこれを impératif présent, impératif passé と称する．しかし imp. présent では命令は現在・未来について発せられ，imp. passé は過去とは関係のない未来完了を表わすから，両者を forme simple, forme composée と呼ぶのが適当である（Gr. d'auj., 318）．

II. 用法
1° 単純形 ①2人称は命令・願望・依頼・勧告・禁止（否定の場合）などを表わす: Sortez!「出なさい」/ Soyez heureux.「幸福にお暮らしなさい」/ Passez-moi le journal.「新聞をとってください」/ Prenez la rue de droite.「右の道をいらっしゃい」/ N'entrez pas.「入ってはいけません」

◆命令の語調緩和: Veuillez [Voulez-vous, Voudriez-vous, Ayez la bonté de, Auriez-vous l'obligeance de, Faites-moi le plaisir de, Vous serez bien aimable de, Soyez assez bon pour, など] + 不定詞.

◆命令の強調: 感嘆詞 va, allons, allez, donc, hein! などの添加．

②複数1人称は〈自己 + 相手〉に対する命令: Marchons.「歩こう」▶時に2人称の語気緩和（⇨ nous 3°），自己に対する命令（⇨ I）．

③並置節・等位節で仮定・譲歩: *Dis*-moi qui tu hantes, et je te dirai qui tu es. (諺)（= Si tu me dis...）「友を見て人を知る」/ *Admettons* notre hypothèse, quelles sont les conséquences? (MART, 375)（=Si [Même si] nous admettons...）「われわれの仮説が正しいとすれば［正しいとしたところで］，結果はどうであろうか」/ *Parlez* toujours, vous ne me convaincrez pas. (= Même si vous parlez...)「いくらでもしゃべるがいい，僕を納得させられはしないよ」▶二重の仮定: *Croyez*-le ou ne le *croyez* pas. C'est un fait. (COCTEAU, *Th*. II, 50)「信じようと信じまいと，これが事実なのよ」

④反語的用法: *Fiez*-vous à lui. (= Ne vous fiez pas à lui)「彼を信用するがいい」/ *Comptez* là-dessus.「当てにするがいいよ」/ C'est cela, *salis* ta robe.「そう，たんと服をおよごし」

2° 複合形 ①未来の一時期に終わっている行為を表わし，未来完了（futur accompli）の価値を持つ: *Ayez fini* quand nous viendrons. (MART, 374)「われわれが来るときには終えていなさい」/ Hé, *sois rentrée*, pour jeudi. (シナリオ *Mort en Fraude*)「ねえ，木曜には帰っているようになさいよ」▶この形はまれで *Aie mangé* à huit heures. の代わりに Arrange-toi pour avoir mangé... (B, 468), *Ayez fini* pour ce soir. の代わりに Tâchez d'avoir fini ce soir. (MAUGER, 257) と言うほうが普通．

②譲歩: *Ayez fait* pis que pendre, vous n'en serez pas moins honoré, si vous êtes riche. (MART, 375)「どんな悪事を働いたことがあろうと，金があれば，やっぱり人から尊敬されるだろう」▶これも Quand vous auriez fait... が普通．

III. 命令法以外のものによる命令
①感嘆詞，名詞，語群: Chut!「しっ」/

impersonnel

Courage!「勇気を出しなさい」/ En avant!「前進」/ Un peu de patience!「少しは忍耐をなさい」
② 直・現 (⇨ présent de l'indicatif B. II. 2º ③)、単末 (⇨ futur simple II. B. 3º)、疑問形 (⇨ interrogtative I. 6º; vouloir I. 3º; 4º)、不定詞 (⇨ infinitif B. III)、条件節 (⇨ si¹ IV. 2º ③). なお ⇨ aller 7º

impersonnel ⇨ il impersonnel

importer —— 不定詞と3人称に限られる．

1º 主語 + *importer* (*à* qn): Votre opinion nous *importe* peu. (MR)「あなたの意見などわれわれにとって問題ではない」/ Cela ne lui *importe* en rien. (AC)「それは彼にとってはまったくどうでもいいことだ」/ En quoi cela peut-il lui *importer*? (*Ib*.)「それは彼にとって何の重要性があるだろうか」▶à qnなしに: Cela *importe*.「それは重要だ」

2º il importe (à qn) de 不定詞 [que + 接] 非人称: *Il* lui *importe* de faire [*que* vous fassiez] ce voyage.「この旅行をする [あなたがこの旅行をする] ことが彼には重要なのだ」

ce qu'il [*ce qui*] *importe* この構文で 不定詞 [従属節の動詞] の直・目が queならば: Voilà ce *qu'il* importe de faire [*que* vous fassiez].「それをする [あなたがそれをする] ことこそ重要なのだ」/ Qu'est-ce *qu'il* importe *de* faire?「何をすることが大切なのか」◆非人称構文〈il importe + 名〉は成り立たないから〈de 不定詞〉または queを伴わなければ qui を用いる: Voilà ce *qui* importe. (H, 492)「そこが重要なのだ」/ Ce *qui* importe, c'est que vous compreniez. (*Ib*.)「肝心なのはあなたが理解することだ」/ Qu'est-ce *qui* importe?「何が重大なのだ」

il importe (*à* qn) + 間接疑問節 動詞は 直 (〈古〉接): *Il* m'*importe* assez peu par qui je suis gouverné. (RENAN—ROB)「誰に支配されているかは大した問題ではない」/ *Il* importe pourquoi c'est arrivé. (CAPUT)「どうしてそんなことになったかが問題だ」

◆il importe (実主語の省略) il = cela: Mariage de raison ou mariage d'amour? *Il* importe assez peu. (MAUROIS, *Sent.*, 36)「理性的な結婚か恋愛結婚か．どちらにしてもあまり重要性はない」/ Qu'ils s'accouplent comme des bêtes! Qu'importe! — *Il importe* beaucoup au contraire. (ANOUILH, *Ornifle*, 217)「獣のようにくっつきあうがいいんです．構やしません．——それどころか大いに構うんだ」/ Vous m'en narrez des anecdotes! Enfin, *il* n'*importe*. (*Thib*. I, 106)「つまらない話をあれこれするじゃないの．でも，どうでもいい」

3º peu [qu'] importe qu' = en quoi
① **+ 名**: *Qu'importe* le danger! (CLAIR, 219)「危険など構いはしません」◆importerは倒置された主語に一致: *Peu* m'*importent* la distance, l'isolement, si l'enfant doit s'en trouver bien. (*Thib*. VII, 12)「子供が満足するようなら，遠かろうと，さみしかろうと，どうでもいいのです」/ *Qu'importent* les moyens? (GRENIER, *Ciné*, 269)「手段などどうでもいいのではない?」/ ことに未来形では一致: Quand elle sera ici, *peu importeront* les petits ennuis. (*EBF*)「彼女がここにいるようになれば，小さな気苦労など問題ではない」▶無変化例 *Peu importe* les soldats. (*Thib*. VIII, 144)「兵士など眼中にない」(間接補語 me, te, ...を伴わない現在形 peu importe は多く無変化) ▶qu'importe は一般に一致．

② **+ de 不定詞 [que + 接]** 非人称の il の省略形: *Peu* lui *importait de* déjeuner mal. (GRACQ, *Presqu'île*, 46)「昼飯が粗末であろうとどうでもよかった」/ *Peu importe que* ce détail soit négligeable. (PINGAUD, *Scène*, 147)「この細部が取るにたりないものであっても問題ではない」/ *Que* t'*importe de* le savoir? (GIDE, *Symph.*, 56)「そんなことを知ったってどうにもならないだろう」/ *Qu'importe qu'*il prenne froid? (*Thib*. IV, 165)「彼がかぜを引いたって，それがどうだと言うのだ」

③ **+ 間接疑問節**: *Peu importe* où nous irons. (ROB)「どこに行こうと構わない」

④ **単独用法** ilと実主語の省略形．実主語は前文，または転位的に表現される: Pris ou non, exécuté ou non, *peu importait*. (MALRAUX, *Cond.*, 12)「捕らえられようと捕らえられまいと，処刑されようとされまいと，大した問題ではなかった」/ Prenez l'autobus ou le métro, *peu importe*, vous mettrez le même temps. (*DFC*) (= cela est indifférent)「バスか地下鉄にお乗りなさい．大した違いはありません．かかる時間は同じです」/ *Que* vous *importe*? (SARTRE, *Séques.*, 34)「あなたにとっては，どっちでもいいことではありませんか」▶上記2º末段の例参照．

4º n'importe ① **単独に**: Que ce soit eux

ou vous, (il) *n'importe*. (AC)「彼らでもあなたでも、構いません」(il n'importe は文語調) / Quelle cravate mets-tu? — Oh! *n'importe*. (*DFC*) (= cela m'est égal.)「どのネクタイをしめるの。— どれでも構わない」/ Son roman est très discuté, *n'importe*, il a eu beaucoup de succès. (*DFC*) (= et cependant, malgré cela)「彼の小説は論議の的になったが、それでも大当たりだった」

② ***n'importe où*** [***comment***, ***quand***]「どこでも［どんなふうにしてでも、いつでも］」: Cela pouvait se produire *n'importe où*, *n'importe quand*. (LE CLÉZIO, *Géants*, 72)「それはどこででもいつでも起こり得た」/ Dites *n'importe quoi*, *n'importe comment*. (*Ib.*, 18)「どんなふうにでもいい、何でもいいから言いたまえ」

▶ *n'importe comment* = de toute façon の新用法として: *N'importe comment*, le service militaire était indispensable. (M. DROIT — G 新 928, f)「いずれにせよ、兵役は欠かせなかった」

♦ ×*n'importe pourquoi*, ×*n'importe combien* は不可. pour *n'importe* quelle raison「どんな理由にせよ」/ vendre à *n'importe* quel prix「どんな値段ででも売る」と言う.

③ ***n'importe qui*** [***quoi***] 代 (不定): *N'importe qui* pourrait le faire. (*DFC*)「それは誰にでもできるだろう」/ Je pensai qu'il était très possible (...) que *n'importe qui* l'aimât. (SAGAN, *Bonj.*, 28)「誰かが彼を愛することは大いにあり得ることだと思った」/ S'il me voyait aujourd'hui, le pauvre vieux, devenue *n'importe qui*! (Thib. III, 23) (= une personne insignifiante)「かわいそうなお父さんが、今日私が平凡な女になってしまったのを見たら何ていうかしら」/ Elle est capable de *n'importe quoi*. (COCTEAU, *Bacchus*, 156)「どんなことでもやりかねない」/ *N'importe quoi* m'instruisait. (BEAUV., *Age*, 60)「何でも勉強になった」

♦ 否定文: Ce n'est pas *n'importe qui*. (Thib. III, 22)「ただ者じゃない」/ On ne dit pas la vérité à *n'importe qui*. (CLAIR, 34)「誰にでも本当のことを言うものではない」/ Je ne lis pas *n'importe quoi*. (BEAUV., *Compte*, 159)「何でもかまわず読むわけではない」/ Ne dis pas *n'importe quoi*. (SAGAN, *Brahms*, 147)「でまかせを言うな」▶ ne... personne, ne... rien とは意味が異なる.

♦ + de + 形 : *N'importe qui d'*autre avait pu l'écrire. (SARTRE, *Nausées*, 124)「ほかの誰でもそれを書くことができた」/ On est tenté de *n'importe quoi d'*absurde à votre âge. (MAURIAC, *Agneau*, 30)「あなたの年では何かとばかげたことをしたくなるものです」

④ ***n'importe lequel*** [***laquelle***, ...] 既出の語を受けるか〈de + 補語〉を伴い、人にも物にも用いる. importe は無変化: Quelles fleurs dois-je lui offrir? — *N'importe lesquelles*. (ROB)「どの花をあげたらいいでしょうか。— どれでも」/ *n'importe lequel* [*laquelle*] d'entre nous「われわれのうちの誰でも」

⑤ ***n'importe quel*** [***quelle***, ...] + 名 形 (不定) importe は無変化: *N'importe quelles* semonces le laissent indifférent. (GLLF)「どんなに小言を言われても彼は平気だ」

⑥ ***n'importe*** + 名 + 関係節: *N'importe* la boutique où vous entrez (...) (S, II, 398) (= en quelque boutique que vous entriez)「どの店にはいろうと」

♦ *n'importe où* (= où que + 接): *n'importe où* elle ira (*Ib.*)「どこに行こうと」

⑦ 前 + ***n'importe qui*** [***quoi***, ***quel***] : Il a toujours dit n'importe quoi devant n'importe qui. (ROUSSIN, *Enfant*, 186)「昔から誰の前にいようと何でも言うのだ」/ Tu es sûr de le trouver à *n'importe quel* moment. (Thib. VI, 59)「いつでもきっと会えるよ」

▶ *n'importe à quelle heure* (S, I, 391)「どんな時間にでも」の語順は古い (ROB; GLLF).

♦ 前 + n'importe quel 名 que + 接 : Je vous répète que rien n'existe à mes yeux rien, sauf le bonheur de Florent, sous *n'importe quelle* forme *qu'*il se présente. (COCTEAU, *Th.* II, 53)「もう一度言うけれど、わたしにとっては何にもないの、Fの幸福のほかは何も。その幸福がどんな形で現われようとね」

imposer — imposer, en imposer. 共に「畏敬させる」、「だます」の2義に用いられたため (G, 504, 4), 現在でも学者の説は一定しないが、現在の慣用では en imposer が第1義に用いられるだけ. imposer はどちらの意にも古めかしく文学的. en imposer「だます」も文学的. ただし s'en laisser imposer (*DFC*)「見かけにだまされる」

incise (proposition) [挿入節] — prop. incidente [intercalée], 単に incise, incidente

とも言う。引用文の途中または終わりに置かれ、音調の流れを中断して、一段低い音程で発音される主節または独立節（LÉON, 53）。下記2°を除き主語は単純倒置を行なう：Excuse-moi, *dit Paul*, j'étais malade.「すみません、病気だったのです、とPが言う」；Excuse-moi, j'étais malade, *dit Paul [dit-il]*. ▶独立節：Un soir, *t'en souvient-il?* nous voguions en silence. (LAMARTINE—G, 174)「ある夕暮れ、君は覚えているかな、僕達は黙ったまま舟を漕いでいた」

1° 引用文の話者・筆者を示し、dire, raconter, demander, répondre, その他 ***dire*** の観念を含む動詞 ajouter, balbutier, commencer, continuer, conseiller, crier, s'écrier, s'exclamer, grommeler, faire (=dire), hurler, insister, ironiser, maugréer, murmurer, ordonner, remercier, soupirer, susurrer などと共に用い、主語の単純倒置を行なう（上例）。

話すときの様子を表わす動詞（soupirer = dire en soupirant）も用いられるが、dire の意を含まない動詞 s'inclina-t-il, s'embarrassa-t-il などは dit-il en s'inclinant, dit-il d'un air embarrassé と言い換えるべきである（*DBF*, dire I, 6). cf. GEORG, 145-6.

♦挿入節は discours indirect libre の中にも用いられる：Mais le pharmacien prit la défense des lettres. Le théâtre, *prétendait-il*, servait à fronder les préjugés. (FLAUBERT—田島宏『フ研』n° 2, '51, 11)「だが薬剤師は文学を擁護した。演劇は偏見の打破にも役立ちます、と彼は主張していた」 ▶直接話法なら動詞の時制は sert となる。

je の倒置 動詞が直・現でも強調的な dis-je は常用：Il semble, *dis-je*, que l'homme soit tenu de choisir entre la position chrétienne et celle prise par Gœthe. (GIDE, *Feuillets*, 247)「人間はキリスト教的立場とゲーテのとった立場のどちらかを選ぶことを余儀なくされているようだ、と私は言うのだ」 ♦直・現以外の時制では je の倒置は普通：C'est Elise, *me suis-je dit*. (JOUHAND., *Procès*, 45)「Eだ、と思った」 / Quelle prolixité, *me disais-je*! (ALAIN, *Balzac*, 11)「何たる長たらしさ、と内心思った」 / ... *soupirai-je* (SAGAN, *Bonj.*, 155) / ... *répondis-je* (LE B, *Inv.*, 192) / ... *ajoutai-je* (*Ib.*) 同様にして単過でも *dis-je* は普通。▶-er 動詞 直・現・単1の...é-je は文体の気取り： ... *murmuré-je* (JOUHAND., *Procès*, 12) / ... *commencé-je* (ROB.-GRIL., *Projet*, 44)

倒置の回避 俗語では que を用いて倒置を避ける：Restons pas dehors! *qu'il me dit.* (CÉLINE, *Voyage*, 15) (= me dit-il)「外にいるのはよそう、と彼が私に言った」⇨ que⁴ VIII. 4° ♦主語が名詞ならば：Répète un peu voir, *qu'il dit Gabriel.* (QUENEAU, *Zazie*, 11) (= dit Gabriel)「ちょっともう一度言ってくれ、とGが言う」 ▶que を用いながら主語名詞を倒置するのは混交 (contamination)：Miel! *que dit le capitaine.* (VERCEL—LE B, *Inv.*, 202)「くそっ、と船長が言う」

♦または que なしに： Non, *il a répondu*. (GIONO, *Regain*, 139)「いや、と彼が答えた」/ C'est pas mal *elle dit*. (DURAS, *Amant*, 32)「悪くないわ、と彼女が言う」 ▶DURAS はしばしば ⟨,⟩ を略す。⟨,⟩ の省略は A. PHILIPE, *Amour* にも。

2° 意見・外観などを示す動詞 主語が je で動詞が直・現ならば倒置をしない：La pièce, *je crois [je pense, je suppose]*, aura du succès. (C, 340)「この劇は当たるだろうと思う」/ Il dit, *je sais [je parie, je m'en doute]*, du mal de moi. (*Ib.*)「彼が私の悪口を言っていることは知っている[確信している、察している]」 ▶その他 j'espère, je présume, j'imagine, など。

♦動詞が直・現以外ならば倒置： Je regardais les étoiles (...). Leurs lumières, *pensais-je*, mettent des années et des années pour nous parvenir. (MODIANO, *Vestiaire*, 129)「私は星を見ていた(...) その光がここに届くまでに大変な年数がかかっているのだ、と考えていた」

♦3人称は倒置： songe-t-il, croit-on; a-t-il pensé; 非人称句 paraît-il, me semble-t-il と並んで il paraît, il me semble とも言う。⇨ paraître 7°; sembler 10°

3° その他の挿入節：Des guerres, *et quelles guerres*, ont, en trente ans, changé la face et l'équilibre du monde. (SIEGFRIED, *Ame*, 5)「戦争は—しかも、なんという戦争であったろうか—30年にして世界の様相と均衡を変えてしまった」

inconnu — inconnu à [de] qn: être *inconnu à [de]* tous「誰からも知られていない」 では connu de (⇨ connaître 7°) の analogie, 正規の à より普及。♦人称代名詞を用いると：qui *lui [nous]* est inconnu または qui est *inconnu de lui [de nous]* / une voix d'homme, inconnue *de lui* (Maurois, *Climats*, 242) / un plaisir jusque-là *inconnu de vous* (Duras, *Maladie*, 15)

indicatif [直説法] — 行為を現実のものとして表わす法 (mode). Il ne croit pas que je *suis* malade.「彼は私が病気であるとは思わない」では je suis malade は客観的な事実として示される. 接続法との相違については ⇨ subjonctif II. B. 1° ① (1)

直説法は命令法，条件法に代わることがある. ⇨ présent de l'ind. B. II. 2° ③; futur simple II. B. 3°; imparfait de l'ind. II. C.; plus-que-parfait de l'ind. II. 6°

時制: ①現在: présent. ②過去 (1) passé composé. (2) passé simple. (3) imparfait. (4) passé antérieur. (5) plus-que-parfait. ③未来 (1) futur simple. (2) futur antérieur.

このほかに temps surcomposés として，(1) passé surcomp. (2) passé antérieur surcomp. (3) plus-que-parfait surcomp. (4) futur antérieur surcomp. がある. 用法は各時制の項を参照.

infinitif [不定詞] — 辞典で見出し語に用いられる代表形. 無人称法 (mode impersonnel) の一種とされるのが普通だが，数・人称・叙法・時制の観念を含まず，動作・状態を漠然と表わすだけだから，本書では「法」を避けて「不定詞」と呼ぶが，「不定法」も広く用いられている.『フランス語学文庫』(1956-, 白水社) では「不定形」.

機能的には，participe が動詞と形容詞，ジェロンディフ (gérondif) が動詞と副詞の性質を兼ねるように，不定詞は動詞と名詞の性質を兼ねるから，forme nominale du verbe (W-P, 298)「動詞の名詞形」とも称せられる.

A. 不定詞の諸特徴
I. 形態． 語幹と語尾から成るが不変化語．
語尾は -er (aimer), -ir (finir), -oir (recevoir), -re (rendre) の4種．

単純形 (forme simple) **と複合形** (forme composée) 不定詞はそれ自体では時の観念を含まないが，伝統的に現在形 (inf. présent) と過去形 (inf. passé) に分けられる.

現在形は関係する動詞の時制と意味に従って，時の観念を表わすに過ぎない. 次例の venir は主動詞 voir と同時の動作を表わす: Je le vois *venir*.「彼が来るのが見える」(現在) / Je l'ai vu *venir*.「…が見えた」(過去) / Je le verrai *venir*.「…が見えるだろう」(未来) 次例では不定詞は主動詞より後の行為: Il espère [compte] *partir*.「彼は出かけたいと思っている [出かけるつもりである]」

過去形は ⟨不定詞 (助動) 単純形⟩ + ⟨過分⟩ の形をとり，完了を表わして，複過，直・大，条・過 (過去における前未)，前未に相当する: Il croit *l'avoir lu*.「それを読んだと思う」(= qu'il l'a lu) / Il croyait *l'avoir lu*.「それを読んだ [読み終えているだろう] と思っていた」(= qu'il l'avait lu, または qu'il l'aurait lu) / Il espère *avoir fini* demain.「明日には終えていたいと思っている」(= qu'il aura fini)

◆このほかに不定詞未来形として devoir + 不定詞，同じく前未として avoir dû + 不定詞 を加えることがある (W, 245) が，Il croit *devoir partir*.「でかけようと思っている」は鈍重でまれ. devoir の不定詞はその本来の義務の意を失わず，未来の助動詞にはなりにくい (D, 229).

II. 不定詞の動作主 動作の主体は種々の形で示される.
1° 不定詞がそれ自体の動作主を持たない場合
① それが関係する主動詞の動作主を動作主とする: Je veux *sortir*.
② 主動詞の直・目，間・目を動作主とする: Je prie Paul de *m'attendre*.「私は P に待ってくださいと言う」/ Dites-*lui* de *venir*.「彼に来るように言ってください」
③ 動作主は他の語で示される: son désir de *vaincre*「勝ちたいという彼の願望」
④ 動作主は不確定な普遍的な語: Il faut toujours *se méfier* des sots.「バカ者にはいつも用心しなければならぬ」/ *Vivre*, c'est *souffrir*.「生きるとは苦しむことだ」
2° 不定詞がそれ自体の動作主を持つ場合
① 独立節: Lui, *mourir*!「彼が死ぬなんて！」⇨ B.I. / Grenouilles aussitôt de *sauter* dans les ondes. (La Font., *Fab.* II, 14)「蛙どもはすぐさま水に飛びこんだ」⇨ B. I.
② 不定詞節: J'entends la cloche *sonner*.「鐘が鳴るのが聞こえる」⇨ C. III 1° ②; ③ (2)
③ 法律用語: Toute ma fortune restera entre les mains de mon notaire, ... pour ma volonté exprimée plus haut *être accomplie*. (Maupass., *Héritage*)「上記の私の意志が成就されるように，私の全財産を公証人の手に委ねておこう」
④ 方言，俗語: C'est un bonnet pour Simone *aller* à l'école. (D-P, III, 491)「S が学校に行

くときにかぶる帽子です」

III. 態　能動形（forme active），受動形（forme passive）を持つが，能動形のあるものが受動的意味に解されたことがある．

1°　à 不定詞　名詞の補語：une maison *à vendre*「売家」；形容詞の補語：un problème facile *à résoudre*「解きやすい問題」；属詞：Il est *à plaindre*.「彼はかわいそうだ」

◆D (228) は能動・受動の意を兼ねるものと解する（une maison à vendre は家から見れば受動，所有者から見れば能動の意）．B (367); LE B (II, 685) は能動の意のみを認め，N (VI, 217) は能動・受動の観念が消滅した普遍的価値を持つと説く．

2°　知覚動詞，運動動詞，*faire, laisser*の後：la maison que j'ai vu *bâtir*「建てているのが見えた家」/ Votre bonté vous fait *aimer*.「あなたは親切だから人に好かれる」▶ これらの不定詞の動作主は表現されない不特定な語と考え，不定詞は能動的意味を持つものと解し得る．

IV. 不定詞の名詞化　不定詞は名詞的機能（⇨C）を持つだけでなく，冠詞または他の限定辞を伴って真の名詞となるものがある：aller「行き」/ avoir「財産」/ baiser「接吻」/ coucher「就寝」/ déjeuner「昼食」/ devoir「義務」/ dîner「夕食」/ être「存在」/ goûter「おやつ」/ lâcher「放つこと」/ laisser-faire「放任」/ lever「起床」/ parler「話し方」/ pouvoir「力」/ repentir「後悔」/ savoir「知識」/ savoir-faire「手腕」/ savoir-vivre「処世法」/ au sortir de「…から出たとき」/ souper「夜食」/ sourire「微笑」/ souvenir「思い出；土産品」/ toucher「さわること」/ vivre「食物」/ vouloir「意志」，など．

◆古仏語のある動詞は名詞としてのみ残る：loisir「暇」（古仏 = être permis）/ manoir「邸宅」（古仏 = demeurer）/ plaisir「喜び」（古仏 = plaire）▶ 不定詞の名詞化は古仏語では自由，近代ではまれ．古文調：Le *naître* et le *mourir* sont frères jumeaux. (FRANCE, *Ste Claire*, 61)「生と死は双生児のようなものだ」

▶ 専門語は今日もなおこの方法で名詞を作る：le devenir「〔哲〕生成」/ le lancer「〔スポーツ〕（円盤などの）投擲(とうてき)競技」，など．

◆これらは普通の名詞と同じく，名詞限定辞に先立たれ，付加形容詞・限定補語を伴い得る：un dîner somptueux「豪華な晩餐」/ son grand savoir「彼の豊かな学識」/ le coucher du soleil「日没」▶ 名詞化された不定詞は具象的な物を指すことが多い：son *rire* clair「彼女の明るい笑い声」/ Ici on peut apporter son *manger*. (PR)「ここは食物を持ち込みできる」

◆複数にも用いられる：Leurs *dires* ne sont pas concordants. (PR)「彼らの主張は一致しない」/ exciter les *rires* (PR)「笑いを誘う」/ couper les *vivres* (PR)「糧道を断つ」

B. 不定詞の動詞的機能　不定詞は名詞的機能と同時に動詞の性質を持つので，人称法に用いられた動詞に代わって節を作ることがある．一般には，その中で不定詞が主動詞とは違うそれ自体の動作主を示すもののみを**proposition infinitive**［不定詞節］と言う．この場合，主動詞は知覚・使役の動詞（C. III. 1° ②）および一部の運動動詞（C. III. 1°③(2)）に限られる．不定詞節の範囲については異論もある (G, 1006)．ここでは，動詞的機能としては独立節の述部をなすもののみをあげ，不定詞節も含めてその他の用法は，文中のさまざまな要素に代わるものとして，Cの名詞的機能の中で分類した．

I. 感嘆 (inf. exclamatif)　驚き・憤慨・抗議・悔恨・願望など．動作主は（代）名詞：Des enfants de famille, *courir* les chemins comme de petits criminels! (THIB. I, 108)「良家の子弟が罪を犯した子供のように道をうろつくとは何ごとだ」/ Moi, *pleurer*? penses-tu. (ANOUILH, *P.R.*, 222)「あたしが泣くんだって？とんでもない」/ Me *quitter*, toi? Ah! laisse-moi rire. (ACHARD, *Th.* II, 138)「僕と別れるって，お前が？ 笑わせるなよ」

◆動作主は時に省かれる：Es-tu sûr de ne pas te tromper? — Me *tromper*! (GIDE, *Porte*, 92)「思い違いをしていないって確かかい？—思い違いだなんて」/ Plutôt *crever*. (GARY, *Au-delà*, 57)「くたばるほうがましだ」/ *Partir*! Oh, oui, partir, partir seul, n'importe où! (THIB. II, 68)「出発だ！ そう，出発だ，一人で出発するんだ，どこへだって構やしない！」

◆(Et) dire que...! (Et) penser que...!は原義が薄らぎ，感嘆を表わす慣用句となる．

II. 疑問 (inf. interrogatif)：Pourquoi *écrire* cette histoire? (DURAS, *Emily*, 55)「どうしてこの話を書くのです」/ De quel droit vous *avoir fait* une piqûre? (ANOUILH, *Ornifle*, 209)「何の権利があって（彼は）あなたに注射をしたのです」

◆殊に話者がいかなる決定をなすべきかを自ら問

う自問形 (inf. délibératif)：Que *faire*? Quel bonheur *espérer*, quelle attitude *prendre*? (TROYAT, *Araigne*, 133)「どうすべきか．いかなる幸福を期待し，いかなる態度を取るべきか」/ Comment *savoir* la vérité? (CAMUS, *Justes*, 159)「どうしたら真相を知れるだろう」

III. 命令 (inf. impératif)　課題，使用法の説明，勧告，告示，格言などで．書き言葉で広い読者を対象とするから，動作主は表現されない：*Tracer* une ligne droite.「直線を引くこと」/ *Agiter* la bouteille avant de s'en servir.「使用前に瓶を振ること」/ *Voir* page 20.「20ページ参照」/ *Ralentir*.「徐行」

IV. メモ風の文体：*Passer* chez X.「Xの家に寄ること」

V. 物語体不定詞 (inf. de narration)　inf. descriptif あるいは inf. historique とも言う．

et + 主語 + *de* 不定詞 の形をとるのが普通．多くは et と同じく前文との関連を示す alors, aussitôt, là-dessus を主語の前または後に置き，過去形または現在形を用いた叙述に挿入されて，前文の結果としてその直後に行なわれた行為を表わし，物語に生彩を添える．et の代わりに mais を用いたり，これらの接続詞・副詞を省いたり，主語が前節の主語と同じなら，主語を省くこともある．不定詞複合形は用いられない：*Et* moi *de me débattre*, *de frapper* Alphonsine des poings et des pieds, *de hurler*, *de fondre* en larmes. (FRANCE, *P. Pierre*, 18)「すると私は大あばれにあばれて，Aを拳骨でなぐり足で蹴り，わめきたて，涙にくれるのだった」/ Eux, *alors*, *de lâcher* leur fardeau, qui tomba lourdement par terre et puis *de s'enfuir* à toutes jambes. (LOTI, *Yves*, 46)「彼らがそのとき荷物を放すと，それは地面にずしりと落ちた．それから一目散に逃げだした」/ *Aussitôt*, Elise qui fait son entrée *de fulminer*. (JOUHAND., *Procès*, 123)「すぐにEが入ってきてわめき立てる」▶ 物語体不定詞は論文中にも見られる（例：GALICHET, *Méthod.*, 9）．

♦この構文は15・6世紀に発達, LA FONTAINE が好んで用いたが，現代では多少古めかしく，多くは文学的とみなされている (B, 11, 478; D, 228; W-P, 301)．だが BONN (*Code*, 286) はいくつかの地方で話し言葉にも用いられると言う．この構文を LIT (de, 20°) は省略で説明する：On les appela; eux (commencèrent, se hâtèrent) de courir.　しかし純粋不定詞を同様に用いたラテン語法に由来するもので，de は不定詞を導く以外の役割を持たない，と説くほうが普通 (DARM, IV, 146; DG, 276; Gr. Lar. XXe, 344; SENSINE, 99)．

▶ この構文が簡潔で生彩に富むのは行為が概念の状態であることによる．Grenouilles *de sauter*. は *Saut* de grenouilles. に異ならない (LE B, I, 471; CR, 145-6; BONN, *Code*, 230)．

C. 不定詞の名詞的機能　不定詞は前置詞なしで，あるいは前置詞に先立たれて，名詞のすべての機能を果たす．この場合も，同時に動詞としての意味を表わすことは言うまでもない.

I. 主語

1° 純粋不定詞 (infinitif pur)　前置詞なしの不定詞．事実を抽象的・普遍的に表わし (D-P, III, 497-8), 格言的な表現 (N, VI, 223) だけでなく，個々の事実を示すためにも用いられる：*Gémir*, *pleurer*, *prier* est également lâche. (VIGNY, *Mort du Loup*, III)「嘆くも泣くも祈るもひとしく卑怯なり」/ *Créer* le monde est moins impossible que de le comprendre. (FRANCE, *Jardin*, 59)「世界を創造することはそれを理解することほど不可能ではない」/ *Marcher* le fatiguait vite. (BEAUV., *Adieux*, 71)「歩くと彼はすぐ疲れた」/ *Répondre* à cette question lui parut difficile. (GREEN, *Moïra*, 60)「この問いに答えるのは彼には困難に思われた」/ Il dit que *parler* d'argent l'ennuie. (DURAS, *Amant*, 60)「彼は金の話はうんざりだと言う」

2° *de* 不定詞　個々の事実を表わす：Mais *d'imaginer* cela ne lui donna aucun plaisir. (VAILLAND, *Loi*, 86)「そう考えてもちっとも楽しくなかった」/ Je pense que *de* ne rien *tenter* est la pire des solutions. (VERCORS, *Plus ou moins h.*, 246)「腕をこまねいているのは解決策の最悪のものだと思う」/ *D'avoir pensé* cela le bouleversait plus encore que de l'avoir dit. (*Thib.* IV, 207)「そう考えただけでも，それを口にした以上に彼の気を動転させていた」▶ 主語〈de 不定詞〉は古文に多く，W-P (§346); BÉCHADE (75) はこれを懐古調とするが, S (III, 34-5) は俗語調・口語調であることを例証．この de は単なる不定詞の標識 (S, III, 32; LE B, II, 687; GOUG, 282)．

♦ de 不定詞, cela [ça] ...：*De m'en aller*, cela va me faire souffrir. (LOTI, *Yves*, 219)「ここを立ち去るのはつらいだろうな」

3° 実主語（非人称的表現の補語）の場合
① **純粋不定詞**　il faut / il vaut mieux [autant] / il fait cher [bon, beau] / il (me) semble, などの後 ⇨ valoir 3°; faire XIV. 1°; sembler 10°
▶c'est+不定詞 [[名]] que+不定詞 ⇨ ce¹ II. 7°②
② ***de*** 不定詞 : Il [C']est difficile *de* l'*éviter*. 「それを避けるのはむずかしい」 / Il ne me plaît pas *de faire* cela. 「そんなことはしたくありません」 ⇨ ce¹ II. 5°
③ ***à*** 不定詞 : c'est à vous *à* 不定詞 / c'est votre tour *à* 不定詞 / (il) reste *à* 不定詞 (⇨ rester 3°)のほかはまれ.

II. 属詞
1° **純粋不定詞**　主語の属詞. être, sembler, paraître, être censé [réputé, supposé], passer pour, s'appeler, などの後 : Prier serait les *trahir*. (CAMUS, *Justes*, 148)「祈れば彼らを裏切ることになりましょう」/ Elle paraissait *regretter* ses paroles. (CASTILLOU, *Thaddëa*, 12)「自分の言葉を後悔しているようであった」/ Je suis censé *avoir été* collaborateur. (MONTHERL., *Demain*, 125)「私は協力者であったとみなされている」▶c'est direを用いた慣用句 : *C'est* beaucoup [peu] *dire*. 「それは言いすぎだ[そればかりではない]」/ *C'est* tout *dire*. 「それですべてを言い尽くしている」
♦ce que..., c'est+不定詞　ce queのあとの動詞が純粋不定詞を補語とする場合 : *Ce que* je voulais *c'était être* seule. (SAGAN, *Sourire*, 64) (< Je voulais être seule)「私が望んでいたのは, ひとりになることだった」/ *Ce que* j'aime par-dessus tout, *c'est flâner* dans les vieilles rues. (MAUROIS, *Climats*, 32)「私が何よりも好きなのは古い街をぶらつくことです」/ *Ce qu*'il fallait, *c'était* mieux la *comprendre*. (*Thib.* II, 178)「必要なのは彼女をもっとよく理解することだった」▶*Tout ce que* je désirerais, *c'est de* m'endormir pour ne jamais me réveiller. (BEAUV., *Mém.*, 183)「望ましいのは眠ってしまって二度と目を覚まさないことよ」は文語調の désirer de 不定詞 による.
▶直・目の属詞 ⇨ appeler 1°③
2° ***de*** 不定詞　主語が(代)名詞で動詞がêtre [まれに devenir]の場合 : Le but de l'organisation était *de lutter* contre la répression. (BEAUV., *Adieux*, 17)「組織の目的は弾圧と戦うことだった」/ L'important, c'est *de travailler*. (*Ib.*, 118)「重要なのは仕事をすることだ」/ Ce qui est agréable en amour, c'est *d'être cru*. En amitié, c'est *d'être compris*. (ACHARD, *Patate*, 53)「恋愛で嬉しいのは信じてもらうことだ. 友情では理解してもらうことだ」
▶この場合, 主語と属詞は同一物だから交替可能 (S, III, 69). 第1例はLutter contre la répression était le but de... とも言える.
♦c'est de 不定詞+qui: *Ce n'est pas de veiller qui* me fatigue. (SÉE—S, III, 68)「私が疲れるのは徹夜のためではない」(deは必要)
3° ***à*** 不定詞　まれな例. ⇨ à II. 4°
III. 動詞の補語
1° 動詞+不定詞 (各語参照)
① **直・目に相当**　以下の動詞の後で.
(1)法助動詞: pouvoir, savoir, devoir.
(2)意志, 意図: vouloir, entendre (=vouloir), oser, daigner, など.
(3)好意, 願望: aimer, aimer mieux, aimer autant, préférer, désirer, détester, souhaiter, espérer, など.
(4)言明: dire, avouer, raconter, affirmer, déclarer, jurer, prétendre, nier, など.
(5)判断, 思考: croire, penser, se figurer, (s')imaginer, compter, など.
〈動+不定詞〉と〈動+que〉. これらの動詞が補足節を従え得る場合,〈que+接〉ならばわずかな例外を除いて主動詞の動作主を補足節の動作主にはできないから〈+不定詞〉が必要. ×Je veux que je revienne.「また来たいと思う」は成りたたないから, Je veux *revenir*. と言う.〈que+直〉を従える動詞では J'espère que je reviendrai.「また来たいものだ」/ Il croit qu'il a raison.「自分が正しいと信じている」が可能なものがある. この場合は J'espère *revenir*. / Il croit *avoir raison*.と両立する.
② **知覚・使役の動詞の後で**
(1)知覚: voir, regarder, entendre, écouter, sentir, など.
(2)使役: faire, laisser.
③ **目的の意味を表わす**
(1) 不定詞の動作主は主動詞の動作主に一致し pourは省かれる. (その違いについては ⇨pour II. 2°). 運動動詞: accourir, aller, s'en aller, courir, descendre, entrer, être (=aller), monter, partir, passer, rentrer, rester, retourner, revenir, sortir, venir, などの後で.
(2)不定詞の動作主は主動詞の直・目: amener,

emmener, conduire, envoyer, mener, などと共に（各語参照）．

2° 動＋*de* 不定詞

① 直・目に相当：accepter, accorder à qn, achever, affecter, ambitionner, appréhender, attendre, cesser, commander à qn, conseiller à qn, craindre, dédaigner, défendre à qn, devoir à qn, discontinuer, enjoindre à qn, entreprendre, essayer, éviter, feindre, finir, haïr, hasarder, imputer à qn, inspirer à qn, interdire à qn, jurer, méditer, mériter, négliger, nier, obtenir, offrir, omettre, ordonner à qn, oublier, pardonner à qn, permettre à qn, persuader à qn, prescrire à qn, promettre à qn, proposer à qn, recommander à qn, redouter, refuser, regretter, reprocher à qn, se réserver, résoudre, rêver, risquer, signifier à qn, suggérer, tenter, などの後：Les ouvriers ont cessé *de travailler*.「工員たちは仕事をするのをやめた」／ Je lui ai promis *d'y aller*.「彼にそこに行くと約束した」

♦ 上例を Ils ont cessé *le travail*. Je lui ai promis *un cadeau*. とくらべると〈de 不定詞〉が名詞に相当し，de が不定詞を導く以外の役割を果たしていないことがわかる．この〈de 不定詞〉は間・目とされたが（MAUGER, 307; CAYROU, 346），直・目とみなし得る（BÉCHADE, 76, 184）．

② 他動 ＋属詞＋ *de* 不定詞（語順については ⇒ attribut V. 2° ①）：Je trouvai préférable *de sortir* sans répondre. (GASCAR, *Meubles*, 72)「返事をせずに外に出たほうがましだと思った」／ Je jugeai inutile *de répondre*. (*Ib.*, 125)「返答をするのは無駄だと思った」

♦ 一般に不定詞を目的語としない動詞 (trouver)，純粋不定詞を目的語とする動詞 (croire) でも，この構成では〈de 不定詞〉を用いる：Je n'*ai* pas pour habitude *de me mêler* de ce qui ne me regarde pas. (ANOUILH, *P.R.*, 207)「私は自分に関係ないことに口だしをする癖はありません」

③ その他の補語　多くは〈de＋名〉に相当：s'abstenir, accuser qn, s'accuser, s'affliger, s'applaudir, arrêter qn, s'arrêter, s'aviser, n'avoir garde, blâmer qn, brûler, charger qn, choisir, conjurer qn, se contenter, convenir, décider, se dépêcher, désespérer, déhabituer qn, disconvenir, se disculper, dispenser qn, se dispenser, dissuader qn, douter, empêcher qn, enrager, s'étonner, excuser qn, s'excuser, féliciter qn, se flatter, frémir, se garder, gémir, se glorifier, se hâter, s'indigner, s'ingérer, s'interrompre, se mêler, menacer, parler, prier qn, punir qn, se réjouir, se repentir, se retenir, rire, rougir, sommer qn, souffrir, soupçonner qn, se souvenir, supplier qn, trembler, se vanter, などの後：accuser qn *d'avoir commis un crime*「ある人が罪を犯したことを非難する」(cf. accuser qn *d'un crime*「ある人の罪を非難する」) ／ Je m'étonne *de vous voir*.「あなたにお会いするとは意外です」cf. Je m'étonne *de votre procédé*.「あなたのやり方には驚きますね」

3° 動 ＋ *à* 不定詞　① 直・目に相当：apporter, apprendre, chercher, désapprendre, donner, enseigner, montrer, s'offrir, payer, préparer, servir, trouver, などの後：J'ai appris *à dessiner*.「私は絵をかくことを習った」cf. J'ai appris *le dessin*.

② その他の補語　多くは〈à＋名〉に相当：s'abaisser, aboutir, s'accorder, accoutumer qn, s'acharner, aider qn, s'amuser, animer qn, s'appliquer, s'apprêter, arriver, aspirer, assigner qn, assujettir qn, s'attacher, s'attendre, autoriser qn, s'avilir, balancer, se borner, se complaire, concourir, condamner qn, consentir, conspirer, se consumer, contribuer, se décider, se déterminer, se dévouer, disposer qn, se disposer, dresser qn, employer qn, s'employer, encourager qn, s'encourager, engager qn, s'engager, s'entendre, s'entêter, s'essayer, s'évertuer, exceller, exciter qn, exercer qn, s'exercer, exhorter qn, s'exposer, se fatiguer, habituer qn, s'habituer, se hasarder, hésiter [時にhésiter pour], inciter qn, s'ingénier, inviter qn, mettre qn [qch], se mettre, nécessiter qn, s'obstiner, s'offrir, parvenir, pencher, persévérer, persister, se plaire, se plier, porter qn, pousser qn, préparer qn, se préparer, provoquer qn, réduire qn, se refuser, renoncer, répugner, se résigner, réussir, servir, songer, tarder, tendre, tenir, travailler, se tuer, viser, などの後：exciter qn *à se révolter*「人をけしかけて反抗させる」(cf.

exciter qn à *la révolte*) / se disposer à *dormir*「寝る用意をする」(cf. se disposer au *sommeil*) ♦名詞を補語とする場合, 前置詞の異なるものがある(cf. persister *dans* / persévérer *dans* / hésiter *dans*, *sur* / exceller *en*, *dans*, *à*).

4° 構成の一定しないもの（各語参照）
① 直・目に相当　以下の動詞の後で. à または de または前置詞なし.
(1) aimer (à[de]), commencer à[de], continuer à [de], désirer (de), détester (de), espérer (de), haïr à [de], préférer (de), souhaiter (de), など. 純粋不定詞に代わる〈de 不定詞〉は古風.
(2) 意味によるもの：dire (de), écrire (de), (s') imaginer (de), jurer (de), penser (à), prétendre (à), protester (de), rêver (de), など.
(3) 構文によるもの：demander à [de].
② 〈前＋名〉に相当　以下の動詞の後で. à または de.
(1) contraindre qn, différer, s'efforcer, s'ennuyer, forcer qn, obliger qn, solliciter qn, など.
(2) 意味の異なるもの：décider, défier, s'empresser, se lasser, manquer, s'occuper, prendre garde, など.

5° 動＋*par* 不定詞：commencer, continuer, débuter, finir, terminer の後（各語参照）.
その他：Il se vengeait *par* en médire. (VOLTAIRE, *Zadig* IV)「腹いせにその悪口を言った」

6° その他の前置詞（相当句）＋不定詞：afin de, après, avant de, de crainte [peur] de, à force de, de façon [manière] à, jusqu'à, au lieu de, loin de, à moins de, au point de, pour, près de, sans, en sorte de, en vue de, などの後. (状況節[副詞節]に相当)

7° 間接疑問節　前記 B. II. の疑問文は間接疑問にも用いられる：Je ne sais que [comment] faire. (= Je ne sais ce que [comment] je dois faire)「何を[どんな風に]したらよいかわからない」

8° 関係節　où,〈前＋関係代名詞〉の後で：Savons-nous si nous trouverons seulement une maison où *passer* la nuit? (MAUPASS., *Boule de S.*, 27) (= où nous puissions passer...)「せめて今夜を過せる家が見つけられるかどうかもわかったものではありません」/ Ils n'avaient encore rencontré personne à qui *s'informer* du chemin. (BRUNO, *Tour de la Fr.*, 292) (= à qui ils pussent s'informer)「まだ道を尋ねる人に誰も出あわなかった」

IV. （代）名詞の補語　[名] [代] ＋ à [de, pour] 不定詞：une maison *à vendre*「売家」/ une machine *à coudre*「ミシン」/ un conseil *à suivre*「従うべき忠告」/ un conte *à dormir* debout「荒唐無稽な話」(⇨ à II. 2°, 4°) / Il est l'heure *de partir*.「出発する時間だ」/ S'il nous faut une ambition, ayons celle *de faire* le bien.「野心を抱かなければならないものなら, よいことをしようという野心を抱こう」/ une histoire *pour rire*「冗談の話」

V. 形容詞の補語
1° 形＋*à* 不定詞　admirable, adroit, agréable, aisé, âpre, apte, attentif, beau, bon, commode, difficile, disposé, enclin, facile, habitué, habile, hardi, impropre, impuissant, joli, lent, long, nécessaire, patient, prêt, prompt, propre, résolu, sujet, unanime, utile, などの後：prompt *à se fâcher*「怒りやすい」/ un livre facile [difficile] *à lire*「読みやすい[にくい]本」/ beau [joli] *à voir*「見た目の美しい」

▶ MART (442)は beau, bon, difficile, facile などの後の不定詞は受動的意味を持つものとみなし直接他動詞しか許容しない. cf. 前記 A III 1°

2° 形＋*de* 不定詞　capable, certain, chargé, content, coupable, désireux, désolé, digne, étonné, fâché, fatigué, forcé, fier, heureux, incapable, las, libre, obligé, pressé, soucieux, sûr, surpris, susceptible, tenté, tenu [時に tenu à], triste, などの後：Il est capable [certain, désireux] *de réussir*.「彼は成功できる[成功を確信している, 願っている]」

3° *pour* 不定詞 (目的)　特定の形容詞の後とは限らない：les choses nécessaires *pour subsister*「生活するに必要なもの」

VI. 比較の補語　tel que, mieux que, plutôt que などの que, および comme の後では〈de 不定詞〉が普通：Aimer est aussi naturel que *de boire* et *de manger*. (MUSSET, *Confess.*, 104)「愛することは飲み食いするのと同じように自然なことだ」/ Rien n'est doux comme *d'aimer* la jeunesse et *d'en être* aimé. (FRANCE, *Vie litt.* II, 192)「若い女性を愛しまたその人から愛されるほど快いことはない」

♦時に de を略す：Vous me couperiez la langue, plutôt que me le *faire dire*.

interrogative (phrase, proposition)

(ARAGON, *Serv.*, 107)「それを言わせるくらいならむしろ私の舌を切ってください」
▶ 不定詞と不定詞の比較では de を省略することがある。⇨ valoir 3º; plutôt 1º ②; aimer 2º

VII. 同格: Claude n'avait plus qu'un désir: *s'excuser* auprès d'elle. (ARLAND, *Monique*, 61)「もはやClの望みはただ一つ、彼女にわびることだけだった」/ Ce que je veux c'est ça, *écrire*. (DURAS, *Amant*, 29)「私がしたいのはそれなのだ、書くことなのだ」

c'est + 属詞, + 不定詞 : C'est merveilleux, *pouvoir* aider quelqu'un quand on a soi-même besoin de secours. (GARY, *Clair*, 85)「自分が助けを必要としているときに、逆に人を助けられるなんて素晴らしいわ」

同格不定詞と前置詞 以下 S(III,125) の例。
▶ 補語の前の前置詞の反復: Il ne pense qu'*à* une chose, *à être* clairvoyant. (Tr. BERNARD)「ただ一つのこと、洞察力を備えることしか考えない」 ▶ 動 + à [de] 不定詞 の影響: J'ai du moins appris une chose, *à* ne pas *ignorer* mon ignorance. (BOURGET)「少なくとも一つのことを学んだ。自分の無知を自覚することだ」 ▶ 同格不定詞が c'est de 不定詞 で置き換えられるとき: Je ne saurais lui reprocher qu'une chose : *d'être* sans reproche. (DUHAMEL)「ただ一つのこと、非の打ち所がないということのほかは、彼を非難できまい」

VIII. 転位用法: *Exposer* un système d'Alain, Alain lui-même ne l'a pas fait. (MAUROIS, *Alain*, 10)「アランの体系を説くということは、アラン自身もしていない」

infixe [接中辞] — 語形成、動詞活用に際し、語幹と語尾の間に挿入される文字、小辞: abri-*t*-er, bijou-*t*-ier, nous fin-*iss*-ons.

instantané ⇨ aspect

interdire — interdire à qn de 不定詞 「人に…することを禁止する」: Je vous *interdis* de me parler sur ce ton. (*DFC*)「私にそんな調子でものを言わないでください」 ◆これは *Ne* me parlez pas... と類義であるから、しばしば2つの構文が混ざって: Le médecin lui *interdit* de *ne plus jamais* me suivre dans mes courses. (BEAUV., *Force*, 102)「医者はもう決して私の遠足に付いて行かないようにと彼女に禁じた」⇨ garde (prendre); garder
◆ interdire que + 接 「…することを禁止する」. éviter que, empêcher que にならい、まれに虚辞の ne を使用: pour *interdire* qu'on n'exploite sa mort (THÉRIVE — GEORG, 198)「自分の死を利用されないように」

interjection [間投詞] — 文法的機能を持たず、文の埒外にある一種の叫び声。品詞から除外する学者が多い (D, 49; BRUN, 96; VENDR, 136).
1º 叫び声: Ah! Aïe! Bah! Eh! Euh! Fi! Ha! Hé! Hein! Hem! Heu! Heup! Hi! Hue! Hum! O! Oh! Ouf! Pst! など。
2º 擬音語 ⇨ onomatopée
3º 間投詞的に用いられる語: Ciel! Diable! Dieu! Bon! Allons! Tiens! Voyons! など。
♦ 省略によるもの (ことに副詞): Halte. (= Faites halte.)「止れ」/ Courage! (= Ayez du courage.)「しっかり」/ Grâce! (= Faite-moi grâce.)「許してください」/ Merci! (= Je vous dis merci.)「ありがとう」/ Assez. (= J'en ai assez.)「もうたくさんだ」/ Bien! (= C'est bien!)「結構」/ Ici! (= Venez ici.)「ここにお出で」/ Vite! (= Faites vite.)「早く」/ Vrai! (= C'est donc vrai!)「本当かね」/ Suffit! (= Cela suffit.)「それで十分」

interrogative (phrase, proposition) [疑問文、疑問節] — 文が表わす問いを**直接疑問** (interrogation directe)、従属節が表わす問いを**間接疑問** (interrogation indirecte)、間接疑問を表わす従属節を**間接疑問節** (proposition interrogative indirecte) と言う。⇨ intonation 2º, 4º

I. 直接疑問
1º 音調による問い: *Tu dors?*「眠っているのかい」/ *Vous* ne *comprenez* vraiment *pas*, ou *vous faites* semblant de ne pas comprendre? (MAUROIS, *Climats*, 109)「本当にわからないんですの? それとも、わからないふりをしていらっしゃるの?」 ▶ 既知の事実または予想を確認するための問いには、常にこの方法を用いる: Alors, *tu viens* avec nous?「じゃ、いっしょに来るんだね?」
2º 疑問詞なしで主語の倒置をする場合
① 主語が無強勢人称代名詞、on, ce ならば単純倒置: / *Ai-je* tort? / *Est-ce* vrai? / Le *sait-on*?
♦ -a, -e で終わる単数3人称: a-*t*-il? / va-*t*-on...? / parle-*t*-il...? ⇨ ti
 je は少数の1音節の動詞についてしか倒置しない。⇨ je
② 主語が名詞、強勢代名詞ならば複合倒置:

interrogative (phrase, proposition)

Paul [*Quelqu'un*] est-*il* venu?「Pは [誰か] 来ましたか」▶ この構成は Paul, est-il venu? (P は転位している．Est-il venu, Paul? と共に現代口語で普通の構成)という強調形に由来する (BRUN, 487; CR, 178).
3° 疑問詞の使用
① 主語が疑問代名詞, quel + 名, combien de + 名．倒置しない：*Qui* est venu?「誰が来ましたか」/ *Quel* homme est entré?「どの男が入ったのです」(倒置のないこの形は好まれない．Quel est l'homme qui est entré? のほうが普通．下記③⑴の構文)
② 主語が無強勢人称代名詞, ce, on．単純倒置：Que deviendrai-*je*?「私はどうなるだろう」/ Qui a-t-*il* rencontré?「彼は誰に出あいましたか」/ Qui est-*ce*?「あれは誰ですか」
③ **主語が名詞, 強勢代名詞**
⑴ **属詞** qui, que, quel．**単純倒置**：Qu'est devenu *cet homme*?「その男はどうなりましたか」(= 会話では Cet homme, qu'est-il devenu [qu'est-ce qu'il est devenu]?; Qu'est-il devenu [Qu'est-ce qu'il est devenu], cet homme? とも言う) / Qui est *cette personne*?「あの人は誰ですか」
⑵ **直・目** *qui* は複合倒置：Qui *votre ami* a-t-il rencontré?「あなたの友だちは誰に出会いましたか」(cf. Qui a rencontré votre ami?「誰があなたの友だちに出会ったのですか」この Qui は主語)
que は単純倒置（無強勢の目的語代名詞と同じく動詞と切り離さないため):Qu'a dit *votre père*?「あなたのお父さんは何と言いましたか」(会話では Votre père, qu'a-t-il dit [qu'est-ce qu'il a dit]?; Qu'a-t-il dit [Qu'est-ce qu'il a dit], votre père? とも言う)
quel + 名 は単純または複合倒置：Quelle place a *cet élève*? [Quelle place *cet élève* a-t-il]?「この生徒は何番ですか」◆ただし，〈quel + 名〉が主語と解される場合は単純倒置は不可：Quel ami *votre frère* soupçonne-t-il?「君の弟はどの友だちに嫌疑をかけているのですか」(cf. *Quel ami* soupçonne votre frère?「どの友だちが君の弟に嫌疑をかけているのですか」)
⑶ **間・補, 疑問副詞　単純または複合倒置**：Comment s'appelle *votre sœur*? [Comment *votre sœur* s'appelle-t-elle]?「妹さんは何という名ですか」/ Combien coûte *ceci*? [Combien *ceci* coûte-t-il?]「これはいくらですか」/ Quand viendra *votre père*? [Quand *votre père* viendra-t-il?]「お父さんはいつ来ますか」/ A qui a écrit *votre sœur*? [A qui *votre sœur*] a-t-elle écrit?「妹さんは誰に手紙を書いたのです」cf. ceci 15°
複合倒置の必要な場合
(i) pourquoi の後：Pourquoi *cet enfant* pleure-*t-il*?「この子はなぜ泣いているのですか」
(ii) 直・目を伴う他動詞：Quand *votre frère* a-*t-il* fait ce voyage?「弟さんはいつこの旅行をしたのです」
(iii) 属詞を伴う自動詞：Quand *le pronom* «*tout*» est-*il* invariable?「代名詞 tout はどんな場合に無変化ですか」
④ 俗語 ⑴ 疑問詞は平叙文と同じ位置に置かれる：Vous rentrez *dans combien de temps*?「どのくらいたったらお帰りになります」/ Il faut que je réfléchisse. — Réfléchir *à quoi*?「よく考えてみなくては．— 何を考えるのです」/ Ça fait *combien*?「いくらです」
⑵ 疑問詞の省略：*Tu dis*? — Je dis que tu as brûlé ton parapluie.(MAUPASS., *Le parapluie*)「何だって？一雨傘をこがしたって言ってるんです」/ Et *tu te lèves*? — A six heures et demie. (*Thib.* I, 170)「で, 起きるのは？— 6時半です」/ *Vous désirez*?「何のご用です；（店員が客に）何をお求めでしょうか」（慣用句）
▶ それぞれ *Que* dis-tu?; *A quelle heure* te lèves-tu?; *Que* désirez-vous? の意. 言葉を途切って相手にその先を続けさせる.
⑶ 疑問詞を文頭に置いても，**倒置を行なわない**ことがある：Comment ça va(-t-il)?「元気？」/ Où *vous* étiez? (GIONO, *Regain*, 128)「どこに行っていたんだ」/ Et comment *tu* ferais sans moi? (SALACROU, *Th.* V, 291)「おれがいなかったら，どうする？」
⑤ 省略的疑問文：Pour qui ce cadeau?「この贈物は誰にやるのです」/ Pourquoi pas?「なぜいけないのです」
4°　主語倒置の回避 ⇨ est-ce que；c'est que (⇨ ce¹ II. 9°④)；ti；que⁴ VIII. 3°, 4°
5°　2つの疑問が続くとき ⇨ si¹ III. 5°
6°　疑問文の意味　単なる問いのほかに，① 肯定疑問文は否定平叙文に，否定疑問文は肯定平叙文に相当（**修辞疑問** interrogation oratoire と呼ばれる）：*Ecririez-vous* dans une île déserte? *N'écrit-on pas* toujours pour être

lu? (SARTRE, Nausée, 150)「無人島にいても物を書かれるでしょうか．いつだって読まれるために書くのではないでしょうか」
② **命令文に代わる**: Voulez-vous bien vous taire?「黙ってくれませんか」(Taisez-vous! より丁寧) / Veux-tu te taire! ordonna-t-il. (GREEN, Mesurat, 89)「黙ってくれるか，と彼は命じた」/ Vous tairez-vous? (MART, 355)は命令の語気が強い．⇨ futur simple II. B. 3°; aller 7°
③ ⇨ exclamative (phrase) I. 2°

II. 間接疑問

1° 間接疑問節の正規の構文では疑問による主語の倒置は行なわない．直接疑問が間接疑問に移されるときには，疑問詞のない問いには si を用いる．疑問詞は que が ce que に，qu'est-ce qui が ce qui になるほかは変わらない．⇨ si^1 III; ce^1 III. 4°.

① **主語が無強勢人称代名詞**, ce, on, 疑問代名詞, quel [combien de] + 名．常に〈主語+動〉の語順: Je ne sais où il est.「私は彼がどこにいるか知らない」(直接: Où est-il?) / Dis-moi ce que c'est.「何だか教えてください」(直接: Qu'est-ce?; Qu'est-ce que c'est?) / Dis-moi quel métier te plairait.「どんな職業が気に入るだろうか，言ってごらん」(直接: Quel métier te plairait?)
② **主語が名詞，強勢代名詞**　一般に上記 I. 3° ③の単純倒置の場合は単純倒置，複合倒置の場合は倒置しない．I. 3°③と同一文を Dis-moi の後に間接疑問として用いると: Dis-moi qui est cette personne.; Dis-moi qui votre ami a rencontré.; Dis-moi quel ami votre frère soupçonne.; Dis-moi comment s'appelle votre sœur [comment votre sœur s'appelle].
♦ que は ce que となり，単純倒置あるいは倒置しない: Dis-moi ce qu'est devenu cet homme [ce que cet homme est devenu].; Dis-moi ce qu'a dit votre père [ce que votre père a dit].
♦ 文末に短い動詞を置くことを嫌うから，2つの構文が可能な場合には主語を文末に置くほうが好ましい．動詞 être, avoir, aller などは文末には置けない: Je ne sais où est Paul.; Dis-moi comment va votre sœur.; Dis-moi quelle place a cet élève.

2° **間接疑問節の独立使用**

① 題名, 章節の内容の説明: A quoi rêvent les jeunes filles (MUSSET)「乙女の夢みるもの」/ Pourquoi certains mots changent de genre. (D, Génie, 131)「ある語が何故に性を変えるか」
② 予期される問いに先立って用いる: Combien de temps nous y restâmes? Je ne sais plus. (S, II, 76)「どれくらいそこにいたかって? それはもうわからない」▶ 直接疑問も可能: Quelle heure pouvait-il être, je ne savais. (Ib., 81)「何時ごろだったかはわからなかった」
③ si を用いた独立節 ⇨ si^1 IV

3° **省略的間接疑問節**: Il faut voir quel émoi dans la maison. (DAUDET, Lettres)「家の中の騒ぎは見物だ」/ Pour combien de temps? Je ne sais pas. (MAUROIS, Cercle, 160)「どれだけの間かはわからない」(直接疑問とも解せる．上記 2° ②)

4° **直接疑問文の使用** (俗): Je me demande comment est-ce qu'il en est arrivé là. (B, 353)「彼はどうしてそんなことになってしまったのだろう」

5° **関係節の使用** (quel + 名 に代わる): Il me demanda l'heure qu'il était (=quelle heure il était).「彼は私に時間を[何時だか]尋ねた」

intonation [音調] — 話し言葉，朗読における声の高さの変動．

1° **平叙文**　平叙文は音調からみると上昇部 (partie montante) と下降部 (partie descendante) に分かれる．例えば，Mon père était vieux. において mon père は何事かを提示し，était vieux はそれに対する説明となる．この提示部が上昇部，説明部が下降部である．上昇部では声はやや低く始まって次第に高くなるが，下降部では上昇部の終わりより低く始まり次第に下って上昇部の初めより低くなって終わる (第1図)．

(図1)

この場合，上昇部も下降部も軽い高低の波を生じることがある (第2図)．

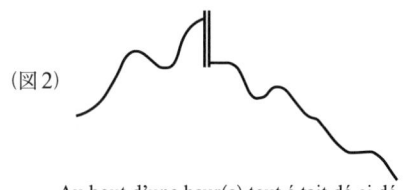

(図2)

Au bout d'une heur(e) tout é tait dé ci dé

Les deux rives du Meschacebé présentent le tableau le plus extraordinaire. (CHATEAUBRIAND, *Atala*)のように，上昇部と下降部がそれぞれ数個のリズム要素（élément rythmique）から成る場合は，上昇部はやや低く始まって第1要素の終わりまで高まり，第2要素でまた低く始まって切れ目まで高まる．2個以上の要素がある場合，各要素の最高部は第1要素の最高部とほぼ等しく，最終要素の終わりだけが一番高くなる．最終要素以外の要素の高音部は，次の要素の初めの低音を準備するために終わりがやや下がる傾向がある（第3図）．

（図3）

下降部は全体に上昇部より低い．最終要素のほかは上昇部の対応する要素に似ているが各要素の最高部が次第に低くなる特徴がある．上昇部・下降部がそれぞれ3つのリズム要素から成る文の音調を図示すると，

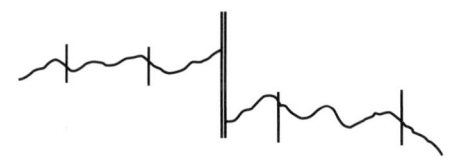

2°　疑問文　① 疑問文は多くは上昇部しかない文であって返答が下降部に相当するから，末尾が高くなる（以下 ↗ は上昇，↘ は下降の印）: Est-il à la maison?↗; Désirez-vous que j'ouvre?↗
② 疑問文に伴う付属的要素は下降調: Est-ce vous,↗ Jean?↘; Que faites-vous donc là,↗ mon cher enfant?↘
③ 疑問詞で始まる文は平叙文で上昇する要素が高くなる: De quoi aurait-on l'air?↗ (On aurait l'air↗ de gens sérieux.と対応)．平叙文では一般に疑問詞に対する答えの部分が高くなるから，多くは疑問詞が高さアクセントを取る: Quel chemin↗ a-t-il pris?↘ (cf. C'est ce chemin-là↗ qu'il a pris.↘); Comment↗ appelles-tu ça?↗; Pourquoi↗ n'êtes-vous pas venu?↘ 文末を高くすることもある．⇨ 4°
3°　感嘆文　① 間投詞が高く，後続語は下降調: Oh!↗ madame,↘ que↗ c'est beau!↘ (Ohは長く延ばされ終わりが高くなる．queは少なくともohの終わりと同じ高さ）．Quelle infamie!↘
♦ 間投詞をやや低く弱くして，強調する語の1音節を高く強く長くすることもできる（⇨ accent I. 3°): Quelle infa↗mie!↘; Oh! la ca↗naille!↘
② 間投詞のない文，Bandit que vous êtes!では強調される語banditの第1音節が高く強くなる．平常の発音で強さのアクセントをもつ-ditはbanより高くなるか，低くなるか同じ高さか一定しない．que以下は下降調．
▶ 母音で始まる語は常に第2音節が強調される: Im*bé*cile!（imはやや低く長く延ばされbéが急に強く高くなる）

4°　音調と意味　① 平叙文と疑問文が区別される．Tu ne le savais pas.は-vaisまで次第に声が高まり，pasで下がる．Tu ne le savais pas?はTuが平叙文の初めより4度くらい高く，-vaisまで上昇調，pasが急に高くなる．
② 文意が区別される．Vous ai-je dit↗ qu'elle était à moi?↗ では，言ったか言わなかったかを問っている．Elle est à moi; vous l'ai-je dit?の意．答えはOui, vous me l'avez dit. あるいはNon, vous ne me l'avez pas dit.
　Vous ai-je dit qu'elle était à moi?↗ では，言ったことに疑問はなくその内容について問うている．答えはOui, vous m'avez dit qu'elle était à vous. あるいはNon, vous m'avez dit qu'elle était à votre frère.
　同様にしてPourquoi↗ a-t-il dit ça?↘ はそのことを言わなければよかったという感じを含み，Pourquoi a-t-il dit ça?↗ では，話の内容が別のことであればよいという感じを含む．
　その他ouiが音調で肯定や疑問（「本当かしら?」）や驚き（「まさか!」）や曖昧な返答（「まあそうだね」）を表わすなど，音調が意味に変化を与える場合は多い．
cf. GRAM, 151-190.

intransitif ⇨ verbe intransitif
inversion　[倒置] — 普通の語順を変えること．主語の倒置(⇨sujet C), 属詞の倒置(⇨attribut V. 1°②,③,④(1)), 目的語の倒置(⇨complément d'objet 5°)

J

j — 発音は常に[ʒ]. 語末には用いられない.

jamais — **1°** **肯定的意味** (= en un temps quelconque, un jour dans le passé ou l'avenir) 丁寧な話し方, またはある型の文に限られる.

① **成句**: à (tout) *jamais*; pour *jamais*「永久に」▶ 前置詞は à, pour だけ.

② ***si*で始まる条件節**: Il m'a demandé de te conseiller *si jamais* tu hésitais entre plusieurs villas. (DURAS, *Véra*, 39)「あなたがいくつもある別荘の選択に迷っているようだったら, 助言をしてやれと頼まれました」

③ **最上級の後の従属節**: Vous êtes l'homme *le plus* drôle que j'aie *jamais* connu. (ANOUILH, *P.B.*, 457)「あなたは私が今まで知り合いになったうちで, いちばんおもしろい方です」

④ **疑問文**: Reviendrons-nous *jamais*? (BEAUV., *Adieux*, 76)「いつかここにまた来ることがあるだろうか」/ Est-ce que je t'ai *jamais* rien refusé? (VAILLAND, *Loi*, 19)「きみの頼みを何か断ったことがあるかい」(修辞的疑問で裏の意は Je ne t'ai *jamais* rien refusé.)

⑤ **不平等比較の *que* の後**: Je l'ai aimé plus que vous ne l'aimerez *jamais*. (SARTRE, *Mains*, 259)「あなたがこれ以上愛せないほどぼくは彼を愛したのだ」(ne は虚辞. しかし, 裏の意は Vous ne l'aimerez jamais plus que je ne l'ai aimé.) ▶ **省略문**: Tu es *plus* jolie et *plus* mince *que jamais*. (GIRAUDOUX, *Tessa*, 168)「いつになくきれいで, ほっそりしているのね」

⑥ **否定または否定の観念を含む語の後の不定詞・節**: Je *ne* pense *pas* que personne ait *jamais* eu envie de le voir. (SARTRE, *Nausée*, 174)「誰であれそれを見たいと思った人がいたとは思えない」/ Je la crois bien *incapable* de *jamais* aimer. (ANOUILH, *P.B.*, 38-9)「あの女は決して人を愛することができないと思う」/ Il me *défie* de *jamais* découvrir mon pays et ma famille. (DHÔTEL, *Pays*, 178)「彼はぼくが故郷と家族をみつけだすことが決してできないと言うんだ」/ Parti comme je suis, il y a même *peu* de chances pour que ça aille *jamais*. (SAGAN, *Mois*, 27)「出だしがこんなだと, うまくいくことはまずないね」▶ 裏の意はいつも否定.

2° **否定的意味** ① ***ne... jamais***: Je *ne* l'ai *jamais* rencontré. (TH)「彼に会ったことは一度もない」◆ne... plus [guère, personne, nul, aucun] と共に: Il *n*'a *jamais* eu *aucun* ennemi. (TH)「彼には敵はひとりもなかった」/ Je *ne* serai *plus jamais* heureux. (TROYAT, *Marie*, 42)「私はもはや決して幸せにはなれまい」⇨ 下記 3°

② ***sans jamais***: poursuivre l'idéal *sans jamais* l'atteindre (ROB)「理想を追うが決して到達できない」

③ ***ne* なしで　省略文**: Avez-vous été à Rome? —Jamais. (AC)「ローマに行ったことがありますか.—一度も」/ C'était l'occasion ou *jamais*. (Thib. VI, 13)「まさに絶好の機会だった」/ c'est le cas ou *jamais* de 不定詞 (= ou ce ne le sera *jamais*)「…するまたとない機会だ」/ J'ai vu dans ma vie des scènes ridicules; plus, *jamais*. (BENOIT, *Kœnigs.*, 43) (= des scènes plus ridicules, *jamais*)「私の人生ではこっけいな場面をあれこれ見たが, これ以上のものはかつてない」

◆ jamais + 形 [過分]: Son style est élégant, *jamais* recherché. (AC)「彼の文体は優雅であるが決してこりすぎてはいない」▶ 話し言葉: On sait *jamais*. (= ne sait *jamais*) (QUENEAU, *Zazie*, 49)「何が起こるかわかったものじゃない」

④ **同等比較と共に** (省略的): J'étais heureux *comme jamais*. (GREEN, *Journal* V, 116)「かつてないほど幸福だった」(= comme il est impossible, extrêmement —ROB) / Bien que touchés par un malheur commun, les

Français restent, *autant que jamais*, partagés. (GIDE, *Interv.*, 58)「共通の不幸に見舞われているのに, フランス人は, 相変らず, 意見が分かれていた」/ Je la trouvais aussi séduisante que *jamais*. (MAUROIS, *Climats*, 266)「全く変わりなく魅力的だと思った」
3° 語順　頻繁に文頭に倒置.
① **ne... jamais**: Je *ne* le vois *jamais*. / Je *ne* l'ai *jamais* vu.; *Jamais* je ne le vois. / *Jamais* je ne l'ai vu. (MART, 548) / *Jamais* il *ne* va sur la place du village. (DURAS, *Andesmas*, 57)「ぜったいに彼は村の広場に行かない」
② **ne... plus jamais [jamais plus]**: Je *ne* l'ai *plus jamais* vu [presque *plus jamais* vu].; Je *ne* le verrai *plus jamais* [*jamais plus*].; *Jamais* je *ne* l'ai *plus* vu.; *Jamais* je *ne* le verrai *plus*. (MART, 549)
③ **主語が(準)名詞**: Personne *ne* pourrait *jamais* la comprendre. ▶ 強調: Personne, *jamais*, *ne* pourrait la comprendre. (*Thib.* VI, 81)「誰も決して彼女を理解できないだろう」
♦ jamais + 主語名詞と冠詞: *Jamais un roman* ne l'avait autant remuée. (BEAUV., *Mém.*, 219)「一篇の小説が彼女をこれほど感動させたことはなかった」/ *Jamais le prix* n'avait été attribué à un communiste. (ID., *Compte*, 53)「この賞が共産主義者に与えられたことは一度もなかった」(特定) ▶ 単数不定冠詞だけ省略可能: *Jamais encore attente* ne m'a paru si longue. (GIDE, *Journal 1942-9*, 225)「待つのがこれほど長く思われたことはまだ一度もなかった」
④ **不定詞単純形**: C'est le meilleur moyen de *ne jamais* se tromper [de *ne* se tromper *jamais*].「ぜったい間違えないようにする最善の方法だ」 ▶ 不定詞が独立節をなすならば *Ne jamais* oublier cela. の語順が必要 (LE B, II, 112) / Je voudrais *ne plus jamais* en parler. (ACHARD, *Nouv. hist.*, 198)「もうそのことは金輪際話したくありません」/ J'aime mieux *ne plus jamais rien* voir [*ne plus jamais* voir *personne*]. (MART, 550) / J'aurais préféré *n'en plus* voir *jamais*. (GASCAR, *Herbe*, 48)「もうぜったいつらい目にはあいたくないのですが」/ sans *plus jamais* le voir.
♦ 不定詞複合形〈ne+[助動]+jamais+[過分]〉が普通である点, pas, point, plusと異なる: Je crois *ne l'avoir jamais* rencontré [*n'*en avoir jamais parlé].

je— いつも主語, 動詞なしでは用いられない.
1° 発音　母音で始まる動詞の前でj'とつづる: *J'*arrive. ただし倒置形ではélisionされない: Puis-*je* aller...? ♦ 子音の前では語群の初めにあればいつも[ʒə]と発音することができるが, [ʒ]が持続音であるため日常会話では[ə]は落ち, 有声子音の前では[ʒ], 無声子音の前では[ʃ]となる: *je* vois [ʒəvwa, ʒvwa], *je* pars [ʒəpa:r, ʃpa:r] (LÉON, 69). ▶したがって, くだけた会話を表わそうとして子音の前でも J'pourrai jamais. (VIALAR, *Eperon*, 7)とつづることがある. cf. QUENEAUのくだけた会話の大胆な表記: J*m*'en fous. (*Zazie*, 14) / *Ch*suis Zazie. (*Ib.*, 12)
2° je の倒置　倒置は文語調. 現在形では1音節の常用の動詞と共にしか倒置されない: Suis-*je*...? / Ai-*je*...? ▶ その他 dis, dois, fais, sais, vais, vois. しかし鼻母音(Vends-*je*...?), 流音(Cours-*je*, Dors-*je*, Perds-*je*...?)の場合は17世紀に用例があるが現在ではこれを避ける.
① **er動詞**: Exigé-*je* donc trop de moi? (GIDE, *Porte*, 217) / Comment osé-*je* choisir? (BEAUV., *Sang*, 201) ▶ 語幹がjeとnousと異なるならばnousの語幹をとる: j'achète. → Acheté-*je*?
② **1音節の他の動詞にも波及して誤用を生じた**: Que voulé-*je* faire d'elle? (GIRAUDOUX, *Judith* I, 2) ▶ その他 Le voyè-*je* mieux? (ID.) / Vraiment vous plaisé-*je*? (ID.) cf. D-P, IV, §1575.
3° jeと動詞の間に他の語を挿入
① **古語で強勢を取った名残りとして官庁文体で** *Je* soussigné certifie...「下記に署名した私は…を証明する」と言う. これにならって例外的に: *Je*, François Besson, vois la mort partout. (LE CLÉZIO, *Déluge*, 21)
② **普通は ne と無強勢人称代名詞を挿入する**. 人称代名詞は2つまでが普通: Tu *ne me l'*as pas dit. まれに: Je *la leur y* apporte. ▶ 機能のないteと共に: Je *te vous* le dis. (DUB, I, 124) ⇨ pronom personnel III. 1° ③
③ **je nous の組合せもまれではない** (G新, 747, Rem. 2): Que j'étais loin de lui quand *je nous* croyais proches! (BEAUV., *Mém.*, 316)「われわれが近くにいると思っていたのに何と私は彼から遠くにいたことか」/ Demain, *je nous* chercherai un appartement. (SAGAN,

Nuages, 110)「明日、私たちの住む部屋を探すことにしましょう」

4° *je*の省略 ①**独立節** 省略しないのが原則。省略は次の場合に見られる。

(1)**そんざいな会話**: Et Pascal Delange? est-ce qu'il est venu ces jours-ci? — Pas *vu*... — Et Jean-Jacques Hardrier? — *Connais* pas. (CESBRON, *Prison*, 20-1)「で、PDはこの頃来たかい. — 見かけんな. — じゃJHは. — そんな奴知らん」

(2)**日記**: Pas *pu* travailler ce matin. (GREEN, *Journal* V, 14)「けさは仕事できず」 主語と共に直・目も、多くは助動詞も省略される。ただし: *Suis arrivée* ici si fatiguée que j'ai dû rester couchée les deux premiers jours. (GIDE, *Porte*, 205)「ここに着いたときにはひどく疲れていたので最初の２日間は起き上がれなかった」

②**等位・並置された数個の節** 第２節の前の je の使用・不使用は文体的効果によって決定される。

(1)**対立を表わす文では多く反復される**: *Je* sortirai ou *je* travaillerai.; *Je* sortirai ou (*je*) ne ferai rien. ▶neが省略の要因になる (MART, 261).

(2)**助動詞が異なるとき**: *Je suis* allé le voir et (*je*) lui *ai* raconté mon aventure. (ID., 262) / *Je suis* entrée au bureau et l'*ai* vu un instant. (GREEN, *Epaves*, 88)

(3)**助動詞が同じとき** (jeと共に助動詞も省略するのが普通):*Je vous ai* entendus et compris. (*Lar. Gr.*, 119-120)「皆さんのお話はうかがってよくわかりました」

(4)**時制が異なるとき** (jeの反復が規則であるが、省略例多し): *Je suis* stupide, moi aussi, et n'*ai* pas *su* y voir plus clair que toi. (GIDE, *Porte*, 105)「私も愚かであなたよりはっきりと見極めることができなかったのです」

5° *je*の意味 話者を示す普通の用法のほかに、① *je* = *tu*: 母親が子供にEst-ce que *j'ai* été gentil? (CR, 70. cf. G, 468, N.B.)「ぼく、おとなしかった?」

② *je* = *il*, *elle*: Elle prit un balai, et *je* te balaie, *je* te balaie. (CR)「彼女はホウキをとって、掃くわ、掃くわ」▶光景を生き生きと表わそうとして話主が話中の人物に代わったもの、身振りを伴う。teは聴者の興味をひくために加えた。

⇨ pronom personnel III. 1°③ (cf. B, 394)

jour de la semaine ［曜日］— すべて 名男．

曜日名は普通は語頭を小文字で書く。曜日の第１日は多くは dimanche (*P. Lar.*; MATORÉ; GOUG, *Dict. fond.*; *PR*, semaine)、または lundi (*Quillet-Fl.*; ROB, dimanche; *DFC*, semaine). 前置詞なしで副詞的に機能する。

1° 無冠詞＋曜日名

①**話している日、また現在を中心にしてその直前・直後の曜日名**: Sommes-nous *vendredi* ou *samedi*? (BARRAULT, *Journal*, 13)「きょうは金曜日かそれとも土曜日だろうか」/ Heureusement c'est demain *dimanche*. (ACHARD, *Mal*, 114)「幸いあすは日曜だ」/ J'irai *lundi* (prochain).「今度の月曜日に行こう」/ Il est venu *mardi* (dernier).「彼はこの前の火曜日に来た」/ avant-hier, *dimanche* 15 (BUTOR, *Emploi*, 103)「一昨日、15日の日曜日に」

②**話題に上っている週の曜日名** 時の起点の移動による (⇨ aujourd'hui, demain, hier, maintenant): Le lendemain, qui était *vendredi*, Maria éprouva une joie confuse (...). (MAURIAC, *Désert*, 167)「翌日の金曜日にMは漠とした喜びを覚えた」/ C'était la première fois, depuis *dimanche*, que Jenny mettait le pied hors de la clinique. (*Thib.* VI, 77)「Jが病院の外に出たのは日曜日以来これが初めてだった」

2° *le* ＋曜日名 ①**上記以外の限定を受けた特定の曜日名**: Il fut convenu qu'Hélène se rendrait à Treinte *le samedi* suivant dans l'après-midi. (DHÔTEL, *Pays*, 186)「Hは次の土曜日の午後Tに行くことに話がきまった」/ *le mardi* qui suivit mon retour de Suède (MAUROIS, *Climats*, 85)「私がスエーデンから帰って来た次の火曜日」/ Jacques annonça qu'il arriverait *le samedi* prochain. (ID., *Cercle*, 153)「Jは次の土曜日に着くと知らせてきた」/ Il était en France depuis *le mardi* précédent. (*Thib.* V, 163)「彼はその前の火曜日以来フランスにいた」/ C'était *le* premier *vendredi* de septembre. (MAURIAC, *Galigaï*, 106)「9月の最初の金曜日のことであった」/ Nous sommes *le vendredi* saint. (BARRAULT, *Journal*, 9)「きょうは聖金曜日だ」/ *le dimanche* des Rameaux「枝の主日」/ C'était *le mardi* 12. (BUTOR, *Degrés*, 39)「12日火曜日のことであった」▶ただし、日記など簡略的な文体では le を省き単に *Mardi* 12 *juger*

mai. と言う。
② **同一曜日に反復される動作**：Il vient *le jeudi*. (= les jeudis, tous les jeudis, chaque jeudi)「彼は木曜日ごとに来る」/ On ne travaille pas *le dimanche*. (ACHARD, *Mal*, 114)「日曜日には仕事をしないものだ」/ *Le mercredi* est son jour de liberté. (BUTOR, *Degrés*, 39)「水曜は彼の自由な日だ」/ la promenade [les habits] *du dimanche*「日曜日ごとにする散歩［着る晴れ着］」
3° *ce* + **曜日名** 上記2°①の場合に時として用いられる：*Ce jeudi*, pas de réunion scoute. (BUTOR, *Degrés*, 168)「その木曜日にはボーイスカウトの集会はなかった」/ *ce mercredi* 13 (*Ib.*, 73)「その13日水曜日に」▶手紙の日付にも時としてceを用いる。
4° *un* + **曜日名** 不特定の曜日：Venez me voir *un mardi*. (= un mardi quelconque)「いつでもいいから火曜日に会いにいらっしゃい」/ Il est arrivé *un lundi*. (F, 1636)「着いたのは何でも月曜日だった」/ On était *un mercredi*. (TROYAT, *Vivier*, 80)「ある水曜日のことであった」/ Mon père arriva *un samedi matin*. (GASCAR, *Graine*, 195)「父はある土曜日の朝到着した」/ Le lendemain était *un dimanche*. (GASCAR, *Herbe*, 207) / Le lendemain, qui était *un dimanche*, Gise se réveilla (...) (*Thib.* IV, 255) / Jean de Mirbel avait choisi *un jeudi* pour tenter de rencontrer Michèle. (MAURIAC, *Pharis.*, 271)「Jは木曜日を選んでなんとかMに出会いたいと思った」
5° *à* + **曜日名** 動詞がêtreの場合に限られるが、それも1°の例のようにàを用いないのが普通：Il lui tardait presque d'être *à dimanche*. (MAURIAC — G, 916, 5)「日曜日になるのが待ち遠しいほどだった」
6° **曜日の問い**：Quel jour sommes-nous? — *Mardi*. (SARTRE, *Nekr.* II, 6)「きょうは何曜日ですか。—火曜だ」がいちばん普通。

juger — 1° *juger* + 不定詞 [*que* + 直]：Je ne jugeai pas devoir faire cela. (ROB)「それをしなければならないとは思わなかった」/ Je *jugeai* que sa présence était nécessaire. (*Ib.*)「彼がいることが必要だと思った」 ♦名 + que + 主語 + juger + 不定詞：un débat qu'il *jugeait* n'être pas à ma portée. (AYMÉE, *Confort*, 9)「彼が私の力に及ばぬものと判断した論争」⇨ croire
3° ♦*juger si*：Le docteur ne pouvait pas *juger* encore s'il était ivre. (CAMUS, *Peste*, 171)「医師は彼が酔っているのかどうか、まだ判断がつきかねた」
2° *juger* + 直・目 + 属詞：On ne jugeait pas le sujet intéressant. (BEAUV., *Vieill.*, 29)「この題材が興味あるものとは思わなかった」 ♦juger + 属詞 + de 不定詞 [*que*]：Nous avons jugé prudent *de* déloger. (GIDE, *Journal 1942-9*, 205)「引越したほうが安全だと判断した」

jumelle — 1個の双眼鏡はune *jumelle*または des *jumelles*. 20世紀からは複数が普通 (*TLF*). しかし1個を表わすのにune paire de *jumelles*は避けたほうがよい (COL; *RM*; H).

jusque — 母音の前ではいつも*jusqu'*, 古文ではときとして*jusques*.
I. 前 1° *jusque* + 前 + 名：Il faudrait attendre *jusqu'en* octobre. (BEAUV., *Mand.*, 437)「10月まで待たなければなるまい」/ Ils sont restés au soleil *jusque vers* une heure de l'après-midi. (MODIANO, *Vestiaire*, 88)「午後1時頃まで日なたにいた」/ *jusque* dans la ville「町の中まで」/ *jusque* dans le détail「細部まで」/ *jusque* sur la plage「浜辺まで」/ *jusque* derrière l'horizon「地平線のかなたまで」/ *jusque* sous le lit「ベッドの下まで」/ *jusqu'en* 1980「1980年まで」/ *jusqu'en* Asie「アジアまで」/ *jusqu'en* face de la porte「戸口のまん前まで」/ *jusque* passé minuit「真夜中すぎまで」、など。

jusqu'à + 名 代：Il va *jusqu'à* Paris.「パリまで行く」/ Je l'ai attendu *jusqu'à* 6 heures.「6時まで彼を待った」/ Il est venu *jusqu'à* moi. (ROB)「私のところまで来た」♦**程度**：*Jusqu'à* quel point pense-t-il ce qu'il dit? (*DFC*)「彼は自分が言っていることをどこまで本気で考えているのだろうか」/ J'étais ému *jusqu'aux* larmes. (GASCAR, *Graine*, 132)「涙が出るほど感動していた」 ▶「…まで延期する」はdifférer jusqu'à. ただしremettre jusqu'àとは言わない。⇨ remettre
♦du matin au [jusqu'au] soir「朝から晩まで」ただしdepuisに対してはいつもdepuis le matin jusqu'au soir.

jusqu'(à) il y a six jours「6日前まで」MART (581)はどちらもよくないと説き、THは jusqu'à il y aのみ、HENRY (*C'était il y a*, 65)はjusqu'il y aのみをあげるが、H (530); G新 (1015 b, Rem. 2)はどちらも可とする。

前 + *jusqu'à* + 名 : Tu en as *pour jusqu'à* minuit. (BUTOR, *Degrés*, 345)「真夜中までかかるよ」
　jusqu'à 不定詞　程度，結果: Il se rapprocha de Philippe *jusqu'à* lui toucher le bras. (GREEN, *Epaves*, 54)「腕にさわるほど Ph に近づいた」/ On était allé *jusqu'à* le soupçonner d'espionnage. (ARLAND, *Ordre*, 165)「ついには彼にスパイの嫌疑をかけるに至った」/ C'est ainsi qu'on vit la circulation diminuer progressivement *jusqu'à* devenir à peu près nulle. (CAMUS, *Peste*, 94)「こうして車の往来は次第に減り，ついにはほとんど全くだえてしまった」
2° *jusqu'à* + 副 : *jusqu'à* hier [maintenant, demain]「きのう［今，あした］まで」/ *jusqu'à* avant-hier [après-demain]「おととい［あさって］まで」/ *Jusqu'à* quand l'attendrons-nous? (*DFC*)「いつまで彼を待っていましょうか」
　jusque + 副 : *jusqu'*alors「その時まで」/ *jusqu'*ici「ここまで；今まで」/ *jusque*-là「そこまで；それほどまで」/ *jusque* tard「遅くまで」/ *Jusqu'*où faut-il que j'aille? (AC)「どこまで行かなければなりませんか」◆時・場所の副詞を修飾する assez, aussi, bien, fort, si, très の前ではàを用いない : *jusque* très [*jusqu'*assez] tard「非常に［かなり］遅くまで」/ *jusque* bien avant dans la nuit「夜もだいぶふけるまで」/ *jusque* très [fort, bien] loin「非常に遠くまで」
　jusqu'(à) aujourd'hui : Il avait évité de passer devant elle *jusqu'aujourd'hui*. (DURAS, *Détruire*, 22)「きょうまで彼女の前を通るのを避けてきた」/ Vous auriez bien pu attendre *jusqu'à aujourd'hui*. (VIAN, *Pékin*, 291)「きょうまで待つことだってできたのに」　▶語源的 (au+jour+d'hui) に考えればà+auを避けるほうが論理的だが (H; G, *Pr.* I, 176-9)，日常語では *jusqu'à aujourd'hui* が普通．
◆*jusque* demain [hier, maintenant]，その他 *jusqu'à* を用いるべき所に単に *jusque* を用いた例がある．まれ : Germain travailla *jusque* neuf heures et demie. (MEERSCH—G, 939, Rem. 4)「Gは9時半まで仕事をした」
3° *jusque chez* / *jusqu'à chez*　伝統的 : Et il l'a guidée par le bras *jusque chez* elle. (LE CLÉZIO, *Désert*, 117)「彼女の腕を取ってその家まで連れていった」　▶ただし *jusqu'à chez* lui (DURAS, *Journ.*, 79) は次第に一般化しつ

つある．
II. *jusqu'à* + 名　*jusqu'à* は「…でさえ」(= même) を意味するとき，**限定辞**的用法となり，〈jus-qu'à+名〉は名詞的に機能する．
1° 主語 : *Jusqu'à* ses chevaux se sont couchés, ce soir. (GIRAUDOUX, *Amph.*, 26)「今夜は馬まで寝てしまった」
2° 直接目的語 : J'avais oublié *jusqu'au* nom même de Léa. (PINGAUD, *Scène*, 19)「Lの名前すら忘れていた」　▶「…に至るまでの時間」: Comme elle ne paraissait qu'au second acte, ils avaient *jusqu'à* dix heures. (SAGAN, *Mois*, 59)「彼女は第2幕にしか出ないのだから，彼らは10時まで暇があった」
　jusqu'à と à + 補語　Il prête *jusqu'à* ses valets. は Il prête *même* ses valets.「下男さえも貸す」とも Il prête *même* à ses valets.「下男にさえも金を貸す」とも解せるから好ましくない (G, 939, Rem. 4)．◆Il nuit *jusqu'à* ses amis.「友人にさえ害を加える」は *jusqu'à* が nuire à の à を兼ねるので，MART (581)；THはこれを避け，même à ses amis を勧める．▶Il fait sa cour à tout le monde, *jusqu'au* chien du logis. (AC)「彼は誰の機嫌でもとろうとする．飼犬の機嫌までも」では à + 補語がすでに表現されているので許容される (H, 531)．
3° *il n'est* [*il n'y a*] *pas jusqu'à* + 名　[代] + 関係代名詞 + (*ne*) + 動
① *ne* + 接　最も普通の構文 : *Il n'était pas jusqu'à* Sybil *qui ne finît* par lui porter sur les nerfs. (VERCORS, *Anim.*, 175)「ついには S に至るまで彼の癇にさわらない者はなかった」/ *Il n'était pas jusqu'à* maman *dont* je ne *fusse* parfois jalouse. (ARLAND, *Grâce*, 11)「時には母にさえ嫉妬を感じた」　▶本来は上例で言えば Il n'était personne qui [dont] + ne と，「…まで [さえ]」を表わす *jusqu'à* S [maman] が結びついたものとも考えられる (G, 1013 b, 3° N.B.)．
② *ne* + 直　まれ : *Il n'était pas jusqu'à* Janzen *qui ne l'avait ébranlé.* (ZOLA—S, II, 158)「Jに至るまで彼の心を動揺させない者はなかった」
③ + 直　ne を略す（すでに il n'y a pas [n'est pas] が意識されなくなって）: *Il n'y a pas jusqu'à* M. Pitois *qui faisait* aussi le galantin auprès d'elle. (MONNIER—*Ib.*)「P氏に至るまで色男ぶって彼女に言い寄るのだった」　▶①にならった正規形　Il n'y a pas

jusqu'à M. P. qui *ne fit*... は結局 *jusqu'à* M. P. faisait... (1°の構文)に帰するから, 両者が混成されたもの.

④ ***jusqu'à... qui*** + 直 : *Jusqu'à* Leurtillois qui avait écrit une lettre inquiète de Berlin. (= Même L avait écrit) (ARAGON, *Aurél.*, 474)「Lさえベルリンから心配そうな手紙を書いていた」 ▶ *jusqu'à* L avait écrit (1°の構文)と *Il n'y avait pas jusqu'à* L qui avait écrit (3°③)の混成.

III. 接続詞相当句 **1°** *jusqu'à ce que*

① + 接 : Je veux m'amuser *jusqu'à ce que* je n'*aie* plus d'argent. (VAILLAND, *Fête*, 120)「一文なしになるまで遊びたい」/ Accepteriez-vous que je travaille avec vous *jusqu'à ce que* j'*aie trouvé* le moyen de quitter la ville? (CAMUS, *Peste*, 181)「町を出る手立てが見つかるまで, ごいっしょに仕事をさせてくださいますか」 ▶ 主節と従属節の主語が同一でありうる. 接続法を用いる従属節としては例外.

♦主節が否定ならば, *jusqu'à ce que* = *avant que* (S, II, 275) : Ne partez pas *jusqu'à ce qu*'il soit revenu. (ROB)「彼が帰ってくるまでは出かけないでください」

② + 直 現実性の強調. 古文調 : L'étoile qu'ils avaient vue en Orient les précédait *jusqu'à ce que*, venant au-dessus du lieu où était l'enfant, elle *s'y arrêta*. (FRANCE —G, 1018, N.B.)「東の国で見た星は彼らの前を進み, おさな子のいた場所の上に来て, そこでとどまった」

2° *jusqu'au moment où* + 直 現実の表現, 常用 : Il était demeuré trois ans à la manufacture, *jusqu'au moment où* le personnel avait été restreint. (CASTILLOU, *Etna*, 14)「人員が整理されるまで工場に3年いた」 cf. Nous discutâmes avec gaieté *jusqu'à l'heure où* Philippe rentra. (MAUROIS, *Climats*, 264)「私たちはPhが帰ってきた時まで愉快に議論した」

3° *jusqu'à tant que* + 接 *jusqu'à ce que* と 17世紀まで用いられた *tant que* (= *jusqu'à ce que*)の混成. 今日では俗語・方言. 時に文語にも : Plusieurs années s'écoulèrent ainsi (...) *jusqu'à tant que* la mère mourût. (HENRIOT—S, II, 276)「母親が死ぬまで, こうして何年もが過ぎ去った」

♦*jusqu'à temps que* + 接 語源の誤解に基づく綴り : Je vais gueuler *jusqu'à temps que* tu ouvres! (CLAIR, 396)「ドアをあけるまでどなり立てるぞ」

♦*jusqu'au temps que* + 接 文学的 (ROB) : Elle l'a défendue *jusqu'au temps qu*'elle ait vu mourir ses maîtres. (GIDE, *Isabelle*, 131)「主人たちが死に絶えるまで, 彼女をかばってきました」

jusques — 古文・詩で母音の前で = *jusque*. 成句 : *jusques et y compris la page* 20 [ʒyskəze...]「20ページまで. ただし20ページを含む」 ▶ 古文調を気どって : de l'aube *jusques* au soir (QUENEAU, *Fleurs*, 90)「暁より夕まで」

juxtaposition [並置] — 語(群), 節を接続詞なしに並置すること : Toi si compréhensive, si équitable, si douce! (TROYAT, *Tête*, 52)「あなたはあんなにものわかりがよくて公平で優しいのに」/ Ma vie, mon avenir ne m'ont jamais paru plus limpides que ce jour-là. (DUHAMEL, *Confess.*, 56)「私の生涯, 私の未来がこの日ほど澄みきったものに思われたことはなかった」 ⇨ *virgule* 1°

節の並置 同時のあるいは継起する事実の列挙だけでなく, 接続詞なしでも, 種々の意を表わす.

①時の関係 : Elles veulent travailler, elles travaillent. Elles veulent rêver, elles rêvent. (J.-J. BERNARD, *Invit. au voy.* I, 1) (= Chaque fois qu'elles veulent...)「働きたいときには働き, 夢みたいときには夢みるのさ」

②原因 : Bourais leva les bras, il éternua, rit énormément; une candeur pareille excitait sa joie. (FLAUBERT, *Cœur* III) (= car une candeur...)「Bは両腕をあげ, クサメをして大声立てて笑いこけた. いかにも無邪気なこの問いが彼を愉快にさせたのである」 ⇨ *imparfait de l'indicatif* II. A. 4°

③条件 : Vous mettez une goutte d'eau de Javel dans un litre d'eau, elle devient aseptique. (B, 870) (= Si vous mettez...)「ジャベル水を1滴1リットルの水の中に入れれば滅菌できる」 ⇨ *conditionnel* II. B. 5° ②

④譲歩 ⇨ *conditionnel* II. B. 5°

⑤対立 ⇨ *imparfait de l'indicatif* II. 2° ②

⑥結果 ⇨ *deux-points* 3° ①

K L

k ── 発音[k]．外来語，ギリシア語源の少数の語に用いる：mar*k*, *k*ilo, boc*k* [bɔk]．ある語はkまたはcを用いる：*k*akatoès (= cacatoès)．

l ── **I．発音 1°　語頭・語中のl** ①一般に[l]：lourd． ②例外的に無音：fi(l)s, pou(ls), Au(l)nay, Be(l)fort [bɛfɔːr, bɛlfɔːr]，など． ▶語末 **auld**[t], **ould**[t]の固有名(詞)：La Rochefoucau(ld), Thibau(lt), Arnou(ld), Sau(lt)，およびYseu(lt)．
◆俗語の発音：quelqu'un [kɛkœ̃], celui [sɥi] / Je lui ai dit [ʒɥiedi, ʒiedi] ◆日常のなげやりな発音で語末の le は子音の後で消える：capab(le)．この傾向は学校教育と綴り字の影響で次第に日常語では少なくなった (COH, 325)．⇨ r
2°　語末のl ①一般に[l]：bal, bel, col, poil, seul, fil, péril．
②無音 (1)ことに語尾 **-il** [i]：fusi(l), genti(l), outi(l), sourci(l)，など． (2)無音または[l]：cheni(l), gri(l), nombri(l)，など． (3)例外的：soû(l), cu(l)． (4)日常会話で：i(l) va．
③ **-ail** [aj], **-eil** [ɛj], **-euil** [œj], **-ouil** [uj], **-œil** [œj], **-cueil** [kœj], **-gueil** [gœj]：corail, soleil, deuil, fenouil, accueil, orgueil．
lh ①一般に[l]：silhouette． ②南部の固有名詞．ilh [ij], a [e, ou] +ilh [a[ɛ,u]j]：Milhau [mijo], Gailhard [gaja:r], Meilhac [mɛjak], Bouilhet [bujɛ]
ll ①[i]以外の母音の後． (1) [l] (一般的)：a(l)ler, ba(l)let． (2) [ll]：malléable, parallèle, syllabe，など．これらはlと発音しても差支えなく [ll] が許されているにすぎない (COH, 90)．ただし，[ll] は最近普及しつつある (ID., 346)．
② **-aill** [aj, ɑːj], **-eill** [ɛj], **-euill** [œj], **-œill** [œj], **-ouill** [uj], **-cueill** [kœj], **-gueill** [gœj]：bataille, abeille, feuille, œillade, houille, cueillir, orgueilleux．

③ **-ill** (1) [ij]：brillant, fille． (2) [l]：tranquille, mille, million, ville, village, villa, distiller，など． (3) [ij]または[il(l)]：osciller [ɔsile], vaciller [vasije]，など． (4)語頭では常に [il(l)]：illégal．
II. l mouillé [湿音のl] 1が口蓋化し，舌背を口蓋に接近させて弱い摩擦音を生じたもの．国際音声記号では[ʎ]．bail, brillerのlがこう発音されたが，この音は19世紀後半に標準音からは消滅し，単に[j]になった．
III. vocalisation de l [lの母音化] 〈母音＋l＋子音〉のlがu (初めは[u]と発音)に変わること．11–15世紀に起こった現象． **al > au** [au > o]：古仏 albe > aube, 古仏 chevals > chevaus (chevaux)． **e[ɛ]l > eau** [ɛau > o]：古仏 pels > peals > peaus (peaux)． **e[e]l > eu** [eu > ø]：illos > 古仏 els > eus (eux)． **ol > ou** [ɔu, ou > u]：古仏 colp > coup．

là ── **1°　ici と là**　ici と対応して là は遠くを表わすが，この対応がなければ，会話では遠近の区別なしに là を用いるのが普通．時に là=ici：Léon! Où es-tu? ── Je suis *là*. (ANOUILH, *P.G.*, 155)「レオン，どこにいるの．──ここにいるよ」/ Seras-tu *là*, dimanche? (*Thib.* II, 275)「日曜には帰っているかい」 ◆2つの場所を là だけで指し示して：J'ai mal *là*; et *là*. (BEAUV., *Inv.*, 22)「ここが痛いの，それにここも」/ De *là* à *là* (il indiquait le cou, le mollet), c'est le premier ordre... (TROYAT, *Signe*, 200)「あそこからあそこまでは (彼は (彫像の) 首とふくらはぎを指していた) 一流の出来栄えだ」
▶使用度比は ici : là ＝話し言葉 1 : 6.7, 文語 1 : 2.4 (『ノート』44)
2°　定冠詞＋ 名 ＋ *là* cette femme-*là* にならって la femme-*là* と言うのは正しくない．しかしくだけた会話では Voyez la femme, *là*, qui vend des légumes.「ほらあそこで野菜を売っている女の人をごらんなさい」と言うことができる

(MART, 108, n.2).

3º 名詞的機能 前+là: Ne bougez pas de là.「そこから動かないでいなさい」/ Passons par là.「あそこを通っていこう」/ Loin de là.「それどころではない」

♦例外的に直・目: Ça m'a brûlé toute la gorge. (...) Et puis ça m'a brûlé là et là. (BEAUV., Inv., 59)「(強い酒を飲んだ女性が言う)のど中焼けるようだったわ．（…）それから，ここもここも焼けたわ」(m'は間・目)

là-bas — là は ici に代わり得るので，特に遠方を表わすには là-bas を用いる: C'est là-bas qu'il habite. (AC)「彼が住んでいるのはあそこだ」 ▶ 圧縮された表現で付加辞となる: Ces tables là-bas sont à l'ombre. (BEAUV., Mand., 228)「あそこのテーブルは日陰にある」/ Tu as remarqué la petite là-bas? (ANOUILH, P.R., 12)「あそこにいる娘に気がついたかい」

♦名詞的機能: Ils parlent entre eux la langue de là-bas. (BUTOR, Emploi, 27)「彼らは互いにあそこの言葉を話している」/ Ils ne reviendront de là-bas qu'en septembre. (Niv.2)「9月にならなければあちらから帰って来ないだろう」

labiale ⇨ consonne

labio-dentale ⇨ consonne

laisser — **I.** *laisser*+不定詞 不定詞の複合形は用いられない．

1º *laisser*+ 名₁+ 不定詞 [不定詞+ 名₁] 不定詞は自動詞または補語なしの他動詞． 名₁は laisser の直・目で不定詞の動作主: Je laisse mes enfants jouer. または Je laisse jouer mes enfants. [Je les laisse jouer.]「子供たちを[彼らを]遊ばせておく」/ Laisse jouer les enfants. または Laisse les enfants jouer. [Laisse-les jouer.]「子供たちを[彼らを]遊ばせておきなさい」/ Laissez-moi passer.「通してください」

♦不定詞の省略可能: Tu as laissé Marie partir? — Oui, je l'ai laissée.(LE GOF, 103)「Mが出ていくのを黙って見ていたのか．—ああ，ほっておいたよ」 cf. faire+不定詞では不定詞は省けない．

♦lassier+不定詞+ 名 (慣用句): Laissez faire le temps.「時の解決にまかせなさい」/ Ne laisse pas tomber ce paquet.「この包みを落とすのではないよ」/ Laissez dire les sots.「ばか者には勝手に言わせておくがいい」

2º *laisser*+ 名₁+ 不定詞+ 名₂ 不定詞は他動詞， 名₂はその直・目: Je laisse Paul lire ce livre.「Pにこの本を読ませておく」; Je laisse Paul le lire.; Je le laisse lire ce livre.; Je le laisse le lire. / Je ne laisserais pas votre ennemi le dire! (VERCORS, Yeux, 114)「きみの敵にそんなことを言わせてはおかないぞ」

♦ 名₁, 名₂ をともに代名詞にして laisser の前に置くと， 名₂ が直・目なので 名₁ は間・目となる．しかし me, te, nous, vous と lui, leur とは併用できないので， 名₂ が le, la, les のとき以外は，上記の語順のように2つの代名詞を laisser と 不定詞 に振り分けねばならない: Mais moi, je ne le laisserai pas me toucher. (MAURIAC, Pharis., 15)「だがぼくは，彼には指一本触れさせないぞ」(×me lui laisserai) / (Elle) ne me laissa pas la remercier. (SAGAN, Bonj., 31)「彼女は私に礼を言わせなかった」(me la laissa とすれば主語 elle と la は別人物) / Je te demande seulement de me laisser t'aimer. (Thib. VI. 27)「ただ，あなたを好きでいさせてほしいんです」(×me te laisser) / Je vous laisserai le punir. (これは Je vous le laisserai punir. も可 ⇨ 下記 4º) ▶命令形: Laisse-moi l'emmener. (GIRAUDOUX, Tessa, 246)「彼女をつれていってもいいでしょ」(これは Laisse-la-moi emmener. も可. cf. G新, 659 b, 1º) / Ce livre, laissons-les le lire en paix.「あの本は彼らに落ち着いて読ませておこう」(これは laissons-le-leur も可. cf. G新, 843 b, 2º, Rem. 1)

3º *laisser*+ 不定詞+ 名₂ par 名₁ 次項 4º の構文 à 名₁ と交替も可能: Il faut aussi éviter de laisser deviner par les enfants les conflits entre les parents. (MAUROIS, Sent., 85)「また両親の間のいさかいを子供たちに悟られないようにしなければならない」 cf. Il a laissé deviner ses projets à son interlocuteur. (Lar.Gr., 13)「相手に自分の計画を見抜かれてしまった」/ Je ne voudrais pas le laisser faire par un autre. (MALRAUX, Cond., 181)「ほかのやつに，それをされたくないのだ」(×laisser le faire は不可) / Pourquoi me laisses-tu injurier dans les rues de Florence par un voyou? (SALACROU, Terre II, 1)「フィレンツェの通りでわたしが無頼漢に侮辱されたのに，何だって腕をこまねいていたの」(×laisses-tu m'injurier は不可) ▶par 名₁ の省略: Alors vous le laisserez mettre en prison?

(VERCORS, *Colères*, 236)「じゃあ彼が投獄されるのを黙って見ているのか」(×Vous *laisserez* le mettre en prison?は不可)

4º *laisser* + 不定詞 + 名₂ *à* 名₁　laisserと不定詞の間に習慣的結びつきが認められる場合に à 名₁ が用いられやすい (MART, 457-8)．faire + 不定詞にならう：Je *laisse* lire ce livre *à* Paul.; Je lui *laisse* lire ce livre.; Je le *laisse* lire à Paul.; (誤：×Je laisse le lire à...) / Je le lui *laisse* lire. (誤：×Je lui laisse le lire.) / (Il) lui *avait laissé* gagner un match de crawl. (SAGAN, *Bonj.*, 48)「クロールの競争をして彼に負けてやったことがあった」/ Ne lui *laisse* pas croire qu'il reste une chance. (COCTEAU, *Monstres* III, 3)「まだ望みがあるなんて思わせておいてはいけないよ」/ Les médecins ne devraient pas lui *laisser* faire cette folie. (PEYRÉ, *Sang*, 87)「医者が彼にこんな滅茶をさせておいてはいけないのに」◆Je vous le *laisserai* punir. 「彼に罰を加えるのはきみに任せよう」(名₁=vous, 名₂=le で意味は 2º の構文の Je vous laisserai le punir. と同じ) / Je le *laisserai* vous punir.「きみを罰するのは彼に任せよう」(名₁=le, 名₂=vous)

◆**命令形**：*Laisse* lire ce livre à Paul.; *Laisse*-le lire à Paul.; *Laisse*-le-lui lire.; ×*Laisse*-lui le lire.

▢ **この構文の代名詞の位置**　以上 3º 4º に見るように代名詞の可能な位置がわかりにくいが，次のように考えればよい．
(1) 不定詞の動作主 (名₁) が par, à で導かれて不定詞の前の本来の位置から移動すると，laisser と不定詞が結びついてしまって〈faire + 不定詞〉型の構文に移る．
(2) したがって，意味の上では不定詞の直・目となる代名詞でも laisser と不定詞の間に入ることはできなくなり，〈laisser + 不定詞〉の結合した全体の前に移る．
(3) 命令形では，上記 (2) の代名詞は laisser の後に来るが，両者はハイフンで結ばれなければならない (そうしなければ不定詞に直接付いた代名詞の扱いになる)．
(4) 不定詞の動作主が省略された場合 (上記 3º 末尾) も (1) と同じ効果が出る．

5º *laisser* + 名₁ + 不定詞 + 前 + 名₂　代名詞の位置に注意 (cf.『メモ』125)：Je *laisse* Paul parler *de* cet accident à ma mère.「P が母にその事故の話をするままにしておく」> Je le *laisse* lui *en* parler.; *Laisse*-le lui *en* parler.「彼が彼女にその話をするままにしておきなさい」

6º *laisser* + 名₁ + *se* 不定詞：Notre tactique, c'est de les *laisser se dévorer*. (*Thib.* VI, 44)「われわれの戦術は彼らを共食いさせることだ」/ Vous m'avez *laissée me taire* longtemps. (DURAS, *Emily*, 48)「あなたは私が長い間黙っているままにさせておいた」◆*se* の省略：Thérèse *laissa éteindre* sa cigarette. (MAURIAC, *Thérèse*, 77)「Th はたばこの火が消えるままにしておいた」　その他：laisser (s')évanouir [(s')évaporer]「消えうせる[蒸発する]ままにしておく」

II. *se laisser* + 不定詞

1º *se laisser* + 不定詞 (自動詞または目的語なしの他動詞)　se は laisser の直・目で 不定詞 の動作主：Les femmes, en général, (...) elles *se laissent vivre*. (*Thib.* III, 23)「女って一般には漫然と生きていく」/ Il n'y a qu'à *se laisser aller*. (ANOUILH, *P.R.*, 68)「成り行きに任せればいい」/ Je *me suis laissé aller* à faire un petit somme. (SALACROU, *Th.* VI, 36)「ついうとうとしてしまった」

◆ 不定詞 + 状況補語：Là, s'avisant d'un banc vide, il *s'y laissa tomber*. (*Thib.* VI, 50) (< il se laissa tomber sur ce banc)「そこで，あいているベンチを見つけて，どっかと腰をおろした」(laisser と不定詞が結合しているので状況補語の代名詞も laisser の前に出る)

2º *se laisser* + 不定詞 + *par* 名₂ (不定詞 は他動詞)

① se = 不定詞 の直・目：Il *se laissait adorer*, en silence. (PINGAUD, *Scène*, 61)「黙って崇拝されるままになっていた」/ Un plus sot que moi *s'y laisserait prendre*. (ROMAINS, *Trouhadec* II, 2)「おれより間抜けなやつだったら，それでいっぱい食わされたろうよ」/ Je *me suis laissé griser par* ma joie. (SALACROU, *Th.* VI, 209)「自分の喜びに酔ってしまったのだ」

② *se laisser* + 不定詞 + 名₂ + (*par* 名₁)　se は 不定詞 の間・目：Jean-Paul (...) *se laissait donner* la becquée *par* Daniel. (*Thib.* IX, 32)「J-P はおとなしく D に食べさせてもらっていた」/ Adèle *s'etait laissé faire* la cour (...) *par* Sainte-Beuve. (MAUROIS, *Dumas*, 135)「A は S-B に言い寄られるままになっていた」/ Je *me le suis laissé dire*. (GIDE, *Prométh.*, 115)「勝手にそう言わせておいた」

III. *laissée* + 不定詞 の一致

1º 原則 laisserの直・目 (すなわち不定詞の動作主 名 ₁) がlaisserに先行すればlaisséはそれに一致する: Je les *ai laissés* entrer.「彼らを中にはいらせた」 / les arbres qu'on *a laissés* grandir「伸びほうだいにさせた木」 / Les voyageurs *se sont laissés* aller au sommeil. (S, III, 168)「旅人たちは眠りこんだ」

♦laisséに先行する語がその間・目であるか, 不定詞のほうの直・目ならばlaisséは無変化: les arbres qu'on a *laissé* abattre「切り倒させておいた木」 / Elle s'est *laissé* injurier.「侮辱されるままになっていた」(que, s'はそれぞれabattre, injurierの直・目) / Elle s'est *laissé* faire la cour.「言い寄られるままになっていた」⇨ 上記 II. 2º ②

2º 原則違反 上記の原則は厳格には守られずlaissé + 不定詞 を一体と見て, laisséを無変化につづることもまれではない: On les a *laissé* entrer. (COCTEAU—G, 794, Rem.2) ▶誤った一致例: Elle s'était *laissée* marier docilement à un vieillard. (MAURIAC—*GLLF*)「言われるままに老人と結婚した」cf. Elle s'est blessée. の類推 (G, *Pr.* II, 93).

IV. *laisser à* 不定詞

1º *laisser à* qn *à* 不定詞 (他動) + 名 [従属節] (= laisser, abandonner à qn le soin de 不定詞) 不定詞 は多くpenser, juger, deviner, imaginer: Je vous *laisse à* penser s'il était heureux [quelle fut sa joie]. (ROB)「彼がどれほど幸せだったか [彼の喜びがどれほどであったか] 考えてもごらんなさい」 / Mais le temps qu'il faudrait pour la (= cette loi) promulguer, je vous *laisse à* l'imaginer. (VERCORS, *Anim.*, 118)「その法律を公布するのにどれだけ時間がかかるかは, ご想像にまかせます」

♦直・目を省略した言い回し: Cela *laisse à* penser. (ROB)「それは一考を要する」 / Son travail *laisse* beaucoup *à* désirer. (DFC)「彼の仕事はずいぶん物たりない」

2º *laisser* + 名 + *à* 不定詞 + *à* qn: Je *laisse* votre conduite *à* juger *à* tous les honnêtes gens. (S, III, 284)「わたしはあなたの行ないをすべての心ある人々の判断にまかせたい」 / L'état d'excitation où ils se trouvent, je vous le *laisse à* imaginer. (VERCORS, *Anim.*, 74)「彼らがどれほど興奮状態にあるかは, ご想像にまかせます」

▶上記1ºと2ºの代名詞の語順に注意.

large — **1º** 形 *large de* + 長さ: une allée *large de* 2 mètres (*DFC*)「幅2mの小道」

2º 名男 長さ + *de large* (= de largeur): Combien mesure cette chambre? — Elle fait cinq mètres *de large* et six mètres de long. (*Niv.1*)「この部屋の大きさはどのくらいありますか.—横5m, 縦6mです」

3º 形 Je m'aperçus que la grille avait été laissée *large* ouverte. (GARY, *Cerfs*, 256)「鉄格子が大きく開かれたままになっていたのに気がついた」

***large*の一致** largeは副詞として無変化にも用い得るが (例: Les yeux étaient *large* ouverts. *TLF*), 多くは古語法の名残りでouvertと同じ性・数をとる (B, 680). したがって des fenêtres *large(s) ouvertes* (H) となる. 発音: larges ouverts [ouvertes] [larʒuvɛːr [vɛrt]] (FOUCHÉ, 449; TOG, V, 1938, 3) ⇨ grand 3º

las — *las* de marcher [de voir]「歩いて疲れる [見あきる]」

♦de guerre lasse「仕方なく」 本来はétant las de la guerre (*DG*)「戦いに疲れて」の意であるから, lasは主語に一致するはず. lasのsが16世紀に発音され, この発音が後世に伝わったのを, 後に 女 lasseと解したもの (GOUG, 125 n. 1). cf. G, *Pr.* V, 77-8.

latérale ⇨ consonne

le, la, les — 代 (人称) 肯定命令文のほかは動詞に先行, 無強勢. 母音の前ではle, laはl'となり, lesはリエゾンされる: Je *l'*[*les*] achète. 肯定命令文では動詞に後続して強勢をとり, 母音の前でもle, laはl'とならず, lesはリエゾンされない: Donnez-*le* [*la*, *les*] à Jean. ただし他の人称代名詞が後続するときは, 強勢は後続代名詞に移る: Donnez-*le*-moi.

1º 直接目的語 人・物を表わす (代) 名詞に代わり, その性・数に一致する.

① **le, la, lesを代入される名詞**は定冠詞 [指示・所有形容詞] 付きに相当することが必要. もとの名詞の初出時の冠詞とは関係がない (次の第2例): J'ai oublié *ton adresse*. — Je vais te *l'*écrire. (CLAIR, 21) (l' = mon adresse)「きみの住所を忘れちゃった. — 書いてあげましょう」 / Elle prit *une cigarette*, *l'*alluma au briquet qu'il lui tendait. (SAGAN, *Nuages*, 116) (l' = cette cigarette)「たばこを取って彼の

差し出すライターで火をつけた」
◆文の前後に転位された名詞が le, la, les で繰り返されるときは，転位名詞はいつも定冠詞［指示・所有形容詞］をとる：Mais du moins *mes loisirs*, je vous *les* consacre tout entiers. (GÉRALDY, *Rob. et Mar.*, 98)「だが少なくも，ぼくの余暇はそれを全部きみに捧げている」/ Je *la* trouve charmante, *cette petite*. (ID., *Gr. garç.*, 21)「感じがいいと思うね，あの娘は」/ Le cinéma *les* avait fait chuter dans le malheur, *lui et sa famille*. (GRENIER, *Ciné*, 237)「映画が彼と彼の家族を不幸のどん底に突き落としたのだった」
◆転位された要素が2個以上あるとき，le, la, les はその第1要素だけを表わすことがある：Je lui laissai entendre que je ne souhaitais plus de *le* voir, ni *lui* ni sa mère. (MAURIAC, *Vipères*, 229)「彼にも彼の母にももう会いたくないと，彼にほのめかした」/ Ce serait à moi de *la* faire vivre, *elle* et mes pauvres sœurs. (SAGAN, *Sarah*, 76)「彼女と私のかわいそうな妹たちとを養うのは私の責任ということでしょうね」
◆文末に転位された語が〈人＋物〉であるとき：Un navire *le* sauva, *lui*, son courrier et son équipage. (ST-EXUP., *Terre*, 37)「一隻の船が彼も，郵便物も，搭乗員も救った」▶〈人＋物〉を複数とはみなさないから les は用いない (S, I, 98).
② 総称定冠詞＋名：J'ai aimé passionnément *les* livres. J'aimais mon père et mon père *les* aimait. (BEAUV., *Compte*, 17)「私は本が大好きだった．私は父が好きだったし父も本が大好きだった」/ Elle aimait *les* fleurs? — Elle *les* adorait. (DORIN, *Th.* II, 324)「花はお好きでした？ — 大好きでした」▶ただし aimer, adorer, détester, préférer のあとの総称名詞を le, la, les で代理させることを嫌い，その代わりに ça を用いる傾向がある．⇨ adorer ①
◆前の節で〈un＋名〉の形で表わされた名詞を総称名詞として les で代理させることはまれ：Ah! vous avez un chat, je ne *les* aime pas. (S, I, 40; PINCHON, 41) (les＝les chats)「おや，猫を飼っているのですか．私は猫が好きではないのです」
③ 動詞句・副詞句を作る無冠詞名詞は le, la, les で置き換えられない (18世紀以後)．したがって Elle resta sans *connaissance*: à peine *l'*eut-elle reprise (...) (J.-J. ROUSSEAU)「彼女は失神していた．意識を取り戻すやいなや…」は現代では à peine eut-elle repris ses sens と書きなおす必要がある (LE GAL, *Dites*, 85).
◆冠詞が規則的に省略される次例は①に準じる：Les bois sont pleins *de* (←de+des) branches mortes, il n'y a qu'à *les* ramasser. (BEAUV., *Mand.*, 517)「森は枯れ枝でいっぱい．拾いさえすればよくてよ」
④ 先行詞が表現されない場合，起源の知られているものもあるが，多くは le, la, les の価値が忘れ去られている成句：*le* prendre de haut「高飛車に出る」/ *le* céder à qn「人に一目置く」(le＝le pas) / *l'*emporter sur qn「人に打ち勝つ」(l'＝le prix) / Je vous *la* souhaite bonne.「新年おめでとう」(la＝l'année) / *la* fermer [boucler]「黙る」(la＝la bouche) / On ne me *la* fait pas.「だまされるものか」
⑤ 省略　くだけた日常会話では：Maître Truffaut, vous ne connaissez pas? (BEAUV., *Mand.*, 472)「T先生という弁護士ですが，御存じありません？」/ Tu connais le New Bar? — Je connais. (*Ib.*, 463) ▶書き言葉でも十分な文脈があれば：Les exégètes du monde entier s'attachent à découvrir la véritable signification de la formule désormais historique de Johnson: (...) Le "Canard" croit avoir trouvé. (BUSSE-DUBOST, XVI)「世界中の注解者たちが，Jのすでに歴史的なものとなった名言の本当の意味を発見しようと躍起になっている．本紙Cはそれを見出し得たと思う」◆ことに会話の命令形に多い：Faites entrer au salon.「客間にお通しして」/ Montrez quand même.「それでもお見せ」(S, I, 20) / Monsieur, une dépêche. — Donnez, donnez.「電報です．— 早くおくれ」

2º 非人称動詞の目的語　falloir だけ．
3º 属詞　①〈冠 ［指示・所有形容詞］＋名〉に代わって属詞となるのは古典語法，現代文語 (まれ)：Je ne serai jamais sa maîtresse (...), je ne *la* serai jamais de personne. (HENRIOT — G, 484)「私は彼の情婦には決してなるまい．誰の情婦にも決してなるまい」◆日常語は le を用い「属詞として用いられた la, les をまったく知らない」(MART, 282, n. 1). したがって C'est votre chapeau?; Ce sont vos gants? の答えに Oui, ce *l'*est [ce *les* sont]. (LIT); Oui, c'est lui [ce sont eux]. (H, 542; TH, 238) はすべて

廃用．常用: Oui, c'est ça.; Oui, c'est bien le mien [ce sont bien les miens]．
② **形容詞に代わる le, la, les は古典語法．今日では例外的**: J'étais *folle*. Je ne *la* suis plus. (BOURGET—G, 485, Hist)．▶いつも中性の le を用いる．⇨ le neutre II. 1°

lendemain — 1° ***le lendemain*** 過去・未来を起点として「その翌日」，前置詞なしで副詞的に機能する: Il est venu [Il viendra] *le lendemain*. 叙述の現在形と共に: *Le lendemain*, madame Lepic, qui met le couvert, lui demande: ... (RENARD, *Poil*, 66)「翌日L夫人が食卓の用意をしながら彼にたずねる」▶複合時制と共に用いるとき助動詞の直後には置き得ない．

2° ***le* [*au*] *lendemain de*** +名: *le lendemain de* ce jour-là (*Thib*. I, 274)「その日の翌日」/ *Au lendemain du* mariage, on découvrit que le beau-père n'avait pas le sou. (SARTRE, *Mots*, 7)「結婚の翌日，義父が一文なしであることを発見した」/ *au lendemain de* cette nuit que je passai dans les larmes (BEAUV., *Mém*., 220)「涙ながらに過ごしたその夜のすぐ翌日」

3° **名詞的機能**: Le *lendemain* était jour de marché. (ROB)「翌日は市の立つ日であった」/ Je pense au *lendemain* plutôt qu'aux jours plus loin. (DURAS, *Stein*, 110)「もっと先のことよりは明日のことを考えます」/ Il ne faut jamais remettre au *lendemain* ce qu'on peut faire le jour même. 《諺》「その日にできることをあくる日に延ばすな」 最後の2例では動詞は普遍的な時を表わす．

◆その他 le *lendemain* matin [soir, après-midi]

***le* neutre** — **I. 直接目的語**
1° 中性代名詞・不定詞・節の代理
① **前節中の語，または前節の代理**: Nous pouvons être très riches si nous *le* voulons. (ANOUILH, *P.N*., 26) (le=être très riches)「お金持になりたければ，とてもお金持になれるのよ」/ Je ne l'intéressais pas beaucoup, je *le* savais. (BEAUV., *Mém*., 148) (le=que je ne l'intéressais pas...)「彼は私にはあまり興味がなかった．それはわかっていた」/ Quand cela se passa-t-il et comment, il est difficile de *le* savoir. (DÉON, *Déjeuner*, 34) (le=quand cela se passa et comment)「それがいつ起こったか，どのようにしてか，それを知ることは難しい」

◆他動詞の〈動+de+不定詞〉の構成で〈de 不定詞〉に代わる代名詞は le: Je te promets de venir.「来ると約束するよ」> Je te *le* promets.「それは約束するよ」 その他: Je te défends de sortir. > Je te *le* défends. / Il regrette d'être venu. > Il *le* regrette.

◆le が代理する語・節は前節で別の形で現われ得る: Sortez, je *le* veux. (= je veux que vous sortiez)「外に出なさい．そうしてもらいたいのだ」/ Nous en reparlerons, si vous *le* voulez bien. (GARY, *Au-delà*, 29) (=si vous voulez bien en reparler)「よろしければ，その話は改めてしましょう」/ Que faites-vous? — Ma foi, vous *le* voyez. (MAUROIS, *Lélia*, 10) (=vous voyez ce que je fais)「何をしているのです．——いや，ごらんのとおりですよ」

② **後続節中の語，または後続節の代理**: Quand il *le* faudra, nous accepterons de mourir. (BEAUV., *Bouch*., 79) (le=mourir)「そうしなければならないときには，死ぬことも辞しません」/ Si vous *le* permettez, je demeurerai ici. (ID., *Tous les h*., 162) (le=que je demeure ici)「あなたが許してくださるなら，ここに住みましょう」

③ **文中の挿入節**: J'étais, je *l*'avoue, un peu inquiète. (COCTEAU, *Th*. II, 126) (le=que j'étais un peu inquiète)「正直のところ，少し心配でした」

④ **転位された語・節** 文頭転位: Mais cela, elle-même ne *le* comprenait pas. (MAUROIS, *Climats*, 124)「だがそれは彼女自身にもわからなかった」/ Tout ce que nous savons, ils *le* savent. (SARTRE, *Mort sans sép*. I, 1)「われわれが知っていることは何もかも彼らも知っている」

文末転位: Personne ne *le* lui demande, d'être honnête. (VIAN, *Pékin*, 235)「誰も彼に誠実にしろと頼んではいない」/ Elle *le* répétait souvent, qu'on finissait par s'habituer à tout. (CAMUS, *Etr*., 110)「人間はどんなことにもなれてしまうものだと彼女はよく言っていた」

2° *le* の省略 動詞の種類により le の使用は不可能，または任意．
① ***le* の使用不可能な動詞**: aimer [adorer, détester, préférer] +不定詞; achever [arrêter, cesser, finir, essayer] de 不定詞; commencer [continuer] à [de] 不定詞

♦これらの動詞は，名詞を直・目とするときには名詞をle, la, lesで代理させ得るが，不定詞はleで置き換えられない：Il continue le travail.「彼は仕事を続ける」＞ Il le continue.「彼はそれを続ける」．しかしVous continuez à croire que tout va bien? — Oui, je continue.「万事好調と相変わらず信じているのですか．—ええ，相変わらずです」(×Je le continue. は誤り)

② *le* の使用が任意の動詞：pouvoir, vouloir, devoir, falloir ; savoir, ignorer ; croire, trouver ; se rappeler, oublier ; imaginer, supposer ; espérer, craindre ; accepter, promettre, refuser, など．♦leの使用は丁寧な文体，leの省略はくだけた話し方：Viendra-t-il? — Je *l'*ignore [J'ignore].「彼は来るでしょうか．—知りません」/ Il (*l'*) a promis.「そう約束しました」cf. PINCHON, 221-2; *FDM*, n° 75, 31.

③ 上記②の動詞の場合，**構文の影響**．
  le は省略されやすい
(1)条件節：Il aurait volontiers assommé le prêtre, s'il avait pu. (*Thib*. IV, 130)「できたなら，司祭を平気でなぐり殺してしまったろう」
  その他：si vous voulez / si vous pouvez / si j'ose dire.
(2)時を表わす節：Viens chaque fois que tu pourras. (G, 479)「来られるときにはいつもお出で」/ Je ferai ce travail quand vous voudrez. (*Ib*.)「お好きなときにこの仕事をします」
(3) comme の後：J'ajouterai que je ne suis pas un mufle — *comme* vous dites. (ANOUILH, *P.N.*, 26)「ついでに言っときますが，ぼくは無作法者じゃありません，あなたの言うように」 その他：*comme* vous savez「御存じのように」/ *comme* j'ai pu「できるだけ」
(4)挿入節 (文末，主動詞の後)：Je n'ignore plus rien, je crois. (VERCORS, *Colères*, 243)「これでもう知らないことは何もなくなった，と思う」 その他 je pense, je sais, j'imagine, je suppose, j'espère, など．
(5)否定の言い回し：Je ne pense [crois] pas. / Je ne sais pas. / Je ne dis pas. / Je ne vois pas. / Je ne veux pas, など．
(6)命令形：Dites vite!「早く言いなさい」/ Vous permettez? — Faites donc. (S, I, 21)「かまいませんか．—どうぞ」
(7) lui, leur の前 (くだけた会話)：Dis-lui que j'embrasse, (...) — Je *lui* dirai. (SAGAN, *Mois*, 32)「(電話で)彼にあたしからよろしくと言ってね．—言っとくよ」/ Vous leur direz que je n'ai rien fait? — Je *leur* dirai. (SARTRE, *Putain* I, 1)「私が何も悪いことをしなかったと言ってくれますか．—そう言いましょう」 ▶普通のレベルの会話：Tu vas *le lui* dire? (ROUSSIN, *Hutte*, 26)「あの人にそれを言うの?」 cf. B, 388; BRUN, 377.

le は使用されやすい
(1)疑問形：*Le* crois-tu? (PINCHON, 229)「そう思う?」
(2)主動詞に先立つ挿入節：Il fut tenté (...) d'être cruel envers cette femme afin de se protéger de la cruauté dont elle, il *le* savait, allait faire preuve à son égard. (DURAS, *Andesmas*, 82)「彼にはわかっていたが，女が彼に示そうとしている残酷さから身を守るために，この女に対して残酷にふるまう気になった」
(3) le を用いた問いの答え：*Le* savez-vous? — Non, je ne *le* sais pas. (MART, 279, n. 1)

II. 主語の属詞
1° 形容詞(相当句)：Tes parents sont riches? — Ils ne *le* sont plus. (VAILLAND, *Fête*, 129) (le = riches)「ご両親はお金持なの?—もう，そうではないのよ」/ Je lui dis que non, que je ne suis pas à plaindre, que personne ne *l'*est. (DURAS, *Amant*, 51) (le = à plaindre)「私は彼に，いいえ，私はかわいそうではありません，誰もかわいそうではありません，と言う」/ Vous avez l'air de bien bonne humeur, ce soir. — Je *le* suis. (BEAUV., *Mand*., 17) (le = de bien bonne humeur)「今夜はずいぶんご機嫌のようね．—そうなんだ」/ Exaspéré, en effet, il *l'*était. (SAGAN, *Chien*, 77)「激怒していると言えば，なるほど彼はそうだった」/ Les passages soulignés *le* sont par nous. (IMBS, *FM*, '48, n° 2, 95, n.(1)) (le = soulignés)「文中の下線部は本稿筆者による」/ J'ai tout fait pour être célèbre et tout fait pour *le* rester. (SAGAN, *Sarah*, 11) (le = célèbre)「私は有名になるために全力をあげ，有名のままでいられるために全力をあげました」

♦動詞は être, devenir, paraître, rester に限られる．一般に属詞と言われる Il est mort jeune.「若くして死んだ」/ Il est né poète.「生まれながらに詩人である」にleの代入は不可能．

♦leが代わる形容詞は前の節で同性・同数で現われるとは限らない：Je serai contente partout

si toi tu *l*'es. (Beauv., *Mand.*, 573) (l' = content)「（妻が夫に）あなたが満足なら、わたしはどこにいっても満足よ」
♦ le はそれ自体の補語をとり得る：Elle était belle et dévouée à sa sœur comme tu *l*'es à moi-même. (Superv., *Shéhér.*, 83)「あの娘は美しく、お前が私に尽くしてくれるように姉につくした」
2°　過去分詞：Pour une femme, *élevée* comme je *l*'avais été, il était peut-être difficile d'éviter le mariage.：(Beauv., *Mém.*, 339) (l' = élevée)「私のように育てられた女にとって、結婚を避けることはおそらく困難だった」
♦ le は前の節で不定詞または能動態で表わされた動詞活用形の過分に代わることがある：Je suis âgé, hors d'état d'*aimer* comme de *l*'être. (Sagan, *Orage*, 9) (l'=aimé)「私は年を取り、愛することも愛されることもできない」/ Ce qui me plaît, c'est (...) de *séduire* toutes les femmes qui désirent *l*'être. (Grenier, *Ciné*, 243) (l' = séduites)「ぼくのやりたいのは、誘惑されたがっている女を全部誘惑することさ」/ Vous aimez qu'on vous *dorlote*. — Je ne *l*'ai pas toujours été. (Cocteau, *Th.* II, 161) (l' = dorloté)「あなたはちやほやされるのが好きなんですね。— いつもそうされるとは限りませんでしたよ」/ Dans tous les pays qu'il visitait, il demandait une décoration et *achetait* celles qui pouvaient *l*'être. (Maurois, *Dumas*, 140-1) (l' = achetées)「彼はどの国を訪れても勲章をくれと言い、金で買える勲章は金で買った」
▶ この場合を Lit はすべて禁止. Mart (282)；Col は過分と同音の不定詞が表現されている場合だけを許容. G (485, Rem. 2)；H (543) は全面的に許容する.
3°　名詞　無冠詞名詞はもちろん、前の節で〈限定辞＋[名]〉で現わされた語群にも le (= cela) を用いる：Il est médecin. Son frère *l*'est aussi. (Pinchon, 85) (l'=médecin)「彼は医者だ。彼の兄もそうだ」/ Je vous ai juré d'être une bonne femme. Je *le* serai. (Anouilh, *Hurlub.*, 129)「わたしはよい妻になりますとあなたに誓いました。そうなりましょう」/ Mais nous ne sommes pas des amis. — J'espère que nous allons *le* devenir. (Modiano, *Vestiaire*, 58)「我々は友達ではあ

りません. — そうなれることを期待しています」/ Nous sommes les vainqueurs. (...) Vous aussi vous *l*'êtes. (Giraudoux, *Troie* II, 5) (le = vainqueurs)「われわれは勝利者だ. きみたちだってそうなのだ」/ Mary Lloyd, de ce jour-là, devint pour moi *une très bonne amie* et *le* resta. (Sagan, *Sarah*, 82)「ML は、この日から私にとってこの上ない女友達となり、それがずっと続いた」
♦〈定冠詞＋[名]〉を昔の規則に従って le, la, les で代理させることがあるが (S, I, 63; G, 485)、次の問いに対しては日常語では le さえも避けて構文を変える：Etes-vous la fiancée de Paul? — Oui, c'est moi [c'est ça].「あなたが P のいいなずけですか. — はい、私です [そうです]」
⇨ le, la, les 3°
4°　節　⇨ sembler 7°
5°　*le* の省略　比較を表わす語 plus, moins, comme, autant, aussi などの後では le の使用は任意：Elle est aussi bonne qu'elle (*l*') a toujours été. (Le B, I, 135)「彼女はいつもそうだったように、今でも親切だ」
♦ le が補語を伴うときは省略できない：Aucun être n'a jamais été aimé comme vous *l*'êtes par moi. (*Thib.* VI, 163)「誰ひとり、きみがぼくに愛されているように、愛された者は決していないよ」

lequel, laquelle, lesquels, lesquelles
— 〈定冠詞＋quel〉の合成語. à, de と合体して auquel, auxquel(le)s; duquel, desquel(le)s となる.
I. 代（関係）　性数に従って変化する唯一の関係代名詞. 先行詞（人、ことに物・動物）を明示できる長所があるが、形が鈍重なために、日常語で下記 1° のほかはほとんど用いられない.
1° [前]＋*lequel*
〈[前]＋qui〉は人 (⇨ qui² 4°)、〈[前]＋quoi〉は中性語 (⇨ quoi² 1°) に用いるのが原則であるから、先行詞が物のときに lequel が必要になり、日常語にも普及. 下記 2° 3° とは異なり、同格的だけでなく限定的にも用いられる.
① *à, pour, sur, devant, ... + lequel*：Il y avait beaucoup d'autres choses *auxquelles* il devait penser. (Beauv., *Mand.*, 358)「彼が考えねばならないことはほかにもたくさんあった」/ C'était une lutte *à laquelle* il n'était pas encore habitué. (Camus, *Peste*, 73)「それは彼にはまだ不慣れな闘争であった」/ C'est une

raison peut-être *pour laquelle* il fut un enragé liseur. (ALAIN, *Balzac*, 7)「それが恐らく，彼が本をむさぼり読んだ理由だ」/ Il allait dans le café rose (...), *devant lequel* se rangeaient les convois nocturnes. (SOLLERS, *Parc*, 47)「彼はバラ色のカフェによく行った．その前には夜行便のトラックが並んでいた」/ Il y a des natures *contre lesquelles* on ne peut rien. (*Thib*. II, 12)「手のつけようのない人間がいるものです」

♦ *où* は d', par, jusqu'にしか先立たれないから (⇨ où I. 1° ①)，de, par のほかは，場所については〈devant [derrière, sur] + lequel〉を用いる．×jusqu'auquel は不可．場所の方向について×la ville à laquelle il va は不可（正：où il va）．

② ***dans lequel / où*** 次例では où も用い得る：Nous avons pris un de ces trains soviétiques *dans lesquels* on est horriblement secoué. (BEAUV., *Compte*, 336)「われわれは恐ろしく揺れる例のソヴィエトの列車の一つに乗った」/ Elle regarde la forêt de pins *dans laquelle* s'est engloutie l'auto de Valéry. (DURAS, *Andesmas*, 108)「彼女は V の車が呑み込まれた松林を眺める」/ Tu ne te rends pas compte de l'état *dans lequel* je me trouve. (COCTEAU, *Th.* II, 182)「ぼくが今どんな状態にあるかきみにはわからない」

par lequel / par où 通過する場所についてはどちらも用いられる：Etéonéus paraît aussitôt à la baie *par laquelle* il avait disparu. (ROUSSIN, *Hélène*, 88)「E はさっき出ていった入口からすぐに姿を現わす」

③ 前+*lequel* / 前+*qui*　人については qui が好まれる(⇨qui[1] A. II. 1°)：l'homme *auquel* (*à qui*) j'ai parlé.「私が話した人」▶ 先行詞を明示するためには lequel: Paul est celui de ses enfants *pour lequel* elle a fait tant de sacrifices. (LE B, I, 295)「P は子供たちのうちでもとりわけ彼女がかずかずの犠牲を払った子供だ」

parmi* [*entre*] *lesquels*; *au nombre desquels これらは人についても qui を用いない：Je trouvai une vingtaine de personnes *parmi lesquelles* étaient mes deux voisines. (MAUROIS, *Climats*, 31)「すでに20人ほど先客があったが，そのなかに，ぼくの隣にいた例の2人の女性がいた」/ les deux officiers *entre lesquels* elle était assise「彼女がその間に座っていた2人の士官」/ les bons romanciers *au nombre desquels* tout le monde le place (MART, 226)「誰もが彼をその1人に加えているすぐれた小説家たち」　ただし例外的には entre qui (S, II, 185)．♦ 動詞の省略：Là il connut des jeunes gens instruits, *parmi lesquels* Maucroix. (FAGUET—S, II, 211)「そこで彼は教養の高い青年たちと知り合ったが，その中に M がいた」⇨ dont

♦ ***en lequel.*** en は定冠詞 le の前には用いにくいので，きわめてまれ．気取った文体：... ces tableaux *en lesquels* se distribuent la plus grande partie des romans de Flaubert. (THIBAUDET, *Flaubert*, 276)「…F の小説の大部分はこの種の描写に分たれる」▶ 人については en qui(⇨ qui[1] A. II. 1°)，物については dans lequel を用いる (S, II, 186)．

④ ***duquel*** 文語的で de qui (人), dont (人・物), d'où (場所) が普通：L'embranchement *duquel* part le chemin de la maison de Valéry a été dépassé par l'auto. (DURAS, *Andesmas*, 106) (= d'où)「自動車は V の家に通じる道が分かれる分岐点を過ぎていた」/ Elles (= ses forces) étaient les débris d'un personnage planétaire, *duquel* il se sentait définitivement désaccouplé. (*Thib.* IV, 139) (= dont)「それは自分とははっきりと無縁のものに感じられる1個の地上の人間の残骸であった」

♦ 先行詞を明示するために：un témoignage de la bonté de Dieu, *de laquelle* il ne faut jamais douter (LE B, I, 308)「夢にも疑ってはならない神の慈愛を証するもの」

　前+名+*duquel*　先行詞が 前+名 の補語となるときは，先行詞のあとにこの形を用いる．dont は用いられない：Les rocs, *au haut desquels* rôdaient quelques vautours, réverbéraient le soleil avec une violence aveugle. (DHÔTEL, *Lieu*, 71)「幾羽かのハゲワシがその上をうろついている岩々は，目もくらむばかりに激しく陽を照り返していた」(< Quelques vautours rôdaient au haut de ces rocs.)　先行詞が物ならばこの形が必要．人ならば de qui も用いられる．(⇨ qui[1] A. II. 1°) ♦〈動+前〉を他動詞で置き換えられれば，この鈍重な表現を避けられる：une chaîne de montagnes *au sommet de laquelle* je suis monté > dont j'ai atteint le sommet (GEORG, *Diff.*, 170)

「私がその頂に登った山脈＞その頂までいった山脈」

2° **主語** 官庁文体・法律文のほか,文学的にまれに用いられる.

① **先行詞を明示するため**: Nous étions invités à passer le week-end chez la sœur de Luc, *laquelle* était la mère de Bertrand. (SAGAN, *Sourire*, 52)「私たちはLの姉の家で週末を過ごすように招待されていたが,その姉というのはBの母であった」▶ただし男性Lucの代わりにMarieならば曖昧さは解決できない.

② ***qui*の反復を避けるため**: C'était d'abord Marthe, leur aînée, qui avait épousé Auguste Laboque, et qui en avait eu Adolphe, *lequel* s'était marié avec Germaine. (ZOLA—S, II, 182)「まず彼らの姉MがLと結婚して彼との間にAをもうけ,そのAはGと結婚したのだった」▶quiで始まる関係節に,その最後の語を先行詞とする関係節が続く場合である.文体的配慮に過ぎないから,同じ場合にquiを反復することも多い.quiの反復がかえって文体上の効果を挙げることがある(⇨ article défini II. 1°④ のFRANCEの文例).

③ **関係代名詞を強調するため**: La lettre était déposée dans un coffret clos, *lequel* se dissimulait dans la mousse. (GIDE—G, 554) (lequel=et celui-ci, et ce coffret)「手紙は鍵のかかった小箱に入れてあったが,その箱は苔の中に隠されていた」

　主語lequelは同格的関係節にしか用いられない.したがってJe possède le dictionnaire N..., *lequel* est très complet.「N辞典を持っていますが,それは非常に内容の充実したものです」とは言うが,×Procure-moi un dictionnaire *lequel* soit très complet.「内容の充実した辞典を入手してください」(限定的)は不可.正: qui soit... (SECHEHAYE, *Essai*, 191; W, §206)

▶等位された関係節でet　quiの代わりにet lequelとは言わない (G新, 692 b, Rem. 1; S, II, 182).

▶lequelは固有名詞を先行詞とすることができる (G新, 692 b, Rem. 2; ROB).

3° **直接目的語** 文学的.きわめてまれ.先行詞の明示と強調的意図による: Ce n'est pas une définition du mot, que je cherche, *laquelle* nous pourrions trouver dans un dictionnaire. (GIDE, *Interv.*, 113)「私が捜しているのはこの語の定義ではありません.定義な

ら辞典で見つけられましょう」

II. 形 (関係) ***lequel*+名** 古語法.官庁文体・商業文・文語に残る.lequelのあとで既出の名詞を繰り返すか,同種の別語を用い,主語・状況補語となる: J'ai rencontré *un promeneur* en pleine campagne, près du ruisseau, *lequel promeneur* m'a demandé le chemin du moulin. (*DB*)「野原のまんなかの,小川のほとりで,散歩している男に出会ったが,その男は私に風車小屋への道をたずねた」(lequel promeneurをet ce promeneurとすれば常用の文が得られる)

◆ auquel cas (= dans ce cas) 現用される唯一の成句: Je crains que ma mère n'ait quelques-uns de ses invités habituels. — *Auquel cas* nous repartons. (SAGAN, *Sourire*, 56-7)「お母さんは常連の何人かを呼んでいるのじゃないかな.—そうだったら,よそに行こう」

III. 代 (疑問) 人・物の一群の中から不明なものを取り出して「どれ,どちら」と問う疑問詞(= quelle personne, quelle chose, parmi plusieurs autres). 〈de [d'entre, parmi]+補語〉を伴うか,あるいは補語は前文中に含まれる.直接疑問にも間接疑問にも用いられ,次の機能を果たす.

1° **主語**: *Lequel* des deux a été le plus original, Corneille ou Racine? または *Lequel* des deux, Corneille ou Racine, a été le plus original? 「CとRの2人のうち,どちらのほうが独創力があったのですか」 / *Lequel* d'entre vous [parmi vous] peut m'aider? 「あなたがたのうち誰が私を手伝ってくれますか」 / *Lequel* de vous deux est l'aîné? (ANOUILH, *Becket*, 114)「お前たち2人のうちどちらが年上なのだね」 / Une seule personne pourrait le convaincre. — *Laquelle*? (COCTEAU, *Bacchus* III, 2)「彼を説得できそうな者がたったひとりいるのだが.—それは誰です」

◆ **間接疑問**: On ne pourrait jamais savoir vraiment *lequel* de vous deux serait mort. (ANOUILH, *P.B.*, 10)「(双子について)あなたたちのどっちが死んだのか本当に決してわからないでしょうね」

2° **直接目的語**: *Lequel* aimes-tu mieux, ton papa ou ta maman? (RENARD, *Poil*, sc. IX)「パパとママとどっちが好きかい」 / *Laquelle* des deux petites préfères-tu? (BEAUV., *Mém.*,

48)「2人の娘のうち、どっちがすきなの」/ De ces cravates, *laquelle* préférez-vous?「このネクタイのうち、どれがいいですか」/ Tu lui poseras la question? — Laquelle? (DURAS, *Abahn*, 25)「彼に訊くのかい?—なんて?」/ Il n'y a qu'une solution. — Laquelle? (DORIN, *Bonsh.*, 231)「解決策はただ1つよ.—どんな?」

3° 属詞: Lequel es-tu? (G, 577)「きみはどっちなのだ」　間接疑問: Dis-moi lequel tu es.

4° 前 + *lequel*: Auquel d'entre vous, Messieurs, dois-je répondre? (ANOUILH, *P.N.*, 102)「あなたがたのどなたにお答えすべきですか」

♦間接疑問: Vous avez deux fils et je ne sais *duquel* vous parlez. (SARTRE, *Séques.* III, 2)「あなたには息子さんがふたりおありだけど、どちらの話をしていらっしゃるのかわからないのです」

5° 中性の *lequel*: Lequel préférez-vous, partir ou rester? (AC)「出かけるのとここにいるのと、どっちがいいですか」▶ 日常語では Qu'est-ce que vous préférez faire, partir ou rester? と言う.

6° 強調形　くだけた会話で: De ces cravates, laquelle est-ce qui vous plaît? / Lequel est-ce que vous préférez? (MART, 249) ♦(俗): Lequel (c'est) qui ira? (= Lequel ira?) / Lequel que (c'est que) vous voulez?; Lequel c'est-i que vous voulez? (BAUCHE, 95) (= Lequel voulez-vous?)

lettres [文字] — 各文字の読み方、性は ⇨ alphabet

leur ⇨ lui¹; adjectif possessif; pronom possessif

lexicologie [語彙論] — ある言語あるいは方言の語彙の体系、語の外形、意味、その歴史などを扱う言語学の一部門.

liaison [リエゾン、連音] — 無音の子音字で終わる語に母音で始まる語が続くとき、この子音字を発音して次の語の母音に連結すること: vou(s) *z* avez.　有音子音で終わる語に母音で始まる語が続けば、語末子音は次の音節に移るが、これは liaisonとは言わず enchaînement [アンシェヌマン] と言う: avec elle [a-vɛ-kɛl], il a [i-la].

　liaisonは一息で発音される密接に結ばれた語の間で行なわれる。これを行なわなければならない場合と、行なってはならない場合のほかに、任意の場合がある。詩歌、演説、散文朗読では多く行なわれるが、日常会話では次第に少なくなる傾向

にある。改まった会話よりはくだけた会話のほうが少ない。3°以下は日常会話についての注意で詩歌や演説などの liaisonは含まれない.

1° 語末子音字の音の変化

s, x → [z]: le(s) *z* amis, deu(x) *z* amis.

d → [t]: gran(d) *t* homme.

g → [k]: suer san(g) *k* et eau. ただし、現在では[sɑ̃eo]が普通. long hiver [lɔ̃givɛːr]などを[k]で liaisonするのも古風. ⇨ g

2° 鼻母音の liaison　鼻母音はある場合には非鼻母音化して口母音＋nとなり、ある場合には鼻母音＋nとなり、ある場合にはどちらになるか一定しない。mを liaisonする場合は存在しない.

① **-ain, -ein, -en** [ɛ̃]で終わる形容詞は[ɛn]となる (GRAM, 134; MART, 387): certai(n) *n* auteur [sɛrtɛnotœːr], vai(n) *n* espoir, vilai(n) *n* enfant, plei(n) *n* air, moye(n) *n* âge, ancie(n) *n* ami. ただし、GEORG (*Diff.*, 60) は vain *n* effort, ancien *n* ami と記す.

② **-in** [ɛ̃]: malin *n* esprit [malɛ̃nɛspri]. ただし divin enfantは伝統的発音[divinɑ̃fɑ̃]が残る.

③ **-on** の形容詞は bonは[bɔn], mon, ton, sonは[ɔ̃n]または[ɔn]: bo(n) *n* ami, mon ami [mɔ̃nami, mɔnami]

④ **un, aucun, on, rien, bien, en, combien** は非鼻母音化しない: un *n* ami, aucun *n* homme, on *n* irai, rien *n* à dire, bien *n* aimable (GRAM, 134に[bjɛnɛmabl]もある), en *n* Asie, Combien *n* avez-vous de...? (liaisonしなくてもよい)

3° 必ず liaisonされる場合

① 冠 [限定形容詞] (+ 形) + 名: les [des, aux] enfants / mon ami / trois [plusieurs, divers] auteurs / aucun [tout] homme / deux aimables personnes / quels élèves.

♦日付（名詞的用法の数詞）は liaisonしないのが正式: deu(x) avril, six avril [sisavril]. ただし liaisonされることもある: deu(x) *z* avril. ことに deu(x) *z* août, troi(s) *z* avril [øu], [ɑa]の接続が避けられる. si(x) *z* avrilはまねるべきでない.

② 形 + 名: un petit enfant / des petits enfants. ただし for(t) avantage. ⇨ 4° ⑧

③ 前 + 名 [代]: chez [sans] elle / en Asie / dans un jour.　主に単音節の前置詞のみ. avant, devantは eux, ellesと liaisonするこ

とは多い. hormis, selon, à travers, hors, envers, versは liaison しない. ⇨ 4° ⑧
④ 副+形［副］: très‿utile / tout‿entier / trop‿ému / plus [moins]‿âgé / pas‿encore.
⑤ 無強勢人称代名詞, on (+ en, y) + 動: ils‿ont / on‿ira / nous‿en‿avons / nous‿y‿allons [nuzjalɔ̃] / je vous [les]‿aime.
⑥ 疑問形で 動 + il(s), elle(s), on: dit-‿il [elle, on]
⑦ 命令形で, 動 (+ 人称代名詞) + en, y: allons-‿y / allez-vous-‿en.
⑧ 助動 (3 人称) + 過分: il est‿allé / ils‿ont eu. この liaisonを廃する傾向があるが (Ils‿on(t) entendu. ことに Tu a(s) entendu. — COH, 334) 他の人称でも liaison したほうがよい.
⑨ quand (接), dont: quand‿il pleut / dont‿il est.
⑩ 成句: mot-‿à-mot / pot‿à eau / deux‿à deux / deux‿ou trois / tout‿à coup [l'heure] / de temps‿en temps / de plus‿en plus / de mieux‿en mieux / de haut‿en bas / de fond‿en comble / nuit‿et jour / pas‿un / pis‿aller. ただし ne(z) à nez, ri(z) au lait, chau(d) et froid / de lon(g) en large.

4° liaison しない場合
① 単数名詞 + 形: suje(t) intéressant / ran(g) élevé. したがって, un savan(t) aveugle「盲目の学者」/ un savant‿aveugle「博学な盲人」(⇨ 3° ②). ただし熟語 respec(t) humain [rɛspɛ(k)ymɛ̃]. 合成名詞は ⇨ 下記⑨
② 主語名詞［強勢代名詞］+ 動: Mes parents (Eux) étaient à Paris. / Jean est à Paris.
③ etの後: un garçon et une fille.
④ 倒置された要素: Donnez-m'en un. / Allez-vou(s) en voiture? / Va-t-en à pied. / Montre-le(s) à ta sœur.
Avons-nou(s) eu tort? / Sont-il(s) arrivés? / A-t-on été là? ▶ ただし改まった言葉では liaisonが行なわれることがある.
⑤ 有音のh(⇨ h)の前.
⑥ élisionが行なわれない語の前. ⇨ élision 2° ①; onze
⑦ 名詞的に用いられた間投詞, 副詞: le(s) ah!
⑧ r+無音子音: ver(s) elle [vɛrɛl] / cor(ps) à corps / de par(t) en part / mor(t) ou vif / bor(d) à bord. cf. deux heur(es) et demie.
♦ 例外: (1) 疑問形: part-‿il. (2) 複数形容詞: leurs [plusieurs, divers]‿enfants. (3) 熟語: tiers-‿état. ことに複数: cor(p)s‿et biens / ar(t)s‿et métiers. (4) 副詞: fortはまれに. (5) nor(d)-est [nɔr(d)ɛst] / nor(d)-ouest (sud-est の影響, liaison しないほうがよい).
⑨ 合成名詞 (単数と同音): arc(s)-en-ciel [arkɑ̃-] / croc(s)-en-jambe [krɔkɑ̃-] / salle(s) à manger [sala-]

5° 注意 ① 複数のsは liaison されやすい. GOUG (42)は〈複数名詞 + 形〉は常に liaison されると説くが, D (35)は日常会話ではこれを避けることを勧める. ただし liaison は vers harmonieux [vɛrzar-] (複数)と [vɛrar-] (単数)とを区別する手段となることがある.
② 語呂の悪い音の連続は避ける: les‿un(s) aux‿autres / tu les‿a(s) ôtés ([z]の連続を避けたもの).
③ -er [e]は liaison しないのが普通: pare(r) aux difficultés. cf. laisse(r)-aller. ただし premier [dernier]‿acte [-mjɛrakt] ⇨ 3° ②
④ avoir, êtreの変化形,〈準助動詞 + 不定〉はしばしば liaison される. [t]は[z]よりもいっそう liaison されやすい: Il est‿à Paris. / Il veut‿y aller. / Je vais‿écouter. / Je suis‿heureux. / Vous‿êtes‿un brave homme. cf. J'étai(s) aux spectacles.
▶〈être + 属詞〉の間の liaisonはしたほうがよい (G 新, 43 b).

libre — libre de 不定: Vous êtes *libre d'agir comme vous l'entendez.* (COCTEAU, *Th.* II, 129)「あなたが好きなようにするのはご自由です」
♦ libre à qn de 不定: *Libre à toi de conclure ce mariage.* (ID., *Th.* I, 223)「この結婚をきめるのはあなたの自由よ」▶ de 不定 の省略: *Je ne travaillerai pas pour vous. — Libre à vous.* (DÉON, *Taxi*, 292)

liquide (consonne) ⇨ consonne
lit ⇨ dans 1° ④
litote ［曲言法, 緩叙法］— 故意に控えめに言いながら, かえって意味を強調する修辞法. 多く反対語の否定を用いて肯定を表わす: Il n'est pas bête.「バカではない」(= Il est intelligent)

locution ［相当句］— 意味上, 機能上1単位をなす語群. 1個の副詞, 接続詞, 前置詞, 動詞に相当するものをそれぞれ loc. adverbiale ［副詞相当句］, loc. conjonctive ［接続詞相当句］, loc. prépositive ［前置詞相当句］, loc.

verbale [動詞相当句]などと言う.
locution verbale [動詞相当句] ── 動詞と他の語が一体をなして一つの観念を表わし, 一種の合成語を作るもの.
　構造は (1) 動 + 名 : avoir envie / faire peur. 名詞は大部分は無冠詞. 時に prendre le change「だまされる」/ donner le change「だます」/ prendre la fuite「逃げる」/ avoir l'air...「…のように見える」(2) 動 + 形 : avoir beau「…しても無駄である」(3) 動 + 副 : aimer mieux「…のほうを好む」/ couper court「中断させる」(4) 動 + 前 + 名 : prendre en pitié「あわれむ」/ mettre au jour「(子を)生む」
　動詞相当句はそれが表わす行為の対象の有無により他動詞あるいは自動詞に相当する. (1)直接他動詞 (まれ) : aimer mieux qch. (2)間接他動詞 : avoir besoin de「…を必要とする」/ rendre compte de「…を報告する」/ faire peur à「…をこわがらす」(3)自動詞 : avoir chaud [froid]「暑い [寒い]」/ prendre fin「終わる」

loin ── **1°** *loin* 副
① 動 + *loin* 運動動詞と共に方向を表わす: Vous allez *loin*? (GARY, *Clair*, 15)「遠くにお出かけですか」/ Nous devons marcher plus *loin*. (LE CLÉZIO, *Désert*, 222)「もっと遠くまで歩かなくちゃならない」/ Elle nageait *loin*. (DURAS, *Bay*, 33)「いつも遠くまで泳いで行くのだった」
② 名詞的用法: Quand on voulait voir des voitures, on n'avait pas *loin* à marcher. (LE CLÉZIO, *Géants*, 295)「自動車が見たくなれば遠くまで歩くには当たらなかった」/ Après tout, je n'ai pas si *loin* à aller. (MAURIAC, *Désert*, 124)「どっちみち歩いたってそう遠くはないんだ」/ Il y a *loin*, d'ici le château? (GIDE, *Isabelle*, 18)「ここからお城までは遠いのですか」/ Il n'y a pas si *loin* des hommes aux insectes. (MAURIAC, *Galigaï*, 166)「人間と虫たちの違いはそれほど大きいものではありません」/ Vous êtes de *loin*? ── (...) Si je suis de *loin*? oh! de *loin*, oui, de très *loin*. (ARLAND, *Ordre*, 475)「遠い国のかたですか.──わしが遠くの者かって? ああ, 遠くのものだよ. そうさな, ずっと遠くのな」 cf. Vous êtes d'Amérique? (*Ib.*)「アメリカのかたですか」
◆ Vous partez *loin*? (GARY, *Clair*, 15)「遠くにお出かけですか」の代わりに ×Vous partez pour *loin*? とは言えないが, Elle est partie très *loin*. とも... pour très *loin* (DSF, pour 1, 2°) とも言う. très [si] *loin* の語群が名詞に働く.
③ 形容詞的機能 (1)付加辞: Je pense au lendemain plutôt qu'aux jours plus *loin*. (DURAS, *Stein*, 110)「遠い先の日々のことよりはあすのことを考えます」/ quelque chose de déjà si *loin* (GREEN, *Mesurat*, 240)「すでに遠く離れ去った何物か」
(2) 属詞: Dans vingt ans... ── Eh bien? ── C'est *loin*. (SARTRE, *Mains*, 142)「20年たってからか.──それがどうした.──ずいぶん先の話だね」◆ CR (107) は「まったくの形容詞の価値」を持つと言う. 次例の le の使用は *loin* が属詞であることを立証する: Le mont Valérien était trop *loin*. Il *le* restait encore en 1908. (ROMAINS, *6 Oct.*, 193)「V山はあまりに遠すぎた. 1908年にもまだそうであった」
2° *loin de* + 名 状況補語として: Je suis très *loin de* Paris. (BEAUV., *Marche*, 10)「私はパリから遠く離れた所にいる」

◆ *loin de moi* + 名 [de 不定詞]〈述部+主題〉の構文: *Loin de moi* cette pensée! (ANOUILH, *P.R.*, 169)「そのような考えは私には少しもございません」/ *Loin de moi de* juger la conduite de votre Eminence. (COCTEAU, *Bacchus* III, 3)「猊下のなさることをとやかく申すつもりは毛頭ございません」

◆ *ne... pas loin de* + 数詞. 名詞を伴ってà peu près, presqueの意. 直・日や非人称表現の補語となる: Je n'avais pas *loin de* quarante ans. (IONESCO, *Solitaire*, 7)「私はやがて40歳になろうとしていた」/ Il n'est pas *loin de* minuit. (PR)「やがて夜中の12時だ」▶ pas *loin de* + 数詞. ne を省いた新語法: Claudine a (...) pas *loin de* 18 ans. (CAYROL, *Hist. maison*, 279)「Cはやがて18になる」

3° *loin de* 不定詞 : Je suis *loin de* vous approuver. (DB)「私はあなたに同意するどころではありません」/ *Loin de* me secourir, mon ami m'accable. (GLLF)「わたしの友だちは私を助けるどころか, 悩ましている」

4° (*bien*) *loin que* + 接 : *Loin qu*'il me plaise, je le déteste. (DB)「私の気に入るどころか, 彼はきらいだ」

5° (*d'*)*aussi loin que* ; (*de*) *si loin que* ; *du* [*au*] *plus loin que*

① **場所については** + 直, 時に + 接 (譲歩の意を含む) : *Aussi loin qu'*on pouvait voir, il n'y avait rien. (LE CLÉZIO, *Fuites*, 94)「見渡す限り何もなかった」/ Vous voyez que j'ai bien fait, — cria-t-elle *du plus loin qu'*elle l'aperçut. (BENOIT, *Carlos*, 25)「うまくやったでしょ．—— 彼女は遠くから彼の姿を見つけるとすぐに叫んだ」/ *Aussi loin qu'*il pût voir, plus un magasin n'était ouvert. (MALRAUX, *Cond.*, 107)「見渡す限り，もはや開いている店は一軒もなかった」

② **時間については多く** + 接 : *Aussi loin que* je me souvienne, j'étais fière d'être l'aînée. (BEAUV., *Mém.*, 9)「私の覚えている限り，私は長女であることが得意であった」/ *Aussi loin qu'*il pût remonter dans sa mémoire, il trouvait cette chance à l'œuvre. (CAMUS, *Exil*, 30)「記憶をどれほど遠くさかのぼっても，彼はこの好運が働いているのを見いだすのだった」/ *du plus loin que* je me souvienne (DURAS, *Vie*, 131) / *si loin qu'*elle se souvienne (S, II, 284)

♦ **まれに** + 直 : *aussi loin que* nous pouvons remonter (RENAN—G, 1018 a, Rem.1)

6º *de loin* (= de beaucoup) 形容詞比較級・最上級，比較の意を含む動詞と共に : C'est *de loin* son meilleur roman. (*MR*)「何と言っても彼の最もすぐれた小説です」/ Elle préférait *de loin* sa mère à M. Mabille. (BEAUV., *Mém.*, 146)「M 氏より母親のほうがはるかに好きだった」

loi phonétique ⇨ changement phonétique
l'on ⇨ on I

long — un lon(g) *k* hiver (M), le lon(g) *k* espoir (MART, *Pr.*, 362). GEORG (*Diff.*, 61) は long espoir は [lɔ̃gɛspwaːr] と説く．MART (*Pr.*, 362, n.3) も [g] 音を保持する傾向を認めている．上記の [k] は詩文に限られ，今日の日常会話では long[g] hiver, long[g] espoir．ただし, de lon(g) en large.

▶ long à [lɔ̃a] 不定詞「なかなか…しない」

♦ être *long* de 10 mètres, avoir 10 mètres de *long* 名 [または de longueur], avoir une longueur de 10 mètres「長さが 10 メートルある」

longtemps — 1º **副詞** Nous sommes restés *longtemps* sur la bouée. (CAMUS, *Etr.*, 32)「長い間ブイの上にいた」/ *longtemps* avant [après] sa mort「死ぬよりずっと前に [死んでから長らくたって]」

語順 ① 動 + longtemps : Il est resté *longtemps*. ×*Longtemps* il est resté. は不可．

② 動 + 時の補語 : Aujourd'hui il restera *longtemps*.; Il restera *longtemps* aujourd'hui.; ×Il restera aujourd'hui *longtemps*. は不可．

③ 動 + その他の補語 : Il est resté *longtemps* [Il est *longtemps* resté ; *Longtemps* il est resté] sans venir en Suisse. (PINCHON, *LF*, nº 1, 77)「長いことスイスに来られぬままでいた」

2º **名詞的機能** 無冠詞のまま，または〈副 + longtemps〉が名詞的に機能する．

① 前 + *longtemps* : Vous entendrez parler de lui *avant longtemps*. (*PR*) (= bientôt)「近いうちに彼の話を聞くでしょう」/ Il est resté absent *pendant longtemps*. (*PR*) (= Il est resté *longtemps* absent.)「長らく留守のままだった」/ Es-tu *pour longtemps* à Paris? (*Thib.*, VI, 84)「パリにはずっといるのかね」(⇨ pour I. 2º ②) / Nous nous y attendons *depuis* si *longtemps*. (DURAS, *Th.* II, 99)「もうずっと前からそんなことになるだろうとは思っているよ」/ Je croyais que cela ne venait qu'*au bout de* très *longtemps*. (ANOUILH, *N.P.N.*, 298)「ずいぶん長い間たたなければそうはなるまいと思っていた」

de longtemps (= depuis longtemps) : Cette existence-là, elle est *de longtemps* commencée. (VERCORS, *Portrait*, 39)「そうした生活はずっと前から始まっているのだ」 ♦ 否定文で文末，条・現と共に : Je *ne* le verrai *pas de longtemps*. (*DFC*) (= pour une longue durée)「長らく彼と会うことはあるまい」 ▶ この意味ではもっとくだけて : Je *ne* compte *pas* y retourner *d'ici longtemps*. (ROB)「当分そこに戻るつもりはない」

dans longtemps On le retrouvera *dans longtemps*. (CAMUS, *Malent.*, 18)「長い間たてば，また彼に会えるでしょう」俗 : Ce n'est pas pour *dans longtemps*. (ANOUILH, *P.B.*, 213)「先の話じゃないのよ」 話し言葉 : Est-ce qu'il partira *dans longtemps*? (ROB)「彼の出発は先のことなの?」

② 直・目 : Salvator mit *longtemps* à répondre. (VERCORS, *Yeux*, 40)「S はなかなか

返事をしなかった」
◆非人称動詞の補語：Il m'a fallu bien plus *longtemps*. (BUTOR, *Emploi*, 27)「私にははるかにもっと長い時間が必要だった」/ il y a [voilà, ça fait] *longtemps* que「…してから長いこと経つ」

3º *un long temps* 冠詞を伴い真の名詞として扱うときは，その合成要素に分解されて2語につづられる：Madame de Staël (...) exigea que le mariage continuât *un long temps* encore à rester secret. (HENRIOT, *Romant.*, 474)「S夫人は結婚をなお長い間秘密にしておくことを要求した」 ◆その他：pour *un long temps* (GIDE, *Interv.*, 50)「長期の予定で」/ durant *un assez long temps* (ID., *Journal 1942-9*, 204)「かなり長い間」/ après *un long temps* d'angoisse fort pénible (*Ib.*, 206)「長い間非常につらい不安にかられた後に」/ Ma mère d'*un long temps* ne répondit pas. (F.DE ROUX, *Jours*, 88)「母は長い間返事をしなかった」

lorgnon — 初めは「片眼鏡」であったから，単数．2つ玉の「鼻眼鏡」の意になっても単数が普通：Ils ont jeté *mon lorgnon* par terre. (SARTRE, *Mur*, 72)「私の鼻眼鏡を投げ捨てた」 ▶ lunettesの類推による複数形も普及している：Il essuya *ses lorgnons*. (BEAUV., *Mém.*, 154)

lors — **1º *dès lors*** ① = à partir de ce moment-là「その時以来」 ② = conséquemment「したがって」 ◆dès lors que + 直 (1) = dès que「…とすぐに」 (2) = puisque「…だから」

2º *lors même que* ①+直 対立 (=même lorsque)：La vraie vertue se fait quelquefois respecter, *lors même qu*'elle déplaît. (B, 864)「真の美徳は人に気に入られぬ時でさえ，尊敬されることがある」 ②+条 譲歩 (= quand même)：Jamais il ne lui viendrait à l'idée d'aller au concert, *lors même que* celui-ci *se donnerait* à notre porte. (GIDE, *Symph.*, 62)「たとえそれが私たちの家の戸口で催されたにしても，彼女は音楽会に行こうなどという気になることはなかったろう」

lorsque ⇨ quand¹

lui¹, leur 代 (人称) — 男女性同形，間・目．動詞と接合し，動詞の前では無強勢：Je *lui* en parle. 〈肯定命令形 + 人称代名詞〉では，最後に置かれたlui, leurだけ強勢：Donne-le-*lui* [*leur*]. 無強勢：Parlez-*lui*-en. ▶ × lui [leur]

yの組合せは存在しない．

lui, leur / y
① 原則として*lui, leur*は人，*y*は物について用いられる：Je réfléchirai *à cette question*. > J'*y* réfléchirai.「その問題［そのこと］は考えておこう」

◆à qn, à qchのどちらも伴い得る動詞ではlui, yで人・物が区別される：Il m'a écrit et je *lui* ai répondu.「彼が手紙をくれたので，返事を書いた」/ Cette lettre était insolente, je n'*y* ai pas répondu.「その手紙は無礼だったから返事を書かなかった」

② 多くは〈à + 人〉を補語とする次の動詞は，luiが人を表わすと解される恐れがない場合には，**物についても*lui, leur*を用い得る**：comparer, conférer, consacrer, demander, devoir, donner, nuire, obéir, ôter, rendre, servir, sourire, など：La lune baignait la salle et *lui* donnait une blancheur aveuglante. (MANDIARG., *Lis*, 172)「月の光は一面に差しこみ，部屋はまばゆいばかりに白かった」/ Les journaux ont annoncé cette nouvelle en *lui* consacrant leur première page. (PINCHON, *FDM*, nº 75, 30)「新聞は第1面をさいてこのニュースを報じた」/ De plus en plus, les machines nous commandent, et nous *leur* obéissons. (ROB.-GRIL. *Djinn*, 77)「ますます機械は我々に命令し，我々はその言うままになる」/ Les romans de Walter Scott *lui* semblent «divins», mais il ne *leur* doit rien. (SOURIAU, *Hist. romant.* II, 78)「WSの小説は彼には"神々しい"ものに思われる．だが，彼はそれに負うところは何もない」

◆曖昧さの回避．*lui*の使用：Ma solitude m'a semblé sévère, mais je *lui* ai trouvé des charmes inattendus. (OHNET—S, I, 53) (lui = à ma solitude)「私の孤独は過酷なものに思われたが，孤独にも意外な魅力が見出された」(これに対し y = dans ma solitude「孤独にひたっていると」)

lui², eux, elle(s) — 代 (人称) 強勢形．
1º 主語 moi, toiと異なり，主語となる無強勢形なしで主語になり得る：lui(, il) dit / eux(, ils) disent / elle, (elle) dit. 強勢をとるから動詞との間にリエゾンは行なわれない：Eux¦ ont raison.

◆lui, euxの後では普通は〈,〉を省くが，elleの後では〈,〉は必要：*Lui* ne le souhaite pas. (CAMUS, *Justes*, 163)「彼のほうはそれを望んで

いません」/ Vous êtes pourtant bien laid, Lebelluc. — *Elles*, elles ne trouvent pas. (ANOUILH, *Hurlub.*, 68)「きみは全く醜男だね，L君.——女たちのほうはそう思わないのです」/ *Elle*, vient quelquefois à Pâques. *Lui*, jamais. (DURAS, *Th.* II, 11)「彼女のほうは復活祭にときどき来ますが，彼は決して来ません」
♦lui, eux, elle(s)と動詞の間に他の語を挿入し得る: *Lui* du moins aimait les paysans. (CAMUS, *Justes*, 145)「彼は少なくとも農民が好きでした」/ *Elle*, si ponctuelle, était absente à midi. (DURAS, *Détruire*, 12)「彼女はあんなに時間を守るのに正午には席に来ていなかった」
2° 同格 人・物について: Tandis que j'errais d'un bistrot à l'autre, Jacques, *lui*, s'instruisait. (IONESCO, *Solitaire*, 20)「ぼくが酒場から酒場へと飲み歩いている間にJのほうは勉強をしていた」/ Mais ton fils, *lui*, il ne pourrait pas t'aider? (DORIN, *Th.* I, 37)「でも息子さんなら，お手伝いできるじゃないの」/ Mais ma lingerie, *elle*, reste en haut? (GÉRALDY, *Rob. et Mar.* III, 1)「(設計図を見ながら)わたしのリネン置き場はやっぱり2階なの?」
3° *à lui* [*eux, elle(s)*] / *y* 原則として人/物に対応: Je pense à Paul. > Je pense *à lui*. / Je pense à cette question. > J'*y* pense.
4° *à, de*以外の 前 + *lui* 原則は人を表わすが，物について用いられる場合もまれでない.
① 前置詞の副詞的用法が不可能か，俗用となる場合: Ils avaient peur des tanks: ils se croyaient désarmés contre *eux*. (MALRAUX, *Cond.*, 47)「彼らは戦車を恐れていた．戦車は歯向かうべくもないと思っていた」/ J'apercevais au sommet d'un monticule herbeux une haute tour, semblable au donjon de Gisors et je me dirigeais vers *elle*. (BEAUV., *Compte*, 122)「草の茂った小さな丘の頂きにGの城の主塔に似た高い塔を見つけ，そのほうに向かっていった」/ Nous allons nous dépêcher d'ajuster la petite cape (...) Sans *elle*, on ne peut rien voir. (ANOUILH, *P.N.*, 252)「急いでケープをおつけいたします．ケープなしでは見ばえがいたしません」
② 前置詞が sur, sous, dans, au-dessus de, auprès de, autour de などならば，これに対応する副詞 dessus, dessous, dedans, au-dessus, auprès, autour を用い, devant derrière はこれを副詞として用いて，事物を表わす lui, eux, elle(s)を避けるのが普通: Ce siège est solide, asseyez-vous *dessus*. (MR)「この腰掛けはしっかりしています．これにお掛けなさい」(sur lui を避ける) / Le livre attendait sur la table. Daniel tournait *autour*, sans plus oser l'ouvrir. (*Thib.* II, 84)「机の上に本が待っていた．Dはそれを開く気にもならずに，まわりを回っていた」
♦しかし，対応する副詞があっても 〈 前 + lui〉 を用いた例も多い: On dirait qu'il n'y a que le bonheur sur la terre. Hé bien, oui, je veux me sauver *devant lui*. (ANOUILH, *P.N.*, 194)「まるでこの世に幸福しかないみたいね．ではよくて，わたしは幸福から逃げ出したいのよ」
lundi ⇨ jour de la semaine

M

m — 発音 [m]: mer.

母音+**m** ①鼻母音. ⑴b, pの前: ambition, simple, nymphe, compte. ⑵接頭辞em+m: emmener. ⑶接頭辞im+m: immanquable [ɛ̃mã-], immangeable. ⑷その他:comte, nom, faim. ②[m]: harem [-rɛm], album [-bɔm].

母音+**mn** ①[n]: auto(m)ne, conda(m)ner, da(m)ner. ②[mn]: indemnité, omnibus, [(m)n]: automnal.

mm ①一般に[m]: flamme [flam], prudemment [-damã] ②[(m)m]: immeuble, immense, など.

ma ⇨ adjectif possessif

madame — 1° 複 ①呼びかけ, 敬称はmesdames: *Mesdames* X et Z「X夫人とZ夫人」(cf. ces dames ⇨ ce² I. 7° ⑤) / Bonjour, *Madame* et Monsieur[または *Madame*, Monsieur]. Bonjour, *Mesdames* et Messieurs [または *Mesdames*, Messieurs]. ◆(俗): Bonjour, Messieurs Dames.

⇨ adjectif possessif III. 1°①; 2°

②名詞: une dame, des dames. ◆(俗) une madame, des madames (軽蔑的): Je ne suis pas jalouse des gens que vous aimez— même des «belles *madames*». (MONTHERL., *Jeunes filles*)「あなたが愛していらっしゃる人たちに嫉妬したりはしません.——"美しい奥さまがた"にも」

③ les *madame* Marneffe「M夫人のような人々」は無変化.

2° 自分の妻は ma femme. 召使に対してのみ *Madame* vous appelle.「奥様がお呼びだよ」と言う. 相手の妻は votre femme. ていねいに言うときは Comment va *Madame* X?「X夫人はご機嫌いかがでいらっしゃいますか」. 単に *Madame* というのは主人に対する召使の言葉. votre dame は俗. 婦人に向かって言うときは単に *Madame* と言う. *Madame* X と言う

のは俗.

3° ⟨*Madame* + 称号⟩の後の人称は monsieur 3°と同じ.

mademoiselle — 複 *mesdemoiselles. ces demoiselles, des demoiselles, des mademoiselles.* 用法は madame と同じ. une demoiselle, des mademoiselles の代わりに今日では普通 une jeune fille, des jeunes filles を用いる.

自分の娘は ma fille. 召使に対してのみ *mademoiselle* と言う. 相手の娘は votre fille. 丁寧に言うときは mademoiselle votre fille, mademoiselle X. 単に *Mademoiselle* を使うのは主人に対する召使の言葉. Votre demoiselle は俗. 相手に向かっていうときは単に *Mademoiselle* と言う. *Mademoiselle* X は俗.

mai ⇨ mois (nom de)

main — remettre *en main(s) propre(s)*「本人の手に渡す」(単数が論理的) / être *en bonnes mains* [*en mains sûres*]「確実な人の手に預けられている」

prendre *en main*「引受ける」/ avoir *en main*「掌中に握っている, 意のままにする」

♦prendre un objet *en* [*dans la*] *main*「ある品物を手に握る」/ tenir sa canne *à la main* [*en main*]「手に杖を持つ」/ *dans la main*「手の中に握って」/ prendre *à deux mains* [*dans les mains*]「両手で持つ」/ un livre *en mains*「両手で本を持って」

en un tour de main「たちまちのうちに」(en un tournemain のなまりであるが, これに代わる傾向にある) cf.『探索』1-9.

maintenant — 1° 副詞的用法 単過以外のさまざまな時制と共に用いられる. ことに現在形. 多くは過去・未来の動作・状態と対立して: Quand j'étais petit, j'avais une très bonne mémoire, *maintenant* ça ne va plus.(F, 904)「子供のころはとても物覚えがよかったけれど, 今

ではもうだめです」/ Tout à l'heure, vous parlerez; maintenant écoutez-moi. (MATORÉ)「のちほど話してもらいますが，今は私の言うことをお聞きなさい」
♦複過（過去の動作の結果である現在の状態）：Vous savez que la population a maintenant atteint le million. (F, 628)「御存じのように人口は今や百万に達しています」 ♦直・半（物語の文体．過去の物語の時点に転移されている）：Il menait maintenant une lutte solitaire. (ST-EXUP., Vol, 101)「彼は今や孤独な闘いを行なっていた」 ♦単未（= désormais）：Il sera maintenant plus prudent. (DFC)「今ではもっと用心をするだろう」/ Qu'est-ce qu'il va faire, maintenant? (VIAN, Pékin, 235)「これからどうするだろう」

2º 名詞的用法　前置詞の支配語：les jeunes gens de maintenant「今の若い人たち」/ jusqu'à maintenant「今まで」/ à partir de maintenant「これからは」/ dès maintenant「今からすぐに」

3º **maintenant que** + 直：Tout à l'heure, toi, tu ne voulais plus rien sauf déjeuner et maintenant que tout est là tu ne prends rien. (ROUSSIN, Nina, 323)「さっきは昼ごはんのことばかり考えていたくせに，いざ用意ができると，何にも手をつけやしない」
♦原因の意を帯びて：Maintenant que nous sommes seuls, je vais vous parler librement. (AC)「さあ2人きりになったから，自由に話しますよ」

mais — I. 副　1º *n'en pouvoir mais* (= ne pouvoir faire plus, n'y pouvoir rien)「どうすることもできない」 ▶mais (< lat. magis)の語源的意味 (= plus)の残る唯一の成句．

2º 強意語　①同一語の反復：Il est aimable, mais vraiment aimable.「彼は親切だ，実に親切だ」/ Il ne craint rien, mais rien. (M)「彼は何一つ恐れるものはない，全く何もないのだ」
② *Mais* oui! [mεwi]「そうですとも」/ *Mais* non!「そんなことがあるものですか」/ Cherche dans le Larousse. Mais vite. (GREEN, Mesurat, 103)「ラルスを引いてちょうだい．早くよ」
③文頭で驚愕を表わす：Mais c'est très bien!「全くすばらしい出来栄えです」
④文頭で相手の注意を引く：Mais, qu'avez-vous donc? (M)「でも一体どうしたのです」/ Mais, dites-moi, ...「ところで…」

II. 接　同一機能の文の要素，節と節を結合し，対立を表わす：Il souffre toujours, mais il ne se plaint jamais.「いつも苦しんでいるが，決して不平を言わない」/ Il est pauvre mais honnête.「貧乏だが正直者だ」/ Ce n'est pas un criminel, mais bien un imprudent.「犯人ではなくて，間違いなく軽率な人間なのだ」 ▶否定の後に用いられ，対立の強調．
♦対立する要素が2個以上あるときは普通は mais A et B, 文学語では強調的に mais A mais B: Il ne travaille pas, mais s'amuse et fait du sport [mais s'amuse, mais fait du sport]. (W, 69)「彼は勉強をしないで，遊んだりスポーツをしたりしている」/ Ce n'est pas un travail, mais un jeu et un sport [mais un jeu, mais un sport]. (Ib.)「こんなのは仕事とは言えない．遊びでありスポーツにすぎない」
▶対立を表わす副詞との併用可能：mais cependant / mais toutefois / mais pourtant, など．
▶Non seulement... mais encore; non pas... mais; mais non pas ⇨ non 5º（なお ⇨ parce que 4º ②）

maître, maîtresse — maîtresse は名詞としては〜 d'école, 〜 de piano などいくつかの限られた場合のみ (H, 562).

形容詞的用法．être maître [maîtresse] de soi, être son maître [sa maîtresse]「己を制する」では主語に一致するのが普通：Tu es moins maîtresse de toi que tu ne crois. (MARCEL, Chapelle II, 8)「自分で思っているほど自分の気持を押さえられないのね」/ Elle demeurais maîtresse d'elle-même. (Thib. II, 255)「じっと自分を押えていた」
♦être son maître の形では男性を種属名として女性についても用いることがある：Moi, j'ai toujours été mon maître. (ANOUILH, P.N., 229)「わたしはいつも自分を押さえてきました」（女性の言葉）/ Je demeurerais toujours mon propre maître. (BEAUV., Mém., 60)「いつも自分を制していよう」
♦être maître [maîtresse] de 不定詞（古）「自由に…することができる」：Elle est maîtresse de faire ce qu'il lui plaît. (ROB)「彼女は好きなことをすることができる」

Majesté — 国王・皇帝に向かって Votre Majesté「陛下」と言うとき，これを主語とする

動詞は3人称，代名詞も3人称が普通：*Votre Majesté* partira quand *elle* voudra.「陛下はお好きなときにお出かけくださいませ」▶目的語，所有形容詞は le, la, lui, sa の代わりに，時に vous, votre も用いる．

♦*Sa Majesté* はいっそう丁寧な言い方，一致は常に3人称．Sa Majesté + 名の後での代名詞は後続名詞と一致：*Sa Majesté le roi viendra-t-il*? (G, 466, Rem. 5; 496)

majorité ── la majorité des + 名 動詞の一致．⇨ accord du verbe A. I. 2º

majuscule [大文字] ── 主な用法は，

1º 文，詩句の最初の語 終止符の後では常に大文字．〈?〉〈!〉〈...〉が文尾にある場合は次の文は大文字で始める：*Tu ne m'en veux pas au moins? Si! T*u m'en veux! *Q*u'est-ce que j'ai fait?* (SARTRE, *Age*, 38)「せめて，あたしを恨んではいない？ いいえ，恨んでいる！ あたしが何をしたというの？」♦ただし，Ah! *c*'est vous, monsieur? (*Ib.*, 172)「ああ，あなたでしたか」/ Eh bien! *a*lors? (*Ib.*, 222)「で，それで？」/ Ah [Oh]! *n*on.「違います」/ Le fiscal Boccage vous a, je crois bien? reçu à sa table. (VERCORS, *Yeux*, 70)「税務官のBはたしか君を晩餐に呼んだっけね」(中断符の後 ⇨ points de suspension) ▶〈：〉の後では引用文は大文字，その他は多く小文字で (⇨ deux points).

2º 固有名（詞） ① 人名，姓，王朝名，地理名，船名，など：Paul, la France, Paris, les Bourbons. ♦貴族の姓に含まれる冠詞 la は多く大文字：la mort de La Rochefoucauld. ▶ただし名，称号の後では小文字を用いることもある：Mme de La [la] Fayette.

② 国民，民族，都会・州などの住民：un Français, un Européen, les Anglo-Saxons, un Parisien.

③ 神：Dieu (ただし異教の神：un dieu), la Providence, l'Eternel, le Messie, le Seigneur, Notre-Seigneur, le Tout-Puissant. ▶ただし le Ciel「神」は不定．神の代名詞は多く小文字．

④ 神話の神，星・星座名：Jupiter, Mars, Sirius, Orion. ▶le soleil, la lune, la terre「地球」は天文用語では大文字でつづる．

♦神話の人物中，普通名詞に準ずるもの：les nymphes「海・山・川・森の精」/ les naïades「泉・湖・沼・川の精」/ les faunes「牧神」/ les sylphes「空気の精」/ les sylvains「森の精」，など．

⑤ 固有名化された普通名詞：la Révolution「フランス革命」/ la Réforme「宗教改革」/ la Vierge「聖マリア」/ la Pucelle「オルレアンの少女」/ entrer à Normale「高等師範学校に入る」

⑥ 祭日名：la Toussaint「万聖節」/ (la) Noël「クリスマス」▶曜日名，月名は普通は小文字 (⇨ mois; jour).

⑦ 方位名．特定の地方を示すとき：Cet homme est du Midi.「あの男は南仏の人だ」/ les pays du Nord「北欧諸国」

♦補語を伴うとき，単に方位を表わすときは多く小文字：Le vent souffle du nord.「北風が吹く」/ les peuples du nord de l'Europe「北欧諸国民」/ dans le midi de la France「フランス南部地方に」

⑧ 作品名：Le Misanthrope de Molière「Mの『人間嫌い』」♦補語・動詞を含む長い作品名は最初の語だけに大文字を使い，あるいは他の主要語にも大文字を使う：Le Discours de la méthode『方法論』(DESCARTES 著) / Les Considérations sur les causes de la grandeur des Romains et de leur décadence『ローマ人盛衰原因論』(MONTESQUIEU 著) / Le Rouge et le Noir『赤と黒』(STENDHAL 作) / L'Ecole des Femmes『女房学校』(MOLIÈRE 作)

⑨ 称号，尊称：Sa Majesté「陛下」/ Son Excellence「閣下」♦称号を用いて相手に呼びかけるとき：Monsieur le Professeur「先生」/ Monsieur le Président「大統領［議長］殿」▶人名の前に用いられた聖職者の称号は多く大文字：le Père [père] X「X 神父」

3º 形容詞に大文字を用いる場合 ① 名詞と密接に結ばれ固有名（詞）の一部をなすとき：les Etats-Unis「合衆国」/ la Comédie-Française「コメディー・フランセーズ」(劇場名) ⇨ nom propre I. 2º

② 形 + 名：La Nouvelle Héloïse『新エロイーズ』(ROUSSEAU 作) / La Divine Comédie『神曲』(DANTE 作) ♦ 名 + 形 は普通は小文字：l'Histoire naturelle de Buffon「Bの『博物誌』」/ Académie française「アカデミー・フランセーズ」

③ 地理名：la mer Méditerranée「地中海」/ le mont Blanc「モン・ブラン」(山の名)

4º 注意を引こうとする語句の全部を大文字で記すことがある：«C'est donc... qu'il y a... AUTRE CHOSE!...»(VERCORS, *Yeux*, 144)「実は…"別の事"が…あるのです」

mal — 1° 副「悪く」Il écrit *mal*.「彼は字がへただ」/ Il a *mal* agi.「けしからぬ振舞いをした」(語順に注意) / un enfant *mal* élevé「しつけの悪い子供」

比較級 aussi *mal*; plus *mal* [時に pis]; moins *mal*. 最上級 le plus *mal* [時に le pis]: Si j'avais de l'argent pour m'habiller, je risquerais de m'habiller *plus mal* encore. (ANOUILH, *P.B.*, 406)「服を作るお金があればもっと変な服装をすることになるかも知れません」/ Comment vous sentez-vous ce soir? — De plus en *plus mal*. (*Ib.*, 29)「今夜は気分はどう?——ますます悪い」(⇨ pis, pire 1° ②) / Il n'allait ni mieux ni *plus mal*. (BEAUV., *Adieux*, 149)「彼の容態は好転も悪化もしなかった」

2° *pas mal*「かなり」 副詞 beaucoup と同じ扱いを受け, assez と beaucoup の中間の数量 (LE B, II, 604) を示す.

① 動 + *pas mal* : Je me rendis compte qu'il avait dû *pas mal* boire. (SAGAN, *Sourire*, 83)「彼がかなり飲んだに違いないということがわかった」▸ 複合時制との語順: J'ai *pas mal* écrit de 1963 à 1970. (BEAUV., *Compte*, 151)「1963年から1970年までの間に私はずいぶん書いた」

♦ne... pas mal は今日では古文体: Vous *ne* vous moquez *pas mal* qu'il soit heureux ou malheureux. (COCTEAU, *Parents* II, 9)「彼が幸福であろうが不幸であろうが, あなたはまるっきり構やしないのよ」

② *pas mal de* + 名 (可算, 不可算): J'ai *pas mal de* travail. (VIAN, *Pékin*, 83)「仕事がたくさんある」/ Sur les camps soviétiques, je savais *pas mal de* choses. (BEAUV., *Compte*, 161)「ソ連の収容所について私はいろいろなことを知っていた」

③ 主語: *Pas mal* avaient l'air éméché. (ARAGON — GA, 46)「かなりの者がほろ酔いの様子だった」▸ 実主語: Il me reste *pas mal* à lui dire. (GIRAUDOUX, *Tessa*, 274)「彼女に言いたいことがたくさん残っているのよ」

3° 形 (不変化)「悪い」付加辞 : Elle vit Roger tenant dans ses bras une femme brune, pour une fois *pas trop mal*. (SAGAN, *Brahms*, 182)「Rがめずらしくなかなかきれいな茶色の髪をした女性を抱いているのが目に入った」♦中性代名詞の間接構成の付加辞: Je n'ai rien fait *de mal*. (SARTRE, *Nékr.*, 25)「わたしは何も悪いことはしていません」

♦主語の属詞: Ce que je fais est très *mal*. (ACHARD, *Th.* II, 177)「わたしのしていることはとても悪いことね」▸ ne... pas mal が常用: Tu n'est *pas mal*? (COCTEAU, *Parents* III, 6)「気分が悪いんじゃないのかい」/ Tu ne la trouves pas jolie?—Oh! elle *n'est pas mal*. (GREEN, *Sud*, 177)「あの人, きれいだと思わない?——ええ, すてきよ」

♦直・目の属詞: Je dis à Bertrand qu'il n'avait pas l'air *mal* du tout. (SAGAN, *Sourire*, 17)「私はBに風采がとてもりっぱだと言った」

4° 名男「痛み」 avoir *mal* à la tête [à l'estomac, aux dents]「頭 [胃, 歯] が痛い」. mal を形容詞で修飾するときは mal de tête [de dents]「頭痛 [歯痛]」を用い J'ai un affreux *mal de tête*. (BEAUV., *Mand.*, 388)「恐ろしく頭が痛い」/ J'ai un *mal de dents* très aigu.「ひどく歯が痛い」と言う.

malgré — *malgré que* + 接

1° malgré que j'en aie (= en dépit de moi, malgré moi)「いやでも応でも」は本来は quelque mal (= mauvais) gré que j'en aie の意, 12世紀からの成句.

2° (= *bien que*, *quoique*) avant + 名 > avant que, après + 名 > après que にならって, 前置詞 malgré から作られたもの. LIT; AC; MART (417-8); LE B (II, 507); TH は誤用とみなすが, 19世紀に néologisme として普及し, 今日では文語にも広く用いられている: *Malgré qu*'ils soient bien verrouillés, ces petits polissons-là seraient capables d'un mauvais coup. (*Thib.* I, 157)「しっかりと監禁してはございますが, あの腕白どもは悪さをやりかねません」/ Le lieutenant cria quelque chose que Luc, *malgré qu*'il entendît la langue allemande, ne saisit pas. (VERCORS, *Yeux*, 156)「士官は何事か叫んだが, Lはドイツ語を知っていたのに, その言葉がわからなかった」

♦*malgré que* + 直 まれ. quoique + 直 にならったもの: *malgré qu*'ils se *ressemblaient* toujours comme deux frères (SAND — G, 1032, Rem. 2)「彼らは相変わらず2人の兄弟のように似ていたが」/ *malgrés qu*'il *est* bête (COH, *Hist.*, 333)「彼はバカではあるが」

♦quoique [malgré que] と quoi que の混同による誤用: *malgré qu*'on ait pu dire ici

(DAUDET—S, II, 393)「ここで人が何と言ったにしても」

m'amie — 古仏語でmaが母音の前でélisionされた名残り．話し言葉に残る．将軍が妻に：Allons, *m'amie*. (ANOUILH, *P.G.*, 92) / Reposez-vous *m'amie*. (ID., *Ardèle*, 4) ⇨ adjectif possessif I. 1°

manquer — 1° *manquer à* qn [qch]「不足する」(= faire défaut). 補語は多く人称代名詞：Le temps *me* manque.「暇がない」/ Vous *me* manqueriez.「あなたがいらっしゃらないと，寂しくなりますね」/ Ce ne sont pas les amis qui *lui* manquent. (ROB)「彼は友達がないわけではない」/ Rien ne *manquait au* festin [Rien n'*y* manquait].「祝宴［それ］に何ひとつ欠ける所はなかった」◆この意味では物にもluiを用いることがある：La science progresse lentement quand les moyens *lui* manquent. (PINCHON, 113)「それ相応の手段に事欠けば，科学は遅々として進歩しない」

 manquer à qch「何にそむく」(= ne pas se conformer à, ne pas être fidèle à)：Il manque *à* tous ses devoirs.「彼はあらゆる義務を怠る」◆補語に代わる代名詞はy：Vous pouvez avoir confiance en sa parole. Il n'*y* manquera pas. (PINCHON, 113)「彼の言葉は信用していいですよ．約束を破ることはないでしょう」(manquer à sa parole「約束を破る」)

2° *manquer de* qch「何を欠く」(= ne pas avoir suffisamment de)：Il manque *d'*argent [Il *en* manque].「彼は金［それ］がない」▶manquer de qch à qn：Tu commences à me manquer de respect! (SAGAN, *Sourire*, 73)「君はぼくに対して礼を欠くようになってきたよ」

3° *ne pas manquer de* 不定詞 (= ne pas oublier de)：Je *ne manquerai pas de* venir vous voir. (PINCHON, 239)「必ず会いにまいります」◆de 不定詞 の代名詞はy．古文または現代文語のmanquer à 不定詞 が代名詞にだけ残ったもの：Je n'*y* manquerai pas.「必ずそういたします」

4° *manquer (de)* + 不定詞　manquer + 不定詞 は類語のfaillirの影響：Il *a manqué (de)* se faire écraser. (DFC)「もう少しでひかれるところだった」◆多くは複合時制，単過．ただしト書きで：Georges entre par la fenêtre, *manque de* renverser un vase. (SARTRE, *Nekr*., 57)「G は窓から入り，危うく花瓶をひっくり返しそうになる」/ Il recule et *manque* heurter la valise. (*Ib.*, 101)「後ずさりし，旅行鞄にぶつかりそうになる」

5° *il manque* (*à* qn [*à* qch]) + 名 [代], *de* 不定詞　非人称：Il lui manquait un dictionnaire. (BUTOR, *Degrés*, 328)「彼には字引が1冊たりなかった」/ Il a vérifié s'*il* ne *lui* manquait rien. Or, il *lui* manquait les textes français du XVIe siècle. (*Ib.*, 242)「彼はたりないものは何もないかどうか確かめてみた．ところが16世紀のフランス語テクストがなかった」(定冠詞の使用例) ▶否定文：*Il* ne manque pas de femmes dans la ville auprès desquelles votre temps ne serait pas perdu. (CLAIR, 280)「いっしょにいてお時間を無駄にさせるようなことのない女性が，都会には必ずいるものです」

◆疑問詞の使用：Qu'est-ce qu'*il te* manque encore? (*Ib.*, 47)「何がまだ足りないの？」

◆慣用句：*Il* ne *manquait* plus que cela [ça].「泣き面に蜂だった，踏んだりけったりだった」/ *Il* ne *manquerait* plus que cela [ça].「そんなことにでもなれば泣き面に蜂だ；それじゃ悪いことばっかりだ」/ *Il* ne *manquerait* plus que *de* lui cacher quelque chose! (ANOUILH, *Ornifle*, 223)「あの人に何か隠すことにでもなれば最悪です」/ *Il* ne *manquerait* plus qu'il refusât! (ROB)「彼に断られれば泣き面に蜂だ」

marché — (*à*) *bon marché* ① acheter [avoir, vendre] qch (*à*) *bon marché*「何を安く買う［手に入れる，売る］」◆àの使用は自由であるが，àを入れるほうが正規形．転義ではàを省かない：en être quitte [s'en tirer] *à bon marché*「大したこともなく難を逃れる」

② 形容詞的：édition *à bon marché* (ROB)「廉価版」◆多くはàを省き無変化：Nous dînions dans des restaurants *bon marché*. (BEAUV., *Forces*, 90)「安いレストランで夕食をとるのが常だった」/ Ces poires sont très *bon marché*. (COL)

◆(*à*) *meilleur marché* はその比較級：acheter qch (*à*) *meilleur marché*「…をもっと安く買う」/ une étoffe (*à*) *meilleur marché*「もっと安い布地」

marcher — Il *a marché* dix kilomètres.「10キロ歩いた」/ Les dix premiers kilomètres il *a marché*[, il les *a marchés*] allègrement. (BLINK, *Trans*., 69)「最初の10

キロは元気に歩いた」/ Il *a marché* vingt minutes.「20分歩いた」/ pendant les vingt minutes qu'il *a marché*「彼が歩いた20分の間に」

mardi ⇨ jour de la semaine

mariage — *mariage* avec qn「…との結婚」
▶être marié avec [à] qnに対して×*mariage à qn*は不可.

marquer — Il *a marqué* sa serviette Paul Durand [à son nom].「彼は鞄にPDという名を［自分の名を］入れた」/ Cette serviette *est marquée* Paul Durand [à son nom].

mars ⇨ mois (nom de)

masculin ⇨ genre

matin — 前置詞なしでも副詞的に機能する.

1º *demain* [hier, après-demain, le (sur)lendemain, lundi] *matin*「あす［きのう、あさって、（翌）翌日、月曜日］の朝」 ▶まれに *demain* [hier,...] *au matin*.

♦*tous les lundis matin(s)*「月曜日の朝ごとに」 単数はau matinのauが略されたと考えたもの. 慣用は一定しない (G, 916, 10, N.B. 3).

2º *la veille* [l'avant-veille, le 10 (mai), ce jour-là] *au matin*「前日［前前日、（5月）10日、その日］の朝」/ tous les jours [chaque jour] au *matin*「毎日朝には」はいつもauを用いる.

3º *chaque matin*, tous les *matins*「毎朝」/ un *matin*「ある朝」/ ce *matin*「けさ」/ ce *matin*-là「その日の朝」(× ce *matin*-ciは不可) / ce même *matin* (*Thib*. II, 161)「同じ日の朝」は前置詞を伴わない.

4º *le matin* ①多くは反復的・習慣的の行為について: Il ne travaille que *le matin*. (*DFC*)「彼は朝しか仕事をしない」/ *Le matin* je faisais la lecture à Sartre. (...) Le soir, nous dînions avec Sylvie. (BEAUV., *Adieux*, 75)「朝、いつもSに本を読んであげた.（…）晩には、私たちはSと夕食をしたものだ」

②まれに特定の朝: Il a plu, je crois, *le matin*. (DURAS, *Véra*, 109)「朝、雨が降ったと思います」/ Mais, en prenant un café *le matin* avec Liliane, il avait encore battu la campagne. (...) Le soir, cependant, nous avons passé avec Sylvie une très bonne soirée. (BEAUV., *Adieux*, 67)「だがその朝Lとコーヒーを飲んでいるとき、彼はまた取り留めのないことを言った.（…）でも晩には、私たちはSと楽しい宵を過ごし

た」

▶*au matin, dans le matin* ⇨ à I. 2º ③; dans 3º

5º 形容詞・限定補語を伴う場合: *le* troisième *matin* (*Thib.* I, 244)「3日目の朝」/ *au* troisième *matin* (BEAUV., *Tous les h.*, 241) / *le matin du* dimanche suivant (VERCORS, *Colères*, 211) / *au matin du* deuxième jour (CAMUS, *Exil*, 175) / *au matin du* 2 janvier (CESBRON, *Prison*, 158) / On était *au matin du* troisième jour. (BAZIN—S, I, 331)「3日目の朝のことであった」/ *le matin que* parvint la dépêche annonçant leur arrivée (GIDE—S, II, 173)「彼らの到着を知らせる電報が着いた朝」 ▶まれに *en ce matin d*'octobre 1901 (MAUROIS, *Destins*, 35)

maudire — 活用は finir にならうが、過分は maudit. être maudit de [par] qn「人にのろわれる」. de は状態 (= être odieux à), par は積極的動作.

mauvais ⇨ pire

maximum — 複: maxima, 現代では多くは maximums. 形容詞的用法では 男単: le prix *maximum*. 男複: les prix *maximums* [*maxima*]. 女単: la vitesse *maxima* [*maximum*]. 女複: les pressions *maximums* [*maxima*]. ▶ただし Académie des Sciences は1959年に、名詞の複数に maximums, minimums を用い、形容詞としてはこれらの語を避け、maximal, minimal を用いることを勧める (*EBF*).

me ⇨ pronom personnel III. 1º

méchant — 位置による意味の違い ⇨ adjectif qualificatif VI. 5º

méconnaître — méconnaître que. 主節が疑問または否定ならば (ne) + 接 を伴う: Il ne *méconnaît* pas [*Méconnaît*-il] *que* ce (*ne*) *soit* là un cas particulier.[?] (ROB)「それが特別な場合だということを彼は知らないわけではない［知らないのだろうか］」 ▶従属節の事実の現実性を強調して上例に ... que c'est là も用い得る (ROB)

médecin — 女医についても un *médecin* を用いる: Elle était *médecin* de l'un des hôpitaux chinois. (MALRAUX, *Cond.*, 55)「彼女は中国のある病院の医師であった」 ▶特に性を明示するためには une femme *médecin* と言う.

même — I. 形 (不定) 1º *même* + 名 + (*que*)

① *le* [*ce*] *même*+[名]　同種の他のものとの比較で同一，類似を表わす：Il a *le même* âge *que* moi.「彼は私と同い年だ」/ Ils ont *le même* âge.「彼らは同い年だ」/ Anne me fixait, avec *ce même* air grave et détaché. (SAGAN, *Bonj.*, 72)「Aはまじめなこだわりのない，いつもと同じ様子で私を見つめていた」

mon même+[名]は例外的：Je m'en vais de ville en ville avec mes poissons, *mes mêmes* poissons depuis trois ans. (COLETTE—S, I, 430)「私の魚を，3年このかた例の同じ魚をもって，町から町へと渡り歩く」/ Leur *même* politique: retarder à l'infini toute révolution libre. (DURAS, *Camion*, 44)「彼らのいつも同じ政策だ．およそ自由な大変革は際限なく遅らせるということ」

le même+[名]+*que*+[副][節]：Il a le *même* costume *qu*'hier [*qu*'il avait dimanche].「彼はきのうと[日曜日に着ていたのと]同じスーツを着ている」◆論理的な que celui qu'il avait hier [dimanche]も用いられるが，qu'il avait qu'は même... queとも関係代名詞とも考えられるので次の構文を生じた．上記の構文のほうが普通：Je suis allé aujourd'hui au *même* endroit *où* [*que*] vous étiez hier.「私はあなたがきのういたのと同じ場所にきょう行きました」

② *un même*+[名]「同じ1つの」：*Une même* langue peut être commune à plusieurs nations. (PERROT, *Linguist.*, 39) (=une seule langue)「同じ1つの言語がいくつもの国に共通であることもあり得る」　◆un seul et même+[名]：Une *même* notion s'exprime par *un seul et même* mot. (IONESCO, *Th.* I, 78)「同じ概念がただ1つの同じ語で言い表わされる」

③ 無冠詞+*même*+[名]
(1)多く deの後で：deux barres *de* (*la*) *même* longueur「同じ長さの2本の棒」/ des insectes *de* (*la*) *même* espèce [*d'une même* espèce も可能]「同種の昆虫」▶属詞として：Ces deux barres sont *de* (*la*) *même* longueur.「この2本の棒は同じ長さだ」/ Ils sont *de* (*la*) *même* taille.「彼らは背たけが同じだ」
(2)直・目の前で．文学的：Nous avions *même* taille, *même* aspect, *même* démarche, *mêmes* goûts. (GIDE—GLLF; COL)「背丈も外見も歩き方も趣味も同じだった」
(3)省略文：Elle lit le *même* roman depuis huit jours. *Même* format, *même* couverture. (DURAS, *Détruire*, 29)「1週間前から同じ小説を読んでいる．同じ判型，同じ表紙だ」
(4)成句：en *même* temps (*que*)「(…と)同時に」

④ *le* [*la*] *même* (*que*), *les mêmes* (*que*)　代名詞的用法．多く属詞：Il [Elle] est toujours *le* [*la*] *même*.「彼[彼女]は相変わらず昔のままだ」(cf. Je ne suis plus *le même* homme. (ROMAINS, *Trouhadec* I, 1)「私はもはや同じ人間ではない」) / Vous n'êtes plus *le même qu*'autrefois.「あなたはもう昔と同じ人間ではない」/ Notre cas n'est pas tout à fait *le même que* le vôtre. (DORIN, *Tournant*, 146)「われわれの場合はあなたがたの場合と全く同じではありません」

▶ le *même* (中性)．Cela revient *au même*. [C'est du pareil *au même*.]「結局[全く]同じことになる」のほかは la même choseを用いる．

2° [名] [代], [副] + *même*

① まさに (代)名詞の表わすとおりの物であることを強調：Me voici loin de vous et dans la chambre *même* où j'ai passé mon enfance. (MAUROIS, *Climats*, 14)「今あなたから遠く離れて，ぼくが少年時代を過ごしたまさにその部屋に来ています」/ Son succès (= de cette première évasion) aurait nourri les espoirs de ceux-là *mêmes* qui n'auraient jamais le courage de l'imiter. (TOURNIER, *Roi*, 187)「これが成功したら，それをまねる勇気など絶対にない者にまで希望を抱かせたことだろう」(⇨ II. 4°) / Nous n'habitons pas Grenoble *même* mais les environs. (DURAS, *Détruire*, 82)「グルノーブルそのものではなく，その近郊に住んでいます」

時期 + *même***：** Ils partirent le soir *même*. (DHÔTEL, *Pays*, 154)「彼らはその晩のうちに出発した」/ J'ai téléphoné chez toi: ce matin *même*. (TROYAT, *Pain*, 79)「あなたの家に電話したの，ちょうど今朝」/ A ce moment *même*, il devinait sa belle-sœur derrière lui. (GREEN, *Epaves*, 25)「ちょうどその時，義妹が自分のうしろにいることを感じた」/ Il ne remarqua pas ma présence à l'instant *même*. (GRAY, *Au-delà*, 218)「その瞬間には私がいることに気づかなかった」▶ただし名詞と mêmeの間に他の語を挿入できないから，×à ce moment *décisif* même「ちょうどその決定的なときに」; ×ce matin-*là* même「ちょうどその朝」は不可．正：à ce moment décisif / ce matin même. したがって ceux-là mêmes（前記2°①）はこの例外．副詞として無変化のmêmeなら，形容詞としての例外ではなくなる．後述II. 4°

時・場所の副詞＋*même*；*cela même*（この*même*は副詞．後記II. 2°）: Puis-je espérer votre réponse *aujourd'hui même*? (CLAIR, 304)「きょうのうちにご返事をいただけると思ってよろしいでしょうか」/ Je l'ai rencontré *ici même*. (MR)「ちょうどここで彼に会ったのだ」/ Mes ennemis personnels sont par *là même* ceux de l'Etat. (MONTHERL., *Cardinal* III, 5)（=par ce seul fait）「わたしの個人の敵はそれだけで国家の敵だ」/ C'est *cela même* que j'ai toujours dit. (GLLF)「私がいつも言っていたのはまさにそれだ」

② 抽象名詞＋*même* 性質の高度をあらわす．大部分は属詞: Il est la bonté *même*.「彼は善良そのものだ」/ Elle est la pureté et l'honneur *mêmes*. (GIRAUDOUX, *Interm*. I, 5)「彼女は純潔と貞節そのものです」 ▶まれに直・目: Et cela ne vous fait pas peur de rencontrer la bonté *même*, l'intelligence, la joie *mêmes*? (ANOUILH, *P.N*., 147)「善良そのもの，知性と喜びそのもののような人に出会うのが，あなたにはこわくありませんか」

◆等位・並置された数個の抽象名詞の後では*mêmes*とつづる．ただし，例外的に最後の名詞だけに一致させた例がある． cf. G, 459, A, 2° Rem.

3° *moi*[*toi, lui, elle*]-*même*；*nous*[*vous, eux, elles*]-*mêmes*

① 無強勢形人称代名詞，命令形の後の*moi, toi, ...*の強調: *Tu* me l'as dit *toi-même*. (ANOUILH, *P.N*., 90)「あなたは自分でそう言いましたよ」/ Je vous ai, *moi-même*, attendue longtemps. (ROB.-GRIL., *Marienbad*, 79)（=moi aussi）「私もあなたを長い間待ちました」/ Connais-*toi toi-même*.「なんじ，みずからを知れ」/ *Moi-même*, qui suis de la partie, *je* n'y ai rien compris. (MART, 254)「私自身，同じ分野ながら，何もわからなかった」 ◆文語では無強勢人称代名詞を略して主語となる: *Vous-même* me l'avez dit. (GIRAUDOUX, *Lucrèce* III, 2)「あなたは自分でそう言った」 ことに3人称: Cela, *elle-même* ne le comprenait pas. (MAUROIS, *Climats*, 124)「それは彼女自身にもわからなかった」

◆省略節: Pauvre *elle-même*, elle eût peut-être méprisé cet homme. (GREEN, *Epaves*, 113)（=Si elle avait été pauvre elle-même）「彼女自身が貧しかったなら，恐らくこの男を軽蔑したことだろう」

◆最初の2例のような「自分で」，「…もまた」の意は次例では語順で区別される (MART, 253): *Toi-même* tu iras. (=Tu iras aussi, comme les autres.)「きみも行きなさい」/ Tu iras *toi-même*. (=en personne)「自分で行きなさい」（第1例はToi aussi...とすれば明瞭）

② 名詞の強調: Ton fiancé *lui-même* dit que c'est tout naturel! (ANOUILH, *P.N*., 168)「お前のいいなずけ自身それが当たり前だと言っているよ」/ L'air *lui-même* n'est plus comme autrefois. (GIRAUDOUX, *Folle*, 85)「空気まで昔とは違うんだ」

③ 属詞: Il avait cessé de m'aimer, mais il était resté *lui-même*. (BEAUV., *Mand*., 525)「彼は私を愛さなくなったが，相変わらず前のままだった」

◆誰々であるかと問われて，肯定で答えるには*lui*[*elle*]-*même*を用いることが多い: N'êtes-vous pas monsieur Duverger?—*Lui-même*. (CLAIR, 274)「Dさんではいらっしゃいませんか．—そうです」/ Allô, je voudrais parler à M. Gerbert, s'il vous plaît. — C'est *lui-même*. (BEAUV., *Inv*., 342)「（電話で）もしもし，すみませんがGさんとお話したいのですが．—Gです」 ▶*moi*(*-même*)も用いられる: Je voudrais parler à monsieur Delmont.— Oui. C'est *moi*. (BUTOR, *Modif*., 53) / Etes-vous le professeur X? — *Moi-même*. [*Lui-même*.] (S, I, 108)

④ 前置詞の後: Je me parlais *à moi-même*. (QUENEAU, *Fleurs*, 108)「ひとりごとを言っていたのです」/ Elle paraissait avoir peu à dire *sur elle-même*. (VERCORS, *Anim*., 210)「自分についてはあまり言う事がないようだった」/ Ployé *sur lui-même*, il continuait à pleurer. (*Thib*. VI, 161)「身を折るようにして，泣き続けていた」

◆動詞voir, connaître, savoir, juger, observer, examiner, s'assurer, se rendre compte, régnerなどでは普通はpar moi[toi, ...]-mêmeを用いる (S, I, 108): Tâche de penser un peu *par toi-même*.「少しは自分で考えようとしろよ」/ Vous jugerez *par vous-*

même.「自分で判断しなさい」
II. 副 **1°** *même*+形; 形+*même* : Il est réservé et *même* timide [timide *même*]. (*DFC*)「彼は遠慮勝ちで内気なくらいだ」/ Il est vigoureux, impétueux *même*. (BUTOR, *Modif.*, 72-3) (= (et) même impétueux)「彼は感情が激しく, 血気にはやるとも言えるほどだ」
▶*même*+形 (省略節) : *Même* blessés, les soldats continuaient le combat. (GEORG, *Guide*, 283)「傷ついてもなお, 兵士たちは戦い続けていた」
2° *même*+副; 副+*même* : Il m'a parlé brusquement, méchamment *même* [*même* méchamment].「彼は私につっけんどんに話した. 意地悪いくらいだった」/ Il vient me voir quelquefois, souvent *même* [*même* souvent].「彼は私にときどき会いに来る. たびたびと言ってもいいくらいだ」/ *Même* ici, entre amis, il est trop timide pour parler. (GLLF)「ここで友だち同士の間にいてさえ, 彼は内気すぎて口をきかない」(ici *même* は「ちょうどここで」. 上記 I. 2°①末段)
3° *même pas*; *pas même* 同義: Ça ne coûte *même pas* [*pas même*] dix francs. (*MR*)「それは10フランもしない」/ Elle ne me répond *même pas*! (GIRAUDOUX, *Ondine* II, 12)「わたしに返事さえしない」/ Elle n'avait *pas même* le temps de réfléchir. (BEAUV., *Inv.*, 89)「考える暇さえなかった」 ▶文語では même pas : pas même = 約7:1 (GA, 58-9).
4° *même*+名; 名+*même* : Ses amis, ses parents *même* [*même* ses parents] le blâment.「彼の友人も両親さえも彼を非難している」/ L'argent fascine ceux-là *même* qu'il opprime et détruit. (DORIN, *Tournant*, 100)「金はそれにしいたげられ破滅に追い込まれる人々さえも魅惑する」
♦ *Même* les enfants savent attendre. (LE CLÉZIO, *Désert*, 173)「子供でも待つことはできる」は les enfants *même* (上例), les enfants *mêmes* (前記 I. 2°①), les enfants *eux-mêmes* (前記 I. 3°②)とも言い得る. 同様にしてCeux-là *même(s)* qu'il avait sauvés l'ont trahi. (cf. H, 577)「彼が助けてやった者まで彼を裏切った」では même なら副詞, mêmes なら形容詞と解せる (⇨ 前記 I. 2°①). ただし les enfants *même(s)* はまれ.
♦ 〈他動〉+ même +名〉〈même+前+名〉

では *même* はいつもこの語順: Il a injurié *même* ses amis.「友人たちまで侮辱した」/ Cela est facile *même* pour les enfants.「それは子供たちにもたやすいことだ」/ Il a pardonné *même* à ses ennemis.「彼は敵さえも許した」
5° 動 + *même* : Il travailla mieux et *même* devint le premier de sa classe. (GLLF)「彼は前よりよく勉強して級の1番になりさえした」/ Il prétend *même* que tu n'es pas son type! (ACHARD, *Patate*, 218)「お前は奴の好きなタイプじゃないとさえぬかしているぞ」/ Vous m'avez *même* demandé de divorcer. (*Ib.*, 220)「あなたはわたしに夫と別れてくれとまでおっしゃった」
6° *même* + 節 (= bien plus) : Et, *même*, pouvait-elle dire qu'elle souffrait? (THIB. II, 226)「それに, 彼女は苦しんでいると言えただろうか」
7° *même si* [*si même*] + 直 : Je te donnerai tout ce que tu voudras *même si* tu ne m'aimes pas. (SALACROU, *Th.* IV, 30)「お前がわたしを愛していなくても, 望みのものは何でも与えよう」/ Vous ne le pourriez pas, *même si* vous le vouliez. (SARTRE, *Nekr.* IV, 2)「そうしようたって, できはしまいよ」/ Je m'y résigne, *si même* je ne m'en réjouis pas dans le secret du cœur. (VERCORS, *Colères*, 282) (= même si)「心のどこかで気が進まなくても, そうするより仕方がない」
♦ その他 *même quand* [*lorsque*]「…する時でさえ」/ lors [alors] *même que* / *quand* (bien) *même*.
III. *de même* (*que*)
1° *de même* : La vigne est gelée et les arbres fruitiers *de même*. (*DB*) (= aussi, également)「ぶどうが冷害を受けた. 果樹も同様だ」
▶ faire de même ⇨ faire VI. 4°
2° *de même que* : On sentait de partout l'ennemi approcher, *de même qu'*on sent monter l'orage. (ZOLA—S, II, 432) (= ainsi que)「雷雨がせまってくるのが感じられるように, いたるところで敵が接近してくるのが感じられた」
♦ 〈名₁ de même que 名₂〉を主語とする動詞は多くは 名₁ に一致: Son teint blafard, *de même que* ses yeux battus, lui donnait un aspect fantomal. (GLLF)「青ざめた顔とくまどられた目が彼を幽霊のように見せていた」

mener

♦de même que... de même. 文学的：*De même qu*'il lui arrivait souvent de ne pouvoir s'empêcher de sourire, *de même* elle ne pouvait empêcher son bonheur de monter par moments en elle, comme un flot. (*Thib.* II, 273)「彼女は微笑をもらさずにはいられないことがよくあったように, 心の中にときおり幸福が潮のように高まってくるのを抑えきれなかった」 ▶ de même que... ainsi あるいは de même que..., de même (S, II, 433) とも言う.

mener — mener qn + 不定詞 ① 不定詞の動作主は *qn* (⇨emmener)：On nous *mène* visiter le Temple des Lamas. (VERCORS, *Divag.*, 71)「ラマ寺を見物にわれわれを連れていく」 / On nous *mène* le visiter.「それを見物にわれわれを連れていく」

♦不定詞 の代理語は y, しばしばこれを省く：Vous me mènerez dîner? — Oui, je vous (*y*) mènerai.「晩ごはんを食べに連れていってくれますか. — ええ, 連れていってあげますよ」 ♦代名動詞の不定詞の前の se はしばしば略される：Le vieux *mène* son chien *promener*. (CAMUS, *Etr.*, 42)「老人は犬を散歩に連れていく」 ▶ mener promener は慣用的. se promener も可 (H, 579).

② 不定詞 は *qn* の受ける行為：un cheval nu qu'on *menait* ferrer (GASCAR, *Graine*, 197)「蹄鉄を打ちに連れて行く裸馬」 / Je *mène* ce cheval ferrer. > Je le *mène* ferrer. (×Je *mène* le ferrer. は不可)

-ment — 副詞の接尾辞 (= façon, manière). ラテン語の女性名詞 mens (= esprit, disposition d'esprit) の奪格 mente を語源とするから, 形容詞の女性形に添えられる：vif > vivement / doux > doucement.

♦ある形容詞は -ment を添えて副詞を作り得ない：charmant, content, fâché, vexé, など. これらは d'une manière [façon], d'un air, d'un ton などの後に添えて副詞的意味を表わすことができる：d'une manière charmante「気持よく, かわいらしく」/ d'un air content「満足そうに」

　　特別な場合　1° **-ant, -ent > -amment, -emment** (共に発音は [-amɑ̃])：vaillant > vaillamment / prudent > prudemment. ▶ この型の形容詞は古仏語で男女性同形であったから, 初めは vaillantment, prudentment とつづられたが, ment の前の t が発音されなくなると, n が m に同化されて上記の形になった.

♦例外：présentement, véhémentement. 中世に一般型に従う形が試みられた名残り. lentement は語尾 -entus, -enta のラテン語正規形からであるが, 同類の dolent, opulent, succulent, turbulent, violent が -emment 型にならうから, 孤立した.

2° **-ai, -é, -i, -u > -ai[é, i, u]ment**：vrai > vraiment / sensé > sensément / poli > poliment / résolu > résolument. 古仏語では vraiement とつづったが, 16世紀に無音化した e を省略.

♦例外：assidûment, congrûment, continûment, crûment, dûment, goulûment, incongrûment, indûment, nûment. ▶ ˆ は e に代わる (⇨accent II. 3°). gai > gaiement [または gaîment] / gentil > gentiment / impuni > inpunément (3°の類推形)

3° **-e > -ément**：commodément, communément, confusément, diffusément, énormément, expressément, immensément, importunément, incommodément, intensément, obscurément, opportunément, précisément, profondément, profusément, uniformément.

♦aisé > aisément, aveuglé > aveuglément の類推形. これらは形容詞 aise, aveugle が存するため aise > aisément と解され e > ément を生じたものとも考えられる. 各語に対する学者の意見は一致しない.　cf. *DG*; RAD, 221; D, 340; B, 597.

♦3音綴以下の語は -e > -ément とはならない：purement, pauvrement.

　　exquisement (LIT; *DG*), exquisément (*P. Lar.*) / opiniâtrement (*Ib.*), opiniâtrément (LIT; *DG*) は辞典により一定しない.

4° **-ment の使用の拡張**

① 不定形容詞から：tellement, quellement. cf.《古》mêmement, quelquement.

② 形容詞的用法の名詞から：bêtement, diablement,《古》diantrement.

③ 現分から：notamment (< notant < noter) / précipitamment (< précipitant < précipiter)

④ 副詞から：comment (< com = comme) / quasiment.　cf.《古》ainsiment, aussiment, ensemblement.

5° ある副詞はそれを作った語が消滅している：brièvement (< brief = bref) / grièvement (< grief = grave) / journellement (< journel = journal) / nuitamment (< nuitantre

= de nuit)/ traîtreusement (< traîtreux = qui présente un caractère de trahison)/ prodigalement (< prodigal = prodigue)/ sciemment (< lat. sciens, scientis = sachant)

merci — 1° *merci* + 副詞(相当句) je vous remercieに相当する感嘆詞と感じられて *Merci* bien [beaucoup, infiniment, mille fois].「どうもありがとう」と言う.

2° *merci de* [*pour*] *qch* : *Merci de* [*pour*] *votre visite* [*votre cadeau, votre coup de téléphone*].「お訪ねくださって[贈り物を,お電話]ありがとう」◆*de*は伝統的, *pour*は現在では*de*より多用される(⇨ remercier). ただし *Merci pour le café*.「コーヒーをごちそうさま」(定冠詞はくだけた会話)/ *Merci pour hier* [*pour* tout].「きのうは[いろいろ]ありがとう」では*de*を用いない.

3° *merci de* 不定詞 (*pour*は不可): *Merci, Georges, de me faire confiance.* (ANOUILH, *Ornifle*, 116)「G君,ぼくを信頼してくれてありがとう」◆多くは 不定詞 複合形: *Merci d'être venu.* (BEAUV., *Mand.*, 470)「来てくださってありがとう」/ *Merci de n'avoir pas nié!* (ACHARD, *Patate*, 221)「否定しなかったのはありがとう」/ *Merci à vous d'avoir accepté ma petite invitation.* (DORIN, *Tournant*, 116)「つまらぬ招待に応じてくださってありがとう」

mercredi ⇨ jour de la semaine
mes ⇨ adjectif possessif
métaphore [隠喩] — 1つの観念を表現するために, それと共通の性質を持つ他の概念を表わす語を用いること: *une montagne chauve*「禿げ山」/ *une table boiteuse*「びっこの机」/ *un caractère épineux*「とげのある性質」/ *ivre de joie*「歓喜に酔う」/ *regards de flamme*「燃えるような眼差」▶事物を表わす呼称のないために用いられるもの: *l'œil d'une aiguille*「針のめど」/ *le col d'une bouteille*「瓶の首」/ *le dos d'un livre*「本の背」
　隠喩は語義を変えるほか, 語形成にも用いられる: *dent-de-lion*「タンポポ」/ *œil-de-chat*「猫目石」
　隠喩による転義が一般化し, 本来の意が失われることがある. これを *métaphore morte* と言う: *comprendre*「理解する<捉える」/ *arriver*「到着する<着岸する」
　隠喩は修辞上でも重要な役割を演ずる:

C'est un renard.「奴は狐(悪がしこい男)だ」隠喩はcommeを用いない比較である.

métathèse [音位転換] — 2音が位置を転換すること: lat. formaticum > fromage. cf. あらたし>あたらし/ちゃがま>ちゃまが.

métonymie [換喩] — ある事物を表わすのにそれと密接な関係にあるほかの事物を表わす語を用いること.

1° ①部分>全体: rouge-gorge「赤いのど>駒鳥」/ cœur noble「気高い心>～を持った人」/ grand-croix「[女]一等勲章>～佩用者」/ flûte「フルート>～奏者」 cf. basse, clarinette, tambour, trompette, violon. ②全体>部分: robe d'hermine「アーミンの毛皮のドレス」(動物名>毛皮)

2° ①容器[場所]>内容: la ville「町>市民」/ toute la maison「家全体>家じゅうの人々」/ aimer la bouteille「酒(<瓶)を好む」 ②内容>容器[場所]: trésor「宝>国庫」/ café「コーヒー>喫茶店」

3° 材料>製品: verre「ガラス>ガラス製品, コップ」/ carton「ボール紙>ボール箱」/ cuivre「銅>金管楽器」cf. fer à repasser「鉄>アイロン」

4° ①生産者[地]>生産物: un beau Rembrandt「見事なRの絵」/ jouer du Chopin「Chの曲を奏する」/ bordeaux「ボルドーぶどう酒」/ havane「ハバナ葉巻」 ②生産物>生産者: parfum「香り>香水」/ coucou「カッコウの鳴声>カッコウ」

5° 前件>後件: accoucher「(床につく>分娩のために床に就く)子を生む」

6° ①抽象>具象: aide「助力>助手」/ envoi「発送>送られた物」/ transport「運送>輸送船」/ passage「通過>通路」/ célébrité「高名>高名な人」/ génie「天才>天才的人間」cf. beauté, jeunesse, vieillesse, horreur. ②具象>抽象: cœur「心臓>心」/ tête「頭>頭脳」

mettre — *mettre* + 名 + *à* 不定詞 ; *mettre* + 不定詞 + 名 *à*の使用は原則として*mettre*の直・目である 名 の位置に支配される: *mettre du linge à sécher, mettre sécher du linge*「洗濯物を干す」/ *mettre de la viande à cuire, mettre cuire de la viande*「肉を煮る」(GLLF; H)/ *Je mets l'eau à bouillir.* (BUTOR, *Emploi*, 29)「湯をわかします」/ *J'ai mis la bouteille à refroidir dans l'eau.* (AYMÉ, *Jument*, 43)

「お酒の瓶は水につけて冷やしておきました」 ◆à 不定詞は 名 の前にも用い得る: Ma tante *mettait*, ce jour-là, *à* tiédir au soleil, derrière la maison, un grand baquet d'eau. (GASCAR, *Graine*, 78)「叔母はその日、家の裏手で、大バケツ1杯の水を日なたで暖めていた」▶ 受動態ではいつも à 不定詞 (H, 582; G, 759 Rem. 4): Du linge *est mis à* sécher.「洗濯物は干してある」
　mettre + 抽象名詞 + *à* 不定詞 [à ce que + 接]: *mettre* tout son orgueil [tous ses efforts] *à* 不定詞 [*à ce que* + 接]「…することを誇りとする […に全力を尽す]」/ *mettre* du soin *à* 不定詞「念入りに…する」/ Elle *mettait* son amour-propre *à ce qu*'il ne manquât de rien. (BARRÈS—S, II, 35)「主婦としての自尊心から彼が何一つ不自由がないようにと心掛けていた」▶ mettre + 期間 + à [pour] 不定詞: Elle *a mis* un quart d'heure *à* trouver ma porte. (BEAUV., *Compte*, 82)「私の家を見付けるのに15分もかかった」/ Il *a mis* quatre heures *à* [*pour*] rédiger ce rapport. (*MFU*)「彼はこの報告書を作成するのに4時間かかった」
　mettre + 名 + 属詞　繋合 [連結] 動詞: Il la fit *mettre* nue. (GIRAUDOUX, *Judith*, 217)「彼女を裸にさせた」/ Elle l'*a mis* pensionnaire dans une école militaire. (BEAUV., *Compte*, 95)「彼を兵学校の寄宿生にさせた」/ Tu l'*as mis* de mauvaise humeur. (GREEN, *Épaves*, 84)「あなたは彼の機嫌をそこねたのよ」

midi — 1° 一般に無冠詞: le repas de *midi*「昼食」/ à *midi*「正午に」/ avant [après] *midi*「正午前 [過ぎ] に」
　◆matin, soir にならい前置詞なしで: chaque *midi*, tous les *midis* (ROB)「正午ごとに」/ l'autre *midi* (*Ib*.)「先日の正午に」/ le matin, le *midi* et le soir「朝昼晩」▶くだけて冠詞を略し: prendre un cachet matin, *midi* et soir (ROB)「朝昼晩1錠を服用する」/ le *midi* du second jour (DUHAMEL—G, 436, Rem.)「2日目の正午」
　▶demain [hier] (à) midi「あす [きのう] の正午に」(G, 916, 10, N.B.4) / Que faites-vous *demain* midi? (SALACROU, *Th*., VI, 35)
　▶ce matin, ce soir にならい話し言葉で ce *midi*「きょうの正午に」とも言う: une jeunesse rencontrée *ce midi* (MONTHERL., *D. Juan* I,1)「きょうの昼出会った若者たち」(TH は誤用とする)

　◆vers midi; 以下話し言葉で sur [vers] le midi; sur [vers] les midi; dans les midi「正午ごろ」: C'était *dans les midi*. (GIONO, *Regain*, 102)「正午ごろのことであった」
　2° *Midi sonne*.「正午が鳴っている」動詞は単数が慣用。ただし = 12 heures と考えて、まれに *Midi sonnèrent*. (ZOLA, *Flaubert*) / *Midi vont* sonner. (ESTAUNIÉ) と言うことがある (G, 812 b, N.B., n. 2; G, *Pr*. I, 27-8; HØYB, 89).
　▶ midi et demi(e), midi précis ⇨ demi

mie —「パン屑」の意。ne の補語として初めは pas, point より多く用いられたが、15世紀にはまれ (H. YVON, *FM*, janv. '48). 今日、方言に残るほか、文語でまれに: Tu *n*'es *mie* raisonnable. (SUARÈS—G, 875, Rem. 2)「お前は少しも聞きわけがない」

mien(s), mienne(s) ⇨ pronom possessif; adjectif possessif XI

mieux — 1° *bien* の比較級　le mieux は最上級。動詞・分詞 [時に形容詞] を修飾: Il écrit *mieux*.「彼のほうが字 [文] がうまい」/ Je le connais *mieux* que vous.「あなたより彼をよく知っている」/ Il travaille *mieux* que vous *ne* croyez.「あなたの思っているよりはよく仕事をする」(⇨ ne explétif) / J'aime *mieux* cela.「そのほうが好きです」(mieux は davantage の意) / Il est *mieux* élevé.「彼のほうがしつけがよい」/ des gens *mieux* intentionnés「いっそう善意のある人々」/ un devoir *mieux* soigné「いっそう丁寧に仕上げた宿題」/ *Mieux* je connaissais son caractère, *plus* je craignais de lui dire toute la vérité.「彼の性質を知れば知るほど、真相の全部を言うことはばかった」⇨ plus I. 10°
　◆les hommes les *mieux* [または le *mieux*] doués (LIT)「最も天分のある人々」(plus II. 2° にならう) ▶des mieux + 形 [副]. plus II. 9° にならう.
　▶*à qui mieux mieux* ⇨ qui¹ B. I. 6°
　2° 形容詞的用法 (meilleur の中性語): Il n'y a rien de *mieux*.「それよりよいものはない」/ ce qu'il pouvait souhaiter de *mieux*「彼の望み得る最もよいもの」(⇨ ce¹ III. 1°) / C'est peut-être *mieux* qu'il soit mort.「恐らく彼は死んだほうがよかったのだ」/ Elle est *mieux* que sa sœur.「妹より美しい」
　3° 名詞的用法　① (= *ce qui est mieux*, quelque chose de mieux): faute de *mieux*

「それ以上よいものがないので、やむを得ず」/ Je m'attendais à *mieux*.「もっとましだと思っていた」/ Il a *mieux* que cela.「それよりましなものを持っている」/ Je ne demande pas *mieux*.「それに越したことはない」/ On ne pourrait trouver *mieux*. (MAUPASS., *Bijoux*)「あれ以上の娘は見当りますまいよ」

② **le mieux** 比較級的意味：Le *mieux* est l'ennemi du bien.「よりよくしようとしてかえってよい状態を台なしにすることがある」/ Le *mieux* se soutient.「（病人について）よりよい状態が続いている」◆最上級的意味：Le *mieux* est de 不定詞「一番いいのは…することだ」▶代名詞的：C'était la *mieux* des trois sœurs.「3人姉妹のうちで一番美人だった」

mille; mil — 基数詞 **1°** *mille* / *mil* 語源 lat. mille (> mil) は1千，その複数形 mi(l)lia (> mille) は倍数を伴う千に用いた．古仏語では語源に基づき倍数の有無に従って *mil* homme, deux *mille* hommes と区別したり，あるいは倍数の有無にかかわらず両者を差別なく用いた (FOULET, §281). *Gr. Ac.* (77) は17世紀以来の規則に従い，年号を示す場合，その後に他の数が続くときは mil, 他の数が続かぬときは mille とつづる，と説く：l'an *mil* sept cent quinze / l'an *mille*, l'an deux *mille*. キリスト紀元前の年号には mille を用いる．

1901年の文部省令はすべての場合に mille を許容．学校文典はこれに従う．Ac の規則に反し，端数のない年号に l'an *mil* と書く作家も多い (G, 407) が，mil の綴りは今日では古めかしい．

2° 基数詞としての mille は**名詞，形容詞，代名詞**．共に**無変化**．同じく lat. millia を語源とする mille 名男「マイル」は複数の-s を付ける．

3° ⟨21, 31...mille + 名女⟩ は *vingt* [trente, ...] *et une mille* livres de rente「年金2[3]万1千フラン」のように une を用いる傾向がある．un が livre に牽引されたか，mille livres を女性とみなしたもの (MART, 189, n.2)．論理的には倍数は mille のみに関係するから，男性形 un を用いるほうが原則 (ROB; cf. G, 405, Rem. 2).

4° *mille un* / *mille et un* 正確な数を表わすときは mille un. ただし，Les Mille et une nuits『千一夜物語』◆漠然とした多数を表わすときも et を入れる：Il y a mille *et* une façons de se débrouiller. (D, 307)「切り抜ける手段はいろいろある」 Don Juan の手に入れた mille *et* trois femmes も同じ (MART, 189). その他 mille *et quelques* euros「千数ユーロ」以外は et を用いない．

5° *mille cent* = onze cents ⇨ cent 3°

minimum — maximum と同じ注意．

minuit — nuit を含むため17世紀まで 女, 17世紀に midi の類推で 男 となる．今日なお古文調で 女 を復活したり (vers *la minuit*. DUHAMEL — G, 272; ROB), 複合要素を切り離してつづる．Ça pouvait être la *minuit* ou plus. (GIONO, *Regain*, 56)「真夜中かあるいはもっと遅かったかも知れない」▶hier [demain] *à minuit*「きのう[あす]の真夜中に」(midi と異なりà は必要)

Minuit sonne. (⇨ midi) / *minuit* et demi(e), *minuit* précis / vers *minuit*, vers [sur] le *minuit*, vers [sur] les *minuit*.

mi-parti — 古仏語 mipartir「二分する」の過分の形容詞的用法：Son costume est *mi-parti* noir et gris [est *mi-parti* noir, *mi-parti* gris または est *mi-parti* de noir et de gris]. (COL)「彼の服は半分は黒，半分はグレーだ」/ Elle portait une tunique *mi-partie* rouge et noire [*mi-partie* rouge, *mi-partie* noire または *mi-partie* de rouge et de noir].「半分は赤，半分黒のチュニックを着ていた」(tunique に一致して 女) ▶de は mêlé de, formé de の類推 (G, *Pr.* I, 276), そのあとの語 rouge, noir などは名詞化されている．

◆この語を名詞 partie の合成語とみなしていつも mi-partie とつづり (à) moitié の意の副詞句として用いることがある：sur le sol *mi-partie* français, *mi-partie* espagnol (BAZIN — G, 701, 35)「半分はフランス，半分はスペインの土地の上を」TH; COL は誤用とするが G は7例挙げて許容する．

miracle — c'est [ce serait] (un) miracle si + 直 (ROB): *Ce fut miracle, s*'il ne mourut pas de faim. (ZOLA — S, II, 361)「彼が餓死しなかったのはふしぎだった」⟨si + 単過⟩によって si が条件の意を離れたことがわかる)

c'est miracle que + 接 : Avec une maladie comme la sienne, *c'est miracle qu*'il ne *soit* pas pire! (MALRAUX, *Noyers*, 38)「あんな病気にかかりながら悪くならないのはふしぎだ」◆c'est miracle que de 不定詞 (ROB)

mode [法] — 叙述の内容に対する話者の心的態度 (attitude mentale) を示す動詞の形態．cf. MEILLET, *Ling.hist.* I, 190.

分類 ①人称法（mode personnel）⑴ indicatif．⑵ conditionnel．⑶ impératif．⑷ subjonctif．
②非人称法（mode impersonnel）⑴ infinitif．⑵ participe．
　非人称法は半動詞的，半名詞的，半形容詞的形態であって心的態度を表わすものではないから，これを法から除外する学者も多い．cf. BRUN, 364; CR, 136; GOUG, 79, 187.
　話者は動作を現実のもの，可能なもの，疑わしいもの，命令・勧告・要求されたもの，条件に支配されたものなど，いろいろな心的態度で眺める．このさまざまな陰影を表わすのに4つの法があるのみであるから，1つの法がいくつかの態度を表わす．また，1つの態度はいくつかの法で表わされる．例えば命令は命令法（Entrez!）のほか，接続法（Qu'il entre!）でも表わせる．

modèle — 「モデルの女性」の意でも 男：C'était un *modèle* qu'il avait vu plusieurs fois chez Daniel de Fontanin. (*Thib*. III, 223)「Dの家で幾度か出会ったモデルだった」

moi ⇨ pronom personnel I. ②

moindre — 1° *moindre*... (*que*) 本来はpetitの比較級．bien, beaucoupで強調され得るが，×très [×tout à fait, ×extrêmement] moindreは不可．量・質についてplus petit, moins graveの意：La fortune personnelle de Brigitte était *moindre que* la nôtre. (MAURIAC, *Pharis.*, 288)「Bの私財は我々のそれには及ばなかった」
▶具体的な大きさについてはplus petitと言う：Sa maison est *plus petite* que la nôtre.
♦moindre... que + ne + 直 (neは虚辞)：La distance est *moindre que* vous *ne* croyez. (AC)「距離はあなたが思っているほどはない」
2° 定冠詞 [所有形容詞] と共に最上級として
① le [mon] *moindre*：Je ferai n'importe quoi, pour t'éviter *le moindre* souci. (DORIN, *Th.* II, 243)「君にいささかの心配もかけないようにするためなら，何でもする」/ Il bégayait à *la moindre* émotion. (GIDE, *Journal 1942-8*, 30)「どんなわずかなショックを受けても彼は口ごもった」/ Elle surveillait *ses moindres* gestes. (GREEN, *Epaves*, 25)「彼の一挙一投足を見守っていた」
♦日常語では抽象的意味でも時にle plus petitを用いる：Tu frappes ta femme sans *le plus petit* égard pour elle. (BECQUE, *Parisienne* I, 2)「君はお構いなしに女房をなぐるのだね」
♦le moindre petit．冗語をなすから，COL; H; TH; *DBF*は誤用とするが，*Lar.Gr.*；*EBF*は許容：On pourrait entasser l'humanité sur *le moindre petit* îlot du Pacifique. (ST-EXUP., *Prince*, 59)「太平洋のごく小さな島に人類を詰め込むことだってできよう」▶le moindre îlot，またはle plus petit îlotが望ましい．
♦ne... pas [sans] le moindre (= aucun)：Elle *n'*avait *pas* fait *le moindre* progrès. (BEAUV., *Inv.*, 54)「何の進歩もしなかった」/ Jamais il *n'*avait reçu d'elle *la moindre* nouvelle. (*Thib*. III, 192)「彼女から全く何の便りもなかった」/ Je dormis *sans* faire *le moindre* rêve. (DHÔTEL, *Lieu*, 155)「夢も見ずにぐっすり眠った」
② *le* [*la*] *moindre* (*des* + 名) 代名詞的用法：C'est *la moindre des* choses. (PAGNOL, *Fanny* I, 2ᵉ tab., 4)「何でもないことだ，お安いご用だ」/ Ce n'est pas *le moindre de* mes soucis! (VILDRAC, *Auclair* II, 5)「気掛りでたまりません」

moins — I. 劣等比較を表わす 本来はpeuの比較級．plusの対義語に相当．俗語・方言ではまれ．多くpas aussi [si]を用いる．
1° *moins*の修飾する語 ⇨ plus
①形容詞(相当句)：Il est *moins* grand *que* vous. / Il est *moins* sévère *que* méchant.「厳格であるよりは意地が悪い」/ Si son frère est très intelligent, il l'est *moins*.「兄はずいぶん頭がいいが彼はそれほどでない」/ Je le suis beaucoup *moins* [bien *moins*, *moins* encore, encore *moins*].「私などとてもそうは言えない」/ Cette langouste n'est pas fameuse et cette mayonnaise encore *moins*. (QUENEAU, *Fleurs*, 12)「この伊勢えびは上等とは言えないが，マヨネーズのほうはなおさらだ」/ Il est hardi, mais *moins que* vous *ne* pensez.「彼は大胆だが，あなたの考えているほどではない」⇨ne explétif 6°
②副詞：Parle *moins* haut. / Il a travaillé *moins* bien [*moins* bien travaillé].
③動詞(相当句)：Il travaille *moins*. / Il a *moins* travaillé. / J'ai *moins* peur que vous. / On ne devait pas dire de pareilles choses, *moins* encore les écrire. (GREEN, *Moïra*, 163)「そんなことは言ってはならなかったし，まして書いてはならなかった」

2° **en moins**+形　〈moins+形〉は名詞的: Ces montagnes ressemblent aux Alpes, mais *en moins* haut. (DBF, EN 1, vii)「この山々はアルプスに似ている，もっと低いが」cf. en plus+形．⇨ plus I. 13°

3° **moins de**+名 (*que*): Anne accéléra car il y avait *moins de* voitures. (VIAN, *Pékin*, 42)「Aはアクセルを踏んだ．車が少なくなっていたからだ」/ J'ai *moins de* titres *que* lui.「彼ほど肩書がない」/ Il a *moins de* capacité *que* de bonne volonté.「やる気を欠く以上に能力を欠いている」

4° **moins de**　moins que の意．⇨ plus 9°
① 数詞の前: Cela coûtera *moins de* mille euros.「千ユーロはかかるまい」/ Il était *moins d*'une heure. (Thib. I, 177)「1時にはなっていなかった」/ *moins du* double [*du* quart]「2倍[4分の1]未満」/ *Moins d*'une année s'était écoulée. (GASCAR, *Règne rég.*, 12)「1年たらずが過ぎ去っていた」▶成句: en *moins de* huit jours「1週間かからずに」cf. en *moins de* rien「たちまちのうちに」/ à *moins de* mille euros「千ユーロ足らずで」
◆2つの数をくらべるときは que が必要: Un mille est *moins que* deux kilomètres.「1マイルは2キロに足りない」
▶省略的に: Il devait avoir vingt-six ans, peut-être *moins*. (SAGAN, *Garde*, 28)「彼は26歳，ことによったらもっと年下に違いなかった」
② **moins d'** [*qu'*] à demi [moitié]，など: une besogne *moins d'* [*qu'*]à demi faite「半分までできていない仕事」
③ 〈**moins de deux**+名〉を主語とする動詞は複数: *Moins de* deux ans *se sont coulés*. (LE B, II, 158)「2年たらずたった」▶この言い方は1単位を更に分割し得るものについてしか用いないから，moins de deux は1単位以上を示す．

5° **ne... pas moins (... que); non moins (... que)** (= autant, aussi): Il *n'a pas moins* de capacité *que* vous.「あなたに劣らず能力がある」/ Je suis très entêtée. — Je *ne* le suis *pas moins*. (BEAUV., *Tous les h.*, 259)「私はとても一徹なのよ．— 僕もあなたに劣らずそうなのです」/ Puis surgit la crise morale, *non moins* inévitable *que* la crise économique. (MAUROIS, *Sent.*, 15)「次いで経済的危機に劣らず不可避な精神的危機が現われる」

n'en... pas moins = malgré cela, néanmoins (en = pour cela): Je suis vieux. Je suis laid. Mais je *n'en* suis *pas moins* un homme. (ANOUILH, *N.P.N.*, 32)「わしは老いぼれた．わしは醜い．だがそれでも男なんだぞ」

Ils *n'*y tuèrent *pas moins de* 42.000 personnes. (BEAUV., *Marche*, 424)「そこで少なくとも42,000人を殺した」

6° **moins... (*et*) moins** [*plus*，など]: *Moins* on possède, *moins* on souffre. (QUENEAU, *Chiendent*, 133)「持っているものが少ないほど，苦労も少ないものさ」/ *Moins* on a, *plus* on est heureux. (*Ib.*, 133)「金がなけりゃ，それだけ幸せよ」/ *Moins* il gagnait *d*'argent, *plus* il buvait *d*'eau-de-vie. (FRANCE, *Crainq.*, 55)「金がもうからなくなるにつれて，ますますブランデーをあおった」

7° **de moins (*que*)**: Il y a 100 euros *de moins*.「100ユーロたりない」/ Il vaut mieux voir un pays de plus que d'en voir un *de moins*. (DURAS, *Square*, 41)「国を1つ少なく見るよりは1つ多く見たほうがましです」/ J'ai la tête *de moins que* lui.「彼より頭の分だけ背が低い」

▶ *rien* (*de*) *moins* ⇨ rien 7°

8° **de moins en moins**: Les gens de son âge étaient *de moins en moins* nombreux. (MODIANO, *Garçons*, 86)「彼の年ごろの者はだんだん少なくなっていた」◆*de moins en moins de*+名: J'accorde à ceux-ci *de moins en moins d*'importance. (GIDE, *Journal 1942-9*, 202)「それを次第に重んじなくなる」

9° **à moins de**+名; **à moins de** [(文) *que de*]不定詞; **à moins que (ne)**+接: Il n'accepterait pas *à moins d*'une augmentation [*à moins de* recevoir une augmentation, *à moins qu*'il *ne* reçoive une augmentation]. (PR)「増額がなければ[増額を受けるのでなければ]承知しないだろう」

◆à moins que の後では多く ne explétif を使用, ne の省略の傾向も顕著: *à moins que* tu fasses exprès de ne pas comprendre (MAURIAC, *Vipères*, 283)「わざとわからない振りをしているのじゃなければ」▶ne の使用:省略＝23:6 (GA, 99)

◆従属節が真に否定ならば: J'irai chez vous, *à moins que* vous *ne* soyez *pas* rentré. (PR)「あなたが帰っていないのでなければ，お宅に伺いま

しょう」

II. le [la, les] moins

1° 用法は *le plus*(⇨plus II)と同じ：l'homme *le moins* intelligent que je connaisse「私の知っているうちで一番頭の悪い男」/ Ils sont *les moins* responsables. / C'est elle qui a *le moins* d'argent [qui en a *le moins*]. / Chacun faisait *le moins* de bruit possible. (PHILIPE, *Amour*, 12)「銘々ができるだけ音を立てまいとしていた」▶定冠詞の一致は plus に準じる.

2° *des moins* + 形 (= parmi les moins)：Les deux sœurs rendent le salut avec un sourire *des moins* naturels. (CLAIR, 273)「2人の姉妹はいかにもぎこちない笑みを浮べて礼を返す」◆形 の性は先行の名詞に一致 (H, 42).

3° *le moins*「最小限のこと」：C'est *le moins* que je puisse dire. (SAGAN, *Garde*, 129)「少なくともこれだけは言える」/ C'est *le moins* qu'elle puisse faire. (CAMUS, *Malent.* I, 3)「彼女がそうするのは何でもありません」◆省略的：Mon mari est malade: je le soigne. C'est bien *le moins*. (ROUSSIN, *Nina*, 249)「夫が病気なんで看病してるんです. 当たり前のことです」

4° *au moins*「最小限に見積もっても」(= au minimum)：Ce poisson pèse *au moins* 2kg. (DH)「この魚は少なくとも重さが2キロある」◆比喩的に,「せめて, とにかく」(= en tout cas, de toute façon)：Vous ne venez pas pour loger, *au moins*? (ROMAINS, *Knock* III, 3)「お泊りになるつもりでいらしたんじゃありますまいね, まさか」/ Tu choisis bien ton moment, *au moins*! (IKOR, *Gr.moy.*, 208)「(反語的)とにかく, うまい時機を選んだものだ」/ Je vous attends demain, n'oubliez pas, *au moins*! (GLLF)「明日待っています, せめて忘れないでください」/ *Au moins* son travail a-t-il un sens. (ST-EXUP., *Prince*, 49)「少なくとも彼の仕事は意味があります」

du moins「前文が間違いかどうかはわからないが, しかしとにかく」(quoi qu'il en soit, malgré tout, néanmoins, en tout cas)：Le maître était savant; *du moins*, nous le pensions. (= en tout cas, nous le pensions, qu'il le fût ou non) (MFU)「先生は学識があった. とにかく, 我々はそう思っていた」/ J'ai été tiré de mon sommeil par des vagissements de bébé. *Du moins* est-ce ce que j'ai d'abord cru. (TOURNIER, *Gaspard*, 39)「私は赤ん坊の泣き声で眠りを覚まされた. 少なくとも最初はそう思った」

◆au moins は du moins と混用される：Si ça ne le guérit pas, *au moins* [*du moins*] ça ne peut pas lui faire de mal. (*Lar.Gr.*)「それで彼がなおらないにしても, 害になるはずはない」

▶文頭の du moins の後では多く主語倒置. au moins の後ではまれ.

mois (nom de) [月名] —— 一般に語頭を小文字で書く：à mesure qu'*avril* s'avançait (SIMON, *Bataille*, 94)「4月の日が経つにつれて」◆大文字は英語にならった個人的趣味：Le Paris d'*Août* est exquis. (MAUROIS, *Paris* I, 6)「8月のパリは気持がいい」

1° 一般に無冠詞：*Septembre* est venu. (DURAS, *Vie*, 87)「9月になった」/ Il viendra à Paris en *mars* [au mois de *mars*]. (ROB)「3月にパリに来るだろう」/ au début [vers la fin] de *septembre*「9月の初めに [終わりごろ]」/ pendant le mois de *juin*「6月の間」/ d'*avril* à *septembre* (*Lar. 3vol.*, II, 417)「4月から9月まで」

2° 冠詞 + 月名 + 形 [限定補語] 特定化されるかされないかに従い定冠詞または不定冠詞を先立てる：avant *l'août* de 1914 (BENOIT, *Kœnigs.*, 4) / Le joli *mai*. Un *février* sec, plein de soleil. (VERCORS, *Yeux*, 43)「美わしの5月. 乾いて陽光溢れる2月」

▶ただし né en *avril* 38 (BUTOR, *Degrés*, 125) / en *mars* de la même année (*Ib.*, 125) / dès *février* 1861 (MAUROIS, *Dumas*, 320) / depuis [en] *juin* dernier (*Thib.* I, 144; V, 260)

3° 略号〔商業〕：Janv., Fév., Juill., Sept. [7 bre], Oct. [8 bre], Nov. [9 bre], Déc. [X bre]

moitié —— *une* [*la*] *moitié de* + 名 のあとの動詞の一致. 正確な「半数」に重点を置けば動詞は単数：La moitié des actionnaires a rejeté les propositions. (H, 970)「株主の半数は提案に反対した」▶多くは補語に重点を置き複数：La moitié des blessés mourront. (MALRAUX, *Cond.*, 59)「半数の負傷者は死ぬだろう」

▶plus d'[qu']à moitié ⇨ plus I. 9° ②

moment —— **1°** *à ce moment*「その時」. 過去,

時に未来について: A ce moment la pendule sonna deux heures. (GREEN, Epaves, 157)「その時, 時計が2時を打った」/ A ce moment-là, les choses iront sans doute mieux. (CAMUS, Malent. II, 6)「その時には, 事はおそらくもっとうまく運ぶでしょう」◆物語体現在形と共に: A ce moment la porte s'ouvre et les deux surveillants généraux paraissent ensemble. (CESBRON, Prison, 121)「その時, ドアが開いて例の2人の学監がいっしょに姿を現わす」▶ト書の現在形と共に: A ce moment Mme Georges entre. (ANOUILH, P.B., 321)「その時, G夫人登場」

◆その他: à un moment「ある時」/ à un autre moment「別の時には」/ à ces moments-là「そうした時には」/ à de certains moments「ある時には」

2° *en ce moment*「今」: Jean gagne beaucoup d'argent en ce moment. (DURAS, Th., II, 25)「Jは今はとてもお金がもうかるのです」◆過去を起点として: En ce moment elle le détestait. (GREEN, Epaves, 145)「今や彼女は彼を憎んでいた」/ En ce moment-là, je l'aimais. (SAGAN, Bonj., 39) (⇨aujourd'hui; maintenant) ▶単過と共に用いられるときは = à ce moment: En ce moment, je détestai Anne et mon père. (Ib., 61)「その時, Aと父をにくんだ」

◆dans ce moment は同義, むしろ古語・文語: Il ne souffre pas dans ce moment. (CHARDONNE — MAUGER, 315)「彼は今は苦しんではいない」

これに対し dans ce moment-là は常用: C'est dans ces moment-là qu'éclate la guerre! (GIRAUDOUX, Amph., 26)「こういう時だ, 戦争が起こるのは」▶その他: dans un moment de peur「恐れを抱いたときに」/ dans ces moments pénibles「そうしたつらいときに」/ dans les moments les plus difficiles de la vie「人生の最も困難なときに」

mon ⇨ adjectif possessif; liaison 2° ③
monosyllabe［単音節語］— 1音節から成る語: cri, mer, port.
monsieur — 1° 発音例外: [məsjø]. 日常会話では母音の後で [ə] は落ちる: Oui, monsieur. [wimsjø]. この発音を表わすために, 時に m'sieur とつづる. 目上の者に話す丁寧な発音では常に [ə] を加え [wiməsjø]

2° ［複］ 呼びかけ, 敬称は Messieurs [Ces messieurs ⇨ce² I. 7°⑤] : Messieurs X et Y「X氏とY氏」◆名詞: un monsieur, des messieurs. 俗語 des monsieurs は軽蔑的. Bonjour, Messieurs Dames. ⇨madame
3°〈Monsieur＋称号〉の後の代名詞: Monsieur le préfet, voulez-vous...? あるいはいっそう丁寧に Monsieur le préfet veut-il...?
4° 相手に向かって言うときは, 単に Monsieur と言う. Monsieur X は俗.

monter — 助動詞は他動詞の場合は avoir, 自動詞の場合は普通は être: Il *est monté* à [dans] sa chambre.「彼は部屋に上がった」/ Nous *sommes montés* en chemin de fer [dans le train] [en auto, en avion, en bateau, en wagon, en seconde].「列車［自動車, 飛行機, 船, 客車, 二等車］に乗った」

ただし, 動作を表わすときは avoir も用いる: Le baromètre [Le prix] *a monté*.「気圧計［値段］が上がった」/ La plante *a monté* [*est montée*] en graine.「植物が種子をつけた」/ Le thermomètre *a monté* brusquement à 39 degrés.「寒暖計が急に39度に上がった」

◆MART (318, n. 2) は avoir の使用を気圧計, 年収, 支出, 潮などに限り, D (196) は J'ai beaucoup monté ce matin.「今朝はずいぶん登った」のように状況補語がない場合には動作・努力を強調するために avoir を用い得るが, J'ai monté sur la montagne.「山に登った」は俗だという. H (594-5) は動作を表わすときでも現在は明らかに être が多いと言う.

◆ monter ＋ ［不定詞］ : Je *monte* m'habiller. (ACHARD, Nouv. hist., 192)「服を着替えに2階にいってきます」⇨infinitif C. III. 1°③(1)
▶monter à ［不定詞］⇨à II. 3°①

moquer — 1° *moquer* qn [qch] = se moquer de. 古語法の復活. 文語: Je demeure entièrement fidèle aux aspirations que je *moque* et agresse dans mes livres. (GARY, Clowns, 9)「作品中では愚弄し攻撃してはいるが, 私は憧れを全く忠実に守っている」cf. G, Pr. IV, 125-30.

◆être moqué par qn; se faire [se laisser] moquer : Je ne *me laisserais* pas *moquer* de cette façon. (ANOUILH, P.B., 411)「あんな風に嘲弄されるままにはなっていません」▶ se faire moquer de soi. de soi は se と冗語をなすが, 古くからの慣用句: N'allez pas avec eux *vous* faire moquer de vous. (ANOUILH, P.G., 506)「彼らといっしょに行って物笑いになるのはおやめなさい」

2° *se moquer de* + 名 [*de* 不定詞, *que* + 接]
常用：Je *me moque* bien *qu'*il soit célèbre ou non. (BEAUV., *Mand.*, 176)「あの人が有名だろうと有名でなかろうと、まったくどっちでもいいのです」

morphème [形態素] ── 一般には意味を担う最小の言語単位を指す．1語が複数の形態素を含む場合もある．例えば、empoisonnement [ã-pwazɔn-mã] も (nous) chanterons [ʃãt-r-ɔ̃] も3箇の形態素に分析できる．[pwazɔ̃] [ʃãt] は語彙形態素、[ã] [mã] [r] [ɔ̃] は文法形態素である (*Gr. d'auj*).

なお MARTINET (*Eléments*, 1-9) は上記の文法形態素のみを morphème、語彙形態素のほうを lexème と呼ぶが、後の改訂版 (1996) では、この文法対語彙の単純な区別は不適切であると指摘するようになった．

morphologie [形態論] ── 語の形態を論ずる文法の部門．名詞、代名詞、冠詞、形容詞の数・性の変化、動詞の活用のほか、語形成、派生、合成などを扱う．

mot [語] ── 文を構成する究極の独立した意味単位 (⇨ morphème)．機能に従ってこれを品詞 (parties du discours) に分け、変化語 (mot variable) と不変化語 (mot invariable) に分類する．BRUN (96) は実語 (mot plein) あるいは概念語 (mot concept) と、空意語 (mot vide) あるいは文法語 (mot grammatical) ないし道具語 (mot-outil) とに区別する．前者は概念を表わすもの (名詞、動詞、品質形容詞)、後者は文法的道具 (outil grammatical) として文法上の関係を示すもの (冠詞、前置詞、接続詞)．限定形容詞、代名詞、副詞は両方に入る (cf. D, 48)．語はその形成の上から単一語 (mot simple)、合成語 (mot composé)、派生語 (mot dérivé) に分けられる．⇨ formation des mots

語の厳密な定義をめぐっての困難・諸説については cf. GLLF (3476-9)

mot ── ne dire mot「ひとことも言わない」、sans mot dire「ひとことも言わずに」は古語法の名残りで文語調：Nous *ne* disions *mot*. (BUTOR, *Degrés*, 163) ♦pas は用いない．近代の統辞法に従い Il *ne* dit pas un *mot*. (DFC) / *sans* dire (*un*) *mot* (ROB) が常用．同義の ne (pas) souffler mot では pas の使用・不使用は自由．DFC は Il ne souffle *mot*. の形だけ、PR; ROB は ne pas souffler *mot* の形だけを記す．sans souffler *mot* (ROB) とも言う．▶ de を伴い：Jamais Nadine *ne* m'*avait soufflé mot de* ce désir de maternité. (BEAUV., *Mand.*, 502)「N は母親になりたいという願いについては私にひとことも言ったことがなかった」

♦同義の ne (pas) sonner mot は古文調．まれに他の動詞にも適用されて：La vieille femme ne répond *mot*. (ESCHOLIER)「老婆はひとことも答えなかった」/ Golo ne pipait *mot*. (CAYROL, *Mot*, 71)「G はひとことも言わなかった」(*DFC* は ne pas piper *mot*) / Je ne comprenais *mot*. (ARLAND, *Terre nat.*, 289)「ひとこともわからなかった」

mot composé ⇨ composition
mot dérivé ⇨ dérivation
moto(**cyclette**) ── à [en] moto(cyclette) ⇨ bicyclette
mot phonétique ⇨ élément rythmique
mot-outil [道具語] ── B (5) の用語．*Gr.Lar.* (§567); D (48) も踏襲、広く用いられている．⇨ mot

mourir ── **1°** Son père *est mort* pauvre. (ANOUILH, *P.N.*, 45)「彼女の父は貧窮の中で死んだ」

2° 非人称：Il meurt trop d'automobilistes sur nos routes. (CAP)「わが国の道路では事故死のドライバーが多すぎる」⇨ naître 2°

moustache ── 全体を1つと考えるか、上唇の両側を1つずつと考えるかに従って、単数にも複数にも用いられる：Il se lissait *la moustache*. (SARTRE, *Mur*, 25)「口ひげをなでていた」/ Il faut couper *tes moustaches*. (*Ib.*, 32)「口ひげを切りなよ」/ un homme à *moustache*(*s*)「口ひげをはやした男」▶ ただし、唇の両側に分かれほおにかかって長く伸ばしたひげのほかは、単数が普通 (COL).

multiplicatif [倍数詞] ── numéral の一種、倍数を示すもの：double, triple, quadruple, quintuple, sextuple, septuple, décuple, centuple, multiple. 形容詞 (普通は品質形容詞にいれる) また名詞として用いる：fortune *triple* de la mienne「私の財産の3倍もある財産」/ Six est *le triple* de deux.「6は2の3倍である」

N

n — 発音. ①[n]: neige. ②無音（例外的）: mo*n*sieur [məsjø], ils aime(*nt*)

　母音 ＋ **n**　鼻母音となる: chant, bain, conte, など. 接頭辞 en: enivrer [ãni-], enorgueillir [ãnɔr-]. 各母音の項参照.

　母音＋**nn**　①[n]: année, canne. ②鼻母音＋n: ennoblir [ãnɔ-], ennui [ãnɥi] ③[(n)n]: innover, inné, connexe.

n mouillé [湿音のn] — [ɲ]の音. ⇨ consonne I. 2º②; 3º④

naître — tの前でだけîとつづる: il naîtra.

1º Il *est né* poète. 「彼は生まれながらに詩人である」/ Elle *était née* Camblanes. (MAURIAC, *Galigaï*, 28)「C家の生まれであった」

2º 非人称: *Il naît* plus de filles que de garçons. (*PR*)「男の子より女の子のほうが多く生まれる」/ Il *naît* en elle de violents conflits. (BEAUV., *2ᵉ sexe* II, 140)「その時, 彼女のうちに激しい葛藤が生まれる」/ Que va-t-*il naître* de mes amours avec ce bourreau? Qu'en peut-*il naître*? (GENET, *Œuv*. III, 27)「この冷血漢との愛から何が生まれ出ようというのか? そこから何が生まれ得るのか」/ Les mondes meurent, puisqu'ils naissent. *Il en naît*, il en meurt sans cesse. (FRANCE, *Jardin*, 4)「宇宙は生まれるから死んでいく. 宇宙は絶えず生まれたり死んだりするのだ」

nasale — consonne nasale (⇨ consonne I. 2º ②); voyelle nasale (⇨ voyelle I. (2); III. 2º)

ne — 否定の副詞. 動詞の前に密着し, 動詞との間に無強勢人称代名詞以外の介在を許さない. pas, point, plus, guère, jamais, aucun(ement), nul(lement), personne, rien などを伴わずに単独に使用されることは古語法の名残り. 現代では文語, 改まった口語で, 少数の言い方に限られる.

I. ne の単独使用が必要な場合

1º 成句: *N*'ayez crainte. 「心配しないで」 / *n*'avoir cure de 「…を気にかけない」 / *n*'avoir garde de 不定「…しないように注意する」 / *n*'avoir que faire de 「…などどうしようもない [必要としない]」 / *ne* vous (en) déplaise「失礼ですが」 / à Dieu *ne* plaise que＋接「…ということになりませんように」 / Qu'à cela *ne* tienne. 「気にするには当たらない」 / (il) *n*'empêche (que) (⇨ empêcher 5º) / (il) *n*'importe; *n*'importe quoi [qui, quel, など] (⇨ importer 4º) / *n*'était (＝si ce *n*'était); *n*'eût été (＝si ce *n*'eût été) (⇨ être V. 1º, 2º)

◆ (諺): Il *n*'est pire eau que l'eau qui dort. 「よどんだ水より悪い水はない」（一見おとなしい人間が一番おそろしい）/ Il *n*'est si bon cheval qui ne bronche. 「どんな名馬でもつまずかないものはない（弘法も筆の誤り）」　▶格言調の文で諺の文体をまねることがあるが, 一般には il *n*'y a pas [il *n*'est pas] de ＋ 名を用いる. ⇨ 下記 6º

2º *Que ne...?* (＝Pourquoi ne... pas) ⇨ que³ II

▶ne... ni... ni... ⇨ ni I. 1º

II. **ne** / **ne... pas**　古語法が残る言い回しにも, 多くは同義でne... pasが用いられる.

1º 特殊な動詞: cesser, oser, pouvoir, savoir. 多くpasを用いる. 各語参照.

2º **non** (**pas**) **que**; **ce n'est pas que** の後のpasの省略 ⇨ non 6º; ce¹ II. 10º

3º 疑問詞 ＋ *ne*... (**pas**)　反語的な疑問文でも多くはpasを用いる: Qu'est-ce que nous *ne* ferions *pas*? (VAILLAND, *Loi*, 211)「おれたちにできないことがあろうか」 / Pourquoi *ne* saurait-il *pas*? (*Thib.* VII, 101)「知らないはずがあるものか」　▶ただし qui [quel ＋ 名] ne... (pas)では pasを略し得る. ⇨ qui² 1º; quel I. 2º ①

◆que ne... (pas).　que（直・目）＋neが

ne

pourquoi ne... pasの意に解されるおそれのない文脈でpasを略し得る: *Que n'aurait-il pu faire s'il l'avait voulu?* (MAUROIS, *Proust*, 66)「彼がその気になれば、やれないことがあったろうか」/ *Que ne donnerais-je pour être aussi savante que tu l'es!* (MAURIAC, *Thérèse*, 68)「あなたのように物知りになるためなら、どんな犠牲を払っても惜しくはありません」

4° ne... (pas) de + 期間: *Je ne le reverrai (pas) de longtemps.*「当分彼に再会することはあるまい」⇨ de I. 14° ②

5° ne... (pas) d'autre + 名 + que + 名 [(de) 不定詞]: *Nous n'avions d'autres chefs que lui.* (GIDE, *Enf. prod.*, 72)「われわれは彼よりほかに指導者はなかった」/ *Je n'avais d'autre ressource que l'imaginer.* (PINGAUD, *Scène*, 52)「それを想像するよりほかにすべはなかった」/ *Je n'ai pas d'autre sentiment que la honte.* (ACHARD, *Mal*, 203)「ぼくには恥ずかしさ以外の感情はありません」

6° 否定[疑問]の主節に従属する関係節
① 否定の主節: *Il n'y a personne qui ne sache cela* [日常語: *qui ne sache pas cela*]. (DUB-LAG, 165)「それを知らない者は誰もない」/ *Il n'y a pas de faute qui ne puisse être rachetée par une sincère contrition.* (*Thib.* I, 136)「心からの痛悔であがなわれない過ちはありません」/ *Je ne me souviens pas d'un temps où je n'aie rêvé d'écrire.* (MAUROIS, *Portrait*, 17)「私が物を書くことを夢みなかったような時代は私の記憶にない」/ *Il n'existe personne qui ne mente pas un peu, de temps en temps.* (COCTEAU, *Monstres* I, 6)「ときどきちょっとうそをつかない人間は存在しないよ」
▶ *Il n'est pas jusqu'à* + 名 + *qui* + *ne* ⇨ jusque II. 3°

② 疑問の主節　疑問が否定の意を含めばpasの省略可能: *A-t-il dit une parole qui ne soit (pas) ridicule?*「彼がこっけいでない言葉をひとつでも言いましたか」
疑問が否定の意を含まなければne... pasを用いる: *Connaissez-vous* [*Ne connaissez-vous pas*] *quelqu'un qui ne soit pas trop exigeant?* (MART, 543)「あまり気むずかしくない人を誰か知っていますか[知りませんか]」

7° si (条件) ... ne... (pas): *Je ne serais pas tout à fait heureux, si je n'avais quelqu'un à qui le dire.* (MONTHERL., *D. Juan* I, 4)「それを言える相手がいなければ、わたしは完全には幸せになれないよ」　♦日常語ではいつもpasを使用: *Je vous mets à la porte si vous n'obéissez pas!* (CLAIR, 79)「言うことがきけないのなら、お前たちにやめてもらうよ」/ *Quel âge avez-vous? si je ne suis pas indiscret.* (GRENIER, *Ciné*, 160)「おいくつです? 失礼だけど」
♦*si je ne me trompe*のような慣用句もpasを添えるのが普通になった: *C'est une sorte de congé, en somme, si je ne me trompe pas?* (ANOUILH, *P.N.*, 190)「つまりここを出ていけということですな。わたしの思い違いでなけりゃあ」(cf. DUB-LAG, 164) ▶neを用いる固定した言い回し: *si ce n'est* (= excepté) ⇨ si¹ I. 13°
♦動詞が文末にくればpasは必要: *Je partirai s'il ne vient pas.* (W, §51, f)「彼が来なければ出かけます」

8° il y a [voici, voilà, ça fait] + 期間 + que + ne... (pas) [depuis que ne... (pas)]
① 従属節の動詞が単純時制ならばne... pas [plus]を用いる: *Il y a* [*Voilà, Ça fait*] *dix jours qu'il ne pleut pas.*「雨が降らなくなってから10日になる」
♦ne... pas [plus]を省けば、意味が正反対となる点、②と異なる: *Il y a dix jours qu'il pleut.*「雨が降りだしてから10日になる」/ *Il ne veut plus sortir depuis qu'il pleut.*「雨が降りだしてから彼はもう外出したがらない」
② 従属節の動詞が複合時制に置かれていれば、neまたはne... pas [plus]を用いる: *Il y a* [*Voilà, Ça fait*] *dix jours qu'il n'a (pas) plu.*「雨が降らなくなってから10日になる」/ *Il s'est passé bien des choses depuis que je ne vous ai (pas) vu.*「お会いしなくなってから、いろいろなことが起こりました」　▶雨が降っていない、相手に会っていないという状態の継続を表わすから、動作の継続を表わす*il ne pleut plus, je ne vous vois plus*と同じ。
♦動作の行なわれた最後の時期を示す*Il y a dix jours qu'il a plu.*「雨が降ってから10日になる」/ *depuis que je vous ai vu*「あなたに会ってから」とも意味内容は同じ。cf. LECOINTRE-LE GALLIOT, *FM*, '70 n° 3; PINCHON, 280; PINCHON, *LF*, n° 21.

9° ne... pas si [tellement, à tel point, など]... que ne... (pas): *Il n'était pas si distrait qu'il ne nous prêtât quelque attention.* (H,

607)「われわれに多少の注意も向けぬほどぼんやりしてはいなかった」 ◆むしろ pas を加えることが多い：Son entêtement *n*'est *pas tel qu*'il *n*'écoute *pas* vos explications. (*Ib.*)「あなたの説明に耳を傾けないほど頑固ではない」

ne explétif ［虚辞の ne］── 接続詞 que, または que を含む接続詞相当句の後に用いられ，従属節の中に潜在する否定の観念を反映する ne を言う．下記 6° のほかは従属節の動詞はいつも接続法．ne の有無によって文意は変わらないから，その用法は一定しないが，どの場合にも有無のいずれかの傾向は認められる．全体として現代口語では ne を省く傾向が強い．

1°　危惧を表わす語（craindre, trembler, redouter, appréhender, risquer; crainte, peur, risque, など）の後（各語参照）

Je *crains qu*'il *ne* pleuve.「雨が降るのではなかろうか」は Je désire *qu*'il *ne* pleuve *pas*.「雨が降らないでほしい」の意を含み，この潜在的な否定の観念が ne で表わされたもの (N, VI, 45; LE B, II, 348)．ne は真の否定ではないから，これを省くことができる．

◆肯定の主節の後では，ne の使用：不使用 ＝ 112：76 (GA, 99)．改まった文語では ne を用いるほうが望ましい．ne pas は真の否定：Je crains *qu*'il *ne* pleuve *pas*.「雨が降らないのではないだろうか」

◆主節が否定ならば，疑惑がないから ne は用いない：Je *ne* crains *pas qu*'il pleuve.「雨が降ったって構いはしない」▶主節が疑問ならば ne の使用は一定しない (B, 547)．

◆ne の使用は craindre, crainte の類義語に関係する従属節ではいつも可能：J'étais tenté de croire *qu*'il s'agissait d'une tête à couper, et j'avais quelques *soupçons que* cette gorge *ne* fût la mienne.(MÉRIMÉE, *Carmen*)「私はこれはてっきり首切の話だと思った．そして，その喉というのが私の喉のような気がした」/ Mon unique *frayeur* est *qu*'il *ne* vous punisse. (DESTOUCHES──D-P, I, 136)「私の唯一の恐れは彼があなたを罰しはしまいかということだ」/ Il vivait dans *l'épouvante que* la vieille dame *ne* fît flamber la maison de bois. (FRANCE, *Orme*, 189)「彼は老婆がその木造家屋を燃やしはしまいかと戦戦兢兢として暮らしていた」

2°　阻止を表わす語（empêcher, éviter, prendre garde）の後（各語参照）
従属節の動作は実現されないという観念を虚辞 ne が反映する．ne の使用は任意であるが，主節が肯定でも否定でも ne を用いないのが普通．
▶*défende que* の後では ne は用いない．

3°　否定・疑惑を表わす語（douter, mettre en doute, il est douteux, nier, désespérer, contester, méconnaître, など）の否定形・疑問形の後（各語参照）

B (525) は ne pas douter は確信を表わすものと考えて，この後では que ＋ 直 が論理的，ne ＋ 接 の使用は文法上のからくり (*mécanisme grammatical*) と説き，GEORG (*Probl.*, 169) も ne は蛇足と言う．しかし ne pas douter は確信を表わすのではなく，いくらかの疑惑を残し，その疑惑が接続法と虚辞の ne によって示される．

4°　非人称構文：peu s'en faut que ⇨ falloir 10°; il ne tient pas à... que ⇨ tenir 4°

5°　接続詞相当句（avant que, sans que, à moins que）の後：（各語参照）

6°　不平等比較を表わす語（autre, autrement, davantage, meilleur, mieux, moindre, moins, pire, plus, plutôt, など）の後

Il est *plus* grand *que* je *ne* croyais.「彼は私が思っていたより背が高い」は Je *ne* le croyais *pas* aussi grand.「あんなに背が高いとは思っていなかった」の意を含み，この否定の観念が ne で表わされた (B, 732; N, VI, 43; W-P, §481)．▶上記 1°～5°と違う点は，que のあとの動詞が接続法に置かれないこと．

古典語法では ne と同義で ne... pas が用いられた：Il faut avoir l'esprit *plus* libre *que* je *ne* l'ai *pas*. (RAC.──B, 733)「私よりももっとゆとりのある心を持たねばなりません」cf. G, 881, Hist.; W-P, §482.

①**肯定文**：Il est *moins* habile *que* je (*ne*) pensais. (DUB-LAG, 165)「彼は思いのほかじょうずでない」/ Il est tout *autre qu*'on (*ne*) croit. (W-P, §482)「彼は人が思っているのとはまるで違った男だ」

◆ne の使用：不使用 ＝ 205：5 (GA, 99)．したがって丁寧な文体では ne は必要だが，口語では ne の省略はまれではない：L'eau était glacée, et *plus* profonde *qu*'il pensait. (LE CLÉZIO, *Mondo*, 115)「水は冷たく，思いのほかに深かった」

②**否定文**　ne... pas plus que (ne)：*Ne* vous faites *pas plus* modeste *que* vous *n*'êtes. (ANOUILH, *P.B.*, 386)「柄にもなく謙遜なさるのはおやめなさい」/ Je *ne* peux *pas* agir *autrement que* je *n'*agis. (BEAUV., *Mém.*, 247)「今と違った行動はできません」/ Il pensait qu'on *ne* pouvait tenir à *personne plus qu'*il tenait à Pierre. (*Ib.*, 397)「自分がPに愛着を感じている以上に,人が誰かに愛着を感じられるものではないと考えていた」

♦ *ne* の使用:不使用＝43:1 (GA, 99). 従属節が肯定の意であっても *ne* の使用が圧倒的に多く,従属節が否定の意ならばもちろん *ne* が必要: Il *n'y* a *pas plus* de critique objective *qu'*il *n'y* a d'art objectif.(FRANCE, *Vie litt.* III, ix)「客観的芸術が存在しないように客観的批評も存在しない」

7° 虚辞 *ne* の類推的用法　*ne* の削除が望ましい: Ne parlez pas à monsieur Vinclair, ni à Augusta *d'ici que* vous *ne* soyez redescendu. (SAGAN, *Violons*, 40)「また降りてくるまではVさんにもAにも口をきかないでください」(*avant que*の類推;⇨ ici 1°) / Mais jamais il ne put la voir, en sa pensée, *différemment qu'*il *ne* l'avait vue la première fois. (FLAUBERT, *Bov.* I, 3)「初めて会ったときとは違った彼女の姿を一度も思い浮かべられなかった」(*autrement que* の類推)

***ne* modal**〔法的ne〕— B (525) の用語. ne explétif 1°～5°の用法のneを言う.

ne... que — **1° 動詞に後続する要素を制限する**　本来は否定のneとque (= excepté) の結び付きであるが,多くは肯定的言い回し (= seulement) となる.

① **直・目**: Il *n'a que* vingt ans.「やっと20歳だ」/ Je *n'ai que* du bonheur. (COCTEAU, *Th.* II, 25)「ただもう幸せなだけよ」/ Je *n'aime que* toi.「好きなのはきみだけだ」cf. Je t'aime.

② **非人称構文の補語**: Il *n'est que* trois heures. (*Thib.* VIII, 141)「やっと3時だ」/ Le soleil frappait son visage où il *n'y* avait *que* de la joie. (*Ib.* III, 81)「喜びの色を満面にたたえたその顔に日がさしていた」

③ **属詞**: Ce *n'est qu'*un mauvais rêve.「悪夢にすぎない」/ Il *n'est qu'*évanoui. (ANOUILH, *P.R.*, 54)「気絶しただけだ」/ Elle (...) *ne* jugeait *que* ridicule son aventure avec Raymond. (MAURIAC, *Désert*, 236)「Rとの間の浮気は一笑に付すべきものとしか思っていなかった」

④ **間・目**: Je *n'*ai dit cela *qu'*à lui.「彼にしかそれを話さなかった」cf. Je lui ai dit cela. / Je *ne* pense *qu'*à cela.「そのことばかり考えている」cf. J'y pense.

⑤ **付加辞**: De toute façon, il *n'y* a de médecine *que* préventive. (DÉON, *Taxi*, 226)「どっちみち,予防医学のほかに医学はないんだ」/ Il *n'y* a de bon père *que* mort. (SOLLERS, *Folies*, 42)「死なぬ限り良い父はない」

⑥ **副詞**(**相当句**), ジェロンディフ: Il *ne* prisait *que* médiocrement Barrès. (GIDE, *Feuillets*, 75)「Bを低くしか評価していなかった」/ Cette impression *ne* dura *qu'*un instant. (*Thib.* VI, 77)「この印象は一瞬しか続かなかった」/ On *ne* sait commander *qu'*en sachant obéir.「服従することができて,はじめて人に命令することができる」

⑦ **従属節**: Je *ne* vous ai vu *que* lorsque j'étais toute petite. (ACHARD, *Patate*, 95)「ほんの子供の時にしかお会いしたことはありませんでした」/ Un arbre *ne* grandit *que* si on l'émonde. (DÉON, *20 ans*, 284)「木は余計な枝をおろさないかぎり成長しない」

♦ 省略的等位従属節では et (que) + 名 + (ne + 動) + que の ( ) 内が略される: Berger sait que le professeur *ne* s'intéresse *qu'*aux gaz de combat, et Max, *qu'*aux chiens. (MALRAUX, *Lazare*, 24)「Bは教授が毒ガスにしか,Mが犬にしか興味がないことを知っている」

⑧ **動詞に後続する主語名詞**: La jeune lune était couchée. *Ne* resta *que* la pâle clarté des étoiles. (VAILLAND, *Loi*, 102)「新月は沈んでいた。あとはただ星の薄ら明かりがあるばかりだ」/ le grand salon sombre où *ne* brûlent *que* deux candélabres (CLAIR, 157)「枝付き大燭台が2つともあるだけの薄暗い大きな客間」/ Il savait cette fois que *ne* lui serait plus réservé *que* le rôle de vieillard. (YOURC., *Orient.*, 61)「自分には老人役しか残されなくなると今度はわかっていた」

⑨ **動詞　複合時制に限る**: Je *ne* t'ai *qu'*aperçu tout à l'heure. (ROUSSIN, *Hélène*, 27)「さっきちょっと見かけただけだ」/ Il était évident que sa colère *n'*avait *que* crû. (VIAN, *Pékin*, 13)「彼の怒りがつのるばかりだったことは明らかだった」/ Je *n'*avais guère *qu'*entrevu Moïra. (DÉON, *Taxi*, 284)「Mはほとんど見かけたことぐらいしかなかった」

▶ この構文はまれ.単純時制はいつも,複合時

制でも ne faire que + 不定詞 (⇨ faire X)を用いる.

2º ne... que trop [*plus*, *mieux*, など] 後続副詞の強調: Ce *n'*est *que trop* certain. (COCTEAU, *Th.* I, 216)「確実すぎるくらいだ」/ Je *ne* le sais *que trop*.(ACHARD, *Th.* II, 209)「百も承知だ」/ Je *ne* m'en sens *que plus* coupable. (BEAUV., *Mand.*, 132)「だからこそ自分をいっそう罪あるものに思うのだ」

3º ne... plus [*jamais*, *guère*] *que*: Il *ne* nous manque *plus que* le journal du soir. (BUTOR, *Emploi*, 41)「もはや足りないのは夕刊だけだ」/ Je *n'*ai *jamais* aimé *que* toi. (SAGAN, *Violons*, 150)「きみよりほかの人を愛したことは一度もない」

4º ne... pas [*point*] *que* ne... que の否定 (= ne... pas seulement): Vous ne pensez qu'à vous. — C'est faux. Je *ne* pense *pas* qu'à moi. (IONESCO, *Th.* II, 121)「あなたは自分のことばかり考えている.—それは違います. 自分のことばかり考えているわけではありません」/ Il *n'*y a *pas que* les hommes ici-bas. (GIRAUDOUX, *Folle*, 185)「この世には男だけがいるわけではない」/ Il *n'*y a *point que* le vice à peindre. (MAURIAC—G, 889)「描くべきものは悪徳ばかりとは限らない」

♦B (*Obs.*, 92) は ne... que を pas で否定したものと考え, MOIGNET (*Signes de l'exception*, 202) は ne... que と ne... pas の混成とみなす.

5º ne... + 名 + *que* ne... que のあとの目的語の前の冠詞は肯定文と同じだが (cf. Il ne boit que du lait. ⇨ 上記 1º①②), 〈ne + 名 + que〉では 2 つの扱いを受ける.

① **ne... de** + 名 + *que*: Je *ne* voyais *de* salut *que* dans la littérature. (BEAUV., *Mém.*, 293)「文学のなかにしか救いは見いだせなかった」▶ne... pas de... excepté と解したもの.

② **ne... du** [*des*] + 名 + *que*: Sanger *ne* pose *des* questions *que* s'il est sûr d'une bonne réponse. (GIRAUDOUX, *Tessa*, 37)「S はいい返事が返ってくる確信がなければ人に物をきかないのです」▶ne... que = seulement と解したもの. cf. GA, 119, 121.

6º ne + de + 形 + *que*: Il *ne* possédait *de vivant que* ses souvenirs et ses expériences propres. (VIAN, *Arrache*, 192)「なまなましいものといえば彼自身の思い出と体験しかなかった」 多くは il y a と共に: Il *n'*y a *de blanc*

dans le monde, *que* les mains de Mlle Ida Ferrier. (MAUROIS, *Dumas*, 116)「この世で白いものはF嬢の手だけだ」 ♦rien [personne] de + 形 と解し (G, *Pr.* V, 82-4), または形容詞を中性名詞とみなして (5º の構文), 無変化にするのが普通. 〈de + 形〉を que のあとの名詞の属詞と考えて, これに一致させることもできる: Il *n'*y a *de purs que* l'ange et que la bête. (VALÉRY, *Faust*, 126)「純粋なのは天使と獣しかない」cf. G, 378, Rem.4; LE B, II, 688.

ne... que de + 不定詞: Je *n'*avais *que* vous *de sorti*. (SARTRE, *Age*, 91)「外出したのはあなただけでした」(門番の言葉)/ Il *n'*y a *que* nous deux *de vivants*. (SAGAN, *Bonj.*, 85)「生きているのはわれわれ 2 人だけだ」▶この語順では属詞と解し一致が普通. ただし: Il *n'*y a *que* vous et moi *de vivant* sur terre. (BEAUV., *Inv.*, 15)

7º ne... rien [*personne*] *que de* + 形: Je *ne* sens *rien que de* bon dans mon cœur. (GIDE, *Symph.*, 91)「心の中にはよいことのほかは何も感じません」/ Je *n'*ai vu *personne que de* très aimable. (MART, 546)「私はそこで非常に親切な人にしか会わなかった」

8º *ne* の省略 (俗): On a *que* trop attendu. (CLAIR, 73)「さんざん待ったんだ」

9º 関連構文 il n'y a que... qui; il n'y a qu'à 不定詞 (⇨ il y a I. 3º, 1º ⑧) / ne faire que de 不定詞 (cf. faire X)

ne... que seul; ne seulement que; ne... (plus) que を含む問いに対する答え ⇨ oui 6º ④

négatif [否定語] — 否定を表わす語・接辞.

① 副詞: ne, non / pas, point, plus, guère, jamais, goutte, mie, brin / aucunement, nullement. ▶peu, rarement はこれに準じる: On le voit *rarement*.「めったに彼の姿を見かけない」

② 形容詞: aucun, nul, pas un (代名詞ともなる).

③ 代名詞: personne, rien, qui [quoi] que ce soit, âme qui vive.

④ 前置詞: sans.

⑤ 接続詞: ni.

⑥ 接頭辞: a- (*atone*), des- (*dés*agréable), in- (*in*curable. 同化形: *il*lisible, *im*mobile, *ir*résolu), mal- (*mal*appris), non- (*non*sens)

neiger — (非人称動詞) Il *neige*. / Il va

néologisme

[commence à] *neiger*. ♦詩的文体で, 降るものを実主語として: Je reviendrai quand il *neigera* des roses rouges. (C. MENDÈS—D-P, IV, 466)「赤いバラが雪と降るときに帰ってこよう」

♦人称動詞として: Des pétales *neigent* sur le tapis. (GIDE—G, 605)「花びらが敷物の上に雪と降る」

néologisme [新語法, 新語] — 新しく形成された語, あるいは新しい意味に用いられた既存の語. あるいはこの種の語の使用.

n'est-ce pas — 同意を求める言い回し.

1° **単独に**, または肯定文・否定文の多くは**文末**, 時に**文中**, まれに**文頭**に用いる. 疑問詞の後では用いない: Il te ressemble. — *N'est-ce pas*? (MALRAUX, *Cond*., 58)「この子はお前に似ているぜ. — でしょう」/ Vous aimez votre frère, *n'est-ce pas*? (SAGAN, *Violons*, 19)「兄さんが好きなのでしょう, ね」/ Ce n'est pas vrai, *n'est-ce pas*? (ROUSSIN, *Enfant*, 179)「本当ではないよ, ね」/ Vous êtes arrivés ici il y a un an, *n'est-ce pas*, presque jour pour jour? (DURAS, *Andesmas*, 83)「1 年前にここに来られたのでしたね. ほとんど同じ日に」/ *N'est-ce pas*, Monsieur, vous avez bien connu Bismark? (PROUST—LE B, *Inv*., 68)「Bとは親しく知り合われたのですね」

2° 文頭では多くは*que*を伴い主節となる: *N'est-ce pas qu*'il est sympathique? (SOLLERS, *Folies*, 28)「ねえ, 彼感じがいいでしょ」/ *N'est-ce pas*, Marceline, *qu*'on dit ça dans le journal? — Oui. (QUENEAU, *Zazie*, 30)「なあM, 新聞にそう出ていたな. — ええ」

♦1° 2°とも多くは答えを要求しない. oui, nonの用法は上記2°の例, oui 参照. 俗語ではès pas > s'pas (綴りはspaとも) > pasとなる: Encore une absurdité *spa*? (QUENEAU, *Contes*, 148)「またまたばかげたことじゃあないか」

n'était, n'eût été ⇨ être V; ne I. 1°

neuf¹ — 形 (数) 発音はほとんどいつも[nœf]: J'en ai neu*f*. / neu*f* filles / dix-neu*f* cents / neu*f* amis / neu*f* et demi. ▶子音の前で[nœ]は古くなり, 母音の前の古い発音[nœv]はneu(*f*)-*v*-ans, neu(*f*)-*v*-heuresにだけ残る. FOUCHÉ (478)は hommes, autres, enfantsの前でも[nœv]とするがCOH (*Encore*, 168); EBFは[nœf].

neuf², neuve — 名詞に後続. 多く「まだ使われて [汚れて] いない, 新しく作られたばかり」の意: un livre [habit] *neuf*「新しい本 [服]」cf. livre *nouveau*「新刊書」. 内容については「書物は思想の新しさによってnouveauである. 作者が与え得た表現によってneufである」(BAILLY, 398)

▶Qu'y a-t-il de *nouveau*? ; Quoi de *nouveau*?「何か変わったことがありますか」に同義でneufを使用することを非難する者もあるが, H (618)は許容.

neutre [中性] — フランス語の名詞に中性はないが, 名詞化された不定詞・形容詞 (抽象名詞となる場合)・副詞は中性とみなし得る: le boire, le beau, le mieux. 中性はことに代名詞に残る. 代名詞のうち, 特定の名詞に代らず, 常に単数に用いられるもの, 観念・節に代わるものは中性である: 不定代名詞quelque chose, autrui, personne, rien, など / 指示代名詞ce, ceci, cela, ça / 人称代名詞il (非人称), le, en, y / 疑問代名詞que, quoi.

ni — 否定文で同一機能の語 (群)・節を結合し, または数個の否定文を結合する等位接続詞. 肯定のetに対応する.

I. 同じ否定文中の同じ機能の語 (群) の結合

1° *ne* + 動 + *ni... ni* (最も無難な構文): *Ni* ami, *ni* maîtresse, *ni* parents *ne* l'attendaient. (ARLAND, *Ordre*, 134)「彼を待つ友も恋人も身寄りの者もいなかった」/ Tu *n*'es *ni* beau *ni* intelligent. (TOURNIER, *Roi*, 43)「お前は美男でも利発でもない」/ Il *ne* pouvait *ni* dormir *ni* travailler. (BEAUV., *Mand*., 229)「眠ることも働くこともできなかった」/ Nous *n*'avons senti *ni* le temps *ni* la fatigue. (ID., *Marche*, 415)「時間も疲れも感じなかった」/ Roussy *n*'avait, ce matin-là, *ni* chapeau melon, *ni* parapluie. (GASCAR, *Herbe*, 99)「Rはその朝, 山高帽もかぶらず雨傘も持っていなかった」/ Je *n*'éprouvais de passion *ni* pour les sciences exactes *ni* pour les langues mortes. (BEAUV., *Mém*., 203)「精密科学にも (古典語などのような) 死語にも情熱を感じなかった」/ Luc ne me téléphona *ni* le lendemain, *ni* le surlendemain. (SAGAN, *Sourire*, 134)「Lは翌日も翌々日も電話をくれなかった」

▶neを伴わない *Ni* temps passé *Ni* les amours reviennent (APOLLIN., *Le Pont Mirabeau*)

「過ぎた時も，恋もまた戻って来ない」は詩的許容による．散文では不可．

ne + 動 + **plus** [**jamais, rien, personne**] **(ni)... ni:** Je n'ai plus [jamais] vu (ni) son père ni sa mère. (MART, 563)「もはや [決して] 彼の父にも母にも会わなかった」/ Je ne connais rien (ni) de plus beau ni de plus rare. (Ib.)「これ以上に美しいものも非凡なものも知らない」(最初の ni の省略は下記 2º の構文)

2º **ne** + 動 + **pas** [**plus, jamais**, など] **... ni...** (まず普通の否定文があってそれに「…でもない」が加わる．後の否定が主語に繰り上がることもあるし，ni がもう一つ加わることもある)：M. Thibault, Mlle de Waize ni Gisèle, ne manquaient jamais la grand'messe. (Thib. II, 182)「ThもW嬢もGも決して盛儀ミサを欠かしたことはなかった」/ Le tonnerre ni le déluge ne chasseront plus ce sourire de mes lèvres. (GIRAUDOUX, Ondine, 124-5)「もう雷だって洪水だって私の唇からこの微笑を消し去ることはないでしょう」(現代では否定文の主語の等位で動詞の後に pas, point を使用することは例外的 — GA, 126)

Il n'entend pas ce que dit sa mère ni ce que répond Gilles. (MAURIAC, Galigaï, 19)「母の言葉もGの返事も聞こえない」/ Je n'aimais pas la paresse, ni l'étourderie ni l'inconsistance. (BEAUV., Mém., 216)「怠惰も軽率も無定見も好きではなかった」/ Elle ne connaissait plus de risque, ni d'espoir, ni de crainte. (ID., Inv., 33)「もはや危険も希望も危惧も知らなかった」/ Je n'avais pas envie de lui parler, ni à personne. (SAGAN, Bonj., 24)「彼にも誰にも話したくなかった」/ Il ne pensait plus à sa mort, ni à celle de Jacques. (Thib. III, 261)「自分の死もJの死も考えてはいなかった」/ Ce n'est jamais facile ni agréable. (ROUSSIN, Nina, 240)「それは決してたやすくも愉快でもない」▶Je ne suis pas habile. Ni audacieux. (SAGAN, Violons, 76)「私は器用じゃない．大胆でもない」(2語の結合の弱いことを示す)

♦ne + 動 + ni... ni... pas: Il n'avait ni cahier, ni livre, même pas de porte-plume. (DÉON, Déjeuner, 9)「ノートも本もペン軸さえ持っていなかった」(ne... pas の否定の間に ni... ni が入ったもの)

2つの不定詞の否定には ne pas... ni が必要: Elle penche la tête vers le sol pour ne pas voir ni entendre. (LE CLÉZIO, Désert, 177)「見えも聞こえもしないように顔をうつ向ける」

pas を省略する動詞・否定表現に適用されて: Nous ne fîmes l'un ni l'autre aucune allusion à ce que je viens de raconter. (GIDE, Symph., 71)「2人とも私が今話したことを少しもほのめかさなかった」/ Rien n'est en soi honnête ni honteux, juste ni injuste, agréable ni pénible, bon ni mauvais. (FRANCE, Thaïs, 29)「何物もそれ自体では立派でも不名誉でも，正でも不正でも，快適でも苦痛でも，善でも悪でもない」

ni... ni の後の動詞の一致

① **数** 一般に複数: Ni Pierre ni Jean n'auront [または n'aura] le prix. (MART, 329)「PもJも賞を得られまい」(上記 1º 2º の例参照) ♦ただし，主語の一方しか動作にあずかれないとき，あるいは最後の主語が personne, aucun, rien ならば，動詞は最後の主語に一致: Ni Pierre ni Paul ne sera président de cette société.「ピエールもポールもこの会社の社長にはならない」/ Ni lui [Ni vous] ni personne ne s'en préoccupe. (H, 984)「彼 [あなた] も，また誰であれそんなことは心配しない」▶ni l'un ni l'autre ⇨ un IV. A. 6º

② **人称** ... et... の後と同じ: Ni vous ni moi n'y pouvons rien. (VERCORS, Colères, 337)「あなたも私もそれはどうにもなりません」♦主語の一方しか動作にあずかれないときには: Ni lui ni moi, aucun de nous ne sera nommé président.「彼も私も，どちらも社長に任命されることはない」(H, 978) ▶または単に Aucun de nous deux ne sera... と言う．

3º **古文調** ① **ne** + 動 **... ni...** (pas と最初の ni の省略): Vanina ne voulait poudre ni rouge. (MANDIARG., Lis, 136)「Vは白粉も口紅もつけたくなかった」/ Les belles dames de la cour ni le prince ne l'éblouissent. (ANOUILH, P.B., 376)「宮廷の美しい貴婦人にも殿さまにも彼女は目がくらみはしない」

② **ne... pas** [**point**] **ni... ni...** 古典語法: Ni les éclairs ni le tonnerre n'obéissent point à vos dieux (RAC., Esth. I, 5)「稲妻も雷もあなたの神には従わぬ」▶現代では「古文趣味のまったくの気まぐれ」(G, 969, Hist. 2)

③ **et ni (même):** Je ne parle pas pour toi et ni même pour moi. (DUHAMEL—G, 969, n.)

「君を弁護しているのではないしぼくの弁護ですらない」◆DUHAMEL, VALÉRYにしばしば見られるこの構文をH; TH; COLは避けることを勧める. etを省けば正常構文.
④ **ni / et** 否定文でもetを用い得る: Il n'a pas écouté mes conseils *et* mes prières. (LE B, II, 664)「私の忠告と懇願に耳をかさなかった」◆etは2語を強く結びつけ, niは2語を分離してそれぞれを否定する(H, 619). / Je n'ai pas d'argent *et* pas de provisions.「金も食糧もない」1°の構文: Je *n'*ai *ni* argent *ni* provisions. 2°の構文: Je *n'*ai *pas* d'argent *ni* de provisions. (×Je n'ai ni d'argent ni de provisions は不可)
II. 節の等位
1° 同じ主語を持つ数個の節
① **ne** + 動 + **ni ne** + 動 : Personne *ne* pleurait *ni* *ne* gémissait. (LE CLÉZIO, *Désert*, 213)「だれ1人泣く者もうめく者もいなかった」/ Je *ne* l'aime *ni ne* l'estime. (MART, 564)「彼を愛しても尊敬してもいない」/ Les enfants *ne* fument, *ni ne* boivent. (TOURNIER, *Roi*, 130)「子供たちはたばこも吸わず酒も飲まない」
② **ne** + 動 + **pas, ni ne** + 動 まれ. pasは否定を強め, 2つの節の結合は弱まり〈,〉が必要: Je *ne* l'aime *pas, ni ne* l'estime. (MART, 564)「彼を愛してもいなければ, 尊敬してもいない」
③ **ni ne** + 動 , **ni ne** + 動 古典語法. 現代では例外的: Cela *ni ne* nous surprend *ni ne* nous gêne. (BREMOND — G, 962 d, Rem. 1)「それはわれわれを驚かせも当惑させもしない」◆現代では同じ主語を反復する: *Ni* je *ne* l'aime, *ni* je *ne* l'estime. (MART, 564)
◆動詞が同じ助動詞をとる複合時制ならば: Je *ne* l'ai *ni* aimé *ni* estimé.「彼を愛しも尊敬もしなかった」/ Philippe Décugis *n'*avait *pas* prononcé un mot *ni* fait un geste. (ARLAND, *Ordre*, 264)「Dはひとことも言わず身振り一つしなかった」
◆数個の否定文をetで結ぶことも多い: Il *ne* fume *pas* et *ne* boit *pas*. (DÉON, *20 ans*, 245) / Je *ne* l'aime *pas* et *ne* l'estime *pas*. (cf. H, 468) / Elle *n'*essaya *pas* de le retenir *et ne* demanda *pas* de nouveau rendez-vous. (BEAUV., *Mand.*, 359)「彼を引きとめようともせずもう一度会う約束も求めなかった」

◆2つの節の並列: Ils *ne* répondent *pas*, *ne* bougent *pas*. (DURAS, *Abahn.*, 8)「彼らは答えず身動きもしない」
2° 異なる主語を持つ数個の節: Ils *ne* m'aiment *pas*, *ni* je *ne* les aime. (GA, 127)「彼らは私が好きではないし, 私も彼らが好きではない」/ *Ni* la garnison *ne* se rendra, *ni* la ville *ne* sera prise. (MART, 564)「守備隊が降服することも町が占領されることもあるまい」▶etを用いて: La garnison ne se rendra pas et la ville ne sera pas prise. (H, 620)
◆2つの節の動詞が同じで, 第2節が主語だけならば: L'amour *ne* se commande *pas*, *ni* la confiance. (BEAUV., *Mand.*, 540)「愛は強いることができず, 信頼も同じことだ」
3° 否定の動詞に従属する数個の肯定節 従属節が短ければ I. 1° 2°の構文が可能: *N'*espérez *ni* [*pas*] que je le voie, *ni* que je lui écrive.「私が彼に会うことも彼に手紙を書くことも期待しないでください」◆多くはet, ouを使用: *N'*espérez *pas* que j'aille le voir *et* [*ou*] que je lui écrive. cf. MART, 564; H, 620.
4° 否定の従属節の等位 多くはetを用いる: Quand on n'est pas intelligent *et* qu'on ne travaille pas, comment réussirait-on? (H, 620)「頭もよくはなく勉強もしなくて, どうして成功できようか」◆従属節が短く, 主語が同じならば時にne... ni: Je vois que vous *ne* l'aimez *ni* ne l'estimez. (*Ib*.)「彼を愛しも尊敬もしていないのがわかります」
III. *ne*を伴わない*ni*
① 省略節: Sont-ils venus?— *Ni* l'un *ni* l'autre. (MART, 566)「彼らは来たかね.—どっちも(来ない)」/ Comment trouvez-vous cela? —*Ni* bon, *ni* mauvais. (*Ib*.)「それをどう思う.—よくも悪くもない」
② 主節に否定の観念が含まれるとき (文語): Inutile de fouiller à droite *ni* à gauche. (GA, 129)「右を捜しても左を捜してもむだだ」/ Il est impossible que *ni* lui *ni* son frère puisse y réussir. (MART, 565)「彼も彼の兄もそれをやりおおせるはずはない」◆疑問文: Peut-on voir quelque chose de plus beau *ni* de plus rare? (*Ib*.)「これ以上に美しいもの非凡なものが見られようか」
③ **non... ni**: Il s'agit là, *non* de traités, *ni* de manuels, mais de recueils d'articles. (MOUNIN, *Clefs*, 13-4)「それらは論著でも提要

でもなくて論文集だ」
▶sans... ni ⇨ sans IV. 1°
④**動詞に直結しない要素**：J'entendis de loin un pas bien connu, *ni* traînant, *ni* trop vif. (ARLAND, *Terre*, 28)「引きずるようにのろのろともしなければ活発すぎもしない聞きなれた足音が遠くから聞こえてきた」/ C'était un bourg français ordinaire, gentil, *ni* laid *ni* beau (...) (DÉON, *20 ans*, 25)「フランスの普通の町、まずまずの、醜くも美しくもない町だった」/ *Ni* vandales, *ni* pillards, ils étaient seulement des soldats, ils étaient seulement des soldats abandonnés par la république en déroute. (*Ib.*, 23)「彼らは破壊をするでもなく、略奪をするでもない、ただ壊滅に瀕した共和国に見捨てられた兵士たちに過ぎない」

nier — 1° nier (*de*) 不定詞：Il *nia* avoir vu l'accident. (MR)「事故を見たことを否認した」
▶nier + 不定詞 は現代では常用．de 不定詞 は次第にすたれ古文調，MR; DFCはこれを記さない．
2° nier que + 接 [直]：Il *nie qu*'il est [soit] coupable. (DFC)「罪を犯したことを否認している」▶接 が普通．直 は否認された事実の現実性を話し手が強調．

ne pas nier que ①多く+(*ne*)+接：On ne peut *nier que* ce *ne* soit là une grande question. (FRANCE, *Vie litt.* II, 62)「それが大問題であることは否定できない」(⇨ ne explétif) / Je *ne nie pas que* ces bas instincts *soient* innés dans l'homme. (*Thib.* V, 227-8)「こうしたいやしい本能が人間に生まれつきのものであることは否定しない」

②+直：Tu *ne nieras pas que* tu m'*as forcé* la main. (G. MARCEL—G, 999, Rem.)「私にむりじいをしたことは否定しないでしょう」

◆疑問文でも + (ne) + 接 [直]：*Nierez-vous qu*'un fils naturel m'*ait été* volé en bas âge? (...) *Nierez-vous que* vous n'*êtes* pas très certain de vos origines paternelles? (ANOUILH, *P.R.*, 106)「私のところで隠し子が子供のころにさらわれたことを否定するのですか．あなたが父方の家柄をはっきりとは知らないことを否定するのですか」

n'importe ⇨ importer 4°

noce(s) — mariageの意では 複．言い回しのほかはあまり用いない：célébrer ses *noces*「結婚式を挙げる」/ épouser qn en secondes *noces*「再婚する」/ *noces* d'argent [d'or]「銀［金］

婚式」◆結婚に伴う祝宴などについては単数が現代の常用．複数も残る：être invité à la *noce* d'un ami / un cadeau [un présent, un voyage, un festin, un repas] de *noce(s)*.

Noël — 名男 一般に無冠詞：l'arbre de *Noël* / les vacances de *Noël* / la nuit [les chants] de *Noël* / Il passa Paris vers *Noël*. (MAUROIS, *Climats*, 125)「クリスマスごろパリを通過した」/ *Noël* tombe un samedi cette année. (DFC)「今年はクリスマスは土曜日に当たる」

◆限定を受けるときは冠詞を伴う：Le *Noël de cette année-là* fut plutôt la fête de l'Enfer que celle de l'Evangile. (CAMUS, *Peste*, 281)「その年のクリスマスは福音の祭りというよりはむしろ地獄の祭りであった」/ Rien ne rappelait *les Noëls passés*. (*Ib.*, 281)「何一つ過去のクリスマスを思わせるものはなかった」/ Nous avons eu cette année *un Noël glacial*. (COL)「今年のクリスマスはひどく寒かった」/ passer un bon *Noël* (TH)「よいクリスマスを過ごす」▶ただしdeなしに年号を添えるときは無冠詞：Ils nous invitaient à passer *Noël 1938* chez eux. (MAUROIS, *Mém.* II, 160)「彼らは1938年のクリスマスを自分たちの家で過ごすようにと招待してくれていた」

◆la Noël. laは古語法で代名詞的用法．celle [la fête] de Noëlの意．多く前置詞の後で用いる：à la fête de *Noël* = à la *Noël* = à *Noël* (AC) / Il est venu à la *Noël*. (ROB) / avant la *Noël* (ROB) / au plus tard vers la *Noël* (*Thib.* II, 198) / jusqu'à la *Noël* (CAMUS, *Peste*, 281)

nom 名詞 — 人・物・観念の呼称として用いられる語．古くは名詞・形容詞の総称として用い，名詞を nom substantif，形容詞を nom adjectifと呼んだ．現在でも**substantif** 実詞 の名称を用いる文法家が多い．名詞はそれ自体で性と数を持ち，所有形容詞・指示形容詞・冠詞に先立たれ得る点で，他の品詞と区別される．

I. 分類

1° **意味による分類** ①普通名詞(nom commun)と固有名詞(nom propre)．後者は固有名とも言う．②個別名詞(nom individuel)と集合名詞(nom collectif)．③具象名詞(nom concret)と抽象名詞(nom abstrait)．各項で説いたように，ある名詞がどの分類に属するかは，文中に用いられている意味による．

2° 形態による分類　単一名詞（nom simple）と合成名詞（nom composé）．
II. **他の品詞の名詞化，名詞的用法**　他品詞に属する語・文が限定辞に先立たれて名詞となり，あるいは限定辞なしで名詞的に機能する．
1° 形容詞 ⇨ adjectif qualificatif III
2° 代名詞: *Le moi* est haïssable. (PASCAL, *Pensées*, Brunsch. 455)「自我は憎むべし」/ *Ce «moi»* semblait se partager. (SAGAN, *Bonj.*, 84)「この"私"が二分されているように思われた」
3° 副詞: *le dehors*「外部」, *le dedans*「内部」, *l'ensemble*「全体」/ *Cet ailleurs* était plus plaisant. (DÉON, *Déjeuner*, 65)「この他の場所というのはもっと心地よかった」/ Salvador mit *longtemps* à répondre. (VERCORS, *Yeux*, 40)「S は返事に手間取った」
4° 前置詞: *l'avant*「前部」, *le derrière*「後部」, *le pour* et *le contre*「賛否」
5° 接続詞: Avec *des mais* on n'arrive à rien. (BEAUV., *Mand.*, 250)「しかし，しかしと言っていたんじゃ，何の結果も得られない」
6° 不定詞 ⇨ infinitif A. IV ; infinitif C.
7° 間投詞: *le bravo*「喝采」/ Le jeune homme eut *un «Oh!»* désappointé. (DAUDET, *Sapho*, 14)「青年は失望して『おお』と叫んだ」
8° 文: *le qu'en-dira-t-on*「人の噂」, *une Marie-couche-toi-là*「尻軽女」/ *le Madame Bovary c'est moi*, de Flaubert (ARAGON, *Stendhal*, 37)「FのB夫人は私だという言葉」
▶ 限定辞なしで: *«La terre tourne»* chambardait tout. (GIDE, *Interv.*, 102)「"地球は回っている"がすべてを覆した」

III. **名詞の形容詞化**　形容詞は冠詞を伴って名詞化され，無冠詞名詞はそれが表わす人・物の属性を示して容易に形容詞化されるから，両者の間に明らかな境界はない．「形容詞と実詞は同じ語の異なった用法にすぎない」(CR, 103)．「名詞と形容詞は実際には同じ品詞の2つの変種にすぎない」(BRUN, 93)
1° 人物名詞: air *gamin*「腕白そうな様子」/ enfant *orphelin*「孤児」/ élève *travailleur*「よく勉強する生徒」　◆Il est *médecin*.「彼は医師である」型の無冠詞名詞をLE B (I, 71-2)；*Gr. Lar. XXᵉ* (268)；DUB (I, 150)は純然たる形容詞とみなす．
　国籍・都会の住民を表わす属詞名詞も現代では多く形容詞として扱い語頭を小文字でつづる：J'aimerais être *suisse, portugais* ou *turc*. (CAYROL, *Hist. maison*, 197)「私はスイス人かポルトガル人かトルコ人になりたい」/ Et vous êtes *parisien*, je crois? (GRENIER, *Ciné*, 24)「あなたはパリの方ですね」　▶ 語頭の大文字は今日でもまれに用いられる: Etes-vous *Français*? (BEDEL, *Jérôme*, 15) cf.『ノート』30-1.
　形容詞化された名詞は頻繁に副詞に先立たれ，属詞・付加辞・同格辞となる: Denise est *très musicienne*. (MAUROIS, *Cercle*, 22)「Dはとても音楽の才能があります」/ Je ne suis pas *si amie* avec Xavière. (BEAUV., *Inv.*, 381)「私はXとそれほど親しくはありません」/ un homme de quarante ans, *plus chasseur, plus buveur, plus rustre* qu'aucun de ses ancêtres (R. BAZIN, *Terre*, 8)「先祖の誰よりも狩猟好きで酒飲みで無骨な40男」/ Elle s'assied, *très femme du monde*. (ANOUILH, *P.N.*, 250)「彼女はいかにも社交界の婦人といった様子で腰をおろす」◆人を表わす固有名（詞）も同じ: Tout cela est *terriblement Odile*. (MAUROIS, *Climats*, 267)「それはみんな恐ろしくO的なのだ」(Oは作中人物名) / Il me semble que je m'approche ainsi du Balzac *le plus Balzac*. (ALAIN, *Balzac*, 39)「私はこうして，もっともB的なBの作品に接近していくように思われる」/ RAFAEL, *Othello*: Alors, qui est venu? (ACHARD, *Nouv. hist.*, 110)「R，嫉妬に燃えて: じゃあ，誰が来たんだ」

2° 動物名詞: Il est un peu *ours*. (ROB)「いささか人付き合いの悪い男だ」/ Je te conseillais d'être plus *chatte*. (ACHARD, *Patate*, 145)「おれはお前にもっと甘ったれろと忠告していた」▶ その他: bête「獣＞ばかな」, vache「雌牛＞意地の悪い」, bœuf「雄牛＞でかい」, chien「犬＞けちな」, など.

3° 事物名詞: Vous êtes trop *collet-monté*. (ACHARD, *Th.* II, 185)「あなたは気取りすぎている」/ Ce que tu es *vieille France*! (ROUSSIN, *Enfant*, 159)「お前はなんて頭が古いんだ」/ Tous les amis ont trouvé Bobo très chic, très *fleur à la boutonnière*. (SALACROU, *Th.* VI, 41)「友達は皆Bのことをとても垢抜けて，とても粋だと思いました」/ Au premier plan, Eva et Hector unis dans un baiser très *cinéma*. (ANOUILH, *P.R.*, 9)「舞台前面で，EとHが抱き合っていかにも映画的なキッスをしている」

▶色彩を表わす名詞については ⇨ adjectif qualificatif II. 3°②

IV. 名詞の性と数 ⇨genre des noms; nombre des noms; pluriel des noms

V. 名詞の機能　主語 (⇨ sujet)，属詞 (⇨ attribut)，目的語 (⇨complément d'object)，動作主補語 (⇨agent (complément d'))，副詞・形容詞の補語 (⇨adverbe IV. 2°; adjectif qualificatif VII. 2°②)，となるほか，次の用法がある．

1° 名詞の補語

①**間接構成**　前置詞に先立たれる普通の構成．所有：le livre *de mon frère* / 材料：une montre *en or* / 性質：une vie *sans espoir* / 起源：les vins *de France* / 方向：le train *pour Paris*，など．◆補語の意味は前置詞で示される．行為名詞（nom d'action）の主語：l'arrivée *de mon père*「父の到着」/ 目的語：l'amour *de la patrie*「祖国愛」

♦un homme *de distinction*「上流の人」(⇨ de I. 19°④) / un *fripon* d'enfant (⇨ de I. 22°③) / sur *l'indigo* de la mer (⇨ de I. 17°)

②**直接構成**　前置詞を用いないもの．

(1)**古語法の名残り**　〈被限定語＋限定語〉(cf. la fille *le roi* (=la fille du roi))の構成：la Fête-*Dieu*「キリストの聖体の大祝日」，l'Hôtel-*Dieu*「パリ市立病院」/ 地名：Choisy-*le-Roi*, Bourg-*la-Reine* / 姓：Henri Bernard（B家のHの意），les fils *Roland*「Rの息子たち」 / 商社・学校・町の名など：Librairie *Hachette*「H書房」, le ministère *Daladier*「D内閣」，l'affaire *Dreyfus*「D事件」, la tour *Eiffel*「E塔」

〈限定語＋被限定語〉いっそう古い構成：合成語 *ban*lieue (= lieue, territoire du ban), *chèvre*-feuille (= feuille de chèvre) / 地名 (*Romain*-ville (= la villa (= domaine) de Romainのほか *Dieu* merci (= par la grâce de Dieu)「神様のおかげで」が残る．

(2)**省略による現代語の構文**　商業用語・俗語に多い：fin *septembre* (=à la fin de septembre)「九月末に」(⇨fin) / comptes *profits et pertes* (= comptes qui représentent les profits et les pertes)「損益計算書」 / vin *primeur* (= vin dans sa primeur)「新酒」/ tissu *pure laine*「純毛の織物」/ bouton *fantaisie*「変わりボタン」/ nœud *papillon*「蝶ネクタイ」 / télé *couleur*「カラーテレビ」 /

taille *mannequin*「標準体形」 / étoffe grande *largeur*「ダブル幅の布」 / tableau *grandeur nature*「実物大の絵」 / revolver dernier *modèle*「最新型の拳銃」 / assurance *vieillesse*「養老保険」 / gâteaux *maison* (= faits à la maison)「自家製ケーキ」 / café *crème* (=avec de la crème)「クリームコーヒー」 / Elle a un aspect *hôtesse de l'air*. (SOLLERS, *Folies*, 64)「スチュワーデスのような様子をしている」 / La plupart des hommes aiment le genre *Marilyn Monroe*. (SAGAN, *Réponses*, 118)「大部分の男はMMタイプが好きだ」

(3)**様態の補語** (cf. Il me parlait *les yeux baissés*.「目を伏せて私に話していた」)から．付加辞：La statue représentait une femme nue, debout, *les bras pendants, la tête couchée sur l'épaule*. (TROYAT, *Signe*, 37)「彫像は立って両腕を垂れ首を肩のほうに傾けている裸婦を表わしていた」 / Annie était une blonde aux cheveux courts, *le nez droit, le visage doux et délicat, les yeux clairs*. (MODIANO, *Remise*, 16)「Aは髪を短く切り，鼻筋が通り，優しい端整な顔に明るい目をした金髪の娘だった」．主語の属詞：Il se prit la tête à deux mains et resta un moment *les yeux clos, le visage livide, le front trempé de sueur*. (DÉON, *Taxi*, 10)「両手で頭を抱え，しばらく目を閉じ，顔は蒼ざめ，額は汗ぐっしょりになっていた」cf.『覚え書』58-67;『文法論』23-30.

2° 状況補語　状況補語となる名詞は多く前置詞で導かれるが (⇨ complément circonstanciel)，時に前置詞なしで**直接構成**をとる．

①**場所**　(1) rue, avenue, boulevard, place, quai, faubourg＋固有名(詞)：Il demeure *rue X* [*avenue X*].「X街[X通り]に住んでいる」 / その他 aller [retourner, venir, se rendre, mener qn, conduire qn] *rue X* / 同様にして Menons-la dîner *rive droite*. (BENOIT, *Kœnigs.*, 21)「彼女を(セーヌ)右岸に夕食に連れていこう」 / On prend le train *gare Saint-Lazare*. (CESBRON, *Prison*, 172)「St-L駅で列車に乗ります」◆前置詞と冠詞を用いることもある：Nous habitons (*dans la*) rue de Rivoli [(*au*) 19 (*de la*) rue de Rivoli]. (D, 347)「R街[R街19番地]に住んでいる」 cf. Elle les conduit chez elle, *au 145 boulevard Saint-*

Germain. (DÉON, *Déjeuner,* 167)
(2) On trouvera *p. 40* et *Chapitre VI* les indications sur l'écriture phonétique. (COH, 11)「40ページと第6章に音標文字に関する指示を与えてある」▶ 頻繁に用いられる簡略的な文体．省略をしなければ *à la* page 40, *au* chapitre II, *au* §4, *au* Livre V となる．
② 時 (1)時期: Il est venue *ce matin.*「けさ来た」/ Ils revinrent *le jour* de ma naissance. (DÉON, *Déjeuner,* 142)「彼らは私の誕生日にまた来た」/ Je dormais mal *la nuit* et pas du tout *le jour.* (CAMUS, *Etr.,* 113)「夜はよく眠れず，昼は全くだめだった」◆ その他 ce soir「今晩」, cet après-midi「今日の午後」, cette nuit「今夜；昨夜」, le lendemain「翌日」, la veille「前の日」, tous les matins [soirs]「毎朝 [晩]」, un jour [soir]「ある日 [晩]」, lundi prochain [dernier]「今度の [この前の] 月曜日」, le 3 mars「3月3日」 ただし ⇨ matin; soir; après-midi; automne 2°; fin 2°
(2) 期間: Cette guerre dura *trois ans.*「その戦争は3年続いた」/ Il a travaillé *toute la journée* [*nuit*].「彼は一日 [晩] じゅう仕事をした」/ Il demeura *un instant* [*un moment*] silencieux.「ちょっと黙っていた」/ Je me reposerai *un certain temps, quelques mois,* peut-être *un an.* (IONESCO, *Solitaire,* 47)「しばらくの間，何か月か事によったら1年くらい休息しよう」◆ その他 quelque temps, quelques instants「しばらく」, un long moment「長い間」, une bonne demi-heure「半時間たっぷり」, une seconde「ちょっとの間」⇨ pendant 3°
③ 価格: Ce livre coûte *10 euros.*「この本は10ユーロする」/ Cette maison vaut 50.000 euros.「この家は5万ユーロする」/ Je l'ai acheté [vendu, payé] *100 euros.*「それを100ユーロで買った [売った，100ユーロ払った]」/ Je veux bien prêter mon studio, mais naturellement *un bon prix.* (QUENEAU, *Contes,* 195)「うちのワンルーム・マンションを貸してもいいけれど，もちろん高値でね」▶ ただし, avoir [donner, céder] qch *pour* 100 euros「100ユーロで…を手にいれる [手放す，譲る]」, solder [trouver] qch *à* 100 euros.「100ユーロで…を安売りする [見つける]」
高さ，重さ: Il mesure *un mètre quatre-vingts.* (DH)「彼は身長が180センチある」/ Ce paquet pèse *trois kilos.* (*DH*)「この小包は重さが3キロある」
距離: Il a couru [marché] *2 kilomètres.*「2キロ走った [歩いた]」/ Ce chien l'accompagnait *cinq cents mètres.* (SAGAN, *Chien,* 12)「その犬は500メートル彼について来るのだった」
④ 様態: Il me parlait *les yeux baissés.*「目を伏せて私に話していた」/ Il marchait (*la*) *tête haute.*「昂然と歩いていた」/ Elle le regardait, *bras ballant, la mâchoire tendue.* (TROYAT, *Vivier,* 108)「彼女は腕をだらりと垂れ，顎を突きだして彼を見つめていた」◆ その他 les bras ouverts「両腕を広げて」, les sourcils froncés「眉をしかめて」, la [une] canne à la main「杖を手にして」, la sueur au front「額に汗して」．名詞の後に必ず形容詞，過分，[前]＋[名]を伴う．〈定冠詞＋[名]＋…〉が普通．時に無冠詞 (⇨ article V. 11° ①)．▶ 古語法の構成 aller *le pas* (= au pas)「並足で行く」, aller *le trot* (= au trot)「速歩で行く」の名残り (FOULET, 31; B, 609)．
⑤ 話題: parler musique「音楽の話をする」/ causer politique「政治を語る」
⑥ 配分: étoffe qui vaut 10 euros *le mètre*「1メートル10ユーロの布地」(⇨ article défini II. 4°) / Ils coûtent 5 euros *pièce.*「それは1個5ユーロする」/ trois fois *l'an* [*par* an]「年に3度」
⑦ 手段・道具: brodé *main* [*machine*]「手製 [機械] で刺繍した」/ cousu *main*「手縫いの」▶ ファッション雑誌などに頻繁に用いられる言い方．*à la* main, *à la* machine が正規形．
⑧ 原因: *prudence* ou *timidité*「用心したのか，おじけづいてか」/ *Peur* d'une question, *honte* de ma solitude, je courus m'abriter derrière un buisson. (ARLAND, *Terre,* 218)「何か聞かれるのがこわかったのか，1人ぼっちなのが恥ずかしかったのか，私は走って茂みのかげにかくれた」
3° 同格 ⇨ apposition
4° 遊離的要素 ① 呼びかけ．⇨ apostrophe
② 文の構成要素を文頭に転位あるいは遊離し，強調する場合．文の外に出されるから，文中で同一語を繰り返すか，代名詞で受けるか，指示 [所有] 形容詞によるかして，その機能を明らかにする必要がある: *Pierre,* jamais *ce* nom ne pourrait éveiller une souffrance. *Gelbert,* elle ne se souciait plus de *Gelbert.*

(BEAUV., *Inv.*, 33)「P, 決してこの名は苦悩を呼びおこすことはあるまい. G, 彼女はもはやGのことを気にしていなかった」/ *Nadine, je lis sans effort en elle.* (ID., *Mand.*, 200)「N, 私は彼女の心を楽々と読みとれる」

◆文中にtel, moinsなど, 補語を略し得る語があるときは繰り返されない: *Un bon livre*, il n'y a rien de *tel*. (BEAUV., *Sang*, 55)「よい本, それに限ります」

nom abstrait [抽象名詞] — nom concretに対し, 思考の対象となるだけで知覚されないものを表わす名詞. 抽象名詞は属性を表わすが, その属性を持つ人・物・言葉・行為を表わすときには具象名詞となる: beauté「美＞美人」/ célébrité「名声＞有名人」/ douceur「甘さ＞㊝菓子; 甘ったるい言葉」/ lâcheté「卑怯＞卑怯な振舞い」/ bêtise「愚鈍＞愚かな言動」

nom collectif [集合名詞] — 同種の個体の集合をあらわす名詞: la foule「群集」/ un régiment「連隊」/ le peuple de Paris「パリの住民」/ la jeunesse「若者たち」, など. ▶これに対して, 1つの個体を表わす名詞を個別名詞 (nom individuel)と言う (D, 59; W, §497; G, §238).

◆集合体とそれを構成する個体は多くは別語で表わされる: l'assistance (= assistants), l'auditoire (= auditeurs), le bétail (= bêtes), / la clientèle (= clients), l'électorat (= électeurs), le feuillage (= feuilles), la marmaille (= marmots), le mobilier (= meubles), l'outillage (= outils), など.

◆上記のほか, 明確な数を表わすもの (dizaine, centaine), les Alpes「アルプス山脈」, les Pyrénées「ピレネー山脈」, les entrailles「内臓」, les broussailles「茂み」のように複数形で表わされるものも, 集合名詞に加えられる (D, 59).

◆集合名詞は集合の総体あるいは特定の一部分を示すか, 不特定の一部分を示すかに従い, 総称的集合名詞 (n. coll. général)と部分的集合名詞 (n. coll. partitif)とに分けることがある. 前者は多く定冠詞に, 後者は不定冠詞に先立たれる: la multitude des soldats「兵士の群[全体]」/ une multitude de soldats「多くの兵士」⇨ accord du verbe A. I. 1° ②

1° *une famille*, *des familles* 集合体を1単位と考えられる場合, 集合名詞は可算名詞のように複数に用いられる: *les armées* de France 「フランスの軍隊 (陸海空軍)」/ *les peuples* de l'Europe「ヨーロッパの諸国民」/ La France guide *des nations*. (ARLAND, *Ordre*, 15)「フランスは諸国家を導いている」/ *Nos deux familles* se donnaient rendez-vous aux étangs de Saint-Yrieix. (MAUROIS, *Climats*, 15)「我々2家族はSt-Yの池畔で落ち合ったものだ」

2° *le* [*du*] *monde* 集合名詞の多くは部分冠詞を先立てて集合体の若干量を表わすか, 定冠詞を先立てて種属の全体, または特定の一部を表わす: Il y avait *du monde*, autour des baraques foraines. (CAMUS, *Etr.*, 58)「見世物小屋のまわりには人だかりがしていた」/ La radio informa *le monde* du temps qu'il ferait le lendemain. (DURAS, *Moderato*, 113)「ラジオは居合わせた人々に翌日の天気を報じていた」; *Du courrier* y était déposé pour moi. (GRACQ, *Syrtes*, 120)「そこには私あての郵便物が置かれていた」/ Le facteur a-t-il déjà apporté *le courrier*? (*Niv.* 2)「郵便屋はもう配達にきた?」; Dans la cave j'avais *de la compagnie*. (SARTRE, *Mur*, 13)「地下室では仲間があった」/ Bonsoir, *la compagnie*! (*Log*)「(俗)今晩は, みなさん」; avoir *de la barbe* au menton (*PR*)「顎にひげを生やしている」/ Il porte *la barbe* et la moustache. (*Log*)「顎ひげと口ひげを生やしている」

un monde, *les mondes* 集合体を構成する個体を質の違いによって数個の群に分けると同じ性質を持った個体の群は不定冠詞に, その全体は定冠詞で表わされる: La salle était remplie d'*un monde* en grande toilette. (BORDEAUX, *Peur* I, 1)「ホールは盛装した人々で一杯であった」/ Je reçois un peu *tous les mondes* chez moi. (ANOUILH, *Alouette*, 101)「まあどんな (身分の) 人たちともここで会っている」/ Je rase *une barbe* de quatre semaines. (GIDE, *Journal 1942-9*, 170)「4週間も生やしばなしのひげをそる」

3° *de l'herbe*, *l'herbe* / *une herbe*, *des* [*les*] *herbes* 同一語が集合名詞にも個別名詞にもなる場合: Devant la maison il y a *de l'herbe* verte et douce. (GIONO, *Regain*, 95)「家の前には緑の柔かな草が生えている」/ Nous nous assîmes dans *l'herbe*. (VERCORS, *Divag.*, 15)「我々は草の中に腰をおろした」; Jean mâchonnait *une herbe*. (MAURIAC, *Pharis.*,

58)「Jは1本の草をかんでいた」 / Nous nous sommes arrêtés au bout d'une route que barraient *des herbes* géantes. (BEAUV., *Mand.*, 516)「我々は背の高い草が行く手をさえぎっている道路のはずれで立ちどまった」

On vend *de la marchandise* volée. (GASCAR, *Herbe*, 200)「盗品を売っている」 / vendre *des marchandises* au rabais (ROB)「商品を安売りする」

Dans la cour, il y avait *de la volaille* en abondance. (DHÔTEL, *Pays*, 71)「中庭には, 家禽が沢山いた」 / On servait toujours *deux volailles*. (GASCAR, *Graine*, 73)「いつも2種類の鳥が供せられた」

une mauvaise herbe un monde にならい, 単数集合名詞 une herbe は des herbes の意にも用いられる: Mais sur elles (= ces fourmilières) pousse *une herbe épaisse*. (VERCORS, *Divag.*, 128)「だが, その上には草が密に生い茂っている」

4º 集合名詞の代理語 集合名詞は多数物の集合であるから, 複数の概念を内包し, 複数代名詞で代理されることがある: Capitaine, y a *du monde*. — Combien sont-*ils*? — *Ils* sont un, mais *ils* ont le col et la canne. — J'y vais. Fais-*leur* la conversation pour qu'*ils* ne s'en aillent pas. (PAGNOL, *Marius* I, 2)「船長, お客が来ました. — 何人だ. — 1人です. でもカラーをつけステッキを持っています. — すぐ行く. 行っちまわないように, お相手をしてな」/ Qu'as-tu dit *à ta famille*? Que tu rentrais quand? — Je *leur* avais dit: dans une semaine environ. (SAGAN, *Sourire*, 112-3)「君, 家に何て言ったの. いつ帰るって. — 家の者には1週間ほどしたらって言っておいたの」

nom commun [普通名詞] — nom propre に対し, 同一種属に属するすべての個体に適用し得る名称として用いられる名詞を言う. *Gr. Ac.* (18); RAD (71) は nom abstrait を含め, D (57) はさらに nom de matière をも含める. le soleil, la lune のように1種属1個体を表わす普通名詞は固有名(詞)に近い. 血縁関係を表わす普通名詞は時に固有名(詞)なみに取り扱われる: Je prendrai tous mes repas chez *maman*. (⇨ article V. 16º) 普通名詞は特定の個体を表わすときには固有名(詞)として語頭に大文字をとる: la Vierge「聖母マリア」/ la Pucelle (= Jeanne d'Arc) / le Sauveur「救世主」, など.

▶擬人化によるもの: la Justice「正義の女神」

nom composé [合成名詞] — 合成 (composition) によって作られた名詞. 名詞を形態の上から見た分類で単一名詞 (nom simple) に対する.

I. 構成 ⇨ composition II

II. 合成名詞の性

1º 名+名 ; 名+前+名 ; 名+不定冠 ; 名+形 ; 副+名 の組合せでは被限定語となる名詞の性をとる: un *bateau*-mouche, un *sabre*-baïonnette, un *timbre*-poste, la ban*lieue*, une chauve-*souris*, un *chef*-d'œuvre, une avant*garde*, など. ただし, (1)意味の影響: un rouge-gorge, un grand-croix (この勲章の佩用者). (2) un chèvrefeuille, un chiendent. (3) 数形容詞+名は男性: un deux-points, un trois-mâts. 例外: une mille-feuille「西洋鋸草」(菓子の「ミルフイユ」ならば男)

2º 前+名 ; 動+名 ; 短い文は男性 [中性]: un contrepoison, un en-tête, un portefeuille, un brise-lames, un qu'en-dira-t-on. ただし, une soucoupe, une garde-robe は語尾の影響, une avant-scène「前桟敷」は loge d'avant-scène の影響, (「舞台前面」の意では avant は副詞だから 1º に従い 女), une garde-malade は意味による. ⇨ après-midi

III. 合成名詞の複数形

1º 1語に融合しているものは単一語にならう: gendarme*s*, portemanteau*x*. 例外: bons-homme*s* [bɔzɔm] (《俗》: bonhomme*s*), gentil*s*homme*s*. monsieur, madame, mademoiselle などは各語参照.

2º 構成要素が分離しているものは, 各要素の性質・機能に従って複数記号をとる.

① 名+名 ; 名+形 ; 形+名. 共に変化する: chef*s*-lieu*x*, café*s*-concert*s*, beau*x*-frère*s*, cerf*s*-volants. ただし, chevau(x)-léger*s*, terre-plein*s* は単一語にならう. grand'mère*s*, grand*s*-oncle*s* については ⇨ grand 2º.

des pur-sang のように省略的構成のものは ⇨ 下記 ⑥

② 名 + (前 +) 補語名詞 ; 名+前+不定冠. 第1名詞のみ変化するが, 複数記号は liaison されない: Fête*s*-Dieu, Hôtel*s*-Dieu, timbre*s*-poste; arc*s*-en-ciel [arkɑ̃sjɛl], chef*s*-d'œuvre, croc*s*-en-jambe [krɔkɑ̃ʒɑ̃:b], salle*s* à manger [salamɑ̃ʒe]. ただし des pot-au-feu は無変化.

③ 動 + 補語名詞. 動詞は常に無変化, 名詞

は意味に従って変化することも，しないこともある．
(1) 名詞が変化するもの： bouche-trou*s*, chausse-pied*s*, couvre-chef*s*, couvre-lit*s*, passe-droit*s*, prête-nom*s*, tire-bouchon*s*, など．
(2) 名詞が変化しないもの： abat-jour, abat-vent, brise-raison, couvre-feu, crève-cœur, gagne-pain, porte-parole, porte-monnaie, prie-Dieu, trouble-fête, など．分析すれば des abat-jour = des instruments qui abattent *le jour* となり，名詞の無変化が説明される．des réveille-matin では matin は副詞 (= matinalement).
(3) 名詞が複数記号をとるか否か一定しないもの： garde-nappe(s), grippe-sou(s), など．
(4) ある名詞は第2要素が常に複数の観念を含んでいるため，単数形でも s を持つ： brise-lame*s*, chasse-mouche*s*, chauffe-pied*s*, compte-goutte*s*, porte-allumette*s*, porte-clef*s*, など．♦そういう名詞でも単数形の第2要素に s をつけるかどうか一定しないものがある： casse-noisette(s), cure-dent(s), couvre-pied(s), essuie-main(s), など．これらでは2通りの複数形が成立つ： des essuie-main(s).
④ [前][副] + [名]．**名詞のみ変化**する： avant-coureur*s*, en-tête*s*, contre-amir*aux*. ただし des après-midi.
⑤ 混成を表わす合成語の第1要素が -o，まれに -i で終わるときには，**第1要素は常に無変化**： électro-aimant*s*, radio-conducteur*s*, tragi-comédie*s*.
⑥ 省略の構成のもの，**名詞化された節は無変化**： pur-sang (= chevaux de pur-sang), sang-mêlé (= hommes de sang mêlé), coq-à-l'âne, pied-à-terre, passe-partout, qu'en-dira-t-on, on-dit.
⑦ 外来語 ⇨ pluriel des noms V

これを要するに，合成名詞の複数形の綴り字は論理に従ってあるいは変化させあるいは無変化とするのであるが，論理的分析によってこの問題を解決するのは困難なことがあるから，辞典・文典によって書き方が一定しないものが甚だ多い．1901年の決議では，2つの語が小辞 (particule) で結ばれていない限り (例えば chef-d'œuvre), 1語にまとめることを許容した．E. PHILIPOT が自分は chemins de fer *z*'étrangers という liaison の誤りをしばしば犯すし，また他人が同じ誤りを犯すことによく気がつくと告白している (N, II, Addition au §327). この告白は，合成名詞が複数となるとき，その内部構造を変えずに単に語末に複数記号を加えるという綴り字改良論者の説を支持する．

nom concret [具象名詞] — nom abstrait に対し，感覚によって知覚し得るものを表わす名詞を言う： un homme, une table, un cri. ♦具象名詞は抽象名詞になることがある： cœur「心臓＞愛情」(n'avoir point de cœur「無情である」) / tête「頭＞理性」(perdre la tête「逆上する」)

nom d'action [行為名詞] — 行為・状態を表わす名詞．伝統的単語 (amour, jet, saut), 借用語 (flirt), 分詞・不定詞 (entrée, le lever) のほかは，動詞からの派生名詞．(i) 逆形成： cri (< crier) (ii) 派生： découverte (< découvrir)
1° 行為名詞の主語・補語の表わし方
① **所有形容詞 + 行為名詞；行為名詞 + *de* + 補語** (1) 自動詞の行為名詞は常に主語関係： l'arrivée *de mon père, son* arrivée「父 [彼] の到着」
(2) 他動詞の行為名詞は， (i) 主語関係： la découverte *de Colomb, sa* découverte「コロンブス [彼] の発見」/ Il avait perdu le respect *de sa femme.* (MAUROIS, *Lélia*, 95)「彼は妻から尊敬されなくなっていた」(ii) 直・目関係： la découverte *de l'Amérique*「アメリカの発見」/ le respect *des lois*「法の遵守」
♦l'amour *des parents*「親の愛；親を愛すること」, la crainte *de l'ennemi*「敵の抱く恐れ；敵を恐れること」のように両義に解せる場合がある． ⇨ adjectif possessif IV
② **主語と目的語の同時表現** (1) 行為名詞 *de* 主語名詞 pour 目的語： l'amour *d'*une mère *pour* ses enfants「わが子に対する母の愛」♦所有形容詞 + 行為名詞 + de [pour] 目的語： sa haine *de* [*pour*]...「…に対する彼の憎しみ」/ son dédain *de* [*pour*]...「…に対する彼の軽蔑」/ son amour *de* l'art「芸術に対する彼の愛」/ mon amour *pour* toi「あなたに対する私の愛」
(2) 行為名詞 *de* 目的語 *par* 主語： la découverte *de* l'Amérique *par* Colomb「コロンブスのアメリカ発見」/ la constatation *des* faits *par* l'historien「歴史家による事実の確認」
(3) 間・目： la soumission *à l'autorité*「権威への服従」(cf. se soumettre à) / un voyage *par mer*「航海」/ la chasse *au renard*「狐狩り」

(cf. chasser à)

2º 行為名詞の役割 行為名詞は法や時制を表わし得ないが，動詞よりは簡潔な表現ができるために好んで用いられる: dès *son arrivée* (=dès qu'il fut, sera arrivé)「着くや否や」

① **動詞なしで文を作る場合**(⇨ phrase nominale): Au jour, *fureur* de l'ogre; *poursuite* des fugitifs avec des bottes qui font franchir sept lieues d'une seule enjambée. (*N. Lar.*, Poucet)「夜が明けると，鬼は怒って，一またぎで七里を跳びこえる長靴をはいて，逃げていく者を追いかけた」

♦日記，メモ風の文体: *Départ* de chez nous à 10h., *déjeuner* dans le train, *arrivée* à Tours vers 3h., *visite* de la ville, le lendemain *excursion* aux environs.「10時に家を出発，列車の中で昼食，3時頃Tに到着，市内見物，翌日は近郊に遠足」

② *avoir* + **行為名詞** Il eut un cri [un soubresaut].「あっと叫んだ［跳び上った］」 ▶il cria, il soubresauta よりも名詞に注意を集中させる (B, 209).

Il y eut [Ce fut] un cri. は行為の主体が表現されていないから，いっそう un cri が強調される.

nom de matière ［物質名詞］— 普通名詞 (nom commun) の一種. l'eau, la bière, le fer などの物質を表わす. ⇨ article II. 1º; article partitif II. 1º①; nombre des noms II

nom propre ［固有名詞，固有名］— nom commun に対し，個体を個別化して表わす名称を言う. 例えば，人の名，性，国・町・山・川などの名称. 語頭に majuscule を用いて普通名詞と区別される. 同一固有名(詞)が2つ以上の人・物に適用されることがあるが (例えば Villeneuve, Villefranche などの町名. Pierre, Paul などの名. Lebrun, Lefebvre などの姓)，普通名詞と違って共通の属性を持たない. また，姓は家族全体に適用され，都会の住民や国民を表わす名詞 (les Parisiens, les Français) は多数を含むが，他の姓を持つ人，他の都会・国の住民に対して個別化されたものとして固有名(詞) とみなされる.

I. 固有名(詞)の起源
1º 人名 13世紀までは姓はなかったが，13~15世紀に姓が作られた.
⑴洗礼名から: Perrot (<Pierre), Guillemin (<Guillaume) ⑵職業から: Boulanger, Boucher, Meunier, Fèvre (= forgeron) ⑶肉体的・精神的特徴から: Leroux, Lebrun, Legros, Petit, Lebon, Lesage. ⑷住居の特徴から: Dupont, Dumont, Duchêne, Fresnay. (家が pont, mont, chêne, frênaie の近くにあることを表わす) ⑸家族の故郷から: Picard (< Picardie), Bourguignon (< Bourgogne), Flamand (< Flandre), Langlois (= l'Anglais), Derennes (= de Rennes). ⑹動植物名から: Lavigne (= la vigne), Mouton. ⑺その他の特徴から: Boileau, Boivin (qui boit de l'eau, du vin).

2º 地名 地名の起源は非常に古い. 純然たるフランス語から作られたものに限ると，⑴土地の特長: Eaux-Chaudes, Bellevue. ⑵建設者・所有者の名: Château-Thierry, la Ferté-Milon (= la fortesse de Milon), Charleville (= domaine de Charles). ⑶聖人，守護神の名: Saint-Denis. ⑷町の特権: Villefranche. ⑸中心となる僧院: Moutier (= monastère), Le Monastier.

II. 固有名(詞)の普通名詞化 固有名(詞)と普通名詞との境界は明らかでない. 普通名詞が固有名(詞)化されるように(⇨ nom commun), 固有名(詞)もしばしば普通名詞化され，あるものは語頭に minuscule を用いる.

1º 人名 ⑴その名の人と同じ性質を持つ人・物を表わすとき: un Judas「裏切者」, un don Juan「女たらし」, un don Quichotte「ドン・キホーテ的人間」, un tartuffe「(Molière の喜劇中の人物＞) 偽善者」, un harpagon「(同上＞) 守銭奴」⑵その名の人と関係ある物を表わすとき. 製作品，発明品: un beau Rembrandt「見事なRの絵」/ Il avait un Racine à la main.「彼は1冊のR(の作品)を手にしていた」/ un chassepot「シャスポ式銃」/ un quinquet「ケンケ式ランプ」 貨幣: un napoléon, un louis (帝王の横顔を打出したことによる).

2º 国民名 その国民に特有とみなされる性格を持つ人を指すとき: un flandrin「(Flandre 人＞) のっぽで不器用な男」, un gascon「(Gascogne 生まれの人＞) ほら吹き」, un grec「(ギリシア人＞) いかさま師」, un juif「(ユダヤ人＞) 高利貸」

3º 地名 ⑴産物: un angora「Angora 産猫・兎・山羊」, du bordeaux「Bordeaux ぶどう酒」, du cachemire「Cachemire 織」, du champagne「Champagne ぶどう酒」, du damas「Damas織」, un japon「日本製陶磁器」, du [un] manille「Manille [マニラ] 葉巻, マニラ帽」, du moka「Moka産コーヒー」, un panama「Panama帽」, un terre-neuve「Terre-Neuve（ニューファウンドランド）産の犬」, du tulle「Tulle織」 (2)踊り・歌など：une java「Java踊り」, un pont-neuf「パリのPont-Neufの上で昔歌われた流行歌」 (3)地名と関係ある性質：un Waterloo「(ナポレオン並みの)大敗」/ On a oublié de chauffer. C'est une Sibérie. (AMIEL, *Voyageur*, sc.1)「部屋を暖めるのを忘れたね。まさにシベリアだ」

III. 固有名(詞)の複数 固有名(詞)は数個の人・物の呼称となり得、また容易に普通名詞化され得るから、複数の概念が適用されることがある。普通名詞として語頭に小文字を用いるもの、普通名詞にならう都会・国の住民名を除けば、その複数形はsを添えるか添えないかの問題であって (al, au, euで終わるものもsをとる)、発音は単数形・複数形同じ。s記号の使用に関する従来の規則はわずらわしい上に論理が一貫しない。多くの文法家は合理的にこの問題を解決しようとしたが、AYERはすべての場合にsを加えないことを勧め、DARM; CLÉDATはすべての場合にsを添えることを勧めて、意見は一致しない。1901年2月の文部省令は、複数冠詞に先立たれる固有名(詞)が常にsをとることを許容した。学校文典にも従来の規則を掲げて文部省令の許容を書き添えているもの (BRACHET)、もっぱら文部省令によるもの (RAD; *Gr. Lar. XX*^{e}) がある。規則が一定せず、合理的な解決法が一致しないから、慣用も甚だ浮動的である。

1° 同名異人、同一家族の全体あるいは数名のものを表わすときは多く無変化：les Goncourt「G兄弟」/ La colère suffoque les Lepic. (RENARD, *Poil*, 10)「憤怒のあまりL家の人々は息も詰まらんばかりになる」

ただし、マルコ伝 (XV, 40) に現われる3人のマリアは伝統的に les Saintes Marie*s*, les trois Marie*s* とつづる。cf. Il y avait en lui d'autres Philippe*s* possibles. (MAUROIS, *Climats*, 262)「彼のうちには可能な他のPhが潜んでいた」
♦古代の王家、歴史上有名な家柄の者については複数形を用いるのが従来の規則：les Ptolémée*s*「プトレマイオス王家(エジプト)」, les Capet*s*「カペ王家」, les Bourbon*s*「ブルボン王家」, les Guise*s*「ギーズ家」, les Condé*s*「コンデ家」, les Montmorency*s*「モンモランシー家」, les Gracque*s*「グラックス兄弟」, les trois Horace*s*「ホラティウス3兄弟」はラテン語にならい、les Stuart*s*「スチュアート王家」, les Tudor*s*「チューダー王家」は英語にならったもの。その国でsをつけない外国の王家にはsをつけないのが普通：les Habsbourg, les Hohenzollern, les Romanov, les Bonaparte はsをつけないから、sをつけるにたるほど著名であるかないかの境界ははっきりしない。

2° 誇張的に1人の人を複数形で表わす 多く無変化(⇨ pluriel augmentatif 3°)：Les Corneille, *les* Racine sont la gloire du théâtre français. (AC)「C, Rはフランス演劇の誇りである」

3° 新聞・雑誌名、本の表題 多く無変化：Envoyez-moi deux *Télémaque*. (= deux exemplaires du T)「『テレマック』を2冊送ってください」 ▶画題は多く+s: les *Annonciations* des peintres chrétiens「キリスト教画家の"聖告図"」/ les *Descentes* de Croix「キリスト降架の図」

4° 人名 (i)その人と同性質の人 (ii)その人の作った作品 (iii)その人を表わす芸術作品を示すときには、文法上の規則も慣用も一定しない。
① 規範文典では、人名が普通名詞化されたものと考え、普通名詞にならってsを添える：les Homère*s* (= les poètes tels que H)「ホメロスのような詩人」/ des Raphaël*s* (= des tableaux de R)「ラファエロの絵」/ plusieurs Virgile*s* (= plusieurs exemplaires des œuvres de V)「何部ものウェルギリウスの作品」
② あるいは、普通名詞が省略されたものと考え固有名(詞)を無変化にする：des (poètes comme) Virgile. ▶D (107-8) は(i)(ii)を無変化とし、(ii)については+sを許容。
③ 2語から成る人名は多く無変化：des La Fontaine, des lord Byron, des don Juan. ただし des Don Quichotte*s* (AC; *DG*), des Don*s* Quichotte*s* (LIT)

5° 政治的・行政的に分割された国名は複数記号をとる：les Amérique*s*「南北アメリカ」/ les Gaule*s* (la G. Cisalpine＋la G. Transalpine) / les deux Guinée*s*「両ギニア」/ les Inde*s*「(かつての英国支配下の)インド諸国」/ les Flandre*s* (F. française＋F. flamande＋F. occidentale…)
♦国名・町名などの種々の様相を念頭に置いてそ

れを複数で表わすとき，s記号の用法は不定： Il y a deux France. (A. HERMANT—G, 289, 2º, N.B.)/ Il y avait deux France*s*. (CHATEAUBRIAND—*Ib.*)
♦ある地名，ことに諸島名，山脈名は常に複数形で表わされる： les Ande*s*「アンデス山脈」，les Antille*s*「アンティル諸島」．ただし le Caucase「コーカサス山脈」，le Jura「ジュラ山脈」

nombre [数] — 1と多の概念をあらわす文法範疇．フランス語の数には**単数**（singulier）と**複数**（pluriel）の2種がある．可算名詞（nom comptable）では，数で1と多の対立が示される．不可算名詞（nom non-comptable）は量の概念しか適用されない場合には単数形が与えられる（例： le vin, du vin）が，数の概念を生じることがある： les vins de France（⇨ nombre des noms II. 1º）．さらに集合名詞（nom collectif）は単数形で個体の集合を表わし，物質名詞の複数形が時として数の概念を離れて量の概念を適用されるから（⇨ pluriel augmentatif），単数・複数の概念と文法上の数の形態は別個の範疇に属する．「数の文法範疇は数の概念とは関係ない」（VENDR, 129）

概念範疇		文法範疇
数えられるもの	{ des poissons	複数
	un poisson	} 単数
数えられないもの	du poisson	

数に応じて形態を変化させるものは名詞，代名詞，形容詞，動詞．
▶ 数の形態については ⇨ pluriel des noms; pluriel des adjectifs

nombre — **1º** *un grand* [*bon, petit, certain*] *nombre de* ; *le plus grand* [*petit*] *nombre des*のあとの動詞の一致は一定しない： *Un grand nombre de soldats fut tué* [*furent tués*] *dans ce combat.* (*EBF*)「多数の兵士がこの戦闘で戦死した」cf. G, 806 a, Rem. 1. ▶ 補語名詞が省略されている場合も同じ： *Ses camarades ne pensent pas tous comme lui, mais le plus grand nombre l'approuve* [*l'approuvent*]. (*DB*)「彼の仲間がみな彼のように考えているわけではないが，大部分は彼に賛成している」
♦次例は意味からして単数が必要： *Un grand nombre de* (= l'excès de) *fonctionnaires est un fardeau pour l'Etat.* (LE B, II, 156)「役人が多すぎるのは国家にとっては重荷だ」
♦*nombre de* (= beaucoup de）のあとではいつも複数： *Nombre de* jeunes gens *aiment* le sport. (*DB*)「多くの若者はスポーツを好む」ただし，文語．会話には用いない（COL）．
2º *être au* [*du*] *nombre des* : *Serez-vous au* [*du*] *nombre des* invités?「あなたも招待された1人ですか」 ♦*des* + 名 を略せば，必ず *du* (COL)： *Serez-vous du nombre?*「あなたもその1人ですか」

nombre des noms ［名詞の数］—
I. 可算名詞と不可算名詞 可算名詞（nom comptable）は一定の形状・限界を持ち，机・家などの物質でも，時間・行為などの非物質でも，1つの単位を基にして数えられ，1個は単数，2個以上は複数で表わされる： un livre / des livres ; un cri / des cris. 物質から形作られた個体は，形や用途に従って机・家などと名づけられるので，1単位以下は考えられず，これを分割すればもはや机・家とは呼べない．
　不可算名詞（nom non-comptable）は水・空気のように数える単位が存在しないか，砂・米のようにその1粒を単位としては用いないものをいう．これらは1と多の対立がなく，細分しても同じ呼び名で呼ばれる： de l'eau / beaucoup d'eau. ▶これらを数えるには特別の単位を用いる： deux *morceaux* de viande「肉2切れ」/ cinq *feuilles* de papier「紙5枚」/ trois *tasses* de thé「茶3杯」
♦しかし，ある場合には不可算名詞も数の概念を生じ，可算名詞も数の概念を失う．
II. 物質名詞　次の場合に数の概念を生じる．
1º 種類・品質の差を考えるとき　例えば vin は他の物質と区別するための種属名として用いられるときは le vin，その若干量は du vin で表わされる．この場合 vin は等質のものとみなされる．もし vin に種類・品質の差を考えれば，不特定の1つの種類・品質から見た vin は un vin，いくつかの種類は des vins，その総和が les vins となる．vin の下位種属 vin blanc もこれと同じ考え方から le [du, un] vin blanc, les [des] vins blancs と言われる： la saveur d'*un vin* (OLIZET, *Vins*, 117)「あるぶどう酒の風味」/ importer *des vins* de Grèce (*Ib.*, 20)「ギリシアのいろいろなぶどう酒を輸入する」/ *les vins* de France (OLIZET の著書名）「フランスのぶどう酒」/ la pollution *des eaux* (COLAS の著書名）「水の汚染」
♦métal「金属」, liquide「液体」, fluide「流体」は物質そのものの名ではなく，いくつかの物質に共通の総称的な名である．このような名詞は

les métaux, des métaux, un métal の形で表わされ、総称単数×le métal, 若干量×du métal は用いられない。GUILL (99-101) はこのような名詞の意味は語の外にあると考え、これを noms de sens extrinsèque [外在的意味を持つ名詞] と名づけた。
2º 物質名詞がその物質で作られた製品を表わすとき: un verre「コップ」/ des cuivres「金管楽器」/ des bronzes「銅像」/ un fer à repasser「アイロン」
3º 少数の物質名詞は数える単位名詞を介さずに可算名詞となる: un café (= une tasse de café) / deux whiskies (= deux verres de whisky) / un papier (= une feuille de papier) / un sucre (= un morceau de sucre) / Prenez au moins un café avec nous. (...) Pierre commanda trois cafés. (BEAUV., Inv., 387)「せめていっしょにコーヒーを1杯…Pはコーヒーを3つ注文した」/ Il lisait un papier. (VERCORS, Colères, 147)「何か書類を読んでいた」/ mettre deux sucres dans son café (GLLF)
◆また、ある物質名詞は一定の形を備えた個別名詞とも考えられる: du gâteau / un gâteau, des gâteaux ; du pain / un pain, des pains. なお ⇨ pluriel augmentatif 1º
III. 抽象名詞　II と同様の考察をなし得る。
1º 種々の様態を考えるとき: Il a toutes les ambitions.「彼はあらゆる種類の野心を抱いている」
2º 抽象名詞の表わす属性を持つ行為・言葉を表わすとき: dire des sottises「ばかげたことを言う」/ faire des maladresses「へまをする」/ les cruautés de Néron「ネロの残忍な行ない」
3º 具象的事物を表わすとき: des peintures「数枚の絵」/ des sculptures「いくつかの彫像」/ des antiquités「古美術品」/ des arithmétiques「算数の本」⇨ pluriel augmentatif 2º
IV. 唯一物名詞　唯一物名詞は一般に le soleil, le ciel の形で表わされるが、ある様態のもとにとらえられれば un soleil, un ciel と言われ、その様態のいくつかは des ~s, その総和は les ~s で表わされる: Un soleil rouge, dans un ciel oriental, dore là-bas les toits de céramique. (VERCORS, Divag., 47)「東の空に上った赤い太陽が、かなたで、陶製の瓦の屋根を金色に彩る」/ J'imaginais déjà la fenêtre ouverte sur les ciels bleus et roses, les ciels extraordinaires de Paris. (SAGAN, Bonj., 139)「私は今からもう青とバラ色の空、パリのすばらしい空に向って開かれた窓を想像していた」
◆転義で個別名詞として用いられるとき: Les étoiles sont des soleils. (D, 94)「星は太陽 (= 恒星) である」/ Certaines planètes ont plusieurs lunes. (Ib.)「ある惑星はいくつもの月 (= 衛星) を持つ」/ des soleils「ひまわり」/ des paradis「楽園」
V. 固有名(詞), 集合名詞　⇨ nom propre III; nom collectif
VI. 2つの部分から成る物　眼鏡、はさみのように2つの部分から成る物は英語では複数 (spectacles, scissors), ドイツ語では単数 (eine Brille, eine Schere). 2つの部分の観念を重く見るか、1個の品物の観念を重く見るかは国によって異なる。フランス語でも une paire de lunettes [de ciseaux]「眼鏡[はさみ]1個」(英: a pair of spectacles, of scissors) と言うことは、これらの名詞が1対と感じられることを示している。同種の品物が単数で表わされたり複数で表わされたりし、また時代により社会環境によって単数＞複数, 複数＞単数の移行が見られ、あるいは単数・複数が共存する。
1º 眼鏡類: des lunettes, des besicles / un binocle, un pince-nez, un face-à-main / un lorgnon または des lorgnons (多くは 圈) / une jumelle または des jumelles (多くは 圈).
2º ズボン類　2股に分かれているため古代のズボンが des braies, des chausses, des trousses のように複数で表わされた影響で、本来単数の語が複数に用いられることがある: des pantalons, des culottes. 逆に des caleçons (イタリア語の複数形 calzoni の借用) は un pantalon, une culotte の類推で un caleçon となる。
3º はさみ類: des ciseaux, cisaille(s), pince(s), pincette(s), tenaille(s).
▶ 1個の品物を複数で表わすものは、数個を表わすにも同じ形を用いることになるから、数を明示するには deux paires de などに頼るほかはない。
VII. 1対をなす物　① 一般に複数: mettre ses souliers [ses bas]「短靴[靴下]をはく」/ être en pantoufles「部屋ばきをはいている」/ une paire de chaussures [de bottes]「靴[長靴]1足」◆使用を念頭に置かなければ単数: Il est haut comme une botte.「長靴ほどにちっぽけだ」/ Cela vous va comme un bas de soie [comme un gant].「それは絹の靴下[手袋]の

ようにぴったり合います」
② **1対をなす体の部分**　(1) 2つの部分が共に動作にあずかれば複数：hausser *les épaules*「肩をすぼめる」/ froncer *les sourcils*「眉をひそめる」/ lever *les yeux*「見あげる」/ Célestin serre *les mains* de M. Emile avec effusion. (CLAIR, 29)「CはEの両手を熱っぽく握る」
(2) 2つの部分の片方だけが動作にあずかれば単数：Il m'a serré *la main*.「彼は私の手を握った」/ Guimiot posa *sa joue* contre *l'épaule* d'Elisabeth. (BEAUV., *Inv*., 98)「GはEの肩に頬をのせた」/ Il collait *l'oreille* contre la porte. (*Ib*., 331)「ドアに耳を押しあてた」
(3) 単数定冠詞は同形性のために左右の区別を無視し、単位を表わすに留めたもの（包括的単数 ⇨ 下記VIII）．不特定の一方であることを特に示すには不定冠詞を用いる：Il (...) haussa *une épaule*. (MALRAUX, *Noyers*, 110)「彼は（…）片方の肩をそびやかした」/ Elle agrippa Maria par *un bras*. (GASCAR, *Femmes*, 24)「彼女はMの片腕をつかんだ」

VIII. 包括的単数　目・唇のように普通は1対として動作にあずかるものは、単数で1対を表わすことがある：Il ne quittait pas son malade de *l'œil*. (THIB. IV, 171)「彼は病人から目を離さなかった」▶ Antoine ne quittait pas son frère *des yeux*. (*Ib*., I, 168)のほうが普通．/ Il ferma *l'oreille* à ce qu'ils disaient. (GREEN, *Epaves*, 29)「彼らの言っていることを聞くまいとした」▶ fermer *les oreilles* (ROB)とも．/ *L'œil* était mi-clos, et, sous *la paupière* gonflée, *la pupille*, trouble, avait un reflet métallique comme celle d'un animal mort. (*Thib*. III, 205)「目はなかば閉ざされていた．そして、はれあがった瞼の下には、瞳が、どんよりとして、死んだ動物の瞳のように金属的な光を帯びていた」/ *La lèvre* humide semblait celle d'un enfant. (GREEN, *Epaves*, 125)「しっとりした唇は子供の唇のようであった」
◆dentも包括的にとらえられる：n'avoir rien à se mettre sous *la dent*「食べる物が何もない」/ Une admirable paire: (...) tous deux bruns, l'œil franc, la bouche grande, *la dent* saine (...) (*Thib*. III, 227)「すばらしいカップルだ．（…）2人とも茶色の髪をもし、目付きは率直で、口は大きく、歯は健康そうだ」▶ SANDMANN (*RLR*, '63, t. 28, 326) によると le doigt, l'orteilの包括的用法は存在しない．

◆この単数は単数/複数の対立を超えた用法で、片方か両方かは問題にしない：Le père fronça *le sourcil*. (AYMÉ, *Jument*, 82)「父親は眉をひそめた」/ Elle m'écoutait *le sourcil* froncé. (TOURNIER, *Roi*, 24)「眉をひそめて聞いていた」/ Elle haussa *l'épaule*. (ARLAND, *Ordre*, 60)「彼女は肩をそびやかした」

un(e) + 体の部分 + 形　不特定なある様態のもとにとらえられた体の部分は単数不定冠詞を先立てて1対を表わし得る：Battaincourt avait (...) *un œil* rond. (*Thib*. II, 89)「Bは丸い目をしていた」/ Ornifle lève *un sourcil* soucieux. (ANOUILH, *Ornifle*, 108)「Oは不安げに眉をあげる」　◆**d'un(e) + 体の部分 + 形**：Elle écoutait *d'une oreille* distraite. (SAGAN, *Brahms*, 76)「彼女は上の空で聞いていた」/ Il se caressait les ailes du nez *d'un doigt* pensif. (SARTRE, *Age*, 136)「彼は思案げに指で小鼻を撫でていた」▶ これらは distraitement, pensivement に相当．その他 *d'un œil sévère* = sévèrement, *d'une main habile* = habilement, *d'un bras vigoureux* = vigoureusement. SANDMANN (*RLR*, '63, t.28, 330) は抽象的なoreille, œilは-mentのような文法的道具となったと見る．LEGRAND (128) は文体上の技巧として副詞に置き換えるを勧める．ここでも1個か2個かは問題にならない．

IX. 複数所有者と所有物との数関係
1° 1個あての所有物　①**多くは単数**：Les trois autres garçons avaient *une petite amie*. (ACHARD, *Patate*, 172)「ほかの3人の男の子はめいめいに恋人がありました」/ Ils avaient pris *une tasse* de thé. (DURAS, *Emily*, 87)「彼らは茶を1杯飲んだ」
②**1個あての所有が明らかな場合でも所有物は単数にも複数にも用い得る**：Ils ont ôté *leur(s) chapeau(x)*. (1976年文部省令 — *Lar. Gr*., 162)「彼らは帽子を脱いだ」/ Ils enlèvent *leur chapeau*. (CESBRON, *Prison*, 37)「みんな帽子をぬいだぞ」/ Les gens de la foule (...) enlèvent *leurs chapeaux*. (VIOLLIS, *Japon*, 17)「群衆は帽子をぬぐ」/ Deux toutes petites filles, en *veste bleue* et *pantalon noir*, courent vers nous. (VERCORS, *Divag*., 43)「2人のごく幼い少女が青い上着に黒いズボンをはいて、我々のほうに走ってくる」/ Les femmes en *robes légères* buvaient des orangeades glacés. (BEAUV., *Inv*., 411)「薄いドレスをまと

った女たちが冷たいオレンジエードを飲んでいた」/ De jeunes garçons, *torse nu*, jouent au basket-ball. (ID., *Marche*, 12)「少年たちが上半身をむき出しにしてバスケット・ボールをしている」/ Des hommes, *torses nus*, tirent et poussent des charrettes. (*Ib.*, 439)「男たちが上半身をむき出しにして車を引いたり押したりしている」/ Les femmes passaient au bras de *l'homme* qu'elles aimaient. (ARLAND, *Ordre*, 307)「女たちは愛する男の腕にもたれて通っていった」/ Des femmes passaient au bras de *leurs amants*. (BEAUV., *Sang*, 90)「女たちは恋人の腕にもたれて通っていった」

▶serrer la mainと並んで、数人の手の意を強調するためにles mainsも用いられる：Il nous serre *les mains*. (VERCORS, *Divag.*, 42)「彼はわれわれの手を握る」

③ **baisser la tête** の型　所有形容詞の代わりに定冠詞を用いる慣用的言い回し：lever [baisser] *la tête*「顔をあげる［うつむく］」/ ouvrir [fermer] *la bouche*「口を開く［閉ざす］」などは、主語が複数であっても体の部分を表わす名詞は単数：Les deux hommes baissent *la tête*. (TOURNIER, *Gilles*, 112)「2人の男はうなだれる」/ Des couples (...) détournaient *la tête* en passant. (ARLAND, *Ordre*, 467)「いく組かの2人連れが通りすがりに顔をそむけていった」◆ただし、所有形容詞を用いると、慣用句的性質を失い複数にも用いる：Les autres employés courbaient un peu *leurs têtes* sur les traites. (GASCAR, *Herbe*, 11)「ほかの使用人たちは少しうつむいて手形をのぞきこんでいた」

2°　単数が1個のものを共有するとも解し得る場合には、複数にして各自1個あての所有を表わす：Rentrées à la maison, elles allèrent dans *leurs chambres*. (MANDIARG., *Lis*, 126)「家（共有物）に帰ると、彼女たちはそれぞれの部屋に行った」/ Les garçons enfourchèrent de nouveau *leurs vélos*. (DHÔTEL, *Pays*, 78)「少年たちはまた自転車にまたがった」

3°　各自数個あての所有　複数で表わすほかはないが、複数の使用は各自1個あての所有も表わすから（上記2°）必然的に曖昧さが残る：On voyait *des médailles* sur leurs poitrines. (GASCAR, *Herbe*, 113)「彼らの胸にはいくつも勲章がつけられていた」/ Trois paysans bretons lampaient *des calvados*. (BEAUV., *Inv.*, 37)「3人のブルターニュの農夫がカルヴァドスをあおっていた」

◆chacunの使用．数の形態だけでは、1と多の区別がつかない場合にchacunの使用によって数を明示できる：Le roi et la reine ont *chacun leurs appartements, leurs voitures, leurs jardins...* (GIRAUDOUX, *Ondine*, 73)「王様と王妃様はめいめいにいくつものお部屋と、いくつもの車と、いくつもの庭をお持ちだ」

4°　[名]₁ *de* [名]₂（複数）　[名]₁が[名]₂の1個について1つしかない場合は[名]₁は普通は単数：Elle s'en alla sur *la pointe des pieds*. (KESSEL, *Enfants*, 228)「彼女は爪先立って立ち去った」/ Elle effleura *du bout des* doigts son beau cou svelte. (BEAUV., *Inv.*, 59)「彼女は自分のほっそりした美しい首に指の先でそっと触れた」/ Je ne connaissais pas *le nom des* acteurs. (SAGAN, *Bonj.*, 32)「私は俳優たちの名を知らなかった」/ On aperçoit *le sommet des* montagnes. (GIRAUDOUX, *Tessa*, 9)「山々の頂が見える」/ Sortaient-ils, il avait honte de passer avec Renée devant *la terrasse des* grands cafés. (ARLAND, *Ordre*, 318)「外出すると、彼は大きなキャフェのテラスの前をRと連れ立って通るのが恥ずかしかった」

◆ただし、複数視覚像が支配的な場合は複数：*Les terrasses des* cafés débordaient jusque sur la chaussée. (BEAUV., *Sang*, 69)「キャフェのテラスは車道にまではみ出していた」/ Radiez voit avec netteté *les visages des* policiers, *leurs uniformes noirs*. (LE CLÉZIO, *Désert*, 369)「Rには警官の顔、彼らの黒い制服がはっきり見える」▶例文はそれぞれ数個のテラス、顔、制服が同時に視野に入ったのである．

5°　抽象名詞・物質名詞は単数：Cet amour embellira *leur vie*. (SARTRE, *Mots*, 24)「この愛が彼らの生活を美化するだろう」/ Et *quel âge* ont ces constructeurs torse nu? (VERCORS, *Divag.*, 66)「そして上半身をむき出しにしたこれら建設作業員たちは年がいくつなのか」/ Ils (...) avaleraient *leur soupe* sans un mot. (SARTRE, *Sursis*, 41)「彼らは（…）ひとことも言わずにスープを飲みこむことであろう」

X.　総称単数と総称複数　個別名詞は定冠詞を先立てて総称を表わす：*L'homme* est mortel. *Les hommes* sont mortels. （単数は他の種類に対立する抽象的表現，複数は具象的な個体の総和を表わす）(⇨article défini II. 3°)/ *L'homme* n'est qu'un roseau, ...; mais c'est un roseau pensant. (PASCAL, *Pensées* VI, 347の有名な1句) / *Les femmes* sont les dernières à savoir ce qu'est *la femme*. (GIRAUDOUX, *Troie*, 54)「女たちが女というものの何たるかを一番知らないのだ」

♦しかし，総称の単数と複数がいつも交替できるわけではない．hommeはそれを構成する個体の間の差が少なく人間一般を抽象的に考えられるから単数で総称が可能だが，生物学上の類名や科名などは構成分子間の差異が大きいから総称は複数：*Les Mammifères* et *l'Homme* (PETTER, *Mammif*., 107)「哺乳類とヒト」

♦種属名を対立させれば構成分子間の差異は問題にされず，単数も可能：*L'homme* contre *l'animal*（«Que sais-je»叢書の題名）「ヒト対動物」/ chercher des ressemblances entre *l'animal* et *l'homme* (YOURC., *Eau*, 180)「動物と人間との類似点を探す」▶ 単数・複数の選択は文脈に基づくことも多く，Il aime *le cheval.* は「乗馬［馬肉］が好きだ」の意となり，「馬が好きだ」を表わすには Il aime *les chevaux.* としなければならない (SAUVAGEOT, *Procédés*, 134)．

XI. 常にあるいは一般に複数にしか用いられない名詞：accordailles, affres, agissements, agrès, aguets, alentours, ambages, annales, appas, archives, armoiries, arrérages, arrhes, béatilles, bestiaux, broussailles, complies, confins, décombres, dépens, échecs「チェス」, émoluments, entrailles, environs, épousailles, errements, fastes, fiançailles, frais, funérailles, hardes, honoraires, jonchets「棒崩し（ゲーム）」, laudes, lupercales, mânes, matines, mœurs, obsèques, pierreries, prémices, quatre-temps, ténèbres, vêpres, など．およびVIの一部．

♦ラテン語の複数形を語源とするものが多いが (annales, fastes, mânes, mœurs, ténèbres, およびmatinesなどの聖務日課の名)，accordailles, épousailles, funérailles などは儀式・宴会の総合を，alentours, environs は *les lieux qui sont autour* を，archives, entrailles, décombres などは事物の集合を示すように，大部分は複数の観念を含む．この複数をGOUG (128) は集合複数 (pluriel d'ensemble) と呼ぶ．▶ この種の語は常に単数の観念を排除するものではない：une broussaille colossale (HUGO — GLLF) / le grand décombre (CÉLINE — ROB) (cf. B, 98.)

♦pluriel pudique. 複数形は不快な語を和らげるのに役立つ．例えば「トイレ」を表わす語は多くは複数形をとる：aller *aux cabinets* [*aux toilettes, aux W.C., aux waters*], *les lieux* (*d'aisance*) ▶ COH (*Reg.*, 51) はこれを pluriel pudique と呼ぶ．ただし単数形もある：urinoir, vespasienne, pissotière.

XII. 常に単数に用いられる名詞　物質名詞・抽象名詞・唯一物を表わす名詞は一般に単数に用いられるが，複数の観念を受けいれなくはないから (⇨ II-IV)，厳密にいって複数に用いられない名詞は極めて少ない．ただし，名詞化された不定詞・形容詞のあるもの (le manger, le boire; le beau, le vrai) は複数には用いがたい．

XIII. 複数形が単数形にはない意味を表わすもの：arrêt「逮捕」, [複]「禁錮」, assise「石・煉瓦を積む際の列」; [複]「重罪裁判」, bretelle「負い革」, [複]「ズボン吊り」, ciseau「鑿(のみ)」; [複]「鋏(はさみ)」, croc「鉤(かぎ)」; [複]「牙(きば)」, effet「結果」; [複]「衣類，下着類」, espèce「種類」; [複]「現金」, gage「質，担保」; [複]「給金」, humanité「人間性」; [複]「古典学」, lettre「手紙」; [複]「文学」, lunette「望遠鏡」; [複]「眼鏡」, manière「やり方」; [複]「態度」, vacance「空席」; [複]「休暇」, など．ただし，複数形にも単数形の表わす意味は保存されているから，複数形になると新しい意味が加わることになる．

XIV. 補語名詞　1° *à, de* に先立たれた無冠詞の補語名詞はその意味によって数を決定される：un baril d'huile [d'olive*s*]「1樽の油［オリーヴ］」(= qui contient de l'huile, des olives) / un marchand de lait [de vin*s*]「牛乳［酒］屋」(= qui vend du lait, des vins ⇨ II. 1°) / un fruit à noyau [à pépin*s*]「核［種］のある果物」(= qui a un noyau, des pépins) / des caprices de femme「女らしい気紛れ」/ un cercle de femme*s*「女性の集い」♦最後の2例では単数は普遍的で種属名を，複数は個体を表わす．ただし，どちらにも考えられるから，書き方の一定しないことが多い：un coiffeur pour dame(s) / une salle de bain(s) [d'étude(s)] / un mur de brique(s) / la gelée de pomme(s), など．

2° 否定語と共に用いられる補語名詞は，その文が肯定のときに与えられる数をとる：L'arbre n'avait plus de feuille*s*.「木は葉を落としてしまっていた」/ Il était sans argent, sans ami*s*, sans parent*s*.「金もなく，友もなく，親類もなか

った」

nominal [準名詞] ── B (63) の用語．他の語・節に代わらず，名詞的に機能するが，名詞とは違って，抽象的で心像を喚起することなく，名詞の受けるすべての修飾・限定を受け得ない語．人称代名詞，不定代名詞 (personne, rien, quelqu'un, quelque chose, autrui, tout, など)，名詞的用法の数量副詞 (beaucoup, peu, autant, tant, など)，指示代名詞 (ce, ceci, cela, ça)，など．⇨ représentant

non ── ne の強勢形．接頭辞の用法以外では次の母音とリエゾンされない．ne がいつも動詞と結びつくのに反し，動詞の否定には用いない．

1° 否定文に相当 ① 肯定・否定の問いに対する答え: Vous venez? ─ *Non*.「来ますか．─ いいえ」(Oui に対す) / Vous ne venez pas? ─ *Non*.「来ないのですか．─ ええ」(Si に対す) / Je ne te crois pas. ─ Non? ─ *Non*. (SARTRE, *Diable*, 95)「あなたを信じないわ．─ 信じない？ ─ ええ」 oui / non / si ⇨ oui 6°

♦ **強調形**: sûrement [évidemment, absolument, certainement, bien sûr que, vraiment] *non*; mais [ma foi, dame, mon Dieu] *non*; Oh! [Ah ça!] *non*; *non* certes; *non* vraiment; *non, non* (et *non*); *non* et *non*; *non* pas; que *non* (pas).

② 答え以外で，既出の文に対応する否定文: Figure-toi qu'il m'a demandée en mariage. ─ *Non*? (SAGAN, *Violons*, 150)「驚くじゃないの，わたしに結婚を申し込んだのよ．─ まさか」/ Vous allez vraiment partir? ─ Pourquoi *non*? (BEAUV., *Sang*, 193)「本当に行ってしまうの．─ 行ったってかまわないでしょう」(non は古く，日常語では pas を用いる) / Si *non*, cédez la place aux philosophes. (GIDE, *Interv.*, 111)「さもなければ哲学者に席を譲りたまえ」(sinon が日常の綴り)

③ 先行の節の主語を別語に置き換えて否定: Et tu vivras sur le capital de ta femme? ─ Moi *non*. (ROUSSIN, *Enfant*, 175)「するとお前は女房の財産で食べていこうというのかい．─ ぼくはそんなことはしません」/ Les uns étaient contents, les autres *non*. (MART, 528)「ある者は満足し，他の者はそうではなかった」

▶ pas のほうが日常語的．

④ 補足節: Je vous assure [jure] que *non*.「確かに [誓って] そうではありません」/ J'espère bien que *non*.「そうでないといいですね」/ Il paraît que *non*.「そうではないようです」/ On lui répondit que *non*.「そうではないという返事だった」⇨ oui 3° ②

2° 文頭，まれに文末で，**否定文の強調**: *Non*, l'enfant n'a pas dû oublier la commission ordonnée par son père. (DURAS, *Andesmas*, 59)「いや，子供が父に言いつけられた使いを忘れたはずはない」/ Il ne mourra pas, *non*. (PAGNOL, *Fanny*, 14)「死にはしません，そんなことがあるものですか」

3° 文末，まれに文中で，**相手に同意を求める** (= n'est-ce pas): J'ai le droit de pleurer, *non*? (BEAUV., *Mand.*, 262)「私にだって泣く権利はあるわ，そうじゃなくて」/ Celie est vieille, *non*, pour faire un lit? (SAGAN, *Violons*, 63)「C は年をとりすぎているのではなくて？ ベッドを整えるには」

▶ 答えの oui / si / non ⇨ oui 6°

4° ***ou non*** 等位要素の否定: Irez-vous *ou non*? (MART, 528)「行くのですか，それとも行かないのですか」/ L'homme souriait sans qu'on pût discerner si ce sourire était *ou non* ironique. (IKOR, *Gr. moy.*, 173)「男はほほえんでいたが，このほほえみが皮肉なものであったかどうかは見分けられなかった」/ Les avez-vous *ou non* reçues, ces lettres? (ANOUILH, *P.G.*, 113)「受け取ったのですか，受け取らなかったのですか，その手紙を」/ Pris *ou non*, exécuté *ou non*, peu importait. (MALRAUX, *Cond.*, 12)「捕えられようと捕えられまいと，処刑されようとされまいと，どうでもよかった」/ Turc *ou non*, je lui dirai deux mots. (ROUSSIN, *Hutte*, 103) (= Qu'il soit Turc *ou non*)「トルコ人であろうとあるまいと，ひとこと言ってやる」/ Méchanceté *ou non*, voilà ce qu'il a fait. (MART, 528) (= Que ce soit méchanceté *ou non*)「悪意があったのかなかったのかは知らないが，彼はこんなことをしたのだ」

▶ oui ou non ⇨ oui 4°; ou pas ⇨ pas 6°

5° 一対をなす同一機能の語の**一方を否定して肯定語と対立させる**．

① ***non* (*pas*); *et non* (*pas*); *mais non* (*pas*)** 第 2 要素の否定: Il était fatigué, *et* [*mais*] *non* (*pas*) malade. (MART, 528)「彼は疲れていただけで，病気だったのではない」/ Je parle de lui, *et* [*mais*] *non* (*pas*) de vous. (*Ib.*)「彼の話をしているので，あなたの話をしているのではない」/ C'était une Anglaise, *non* une Américaine.

(IONESCO, *Solitaire*, 47)「イギリス人の女性でアメリカ人の女性ではなかった」 / Elle avait perdu son éclat *mais non* sa séduction. (BEAUV., *Age*, 40)「みずみずしさは失ったが魅力は失っていなかった」/ C'est ma faute *et non* la sienne. (MAURIAC, *Désert*, 27)「私が悪いので彼が悪いのではない」

② **non (pas) ... mais**　第1要素の否定：Il était *non pas* fatigué, *mais* malade. (MART, 528)「彼は疲れていたのではなくて, 病気だったのです」/ Je voulais *non pas* l'humilier, *mais* lui faire accepter notre conception de la vie. (SAGAN, *Bonj.*, 166)「私は彼女に屈辱感を与えたかったのではなく, 我々の人生観を受け入れさせたかったのだ」/ Nous étions venus à la mer *non pas* pour elle, *mais* pour moi. (PINGAUD, *Scène*, 98)「彼女のためではなく私のために海に来たのだった」

▶non seulement... mais ⇨ seulement

6° **non (pas) que**＋[接]《文》(＝ ce n'est pas parce que)：Il l' (＝ sa moustache) avait rasée à son retour. *Non pas que* quelqu'un le lui eût demandé. (ARAGON, *Aurél.*, 11)「帰ったときには口髭を剃ってしまっていた. 誰かに剃れと言われたからではなかった」/ Je parle beaucoup d'Anne et de moi-même et peu de mon père. *Non que* son rôle n'ait été le plus important dans cette histoire, ni que je ne lui accorde de l'intérêt. (SAGAN, *Bonj.*, 161)「私はAと自分のことばかり話して, 父の話はあまりしていない. それは父の役割がこの物語で一番重要でないからでも, 私が父に興味を持っていないからでもない」

◆従属節が否定ならば non pas que は用いられない：*Non qu*'il ne voulût pas se donner de mal. (CHIGAREVSKAÏA, *FM*, oct. '67, 295)「彼が苦労したがらなかったからではない」

non (pas) que＋[接]... **mais (parce que**＋[直])：Je cite ce poème oublié de Stanislas, *non qu*'il soit remarquable, *mais parce qu*'il est un des premiers. (DÉON, *Déjeuner*, 43)「Sのこの忘れられた詩を引くのは, それが傑作だからではなく, 一番初期の作品の一つだからだ」/ Il aimait ce quartier de Paris, *non pas qu*'il fût beau, *mais parce qu*'il était tranquille. (*DFC*)「彼はパリのこの街が好きだった. それは美しかったからではなく, 静かだったからだ」/ Je mis du temps à m'endormir: *non que* j'eusse plus de chagrin que d'habitude, *mais* un remords me tourmentait. (MAURIAC, *Pharis.*, 99)「なかなか寝つかれなかった. それはいつもより悲しかったからではなく, 後悔の念が私を苦しめていたのだ」

♦これに対し：On le fuit *non parce qu*'il est laid, *mais parce qu*'il est méchant.「みんなが彼を避けるのは彼が醜いからではなく意地悪だからだ」では il est laid は事実. non qu'il soit laid は事実ではないものとして示される (MAUGER, 328).

7° **non**＋[副] [前] ① **non plus**　否定文に続く否定文で aussi (II. 1°)に代わる：Je ne parviens pas à croire à mon bonheur. Et toi? — Je n'y crois pas *non plus*. (CLAIR, 334)「ぼくは自分の幸福が信じられないんです. で, 君は？— 私も信じられませんわ」/ Daniel *non plus* n'est pas rentré hier soir. (*Thib.* I, 25)「Dもゆうべは帰りませんでした」/ Moi *non plus* je ne me comprends plus très bien. (ANOUILH, *P.N.*, 166)「わたしも自分がもうよくはわからないの」/ Elle ne s'en souciait guère, ni Pierre *non plus*. (BEAUV., *Inv.*, 353)「彼女はそれをそう気にしていなかったし, Pもそうだった」(ni は省略できる) / Je n'avais absolument pas faim, lui *non plus*. (SAGAN, *Bonj.*, 177)「全然お腹は空いていなかった. 彼も同様だった」/ Je ne plaisante pas, Philippe. — Mais moi *non plus*. (ROUSSIN, *Hutte*, 92)「冗談を言ってるのじゃないわよ, Ph. — ぼくだってそうだ」/ On n'a pas un sou. — De cigarettes *non plus*. (SAGAN, *Violons*, 16)「一文なしだ.—タバコもない」/ Tu y étais toi, à la Bastille? — Non. Et toi? — *Non plus*. (ANOUILH, *P.G.*, 430)「行ってたの, Bに？— いや. で, 君は？— 同じだ」

▶ non plus que ⇨ plus I. 8°④; non moins que ⇨ moins I. 5°

② **non loin (de)**：L'accident s'est produit *non loin de* Paris. (*DB*)「事故はパリからほど遠からぬ所で起こった」

③ **non sans**＋[名][不定詞]：*non sans* hésitation (＝ avec une certaine hésitation)「少しくためらって」/ *non sans* efforts「かなりの努力を払って」/ Il s'éloigna *non sans* se retourner plusieurs fois. (LE B, II, 662) (＝ tout en se retournant)「彼はいく度も振り返りながら遠ざかっていった」

8° **non**＋形 in-, mé-＋形と同義のことがあるが（le travail ininterrompu ＝ *non* interrompu「不断の労苦」）, nonが必要な場合がある.
① 〈接頭辞＋形〉が特殊な意味を帯びるとき: *non* politique「非政治的な」, impolitique「(政治的に)不得策な」／ *non* offensif「非攻撃的な」, inoffensif「無害の」
② 〈接頭辞＋形〉が存在しないとき: langage *non* surveillé「注意しない言葉遣い」
③ 過分＋par: une visite *non* attendue *par* la famille「家族が予期していなかった訪問」 cf. GA, 21-4.
9° **non**＋名 〈in-名〉と類義のことがあるが (non-croyant ＝ incroyant, non-existence ＝ inexistence), nonが必要な場合がある.
① 〈in-名〉が名詞の反意語とならないとき: indécision「優柔不断」, *non*-décision「不決定」
② 〈in-名〉が存在しないとき: *non*-réussite「不成功」／ *non*-violence「非暴力」／ *non*-emploi de l'article「冠詞の不使用」 ▶non-を先立てて多くの新語が作られる (GA, 26; GILBERT, *Mots cont.*, 380-5).
♦〈non＋行為名詞〉は行為を,〈in-行為名詞〉は状態を表わすことが多い: *non*-satisfaction「(欲求の)不充足」, *in*satisfaction「不満足」

nos, notre ⇨ adjectif possessif
nôtre ⇨ pronom possessif; 強勢形所有形容詞 ⇨ adjectif possessif XI

nous — 主語・補語・属詞となる人称代名詞. 機能・位置によって無強勢 (*nous* disons, il *nous* dit), あるいは強勢 (Dites-le-*nous*. C'est *nous*. chez *nous*). 普通は je＋vous; je＋il(s) [elle(s)]; je＋vous＋il(s) [elle(s)] の意. 一般的用法は ⇨ pronom personnel. 下記は特殊な意味.
1° 広義に用いられて**一種の不定代名詞**となる: *Nous* sommes lundi.「月曜です」／ *Nous* sommes le [または au] 10 mars.「3月10日です」／ Ce que c'est que de *nous*!「われわれ [人間] はなんという哀れなものだろう」 ▶onの直・目, 間・目となる場合は ⇨ on IV.
2° ＝ *je* ① 国王・法王・司祭・知事などの文で**荘厳を表わす** (pluriel de majesté). ローマ皇帝の布告文に源を発すという: *Nous*, préfet de la Seine, ...「セーヌ県知事たる余は…」
② **自尊心・傲慢を表わす** 一種の pluriel augmentatif: Je me trouvais parfois découragée; — pas longtemps: *Nous* sommes têtue. (ARLAND, *Grâce*, 11)「ときには落胆した. が, 長い間ではなかった. 私は意地っ張りだから」
③ 序文などで著者が自分について用いる. 問題の意見が著者固有のものでないことを示す**謙譲の語**といわれる (pluriel de modestie). *Gr. Ac.* (48) は pluriel de convention littéraire と称する.
3° ＝ *tu* 子供・女性・病人などに対して愛情をこめて言う (nous de sympathie): Voyons, est-ce que *nous* allons être calme? (ARLAND, *Ordre*, 22)「(校長が1人の生徒に) さあ, 落ちついたらどうだね」 cf. Allons! mioches, ne *pleurons* plus! (DAUDET, *Contes*, Enfant espion)「さあ! 子供たち, もう泣くのはよしな」
▶皮肉には: Dépêchons-*nous*, ma petite dame. (ARLAND, *op.cit.*, 359)「奥さん, 急いでくださいよ」／ Ne *nous* emballons pas! (TROYAT, *Araigne*, 106)「そうむきになるなよ」
4° ＝ *il, elle* 話主の関心を示す誇張的用法, 俗語調: On l'a fait apercevoir plusieurs fois de sa faute, mais *nous* sommes opiniâtre, *nous* ne voulons pas *nous* corriger. (AYER, 423)「彼が間違っていることを幾度も注意したんだが, 意地っ張りで改めようとしないのだ」
5° *nous* deux Pierre (＝ Pierre et moi) ⇨ deux
▶形容詞の一致 ⇨ adjectif qualificatif II. 6°

nouveau, nouvelle — 1° **男性古形 *nouvel*** は母音または無音のhで始まる男性単数名詞の前に用いられる: le *nouvel* an「新年」
  nouveau et＋形の形では nouvel にしないのが普通: un livre *nouveau et* intéressant (MART, 69)「新刊の面白い本」／ un *nouveau et* rare moyen (LIT)「新しいまれに見る手段」
♦ただし, 時に nouvel et (ことに母音で始まる男性単数名詞に先行するときはまれでない): un *nouvel et* important avis (*Lar. Gr.*, 99)「新たな重要な意見」 cf. D-P, II, 103; 中平『フ研』6.
2° **nouveau**＋名 は「従来のものとは異なった」, 名＋***nouveau*** は「新たに発明・刊行・収穫…された」と区別されることがある: un *nouvel* habit「今まで着ているのとは違った服」／ un habit *nouveau*「最新流行の服」／ Goûtez-moi ce *nouveau* vin.「今まで差し上げたことの

ないこの酒を味わってみてください」/ du vin *nouveau*「新酒」⇨ neuf²

3° ***nouveau*** + 形 [過分]　副詞的に機能するから無変化: des vins *nouveau* tirés (= nouvellement)「樽から出したてのワイン」/ une fille *nouveau*-née「生まれたばかりの娘」◆名詞的用法の過分の前では, *nouveau*-néのほかは, 名詞を修飾する形容詞として変化する: la *nouvelle* mariée「花嫁」/ les *nouveaux* mariés「新夫婦」/ les *nouveaux* convertis, *nouvelles* converties「新たに改宗した者」/ les *nouveaux* venus, *nouvelles* venues「新来の人」▶ただし une *nouveau*-née, des *nouveau*-né(e)s「赤ん坊」

4° ***de nouveau, à nouveau***　*MR*; *DB*; *Q-Fl*　はde nouveau「もう一度」(= une fois de plus), à nouveau「違ったやり方で」(= d'une manière différente)と区別する: Il s'est *de nouveau* foulé le pied. (*DB*)「また足をくじいた」/ examiner *à nouveau* une question (*MR*)「ある問題をあらたな角度から検討しなおす」◆ただし現代では多くはà nouveau = de nouveau: La femme de chambre disparaît *à nouveau*. (DURAS, *Stein*, 83)「小間使いがまた姿を消す」/ *A nouveau* le glas sonne. (BEAUV., *Sang*, 224)「また弔鐘が鳴る」

novembre ⇨ mois (nom de)

nu — **1°** 一致　① *nu*-名では無変化: aller *nu*-pieds「はだしで行く」/ Il est toujours *nu*-tête. (*DB*)「いつも帽子をかぶらない」▶その他, *nu*-jambes [bras]「すね[腕]をむき出しにして」だけ. nuは一種の接頭辞 (B, 645; W, 270). nuの前に副詞は用いられない.

② 名 + *nu*では名詞に一致: aller les pieds *nus*, la tête *nue*, les jambes *nues*. ▶副 + nu も可能: presque [entièrement, tout, など] *nu*.

2° *nu*-名, 名 + *nu*の機能　副詞句のほか, 付加辞: garçon tête-*nue* (MAUROIS, *Cercle*, 134)「無帽の少年たち」/ ces constructeurs torse *nu* (VERCORS, *Divag.*, 66)「上半身をむき出しにしたこれらの建設作業員」 主語の属詞: Il était *nu*-tête. (GREEN, *Moïra*, 241) / Tu ne vois pas que je suis pieds *nus*! (ROUSSIN, *Hutte*, 56)　直・目の属詞: Personne ne m'a jamais vue pieds *nus*. (ANOUILH, *P.R.*, 246)「わたしがはだしでいるのを見た人は誰もいません」

nuire — nuire à qn [qch]. à qn, à qchの代理語は lui. Cela *nuira* à sa santé.「それは彼の健康に害があろう」> Cela *lui nuira*. (×*y nuira*は誤り) cf. DUB, II, 20.

nuit — chaque *nuit* [toutes les *nuits*]「毎夜」/ toute la [une] *nuit*「ひと晩中」/ une *nuit*「ある夜」/ Il fera [a fait] froid cette *nuit*.「今夜は寒かろう[ゆうべは寒かった]」/ Il travaillera [travailla] cette *nuit*-là.「彼はその夜は働くだろう[働いた]」

voyager [partir] la *nuit*「夜旅をする[出発する]」/ La *nuit*, l'eau était de couleur ardoise. (GRENIER, *Ciné*, 74)「夜は水は青灰色だった」/ Nous ne sommes arrivés à Udine que dans la *nuit*. (*Thib*. VIII, 47)「夜になってやっとUに着いた」/ Nous serons rentrés à la *nuit*. (S-H, 196)「夜には帰っていよう」/ Je travaille le jour et la *nuit*. (= jour et *nuit* = de jour et de *nuit*) (MAUGER, 313)「昼も夜も働いている」

Il arrivera (dans) la *nuit* de lundi.「月曜の夜着くだろう」/ Il était arrivé (dans) la *nuit* du 10 mai.「5月10日の夜着いた」

◆ただし après-demain [la veille], dans la *nuit*「あさって[前日]の夜」と言い, ×la *nuit* d'après-demain [de la veille]とは言わない.

nul(le) — **I.** 形 (不定); 代 (不定)　本来否定であるが aucunにならい ne, sansを伴う. nulle part「どこにも」のほかは文学語, 官庁文体, 伝統的成句. 日常語では aucun, personneを用いる.

1° 形 (不定)　***nul*** + 名 : *Nul* homme n'y pourra rien. (GIRAUDOUX, *Folle*, 79)「人間にはどうにもできやしない」/ Je n'ai de lui *nul* souvenir. (MONTHERL., *Brocél.*, 17)「彼のことは何も覚えていない」/ Vous n'aviez *nulle* envie de thé. (BUTOR, *Modif.*, 112)「あなたは少しも茶を飲みたくなかった」/ Il n'y en a plus *nulle* part. (DURAS, *Abahn*, 21)「それは、もうどこにもない」/ sans *nul* doute「疑いもなく」

◆省略文: *Nul* doute qu'il ne fût ivre. (ARLAND, *Ordre*, 475)「彼が酔っていたことは疑いなかった」

▶nuls + 複数名詞. aucun (I. 3°)の複数形用法と同じ.

2° 代 (不定) ①いつも主語. 男性単数で単独に用いられ, 人を表わす (= personne): *Nul* n'échappe à la tombe. (BEAUV., *Compte*, 178)「誰ひとり墓場に行くことを免れる者はない」◆まれに aucune femmeの意で女: *Nulle*

ne l'aimera. (RENARD—G, 581 n.2)「どんな女も彼を愛することはあるまい」
② 既出の(代)名詞に関係するとき,限定補語を伴うときは人・物を表わす (= aucun): Ces maisons se présentent à l'œil comme les branches d'un éventail grand ouvert. *Nulle* ne masque l'autre. (MAURRAS—G, 581 b)「これらの家は大きく開かれた扇の骨のように見える.どの家もほかの家をさえぎってはいない」/ *Nul* de nous ne pouvait le voir. (GIDE, *Enf. prod.*, 71)「われわれの誰もが彼に会うことはできなかった」
3º 〈nul +名〉が2つ以上つづく場合の動詞の一致. ⇨ aucun III. 1º
II. 形 (品質) (= sans valeur, inexistant, invalidé). 付加形容詞(いつも名詞に後続),属詞として常用: différence *nulle*「無に等しい差異」/ élève *nul* en latin「ラテン語の全然できない生徒」/ Cet élève est *nul* en latin. 「この生徒はラテン語が全然できない」

nullement ⇨ aucunement

numéral [数詞]— 数を表わす語.形容詞,代名詞として用いられる.一般に① 基数詞 (num. cardinal) ② 序数詞 (num. ordinal) に分けるが,D (305) はこれに③ 倍数詞 (multiplicatif) と分数 (fraction ⇨ numéral ordinal II. ④),④ 配分詞 (distributif) を加えて4種とし,さらに dizaine, centaine... などの集合名詞,年数に関する名詞 (cinquantenaire など),メートル法の用語 (millimètre など) を加え得ると言う.

numéral cardinal [基数詞] — numéralの一種. numéral ordinal に対し,数 (nombre) を示すもの.
I. 形態 1º 単一形 ① unからseizeまで. 10位の数: vingt, trente, quarante, cinquante, soixante. 17世紀まで使われた septante (70), octante (80), nonante (90) (南仏,ベルギー,スイスに残る) は廃語,合成形をもってこれにかえる.
② cent, mille.
③ zéroと100万以上の基数 million「100万」, milliard「10億」, billion「1兆, 10^{12}」, trillion「100京, 10^{18}」, quadrillion [quatrillion]「10^{24}」, quintillion「10^{30}」, sextillion「10^{36}」, septillion「10^{42}」, octillion「10^{48}」, は名詞. billion (< bi-million), trillion (< tri-million)... は1948年より (16, 17世紀の用法に戻って) 語源に従い million², million³ を表わす.英語は語源に従い,米語は billion「10億, 10^9」, trillion「兆, 10^{12}」だったが,近年は英語も米語にならう.
2º 合成形 ① 加法によるもの: dix-sept, dix-huit, vingt et un, vingt-deux. ② 乗法: quatre-vingts, deux cents mille, onze mille. ③ 加法と乗法: quatre-vingt-neuf, deux cent cinquante.
3º 注意 ① vingtをもとにして数を作るのは**20進法** (système vicésimal) の名残り 古くは six-vingts ($6 \times 20 = 120$), sept-vingts ($7 \times 20 = 140$), huit-vingts ($8 \times 20 = 160$) 等が用いられた. six-vingtsは18世紀にも用いられている.今日では quatre-vingts と l'Hôpital des *Quinze-Vingts* (ルイ9世がパリに建てた300人の病人を収容する病院の名) が残る.
② *et* の使用 古くは加法による複合数詞を多くetで結んだ: soixante *et* trois livres (MOL., *Mal. im.* I, 1). 17世紀末からetの使用はまれ,今日では21-71のun, onzeの加わる数に残る: vingt *et* un, soixante *et* onze. ただし,まれに soixante *et* douze pages (FLAUBERT, *Bov.* cf. G, 403, Hist.). 逆に,まれに vingt-un, trente-un (D, 306). 81以上にはetを入れない: quatre-vingt-un [onze], cent un, mille un.
③ **trait d'union**の使用 一般に10位の数と1位の数の組合せは〈-〉で結ぶ: dix-huit mille quatre cent cinquante-deux「18452」. 1901年の文部省令は dix huit を許容. etで結ばれるときは〈-〉を用いないのが普通. *Gr. Ac.* (76); D (360) は soixante-et-un とつづる.
④ 一致 基数詞は名詞的用法でも無変化. 例外: un, vingt, cent. 名詞 million, milliard 等はsをとる.
⑤ *onze* [*douze*,...] *cents* ⇨ cent
⑥ 発音 語群の最後,母音の前,子音の前にあるかに従って発音の異なるものがある. ⇨ un, deux, cinq, six, sept, huit, neuf¹, dix, onze.
II. 用法 1º 基数として
① 形容詞: J'ai *deux* enfants. (不特定) / *les deux* enfants (特定) / *ces* [*mes*] *deux* enfants / Nous étions *cinq*.「われわれは5人だった」
② 代名詞: dans un mois ou *deux*「1, 2か月後」/ Sur vingt élèves, *trois* seulement ont achevé leur devoir.「20人の生徒のうち,3人だけが宿題を終えた」/ Il pouvait avoir cinquante ans: il était jeune et frais comme à *trente*. (SARTRE, *Nausée*, 110)「50歳になっ

なっていたかもしれないが, 30 歳のように若々しく溌溂としていた」
♦観念の代理 (中性): Il vaut mieux être *sage* que *belle*. — Mais on peut être *les deux* en même temps! (M)「美人であるよりも賢明なほうがいいね. — だが, その両方を同時に兼ねられるさ」/ «Ni *vérité*, ni *passion*, ni *fantaisie*», dit le petit Chose... Alphonse Daudet a *les trois*. (LEMAÎTRE, Contemp. VIII, 158)「『真実も情熱も空想もない』とチビ君は言う. D はその 3 つを備えているのだ」
③ **既出の語に代らずに** (⇨ nominal): manger comme *quatre*「(4 人前＞) なみはずれて食べる」/ marcher *deux* par *deux*「2 人ずつ歩く」
④ **名詞**: *Cent onze* s'écrit avec trois *un*.「111 は 3 つの 1 をもって書かれる」/ le *dix* de cœur「ハートの 10」/ les *Quarante* de l'Académie「アカデミー・フランセーズの 40 人の会員」▶million, billion 等は常に名詞.

2° **序数詞の代用** ① **年**: l'an I [un] de la République「共和暦第 1 年」/ l'an [l'année] mille neuf cent cinquante cinq「1955 年」
♦時に 1000 位と 100 位の数を略す (ことに歴史上の著名な年号): quatre-vingt-treize「(17)93 年」/ la guerre de 70「(18)70 年の戦い」
② **日付**: le 20 juin (cf. 古語法 le vingtième jour de juin ＞ le vingtième juin, le vingt de juin). ただし 1 日には premier を用いる: le 1er juin.
③ **帝王**, それに準じるもの: Henri IV [quatre]「H 四世」. ただし, premier は un によって置き換えられることはない: Napoléon Ier. cf. 古語法: Charles *septième* / Charles-*Quint*.
④ **時刻**: *une* heure / *deux* heures.
⑤ **ページ, 番号, 章など**: page *vingt* / numéro *deux* / acte [scène] *trois* / tome *trois* / au chapitre *cinq* du livre *trois*. ▶ ただし acte premier [un] (⇨un I. 1°). また acte [chapitre] *deuxième* [*troisième*] とも言う.
⑥ les *douze* et treizième siècles ⇨ numéral ordinal I. 3°
⑦ **名詞的用法**: au début du *trois* (= de l'acte *troisième*)「第 3 幕の初めに」/ C'était hier le *quatre*. (= le quatrième jour du mois)「きのうは 4 日だった」/ Qu'avez-vous fait entre *deux* et *trois*? (MAUROIS, Climats, 54)「2 時と 3 時の間に何をした?」

3° ある基数詞で漠然とした少数あるいは多数を表わす: J'ai *deux* mots à lui dire.「彼にひとこと言うことがある」/ Il demeure à *quatre* pas d'ici.「このすぐ近くに住んでいる」/ J'en ai pour *cinq* minutes.「5 分もすれば終えてしまえる」/ Cela peut se dire en *dix* lignes. (= en peu de lignes)「10 行もあれば言いつくせる」/ Je vous l'ai déjà dit *dix* [*vingt*, *cent*, *mille*] fois. (= bien des fois)「10 [20...] ぺんも言ったじゃないか」/ Il demande *trente-six* fois la même chose.「同じことをなんども訊く」/ faire ses *trente-six* volontés「勝手気ままをする」/ J'ai eu un mal des *cinq cents* diables à faire ma fortune. (FLAUBERT — N, V, 159)「身代をつくるにさんざん骨身をくだいたものだ」/ Mais nous aussi, on a demain, *trente-six mille* choses à faire. (AMIEL, Couple I, 17)「だが, 私たちも明日はすることが山ほどある」
4° 基数詞＋名, 基数詞＋pour cent の後の動詞の一致 ⇨ accord du verbe A. I. 5°, 6°; 基数詞＋de＋形 ⇨ de II. 2°③

numéral ordinal [序数詞] — numéral の一種. numéral cardinal に対し, 序列 (ordre) を示す.

I. 形態 **1°** ラテン語を語源とするもの: premier, second. その他, 成句, 教会・音楽・剣道・医学など特殊な言い方に残るもの: prime, tiers [女 tierce], quart, quint, sixte, octave, none, dîme, など: de *prime* abord「まず第一に」/ une *tierce* personne「第三者」/ la fièvre *quarte*「四日熱」/ Charles-*Quint*「カール五世」
2° **基数詞＋接尾辞 *ième*** deuxième 以下全部. 基数詞が e で終わるものは e を省く: quatre ＞ quatrième, treize ＞ treizième. cinqu*i*ème, neuv*i*ème も綴り字に変化がある. 合成語はこれを一単位とみなしてその最後に ième を添える: vingt-deuxième. unième は合成語にしか用いられない: vingt et *unième*. trait d'union と et の用法は numéral cardinal I. 3°②③と同じ.
3° 数個の序数詞が et, ou または de... à で結ばれるとき, 最後のものだけに ième を添えることができる. まれ: la quatre ou *cinquième* page (= la *quatrième* ou cinquième page) / du *vingt-sept* au vingt-huitième de longitude (VIGNY, Cachet rouge) ▶ 序数詞は関係する語の数と性に一致する: les *premières* années.

II. 用法 ①**形容詞**: la *troisième* maison / Je

suis *premier*.

②**代名詞**: Il est arrivé *le troisième*.「彼は3番目に着いた」/ Il est *le dixième* de sa classe.「彼はクラスで10番だ」

③**名詞**: appartement au *deuxième* [*troisième*] (= deuxième [troisième] étage)「3[4]階にあるアパルトマン」/ voyager en *seconde*「2等で旅行する」/ un élève de *quatrième*「第4年次の生徒」/ la *troisième* du un「第1幕第3場」/ L'abside est du *quinzième*? (ARLAND, *Monique*, 15)「この教会の後陣は15世紀のものかね?」

④ **分数** (fraction)　男性名詞としての序数詞は分数を表わすのに用いる: le [un] cinquième「1/5」/ deux cinquièmes「2/5」 ◆特別な形: 1/2 = un demi, une moitié / 1/3 = un tiers / 2/3 = deux tiers / 1/4 = un quart / 3/4 = trois quarts / *Le tiers* de neuf est trois.「9の1/3は3」

III. 語順　一般に名詞に先行. 巻・章・幕などについては名詞に先行あるいは後続: le *troisième* chapitre または le chapitre *troisième* / le *second* tome または le tome *second*. 後続するときは基数詞を用いることがある. ⇨ numéral cardinal II. 2°⑤

O

o — 発音. [o, ɔ] ①最終音節 (1)[o]. o (+ 無音子音): numéro, gros, pot, trop. (2)[o:]. +[z]: rose. (3)[ɔ]. r+有音子音の前, [r][ʒ][v][z] 以外の子音の前: porte, forme, dot, vol, étoffe. (4)[ɔ:]. [r][ʒ][v] の前: or, alors, loge, ove.

ome, -one, -os (有音), **-osse** (1)[o:]: idiome, zone, albatros, grosse, endosse (gros, dos の影響), fosse. (2)[ɔ]: Rome, astronome, monotone, téléphone, rhinocéros, bosse, crosse. 学者により一定しないものが多い（ことに -os）.

②無強勢音節 (1)原則として [ɔ]: joli, soleil, ordinaire. 最終音節 [-o] の語が強勢を失うとき [ɔ] となる: Il est trop [trɔ] tard, pot-au-lait [pɔ-], mot-à-mot [mɔtamo]. cf. Il y en a trop [tro], pot [po], mot [mo] (2)[o] (i) 多く s+母音の前: explosif, groseille, gosier, rosier. ただし philosophe, cosaque, などは [ɔ]. (ii) 語尾 [o] の語の派生語: dossier (< dos), grosseur (< gros) (iii) -otion: émotion, notion. (i) (ii) は学者により一定しない.

ô 原則として常に [o(:)] ①[o]: tôt, rôt, ôter. ②[o:]. 最終音節で有音子音の前: côte, geôle, hôte, drôle, le nôtre, Rhône, dôme. ただし無強勢音節では上記②の原則の影響を受け [ɔ] となることもある: hôtel, hôpital. これに関する学者の説も一定しない.

oe, oê ①[wa-, wɑ-]: moelle [mwal], poêle [pwɑ:l, pwal]. ②[o]. 英語は: Poe, Monroe.

oé [ɔe]: goéland, goélette (古くは [gwa-])
oë [ɔɛ]: Noël [nɔɛl]
œ ①[e]: cœliaque [se-], œdème [e-, ø-]. ②[ø]. ドイツ語: Gœthe [gø:t]

œil [œj] (1 語) **œill-** [œj]: œillet.

œu [ø, œ]. eu ⇨ e)にならう. ①[ø]: vœu, nœu(d), bœu(fs), œu(fs). ②[œ]: œuf, bœuf, mœurs [mœrs, mœ:r] ③[œ:]: cœur, sœur, œuvre.

oi 12 世紀 [oi], 14-17 世紀 [wɛ], 俗語 [ɛ], その後 1 つの語はいずれかの音に一定した. [wɛ] は [wa] となり, oi[ɛ] は直・半と条・現で 19 世紀前半まで用いられたが, 1835 年にアカデミー辞典は ai の綴りを採用した. ①[wa, wɑ]. この区別は学者により一定しない. (1)[wa]:loi, roi, moi, toi, toit, foi, fois, choix, voix, joie, voie. (2)[wɑ:]. 最終音節で [r][z][v] の前:devoir, poire, bourgeoise, doive. (3)[wa[ɑ]: bois, pois, poids. ②[ɛ]: roide, roideur, roidir. 古い綴りの名残り.

英語の connoisseur, foible, reconnoitre は connaisseur, faible, reconnaître の古い綴りを借用したもの. 人名 François, Langlois は [-wa] と発音するが, 元来は Français, l'Anglais と同じ語.

oî ①[wa]: benoît, boîte, cloître. ②[wa[ɑ]: croît. ③[wa, wɑ:]: croître.
oï [ɔi]: Moïse.
oign [waɲ, ɔɲ] ⇨ i¹
oill ①Boilly [bwaji] ②oille [ɔj] ③La Trémoille [-muj] (MART; D-P), [-mɔj] (P. Lar.) ④Maroilles [-rwal]
oïm, oïn [ɔɛ̃]: Coïmbre, coïncidence.
oin ①[wɛ̃]: loin. ②[wɛ̃:]: moindre.
om ①[ɔ̃]. + p, b: plomb. [ɔ̃:]ombre. ②[ɔ]. + m, 例外的に + n: homme [ɔm], automne [otɔn] ③[ɔm]: calomnie. ⇨ m
on ①[ɔ̃]: bon, rond. [ɔ̃:]: ronde. ②+n (1)[ɔ]: bonne [bɔn] (2)[ɔ(n)]: connexe. ③[ə]. 例外: monsieur [məsjø]
ou ①[u]: tout, outre, souffle, source. 最終音節の [r] (r+有音子音を除く) [z][ʒ][v] の前で [u:]: jour, blouse, rouge, couve. ②母音の前. (1)[w]: oui, ouest. (2)[u]. 子音+l[r] の後: trouer, éblouir. その他: boueux [buwø], noueux [nuwø].
ou +[ɛ]. [ɛ] は古くは [a] の発音: souhait

[swa], fouet [fwa]であった。これらは綴りの影響で[wɛ]となる。couenne [kwa[ɛ]n]は古い発音が残る。

ouil, ouille, ouill- [uj]: fenouil, grenouille, bouillon.

oy ① 母音の前. (1) [waj]: moyen, voyage. (2) [ɔj]. 例外的: boyard. 外国語: Goya. ② [wa[a]]. oiに代わる古い綴りの名残り: Troy [trwa], Troyes [trwa[a]], Millevoye [vwa]

obéir — 17世紀までは時に直接他動詞としても用いられた (Dub, *Dict. class.*). その名残りで今日も受動態が残る. être obéi (de qn): Il réclama le silence avec tant d'autorité qu'il fut aussitôt obéi. (Beauv., *Mém.*, 234)「威厳をもって沈黙を要求したので、すぐに人々は彼の命令に服した」

objet [目的語] ⇨ complément d'objet
obliger — 1° *obliger qn à qch*: obliger qn *aux* réparations「人に損害賠償を義務づける」/ *obliger* qn *à* [(文)] de] 不定詞: Rien ne vous oblige à venir. (MR)「無理に来るには当たらない」/ Il (...) l'*obligea de* se placer auprès de Maria. (Mauriac, *Désert*, 233)「彼を無理にMのそばに座らせた」◆à [de] 不定詞に代わる代名詞はy: L'honneur m'*y* oblige. (PR)「名誉にかけてそうせざるを得ない」

2° *être obligé de* [*à*] 不定詞 ①動作主補語がなければ *de*: Je *suis obligé de* partir. (DFC)「出発することを余儀なくされている」/ まれに à 不定詞. 古文調: Elle n'avait pas invité son amie pour *être obligée à* discuter. (Mandiarg., *Lis*, 74)「友だちを招いたのは議論を余儀なくされるためではなかった」◆不定詞に代わる代名詞はいつも y: J'*y* suis obligé.「そうしないわけにはいかない」 ただし、yの省略可能: Est-il décidé à vous suivre? — Il *est* bien *obligé*. (Pinchon, 224)「彼はあなたについて行く決心をしましたか.—そうせざるを得ないのです」
②動作主補語を伴うときは à: Il *fut obligé par* ses parents *à* se rendre à la ville. (cf. H, 642)「両親から無理に町に行かされた」

3° *rendre service, faire plaisir à* qnの意では Vous m'*obligeriez* en faisant ceci [si vous faisiez ceci]. (MR)「これをしてくださればありがたいのですが」▶Vous m'*obligerez* beaucoup *d'*aller lui parler pour moi. (Ac)「私に代わって彼に話しにいってくだされば大変ありがたいのですが」は古く、日常語では en allant lui parler と言う。

4° *être obligé à* qn *de* qch [*de* 不定詞]: Je *vous suis* bien *obligé de* la peine que vous avez prise [*d'*avoir pris cette peine]. (cf. H, 643)「お骨折りいただきましてありがとう存じます」
occlusive (consonne) ⇨ consonne
octobre ⇨ mois (nom de)
œil — 1° *œils / yeux* ① 2つの複数形のうち、「両眼」の意ではもちろん、**転義でもyeuxが普通**: lever [baisser] les *yeux*「目をあげる[伏せる]」/ tourner [détourner] les *yeux*「目を向ける[そらす]」/ les *yeux* du bouillon「スープの上に浮く脂の塊」
② **œilsは専門用語の少数と合成語に限られる**: les gros *œils*「(活字の)太字」/ les *œils*-de-bœuf「丸窓」

2° *œil* ①「片目」: perdre un *œil*「片目を失う」/ cligner de l'*œil*「ウィンクする」/ Zazie ouvre un *œil*. (Queneau, *Zazie*, 235)「Zは片目をあける」
② 抽象的に「視線, 眼差」: jeter un coup d'*œil* sur qch「…に一べつを投げる」/ voir d'un bon [mauvais] *œil*「好意的な[悪意のある]眼差で見る」/ avec un *œil* critique「批判的な目で」/ Elle s'assied l'*œil* vide. (Queneau, *Zazie*, 27)「うつろな目をして腰をおろす」
③ **両眼を包括して**: L'*œil* était mi-clos. (Thib. III, 205)「目はなかば閉ざされていた」/ Mais déjà le bel *œil* vert d'Elsa s'embuait de pitié. (Sagan, *Bonj.*, 95-6)「だがもうEの美しい緑の目はあわれみのためうるんでいた」/ Battaincourt avait (...) un *œil* rond. (Thib. II, 89)「Bは丸い目をしていた」⇨ nombre des noms VIII

◆同義または別義で: ouvrir les *yeux*「目をあける」/ ouvrir l'*œil*「油断をしない」/ ouvrir les *yeux* de qn「人の蒙をひらく」/ fermer les *yeux*「目をつぶる」/ fermer les *yeux* [l'*œil*]「眠る」/ fermer les *yeux* sur qch「見て見ぬふりをする」/ avoir l'*œil* sur qn「人を監視する」/ avoir les *yeux* sur qn「人に視線を注ぐ」

3° 俗語では [zjø] が**複数形とみなされて**: entre quatre *yeux* [ɑ̃trəkatzjø]「差し向かいで」/ Elle a de drôles de z-*yeux* (Aragon, *Aurél.*, 241)「妙な目をしている」

œuf — 発音. 単数はいつも [œf]. 複数は [z] のあとでは [ø]: les *œufs*, des *œufs*, trois *œufs*,

œuvre

douze *œufs*. ◆[z]に先立たなければ[œf]となることもある: quatre *œufs*, huit *œufs*, combien d'*œufs* (MART, *Pr.*, 322; D, *Génie*, 22; DUB, I, 34) ▶ただしDUB (*Ib.*)は[katrø]も可能とし, 俗語の[katrəzø]という発音も指摘. FOUCHÉ (421)は複数の[œf]を俗語とする.

œuvre ―「画家・作曲家・作家の全作品」を集合的に[男][単]で表わすことがある: *tout l'œuvre de Chopin* [*de Rembrandt*] (TH) / *l'œuvre entier de Barrès* (ARLAND) ◆今日では[女]が普通: Tintoret, dont *l'œuvre* presque *entière* est à Venise (TAINE) / *toute l'œuvre* de Dickens (MAUROIS) (cf. G, 260) ▶文学作品について[男][単]を用いるのは専門語的性格ないし気取りを帯びる (ROB).
◆個々の作品, したがって複数はいつも[女]: C'est *la meilleure œuvre* de cet auteur. (ROB) / *les principales œuvres* de Beethoven (*Lar. 3 vol.*)

offrir ― 1° *offrir à qn* [不定詞]: On *lui offrit à manger*. (DHÔTEL, *Pays*, 84)「彼に食べ物を出した」
2° *offrir à qn de* [不定詞] ① [不定詞]の動作主は普通は主語と同じ: Elle *lui offrit de* le déposer chez lui. (SAGAN, *Mois*, 46)「(自動車で送って)彼の家で降ろしてあげようと言った」
② 時として, [不定詞]の動作主はà qn: Elle (...) ne lui *offrait pas de* s'asseoir. (*Thib.* II, 269)「彼に座るようにともすすめなかった」
3° *s'offrir à* [不定詞]: Mme Agathe *s'offrit à* aller la chercher. (MAURIAC, *Galigaï*, 11)「A夫人は, 私が彼女を呼びにいくと申し出た」
▶ *s'offrir de* [不定詞]は古語法 (ROB).

on ― 古仏語 ome (= homme) (< lat. *hominem*)の主格形. om (< lat. *homo*)から. 今日でも無強勢主語としてだけ用いられる. on を主語とする動詞は3人称単数であるが, on は文脈・状況によりすべての主語人称代名詞に代わることができ, 他の語との結合関係は主語人称代名詞とまったく同じで, 非人称でないilを用いた文ではいつもilをonで置き換えられる: *Il* [*On*] *me l'a donné. Ira-t-il* [*on*]? それゆえ一般に不定代名詞の1つとみなされるが, これを主語人称代名詞の中に加えることができる (D, 261; DUB, I, 112; MAUGER, 365 n.).
◆ただし, 他の主語人称代名詞と異なり, on は各動詞の前に必ず反復される: *On* mangera de la bonne viande et *on* boira du bon vin. (KAYNE, 103; CRESSOT, *FM*, '48, n° 4; MULLER, *RLR*, '70, 48-55) ▶複合時制では助動詞とonを略し得る: *On a mangé* de la bonne viande et (*on* a) bu du bon vin. (× et a bu は不可)

I. on / l'on 元来名詞であるから, 中世ではonと定冠詞を先立てたl'onとが併用されたが, 17世紀にVAUGELASが好音調 (euphonie)に基づく規則を作り, これが規範文典に受け継がれて今日の用法の大本をなした. 現在におけるon, l'onの使用度 (*List*, 32)は以下の通り.
① 母音接続の場合 (*List*, 4. 3): si l'on (40-78), si on (16-34); où l'on (35-72), où on (10-12); et l'on (24-44), et on (16-23); qui l'on (4-4), qui on (4-4). このほかListで調査漏れのou l'onも多い. queのあとでは逆にonが多くque l'on (45-141), qu'on (60-786).
② l音の重複の場合 le, la lesの前: on (39-98), l'on (0-0). 動詞にl音が含まれる場合もsi on allaitと言う. ただしlorsque l'onの例がある: Lorsque *l'on* essaie (...) (ALBÉRÈS, *Hor. 2000*, 7) cf. S, I, 330; G, 587.
③ 文頭 on (60-822), l'on (5-8). l'onはことに古文調: *L'on* eût dit que rien ne s'était passé. (*Thib.* I, 119)「何事も起こらなかったかのようであった」
話し言葉はl'onを用いないと言われるが (DUB, I, 114; W, 323; S, I, 330), 話し言葉でも用い得る (MAUGER, 153; D-P, VI, 293, 296): Quand on sait que *l'on* pourra nourrir sa famille, on fonde son foyer. (ROUSSIN, *Enfant*, 171)「家族を養っていけるとわかったとき, 自分の家庭を作るのです」 / Où irait-on, si *l'on* disait toujours ce que *l'on* pense?「自分がどう思うかをいつも言ったとしたらどういうことになるだろう」

II. *on*の意味
1° 不特定の *on* (on indéterminé)
① 人間一般 (les hommes en général, l'homme): Cela doit être amusant d'être prince. ― *On* s'habitue à tout. (ANOUILH, *P.R.*, 38)「貴族ってきっと楽しいでしょうね. ― 人間は何事にも慣れっこになるものです」/ *On* est tous comme ça. (VIAN, *Pékin*, 163)「人間はみんなそんなんだ」▶ことに格言調の文で: *On* a souvent besoin d'un plus petit que soi. (LA FONT., *Fab.* II, 11)「人は自分より小さいものの助けが必要となることがよくあるものだ」

◆時に les femmes en général の意: On n'est pas indulgent pour son mari! (GÉRALDY, *Rob. et Mar.*, II, 3)「夫に寛大になれるものではないわ」
② 不特定の1人または数人: Les pas se rapprochaient, on allait entrer. (LOTI, *Pêch.*, 325)「足音が近づいてきた．誰かが家にはいってこようとしていた」/ On se saluait entre connaissances. (TROYAT, *Pain*, 55)「知合い同士で挨拶をしていた」 ▶言い回し on dirait. ⇨ dire 3º
◆季節・月・曜日・日付などの表現: On était au mois d'août. (GASCAR, *Herbe*, 7)「8月のことであった」
◆一般的な表現をして相手をたしなめる: On ne met pas les coudes sur la table! (F, 62)「テーブルの上にひじをつくものではないよ」
◆動作主補語を表現しない受動態に代わる: On lui a volé son porte-monnaie. (F, 557)「彼は財布を盗まれた」

2º 文体的用法　特定のものを不特定のものとして表わすので，多くはいろいろの情意的陰影を帯びる．

① **on = je, nous**　ただし cf. 3º
(1) 謙遜 (on de modestie)　自分を前に押し出すことを避けて控え目な表現となる (⇨ nous 2º ③)．17世紀の précieuses の言葉に頻繁 (B, 276-7; N, V, 375)．現代ではことに序文で用いられる: On n'a pas donné une bibliographie complète de la phonétique, parce qu'on a jugé qu'elle serait peu utile. (GRAM)「音声学の完全な書誌を示さなかったが，それはあまり役に立つまいと判断したからである」
(2) 尊大 (on de vanité): Nous aussi, si on veut on est riches. (DURAS, *Eden*, 89)「わたしたちだって，金持になろうと思えばなれるんだ」

② **on = tu, vous**
(1) なれなれしい *tu* も，よそよそしい *vous* も使いかねる場合: On se lève tard à la campagne. (DAUDET, *Sapho*, 353)「(別れた女に)いなかじゃ起きるのが遅いんだなあ」/ On est injuste. (MAUROIS, *Cercle*, 18)「(娘が母に反抗して)そんな法ってないわ」
(2) 語気緩和: On préparera pour demain tel passage de Racine. (CR, 75)「明日はRのこれこれのくだりをさらっておきなさい」
(3) 親愛: On n'est pas content de son cœur? (ANOUILH, *Ornifle*, 75)「(医者が患者に)心臓の具合がお悪いのですか」/ On va au cinéma cet après-midi, avec son petit homme? (SARTRE, *Nausée*, 66)「(娘に)午後にはいい人と映画に行くのかい」
(4) 皮肉: Je n'ai de leçon d'honneur à recevoir de personne, Général. — On est fier. C'est bien. (ANOUILH, *Hurlub.*, 166-7)「名誉について誰からも教えていただくことはありません，将軍．—自尊心が強い．結構なことだ」
(5) 軽蔑: On n'a donc plus aucune pudeur? (SUPERV., *Shéhér.* I, 7)「もはや羞恥心のかけらもなくなったのか」 ◆ことに que + 接 を用いた絶対的命令文において: Allez, qu'on me débarrasse le plancher! (ROB)「さあ，とっとと出ていってくれ」

③ **on = il(s), elle(s)**
(1) on と言えば誰のことかわかると話し手が考える場合: Et puis tu me diras si l'on a eu du chagrin en apprenant mon départ (…) si l'on a pleuré (…). (LABICHE—ROB)「それから，おれが行ってしまったと知ってあの人が悲しんだかどうか，泣いたかどうか，教えてくれ」
(2) 名前を出すことをはばかって: On demande monsieur au téléphone. (THIB. V, 176)「先生にお電話です」

3º on = je, nous　文体的価値を失い，話し言葉では単に *je, nous* の代用: Ce qu'on est bête de pleurer comme ça. (THIB. III, 68)「あたしばかね，こんなに泣くなんて」

　on = nous は頻繁: Alors, on part? (SALACROU, *Th.* VI, 267)「では，出かけるか」/ Il y a des siècles qu'on ne s'est vus. (BEAUV., *Mand.*, 482)「本当に久しぶりだね」/ Mon petit frère et moi on est près d'elle. (DURAS, *Amant*, 35)「弟と私は彼女のそばにいる」/ On ment beaucoup toi et moi. (ID., *Véra*, 47)「よくうそをつくわね，あなたも私も」/ Et si tu nous en empêches, c'est *nous qu'on* s'en va. (SARTRE, *Mains* III, 2)「そいつをやらせねえんなら，おれたちが出ていくぜ」(= c'est nous qui nous en allons．qui が que nous となる俗語法 (⇨ que¹ V. 1º) から qu'on となったもの) ◆文語に取り入れられた例: On but nos cognacs et *nous* aussi *on* repartit danser. (DURAS, *Marin*, 124)「コニャックを飲むと，われわれもまた踊りに行った」

◆on = nous は動詞活用形の単純化傾向と複数1人称の動詞形態の衰えによる (N, V, 379; F,

Gr. fautes, 147; S, I, 336; GRAFSTRÖM, *RLR*, '69, 270-98）．

　意味の違う*on*の併用：Dès qu'*on* sera un peu riches, *on* t'achètera un autre manteau. (BEAUV., *Inv.*, 24) (=Dès que *nous* serons... je t'achèterai...)「少しお金ができたら、別のコートを買ってあげるよ」 / *On* entend la porte d'entrée *qu'*on referme. (ACHARD, *Patate*, 125)「入口のドアの閉まる音が聞こえる」

III.　属詞・過去分詞の一致　　*on*が複数または女性を表わす場合は動詞は単数のままで属詞・過分は意味上の一致（syllepse）をすることが多い：Je sais qu'à votre âge *on* a envie d'être *coquette*. (ANOUILH, *P.B.*, 400)「あなたの年ごろではおしゃれをしたいものだということは知っていますよ」 / Viens demain: *on* causera *tranquilles*. (BEAUV., *Mém.*, 231)「あしたいらっしゃい．静かに話しましょう」 / *On* ne s'est pas bien *comprises*. (DORIN, *Th.* I, 223)「お互いによく理解し合えなかった」　▶この一致は必ずしも行なわれない．たとえばII. 1º ① GÉRALDYの例．

IV.　不特定の*on*に対応する目的語・所有形容詞

1º　*on*を含む節の中では，再帰代名詞はse, soi, 所有形容詞はson：Comme *on* fait *son* lit, *on se* couche. 《諺》「ベッドの整え方のよしあしに従って寝心地はよくも悪くもなる＞自業自得」（soiは ⇨上記II. 1º ① LA FONT. の例）

2º　他の節に属する目的語・所有形容詞は, *on*が話し手と聞き手を含む普遍的な内容の文ではnous, notreを用い，*on*が話し手を含まず，不特定の意味を持つときはvous, votreを用いる：*On* devrait savoir que la modestie *nous* fait aimer. (D, 262)「謙譲が人から愛される秘訣であることを知らねばなるまい」 / ce bruit d'eau, qu'*on* entend de partout, qui *vous* entoure. (*Ib.*)「至るところ聞こえ，人を包みこむその水音」　▶on ne sait quel [qui, quoi, comment, où] ⇨ savoir 11º

oncle — 冠詞の省略 ⇨ article V. 16º ①

onomatopée [擬音，擬声，擬態] — 自然音を模倣して作った語．動物の鳴き声：狼・犬の唸り声 hou hou, 猫 miaou, 羊 bêh, mê, 牛 meuh, 蛙 coax coax, coi, 鳥 croa croa, 鶏 coquerico, cocorico, カッコウ coucou, 七面鳥 glouglou, コオロギ cri-cri, / 動物の逃げる音：frrt, 銃：pan pan, 鈴：bing bing, drelin drelin, 鐘：din don, 太鼓：rataplan / へたなヴァイオリン：crincrin / 時計・水車：tic tac / 鞭：clic-clac, flic-flac / 平手打：pif paf / 人・物の落ちる音：pouf / きぬ擦れ：froufrou / モーター：teuf-teuf / 破壊：crac.

◆擬音はそのまま名詞化されて，音そのものを，またはその音を発するものを表わす：le tic-tac du moulin「水車のカタカタという音」 / un cricri「コオロギ」 / un coucou「カッコウ」

◆擬音は名詞・動詞を派生させる：coq (< coquericot), miauler (< miaou), bêler (< bêh), meugler (< meuh), coasser (< coax), croasser (< croa), craquer (< crac).

onze — **1º** 先行語の **élision**

① *le, ce* はいつも élision されない：*le onze* [ləɔ̃:z] mai / une lettre *du onze* mai / nuit du 10 *au 11* février. (GUILLEMIN, *Hugo*, 23)

② *de, que*（その合成語）

(1) 単独のonze，またはonze + 名 (heuresを除く) の前では élision されない：Il n'y a pas moins *de onze* théâtres. (BEAUV., *Marche*, 438)「少なくとも11の劇場がある」 / cette gamine *de onze* ans (*Thib.* I, 244) / Ils ne sont *que onze*. 「11人にすぎない」　▶ただし，これに反する例：plus *d'onze* cent familles (MONTHERL., *Brocél.*, 121)

(2) onze heures の前では élision は任意：Vous reprenez le train *de onze heures*? (*Thib.* I, 167)「また11時の列車に乗るのですか」 / Si nous voulons prendre le train *d'onze heures* moins le quart (...) (ANOUILH, *P.N.*, 222)「もし11時15分前の列車に乗ろうとすれば (…)」 / Il est près *de onze heures*! (ID., *P.R.*, 198)「もうすぐ11時だ」 / Il n'est *que [qu'] onze heures*. 「まだ11時だ」 / *lorsque [lorsqu', puisque, puisqu'] onze heures* sonnent.

2º 先行語の語末の e　上記 1º ② の élision の場合を除き e の文字は省略されない．① [ə] と発音されるもの．chapitre, chiffre, livre, note, scène, tome, volume：livre *onze* [livrəɔ̃:z] ② mille onze は [milɔ̃:z] ③ 特別な場合．autre, contre, ensuite, entre, être, -re（不定詞語尾）は上記 1º ② にならう．　(1) [ə]：entre *onze* gendarmes / Il devait lire *onze* pages. (2) [ə] または無音：Il est entre *onze* heures et midi. (FOUCHÉ, 135-7)

3º 先行語との **liaison** いつも行なわない：deux cents | *onze* / quatre-vingt-|*onze* / ses | *onze* enfants / vers | *onze* heures. ▸ ただし Il est [était] *onze* heures. は liaison されると説かれるが (FOUCHÉ, 439; MART, *Pr.*, 358), 今日では一般のフランス人はこの liaison を知らない.

onzième — 先行語は élision されず, 子音の前と同じ形態をとる: *le [ce] onzième* volume / *cette onzième* partie / *dans sa onzième* année / *C'est une pièce du onzième* siècle. (*Thib.* V, 174) ▸ *l'onzième* はまったく古文調: *l'onzième livre* (FRANCE, *P. Nozière*, 287)

opposition ⇨ concessive

ordonner — *ordonner* à qn de 不定詞「人に…することを命ずる」/ *ordonner* que + 接 ただし, 命令の実現が確実なときは + 直 (futur または futur du passé): Le colonel ordonne que vous *irez*.「連隊長はあなたがたが行くことを命じている」

ordre des mots [語順] ⇨ adjectif qualificatif VI; adverbe V; apposition I; II. 4º; attribut V; complément III; complément circonstanciel 末段; complément d'objet 5º; numéral cardinal II. 2º; numéral ordinal III; sujet C. 特殊な語の語順はそれぞれの項に記した.

orgue — 1º 普通は単数でも複数でも 男: Cet *orgue* est excellent.「このオルガンはすばらしい」/ C'est un des plus beaux *orgues* que j'aie vus. (LIT; TH)「私が見た最もりっぱなオルガンの一つだ」
2º 女複 は時に 1 台の大パイプオルガンを指す (構造の複雑さから): Cette cathédrale a de belles *orgues*. (MART, 24)「この大聖堂にりっぱなオルガンがある」▸ またその数個: les grandes *orgues* de nos cathédrales (ROB)「わが国の大聖堂の大オルガン」

orthographe [正書法] — 文字 (lettre) と綴り字記号 (signe orthographique) を用いて語の綴り字を正しく書く方法.
1º フランス語正書法の欠陥 正書法の理想は 1 文字は特定の 1 音のみを表わし, 1 音は特定の 1 文字によってのみ表わされることであるが, フランス語の綴り字は不統一を極め, この理想からは甚だ遠い.
① 1 文字は種々の音を表わす: gros [o], homme [ɔ] ② 1 音は種々の文字で表わされる: dos, rôle, autre, beau (いずれも [o]) ③ 書いても読まない文字がある: vingt. ④ alphabet そのものに欠陥がある. (1) 無益な文字を含む. h は常に無音, k, q は c と重複し, x は cs, gz, s, ss で置き換えられる. (2) ある音を表わす文字は存在しない. これを表わすために gn [ɲ], ch [ʃ], ou [u], eu [œ, ø] のように文字を組合せる. 鼻母音は, n, m を用いて表わす: an [ã], em [ã]. それでもなお [a] と [ɑ], [o] と [ɔ], [œ] と [ø] を区別することはできない.

2º 不統一の原因
① 綴り字の固定化と発音の変化. 初めラテン文字を使って表音的に表わした綴り字は, 発音の変化につれて改良が加えられたが, 綴り字は定着する傾向があるため, 改良が発音の変化に追いつかず, 昔の綴り字のまま新しい発音に従う語が続出した. 例えば lat. alba > 古仏 albe は発音が [aub] となったため aube と書き改められたが (⇨ 1 III), [o:b] となっても綴り字は aube のままで固定.
② 語源的綴り字の採用. 中世の学者の間に綴り字を語源の姿に戻そうという風潮が生じ, bele > belle (< lat. bella), flame > flamme (< lat. flamma), vint > vingt (< lat. viginti), set > sept (< lat. septem), などのほか, 一時的現象として fai*c*t, de*b*voir, fe*b*vrier のように発音しない文字が加えられた. pois > poi*s* (cf. lat. pondus), lais > leg*s* (cf. lat. legatum) のように真の語源 (lat. pensum, 古仏 laissier) を誤った改悪も多い.
語源に基づくとはいえ fantaisie (< lat. phantasia), pomme (poma < lat. pomum) は語源の趣を伝えず, tra*p*pe の合成語 attra*p*er, cha*r* の派生語 cha*r*iot と cha*r*rier, cha*r*rette など, 気紛れなものも多い.
3º 綴り字改良運動 16 世紀に早くも MEIGRET, PELETIER などが表音的綴り字を唱え, 語源と慣習を尊重した Académie も 1694 年以来, その辞典で綴り字に若干の改良を加えた: fai*c*t, s*ç*avoir > fait, savoir; fe*s*te, mai*s*tre > fête, maître; argi*l*le, dét*h*rôner > argile, détrôner; aim*o*is > aim*a*is; *rh*ythme > *r*ythme; pié*g*e > piè*g*e; po*ë*te > po*è*te, など. 綴り字は長い間の伝統で固定したもので, これを一挙に徹底的に変えることはできないが, その不合理な要素は除去する必要があり, 綴り字改良運動は今日もなお続けられている. 近年でも, 複数の言語学者たちの委員会が作成し, 1990 年に Académie が承認して官報に載った, 約 3 千語を対象とする綴り字改革案は, その後作家・校閲者らの激しい反対にあって Académie も強制施行をあきらめ, 時間をかけた検討にゆだねる

ことになった」

oser ── *ne* (*pas*) *oser*＋不定詞　ne pas oserが日常語: Je n'ose (pas) le faire. (TH)「思い切ってそうできない」/ Mais je *n'osais* penser à lui depuis la veille. (SAGAN, *Sourire*, 89)「しかし前日来，どうしても彼のことを考える勇気が出なかった」/ Vous *n'avez pas osé* lui refuser son baiser triste. (BUTOR, *Modif.*, 17)「彼の悲しい口づけを思い切って拒むことができませんでしたね」

◆＋不定詞にleの代入は可能．多くこれを略す: Approchez, si vous *l'osez*. (PR)「近づけるものなら近づいてごらん」/ Il faut lui écrire. ── Je n'*ose* pas. (SAGAN, *Mois*, 96)「彼に手紙を書かなければいけないわ．──気がひけるの」▶この場合もpasの省略可能．

◆ne pas oser ne pas＋不定詞ではpasを略さない: Devant son frère, elle *n'osa pas ne pas* tendre la main. (*Thib.* VI, 142)「兄を前にして手を差しのべないわけにもいかなかった」

ôté(e) ── oté(e)＋名．前置詞（＝excepté）とみなされて無変化が普通: *Oté* deux ou trois chapitres, cet ouvrage est excellent. (AC)「二つ三つの章を除けばこの本はすばらしい」▶まれに後続名詞と一致 (G, 784 b, Hist.).

ou ── 接(等位)　**1°** 肯定文中の同機能・同性質の語・語群・節の結合: Il viendra lundi *ou* mardi.「月曜か火曜に来るでしょう」　◆肯定節＋ou＋否定節: On y va *ou* on n'y va pas? (VIAN, *Pékin*, 289)「行くのか，それとも行かないのか」

　　数₁ *ou* 数₂

① 数₁, 数₂が連続しない数ならば，ouは二者択一を表わすのが普通: Avoir soixante-trois ans *ou* cinquante-trois ans, cela ne fait pas à mes yeux une grande différence. (BEAUV., *Compte*, 40)「63歳であれ53歳であれ，私の目から見れば大した違いはない」

◆ただし，数₁ou数₂が連続しない数であって概数を示すことがある: Le lendemain, ils vinrent à dix *ou* douze. (VERCORS, *Anim.*, 100)「翌日彼ら（猿）は10匹から12匹ぐらいでやって来た」/ Elle avait certainement dix *ou* quinze ans de plus que nous. (MODIANO, *Garçons*, 59)「確かに10歳から15歳ぐらいわれわれより年上だった」

▶MART (198); H (20)はIl y avait là quinze *ou* [à] vingt personnes.「15人から20人ぐらいいた」は共に概数を表わすと説く．

② 数₁, 数₂が連続数（例:5・6日），または10位，100位の数が続いていれば（例: 5・60日，5・600日），概数を表わす: dans deux *ou* trois jours「2・3日後に」/ Il devait avoir sept *ou* huit ans de plus que moi. (GARY, *Au-delà*, 19)「私より7・8歳年上に違いなかった」/ Une femme habitait ici, trente *ou* quarante ans auparavant. (DÉON, *Taxi*, 104)「1人の女が3・40年前にここに住んでいた」

◆数₁, 数₂が連続の数を結ぶouの省略形: J'ai dans ma cave de quoi tenir quatre, cinq ans. (GARY, *Cerfs*, 181)「地下室には4・5年持ちこたえるだけの貯えがある」/ depuis 50, 60 ans environ (BEAUV., *Adieux*, 308)「およそ5・60年前から」▶次の例も連続数にならったもの: Il est veilleur de nuit, il se lève jamais avant midi une heure. (QUENEAU, *Zazie*, 74)「夜警だから，昼の12時，1時前に起きることは決してない」

2° 否定文中の同機能・同性質の語・語群・節の結合: Pas un détail de leurs visages *ou* de leurs habits ne m'échappait. (CAMUS, *Etr.*, 18)「顔や服装のこまかい点もひとつとして見逃さなかった」/ Il se félicita de n'avoir pas été vu par des amis, *ou* par sa femme. (GREEN, *Epaves*, 45)「友人たちや妻に見られなかったので，しめたと思った」⇨ni I. 2°

3° 命令文＋*ou*: Sortez *ou* je vais appeler. (ANOUILH, *P.B.*, 455)「出ていって下さい．さもないと人を呼びますよ」/ Ouvre tout de suite *ou* j'enfonce la porte. (ID., *Ardèle*, 111)「すぐ開けろ．さもないとドアをぶち破るぞ」

4° 節, *ou*＋副: (Je) ne participai pas, *ou* peu, à la conversation. (SAGAN, *Bonj.*, 17)「会話には加わらなかった，といって悪ければ，ほとんど加わらなかった」

▶ou non ⇨ non 4°

5° A *ou* B *ou* C　2個の要素の並列はA, BouCが普通．ou B ou Cは各要素の強調: Il boit du lait, *ou* du vin, *ou* de l'eau, *ou* de la cervoise. (VALÉRY─COL)「あるいは牛乳を，あるいはぶどう酒を，あるいは水を，あるいは大麦のビールを飲む」

◆ou A ou B: De deux choses l'une: *ou* tu plaisantes *ou* tu es folle! (DORIN, *Th.* II, 245)「どっちかだよ．冗談を言っているか，それとも頭がどうかしてるか」

6° A *ou* B の後の動詞の一致
① A, B の**一方しか動作にあずかれなければ動詞は単数**: La France *ou* l'Australie accueillera les prochains championnats du monde. (PÉCHOIN, 407)「フランスかオーストラリアが次期世界選手権開催国を受け入れることになる」
② A, B が**共に動作にあずかるときは動詞は複数**: Et Georges *ou* René peuvent aider Agnès. (BUTOR, *Degrés*, 311)「それに G でも R でも A を手伝ってやれるさ」
③ **人称の一致**　多くは A et B の後にならう (⇨ et 8°): Toi *ou* moi (nous) avons ce qu'il faut pour le faire. (COL)「きみも私もそれをするのに必要なものを持っている」/ Lui *ou* toi (vous) pouvez l'accepter. (ID.)「彼もきみもそれを承諾できる」

♦ A, B の一方しか動作にあずかれなければ動詞は単数 3 人称: C'est lui *ou* moi qui fera cela. (*EBF*)「彼か私がそれをするだろう」　▶ ただし Mon père *ou* moi viendra. (D, 450) より Mon père *ou* moi, l'un de nous viendra. (cf. H, 978) のほうが普通.

où¹ ─ 代(関係); 副(関係)　俗語では次のような複合形が見られる: avant l'heure *où c'est que* ça se ferme (QUENEAU, *Zazie*, 147)「それが閉まる時間の前に」/ la buanderie *où c'est que c'est qu'*elle avait garé la hache (*Ib.*, 72)「おのを隠しておいた洗濯場」

I. 先行詞と共に
1° 先行詞＝場所・状態
① **名詞**: Je ne veux pas aller dans un pays *où* je ne connais personne. (ANOUILH, *Grotte*, 47)「誰も知り合いのいない国に行きたくありません」/ L'incertitude *où* nous sommes a quelque chose que je ne supporte pas. (GREEN, *Sud* II, 4)「現在の不安定な状態がなんとなく我慢がならない」/ Ce qu'il admirait le plus en elle, c'était le mépris *où* elle tenait les biens de ce monde. (BEAUV., *Mand.*, 79)「彼が彼女のうちでいちばん感嘆していたのは、この世の富をさげすんでいる点だった」

où ＋ 不定詞　文学的: Ce n'était pas un endroit *où causer* en paix. (GASCAR, *Grains*, 145) (= où l'on pût causer)「静かに話せる場所ではなかった」

d' [*par, jusqu'*] *où*: Allez-vous donc retourner au pays *d'où* vous venez? (CAMUS, *Malent.* II, 1)「では、お出でになったもとの国にお帰りなのですか」/ Il se dirigea vers la porte *par où* il venait de les voir disparaître. (*Thib.* V, 61)「2 人が今しがた姿を消した戸口のほうに行った」/ l'endroit *jusqu'où* vous êtes parvenus (ROB)「あなた方がたどりついた場所」

pour [*vers*] *où*　古典語法. 先行詞が地名ならば現代でも用いられる: Hier soir de retour de Paris *pour où* j'étais parti le 1er décembre. (GIDE ─ ROB)「12 月 1 日に向かったパリから昨夜帰る」/ Fongueusemare, *vers où* revolait sans cesse ma pensée (GIDE, *Porte*, 33)「絶えず私の思いがそのほうに飛んでいく F」

② **場所の副詞**: Après tu es reparti de *là où* tu étais? (DURAS, *Abahn*, 50)「そのあとで自分のいる場所からまた逃げだしたのだね」/ (Il) va s'asseoir *là où* il était assis au début du premier acte. (BECKETT, *Godot*, 118)「第 1 幕の初めに腰をおろしていた場所に座りに行く」/ *Partout où* je regardais il y avait de l'eau. (F, 1568)「(洪水の話をして) どこを見ても水ばかりだった」/ On n'a *nulle part où* aller. (LE CLÉZIO, *Géants*, 36)「どこにも行き場がない」

♦ *là* は voici, voilà のあとでは省略する (⇨ 下記 II. 3°). 関係節で始まる文では là, ici が常用: *Ici où* vous êtes, vous ne craignez plus rien. (COL)「ここにいれば、もう何もこわいことはない」

③ **場所の前置詞** ＋ 名 代: Je sors de *chez vous où* je viens de passer une heure avec Cécile. (ROUSSIN, *Nina*, 363)「お宅で C と 1 時間過ごして、帰ってきたところなのよ」/ (Il) s'aplatit *par terre, où* il reste immobile. (ROSTAND ─ S, II, 192)「地面にへばり、そのまま動かなくなる」

2° 先行詞＝時を表わす語　*où* / *que*
① **状況補語となる名詞**
(1) **定冠詞** [**指示形容詞**] ＋ 名 の後は多く *où*: Il faisait très froid la semaine *où* vous êtes partis. (DUB-LAG, 99)「あなたがたが出発した週は大変寒かった」　▶ その他: au [du] temps *où*, à l'époque [l'heure, l'instant] *où*, au moment *où*, le mois *où*, など.

♦ *que* は文学的: L'autre nuit, *que* j'étais bien abattu, j'ai été toute ravie en regardant les étoiles. (MONTHERL., *Port-Royal*, 94)「この間の夜、気がめいっていましたとき、星を見てうっとりいたしました」　▶ その他: au

où¹

[du] temps *que*, dès l'instant *que*.
♦または俗語的：*Les jours que* j'y vais, il écoute très gentiment ce que je lui dis. (TR. BERN. ― S, II, 173)「わたしが行く日はいつも、お話しすることをとても親切に聴いてくれます」
(2) **不定冠詞**＋名**の後は** *que* **が普通**：un *jour que* le vent soufflait d'ouest (TOURNIER, *Vendr.*, 41)「西風の日に」／ *un soir qu'*il traversait la place d'Italie (SARTRE, *Mots*, 193)「ある晩、イタリア広場を横切っていたときに」／ まれに *un soir où* j'étais à Rome (DÉON, *Taxi*, 132)「ある晩ローマにいたとき」／ *une nuit où* ils chantaient sur la plage (ID., *Déjeuner*, 262)「ある夜浜辺で歌っていたとき」
(3) *le seul* [*premier, dernier,* 序数詞]＋名 **の後では** *que* **が望ましい** (S, II, 172; ROB)：*Le premier jour que* je t'ai vu, j'ai compris que (...) (DHÔTEL, *Lieu*, 60)「初めてきみに会った日に…」／ *la dernière fois que* nous nous sommes vus (TOURNIER, *Coq*, 153)「われわれが最後に会ったとき」♦これに準じて：*La prochaine fois que* j'irai me promener, je passe vous chercher. (SAGAN, *Mois*, 42)「今度散歩に行くときには、あなたを誘いに寄ります」
▶その他：chaque fois que, toutes les fois que (S, II, 285-6)
(4) **期間を示す名詞の後では** *que* **を用いる**：Personne ne venait la voir *pendant les deux ou trois jours qu'*a duré son agonie. (*Thib.* IX, 153)「2日、3日にわたるご危篤の間、どなたもあの方を訪ねてはいらっしゃいませんでした」／ Laissez-les *le temps qu'*ils veulent souffrir. (IONESCO, *Th.* II, 165)「苦しみたいだけ苦しませておやりなさい」／ *tout le temps que* nous fûmes là (DÉON, *Taxi*, 265)「われわれがそこにいた間じゅう」／ ただし *tout le temps où* elle travaille dans les escaliers (LE CLÉZIO, *Désert*, 274)「彼女が階段を掃除している間じゅう」
(5) **時の副詞**＋*que*：*Aujourd'hui que* nous voilà réunis... (ROB, aujourd'hui)「われわれが今ここに集まっているきょう」(S (II, 196)のあげる aujourd'hui où はまれ) ▶成句的：maintenant que, à présent que.
② **主語、目的語、属詞など　いつも où**：Le moment *où* commence la vieillesse est mal défini. (BEAUV., *Vieill.*, 8)「老いの始まる時期ははっきり定められてはいない」／ Il maudira le jour *où* il t'a connue. (ACHARD, *Patate*, 187)「彼はお前と知り合ったその日を呪うだろうな」／ C'etait l'heure tranquille *où* les lions vont boire. (HUGO ― ROB)「獅子が水を飲みに行く静かな時刻であった」
♦《俗》C'est *l'heure que* je rentre à la caserne. (GENET, *Œuv.* III, 26)「兵営に帰る時間です」

3° **先行詞＝場所・時以外の名詞**　古典語法．ACの例 le but *où* il tend「彼の目ざす目的」（＝auquel）／ *les affaires où* je suis intéressé「私が関係している事業」（＝dans lesquelles）は括弧内が現用．
♦**常用句**：*au prix où* est le beurre (MR)「バターの値段がこんなでは」／ *du [au] train où* vont les choses (MR)（＝dont）「この調子でいくと」
4° **先行詞＝節** *d'où* (＝de là)：*d'où* je conclus que... (EBF)「そこから私は…と結論する」／ *d'où* (il) résulte que ; *d'où* il suit que「したがって…という結果になる」
♦**動詞の省略**：Il m'a souvent trompé. *D'où* ma méfiance à son égard. (*Lex*)「彼はよく私をだました．だから彼には用心している」▶*d'où* の前は多く〈:〉(MR),〈;〉(DB)．
II. 先行詞なしで（＝là où, à l'endroit où）
1° **副詞的補語**：Le juif reste *où* il était. (DURAS, *Abahn*, 64)「ユダヤ人はもといた場所にいる」
♦vouloir, devoir, dire などのあとで既出の動詞を略して：Il dormait *où* il voulait. (LE CLÉZIO, *Déluge*, 117)「好きなところで眠った」／ Je vous suivrai, *où* vous voudrez. (ROB.-GRIL., *Marienbad*, 159)「あなたの好きな所についてきます」／ Demain j'irai *où* vous m'avez dit pour voir vos œuvres. (VERCORS, *Portrait*, 46)「あすは、きみの作品を見に、言われた所に行くよ」
2° **名詞的補語**：Il fallait regarder tout le temps *où* on marchait. (LE CLÉZIO, *Géants*, 46)「しょっちゅう足もとを見ていなければならなかった」
où＋不定詞：Il cherche des yeux *où* s'asseoir. (BECKETT, *Godot*, 118)（＝où il puisse s'asseoir)「座れる場所を目で捜す」／ Il (...) n'a pas *où* passer la nuit. (IONESCO, *Th.* II, 95)「夜を過ごす所もない」

d'[*par, jusqu'*] *où*：Jacques se détacha *d'où* il était. (*Thib.* ― S, II, 115)（＝ de l'endroit où)「Jは自分がいた場所から離れた」/ Retourne *d'où* tu viens. (CLAIR, 350) (=à l'endroit d'où)「もとの所にはいっていろ」/ Elle ne vient pas *d'où* je viens. (CASTILLOU, *Thaddëa*, 214) (= de l'endroit d'où)「わたしとは境遇が違うんだ」/ On est puni *par où* on a péché. (ROB) (=par ce par quoi)「犯した罪にふさわしい罰を受ける」/ Ils sont allés *jusqu'où* vous leur avez dit. (ROB) (= jusqu'à l'endroit où)「彼らはあなたが言った所まで行った」

3° *voici* [*voilà*] *où*: *Voilà où* vous travaillerez. (BEAUV., *Tous les h.*, 53)「ここがあなたの仕事をする所です」/ *Voilà où* j'en suis par ta faute. (APOLLIN., *Poète*, 51)「きみのおかげでこのざまだ」

4° *c'est où*: Qu'est-ce que c'est que l'enfer?—*C'est où* vont les enfants qui font des mensonges. (BRIEUX—S, II, 115)「地獄ってなあに.—嘘をつく子の行く所だ」

5° 転位要素 ① *Où..., c'est quand* 前+名, *de* 不定詞: *Où* sa colère ne se contint plus, *ce fut quand* il apprit que (...). (ARLAND, *Ordre*, 66)「彼が怒りをこらえられなくなったのは,(…)ということを知ったときであった」/ *Où* il était surprenant, par exemple, *c'était dans l'érudition* (...). (HUYSMANS—ROB)「例えば彼の驚くべきところはその学識にあった」/ *Où* tu te trompes, *c'est de croire* qu'il y a des raisons de vivre. (DANIEL-ROPS, *Epée*, 520)「君が間違っているのは,生きる理由があると思っていることなのだ」

② *c'est là où* 古典語法. 現在でも用いられるが (S, II, 130); TH; COL は *c'est là que* と言うべきだと説く.

III. *où que* + 接 譲歩節: *Où qu*'il soit, *où qu*'il aille, l'homme continue à penser avec les mots, avec la syntaxe, de son pays... (Thib. V, 24)「どこにいようと,どこに行こうと,人は自分の国の言葉と語法で考え続けている」

*où*² — 副 (疑問) ① *où*; *où-est-ce que*; *où c'est que*; *où que*: *Où* vas-tu?「どこへ行くの?」/ *Où* veux-tu que nous allions dîner? (SAGAN, *Brahms*, 15)「夕食をどこへ食べに行きたい?」/ Tu vas *où*? Vous êtes née *où*? (LE CLÉZIO, *Déluge*, 137) / (俗): *Où* tu vas? (CLAIR, 389) ◆強調形: *Où est-ce que* vous allez, vous deux? (VIAN, *Pékin*, 116) / (俗): *Où c'est* (-i) *que* tu vas? / *Où qu*'elle est, Maria? (CLAIR, 351)「どこにいる, Mは?」

② 前+*où*: *D'où* venez-vous?「どこに行ってきたのですか」/ *Par où* est-il passé? (MR)「どこを通ったのだろう」/ *Jusqu'où* fuirons-nous? (SARTRE, *Séques.*, 147)「どこまで逃げよう」

▶ *d'où vient que* ⇨ venir 2°

③ 主語 = 名詞の場合の語順 (1) 動詞が補語を伴わなければ: *Où* va ton père? *Où* ton père va-t-il? のどちらも可能. 動詞が être ならばいつも *Où* est le journal de ce matin? (F, 1117)「けさの新聞どこへやった」(2) 動+補語 (名), 不定詞 [あるいは 動+属詞] ならば複合倒置: *Où* Jean voulait-il aller?「Jはどこへ行きたかったの」/ *Où* Jean est-il assis?「Jはどこに座っているのかな」

④ 間接疑問での語順: Dites-moi *où* vous allez. ♦主語名詞は *où*¹ の後の語順にならう: Est-ce que vous savez *où* cette route conduit? (F, 404)「この道はどこへ行くか御存じですか」/ Tu sais *où* est allé Cottard? (LE B, *Inv.*, 277)「Cがどこへ行ったか知ってる?」/ (俗): Je comprenais *où c'est qu*'il voulait en arriver le salaud. (QUENEAU, *Zazie*, 71)「あの野郎が結局何をしたいのかはわかっていた」

⑤ *où* + 不定詞: *Où* aller?「どこに行ったらいいだろう」/ Par *où* passer?「どこを通ったらいいだろう」/ 間接疑問: Je ne sais *où* aller.「どこに行ったらいいかしら」/ Ils ne savent pas *où* se mettre. (SARRAUTE, *Isma*, 11)「身の置きどころも知らない」

ouate — acheter de *la* ouate [de *l'*ouate] (AC). ただし de + ouate は, une boule *de ouate* (VERCEL, *Conan*, 110) よりは un morceau *d'ouate* (VERCORS, *Anim.*, 12) / avec un peu *d'ouate* (Thib. IV, 150) のほうが普通.

oublier — 1° oublier qn [qch]: Il m'*a oublié*.「彼は私のことを忘れてしまった」/ J'*ai oublié* son nom.「彼の名は忘れた」

2° *oublier de* 不定詞: Il *a oublié de* nous prévenir. (MR)「われわれに知らせるのを忘れた」

3° *oublier* + 不定詞 まれ: Jean *a oublié* y être allé. (GROSS, 86) (= Jean a oublié qu'il y était allé.)「Jはそこに行ったことを忘れた」/ J'*oublie* être un vieil homme. (ESTAUNIÉ —S, III, 89) (= J'oublie que je suis...)

oublier queが常用．Jean a oublié d'y aller．(= Jean a oublie, qu'il devait y aller．)「そこに行くことを忘れた」との意味の違いに注意．

4° ***oublier que*** + 直 (否定形・疑問形のあとでも)：N'*oubliez* pas *que* ce paquet est très fragile．(DFC)「この包みが非常にこわれやすいことを忘れないでください」/ *Oubliez*-vous *que* je suis là? (TH)「私がここにいることを忘れているのですか」 ▶oublier que + 接 は古典語法．文学的文体に残る (G, 999, Rem.2, N. B.)．

♦de 不定詞, que...に代わる le はしばしば略される：On oubliait de partir, de se lever même, de parler．Elle *oubliait*．(SOLLERS, *Parc*, 32)「出かけることも，立ち上がることすらも，話すことも忘れていた．彼女は忘れていた」

5° ***oublier*** + 間接疑問節：Vous *oubliez* qui je suis．(MR)「私が誰だか忘れていますね」/ Je n'*oublie* pas comment [grâce à qui] j'ai été tiré d'affaire．(ROB)「どうやって[誰のおかげで]助かったかは忘れもしない」

oui ── 肯定の副詞．ouiの前ではélisionもliaisonも行なわれない：Je crois que *oui* [くだけた話し言葉のみqu'*oui*]．/ Mais ¦ *oui*．/ Je dis ¦ *oui*．

1° 肯定の問いに対する肯定の答え：Vous venez?── *Oui*．♦強調形：mais *oui* / oh [ah; ah, ça; eh] *oui* / ma foi [dame, mon Dieu] *oui* / *oui, oui* / *oui* certes [vraiment] / que *oui*．

2° 文頭，多くは文末，時に文中で断定の強調：Eh bien *oui*: il a pu faire tout ça, mais... (SARTRE, *Nausée*, 27)「なるほど，そういうことを何もかもやったかも知れないが…」/ C'est un paresseux, *oui, oui*, un paresseux．(DFC)「怠け者ですよ．そうですとも，怠け者です」/ C'est une toquade, *oui*．(SAGAN, *Bonj*., 147)「のぼせただけさ，そうだとも」/ Vous allez vous dépêcher, *oui*! (ID., *Violons*, 93)「急ぐんですよ，よくて」/ Je crois, *oui*, à ma nature féerique．(TOURNIER, *Roi*, 11)「私は，そうだ，私の不思議な天性を信じている」

3° 省略節 ① 音調で種々の意味になる：Tu prends le monde trop au sérieux．── *Oui*? (BEAUV., *Mand*., 466)「きみは世の中をまじめに考えすぎるのだよ．──そうかね」/ Je vais vous confesser quelque chose, Antoine．── *Oui*．(Thib. IX, 104)「打ち明けることがあるの，A．──そうかい」/ (相手の言葉を促がす)Edith! ── *Oui*? (ACHARD, *Patate*, 108)「E．──なあに?」/ Marius! Apportez-moi la bouteille de vin qui est sur le comptoir... (...) ── *Oui*. (PAGNOL, *Marius* IV, 6)「M! カウンターの上にあるぶどう酒の瓶を持ってきておくれ．──はあい」

♦文末に添えて疑問を強調する：Tu as compris, *oui*?「わかったかい，ええ?」▶同義でnonを用い得る (DUB, II, 162)．

② croire, dire, espérer, jurer, prétendre, répondre, savoir, supposer, voir / avoir l'impression, être sûr [certain] / il paraît, peut-être, probablement, など．+ *que oui*：Je lui assurai *que oui*．(SAGAN, *Sourire*, 143)「彼にそうだと断言した」/ Le garçon fit signe que *oui*．(CESBRON, *Prison*, 137)「少年はうなずいてみせた」/ Je crois *que oui* [くだけてqu'*oui*]．「そう思います」♦que + 節と等位：J'ai dit *que oui* mais que dans le fond cela m'était égal．(CAMUS, *Etr*., 63)「それはそうだが，実際にはどうでもいいのだと彼に言った」

▶この言い方から作られた強調形que oui (上記1°)ではqueは単なる強意語となる．

③ Acceptes-tu? *Si oui*, je n'ai pas besoin de réponse．(GIDE, *Porte*, 150)「承知してくださって? もし承知なら，ご返事はいりません」

④ 先行する節の主語を別語に置き換えて肯定文を作る：Avez-vous vu des enfants mourir de faim? Moi, *oui*．(CAMUS, *Justes*, 73)「きみたちは子供が飢え死にするのを見たことがあるかね．ぼくはあるけれど」/ Tu veux déjà rentrer?── Pas toi?── Oh! moi, *oui*．(BEAUV., *Mand*., 368)「もう帰りたいの?── 君はまだ?── わたしは帰りたいわよ」

4° ***oui ou non*** 文末：Est-ce que tu m'aimes, *oui ou non*? (GARY, *Cerfs*, 132)「ぼくを愛しているの，いないの」/ 文頭：*Oui ou non*, pourrais-tu aimer une autre fille que moi? (BEAUV., *Sang*, 37)「どっちなの，私以外の女の子を愛せるの，愛せないの」/ 文中：Ce qu'il faudrait savoir, c'est si les Allemands sont *oui ou non* à Angers．(*Ib*., 184)「知らなければならないのはドイツ人がAにいるかいないかだ」/ Me laisserez-vous, *oui ou non*, sortir? (COCTEAU, *Bacchus*, 146)「どうなんです．わたしを出て行かせてもらえるんですか」

5° 名詞的機能 ① 直・目 direの意味の動詞：Elle répondit *oui*．「彼女ははいと答えた」

② 属詞：C'est *oui*?── C'est non．(VAILLAND,

Loi, 20)「いいでしょ？──だめだ」

6º *oui* / *non* / *si* 基本的な使い分け：As-tu fini?──Oui(, j'ai fini) [Non(, je n'ai pas fini)]. / N'as-tu pas fini?──Si(, j'ai fini) [Non(, je n'ai pas fini)]. ▶しかし, 微妙な陰影の差をもって oui が si, non に代わり, oui しか用いられないことがある.

① **否定疑問が肯定の意を持つとき**：N'ai-je pas raison?──*Oui*, mon père. (SALACROU, *Th.* IV, 17)「わしの言うことは当然じゃないかい.──そうよ, お父さま」/ Elle ne dîne pas ici?──*Oui, oui*. (ROUSSIN, *Enfant*, 223-4)「家で夕食をするんじゃないのかい.──ええ, 家でするのよ」
◆しかし, 否定形に重点を置き si も用い得る：N'avez-vous pas sommeil?──*Oui* [Si], j'ai sommeil. (LE B, II, 652)「眠いのじゃありませんか.──ええ, 眠いのです」

② **否定の事実に同意するとき**：Ça n'a aucune importance.──*Oui*, (...) ça n'a aucune importance. (SARTRE, *Age*, 121)「それは全くどうでもいいことだ.──そうだね. 全くどうでもいいことだ」/ 否定文の強調 (上記 2º の用法)：Mais *oui*, vous ne dites jamais rien. (GREEN, *Voyage*, 357)「そうですとも. あなたは何もおっしゃったことがない」

③ **n'est-ce pas? ; non?** (⇨各項)は, 挿入されなかったものとして答えに oui, si, non を用いる：Il disait du bien de moi, *n'est-ce pas?*──*Oui*. (DURAS, *Th.* II, 63)「私のことをよく言っていたでしょう, ね?──ああ」/ C'est un homme libre que tu cherches *non?* ── *Oui*. (ID., *Marin*, 221)「あなたの捜しているのは自由な男でしょう, ね?──ええ」/ Non は否定の答え：Nous sommes le 17 aujourd'hui, *n'est-ce pas?*──*Non*, c'est le 18. (F, 1858-9)「きょうは 17 日じゃありませんか.──いや, 18 日です」/ Tu n'as pas fait attention, *n'est-ce pas?*──*Si* (, j'ai fait attention). 「気をつけなかったんだろう, ね?──いいえ (気をつけました)」 cf. *Non* (, je n'ai pas fait attention). 「ええ, 気をつけなかったんです」▶同意を求めるだけで, 真の問いではないから, 多くは oui, non で答えない.

◆次例は②にならったもの：Cela n'a pas de sens... N'est-ce pas, Marie-Anne?──*Oui*, Mademoiselle Monime. (ANOUILH, *P.N.*, 86)「そんなことは意味がない. そうでしょう M-A?──はい M さま」

④ ***ne... que*** を含む疑問文は肯定疑問として扱う：N'avez-vous *que* cela à faire? ── *Oui*. (= Je n'ai que cela à faire)「それしかすることがないのですか.──ええ」◆Non は J'ai autre chose à faire. の意. Oui の代わりに Certainement, Assurément, Non の代わりに Oh! non を用いたほうがよい (MART, 526, n.1). さらに明瞭に Ils *n'*ont *que* cet enfant-là? ── *Non*, ils en ont un autre. (H, 634)「あの夫婦にはこの子しかいないの?──いえもう 1 人います」

◆*ne... plus que* も同じ：Ne lis-tu donc *plus que* cela?──A peu près. *Oui*, depuis plusieurs mois. (GIDE, *Porte*, 156)「じゃあ, もうそれしか読まないの?──まあね. 何か月も前からそうなの」

outil grammatical ⇨ mot

outre ── **1º** 前 ① au delà de「…のかなたに」の意では成句のほかはあまり用いられない：*outre*-mer「(フランスから見て) 海外に」/ *outre* mesure「法外に」/ *outre*-monts「アルプスのかなたに (>イタリア [スペイン] に)」/ *outre*-Rhin「ライン河のかなたに (>ドイツに)」, など.
◆時にこれにならって：*outre* l'Océan (G, 940)「大西洋のかなたに」 ② 普通は en plus de「…のほかに, …に加えて」の意.

2º 副：aller plus *outre*「もっと遠くに行く」/ passer *outre*「見のがしてやる」/ passer *outre* à qch「…を無視する」

3º en outre de = outre 1º ②. LIT; *Gr. Lar. XXº* (388) は誤用とするが, 普及している. cf. G, 940 b; H, 657.

4º outre que + 直 [接]「…のみならず」

ouvrage ── 名男 俗語で時として 名女：De la belle *ouvrage*. (QUENEAU, *Fleurs*, 57)「見事な仕上げだ」

P

p — 発音. ①音節の初め, 母音間. [p]: *p*ère; é*p*ée. ②語末 (1)無音: dra(*p*), cham(*p*). (2) [p]: ca*p*, ce*p*, he*p*! 外来語: sto*p*.
  ph [f]: *ph*are, *ph*rase, Jose*ph*.
  pp [p]: a*p*(*p*)orter, su*p*(*p*)lément.
  pn [pn]: *pn*eu, hy*pn*ose.
  ps ①語頭. [ps]: *ps*ychologie. ②語末 (1)[ps]: bice*ps*, force*ps*. (2)無音: cor(*ps*), tem(*ps*).
  pt ①語頭. [pt]: *Pt*olémée, *pt*ose. ②母音間 (1)[pt]: se*pt*embre. (2)[t]: ba(*p*)tême, com(*p*)ter / se(*p*)tième, cf. se(*p*)t. ③語末. [無音]: exem(*pt*), prom(*pt*).

paire — 2個で1組のもの: *une paire de souliers* [*de* chaussettes, *de* bas]「靴［ソックス, ストッキング］1足」 ◆同一の2つの部分から成る1個の品物が複数で表わされる名詞 (ciseaux「はさみ」, lunettes「眼鏡」など) は数個を表わすにも複数を用いるから, 1と多を区別するために *une paire* [*plusieurs paires*] *de bretelles*「ズボンつり1個［数個］」と言う. ▶ pincettes「火ばさみ」のように2つの部分からなる品物の名称とはなるがその片方の部分のみの名称とはなれないものに *une paire de* pincettes (AC)と言うのは行きすぎ (GOUG, *Mots* I, 296).しかし例は多い: *six paires de* caleçons (SARTRE, *Nekr.*, 69)

palatale ⇨ consonne I. 3°④; voyelle I

pantalon — つなぎのような服を着ていたイタリア喜劇の人物 Pantalone を語源とするから, 1着のズボンは un pantalon が普通. しかし二股に分かれているところから複数に用いられた braies, chausses, trousses の類推で, culotte de femme の意で複数に用いられた: La rapidité de ses jambes découvrait ses petits *pantalons* brodés. (FLAUBERT, *Cœur* II)「足を速く動かすので, 刺繍された小さな下ばきが見えていた」

◆男子用長ズボンの意でも複数は現代方言・日常語に復活, 文語にさえ入った: Ses *pantalons* avaient le pli qu'il fallait. (MAURIAC, *Désert*, 116)「ズボンの折り目は申し分なくきちんとしていた」/ Si elle mettait les *pantalons* de papa? (SARTRE, *Mur*, 138)「パパのズボン履かせたら?」 ▶ 次例の une paire de の使用は俗用: Tu devrais t'acheter *une paire de pantalons* et une veste. (GIONO, *Regain*, 195)「ズボンと上着を奮発すりゃいいのにさ」

pâque — 1° *la pâque* (ユダヤ教の)踰越節 (すぎこしのいわい).
2° *Pâques*「復活祭」 ①常に無冠詞, s を伴うが 男 単: quand *Pâques* sera venu (AC) / Je vous paierai à *Pâques* prochain. (*Ib.*) ② 女 複 (1)冠詞(相当語)と付加形容詞を伴う: les *Pâques* éclatantes de soleil (G, 263 c) / depuis les *Pâques* précédentes (*Ib.*) / Je vous souhaite de joyeuses *Pâques*. (2)無冠詞の成句: *Pâques* fleuries「枝の主日」/ *Pâques* closes「《古》白衣の主日」 ▶普通名詞として: faire ses *pâques* [*Pâques*]「復活祭に聖体を授かる」

paquebot ⇨ à I. 10°

par — 前 1° 場所 ①通過点 (= à travers): passer *par* la forêt「森を通り抜ける」/ regarder *par* la fenêtre「窓から眺める」/ Il aspira une bouffée qu'il laissa voluptueusement sortir *par* ses narines. (*Thib.* V, 61)「ひと吸いするなり, いかにもうまそうに鼻から煙を吐き出した」 ◆par ici¹ [là¹] (cf. ③): Venez *par ici*. (*TLF*)「こちらからいらっしゃい」/ Passe *par là*. (*Ib.*)「あちらを通っていきなさい」
▶比喩的: Cette idée lui est passée *par* l'esprit. (*DFC*)「この考えが彼の脳裏をかすめた」
②場所の広がり一帯に (= ça et là à travers): J'allais seul, chassant *par* la plaine

normande. (MAUPASS., *Sur l'eau*, 114)「ノルマンディーの平原を狩猟をしながら、ひとり歩き回った」/ Il se mit à aller et venir *par* la chambre. (*Thib.* II, 58)「部屋の中をあちこち歩きはじめた」/ L'orchestre jeta *par* les salons des notes éclatantes. (BEDEL, *Jérome*, 134)「オーケストラがサロン一杯に、響きわたるような音を投げかけた」

③ 運動を伴わずに, 付近 (= dans le voisinage) par ici² : Vous habitez *par ici*? (GREEN, *Epaves*, 54)「この辺にお住まいですか」 par là² : Il n'y a pas d'issue *par là*. (BECKETT, *Godot*, 125)「そっちに出口はないよ」/ Voulez-vous chercher une clé qui est tombée *par là*... (CLAIR, 259)「その辺に落ちたかぎを捜してくださいませんか」 ▶par terre「地べたに、床に」

2º 時間・天候 pendant, durantの意 : Tout commença *par* une belle matinée d'avril. (VERCORS, *Anim.*, 19)「すべては4月のある晴れた朝に始まった」/ Je rentrai *par* une nuit étoilée. (DÉON, *Taxi*, 162)「私が帰ったのは星のきらめく夜だった」 ▶その他 : *par* un beau soir (SAGAN, *Sourire*, 53) / *par* un beau soleil (BEAUV., *Mand.*, 425) / C'était *par* un jour de pluie. (ROB.-GRIL., *Voyeur*, 18)「雨の日のことだった」

名詞は気象を表わす形容詞・補語名詞を伴うのが普通, これらはpareil, semblable, ceで代わられ得る : Personne ne songeait à sortir *par* un soleil *semblable*. (SAGAN, *Bonj.*, 136)「誰もこんな日照りに外出しようとは思わなかった」/ *par* un temps *pareil* (CLAIR, 21)「こんな天気の日に」/ Tu vas avoir le courage de travailler *par cette* chaleur? (BEAUV., *Inv.*, 366)「この暑さに仕事をする勇気がある?」/ *Par ce* temps! (DÉON, *Déjeuner*, 253)「こんな天気かい」 ▶時に無冠詞 : Le médecin lui interdit de sortir *par* mauvais temps; même *par* beau temps (...) (BEAUV., *Compte*, 107)「医者は彼に天気の悪い日には外出を禁じた. そして晴れた日にも…」/ *par* temps de brouillard (*DFC*)「霧の立ちこめるときに」/ *par* grand vent (*TLF*)「大風の日に」

気象を示す語なしで月名・季節名を伴うこともある : *par* un après-midi *de mai* (BEAUV., *Mand.*, 29)「5月のある午後」/ *par* un jour *d'automne*「秋のある日」(W, §784) ▶parなしの un après-midi de mai, un jour d'automne は動作の行なわれた時期を示し, parはその時期において動作の展開する状況を示す. de mai, d'automneが気候の特徴を表わすわけで, 形容詞・補語を省いた ˟*par* un après-midi, ˟*par* une nuit は不可. ただし名詞それ自体が気象を示すならばvoyager *par* la neige (*DG*)「雪の中を旅をする」/ *par* la pluie (W, 371)「雨降りに」と言う.

♦par le passé (= dans le passé) : Elle jugeait son milieu avec autant de sévérité que *par* le passé. (BEAUV., *Mém.*, 219)「自分の階級の人々を昔と同じように厳しく批判していた」

3º 配分 : Il alluma une cigarette. Cinquante francs le paquet. Quinze cents francs *par* mois. Dix-huit mille francs *par* an. (AYMÉ, *Chemin*, 15)「彼は巻きたばこに火をつけた. 1箱50フラン. 月に1500フラン. 年に18000フランになる」/ Les jeunes filles (...) marchent, bras dessus, bras dessous, *par* trois ou quatre, lentement, en silence. Les garçons vont *par* groupes, lentement. (VAILLAND, *Loi*, 34)「娘達は(…)腕を組んで、3・4人ずつかたまって、押し黙ったままゆっくり歩く. 男の子はグループに分れてゆっくり進む」/ Dans le ciel d'encre les étoiles s'allumaient *par* milliers. (DÉON, *Taxi*, 17)「真暗な空には、星が数知れずまたたいていた」/ deux *par* deux「2人ずつ」/ diviser *par* chapitres「章に分ける」 ♦ただし, *par* endroits「所々に」, *par* moments「時々」(= *par* instants), *par* intervalles「間を置いて」などは, 各語を集合的に複数に用いるのが普通だが, これを個々にとらえてまれに単数にする (G, 201, Rem. 2; *TLF* 各語).

♦par deux [trois,...] fois = à deux [trois] reprises. parは反復・努力などを表わす : Elle grimpa l'escalier et pressa *par trois fois* le bouton de la sonnette. (BEAUV., *Sang*, 139)「階段を上がると3度続けて呼鈴のボタンを押した」

〈par+無冠詞名詞〉による配分の意味は単数か複数かでも違いが出る.

(1)単数. chaqueが潜在すると考えられる : une fois *par* an [*par* semaine, *par* jour]「年[週, 日]に1度」/ payer cent euros *par* tête (= *par* personne)「1人当たり100ユーロ払う」

(2)複数 : acheter *par* douzaines「ダースで買う」

paraître

4° 手段・道具: Vous pourrez appeler un taxi *par* téléphone. (SAGAN, *Brahms*, 49)「電話で車を呼べますよ」/ convoquer *par* lettre (*PR*)「文書で呼び出す」/ *par* dépêche「電報で」
　Prends-moi *par* la main. (F, 69)「手を引いてよ」/ Il m'a saisi *par* le bras. (F, 70)「彼は私の腕をつかんだ」
　venir *par* avion (VERCORS, *Anim.*, 160)「飛行機で来る」/ rentrer *par* bateau (*Ib.*, 159)「船で帰る」/ voyager *par* le train [*par* le chemin de fer] (*RM*)「列車で旅行する」

5° 様態: C'était un vent d'est,(...) qui soufflait *par* brusques rafales. (LE CLÉZIO, *Fièvre*, 10)「それは東風で(…)突風となって吹いていた」/ Il pleuvait *par* torrents. (LOTI, *Chrys.*, 13)「滝のような雨が降っていた」(à torrents が普通) / avancer *par* bonds「ピョンピョン跳んで進む」/ attaquer *par* surprise「不意打ちをくわす」

6° 原因・動機: Les autres font *par* plaisir ce que je fais *par* métier. (VAILLAND, *Loi*, 58)「私が職務としてやっていることを他の者は楽しみでやっています」/ *par* amitié「友情から」/ *par* caprice「気まぐれに」/ *par* inadvertance「うっかりと」/ *par* intuition「直観的に」

7° 動作主　① 受動態と共に. ⇨ agent (complément d') 1°① ▶行為名詞と共に: la découverte de l'Amérique *par* Colomb. ⇨ nom d'action 1°②(2)
② 能動態と共に: J'ai appris cela *par* un ami [*par* sa lettre]. (*MFU*, 18)「私は友達から聞いて[彼の手紙で]それを知った」⇨ faire XII. 3°②; entendre 3°; laisser 3°
③ 作品名 + par + 作者名: «La Vierge et l'Enfant», *par* Raphaël (*Lar. XX*ᵉ, VI, 1025)

8° *par* 不定詞 commencer, continuer, débuter, finir, terminer の後で. 各語参照.

9° *de par*　① *de par le monde* (1) (= quelque part dans le monde): Il a *de par le monde* un cousin qui a fait une grande fortune. (AC)「彼には巨万の富を築いた従兄が1人世界のどこかにいる」(2) (= dans toute l'étendue de la terre): Il y a des milliers de filles exactement pareilles à moi *de par le monde*? (BEAUV., *Sang*, 36)「世界中には私にそっくりの女の子が何千といるの?」/ dans les langues *de par le monde*「世界中の言語で」
② (= *à cause de*, *étant donné*): Il était, *de par* sa complexion, franc du service militaire. (DUHAMEL—G, 898, 1)「彼は体質からして兵役を免除されていた」
③ *de par* + 副 [前 + 名]: la femme d'un jeune roitelet *de par ici* (YOURC., *Orient.*, 47)「この辺の小国の若い王の妃」/ Il est *de par chez* moi. (= des environs de mon pays natal) (TH)「私の故郷の近くの者だ」
④ 《古》(= *par l'ordre de*): *de par* le roi des animaux (LA FONT., *Fab.* VI, 14)「百獣の王の命により」

10° *par trop* (= vraiment trop)　古仏語で副詞的に強意語として用いられた名残り.《文》: Tout cela m'a semblé *par trop* compliqué. (*Lar. Gr.*)「それらはみな複雑極まるように思われた」

paraître ― 1° 複合形の助動詞　普通は avoir: Les étoiles *ont paru*. (F, 1285)「星が出た」◆出版物については出版される動作には avoir, 出版されている状態には être を用いる: Ce livre *a paru* chez un grand éditeur [est *paru* depuis trois mois]. (COL)「この本はある大出版社から刊行された[3月前から出ている]」▶ただし, 後者の場合にも avoir を用い得る: A l'heure qu'il est, mon livre *a paru*! (BEAUV., *Mand.*, 93)「今ごろはおれの本は出ているのだ」

2° *paru* = qui a été publié: les livres *parus* l'an dernier「去年出版された本」

3° *paraître* + 属詞 + (*à* qn): Il *paraît* satisfait.「彼は満足そうに見える」/ Il le *paraît*.「彼はそう見える」/ Je suis comme ivre. Je fais un effort terrible pour ne pas le *paraître*. (BARRAULT, *Journal*, 17-8)「酔ってでもいるようだ. そう見えないように私はすさまじい努力をする」/ Cela me *paraît* louche.「私にはいかがわしく思われる」/ Il *paraissait* en bonne santé. (BEAUV., *Adieux*, 36)「彼は元気そうに見えた」

　paraître (*à* qn) *de* 不定詞: Le plus simple lui *parut* encore *de* s'adresser à Gurau. (ROMAINS—S, III, 73)「いちばん簡単なのはこれまた G に話を持ち込むことであるように思われた」

　paraître (*avoir*) ... *ans*: Ce grand garçon *paraissait* treize ou quatorze *ans* quand il en avait dix. (MAUROIS, *Dumas*, 35)「その大

柄な少年は10歳の時に13・4歳に見えた」/ On lui disait qu'il ne *paraissait* pas son *âge*. (GREEN, *Epaves*, 60)「年には見えないとよく言われた」/ J'ai vingt-neuf ans. — Vous en *paraissez* la moitié. (VERCORS, *Anim.*, 26)「29ですの.—その半分に見えますね」◆... ans を les で受けて: Ainsi vous avez trente-cinq ans. Vous ne *les paraissez* pas. (BUTOR, *Degrés*, 236)「35歳ということになりますがそうは見えませんね」

4° *paraître* + 不定詞 : Elle *paraissait* dormir. (TROYAT, *Marie*, 47)「彼女は眠っているように見えた」/ Elle *parut* n'avoir pas entendu. (GASCAR, *Herbe*, 157)「聞こえなかったようだった」◆不定詞を le で受けて: Disons : que l'homme *paraît* se poser des questions, que la bête ne *le paraît* pas. (VERCORS, *Anim.*, 286)「人間は自分に問いを発するらしいが動物はそうではないらしいと言っておこう」 ▶ 不定詞 の解釈については ⇨ sembler 3°

5° *il* (*me*) *paraît que* + 直 (= il (me) semble que)（文学的）: *Il me paraît* bien *qu'*elle *s'est trompée*. (ROB)「どうも彼女は間違ったらしい」◆il ne (me) *paraît* pas que + 接 直 : *Il ne me paraît pas que* la situation *soit* si mauvaise. (DFC)「状況がそんなに悪いとは思えない」/ *Il ne paraissait plus que* son intelligence *avait sommeillé* si longtemps. (GIDE, *Symph.*, 63)「彼女の知性がそんなに長い間眠っていたとはもはや思えなかった」

◆il *paraît que* + 直 (= on dit que): *Il paraît qu'*au Brésil il y *a* des plages magnifiques. (BEAUV., *Images*, 10)「Bにはすばらしい浜辺があるそうよ」▶ *paraît que* + 直 (il の省略は 俗語): *Paraît que* l'armistice *est* signé. (MALRAUX, *Lazare*, 92)「休戦条約が調印されたそうだな」

6° *il paraît* + 形 + *de* 不定詞 : *Il paraît* absurde *de* revenir sur cette décision.(DFC)「この決定を撤回するのはばかげているように思われる」

il paraît + 形 + *que* + 直 接 従属節の叙法は il est + 形 + que の後と同じ: *il paraît* certain [évident] que + 直 「…は確実[明白]であるように思われる」/ *Il paraît* normal *que* le gouvernement fasse passer l'intérêt du pays avant le leur. (BEAUV.,

Marche, 442)「政府が自己の利益より国の利益を先行させるのは当然のことに思われる」

7° *il paraît* (= on le dit): Il est riche? — *Il paraît*. (CLAIR, 25)「金持なの?—だそうだ」/ C'est, *paraît-il*, ce qu'a fait Grey. (*Thib.* VII, 154)「Gがそれをやったのだそうだ」

il y paraît (= on le voit bien, cela se voit): Elle venait d'être très malade et *il y paraissait* encore. (ROB)「彼女は重い病気がなおったばかりで、いまだにその名残りを留めていた」/ Egmont doit être plus fatigué qu'*il n'y paraît*. (VERCORS, *Colères*, 237)「Eは見た目より疲れているに違いない」/ sans qu'*il y paraisse* 「そうは見えないが」

à ce qu'il paraît (= à ce qu'on dit): Elle va se marier, *à ce qu'il paraît*. (ROB)「彼女は結婚するそうだ」▶俗用: A ce qu'il paraît *qu'*il est mort comme ça. (SARTRE, *Sursis*, 171)「彼はそんな死に方をしたそうだ」 cf. que⁴ VIII. 2°

parasynthétique (formation)［複接派生，並置総合］—〈接頭辞 + 語幹 + 接尾辞〉による語形成．派生 (dérivation) の一種，これによって作られた語を(mot) parasynthétique「複接派生語，並置総合語」と言う．例: débarquer < dé-barqu-er / immanquable < im-manqu-able.

▶ ×barquer, ×manquable は存在しない．

parataxe ⇨ juxtaposition

parce que — ［接続詞相当句］ 発音 [pars(ə)kə]《俗》: [paskə] は避けるべし (COL).
1° 主節の原因を説明するために聞き手に未知の事実を述べる．主節の後に添えるのが定石 (⇨ puisque 1°). ただし，強調的に主節に先行することがある: *Parce que* je n'étais pas simple, on ne m'aimait pas, et *parce qu'*on ne m'aimait pas, je me croyais indigne d'être aimé. (PINGAUD, *Scène*, 27)「私は無邪気ではなかったから，人から愛されなかった．そして人から愛されなかったから，愛される資格がないと思っていた」/ Non qu'il sache beaucoup de choses. Mais *parce qu'*il ne sait presque rien, tout est neuf à ses yeux. (MAUROIS, *Dumas*, 43)「彼がいろいろなことを知っているわけではない．そうではなく，ほとんど何も知らないからこそ，すべてが彼の目には新鮮なのだ」▶主節に先行する parce que は多く前文で示された内容を繰り返す．また下記 4°③ の型の文にも多い．

2°　主語と動詞の省略： *Parce que* las, je me suis étendu sur mon lit. (JOUHAND., *Procès*, 24)「疲れていたから、ベッドに横たわった」/ Calvin qui est logique, *parce que* français (SEILLIÈRE, *Romant. et Mor.*, 20)「フランス的なるが故に論理的なC」

3°　単独に　理由を述べることをためらって： Pourquoi me fais-tu la grimace? — *Parce que*. (SARTRE, *Age*, 31)「どうして私にいやな顔をするの．—だって」/ これに対して更に答えを追求して：*Parce que*... — *Parce que* quoi? (S, II, 312)「だって…—だって何だ」/ 相手が理由を述べることを促して pourquoi に相当：C'est impossible. — *Parce que*? (*Ib.*)「不可能だね．—どうして」

4°　ne... pas... parce que　① **否定は** *parce que* **には及ばない：** Il *n*'a *pas* pu venir, *parce qu*'il était malade.「彼は病気だったから来られなかったのです」▶ parce que は行為の行なわれなかった原因を表わす．

② **否定は** *parce que* **まで及ぶ：** Une mère *n*'a *pas* le cœur brisé *parce que* son fils se fiance. (BEAUV., *Mém.*, 354)「息子が婚約するからといって母親が胸がつぶれることはあるまい」(Une mère a le cœur brisé parce que... という文全体の否定)　◆真の原因は mais で導かれる：Je *ne* l'ai *pas* fait *parce que* je l'ai voulu, *mais parce qu*'on me l'a demandé. (MART, 403)「したいからしたのじゃなくて、してくれと言われたからしたのだ」(= Je l'ai fait, non pas parce que je l'ai voulu, mais parce que...)

③ 主節の否定または否定の意を表わす疑問と相俟って**原因の不十分なことを表わす：** *Parce que* les autres trahissent, on *n*'a *pas* le droit de trahir. (DANIEL-ROPS, *Epée*, 170)「他の者が裏切るからといって人を裏切る権利はない」/ *Parce que* la femme n'aime pas les idées abstraites, est-ce une raison pour qu'elle s'écarte de la politique? (MAUROIS, *Sent.*, 42)「女性が抽象概念を好まぬからといって、それが政治から遠ざかる理由になろうか」/ Ne t'imagine pas, *parce que* tu es boursier, devoir rien à personne. (GIRAUDOUX, *Simon*, 8)「給費生だからとて、誰にも何一つ負い目がないなどと思うなよ」/ Vous n'allez tout de même pas vous jeter à la mer *parce que* votre femme a quitté. (GARY, *Clowns*, 225-6)「女房が出ていったからって、まさか海に飛び込むんじゃないでしょうね」

5°　*parce que* / *par ce que*　後者は par cela [les choses] que (que は関係代名詞)の意：si l'on en juge *par ce que* vous dites「あなたの言われることから判断すれば」

pardonner — pardonner qch「何を許す」：Elle *pardonnait* l'injure reçue. (MAURIAC, *Pharis.*, 88) / pardonner qch à qn「人の何を許す」：*pardonner* une faute *à* qn / pardonner à qn「人を許す」：Pardonnez-moi [*lui*]. ▶pardonner qn も普及したが (G, 599, 20; N, VI, 189)、避けるべき用法とされている (LIT; AC; *DBF*; TH).

◆受動形 être pardonné は正規の用法：Il avait pu rapporter à Maria l'assurance qu'elle *était pardonnée*. (MAURIAC, *Désert*, 155)「マリアに確かに許されたという報告ができた」▶慣用表現：Vous *êtes* tout *pardonné*.「お気になさいますな」

◆se faire pardonner「許される」は pardonner à qn から．したがって se は間・目．pardonner が他動詞と並置される次例は破格構文： Il s'agenouilla pour *se faire pardonner* et bénir. (TOURNIER, *Coq*, 17)「許しを得て祝福されるためにひざまずいた」

pareil(le) — **1°　付加形容詞**　*pareil* + **名**：en un *pareil* moment (*Thib.* IV, 49)「こんな時に」/ en de *pareils* cas (GREEN, *Epaves*, 66)「こんな場合に」/ On ne se lance pas à l'aveuglette dans de *pareilles* histoires. (IKOR, *Gr.moy.*, 244)「盲滅法にそんな騒ぎに飛び込むものじゃない」　◆しばしば無冠詞：Il y a cent ans, cinquante ans, *pareille* étude n'eût pas été concevable. (GUILLEMIN, *Hugo*, 7)「100年前、50年前だったら、こんな研究は考えられなかったろう」/ Je n'ai jamais connu *pareille* liberté. (VERCORS, *Portrait*, 68)「これほどまでの自由を経験したことはない」 ▶ **成句：** en *pareil* cas (= dans un cas *pareil*) / à *pareille* heure (= à une heure *pareille*)「こんな時刻に」

名 + *pareil*：On a rarement vu une beauté *pareille*. (GLLF) (= une pareille beauté)「こんな美しい女性を見たことはめったにない」/ On n'avait jamais vu un amour *pareil*? (DURAS, *Bay*, 58)「これほどまでの恋を見たことは一度もなかったのですか」

2° *pareil à*; 話し言葉で*pareil que* : Sa voiture est *pareille à* la mienne. (*RM*)「私のと同じような車だ」/ Ta robe est *pareille que* la mienne. (*Niv. 2*) は la même que の類推による．著しくくだけて俗語的．大部分の文典は許容しない（= semblable à, identique à）．
♦次が副詞・前置詞相当句なら comme で置き換えるほうがよい : Le temps est *pareil qu'*hier. (*Lar. Gr.*)（= est comme hier）「天気は昨日と同じようだ」/ En août on racontait que tout allait changer, et c'est juste *pareil qu'*avant. (BEAUV., *Mand.*, 19)「『娘の言葉』8月には何もかも変わるだろうと言っていたけれど，前とまるっきり同じね」/ Est-ce qu'il savait comment les pêcheurs confectionnaient leurs filets? — (...) C'est *pareil que* pour les rideaux. (GASCAR, *Graine*, 170)「彼は漁師がどうやって網を作るか知っていたろうか．—カーテンを作るのと同じようなものさ」

3° **副詞的**（= de même, de la même façon）: Elles sont habillées toutes les deux *pareil*. (LE CLÉZIO, *Géants*, 296)「彼女たちは2人とも同じような服を着ている」/ Je pense que tout le monde fait *pareil*. (IONESCO, *Th.* I, 34)「誰しも同じことをすると思う」/ Nous ne voyons pas les choses *pareil*. (ID., *Solitaire*, 130)「我々は物事を同じようには見ていない」/ Puis elle sourit. Ernesto sourit *pareil*. (DURAS, *Pluie*, 22)「そして彼女はほほえんだ．Eもまた同じようにほほえんだ」

4° **名詞** : Il n'a pas *son pareil* [Elle n'a pas *sa pareille*].「彼［彼女］に匹敵する者はいない」
♦*sans pareil(le)*　形容詞相当句．修飾する名詞に一致 : Ces fleurs sont d'*une beauté sans pareille*. (COL)「これらの花は比べもののない美しさだ」/ *des joyaux* sans *pareils*「比類のない宝石」　▶まれに無変化 : *des joyaux sans pareil* (*DBF*)

parenthèse［丸括弧］— signe de ponctuation の一種．（　）の印．挿入節，挿入語句，引用語句の出所，説明など，文の付随的要素を本文から切り離すために用いられる : Oui, dit Sarah. (Son visage changea.) C'était terrible! (SARTRE, *Age*, 51)「ええ，とSが言った．（彼女の顔色は変わった．）恐ろしかったわ」♦戯曲のト書が常に括弧に入るわけではないが，せりふの間に一息入れることを指示する次例は頻繁 : C'est vous que j'aime le plus au monde.

(*Temps*). Plus que tout.(*Temps*). Plus que tout ce que j'ai vu.(*Temps*). Plus que tout ce que j'ai lu.(*Temps*). Plus que tout ce que j'ai.(*Temps*). Plus que tout. (DURAS, *Savannah*, 20)
♦par parenthèse（sなし）= entre parenthèses（sあり）「ついでながら」

parfait［完了時制］= passé composé (D, 212-214; CR, 126)

parfait(e) — 1° parfait + 名 と 名 + parfait. parfait は名詞に含まれる性質の高度を示す : *parfaite* santé「この上ない健康」/ *parfait* homme du monde「理想的な社交人」/ *parfait* imbécile「大ばか者」　▶それゆえ *parfait* bonheur = bonheur *parfait*「完全な幸福」/ *parfait* cuisinier = cuisinier *parfait*「申し分のない料理人」とは言うが，gâteau [sonnet] *parfait*「見事な菓子［ソネット］」は parfait + 名 の語順はとれない．
2° 絶対的な意味を持つとは言え，絶対に至る過程において比較級，最上級を考え得る．ただし絶対最上級 ×très [×fort] parfait は不可 (*EBF*) : De toutes les tragédies de Racine, *Phèdre* est *la plus parfaite*. (*DBF*)「Rのすべての悲劇のうち，フェードルが一番完璧だ」

parier — parier qch (avec [contre] qn)「（人と）何を賭ける」: Je *parierais* bien cent francs (*avec* [*contre*]) vous). (*MFU*)「（君と）100フラン賭けてもいいよ」
♦parier à qn que + 直 [de 不定詞] : Je *te parie* cent millions *que* ça n'est pas vrai. (CESBRON, *Prison*, 26)「それが本当じゃないってことに1億賭けるよ」/ Il *a parié de* manger un gigot à lui tout seul. (ROB)「彼はもも肉をひとりで平らげてみせると賭けをした」
♦Je *parie pour* ce boxeur.「このボクサーに賭ける」/ Je *parie pour* [*sur*] ce cheval.「この馬に賭ける」/ Je *parie 50 euros sur* ce cheval.「この馬に50ユーロ賭ける」　▶賭金が表現されれば sur が必要 (*DBF*)．

parler — 1° *parler français*　普通は「フランス語を母語として話す」．しかし parler le français と同じく外国人についても用いられる : Il *parlait français* avec un léger accent. (MODIANO, *Vestiaire*, 53)「彼（中国人）はほとんどなまりのないフランス語を話していた」/ Làbas, tous *parlent* aussi bien allemand que français. (*Thib.* VIII, 91)

parler le français 外国人がフランス語を話す能力がある，または話しつつある．le は他国語との対立を示す：Il *parle l'anglais* et *l'italien* couramment. (ROUSSIN, *Enfant*, 270)「彼（フランス人）は英語とイタリア語を流暢に話します」/ Elle（ドイツ人）*parlait le français* sans accent. (MALRAUX, *Cond.*, 57) ◆形容詞を伴えば：Il *parlait un* français correct. (*Thib.* VI, 255) / Il *parle un* excellent français. (VERCORS, *Divag.*, 26)

parler en français 数ヶ国語を話す人がある機会にフランス語で話す：L'ambassadeur *a parlé en* français. (H, 668)「大使はフランス語で話した」/ Nous *avons* un peu *parlé en* français. (BUTOR, *Emploi*, 272)

◆parler le français の le français を Ac; ROB; DFC; Log; GLLF は直・目とみなす．parler の他動詞的性質：*Parlez*-vous une langue étrangère? (BENOIT, *Carlos*, 14)「外国語を話しますか」/ La clarté du français impose des devoirs à ceux qui *le parlent*. (D, *Guide*, 16)「フランス語の明快さはそれを話す人々にさまざまな義務を課す」/ On entendait cet anglais qu'ils *parlaient* entre eux. (DURAS, *Emily*, 18)「彼らが互に話すあの英語が聞こえた」/ La langue française *se parle* [*est parlée*] dans tous les pays du monde. (AC)「フランス語は世界のあらゆる国で話される」

2° ***parler avec*** qn「人と話をする」; ***parler à*** qn「人に話しかける；人と話をする（= avec qn)」: Ils *se sont parlé*.「おたがいに話をした」（過分は不変）

3° ***parler de*** qn [**qch**]「人[何か]について話す」: Je *parle de* Paul [*de* lui]．「P [彼]の話をしている」/ J'*en* parle.「1) その話をしている．2) = Je parle de lui」⇨ en² I. 1° ③, 6°

parler de + 無冠詞名詞　名詞は一般概念を表わす：On n'y *parlait* que *de* théâtre. (SAGAN, *Sarah*, 113)「そこでは芝居の話しかしなかった」

parler de + 定冠詞 + 名　多くは名詞が状況か補語によって特定化されている：*parler du théâtre de Molière* [*du cinéma français*]「M 劇 [フランス映画]の話をする」◆総称の定冠詞では無冠詞と同様の意味にも：Nous avons parlé *du* [*de*] jardinage. (MFU)「庭いじりの話をした」/ On ne parlait pas de politique. On parlait *de la* littérature. (DURAS, *Amant*, 84)「政治の話なんかしていません．文学の話をしていたんです」

parler de 不定詞 (= manifester l'intention de): Elle *parle* toujours *de* se sauver de la pension. (*Ib.*, 87)「寄宿舎から逃げ出してやると口癖のように言う」

parler de + 従属節: Pouvez-vous *parler de* ce film, *de* comment vous l'avez fait? (DURAS, *Camion*, 85)

4° ***parler*** (***de***) **qch**「何を談じる」de はしばしば略される (cf. 3°). この場合，名詞はいつも無冠詞: Nous *avons parlé* politique. (SARTRE, *Mains*, 177)「政治を論じた」/ Nous *parlions* gaiement toilette. (SAGAN, *Sourire*, 70)「陽気におしゃれの話をしていた」/ *Parler* littérature m'ennuyait. (*Ib.*, 15)「文学の話をするのはうんざりだった」/ (Il) prit un air sérieux comme pour *parler* affaires. (GREEN, *Epaves*, 54)「仕事の話をするためのように真顔になった」

parmi — 1° ***parmi*** + 複数(代)名詞: J'ai trouvé un papier *parmi* mes livres. (AC)「本の間に1枚の紙片を見つけた」/ Quelqu'un *parmi* vous a dû parler. (GASCAR, *Herbe*, 60) (= d'entre vous)「きみたちのうちの誰かが話したに違いない」/ Ce sera une actrice *parmi* d'autres. (DHÔTEL, *Pays*, 208) (= comme tant d'autres)「ざらに見られるような女優だろうよ」

◆parmi + 数詞 + 名．各個体が個別的に想起されるならば parmi は用いられない：×Elle s'est assise *parmi* quatre dames. (正：au milieu de)「4人の婦人の間に座った」ただし，包括的なとらえ方では：*Parmi* (= De) ces cinq candidats, il n'y avait qu'un qui a été reçu.「これら5人の候補者のうち合格した者は1人しかいなかった」

2° ***parmi*** + 集合名詞: Il n'y avait pas de dames *parmi* l'assistance. (TOURNIER, *Roi*, 200)「参会者の中に婦人はいなかった」/ La jeune fille fuyait (...) *parmi* la foule. (LE CLÉZIO, *Géants*, 60) (= à travers la foule)「娘は群集の間を抜けて逃げていった」

3° ***parmi*** + 抽象名詞　古文調: Restons silencieux parmi la paix nocturne. (VERLAINE, *Circonsp.*) (= dans la paix...)「夜の安らぎの中で口を閉ざしていよう」

paronyme [類音語] — 音・綴りが類似した語：collusionとcollision, inculperとinculquerなど. 一方, censéとsensé, poseとpauseなどは音は同一だが, 綴りが異なる.

participe (mode) [分詞法] — 形容詞的形態のもとに動作を表わす無人称法. 動詞と形容詞の性質を共有する (participer) ところから, かく名づけられた.
　時制　① 現在 (1) 能動：aimant. (2) 受動：étant aimé. ② 過去 (1) 能動：ayant aimé. (2) 受動：(ayant été) aimé. ▶本書では過分の複合形 ayant aimé, ayant été aimé を現分の完了形として participe présent の項で説く.

participe passé [過去分詞] —
I. 形態　**1°　母音で終わるもの**
① **-é** (1) 語尾-er 動詞の全部：aimé. (2) naître：né.
② **-i**　語尾-ir 動詞の大部分：fini, parti.
③ **-u**　(1) 語尾-oir の動詞 (seoir, asseoir, surseoir を除く)：reçu. (2) 語尾-re 動詞の大部分：rendu. (3) 語尾-ir 動詞のうち courir, férir, tenir, venir, vêtir とその合成語：couru, retenu. **-û**：devoir, redevoir, mouvoir, croître, recroître.
2°　子音で終わるもの
① **-s**.　**-érir** > **-is**：acquis, conquis, requis; **-ire** > **-is**：circoncis, occis; **-eoir** > **-is**：sis, assis, sursis; **mettre** > **mis**：remis; **prendre** > **pris**：repris; **clore** > **clos**; **-soudre** > **-sous**：absous, dissous, résous.
② **-t**.　**-ire** > **-it**：confit, dit, écrit, fait, frit, trait; **mourir** > **mort**; **-rir** > **-ert**：couvert, souffert, offert; **-indre** > **-int**：craint, joint (その他30余); **-uire** > **-uit**：conduit (その他約30) (ただし luire > lui, nuire > nui). ▶ 2形あるもの：bénir > bénit, béni.
◆**女性形**：**+e**　例外. absous > absou*t*e, dissous > dissou*t*e, résous > résou*t*e. **û** > **ue** (上記1° ③).
3°　複合形 (助動詞の 過分 + 過分)：ayant aimé, étant arrivé) ⇨ participe présent I. 2°.
II. 時制的価値　時の観念は一定しない.
1°　過去：un passant *attaqué* par des malfaiteurs (= qui a été attaqué) 「悪者におそわれた通行人」
2°　現在：un homme *estimé* (= qu'on estime) 「尊敬されている人」　過去の動作の結果である現在の状態：un soldat *blessé* 「負傷兵」

3°　① **主動詞に対する同時性**：*Assis* dans un fauteuil, il lisait [il lit, il lira]. 「肱掛椅子に腰をおろして本を読んでいた [読んでいる, 読むだろう]」
② **主動詞に対する先立性** (être を助動詞とする自動詞)：*Rentré* à la maison, il se mit à travailler. (= Quand il était rentré...) 「家に帰ると仕事を始めた」◆過分が動作の結果である状態を表わすことによる. したがって, rentré は先立性というよりは, 彼が仕事を始めるときにすでに家に帰っているという状態 (同時性) を示す. ▶ 受動の意を持つ過分も B (763) は先立性として説くが, 同様にして同時性と考えることができる：Je ne paraîtrai devant vous qu'*absous*. 「罪を許されたときでなければあなたの前に姿は現わしません」
III. 態
1°　受動　多くの直接他動詞：un pot *cassé* 「壊(さ)れた壺」
2°　能動　①**自動詞**：un obus *éclaté* (= qui a éclaté) 「破裂した砲弾」, les parents *morts* (= qui sont morts) 「死んだ両親」
② **代名動詞**：un enfant *appliqué* (= qui s'applique) 「勤勉な子供」, une maison *écroulée* 「崩れた家」, un cheval *emballé* 「暴れ馬」, envolé 「飛び去った」, évadé 「脱走した」, évanoui 「消え去った; 気を失った」, obstiné 「頑固な」, passionné 「情熱的な」, repenti 「悔い改めた」, résolu 「果断な」, など.
③ **補語なしに用いられた他動詞**：un homme *avisé* (= qui avise) 「思慮深い人」, conjuré 「陰謀を企てる」, dissimulé 「本心を隠す」, juré 「宣誓した」, osé 「大胆な」, など.
◆**ある過分は時に能動, 時に受動**：un caractère *décidé* (= qui prend rapidement ses décisions) 「果断な性質」 / une entreprise *décidée* (= qui a été décidée) 「決定された計画」
◆**ある過分は他の語を主語とする動作を表わす**：une place *assise* (= où l'on s'assoit) 「座席」
IV. 用法　過分は助動詞と共に複合時制を作るほか, 単独に用いられて形容詞的に機能する.
1°　付加形容詞　①**単なる形容詞として** ⇨ III.
②**関係節に相当**：Les roses *cueillies* le matin sont fanées le soir. (= qui sont cueillies) 「朝摘んだバラは夕方にはしおれてしまう」 / Je cherche un appartement bien *exposé* au soleil. (= qui soit bien exposé) 「日当たりのよ

③ [名]＋[過分] ＝ 行為名詞＋補語名詞: après la mort du comte, et *les Maures défaits* (CORN., *Cid* v. 1523)（＝ la défaite des Maures）「伯が死にモール人が敗れ去った今」 ◆ 17世紀に多く用いられたが，この用法は今日まで続いている: *Un fer perdu* avait retardé mon cheval. (VIGNY, *Laurette*)「蹄鉄を1つ失ったことが私の馬を遅らせたのだった」 / *Mon désir contrarié* m'était insupportable. (ANOUILH, *P.B.*, 472)「自分の欲望を押さえられたのが我慢ならなかった」

2º 属詞 ①**主語の属詞:** Ces roses sont *fanées*.「このバラはしおれている」 ▶受動形: Il est *aimé* de tous.「誰からも愛されている」
②**目的語の属詞:** Il gardait les yeux *ouverts*.「目を開けたままでいた」 / Il tenait *détourné* son visage en larmes.「涙にぬれた顔をそむけていた」

3º 同格 ①**主語の同格:** Puis, *désœuvré*, l'on s'étend tout *habillé* sur son lit. (GIDE, *Journal 1942-9*, 57)「それから，することがないので，服を着たままベッドに横たわる」 / *Entourée* de livres, elle avait écrit d'innombrables lettres. (MAUROIS, *Climats*, 78)「書物に囲まれて，彼女は無数の手紙を書いたのだった」 ▶過分は動作の際の主語の性質・状態を表わす．
②**目的語の同格:** Je respirais d'une pièce à l'autre, *répandue* comme un encens, cette odeur de vieille bibliothèque qui... (ST-EXUP., *Terre*, 83)「どの部屋にも香(⌒)のようにひろがったあの古書の匂いがした」

4º 主語の同格として用いられた過分は**副詞節で置き換え得る種々の意味**を帯びる． ⇨ apposition II. 1º ③, 3º; adjectif qualificatif V. 3º; participe présent III. 4º
①**時** (1)**同時性:** On pense mal, *assis*. (M. DU GARD, *Cahier gris*, 118)（＝ Quand on est assis...）「座っていては，いい考えが浮かばない」
(2)**先立性** (êtreを助動詞とする自動詞): *Revenus* chez eux, ils oublièrent toutes les difficultés du voyage. (N, VI, 267)（＝ Quand ils étaient revenus）「家に帰ると，旅の苦労をすっかり忘れた」 ◆Etant revenus...とも言う（⇨participe présent III. 4º①）．étantの使用は動作を強調（D, 231）．単なるrevenusは状態の感じが強い（⇨ 上記 II. 3º）．à peine [aussitôt, sitôt, une fois] revenus...とも言う．
②**原因:** Mon frère, *brisé* de fatigue, finit par sommeiller. [または*Brisé* de fatigue, mon frère...]（＝ parce qu'il était brisé...）「弟はクタクタにつかれていたので，ついにうとうと眠ってしまった」▶parce que brisé...とも言う．
③**条件:** Mieux *entraînés*, nous aurions gagné la partie.（＝ Si nous avions été mieux entraînés）「もっと訓練されていたなら，試合に勝ったのに」
④**対立:** *Blessé* mortellement, il espérait encore.（＝ Bien qu'il fût blessé）「致命傷を負っていたのに，彼はまだ希望を持っていた」
◆副詞節で置き換え得る過分は主語の同格となるほか，目的語に関係して用いることも可能: Même *tombés*, la mitraille *les* déchire encore. (DAUDET, *Contes*, Partie de bill.)「倒れてもなお，弾丸の雨は彼らを引き裂くのだ」 / C'est un mot, qu'*éveillé*, personne ne *lui* a jamais entendu prononcer. (ANOUILH, *P.N.*, 264)「起きているとき，彼が口にするのを誰も聞いたことのない言葉です」
◆古典時代には過分が所有形容詞に関係する自由な構文が用いられた: *Percé* du coup mortel dont vous m'assassinez, *Mes* sens par la raison ne sont plus gouvernés. (MOL., *Mis.* IV, 3)「あなたから殺されるような致命の一撃を加えられたのだから，僕の五官はもう理性に支配されはしない」▶D (398) はanacolutheと説く．この構文はBAUDELAIREも用いているが (GEORG, *Diff.*, 103) 避けたほうがよい．

5º 絶対分詞 (participe absolu)　過分がそれ自体の主語を持つもの（⇨ participe présent III. 5º）．この語群は節に相当するから，**絶対分詞節** (proposition participe absolue) と言う．
①**時** (先立性): Son travail *accompli*, il s'en allait chercher un logis.（＝ Quand son travail était accompli）「仕事がすむと，住居を探しにいくのだった」▶aussitôt [sitôt, une fois] son travail accompliとも言う．
②**原因:** L'été *fini*, je suis rentré à Paris.「夏が終わったので，私はパリに帰った」
③**条件:** L'amitié *supprimée*, la vie serait sans agrément.（＝ Si l'amitié était supprimée）「友情がなくなれば人生は楽しみのないものとなろう」
④**対立:** L'homme et l'enfant *partis*, pourquoi pas elle? (DAUDET, *Sapho*, 352)

「男と子供が行ってしまったのに，どうして彼女は行かないのだろう?」
V. 他の品詞への転化
1º 名詞　①**人**：un accusé「被告」, un associé「協力者」, un blessé「負傷者」, un insurgé「反徒」, など．◆名詞化された過分は動詞と同じ前置詞を介して補語をとる：un condamné à mort「死刑囚」(< être condamné à mort)
②**物・抽象**　(1)**男**：ajouté「加筆」, aperçu「概要」, arrêté「命令」, bâti「骨組」, corrigé「正解」, fait「事実」, fourré「茂み」, reçu「領収書」, revenu「収入」, など．
(2)**女**：allée「小道」, assemblée「集会」, conduite「行為」, destinée「運命」, étendue「広がり」, など．
◆ 副 + 過分 の名詞化：Mais l'ensemble me fait une impression de «*déjà vu*». (SARTRE, *Nausée*, 31)「だが，その全体は"すでに見たもの"という印象を抱かせる」
2º 代名詞：Je crois que, de toutes, la lente *Fugue en ut dièse mineur* est *ma préférée*. (GIDE, *Journal 1942-9*, 157)「すべてのうちで，ゆっくりした嬰ハ短調のフーガが私の気に入りのものだと思う」
3º 前置詞 ⇨ VI. 7º
VI. 一致
1º 助動詞を伴わない場合　前置詞化したものを除き，付加形容詞・属詞となり，常に関係する語に一致する(⇨ 前記IV. 1º 2º の例)．特別な場合 ⇨ de II. 2º ③ (2); ne... que 6º
2º 助動詞 être + 過分　受動態，être をとる自動詞．主語に一致：Elles sont *respectées*. / Elles sont *venues*.
3º 助動詞 avoir + 過分　自動詞は無変化：Ils ont *marché*．◆他動詞の場合は直・目が分詞に先行する場合のみ，これと一致：J'ai *acheté* des livres. ; les livres que j'ai *achetés* ; Je les ai *achetés*. / Que de services je lui ai *rendus*! ▶ COH (335)は教養ある人も時に無変化にすると言う：les excursions que j'ai *fait* cet été (正：*faites*)．避けるべきである．
4º 特別な場合
①**直接構成の状況補語**　ある自動詞は前置詞なしに価格・重量・距離などの状況補語を伴う．同じ動詞は比喩的用法では他動詞となる：courir, coûter, mesurer, peser, valoir, vivre, など．

dormir, durer, marcher, régner, reposer, なども直接構成の「時」の状況補語を伴う：les vingt minutes que j'ai *marché*「私が歩いた20分」
②**比較節中の代名詞 *l'*** (1) 名詞の代理（一致）：Je l'ai revue plus triste que je ne *l'*avais *quittée*. (H, 678)「再会すると彼女は別れた時よりもっと寂しそうだった」
(2) 節の代理（無変化）：Elle est plus malade que je ne *l'*avais *crus* [*pensé, supposé*]. (*l'*=qu'elle était malade)「彼女は思っていたより病状が重かった」
(3) ある場合には *l'* は上記のいずれにも解せる：Elle est plus belle que je ne *l'*avais *imaginé(e)*. (H, 678)「彼女は想像していたより美しかった」
③**代名詞 *en* が直・目となる場合**．*en* = de cela と考えて，過分を無変化にするのが規則：Si elle a eu des torts, j'*en* ai *eu* moi aussi. (BEAUV., *Inv.*, 409)「彼女が悪かったにしても，僕だって悪い点はあったのだ」◆ *en* = des torts と考えて，過分を複数にすることもできる：Il risque de commettre des imprudences. — Il *en* a *commises*. (COCTEAU, *Th.* II, 130)「彼，軽はずみをするかも知れないわ．— もうしちまいましたよ」▶ 1976年の文部省令で一致も許容．
en が数量副詞の補語となる場合も過分の一致・不一致は一定しないが，無変化が普通：Combien *en* (=de victoires) as-tu *gagné*? (GIRAUDOUX, *Amph.* I, 3)「何回勝利を収めたのですか」◆一致例：Combien *en* (=de poires) as-tu *mangées*? (GEORG, *Probl.*, 134)「それを何個食べたのですか」　ただし，一致によって過分の発音が変わる場合には，一致は好まれない：Combien *en* as-tu *pris*? (*Ib.*) (*prises* を避ける) ▶ 文法家の説も一定しないが, *en* に先立たれる過分は常に無変化を勧める者が多い (G, 795 b, n.1; H, 681; MART, 482)．
④〈**集合名詞 [数量副詞] + de + 名**〉が直接補語となる場合．
(1) **集合名詞の後**では，対象のとらえ方によって一致する：La foule de manifestants que j'ai *rencontrée* [*rencontrés*] *s'avançait* [*s'avançaient*] en hurlant. (H, 680)「私が出会ったデモ隊はわめき立てながら進んでいった」▶ 出会った対象を foule にするか manifestants にするかによる．⇨ accord du verbe A. I. 1º ②
(2) **数量副詞の後**では，補語名詞が過分に先行

participe présent

するときは一致させるのが普通．補語名詞が後続するときは無変化：Combien [Que] de précautions il a *prises*!「どれほど用心したとか!」◆ただし，時に数量に重点をおいて無変化にする：Voyez combien de sectes sont nées, combien de ravages elles ont *fait*. (Beauv., *Tous les h*., 192) ことに疑問のcombienの後：Combien de fautes avez-vous *fait(es)*? (Mart, 479)

⑤ **un(e) des** + 名 + **que**の後．一般には補語名詞に一致：Elle emporta un des livres que je lui avais *donnés*. (= un livre parmi les livres que je lui avais donnés) / Vous êtes une des femmes les plus intelligentes que j'ai *rencontrées*. ▶ただしun de mes écrits qu'on a le plus *volé* (Chateaubriand—G, 793 b) (=un écrit qu'on a le plus volé entre mes écrits)「私の著作のうちで人が一番剽窃したもの」

⑥ 名 **ou** 名 + **que** (⇨ ou 6°)：La peur *ou* la misère, *que* les hommes ont difficilement *supportées*, ont fait commettre bien des fautes. (H, 679)「人間には耐えがたかった恐怖や貧困が多くのあやまちを犯させた」◆いずれか一方のみに関するときには，注意を向けられた語と一致：Est-ce le père ou la mère qu'on a *appelé(e)*? ▶ 最も近くの名詞との一致が伝統的．

⑦ **直・目の属詞を伴う過分** 一般に一致させる：Elle a épousé un autre homme qui l'a *rendue* malheureuse. (Anouilh, *P.B.*, 455)「別の男と結婚したが，その男が彼女を不幸にした」/ des prétextes que j'ai *crus* valables (*Ib.*)「もっともと思われた言い訳」/ les heures qu'il avait *trouvées* sublimes (Arland, *Ordre*, 46)「崇高とまで思った時間」◆ただし，croire, dire, trouver, vouloir, などの後では無変化もまれではない (G, 789)．これは〈目的語＋属詞〉が不可分の一体と解されることによる：l'armée qu'on avait *cru* si forte (Tharaud—*Ib.*)「あれほど強力と思われていた軍隊」▶ 属詞がcomme, de, pourで導かれるときは上記の解釈は成立しないから，常に一致：Je les ai *traitées* de folles.「彼女たちを狂人扱いした」

⑧ **cru, désiré, dit, dû, osé, pensé, permis, prévu, pu, su, voulu**, など．直・目となる不定詞・節が省略されているときは無変化：J'ai fait tous les efforts que j'ai *pu* (faire).「できるだけ努力をした」/ J'ai fait toutes les démarches qu'il a *voulu* (que je fasse).「彼がしてもらいたかっただけの奔走はしてやった」/ Il n'a pas payé toutes les sommes qu'il aurait *dû* (payer).「支払うべき金を全部は支払わなかった」▶ ただし，Il m'a payé les sommes qu'il m'a *dues*.「彼は私から借りていた金を払ってくれた」

◆ある場合には2つの解釈が成り立つ：Je lui ai fait toutes les concessions qu'il a *voulu* (que je lui fasse) [または*voulues* (= exigées)].「彼が望んだだけの譲歩をした」/ Il a obtenu la réparation qu'il a *désiré(e)*.「彼は望みどおりの賠償をしてもらった」(désirer une réparationまたはqu'il a désiré obtenirと解し得る)

⑨ 過分 + 不定詞

(1) ⇨ entendre, sentir, voir, laisser, faire.

(2) à [de] 不定詞を伴う場合：les dentelles qu'on m'a *appris à* faire「人が私に作り方を教えてくれたレース」(cf. On m'a appris à faire des dentelles) / les amis que j'ai *invités à* dîner「私が晩餐に招いた友達」(cf. J'ai invité mes amis à dîner)

(3) affirmé, assuré, cru, dit, など + 不定詞 (⇨ infinitif C. III. 1°). 上記(1)と類似の場合であるが，これらの動詞は不定詞節を目的語とするから無変化 ((1)の慣用は一致させるから，論理は一貫しない)：la solution qu'on m'a *assuré* être la meilleure「人が私に最良のものと断言した解決」/ la route que j'ai *cru* être la plus courte「私が一番近いと思った路」(cf. la route que j'ai *cru(e)* la plus courte ⇨ 上記 ⑦)

5° **代名動詞の過去分詞** ⇨ verbe pronominal VI

6° **非人称動詞の過去分詞** 常に無変化：les chaleurs qu'il a *fait* ces jours-ci「近頃の暑さ」/ Il est *arrivé* plusieurs accidents.「いくつもの事故が起こった」

7° **前置詞的用法** 無変化：approuvé, attendu, ci-annexé, ci-inclus, ci-joint, non [y] compris, étant donné, excepté, ôté, ouï, passé, supposé, vu. 古語法で形容詞・過分が関係する名詞に先行するとき，これを無変化にする傾向があった名残り．一般に前置詞化されたと考えるが, B (409, 644) は多く形容詞的性格が失われていないと説く．

participe présent［現在分詞］—

I. 形態 1° 単純形 語尾はいつも -ant, 語幹

participe présent

は直説法現在形複数1人称の語幹と同じ.
♦例外：avoir: **ayant** / être: **étant** / savoir: **sachant**.
2° **複合形**：助動詞の現+過 (ayant aimé, étant arrivé)
II. 時制的価値
1° **単純形** ①「現在」の名称にもかかわらず，現在の時を表わすとは限らず，**主動詞に対し同時性**を表わすにすぎない：Je le vois [Je l'ai vu, Je le verrai] *lisant*.「彼が本を読んでいるのが見える［見えた，見えるだろう］」
② 時に，主動詞の時制に関係なく**超時的現在**（➩ présent de l'indicatif B. I. 4°)を表わす: *Etant* d'un naturel conciliant, je ne voulus pas rompre. (*Gr. Lar. XX*ᵉ, 345)「妥協的な性格なので，私は話をこわしてしまおうとは思わなかった」
③ **継起的動作** 主動詞の前あるいは後に置かれるに従い，その直前あるいは直後の動作を表わす: M. Bergeret, *levant* les yeux au ciel, contempla les étoiles. (FRANCE, *Mannequin*, 253) (= B. leva les yeux et contempla...)「B氏は空を見上げて星を眺めた」/ Il l'aborda d'un air tranquille, *disant* qu'il fallait tout pardonner. (FLAUBERT, *Cœur*) (= Il l'aborda et dit...)「彼は落ち着いた様子をして彼女に近づき，すべてを許してくれなければいけないと言った」/ Elle disparaissait des journées entières, *revenant* avec un nouveau chapeau, une fourrure (...) (VAILLAND, *Loi*, 287)「何日も姿を消すと，新しい帽子，毛皮の服（…）で帰ってくるのだった」▶ 継起的動作は同一時制で表わされることと思い合わせるべきである．
2° **複合形** 主動詞の表わす時から見てすでに行なわれた動作を表わす: *Ayant* trop *mangé*, il est [a été, sera] malade.「食べすぎたので病気になっている［だった，になるだろう］」
III. 用法 主語，目的語，状況補語をとって動詞的に機能するが，それと同時に現分を含む語群は形容詞的性質を持つ．
1° **付加形容詞**（関係節に相当）：J'habite un trois-pièces *donnant* (= qui donne) sur une cour. (CAYROL, *Mot*, 61)「中庭に面する3部屋のアパルトマンに住んでいます」/ Anna, de son côté, rangeait les objets *ayant appartenu* (= qui avaient appartenu) à sa mère. (YOURC., *Anna*, 48)「AはAで，母の所有物だった品を整理していた」

2° **目的語の属詞** Je la vois *cousant* auprès de sa fenêtre.「彼女が窓際で縫い物をしているのが見える」♦この文はJe la vois *coudre* [qui coud]...とも言える．coudreは単に動作を述べ，qui coudは動作主laに注意を向けるが，cousantは動作の継続の様を表わして，描写的である (cf. LE B, II, 316). 次例では運動動詞の現分 *éloignant* は車が次第に遠ざかり，小さくなってゆく様を表わすが，s'éloignerはすでに車が遠くにある光景 (cf. THIBAUDET, *Flaubert*, 237-8): Comme il vit la carriole *s'éloignant*, il poussa un gros soupir. (FLAUBERT, *Bov.* I, 4)「馬車が次第に遠ざかってゆくのを見たとき，彼は大きな溜息をついた」
この3つの構成が成り立つのはentendre, regarder, sentir, voirなど**知覚動詞の後だけ**で，これらの動詞でも，想像する事実については，現分しか用いられない (LE B, II, 317): Je le vois encore *buvant* son café dans cette tasse. (GASCAR, *Meubles*, 16)「彼がこの茶わんでいつものコーヒーを飲んでいる姿が今でも目に見えるようです」
現分はその他の動詞の後でも用いられる: Je l'y trouvais *causant* avec eux. (RADIGUET, *Diable*, 105)「彼がそこで彼らと話しているのを見つけた」(qui causaitも可能) / Vous les (= artistes) auriez voulus *errant* dans la tempête et les cheveux au vent. (BEAUV., *Inv.*, 109)「あなたは芸術家が嵐の中をさまよい，風に髪を振り乱していればいいと思っていたのでしょう」/ Leur fille avait été remarquée *sortant* d'un hôtel. (TROYAT, *Signe*, 18)「娘がホテルから出てくるところを人に見られた」
現分は**時に知覚動詞の目的語の前**に表現され得る: Et les ouvriers (...) virent, *courant* vers eux, un petit homme boiteux. (KESSEL, *Steppe*, 17)「すると，職工たちは（…）足の悪い小男が自分たちのほうに駆けてくるのを見た」/ J'aperçois, *flottant* sur l'eau, le cadavre d'un petit garçon. (IONESCO, *Th.* II, 87)「小さな男の子の死骸が水の上に浮いているのが見えます」
♦comme + 現：Nous devons considérer le caractère des femmes *comme souffrant* d'une défectuosité naturelle. (BEAUV., *2*ᵉ *sexe* I, 15)「女性の性格は生まれながらの欠陥により被害を受けていると考えなければならない」
3. **主語の同格**: Elle avoua, *souriant*. (Thib.

participe présent

II, 156)「微笑しながら白状した」/ Il est reparti vieilli, *faisant* mal à voir. (KESSEL, *Enfants*, 73)「老いぼれて見るも哀れな姿で帰っていきました」/ Elle gardait les lèvres serrées, comme *s'étant juré* de ne rien dire. (GIDE, *Symph*., 82)「何も言うまいと心に誓ったかのように、唇を固く結んでいた」

♦主動詞に後続する現分は、時に主動詞の内容の敷衍説明となる：Nous restâmes encore deux jours à Venise, *parcourant* la ville en tous sens pendant des heures, *visitant* toutes les églises. (GARY, *Au-delà*, 46)「われわれはあと2日Vにいて、何時間も町を縦横に歩き回り、すべての教会を訪れた」

4° 主語の同格として用いられた現分は**副詞節で置き換え得る種々の意味**を帯びる。

① 時　同時性：Il se promenait, *rêvant* à son projet.「計画のことを考えながら、散歩していた」　先立性（複合形）：*Etant sorti* du bois, il aperçut un loup. (FLAUBERT., *St Julien* II) (= Quand il fut sorti)「森から出ると1匹の狼を見かけた」　*étant* の省略可能。⇨ participe passé II. 3°; IV. 4° ①

② 条件：Triste, je vous agace. *Feignant* la bonne humeur, je vous agace. Alors, que faudrait-il? (MONTHERL., *Demain* I, 1)「寂しそうにしていれば、あなたをいらいらさせる。上機嫌を装えば、あなたをいらいらさせる。じゃあどうしたらいいんです?」

③ 対立：Il veut, *ignorant* tout, parler de tout. (C, 395) (= bien qu'il ignore tout)「何も知らないのに、何の話でもしたがる」

④ 譲歩：Je ne le savais pas. Mais, le *sachant*, j'aurais agi de même. (CAMUS, *Malent*. II, 8)「それは知らなかったわ。でも、知ってたにしても、同じことをしたでしょうね」

⑤ 原因：Ils s'assirent, *étant* fort las. (FLAUBERT, *St Julien* II) (= parce qu'ils étaient fort las)「彼らは非常に疲れていたので腰をおろした」/ *Ayant été* mal accueilli, il y resta fort peu de temps. (MART, 467) (= Comme il avait été mal accueilli)「ひどいもてなしを受けたので、そこにほんのしばらくしかいなかった」

♦bien que, quoique, parce que + 現分 (多く複合形)：Il jouissait déjà, parmi la jeunesse, d'un prestige considérable, *bien que* n'*ayant* encore *publié* que peu de volumes. (GIDE, *Feuillets*, 190)「彼はまだわずか数冊の本を刊行したにすぎなかったが、若い人達の間では、すでに非常な名声を博していた」

▶これらの接続詞相当句は形容詞を従え得ることと考え合わせるべきである。

現分の主語と主動詞の主語　副詞節に相当する現分の主語は、原則として主動詞の主語と同じ。ただし、古い語法では必ずしもこの原則は守られず、現代でも時に自由な構文が用いられる：*Etant venue* m'ouvrir, je lui demandai pourquoi elle avait tardé si longtemps. (PRÉVOST, *M.Lescaut*, 24)「彼女がドアを開けに来たとき、どうしてこんなに手間どったのかと尋ねた」/ *Ayant sonné* au portail, un battant s'ouvrit. (GUILLOUX — GEORG, *Diff*., 103)「正面玄関の呼鈴を押すと、扉が開いた」

5° **絶対分詞節** (proposition participe absolue)　それ自体の主語を持つ現在分詞節。⇨ participe passé IV. 5°

① 原因 (この意味がいちばん普通)：Et, le courage me *manquant*, je n'en dis pas davantage. (FRANCE, *Vie en fl*., 11)「勇気がなかったので、それ以上は言わなかった」/ Le sommeil ne *venant* pas, il ouvrit un livre. (ARLAND, *Ordre*, 167)「眠くならないので彼は本を開いた」　成句：cela *étant* (= puisqu'il en est ainsi)「そうしたわけだから」

② 条件　成句：Dieu *aidant* (= si Dieu nous aide)「神様の御加護があれば」/ le cas *échéant* (= si le cas se présente)「場合によっては」

③ 同時：Le cœur *battant*, il fit un pas vers la droite. (GREEN, *Epaves*, 54)「胸の鼓動を高まらせながら、右手に一歩踏みだした」　成句：moi *vivant* (= tant que je vivrai)「私の生きている限り」/ sa vie *durant*「一生涯」▶この用法から前置詞 pendant, durant が生まれた。

④ 主節に後続し、同時的動作・状態を表わすと同時に**説明的・描写的**：Comme ils continuaient à se parler bas, le jeune homme lui *baisant* le front de temps en temps, et elle *pleurant*, cela m'impatienta. (VIGNY, *Cachet rouge*)「青年は時々彼女の額に接吻し、彼女は泣きながら、2人が低い声で話しつづけていたので、私はジリジリした」/ Il est resté quelques secondes ainsi, des bulles *crevant* à la surface, autour de sa tête. (CAMUS, *Etr*., 79)「彼は頭のまわりの水面に泡を立てながら、しばらくそうしていた」⇨ 上記 3°

6º 現在分詞の無変化性 現分は今日では常に無変化である．しかし，古語法で数（まれに性）の一致をしたため，変化する成句が残っている：toute(s) affaire(s) [chose(s)] *cessante(s)*「一切を中断して，何はさておき」/ à la nuit *tombante*「日暮れ時に」/ séance *tenante*「会議中に，即座に」/ les *ayants* droit [cause]「権利所有者［承継人］」，など．▶無変化の規則は1679年のAcadémieの決定．

III. 動詞的形容詞 (adjectif verbal)　現分は形容詞として関係する名詞の性・数に一致し，付加形容詞あるいは属詞として用いられる．これを動詞的形容詞と呼ぶ．

1º 形態　動詞的形容詞は多く現分と同形．時に同音でありながら，綴りが変わるものがある．
① **語幹末の変化**　(1) 分詞 **gu-ant**, 形容詞 **g-ant**: extravaguant, -gant / fatiguant, -gant / intriguant, -gant / naviguant, -gant．(2) 分詞 **qu-ant**, 形容詞 **c-ant**: communiquant, -cant / convainquant, -cant / provoquant, -cant / suffoquant, -cant / vaquant, -cant.
② **語尾の変化**　分詞 **-ant**, 形容詞 **-ent**: adhérant, -ent / affluant, -ent / coïncidant, -ent / confluant, -ent / convergeant, -gent / différant, -ent / divergeant, -gent / émergeant, -gent / équivalant, -ent / excellant, -ent / expédiant, -ent / influant, -ent / négligeant, -gent / précédant, -ent / violant, -ent.

2º 態　①**能動**（一般的）: une fille *souriante* (= qui sourit)「にこにこした少女」◆代名動詞: personne bien *portante* (=qui se porte bien)「健康な人」/ pécheur *repentant*「悔悟している罪人」/ voisin *méfiant*「疑い深い隣人」/ partie *plaignante*「原告」
②**受動**: musique *chantante* (= qui est chanté, se chante facilement)「歌いやすい曲」/ médecin *consultant* (= que l'on consulte, qui est consulté)「立ち会い医師」/ billet *payant*「有料の切符」/ couleur *voyante*「はでな色」
③**他の語を主語とする状態**: café *chantant* (= où l'on chante)「（歌手が出演する昔の）音楽喫茶」/ soirée *dansante* (= où l'on danse)「ダンスパーティーの夕べ」/ chemin *glissant*「すべりやすい道」/ rue *passante*「通行人の多い通り」/ poste *restante* (= où restent les lettres)「局留郵便」

3º 現在分詞と動詞的形容詞　原則として，現分は一時的なあるいは持続に限界のある動作を表わし，動詞的形容詞は継続的状態・性質を表わす: une fille *obéissant* à ses parents「両親に従順な娘」（分詞）/ une fille *obéissante*「従順な娘」（形容詞）
① **現分となる場合**　(1) 直・目を伴うとき: une femme *aimant* son mari.
(2) 代名動詞形で用いられるとき: certaines syllabes sourdes ou sonores *se correspondant*「対応する無声または有声の音節」
(3) 否定のneに先立たれるとき: une excellente personne, *ne grondant, ne contredisant* personne「誰も叱らず，誰にも反対をしない好人物」
(4) en + ...ant, aller (en)...ant (⇨ aller 9º), 主語 + ...ant (上記II.5º) の構成をとるとき．
② **形容詞となる場合**　(1) 主語の属詞となるとき: Cette fille est *obligeante*.
(2) 名詞に先行するとき: une *ravissante* vallée.
③ **注意を要する場合**　(1) 一般に〈副〉(neを除く) + ...ant〉は形容詞，〈...ant + 副〉は分詞: une chair encore *palpitante*, une chair *palpitant* encore / une fille bien *obéissante*, une fille *obéissant* bien. ◆これは副詞が一般に単純形動詞に後続し，形容詞に先行することによる．ただしこの区別は絶対的ではなく，間接属詞となる場合には，上記の関係が逆になることがある: Nous marchions, *hésitants quelquefois*, mais non découragés. (G, 772, A, 4º)「時にためらいながらも落胆することなく歩き続けた」/ Elle avait toujours été pauvre, *toujours empruntant, toujours dépensant*. (A.-FOURNIER—G, 772, B, 2º)「常に金を借りては浪費して，いつも貧乏暮らしをしていた」
(2) 〈前 + 名〉を補語とするときは区別の困難なことがある（分詞も形容詞もこの種の補語を伴い得る）．動作を表わすとも状態を表わすとも解し得る場合は，一致は自由である: Des sauvages vivent *errant(s)* dans les bois. (BRACHET)「未開人は森の中をさまよって生活している」

partie — une (grande [petite]) *partie* de + 名, la majeure [plus grande] *partie* des + 名 の後の動詞の一致．⇨ accord du verbe A. I. 3º

parties du discours [品詞] — 語の種類を表わす用語．語種（espèce de mots）あるいは文法範疇（catégorie grammaticale），語類

partir

(classe de mots) とも言う．伝統的に語を9あるいは10品詞に分ける: nom, article, adjectif, (participe,) pronom, verbe, adverbe, préposition, conjonction, interjection. D (49); BRUN (96) は間投詞を品詞から除外する．冠詞を形容詞に従属させることもできる．品詞の機能は絶えず交替するから（各品詞の項参照），厳密に言えば，語がどの品詞に属するかは，与えられた文についてしかこれを決定することはできない．

partir ― 1° *partir pour* + 目的地: Il est parti pour Paris.「パリに発った」

partir à [en, chez, vers, sur, など] aller à などの類推で話し言葉で普及し，文語にも入った: Je vais *partir au* bureau. (LE CLÈZIO, *Fièvre*, 19)「事務所に出かけよう」/ Mon ami veut *partir en* Espagne. (MODIANO, *Vestiaire*, 59)「彼はスペインに行きたがっているの」/ Madeleine Pavin lui avait dit qu'elle *partait chez* ses parents. (BUTOR, *Degrés*, 294)「MPは両親の家に行くのだと言っていた」/ Hugo le lâche et *part vers* la véranda. (SAGAN, *Château*, 73)「Hは彼を放しベランダのほうへ行く」/ Alors il faudrait *partir sur* une île déserte. (BEAUV., *Inv.*, 152)「それじゃ無人島へ行かなくちゃならないでしょう」▶ただし，出発点 de を表現すれば à は用いられない: ×Il *part* de Paris *à* Nice.（正: pour）

partir loin [ailleurs, là, là-bas, quelque part, など]: Vous *partez loin*? (GARY, *Clair*, 15)「遠くにお出かけですか」/ Tu veux *partir là-bas*? (SAGAN, *Chien*, 79)「あそこに出かけたいの」/ Il lui proposait de *partir n'importe où*. (GIDE―G, 942, Rem.)「どこでもいいから発とうと言うのだった」/ Ils résolurent d'*y partir*. (GIDE― *Ib.*)「そこへ行くことに決心した」

partir où: Où est-elle *partie*? (DORIN, *Th.* I, 313)「どこに出かけたのです」/ Vous *partez où*? ― Je ne sais pas. Cannes ou Paris. (PEYRÉ, *Sang*, 10)「どこに出かけるのです．―分かりません．カンヌかそれともパリか」/ Nous allons *partir* bientôt. ― *Où*? (LE CLÉZIO, *Désert*, 46)「もうじき出かけるんです．―どこへ」

partir pour où 正規形: Pour où *part*-il? (DFC, pour 1°)「どこへ発つんでしょう」/ Je voudrais *partir* tout de suite.(...) ― *Partir pour où*? (ACHARD, *Patate*, 254)「わたしはすぐ発ちたいの．―発つってどこに」/ Je vais *partir*. ― *Pour où*? (ROUSSIN, *Hélène*, 83)「出発するよ．―どこに」▶pour を省略するほうが日常的．

◆*partir à, en,* などを正用とは認めない TH; GEORG (*Jeux*, 333) も，être parti が状態を表わすときは自然だと言う: Il *est parti* depuis longtemps *dans* sa famille. (TH)「ずっと前から家族のところに出かけている」/ Ils *étaient partis chez* ses grands-parents en Italie à ce moment. (BUTOR, *Degrés*, 135)「その時にイタリアの祖父母のところに出かけていた」▶したがって，この説に従えば，Il est parti *à* Paris.「パリに出かけている」 ... *pour* Paris.「パリに出かけた」となるが，EBF はこの区別は「文法家の全くの虚構」で，言語水準の差にほかならないと説く．

2° *partir en* + 状態 LIT が禁じた partir en voyage「旅行にでかける」は現代では普通: *partir en* promenade [*en* vacances, *en* congé, *en* pique-nique, *en* permission, *en* pèlerinage, など]

3° *partir* + 不定詞 目的: Elle *part* marcher dans les bois. (PHILIPE, *Amour*, 16)「森を歩きに行く」/ Il *est parti* à Paris (pour) faire des achats. (ROB)「パリに買物をしに行った」

4° *partir à* 不定詞 (= se mettre à): Il *partit à* rire. (VERCORS, *Yeux*, 201)「彼は笑いだした」（古くなった言い回し）

5° *partir de [par]* de は出発点, par は経由地を表わす: Tu *pars*? ― *De* Paris, non! (DORIN, *Th.* I, 132)「行ってしまうの．―パリからは行かない」/ J'aurais préféré *partir par* la gare de l'Est. (CAYROL, *Hist. maison*, 145)「東駅から出発したかったのに」

6° *à partir de* ①動作の開始点 過去: *A partir de* ce jour, je ne quittai plus Francis. (PINGAUD, *Scène*, 51)「その日以来，私はFのそばをもう離れなかった」/ *A partir de* ce moment, il lui a été impossible de continuer son travail. (BUTOR, *Degrés*, 279)「その時以来，彼は仕事を続けることができなかった」

未来: Cette maison est la vôtre, *à partir d*'aujourd'hui. (SAGAN, *Violons*, 33)「きょうから，この家はあなたの家です」

◆過去でも未来でも行為は反復・継続的．それゆえ，行為が継続的か瞬間的かに従って，次の

区別を生じる：Je serai à la maison *à partir de* six heures.「6時から家にいます」/ Je rentrerai *après* six heures.「6時すぎに帰ります」(×*à partir de* six heuresは不可)
② 場所の出発点：Vous lirez attentivement *à partir de* la page 7. (*DB*)「7p.から注意深く読みなさい」/ *A partir de* Lyon, le ciel s'est dégagé. (*PR*)「リヨンからは空が晴れた」
③ 出所，原料：On fabrique la bière *à partir du* malt. (*DB*)「麦芽からビールを作る」/ produits chimiques obtenus *à partir de* la houille (*PR*) (=tirés de la houille)「石炭から作られた化学製品」(正規形とみなされないが普及している) / Il est possible de faire du vin blanc *à partir des* raisins noirs. (CARLES, *Chimie du vin*, 11)「黒ぶどうから白ぶどう酒を作ることも可能である」

partout — *de partout*「至る所から」(= de tous les points, de tous les endroits)が普通の意味．「至る所で」(= en tous les points)の意は俗用．「×Son manteau était souillé de boue *de partout*. (正：souillé de boue *partout*) (*DBF*)「彼のコートは至るところ泥で汚れていた」♦ 同じく俗用で (= de tous les côtés à la fois)：un toit qui pleut *de partout* (H, 694)「至るところ雨が漏る屋根」cf. 青井明，「partout / de partout」『フ語研』nº 22.

pas — 否定の副詞．neの単独使用の名残りを留める言い回しでも，日常語ではne... pasを用いる傾向にあり (⇨ ne II)，ついにはneなしで否定を表わすに至った．
I. ne... pas
1º 否定の及ぶ範囲　Je ne danse pas. は danseの全面的否定 (négation totale)．Je ne danse pas bien. は danse bienの否定で，bienが否定されdanseは否定されない (部分的否定 négation partielle)．Je ne pense pas à elle. は「私は彼女のことを考えてはいない」(全面的否定)とも「彼女のことを考えているわけではない」(= Ce n'est pas à elle que je pense.) とも解せる．
　この2つの考え方によって次の問題を生じる．
① ne... pas de + 名 / ne... pas un [des, du, de la] + 名 ⇨ article IV
② ne... pas quelque chose [quelqu'un] / ne... rien [personne]; ne... pas aussi [déjà] / ne... pas non plus [encore] (各語参照)
③ ne... pas parce que / ne... pas commeの曖昧性．(各語参照)
2º 反語的用法 (修辞的疑問)：Que *ne* ferais-je *pas* si j'avais un tel soutien! (ARLAND, *Ordre*, 152)「あんな支持者があったら，なんでもやってのけるのに」⇨ ne II. 3º
3º 感嘆文と **ne pas**　Combien de fois *ne* m'avait-il *pas* reproché de travailler mal. (IONESCO, *Solitaire*, 8)「彼は働き振りが悪いといって幾度私を叱りつけたことだろう」は Combien de fois il m'avait reproché...に相当する (cf. B, 494)．「否定は感嘆表現に特別な文体的ニュアンス，反駁を許さない宣言といった趣きを添える」(LE B, II, 16; *Inv.*, 77)．文学的．必ず主語倒置：Que de fois *ne* m'as-tu *pas* tiré d'embarras. (SUPERV, *Shéhér.* I, 2)「お前はいくたび私を窮地から救ってくれたことだろう」/ Quel *ne* fut *pas* mon étonnement (...) (FRANCE, *Rôtiss.*, 298)「私の驚きはいかばかりだったろうか」
♦〈感嘆語 + 名〉が直・目ならば主語名詞は複合倒置または単純倒置：Quels bienfaits la raison *ne* répandra-t-elle *pas* sur les hommes soumis à son empire! (FRANCE—LE B, *Inv.*, 80)「理性は自分の支配に服従する人々にいかばかりの恩恵をあまねく施すことか」/ Quels miracles *n*'enfante *pas* l'amour d'un poète! (APOLLIN., *Poète*, 78)「詩人の愛はどのような奇跡を生み出すことか」
♦ 感嘆詞 + ne... (pas) ⇨ ne II. 3º
4º **ne... pas** の移行　Il *ne* peut *pas* partir.「出発できない」，Il peut *ne pas* partir.「出発しなくてもいい」は否定の位置によって意味は全く異なる．しかし，Je *ne* crois *pas* que ce soit grave.「重大だなどとは思わない」，Je crois que ce *n'est pas* grave.「重大ではないと思う」は実質的意味内容は変わらない．このようなことは次の動詞に起こる：falloir, devoir, vouloir; croire, penser; sembler, paraître [avoir l'air]，など，que + 従属節と不定詞を補語とする動詞のうちの少数 (CORNULIER, *FM*, '73, nº 1, 44).
5º 副 + *pas* / *pas* + 副
① 意味が異なる場合　〈副 + pas〉は副詞がpasを修飾し，〈pas + 副〉はpasが副詞を否定する：Je n'ai *absolument pas* compris.「全くわからなかった」/ Je n'en suis *pas absolument* sûr.「それに全く確信があるわけではない」

Vous ne ressemblez *sûrement pas* à Paul.

「あなたは確かにPに似ていない」/ Il n'est pas *sûrement communiste*.「彼は確実に共産主義者だというわけではない」

Il ne viendra *certainement pas*.「彼はきっと来ない」/ Cela n'arrivera *pas certainement*.「必ずそうなるわけではない」

Je ne vois *vraiment pas* d'autre solution.「ほかの解決策は本当に見当たらない」/ Il n'était *pas vraiment* de mauvaise humeur.「彼は本当に機嫌が悪いわけではなかった」

toujours pas / *pas toujours*; *seulement pas* / *pas seulement*.

② 意味が同じ場合　*évidemment*「もちろん」, *même*「…でさえ」: Je ne veux *évidemment pas* lui déplaire. [または Je ne veux pas *évidemment* lui déplaire. または *Evidemment* je ne veux *pas* lui déplaire.]「もちろん私は彼の気にさわりたくはない」/ Ça ne coûte *même pas* [*pas même*] dix francs. (*MR*)「それは10フランもしない」

♦GA(58)がこの仲間に分類した次の副詞はいつも〈副＋pas〉と考えたほうがよい: Ce n'est *pourtant pas* sa faute.「とはいえ、それは彼のあやまちではない」/ Tu n'es *quand même* pas responsable.「それにしても、きみに責任はない」/ Il n'était *peut-être pas* trop tard.「恐らく遅すぎはしなかっただろう」

▶encore pas＝pas encore ⇨ encore 5°, 6°

③ 位置が固定された副詞

(1) *presque pas*: Je n'ai *presque pas* dormi.「ほとんど眠りませんでした」

(2) *pas bien* [*beaucoup*, *assez*, *très*, など]: Je ne la vois *pas beaucoup*.「彼女にはあまり会いません」/ Ne fumez *pas tant*.「そんなにたばこを吸ってはいけません」

6° *ne pas* と不定詞の語順

① *avoir*, *être* 以外の不定詞

(1) ne pas＋不定詞　常用: Elle a l'air de *ne pas comprendre*. (CAMUS, *Malent*. I, 5)「彼女はわからない様子である」

(2) ne＋不定詞＋pas. 古文調: Comme elle feignait de *n'entendre pas* cette remarque du docteur (...) (MAURIAC, *Désert*, 253)「医師の注意が聞こえないような振りをしていたので」

▶GIDE, MONTHERLANT が好んでこの語順を用いた。ne＋不定詞＋pas を文末に用いるのは例外的。⇨ 下記③(3)

② 不定詞は *avoir*, *être*　上記(1)または(2)の語順: Je crains de *ne pas* avoir compris [de *n'avoir pas* compris]. (DUB-LAG, 163)「わからなかったのではないかと心配しています」/ Il prétend *ne pas* être [*n'être pas*] au courant. (*Ib*.)「彼は事情は知らないと言っている」　♦ne pas avoir [être]: n'avoir [être] pas＝164: 260 (ENGVER, 45). 受動形はn'avoir pas été pris, avoirの複合時制はn'avoir pas euの語順が圧倒的に多い。

③ *ne pas* と〈無強勢代名詞＋不定詞〉

(1) *ne pas*＋代＋不定詞　常用: Il vaut mieux *ne pas les regarder*. (CAMUS, *Malent*. I, 1)「彼らを見ないほうがいい」/ Pourquoi *ne pas s'en contenter*? (*Ib*. I, 3)「どうしてそれで満足していないのです」

(2) ne＋代＋pas＋不定詞　代名詞がen, yのほかは例外的: Je me méprise de *n'en pas avoir la force*. (ACHARD, *Nouv. hist*., 170)「そうする力がないので自分が情なくなります」　▶成句: à *n'en pas douter*「疑いもなく」/ à *n'y pas croire*「信じられないほど」

(3) *ne*＋代＋不定詞＋*pas*　代名詞はen, yが普通: Boris regrettait amèrement de *n'y être pas allé*. (SARTRE, *Age*, 27)「Bはそこに行かなかったのが残念でならなかった」/ J'avoue *n'en être pas fier*. (AYMÉ—ENGVER, 50)「正直のところ、自慢にはなりませんがね」　▶pas を文末に用いた次例は例外的: Ce serait en quelque sorte consentir à l'injustice, que de *ne s'y opposer pas*. (MONTHERL., *Port-Royal*, 70)「不正に反対しないのは、不正に同意するようなものでしょう」

cf. 山根昇「不定法の否定についての調査」,『フ研』n° 14・15, 22-5.

II. *pas* の単独使用

1° *pas*＋形: Je te prends pour un Américain *pas tranquille*. (SAGAN, *Nuages*, 15)「あなたを落ち着きのないアメリカ人と思っています」/ Il n'est ni gentil ni *pas gentil*. (ANOUILH, *P.R*., 288)「優しくも優しくなくもありません」　♦付加辞としては必ず名詞に後続 (GA, 40): une *belle* femme ＞ une femme *pas belle*. 属詞となるときは他の属詞形容詞と等位または並置される。

2° *pas*＋副: Regardez, il y a une lumière *pas loin*. (VAIN, *Pékin*, 153)「ごらんなさい。近くにあかりが見えます」/ Je me suis senti *pas très bien cette nuit*. (F, 1612)「ゆうべは気分

が悪かった」▶pas très bienがmeの属詞. ne
を加えればJe ne me suis pas senti très bien.
となりpasの位置が変わる.

3º 前文の否定: Olga y fut-elle pour quelque
chose? Sûrement *pas*. (VERCORS, *Colère*,
11)「Oがそれに何か関係があったろうか. 確かに
なかった」▶Certainement [Certes] pas. とも
言う.

♦**慣用句**: Pourquoi pas?「どうしていけないの
です, もちろんです」(Pourquoi non? より普通)
▶pasは他の語を伴わずに否定の答えとしてnon
に代わることはない.

4º 文の要素を動詞から切り離して否定する:
Elle résistait un peu. *Pas* longtemps.
(VIAN, *Pékin*, 96)「少し逆らったが, 長くは続
かなかった」/ Je repars mardi, mais *pas* sans
vous avoir vu. (SARTRE, *Sursis*, 78)「火曜日
にここを発つが, きみに会わずには発たぬ」

**5º 肯定文の1要素を別語に置き換えて否定す
る**: Ce sont eux qui doivent hériter, *pas*
leurs parents! (ROUSSIN, *Enfant*, 183)「遺産
を相続することになっているのは彼らなので, 彼ら
の両親ではない」/ Je suis le professeur
Mangemanche et *pas* n'importe qui. (VIAN,
Pékin, 122)「わしはM教授だ. そんじょそこら
の奴とはわけが違うぞ」/ C'était comme si un
autre, *pas* lui, eût parlé. (ARAGON, *Auvél*.,
497)「彼ではなく別の男が話したかのようであっ
た」/ Je vais jusqu'à Rome, *pas* en touriste
hélas, pour mes affaires. (BUTOR, *Modif*.,
57)「わたしは, 残念ながら観光のためではなく,
仕事でローマまで行くのです」

♦対立する要素が主語ならば〈主語＋pas〉, また
は〈pas+主語〉の構文を取る: Une autre jeune
fille me détesterait peut-être. Liane *pas*.
(COCTEAU, *Monstres* II, 2)「ほかの娘なら
わたしをひどく嫌うでしょう. でもLは違います」/
Vous le savez? *Pas* moi. (VERCORS,
Colères, 245)「あなたは知っているのですか. わ
たしは知らないが」⇨non 1º ③

6º ou pas 対応する節・要素の否定: Nous
allons voir cette pièce *ou pas*? (SAGAN,
Sourire, 139)「あの芝居を見にいく? それとも
やめる?」/ Difficile *ou pas*, il faut qu'il
obéisse. (DURAS, *Moderato*, 11)「気むずかし
くてもそうでないにしても, 言うことをきいてくれな
ければいけません」▶ou *pas* より〈ou non 4º〉よりく
だけた調子.

7º 省略節 前文には関係なしに: *Pas* moyen
de faire autrement. (TOURNIER, *Coq*, 289)
(=Il n'y a pas moyen de)「ほかにしようもな
い」/ *Pas* possible! (=Ce n'est pas possible.)
「まさか」/ *Pas* de chance! (=Je n'ai pas, Tu
n'as pas, ... de)「ついていないね」

♦*si pas* (=si ce n'est pas): Qui pourrait
vous dire cela, *si pas* moi? (M. DU GARD—
G, 1031, Rem. 4 N.B.)「ぼくでなければ, 誰が
あなたにそれを言えるでしょう」

8º 修辞的な否定疑問文 古文調: Est-ce *pas*
aujourd'hui qu'il revient? (GIDE, *Enf.
prod*., 218)「彼が帰ってくるのはきょうではない
のか」/ Serait-ce *pas* notre faute si l'on nous
méprise si fort tout en nous couvrant
d'honneurs. (VERCORS, *Pas*, 162)「人々がわ
れわれに多くの栄誉を与えながらも一方でひどく
軽蔑しているのは, われわれのあやまちによるもので
はなかろうか」

**9º 主語を略して同じ動詞の未来形を肯定・否
定の交代の形で反復するとき**: Viendra?
Viendra *pas*? (DORIN, *Th*. II, 450)「来るかな.
来ないかな」/ Ouvrira... Ouvrira *pas*... La clé
tourne. (SARRAUTE—G新, 233 d)「開けるか
な…開けないかな…鍵が回る」

10º くだけた口語 ① ***ne*の省略**: Vous fâchez
pas. (VERCORS, *Colères*, 53)「怒らないでくだ
さい」/ Vous vous souvenez *pas*? (QUENEAU,
Zazie, 94)「覚えていないかね」

▶ne pas que ⇨ ne... que 4º / pour pas que ⇨
pour III. 1º

② (=*n'est-ce pas*) 肯定の答えを予想して:
C'est une Française, *pas*? (F,1002)「あれは
フランス人でしょう?」

pas mal ⇨ mal 2º

pas un(e) — 1º 形 (不定) **aucun**より強い
否定 unは数詞. neと共に: Il n'y a *pas un*
nuage au ciel. (GIONO, *Regain*, 50)「空には
雲ひとつない」/ *Pas un* bruit *n*'arrivait de la
rue. (GREEN, *Mesurat*, 21)「通りからは物音ひ
とつ聞こえてこなかった」/ *Pas un* instant, il *ne*
songe à lui-même. (*Thib*. VI, 141)「一時たり
と自分のことを考えたことはない」 ▶時にseulを
強めて〈pas un seul+名〉と言う.

♦動詞の省略は頻繁: Devant Jenny, *pas un*
mot sur la guerre. (*Thib*. VI, 142)「Jの前で
戦争のことはひとことも言ってはいけない」

♦比較の補語: Je voudrais vous donner, *plus*

qu'à *pas une* autre, une parole de soulagement. (MONTHERL., *Port-Royal*, 91)「ほかの誰よりもあなたに慰めの言葉をかけたい」
▶ 古語法〈sans pas un＋[名]〉は現在では用いられない．
2° [代]（不定）＝***personne, aucun*** *Pas un ne recula*.「誰ひとり退く者はなかった」/ *Pas une de ces filles ne l'intéressait*. (VIAN, *Pékin*, 48)「そんな娘はどれも彼には興味がなかった」◆直・目，非人称構文の実主語として〈de＋補語〉, en を伴う: *Je n'en connais pas un*.「ひとりも知らない」/ *Tu ne garderas pas un de tes amis*.「友だちはひとりもいなくなってしまうよ」▶ 省略文: *Combien de réponses? — Pas une*. (*DFC*)「返事は何通？—ひとつも」
◆**pas un (de)＋[形] [過分]**: *Il a des amis, mais il n'en a pas un (de) fidèle*. (G, 582, Rem.)「友だちはいるが，ひとりとして忠実なのはいない」▶de を入れるのが普通 (W, §65). H; TH はいつも de を入れると説く．
◆比較の補語: *Il est plus rusé que pas un*. (S, I, 361)「誰よりも悪がしこい」▶ ことに *Il est menteur comme pas un*. (*DFC*)「誰よりも嘘つきだ」は日常語で頻繁，最上級の表現を作る（＝extrêmement menteur）. cf. comme personne ⇨ personne 2° ②

passé(e) — **1°** [名]＋***passé(e)*** 名詞に一致: *Il était quatre heures passées*. (BUTOR, *Degrés*, 321)「4時すぎだった」
2° ***passé(e)***＋[名] ① 前置詞とみなし無変化が普通: *Tu n'es rentré rue de Canivet que passé six heures et demie*. (*Ib*., 166)「きみは6時半をすぎなければC街に帰らなかった」/ *Il sera bien passé dix heures*. (ID., *Modif*., 50)「きっと10時すぎになるだろう」/ *Passé les Roches Noires, la route longeait la côte en direction de l'est*. (ROB.-GRIL., *Voyeur*, 153)「黒岩を過ぎると，道は海岸に沿って東に向かっていた」
② 後続名詞に一致させることもまれでない: *passés les remparts de la vieille forteresse normande* (GRACQ, *Syrtes*, 17)「ノルマン人の築いた古い砦の城壁沿いの通りを過ぎると」▶G (784 b, Hist.) に13例．

passé antérieur [前過去形] — 直説法過去時制の一種．
I. 形成: 助動詞の単過＋[過分]
II. 用法 単過の完了形で，行為の完了状態の開始を示す．直・大とは異なり，継続・反復・習慣を表わさず，描写に用いられない．行為の完了の結果としての状態も表わさない．
1° 独立節 多くは**行為の急速な完了**を表わすと説かれる (BRUN, 393; CR, 134; W, §402; GOUG, 212; IMBS, 122; W-P, §417). この場合, vite, tôt, bientôt, en un moment, en deux minutes などの副詞（相当句）を伴うのが普通: *Le cheval l'eut vite rattrapé*. (DHÔTEL, *Pays*, 197)「馬はすぐに彼に追いついてしまった」/ *En un tournemain, il eut enlevé les couverts*. (*Thib*. II, 140)「たちまち食器を片づけてしまった」
多くの文法家は前過そのものが急速な完了を表わし，副詞（相当句）がそれを強調すると考える．W (216) は副詞（相当句）で示される時間の経過前に行為が完了したものとして表わされるところから，急速の感じが生じると言う．これに反し，YVON (*FM*, juillet '51) は急速な完了という印象は副詞（相当句）で示されるだけで，前過そのものは単に完了を表わすだけだと説く．B (484); BONN (*Code*, 226) は急速については触れない．
LE B (I, 445); GOUG (212) は急速な完了を表わす副詞（相当句）は不可欠と言うが，次例がある: *Les inspecteurs en eurent fini d'écrire sous la dictée de la patronne*. (DURAS, *Moderato*, 25)「刑事たちは女主人の語るがままに書き終えた」/ *Il eut fini vers six heures*. (GRENIER, *Ciné*, 191)「6時ごろに終えてしまった」/ *Vers quatre heures il eut terminé*. (VERCORS, *Anim*., 167)
前過は完了相を表わすだけで，**時間的に単過に後続し得る**: *Il gratta une allumette que le vent eut vite éteinte*. (BEDEL, *Jérôme*, 104)「マッチをすったが風がすぐにそれを吹き消した」/ *Il (...) se promit d'écouter dans son entourage, mais il eut bientôt cessé d'y penser*. (AYMÉ, *Chemin*, 8)「周囲の人達に聞いてみようと思ったが，じきにこのことは考えなくなってしまった」⇨ passé composé II. A. 3°; plus-que-parfait de l'indicatif 2°②(2)
▶ 完了のアスペクトは avoir vite [tôt] fait de [不定詞] で表わすことができる．⇨faire IX
前過は**受動態には用いられず**，受動態を表わすには単過を用いる (B, 484): *Son compte fut vite réglé*. (*Ib*.)「彼の勘定はすぐ清算された」(×eut été vite réglé は誤り)

2°　従属節　après que, aussitôt que, dès que, lorsque, quandなどに先立たれる従属節，またはà peine que（⇨peine 5°），ne pas plus tôt... que（⇨tôt 1°），ne... pas... que（⇨que⁴ VI. 7°）を含む文に用いられて，普通は単過で表わされる他の行為と関係して，多くはその直前に完了した一回限りの瞬間的行為を表わす：Quand elle *eut disparu* dans l'immeuble solennel, il se mit à descendre à pied vers la Seine. (BEAUV., *Mand.*, 281)「彼女がどっしりしたビルの中に姿を消したとき，彼は歩いてセーヌのほうに下り始めた」／ Lorsque la secrétaire *fut sortie*, Bourdieu (...) demanda d'une voix candide. (TROYAT, *Signe*, 54)「秘書が出ていってしまうと，Bは無邪気な声で尋ねた」

　前過は単過に先立つ行為を表わすだけでなく完了相を表わすのが本質的働きだから，**主節の単過と時況節の前過が常に対応するとは限らない．**

①〈*quand* + 未完了動詞〉が主節の単過の行為の開始まで継続する文脈ならば，時況節に前過は不可（⇨quand¹ I. 2°③）：Dès que je *pus* écrire, je lui envoyai un mot. (VERCORS, *Portrait*, 47)「字が書けるようになると，彼に一言書き送った」／ Quand Georges *se tut*, il y eut un long silence. (BEAUV., *Mand.*, 297)「Gが口をつぐんだとき，長い沈黙が続いた」

②　瞬間的完了動詞（apercevoir,など）は時況節で単過にも前過にも用いる：dès qu'il *aperçut* Antoine (...) (*Thib.* IV, 195)「Aの姿を認めるや否や」／ Dès qu'elle *eut aperçu* les trois jeunes gens (...) (KESSEL, *Enfants*, 101)

　非瞬間的完了動詞（sortir, quitter, など）は行為に時間的に幅を持たせるか，主節の行為の開始前に全く完了したものとして表わすかに従って，単過または前過（⇨ quand¹ I. 3°②）．

③　*finir* とその類義語は前過だけ：Lorsque la classe *eut pris fin*, il se leva avec les autres. (GREEN, *Moïra*, 232)「授業が終わったとき，彼は他の生徒といっしょに立ちあがった」

④　**前過が単過以外と対応する場合：**Quand elle *eut terminé*, Mirambeau *ouvrait* des yeux comme des soucoupes. (VERCORS, *Colères*, 240)「彼女が話し終えたとき，Mは目を皿のように大きく開けていた」／ Il *avait perdu* le souffle quand il *eut rejoint* Gilles. (MAURIAC, *Galigaï*, 68)「彼がGに追いついた時には息を切らせていた」

◆（時況節：）前過｜（主節：）複過：Après qu'il *eut bu* un café et un peu *mangé*, je l'*ai emmené* chez moi. (BEAUV., *Adieux*, 83)「コーヒーを1杯飲み少し食べてから，彼を私の家に連れていった」　文語の前過と口語の複過を同一文で使うことはできないと説くのが普通（MART, 351）．時況節の動詞を完了相で表わしたいとき，ことに動詞が複複過には用いにくい場合（⇨ passé surcomposé II. 1°）には，その代替として前過が用いられたものと考えられる．　cf.『メモ』96-7．なお ⇨ peine 5°第4例．

◆前過は主節の単過の直前に完了した行為を表わすのが普通だが，主節の行為よりはるか以前の行為を表わすこともできる．一般には直・大を用いる：Quinze ans après qu'il *eut quitté* sa patrie, on eut enfin de ses nouvelles. (F-G, 212)「彼が祖国を去ってから15年たって，やっと彼から便りがあった」

passé composé［複合過去形］—— 直説法過去時制の一種．従来のpassé indéfini「不定過去形」に代わって，1910年文部省令で，公式に採用された用語．

I. 形態：助動詞の直・現 + 過分

II. 用法　本来は現在完了を表わす．早くから用法が拡張されて，過去の動作を表わすに至った．

A.　完了を表わす複合過去形　直・現が現在だけでなく，過去・未来・一般的事実を表わすのに対応し，複過はそのすべての場合における完了を表わす．

1°　現在完了　過去の行為の結果としての現在の状態を表わす：La population *a* maintenant *atteint* le million. (F, 628)「人口は今では100万に達している」／ Il *a maigri* au cours des derniers mois et sa ceinture est trop large. (VAILLAND, *Loi*, 9)「この数ヶ月の間に痩せてしまってベルトはゆるゆるになっている」／ Il *a* un peu *vieilli*. (VERCORS, *Colères*, 30)「彼は少しふけた」／ Je ne *me suis* pas *rasé* depuis trois jours. (*Ib.*, 280)「3日前からひげを剃ってない」／ Depuis deux jours Daniel *est parti*. (*Thib.* I, 51)「2日前からDは出掛けています」

2°　一般的事実：Il paraît qu'il est très amusant quand il *a bu*.(SARTRE, *Nekr.*, 181)「彼は酒を飲むととても面白いそうだ」／ Il avait un goût amer dans la bouche, comme quand on *a* trop *fumé*. (VAILLAND, *Loi*,106)「彼はたばこを吸いすぎた時のように口が苦かった」/ Quand on parle de soi, on n'*a* jamais *fini*. (DUHAMEL, *Confess*., 22)「自分の話をすると, 話の尽きることがない」/ Un accident *est* si vite *arrivé*. (CLAIR, 212)「事故はあっという間に起こってしまうものだ」

3° **叙述的現在形の完了** 直・現に後続する複過：La voiture démarre, elle *a* déjà *atteint* le bout de la rue. Elle *a franchi* la lueur du dernier lampadaire. Elle *est entrée* dans la nuit. Elle n'existe plus. (ANOUILH, *P.R*., 240)「(走り去る車の後を目で追いながら)車が動きだしたわ. もう通りのはずれよ. 最後の街灯の光も通り越したわ. 闇の中に入ったわ. もういないの」▶démarrer, atteindre, franchir,...は相次ぐ行為. 複過の使用は完了相で表わそうとしたためで, 時間的に複過は直・現に後続している.

4° **未来完了** 未来を表わす直・現の完了形で, 前未に相当.

① **未来の行為を完了したものとして表わす**：Si je te perds, alors j'*ai* tout *perdu*. (CAMUS, *Etat*, 87)「君を失えば, すべてを失ったことになる」/ J'*ai* bientôt *fini*. (SARTRE, *Putain*, 33)「じき終えてしまいますよ」/ Un peu de patience. Deux ou trois jours *sont* vite *passés*. (PORTO-RICHE, *Vieil h*., V, 9)「しばらく辛抱なさい. 2, 3日はすぐ経っちまいますから」/ Fuis ou tu *es mort*. (ANOUILH, *Becket*, 206)「逃げろ, さもないと命はないぞ」▶tu mourras は単なる未来の行為だが, tu es mort はその行為を完了したものとして表わすから, 実現の可能性が強調される.

♦命令調で：Tu *as* bientôt *fini* de te plaindre? (BECKETT, *Godot*, 120)「愚痴はいい加減にしろ」

② **未来形で表わされる未来の一時期に完了している行為**：Vous me direz, demain, ce que vous *avez décidé*. (W-P, 341)「決めたことを, 明日私に話してください」

③ *si*の**後で未来を表わす**〈si + 直・現〉の完了形：Si dans vingt-quatre heures tu n'*as* pas *terminé* ta besogne, on enverra quelqu'un pour la finir à ta place. (SARTRE, *Mains* V, 1)「24時間たってもあなたが仕事を終えていなければ, 代わって終えるために人を送ります」

B. 過去を表わす複合過去形

1° **現在とつながりのある事実**

① 過去の動作・状態を**話者の記憶に存する事実**, **体験した事実として**述べる. この意味で複過は主観的に現在につながりを持ち, 過去の動作を客観的に描く *passé simple* とは陰影が異なる. 単過の後退の結果, 会話ではほとんど常に複過のみを用いる.

♦aujourd'hui, cette semaine, ce mois, cette année のような, 現在を含む時期が示されるときは, 文語でも単過は用いない：Il *a fait* beau aujourd'hui. 「今日は天気がよかった」/ J'*ai fait* un voyage cette année. 「今年旅行をした」/ *Avez*-vous jamais *été* à Paris? 「パリに行ったことがありますか？」 ▶ただし, 報道文では今日のことについても単過を用いることがある. ⇨ passé simple II. 3°①

② **限定された期間における継続的・反復的行為**を示す：Toute la nuit, il *a plu*. Toute la nuit, on *a entendu* la pluie. (SAGAN, *Chien*, 50)「一晩中, 雨が降った. 一晩中, 雨の音が聞えた」/ Pendant cinq ans, il m'*a*, chaque jour, soir et matin, *regardé* travailler. (DUHAMEL, *Confess*., 6)「5年の間, 彼は毎日, 朝となく晩となく, 私が仕事をするのを見てきた」/ Ma mère m'*a raconté* quatre ou cinq cents fois certaines histoires de mon père. (*Ib*., 22)「母は父のいくつかの逸話を何百回も私に話してきかせたものだ」

③ **孤立した過去の事実** 複過は多く現在に近い過去の事実を語るが, それ自体で完全な陳述をなす孤立した事実を述べるときには, 遠い過去の事実をも表わし得る：Jeanne d'Arc *est née* à Domremy.「JはDで生まれた」▶この場合も, 話者の記憶に存する過去の事実として述べているのであって, 現在とのつながりは絶たれていない (cf. BUFFIN, 37以下). これに対し単過は孤立した事実にはあまり用いられず, 他の後続を期待させる.

継起する事件を単過で叙しながら, 一連の事件に関係のない事実を複過で述べるのはそのためである. 例えば, MAUPASSANTの短篇 *Mon oncle Jules* では物語の経過は客観的に単過でつづられ, 語り終わって Nous *sommes revenus* par le bateau... Je n'*ai* jamais *revu* le frère de mon père! と続けているのは, 話者が再び現在に立ち戻って過去を回想して述べていることによる.

2° 短い**報道・日記・手紙**などで, 筆者が目撃した事件を物語り, あるいは口語調の文体で, 筆者

が目撃したかのように印象をなまなましく物語るとき，説話的・叙事的過去時制として用いられる：Vers trois heures, on *a frappé* à ma porte et Raymond *est entré*. Je *suis resté* couché. Il *s'est assis* sur le bord de mon lit. Il *est resté* un moment sans parler et je lui *ai demandé* (...). (CAMUS, *Etr.*, 57)「3 時ごろ，ドアをノックする音がして R が入ってきた．僕は横になったままでいた．彼は僕の寝台の縁に腰かけた．彼はしばらく黙っていたので，僕は彼にたずねた（…）」▶この小説は手記の形式で書かれ，全編が複過を基調としてつづられている．

次例では単過でつづられた物語の一部に筆者が目撃した事件を生々しく物語るために複過が用いられている： «Les uhlans! les uhlans! sauvez-vous.» Vite, vite, on *s'est levé*, on *a attelé* la charrette, *habillé* les enfants à moitié endormis, et l'on *s'est sauvé* par la traverse... (DAUDET, *Contes*, Paysans à Paris)「『槍騎兵だ！槍騎兵だ！逃げろ』大急ぎで人々ははね起き，二輪馬車に馬をつなぎ，半分眠っている子供に服を着せ，近道を通って逃げた…」▶B (476); N (VI, 304) はこれを単過の後退，複過の機能の拡大の1例と見る．しかし，BUFFINは，この場合も主観的過去であることに変わりはなく，話者と何らの関係もない物語，例えば *Le Petit Chaperon Rouge*『赤ずきん』の物語を複過で述べることはできない，と説く．⇨ passé simple II. 3º ①

3º 時況節における複合過去形 Dès qu'il *l'eut aperçu*, il se cacha.「彼の姿を見かけるや否や身を隠した」に対応する口語文は Dès qu'il *l'a eu aperçu*, il s'est caché. よりは Dès qu'il *l'a aperçu* のほうが普通 (SAUVAGEOT, *Procédés*, 166)．〈quand + 単過〉しか成り立たない場合はもちろん，〈quand + 単過［前過］〉のどちらも成り立つ場合 (⇨ passé antérieur II. 2º) でも，時況節では複過が普通である：Quand il nous *a quittés*, Robert m'a dit. (BEAUV., *Mand.*, 206)「我々と別れたとき，R は私に言った」/ Lol dès qu'elle *l'a vu* a aimé Michael Richardson. (DURAS, *Stein*, 119)「L は一目見るなり MR に恋をした」

4º 一般的真理を表わす．格言的な文で，過去において真理であったことは，現在・未来においても真理であることを示唆する (⇨ passé simple II. 4º)．多くは toujours, jamais, souvent などの副詞を伴う：Les militaires *ont* toujours *eu* des idées enfantines sur la paix. (ANOUILH, *Ardèle*, 76)「軍人は平和についていつも幼稚な考え方を抱いてきたものだ」/ Un homme énergique n'*a* jamais *eu* peur en face du danger pressant. (MAUPASS., *Peur*)「気力のある男がさし迫った危険を前にして恐れを抱いた試しはない」

5º 条件法過去に代わる
① Si je joue cœur［または En jouant cœur］, j'*ai gagné*. (MART, 349) (= Si j'avais joué cœur, j'aurais gagné)「ハートを出せば勝ったのだ」

② 《古》j'ai pu [dû] = j'aurais pu [dû]; il a fallu = il aurait fallu：Vous dont j'*ai pu* laisser vieillir l'ambition dans les honneurs obscurs de quelque légion (RAC., *Brit.* I, 2)「そなたの野心など，どこかの軍団のつまらぬ地位を与えて，むなしく朽ちさせることもできたものを」

passé défini [indéfini]［定［不定］過去形］——それぞれ passé simple, passé composé の古い用語．今日でも用いられる (W-P, 340-2; 343-5)．

passé simple［単純過去形］—— 直説法過去時制の一種．1910 年の文部省令で公式に採用された．passé défini (DE BOER, §146; W, §395; W-P, 343), prétérit (D, 212; D, *Etudes*, 62, n.1; MARTINET, *Gr. fonct.*, 108), prétérit défini (MOIGNET, *Systématique*, 78 など) とも言う．

I. 形態　語尾：

① **-ai, -as, -a, -âmes, -âtes, -èrent**. 語尾 -er の動詞．

② **-is, -is, -it, -îmes, -îtes, -irent**. 語尾 -ir の動詞, -re の動詞の大部分, asseoir, pourvoir, surseoir, voir との合成語．

変種：**-ins, -ins, -int, -înmes, -întes, -inrent** tenir, venir との合成語．

③ **-us, -us, -ut, -ûmes, -ûtes, -urent** 語尾 -oir の動詞, courir とその合成語, mourir, 語尾 -re の次の動詞：boire, conclure, connaître, croire, croître, être, exclure, lire, moudre, paraître, plaire, repaître, résoudre, taire, vivre.

▶複数 1・2 人称では ^ があっても母音は長くならない：n. eûmes [ym], v. donnâtes [at]. haïr, ouïr は ¨ があるために ^ をつけない：n. haïmes, v. ouïtes.

II. 用法

1° 基本的意味 現在とは交渉のない完全に過ぎ去った過去における瞬間的行為あるいは限界ある行為を，初めから終わりまで1つの全体としてとらえてこれを客観的に表わす．このようにとらえられた動作を点行為（action-point）と称して──と図示するのが普通だが，この点は初めと終わりに限界があるだけで，長期間に広がり得るのでSTEN (97)はこれを├──┤で示す．

◆継続的・反復的・漸進的行為でも，その持続期間に明確な限界がある場合，後から過去を振り返ってこれを1つの全体としてとらえ得るならば，単過が用いられる．単過そのものには継続・反復などを表わす働きはないから，副詞（相当句）を伴う：*Pendant quelques semaines*, je *crus* que j'aurais grand mal à faire accepter mon mariage. (MAUROIS, *Climats*, 42)「何週間かの間，私は自分の結婚を承諾させるのは容易なことではあるまいと思った」/ *Pendant qu'elle réfléchit* personne ne *parla*. (DURAS, *Tarquinia*, 55)「彼女が考えていた間，誰も口をきかなかった」/ *Cette nuit-là et la nuit suivante je fis plusieurs fois* le même rêve. (GREEN, *Voyageur*, 59)「その夜も次の夜も，私は何度も同じ夢を見た」/ *Peu à peu* la forêt *s'épaissit*. (TOURNIER, *Vendr.*, 16)「次第に森は深まっていった」

◆未完了動詞の単過は時として行為の開始点を示す：A midi, la neige *tomba*.「正午に雪が降った」はLa neige commença à tomber.に相当する (BONN, 106; ID., *Code*, 224; *Gr. d'auj.* 484; STEN, 101).

◆主節の動詞が現在・未来だけでなく，過去時制であっても従属節に単過が可能（まれ）：Je *crois* que je *fus* pris de frissons. (TOURNIER, *Roi*, 28)「悪寒に襲われたのだと思う」/ Je *compris* que je *tombai* on ne peut plus mal. (GARY, *Cerfs*, 38)「この上なくまずいときにやってきたことがわかった」(= Je tombai on ne peut plus mal, je compris cela).

2° 叙事的過去時制 上記の性質からして，単過は過去において次々に起こった事実を物語り，事件の推移を示して物語を進行させるために広く用いられる：Il se *leva*, *tira* les rideaux, *ouvrit* la fenêtre. La fraîcheur de la nuit *baigna* son visage et *acheva* de le réveiller. (TROYAT, *Pain*, 33)「彼は起きあがり，カーテンをあけ，窓を開いた．夜の冷気が顔を浸し，彼の目をすっかり覚めさせた」

継起する事実は大部分が3人称で語られ，2人称は極めてまれ．1人称小説の〈je + 単過〉はjeを話者と全く同じではない事件中の人物として描く (W-P, §413).

関係節の単過 主節の単過との時間的関係は文脈によって定まる.

後続：Je lui *offris* un whisky sec qu'il *but* d'un trait. (DÉON, *Taxi*, 307)「ストレートのウイスキーを差し出すと，彼はそれをひと息に飲んだ」/ Ils *revinrent* dans l'atelier, où ils *travaillèrent* jusqu'à une heure de l'après-midi. (DHÔTEL, *Pr. temps*, 95)「仕事場に戻ると午後1時まで働いた」

同時：Louise *se dévoua* d'abord à la littérature, tant qu'elle *crut* du moins que l'édition intéressait Jonas. (CAMUS, *Exil*, 133)「Lは最初，出版がJの関心を引いていると信じていた間は，文学に献身した」/ Je *revis* Luc deux fois dans la quinzaine qui *suivit*. (SAGAN, *Sourire*, 167)「それに続く2週間の間に2度Lに会った」

先行：Elle *but* avidement le vin qu'il lui *versa*. (*Thib.* VI, 26)「彼女は彼が注いでやったぶどう酒をがぶがぶと飲んだ」/ Elle *prit* l'enveloppe que lui *donna* la servante. (GREEN, *Mesurat*, 227)「彼女は女中が差し出した封筒を取った」

▶時況節の単過 ⇨ quand¹ I. 2°

3° 単純過去形と複合過去形

① 単過は現在と関係のない**遠い過去の事実を客観的**に述べ，複過は話者の体験として記憶に存する事実，したがって**現在につながる事実を主観的**に語る．歴史書のLouis XIV *mourut* en 1715. と同じ事実を教師が生徒に教えるときにはLouis XIV *est mort* en 1715.となるのは，教師自身が体験した事実と同じく記憶に存する事実としての表現である (BUFFIN, 37).「定過去（= 単過）は現在から引き離し，不定過去（= 複過）は現在に結びつける」(CR, 126).

◆まれに口語で：C'est incroyable qu'un père ne trouve rien à dire sur ce que *fut* son fils. (MAURIAC, *Désert*, 241)「息子の昔について父親が何も文句のつけようがないなんて，考えられないことね」

◆次例では，動作が現在につながるか，現在とは関係のない過去に押しやられるかに従って，2つの時制が使い分けられている：La même religieuse m'*a appris* la mort du père jésuite qui *fit* jadis mon instruction religieuse. (GREEN, *Journal* V, 21)「同じ修道女が昔私の宗教教育をしたイエズス会神父の死を知らせてくれた」/ La maison où Kierkegaard *vécut* de 1813 à 1848 *a été* démolie en 1908. (*Ib*., 284)「Kが1813年から1848年まで暮らした家が1908年に壊された」/ Cela *fit* un scandale dont on n'*a* pas encore *cessé* de parler. (SAGAN, *Sarah*, 141)「世間のひんしゅくを買ったできごとで未だに話の種になっています」

◆筆者がその体験を口頭で物語る場合でも、物語として客観性を帯びれば単過が現われる。作中人物が事件を物語る形式をとったMAUPASSANTの短編 *La Peur*, *Le Voleur* など参照。SARTRE, *Diable*, 13に出てくる隊長は戦闘の報告を Peu après le lever du soleil, nous *aperçûmes* un nuage de poussière. と語り出す。DUHAMELの*Confess.*は手記の形式であるから、複過が主調となるが、各々の挿話は多く単過で語られる。GIRAUDOUX, *Folle* では各登場人物の自己紹介に単過が現れる。夢の中で次々に展開する場面も単過で描き得る(例えばGREEN, *Voyageur*, 59-63).

◆新聞の報道では、まず事件を現在に関連ある事実として複過で報じ、次いで細部は単過で描かれることがある (BUFFIN, 49-50)。この場合、その日の事件にも単過を用い得る。SAINT-EXUPÉRY行方不明当日の記事：Le Commandant de Saint-Exupéry n'*est pas rentré*. Parti à 9 h. pour la Savoie sur le 223, il n'était pas rentré à 13 heures. Les appels Radio *restèrent* sans réponse et les Radars alertés le *cherchèrent* en vain... (*Vie de St-Exupéry*, Albums photogr., Gallimard, 110)

② **単過と複過の混同**　次例では両者の選択は上記の陰影によっていない：Je *suis sorti* et *refermai* la porte derrière moi. (GARY, *Au-delà*, 221)「私は外に出て、後のドアをしめた」/ En 1944, les Américains *sont arrivés* et les avions allemands *revinrent* bombarder la région. (SAGAN, *Réponses*, 30)「1944年に米軍が到着しました。そしてドイツの飛行機がまたやってきて、この地方を爆撃しました」

　COH (*Gr. et style*, 147)はこの混同は1920年頃に始まり、今日では大部分のフランスの青年は両者の区別を知らず、文体の単調さを嫌って混用すると説く。

③ **従属節の時制**　複過の従属節は未来形も条・現も従え得る：J'*ai répondu* que j'*irai* [j'*irais*] plus tard.「後で行くと返事をした」単過の後では条・現だけ：Je *répondis* que j'*irais* plus tard.

4º　普遍的真理を表わす単純過去形　格言的な文で、過去において真理であったことは、現在・未来においても真理であるとの結論を示唆する。多く toujours, parfois, jamais, souvent などを伴う：Jamais flatteur ne *manqua* de dupes. (*Gr. Ac.*, 180)「おべっか使いが欺されやすい人間にこと欠いた試しはない」

5º　単純過去形の後退　複過が本来は現在完了を表わしたのに対して、単過は過去の一定の時に完了した動作を表わしたが、複過が過去の動作を表わすようになると、同価値の2つの時制が両立することになり、単過はその活用の困難さに災いされて次第に複過にその領域を侵された。20世紀初頭までは南仏、Normandie、Bretagneの諸地方で常用されたが (BRUN, 381)、今日では南仏方言を除き、会話で単過の使用は例外的になった (D, 213).

◆活用のむずかしさ。17世紀にVAUGELASは *véquit* と *vécut*, MÉNAGEは *interdit* と *interdisit* のどちらを採るべきかに迷ったが (BRUN, 381)、使用がまれなために、現在でも活用の誤りが指摘される (GEORG, 125-6)：s'*assirent* > s'*asseyèrent*; *dissolut* > *dissolva*; *élurent* > *élirent*; *relut* > *relit*, など（>の右が誤り）。ただし、*luisirent* > *luirent* などは正規形が用いられないため、*luirent* を正用として認める者もある (HARMER, 61)。単過の語幹が直・現の語幹と異なることも (pus / peux; voulus / veux, など)、活用のむずかしさの原因となる (BALLY, *Ling. gén.*, 217).

◆現代の会話では、遠い過去の事実の客観的な描写に単過が現われ得るほかは単過の使用は例外的であるから、懐古趣味の作者は別として、単過の使用は登場人物(学者、役人、貴族など)の気取りを皮肉に表わすための文法的手段となった (ULLMANN, *FM*, oct. '38). cf. 家島光一郎「passé simple の後退」『フ研』nº 2,'51.

passé surcomposé [複複合過去形] ― 他の複複合時制については ⇨ temps surcomposé

I. 形態：助動詞の複過 + 過分

II. 用法　古仏語から存在したが、前過が日常語でほとんど用いられなくなった結果、それに代わるものとして用いられだした。多くは口語、時に

文語にも見出される.

1° **主節の複過 (時に直・半) に対し, 時況節でその前に完了してしまった行為を表わして前過に代わる**: Dès que vous m'*avez eu quitté*, (...) vous avez aussitôt cherché une revanche. (BEAUV., *Inv.*, 363)「僕と別れたとたん, 君はすぐ報復手段を捜した」/ Quand elles *ont eu changé* de costumes, elles sont parties pour l'Italie. (LE CLÉZIO, *Ronde*, 154)「服を着換えてしまうと, イタリアに出発した」/ Dès qu'il *a eu choisi* son sujet, il est parti des faits observés. (ZOLA, *Rom. expérim.*, 8)「その主題を選んでしまうと観察した事実から出発した」(文語). 複過で代用させることも多い.

非瞬間的動作を表わす動詞（quitter, choisir）は動作の完了を明示するために, 複複過に置かれやすい. **瞬間的動作を表わす動詞の複複過はまれ**: Quand elle *a eu reconnu* franchement sa jalousie, elle en a peut-être été délivrée. (BEAUV., *Inv.*, 326)「自分の嫉妬を率直に認めてしまったとき, おそらく嫉妬から解放されたんです」多くは複過を用いる (⇨ passé composé II. B. 3°).

finirとその類義の動詞は複複過が必要: Le silence était complet dans la salle quand elle *a eu fini*. (CAMUS, *Etr.*, 133)「彼女が話を終えたとき, 部屋の中はしーんと静まり返っていた」

助動詞 être をとる動詞の複複過はまれ: Quand elle *a été partie*, j'ai éteint les lumières de ma chambre. (DURAS, *Stein*, 146)「彼女が行ってしまうと, 私は部屋の明かりを消しました」多くは Quand elle *est partie* と言う.

受動態 (dès qu'il *a eu été* nommé) はほとんど用いられない (B, 765). **代名動詞の複複過は今日では存在しない** (MAUGER, 240). Dès qu'ils *se furent étendus* sur l'herbe, ils s'endormirent. (DHÔTEL, *Pays*, 162)「草の上に横になるとすぐ眠り込んだ」の口語文は Dès qu'ils *se sont étendus* (...), ils se sont endormis. が普通. cf.『文法論』77-85.

2° **独立節で前過に代わる. 完了相の強調**: En trois minutes il *a eu fini*. (MART, 351)「3分間で終えてしまった」

3° **南部方言で複過に代わって独立節で用いる (誤用)**: Je l'*ai eu fini*. (= Je l'ai fini) cf. D, 217.

passer — **1°** **複合形の助動詞** 自動 では動作・状態の区別なく一般に être を用いる: Le gardien de l'entrée lui annonça que le convoi *était déjà passé*. (THIB. VI, 120)「入口の管理人はもう葬列は通ったあとだと教えてくれた」/ Hilbert *est passé* par le salon rose. (SARTRE, *Séques.*, 17)「Hはばら色の客間を通っていきました」/ Il *est passé* à Paris. (*DFC*)「彼はPに寄った」/ Une idée m'*est passée* par la tête. (*MR*)「ふとある考えが頭を横切った」/ Ce film *est déjà passé* dans une autre salle. (*DFC*)「この映画は別の映画館ですでに上映された」

Le candidat *a passé* à l'écrit.「受験生は筆記試験に合格した」/ Le temps *a passé* où il était capable d'un réel enthousiame.「彼が真に感激し得た時代は過ぎ去った」/ Son tour *a passé*, à vous de jouer.「(トランプなどで) 彼の番は過ぎた. あなたの番です」でも est を用いるほうが丁寧な話し方, a はくだけた感じ.

♦**ある場所を通過するの意では avoir も être も区別なく用いられる**: Laon? J'y *ai* [*suis*] *passé* en 1940. (W-P, 275, Rem.)「Lですか. 1940年にそこを通ったことがあります」

2° ***passer*** + 不定詞 **一連の動作**: J'avais promis à Paule de *passer* la *voir* un de ces jours. (BEAUV., *Mand.*, 173)「私はPに近いうちに会いに行くと約束したのだった」

passer pour 不定詞 **目的**: Elle *est passée* à mon bureau *pour* me demander conseil. (SARTRE, *Mur*, 45)「彼女は私の意見を聞くために事務所に寄った」⇨ aller 4°

3° ***passer*** + 属詞

① (= devenir): Il *est passé* capitaine. (*PR*)「大尉に昇進した」

② passer inaperçu (= rester, être inaperçu): L'incident *passa inaperçu*. (IONESCO, *Solitaire*, 153)「事件は人目につかずにすんだ」

4° ***passer pour*** + 属詞 **助動詞は avoir.**

① + 名 [形]: Il *a* longtemps *passé pour* un génie. (*MR*)「彼は長い間天才とみなされた」/ Il *passe pour* arrogant. (ROB)「尊大な男とみなされている」 ② + 不定詞: Elles *passaient* jadis *pour* parler un langage truculent. (MAUROIS, *Femmes*, 19)「昔は奔放な言葉遣いをするとみなされていた」

5° ***il passe*** + 名 **非人称**: Il *passera* bien une ambulance. (VIAN, *Pékin*, 51)「きっと救

急車が通るだろう」/ *Il est passé* une bonne pièce à la télévision. (*DFC*)「テレビでよい劇が放映された」 ▶否定文：*Il ne passait* presque *pas* de voitures. (GASCAR, *Herbe*, 107)「車はほとんど通らなかった」

6⁰ ***il se passe*** + 名　非人称：*Il se passait* dehors des choses plus intéressantes. (GRENIER, *Ciné*, 118)「外ではもっとおもしろいことが起こっていた」/ *Il ne s'est* rien *passé*. (CLAIR, 60)「何も起こらなかった」/ *Il ne se passerait* pas *de* jour sans que je souffre. (ARLAND, *Monique*, 195)「私が苦しまないような日は一日としてないでしょう」

♦実主語に対する問いは人称動詞として Qu'est-ce qui *se passe*? (LE CLÉZIO, *Déluge*, 107, 158)「何が起こっているのか」　または非人称構文 Que *se passe-t-il*? (SAGAN, *Bonj.*, 65, 176)が普通．俗用：Qu'est-ce qu'*il se passe*? (CLAIR, 317) / Qu'est-ce qu'*il va se passer* maintenant? (*Ib.*, 395)　しかし ce qui は規則的：Nous allons voir *ce qui se passe* à la cuisine. (BUTOR, *Degrés*, 72). *ce qu'il se passa* (HENRIOT—G, 548, Rem. 2 a)は例外的．

passive (**voix**) [受動態] — 主語が動作を受けることを表わす動詞の形態．

1⁰　形態：être + 過分．これを**受動形** (forme passive)，受動形に置かれた動詞を受身動詞 (verbe passif)と言う：Les Arabes ont inventé les chiffres.「アラブ人は数字を発明した」(能動) / Les chiffres *ont été inventés* par les Arabes.「数字はアラブ人によって発明された」(受動)

♦受動構文では話者の関心は動作を受けたものに向けられ，動作主 (⇨ complément d'agent)は二義的役割を演ずるにすぎないから，これを省略することが多い．

(1)能動構文の主語が on である場合，受動構文では動作主を表わさない：On interrogea l'accusé.「被告を訊問した」> L'accusé *fut interrogé*.「被告は訊問された」

(2)受動態の非人称構文については ⇨ il impersonnel I. 2⁰③; II. 1⁰③

(3)フランス語では間・目を主語とする受動態は用いられない．英語のHe was given a book. は On lui a donné un livre. という能動構文で表わす．

2⁰　受動形をとり得る動詞　原則として直接他動詞 (verbe transitif direct)に限られるが，受動形に置かれ得ないもの (pouvoir, avoir, など)のほか，ある文では受動形に置かれ得るが，他の文では受動形をとり得ない場合がある．例えば，次の文は受動構文に書き換えられない：Ils baissent les yeux. / J'ai perdu ma femme. / Je veux votre bonheur. / J'ai vu ses enfants.

♦間接他動詞・自動詞・代名動詞は受動態には用いられないが，直接他動詞としても用いられるもの(時に古い語法)は受動態をとる：répondre, obéir, désobéir, pardonner, vivre, moquer, など．

♦ある間接他動詞は例外的に非人称構文で受動態をとる(⇨ il impersonnel II. 1⁰③(2))．近代作家は文体の効果をねらって自動詞を受動態に用いることがある：Il est vrai que bien souvent nous *sommes agis*. (BRUN, 329)「我々がしばしば人に左右されることは事実だ」

3⁰　受動態の意味　⇨ être VIII

4⁰　自動詞・代名動詞も受動の観念を表わし得る．⇨ verbe pronominal III. 2⁰; II. 3⁰

pauvre — **1⁰**　形　名詞に対する語順により意味が異なる：une femme *pauvre*「貧しい女」, une *pauvre* femme「あわれな女」

Pauvre de moi!「わたしは何とあわれなのだろう」ROBはおそらくCe que c'est (que) *de* nous! *de* であろうと説く．

♦pauvre de + 名「…を欠いた」(dénué de, dépourvu de, privé de の類義語)と pauvre en + 名「…に乏しい」(abondant の反意語)の意味の明確な区別はつけにくい：*pauvre d'*esprit「才気のない」/ L'Espagne était *pauvre en* refuges. (ST-EXUP., *Terre*, 4)「スペインは避難所に乏しかった」

2⁰　名　「貧乏人」の意では形容詞より意味が強く，貧窮者，乞食をさす．女性形は une pauvresse があるが古めかしい．普通は une pauvre.「あわれな女」の意では後者のみ：cette petite *pauvre* qui vous crie qu'elle vous aime (ANOUILH, *P. B.*, 110)「あなたが好きだとわめくこの乞食の少女」

payer — *payer* + 価格 (直・目)：*payer* mille euros de loyer「家賃を千ユーロ払う」/ *payer* le prix du terrain「土地の代金を払う」/ Au prix que je *paye*, j'avais droit à ton amitié. (ANOUILH, *Ornifle*, 31)「これだけ払っているのだから君の友情を受ける権利はあったわけだ」

payer qn [qch] + 価格 (状況補語)：J'ai

payé ce livre dix euros.「この本に10ユーロ払った」/ Combien *avez*-vous *payé* ce livre?「この本にいくら払いましたか」/ Certains acteurs et metteurs en scène célèbres *sont payés* 240 yens. (BEAUV., *Marche*, 54)「一部の著名な俳優と演出家には240円支払われている」/ Au prix où je les lui *paye*, ses couplets, il pourrait m'en faire sans licence. (ANOUILH, *Ornifle*, 26)「彼の歌に払っている金額からすれば、もっとちゃんとしたものを作ってくれてもいいだろうに」

♦*payer à* 不定詞: Il *a payé à* boire et *à* manger à toute la bande. (VAILLAND, *Fête*, 41)「一同に酒と飯をおごった」

peine — 1° *avoir (de la) peine à* 不定詞 (= avoir de la difficulté) 普通は de la を用いる: J'*ai de la peine à* le croire. (MR)「彼を信じがたい」/ 改まった文体: J'*ai peine à* croire qu'il vienne demain. (MART, 393)「彼があした来るとは信じがたい」▶接続法は avoir peine に否定の観念が含まれるため.

2° *valoir la peine de* 不定詞 [*que*+接]
① *de* 不定詞 (1) 他動詞の不定詞は受動形: Rien ne *valait la peine* d'être lu. (LE CLÉZIO, *Déluge*, 188)「何一つ読む価値はなかった」/ Ça ne *vaut* pas *la peine* d'être dit. (SARTRE, *Age*, 64)「言うには当たりません」▶受動形は類義の mériter de 不定詞 (受動形) の類推.
(2) 他動詞の不定詞+目的語: Est-ce que cela *valait* vraiment *la peine* d'écrire tout ça, comme ça? (LE CLÉZIO, *Fuites*, 54)「こんなふうに、これらすべてのことを書く価値があったろうか」
(3) 不定詞 = 自動詞: Ça ne *vaut* pas *la peine* d'en parler. (VAILLAND, *Loi*, 103)「語るに足らない」
② *que*+接: Aucune idée ne *vaut la peine* qu'on se sacrifie pour elle. (TROYAT, *Tête*, 171)「どんな思想でもそのために自分を犠牲にする価値はない」
③ *(en) valoir la peine* de 不定詞, que+接 の代名詞は en. en の省略可能: Ça n'*en* [Ça ne] *vaut* pas *la peine*.「それだけの価値はない」/ Si tu crois que ça *vaut* vraiment *la peine*, je peux essayer d'obtenir un ordre.— Ça *en vaut* toujours *la peine*. (CAMUS, *Peste*, 25)「君が本当にそうするだけのことがあると思うなら、命令を出してもらうように努力してみてもいい.—

いつだってやってみるだけのことはあるさ」

3° *ce n'est pas la peine de* 不定詞 [*que*+接] (= Il est inutile de, que): *Ce n'est* vraiment *pas la peine de* tant insister. (BEAUV., *Inv.*, 124)「そうしつこく言うには全く当たらない」/ *C'est pas la peine que* je vienne pour rien. (SAGAN, *Mois*, 34)「むだ足をするには当たらない」

♦否定の主節に従属する節、疑問文では肯定形も可能: Je ne crois pas que *ce soit la peine* d'en parler. (MALRAUX, *Cond.*, 99)「それを取り立てて言うほどのこともないでしょう」/ Est-ce *la peine que* nous attendions davantage? (DURAS, *Andesmas*, 114)「これ以上待つだけのことがありますか」

♦*de* 不定詞, que+節に代名詞 en は用いず、これを略す: *Ce n'est pas la peine.*「それには及びません」▶N'y allez pas, *ce n'est pas la peine.*「ご足労をおかけしては申し訳ない」(..., cela n'en vaut pas la peine. ならば「行ってもむだ」)

4° *à peine* 文頭に置くとき、ほとんどいつも主語倒置 (LE B, *Inv.*, 90-3, 108-110).
① (= presque pas): Il avait *à peine* remarqué le carrefour. (ROB.-GRIL., *Voyeur*, 154)「四つ辻にはほとんど気がつかなかった」/ *A peine* connaissais-je ses enfants. (GIDE, *Porte*, 24)「彼の子供はほとんど知らなかった」
② (= tout au plus): Sa montre marquait *à peine* trois heures. (ROB.-GRIL., *Voyeur*, 153)「時計は3時になるかならぬかだった」
③ (= pas plus tôt) 以下の5°の例参照.

5° *à peine... que* (= quand) 最も普通の構成: *A peine* le soleil était-il levé [Le soleil était *à peine* levé], qu'on aperçut l'ennemi.「日が上るや否や敵の姿が目に入った」

♦à peine を含む節が必ず先行. 2つの節の時制の対応: *A peine* Rose eut-elle prononcé ces paroles que Pierre crut entendre le pas mat du chat qui court. (GASCAR, *Bêtes*, 147)「R がこの言葉を口にした途端、P は猫の走るくぐもった足音を聞いたように思った」/ *A peine* fut-elle dans la voiture, qu'elle se débarrassa de son chapeau et de son voile. (*Thib.* VII, 132)「車に乗り込むとすぐ、帽子とベールを脱いだ」/ *A peine* les eut-elle touchés, *à peine* s'en fut-elle parée, (...) Créuse a changé de couleur. (ANOUILH, *N.P.N.*, 398)「それに触れ

るとすぐ, それを身につけるとすぐ, C様は顔色をお変えになりました」（前過と複過の組合せはまれ．事件の報告．複複過を避けたもの）/ Il avait à peine traversé les voies que le train coulissa le long du quai éclairé. (GRACQ, Presqu'île, 178)「辛うじて線路を渡り終わったとき, 列車が明るいホームに滑り込んで来た」（例多数）/ J'avais à peine refermé la porte derrière moi que j'ai vu les deux policiers qui venaient dans notre direction. (ROB.-GRIL., Projet, 20)「外に出てドアを閉めるや否や, 2人の警官がこちらへやって来るのが見えた」/ A peine venait-il de s'arrêter pour une brève méditation, qu'il entendit la musique d'un poste de radio. (DHÔTEL, Pays, 19)「ちょっと考えにふけって立ち止まりかけたとき, どこかのラジオの音楽が聞こえた」/ A peine l'ai-je vu que tout mon bel équilibre était démoli. (COCTEAU, Th. II, 156)「彼の姿が見えた途端, 私の申し分ない落ち着きはすべて崩れ去ってしまった」

à peine... quand [**lorsque**] à peineが文頭にないときに限られる (H, 704; S, II, 264): Il s'asseyait à peine à sa table, lorsque Jacques entra sans avoir frappé. (Thib. II, 10)「彼が机の前に腰をおろすかおろさないうちに, ノックもせずにJが入ってきた」/ Il venait à peine de commencer son repas quand Frédéric et Amalia parurent sur le seuil. (TROYAT, Pain, 181)「食事を始めるか始めないかのときだったがFとAが入口に姿を現わした」

à peine (que, quandを略す): A peine ai-je tourné les talons, je l'entends dire : (...) (JOUHAND., Procès, 65)「私がくびすを返すと彼女がこう言うのが聞こえる」/ A peine avait-il montré la lettre à Renée, il s'en repentait déjà. (ARLAND, Ordre, 526)「Rに手紙を見せた途端にもうそれを後悔しているのだった」◆この場合に限り例外的にà peineを含む節を後続させることがある: Elle s'endormit, à peine sa tête avait-elle touché l'oreiller. (TRIOLET, —LE B, Inv., 93)「彼女は眠り込んだ. まだ頭が枕につくかつかぬかのうちだった」◆まれにà peine... et: A peine me voyait-il et il courait vers Voss. (CAU, Paradis, 76)「私を見かけるや否やVのほうへ駆けて行った」(LE B, Inv., 93; S, II, 265)

à peine + 過分 (状況補語): Mais, à peine assis, il se releva. (Thib. V, 243)「腰かけたと思うまもなく, 立ちあがった」/ A peine formés, Gilbert abandonnait ses projets. (ARLAND, Ordre, 385)「計画を立てるとすぐ, Gはそれを捨てた」/ A peine dans la voiture, il s'endormit. (MR)「車に乗るや否や眠ってしまった」◆à peine + 名 + 過分 [過分 + 名]: A peine le dessert achevé, il sortit. (MAURIAC, Pharis., 114)「デザートを終えるとすぐ出ていった」/ A peine franchie l'entrée, (...) Marcel se trouva contre le comptoir. (CAMUS, Exil, 25)「入り口をはいるとすぐMはカウンターの前に立った」▶まれに分詞節自体の主語を伴って: A peine le visiteur parti, elle appela la bonne. (LE B, II, 435)「客が帰るとすぐ女中を呼んだ」

6° (c'est) à peine si (= ne... presque pas): C'est à peine si elle peut respirer. (LE CLÉZIO, Désert, 296)「息をするのがやっとだ」/ C'est à peine si je remarquai la nervosité de mon père. (SAGAN, Bonj., 17)「父がいらいらしていることにほとんど気づかなかった」/ A peine s'il eut la force de regagner la porte en chancelant. (Thib. IV, 155)「力を振りしぼって, よろめきながらドアの所までたどりつくのが精一杯だった」⇨ si¹ II. 1° ②

péjoratif [軽蔑語] — 人・物をいやしめていう語 (= dépréciatif). 多くは接尾辞を添えて作られる. 名詞・形容詞: valet*aille*, chauff*ard*, vin*asse*, écriv*assier*, mar*âtre*, maigr*ichon* / rich*ard*, fad*asse*, lourd*aud*. 動詞: cri*ailler*, rêv*asser*, pleur*nicher*, flân*ocher*, など.

◆性の転換 (laideron, souillon), 男性について女性語の使用も軽蔑を表わす: Sale petite *donneuse*! (SARTRE, Jeux, 19)「（男に向かって）けがらわしい裏切り者の小僧め」

◆ある軽蔑語は美称語と共通. 軽蔑: Oh! petite peste! petit voyou! (ANOUILH, P.B., 108)「（娘がつかみ合いながら）あっ, ろくでなし, ならず者！」 美称: Mon petit chat. (SAGAN, Bonj., 66)「（父が娘に）かわいい猫ちゃん」

pendant — **1° pendant** + ある期間継続する状態・行為

① 部分的同時性 (「…の間に」). 期間中のある時点での行為: Il est mort *pendant* mon voyage [*pendant* l'hiver].「彼は私の旅行中に[冬の間に]死んだ」

② 全面的同時性 (「…の間」). 期間全体にわた

る行為: Le loir dort *pendant* l'hiver. (*DB*)「やまねは冬眠する」/ *Pendant* huit jours, j'eus de la fièvre et du délire. (MAUROIS, *Climats*, 147)「1週間私は熱を出してうなされた」◆ことに tout を先立てて: *Pendant* tout le repas, je l'observais. (MODIANO. *Garçons*, 30)「食事の間じゅう彼を観察していた」/ *pendant* toute la matinée [toute la journée, toute la nuit, tout l'été], など.
▶ Jacques a dormi *pendant* la réunion. は「集会の間に眠った」(部分的)とも「集会の間じゅう眠った」(全面的)とも解せる.
◆次例の距離・紙面は時間的関係を示す: Ils roulèrent *pendant* cinq kilomètres. (BEAUV., *Mand.*, 229)「5キロの間自転車を走らせた」/ Un autre se plaignait *pendant* toute une page. (ID., *Marche*, 422)「他のもう1人は1ページ全部にわたって不平を並べていた」
2° *pendant*+数量詞+時の名詞　いつも全面的同時性: *Pendant* dix minutes Dooley me parla de la situation politique en Italie. (GARY, *Au-delà*, 19)「10分の間Dは私にイタリアの政治情勢を話した」/ *pendant* ces deux années [quelques secondes, des heures], など.
3° *pendant* の省略　数量詞+時の名詞 (deux heures, quelques jours, など), tout le [un]+時の名詞, 時の名詞+entier, longtemps などの前で: On dansa encore *une heure*. (DURAS, *Marin*, 77)「なおも1時間踊った」/ La lampe resta allumée *toute la nuit*. (CAMUS, *Exil*, 174)「一晩中明かりがついたままだった」/ Il restait immobile, dans l'obscurité, *la journée entière*. (*Ib.*, 172)「1日中暗がりの中でじっと動かなかった」◆これにならって: Il faut qu'elle travaille, *ces vacances*. (SAGAN, *Bonj.*, 40)「あの子は勉強しなければいけません、この休みには」/ Egmont, de son côté, *l'espace d'une seconde*, hésita. (VERCORS, *Colères*, 80)「Eのほうでも、一瞬の間ためらった」
◆J'ai attendu (*pendant*) deux heures. / *Pendant* deux heures j'ai attendu. 単なる deux heures は文頭に置きにくい (CO VET, 128). まれに強調的に *Six années*, vous entendez, *six années* j'ai vécu avec lui. (PRÉVERT, *Enf. Paradis*)「6年、わかって、6年も彼と暮らしたのよ」
◆*pendant* は durer と共には用いられない: Leur séparation *a duré* plus d'un an. (PHILIPE, *Amour*, 21)「彼らの別離は1年以上続いた」/ Le procès *a duré* un ans. (SIMENON, *Chien*, 182)
4° 副詞的用法: Je vais et je reviens; toi, tu gardes les sacs *pendant*. (GIONO, *Regain*, 165)「行ってすぐ帰ってくる. その間、お前は袋の番をしておいで」◆多くは avant [après] (+ 名)と等位: Il a su ma maladie, mais il n'est venu me voir ni *pendant* ni *après*. (*DFC*)「私の病気を知ったのに、病気中も病後も見舞いには来なかった」/ Je ferai du ski *avant* les vacances et *pendant*. (*DSF*)「休み前も休み中もスキーをやる予定だ」
5° *pendant que*+直　① 同時　全面的: Je t'observais *pendant que* tu parlais. (*DB*)「きみが話している間、きみを観察していた」　部分的: J'ai vu un accident tout à l'heure, *pendant que* je t'attendais devant Prisunic. (LE CLÉZIO, *Déluge*, 96)「さっきスーパーの前であなたを待っている間に、事故を見たわ」
② 対立: *Pendant que* des pays vivent dans l'abondance, des nations sous-développées meurent de faim. (*DFC*) (= alors que, tandis que)「諸国が豊かな生活をしている一方で、低開発国は餓死しようとしている」◆相反する事実の同時存在の意より対立の意のほうが強い次例に *pendant que* は用いない: Il préfère la montagne, *alors* [*tandis*] *que* vous, vous préférez la mer. 「彼は山のほうが好きだが、あなたは海のほうが好きだ」

penser — 1° *penser* qch : Il *pensait* exactement le contraire. (*Thib.* I, 148)「正反対のことを考えていた」/ Que *pensiez*-vous? (SAGAN, *Réponses*, 49)「何を考えていたのです」

　　penser qch *de* qch [qn] : ce que je *pense de* lui「私が彼についてどう考えているか」/ Que *pensez*-vous *de* cette solution? [Qu'*en pensez*-vous?]「この解決策を[これを]どう思いますか?」

　　penser à qch : Il *pense à* cette question [Il *y* pense].「彼はこの問題[このこと]を考えている」

　　penser à qn : Il *pense à* ses amis [Il *pense à* eux].「彼は友人たち[彼ら]のことを考えている」▶ à qn を y で置き換えることもあるが (⇨ y II. 2°), それ以外は代名詞は例文のように

強勢形をとる.

penser+無冠詞名詞　ROBは上記の構文のàの省略にほかならないと言う: Vous dites: vérité, et vous *pensez: authenticité.* (M.DU GARD—ROB, authenticité)「真実とは言いながら真正ということを念頭に置いている」

2° **penser**+不定詞: Qu'est-ce que tu *penses faire*? (VERCORS, *Colères*, 51) (= avoir l'intention de, compter)「どうしようと思っているのだい?」/ Il *pense venir* à Paris bientôt? (AYMÉ, *Chemin*, 50)「彼はじきパリに来るつもりかね」◆penserを過去に用いた文は文学的: Il *pensa défaillir* de joie! (GREEN, *Vivier*, 86) (= faillir, manquer)「うれしさのあまり気が遠くなりそうだった」

penser+直・目+不定詞　古語法. ただし直・目が関係代名詞(ことにque)の場合は今日でも用いられる: En passant dans une petite rue, qu'il *pensait être* un raccourci, Mathias crut entendre une plainte. (ROB.-GRIL., *Voyeur*, 28)「近道だと思った路地を通ったとき, Mはうめき声を聞いたように思った」

penser à 不定詞　songer àの意ではàの使用は一定しない: Je *pensais* (*à*) aller vous voir. (AC)「あなたに会いに行こうと考えていた」/ J'avais souvent *pensé à* vous écrire. (BEAUV., *Mand.*, 484)「よくあなたにお手紙しようと思ったものでした」/ Je n'*ai* jamais *pensé à* mettre ce projet à exécution; je *pensais* m'en servir pour intimider Perron. (*Ib.*, 209)「この計画を実現しようと考えたことは一度もなかった. Pをおどすためにそれを使おうと思っていたのだ」◆à 不定詞をyで置き換えて: Tu pourrais épouser la fille d'un propriétaire.—Je n'*y pense* pas. (VAILLAND, *Loi*, 215)「地主の娘でも嫁にもらえるのにな.—そんなことは考えていません」/ J'espère voyager loin.—Tu n'*y penses* pas. (VERCORS, *Colères*, 162)「遠くに旅をしたいものだ.—とんでもない」

3° **penser que**+直 [まれに 接] 従属節の主語とpenserの主語が同じことも普通: Il *pensait qu*'il *avait* tort de favoriser une telle démarche. (DHÔTEL, *Pays*, 177)「彼はそんなやり口を助成したのは悪かったと考えていた」◆疑惑の 接 は古典語, 方言に残るほか, 最近の復活の傾向があると言う: Voilà la façon dont nous *pensons que* la culture *doive* évoluer. (COH, *Hist.*, 333)「文化はこのように進化すべきものと思う」/ Il *pensait que* ce *fût* un crime. (HERMANT—G, 999, *Hist.*)「犯罪ではないかと思っていた」

ne pas penser que+接 [直] 接:直 = 53:11 (うち6は未来形) (BÖRJ): Je *ne pense pas qu*'André Bitos *soit* très heureux de me revoir. (ANOUILH, *P.G.*, 389)「Bは私に再会したことをあまり喜んでいるとは思いません」/ Je *ne pense pas que* les Amerlauds *iront* demain en jeter une (= bombe) sur Moscou. (BEAUV., *Mand.*, 223)「アメ公があすモスクワに爆弾を落としに行くとは思わない」/ Je *ne pensais pas que* cela *tournerait* de cette façon. (VIAN, *Pékin*, 233)「こんなことになろうとは思っていなかった」

pensez-vous que+接 [直] 接:直 は (pensez-vous que の後) 46:100; (vous pensez que...?の後) 1:168; (est-ce que vous pensez que の後) 0:6 (BÖRJ): *Pensez-vous que* je ne m'en *sois* pas aperçue? (MONTHERL., *Brocél.* II, 6)「私がそれに気がつかなかったとお思いですか」/ *Pensez-vous qu*'il *viendra* ce soir? (CAMUS, *Peste*, 159)「彼が今夜来るとお思いですか」

ne pensez-vous pas que+直 [接] 接:直=5:14, (vous ne pensez pas que の後) 1:11 : *Ne pensez-vous pas qu*'il *est* trop tard? (CLAIR, 282)「遅すぎると思いませんか」

si vous pensez que+直　まれに 接 の例がある: *si vous pensez que* ce *soit* [c'est] possible (ROB)「それが可能とお考えならば」/ On serait dans l'erreur, si l'on *pensait que* ce livre *ait eu* sur les ménages qui l'ont pratiqué une influence néfaste. (JOUHAND., *Procès*, 46)「この本がそれを実践した家庭に有害な影響を与えたと考えたならば, 誤りであろう」▶ただしBÖRJの統計では 接:直=0:19.

(**Et**) **penser que...!** : *Penser que* j'en avais fait un héros, un saint! (BEAUV., *Mand.*, 495)「あの人を英雄聖人に祭りあげていたと考えるとね」⇨ dire 11°

4° **penser**+直・目+属詞　まれ. croireにならう: Mais je vous *pense* courageux. (GIRAUDOUX, *Lucrèce* II, 2)「でもあなたは勇気のある方だと思います」/ Me *penser* vieille, c'est me *penser* autre. (BEAUV., *Vieill.*, 11)「自分が年

老いたと思うことは自分が変わったと思うことだ」/ On me *pensait* ruinée. (SAGAN, *Sarah*, 176)「破産したと思われていた」/ Je *pensais* ce trottoir-ci moins encombré. (ROB.-GRIL., *Djinn*, 100)「この歩道はもっと混雑が少ないと思っていた」▶ se penser ＋ 属詞：Il ne *se pensait* pas du tout en danger. (BEAUV., *Adieux*, 38)「自分が危険にさらされているとは全く思わなかった」

♦penser ＋ 感嘆文：Elle *pense* combien est vulnérable l'homme nu. (PHILIPE, *Amour*, 19)「裸の男がどれほど弱いものかと考える」

père ⇨ article V. 12°; article V. 16°

périphrase [迂言法] ― 修辞学では ville éternelle「永遠の都」(= Rome) のような遠回しな表現を指すが，文法では 2 語以上の語群で 1 つの観念を表わす次のような形式 (動詞迂言形) を指す：Je *vais* partir.「出かけよう」/ Il *était sur le point de* partir.「出かけようとしていた」

persévérer ― Il fait toujours ses recherches? ― Oui, il *persévère*.「彼は相変わらず研究していますか？ ― ええ, 根気よくやっています」▶*persévérer dans* ses recherches にも *persévérer à* faire ses recherches にも y の代入不可.

persister ― Il *persiste dans* son opinion? ― Oui, il *persiste*.「彼は頑として意見を変えないのですか？ ― ええ，変えませんね」(y の使用不可) / L'accusé *persiste*-t-il *à* nier? ― Oui, il *persiste* (*à* le faire).「被告はあくまで否認していますか？ ― ええ，依然として続けています」▶ ここも y の代入不可. ( ) 内を添えるほうが普通.

personne [人称] ― 話者 (1 人称)，相手 (2 人称)，それ以外のもの (3 人称) の区別を示す文法範疇. pronom personnel, pronom possessif, adjectif possessif と動詞に認められる. 名詞は普通 3 人称として扱う. 人称の一致 (⇨ accord du verbe B), 人称の転換 (1 人称を表わす語が 2 人称，3 人称を表わすなど ⇨ je, tu, il, nous, vous), 間接話法における人称の変化 (⇨ discours direct, indirect 1°) などの問題がある.

personne ― 代 (不定)   **1°** 肯定的意味 (= quelqu'un) 裏の意味はいつも否定.

① 否定または否定の意を含む語のあとの不定詞・節と共に：Je *ne* crois *pas que personne* vienne aujourd'hui. (GLLF)「今日誰か来るとは思わない」/ Je *doute que personne* puisse la convaincre. (S, I, 362)「誰も彼女を説きふせられるとは思わない」/ Elle *avait défendu qu*'on laissât entrer *personne*. (YOURC., *Anna*, 78)「誰も入らせてはいけないと言っておいた」/ Elle *refuse de* parler de lui avec *personne*. (*Thib.* VIII, 241)「誰とも彼のことを話そうとしないのです」/ *Loin de moi* le désir d'offenser *personne*. (GREEN, *Sud*, 193)「人を傷つけようなどという気持は少しもありません」/ Elle s'avise soudain qu'elle le savait *sans que personne* le lui eût dit. (*Thib.* III, 167)「彼女はふと，誰から聞いたというでもなくそれを知っていたことに気がついた」

② *avant de* [*que*], *trop*... *pour* (*que*) と共に：Mais *avant que personne* eût ouvert la bouche, il se tournait de nouveau vers Masson. (IKOR, *Gr.moy.*, 266)「誰も口を開かないうちに, また M のほうに振り向いた」/ Il se passa un bon moment *avant que personne* ne vînt. (GREEN, *Moïra*, 203)「誰も来ないままかなりの時間が経った」(ne は虚辞) / Il est *trop* juste *pour que personne* le soupçonne. (G, 588a)「正しい人だから誰も彼を疑う者はない」

③ 否定の意を含む疑問文：Y a-t-il *personne* qui ose le dire? (S, I, 363)「あえてそう言える者がいようか」▶ この構文は古めかしく，普通は quelqu'un を用いる (S).

④ 不平等比較の *que* の後：Tu en as *plus* besoin *que personne*. (AYMÉ, *Chemin*, 12)「お前は誰よりそれが必要なのだ」/ Frantz m'a aimé *plus que personne*. (SARTRE, *Séques.*, 45)「F は誰よりも私を愛した」/ Vous le savez *mieux que personne*. (ACHARD, *Patate*, 92-3)「そのことはあなたが誰よりもよくご存じです」/ Je tiens à toi *plus que* je n'ai tenu à *personne*. (BEAUV., *Sang*, 170)「ほかの誰よりもきみに心をひかれた」(ne は虚辞)

⑤ 条件節：si vous le révélez jamais à *personne*... (G, 588 a)「もしそれをいつか誰かに洩らしたら」

⑥ 否定の主節のあとの関係節：Il n'a rien dit dont *personne* puisse se fâcher. (H, 711)「人が腹を立てるようなことは何も言わなかった」

2° 否定的意味 (= aucun homme)

① *ne*... *personne*：Seulement je *n*'osais parler à *personne*, et *personne ne* me parlait. (BEAUV., *Mém.*, 174)「ただ私は誰にも話しかけていたし、誰も私に話しかけてはくれなかった」/ Je *n*'ai besoin de *personne*.「誰もいらない」/ Ce *n*'est la faute de *personne*. (BEAUV., *Mand.*, 485)「誰の過ちでもない」

♦ne... plus [jamais] personne: Je *ne* vois *plus personne*. (MART, 549)「もう誰にも会いません」/ Je *ne* vois *plus jamais personne*. (*Ib.*)「もう誰にも決して会いません」/ Je *n*'ai *jamais* avoué ça à *personne*. (*Thib.* VI, 272)「誰にもそれを打ち明けたことは決してない」

② *ne* なしに 省略文: Holà! *Personne*? (VERCORS, *Yeux*, 157)「おい、誰もいないのか」 等位: Je chanterai pour toi et pour *personne* d'autre. (BEAUV., *Mand.*, 24)「あなたのために歌いましょう、ほかの誰のためでもありません」/ Je serai la femme de Pierrot ou de *personne*. (GYP — S, I, 357)「Pの妻になりましょう、でなければ誰の妻にもなりません」 比較: Ils jouent le charleston comme *personne*. (SAGAN, *Nuages*, 96)(= aussi bien que n'importe qui)「誰よりもチャールストンの演奏がうまい」(慣用句) / Nous le savons aussi bien que *personne*. (GIRAUDOUX, *Tessa*, 102)「誰にも劣らずよく知っている」

♦(俗): *Personne* connaît l'avenir. (F, 1604) (= ne connaît)「誰にも将来のことはわからない」/ Il y a *personne*. (CLAIR, 372)(= il n'y a) / Il y a plus *personne* dehors. (*Ib.*, 360)「もう外には誰もいない」/ C'est un garçon de la troupe. C'est *personne*. (ANOUILH, *P.N.*, 395)「仲間の男の子よ。誰でもないわ」

3° *personne de* + 名 [代]: *Personne de* nous n'est de la police. (COCTEAU, *Th.* II, 115)「われわれは誰も警察の者ではない」/ Il ne ressemble à *personne de* ceux qui vivent ici. (LE CLÉZIO, *Désert*, 101)「ここで生活する人たちの誰にも似ていない」

♦personne de + 形: Il n'y a *personne de* mort.「誰も死んだ者はない」

personne d'autre: Vous ne connaissez *personne d'autre*? (SARTRE, *Age*, 51)「ほかには誰も知らないの?」 ▶personne autre(文学的): Qu'avez-vous que n'a *personne autre*? (GIDE, *Prométh.*, 50)「ほかの誰も持っていない何をあなたは持っているのです?」

4° 形容詞の一致 personne が aucune femme を意味するとき関係する形容詞を女性形にすると言う LIT の例文 *Personne* n'était plus belle que Cléopâtre.「Cより美しい女性は誰もいなかった」 古典の構文を踏襲する LE B (I, 216) の例文 Je ne vois *personne* si heureuse qu'elle.「彼女より幸福な女性は見当たらない」は今日では用いられない。普通は上記3°にならい Je ne connais *personne* d'aussi heureux que cette femme. (AC) または女性名詞 personne を用いて Je ne connais aucune *personne* plus heureuse que cette femme. と言う.

♦主語となる personne を受ける代名詞は il: *Personne* ne peut dire qu'*il* a versé toutes ses larmes. (PORTO-RICHE, *Vieil h.* I, 13)「誰もありったけの涙を流したとは言えない」

persuader — ①「人に…を説得する、納得させる」という場合、**2種の構成がある**. (1) *persuader* qn de qch / *persuader* qn de 不定詞 / *persuader* qn que + 直 (2) *persuader* qch à qn / *persuader* à qn de 不定詞 / *persuader* à qn que + 直 [時に 接]

② *se persuader* の過分の一致 (1) 名詞を伴うときは前置詞の有無で上記の構成を見きわめられる: Ils se sont *persuadés* de notre innocence.「われわれの潔白なことを信じた」/ Ils se sont difficilement *persuadé* nos malheurs.「彼らは容易にわれわれの不幸を信じなかった」

(2) que を伴うときはいずれとも解せるから、一致は自由: Ils se sont *persuadé(s)* qu'on n'oserait les contredire.「彼らは自分たちにあえて反対する者はあるまいと信じた」

peser — peser qch ① qch = 重さ. 自動. 過分は無変化: Elle *pèse* 50 kilos.「彼女は体重が50キロある」/ les 50 kilos qu'elle *a pesé*「彼女のかつての体重50キロ」

② mesurer, examiner の意では 他動: les confitures qu'elle *a pesées* (LE B, II, 182)「彼女が目方を量ったジャム」/ Ces paroles, les avez-vous *pesées*? (G, 786 b)「その言葉をあなたはよく考えたのですか」

petit ⇨ moindre

peu — 1° 副 「あまり…でない」(否定的). 他の副詞で修飾される: combien *peu*, très *peu*, fort *peu*, si *peu*, bien *peu*, trop *peu*, assez *peu*, extrêmement *peu*, pas *peu* (= beaucoup, très), など. ▶比較級 aussi *peu*, moins, 最上級 le moins.

① + 形 [副] 凝った言い方. 反意語のな

peu

形容詞と共に：*peu* nombreux「あまり多くない」/ *peu* profond「浅い」/ *peu* dangereux「あまり危険でない」♦原則としてpositifな意味の2音節以上の語の前に限られる：une réponse *peu* satisfaisante「満足のいかぬ回答」/ La rue est *peu* animée. (GOUG, 244)「通りはあまりにぎやかでない」/ Cela arrive *peu* souvent.「そうたびたび起こることではない」したがってnégatifな意の語，1音節語の前には用いにくい：×Il est *peu* bête [*peu* triste].「あまりばか[悲しそう]でない」/ ×Il est *peu* grand [beau].「あまり大きく[美男で]ない」(常用：Il n'est *pas très grand*.) / ×C'est *peu* loin.「あまり遠くない」

♦1音節語の前に用いられた例：Paris est une ville *peu* faite pour les transplantés comme Golo. (CAYROL, *Mot*, 49)「パリはGのような移住者には向かぬ都市だ」▶ただし男性形・女性形の発音が同じ形容詞はpeu sûr(e), peu clair(e), peu net(te)と用いられる：Il *n'était pas peu* fier. (*PR*) (= très fier) cf. MARTIN, *LF*, nº 4.

② *peu* + 動　多くpositifな意味の動詞：Je le connais *peu*.「あまり彼を知らない」/ une lampe qui éclaire *peu*「あまり明るくない電球」/ Vous avez si *peu* confiance en moi. (IKOR, *Gr.moy.*, 218)「わたしをさっぱり信用していない」♦négatifな意味の顕著な動詞には用いない：×Il oublie *peu*.「あまり忘れない」/ ×Ça m'embête *peu*.「そういやではない」

③ *peu de* + 名　数・量詞：Il a *peu d*'amis [*peu d*'espoir].「あまり友だち[希望]がない」/ *peu de* temps après「それから間もなく」/ (Anne) n'avait que très *peu de* rapports avec mon père. (SAGAN, *Bonj.*, 18)「Aは父とはほとんど交際がなかった」/ Si *peu de* choses intéressaient Ivitch. (SARTRE, *Age*, 58)「Iの関心を引くものはほとんどなかった」(動詞はpeu deのあとの名詞と一致) / C'est *peu de* chose.「取るに足らないことだ」(= ce qui est insignifiant, sans importance) ♦négatifな意の形容詞から派生した名詞の前には用いない：×*peu de* vulgarité / ×*peu de* bassesse.

④ **nominal** (準名詞)として

(1) (= peu de chose)：C'est *peu* dire. Il se croit Robespierre. (ANOUILH, *P.G.*, 377)「それどころか，彼は自分がRだと思っている」/ Il se contente de *peu*.「わずかなもので満足している」/ Je manquai Véronique de *peu*. (TOURNIER, *Coq*, 155)「ちょっとのところでVに会いそこなった」♦ただしpour, àのあとでは：Il se fâche pour *peu* de chose.「つまらないことで腹を立てる」/ Cela se réduit à *peu* de chose.「ほんのわずかになってしまう」▶×pour peu, ×à peuは不可．ただしpour si peuと言う：Vous n'allez pas pleurer *pour si peu*. (QUENEAU, *Fleurs*, 35)「そんなつまらないことで泣くのはおやめなさい」

(2) 時間的：avant [sous] *peu*「間もなく」/ depuis *peu*「少し前から」/ d'ici *peu*「今ほどなく」

(3) (= peu de gens)：*Peu* s'en aperçurent. (DÉON, *Déjeuner*, 144)「それに気がついた者は少ない」

(4) **代名詞的**：Elles ne savent pas qu'il y a autre chose. Du moins très *peu* le savent. (VIAN, *Pékin*, 165) (= très peu de femmes)「彼女たちはほかのものがあることを知らない．少なくとも，ごくわずかな者しかそれを知らないのだ」

2º *un peu*,　話し言葉で **un (tout) petit peu**「(ほんの)少し」(肯定的)．否定的なSi je travaille *peu*, j'échouerai.「あまり努力してやらなければ失敗しよう」に対してSi je travaille *un peu*, j'ai une chance de réussir. (ROB)「少しは努力してやれば成功のチャンスはある」．un peu seulementのほかは他の副詞で修飾されない．

① + 形　副　多くnégatifな意の語の前に用いられる：*un peu* maladif [timide, naïf]「少しばかり病身の[内気の，愚直な]」．したがって×un *peu* intelligent. ♦ただし，仮定的・潜在的意味を含めばpositifな形容詞の前にも用いられる：S'il est *un peu* intelligent, il le comprendra.「少し頭がよければそれがわかるだろう」/ Tout homme *un peu* intelligent le comprend. (= même médiocrement intelligent)「少し頭のいい男なら誰でもそれがわかる」/ Soyez *un peu* conciliant.「少しは妥協的におなりなさい」

♦比較の語の前で：*un peu* plus [moins]「もう少し多く[少なく]」/ Il va *un peu* mieux.「前より少しよくなりました」

② + 動　音節数に関係なく強度の観念を添えられるすべての動詞と共に：Elle m'aime *un peu*.「少し私が好きだ」/ Je le connais *un peu*.「少し彼を知っている」/ Ça m'embête *un peu*.「少々うんざりだ」

③ **特殊用法** （1）親愛語，命令の緩和： Va donc voir *un peu* ce que fait ta sœur. (DFC)「妹のしていることをちょっと見に行っておいで」 （2）緩叙法で（丁寧に，または皮肉に）： C'est *un peu* fort!「ちとひどすぎる」（= bien, trop）（3）強調（= certainement, naturellement）： Tu en es sûr?—*Un peu*! (DFC)「大丈夫かい.—もちろんさ」

④ ***un peu de*** + 名　不可算名詞に限られる (GOUG, 245)： Donnez-moi *un peu d*'eau. 「水を少しください」　したがって ×J'ai *un peu d*'amis. ただし Je voudrais *un peu de* fraises. (DSF) は物質名詞に準じる.

♦*un peu de* + le [mon, ce] + 名 ： *Un peu de l*'ancienne terreur lui revint. (YOURC., *Anna*, 118)「昔の恐怖が少しよみがえってきた」 / *Un peu de sa* chevelure sort par une fissure. (ID., *Orient*, 48)「裂け目から髪の毛が少しはみ出している」

♦*un peu* の準名詞的用法は例外： *Un peu* me suffira. (WIMMER, *TLL*, XII, 1, 252)「少しで十分です」

3° 名男　*le* [*ce, mon*] *peu de* + 名　 peu de + 名, un peu de + 名, 準名詞 peu の名詞化： Malgré *le peu de* biens qu'il possède, il est très généreux. (DFC)「あまり金もないのに，とても気前がいい」 / Il me surprit aussi par *le peu d*'attachement qu'il manifestait pour sa patrie phénicienne. (TOURNIER, *Gaspard*, 26)「祖国フェニキアにあまり愛着を示さぬことにも驚いた」（以上否定的）/ Je veux dire que *le peu* que l'on sait, ça nous suffit. (VERCORS, *Colères*, 33)「われわれの知っているわずかなことで十分だと言いたいのだ」（肯定的）

♦動詞，過分の一致.「少量」（肯定的）の意では補語に一致： *Le peu de* livres espagnols qu'elle a lus n'ont rien pu lui enseigner. (BARRÈS—G, 791 b)「彼女が読んだわずかなスペイン語の本は彼女に何も教えることはできなかった」「不足」（否定的）の意では le peu に一致： *Le peu de* confiance que vous m'avez témoigné m'a ôté le courage. (AC)「あなたが私に信頼を示さなかったので勇気もくじけた」以上は LIT; AC の規則. ただし MART (323) は補語が複数具象名詞の場合（例えば上記 BARRÈS の例）は一致が必要だが, *Le peu de* connaissances qu'il a lui a causé un grand préjudice.「知識がたりないために大損害を被った」/ *Le peu de* connaissances qu'il a lui a procuré un sérieux avantage.「彼の持っているわずかばかりの知識がかなりの利益をもたらした」では, どちらの意でも le peu に一致させ得ると言う. EBF は両方の一致を許容する. 慣用も一致しないが (COL), 規則を守ったほうがよい.

peur — 1° *avoir peur de* [*pour*] qn ： Pourquoi *aurais*-je *peur de* lui? (BEAUV., *Tous les h.*, 286)「どうして彼など恐れようか」 / Nous *avons peur pour* Jeanne. (DURAS, *Abahn*, 108)「Jのことが心配です」

2° *avoir peur que* (*ne*) + 接　ne の使用は craindre にならう： J'ai peur qu'il *ne* s'ennuie. (VIAN, *Pékin*, 223)「彼が退屈しまいか心配なのだ」 ♦ただし craindre より日常語的だから ne は略されやすい： J'ai eu très *peur qu*'il soit déçu. (DURAS, *Détruire*, 64)「彼ががっかりしたのじゃないか, とても気がかりでした」 / 文語でも： Il avait toujours *peur qu*'Olga revînt sur sa parole. (VERCORS, *Colères*, 193)「Oが約束を取消しはしまいかといつも不安だった」

♦*pas* が加われば完全な否定： J'*avais peur que* tu *ne* me voies *pas*. (LE CLÉZIO, *Déluge*, 94)「ぼくが見えないのではないかと心配していたよ」

3° *de peur que* (*ne*) + 接　多く ne を使用： Nous ne parlons plus qu'à voix basse, *de peur qu*'on *ne* nous entende. (SARTRE, *Mains*, 127)「人に聞かれないように, もう低い声でしか話さないようにしましょう」 / *De peur que* vous *soyez* surpris, je vous préviens à l'avance. (DFC)「びっくりされるといけませんから, 前もってお知らせしておきます」

peut-être — くだけた発音： [ptɛt]. cela se peut; c'est possible (mais ce n'est pas sûr)「もしかすると, かも知れない」の意. 類義語 sans doute, probablement「恐らく, 多分」より疑念が強い.

① **一般的語順**　全文の修飾. 動詞（複合形では助動詞）の直後： Il viendra *peut-être*. (TH)「彼は来るかも知れない」 / 文末： Vous êtes malade *peut-être*? (DURAS, *Détruire*, 63)「ひょっとしたら病気なのではありませんか」　文の要素の修飾： C'est *peut-être* vrai. (VERCORS, *Colères*, 295)「本当かも知れない」 / Vous fumez *peut-être* trop. (GARY, *Au-delà*, 59)「事によるとたばこの吸いすぎだな」 / Tu ne comprends *peut-être* pas? (DURAS, *Abahn*, 66)「お前には分からないかも知れないか

な」

② **文頭**では多く主語倒置，改まって：*Peut-être avait-il entendu cette phrase dans la bouche de sa tante.* (MODIANO, *Remise*, 22)「事によると彼は叔母の口からこの言葉を聞いていたかも知れない」◆不倒置，会話で：*Peut-être j'ai un peu trop bu.* (BEAUV., *Inv.*, 174)「ちょっと飲みすぎたかもね」

③ **peut-être que** + 直 話し言葉：*Peut-être qu'il dort.* (DURAS, *Abahn*, 90)「眠っているかもしれない」◆この構文での主語倒置は混交 (contamination) による：*Peut-être que le rhinocéros s'est-il échappé du jardin zoologique!* (IONESCO — COL)「サイは動物園から逃げてきたのかも知れない」

④ **peut-être と pouvoir の併用** pouvoirが可能性（「…かも知れない」）を表わさない限りpléonasmeにはならないが，je peux [il peut] peut-êtreなどが嫌われるのは耳障りなことにもよる．それでも用例は見られる：*On peut peut-être le consoler.* (DRUON—G, 891, N.B.n.; G, *Probl.* I, 88-92)「彼を慰めてやれるかも知れない」

⑤ **文末に遊離**して間投詞的，挑発的な断定：*Je suis libre de faire ce que je veux, peut-être!* (FRANCE, *Hist. com.*, 49)「したいことをするのはわたしの勝手よ，そうですとも」

⑥ **peut-être bien** = probablement, cela est fort possible. 語順はpeut-êtreと同じ：*Peut-être bien que cet homme est absurde.* (ST-EXUP., *Prince*, 49)「きっとこの男は頭がどうかしてるんだ」

philologie [文献学] — 文献に基づいて過去の文化・文明を研究する学問．19世紀末までは，言語そのものを研究対象とする言語学（linguistique）と明確に区別されてはいなかった．

phonème [音素] — 音韻論（⇨ phonologie）での最小要素．国際音声記号で表記される音声学的（⇨ phonétique）な単音とは必ずしも一致しない．

phonétique [音声学] — 音韻論（⇨ phonologie）に対するものとして，言語音の生理的・物理的研究をする学問．分析方法に応じてさらに調音音声学 (ph. articulatoire)，音響音声学 (ph. acoustique) ほかに分けられる．

phonologie [音韻論] — 音声学（⇨ phonétique）に対するものとして，言語音を，意味との関与，言語体系内で果たす機能の観点から分析する学問．近代的音韻論成立以前のSAUSSURE, GRAMMONTにあっては，このphonologieとphonétiqueの術語の用法に現在と違いがあるので注意．

phrase [文] — 文の定義は，どの立場に立っても問題が残る (cf. *Gr. d'auj.*, 529-32; *GLLF*, 4255-9; LE GOF, *Gr.*, §1 以下; WILMET, *Gr.*, 553 以下など). MOUNIN (*Dict.*) は5種類の違った定義を与え，DUB (*Dict.*) はまず伝統文法の説明として「ひとまとまりの意味を表わし，口語では2つの休止に挟まれてひとつながりの韻律線を伴う．書き言葉では大文字で始まりピリオドで終わる」を示した上で，その問題点を指摘する．詳しくは上記諸文献を参照．

単一の節（⇨ proposition）からなる文を**単文** (phr. simple)，2つ以上の節からなる文を**複文** (phr. complexe) と言う．複文は節相互の構成関係に従い**等位文** (phr. de coordination)，**従位文** (phr. de subordination)，**並置文** (phr. de juxtaposition) に分けられる．

文は意味内容に従って**平叙文**(phr. énonciative [déclarative, assertive])，**疑問文** (phr. interrogative)，**感嘆文** (phr. exclamative)，**命令文** (phr. impérative) に分けられ，**肯定文** (phr. affirmative) には**否定文** (phr. négative) が対立する (cf. DUB, *Dict.*).

文の構造 (1) 主語 + 自動：*Tous les hommes meurent.*「すべての人は死ぬ」

(2) 主語 + 動 + 目的語：*Il dit la vérité.*「彼は真実を語る」（直・目）／ *Il obéit aux lois.*「法律に従う」（間・目）⇨ complément d'objet 1°

(3) 主語 + 動 + 直・目 + 間・目：*Il donne un livre à Paul.*「彼はPに本を与える」

(4) 主語 + 動 + 主語の属詞：*Il est malade.* ⇨ attribut II

(5) 主語 + 他動 + 直・目 + 直・目の属詞：*Il a fait son fils avocat.*「彼は息子を弁護士にした」⇨ attribut III

◆主語の表現されない場合：*Courez.*「走りなさい」／ *Où aller?*「どこへ行ったらよかろうか」▶ 非人称動詞il pleutではilは単なる文法的主語で動作の主体は存在しない．

◆動詞を欠く場合：*Quel malheur!*「なんという不幸なことだろう」／ *Finies, les vacances!*「夏休みも終わってしまった」（⇨ phrase nominale）／ *Du courage!*「勇気を出したまえ」／ *Feu!*「撃て」／ *Chut!*「しっ」／ *Oui.*「ええ」／ *Non.*「いい

え」，など．

　上記の基本的構文の主語，属詞，目的語は2個以上用いられることがある．それぞれの要素は補語（complément）で補われ得る．

phrase nominale ［名詞文］— 述部に一般の動詞も繋合［連結］動詞も含まぬ平叙文を名詞文と言う (DUB., *Dict.*)：A ma gauche, notre premier invité de ce soir. (LE GOF, *Gr.*, §348)「私の左側に，今夜のわれわれの最初の招待客」

　時制こそ表現できないが，動詞文（phr. verbale）に劣らず，文としての陳述機能のあることが重要．強いイントネーションを伴って感嘆文となることが多い．

　LE GOF (*Ib.*, §349) は名詞文を3種に分ける．(1)属詞名詞文：Heureux les pauvres!「幸いなり，貧しきものは」 (2)位格名詞文：前記 A ma gauche, ... のほか Au diable les soucis!「くそくらえ，心配事なんか」 (3)存在名詞文：Pas un bruit!「物音一つなし」

　DUB (*Dict.*) は述部動詞を含まぬ命令文，疑問文，強調文にまで範囲を広げるが，LE GOF (*Ib.*, §347, Rem.) は名詞文の範囲拡大に批判的．

pire — mauvais の比較級，le pire は最上級．le plus mauvais も用いられる．

1° **(le) *pire* / (le) *plus mauvais***

① ***pire*** **は比喩的意味** (= plus dangereux, nuisible, pénible)：une catastrophe *pire* que la guerre (M)「戦争より始末の悪い大災害」/ mon *pire* ennemi「私の最悪の敵」/ un individu de la *pire* espèce「最も下等な人間」/ Ce vin est *pire* que je ne le pensais. (Q) (= de plus mauvaise qualité)「このぶどう酒は思っていたよりまずい」/ Le café est *pire* que le thé. (= plus nuisible à la santé)「コーヒーは紅茶より害がある」/ Le café est *plus mauvais* que le thé. (= a plus mauvais goût)「コーヒーは紅茶よりまずい」◆MART. (96) によるこの区別（害がある／まずい）は絶対的ではない．cf. Ce vin-là est encore *pire* que le premier. (AC)「そのぶどう酒は最初のよりもっとまずい」▶ 両形を用い得る場合：Cette excuse est *pire* [plus mauvaise] que la faute. (LE B, II, 277)「そんな言訳は過失よりなお悪質だ」

② **meilleur との対応，mal との比較，mauvais の反復を避けるためには pire を用いる**：Les femmes sont meilleures ou *pires* que les hommes. (LA BRUY.)「女は男より優れているか劣っているかどちらかだ」/ La crainte du mal est *pire* que le mal même.「悪を恐れるのは悪そのものよりもっと悪い」/ Si le premier est mauvais, le second est *pire*. (MART, 96)「最初のは悪いが，二番目のはなお悪い」

③ **欠陥などについては常に plus mauvais を用いる**：Il a les yeux *plus mauvais* que son frère.「彼は弟より目が悪い」

④ **副詞的用法の *mauvais* の比較級は常に plus mauvais**：Cela sent mauvais.「いやな匂いがする」/ Cela sent *plus mauvais*.「もっといやな匂いがする」

2° = **pis** 俗語法から一般化した：Ce serait encore *pire*.「なお悪かろう」/ ce qui est *pire*「もっと悪いこと」/ ce qu'il y a de *pire* (MART, 98)「最悪のこと」/ C'était *pire* que s'il l'eût tout à fait dédaignée. (BEAUV., *Tous les h.*, 14)「彼女を頭から軽蔑し去ったよりなお悪かった」/ Rien ne peut arriver de *pire* que ce que j'ai souffert aujourd'hui. (GREEN, *Mesurat*, 282)「今日の私の苦しみよりひどいことは起こるはずがない」

▶ tant *pire* pour lui (RENARD, *Poil*), *pire* que pendre は避けるべき俗語法．⇨ pis 1°

3° **代名詞的用法**：tomber d'un mal dans un *pire* (M) (= dans un mal *pire*)「ますます苦境に陥る」/ De deux maux, il faut éviter le *pire*. (Q) (= le mal qui est *pire*. 比較級)「2つの弊害のうち，いっそう甚だしいほうを避けねばならぬ」/ les *pires* de tous les flatteurs (= ceux qui sont les *pires* 最上級)「あらゆるオベッカ使いのうちの最も始末の悪い人々」/ le *pire* des maux「悪のうちの最悪のもの」

4° **名詞的用法** (le *pire* = le plus mauvais, ce qu'il y a de plus mauvais). le pis に代わる：le *pire* est que...「最悪のことは…することである」/ le *pire* de tout (VERCORS, *Anim.*, 50)「何より悪いこと」(MART, 98 は très incorrect と評する) / Voilà le *pire*. (PAGNOL, *Fanny* I, 1er tab., 8)「これが一番いけない点なのだ」/ Au *pire*, on te renverrait à Paris. (BEAUV., *Sang*, 157)「最悪の場合はパリに送り返されるよ」/ C'est de *pire* en *pire*. (VERCORS, *Amin.*, 251)「だんだん悪くなる」/ mettre [prendre] les choses au *pire* ⇨ pis 2° ②

plus pire (俗)：C'est devenu de plus en plus *pire*. (PAGNOL, *Fanny* III, 5)「なおさらい

けなくなった」/ Il va de plus *pire* en plus *pire*. (*Ib.*, I, 1er tab., 2)「あの男はだんだん悪くなっていく」

pis — 本来は副詞 mal の比較級．ただし，(le) plus mal が普通の言い方で，形容詞的，名詞的にしか用いられない．

1º 形容詞的用法　*pire* の中性．中性代名詞に関係して用いる：C'est bien *pis*. 「そのほうがずっと悪い」/ Cela est *pis* que je ne le croyais. (*Q*)「思っていたよりひどい」/ quelque chose de *pis*「もっと悪いこと」/ ce qu'il y a de *pis*「最悪のこと」/ Il n'y a rien de *pis* que cela. 「それ以上ひどいことはない」/ Elle est laide et, qui *pis* est, méchante. (*Q*)「ブスだし，それになお悪いことに，意地悪だ」(⇨ qui¹ A. I. 4º) / Quoi de *pis*?「これ以上ひどいことがあろうか」/ Qu'est-ce qui peut m'arriver de *pis*? (ARLAND, *Ordre*, 526)「これ以上ひどいことが起り得ようか」/ Tant *pis* pour lui. 「彼には気の毒なことだ」(tant = d'autant) (⇨ pire 2º) ▸Le malade est *pis*. (M) は用いず va plus mal と言う (*DBF*)．

2º 名詞的用法　① **無冠詞**：Il a fait *pis*. 「彼はもっとひどいことをした」/ Il a fait *pis* que cela [vous]. 「それ［あなた］よりもっと悪いことをした」/ Je ne fais ni mieux ni *pis* que tant d'autres. (M)「他の多くの人たちよりよいことも悪いこともしない」/ Il en dit *pis* que pendre. (= plus qu'il ne faut pour le faire pendre)「さんざん悪く言う」/ Il y a *pis*. 「もっとひどいことがある」/ Cela va de mal en *pis* [de *pis* en *pis*]. 「ますます悪くなる」/ (par) crainte de *pis*「いっそう悪い事態になりはしまいかと思って」/ Je m'attendais à *pis*. 「もっとひどいことになるだろうと覚悟していた」

② **le pis**：C'est le *pis*. 「最悪の事態だ」/ Le *pis* c'est que...「一番いけないのは…することだ」/ Faites *du pis* que vous pourrez. 「どんな悪いことでもやれるならやってごらん」/ mettre [prendre] les choses *au pis*「最悪の場合を予想する」/ *au pis*「最悪の場合には」⇨ pire 4º

place — sur la place：Les femmes ont dansé *sur la place*. (DHÔTEL, *Lieu*, 54)「女たちは広場で踊った」◆place + 固有. sur la はしばしば略される：Ils se quittèrent *place* de la Concorde. (ARAGON, *Aurél.*, 15)「彼らはコンコルド広場で別れた」⇨ avenue; boulevard; rue

plaindre (se) — 1º *se plaindre de* + 名 + (*à* + 名)：Il *se plaint de* Paul (*à* Marie). 「彼は（Mに）Pのことをこぼしている」

2º *se plaindre* (*à* + 名) *de* 不定詞 [*que* + 接] または 直; *de ce que* + 直 または 接]：Il *se plaint* (à Marie) *d'*être malade. 「彼は（Mに）病気だとこぼしている」/ Elle *se plaint que* la vie *est* [*soit*] chère. (*DFC*)「生活費が高いとこぼしている」/ Le professeur *se plaint de ce que* vous n'*obéissez* pas. (*MR*)「先生はあなた方が従順でないと嘆いている」/ Il *se plaint de ce qu'*on l'*ait* mal reçu. (LE GOF, 130)「彼は歓待されなかったとこぼしている」▸se plaindre の主語と que + 節の主語が同じ場合，Il se plaint d'être malade [qu'il est malade]. はどちらも常用される．

♦直説法は不平の原因の現実性を，接続法はその主観性を表わすのにふさわしいが，慣用は必ずしも区別をしない．

plaire — 1º *plaire à* qn：Cet individu ne *me plaît* pas du tout. (*MR*)「あの男はまったく気にくわない」

il plaît à qn *de* 不定詞 [*que* + 接]　非人称：*Il lui plaît de* faire ce voyage [*que* son frère fasse ce voyage]. 「彼にはこの旅をすることが［弟がこの旅をすることが］うれしいのだ」▸この構文は古めかしく日常語では il の代わりに ça を用いる (LE GOF, 51)．

de 不定詞 の省略　従属節で既出の動詞の不定詞の省略：Vous viendrez dîner ici les jours qu'*il vous plaira*. (BUTOR, *Degrés*, 317) (de venir の略)「お好きな日にここに夕食をしにいらっしゃい」/ Je crierai tant qu'*il me plaira*. (BEAUV., *Images*, 68) (de crier の略)「わめきたいだけわめきますよ」/ quand [comme] *il vous plaira*「好きなとき［ように］」/ Je ferai ce qu'*il me plaira*. (de faire の略)「したいことをしよう」/ Je ferai ce *qui me plaira*. (= ce qui me donnera du plaisir)「おもしろいと思うことをしよう」◆ *PR*; *MR* は最後の2例を区別することを勧めるが，G (548, Rem. 2; *Pr.* IV, 295-6) は qui, qu'il は混用されていると説く．しかし，Je dépense l'argent qu'*il me plaît*. (de dépenser の略)「使いたいだけ金を使う」に qui me plaît とは言えない．誤用例：S, II, 169.

2º *s'il vous plaît*　① **丁寧な依頼**：La douane, Monsieur, *s'il vous plaît*? (GUÉNOT, *Valentine*, 3)「すみませんが税関はどちらでしょう」/

Où se trouve le rayon des vêtements pour dames, *s'il vous plaît*? (*Ib.*, 11)「(百貨店で)すみませんが、婦人服売場はどこにありますでしょう」/ Qu'allez-vous boire, Valentine: whisky, champagne? — Champagne, *s'il vous plaît*. (*Ib.*, 10)「V、何を飲みますか、ウィスキー、シャンパン? — 恐れ入ります、シャンパンを」 ▶ *s'il te plaît* : René, va chercher de l'huile et du vinaigre, *s'il te plaît*! (ID, *Fr. chez vous*, 50)「R、油とお酢をとってきて、悪いけど」

♦*s'il vous plaît*は単数2人称の動詞と共に用いられることがある: S'il vous plaît... dessine-moi un mouton! (ST-EXUP., *Prince*, 11)「すみませんがぼくに羊を描いてください」

② 強調: N'allez pas, *s'il vous plaît*, vous imaginer que je vous laisserai faire. (AC)「私があなたにしたい放題にさせておくなどと思わないでくださいよ」

3° *Plaît-il?* 聞きとれなかったことを聞き返す言い回し: Et surtout, soyez belle.—*Plaît-il?* (SARTRE, *Séques.*, 70)「ことに美しく着飾るのだ.—ええ?」 ▶ ただし「Plaît-il? はパリ的でない」 (F., 645). MR; COLは古くなったと記す.

4° *se plaire* ① *à* + 名 [不定法] (= prendre plaisir à) : Il *se plaît au* travail [*à* travailler].「彼は仕事が[働くのが]好きだ」♦代名詞は y: Il *s'y* plaît.「彼はそれが好きだ」 過分 plu は原則として無変化: Elle *s'est plu* à vous contredire. (AC)「彼女はあなたに反対するのを楽しんだ」 ただし原則は必ずしも守られない (G, 796 b, N.B.).

② *à [en, dans, avec, ...]* + 名 (= trouver du plaisir à être à, en, ...) : Vous *vous plaisez à* Paris? (GUÉNOT, *Valentine*, 11)「パリが気に入りましたか」/ Je *m'y plais* beaucoup. (*Ib.*, 11)「そこが大好きです」/ Elle *se plaisait en* khâgne. (BEAUV., *Compte*, 70)「彼女は受験準備クラスが気にいっていた」/ Je *me plais* particulièrement *dans* la compagnie des jeunes. (*Ib.*, 69)「私は青年たちの仲間入りをするのが特に楽しい」/ Je *me plais avec* toi. (MR)「私はあなたといっしょにいるのが好きだ」 ▶ + 場所の副詞: Vous *vous plaisez ici*? (VIAN, *Pékin*, 155)「ここが気に入りましたか」

plein(e) — 1° (*tout*) *plein* + *le* [*ce*, *mon*] + 名 ① *plein*は前置詞とみなされ無変化: Il avait des projets *plein* la tête. (BEAUV., *Mand.*, 125)「頭に一杯計画が詰まっていた」/ Il a des roubles en billets de banque *plein* ses poches. (SALACROU, *Th.* II, 256)「ポケットに一杯ルーブル紙幣を持っている」

② 直・目が *plein* のあとに表現されると des は de に変わる: Les garçons, au contraire, ont toujours *plein* leurs poches *de* couteaux et *de* ficelles, *de* chaînettes et *d'*anneaux. (ROB.-GRIL., *Voyeur*, 29)「少年たちはこれに反していつもポケットをナイフとひも、鎖と指輪でいっぱいにしている」♦したがって、Ils ont les poches *pleines de* billes.「彼らはポケットがビー玉でいっぱいになっている」は上記①②にならい Ils ont *des* billes *plein* les poches. Ils ont *plein* les poches *de* billes. とも言う (TH).

2° (*tout*) *plein de* + 名 (= beaucoup de) : Tu m'as dit *plein de* choses. (SAGAN, *Nuages*, 69)「いろんなことを言った」/ Tu as *plein de* rouge à lèvres sur la figure. (COCTEAU, *Th.* I, 209)「顔じゅう口紅だらけだよ」/ C'est un chandail que j'ai volé à Frédéric. Il *en a plein*. (SAGAN, *Château*, 152)「Fから盗ってきたセーターよ。彼はいっぱい持っているの」/ Il y *en a plein* ici. (VIAN, *Arrache*, 189)

3° *tout plein* (= très) : Oh! c'est mignon *tout plein*. (BEAUV., *Mand.*, 350)「とってもかわいいわ」/ Il est *tout plein* admirable. (DFC)「彼はとてもすばらしい」

4° *en plein* + 名 : se réveiller *en pleine* nuit (MR)「真夜中に目をさます」/ *en plein* cœur de la ville「町のまんまん中に」/ Où est la tente d'Holopherne?—Au nord, *en plein* nord. (GIRAUDOUX, *Judith* I, 6)「Hのテントはどこにあるの.—北だ. 真北だよ」 ▶ en を略して: (Je) vire *plein* Nord. (ST-EXUP., *Terre*)「真北に方向を転じる」

pléonasme [冗語法] — 表現に必要以上の語を用いること. 修辞的・文体的冗語法は強調的効果をねらう: pendant des mois et des mois「何ヶ月も何ヶ月も」/ C'est très, très joli.「とても、とてもきれいだ」/ Je l'ai vu, de mes yeux.「この目で見たんだ」

♦不注意や無知による冗語法: monter en haut「上に昇る」/ descendre en bas「下に降りる」/ reculer en arrière「後に退く」/ monopole exclusif「独占的専売権」/ en toute dernière page「いちばん最後のページに」/ et puis

ensuite「それから」/ car en effet「なぜかといえば」/ pour si [aussi]... que「どれほど…でも」
♦統辞法上の誤用: C'est *là* qu'il *y* rencontra Berthoud.「彼がBに会ったのはそこだ」/ *D'où j'en* conclus.「それから次の結論をくだす」/ Lugné-Poë *dont* le dixième anniversaire de *sa* mort vient d'être célébré.「その十回忌が行なわれたばかりのL」cf. GEORG, 224-6; ID., *Prose*, 119-21.

pleuvoir — 非人称: Il *pleut*. / Il va [commence à] *pleuvoir*. /《俗》Ça *pleut*. (LE CLÉZIO, *Déluge*, 110)
♦降る物を実主語として: Il *pleut* de grosses gouttes. (ROB)「大粒の雨が降っている」▶実主語 = en: Il dépense de l'argent comme s'il en *pleuvait*. (AC)「湯水のように金を使う」
♦人称動詞として: Les projectiles *pleuvaient*. (*DFC*)「砲弾が雨あられと降りそそいだ」/ C'était une grêle de coups qui *pleuvait*. (VIAN, *Arrache*, 155)「げんこつが雨あられと降りそそいだ」▶2人称は文学的: Eau, quand donc *pleuvras*-tu (...)? (BEAUDELAIRE, *Fleurs*, Cygne)「水よ、いつ雨と降るのか」

plupart (la) — 1º *la plupart des* + 名: *La plupart des* indigents sont des vieillards. (BEAUV., *Vieill.*, 13)「貧窮者の大部分は老人だ」/ *la plupart de mes* amis [*de ces* livres, *d'entre eux, de ceux* qui...]「私の友人[これらの本、彼ら、...する人たち]の大部分」♦〈la plupart du + 名〉は古く la pluplart du temps (= le plus souvent)「ほとんどいつも」のほかは廃用. la plupart du peuple, la plupart du monde の代わりに la majorité du peuple, la plupart des gens と言う.
2º (*pour*) *la plupart* : Mes meubles sont (*pour*) *la plupart* anciens.「私の家具は大部分は昔のものだ」▶pour la plupart は文頭・文末に移せるが (GROSS, *Nom*, 205), la plupart はこの位置しか可能でない.
3º 動詞の一致
① la plupart (+ 複数名詞), 補語なしの *la plupart* のあとでは動詞は複数3人称: *La plupart* avaient mon âge. (TOURNIER, *Gaspard*, 92)「大部分は私と同年輩だった」▶単数は文学的: La plupart s'en va. (PR)「大部分の者は行ってしまう」
② *la plupart de nous* [*vous*] のあとでも動詞は複数3人称: La plupart de [d'entre] nous reconnaîtront...「われわれの大部分は認めるだろう」▶まれに単数3人称, まれに nous, vous に一致 (G, 806, Rem. 5; HØYB, 84-5, 288).

pluriel augmentatif [強意複数] — B (97)の用語. 普及している. pluriel hyperbolique (D, 93), pluriel emphatique とも言う. 数の概念から離れた, 強意的・誇張的意味を表わす複数形.
1º 物質名詞 きわめて多量に存在する物質は, その多量の観念が複数形で表わされる: les *glaces* du pôle「極地の氷原」/ les *eaux* de la mer「海の水」/ les *sables* du désert「砂漠の砂」/ les *neiges* éternelles「万年雪」
2º 抽象名詞 強意の観念が複数形で表わされる: les *splendeurs* de sa parure「彼女の装身具のきらびやかさ」/ des *amoncellements* de nuages「湧き立つ雲」/ Mes *respects* [*hommages*] à Madame votre mère.「お母さまによろしく」
3º 固有名(詞) 実際にはただ1人の人物を念頭に置きながら固有名(詞)を複数に用いるのも誇張的複数の一種と考えられる: Les Corneille et les Racine ont illustré la scène française.「コルネーユとラシーヌはフランス演劇を有名にした」(= Corneille et Racine...)

pluriel des adjectifs [形容詞の複数] —
1º 一般的規則 女性形容詞を複数にするには, すべて語尾に s を添える. 男性形容詞も一般にこれにならう: joli, jolis; jolie, jolies. この s は発音されないから, liaison の行なわれるとき (de joli*s* enfants [ʒɔli zɑ̃fɑ̃]) のほかは, 単数複数は発音上区別されない.
2º 語尾-eau の形容詞 (beau, nouveau, jumeau, manceau, morvandeau, tourangeau) および **hébreu** は +x. しかし bleu, feu は +s となる. 母音の前の bel, nouvel, vieil は複数では beaux, nouveaux, vieux となって, 単数複数が発音上区別される.
3º 語尾-al の形容詞
① al > aux となるものが大部分. 形容詞の男性複数形が単数形と区別されるのは上記 bel, ... を除けばこの場合だけである: amical, loyal, など.
② al > als となるもの (使用はまれ): bancal, fatal, final, naval. ♦ある形容詞は男性複数にはほとんど用いられない: astral, austral, automnal, boréal, glacial, idéal, magistral, matinal, papal, patronal, など. この種の形容

詞は慣用が確立されていない：australs, austraux; banals, banaux; idéals, idéaux; matinals, matinaux, など．時に辞典や文典に従って異なった複数形が示されていることがある： pascals (*P. Lar.*), pascaux (D) / pénals (*P. Lar.*), pénaux (D) / jovials (*P. Lar.*), joviaux (D), など．

4° *tout* > *tous* (例外的)．

5° **s, x**で終わる形容詞の男性複数は無変化：bas, gris, faux, heureux.

6° その他の不変化形容詞： capot, kaki, mastoc, rococo, rosat, sterling, など. angora, chicはしばしばsをつける (H).

7° 合成形容詞 ⇨ adjectif composé

pluriel des noms ［名詞の複数］ — ⇨ nombre; nombre des noms

I. 綴り字上の複数 単数形・複数形の発音が同じもの．

1° 単数形+**s** (無音)： livre, livre*s*.

sは古仏語では格変化の語尾であった．

	単	複
cas-sujet (主格)	li mur*s*	li mur
cas-régime (被制格)	le mur	les mur*s*

13世紀以後，主格が消滅したため，被制格の単 mur, 複 mursの形が残り，sは複数記号となった．中世ではsは有音であったから，mur, mursは明らかに区別されたが，13〜16世紀の間にsは次第に無音化され，近代フランス語では大部分の名詞はliaisonする場合のほかは発音上数の区別はなく，これを区別するものは名詞に伴う限定辞・形容詞にすぎなくなった．

2° **s, x, z**で終わる名詞は無変化：palais, croix, gaz, など．

s, x, zが共に複数記号であることによる．zは古仏語ではtsに相当しdent > denz, amant > amanzと書かれた．xについては ⇨ 3°

3° **eu** + **x**, **(e)au** + **x**： cheveu, cheveu*x*; bateau, bateau*x*; tuyau, tuyau*x*. 例外：landau*s*, sarrau*s* (またはsarrau*x*), pneu*s*, émeu*s*, bleu*s*. 最初の4語は新しい語であるから一般的規則に従った．bleusは形容詞の複数形をそのまま用いたもの．

中世末ではxはusに相当する記号でchevalの複 chevaus (⇨ II. 1°)はchevaxと書かれた (発音は共に [ʃəvaus])．その後，x = usであることが忘れられて，uを加えてchevauxと記され，xは語末にuを持つ名詞の複数記号となった．

4° **ou** + **x** 7語： bijou, caillou, chou, genou, hibou, joujou, pou.

◆その他の名詞はou + s： clou*s*, coucou*s*, fou*s*, trou*s*, など. choux (古仏 chous)に対してfous (18世紀まで時にfoux)となるのも全く理由のないことで，フランス文法の不合理な点の一つとされている．

II. 古仏語の複数形の名残り 古仏語ではsが発音されたほか，単数形と複数形は次の点で明らかに区別された．① 単数形の語末子音p, f, c, mは複数では発音されず，また書かれなかった： drap, dras / clef, clés / duc, dus / verm, vers. ② 語末子音lがsの前で母音化されてuとなった (⇨ 1 III)： cheval > chevaus; chevel > cheveus; ciel > cieus; genouil > genous, など．

単数形と複数形の単一化 16世紀以後，sが無音化すると同時に，単数形と複数形が違う名詞はその形が単一化される傾向にあった．① 複数形が消滅して新しい複数形が作られた： drap > draps (drasは消滅)；rossignol > rossignols (rossignousは消滅) ② 単数形が消滅して複数形から単数形が作られた： (genouil) > genous > genou; (chevel) > cheveus > cheveu; (apprentis) > apprentis > apprenti, など. col > cous > couではcolはcouとは別の意を表わすために残る．

以下はこの単一化の傾向にさからって**古形が今日まで伝わったもの**．

1° **al**+**s** > **aux** 語尾alの名詞は大部分auxとなる： cheval, chevaux.

◆例外． alsとなるもの： aval, bal, bancal, cal, cantal, caracal, carnaval, chacal, choral, corral, festival, narval, nopal, récital, régal, serval, など. 多くは外国語からの借用語．

◆複数形がalsあるいはauxとなるもの： étals, étaux; idéals, idéaux; pals, paux (Dはpauxは不可能とする)；santals, santaux; vals, vaux (par monts et par *vaux*「山谷を越えて，処々方々に」のほかは用いられない)，など．

◆matériaux「建築材料」, universaux「普遍概念」は古仏語 matérial, universalから作られたもので，matériel「材料」, universel「普遍」からではない. un matériau des matériauxからの逆形成．

2° **ail**+**s** > **aux** この形に従うものはきわめて少ない： aspirail, bail, corail, émail, fermail, soupirail, travail, ventail, vitrail. ▸その他の名詞はailsとなる： eventails, gouvernails,

rails.
3º *aïeul* > *aïeuls*, *aïeux* ； *ciel* > *ciels*, *cieux* ； *œil* > *œils*, *yeux*.
4º 単数形の有音語末子音が複数で無音化するもの：œuf [œf], œufs [ø] / bœuf [bœf], bœufs [bø]，など．▶これらのanalogieによって，un os [œnɔs], des os [dezo]
♦単数形・複数形の単一化の結果，子音で終わる名詞の大部分は複数となっても発音が変わらない．単複共に語末子音を発音するもの：bec, chef, ours, parc, など．単複共に語末子音を発音しないもの：broc, cerf, clef, croc, porc, など．

III. 名詞化された語　1º 代名詞，副詞，前置詞，接続詞，間投詞が名詞化されたもの，alphabetの各字母，数，音階の名称などは**無変化**：Les *qui* et les *que* alourdissent une phrase.「*qui*や*que*は文を鈍重にする」/ des *pourquoi* et des *comment* embarrassants「なぜの，どうしての，という厄介な質問」/ pousser des «*Ah*»「ああと感嘆の声をはなつ」/ tracer des *sept*「7の字を書く」▶省略によって特別な意に用いられた名詞も無変化：Les «*troisième année*» ont joué M. Perrichon. (N, V, 108) (= les élèves de troisième année)「3年級では『ペリション氏』を演じた」
2º 不定詞，前置詞avant, devant, derrière の名詞化されたものは**複数記号をとる**： de vagues *repentirs*「漠然とした悔悟の念」/ les *derrières* d'une armée「後方部隊」
IV. 別語で表わす複数形　〈男＋女〉は男性複数形で表わすが(⇨ genre des noms II. C. 3º)，男性の別語を用いるものがある：parents (= père + mère), grands-parents (= grand-père + grand-mère), enfants (= fils + filles), petits-enfants (= petits-fils + petites-filles), souverains (= roi + reine, empereur + impératrice), など．
V. 外来語の複数　1º フランス語に完全に同化されたものは〜＋sとなる.
　ラテン語：accessit, agenda (⇨ 4º ②), album, alibi, alinéa, aparté, bénédicité, boa, boni, débet, distinguo, écho, examen, factotum, factum, fémur, hosanna, impromptu, lavabo, magister, mémorandum, muséum, ordo, palladium, pallium, pensum, placet, quatuor, quidam, quolibet, referendum, visa, vivat, など．

　イタリア語：adagio, alto, allégro, andante, bravo, concerto, contralto, duo, fantasia, imbroglio, macaroni (⇨ 4º ②), numéro, opéra, oratorio, piano, scénario, trio, vendetta, など．
　スペイン語：aviso, boléro, embargo, fandango, guérilla, hidalgo, など．
　英語：bill, hourra, lord, meeting, tilbury, など．
2º 無変化のもの（多くラテン語）．① 祈り・賛歌・聖歌を表わす名詞(最初の語が名詞化されたもの)：avé, confiteor, credo, gloria, magnificat, miserere (miséréré), pater, requiem, salvé, stabat, Te Deum, など．
② 原語が節あるいは不変化語 (1ºに属するものを除く)：admittatur, ana (まれにanas), déléatur, exeat, exequatur, ibidem, idem, item, nota, peccavi, satisfecit, veto, など． cf. duplicata, errata (⇨ 4º①) ♦イタリア語の音楽用語で強弱，速さなどを示す副詞が名詞化されたものは無変化：des crescendo, forte, piano, smorzando. ▶ただし，副詞が名詞化されて曲を表わすものは1ºにならう：andante*s*, adagio*s*, allégro*s*.
③ 複合的な語(節・副詞句をなす)：ecce homo, et cætera, ex-voto, in-folio, in-octavo, in-pace, in-quatro, post-scriptum, statu quo, vade-mecum, など．ただし, des fac-similé*s*, des orang*s*-outang*s*. ▶Le B (II, 132)は書籍の型を表わす言い方が形容詞的に用いられているときは無変化だが，名詞として用いられているときはsを添えると言う：douze volumes in-octavo (= du format in-octavo) / douze in-octavo*s*. 現在は無変化が一般 (Rob; in-folio)．
3º 原語の複数形を用いるもの　一般には原語の複数形を避け，それが用いられたものも次第に〜s型に変わる傾向にある．原語の複数形が残っているものも，日常語ではそれと並んで〜s型を用いることが多い．
　ラテン語　(1) 単 -um, 複 -a (⁺印は日常語で-umsとなるもの)：desideratum (単はまれ)，⁺maximum, ⁺minimum, ⁺optimum, moratorium (フランス語化してun moratoireとも言うので，複は多く des moratoires), ⁺postulatum, ⁺préventorium, quantum, ⁺sanatorium, ⁺ultimatum. (2) 単 -us, 複 -i (まれ)：tumulus (多くはフランス語式に無変化) (3) 単 -a, 複 -æ (まれ)：nova > novæ.

イタリア語　[単] -o あるいは -e, [複] -i (⁺印は ~s のほうが普通): bravo「刺客」, carbonaro, cicerone, ⁺condottiere, ⁺dilettante, graffito, lazarone, ⁺libretto, pizzicato, ⁺solo, ⁺soprano. ▶prima donna は prime donne または無変化.

英語　(⁺印は ~s ともなる)　(1) [単] -man, [複] -men: alderman, clubman, gentleman, policeman, recordman, sportsman, wattman, yeoman, など.　(2) [単] -y, [複] -ies: ⁺baby, ⁺dandy, garden-party, gipsy, lady, tory, ⁺whisky, など.　(3) [複] が + es となるものは, それと並んでフランス語式に単に s を添える形とが共存する: miss > misses または miss; match > match(e)s; sandwich > sandwich(e)s; box > boxes または box.

ドイツ語　lied は音楽用語では lieder, 日常語では lieds. leitmotiv は leitmotive となるが, フランス語式に leitmotif > leitmotifs とも書く.

4º 外来語の複数形を取り入れたもの
① あるものは [複] がそのまま [単] にも用いられて [単] [複] 同形となった: des addenda > un addenda; des duplicata > un duplicata; des errata > un errata (集合的).　正すべき誤りが1つしかないときは un erratum を用いる.
② あるものは [複] であることが意識されずにこれを [単] として用いて, ~s 型の [複] を作る: un agenda > des agendas; un macaroni > des macaronis.
③ des lazzi は ① に従って un lazzi となり, 更に ② に従って des lazzis が作られて, 2つの [複] ができた.

VI. 合成名詞, 固有名(詞)の複数 ⇨ nom composé III; nom propre III

pluriel pudique [羞恥の複数] ⇨ nombre des noms XI 後段

plus — **I. 優等比較の副詞**　un peu, (de) beaucoup, bien, autrement, encore, infiniment, tellement, d'autant, ... fois に先立たれ得る. ×très plus は不可.

1º _plus_ + [形] (+ _que_): Il est _un peu plus_ [_beaucoup plus_] grand _que_ moi.「ぼくよりちょっと［はるかに］大きい」/ Il est _encore plus_ malade _que_ la petite. (PAGNOL, _Fanny_, 17)「彼のほうがおちびちゃんよりもっと病気が重い」/ Il est _plus_ gai _qu_'hier au soir. (ID., _Marius_, 15)「昨日の晩より陽気だ」

plus + [形]₁ + _que_ + [形]₂ : Ce fut _plus_ comique _que_ tragique. (SIMENON, _Chien_, 82)「悲劇的というよりは喜劇的だった」◆Il est _plus_ bête _que_ méchant.「彼は意地が悪いというよりは間抜けなのだ」は, 普通は Il est bête et non méchant. の意. 共存する2つの性質を比較するには Il est _encore plus_ bête _que_ méchant.「意地も悪いが, さらにもっと間抜けだ」と言う (MART, 92; _EBF_, plus III).

◆付加形容詞の語順. plus がない場合と同じだが, plus が加わって長くなったため un beau livre から un _plus_ beau livre, un livre _plus_ beau が作られる (MART, 93).

◆文末の plus の発音. くだけた会話では ne... plus の ne を省き Il en veut _plus_ [ply].「彼はもうそれをほしがらない」と言うため, 比較の plus は文末では [plys] と発音して区別する: Il en veut _plus_ [plys].「彼はもっとそれをほしがっている」(LÉON, 103)

2º (_un_) _plus_ + [形] (+ _que_)　名詞的用法.「もっと…な人［こと］」
① **主語**　不定冠詞は必要: _Un plus_ sot _que_ moi s'y serait laissé prendre. (ROMAINS, _Trouhadec_ II, 1)「おれより間抜けな奴だったら, 一杯食わされたろうよ」/ _De plus_ faibles _que_ nous se seraient séparés. (JOUHAND., _Procès_, 38)「我々より弱い人たちなら, 離婚したことだろう」
② **直・目**; _il y a_, _voici_ の補語: Elle a dû trouver _plus_ grand _que_ ce que tu ne voulais. (D-P, III, 384)「彼女は君がほしがっていたのよりもっと大きなのを見つけたに違いない」/ Il y a _plus_ malade _que_ vous. (BEAUV., _Mand._, 71)「あなたより重い病人だっています」/ Il y a _plus_ grave. (ANOUILH, _P.B._, 451)「もっと重大なことがある」/ Voici _plus_ délicat. (W, _Hypoth._, 323)「次のはもっと微妙な場合である」
③ [前] + _plus_ + [形] : C'est du marbre, ce lit. — J'ai couché _dans plus_ dur _que_ cela. (GIRAUDOUX, _Tessa_, 262)「石みたいよ, この寝台.—僕はもっと堅いのに寝たことがある」/ Vous êtes tombé _sur plus_ jeune _que_ vous. (SAGAN, _Violons_, 131)「あなたは自分よりもっと若いのにぶつかったのだ」/ La prochaine fois, tu plongeras _de plus_ haut. (MODIANO, _Garçons_, 52)「この次は, もっと高い所から飛び込め」

◆〈無冠詞 + plus + [形]〉は〈quelqu'un [quelque chose] de plus + [形]〉の意 (「覚え

書』113-6).〈de plus + 複数形容詞〉はくだけた会話では〈des plus + 形〉とも言われる(*Ib.*, 116-8).

④ ***en plus*** + 形 〈plus + 形〉は名詞相当句, 形容詞は男性単数: Ses traits ressemblent beaucoup à ceux du garçon évanoui, *en plus féminin naturellement*. (ROB.-GRIL., *Djinn*, 34)「彼女の顔付は気絶した男の子の顔付にとてもよく似ている,もちろんもっと女らしいが」/ J'ai vu sa photo dans les journaux : c'est la momie de Ramsès II *en plus sec*, en moins humain. (TOURNIER, *Roi*, 111)「新聞で写真を見た.R2世のミイラそっくりだ.もっとやせこけて,もっと人間味が乏しいが」

3° ***plus*** + 副 (+ *que*): Il court *plus* vite (*que* Paul).「彼は (Pより) もっと速く走る」

4° 動 + ***plus*** (*que*): Il travaille *plus* (*que* moi).「彼は (私より) もっと働く」/ Cette maison, décidément, à chaque minute me plaisait *plus*. (ST-EXUP., *Terre*, 86)「この家は確かに,刻一刻とますます私の気に入った」

♦文末ではdavantageのほうが普通.多くはplus encore, encore plus, bien plus, などと強調して,アクセントを負いやすくさせる: Je l'aime *encore plus* aujourd'hui. (KESSEL, *Enfants*, 175)「今ではなお一層愛している」/ Ce que je te dis ne fait que t'irriter *plus encore*. (CASTILLOU, *Etna*, 187)「私が言うことは,あなたを一層苛立たせるだけなのね」

***plus*と動詞の語順** plusは不定詞の前,複合時制ならば過分の前に置かれる: sans *plus* tarder (= sans tarder davantage) (MART, 508)「これ以上遅くならずに」/ Il a *plus* vécu. (= Il a vécu davantage.) (*Ib*.)「彼は一層充実した生活を送った」/ Ce livre m'a *plus* intéressé *que* le précédent. (*DFC*)「この本は前のよりもっとおもしろかった」▶動詞相当句の場合: Il fait *plus* attention à sa toilette. (MONTHERL., *Brocél.*, 69)「身なりにもっと気を配っています」

♦le [en] + 動 + plus. 形容詞をle, 〈de + 名〉をenで受ける場合もplusが文末に来ることを嫌い,上記のようにbien, encoreを添えるか,davantageで置き換える: J'*en* ai *bien* [*encore*] *plus*. / J'en ai *davantage*.「もっと持っています」▶plusが文末に来なければJe suis *plus* sérieux que lui. > Je le suis *plus que* lui. (MART, 509)

▶Elle l'aimait *plus que* son mari. は「彼女が夫を愛するより」(qu'elle n'aimait son mari) とも「夫が彼女を愛するよりも」(que ne l'aimait son mari) とも解せる (*TLF*). neは虚辞.

5° ***plus de*** + 名 (+ *que*): J'ai beaucoup *plus de* motifs *que* lui d'être satisfait. (*DFC*)「彼よりは満足する理由がはるかにたくさんある」/ Les êtres humains ont *plus de* plaisir à être bons *que* mauvais. (DÉON, *Taxi*, 279)「人間は悪人であるより善人であることにより多くの喜びを抱く」/ Il a *plus de* bonne volonté *que de* capacité.「能力よりは熱意がある」

6° ***plus*** (***que***) の名詞的用法　直・目: Je n'ai jamais espéré *plus* [plys]. (MAUROIS, *Cercle*, 172)「それ以上のことを期待したことはなかった」/ Si je lui donnais *plus*, je n'aurais plus une minute à moi. (BEAUV., *Inv.*, 58)「これ以上あの人に尽したら,自分の時間がもう1分もなくなってしまうわ」/ Je pensais qu'il ne fallait pas demander *plus*. (ID., *Mand.*, 423)「それ以上のことを求めてはならないと思っていた」/ J'ai sacrifié *plus que* ma vie. (ID., *Bouches*, 87)「ぼくは生命以上のものを犠牲にした」　非人称動詞の補語: Il y a *plus*. (*TLF*)「それだけではない」

属詞: C'est bien *plus* encore. (*Thib*. IV, 138)「それをはるかに凌ぐものです」/ Il était bien *plus qu*'un savant. (GARY, *Au-delà*, 108)「彼ははるかに学者以上のものだった」

♦plus que (+ ne) + 従属節.主節が肯定ならば普通は虚辞のneが入る: Il pense qu'on a obtenu *plus qu*'il *n*'était permis d'espérer. (VERCORS, *Anim*., 312)「期待し得る以上の首尾を得られたと思っています」⇨ ne explétif

7° ***plus que*** + 形 副, 不定詞: J'ai beaucoup bu au dîner et j'étais *plus que* gaie. (SAGAN, *Bonj*., 103)「夕食のときずいぶん飲んで,ひどく陽気だった」/ J'en ai *plus qu*'assez. (*DFC*)「それは十分過ぎるほど持っている」/ Il fait *plus que* m'énerver. (SAGAN, *Violons*, 94)「おれをじりじりさせるなんて段じゃない」

8° ***ne... pas plus*** (***que***)

①「…以上には…でない」　personne, rien, aucun, jamaisと共に用いるときは,いつもこの意味: Personne n'admire Georges *plus que* moi. (COCTEAU, *Th*. I, 190)「私ほどGを称賛している者はいません」/ Les mariages de

raison, *rien n*'existe de *plus* absurde et de *plus* dangereux. (ID., *Th.* II, 125)「理性的結婚なんて、それよりばかげた危険なことはありません」/ *Rien n*'est *plus* calmant. (ACHARD, *Patate*, 189)「気を静めるにはこれが何よりです」/ *Aucun* crime *n*'est puni *plus* sauvagement *que* le crime de lèse-propriété. (TOURNIER, *Roi*, 137)「どんな犯罪も所有権侵害の罪よりも容赦のない罰せられ方をするものはない」/ *Jamais* je *ne* me suis sentie *plus* jeune. (BEAUV., *Mand.*, 506)「これ以上若々しく感じたことはかつてなかった」(「最も…だ」の意に近い)
② 「もっと…なわけではない」: Tu *n*'es pourtant *pas plus* bête *qu*'eux. (IONESCO, *Solitaire*, 19)「でも、お前が彼らよりもっとバカなわけじゃない」/ Je me demande si mes visites *ne* lui font *pas plus* de mal. (PEYRÉ, *Sang*, 34)「ぼくが見舞いにいくと彼女の容態をもっと悪くさせるのではないかしら」/ Je trouve (...) qu'on *ne* peut *pas plus* haïr les hommes *que* les aimer. (SARTRE, *Nausée*, 151)「人間を愛する以上に人間を憎むことができるとは思わない」/ Pas *plus* tard qu'hier, tu lui as fait un compliment, à table. (TROYAT, *Marie*, 31)「ついきのうも、お前は食卓で彼女にお世辞を言ったね」
♦*n'en... pas plus*: La vie *n'en* sera *pas plus* triste pour cela. (ANOUILH, *P.B.*, 307)「だからといって人生がもっと寂しくなるわけではないでしょう」
③ (= *aussi, autant*): Je suis soucieux à cause des nouvelles. — Elles *ne* sont *pas plus* mauvaises *qu*'hier. (GREEN, *Sud*, 39)「あんな情報を聞いたので心配しているのだ。— 別にきのう以上に悪いわけでもないのに」(きのうと同程度に悪い)
④ 「と同様に…でない」: L'homme *ne* bougeait *pas plus qu*'une statue. (ROB.-GRIL., *Voyeur*, 28)「男は彫像のように動かなかった」/ Pas *plus que* les lèvres, le regard *n*'avait bougé. (*Ib.*, 41)「唇同様、視線も動かなかった」/ Il *n*'y avait *pas* d'espoir, nulle part, *pas plus* en France *qu*'ailleurs. (BEAUV., *Mand.*, 152)「希望はなかった。どこにも、ほかの国と同様にフランスにも」(共に否定する) ▶*que* 以下を略して: L'autre *ne* répond *pas plus*. (ROB.-GRIL., *Imm.*, 183)「相手は相変わらず答えない」

▶ *ne... pas plus que* (ne) ⇨ *ne* explétif 6° ②
non [*pas*] *plus que... ne*　否定文で「…と同様に…でない」(= de même que): Barrès, *non plus que* Maurras, *n*'était croyant. (GIDE, *Feuillets*, 195)「BはMと同様に信者ではなかった」/ *Pas plus que* vous, je *n*'ai l'impression du hasard. (DÉON, *Taxi*, 302)「あなたと同様、あれが偶然だとは思いません」
♦ *non* [*pas*] *plus que* が文頭・文中にあれば主節には*ne*だけを用いるが、これを文末に置けば、主節に*ne... pas*が必要: Ma femme *n*'est *pas* faite pour vous, *pas plus que* vous *n*'êtes fait pour elle. (DORIN, *Th.* I, 86)「女房があなたに向いていないように、あなたも女房に向いていない」

♦*sans plus... que*: Ils sont restés ainsi, (...) *sans plus* bouger *que* trois statues. (ROB.-GRIL., *Djinn*, 135)「彼らは3つの彫像と同じように身じろぎもせず、そうして立っていた」

9° *plus de*　*de plus que* の意. 16世紀に消滅した古語法 *plus* vaillant *de* lui (= *que* lui) (B, 731; BRUN, 208)の名残り. 固定した言い方に残る.

① *plus de* + 数詞: Elles ont *plus de* vingt ans. (VERCORS, *Divag.*, 143)「彼女たちは20歳を過ぎている」/ Où vous asseyez-vous, lorsque vous êtes *plus de* trois? (SAGAN, *Brahms*, 25)「3人以上だったらどこに座るの?」/ Il était *plus d*'une heure et demie. (*Thib.* V, 19)「1時半を過ぎていた」▶これにならって: Il était *plus de* midi. (ROB.-GRIL., *Voyeur*, 98)「正午を回っていた」

② *plus que* [*de*] + 倍数・分数: il y a *plus qu*'[*d*'] un quart d'heures (H, 729)「15分以上前に」/ *Plus de la moitié* de mes camarades sont partis. (BUTOR, *Degrés*, 131)「仲間の半分以上が出掛けてしまった」
♦*plus qu*' [*d*'] à moitié [à demi, aux trois quarts]: Cela est *plus qu*' [*d*'] *à moitié* fait. (AC)「それは半分以上できている」/ Mais il est mort *plus qu'aux trois quarts*! (VERCORS, *Colères*, 29)「これでは死んだも同然だ」

③ *plus d'un* + 名 (= plusieurs, beaucoup de) 　これを主語とする動詞は一般に単数: *Plus d'un* convive était gai. (TH)「かなりの会食者が陽気な様子だった」/ *Plus d'un passage* de ses lettres *témoigne* une lucidité terrible. (SUFFEL, *A. France*, 111)「彼の手紙のかなり

のくだりが驚くばかりの明晰さを示している」
♦plus d'unの意味が複数であるから動詞を複数に用いることもある：*Plus d'un se sentaient las.* (MAURIAC─G., *Pr.* IV, 331)「かなりの者がくたびれたと感じていた」/ *Plus d'un des gaillards qui sont ici préféreraient aller là-bas.* (CASTILLOU, *Etna*, 245)「ここにいる屈強な男たちの多くが向こうに行きたがるでしょう」
▶1976年の文部省令では単数・複数は自由 (BONN, *Code*, 252).

♦ 〈plus d'un + 名〉が2つ以上あるとき、または動詞が相互的意味を表わすときは、動詞は複数： *Plus d'un malade, plus d'un infirme lui ont voué une infinie gratitude.* (H, 969)「多くの病人、多くの身体障害者が彼に限りない感謝を捧げた」/ *Plus d'un fripon se dupent l'un l'autre.* (Lar. XXᵉ; TH; H)「多くのぺてん師が互いにだまし合っている」

10° *plus... (et) plus... / plus... (et) moins...* 程度の比例的変化を表わす： *Plus il était fatigué, plus il parlait.* (IKOR, *Gr. moy.*, 59)「疲れるにつれて口が軽くなった」/ 比例が人・物の数量に関するときは、名詞の前にdeを用いる（⇨上記5°）： *Plus il y a de gens autour de nous, plus je me sens seule avec toi.* (GIRAUDOUX, *Tessa*, 261)「まわりに人がいればいるほど、あなたと2人きりのような気がするの」/ *Plus tôt il sera ivre, plus vite sera terminée cette ennuyeuse soirée de province.* (VAILLAND, *Loi*, 50)「早く彼が酔ってしまえば、それだけ早く田舎のこの退屈な夜会は終わるわけだ」/ *Plus vite vous partirez et plus je serai content.* (KESSEL, *Enfants*, 260)「早く出掛けてくれればくれるほど嬉しいよ」/ *Plus nous discutons, moins nous savons que décider.* (VERCORS, *Anim.*, 251)「議論をすればするほど、どう決めたらよいかわからなくなる」/ *Plus vous la* (= choucroute) *faites cuire, meilleure elle est.* (DURAS, *Journ.*, 81)「煮れば煮るほどおいしくなるよ」

♦2つ以上の節があるとき、比例する事実は文脈によって判断するほかはない： *Plus notre ennemi est petit et fragile, plus il est tendre, plus il est pur, plus il est innocent, plus il est redoutable.* (ANOUILH, *Alouette*, 156)「われわれの敵が小さくて弱ければ弱いほど、優しく、純粋で、無邪気であればあるほど、それは恐ろしいのだ」/ *Et plus on avance dans cette lecture, moins on croit, moins on espère, et je le dis à regret, moins on aime.* (GREEN, *Journal* V, 173)「これを読み進むにつれて、ますます信仰が薄れ希望が薄れ、言うも残念なことだが、ますます愛が失われていく」

♦次は比例節だけを挿入節として表現した特殊例： *Elle ne disait presque rien; mais on ne s'en étonnait pas, car près des autres, et plus ils sont exubérants, elle est souvent silencieuse.* (GIDE, *Symph.*, 131)「彼女はほとんど何も言わなかったが、誰もそれを意外には思わなかった．というのは、ほかの人たちのそばにいると、そして彼らがしゃべりまくればなおさらのこと、彼女はよく黙りこくっているからだ」

♦*plus que... plus que* 《俗》： *Plus que t'* (= tu) *attends, plus que c'est vexatoire.* (*Thib.* I, 93)「待てば待つほど侮辱されたように思うもんだ」

11° *de plus (que)* ： *Il a douze ans de plus que moi.* (DURAS, *Amant*, 62)「彼は私より12歳年上だ」 ▶*Il est plus âgé que moi de douze ans.* よりも日常的 / *Sommes-nous rien de plus que des sauvages?* (VERCORS, *Portrait*, 27)「われわれは野蛮人以上の何者かであろうか」/ *une fois de plus*「もう1度余計に」/ *Rien de plus.*「これ以上は何もやれない、それだけだ」/ *Raison de plus.*「それならなおさらのことだ」

ce que... de plus + 形「最も…なもの」： *On dit souvent que c'est ce que j'ai de plus beau.* (DURAS, *Amant*, 24)「それは私が持っている一番美しいものだとよく言われます」 ▶最上級の意味となる．⇨下記14°

12° *de plus en plus* ： *Sa vue diminue de plus en plus.* (AC)「彼の視力は次第に衰える」 ▶文末のplusは[plys]と発音できるが、[ply]より品位を欠く (EBF).

de plus en plus de + 名（数量詞）： *Il voulait gagner de plus en plus d'argent.* (LE CLÉZIO, *Déluge*, 144)「彼はますます金をもうけたがった」

(ne)... ni plus ni moins (que) ： *C'est, ni plus ni moins, une petite caserne.* (*Thib.* I, 154)「まさに小さな兵営だ」/ *L'admission d'un fait sans cause (...) n'est ni plus ni moins que la négation de la science.* (ROB)「原因のない事実を承認することはまさしく科学を否定することにほかならない」

plus ou moins: Il est *plus ou moins* compromis dans cette affaire. (*EBF*) (= quelque peu)「彼は多少ともこの事件に巻き込まれている」

plus ou moins de+名: Par ici, il y a toujours *plus ou moins de* lézards qui détalent entre les pierres. (LE CLÉZIO, *Désert*, 101)「この辺では、いつもトカゲが何匹かいて、石の間に逃げ込む」

13° *de plus*「それにまた」(= d'ailleurs, en outre): Je suis fatigué et, *de plus*, découragé devant tant de difficultés. (*DFC*)「疲れたし、それにあまりに困難が多くて気力がくじけてしまった」

en plus「なおその上に」: Il est stupide et, *en plus*, il a une haute opinion de lui-même. (*DFC*)「彼はばかだ．おまけにうぬぼれが強いときている」

en plus de: Et *en plus de* cela, il fait froid! (APPIA, *Fr. chez vous*, 67)「それに、おまけに寒いわ」/ *En plus des* Français, il y avait là de nombreux étrangers. (ROB)「フランス人のほか、そこにはたくさんの外国人がいた」

14° 最上級を表わす　まれ．cf. 上記11°の ce que... de plus+形．

① 限定辞なしで: l'un d'eux, qui semblait *plus* considérable (FLAUBERT, *Bov.*, 128)「一番えらそうに見える彼らの一人」▶17世紀まで残っていた古語法の名残り (B, 741; BRUN, 220) / THOUNE (Lac de), lac de Suisse (Cant, de Berne); 48km². Longueur 18km 500; *plus* grande largeur 3km 600. (*Q*)「トゥーン湖——スイスの湖（ベルン州）、48平方ｋｍ．長さ18.5ｋｍ．幅最大3.6ｋｍ」▶辞典の簡略的文体で冠詞を省略したもの．

② *un plus*+形: Il y a toujours *une plus* belle personne de Paris. (HALÉVY—D-P, II, 300)「いつだってパリ一の美人はいる」▶特定の人 (*la plus* belle personne) ではなく、一般的な表現．

逆に、le plus も比較級を表わし得るから(⇨下記II. 6°)、最上級・比較級とは、結局個と群を比較するか、個と個を比較するかの違いで、厳密にいえば、形態では判別できない．

15° 名+*plus que*+名の後の動詞の一致 ⇨ accord du verbe A. II. 5°

II. le [la, les] plus

1° *le [la, les] plus*+形　最上級．

① 属詞: Il [Elle] est *le plus* intelligent [*la plus* intelligente].「彼［彼女］は一番頭がいい」

② 付加形容詞　名詞は定冠詞［所有形容詞，まれに指示形容詞］に先立たれ，⟨名+形⟩の場合は、le [mon] + 名 + le plus + 形，⟨形+名⟩の場合は le [mon] plus + 形 + 名の語順: *le livre le plus intéressant* / *mon ami le plus fidèle* / *les hommes les plus remarquables* / *la plus belle* ville du monde / *mon plus grand* malheur.

定冠詞の使用は17世紀に規則となった．17世紀には le cœur plus dévot (=le plus dévot) の形も用いられた (BRUN, 207)．

2° 定冠詞の一致　le plus +形 ［過分］の場合．

① 同種の他のものと比較するときは定冠詞は変化: De toutes les villes, Venise est *la plus* belle. (FISCHER-HACQUARD, 139)「すべての都市のうちヴェニスが一番美しい」▶ヴェニスと他の都市との比較．

② あるもの自体の性質の程度の比較では、副詞相当句 (= au plus haut degré) として無変化: C'est au coucher du soleil que Venise est *le plus* belle. (*Ib.*)「ヴェニスが一番美しいのは日没どきだ」

♦この規則の適用は微妙で、les animaux qui nous sont *le plus* proches (BEAUV., *Vieill.*, 45)「我々に最も近い動物」は他の動物との比較を考えれば les plus となる．En France, c'est en général au mois de juillet que la température est *la plus* chaude. (AC, général—H, 95)「フランスでは気温が最も高いのは一般に7月だ」は上記②に従えば le plus となる．今日ではすべての場合に定冠詞を一致させる傾向にある．1976年の文部省令 (*Lar. Gr.*, 162) は次例の les, le の一致を自由とする: Les idées qui paraissent *les* [*le*] *plus* justes sont souvent discutables.「最も正当に見える考えでも、しばしば議論の余地がある」

3° *le plus*+副: Elle court [Ils courent] *le plus vite*.「彼女［彼ら］が一番速く走る」/ Répondez-y *le plus sincèrement* que vous pourrez. (ARLAND, *Ordre*, 235)「（女性に向かって）できるだけ率直に答えなさい」

4° 動+*le plus*: C'était là ce dont elle avait *le plus* besoin. (*Ib.*, 454)「それは彼女が一番必要なものだった」/ Il *travaille le plus*

des deux [des trois]. (BONN, *Code*, 152)「彼は2人[3人]のうちで一番よく働く」
▶3° 4°のle plusは副詞相当句, 無変化.

5° le [la, les] plus+形の(代)名詞的用法
① 既出の名詞の代理: Il achetait (...) des joujoux pour ses meilleurs *élèves*, pour *les plus sages* et *les plus gentils*. (MAUPASS., *Moiron*)「彼は一番よい生徒たちに, 一番おとなしい一番お行儀のよい者に玩具を買ってやった」/ Que de *problèmes, des plus mesquins aux plus graves*! (IKOR, *Gr. moy.*, 153)「一番つまらないのから一番重大なのにいたるまで, 何と多くの問題があることか」

② **le [la, les] plus**+形+**de**+補語(代)名詞: C'est là *le plus enviable des* privilèges. (BEAUV., *Vieill.*, 130)「それこそ特権の中でも最もうらやましいものだ」/ C'est un vrai changement, *le plus désagréable de* tous peut-être. (PINGAUD, *Scène*, 159)「それは本当の変化, 恐らくすべての中で最も不愉快な変化である」

③ 代理される名詞なしで: Anne est *la plus intelligente* de la classe.「Aは組で一番頭がいい」/ *La plus intelligente* de la classe est Anne.「組で一番頭がいいのはAだ」/ la raison *du plus fort*「最も強い者の理由」/ *les plus indifférents*「最も無関心な人たち」

♦中性: *le plus frappant* de sa physionomie「彼の顔立ちの一番目立った特徴」/ *au plus profond* de l'âme「心の奥深くに」/ *le plus sage [sûr]* est de...「一番賢明[確実]なのは…することだ」/ Commençons par *le plus important*. (SAGAN, *Lit*, 70)「一番重要なことから始めよう」

6° 比較級を表わす**le plus**: Mais qui est *le plus faible* sur ce point, toi ou moi? (MAURIAC, *Galigaï*, 146)「だが, この点で余計に弱味があるのは, あなたと僕とどっちです」/ J'ai compris ce qu'ils veulent. Ils arrangent toutes choses pour que l'amour soit impossible. Mais je serai *la plus forte*. (CAMUS, *Etat*, 157)「彼らの望んでいることはわかっています. 恋愛などできなくなるように万事を運んでいるんです. でも, わたしが勝ってみせてよ」/ Je crois que du seul enfant aîné ma mère disait : mon enfant. (...) Des deux autres elle disait : *les plus jeunes*. (DURAS, *Amant*, 75)「母は長男だけを坊やと言っていたと思います. (…)ほかの2人のことは下の子供たちと言っていました」/ le fameux auteur de *la plus fameuse Instruction pastorale* (GUÉHENNO, *Jeunesse*)「筆者以上に有名なあの『司教教書』の有名な著者」

♦ 2者の優劣の比較で〈plus+形〉が特定化されて定冠詞に先立たれたもの. 最後の例のように同じ形容詞が反復されることが多い.

7° le plus ① *le plus que*+直[接] 最大限のこと: *Le plus que* vous *pourrez* obtenir, c'est un rabais de 5 p. 100. (GLLF)「得になるといえば, せいぜい5パーセントの値引きだ」/ *le plus que* je *peux [puisse]* faire (AC)「私のできる限りのこと」

② (諺) *Qui peut le plus* peut le moins.「大事のできるものは小事もできる」▶le plus = de grandes choses. 最上級と混同せぬよう (*Log*, plus A ③).

③ (*tout*) *au plus*+主語倒置: *Tout au plus* voulut-elle connaître l'emploi du temps de Gilbert. (ARLAND, *Ordre*, 172)「彼女はせいぜいGのスケジュールがどうだったかを知ろうとしただけだった」/ *Au plus* toucheraient-ils huit centimes. (ZOLA—TLF)「8サンチームもらうのが関の山だ」

▶ c'est (tout) au plus si ⇨ si[1] II. 1° ②

8° le plus de+名 (不可算·可算): C'est lui qui a reçu *le plus d*'argent.「一番金をもらったのは彼だ」/ Nous avons besoin *du plus d'hommes possible* pour l'assaut. (MALRAUX, *Cond.*, 121)「突撃のためにできるだけ多くの兵が必要なのだ」⇨ possible 5°

9° des plus+形 : une femme *des plus belles* (= une femme parmi les plus belles (femmes))「最も美しい女性の一人, 絶世の美女」/ Sa vie était *des plus simples*. (GREEN, *Mesurat*, 14)「彼女の生活は至って単調だった」

♦本来の意味が忘れられ, des plus = extrêmement, trèsと考えて, まれに形容詞を単数に置く: une compensation *des plus importante* (ID., *Epaves*, 129)「莫大な補償」/ un accueil *des plus cordiaux [cordial]* (MFU, 276)「きわめて心のこもったもてなし」

♦形容詞が中性代名詞ce, cela, または非人称のil est, voilàquiに関係する場合は単数: Il lui était *des plus pénible* de se lever si tôt. (GLLF)「こんなに早く起きるのは彼にはとても辛

かった」/ *Voilà qui* est *des plus normal.* (*Lar. Gr.*, 113)「これは全く当たり前のことだ」
　des plus + 副 = extrêmement + 副．上記の発展的用法：Cela s'est terminé *des plus tragiquement.* (H, 42)「それははなはだ悲惨な結末に終わった」
　10° ce que j'ai vu de plus beau (⇨上記 I. 11°; ce¹ III. 1°), tout ce qu'il y a de plus beau (⇨tout I. 1° ① (6))
　III. 否定の副詞　発音はいつも [ply]，リエゾンで [plyz]．文末でも [plys] とならない．
　1° *ne... plus* : Il *n*'est *plus* là.「彼はもういない」(Il est encore (= toujours) là. の否定) / Je *ne* le verrai *plus*.「彼にはもう会うまい」(Je le verrai encore (=de nouveau). の否定) / Je *ne* tenais *plus* de journal intime. (BEAUV., *Age*, 65)「もう日記をつけていなかった」(pas de にならう)
　♦ne... plus jamais [guère, personne, rien, aucun, nul, など] : Je *ne* le verrai *plus jamais* [*jamais plus*].「もう決して彼には会うまい」/ Il *n*'y a *plus personne*.「もう誰もいない」/ Je *n*'en ai *plus guère*.「もうほとんど持っていない」/ Il *ne* fait *plus rien*.「もう何もしていない」/ On *n*'en trouve *plus nulle* part.「それはもうどこにも見当たらない」　▶ jamais, personne, rien を伴うときは plus を文頭に置き得る：*Plus personne ne* passe. (BEAUV., *Sang*, 3) / *Plus rien n*'existe. (*Ib.*, 141)
　▶ne... plus que ⇨ne... que 3°
　ne plus + 不定詞 : Il vaudrait mieux *ne plus* nous revoir. (TROYAT, *Signe*, 17)「もう会わないほうがよかろう」　♦ne + 不定詞 + plus. 不定詞が avoir, être ならばこの語順のほうが多い：Il (...) aspirait à *n*'être *plus* à la charge de personne. (ARLAND, *Ordre*, 93)「もう誰の世話にもなりたくなかった」　avoir, être のほかは，この語順は文語的，まれ：M'abîmer dans les somnifères, pour *ne* souffrir *plus*. (MONTHERL. — ENGVER, 23)「もう苦しむまいとして睡眠薬を乱用するなんて」
　▶ ne plus jamais + 不定詞 ⇨jamais 3° ②
　2° *plus* の単独用法
　① **省略節**：Moi, je peux encore aimer. Lui, *plus*. (SAGAN, *Brahms*, 79)「僕はまだ愛することができます．だが彼はもうできません」/ Paris était mort, *plus* d'autos, *plus* de passants. (SARTRE — ROB)「パリは死の町であった．もはや自動車もなく通行人もなかった」
　② *plus* 副 + 形 : C'était une fille *plus toute jeune.* (YOURC., *Eau*, 113)「もはやあまり若くはない娘だった」　▶plus jeune は「もっと若い」の意になるから，plus très [tout] jeune のように副詞の介入が必要．
　③ 動 + *plus*　ne を省略した俗語法：On va *plus* pouvoir le retrouver. (QUENEAU, *Zazie*, 151)「彼を捜し出すことはもうできまい」
　IV. 発音　[ply], liaison で [plyz]
　[plys] となる場合　cf. H 新 ; PÉCHOIN.
　① 数学で：le signe plu*s*「プラスの記号」/ trois plu*s* deux「3 たす 2」
　② élément rythmique の最後で：il y a plu*s* / trois jours au plu*s* / de plu*s* / après mille ans et plu*s*．davantage の意の J'en veux plu*s*. に対し否定の ne... plus では Je n'en veux plu(s). 同様に non plu(s). ▶ [ply] または [plys] : sans plu*s* / d'autant plu*s*.
　③ 文中でも davantage の意味のときのみ．それも plus que と続く場合が多い：J'en ai plu*s* que lui. / Il a reçu plu*s* que moi. ▶前記 II. 7° の le plus も同様：le plu*s* que je puisse faire.

plusieurs — **I.** 形 (不定)　*plusieurs* + 名 / *quelques* + 名　plusieurs は 1 に対して「いくつも」（拡大的），quelques は多数に対して「いくつか」（制限的）．両者の本質的相違は視点の相違で数の相違ではない (GONDRET, *FM*, '76, n°2) : J'ai lu *plusieurs* [*quelques*] livres de cet auteur.「この作家の本は何冊も [何冊か] 読んだ」/ Il habite à *plusieurs* [*quelques*] kilomètres.「彼は何キロも [何キロか] 先に住んでいる」⇨certain(e)² I. 3°
　① 一般的に **1 個または少数しか**所有されないものについては *plusieurs*，多数を予想されるものには *quelques* を用いる：Il a *plusieurs* enfants [maisons].「彼は何人も子供がいる [何軒も家を持っている]」/ Les arbres ont encore *quelques* feuilles.「木立はまだ少しく葉をつけている」(plusieurs は不可)
　② **否定表現では好んで *plusieurs* が用いられる**：Il *ne* l'a *pas* fait *plusieurs* fois. (= Il ne l'a fait qu'une fois)「何度もしたわけではない」
　③ *plusieurs* だけが属詞となり得る：Ils ont été *plusieurs*. (ACHARD, *Mal*, 44)「彼らは何人もいた」
　④ 次の用法では *quelques* しか用いられない．les [ces, ses] quelques + 名 (⇨quelque I.

2º). 制限表現：Il n'a que [Il a seulement] quelques livres.「数冊しか本を持っていない」(＝Il a peu de livres. ただし×Il n'a que peu de livres. は不可)　◆端数：six mille et quelques cents euros「6千数百ユーロ」/ trois cents et quelques euros「3百数ユーロ」

II. 代 (不定)

1º *plusieurs de* ＋ 名 [*d'entre* ＋ 強勢形人称代名詞]、または既出の名詞を省略して代名詞となる：*Plusieurs de* mes condisciples étaient socialistes. (BEAUV., *Mém.*, 236)「同窓生の何人もが社会主義者だった」/ *Plusieurs d'entre* nous connaissent le trajet. (MFU)「我々の中にも道を知っているのが何人もいる」/ J'ai invité tous mes amis, mais *plusieurs* n'ont pas pu venir. (GLLF)「友人はみんな呼んだが来られなかったのが何人もいた」/ Vous avez un canon?—J'*en* ai même *plusieurs*. (QUENEAU, *Fleurs*, 103)「大砲があるのですか. ——何門もありますよ」 ▶en の使用・不使用は quelques-uns と同じ. ⇨ quelqu'un II

2º 準名詞 (＝plusieurs personnes)：*Plusieurs* m'ont déjà raconté cette histoire. (DFC)「その話はすでに何人もの人から聞いている」▶ほとんど主語に限られる (*Lar. Gr.*).

plus-que-parfait de l'indicatif [直説法大過去形] —— 直説法過去時制の一種.

I. 形態：助動詞の直・半 ＋ 過分

II. 用法　直・大は完了相でとらえられた直・半で、主節・従属節、文語・口語の別なく用いられて、直・半と同様に多彩な陰影を帯びる.

1º 完了した行為の結果である過去の状態　直・半が行為の初めも終わりも示さないように、結果である状態の初めも終わりも示されない：Le 20 octobre il *avait terminé* son roman. (*Gr. d'auj.*, 484)「10月20日には、彼は小説を書き終えていた」　◆書き終えたという状態は10月20日以前に始まり、この日付でも継続していたことを示す. / Il *avait clos* ses paupières, il souriait. (SARTRE, *Nausée*, 207)「彼は瞼を閉じて、ほほえんでいた」/ Quand il parvint à la gare, le train de midi *était parti*. (ARLAND, *Ordre*, 101)「駅に着いたとき、正午の列車は発車した後だった」▶前過とは異なり、完了の結果は継続する.

◆短時間に完了したことを表わす副詞(相当句)を伴って：Il *avait vite pris* ses habitudes dans la nouvelle maison. (L. DAUDET, *A. Daudet*, 272)「新しい家でもすぐに習慣がついてしまった」/ En un quart d'heure j'*avais dîné*. (BEAUV., *Mand.*, 526)「ほんの15分で夕食を終えていた」/ Déjà Prof l'*avait rejointe, dépassée*. (IKOR, *Gr. moy.*, 98)「すでに先生は彼女に追いつき追い越していた」

2º 他の過去時制との時間的関係

① **先立性**(antériorité)　現在完了形である複過が現在から見た過去を表わすように、過去完了形である直・大も過去から見た過去、「過去における過去」(passé dans le passé)を表わす：J'*avais retenu* de confortables cabines et nous avons fait une excellente traversée. (BEAUV., *Adieux*, 111)「私は快適な船室を予約しておいた. そして我々はすばらしい航海をした」/ Il n'*avait* jamais *été* bavard, il devint tout à fait taciturne. (TOURNIER, *Roi*, 157)「彼は冗舌であったことは決してなかったが、全く押し黙ってしまった」/ Rien ne se passait comme elle l'*avait cru*. (CAMUS, *Exil*, 15)「彼女が思ったようには何一つ起こらなかった」/ Marie se souvint d'une phrase qu'elle *avait lue* quelques jours plus tôt. (TROYAT, *Signe*, 20)「Mは数日前に読んだ文句を思い起こした」

◆直・大は他の直・大より前に起こったことも表わす：Nous *étions* de nouveau *parvenus* à la petite porte du potager par où, tout à l'heure, je l'*avais vue* sortir. Elle se retourna vers moi. (GIDE, *Porte*, 175)「我々は、さっき彼女がそこから出てくるのが見えた果樹園の木戸のところにまた来ていた. 彼女は私のほうを振り返った」/ Dès qu'elle l'*avait vu* elle *avait été attirée*. (CASTILLOU, *Etna*, 261)「彼を一目見るなり、引き付けられたのだった」

◆補足節：Je crus [croyais] qu'il *avait menti*.「私は彼が嘘をついたと思った［思っていた］」 cf. Je crois qu'il *a menti*. ⇨ concordance des temps I. A. 3º ①

◆自由間接話法で：Et elle songeait à son mari. Comment *avait*-il *pu* lui dire cela. (MAUPASS., *Pr. neige*)「そして彼女は夫のことを考えた. あの人はどうしてあんなことが言えたのだろう」 ▶直接話法ならばComment *a*-t-il *pu*...となる. ⇨ discours indirect libre

② **先立性を表わさない場合**

(1) **部分的同時**　他の行為の継続中に完了した行為：Sans doute on les *avait aperçus*

quand ils traversaient la rue. (DHÔTEL, *Pays*, 41)「恐らく通りを横切っているときに人に見られたのだろう」/ Antoine *s'était* plusieurs fois *tourné* vers son frère pendant que M. Faîsme parlait. (*Thib.* I, 166)「AはFが話していた間に何度も弟を振り向いた」/ Il haletait si fort qu'à peine *avait*-il *pu* donner son adresse au chauffeur. (GREEN, *Epaves*, 57)「すっかり息を切らしていたので，運転手に住所を告げるのもやっとだった」

(2) **後続** 複過が直・現に後続し(⇨passé composé II. A. 3º)，前過が単過に後続する行為を表わすことがあるように(⇨passé antérieur II. 1º)，直・大も他の過去時制で表わされた行為より後で行なわれた行為を表わし得る：Joseph le vit remettre ses gants et s'éloigner entre les arbres. Au bout d'une minute, Praileau *avait disparu*. (ID., *Moïra*, 245)「Jには彼がまた手袋をはめ，木立の間を遠ざかっていくのが見えた．1分後にPは姿を消していた」/ Vous lui avez fermé la bouche en l'embrassant, mais le lendemain matin vous *aviez oublié*. (BUTOR, *Modif.*, 145)「あなたはキスをして彼女の口をふさいだが，翌朝には忘れていた」

3º 大過去と半過去の共通性
① 継続　行為の継続：Tout le jour, ils *avaient parlé*, mais maintenant il n'y avait plus rien à dire. (BEAUV., *Inv.* 415)「一日中話をしたが，今ではもう何も言うことがなかった」
　　結果の継続：Midi *avait sonné* depuis longtemps. (*Thib.* IV, 152)「正午はずっと前に鳴ってしまっていた」
② 反復・習慣：Sitôt que le chien *avait achevé* un morceau, il jappait pour réclamer le suivant. (MAUPASS., *Contes*, 80)「犬は一切れ食べてしまうと，次をせびるために吠えたてるのだった」/ Dès que sa mère *était revenue* des vêpres, il lui consacrait la fin de la journée. (MAURIAC, *Galigaï*, 43)「母親が晩課を済ませて帰ってくると，彼はゆうべの時間を彼女のために当てるのが常だった」▶この2例でeut achevé, ... jappa; fut revenue, ... consacraとすると1回限りの行為となる．
♦完了しない行為については直・大を用いず直・半を用いる：Mais Nicolas était aveugle dès qu'il *s'agissait* de sa mère. (*Ib.*, 18)「だがNは母親のこととなると，見さかいがなくなるのだった」

③ 説明・原因：Le temps *s'était couvert*, je renonçai à sortir. (CR, 130)「曇ってしまったので外出をやめた」/ Elle demeurait immobile: elle *s'était asspoupie*. (*Thib.* III, 203)「彼女は身動きもしなかった．まどろんでしまったのだ」⇨ imparfait de l'indicatif II. A. 4º
④ 描写　物語の状況を描く：La lampe *s'était éteinte*, le vent continuait à faire rage et la vitre brisée laissait passer un souffle froid. (BEAUV., *Inv.*, 403)「灯りが消えていた．風は相変らず荒れ狂い，壊れた窓ガラスから冷たい風が吹き込んでいた」（これを背景として人物の行為が単過で描かれる）
♦物語冒頭の直・大．物語の対象に先立つ事実を語って読者の好奇心をそそる：Elle *avait eu*, comme une autre, son histoire d'amour. (FLAUBERT, *Cœur* IIの冒頭)「彼女にも人並に恋愛沙汰があった」

4º **現在と関係して用いられる大過去**　現在との隔りを強調し，直・大の行為が現在の事実と対立する：J'*avais cru* avoir le temps dans l'après-midi. (MAUPASS., *Bel-Ami*, 73)「午後には暇があると思っていたのだが」(暇がなかった) / C'est vrai, je n'y *avais* pas *pensé*. (ID., *En famille*)「そうだ，忘れていた」(今思い出した) / Je n'*avais* jamais *remarqué* que vous étiez presque de la même taille. (AMIEL, *Voyageur*, sc. 4)「君たちがほとんど同じ背たけだということは今まで一度も気がつかなかったよ」(今，気がついた)
♦過去に完了していた事実(直・大)が現在の状況とつながりのあることを示す：Apporte-le. — Tu *avais défendu* qu'on y touche! (ANOUILH, *N.P.N.*, 396)「それを持っておいで．—あなたは触ってはいけないと言ったじゃありませんか」/ Et ces fleurs? Je vous *avais dit* de ne pas mettre de fleurs! (ACHARD, *Th.* II, 60)「この花はどうした．花を生けるなと言っておいたじゃないか」/ Je vous demande pardon, dit-il, je ne vous *avais* pas *vue*. (SAGAN, *Brahms*, 24)「失礼しました，と彼は言った．あなたが見えなかったもので」▶予想の実現を表わす次例も同じ：Je te l'*avais* bien *dit*.「そう言ったじゃないか」/ Je l'*avais deviné*.「ちゃんとわかっていました」/ Je l'*avais prédit*. (GREEN, *Epaves*, 67)「私の言った通りです」/ Qu'est-ce que je t'*avais dit*? (SARTRE, *Nekr.*, 23)「言わないこっちゃないよ」

5º **語気緩和** (plus-que-parfait d'atténuation

あるいは de politesse) 半過よりいっそう丁寧な言い方（⇨imparfait de l'indicatif B. 1º）: J'étais venu m'excuser. (SAGAN, Brahms, 49)「お詫びに伺ったのですが」◆MAUGER (247) は venir が語気緩和の直・大の可能な唯一の動詞と言うが, Je m'en étais toujours douté. (IMBS, 129) / J'avais pensé que... (MART, 354) / J'avais pourtant demandé que... (BÉCHADE, Synt.,52) などがある．
6º 条件法過去に代わる ① si＋直・大 ⇨ si¹ I. 4º①; IV. 3º
② 条件に支配される主節で，行為の完了の確実性を強調: Sans votre intervention, je m'étais ruiné. (D, 218)「あなたのお力添えがなかったら，私は破産してしまいましたよ」

plus-que-parfait surcomposé ［複大過去］── 形態：助動詞の直・大＋過分 ⇨ temps surcomposé
I. 直説法 1º 大過去で表わされる行為に対してそれ以前に完了した行為を示す: Quand Nino avait eu fixé le rendez-vous avec Mauro, elle était partie de Vespri. (CASTILLOU, Etna, 195)「NはMと会う約束を取りつけてしまうと，Vから出発したのだった」
2º 過去の行為に対しそれ以前に完了した行為を表わす．直・大を用いるより時間的隔りと完了が強調される: J'avais eu fini avant son départ. (D, 218)「彼が出発する前に終えてしまっていた」cf. J'avais fini＝Je venais de finir.
3º ことに si の後で: si vous aviez eu lu quand je suis sorti (Ib.)「私が出かけたとき，読み終えていたのだったら」(＝si votre lecture avait été finie) (cf. si vous aviez lu quand je suis sorti「私が出かけたとき，読んでいたのだったら」同時性) / S'il avait eu achevé ses devoirs, nous l'emmenions (＝nous l'aurions emmené) avec nous. (Gr. Lar. XXᵉ, 329)「彼が宿題を終えてしまっていたら，いっしょに連れてってやったのだが」
II. 接続法 まれ．⇨ subjonctif IV. 5º

plutôt ── **1º plutôt que**
① **plutôt**＋形 名＋**que**＋形 名 または 形 名＋**plutôt que**＋形 名: Il est plutôt indolent que paresseux [Il est indolent plutôt que paresseux].「怠け者というよりは無精者なのだ」/ J'apprendrai plutôt le latin que le grec [J'apprendrai le latin plutôt que le grec].「ギリシア語よりラテン語を習いましょう」/ J'irai plutôt à la montagne qu'à la campagne [J'irai à la montagne plutôt qu'à la campagne].「いなかより山に行きましょう」
▶plutôt... que のほうが日常的．
② **plutôt que (de)**＋不定詞: Il mourrait plutôt que d'avouer ses torts. (AC)「自分のあやまちを白状するくらいなら死んでしまうだろう」/ Plutôt souffrir que (de) mourir.「死よりは苦しむほうがましだ」(de の省略は古文調)
◆que de 不定詞 を略して: Plutôt crever. (GARY, Au-delà, 57)「くたばるほうがましだ」
◆préférer [aimer mieux]＋不定詞＋plutôt que (de)＋不定詞 など ⇨ aimer 2º; préférer 3º; valoir 3º
③ **plutôt que**＋従属節 多く虚辞 ne を伴う: Ce mot, je le devinai plutôt que je ne pus l'entendre. (GIDE, Porte, 145)「この言葉は聞いたというよりむしろ察したのだ」
④ **que** 以下なしで: Prenez plutôt celui-ci.「むしろこっちをお取りなさい」(que celui-là の略) / Il est plutôt maigre. (H, 731) (＝assez)「むしろ痩せている」▶くだけて: Ce discours est plutôt banal. (B, 689) (＝très)「その演説は至って平凡だ」cf. LE B, II, 274; N. VI, 13.
◆単独に: Tu as dû traverser de bien drôles de moments. ── Plutôt! (BEAUV., Mand., 495)「かなり厳しい時を通り抜けてきたにちがいないな．──そう言ってもいい」
2º ne pas plutôt que: Il n'était pas plutôt étendu sur la terre qu'une étrange douceur coulait en ses veines. (PÉROCHON, Nêne, 51)「大地に横たわるとすぐに何とも言えぬ快さが彼の血管を流れた」▶『探索』143-63 に例多数．古典時代に plus tôt, plutôt が混用された名残りを留めたもの．ne... pas plus tôt (⇨ tôt) が合理的な綴り．

poche ── avoir les [ses] mains dans [ses] poches (TH)「ポケットに両手を入れている」/ avoir de l'argent en poche [dans la poche, dans ses poches] (COL) [dans sa poche] (H, 733) / mettre la main dans sa poche (CAMUS, Etr., 86), à sa poche (TLF) / mettre ses mains dans les poches (CAMUS, Etr., 80) [dans ses poches] (RM)

poète, poétesse ── 女流詩人は une femme poète. 時に Sapho est une poétesse illustre. (AC)「サフォは有名な女流詩人である」．しかし女性形は軽蔑的意味を帯び得るから，女性につ

いても男性形が用いられる：Mme de Noailles était donc un grand *poète*. (ROB)「N夫人はそれゆえ大詩人であった」 cf. MART, 14; D, *Guide*, 107; EBF.

poindre — 自動詞(=commencer à paraître)は不定詞と直・現，直・半，単未の3人称のほかはまれ．文学的：Le jour *point* [*poindra*, commence à *poindre*].

活用形がまれなため，empoignerの類推で不定詞 *poigner* が作られ，これに基づいた活用形 (a poigné, poignaなど)が使用される．すべて誤りとされるが (G, 701, 36)，他動詞 (= piquer; faire souffrir)としてまれではあるが文学語に用いられ，GLLFはこれを見出し語に立てる．

point [終止符，ピリオド] — signe de ponctuationの一種．〈.〉の印．文の終止を示すのが本来の役割．省略を示すためにも用いられる． ⇨ abréviation

point — 否定の副詞．neと応じて否定を表わすが，使用度はpasよりはるかに低い．point「点」は pas「歩」より小さいから，pasより強調的であったが，現代ではこの区別は感じられず，pointはpasの文学的または方言的なvarianteにすぎない．ただし語源の意味は統辞法に影響し，pointの他の語との結合関係は限られる．

1° ne... point / ne... pas

① 語順はまったく同じ：Je *ne* le méprise *point*.「彼を軽蔑してはいない」/ Je dis cela pour *ne point* vous inquiéter. (AC)「あなたを心配させないようにそう言っているのだ」/ Son héros, qui est poète, regrette de *n'*être *point* peintre ou sculpteur. (MARTINO, *Parn. et Symb.*, 17)「詩人である彼の主人公は画家や彫刻家でないことを嘆いている」/ まれに：Et c'est précisément de *ne* le trouver *point* dans les paroles du Christ, qui gêne Jacques. (GIDE, *Symph.*, 101)「Jを当惑させているのは，まさにそれがキリストの言葉の中に見当たらないことなのだ」⇨ pas I. 6°

♦反語的：Que *ne* donnerais-je *point* pour vous revoir telle que vous fûtes(...) (FRANCE, *P. Nozière*, 49)「昔どおりのあなたにまたお目にかかれるなら，どんな犠牲でも払うでしょう」⇨ pas I. 2°

♦感嘆文：Combien de jugements, combien divers, depuis trois ou quatre cents ans, les hommes *n'*ont-ils *point* portés sur un Corneille ou sur un Shakespeare (...)! (ID., *Vie litt.* III, XIV)「3,4百年以来，CやShについて，人々はどれほど多くの，どれほどさまざまな判断を下してきたことだろうか」⇨ pas I. 3°

② *point* はことに全面的否定に用いられる (⇨ pas I. 1°; de): Je *n'*ai *pas* [*point*] d'argent.

♦比較の副詞・形容詞，数量副詞，数詞，その他否定を制限する補語の前でpointは好まれない (MART, 533; ROB; EBF). 例えば，次例のpasの代わりにpointは用いにくい：Je *n'*en ai *pas* beaucoup [deux].「そうたくさんは[2つは]持っていない」/ Il *n'*est *pas* si intelligent que vous.「彼はあなたほど頭がよくはない」/ Je *ne* sors *pas* encore.「まだ出かけません」/ Je *n'*y suis *pas* allé hier.「きのうはそこに行きませんでした」▶ただし point trop (GA, 61). ⇨ 2° ②

2° *point* の単独用法

① *point* + 形 : C'est (...) une chambre *point* étroite aux murs nus. (GIDE, *Enf. prod.*, 225)「壁のむきだしになった狭くない部屋だ」

② *point* + 副 trop のほかは例外的：Un garçon mince, *point trop* laid. (TROYAT, *Signe*, 46)「ほっそりした，あまり醜くない青年」

③ 否定の答え (古めかしい)：Etions-nous paresseux? *Point*. (*Figaro* — TOG, VI. 1799, 1.)「怠慢だったか? そんなことはない」(多くはPoint du tout. と言う)

♦これに対してpasは単独に否定の答えとしてnonに代わることはできない．またpasもpointも補足節のIl lui répondit que non. のnonの代わりには用いられない．

④ *peu ou point* : Vers la fin de 90, il y eut un moment de halte apparente, *peu ou point* de mouvement. (MICHELET — ROB, halte)「1790年代の終わりごろ，ほとんど動きのなくなった，休止と見える時があった」

⑤ 省略的に：*Point* d'argent, *point* de suisse. (諺)「金がなければスイス傭兵も雇えぬ」

point de vue — *au* [*du*] **point de vue de** + 名 [形] : *au* [*du*] *point de vue de* l'éducation [éducatif]「教育の見地からすれば」/ *à* [*de*] ce *point de vue*「この見地からすれば」/ *à* bien des *points de vue* (CAMUS, *Justes*, 136)「多くの観点から」/ *Du point de vue de* l'idée, vous ne pouvez pas les livrer. (*Ib.*, 136)「思想的に見れば彼らを引き渡すわけにはいかない」/ en se plaçant non pas *du* *point de vue du* spectateur, mais *de* celui du Créateur (CLAUDEL—GEORG, 67)「観客の立場ではなく創造者の立場に立って」/ *de* quelque *point de vue* qu'on se place (VERCORS, *Anim.*, 257)「いかなる見地に立とうと」 ▶sous le *point de vue* de も時として同義に用いられる (G, *Pr.* II, 256-7). dans le *point de vue* はまれ, 古い (*Ib.*, 258-9; ROB).

 au [*du*] *point de vue* +名 deの省略は日常語・新聞記事では頻繁, 文学語でも用いられるが避けたほうがよい (G, *Pr.* II, 259): bâtiment du XIVᵉ, remarquablement amélioré par Vauban *du point de vue* défense, mais pas *du point de vue* confort (ANOUILH, *Hurlub.*, 9-10)「住み心地の見地からではなく防備の見地からVによって見事に改良された14世紀の建物」 / *au point de vue* amour (ID., *P.N.*, 349)「恋愛という見地からすれば」

point d'exclamation [感嘆符] — point exclamatifとも言う. signe de ponctuationの一種. 〈!〉の印. 感嘆文の末尾, 間投詞の後に用いる.

point d'interrogation [疑問符] — point interrogatifとも言う. signe de ponctuationの一種. 〈?〉の印. 直接疑問文の末尾に用いる.
 ♦真の疑問を表わさない修辞的疑問文には〈?〉を用いずに〈!〉あるいは〈.〉を用いることがある: Quoi d'étonnant à ce que les esprits soient troublés (...) ! (CAMUS—G新, 120 c)「精神が混乱に陥っても驚くことがあろうか」/ Or quoi de pire au monde que de perdre son père. (SARTRE — *Ib.*)「ところで父を失う以上に悪いことがこの世にあろうか」
 ♦条件を表わす疑問文で, 時に〈?〉を用いる: Lui demande-t-il de modifier son attitude? Elle répond qu'elle ne le veut pas plus qu'elle ne le peut. (FILLON, *Maurois*, 78)「彼が彼女に生活態度を変えてくれと言えば, 彼女はそんなことはしたくもないし, 出来もしないと答えるのだ」条件節の倒置. ⇨ sujet C. II. 6°

points de suspension [中断符] — points suspensifsとも言う. signe de ponctuationの一種. 〈...〉の印.
 1° 感動・躊躇などで文が中断されたことを示す: Vous ne voulez pas dire... qu'elle va mourir! (VERCORS, *Yeux*, 43)「まさか…彼女が死ぬって言うんじゃないでしょうね」/ Non, je... j'ai rendez-vous à dix heures et demie. (SARTRE, *Age*, 52)「いいえ, 僕は…10時半に人と会う約束があるのです」 ▶話相手による中断: Si j'avais du courage...—Qu'est-ce que vous feriez? (*Ib.*, 65)「あたしに勇気があったら…—どうしますね?」
 ♦感動や威嚇で, 相手が容易に察知し得る文末の省略: Je n'aurais jamais cru... (TROYAT, *Vivier*, 50)「思いもよりませんでした…」/ (母親がうるさい子供に向かって) Voulez-vous... (*Gr. Lar. XXᵉ*, 135) (=Voulez-vous vous taire, cesser?)「静かにおしよ」
 ♦注意を引こうとする語の前での休止: L'abbé Martin était curé... de Cucugnan. (DAUDET, *Lettres*)「M師は…Cの司祭であった」
 2° 完全文の終わりに用い, やや長い休止を表わす: Philippe!... Philippe!... Va-t'en!... Je t'en supplie, va-t'en!...Tu m'écoutes?... Réponds-moi!... Tu ne veux pas? (TROYAT, *Vivier*, 111)「Ph!…Ph!…行っておくれ! …後生だから, 行っておくれ! …聞いてるかい? …返事をおし! …いやなのかい?」

point-virgule [セミコロン] — point et virgule とも言う. signe de ponctuationの一種. 〈;〉の印. 中位の休止を表わしpointとvirguleとの中間的記号. 〈.〉〈;〉〈,〉の使い分けは, 個人的嗜好によることが多い.
 1° 並置節, 等位節の間に: Mon père avait des dettes et des soucis; il ne voulait pas y penser; c'est la raison peut-être pour laquelle il fut un enragé liseur, et presque sans choix. (ALAIN, *Balzac*, 7)「父には借金と気苦労があった. 彼はそのことを考えたくなかった. 彼が読書に淫し, しかもほとんど手当たり次第に読みちらしたのは, 恐らくそのためであった」/ Elle voulait être rangée parmi les hommes; mais pour obtenir ce privilège, elle utilisa l'influence de son mari. (BEAUV., *2ᵉ sexe* I, 13)「彼女は男たちの仲間に入りたがったが, その特権を手にするために自分の夫の影響力を利用したのだ」
 節中に〈,〉があれば〈;〉が用いられやすいが, 〈,〉は〈;〉の使用の必要な条件ではない. ainsi, aussi, cependant, pourtant, c'est pourquoi などが接続詞的に機能するとき, 前後の節が短くても, その前に〈;〉を用いることが多い.
 2° 各語句に注意を引くために〈,〉の代わりに用いられる. まれ: Il restait des broutilles à

nettoyer: des jalousies; des ambitions; des blessures d'amour-propre. (VERCORS, *Yeux*, 133)「まだ刈りとるべき小枝は残っていた．嫉妬心，野心，自尊心の受けた痛手がそれだ」

polysyllabe［多音節語］— 数個の音節から成る語: in-dis-so-lu-bi-li-té.

ponctuation［句読法］— 文の各部の関係を示し，意味の伝達を正確にするための書記上の手段．⇨ signe de ponctuation

porter — 直・目の属詞を導く繋合動詞: Toutes *portaient* les cheveux longs. (MAUROIS, *Cercle*, 55)「どの女性も髪を長く伸ばしていた」/ Il *portait* la tête penchée sur l'épaule droite. (*Ib.*, 25)「首が右肩にかしいでいた」/ Il jouait avec la petite croix d'or qu'elle *portait* suspendue au cou. (GRACQ, *Balcon*, 88)「彼女が首から下げている小さな金の十字架をもてあそんでいた」/ Elle *portait* ses cheveux blancs très longs, jusqu'aux épaules. (GARY, *Clair*, 15)「白髪を長く伸ばして肩まで垂らしていた」

Portugal — ［名男］ Vous allez au *Portugal*. (BEAUV., *Mand.*, 19, 20, 31, 59) / le roi [l'histoire] du *Portugal* (*Lar.* 3 vol.)が普通．♦まれにヨーロッパの他の国名にならう: Beaucoup allèrent chercher un refuge en *Portugal*. (THARAUD — G, 318, 1° N.B. a)「多くの者が避難先を求めてPに行った」/ Il s'agit de la reine de *Portugal*. (GREEN, *Journal* V, 33)「P王妃のことだ」

possible —

1° *il est possible de* [*que*] 非人称構文．

① *il est possible* (*à qn*) *de* ［不定詞］: Il n'était pas *possible de* causer. (BEAUV., *Inv.*, 37)「話すことはできなかった」/ Il te sera *possible de* les lire. (BUTOR, *Degrés*, 66)「きみはそれを読むことができるだろう」▶ 他の繋合動詞を用いて: il me devient [semble, paraît] *possible de* ［不定詞］「…することが可能になる［可能であるように思われる］」

② *il est possible que* + ［接］: Il était *possible* qu'il eût deviné la vérité. (BEAUV., *Inv.*, 125)「彼は本当のことを見抜いていたかも知れなかった」 ♦ que + ［直］はまれ．未来形が主か (COH, *Subj.*, 135-6)．*EBF*は誤用とする．il est probable que + ［直］にすればよい．

③ *autant* [*aussitôt*, *dès*] *qu'il est possible de* ［不定詞］の省略: Nous viendrons aussitôt qu'il sera *possible*. (ROB)「来られるようになり次第すぐ来ます」

2° *aussitôt* [*dès*] *que possible*; *si possible* il estの省略: Venez *dès que possible*. (*DB*)「できるだけ早くいらっしゃい」/ Arrivez avant midi *si possible*. (*DB*) (= si c'est possible)「できれば12時前にお着きなさい」

autant que possible : *Autant que possible*, vous écrirez lisiblement. (*DFC*)「できるだけ読みやすく書きなさい」 ♦ 肯定の返事の語気緩和: Vous vous sentez prêt pour l'examen? —*Autant que possible*. (*DFC*)「試験準備はできたと思っているかね．—まあどうやら」

3° ［動］+ *le plus* [*le moins*] *possible*: Je me taisais *le plus possible*. (BEAUV., *Mém.*, 253)「私はできるだけ黙っていた」/ Je voulais la fatiguer *le moins possible*. (IONESCO, *Solitaire*, 180)「できるだけ彼女をつかれさせたくなかった」

4° *le plus* [*le moins*] + ［形］［副］ *possible*: J'essaierai, bien sûr, de faire des portraits *le plus* ressemblants *possible*. (ST-EXUP., *Prince*, 21)「もちろんできるだけ似ている肖像を描いてみよう」/ Michèle (...) tricotait, *le plus près possible* d'un feu ardent. (MAURIAC, *Agneau*, 196)「Mはあかあかと燃える火のできるだけ近くで編みものをしていた」

5° *le plus* [*le moins*] *de*+［名］+*possible*: Il voulut voir *le plus de* choses *possible*. (DHÔTEL, *Pays*, 82-3)「彼はできるだけ多くの物を見たいと思った」

♦ possibleの一致．最上級のあとの possible は無変化が原則: Faites *le moins d'erreurs possible*. (G, 394) (= le moins d'erreurs qu'il sera possible de faire)「できるだけ誤りをしないようにしなさい」▶ ただし慣用は一定しない: prendre *le moins de risques possible*(s) (*MR*)「できるだけ危険をおかさない」

pot — 発音 [po]．〈à + ［名］〉を伴うとき，単数は [pota...]，複数は [poa...] と説かれることがあるが (*EBF*)，慣用は一定しない．cf. FOUCHÉ, 75-6, 445-7.

▶pot à + ［名］ : *pot à* eau [*à* lait, *à* beurre, *à* fleurs]「水差し［ミルクポット，バター入れ，植木鉢］」

▶pot de + ［名］ : *pot d*'eau [*de* lait]「水［ミルク］のはいった容器」

▶pot au [aux]+［名］は古，方言 (*EBF*): *pot à*

l'eau [*au* lait] / découvrir le *pot aux* roses「秘密を探り出す」(成句)

pour — **I.** *pour*+ 名 ［代］, 副

1° *pour* + 目的地 : Elle s'est envolée ce matin *pour* l'Allemagne. (DÉON, *Taxi*, 140)「彼女はけさ飛行機でドイツに発ちました」/ Je m'embarquai *pour* Avignon. (SAGAN, *Sourire*, 99)「私はAに行くために列車に乗り込んだ」/ Je prends l'avion tout à l'heure. — *Pour*...? (GARY, *Clair*, 18)「もうすぐ飛行機に乗るんです. — どちらへ」(...に地名が入る. = Pour où...?) ⇨ partir 1°

◆ 名 + *pour* + 目的地: Je pris le train *pour* l'Yonne. (SAGAN, *Sourire*, 141)「Y行きの列車に乗った」/ Il va rater le bateau *pour* la Corée. (GARY, *Clowns*, 82)「朝鮮行きの船に乗り遅れるだろう」/ le départ de Jenny *pour* la Suisse (*Thib.* VIII, 62)「Jのスイスへの出発」▸ le train de Paris「パリ発の列車」が次第に le train pour Paris の意で用いられだした (B, 434; LE B, II, 709; W, 371; G, 942).

2° *pour* + 時を表わす名詞・副詞　現在・過去から見て未来の予定の期日・期間を示す.

① *pour*+期日 : La naissance du bébé était prévue *pour* la fin du mois de septembre. (BUTOR, *Degrés*)「赤ん坊の出産は9月末に予定されていた」/ C'est toujours *pour* le mois de mai ton mariage? (ROUSSIN, *Enfant*, 185)「結婚式はやっぱり5月のつもりかね」/ Ce sera *pour* un autre jour. (COCTEAU, *Th.* II, 30)「じゃあ、また今度ね」

pour + 副 : Je ne vous attendais pas *pour* aujourd'hui. (IONESCO, *Th.* II, 178)「きょういらっしゃるとは思っていませんでした」/ *Pour* quand as-tu pris rendez-vous? (MONTHERL., *D. Juan* I, 1)「いつ会うことにしたのだ」/ Ce serait *pour* plus tard. (VILDRAC, *Michel*, 67)「もっとあとのことだろう」▸ その他: pour hier [demain, maintenant, bientôt, など]

pour+ 前 + 名 ・ 副 : Sa secrétaire m'a donné un rendez-vous *pour dans* six semaines. (ANOUILH, *Nombril*, 173)「彼の秘書は6週間先に診療の予約をしてくれました」/ Ce n'est pas *pour dans* longtemps. (ID., *P.B.*, 213)「そう先のことではない」/ Tu en as *pour jusqu'à* minuit. (BUTOR, *Degrés*, 345)「真夜中までかかるよ」(en avoir pour は言い回

し. ⇨ 下記 ②) / ce qu'il désirait *pour* après sa mort (LE B, II, 710)「彼が死後に願っていたこと」

pour quand [*si*]+従属節 : Ce sera *pour quand* tu seras guéri. (G, 902)「きみの病気がなおった時のことにしよう」/ J'ai pris mon parapluie, *pour s'*il allait pleuvoir. (THÉRIVE, *Querelles*, 220)「雨が降りそうになった時のために傘を持ってきた」

② *pour*+期間 (= pendant... à partir de. cf. ROB) : Nous avions loué la villa *pour* deux mois. (SAGAN, *Bonj.*, 23)「2か月の予定で別荘を借りたのだった」/ Es-tu *pour* longtemps à Paris? (*Thib.* VI, 84)「パリにはずっといるのかね」/ Il nous y invite *pour* aussi longtemps que nous voulons. (BEAUV., *Mand.*, 44)「好きなだけいるようにと言って、ぼくたちをそこに呼んでくれたんだ」◆ 言い回し: Je vais m'habiller. J'en ai *pour* une minute. (SAGAN, *Brahms*, 26)「服を着替えてきます. すぐすみます」/ *pour* toujours [jamais]「永久に」

◆ pour は未来を示す要素を含まない文には用いられない: ×J'ai été à Paris pour deux mois. (正: pendant deux mois)

◆ rester, séjourner と共にも用いない. cf. Vous comptez *rester* combien de temps en France?「フランスにはどれくらいいらっしゃるおつもりですか」

③ *pour*+期間+*de*+ 名 　この語群は直・目または実主語となり, 〈pour + 期間〉は分量副詞に相当: Il avait *pour* une heure de marche. (ARLAND, *Ordre*, 492)「彼はまだ1時間は歩かなければならなかった」/ Je sais qu'il ne reste pas *pour* six semaines de vivres dans les greniers. (BEAUV., *Bouches*, 32)「屋根裏に6週間分の食糧が残っていないことは知っています」

3° *pour* qn [*qch*]　人・物に対する関係.

① 形 + *pour* : Il est gentil *pour* moi. (*Thib.* I, 147)「彼はぼくに親切です」/ Tu es dur *pour* lui. (GIRAUDOUX. *Tessa*, 242)「彼につらくあたるのね」▸ その他 aimable, bon, courtois, cruel, généreux, juste, injuste, などの後.

② 動 + 名 (感情) + *pour* : Vous avez beaucoup d'aversion *pour* moi, n'est-ce pas? (BEAUV., *Tous les h.*, 253)「ぼくをずいぶん嫌っているのでしょう、ね」/ Il avait de l'affection *pour* son fils aîné. (*Thib.* I, 20)「長男に愛情を抱いていた」／ Antoine éprouvait une vive curiosité *pour* le passé de Rachel. (*Thib.* III, 30)「AはRの過去に強い好奇心を抱いていた」

③ 名 (感情) + *pour* : malgré mon amitié *pour* elle (BEAUV., *Mém.*, 328)「私が彼女に友情を抱いていたにもかかわらず」／ Je fais appel à votre affection *pour* lui. (*Thib.* I, 144)「あなたの彼に対する愛情に訴えているのです」

4° *pour* + 交換の対象 : rendre le bien *pour* le mal「悪に報いるに善をもってする」／ Les prisonniers ont été échangés homme *pour* homme. (*DB*)「捕虜は1対1で交換された」／ *Pour* toute réponse, elle se serra davantage contre lui. (*Thib.* VII, 257)「それには一切答えず、彼女はいっそうぴったりと彼に身を寄せた」／ *Pour* rien au monde, je ne voudrais vous blesser. (SAGAN, *Violons*, 116)「どんなことがあっても、あなたの気持を傷つけたくありません」

① *pour* + 価格 : Il a eu ce tableau *pour* 1000 francs. (*DB*)「1000フランでこの絵を手に入れた」／ Le commerçant m'a laissé le coupon de tissu *pour* trente francs. (*DFC*)「商人はその布地を30フランで私に譲ってくれた」／ Il paraît que dans certains coins d'Italie on trouve à louer des maisons *pour* pas cher. (BEAUV., *Mand.*, 503)「イタリアの片田舎では安く貸し家が見つかるそうです」
▶ *pour* は acheter, payer, vendre のあとでは多く略される. (cf. 『メモ』148)

② *pour* + 価格 + *de* + 名　上記2°③と類似用法: Il fumait *pour* trente sous *de* cigares par jour. (AYMÉ, *Jument*, 35)「彼は1日に30スー分の葉巻をふかしていた」／ J'ai déjà payé *pour* soixante mille francs *de* dédits. (ANOUILH, *P.N.*, 140)「すでに6万フランの違約金を払いました」

♦ *pour* の省略 : J'ai acheté un franc de pain. (LE B, II, 713)「パンを1フラン買った」

③ 名 *pour* 名　同一の無冠詞名詞の反復: Songe *pour* songe, pourquoi ne pas choisir les plus aimables? (FRANCE, *Vie litt.* I, 344)「どっちみち夢なら、どうしていちばん楽しい夢を選ばないのか」／ Un homme averti en vaut deux. — Proverbe *pour* proverbe: rira bien qui rira le dernier. (ACHARD, *Patate*, 73)「事情をよく知る者は2人分にも匹敵する.—諺

でくるなら諺で返すぞ．最後に笑う者がよく笑う」

II. *pour* 不定詞

1° 目的 : Je vous verrai dimanche *pour* décider la date de notre départ.「出発の日取りをきめるために日曜にお会いしましょう」

♦ 文の主語と不定詞の動作主は同一であるのが原則であるが、異なる場合も少なくない : Le soir, elle cherche, *pour* se réunir, un lieu où l'on ait chaud. (MAUROIS, *Femmes*, 24)「晩になると、集まるために暖かい場所を捜すのだ」(動作主は elle + 彼女の仲間) ／ Il (...) désigna aussitôt un soldat *pour* porter le bagage de «major». (*Thib.* VIII, 23)「彼はすぐ兵士に命じて軍医殿の荷物を持っていかせた」(動作主は直・目の un soldat) ／ Ce matin, (...) j'ai un coup de téléphone de Gide *pour* me demander de venir le voir. (GREEN, *Journal* V, 242)「けさ、会いにきてくれというGからの電話があった」(動作主はG)

pour tout dire の型．目的・意図の意味が薄れて (ROB) : *Pour tout te dire*, il m'inquiète notre Jean. (MAURIAC, *Pharis.*, 171)「何もかも言ってしまうと、Jのことが心配なのだ」／ *Pour* être franc, je m'ennuie avec vous! (ANOUILH, *Becket*, 113)「正直に言うと、あなたといっしょにいると退屈なのだ」／ *Pour* en revenir à ce que je disais, elle a été épatante, maman! (ACHARD, *Patate*, 142)「さっきの話に戻るけれど、ママは実にりっぱでした」 ♦ その他: *pour* dire la vérité, *pour* dire (le) vrai「本当のことを言えば」／ *pour* être sincère「率直に言うと」／ *pour* être exact「正確に言うと」／ *pour* en donner un exemple「1例を挙げると」／ *pour* ne pas dire...「…とは言わないまでも」、など．▶ 主節の前に je dois vous dire que のような節を補って考えないと pour と主節が論理的につながらない．したがって + 不定詞 の動作主と主動詞の主語とは一致しないことが多い．

2° 運動動詞 + (*pour* +) 不定詞　運動動詞 accourir, aller, s'en aller, arriver, courir, descendre, emmener, entrer, envoyer, être (= aller), mener, monter, partir, passer, remonter, rentrer, retourner, revenir, venir, などのあとで pour はしばしば省略される : Je (...) décidai de *rentrer pour lire* un nouveau roman. (SAGAN, *Sourire*, 48)「新しい小説を

読むために帰ることにした」/ Moi, je *rentre travailler*. (BEAUV., *Inv.*, 287)「私は帰って仕事をします」; Je *suis venue* ici *pour* vous ramener à Dieu. (CAMUS, *Justes*, 151)「あなたを神のもとに連れ戻すためにここに来たのです」/ *Viens t'étendre* ici. (*Ib.*, 157)「ここに来て横になりなさい」 ▶pourを省いた構文で運動動詞を2つ続けて用いることはできないから、Elle va *descendre déjeuner*. (ANOUILH, *Ardèle*, 34)「昼ごはんを食べに降りてきましょう」ではvaは必ず未来の助動詞である。

〈運動動詞＋不定詞〉は、多くは不定詞の動作も実現されたものとして表わす。〈*pour* 不定詞〉は目的の表現で、目的が達成されたかどうかは問題にしない (GOUG, 324; W, 99). 否定の目的は目的が達成されないのだからpourが必要：Il *vient pour ne pas* rester seul chez lui. (W, 100)「家にひとりぼっちでいまいとしてやってきた」▶目的が実現されないことが明らかな文脈でも同じ：J'*étais venu pour* lui parler de cette affaire, mais il n'était pas chez lui. (*Ib.*)「この件について彼に話すために来たのだが、彼は不在だった」
♦ただし、目的が達成されたか否かによるpourの用法はかなり微妙で、pourなしでも目的が実現されたとは限らない場合がある：Nous ne *sommes* pas *venus chercher* des disputes à M. Roches. (LAVEDAN—S, III, 153)「R氏に喧嘩を売りに来たのではない」 ▶Il *est parti (pour) acheter* le journal. ではpourの有無で意味の違いは感じられず、特に目的を表わす意図がなければpourを用いない. aller chercher「迎えに［取りに］行く」、aller voir「見に［会いに］行く」、venir voir「見に［会いに］来る」は慣用的でpour を用いない (LE GOF, 93).

3º 継起：Lentement, il s'en alla *pour* ne plus revenir ce jour-là. (DURAS, *Andesmas*, 12) (=et il ne revint plus)「ゆっくりと彼は去ってゆき、その日はもう帰っては来なかった」/ Sa mère s'enferma dans sa chambre *pour* n'en plus bouger. (DÉON, *Taxi*, 107)「彼女の母親は部屋に閉じこもったなり、そこから動こうとしなかった」/ Je savais que Jalon se couchait à dix heures *pour* s'endormir presque aussitôt. (GREEN, *Voyageur*, 195)「私はJが10時に床につくと、ほとんどすぐ寝入るのを知っていた」

4º 結果　①疑問文で　結果は問いの動機となる：Qu'est-ce que j'ai fait au ciel *pour* avoir une fille pareille? (ANOUILH, *Alouette*, 48)「神様に何をしたのでこんな娘を持ったのだろう」/ Qui es-tu *pour* oser me parler ainsi? (GIRAUDOUX, *Judith*, 46)「わたしにそんな口のきき方をするなんて、お前は何者だ」
② *il faut*, *devoir* の後で　結果が断定の動機：Il faut être fou *pour* se baigner en mai. (SAGAN, *Sourire*, 73)「5月に泳ぐなんてどうかしているよ」/ Vous devez avoir quelque chose à me dire *pour* me téléphoner à cette heure de la nuit. (BUTOR, *Degrés*, 349)「夜中のこんな時間に私に電話をかけるからには、きっと何かおっしゃりたいことがおありなのでしょう」
③ *suffire*, *suffisamment*, *assez*, *trop*, *bien*, *très*, *un peu*, などの後：Je suis peut-être *bien* jeune *pour* parler d'affaires avec vous. (BECQUE—S, III, 450)「私はあなたと仕事の話をするには、恐らく若すぎるでしょう」 ♦副詞なしでも文脈で結果の意は表わされる：Il est tard *pour* venir me voir.「私に会いにくるには遅いね」(=trop tard) / Nous sommes mûrs *pour* jouer PELLEAS ET MELISANDE. (COCTEAU, *Monstres* III, 8)「もうPとMを上演できるくらいの腕はあるのよ」(= assez mûrs. ただしmûr pour = arriver au point de son évolution où l'on est préparé à は成句的)

il n'y a que... pour 不定詞：*Il n'y a* plus strictement *que* vous, à Paris, *pour* croire encore que je suis un poète. (ANOUILH, *Ornifle*, 12)「厳密にいってパリにはもうあなたしかいないんですよ、ぼくが詩人だなんてまだ思っている人は」/ *Il n'y a que* les femmes *pour* se comprendre. (GIRAUDOUX, *Tessa*, 266)「理解しあえるのは女だけね」

5º 原因　多くは複合形：Il s'est rendu malade *pour* avoir trop présumé de ses forces. (*DFC*)「自分の体力を過信したために病気になった」/ On a condamné Henri Martin *pour* avoir fait ce que j'ai fait naguère. (VERCORS, *Pas*, 166)「私も少し前にしたことをしたというのでMは有罪の判決を受けた」(avoir faitの動作主はM)
♦不定詞単純形はまれ：Nous l'admirions *pour* savoir mener la lutte avec une rigueur sans merci. (VERCORS, *Yeux*, 87)「仮借なき厳格さをもって闘争の指導ができたために、彼に敬服していた」(savoir の動作主はl')

6º 対立・譲歩 (= bien que, quoique)　ある原

因に対して予想される結果が起こらないときに対立・譲歩の意が生じる．主動詞は多く否定または疑問で，対立を強調するn'en... pas moins, du moins, cependant, néanmoinsなどを伴うことが多い．不定詞は単純形または複合形．この用法は文学的：Je vois que, *pour* être candidate au doctorat, vous n'en êtes pas moins candidate au mariage. (MAUROIS, *Femmes*, 12)「してみると，博士候補者ではあるけれど，それでもやはり結婚候補者でもあるわけですね」/ *Pour* être la plus généralement admise, cette opinion ne me paraît pas meilleure. (MICHAUT—S, III, 41S)「最も広く認められてはいるが，私にはこの意見のほうが優れているとは思われない」/ *Pour* avoir supporté tant de misère, elle est encore bien vaillante. (B, 856)「数々の貧苦に堪えてきたとはいえ，彼女は依然として気丈でいる」

♦交換：Combien serai-je payé *pour* laver les assiettes? (GREEN, *Moïra*, 70)「皿洗いをしたらいくらくれるだろう」

不定詞 + *pour* 不定詞：Crever *pour* crever, je ne voulais pas qu'on me trouve à plat ventre sous un lit. (AYMÉ, *Jument*, 60)「どうせくたばるのなら，ベッドの下にはいつくばっているところを見つかりたかなかったね」

pour 不定詞 (= *qui*...)：Nous ne sommes pas des Parisiens, sacrebleu, *pour* vivre dans les tisons. (MAUPASS., *Pr. neige*)「ぬくぬくと家庭で暮らすパリの人間とは違うんだから，全く」/ Tu vas au bal ce soir? — Je n'ai pas de mari *pour* me cloîtrer à la maison. (VAILLAND, *Loi*, 22)「今夜は舞踏会に行くのかい.— わたしを家に閉じこめておく旦那なんかいないもの」/ Tu parles comme les bourgeois qui s'imaginent qu'on est communiste *pour* piocher dans la poche du voisin. (BEAUV., *Sang*, 45)「隣の人間のポケットをあさるなんて共産主義者だと思うような，あのブルジョア連中みたいな話し方をするじゃないか」/ J'ai que le dimanche, moi, *pour* danser. (映画 L'été meurtrier)「あたし踊れるのは曜日しかないんだもん」

III. *pour que* + 接 1° 目的：Il fait tout ce qu'il peut *pour que* tout le monde *soit* content. (*DFC*)「みんなが満足するように出来るだけのことをしている」/ Il s'est retiré dans sa chambre *pour qu*'on ne le *dérange* pas. (*GLLF*)「ひとに邪魔されぬよう自室にひきこもった」

pour (ne) pas que pour (ne) pas + 不定詞 にならった. 俗用：Je tournais la tête *pour ne pas qu*'il me vît me tordre de rire. (BENOIT, *Kœnigs.*, 179)「腹の皮がよじれそうになっているところを見られまいとして顔をそむけた」/ Je le voyais dehors *pour pas qu*'elle m'attrape. (SARTRE, *Age*, 141)「彼女につかまらないように彼とは外で会っていた」

2° 結果 上記II. 4°と同一の場合．問いの動機：Qu'a-t-il bien pu arriver à ma sœur *pour qu*'on me convoque ici par dépêche? (ANOUILH, *Ardèle*, 30)「わたしを電報でここに呼び寄せるなんて妹に何があったんだろう」/ Qu'ai-je donc fait *pour qu*'on me traite de la sorte. (SUPERV., *Pampa*, 59)「一体おれが何をしたというんで，こんな扱いを受けるんだ」

♦断定の動機：Il devait durement souffrir, *pour que* sa secrétaire s'en fût aperçue. (ARLAND, *Ordre*, 358)「秘書がそれに気がついたところをみると，彼はひどく苦しんだに違いない」

IV. *pour* + 形 名 + *que*

① 普通は + 接 譲歩 (= à quelque degré que, quelque... que)：*Pour* coupable *que* mon amour paraisse aux yeux des hommes, oh! dites-moi qu'aux vôtres il est saint. (GIDE, *Symph.*, 124)「私の愛が人間の目からすればどれほど罪深いものに見えようと，おお，おっしゃってください，あなたの目からすれば清らかなのであると」

② + 直 対立 (= bien que)：*Pour* jeune fille *qu*'elle était alors, ma mère ne comprenait pas la vie de cette façon. (FRANCE, *Livre*, 51)「当時母は娘であったが，人生をそのように理解してはいなかった」

♦ *pour si* [*pour aussi*]... *que*. pour... que と si [aussi]... que の混成．正規形とは認められていない：*pour si* candides *qu*'elles soient (MENDÈS—S, II, 389)「彼女たちがどれほど無邪気であろうと」/ *pour aussi* bête *qu*'il soit (CHAMSON—G, 1031, Hist. 3)「彼がどれほどばかでも」

V. *pour* + 名 形, 不定詞 文の要素を浮き彫りにする．

1° *pour* + 名 (= quant à)：*Pour* les autres, je ne crois pas que ce soit la peine d'en parler. (MALRAUX, *Cond.*, 99)「ほかの連中にとっては，語るに足らないのだと思います」/ *Pour*

cela, oui. (SARTRE, *Séques.* II, 2)「それはそうだ」/ Vous croyez qu'on peut les corrompre? — *Pour* cela non. (ID., *Nekr.* IV, 5)「彼らを買収できると思いますか. — それはだめだ」/ Il vous ressemble?—Lucas? Oui, *pour* les cheveux. (LE CLÉZIO, *Déluge*, 143)「彼はあなたに似ているの？ — Lのこと？ そうよ、髪がね」
▶省略的: Et toi, toujours débrouillard? — *Pour* ça! (*Thib.* IV, 202)「で君は相変わらず抜け目なくやっているかい.—それはもう」

2° ***pour ce qui est de*** + 名 (= en ce qui concerne): *Pour ce qui est de* la foi, je m'en remets à l'Eglise. Mais *pour ce qui est de* ce que j'ai fait, je ne m'en dédirai jamais. (ANOUILH, *Alouette*, 174)「信仰のことは教会にお任せいたします. でも, 私がしたことについては, 取り消すようなことは決してありません」

3° ***pour*** + 名 [形], 不定詞 文の要素を文頭に転位して目立たせる. 転位された要素は, 文中でそのままの形か代名詞で繰り返される.
① 主語: *Pour* moi, je le pense. (*DFC*)「私のほうは, そう考えています」
♦ 〈pour + 名〉は意味が曖昧で用いにくい. 例えば ×*Pour* mon père, il est parti. 「父なら出発しました」とは言わず, quant à, en ce qui concerne, pour ce qui est de を用いる.
② 属詞: Ah! *pour* bizarre, certes, il est bizarre. (ARLAND, *Ordre*, 457)「変だと言えば, 確かにあの男は変です」/ *Pour* un endroit propre, c'est un endroit propre. (FRANCE, *Crainq.*, 26)「小ぎれいな場所と言えば小ぎれいな場所だ」
♦形容詞をleで受けるのは文学的 (ROB): *Pour* ancien, en tout cas, son appartement l'était. (CAMUS, *Exil*, 137)「古いと言えば, とにかく, 彼の住居は古かった」
♦省略文: Belle fille! Hein?— Ça oui! *Pour* une belle fille... On en mangerait! (ROB.-GRIL., *Voyeur*, 51)「きれいな娘だろう. ええ？ — それはそうですね. きれいな娘と言えば…食べてしまいたいね」(...に c'est une belle fille を補う)
③ 直・目: *Pour* le ministère, je le crois peu durable. (*DFC*)「内閣は, 長続きしないと思う」/ *Pour* de l'esprit, il en a. (W, §322)「才気と言えば彼にはそれがある」
♦文頭に転位した要素を代名詞で繰り返すときは pour を省くことができる (LE B, II, 714): Du talent, vous en avez.
♦なお文中の pour の支配語のみを文頭に移せば: L'égalité des sexes, j'étais *pour*. (BEAUV., *Mém.*, 235)「男女の平等, 私はそれには賛成だった」/ Les grandes aventures tu sais bien que tu n'es pas *pour*. (ID., *Mand.*, 349)「大恋愛なんて, あなたの柄でないことはよく知ってるでしょ」
④ 動詞 不定詞の形をとる. くだけた会話: *Pour* aller en prison, (...) vous irez en prison. (SALACROU, *Th.* VI, 19)「刑務所に行くと言えば, あなたは刑務所に行くことになりますよ」/ *Pour* avoir eu la berlue, je n'ai pas eu la berlue. (ID., *Th.* V, 41)「思い違いをしたなんて, そんなことはありませんでした」/ *Pour* être content, je suis content. (ANOUILH, *Ornifle*, 214)「うれしいと言えば, うれしいよ」

4° ***Pour ce*** 名 ***que...!***
① 皮肉な否定: *Pour ce que* les gens sont intéressants. (BEAUV., *Inv.*, 422) (=Les gens sont si peu intéressants)「人間て、くだらないわ」/ Si vous me remerciez, je rentre chez moi et j'ouvre le gaz.—*Pour* la perte *que* ça serait! (SARTRE, *Nekr.* II, 8)「私を首にすれば, 家に帰ってガス栓をひねります. —大した損失にもならないがね」 cf. S, II, 113; LE B, II, 380.
② 例外的に肯定の意: Je t'assure que tu as maigri. — *Pour ce que* je m'en moque! (TROYAT, *Signe*, 148)「あなたほんとにスラリとしてきたわ. —どうでもいいさ, そんなこと」

pour cent — 〈基数+%〉を主語とする動詞の一致.
① 〈de + 名〉を伴うとき. 補語名詞を主要語と考えれば, これに一致: Dès 1910, 98% de la *population allait* à l'école. En 1966, 99% des *enfants faisaient* au moins neuf ans d'études. (BEAUV., *Compte*, 281)「1910年に早くも人口の98%は学校に通っていた. 1966年には子供たちの99%は少なくとも9年間の教育を受けていた」 ♦ただし pour cent = centième を主要語と考えれば, 基数に一致: 35% de la main-d'œuvre japonaise *sont* des femmes. (*Ib.*, 308)「日本の労働力の35%は女性である」
② 〈les [ces, など] +基数+%〉の後では動詞は複数: *Les 27%* de notre sol *étaient* jadis

boisés. (G, 812 末段)「わが国の地面の27％は昔は森でおおわれていた」
③ 補語がなければ単数：Quel pourboire donnez-vous? — *Dix pour cent est* assez. (D, 448)「チップはいくらやります. ― 1割でじゅうぶんだ」 ◆ただし複数補語の省略が明らかな文は①にならう：Dans certaines régions, les paysans sont encore très pauvres (...) Depuis la réforme agraire, *90% sont* propriétaires. (BEAUV., *Compte*, 311)（= 90% des paysans)「一部の地方では農民はまだ極めて貧しい.（…）農地解放以来90％が地主になった」

pourquoi — 1° 副 (疑問)
① + 動 + 主語：*Pourquoi* ne l'as-tu pas dit?「なぜそう言わなかったのです」/ *Pourquoi* mentirais-je? (ARAGON, *Aurél.*, 182)「どうしてあなたに嘘を言いましょう」
　主語 = 名詞・強勢形代名詞ならば, いつも複合倒置：*Pourquoi* Paul a-t-il fait cela? ▶ 単純倒置× *Pourquoi* pleure cet enfant? は大部分の文法家に不可とされる.
　♦ Pourquoi est-ce que：Alors, *pourquoi est-ce que* vous m'avez fait venir? (VIAN, *Pékin*, 59)「じゃあなんで私を来させたのです」
　♦ pourquoi + 主語 + 動 (俗)：*Pourquoi* tu me dis ça? (CLAIR, 382)「どうしてそんなことを言うの」
　♦ pourquoi que (俗)：*Pourquoi que* vous n'avez pas la télé? (QUENEAU, *Fleurs*, 58)「どうしてテレビを持っていないのです」
　▶ 間接疑問：Je ne sais pas *pourquoi* Paul [il] a fait ça. ▶ 省略的に：Je ne sais pas *pourquoi*.
② + 不定詞 「…しても仕方がない」の意を含む：*Pourquoi* acheter quand il y a tout ce qu'il faut ici? (MARCEL, *Chapelle*, 17)「ここには必要なものは全部揃っているのに, どうして買うのですか」/ Mais *pourquoi* avoir fait cela? (DORIN, *Th.* II, 29)「でもどうしてそんなことをしたの」/ *Pourquoi* faire? (SALACROU, *Th.* II, 271)「何をするために」（この意味では Pour quoi faire?とつづるほうが多く, また正しい）. cf. G, 575 a.
③ 省略的に + 名：*Pourquoi* cette question? (GIRAUDOUX, *Amph.*, 120)「なぜそんなことをきくのです」
　+ 代：C'est ta faute. — *Pourquoi* la mienne? (GIDE, *Enf. prod.*, 210)「お前が悪いのだ.—どうしてわたしが悪いのです」
　+ 形：Vous êtes un homme étonnant! — *Pourquoi* étonnant? (ANOUILH, *P.G.*, 483)「驚くべき方だ.— 驚くべきとはどうしてです」/ *Pourquoi* pas [non]?「なぜいけないのです」
⇨ non
　+ 副：Je me lève à cinq heures le matin. —*Pourquoi* si tôt?「朝5時に起きています.—どうしてそんなに早く」
2° **c'est [voilà] pourquoi**：*Voilà pourquoi* je ne peux plus vous voir. (CLAIR, 299)「ですから, もうお目にかかることはできないのです」 ◆接続詞相当句となったため2つの節を等位させて：*C'est pourquoi* il s'est lassé et il est reparti. (EBF)「それで, 彼は飽きて帰っていった」
3° 代 (関係)（= **pour lequel**）(文)：C'est une des raisons *pourquoi* j'ai eu quelquefois du plaisir à la guerre. (MONTHERL.— G, 552, N.B.)「それが時として戦争に喜びを感じた理由の1つだ」

pourtant — cependantより強意的. maisの類義語として文頭に用いられることもあるから接続詞 (P. Lar.; G, 956; COL)とみなす者もあるが, et pourtant, mais pourtantのように他の接続詞と並べられ, 文中に用いられることが多いから一般には副詞と考える：C'est *pourtant* facile. (BEAUV., *Inv.*, 85)「でもやさしいことよ」/ Ils existent *pourtant*. (QUENEAU, *Fleurs*, 19)「それでも彼らは存在している」
♦ne... pasと共に：Ça *n'est pourtant pas* sa faute. (BEAUV., *Inv.*, 151)「それにしても彼が悪いのではないわ」
♦複合時制と共に：Je lui avais *pourtant* bien défendu de les toucher. (SARTRE, *Age*, 92)「しかし, 触っちゃいけないとよく言っておいたのだがな」/ Une tentative avait *pourtant* été entreprise. (*Monde*—会津『フ語研』n° 8, 58)「しかしながら一つの試みが企てられていた」

pouvoir — 1° *je peux* / *je puis* 古形je puisは古文調, 気取った表現. ただし, 疑問形 Puis-je...? は今日でも改まった会話で用いられる：*Puis-je* vous offrir quelque chose à boire? (ROB.-GRIL., *Imm.*, 42)「何か飲み物を差し上げましょうか」▶je peuxはtu peuxの類推形, この形が一般的. × Peux-je...? とは言わないから, 改まったPuis-je...? を避ければ：Est-

ce que je peux [または単に *Je peux*] vous emprunter votre stylo?「万年筆を貸していただけませんか」

2° *pouvoir*＋不定詞

① **能力・可能**: Je *peux* vous aider.「お手伝いできますよ」/ 語気緩和の条件法を用いて: *Pourriez*-vous me le prêter? (F, 543)「それを貸していただけませんか」/ Nous ne *pourrions* pas faire ça en janvier? (F, 1645)「1月にするわけにはいきませんか」/ Tu *aurais pu* le dire plus tôt. (BEAUV., *Mand.*, 125)「もっと前に言えたのに」

♦ *pouvoir ne pas*＋不定詞: Je n'avais jamais pensé qu'elle *pouvait ne pas* être jeune éternellement. (IONESCO, *Solitaire*, 12) (= un jour, il se pourrait qu'elle ne soit plus jeune)「彼女がいつまでも若いままでいられるわけではない、と考えたことは1度もなかった」(不確実) cf. ... qu'elle *ne pouvait pas* être jeune éternellement「永久に若いままではいられない」(断定)

② **許可**: Vous *pouvez* partir.「帰ってもいいですよ」/ Est-ce que je *peux* emprunter votre voiture? (*DFC*)「車をお借りしてもいいですか」/ *Pourrais*-je téléphoner? (*Thib.* VII, 226)「電話をかけさせていただけます?」

③ **推測・可能性**: Quel âge *peut*-il avoir? (VERCORS, *Colères*, 32)「彼はいくつぐらいだろうか?」/ On sonne... Qui cela *peut*-il être? (COCTEAU, *Th.* II, 122)「ベルが鳴っている。誰かしら」/ Quoi que tu *puisses* penser, ne me fais pas un reproche. (SARTRE, *Séques.*, 17)「何を考えているにしても、ぼくを非難するのはやめてくれ」/ Jamais elle ne s'absentait aux heures où il *aurait pu* venir. (MAURIAC, *Désert*, 178)「彼が来るかも知れない時刻には決して家をあけなかった」/ Ce que Sanger *peut* être furieux contre elle! (GIRAUDOUX, *Tessa*, 21)「Sはさぞかし彼女に腹を立てていることでしょう」/ Ce *peut* [*peuvent*] être eux.「彼らかも知れない」(c'est, ce sontにならう ⇨ ce II. 12° ②)

♦ 非人称動詞と共に: Quelle heure *peut*-il être? (VAILLAND, *Fête*, 141)「何時ごろだろうか」/ Il *peut* être onze heures. (GREEN, *Voyageur*, 195)「11時ごろだろう」/ Il *peut* arriver tant d'autres choses. (VIAN, *Arrache*, 144)「ほかのいろいろなことが起こるかもしれない」

/ Il ne *peut* s'agir d'un interrogatoire. (ROB.-GRIL., *Projet*, 9)「訊問であるはずない」

④ **対立・譲歩**: Les chiens *peuvent* hurler, on ne les entend pas. (SAGAN, *Château*, 160)「犬がほえたって聞こえはしない」/ Il *pouvait* s'en aller six mois, un an, elle le retrouverait en fin de compte. (DÉON, *Déjeuner*, 57)「彼が半年、1年姿をくらましたとて、彼女は結局彼を探し出してしまうことだろう」

▶ しばしば bien を併用 ⇨ bien 2°

3° *je* (*le*) *peux* 〈*pouvoir*＋不定詞〉の構文で不定詞に代わる代名詞 le はしばしば略される: Vous viendrez quand vous (le) *pourrez*. (TH)「来られるときにお出でなさい」/ Il viendra dès qu'il (le) *pourra*. (GLLF)「彼は来られるようになり次第来ましょう」/ Vous ne pouvez pas remettre ce départ? — Je ne *peux* pas. (BEAUV., *Mand.*, 309)「出発を延ばせないのですか. — できないんです」/ Il aurait volontiers assommé le prêtre, s'il *avait pu*. (*Thib.* IV, 130)「それができたら進んで司祭を叩きのめしていただろう」▶ その他 autant qu'on *peut*, comme on *peut*.

4° *que j'ai pu* 主節の動詞の不定詞が略される: J'ai fait tous les efforts *que j'ai pu*. (LE B, II, 192) (= j'ai pu faire)「できるだけの努力をした」▶ したがって pu は不変.

♦ 最上級の後でも不定詞を伴わない pouvoir は直説法: Je le racontai à Lambert, *du mieux que* je le *pus*. (BEAUV., *Mand.*, 352)「私はできるだけうまく、それをLに語った」/ du ton le plus naturel *que je pus* (GIDE, *Symph.*, 69)「できるだけ自然な調子で」

5° *ne* (*pas*) *pouvoir* 不定詞を伴う構文では pas の省略が起こり得るが文語調または改まった会話に限られ、古形 je puis でさえ、通説に反して je ne puis pas のほうが多い (TOG, IV, 1858, 5): Comment savait-elle que cette fois vous *n'aviez pu* faire de location? (BUTOR, *Modif.*, 17)「今度は席の予約ができなかったことをどうして知っていたのだろうか」/ Cela, je *ne puis* [je *ne peux pas*] le faire. (TH)「そんなことはできません」/ Je *ne puis pas* vous approuver. (CAMUS, *Peste*, 103) / Je *ne puis pas* jouer avec toi. (ST-EXUP., *Prince*, 67)

♦ 不定詞なしで: Il *ne put*. (MAUROIS, *Lélia*, 30) / Je *ne* le *puis*. (CAMUS, *Etat*, 24)

♦ne pas pouvoir ne pas + 不定詞 : Il *n'a pas pu ne pas* y réfléchir. (LE CLÉZIO, *Déluge*, 51)「それを考えずにはいられなかった」/ Il *ne peut pas ne pas* accepter. (BEAUV., *Sang*, 155)「承知しないわけにはいかない」▶ 例外的な pas の省略例:(...) ce que je *ne peux*, quoi que j'en aie, *ne pas* appeler l'essentiel (SAGAN, *Sourire*, 29)「否応なしに本質的なものと呼ばないわけにはいかないもの」

6° *Puisse* + 不定詞. 凝った文体で願望の表現. 必ず主語倒置. 接・現に限る: *Puissé-je* [*Puissiez*-vous] réussir!「成功したいものだ[ご成功を祈る]」♦ *puisse*-t-il, *puissions-nous*, など全人称に活用される.

主語が名詞ならば *Puissent* vos projets réussir!「計画の成功を祈る」▶ 会話でe: *Puisse* cela me distinguer des autres... (ANOUILH, *P.R.*, 193)「それでほかの女の子とは違っていることがわかっていただけるといいのだけど」

▶ Puisse ne pas + 不定詞 は遺憾の表現: *Puissé-je n'être jamais* né! (IMBS, *Subj.*, 31)「私など生まれてこなければよかったのに」

7° *se pouvoir* 主語は cela [ça], 非人称の il だけ. 複合時制には用いられない (GROSS, 91): *Il se peut qu*'il n'ait rien vu et qu'il ait pris l'auto pour un tout autre motif. — Cela *se peut*. (SARTRE, *Séques.*, 54)「彼は何も見ず、全く別の動機で自動車に乗ったのかもしれないわ. — そうかも知れないな」/ Cela ne *se peut* pas.「そんなはずはない」

♦il se peut que + 直 は古文調, まれに未来形が残る: Cet Etat, *il se peut que* les Algériens le *voudront*. (BÖRJ, 53)「この国家は将来アルジェリア人が望むことがあり得る」

prédicat [述部, 述語] — 伝統文法では, 古典論理学の分析に従って命題 (proposition) を主部 [主語] (sujet) と述部 [述語] に分け, 前者はそれについて述べる対象を, 後者は主部について陳述する部分を指す. 現在ではこの prédicat という術語にも, さらに厳密, 多岐な定義・用法がある. cf. *Gr. d'auj.*; DUB, *Dict.*; GLLF, 4556-60.

préférer — 1° *préférer* qn [qch] : Je *préfère* Jean [ce disque]. > Je le *préfère*.

préférer + 不定詞 (古文調: de 不定詞) : Je *préfère* rester à la maison. (PORTO-RICHE, *Vieil h.* I, 12)「家にいるほうがいい」/Il semblait *préférer de* rester seul. (HERMANT, *Xavier*, 250)「ひとりでいるほうがよさそうだった」♦ 不定詞 に le の代入不可能: *Préférez*-vous rester seul? — Oui, je *préfère* (rester seul).

préférer que + 接 : Je *préférais qu'*elle ne lût pas beaucoup. (GIDE, *Symph.*, 64)「彼女があまり本を読まないほうがよいと思っていた」

2° *préférer* + 名 + *à* + 名 : Je *préfère* le vin *à* la bière.「ビールよりぶどう酒のほうが好きだ」

3° ① *préférer* + 不定詞₁ + *plutôt que* (*de*) + 不定詞₂「…より…のほうがましだ」. + 不定詞₂ は古文調, de 不定詞₂ が普通: Vous *préférez* garder votre argent *plutôt que de* me voir en bonne santé. (GREEN—G., *Pr.* III, 131)「私が健康になるよりは金をとっといたほうがいいのですね」♦ しばしば plutôt 以下を文頭に出す: *Plutôt que d'*être pris il *a préféré* mourir. (SALACROU, *Poof*, 48)「つかまるよりはむしろ, 死ぬほうを選んだのです」

préférer que + 接 + *plutôt que* + 接 : Je *préfère qu'*il meure *plutôt qu'*il trahisse.「裏切るよりは死んでくれたほうがいい」♦この構文も正しいが, 次の構文のほうが望ましい: Je *préfère qu'*il meure *plutôt que de* le voir trahir [*plutôt que* s'il trahissait]. (GEORG, *Jeux*, 330) (ROB も同説)

② *préférer* + 不定詞₁ + *que* (*de*) + 不定詞₂ aimer mieux... que (de) (⇨ aimer 2°) の類推形. de 不定詞₂ が普通: J'*ai* toujours *préféré* lire Racine *que de* le voir jouer. (GREEN, *Journal* V, 44)「私は R の上演を見るよりそれを読むほうがいつも好きだった」

♦que 以下に 不定詞₂ がない場合 : Elle *aurait préféré* être à l'hôtel *qu'*ici. (DURAS, *Tarquinia*, 65)「できればここよりはホテルにいるほうを望んでいた」/ Les vrais chrétiens *préférent* être persécutés par Dioclétien *qu'*utilisés par Constantin. (IKOR, *Gr. moy.*, 176)「真のキリスト教徒はCに利用されるよりもDに迫害されるほうを選んだのだ」▶ GEORG (134-5) に 7 例.

③ *préférer* + 不定詞₁ + *à* 不定詞₂ 上記 2° の類推による新用法: Je *préfère* ne pas vivre *à* ne pas vivre la vie qui me plaît. (MONTHERL. —G., *Pr.* III, 130. 他 6 例)「好きな暮らしができないくらいなら生きていないほうがましだ」

préfixe [接頭辞] — 語 (幹) の前に添え, その意味を変化させるような接辞 (affixe). 接頭辞もそ

の語源にさかのぼれば大部分が独立語であるが、厳密に言えば、今日では独立語としては用いられない要素 (例: dé, é, for, in, mé, など) を指す。しかし、独立語として用い得る前置詞・副詞 (例: à, avant, bien, contre, en, entre, mal, moins, non, par, plus, pour, sous, sur, sus, など) も一般には接頭辞に加える。

接頭辞は少数の例外としてギリシア語源のものを除けば、大部分がラテン語源であるが、同じ接頭辞でも音声変化を受けて民間で発達したものと、学者が直接にラテン語から借用したものでは形が異なる。

接頭辞の語末子音は、語 (幹) の初めの子音の前で脱落し (mes > *mé*prise), 同化し (ad > *al*longer), あるいは母音化する (mal > *mau*gréer)。

1° ラテン語源接頭辞

a-, ac-, ad-, af-, ag-, al-, an-, ap-, ar-, as-, at- (< ad「方向」): abaisser, abattre, affaiblir, attirer.

anté-, anti- (< ante「前」): antéposer, antidater.

béné-, bien- (< bene「善」): bénévole, bienfaisant.

bi(s)- (< bis「2度」): bisaïeul, bipède.

circum-, circon[m]- (< circum「周囲」): circumnavigation, circonstance.

cis- (< cis「手前」): cisalpin.

com-, con-, col-, cor-, co- (< cum「共に」): compatriote, condisciple, coexister.

contra-, contre- (< contra「反対」): contradicteur, contredire, contresens.

dis-, dif-, di-, dé-, dés-+母音 (< dis「分離, 否定」): dissemblable, disparaître, déloyal, désagréable, désordre.

en-, em- (+ p, b, m) (< inde「そこから」) +運動動詞: enlever, emmener.

ex-, ef-, es-, é- (< ex「抽出」): exporter, effeuiller, essouffler, ébranler, écosser.

extra- (< extra「の外」>「極度」): extraordinaire, extra-fort「堅牢無比の」.

for-, four-, fau- (< foris「外に」): forclos, fourvoyer, faubourg.

in-, im- (+ p, b, m), **il-, ir-, en-, em-** (< in「中」): inclus, importer, illuminer, irruption, enfermer, empocher.

in-, im-, il-, ir- (< in「否定」): injuste, impoli, illimité, irrégulier.

inter-, entre- (< inter「間, 中央」>「相互」): interposer, entr'acte, entrevoir, s'entr'aider.

intra-, intro- (< intra「内部に」): intramusculaire, introduire.

malé-, mal-, mau- (< male「悪, 否定」): malédiction, malhonnête, maltraiter, maudire.

mi- (< medius「中央」): minuit, mi-juin, à mi-chemin.

non (< non「否定」): non-sens.

ob-, oc-, of-, op- (< ob「対立, 反対」): obstacle, occasion, offrir, opposer.

per-, par- (< per「通過, 完全」): perfection, parfait, parcourir.

post- (< post「後」): postscolaire.

pré-, pres- (< præ「前」): préposer, pressentir.

pro-, pour- (< pro「前;ひいき;代理」): proposer, prologue, pronom, pourchasser.

re-, ré-, res-+s, **r-**+母音 (< re) (1)「再び」: redire, réélire, réformer. (2)「対抗」: réagir, repousser. (3)強意的: remplir.

semi- (< semi「半ば」): semi-direct.

sub-, suc-, sug-, sup-, sus-, sou(s)- (< sub「下」): subdivision, succomber, supporter, suspendre, souligner, sous-marin.

super-, sur- (< super) (1)「上」: superposer, survoler. (2)「過度」: superfin [surfin]「極上の」, surcharger. (3)「超越」: surnaturel.

supra- (< supra) (1)「上」: supraterrestre. (2)「超越」: suprasensible.

trans-, tra-, tres-+s, **tré-** (< trans「越えて」): transatlantique, tramontane, tressaillir, trépasser.

tri-, tris-+母音, **tré-** (< tri < tres「3」): triporteur, trisaïeul, trépied.

ultra-, outre- (< ultra) (1)「彼方」: ultramontain, outre-mer. (2)「過度」: ultraroyaliste, outrecuidant.

vice-, vi- (< vice「代わり」): vice-amiral, vicomte.

2° ギリシア語源接頭辞 大部分は学者の造語に用いる。

a-, an- (< a「否定」): amoral.

anti-, anté- (< anti「反対」): antidémocratique, anté-christ.

archi-, arch- + 母音 (< arkhi「首位」):

archiprêtre, archange. 「過度」の意で民間造語にも入る: archibête.
   dia- (< dia) (1)「分離」: diacritique. (2)「通過」: diaphane.
   di- (< di「2」): dichroïsme.
   dys- (< dus「困難」): dyslalie.
   epi- (< epi「上」): épiphénomène.
   eu- (< eû「良」): euphonie.
   exo- (< exô「外」): exogamie.
   hémi- (< hemi「半」): hémisphère.
   hyper- (< huper「超越」>「過度」): hypertension.
   hypo- (< hupo「下」): hypoderme.
   méta- (< meta「後続, 変化」): métaphysique, métamorphose.
   para (< para) (1)「傍ら」: parasite. (2)「防御」: parapluie, parachute.
   syn-, sym- (< sun「共に」): synthèse.

premier — 基数が序数に代わる場合, premier は時に基数に置き換えられない: Napoléon Ier (⇨ numéral cardinal II. 2°②③)
   ♦premier+名: *premier* acte [prəmjɛrakt]「第１幕」　名＋premier. 他の数に対立しない場合: matières *premières*「原料」
   ♦ être le *premier* à 不定詞「…する最初の人である」/ le *premier* [un des *premiers*] qui+接 [直] (seul 9°に準じる)

prendre — **1°** *prendre* qch [qn] *à* qn: Les cambrioleurs *lui ont pris* tous ses bijoux. (DFC)「強盗が彼女の宝石をすっかり盗んだ」⇨ à 17°
   ♦prendre qch de qch: Elle *me prit* mon verre des mains. (SAGAN, *Sourire*, 184)「私の手からグラスを取った」
   2° *La fièvre le* [*lui*] *prit*.「彼は発熱した」主語は病気・感情など. ① 多くは他＋直・目 (= saisir, s'emparer de): La colère *l'a pris* soudain. (DFC)「彼は急に怒りにとらわれた」/ La frayeur [L'ennui, L'enthousiasme] *le prit*. (AC)「彼は恐怖[倦怠, 感激]にとらわれた」▸MR; DFCはこの構文だけを記す.
   ②時に〈自動〉＋間・目: La fièvre [La goutte] *lui a pris*.(AC)「彼は発熱した[痛風にかかった]」/ De temps en temps, la fantaisie *lui prend* de coucher à l'hôtel! (SIMENON, *Chien*, 171)「時々ふっとホテルで寝たいと思ったりする」　▸le のほうがlui より論理的. lui はLe sommeil lui vint.「眠くなった」の類推形 (N, V, 45; LE B,

I, 16).
   ③疑問文: Qu'est-ce qui *le* [*lui*] *prend*?「彼はどうしたのですか」(= Qu'a-t-il?) (1) 多くは間・目: Qu'est-ce qui *lui prend*? (SAGAN, *Château*, 131) / Qu'est-ce qui vous *prend à* tous les deux? (ACHARD, *Nouv. hist.*, 211)「２人ともどうしたの」
   (2) 直・目: Qu'est-ce qui *t'a prise*? (GREEN, *Mesurat*, 38)「どうしたの?」/ Qu'est-ce qui *vous a pris* de tirer? (ROUSSIN, *Nina*, 208)「どうして撃ったのです」
   ④非人称構文　il lui prend + 名. 必ず間・目: Il *lui prit* un frisson. (LE B, I, 16)「彼は身震いがした」/ Il *lui prit* une envie soudaine de rire. (GREEN, *Moïra*, 140)「彼は突然笑いたくなった」
   ♦疑問文: Qu'est-ce qu'il vous *prend* de parler de Gilbert? / Que vous *prend*-il? なども見られるが LE B (*Inv.*, 56) は誤用とする.
   3° *prendre* qn *pour* [*comme*] ＋無冠詞名詞: Il l'*a prise comme* secrétaire. (ROB)「彼女を秘書として雇った」/ Ce n'est pas moi qui l'*ai prise comme* maîtresse, c'est elle qui m'*a pris pour* amant. (ROUSSIN, *Nina*, 181)「ぼくが彼女を愛人にしたのじゃない. 彼女がぼくを情夫にしたんだ」
   ♦prendre qn pour qn: On le *prenait pour* un savant. (ROB)「人々は彼を学者と思っていた」
   4° *être pris de* qch (感情・様態): *être pris de* panique [*de* vin]「恐怖にとらわれている[酒に酔っている]」/ *être pris d'*une crise nerveuse「神経症の発作を起こす」♦être pris par+定冠詞+名: Il se sentait *pris par le* désir de reprendre le sommeil. (MALRAUX—S-H, 69)「また眠りたい気持になっていた」▸動作主が人ならばいつも par: *être pris par* l'ennemi (ROB)「敵に捕えられる」
   5° *prendre à* ＋名 (道具・手段): Ils écoutaient mes cris comme le chasseur écoute les cris d'une bête *prise au* piège. (SALACROU, *Th.* IV, 116)「彼らは罠にかかった獣の叫び声を聞く猟師のように, わたしの悲鳴を聞いていた」/ se laisser *prendre à* un hameçon [*aux* apparences] (ROB)「釣針にかかる[外観にだまされる]」/ Elle s'était laissé *prendre aux* astuces du romancier. (VAILLAND, *Fête*, 207)「彼女はその小説家の狡猾さにだまされていた」

préposition [前置詞] —— 不変化語の一種. 名詞・代名詞・不定詞・形容詞・副詞を文中の他の要素に結びつける語.
I. 分類　1°ラテン語に由来するもの　①ラテン語の前置詞から: à, contre, de, en, entre, hors, outre, par, pour, sans, sous, sur, via.
② 前 ＋ 前 [副] の複合: après (< ad pressum), avant (< ab + ante), avec, dans, depuis, derrière, devant, dès, jusque, selon.
③名詞: chez (< casa (= maison)), lez (< latus (= côté))　分詞: près (< presse < pressus)
2° フランス語で形成したもの
①他の品詞の転用. (1)形容詞: plein, proche, sauf. (2)現分: concernant, durant, moyennant, pendant, suivant, touchant, など. (3)過分: attendu, y [non] compris, excepté, passé, supposé, vu, など. (4)接続詞: quoique (cf.《俗》: quoique ça)
②複合: parmi (< par + mi), malgré (< mal (= mauvais) + gré).
③前置詞相当句: à cause de, à côté de, à défaut de, afin (< à + fin) de, à fleur de, à force de, à l'abri de, à la faveur de, à la merci de, à la mode de, à l'égard de, à l'encontre de, à l'envi de, à l'insu de, à moins de, à raison de, à travers, au-dedans de, au-dehors de, au-delà de, au-dessous de, au-dessus de, au-devant de, au lieu de, auprès de, au prix de, autour de, au travers de, aux dépens de, aux environs de, avant de, de crainte de, de façon [manière] à, de peur de, du côté de, en deça [dedans, dehors] de, en dépit de, en face (de), en faveur de, en raison de, étant donné, faute de, grâce à, hors de, loin de, par rapport à, près de, proche de, quant à, sauf à, vis-à-vis (de), など.
II. 前置詞の支配語 (régime)　① (代)名詞: Il vient de *France*. / C'est à *moi*.
②不定詞: Il faut travailler pour *vivre*.
③**en** + 現分 まれ: dès *en entrant*「入るとすぐ」
④副詞: Depuis *quand*?「いつから?」/ depuis *longtemps* [*lors*] / dès *lors* ▸副詞は名詞化されている.
⑤節: Il vient d'*on ne sait où*.「どこからともなく来た」
◆慣用的言い方を除き,〈前 ＋ 従属節〉は次第に普及しつつあるとはいえ正規の用法ではない. (de comme[1], à [selon] comment, pour si[1], de [pour] quand[1], などについては各語参照) ▸avant qu'il vienne (= avant sa venue)のような場合は〈前 ＋ 名詞節〉として扱わず, 伝統的に〈接続詞相当句＋従属節〉とみなす.
⑥前置詞付補語: Nous sommes partis dès *avant le jour*.「夜明け前から出発した」/ les souvenirs d'*avant mon mariage* (B, 419)「結婚前の思い出」/ L'accouchement est pour *dans quinze jours*. (TROYAT, *Araigne*, 217)「お産は2週間後の予定だ」/ Boule de Suif... retira de *sous la banquette* un large panier. (MAUPASS., *Boule de S.*, 24)「Bは座席の下から大きなかごを取り出した」/ De *devant la porte*, Panturle appelle la chèvre. (GIONO, *Regain*, 45)「戸の前から, Pは山羊を呼ぶ」
III. 前置詞と支配語の接近　前置詞は発音上・意味上支配語と一体をなし, 両者の間では liaison が行なわれる. したがって, 原則として前置詞は支配語の直前に置かれ, 英語のように支配語から離れて文末に置かれることはない (cf. Whom did you speak *of*?).
前置詞と支配語の分離　①無強勢人称代名詞, *tout*, *rien*, 否定語の挿入: sans *me le* dire / pour *tout* dire / sans *rien* dire / pour *ne pas* courir.
②成句: sans *mot* dire / geler à *pierre* fendre.
③副詞・状況補語の挿入: depuis *déjà* une semaine (N, VI, 77) / sans, *pour cela*, prétendre que... (*Ib.*) / le désir de *toujours* réussir (B, 417) / On est si peu d'accord sur, *par exemple*, le nombre des victimes. (GIDE, *Journal 1942-9*, 90)「例えば犠牲者の数についてもあまりに見方がくい違っている」/ avec *à la main* un chrysanthème (GATTI—TOG, IV, 1521, 1)「一輪の菊を手に」(avecは支配語と離れることが特に多い)
IV. 反復
1° à, de, en　①一般に反復: Il écrit *à* son père et *à* sa mère. / Il parle *de* Pierre et *de* Paul. / les porcelaines *de* la Chine et *du* Japon / Il a voyagé *en* Europe et *en* Amérique.
②反復されない場合　(1)数個の名詞が一群をなすとき: Il en a fait part *à* ses amis et

connaissances.「友人・知己にそれを通知した」/ Je suis las *d*'aller et venir.「行ったり来たりして疲れました」/ 成句: *à* ses risques et périls「全責任において」/ *en* mon âme et conscience「誠心誠意」/ 同一物: *à* mon collègue et ami「私の同僚にして友人である男に」▶ 一群という考え方は，時にかなり自由: Et *de* Claude et moi, que dit-on? (AMIEL, *Couple* I, 8)「で，Cと私について，みんなは何と言っている？」

(2)列挙．反復・省略は一定しない: les chefs-d'œuvre *de* l'Abbé Prévost, Balzac, Stendhal, Mérimée, Flaubert (FILLON, *Maurois*, 115) / Tu gaspillerais toutes nos économies *à* élever des enfants abandonnés, soigner des chats malades, nipper des filles-mères et secourir des artistes. (TROYAT, *Signe*, 131)「捨て子を育てたり，病気の猫の世話をしたり，未婚の母に衣類をやったり，芸術家を助けたりして，貯えをみんな浪費してしまうだろう」

2º その他の前置詞 ①普通は反復しない: Il vit *dans* la mollesse et l'oisiveté.「ブラブラと何もせずに暮らす」/ Ils regardent mon dos *avec* surprise et dégoût. (SARTRE, *Nausée*, 157)「驚きと嫌悪をもって私の後姿を眺める」/ *malgré* la perte de son crédit et la ruine de sa fortune (GRACQ, *Rivage*, 7)「信用を失い破産したにもかかわらず」

② 反復する場合 各々の支配語の強調．対立的意味を持つとき．ことに même, sinon, excepté, mais, comme の後: *par* la pluie et *par* le soleil「雨の降るときも日の照るときも」/ *dans* la paix comme *dans* la guerre「平時にも戦時にも」/ Le cri se répercuta *dans* des corridors, *dans* des salles vides. (TROYAT, *Tête*, 80)「叫び声は廊下にもガランとした部屋の中にも響き渡った」

3º 注意 ① autre que 以外の比較の que の後では，前置詞を反復: J'aime mieux travailler *pour* vous que *pour* lui. (H, 755)「彼のためよりはあなたのために働きたい」⇨ autre II. 5º
② 数詞 + ou + 数詞．反復しない: Il est sorti *avec* deux *ou* trois amis.「2, 3 人の友だちと出かけた」
③ 同格名詞．普通は反復しない: Il avait dit ces derniers mots *d*'une voix blanche, sa voix de somnambule. (DANIEL-ROPS, *Epée*, 199)「この最後の言葉をうつろな声で，いつもの夢遊病者のような声で言った」▶ 反復は同格語の強調: Le roi Rack-Mâdon-Ghézô était fier *de* son fils, *de* l'héritier du trône. (DAUDET, *Jack*, 69)「R 王は王子を，この王位継承者を誇りに思っていた」

④ 前置詞で結ばれた表題 ⇨ contraction de l'article 2º.
⑤ l'un et [ou, ni] l'autre の前の前置詞 ⇨ un IV. A. 4º, 5º, 6º
⑥ ce dont [ce à quoi]..., c'est (de [à])... ⇨ ce¹ II. 4º②
⑦ à, de で終わる前置詞相当句の反復．一般に *à cause de* vous ou *de* moi「あなたか私のせいで」

V. 数個の前置詞 前置詞が対語をなし同一構成の場合，1つの支配語に対し数個の異なった前置詞を用い得る: *avant* et *après* la guerre「戦前と戦後に」/ voter *pour* et *contre* la loi「法律案に賛否の投票をする」/ défendre qch *envers* et *contre* tous「万人に抗して」(成句的) / Tu m'aimes mieux *avec* ou *sans* ceinture? (TROYAT, *Tête*, 12)「ベルトをつけたほうがいい．それともつけないほうがいい？」/ Dites-vous bien que, en art, l'on atteint au général *par* et *à travers* le particulier. (GIDE, *Interv.*, 111)「芸術では，個により個を通して普遍に到達するのだということをよく考えたまえ」♦同一構成の前置詞相当句の場合: *en dépit* ou *à cause de* sa fine fourrure (VERCORS, *Anim.*, 156)「やわらかな毛皮をつけていたけれども，あるいはそのせいで」▶ 同一構成でも補語の反復は対立を強調する: Serais-je *pour* lui ou *contre* lui? (TROYAT, *Tête*, 98)「私は彼の味方となるだろうか，敵となるだろうか？」
♦構成の異なる前置詞と共に用いるときは補語の反復が必要: *sur* la plage et *près de* la plage「砂浜の上とその近くに」(×sur et près de la plage は不可)

VI. 前置詞付補語の機能
①状況補語: Il va *à l'école*.
②間・目: Il écrit une lettre *à son père*.
③名詞の補語: l'amour *de la patrie* / un voyage *autour du monde*.
④ 形容詞の補語: une conduite digne *d'éloges*.
⑤ 副詞の補語: contrairement *à son habitude*.
VII. 前置詞の副詞的用法 après, avant,

devant, derrière, outre, などは副詞として用いることが認められているが，à, chez, de, en, par, sur, vers, 他の品詞の転用されたものを除き，前置詞はその支配語を略して副詞的に用いられる傾向があり，正用・誤用の区別は明らかでない．
♦成句的: voter pour [contre]「賛成［反対］投票をする」/ passer outre「見のがしてやる」/ On ne l'a plus revu depuis.「それ以来もう彼の姿を見た者はいない」/ Tu viens avec?「いっしょに来るかい」/ On s'amusera sans! (GYP — N, III, 348-9)「彼らがいなくても面白く遊ぼう」/ Ma sœur n'a pas assisté à toute la messe, elle est arrivée pendant. (B, 411)「妹はミサの間じゅういたのではない．途中でやってきたのだ」
♦前置詞相当句>副詞: Il est à côté.「彼はそばにいる」(cf. à côté de「…のそばに」) / Ils étaient assis vis-à-vis.「向きあって座っていた」(cf. vis-à-vis de「…と向きあって」)
VIII. 前置詞と接続詞 ⇨ conjonction III. 2°
IX. 前置詞の省略 状況補語，名詞の補語を導く前置詞は時に省略される．⇨ nom V. 1°②, ②

près — 1° **près** 副
① 動+**près**: Il habite tout près.「彼はこのすぐ近くに住んでいる」▶ ici près (= dans le voisinage, près d'ici): Il se promène ici près. (AC)「彼は近くを散歩しています」
② 名詞的用法: Il y a tout près, d'ici l'Opéra. (WAGN, FDM, n° 29, 12)「ここからオペラ座まではほんのすぐです」/ (...) penché en avant comme pour observer Xavier de plus près. (MAURIAC, Agneau, 26)「もっと間近にXを観察しようとするもののように体を前に乗り出して…」▶tout près, plus près の語群が名詞的機能を果たす．

2° **près de**+名
① 状況補語: Il habite près de la gare.「彼は駅の近くに住んでいる」
♦ Je suis tout près de vos vues.「私はあなたの見解にたいへん近い」では près de を不変化形容詞, de vos vues をその補語とみなし得る．(DAVAU, FM,'50, n° 1). la religieuse qui est la plus près de Dieu (D-P, II, 411)「神のいちばん近くにいる修道女」では près de Dieu を形容詞相当句とみなし la plus が用いられている．
② 付加辞: Les deux tables le plus près de la nôtre étaient occupées à présent. (CASTILLOU, Thaddëa, 223)「われわれの食卓にいちばん近い2つは今ではふさがっていた」
③ 主語, 目的語, 非人称構文の補語, 属詞, 前置詞の補語 (= presque, environ): Près d'une heure passa. (Thib. I, 62)「1時間近くが過ぎた」/ Ce nouveau venu avait près de soixante ans. (GIRAUDOUX, Bella, 104)「この新参者は60歳近くであった」/ Il est près de minuit. (BUTOR, Degrés, 218)「夜中の12時近くだ」/ Nous étions près de deux cent cinquante. (TOURNIER, Roi, 47)「我々は250人近かった」/ Depuis près de trois ans, il remettait au lendemain l'heure des décisions. (ARAGON, Aurél., 11)「3年近く前から，彼は決断の時を1日延ばしにしてきた」
3° **près de** 不定詞 (= sur le point de): Il était près de se fâcher.「彼は今にも怒り出しそうだった」
4° **à... près** ① à+数詞+名+**près** (= excepté): A quelques exceptions près, l'anti-art m'intéresse peu. (BEAUV., Compte, 230)「いくつかの例外を除けば，反芸術は私にはあまり興味がない」
② n'(en) être pas à+数詞+名+**près** 示された数量だけ多くても少なくても重要性はないの意: Don Ruggero n'est pas à un litre d'essence près. (VAILLAND, Loi, 127)「Rはガソリンの1リットルくらい問題にしてやしないよ」/ Nous ne sommes pas à un jour près. (DORIN, Th. I, 92)「1日くらいどうでもいいじゃありませんか」
③ 成句: à cela [ceci] près「その［この］ほかは」/ à peu (de chose) près「ほぼ」/ à beaucoup près「それどころではない」
④ **à cela près que** (= excepté que, si ce n'est que): A cela près qu'elle ne partageait pas le lit de Philippe, elle pouvait presque se croire sa femme. (GREEN, Epaves, 74)「Phとベッドを共にしないことを除けば，自分でもほとんど彼の妻と思えるほどだった」

présent — 出欠をとるときの答えとしては女子学生も Présent! と答えてよいが (GLLF; H; TH), Présente! も可 (EBF) で，この方が一般的．

présent de l'indicatif ［直説法現在形］—
A. 形態　語尾

1° 単数 ① -e, -es, -e. 語尾-erの動詞と assaillir [rassaillir, tressaillir], couvrir [découvrir, recouvrir], cueillir [accueillir, recueillir], défaillir, offrir [mésoffrir], ouvrir [entrouvrir, rouvrir], souffrir.
② -s, -s, -t. その他の動詞.
③ 例外. 1人称: j'ai, peux, vaux [équivaux, prévaux], veux. 3人称: il a, va, vainc [convainc]. -indre (il craint), -soudre (il résout)を除く語尾-dreの動詞: il entend (< entendre).
2° 複数 -ons, -ez, -ent. 例外. 1人称: n. sommes. 2人称: v. êtes, faites, dites. 3人称: ils ont, sont, vont, font.
♦単数語尾は無音, -ons, -ez, -entは直・半, 単未, 条・現, 接・現, 接・半, 命令の語尾にも用いられるから直・現の特徴的語尾とは言えず, 直・現は発音上は語幹だけの無標の時制と考えるべきである.

B. 用法

I. 「現在時」を表わす現在形 現在時とは話している「今」の前後に広がる時間で, これをどのように区切ろうとも「今」という時点を含む.

1° 瞬間的現在 (présent momentané): Je vous *remercie*. 「ありがとう」/ Il *ferme* la porte. 「彼はドアを閉める」
♦完了動詞の現在形は日本語の「…した」に相当することが多い: J'*accepte*. 「承知しました」/ Il *commence* à pleuvoir. 「雨が降りだした」/ Je *viens* vous chercher. (GIRAUDOUX, *Folle*, 73)「きみを迎えに来たよ」/ Je *devine* le pourquoi de ce coup de téléphone. (COCTEAU, *Th.* II, 89)「この電話がなぜ掛かってきたのかわかったわ」cf.『ハンドブック』, 221.

2° 継続的現在 (présent linéaire) 時間の幅は非常に広いものから, 眼前で起こりつつある事柄に至る: Ils *se ressemblent* comme deux gouttes d'eau. (F. 1965)「彼らは瓜二つだ」/ Attendez un instant, il *déjeune*. 「ちょっと待ってください. 今昼食中です」(英: He is having lunch.) ♦継続の開始点 (depuis)・終止点 (jusqu'à), またはその両方 (de... à [jusqu'à])を示すことがある: Il *demeure* ici depuis trois ans. 「3年前からここに住んでいる」(英: He *has lived* here for three years.)
▶ 能力の継続: Il *parle* cinq langues. 「5か国語が話せる」
♦漸進的動作. 状態の変化を表わす動詞 (augmenter, baisser, diminuer, embellir, empirer, enfler, enlaidir, grandir, grossir, maigrir, rajeunir, vieillir, など)が継続相でとらえられれば必然的に状態は漸次増減する: (⇨ imparfait de l'indicatif II. A. 1° ②): La population *augmente* chaque année. (*RM*)「人口は毎年ふえていく」
♦mourirの未完了的用法: Je *meurs* de soif. (*Thib.* VII, 304)「のどがかわいて死にそうだ」/ Il *meurt* de faim. (GIRAUDOUX, *Judith* I, 3)「ひもじくて死にかけている」cf. Il *mourut* de faim. 「飢え死にした」
♦申し合わせ: C'est le Ministre de l'Intérieur.(...)—Je ne *suis* pas là. (SARTRE, *Nekr.* IV, 1)「(電話を取次いで)内務大臣からです.—いないことにしてくれ」/ Dans l'appareil se trouve Mme Elven et Vivant. Vous ne les *connaissez* pas. Je vous expliquerai. (KESSEL, *Enfants*, 248)「機上にEとVがいる. きみは2人を知らないことにしておくんだ. 訳は後で話す」▶ 仮定: Vous *avez* des appuis, tout s'arrange! (MOIGNET, *FM*,'57, n° 3, 166)「後援者があれば, 万事うまくいく」

3° 反復・習慣的動作 (présent itératif, prés. d'habitude): Il *vient* quelquefois le dimanche. (F, 1704)「彼は日曜にときどきやって来る」/ Elle *reçoit* le mardi de cinq à sept. (GIRAUDOUX, *Folle*, 73)「彼女は火曜の5時から7時まで客と面会する」♦交互反復: Je *rougis*, je *pâlis* à sa vue. (RAC., *Phèdre* I, 3)「その方を見るなり, 顔を赤らめ色を失うのです」/ Il *pâlit, rougit*. (ROSTAND—STEN, 35)「青くなったり赤くなったりする」/ Il *va* et *vient* dans sa chambre. 「彼は部屋の中を行ったり来たりしている」(va et vientの語順は固定)

4° 超時的現在形 (présent atemporel, omnitemporel) 科学的真理・諺など, 過去・現在・未来を包括する「時」, あるいは「時」の関係を超越した普遍的事実を表わす: L'eau *bout* à cent degrés. 「水は百度で沸騰する」/ Il *faut* battre le fer pendant qu'il est chaud. (諺)「鉄は熱いうちに鍛えねばならぬ」
♦経験的真実は婉曲な命令の表現となる: On ne *parle* pas comme ça à sa mère. (IKOR, *Gr. moy.*, 163)「母さんにそんな口のきき方をするもんじゃないよ」
▶ 従属節における超時的現在形 ⇨ concordance des temps I. A. 3° ②

5° 叙述的現在形（présent descriptif）　普遍的時制（temps universel）として，物語全体を直・現を基調として語る：Mme Massot *se lève, tire* de sa jupe un trousseau de clefs, *trottine* jusqu'au secrétaire et l'*ouvre*. Elle y *prend* une petite fiole qu'elle *débouche* avec précaution, et y *trempe* une plume rouillée. (M. DU GARD, *France*, 83)「M夫人は立ち上がると，スカートから鍵の束を取り出し，机の所まで小走りに歩み寄って机を開ける．そこから小さなビンを取って注意深く栓をあけ，それに錆びたペンをひたす」▶その他 ROB.-GRIL., *Projet* 全編; ID., *Djinn*, 11-63; *Thib.* VIII, 87-187; LE CLÉZIO, *Désert* 各所，など．語り手の体験を含まない童話などは単過か直・現によるほかはなく，複過は用いられない (BUFFIN, 51)．

♦文芸作品の梗概，歴史の記述（*Lar. XXe, Guerre mondiale*），作家略歴（*P. Lar.*,'81年版，Corneille，Racine の項）にも単過と並んで直・現が用いられる．

♦ト書：A ce moment Mme Georges *entre*, trottinante, avec un garçon de café qui *porte* un panier. (ANOUILH, *P.B.*, 321)「この時G夫人はかごを持ったカフェのボーイを伴って小走りに入場」/ Le rideau qui avait commencé à tomber *se relève* peu à peu. (GIRAUDOUX, *Troie* II, 14)「降りかけた幕が少しずつまた上がる」▶普通は過去時制と共に用いられる à ce moment の使用と直・大に注意．

♦過去の副詞＋現在形：*Hier après-midi* Jean Denoël *vient* me voir. (GREEN, *Journal* X, 118)「昨日の午後Dが私に会いに来る」(日記に多い組合せ—KLUM, 227) / *Cet été-là* je *viens* voir Agatha. Je vous *vois*. (...) Je *reste* un peu plus qu'il n'était prévu. (DURAS, *Agatha*, 46)「その夏，私はAに会いにきた．会ったのはあなただ．(…)私は予定より少し長くここにいた」

II. 過去・未来を表わす現在形

1° 過去 ①近い過去　日常会話で，現在形が過去を表わすことを示す文脈・状況が与えられて：Morales n'est pas venu? — Il *sort* d'ici. (PEYRÉ, *Sang*, 41)「Mは来なかったかい．— 今出ていったところだ」/ Bassompierre m'a indiqué un laboratoire! J'en *arrive*! (ROUSSIN, *Enfant*, 227)「Bが試験所を教えてくれたの．今そこから戻ってきたところ」/ Mission. (...) Je *descends* du train. (*Thib.* VII, 14)「任務だ（…）いま列車から降りたばかりだ」

♦動詞は partir, arriver, sortir, rentrer, quitter など少数の完了動詞，まれに副詞を伴う：Nous *rentrons* à *l'instant*. (SAGAN, *Château*, 33)「今帰ってきたところよ」/ Je *rentre tout juste* des armées. (BEAUV., *Mand.*, 97)「ちょうど今隊から帰ってきたところだ」/ J'*arrive à peine* de Barcelone. (PEYRÉ, *Sang*, 8)「Bから戻ってきたばかりだ」/ Partir! Y pensez-vous, Renée? Vous *arrivez seulement*. (ARLAND, *Ordre*, 183)「帰るんですって！まさか，ルネ．今来たばかりじゃないの」

cf. 佐藤正明「Présent dilaté vers le passé の制約」『フ語研』，n° 18.

②**歴史的現在形**（présent historique）または説話的現在形（présent narratif）　①とは異なり，話者が過去の物語のさなかに身を投じ，継起する事実を眼前に展開しているように描いて臨場感を与える修辞的用法．過去時制で述べられた物語の途中で劇的な動作を特に直・現で描く．この直・現は単過，複過に相当し，付帯的事実は過去時制で述べられる：Il est venu jusqu'à Stockholm en avion, il *arrive* à dix heures à l'hôtel, *entre* dans la chambre comme un taureau. (SAGAN, *Château*, 28-9)「彼は飛行機でSに来ました．10時にホテルに着くと，雄牛のように部屋に入ってきます」/ J'*entre* chez le Marquis, lequel *dormait* ou *somnolait*. (MONTHERL., *D. Juan* II, 2)「侯爵の家に入ると，奴は眠っていたか，うたたねをしていた」/ A huit heures, je *téléphone* chez lui. Je *tombe* sur sa femme. J'*avais prévu* le coup. (DORIN, *Th.* I, 32)「8時に彼の所に電話をすると，出てきたのは奥さんよ．そんなこともあろうかとは思っていたけど」/ Nous *dormions* ensemble chez elle, quand au milieu de la nuit je *renverse* la lampe de chevet que je *voulais* allumer, qui *se brisa*. (JOUHAND., *Procès*, 63)「彼女の部屋でいっしょに眠っていたとき，私は真夜中に枕元の灯りをつけようとして，それを倒して壊してしまった」/ Tout à coup il me *crie* qu'il *allait* me tuer. (DE BOER—STEN, 33)「突然彼は殺してやるぞと叫んだ」(crie を過去時制と見なして時制の照応が行なわれている)

2° 未来 ①近い未来，意図，計画など．未来の事実を現在の事実として述べるから，実現の確

実性を帯び，話者の意志が表わされる：Attends-moi, je *reviens* tout de suite! (TOURNIER, *Coq*, 298)「待っておいで，すぐ戻ってくる」/Elle *part* demain pour la province. (ANOUILH, *P.R.*, 136)「彼女はあす田舎にでかけます」/ Ouvre tout de suite ou j'*enfonce* la porte. (ID., *Ardèle*, 111)「すぐ開けろ，さもないとドアをぶち破るぞ」

◆話相手，第3者の行為は話者の意志による：Deux mots de plus, duègne, vous *êtes* morte. (HUGO — G, 715, 4º)「もう一言しゃべれば，このくそばばあ，命はないぞ」/ Il ne nous *échappe* pas, cette fois. (GIRAUDOUX, *Judith* I, 1)「今度こそ逃がしはせんぞ」

◆条件文の主節の現在形も同じ：Si tu y vas, j'y *vais*. (MART, 341)「きみが行けば僕も行く」/ S'il gagne la Suisse, il *est* sauvé! (*Thib*. VII, 256)「スイスに行き着けば救われたんだ」

◆なすべきこと：Qu'est-ce que je *fais*? Je lui donne (...) deux jours de repos. (GASCAR, *Femmes*, 15) (fais = dois faire)「どうしたものかしら．2日休暇をやっておこう」

◆禁止：Qui est là? On *n'entre* pas! (COCTEAU, *Th*. II, 108)「(ドアの外にいる者に向かって)誰？ 入っちゃだめよ」

② *si*+現在形 ⇨ si¹ I. 1º

③ 命令　命令を表わす単未 (⇨ futur simple II. B. 3º) より語調が強い：Je prends le bateau de nuit, tu le *prends* avec nous. (GIRAUDOUX, *Tessa*, 206)「わたしは夜の船に乗る．君もいっしょに乗るんだ」/ Vous *prenez* le premier chemin à gauche. (DHÔTEL, *Pays*, 70)「最初の道を左に曲がるんです」

presque — 1º *presque*+母音　*presqu*'île「半島」のほかはélisionしないのが規則．*presqu*'invisibles (SOLLERS, *Parc*, 16; cf. 53)「ほとんど見えない」, *presqu*'aussitôt (GRACQ, *Presqu'île*, 74)「ほとんどすぐに」のような例は少なくないが (G, 103, 5º; ROB)，避けたほうがよい．

2º *presque*+形 [副]：C'est *presque* sûr.「ほとんど確実です」/ Il est *presque* totalement aveugle.「彼はほとんどまったく目が見えない」/ *presque* toujours「ほとんどいつも」　◆*presque* pas [plus, jamais]：Elle ne lui répondait *presque* pas. (CAMUS, *Etr.*, 74)「彼にはほとんど返事をしなかった」/ Je n'y suis *presque* plus allé. (*Ib.*, 12)「そこにはもうほとんど行っていな

い」/ Ça n'arrive *presque* jamais. (BEAUV., *Inv.*, 17)「そういうことはまず決して起こらない」

3º 動+*presque*：Elle courait *presque*. (VERCORS, *Anim.*, 145)「駆けているも同然だった」

◆複合時制との語順：Elle avait *presque* fini par oublier qu'il n'avait pas bon caractère. (BEAUV., *Inv.*, 105)「ついには彼の性質がよくないことをほとんど忘れてしまっていた」

4º *presque*+不定詞：Se taire en pareil cas, c'est *presque* avouer. (EBF)「こんな場合に黙っているなんて，白状しているようなものだ」　◆まれに 不定詞 + presque. 文学的 (COL)：Je ne comprenais pas moi-même comment j'avais pu (...) la (=mon âme) tuer *presque*. (PROUST — G, 829 a)「どうしてそれをほとんど殺すことができたのか自分でもわからなかった」

5º *presque*+前+名 / 前+*presque*+名

① presque+前．一般的：Il est *presque* en colère.「彼は怒らんばかりだ」/ Il est *presque* sans ressources.「彼はほとんど一文なし」

② 前+presque+chaque [aucun, nul, tout]+名．一般的：C'est l'avis de *presque* tous mes collègues. (H, 758)「それはほとんどすべての同僚たちの意見だ」/ à *presque* chacune de ces pages (G, 831 a)「これらのページのほとんど一つ一つに」/ dans *presque* aucune de ses entreprises (*Ib.*)「彼の企てのほとんどどれ一つにも」

③ presque+前．②と同じ支配語のときは古文調で一般的には勧められない：*presque* dans tous les cas [dans *presque* tous les cas] (H, *Ib.*)「ほとんどあらゆる場合に」/ *presque* à chaque soirée [à *presque* chaque soirée] (G, *Ib.*)「ほとんど毎晩」

6º *presque* tout [*rien*, など]：Il n'y a *presque* rien [*personne*].「ほとんど何もありません [誰もいません]」/ J'ai *presque* tout mangé. (CAMUS, *Etr.*, 57)「ほとんど全部食べてしまった」

7º *presque*+名　接頭辞的 (DB), 形容詞的用法 (LE B, II, 589; G, 125, 2º; EBF)：Il a été élu à la *presque* unanimité. (DB)「彼はほとんど満場一致で選ばれた」/ La *presque* totalité des ouvriers était en grève. (DFC)「工具のほとんど全員がスト中であった」▶ presque à l'unanimité, presque tous les

ouvriersと言い換えられるから，TH は勧めない．
　8º *ou presque*: Chaque nuit (*ou presque*), je rêve d'elle. (GIDE, *Journal 1942-9*, 24)「毎晩と言ってもよいほど彼女の夢を見る」／ Il n'a devant lui que des bancs vides, *ou presque*. (*Ib.*, 70)「彼の前にはあいているベンチしかない，と言ってもよいほどだ」

presser — se presser de 不定詞: A-t-il répondu à votre lettre?—Non, il ne *se presse* pas (*de* le faire).「彼はあなたの手紙に返事をくれましたか？—いいえ，なかなかくれません」▶de 不定詞に代名詞の代入不可能．これを省くか，de le faire で受ける．

prêt — prêt à+名［à 不定詞］: Il est *prêt au* départ [*à* partir].「彼は出発の準備ができている」／ Ce paquet est *prêt à* envoyer. (LE GOF, 145)「この小包は発送するばかりになっている」
　▶à+名，à 不定詞に y の代入可能: Il *y* est *prêt*. ただし念入りな表現．多くは y を省く．

prétendre — 1º *prétendre que*+直［接］: Je *prétends qu*'il *a* tort.「彼が間違っていると言っているのだ」(= affirmer, soutenir) ／ Je *prétends qu*'il m'*obéisse*.「彼は私に服従してくれなくては困る」(= vouloir)
　♦affirmer の意で主節が否定ならば Je ne *prétends* pas qu'il l'*a* dit [または qu'il l'*ait* dit].「彼がそう言ったとは言わぬ」．接続法の使用によって vouloir の意に解されるならば Je ne *prétends* pas qu'il le *fera*.「彼がそれをするとは言わぬ」と直説法を用い，... qu'il le *fasse*「彼がそれをすることを望まない」と区別する (H, 759)．
　2º *prétendre*+不定詞 (古: de 不定詞)「…と主張する」 否定の位置により意味が変わる場合: Il prétend *ne pas* venir.「彼は来ないと言う」(= affirmer sa volonté de ne pas...) ／ Il *ne* prétend *pas* venir.「彼は来るのはいやだと言う」(= refuser de...) ♦ただし vouloir にならい ne pas が移行され得るから，Il *ne* prétend *pas* apprendre sa leçon. は Il prétend *ne pas* apprendre sa leçon.「習ったところを覚えるのはいやだと言う」と変わりがない (*Ib.*)．
　▶prétendre à 不定詞「…を熱望する」

prétérit ［過去形］— 英語・ドイツ語などでは過去時制を指すが，フランス語では時に passé simple を指す術語として使われる (D, 212)．prétérit simple (MEILLET, *Ling. hist.*, 150)

とも言う．

printemps — *au printemps*「春には」／ *au printemps* dernier (ROB)「この前の春」／ *au printemps de* 1924 (SARTRE, *Nausée*, 82) ／ *au printemps* 1931 (BEAUV., *Age*, 80) ／ N'avait-elle pas, *un printemps*, tenu Gise emprisonnée pendant six semaines dans sa chambre...? (*Thib.* I, 242)「ある年の春, G を6週間も部屋に閉じこめはしなかったか」
　♦l'été (=en été)，l'hiver (=en hiver) とは異なり au printemps の代わりに le printemps とは言わない．ただし le printemps dernier とは言う (COL)．⇨ automne

probable — Il est probable que+直: *Il est probable qu*'il fera quelques erreurs. (BUTOR, *Degrés*, 201)「恐らく彼はいくつか誤りを犯すだろう」
　♦+接は1920年ごろから表われた傾向．正規形とは認められない: *Il est probable* sans doute *qu*'il ne *faille* chercher aucun sens concret dans cette expression. (LABAT—COH, *Subj.*, 136)「恐らくこの表現に何ら具体的な意味を求めてはなるまい」 cf. COH, *Reg.* 42; G, 998 a, N.B.

probablement — *Probablement qu*'il viendra. (= Il est probable que...) ⇨ que⁴ VIII. 2º
　♦probablement+主語倒置．peut-être [sans doute]+主語倒置の類推: *Probablement*, aimait-il les deux à la fois. (DÉON, *Déjeuner*, 72)「恐らく彼はその両方を同時に好きだったのだろう」▶LE B (*Inv.*, 100) は新聞記事に多く見られると言う．

proclitique ［後接語］— 後続語と密接に結ばれる無強勢語．冠詞, 所有［指示］形容詞, 動詞に先立つ無強勢人称代名詞, 前置詞, 大部分の接続詞: *le* chien, *ce* livre, *je* chante, *à* Paris, lui *et* elle ⇨ enclitique

professeur — 女性についても男性語を用いる: Elle est mon *professeur* de piano.「彼女は私のピアノの先生です」／ Mademoiselle est un *professeur*. (ANOUILH, *P.G.*, 106)「お嬢さんは先生なのだよ」▶ことに女性であることを示すには une femme [dame] *professeur*, または un *professeur* femme [dame] と言う (GOUG, 124)．la *professeur* は教養ある人には choquant である (D, *Guide*, 107; VENDR, 109)．

pronom démonstratif

♦ただし、sexeと文法上の性の矛盾から、形容詞を女性形に置き、elleで受けることがある： Derrière elles étaient *assises* les *professeurs* et les surveillantes, en corsage de soie, *gantées* de blanc. (BEAUV., *Mém.*, 93)「彼女たちのうしろには、絹のブラウスを着て白手袋をはめた教員と学監が着席していた」/ C'était un ancien *professeur* d'une quarantaine d'années, *mariée* et mère de famille. (ID., *Compte*, 327)「40歳ばかりのもと教師で、結婚して一家の主婦だった」/ Les *professeurs* techniques *adjointes* qui sont *chargées* de l'enseignement professionnel (...) Elles sont recrutées par concours parmi les candidates, âgées de 23 à 25 ans (...) (*Avenirs*, n° 67, 44)「職業教育を担当する技術助教員(…)．彼女たちは23～25歳の志願者の中から選抜試験により採用された(…)」

profiter — profiter de + 名 ： Il désirait *profiter du* beau temps pour visiter Notre-Dame de Paris. (BUTOR, *Degrés*, 209)「晴天を利用してNを見物したかった」 ♦profiter de ce que + 直 ： Il *profita de ce que* Marthe était descendue faire les courses pour préparer ses affaires. (LE CLÉZIO, *Déluge*, 177)「Mが買物をしに降りていった隙に荷物をまとめた」 ▶profiter que + 直は俗、避けるべき構文。
　代名詞はen： Il fait beau, *profitez-en*. (BUTOR, *Degrés*, 310)

progressif ⇨ aspect

pronom [代名詞] — 名詞に代わる働きから与えられた名称だが、名詞だけでなく形容詞、動詞、節にも代わる： Etes-vous malade? — Je *le* suis. (le = malade) / Obéissez, je *le* veux. (le = que vous obéissiez)　ある代名詞は名詞的機能を持つのみで他の語に直接代わるわけではない： Ce livre est à *moi*. / *Personne* n'est venu. 1, 2人称主語代名詞は動詞の人称を示す単なる記号にすぎない(⇨ pronom personnel II. 1°). BRUNOTはpronomの名称を廃し、その機能に従って、これをnominalとreprésentantとに分けた(⇨ 各項).
I. 分類　①pron. personnel.　②pron. démonstratif.　③pron. possessif.　④pron. relatif.　⑤pron. interrogatif.　⑥pron. indéfini.
II. 一般的注意　①代名詞は原則として無冠詞名詞の代理をしない．ことに動詞あるいは前置詞と合体して動詞相当句、副詞相当句を作る名詞に代わることは避けるべきである．したがって、Je vous fais *grâce* et ×elle est méritée.「あなたを許してあげます、それは当然のことです」/ Quand on est en *santé*, ×il faut la conserver.「健康であるときには、健康を保とうとしなければならない」/ Il a parlé avec *éloquence*, et ×elle a charmé tout l'auditoire.「彼は雄弁に話した、そしてこの雄弁が聴衆のすべてを魅惑した」はすべて正しくない．正： Je vous accorde votre grâce... / Quand on a la santé... / Il a parlé avec une grande éloquence, et elle a... [またはavec une éloquence qui a charmé...]
♦ただし、deの後で冠詞du, desが略される場合は、この限りでない： J'ai cueilli une multitude de *fleurs*; elles vous seront envoyées.「花をたくさん摘みました．あなたに送りましょう」
▶18世紀まではこのような考慮は払われなかった．今日もなお、この規則に反する例はまれではない．cf. G, 463, Hist.
②代名詞と被代理語との関係は明瞭でなければならない．
(1) 2つの節が続くとき、第2節の主語il, elleは、第1節の主語が男性あるいは女性単数であるときは、第1節の主語を表わすべきである． Ces brigands ont volé Paul; *il* a porté plainte.「あの悪党どもがPのものを盗んだので、彼は訴えた」は正しいが、Pierre a volé Paul; ×*il* a porté plainte. は不可．正： celui-ci a porté plainte.
(2) 同一文中に用いられた数個の同じ代名詞は、同一語に代わるのが原則である： Nul repos pour le méchant; *il le* cherche, ×*il le* fuit.「悪意ある者に安息はない．彼はそれを求めるが、それは彼の手から逃げてゆく」/ Paul informe Jean qu'*il* ne peut accepter son invitation, ×parce qu'*il* (= Jean) l'a prévenu trop tard.「PはJに知らせを受けたのが遅すぎたので招待に応じられないと伝える」はいずれも不可．正： Nulle paix pour le méchant; il la cherche, elle le fuit. / Paul informe Jean qu'il..., parce qu'*il* (= Paul) a été prévenu trop tard. ただしonにはその例外もある．⇨ on

pronom adverbial [副詞的代名詞] — adverbe pronominalとも言う．副詞を語源とし現在も場所の副詞としての用法が残るenとy.
pronom démonstratif [指示代名詞] —

事物を指示する代名詞．形態．①単純形（無強勢形）：celui, celle, ceux, celles; ce（中性）．　②複合形（強勢形）：celui-ci[-là], celle-ci[-là], ceux-ci[-là], celles-ci[-là] / ceci, cela, ça（中性）．

pronom indéfini ［不定代名詞］— 準名詞（⇨ nominal）の中で意味・機能の規定しやすいものを除き，残りを一括して伝統文法では不定代名詞と呼ぶ．大部分は不定形容詞の名詞用法．Le Bはnominal indéfini, Bはnominal indéterminé と言う．必ずしもそのすべてが不定の意味を表わすわけではない(cf. adjectif indéfini)．具体的リストは文法家による違いもあるが，大きく分けて量に関わるもの（①）と質に関わるもの（②）とを区別できる．照応あるいは補語によって名詞を含意させられるものがあり，*印を付した．以下では男形のみ示す．cf. Gr. d'auj., 324-5; W-P, 193-4, Dub, Dict. 244; GLLF, 2623-4.

①ゼロ：personne, rien, *nul, *aucun, *pas un.
　単数：quelqu'un, quelque chose, *(l')un.
　複数：*quelques-uns, *les uns, *plus d'un, *plusieurs,《文》d'aucuns.
　総体：tout, *tous, tout le monde.
　配分：*chacun.
②同一：*le même, *les mêmes.
　別種：*l'autre, *les autres, autre chose, autrui.
　指示的：(un) tel.

このほか，je ne sais qui [quoi, lequel], n'importe qui [quoi, lequel]のような複合形を，一種の不定代名詞として含めることもできる（⇨ savoir ; importer)．onは主語人称代名詞として，またquiconqueは（先行詞のない）関係代名詞として除いた．mêmeは代名詞としては定冠詞が必要だが，autreは他の限定辞も付く（un autre, d'autres, quelques autres, など)．

pronom interrogatif ［疑問代名詞］— 形態．関係代名詞と共通する．①単純形：qui, que, quoi, 古語quel (= lequel)．②複合形：lequel [auquel, duquel]．このほか，単数形をest-ceにより強調して：qu'est-ce qui [que], qui est-ce qui [que], (à) quoi est-ce que.

pronom personnel ［人称代名詞］—
I. 形態　人称，機能，アクセント，動詞に対する位置，数，性（3人称で）に従って変化する．①無強勢形．(1)主語：je, tu, il, elle, nous, vous, ils, elles.　(2)直・目：me, te, le, la, nous, vous, les．(3)間・目：me, te, lui, nous, vous, leur.
②強勢形．種々の機能を持つ：moi, toi, lui, elle, nous, vous, eux, elles.

この他に副詞的代名詞(無強勢) en, y, 再帰代名詞se（無強勢)，soi（強勢）を加えることができる．il, leは中性ともなる．主格（cas-sujet)，被制格（cas-régime)は関係［疑問］代名詞にもあるが (qui, que), 与格（datif)形（間，目）を持つものは人称代名詞だけ．

強勢形と無強勢形　人称代名詞はアクセントをとるか否かに従って，強勢形(forme tonique または accentuée, forte, pleine, lourde)と無強勢形（forme atoneまたはnon accentuée, faible, légère)とに分けられる．上の表のうちlui, elle(s), nous, vousが機能により両方に属するほか，je（例外：je soussigné), me, te, se 以外の無強勢形は動詞に対する位置により強勢をとる．

分離形と接合形　強勢の有無にかかわらず動詞と密接に結びつくものを接合形（forme conjointe)と言う：Je l'aime. Parlez-moi. 独立した語として用いられる強勢形を分離形（forme disjointe)と言う：Venez avec moi.

母音字脱落　無強勢のje, me, te, le, la, seは母音の前ではj', m', t', l', s'となる．強勢をとるものは母音字を省略しない：Faites-le entrer. 俗語ではjeは子音の前でもj'となり，tuは母音の前でt'となる：J'viens. T'as vu ça?

II. 主語　1° 無強勢形の性質　古仏語では動詞の語尾がそれぞれに異なり，人称はこの語尾によって示されたから，人称代名詞は主語を強調する意図のあるときにしか用いられず，すべて強勢をとった．近代仏語ではaime, aimes, aime, aimentは発音上人称の区別がつかないから，人称代名詞は不可欠となり，同時にそれは強勢を失った．したがって，主語人称代名詞は単に人称を示す記号であり，désinence préposée (Brun, 266), pré-flexion (Le B, I, 126)にすぎず，すべて動詞と密接に結ばれ，無強勢補語代名詞またはneによるほかは動詞から離れない．

◆強勢をとる場合 (jeを除く)．(1)疑問形：Où vas-*tu*? (2) Il ne vous a rien dit? — Qui ça *il*?「彼，何も言わなかった?—誰のことさ，彼っていうのは」/ Ils ou *elles* iront. 「彼らか彼女らが行くだろう」/ être à *tu* et à toi avec qn「人とごく親しい間柄にある」

♦他の語に代わるのは3人称のみだが, il は非人称構文の中性主語にもなる. ⇨ il impersonnel

2º 無強勢形主語代名詞の省略 **①時制の同じ数個の節で** 17世紀以来, 主語代名詞の使用は義務的になったが, 同じ時制に置かれ同じ主語を持つ動詞が並置あるいは等位されるとき, 主語を一度しか表現しないことがある. この場合, 主語の反復・省略は個人的嗜好によって決定されるから, 厳格な規則は設けられない. 文語のほうが口語よりも省略が多く, 3人称は1, 2人称より省略されやすい.

(1) 並置節, あるいは添加の意の et で結ばれる等位節では反復・省略は不定. 反復は各動詞を強調, 省略は数個の行為・状態を一括して表わす: *Je* cours, *je* l'appelle, *je* le supplie de revenir. / *J*'ouvris la lettre, la lus, la jetai au panier. / *Je* suis allé le voir et (*je*) lui ai raconté mon aventure. (MART) / *Elle* dansait et chantait tout le jour. (FRANCE) / *Ils* vont et viennent courbés sous les hamacs. (LOTI) ▶否定節+肯定節の並置では反復が規則: *Elle* ne chante pas, *elle* crie.

(2) 対立を表わす et, mais, ou の後では3人称のほかは反復が普通: *Tu* ne fais rien et *tu* veux réussir. / *Il* ne fait rien et (*il*) veut réussir. / *Tu* peux nous obliger, mais *tu* ne le veux pas. / *Je* sortirai ou *je* travaillerai.

(3) ni の後: *Je* ne bois ni ne mange. (この構文では必ず省略) / Ni *je* ne bois ni *je* ne mange.

(4) et, mais, ou, ni 以外の接続詞の後では反復: *Il* réussira, car *il* travaille.

(5) 複合時制の場合, 同一助動詞ならば主語と共に助動詞も省略される: *Nous* avons marché et traversé la ville. (CAMUS) ▶肯定節と否定節の等位では助動詞の反復は必要だが, 主語は省略できる: *Il* a dormi, mais (*il*) n'a pas mangé.

(6) 従属節の場合. 従位接続詞またはそれに代わる que の後で反復が原則: Il vous excusera parce qu'*il* vous connaît et qu'*il* vous fait confiance. (H, 768) ▶N (VI, 59) も2つ以上の従属節があるときは接続詞と主語は省略されないと言うが, 省略は不可能ではない (cf. S, II, 2).

② 時制の異なる数個の節 主語を反復するのが普通: *Nous* avons vécu et *nous* mourrons ensemble. ▶現代では省略されることがある: Ils ont plaisanté, ri et avaient l'air tout à fait à leur aise. (CAMUS, *Etr*., 120) / Je *suis* stupide, moi aussi, et n'*ai* pas *su* y voir plus clair que toi. (GIDE, *Porte*, 91)

♦従属節: Elle m'a dit aussi... qu'elle *craignait* d'être trop âgée pour toi et *souhaiterait* plutôt quelqu'un de l'âge de Juliette. (*Ib*., 97) / Tu sais l'amour que nous *avons eu* et *avons* l'un pour l'autre. (AMIEL, *Couple* I, 3) ▶D-P (III, 209) は18, 19世紀より17, 20世紀のほうがこの点に関しては柔軟性があると言う.

③ 1つの節で主語を省略するのは古語法の名残りか俗語. (1) 諺, 成句: Fais ce que dois. (= *tu dois*)「なすべきことをなせ」/ Tes père et mère *honoreras*. (= *Tu* honoreras tes père et mère)「汝父母を敬え」 (2) 俗語, なげやりな会話: *Connais* pas. (GÉRALDY, *Rob. et Mar*. III, 1) (=*Je* ne connais pas) (3) 報告書, 日記, 電報: *Dîné* chez tante Cora. *Passé* toute la soirée avec mademoiselle de Cheverny. (MAUROIS, *Climats*, 164) (= J'ai dîné... J'ai passé...) / *Arriverai* demain「アスツク」 (4) 非人称文の il の省略 ⇨ il impersonnel III

3º 主語となる強勢形 **①無強勢形の強調:** *moi*, je dis / *toi*, tu dis / *lui*, il dit / *elle*, elle dit / *nous*, nous disons / *vous*, vous dites / *eux*, ils disent / *elles*, elles disent. あるいは je dis, *moi* / tu dis, *toi* など / *Moi*, je n'y comprends rien.「私にはさっぱりわかりません」/ Pourquoi ne va-t-il pas, *lui*?「どうして具合が悪いんだろう, 彼は?」 ▶主語の強調は多く対立を表わす: *Moi*, je travaille et *toi*, tu flânes.「私は働いているのに君はぶらぶらしている」

♦moi, toi は je, tu なしでは主語にならないが, 3人称は単独で主語となり, 主語名詞, 関係代名詞 qui の強調にも用いる. ⇨ lui, eux, elle(s) 1º

② 直後に, *même*, *autre*, *aussi*, *non plus* などを伴うとき 1, 2人称 (ことに単数) は無強勢形で繰り返すのが普通. 3人称は多く単独に主語となる: *Moi-même* [*Moi aussi*] *je* le savais. *Lui-même* [*Lui aussi*] le savait. ♦ただし moi [toi, nous, vous] seul(s) は単独に主語となることが多い: *Moi seule* ai raison de me préférer. (BEAUV., *Tous les h*., 46) / *Toi seul* peux me renseigner. (TROYAT, *Araigne*, 171)

◆強勢形の位置による意味の違い：*Toi-même* tu iras. (= Tu iras aussi)「君も行きたまえ」/ Tu iras *toi-même*. (= en personne)「自分で行きたまえ」(MART, 252)
③ **関係代名詞，同格語，形容詞を伴うとき**：*Moi qui* avais si peur de la mort, je ne tremblais pas. (RADIGUET, *Diable*, 80)「死をあんなに恐れていた私だったが，身体がふるえもしなかった」/ Je m'énervais, *moi toujours silencieux*, de ne pouvoir parler vite. (*Ib*., 140)「いつもは無口の私だったが，早く話せないのにジリジリした」/ *Toi, souverain des Dieux*, toi aussi tu as les hommes en horreur. (SARTRE, *Mouches* III, 2)「神々の王であるあなたも人間を憎んでいる」
④ **他の主語と等位されるとき**　この場合，1人称代名詞が含まれれば無強勢のnousで，1人称を含まず2人称が含まれればvousで全部の主語を繰り返すのが普通．ただし，ことにnousは時に略される：Mon père et moi, (nous) l'avons fait. Ton père et toi, (vous) l'avez fait. cf. Edith et moi savons ce que nous avons à faire. (TROYAT, *Signe*, 203)「Eと私はなすべきことを知っています」/ Et ce n'est que pour cela que, depuis une heure, *mon mari et vous* échangez des injures? (ANOUILH, *P.N*., 33)「それだけのことで，1時間も前から，夫とあなたは悪口を言いあっていたのですね」▶ 主語が全部3人称ならばilsで繰り返されない：Son frère et lui sont venus.

◆無強勢形主語の同格として：Nous avons, *vous* et *moi*, à peu près tout ce qu'on peut avoir. (GÉRALDY)

◆動詞の後に置かれた数個の主語の最初のものがlui, elleの場合，無強勢形主語にil, elleを用いることがある：Il est mort, *lui* et sa femme. (MART, 255, n. 2)「死にましたよ，彼も彼の妻も」/ Mais *elle* repartira dans quelques jours..., elle et son amie Célina. (GREEN, *Moïra*, 131)「でも，2, 3日すれば行ってしまいます，あの子は．それにお友だちのCも」(⇨ 下記 III. 2° ③ (2)) ▶ この構文は避けたほうがよい．これにならって ×*Il est venu, lui et son frère*. とは言わない．正：Il est venu avec son frère. Ils sont venus, lui et son frère. Son frère et lui sont venus. MARTは上例の代わりにIl est mort ainsi que sa femme. を勧める．

◆等位される主語から1人称代名詞を省くことがある：*Nous* sommes tous sortis sur la porte de la chaumière, les deux vieux Keremener, Yves, sa femme, et puis Anne, la petite Corentine et le petit Pierre. (LOTI, *Yves*, 246) (主語がnousであるから，moiが含まれる)
⑤ **総括的に示された主語を分解してそれぞれに異なる補語を添えるとき**：Les Saint-Astier parurent; *elle* maigre, ligotée de perles; *lui* hautain et affable. (MAUROIS, *Cercle*, 236)「S夫妻が姿を現わした．妻君は痩せて，真珠をまきつけ，夫は昂然としていながら愛想がよかった」/ Ils s'étaient promis l'un l'autre, *lui* de ne point le faire, *elle* de ne pas le désirer. (VERCORS, *Anim*., 240)「だが，彼らは約束したのだった．彼は決してそれをしないことを，彼女はそれを望まないことを」
⑥ **分詞節・省略文の主語**; ***infinitif de narration*** (⇨ infinitif B. V), **感嘆文における不定詞の主語**：*moi* vivant「私が生きているうちに」(成句的) / *eux* venus「彼らが来ると」/ Il ne me parla point, ni *moi* à lui.「彼は私に口をきかなかった．私も彼に話しかけなかった」/ Ils habitaient au premier étage, *moi* au rez-de-chaussée.「彼らは2階に，私は1階に住んでいた」/ Qui a fait cela?—*Moi*.「これは誰がしたのです?—私です」/ Il a les mêmes goûts que *moi*.「私と同じ趣味を持っている」/ Jaloux, *lui*, de ce forçat... Allons donc! (DAUDET, *Sapho*, 354)「彼があの囚人に嫉妬する…とんでもない」/ *Eux*, alors, de lâcher leur fardeau. (LOTI, *Yves*, 46)「すると，彼らは荷を放した」/ Doña Sol souffrir, et *moi* le voir! (HUGO, *Hernani* V, 6)「Dが苦しみ，そして私がそれを見なければならぬとは！」
⑦ ***c'est... qui***：C'est *moi* qui ai fait cela.

III. 補語
1° 接合形　直・目：Il *me* regarde. Vous *le* regardez. (無強勢) / Regardez-*moi* [*le*]. (強勢) ◆間・目：Il *me* parle. Je *lui* parle. (無強勢) / Parlez-*moi* [*lui*]. (強勢)

　　間接目的語代名詞の用法　① *à*+ 名 代 に相当：Il parle *à ton père*. > Il *lui* parle. / Il *me* [*te, nous, vous, leur*] parle. / Il *te* préfère ton frère.「君より君の弟のほうが好きだって」(préférer A *à* B「BよりAを好む」) / Il *m*'a volé une montre.「私から時計を盗んだ」(voler qch à qn「…から…を盗む」) その他acheter, arracher, dérober, échapper, emprunter, enlever, ôter, prendre, ravir, など / Il *vous* est inférieur.「彼はあなたより劣っている」(inférieur *à*「より劣る」)

② *pour* + 名 [代] に相当: Maman *m*'a acheté une montre. (= pour moi) / Faites-*moi* ce travail.「私のためにこの仕事をしてください」

③ 1, 2人称代名詞は話し手が行為に関心を抱くことを示し, あるいは聴き手, 読者の関心を誘うためにも用いられる. この代名詞を complément d'intérêt personnel (B, 394), pronom explétif d'intérêt personnel (LE B, I, 141)などと呼ぶ: Tu *m*'as l'air gaillard ce matin. (MAUPASS., *Bel-Ami*, 206)「けさはばかに元気そうじゃないか」/ Avalez-*moi* ce verre d'eau. (ARLAND, *Ordre*, 72)「このコップの水を飲んでください」/ Son petit nez *vous* a un air fripon. (FRANCE, *Bonnard*, 88)「彼の小さな鼻は一癖ありそうに見える」

♦本来の目的語代名詞に先立って: Si c'était mon fils, je *te le* dresserais. (MAURIAC, *Désert*, 145)「私の子供なら, 仕込んでやるのだが」/ Je *te lui* envoie une dépêche laconique. (LAVEDAN—N, V, 228)「彼に短い電報を送ってやる」(te + lui の形が用いられるのはこの場合だけ. ⇨ 後述 2°⑦)

♦虚辞的代名詞の重複的使用: Il *te vous* les sabrait de crayon rouge et de crayon bleu. (ARAGON, *Aurél.*, 500)「彼はそこのところを赤と青の鉛筆でばっさり削除した」(te + vous + les などはこの用法以外ではあり得ない)

④ *connaître*, *trouver*, *voir*, *croire*, *deviner*, *juger*, *savoir*, *soupçonner*, などと共に用いる場合(⇨ à I. 6°): Il *se* croyait du talent. (TROYAT, *Signe*, 13) (= Il croyait avoir du talent)「彼は自分に才能があると思っていた」/ Je *lui* connaissais un caractère entreprenant. (FRANCE, *Vie en fl.*, 3)「彼が思い切ったことをする性質であることを知っていた」/ Je *lui* trouve de la bonhomie. (R. BAZIN, *Tache*, 227)「彼を純朴な人だと思う」/ Vous ne *lui* voyez aucun défaut. (GÉRALDY, *Rob. et Mar.* II, 3)「彼には何の欠点も見られないでしょう」/ Je *lui* devine de l'intelligence. (M)「彼が頭がいいことはわかっている」 cf. D-P, III, 175.

⑤ 所有を表わす: Il *me* serra la main.「彼は私の手を握った」⇨ adjectif possessif VI. 1°

④
⑥ La fièvre *lui* a pris. ⇨ prendre 2°

2° 強勢形 ① **無強勢形の強調**

(1) 直・目: Il *me* voit, *moi*. Il *te* voit, *toi*. Je *le* [*la*] vois, *lui* [*elle*]... あるいは *Moi*, il *me* voit... cf. Il faut que vous me disiez ce qui *vous* intéresse *vous*. (BEAUV., *Tous les h.*, 44)「あなたにはどんなことが興味があるのか言ってくださらなければいけません」/ *Moi*, vous pouvez *m*'aider. (SARTRE, *Huis clos*, sc.5)「あなたは私なら助けられます」

(2) 間・目: Il *me* parle *à moi*. *Moi*, il *me* parle. あるいは *A moi*, il *me* parle. 最後の構文では, 多く無強勢形を用いない: *A toi* je ne veux jamais le dire. (ANOUILH, *P.N.*, 145)「あなたには決してそれを言いたくありません」/ Oh! *à eux*, je le *leur* dirai. (ID., *P.B.*, 384)「それはあの子たちになら, 言いましょう」

② 形容詞, 同格語, 関係代名詞などを伴うとき 無強勢形直・目の同格として: C'est ainsi que tu *me* traites, *moi*, ton meilleur ami [*moi* qui t'ai obligé si souvent].「君は一番の親友であるこの私を [あんなに世話をしてやったこの私を] そんな風に扱うのか」

♦à + 強勢形を用いるとき, 無強勢形の使用は一定しない: Il (*vous*) l'a dit(,) *à vous aussi*?「あなたにもそう言いましたか」/ Il (*lui*) a parlé(,) *à elle seule*.「彼女だけに話した」

③ 目的語が等位されるとき

(1) 直・目の人称が異なるときは, II. 3° ④に従って, これを無強勢形で繰り返す: Il *nous* a trompés, *vous et moi*.「彼はあなたと私をだました」/ Il *vous* aime beaucoup, *vous et votre frère* [*Ton frère et toi*, je *vous* aime beaucoup].「君も君の兄弟も大好きだ」/ ただし Je n'aime *ni vous ni votre frère* [*Ni vous ni votre frère* je ne *vous* aime]. (MART, 274)「君も君の兄弟も好きでない」▶S (I, 98)は名詞と等位するときは On a blâmé *ma sœur et moi*. を可能とする.

(2) ともに3人称の場合は (i) Je *les* estime beaucoup, *son frère et lui*. (ii) J'estime beaucoup *son frère et lui*. (MART, 274) (iii) Je *l*'estime beaucoup, *lui et son frère*. (*Ib.*) この最後の形では lui が最初にあることを要する. S (I, 98)は等位された他の語が事物名詞の場合は, 無強勢複数代名詞はほとんど用いられないと説く: Un navire *le* sauva, *lui*, son courrier

et son équipage. (ST-EXUP., *Terre*, 37)「一艘の船が彼も郵便物も乗員も救った」
♦ l'un et l'autre, tous les deux, les uns et les autres, ni les uns ni les autres, l'un l'autre が人を表わす場合は, 動詞の傍らに無強勢形を併用するのが普通：Je *les* estime *l'un et l'autre* [*tous les deux*].「彼らを2人とも尊敬している」/ Je ne *les* estime *ni les uns ni les autres*.「どちらの連中も尊敬していない」▶物についてはむしろJe tiens *l'un et l'autre* [*les deux*] pour mauvais.「両方ともだめだと思う」/ Je ne tiens *ni les uns ni les autres* pour mauvais.「一方ももう片方もだめだとは思わない」(MART, 274-5)
(3) 間・目の場合は無強勢形の使用は一定しない: Il (*nous*) a parlé(,) *à vous et à moi*.「あなたと私に話した」/ J'ai [Je *leur* ai] écrit *à l'un et à l'autre*.「彼らの両方に手紙を書いた」◆ただし à l'un et à l'autre などが1, 2人称に関係するときは, 3人称と区別するために, nous, vous が必要：Tu *nous* as écrit [Je *vous* ai parlé] *à l'un et à l'autre*.
♦ 無強勢形を等位の第1要素のみと一致させ, Il *m*'a écrit, *à moi et à mon frère*.「私にも私の兄弟にも手紙をよこした」/ Il avait l'habitude de *lui* consacrer chaque jour, *à elle et à son enfant*, une heure... (S, I, 98)「彼は彼女と子供に毎日1時間を当てるのが習慣であった」と言うことがある. この構文は避けたほうがよい. 第1例はIl m'a écrit, ainsi qu'à mon frèreが正規形（⇨ 上記 II. 3°④）.
④ 対立を表わすとき: Tu as parlé *à moi* et non *à mon frère* [*à lui* et non *à moi*].「君は私に話したので私の兄に話したのではない [彼に話したので私に話したのではない]」
⑤ *ne... que*; *c'est... que*：Tu n'as parlé qu'*à moi*.「私にしか話さなかった」/ C'est *à moi* qu'il a parlé.
⑥ 省略文：Elle veut te parler. — *A moi*? — Oui, *à toi*.「彼女が君に話があるって. — 僕に? — そうだ, 君に」/ Pourquoi cette question *à moi*?「なぜ私にそんなことを聞くのです」
⑦ *le, la, les* 以外の接合形は動詞の傍らに2つ用いられない. この場合, me [moi], te [toi], se, nous, vousが直接補語となるならば間接補語は à + 強勢形で表わす：Je *vous* présenterai *à lui*. (×vous lui, 以下同様)「あなたを彼に紹介しましょう」/ Je *me* confie *à vous*.「あなたを

信用しています」/ Présentez-*moi* à elle.「私を彼女に紹介してください」/ Fiez-*vous* à moi.「私を頼りになさい」
⑧ 動詞を伴わない形容詞, 過分の補語：une femme supérieure *à lui* (= qui lui est supérieure)「彼よりすぐれた女性」/ Tu m'es nécessaire. — Moi? nécessaire *à toi*? (BEAUV., *Sang*, 125)「君は僕に必要なのだ. — 私が, あなたに必要ですって?」/ Je la respecterais comme un enfant *à moi confié*. (LOTI, *Chrys.*, 32)「私に預けられた子供のように彼女を大切にしましょう」
⑨ 前置詞付補語：Je pense *à toi*. (下記3°) / *A nous deux* nous ferons de grandes choses.「2人してすばらしいことをしましょう」/ J'ai peur *de vous*. / J'ai reçu *de lui* une lettre. / Il s'approcha *de moi*. / J'irai *chez vous avec elle*. / Je suis fâché *contre toi*. / Il tourna la tête *vers moi*. / Je regardai *autour de moi*.
⑩ 前+強勢形 > 無強勢形…副（俗）：Il *lui* est allé *au-devant*. (B, 412) (= allé au devant de lui)「彼はその男を迎えに行った」/ Je ne vais pas perdre mon temps à *leur* courir *après*. (SARTRE, *Mur*, 15) (= courir après eux)「彼らを追いかけまわして時間をつぶすには及ぶまい」/ Il *leur* a tiré *dessus*. (*Ib.*, 34) (= tiré sur eux)「彼らを撃った」
⑪ *de* [*à*] + 強勢形 / 所有形容詞　強勢形の使用は限られている. (1) 所有代名詞を用いると意味が曖昧になるとき: la maison de ma sœur et *de moi* (LE B, I, 190)「妹と私の家」(et la mienne とすれば家が2つあることになる) (2) 所有者と不特定を同時に表わそうとするとき: *une amie* d'enfance *à elle* (LOTI, *Ramuntcho*, 15) (son amie は特定) / Nous avons eu hier *une* lettre *de lui* datée du 24. (ACHARD, *Nouv. hist.*, 206)「昨日24日付の彼の手紙を受け取りました」(3) 所有形容詞で表わされた所有者の明示あるいは強調：*son* cœur *à elle*「彼女の心」

3° 無強勢形 / *à* [*pour*] + 強勢形
① 動詞(相当句)の補語　accourir, aller, arriver, attirer, courir, marcher, revenir, venir など運動を表わす動詞の方向を示す補語, avoir affaire à「を相手にする」, en appeler [faire appel] à「に助けを求める」, recourir [avoir recours] à (同義), penser [songer,

rêver] à「のことを考える」, renoncer à「を見捨てる」, tenir à「に執着する」などの補語には〈à + 強勢形〉を用いる: L'enfant alla *à lui*.「子供は彼のほうに行った」(à = vers) / Je courus *à elle*.「彼女のほうに走り寄った」/ Il revint [vint] *à moi*.「彼は私のほうにひっかえしてきた[やってきた]」/ J'ai renoncé *à lui*.「彼を見捨てた」

♦運動を表わす動詞のあるものは比喩的意味では無強勢形を要求する: Cette robe *vous* va bien.「この着物はあなたに似合う」/ Son nom ne *me* revient pas.「彼の名が思いだせない」/ Il *me* vint une idée.「ふとある考えが頭に浮んだ」

② *être* + 属詞名詞　古典時代には無強勢形が普通に用いられた. この構成は今日まで残っているが, 多くは〈pour + 強勢形〉を用いる: Ce n'est pas *pour lui* une simple question d'art. (SOURIAU, *Hist. romant*. II, 78)「彼にとってそれは単なる芸術上の問題ではない」/ Ce fut *pour moi* une grande surprise. (FRANCE, *P. Nozière*, 27) / Cela *m*'était une grande preuve de la vérité des Ecritures. (*Ib*., 4)「それは私にとっては聖書が真実であることの立派な証拠だった」/ Tout *lui* était une proie. (BEAUV., *Inv*., 256)「彼女にとってはすべてが獲物だった」

③ *être* + 形　無強勢形が普通: Cela *m*'est pénible.「それは私にはつらい」/ Ça *m*'est égal.「私にはどっちでもいいことだ」/ Il *m*'est indifférent.「彼など私にはどうでもよい人間だ」/ Il *m*'était fort difficile de répondre.「私は返答に窮した」/ ただし Ce point est douteux *pour moi*. (FRANCE, *P. Pierre*, 41)「この点が私にとっては疑わしい」

4°補語代名詞の語順　①肯定命令形

(1) 動 + 代　代名詞はすべて強勢をとり, me, te は moi, toi となる. le, la は母音の前でも l' とならず, nous, vous, les は後続母音と liaison されない: Donnez-*moi* ce livre. / Donnez-*le* à Jean.

(2) 副詞的代名詞と呼ばれる en, y も含めて**数個の代名詞があるときの語順**: 動 + *le, la, les* + *moi* [m'], *toi* [t'], *lui, nous, vous, leur* + *y* + *en*　強勢は最後の代名詞に移る. 単数 1, 2 人称は en, y の前では m', t' (< me, te): Donnez-*le-moi*. (le は無強勢, moi は強勢) / Parlez-*lui-en*. Donnez-*m'en*. / Fiez-*vous-y*. (⇨ en²; y² II, 7°) ▶ハイフンの使い方で D(423) は Donnez-*vous en*. / Trouvez-*vous y*. LE GAL (*Dites*, 89) は Donne-*le moi*. とつづる. これにならう作家も多い.

♦まれに moi, toi, lui, など + le, la, les : Dis-*moi-le* donc. (ARLAND, *Terre nat*., 57)　成句的: Tenez-*vous-le* pour dit.「それは確かだと思ってください」▶ただし Tiens-*le-toi* pour dit. (*Thib*. I, 208) も可能. LE B (I, 155) は文末に le が来る Servez-*nous-le*. の構成を許容しない.

(3) 数個の命令形が等位されるとき. 上記と同じ: Viens et suis-*moi*. ▶古い語法では最後の命令形の前に無強勢形を用いた: Va, cours, vole, et *nous* venge. (CORN., *Cid*, 290) ▶今日では全く古文調.

②肯定命令形以外の場合　所要の無強勢形を次の語順に用いる: **主語** + *ne* + *me, te, se, nous, vous* + *le, la, les* + *lui, leur* + *y* + *en* + 動 + *pas*　例: Je ne *te le* conseille pas. Je *le lui* conseille. Je *t'en* prie. Il *y en* a. ▶否定命令文: Ne *me le* dites pas. Ne *le lui* dites pas.

③ 動 + 不定

(1) 主動詞 + 代 + 不定 : J'irai *vous* voir. / Vous pouvez *le* faire. / Allons *le* voir.

(2) 代 + 主動詞 + 不定　古語法: Vous *le* voulez savoir? (MOL., *Fem. sav*., 372) (この構成は 19 世紀以後はまれ)　懐古的文体: Elle pensa d'abord à *l*'aller voir chez lui. (FRANCE, *Dieux*, 51) ♦1918 以後, この語順が élégant であると思い誤られて, ことに文語に流行したが, D (*Etudes*, 82) はこれを排斥すべき傾向と説く. cf. Elle ne *les* pouvait distinguer l'un de l'autre. (MAUROIS, *Cercle*, 162) / Elle... me demanda la permission de *s*'aller coucher de bonne heure. (VERCORS, *Silence*, 66)

♦en, y はこの語順で頻繁に用いられ, 慣用句的になっているものが多い: Il n'*en* voulait rien savoir.「それを少しも知りたいとは思わなかった」/ Il n'*en* pouvait douter.「それを疑うことはできなかった」/ Il n'*y* faut pas compter.「それを当てにしてはいけない」/ Je n'*y* puis tenir.「こらえきれない」

▶主動詞が voir, entendre, écouter, sentir, laisser, faire, regarder, envoyer の場合はこの語順が規則的. ⇨ entendre; laisser; faire

④ 副 + 不定　pour *mieux le* connaître [pour

le mieux connaître] ⇨ adverbe V. 3º④(2)

5º 目的語代名詞の反復　等位された数個の動詞が同じ代名詞を補語とする場合.

① **単純時制**　反復される：Je *le* hais et *le* méprise.　2つの動詞が一体をなすと考えられるときは反復しない：Oh! cette lettre! Je *la* lis et relis sans cesse. (B, *Obs.*, 45) / Je *le* dis et répète à mes élèves tous les jours. (*Ib.*) / ただし Je *le* dis et (je) *le* répète. (H, 766)

② **複合時制**　助動詞が反復されれば代名詞も反復され，助動詞が反復されなければ代名詞も反復されない：Il *m*'a protégé et (*m*'a) secouru.

♦機能の異なる代名詞は反復するのが慣用である：Il *m*'a vu et *m*'a parlé.　LE B (I, 519) は機能が異なっても同形の場合は Il *m*'a parlé et félicité. を許容した. 作家は時にこの構成に従うが (cf. G, 480 b, 2º N.B.)，MART (289) はこれを許さない. N (V, 269) は négligence によると説く.

IV. 属詞　強勢形. 多く C'est の後：C'est *moi* [*toi*, …]. / Ce sont *eux* [*elles*]. その他：si j'étais *vous*.　無強勢形の用法については ⇨ le², la, les 3º

V. 呼びかけ　常に強勢形：Viens, *toi*. (SARTRE, *Morts sans sép.* III, 2) / *Toi*, mets-*toi* devant la fenêtre. Et *toi*, garde la porte. Venez, *vous autres*. (*Ib.*, IV, 2)

pronom possessif [所有代名詞] — adjectif possessif に対応し，名詞観念の代理をすると同時に所有の観念を含む代名詞.

I. 形態　定冠詞＋所有形容詞強勢形 (⇨ adjectif possessif XI)　所有者の人称と数，被所有物の性と数に従って変化する.

所有者 単

被所有物		
男		le mien, le tien, le sien ;
単	女	la mienne, la tienne, la sienne.
被所有物	男	les miens, les tiens, les siens ;
複	女	les miennes, les tiennes, les siennes.

所有者 複

被所有物		
単	男	le nôtre, le vôtre, le leur ;
	女	la nôtre, la vôtre, la leur.
被所有物 複	男[女]	les nôtres, les vôtres,
		les leurs.

小児語：mon mien (= le mien) (S, I, 171)

II. 意味と用法

1º 先行詞と共に　①〈所有形容詞＋名〉に代わる：Il tenait *la main* de Jacques serrée entre *les siennes*. (Thib. VI, 142) (= ses mains)「両手でJの手を握っていた」/ Elle a choisi *ce métier*, et c'est bien *le sien*. (GIRAUDOUX, *Tessa*, 113) (= son métier)「自分でこの商売を選んだのよ. あの娘にはうってつけの商売ね」

♦数形容詞の併用：Elle prit mes deux *mains* dans *les deux siennes*. (GIDE, *Isabelle*, 76)「私の両手を自分の両手で握った」　所有代名詞の強調：sous plusieurs noms autres que *le sien propre* (Thib. IV, 39)「本名以外にいくつも名を使って」

② **俗語における所有者，被所有物の明示**：Voilà une automobile. C'est bien possible que ça soit *la sienne au docteur*. (S, I, 171)「おや自動車がある. きっと先生のだろう」/ le sien, *de chat*, *à Paul* (BONN, *Code*, 183)「彼Pの猫」/ Le cheval (…) les montrait toujours, *les siennes*, *des* dents. (QUENEAU, *Contes*, 168)「馬は相変わらず歯をむき出していた」/ On va manger *la nôtre*, *de choucroute*. (DURAS, *Journ.*, 73)「僕たちのシュークルートを食べよう」/ Encore une question. Vous pouvez pas répondre à *la mienne*? *De* question. (QUENEAU, *Fleurs*, 140)「また質問か. わたしには答えられないの，質問には」

③ **被代理語が比喩的に人物を表わす場合**は，所有代名詞の代わりに人称代名詞を用いる：Connaissez-vous une plus *mauvaise langue* que *lui*? (LE B, I, 195; cf. H, 769)「彼より口の悪い男を知っていますか」(×que la sienne は誤)

2º 先行詞なしに　名詞的用法. 男単「所有物, 財産」, 男複「家族, 仲間」など慣用的：Soyez des *nôtres*. (MR) (= Venez avec [chez] nous)「一緒に [うちに] いらっしゃい」/ faire *des siennes*「いつものばかなまねをする」，など.

　先行詞なしで J'ai reçu *la vôtre* (= votre lettre) du 7 janvier.「1月7日付のお手紙いただきました」/ A la *vôtre*! (= A votre santé)「(乾杯のときに) あなたの健康を祝して」は相手に対する応答のとき以外は避けたい (H, 769; COL ; TH).

pronom réfléchi [再帰代名詞] — 主語と

同一人称の目的語代名詞. 1, 2 人称代名詞 (me, moi ; te, toi ; nous ; vous) は再帰代名詞となり得るが, 3 人称は se, soi を用いる. 強勢の lui, eux, elle(s) は soi と並んで再帰的に用いられることがある. ⇨ verbe pronominal; soi

pronom relatif [関係代名詞] ― 接続詞と代名詞の機能を同時に有する代名詞. pronom conjonctif とも言う. ⇨ antécédent

I. 形態 その機能によって形態を異にする. ① 単一形: qui^1, que^1, quoi^1, dont, où^1. ② 複合形: lequel (性・数に従い変化). 用法については各語を参照.

II. 語順 原則として先行詞の直後に置かれる.

先行詞から離れて用いられる場合

1° 疑問代名詞の後: *Qu'est-ce qu*'il y a *qui* ne va pas? (GREEN, *Mesurat*, 141)「何がうまくいかないの?」

2° 代名詞 *en*, *le*, *la*, *les* の後: Il y *en* a *qui* ne le regrettent pas. (BAZIN, *Terre*, 34)「それを後悔しない者がいる」⇨ qui^1 A. I. 2° ①

3° 主語に関係する関係節が長く, 主節の動詞が短い場合, 文の均衡上, 関係節は主動詞に接続. 主動詞は être [sembler] + 属詞, 自動詞, 受動形動詞, 直・目なしの他動詞, 無強勢人称代名詞 + 他動詞が普通: *Les hommes* sont rares *qui* n'ont point la superstition de leur temps. (FRANCE, *Opinions*, 10)「同時代の迷信を全く持たぬ人は少ない」/ *Une servante* entra, *qui* apportait la lampe. (GIDE, *Porte*, 246)「女中がランプを持って入ってきた」/ *Des lambeaux de phrases* lui revenaient à l'esprit *qu*'il avait entendues alors qu'il logeait chez Mrs. Dare. (GREEN, *Moïra*, 222)「D 夫人の家に泊っていたときに聞いた言葉が切れ切れに彼の頭に浮かんできた」/ *De mauvais romans historiques* ont été faits *où* l'on copiait les chroniques et les dialogues des inconnus. (VIGNY, *Journal*, 1828)「見知らぬ者の書いた年代記や対話を引き写した下らぬ歴史小説が作られた」/ *Et une idée* la saisit *qui* fut bientôt une obsession terrible... (MAUPASS., *Vie*, 338)「すると, 一つの考えが彼女をとらえ, それがやがて恐ろしい脅迫観念となった」(この例では関係節の動作は時間的に主節の動作に後続) / *L'argent* fini *qu*'il lui avait laissé, où irait-elle...? (DAUDET, *Sapho*, 334)「彼がおいていってやった金がなくなったら, 彼女はどこにいくだろうか?」⇨ proposition relative I. 2° ②

4° 名詞が補語［同格］名詞あるいは形容詞［過去分詞］+ 補語を伴うとき: C'est *la piste circulaire* des Aigles *qui* a été choisie. (VIALAR, *Eperon*, 57)「選ばれたのは A の円形馬場だった」◆先行詞は文意で見分けられる. 判別の困難な次の文は「少なくとも書くことは避けねばならない」(MART, 229): Va me chercher *le livre* de ton frère *qui* est dans le salon.「応接間にある兄さんの本を取ってきてください」

5° *et* [*mais*] + 関係代名詞: Il y a là *une erreur* et *qui* ne saurait durer. (N, V, 316)「誤りがある, しかもそのままにはできぬものだ」◆ et は関係代名詞を先行詞から引き離し, これを強調する. 次例は文の均衡上, 先行詞との間に語群が挿入されたもの: C'était *une grande nouveauté* qu'une jument verte et *qui* n'avait point de précédent connu. (AYMÉ, *Jument*, 8)「緑の雌馬とは非常に珍しいもの, しかも全く先例を知られていないものだった」

III. 反復, 省略

1° *qui* 反復・省略は一定しないが, 内容が非常に異なる種類の関係節の前には反復するのがふさわしい: *l'artiste qui* fut si célèbre et *qui* est mort hier (W, 133)「噴々(ふんぷん)たる名声を博して, 昨日死んだ芸術家」(「関係詞の省略は滑稽な効果を招くであろう」W) ◆動詞の時制が異なることは qui の反復を要求するとは限らない: un de mes camarades de Limoges *qui* était entré à Saint-Cyr et *venait* passer les dimanches chez nous (MAUROIS, *Climats*, 23)「S 兵学校に入っていて, 日曜をわれわれの家に来て過ごすのが常であった, L の友達の 1 人」

2° *que*, *dont*, *où* ① 主語が異なれば反復が必要: le livre *que* tu m'as donné et *que* je t'ai rendu「君がくれてから僕が君に返した本」

② 主語が同一の場合は, 関係代名詞と主語とを同時に省略できる: le livre *que* tu m'as donné et (m'as) repris または le livre *que* tu m'as donné et *que* tu m'as repris「君が僕にくれてから, また取り返した本」

3° 1 つの関係節が数個の主語を持ち動詞が 1 つであるときは, 主語を強調するために, その各々の前に関係代名詞を繰り返すことがある: J'étais maintenant dans un salon *dont* toutes les portières, *dont* tous les rideaux étaient déjà retombés. (GIRAUDOUX, *Simon*, 75)「私は今, ドアにも窓にもすべてカーテンがすでに下ろされたサロンにいた」▶ 次例では先行詞も反復: J'ignore *ce que* Renée, *ce que* d'autres, ont pu vous apprendre de ma vie. (MAUROIS, *Climats*, 13)「僕はRやほかの人たちが僕の生活についてあなたに何を教えたかは知らない」

♦ 次例では副詞を強調するための反復: Je demeurais des heures immobile..., fixant le même point du ciel *où* tout doucement, *où*, peu à peu, je voyais se former... un ravissant sourire qui me venait de lui! (BIBESCO, *Perroquet vert* I, 1)「私は空の一点を見つめながら, 何時間もじっとしていた. すると, そこには, 彼が私にほほえみかける, うっとりとするような微笑が, 少しずつ, 次第に形作られるのが見えるのだ!」cf. que⁴ IX. 2°

pronominale (voix)[代名態] — D (203) の用語. 主語が動作をなすと同時にそれを受けるところから, voix active と voix passive の中間的な態として, かく名づけられた.

proportion (proposition de)[比例節] — 副詞節(⇨ proposition subordonnée)の一種. 程度の比例的変化を示すもの. d'autant plus [mieux, moins] que... plus [davantage, moins](⇨ autant 17°); plus [moins]... (et) plus [moins](⇨ plus I. 10°; moins I. 6°); (au fur et) à mesure que; à proportion que, などで導かれる.

proposition[節] — **I. 複文**(⇨ phrase)**に含まれる, 動詞を中心とする語群**を言う (W, 65) (BRUN; D; CR の用い方も同じ): J'*ignore* les raisons qui t'*amènent*.「君がどうしてここに来たかは知らない」/ L'été *venu*, Paris est désert.「夏が来ると, パリは寂しくなる」/ Le chien *aboyait, courait, s'arrêtait, repartait.*「犬は吠えたり走ったり止ったり, また走ったりした」▶ これらの文は動詞の数だけ節があるものと考えられる.

　　節の種類 ①**独立節** (prop. indépendante) 等位文, 並置文を構成する節のように, 従位関係にない節: Nous n'avons pu sortir, car il pleuvait.「出かけられませんでした, というのは雨が降っていたからです」(等位文 phrase de coordination) / Nous n'avons pu sortir: il pleuvait.「出かけられませんでした. 雨が降っていたので」(並置文 phrase de juxtaposition) ▶ これらの節は等位関係にあるか, 並置関係にあるかに従い, **等位節** (prop. coordonnée), **並置節** (prop. juxtaposée) と呼ばれる.

②**主節** (prop. principale) **と従属節** (prop. subordonnée) 従位文において, 構文上主位に立つ節を主節, 従位接続詞によって主節に結ばれる節を従属節と言う: Nous n'avons pu sortir, *parce qu'il pleuvait*.「雨が降っていたので, 出かけられませんでした」(立体の部分が主節, イタリック体の部分が従属節)

　　この他に**挿入節**(⇨ incise) がある. これは文の埒外にある節で, 上記 3 種の節に並ぶべきものでない.

　　II. 一般には節を「判断の陳述 (énoncé)」 (BRACHET, 271), 「事実, 思想, 命令, 願望, 欲望, 問いの陳述」(*QLF*) と定義し, prop. affirmative, prop. négative, prop. interrogative, prop. exclamative の別を設ける. このように考えるときの節は単文 (phrase simple) に相等する.

proposition complétive ⇨ proposition subordonnée

proposition infinitive[不定詞節] — 不定詞を含む語群が節をなすもの: J'entends *ma sœur chanter*.「妹の歌うのが聞える」⇨ infinitif B; C. III. 1°②③

proposition participe[分詞節] — prop. participale (W, §488) とも言う. 分詞を含む語群が節をなすもの: *N'ayant plus d'argent*, il a dû m'en emprunter.「もう金がないので, 彼は私に借りなければならなかった」▶ 分詞がそれ自体の主語を持つ場合を prop. part. absolue[絶対分詞節]と言う. ⇨ participe passé IV. 5°; participe présent III. 5°

proposition relative[関係節] — 関係詞 (relatif) によって導かれる従属節. ⇨ pronom relatif

I. 機能 1° 名詞的機能 関係節は先行詞なしで名詞的に機能する. S (II, 85) はこれを独立関係節 (prop. rel. indépendante) と名づける.

①**主語**: *Qui aime bien* châtie bien.「よく愛する者はよく懲らす」

②**属詞** まれ: Ce n'est pas du tout *qui vous croyez*.「君の考えているような人間では決してない」

③**直・目**: J'aime *qui m'aime*.「私は自分を愛する者を愛する」

④**前置詞付補語**: J'aime à déplaire *à qui*

me déplaît.「私の嫌いな奴には嫌われたいものだ」/ Nous sommes attirés *par qui nous flatte.*「われわれは自分にへつらう者にひかれるものだ」

⑤ comme + qui : remerciant *comme qui a reçu un bienfait*「恩恵でも与えられた者のように礼を述べて」cf. S, II, 88-92.

先行詞なしの関係代名詞の用法については ⇨ qui¹ B; quoi¹ II; où¹ II; ce¹ II. 6° 7° (c'est... qui [que]...). S は ce, celui + 関係節をもここに加えるが, この関係節は形容詞的用法であり, 関係節それ自体は上記のように独立していない.

2° 形容詞的機能 関係節の本来の機能で形容詞節 (prop. adjective) と言われる.

① 付加形容詞 : le livre *que j'ai acheté* / au moment *où il arrivera.*

◆〈名 + 関係節〉は名詞節に相当することがある : Un artiste *qui aime vraiment les tableaux d'un autre artiste...*, ça n'est pas commun. (S, II, 145) (= Qu'un artiste aime vraiment..., ça n'est pas commun)「画家が他の画家の絵を本当に愛するなんてことは, そうざらにあることではない」/ Ces éventails *qu'il nous a donnés*, j'ai trouvé cela gentil. (*Ib.*) (= J'ai trouvé gentil qu'il nous ait donné ces éventails)「彼がこの扇をくれたのは親切なことだと思った」 cf. 名 + 過分 = 行為名詞 + 補語. ⇨ participe passé IV. 1°③

② 主語の間接属詞（同格）. Il est là *qui attend la réponse.* (= Il est là et il attend la réponse)「彼はそこで返事を待っている」の qui attend... は同義の Il est là *attendant la réponse.* (⇨ participe présent III. 3°), Il est là, *inquiet.*「彼はそこで心配そうにしている」(⇨ adjectif qualificatif V. 3°) のイタリック体の部分と同じく, ある動作 (il est là) が行なわれる際の, 主語の性質・状態を表わすもので, これを主語の間接属詞と考えることができる. 関係節は, 現分と同じく, 繋合動詞で直接に主語に結ばれることはない (×il est qui attend... は不可. 単に il attend... と言えばこと足りるから).

(1) être, se trouver, se tenir, rester, など + 場所の状況補語 + qui. 最も普通の構文. 関係節は継続的動作を表わすのが普通 : Un monsieur était devant ce tableau *qui le copiait minutieusement à l'encre de Chine.* (GONCOURT, *Journal* I, 296)「1人の紳士がその絵の前で丹念にそれを墨で模写していた」/ Elisabeth est là *qui* voudrait te parler. (TROYAT, *Araigne*, 167)「Eがあそこでお話があるって言っていますよ」

(2) その他の自動詞 : Deux gamins en guenilles parurent, *qui* portaient des sacs sur leurs dos. (ID., *Signe*, 235)「ボロを着た2人の少年が袋を背負って現われた」 ▶qui portaient... を portant des sacs あるいは chargés de sacs と変えると同格の機能が明らかになる.

③ 直・目の属詞 (1) admirer, apercevoir, contempler, découvrir, deviner, entendre, montrer, regarder, sentir, surprendre, trouver, voir, voici, voilà など + 直・目 + qui : Le regard de Désiré la gênait horriblement; elle le sentait *qui* la suivait. (GREEN, *Mesurat*, 335)「Dの視線は彼女には恐ろしく不快だった. 彼女はそれが自分のあとを追っているのを感じた」/ Je l'ai entendue *qui* le disait à un de ses amis. (ACHARD, *Th.* II, 196)「彼女が友だちの1人にそう言っているのを聞いたのです」 ▶関係節を属詞と解し得ることについては ⇨ participe présent III. 2°

(2) Monsieur et Madame ont aussi le cœur *qui* saigne. (SALACROU, *Th.* V, 90)「旦那様も奥様もそれは心を痛めていらしゃいます」⇨ avoir III. 2°

II. 関係節の表わす意味 形容詞的機能を持つ関係節はある時は限定的, ある時は説明［同格］的である. 限定的関係節 (prop. rel. déterminative [restrictive]) は先行詞の表わす人・物を同種の他の人・物と区別してそれに限定を加え, 文意に不可欠なもの. これに反し, 説明［同格］的関係節 (prop. rel. explicative [appositive]) は先行詞に付随的観念を添えるにすぎないから, これを省略することができる : Les soldats qui ne s'étaient pas sauvés, furent faits prisonniers.「逃げなかった兵士は捕虜にされた」（限定的）/ Les soldats, qui ne s'étaient pas sauvés, furent faits prisonniers.「兵士たちは, 逃げなかったから, 捕虜にされた」（説明［同格］的） ◆説明［同格］的関係節は先行詞との間に休止を置いてやや低い音調で発音される. この休止を多くは〈,〉で表わす. 先行詞が固有名(詞), 〈指示［所有］形容詞 + 名〉, 人称代名詞のように特定のものを表わすときは, 関係節は一般に説明［同格］的.

関係節は文脈により種々の意味を帯びる.

1° 限定的関係節 ①条件： Une femme *qui* m'eût aimé aurait chéri ma gloire. (MAURIAC, *Vipères*, 93)「私を愛する女なら，私の名誉を大切に思ってくれたろう」(= Si elle m'eût aimé)
② 目的： Il a besoin d'un secrétaire *qui* puisse travailler le soir.「夜働くことのできる秘書を探している」
③ 結果： Il n'est si bon cheval *qui* ne bronche.「(つまずかぬ良馬はない→) 弘法にも筆の誤り」 ⇨ si² II. 6°
2° 説明［同格］的関係節 ①時の関係： Evaliste Gamelin poussa la porte de son logis, *qui* céda tout de suite. (FRANCE, *Dieux*, 13) (= et celle-ci)「Gが自分の住居のドアを押すと，それはすぐ開いた」(後続性) / Pierre, *qui* s'amusait dans la forêt, fut surpris par l'orage. (= lorsqu'il)「Pは森で遊んでいると嵐におそわれた」(同時性)
② 原因・理由： Il but d'abord son café *qu*'il craignait de laisser tomber sur le tapis. (MAUPASS., *Bel-Ami*, 39) (= parce qu'il craignait de le laisser...)「彼はコーヒーを絨毯の上に落としはしまいかと思って，まずコーヒーを飲んだ」
③ 対立・譲歩： L'hirondelle, *qui* n'a pour outil que son bec, construit un nid admirable. (= quoiqu'elle n'ait...)「燕は，くちばししか道具がないのに，見事な巣を作る」

proposition subordonnée ［従属節］— 複文 (⇨ phrase) において主節に従属する節．
　分類　機能に従って一般に次の3種に分ける．
1° 名詞節 (prop. substantive あるいは nominale) 名詞と同じく主語，目的語，属詞，同格，形容詞の補語，前置詞の支配語となるもの．
① *que* + 従属節： Je veux *qu'il parte*. この名詞節を補足節 (prop. complétive)，時に接続節 (prop. conjonctive) (C, 324, など) と言う．
② 間接疑問節： Je ne sais pas *s'il viendra*.「彼が来るかどうかは知らない」
③ 独立関係節： *Qui aime bien* châtie bien.「よく愛する者はよく懲らす」 ⇨ prop. relative I. 1°
④ 不定詞節： J'entends *ma sœur chanter*.「妹が歌っているのが聞える」

2° 形容詞節 (prop. adjective) 付加形容詞・同格形容詞となるもの．関係節： un élève *qui travaille bien*「よく勉強する生徒」(付加) / Il est là *qui attend*.「彼はそこで待っています」(同格) ⇨ prop. relative I. 2°
3° 副詞節 (prop. adverbiale) または状況節 (prop. circonstancielle) 状況補語 (complément circonstanciel) となるもの．意味に従って次のように分類される．
(1) 時況節 (prop. temporelle) (2) 反意節 (prop. adversative) (3) 原因節 (prop. causale) (4) 条件節 (prop. conditionnelle) (5) 譲歩節 (prop. concessive) (6) 目的節 (prop. finale) (7) 結果節 (prop. consécutive) (8) 比較節 (prop. comparative) (9) 比例節 (prop. de proportion)
　そのほかに場所 (J'irai *où vous voudrez*.「あなたの好きなところにいきましょう」)，添加 (outre que)，除外 (excepté que, sauf que, hormis que, si ce n'est que, à cela près que, sinon que)，否定 (sans que) を表わす節を加えることができる．

puisque — 接　原因節を導く．il(s), elle(s), on, un(e) の前では常に，その他の母音で始まる語の前でも時に puisqu' となる： *Puisqu*'avec vous, je veux être aujourd'hui sincère (...) (MAUROIS, *Climats*, 48)「あなたに対しては今日は率直でありたいと思っているからです」/ *Puisqu*'y étant parti pour quinze jours vous y êtes resté trois ans. (ANOUILH, *Ornifle*, 126)「2週間の予定で行かれたのに，向こうに3年間いらっしゃったんですから」/ *Puisque* [*Puisqu*'] aucune réclamation n'a été faite. (H, 359)「全く何の苦情も出なかったからです」
1° 聴者が知っている事実，または因果関係が容易に認められる事実を示し，主節をその必然的結果として表わす (= étant donné que)： Et *puisque* Florent est trop lâche pour vous le dire, c'est moi qui m'en charge. (COCTEAU, *Th*. II, 61)「Fが意気地なしであなたにそれを言えないのだから，私が言います」/ Il y a de cela vingt ans, *puisque* j'avais trente ans et que j'en ai cinquante. (MAUPASS.—S, II, 327)「私は当時30だったし今は50なのだから，それから20年になるわけだ」

　puisque / *parce que*　parce que は主節の原因として聴者に未知の事実を示す．J'irai seul parce que Pierre a peur. は Pourquoi irez-vous seul?という問いに対する答え. ... puisque P a peur. は Que ferez-vous? に対する答え (GOUG, 344): Mais vous m'aimez *puisque* vous m'avez embrassée.—Ah! Je vous ai embrassée *parce que* je vous ai trouvée jolie. (シナリオ*Pot-Bouille*)「私を愛してるんだわ、だってキスをしたんですもの.—ああ、キスをしたのはあなたをきれいだと思ったからですよ」

◆parce queだけが用いられる場合. (1)pourquoiに対する答え. (2)原因節が疑問に含まれるとき: Dites-vous cela *parce que* c'est votre opinion (...)? (S, II, 310)「そう思っているからそう言っているのですか」(下記3ºとは全く異なる) (3) justement, précisément, uniquement 等の副詞、比較のqueの後で. (4) c'estの後で: C'est *parce qu*'elle se croit jolie qu'elle est si sûre d'elle-même. (W, §142)「彼女があんなに自信たっぷりなのは自分が美人だと思っているからだ」 (5)主節の否定が原因節にも及ぼされるとき(⇨ parce que 4º②).

◆parce queは原則として主節に後置 (前置 : 後置 = 1 : 19), puisqueは前置が慣用のように説かれることがあるが (例えば*Gr. Lar.*, 146), 統計では前置 : 後置 = 1 : 3(cf. LORIAN, 20, 68).

2º **述べるための動機**: *Puisque* vous voulez savoir, (...) il a eu l'air d'un petit prince offensé (...) (BEAUV., *Inv.*, 111)「知りたいというのだから言いますけれど、あの人は侮辱された小公子といった様子でした」(主節に*je vous dirai qu*'il a eu...を補うと原因結果の関係がはっきりする) / Cela vous ennuierait si j'y allais avec vous, *puisque* je suis en vacances? (MAUROIS, *Climats*, 243)「僕は休みなんだから、一緒に行ってはいやかね」/ *Puisqu*'il est question de politique, vous savez qu'il a été battu aux élections. (W, §140)「政治と言えば、御存じのように彼は選挙で落選しました」

3º **問いの理由** (= du moment que, quand): *Puisque* tu n'as rien contre ce jeune homme, pourquoi refuses-tu de l'épouser? (BEAUV., *Mém.*, 332)「あの青年に文句がないのなら、どうして結婚はいやだと言うのだい」/ Pourquoi buvez-vous du pernod, *puisque* vous n'aimez pas ça? (ID., *Inv.*, 279)「どうしてペルノを飲むのだい, 好きでもないくせに」

4º **主語と動詞の省略** まれ: Sa faute était impardonnable, *puisque* préméditée et voulue. (N, V, 20) (= puisqu'elle était...)「彼の過失は、計画的であり故意であっただけに、許しがたい」

5º **主節を省略して, 感嘆的に独立節となる**: Mais *puisque* je te dis que ta mère a raison! (MAURIAC, *Désert*, 72)「だからお母さんのおっしゃるとおりだと言ったじゃないか」/ Explique-lui.—Tu permets?—*Puisque* je te le dis. (VAILLAND, *Loi*, 256)「彼に説明してやれ.—よくて?—僕がそうしろと言ってるんだ」/ Je n'ose pas. — *Puisque* je vous le permets! (RENARD, *Poil*, sc. 8)「そんなことできません.—僕がいいって言うんじゃないか」

Q

q — 発音．語末qの語(2語)：coq[kɔk], cinq. 語末cqは ⇨ c

qu ① 一般に[k]：liquide, quatre. ②ラテン語源の術語，外来語では，a, oの前で[kw], é, è, i の前で[kɥ]となるものがある：aquarelle, équateur, équidistant. 慣用の不定なもの：questure [kɛsまたはkw[ɥ]ɛs], quidam [kiまたはkw[ɥ]i]

qû [ky]. 1語：piqûre.

quai — *sur le quai*：Le soir j'allais rôder *sur les quais*. (DHÔTEL, *Lieu*, 58)「晩にはよく河岸をぶらつきに行った」/ Il fit les cent pas *sur le quai* désert. (*Thib.* IV, 284)「人気のないプラットホームを行ったり来たりした」

à quai (=juste contre le quai)：Le train était *à quai*. (*Ib.*, III, 65)「列車はホームに着いていた」/ Le train arrivait *à quai*. (*Ib.*, VI, 50)「列車がホームに着くところだった」

quai + 固有　状況補語となるとき，しばしばsur leを略す：*Quai* de l'Aiguillon, il n'y a pas une lumière. (SIMENON, *Chien*, 11)「A河岸には灯ひとつない」◆〈quai＋固有〉が特定の建物をさす次例ではauの略：Prosper était entré *Quai* Conti en 1844. (ARAGON, *Stendhal*, 167)「1844年にPはC河岸（=Académie française）入りをしていた」▶ le *Quai* d'Orsay (= le ministère des Affaires étrangères)をle Quaiと略せばauは必要：*Au Quai*, on craint que (...) (*Thib.* VII, 154)「外務省では…を恐れている」

quand[1]**; lorsque** — 接 quand＋母音は必ず[kɑ̃t]としてリエゾン．lorsqueはil(s), elle(s), on, un(e)の前ではいつも，他の語の前でも時にlorsqu'となる：*lorsqu'*Antoine se leva (...) (*Thib.* I, 173) / *lorsqu'*après douze années passées au grand séminaire (...) (MAURIAC, *Pharis.*, 224)

▶ 使用度比．quand : lorsque ＝ 話し言葉 22 : 1,《文》3 : 1 (*Elaboration*, 118-9)．つまりlorsqueのほうが文学的．

◆ quandとlorsqueは意味の違いはない．ne... que quandも用いられるが，lorsqueのほうが普通なのは不快音cacophonieを避けるため (S, II, 258)：Elle n'était heureuse *que lorsqu'*elle avait secouru un pauvre. (N, VI, 162)「彼女は貧しい人を助けたときしか嬉しいとは思わなかった」

I. **quand, lorsque** の後の時制と主節の時制 従属節の動作と主節の動作の時間的関係は次の3つに大別できる．

1° 完全同時

① 2つの瞬間的動作：*Lorsqu'*il *a croisé* son oncle, il *a rougi*. (BUTOR, *Degrés*, 79)「叔父とすれちがったとき彼は顔を赤らめた」/ *Lorsque* je *sortis* sur le pont j'*eus* le même éblouissement que la veille. (DURAS, *Marin*, 231)「甲板に出たとき前日と同じように光に目がくらんだ」

② 2つの継続 [反復] 動作 (= chaque fois que)．動詞は直・現，直・半：*Quand* il *lisait*, il *était* toujours muni d'un crayon rouge. (OLSSON, 120)「本を読むときには，いつも赤鉛筆を用意していた」/ On *dort* mal *quand* il *fait* aussi chaud. (DURAS, *Marin*, 62)「こう暑くちゃ眠れないな」

◆同時を表わす文は文脈により対立の意を帯びる：Pourquoi te montrer si cruelle *quand* je ne cherche qu'à te faire plaisir? (BUTOR, *Modif.*, 153)「僕は君を喜ばせようとばかりしているのに，どうしてそんなに無慈悲な態度をとるのだい」/ *Quand* tu resteras là à me regarder avec tes bons yeux pleins de larmes, ça ne changera rien. (BATAILLE, *Masque* II, 15) (= même quand tu resteras, même si tu restes...)「君が優しい目に涙をためて僕を見つめていたって，どうにもなりはしないよ」

2° 部分的同時

① ***quand**, **lorsque*** + 瞬間的動作，（主節：）継続的動作：*Quand il est sorti* de la salle de bains, elle *rangeait* sa chambre. (BUTOR, *Degrés*, 224)「彼が浴室から出てきたとき彼女は部屋を片づけていた」/ Le soleil *était* haut *lorsqu'*on *sortit* sur le pont. (DURAS, *Marin*, 139)「甲板に出ると日が高かった」

（主節:）直・半, ***quand*** [***lorsque***] + 単過［複過］　従属節が突発的な事実を表わすならば、文の主要な内容は従属節に移り、quand, lorsque は et alors に近づく。時にはこれを大文字で書き始めて独立節として扱う (S, II, 263)：Je *marchais* au milieu de la chaussée *quand*, soudain, j'*ai entendu* courir derrière moi. (CAYROL, *Hist. maison*, 184)「私は車道のまんなかを歩いていた．その時、突然、後から走ってくる足音が聞こえた」

quand + 直・半, （主節:）単過［複過］　être と年齢の表現 avoir... ans のほかはまれ：Ça s'est passé *quand* j'*étais* là-bas. (DURAS, *Camion*, 56)「それは私があそこにいたときに起こったのです」/ Pourquoi *vous êtes*-vous *enfuie* de chez vous *quand* vous *aviez* quatorze ans? (LE CLÉZIO, *Géants*, 271)「14歳のときどうして家から逃げだしたの？」◆avoir, être 以外の動詞：Il *leva* l'ancre *lorsque* la nuit *tombait*. (DURAS, *Marin*, 152)「日暮れになると錨をあげた」/ J'*ai sauté* par la fenêtre *quand* il *faisait* jour. (LE CLÉZIO, *Déluge*, 180)「夜明けになると窓から飛びおりた」

◆ただし S (II, 268) は ×*Quand* [*Lorsqu'*]il *achevait* son récit, le domestique *entra*. 「彼が物語を終えようとしたとき、下男がはいってきた」を誤用とみなす．正：Il *achevait* son récit, *quand* [*lorsque*] le domestique *entra*. (⇨ 上記 2° ① 第3例 CAYROL)　cf. Comme il achevait son récit, ...(⇨ **comme**² I, 1°)

② ***quand**, **lorsque*** + 瞬間的動作，（主節:）完了した動作の結果である状態：*Quand* je le *retrouvai* le soir, il avait décidé de repartir pour Nice. (BEAUV., *Age*, 333-4)「夕方また彼に会うと、彼はニースに帰ることに決めていた」/ *Quand* je *rentrerai*, tu m'auras oublié. (SAGAN, *Sourire*, 171)「ぼくが帰ってくるときには、きみはぼくを忘れているよ」　cf. quand... c'est que.⇨ **ce**¹ II. 9° ③

③ ***quand**, **lorsque*** + 未完了動詞　avoir, être, rester, pouvoir, vouloir, savoir などは、主動作の開始点でもその動作が続くから、複過を除き(cf. OLSSON, 91-2)複合時制には用いられない：*Lorsqu'*il *fut* seul, il plia son journal. (GREEN, *Epaves*, 70)「彼はひとりになると新聞をたたんだ」/ *Lorsque* je *voulus* m'en tirer avec mes dollars, je fus informé qu'«on est en France, ici». (GARY, *Clair*, 8)「ドルで用をすませようとすると、ここはフランスですと言われた」/ *Quand* j'*ai su* que mon gredin de fils voulait les aider pour de l'argent, je ne lui ai rien dit. (TROYAT—OLSSON, 91)「うちのどら息子が金のために彼らに手を貸そうとしているのを知ったが、息子には何も言わなかった」/ *Quand* on y *sera*, je le saurai. (DURAS, *Marin*, 53)「あそこに行けば、わかるよ」

3° 継起 ① 同一時制：*Quand* il s'est tu, nous avons applaudi longtemps. (BEAUV., *Mand.*, 205)「彼が口をつむぐと、われわれは長い間拍手を送った」/ *Quand* Sartre rentra à Paris au milieu d'octobre, ma nouvelle vie commença vraiment. (ID., *Age*, 17)「10月なかばにSがパリに帰ったとき、私の新しい生活が本当に始まった」/ *Quand* ta maman reviendra tu lui diras que je suis parti. (LE CLÉZIO, *Déluge*, 183)「ママが帰ってきたら、ぼくが出ていったと言っておくれ」

② ***quand*** + 複合時制 (完了相)：*Quand* il *eut disparu*, elle joignit nerveusement les mains. (*Thib.* IV, 170)「彼の姿が見えなくなると、彼女は神経質に手を合わせた」

(1) 瞬間的完了動詞 (apercevoir, atteindre, éteindre, reconnaître, trouver, retrouver, など) は ***quand*** のあとで単過にも前過にも用いられる：*lorsqu'*il la *reconnut* de loin (...) (*Ib.*, VI, 146)「遠くから彼女だとわかると」/ *quand* il les *eut reconnus* (SARTRE, *Mort*, 105)

(2) 非瞬間的完了動詞 (arriver, s'approcher, quitter, partir, rentrer, sortir, など) はその単過が部分的同時と解されるならば、完了を表わすためには前過が必要：*Quand* je le *quittai*, il chuchota. (BEAUV.—OLSSON, 106)「別れるとき、彼はささやいた」/ *Quand* j'*eus quitté* Luc, j'entrai dans un bar. (SAGAN, *Sourire*, 82)「Lと別れてしまうと私はバーにはいった」

(3) ***quand*** + ***finir**, **achever**, **terminer*** の主語が主節の主語と同じならば、従属節の動詞はいつ

も複合時制 (完了相) に置かれる: *Quand* il *eut fini* son travail, il rentra. (OLSSON, 60)「彼は仕事を終えると, 家に帰った」/ *Quand* j'*aurai fini* cet essai, je n'écrirai plus. (BEAUV., *Mand.*, 408)「この論文を終えたら, もう書かないよ」

(4) ***quand*** + 直・大, (主節:) 直・半 多く習慣的動作: Tous les jours, *quand* nous *avions déjeuné*, nous *partions* en promenade. (EBF)「毎日, 昼食を終えると散歩に行ったものだ」

(5) ***quand*** + 直・大, (主節:) 単過 [複過] は誤り (GOUG, 211): ˣJe suis parti quand il avait terminé.「彼が仕事を終えたとき私は出かけた」正: Il avait terminé quand je suis parti. または Je suis parti quand il a eu terminé. Je partis quand il eut terminé.

③ ***quand*** + 複複過 上記で前過が必要な場合に用いられる: *Quand* il *a eu fini*, il s'est adressé à moi. (CAMUS, *Etr.*, 164)「それを終えると, 私に話しかけた」(多くのフランス人はQuand il a finiを誤用とする) / *Quand* elle *a été partie* j'ai éteint les lumières de la chambre. (DURAS, *Stein*, 146)「彼女が行ってしまうと, 私は部屋の明かりを消した」(完了の強調. 多くはQuand elle est partieを用いる)

II. ***quand*** + 条; ***quand*** (***bien***) ***même*** + 条 譲歩 (= même si): *Quand* tu *serais* près de moi, je ne pourrais penser à toi davantage. (GIDE, *Porte*, 117)「あなたが私のそばにいらしたとしても, これ以上にあなたのことを考えることはできないでしょう」/ *Quand* il m'*aurait écrit* au Havre, sa lettre m'aurait été renvoyée. (*Ib.*)「彼がLHの私宛てに手紙を出したとしても, 手紙は回送されて来ただろう」 ◆条・過は文学的文体では接・大で置き換え得るから, 主節・従属節の時制に次の4つの組合せができる: *Quand* il *aurait* [*eût*] *travaillé* dix fois plus, il n'en *serait* [*fût*] pas *devenu* plus riche. (MART, 365)「彼が10倍働いたとしても, 今より金持にはならなかったろう」

◆主節に直説法も可能: *Quand bien même* elles *seraient renvoyées* de l'école, qu'est-ce que ça *peut* faire? (LE CLÉZIO, *Ronde*, 9)「彼女たちが退学になったって, どうってことはないよ」

III. 〈*quand*, *lorsque* + 従属節〉の機能
1° ***c'est*** + 形 + ***quand*** 要約的: *C'est* fort rare *quand* il se grise. (LOTI — S, II, 294)「彼が酔うことはめったにない」/ *C'est* pas commode, *quand* on vit seule. (GASCAR — ROSENBERG, 27)「ひとり暮らしって不便です」/ *C'est* triste *quand* la chance vous arrive, la jeunesse finie. (MAURIAC, *Galigaï*, 115)「青春時代が終わってから運が向いてくるなんて, 寂しいね」

♦ ***quand... ça*** + 動: *Quand* je suis d'un autre avis que toi, *ça* ne veut pas dire que je te donne tort. (BEAUV., *Mand.*, 469)「ぼくがきみと意見が違うからって, きみがまちがっていると言っていることにはならないよ」

2° ***c'est quand*** 属詞: Ce qu'elle appelle des saletés, *c'est quand* on s'embrasse. (BRIEUX — S, II, 294)「彼女がきたならしいと言うのはキッスをするときなのです」▶ceを用いずに: Le plus beau moment du roman est *lorsque* Raphaël s'écrie : (...). (ALAIN, *Balzac*, 22)「この小説の最も美しい瞬間はRが次のように叫ぶときである」 cf. où..., c'est quand. ⇨ où¹ II. 5°

3° 他動 + ***quand*** 他動は多くはaimer, détester: *J'aime* bien *quand* vous souriez. (ANOUILH, *P.N.*, 381)「あなたがにこにこしている時が好きよ」/ Je *déteste quand* tu es vulgaire. (BEAUV., *Mand.*, 347)「あなたが下品なことを言う時は嫌いよ」/ Maman, *raconte*-moi *quand* tu étais petite fille. (SARTRE, *Mur*, 138)「お母さん, 子供の時のこと話してよ」/ *Rappelle*-toi *quand* je t'ai connue. (SAGAN, *Violons*, 93)「僕が君と知り合った時のことを思い出してくれ」

4° ***comme quand*** [***lorsque***]: M. Daniel Eysette s'endort sur l'épaule de son frère *comme quand* il avait dix ans. (DAUDET — S, II, 287)「E氏は10歳のころのように兄の肩にもたれて眠ってしまう」

5° ***pour*** [***de***] ***quand***: Mon rêve *pour quand* je serai devenue une vieille, ce serait de tenir une maison. (*Thib.* III, 42)「わたしがお婆さんになった時の夢は店を出すことなの」/ Il écoutait cette même voix douce *de quand* Raymond avait huit ans. (MAURIAC, *Désert*, 188)「彼はRが8歳だったころの, あの同じやさしい声を聞いていた」/ Elle m'a parlé *de quand* vous étiez petits. (AYMÉ — D-P, VII, 347)「彼女はあなたがたが子供のころの話を

してくれました」

6º 同格：J'aime cette heure froide et légère du matin, *lorsque* l'homme dort encore et que s'éveille la terre. (MAUPASS., *Sur l'eau*, 7)「私は人々がまだ眠り大地がめざめるこの朝あけのひえびえとした軽快な時刻が好きだ」／ La nuit *quand* je dors, je vois beaucoup de choses. (LE CLÉZIO, *Déluge*, 180)「夜眠っているときには、いろんなものが見える」

7º 名 + *quand*：Je peux voir (...) le mouvement de ses lèvres *quand* elle parle. (SOLLERS, *Parc*, 11) (= le mouvement que font ses lèvres quand...)「彼女が話すときの唇の動きを見ることができる」／ J'ai l'âge de Juliette *quand* elle épousa Roméo. (GIRAUDOUX, *Tessa*, 105) (= l'âge qu'avait J quand...)「わたしはRと結婚したときのJの年よ」／ Je me rappelai mon malaise *quand* Raymond était monté à la tribune. (BEAUV., *Mand.*, 204) (= le malaise que j'avais éprouvé quand...)「私はRが演壇に昇ったときの不安な気持を思い出した」／ Tu n'as pas de photo de toi *quand* tu étais petit? (GARY, *Clowns*, 199)「子供の時のあなたの写真なくて?」

IV. 独立節 主節の省略。
1º *Quand je vous le dis!* (il faut me croire を補う＞ Je vous l'assure.)：*Quand je vous dis qu'*elle est adorable! (ANOUILH, *P.R.*, 248)「あの娘とてもすばらしい」◆*Quand je vous le disais!* (j'avais raison を補う＞ C'est bien ce que je disais.)：*Quand je vous le disais!* les voilà! (*Ib.*, 199)「言ったとおりでしょう。ほら、彼らです」
2º *Quand je* [*on*] *pense à*＋名［*que*＋直］*!* (je suis étonné, furieux, triste を補う)：Et *quand je pense au* mal que vous m'avez fait! (GREEN, *Mesurat*, 347)「あなたがさんざんわたしを苦しめたことを考えるとね」

Quand je pense! (BEAUV., *Sang*, 102; 121) (= C'est trop fort)「何ということだ」

quand＋単未［前未］ 禁止命令：*Quand on restera* une heure à se regarder en chiens de faïence! (ARLAND, *Terre nat.*, 168) (= Ne restez pas...)「置物の犬みたいに1時間もにらみあっているのはおやめ」(quand は ＝ même quand の意．主節として ça ne changera rien, ça ne sert à rien を補う) ／ *Quand* tu *auras fini* de me regarder comme ça! (MAURIAC, *Thérèse*, 213)「そんなふうに私を見ているのはおやめ」

quand² — 副（疑問） quand est-ce que [kɑ̃tɛskə] のほかは次語とリエゾンしない：Quand irez-vous à Paris? (FOUCHÉ, 463) ／ *Quand* viendras-tu? ／ 話し言葉 Tu reviens *quand*? (DURAS, *Th.* I, 53)／《俗》*Quand* tu viendras?

1º 強調形：*Quand* est-ce que ça s'est passé, cet accident? (F, 1906)「いつ起こったのです、その事故は」（頻繁）／ 話し言葉 *Quand* c'est qu'elle est morte? (ROB) ／《俗》*Quand* (c'est-il[sɛti]) que tu viens? (GUIRAUD, *Fr. pop.*, 49; cf. LE B, *Inv.*, 66)

2º 前 + *quand*：*De quand* date le premier «roman» français? (BOISDEFFRE, *Roman*, 18 n.)「フランスの最初の"小説"はいつ始まったか」／ *Depuis quand* est-il revenu? (AC)「いつから帰ってきているのです」／ *A quand* remettez-vous cette visite? (EBF)「その訪問をいつまで延ばすのですか」／ *Pour quand* me promettez-vous la réponse? (AC)「返事はいつくれると約束しますか」／ *Jusqu'à quand* restes-tu ici? (BUTOR, *Modif.*, 113)「いつまでここにいるの」

◆動詞省略：A *quand* la noce? — A mardi prochain. (MAUROIS, *Dumas*, 220)「いつだ結婚式は．— 今度の火曜日だ」／ De *quand*, cette lettre? — D'hier? (THIB. VI, 23)「いつのだ、その手紙は．— きのうのだ」／ Pour *quand* la prochaine réunion? (DFC)「次の会合はいつですか」

3º 主語名詞の語順 ①動詞が目的語を伴わなければ：*Quand* Paul viendra-t-il? ／ *Quand* viendra votre père? ／ De *quand* date cet ouvrage?「この作品はいつのものですか」／ *Quand* part le transbordeur? (MALRAUX, *Cond.*, 160)「乗り換え船はいつ出ます」

②動詞が目的語・属詞を伴えば複合倒置：Pour *quand* le tailleur vous a-t-il promis votre costume? (DB)「洋服屋はあなたの服がいつできると約束しましたか」／ Depuis *quand* ce garçon est-il malade?「この子はいつから病気なのですか」

4º 間接疑問：Il m'a demandé *quand* je rentrais. (DURAS, *Th.* II, 46)「いつ帰るのかとたずねられました」◆主語＝名詞．動詞が目的語を伴わなければ主語倒置可能：Le procureur (...) lui a demandé brusquement de *quand*

datait notre liaison. (CAMUS, *Etr.*, 132-3)「検事は出しぬけにわれわれの関係がいつから始まったのかとたずねた」
♦c'est + 間接疑問: La seule chose qui m'intéresse *c'est quand* on le relâchera. (BEAUV., *Age*, 470)「私が唯一関心を抱くのは、彼がいつ釈放されるかということだ」
5° *quand* + 前未　いら立たしさを表わす強い命令: *Quand aurez*-vous *fini* de craindre? (COCTEAU, *Aigle* II, 6)「気にするのはおやめなさい」/ *Quand auras*-tu *fini* de parler par énigmes? (TROYAT, *Araigne*, 100)「謎みたいなことばかり言うのはおやめ」

quant — *quant à* + 名　代　不定詞　文の要素を取り出して強調する: *Quant au* cinéma, mes parents le tenaient pour un divertissement vulgaire. (BEAUV., *Mém.*, 55)「映画と言えば、両親はそれを低俗な娯楽だとみなしていた」/ Il était sceptique *quant aux* résultats. (VAILLAND, *Fête*, 179)「結果については懐疑的だった」/ Pars si tu veux; *quant à* moi, je reste. (DB)「出かけたければ出かけなさい．ぼくのほうは、ここに残る」/ *Quant à* dire davantage, je ne puis. (FRANCE, *Anneau*, 58)「これ以上言うことはできかねます」/ *Quant à* ce qui est de regarder les gens en face, je ne peux pas. (SARTRE, *Age*, 59)「人の顔をまともに見るなんてことはできません」▶ quant à + pour ce qui est de(⇨ pour V. 2°)の混交.
♦quant à moi = en ce qui me concerne = pour ce qui est de moi = pour moi.　ただし形を取り出して強調するにはpourを使わなければならない: Pour bizarre, il est bizarre.「妙だと言えば妙な男だ」⇨ pour V. 3°

quart — 「15分すぎ」の意では six heures et *quart*[œreka:r]が普通．時に six heures un *quart*. huit heures et un *quart* (FLAUBERT—G, 968)は廃用 (MART, 205; TH; *EBF*). six heures trois *quarts*「6時45分」ではetは用いない．度量衡を表わす語のあとでもun mètre et *quart*, un mètre trois *quarts*. ♦「15分前」はsix h. moins le *quart*. 時にà six heures moins un *quart* (BEAUV., *Mém.*, 284).
×moins *quart*は不可. les trois *quarts* de [après] 2 heures「2時45分すぎ」/ le *quart* avant 2 h.「2時15分前」▶省略的に: Il est le *quart*. (*Thib*. III, 160)「15分すぎだ」/ Il est moins le *quart*. 「15分前だ」
♦一致: Le *quart* de onze heures sonne. (H, 470)「11時15分が鳴る」/ Les trois *quarts* de cinq heures sonnèrent. (LACRETELLE, *Bonifas*, 306)
♦ le [un] quart de + 名．量に重点を置くか補語名詞に重点を置くかに従って、動詞は単数または複数: Un *quart* des membres du Congrès de Jérusalem représentait de jeunes églises d'Asie et d'Afrique. (SIEGFRIED—HØYB, 291)「J会議の出席者の4分の1はAAの新興教会の代表たちだった」
▶ plus des [plus qu'aux] trois *quarts*⇨ plus I. 9° ②

que¹ — 代 (関係)　人・物に代わり、男性・女性同形．母音の前でqu'．関係節の動詞の直・目, 属詞および非人称動詞[構文]の補語などとなるのが主な機能.

I. 直接目的語
1° 名 + *que* + 他動: le livre *que* j'ai acheté.「私が買った本」/ le monsieur *que* voilà「あそこにいる男の人」
① 主語名詞の語順　多くは動詞の後に倒置 (77.1%)．動詞が単純時制 (le roman *qu'écrit* mon frère), 複合時制 (le roman *qu'avait écrit* mon frère), 前 + 不定詞を伴う (le roman *que* s'applique *à terminer* mon frère)かに従って倒置の割合は減少する (NORDAHL, *FM*, '73, n° 2).
② *que*は次の場合に先行詞と離れる.
(1) 先行詞が疑問代名詞: *Qu'*est-ce qu'il a *que* je n'ai pas? (DURAS, *Th.* II, 67)「彼はぼくの持っていない何をもっているのです」
(2) 主節の主語を先行詞とする関係節が長く、主節の動詞が〈être + 形〉,〈自動 (+ 間接補語)〉, 代名動詞,〈直・目人称代名詞 + 他動〉であるとき: Quelque chose *se préparait qu'*il ne comprenait pas. (ST-EXUP., *Vol*, 39)「彼には理解のできない何事かが起こりつつあった」/ Des lambeaux de phrases lui *revenaient à l'esprit qu'*il avait entendues alors qu'il logeait chez Mrs. Dare. (GREEN, *Moïra*, 222)「D夫人の家に下宿していた当時聞いた言葉が切れ切れに彼の頭に浮かんできた」/ Une faveur rose *les attachait, qu'*il n'avait pas eu à dénouer. (GIDE—S, II, 234)「ばら色のリボンで束ねてあったが、ほどく必要もなかった」
2° 名 + *que* + 他動 + 不定詞
① *que*は不定詞の直・目: Nous profiterons

de ces économies *que* nous avons eu le bonheur de faire. (BRUNO, *Tour de la Fr.*, 167)「幸いにもしておいた貯金をここで使うことにしよう」

② *que* は他動詞の直・目であると同時に不定詞の動作主

(1) Je vois venir ma sœur.「妹の来るのが見える」＞ ma sœur *que* je vois venir「やって来る妹」(他動詞は faire, laisser, 感覚動詞)

(2) J'ai fait ce *que* j'ai cru être mon devoir. (ANOUILH, *Hurlub.*, 42)「自分の義務であると信じたことをしたのだ」/ Il eut l'idée d'aller chercher à l'office un poulet froid *qu*'il savait s'y trouver. (MONTHERL.—S, III, 188)「彼は配膳室に冷えた若鶏を取りに行こうと思いついた．そこにあることを知っていたのだ」♦同種の動詞: affirmer, apprendre, assurer, comprendre, déclarer, deviner, dire, espérer, estimer, ignorer, juger, montrer, nier, penser, prétendre, reconnaître, souhaiter, など．▶これらの動詞は(2)とは異なり×Il savait un poulet s'y trouver. の構文は廃され直・目が que で表わされることが必要．古文調: Il jugeait cette récréation lui devoir être profitable. (FLAUBERT, *Bov.* II, 14)「彼はこうした気晴らしが彼女の体のためにいいに違いないと思っていた」

3º 先行詞 + *que* + 動 + 従属節　que は従属節に含まれる他動詞の直・目: Ne me demandez pas toujours ce *qu*'il faut que vous fassiez. (SAGAN, *Bonj.*, 172)「どうしたらいいかって，しょっちゅう聞くのはやめてよ」/ cette pièce d'argent *qu*'elle sait qu'elle a perdue (CLAUDEL—G, 1014 a)「彼女がなくしたことを知っている銀貨」♦第2例の〈他動 + que〉の構文は古めかしく，現代では Elle regrette la montre qu'elle dit qu'elle a perdue.「彼女は時計をなくしたと言ってくやしがっている」よりは qu'elle dit avoir perdue (上記 2º ①) のほうが好まれるが，日常語では構文を変えて Elle regrette sa montre, qu'elle a perdue, paraît-il. または ... Elle l'a perdue, à ce qu'elle dit. と言う．

4º 先行詞 + *que*... *qui*: Cette douleur ressemble plus à *celle* des rages dentaires *qu*'on ne peut croire *qui* cesse, *qu*'à n'importe quoi. (ARAGON, *Aurél.*, 107)「こうした苦痛はいつやむとも知れぬ歯痛に何よりも似ている」/ Il se rend dans *son Arche*, *qu*'il sait *qui* ne sombrera pas. (MONTHERL.—LE B, I, 323)「彼は沈むことがないことを知っている箱舟に乗り込む」♦古典語に多い構文．LE B はこの構文を擁護し，代わりに l'Arche qui, il le sait, ne sombrera pas; l'Arche dont il sait qu'elle ne sombrera pas; l'Arche qu'il sait ne pas sombrer とも言えるが，何かぎこちないという意見．これらも文学的．実質的に同じ意味で常用 l'Arche à bord de laquelle [くだけて l'Arche où] il est sûr de ne pas sombrer.

5º 省略された動詞の直接目的語: J'ai fait ce *qu*'il fallait. (CAMUS, *Siège*, 227) (= il fallait faire)「しなければならないことはした」/ Il fera ce *qu*'elle voudra. (VAILLAND, *Loi*, 80) (= elle voudra qu'il fasse)「あの人は彼女の言いなりよ」

6º *et* + 名 [代] + *que*　情意的用法: Dix heures du matin. *Et* le rendez-vous de M. Thierry *que* j'allais oublier. (BENOIT, *Kœnigs.*, 30)「朝の10時．それだのに私は Th 氏と会う約束を忘れるところだった」⇨qui¹ A. I. 3º

II. 非人称動詞の補語，非人称構文の実主語

1º 非人称動詞: J'ai pris tout ce qu'il y *avait*. (F, 1813)「(店で) あるものはみんな買った」/ Voilà le vent qu'il *faut*, ni trop fort ni trop faible. (F, 1927)「強すぎもせず弱すぎもせず，ほどよい風だ」/ Tu sais l'heure qu'il *est*? (CLAIR, 257)「何時だか知っている？」/ le temps qu'il *fait* (⇨ faire XIV. 2º)

2º 非人称構文　多く非人称に用いられる *advenir* のほかは，まれ: Vous savez tous ce qu'il *est* ensuite *advenu*. (QUENEAU, *Fleurs*, 147)「それから何が起こったかは皆さんも御存じです」/ Il *arrivera* ce qu'il *arrivera*. (CLAIR, 396)「なるようになるさ」/ Aucun de vous n'a deviné ce qu'il *manquait*. (GASCAR, *Herbe*, 51)「あなた方の誰ひとり何が足りないか見抜いた者はなかった」

♦大部分の場合 qu'il の代わりに qui が用いられる: C'est ce *qui* est arrivé. (BUTOR, *Degrés*, 317)「その通りになった」/ Je ne te raconte pas tout ce *qui* s'est passé. (QUENEAU, *Fleurs*, 82)「起こったことを全部話すまい」(先行詞は大部分 ce)

III. 属詞　先行詞は (代) 名詞，形容詞．

1º 関係節の主語の属詞

① 先行詞 + *que* + 繋合動詞: Tu n'es plus

celui que tu étais. (BEAUV., *Mand.*, 390)「あなたはもう昔のあなたではありません」/ Les temps ne sont plus *ce qu*'ils étaient. (ANOUILH, *P.G.*, 98)「時代がもう昔とは違うのだ」◆en [comme un]＋先行詞＋*que*: Elle les a rassurés sans difficulté, *en* gentille fourbe *qu*'elle était. (J. ROMAINS—ROB)「親切めかした偽善的女性にふさわしく, 難なく彼らを安心させた」/ Vous agirez *comme un* galant homme *que* vous êtes. (FRANCE, *Révolte*, 349)「あなたは紳士なのだから紳士らしく振舞いなさい」

◆先行詞＋*que*＋[他動]. *que*＋êtreの省略: Elle n'est pas la femme *que* tu dis. (ACHARD, *Mal*, 99) (＝ que tu dis qu'elle est)「彼女はお前のいうような女ではない」/ Il n'était pas, dans le fond de lui-même, celui *qu*'on racontait. (VAILLAND, *Fête*, 107) (＝ qu'on racontait qu'il était)「彼は底を割ってみれば人が噂しているような男ではなかった」

② [形]＋*que*＋繋合動詞
(1) 形容詞は主語の同格, 原因節に相当する: Ingrat *que* je suis, je t'inquiète à chaque instant! (PORTO-RICHE, *Vieil h.* III, 9)「ぼくは恩知らずだから, いつも君に心配をかけるんだね」/ Ils ne me regardaient même pas, verdis, vidés *qu*'ils étaient par la dysenterie. (VERCEL, *Conan*, 10)「彼らは赤痢に罹って顔色も真青で腑抜けのようになっていたので私をよく見ることさえもしなかった」◆原因の意は, 同格辞が文脈により原因・時・条件・譲歩などの意を表わせることによる.　cf. Pauvre elle-même, elle eût peut-être méprisé cet homme, mais riche elle éprouvait pour lui un sentiment confus d'admiration et de curiosité. (GREEN, *Epaves*, 113) (＝Si elle avait été pauvre elle-même,... mais comme elle était riche...)「彼女自身が貧乏だったなら, この男を軽蔑したろうが, 金持だったので, 彼に対して称賛と好奇心の入り混じった気持を感じたのだった」⇨ adjectif qualificatif V. 3°; *comme*² II

(2) de＋[形]＋*que*: De blême *qu*'il était le visage de Palmyre s'empourpra. (ZOLA—S, II, 165)「Pの顔は青ざめていたのが赤くなった」

③ 感嘆文: Lâche *que* je suis! (S, I, 101; II, 164)「おれは何という卑怯者なのだ」/ Sale gosse *que* vous êtes, lâchez-moi. (MAURIAC, *Désert*, 191)「いやな子ね. 放してよ」

2° 関係節の直接目的語の属詞: Elles ne l'aiment point passionnément, incapable *qu*'elles le sentent de leur rendre la pareille. (BILLY—G, 547)「彼女たちは, 彼がお返しをしてくれられないことを感じているから, 夢中になって愛しはしない」

▶ 直・目の属詞を導く他動詞の代名動詞用法として habile qu'il se jugeait [qu'il se savait]「自分がじょうずであると思っていた [ことを知っていた] ので」のように用い得るが, まれ.

IV. 状況補語

1° 時: Au bout des onze mois *qu*'a duré cette instruction (...) (CAMUS, *Etr.*, 102) (＝ pendant lesquels)「この予審が11か月続いたあとで」この用法のqueとoùについては ⇨où¹ I. 2°

2° 距離・目方・価格: les trois kilomètres *qu*'il a couru「彼が走った3キロメートル」(＜ Il a couru trois kilomètres) ▶同様にして ⇨ coûter, peser. 実際にはほとんど用いられない. cf. HØYB, 156-7.

V. 万能の関係代名詞　俗語法.

1° *que*＝他の関係代名詞, [前]＋関係代名詞: C'est ce *qu*'on a besoin. (＝dont)「それが必要なんだ」/ J'ai reçu ta carte *que* tu me parles de Marie. (＝où)「Mのことを書いた葉書を受け取ったよ」/ Il y a une chose *qu*'il faut faire attention. (＝à laquelle)「注意をしなければならないことがある」/ Je vous écris une lettre *que* je pense vous fera plaisir. (＝ qui)「あなたを喜ばせることと思う手紙を書きます」

2° *que*の機能は他の語で示される: mon mari *que* je suis sans nouvelles *de lui* (＝dont)「便りのない夫」/ la femme *que son* mari est mort hier (＝dont)「夫がきのう死んだ女性」/ C'est un magasin *qu*'on n'*y* trouve jamais rien. (＝où)「いつだって何も品物のない店だ」/ un monsieur *que* je *lui* ai vendu ça (＝à qui)「私がそれを売った男の人」/ ceux *que* le malheur des autres *les* amuse「他人の不幸をおもしろがる人たち」/ Je viens aujourd'hui te donner de nos nouvelles *qu*'elles sont très bonnes. (＝ qui)「きょうはとてもいい便りを持ってきた」cf. N, V, 331; F, *Gr. fautes*, 184-6; BAUCHE, 92-4; GUIRAUD, *Fr. pop.*, 44-6.

que² — [代](疑問) 物についての問い. 疑問詞中, 唯一の無強勢語. 母音の前でqu'. 直接疑問ではいつも文頭に置かれ, queと動詞の間に

neと無強勢の目的語人称代名詞しか挿入できない (例外 ⇨ diable, ④). 主語は原則として単純倒置. ×前 + que, 単独に ×Que? 「何を」は不可. ⇨ quoi² 4°

1° 属詞 ① 一般的用法: *Que* devenez-vous?「どうしていますか」(長らく会わなかった人のその後をきく) / *Qu'est-il devenu?—Il est maintenant médecin.*「彼はどうなりましたか.—今では医者をしています」/ *Que sera-t-il dans six ans?—Il sera à la retraite.*「彼は6年後にはどうなっているでしょうか.—退職しているでしょう」 ◆主語=名詞. 必ず単純倒置: *Qu'est devenu mon fils?* (MONTHERL., *Demain*, 115)「息子がどうかしましたか」

◆Que+不定詞: *Que devenir?* (ROB)「どうなることだろう」

② *que / qu'est-ce que* (1) 動詞が être ならば主語=人称代名詞, ce, cela, 名詞で *que* は文語調: *Qu'êtes-vous? Une philosophe?* (MONTHERL., *Port-Royal*, 145)「あなたは何者だ. 女哲学者か」(常用: *Qu'est-ce que vous êtes?*) / *Qu'est cela?* (CAMUS, *Siège*, 180) / *Qu'est-ce?*「これは何ですか」(常用: *Qu'est-ce que c'est?*)

(2) 抽象的観念の性質の問いに *Qu'est la vérité?*「真理とは何か」は古文語調: *Qu'est la guerre, sinon le plus énergique des moyens?* (IKOR, *Gr. moy.*, 323)「最も強力な手段と言う以外に戦争とは何なのだ」 しかし ×*Quelle est la vérité?* とは言わないから (⇨quel I. 1° ②), 〈c'est + 名₁ + que + 名₂ [代], 不定詞]〉 (⇨ce II. 7° ②) の 名₁ に que を代入して *Qu'est-ce que la vérité?* と言う: *Qu'est-ce que l'amour pour vous?* (LE CLÉZIO, *Désert*, 331)「あなたにとって愛とは何ですか」

(3) 主語が不定詞ならばいつも *Qu'est-ce que vieillir?* (BEAUV., *Vieill.*, 17)「老いるとは何であるか」と言い, ×*Qu'est vieillir?* は不可 (cf. MART, 246).

③ 口語表現: *Qu'est-ce que cette clé?* (SARTRE, *Diable*, 44)「何だ, そのかぎは」/ *Qu'est-ce que tu crois que c'est, l'amour?* (ANOUILH, *P.N.*, 371)「何だと思う, 恋って」/ *Qu'est-ce que c'est, «être un homme»?* (SAGAN, *Nuages*, 55)「男であるとはどういうことか」

◆上記 ②(2) 〈c'est + 名₁ + que + 名₂ [代]〉 の 名₁ に qu'est-ce que を代入すると 《俗》: *Qu'est-ce que* c'est que la vérité? ▶言い回し: *Qu'est-ce que* c'est que ça? cf. Qu'est-ce que c'est, ça?

2° 直接目的語 ① 一般的用法: *Que* faites-vous? / *Que* dit Jean? (×*Que Jean dit-il?* は不可 cf. 1° 直前の注記) / *Mais qu'a donc votre mari?* (MAURIAC, *Désert*, 54)「でも, ご主人は一体どうなさったのです」 / *Qu'a dit le médecin?* (BEAUV., *Sang*, 221) ▶que = lequel: *Que* prenez-vous, du lait ou de la crème?「何を入れます, ミルクそれともクリーム」

◆que... de + 形: *Mais à présent que pourrais-je faire d'autre?* (VERCORS, *Colères*, 210)「だが今となってはほかに何ができよう」▶que と de の接続 ×*que d'autre* は不可.

◆直・目が人か物か不明のときには que を用いる. したがって *Que* vois-tu?「何が見えるか」の問いに Paul.; Un chien.; Une voiture. のどれかを答え得る (PINCHON, *LF*, n° 16, 80).

◆主動詞に従属する不定詞, 従属節の動詞の直・目: *Que* comptiez-vous faire? (VIAN, *Pékin*, 303)「何をするつもりでした」/ *Que* croyez-vous qu'il a fait? (VERCORS, *Yeux*, 117)「彼が何をしたと思います」

② *que / qu'est-ce que* (1) 主語=cela は一般に単純倒置は不可能, que は単純倒置を要求するから, どちらかの原則に反して *Que* veut dire cela? (HUGO) / *Que* cela signifie-t-il? (DRUON) と言う (RENCHON, II, 50-1). 常用 *Qu'est-ce que* cela veut dire?

(2) 主語=名詞ならば多くは *Qu'est-ce que* Paul comptait faire? [*Que* comptait faire Paul? も可能] ◆従属節の動詞の直・目はいつも qu'est-ce que: *Qu'est-ce que* Paul croit que j'ai fait? (×*Que* croit Paul que... は不可)

③ *Que* + 不定詞? (1) 直接疑問: *Que* dire [faire]? (= Que dois-je dire [faire]?)「何と言ったら [どうしたら] いいのだろう」/ *Que* faire? *Que* ne pas faire? (TOURNIER, *Gaspard*, 110)「何をすべきか, 何をすべからざるか」/ *Qu'en* penser? (ROB) ⇨ quoi² 2° ①

(2) 間接疑問: *Il ne savait que faire, que dire.* (*Thib.* II, 55)「どうしたらいいのか, なんと言ったらいいのか, わからなかった」/ *Elle ne savait que répondre.* (ROY, *Chat*, 52) ▶直接疑問とは異なり, 不定詞は faire, dire, répondre のほかはまれ. 主動詞は ne savoir, n'avoir (成句, n'avoir que faire de qch [不定詞] = ne pas avoir besoin

que³

de) のほかはまれ: Je cherchais *que* lui répondre. (DUHAMEL—G, 573 b)「彼に対する答えの言葉を捜していた」

♦一般に je ne sais *que* faire. / Je ne sais pas *quoi* faire. の傾向があるが, ne savoir と que + 不定詞との間に pas, plus, 副詞の挿入も可能: Je *ne sais pas que* faire. (ARLAND, *Ordre*, 462) / Je *ne sais même pas que* dire. (DUHAMEL—GOUG, 176) / Nous *ne savions vraiment que* faire. (PINGAUD, *Scène*, 125)

3° 非人称動詞 [構文] の補語　非人称動詞 il y a, il faut のほか, il advient [arrive, se passe, reste] など頻繁に非人称構文に用いられる動詞に限られる: *Que* pensez-vous qu'il se passe ensuite? (SAGAN, *Château*, 122)「それから何が起こったと思って」/ *Que* résultera-t-il de toutes ces démarches? (*DFC*)「これらの奔走の結果, 何が起こるであろうか」/ *Que* va-t-il naître de mes amours avec ce bourreau? (GENET, *Œuv*.III, 27)「あの冷血漢との情事から何が生まれようとしているのか」

4° coûter, valoir などの補語: *Que* coûte ce livre? (W, 32) (= combien)「この本はいくらしますか」/ *Que* peut bien durer ce voyage? (*Ib*.)「この旅はまだどれだけ続くことか」/ *Que* vaut le film de *La Chartreuse de Palme* (...)? (ARAGON, *Stendhal*, 103)「『パルムの僧院』の映画はどれほどの価値があるのか」/ *Que* pèse la vie de deux esclaves en disgrâce dans la main d'un roi? (TOURNIER, *Gaspard*, 31)「王の支配下にあって不興を買った2人の奴隷のいのちにどれほどの重さがあろうか」

5° = à quoi, en quoi　少数の動詞に限られる: *Que* sert de se flatter? (AC) (= A quoi sert de se flatter?)「うぬぼれたとてなんになる」/ *Que* m'importe? (AC) (= En quoi cela m'importe-t-il?)「それは私にとってなんの重大性があろうか」/ *Qu*'a-t-il besoin de mes conseils? (= En quoi)「彼に私の意見など何になろうか」/ *Qu*'avais-je affaire de cela? (GIDE, *Porte*, 158)「そんな必要がどこにあろうか」(avoir affaire de = avoir besoin de)♦à quoi, en quoi は真の問いだが que では反語的.

que³ 副 — I. 副 (感嘆)

1° (= comme)　属詞となる形容詞・副詞・動詞・文全体を修飾: *Que* la vie est belle!「なんて人生は楽しいのだ」/ *Que* le temps passe vite!「時間のたつのはなんて速いのだ」/ Je souffre!... *Que* je souffre! (MAURIAC, *Désert*, 216)「苦しい, ああ苦しい」/ Oh! *que* j'ai mal à la tête! (BEAUV., *Sang*, 65)「ああ, なんて頭が痛いのだろう」

♦感嘆の que は程度の差を予想し得ることが必要で, その点 comme と違う: *Comme* (×*Que* は不可) le temps passe!「時間の経ってしまうこと」⇨ comme II. 3° ②

♦形容詞も最上級の意味を持つものは不可: *Que* ce film est mauvais! (*Niv. 2*)「この映画のひどいこと」とは言うが ×*Que* ce film est excellent! は不可. cf. MILNER, 280.

2° *que de* + 名　類義の combien de とは異なり不可算名詞の前にも自由に用いられる.

①主語: *Que de* temps s'est écoulé depuis lors. (BUTOR, *Modif.*, 184)「その時からどれほどの時間が過ぎ去ったことか」

②直・目, 非人称構文の補語: *Que de* choses je voudrais t'écrire encore! (GIDE, *Porte*, 113)「まだ書きたいことは山ほどあります」/ *Que de* monde il y a sur la plage!「海岸はなんという人出だろう」♦時として 〈de + 名〉を動詞の後に置く: *Que* j'ai *de* douleur! (MONTHERL., *Port-Royal*, 135)「なんて苦しいのでしょう」

♦時に主語倒置: *Que de* difficultés avons-nous rencontrées avant de parvenir au résultat! (*DFC*)「結果に到達するまでにはなんという困難に出会ったことか」/ *Que d*'excuses lui devait Philippe! (BENOIT—LE B., *Inv.*, 79)「Phはどれほど彼に詫びなければならなかったことか」

③状況補語: *Que de* fois je suis venu ici!「ここにいく度来たことだろうか」

♦〈前 + que de + 名〉は用いられない. 誤: ×A que d'hommes j'ai parlé!「何と多くの人に話したことか」/ ×Avec que d'audace ils m'ont répondu!「何とふてぶてしい返事をしたことか」

II. *Que ne ...*! (= pourquoi ne pas) 否定と共に用いられて願望・遺憾・非難などを表わす. 本来は疑問文. 文語調: *Que ne* m'avez-vous prévenue! (GIRAUDOUX, *Amph.*, 121)「どうして私に知らせておいてくれなかったのです」/ *Que ne* puis-je mourir maintenant! (GREEN, *Sud*, 212)「今死ねればいいのに」/ *Que ne* tente-t-il de s'enrichir? (MALRAUX, *Cond.*, 53)「どうして金持になろうとしないのでしょう」

♦主語は人称代名詞，ce, onであるのが正規形．Que ne は離れないから Que son fils n'était-il présent! (CHATEAUBRIAND—Le B, *Inv.*, 80)「どうして彼の息子はいなかったのだろう」は例外的．Pourquoi... ne... pas を用いれば正規形が得られる．

que⁴ — 最も重要な従位接続詞．主として補足節 (proposition complétive) を導くが，以下には比較の補語を導く用法 (VII)，連結語としての用法 (VIII) も一括する．

I. 〈*que*＋節〉の機能

1° **主語**　動詞は接続法：Qu'il *fût* plus utile que Katow n'était pas douteux. (MALRAUX, *Cond.*, 51)「彼がKより役に立つことは疑う余地がなかった」/ Qu'il vous *voie* est le moindre mal. (GIRAUDOUX, *Lucrèce* II, 5)「彼に見られたって少しも差支えはありません」/ Qu'elle *reste* ou qu'elle *parte* ne me concerne pas. (GREEN, *Sud* I, 2)「彼女がここにいようと行ってしまおうと，僕には関係ありません」

補足節が短いときには直接に主語になり得るが，多くは転位構文を用いる．⇨下記 III．

[動]＋〈*que*＋節〉Je suis né en Argentine, de là vient qu'on m'a donné ce prénom exotique. (VERCORS, *Portrait*, 51)「Aで生まれた，それでこんな異国的な名をつけられたのだ」/ D'où vient *que* vous n'avez plus de goût à votre travail? (*Log*, venir 4)「仕事に興味を失ったのはどうしてですか」/ Qu'importe qu'il prenne froid? (*Thib.* IV, 165)「彼がかぜを引いたって構いはしない」♦非人称構文の実主語：Il est possible qu'il vienne.「彼は来るかも知れない」/ C'est certain *que* vous avez raison.「あなたが正しいことは確かだ」⇨ il impersonnel I. 2°①; ce¹ II. 11°①

2° **属詞**：L'amusant est *que* Roger Sanpeur (...) est incapable de blesser une mouche. (DÉON, *Déjeuner*, 124)「おもしろいことにSはハエを傷つけることもできないのだ」/ L'essentiel, c'est qu'il puisse nous aider. (*Log*)「肝心なのは彼が我々を手伝ってくれられることだ」/ le fait est *que*＋[直][接]「実は…だ」/ la raison en est *que*...「その理由は…だ」▶補足節の叙法は主語の意味，または現実性の度合による．

3° **直接目的語**　意思表示・判断の動詞 (affirmer, assurer, avouer, croire, déclarer, dire, juger, jurer, nier, penser, raconter, など)；意思・命令・感情の動詞 (craindre, demander, désirer, ordonner, regretter, souhaiter, vouloir, など)；これらに代わる動詞相当句 (avoir conscience, avoir envie, avoir hâte, avoir peur, être d'avis, faire signe, mettre sa main au feu (＝jurer), prendre garde, など) の後で：J'affirme qu'il a raison.「私は彼が正しいと断言する」/ Je mettrais ma main au feu *que* c'est elle. (S, II, 19) (＝je jurerais)「彼女だということは請け合います」/ Si je te montre ce manuscrit, tu me donnes ta parole *que* tu n'iras pas voir Dubreuilh. (BEAUV., *Mand.*, 265) (＝tu me promettras)「この原稿を見せたら，Dに会いに行かないって約束しなさい」

[他動]＋属詞＋*que*　この語順が必要：Je trouve un peu fort qu'elle m'en veuille. (ACHARD, *Th.* II, 93)「彼女が私を恨むとはちとひどいと思うね」⇨attribut V. 2°

▶avoir que (⇨avoir IV), il y a que (⇨il y a 1°⑩), faire que (⇨faire XI)

4° **間接補語**　à [de]＋[名][不定詞] を補語とする下記の動詞は，補足節を補語とするとき，単に *que* を用いる．

＋à：s'attendre, conclure, consentir, faire attention, songer, など．

＋de：assurer qn, avertir qn, avoir besoin, convenir, convaincre qn, désespérer, douter, s'émerveiller, s'ennuyer, s'étonner, s'indigner, informer qn, se plaindre, prévenir qn, se réjouir, se rendre compte, se souvenir, など．

Convenez *que* vous avez tort.「自分が間違っていることを認めたまえ」cf. Convenez *de* votre erreur.

▶上記の動詞でも à ce que (⇨à III. 1°), de ce que (⇨de IV. 1°) が可能なものがある．en ce que (⇨en¹ II), sur ce que (⇨sur 5°)

5° **形容詞の補語**：affligé, bien aise, blessé, certain, confus, content, convaincu, déçu, désolé, enchanté, étonné, fâché, fatigué, froissé, furieux, heureux, honteux, irrité, joyeux, malheureux, mécontent, ravi, satisfait, stupéfait, suffoqué, sûr, surpris, triste, など：Il est content *que* tu sois venu.「彼はきみが来たことを喜んでいる」cf. Il est content *de* son sort.

6° (代) **名詞の同格**：C'est vrai *ce* qu'on

raconte: *qu'*Henri va épouser Nadine? (BEAUV., *Mand.*, 505)「噂は本当ですか, HがNと結婚するというのは」/ Il ne demande qu'*une chose*: *que* M. le Trouhadec veuille bien disposer de lui.(ROMAINS, *Donog.*, 29)「彼の願いはただ1つ, それはT氏が自分を自由に使ってくださるようにということです」/ Il aimait ça, *qu'*on l'admire. (LE CLÉZIO, *Déluge*, 144)「彼は好きだったんです, 人に感心されるのが」

7° (代) **名詞の限定補語** 名詞は定冠詞・指示形容詞に先立たれる: J'avais la sensation *qu'*il se passait quelque chose. (PINGAUD, *Scène*, 47)「何か起こっているという気がした」/ La certitude *que* ce danger rôdait autour d'elle me la faisait chérir davantage. (*Ib.*, 36)「こうした危険がきっと彼女につきまとっているに違いないと思うと, 彼女がいっそういとおしくなった」/ Il vit dans l'épouvante *que* je rencontre un autre homme. (DURAS, *Amant*, 79)「私が別の男に出会うことにおびえながら暮らしている」/ Rendez-moi cette justice *que* je ne me suis jamais mêlée de vos affaires de cœur. (ANOUILH, *P.B.*, 361)「あなたの愛情の問題に決して口出ししなかったことは認めてください」

補足節が主語を限定し, 動詞が自動詞・代名動詞ならば, 補足節は多く動詞に後続する: L'idée m'est venue *qu'*il est peut-être malheureux. (Thib. I, 144)「彼が不幸かもしれないという気がした」/ le bruit court *que*...「…という噂が流れている」/ Cette vérité sainte et salutaire se trouve au fond de toutes les religions, *qu'*il est pour l'homme un guide plus sûr que le raisonnement et *qu'*il faut écouter le cœur. (FRANCE, *Jardin*, 169)「人間には推理より確実な案内者があって, 心の声に耳を傾けなければならないという, この神聖にして健全な真理はすべての宗教の根底に見出される」

8° 前+*que* après, attendu, avant, depuis, dès, durant, excepté, hormis, hors, malgré, moyennant, outre, pendant, pour, sans, sauf, selon, suivant, supposé, vu, など+補足節: avant *que* je parte「私が出発する前に」(cf. avant mon départ) / pendant *que* tu es jeune「若い間に」(cf. pendant ta jeunesse) ▶ 伝統的に 〈前+que〉は接続詞相当句とみなされ, この従属節を副詞節と称する.

II. 不完全な主節に従属する補足節
1° *voici que, voilà que*
2° 省略的主節: Plutôt *qu'*il ignorât tout. (BOURGET—S, II, 45) (= Je préfère plutôt que)「彼が何も知らずにいたほうがいい」/ Autant *que* vous soyez au courant tout de suite. (QUENEAU, *Fleurs*, 165) (= J'aime autant que)「そのことはすぐ知っておいたほうがいいですよ」/ dommage *que*...「…は残念なことだ」/ nul doute *que*...「…は疑う余地がない」

III. 転位要素
1° **文頭転位** 転位された補足節はそれだけでは機能を明示しないから, 主文中でce, cela, le, en, yなどで代理をさせて機能を示す: *Qu'*elle soit une future vedette, *cela* ne me regarde pas. (DHÔTEL, *Pays*, 109)「彼女が未来のスターであろうと私には関係ありません」/ *Que* je n'*y* réussisse pas toujours, nul ne *le* sait mieux que moi. (MAUROIS, *Destins* VII)「私がそれをやり遂げられるとは限らないことは, 誰よりも私がよく知っている」/ *Que* Hugo aime Napoléon, je n'*y* vois pas d'inconvénient. (SOURIAU, *Hist. romant.* II, 63)「HがNのことを好きであっても不都合はないと思う」

♦比較の副詞では必ずしも代理語を必要としない: *Qu'*on eût choisi ce décor pour y donner la fête de la région, rien de *plus* naturel. (LACRETELLE, *Ame*, 84)「こうした背景を選んで, そこでこの地方の祭りを行なったのだろうが, それほど自然なことはない」

2° **文頭補足節の叙法** ほとんど機械的に接続法が用いられる: J'affirme qu'il *est* travailleur. > *Qu'*il *soit travailleur*, je l'affirme.「彼が勤勉であることは断言する」 B (291, 521); GOUG (195)によれば, この接続法は「文法上のからくり」(mécanisme grammatical), ないし「文法上の拘束」(servitude grammaticale). MART (392)は文頭の補足節は主節が表現されるまではその内容が現実の事柄であるかどうかは明瞭でなく, したがって「仮説的な性質」を帯びるから, 接続法が用いられると説く. ♦直説法の使用. 現実性の強調: *Qu'*hommes et femmes *se livrent* un combat sans fin, *que* tout *est* convention, *que* nous *mourrons* un jour, voilà les vérités qui paraissaient évidentes à Gabrielle. (GIRAUDOUX, *Simon*, 71)「男と女が果てしない戦いを交えていること, すべてが約束事であること, われわれがいつかは死

ぬであろうこと，これはGには明白に思われた真実だった」

IV. que + 接 (独立節)

1° 命令 ことに命令法には存在しない単数1人称，単複3人称で：*Si c'est vrai, qu'*elle s'en aille. (PEYRÉ, *Sang*, 103)「それが本当なら，彼女を立ち去らせなさい」/ *Qu'*il vienne me voir avant de partir. (ST-EXUP., *Vol*, 87)「出発前に僕に会いに来るように言ってくれ」/ 威嚇的に：*Qu'*on s'y essaye donc! (MONTHERL., *Port-Royal*, 53)「やれるものならやってごらんなさい」/ まれに1人称：*Que* je m'y mette tout de suite! (COH, *Subj.*, 40)「すぐ取りかかるんだな」 ▶1人称の命令は時として相手に向けられる：*Que* je n'aie pas à vous le redire! (MALRAUX, *Cond.*, 97)「2度といわせぬようにしてくれよ」

願望：*Que* Dieu aide la Sicile! (CASTILLOU, *Etna*, 103)「神様がシチリアをお助け下さいますように」/ S'il faut mourir, *que* ce soit le plus vite possible. (*Thib.* III, 237)「死なねばならぬものなら，一日も早く死ねますように」

▶AC; LITはこのqueをje souhaite que, j'ordonne queの省略と解したが，省略ではなしに，que + 接を命令・願望の形式と考える見方が一般的 (MART, 373; N, VI, 311; EBF, III, 2148).

2° 驚き・憤慨 主節の省略 (MART, 376; LE B, I, 328)：Moi, *que* je me taise! (= Vous prétendez, vous voulez que...)「私に黙っていろと言うのですか」/ Moi, *que* je vous haïsse! (= Pouvez-vous croire, est-il possible que...)「私があなたを憎むなんてことがあるものですか」/ *Qu'*il se soit oublié à ce point! (= Est-il possible que...)「あれほど我を忘れるとはあきれたね」 ▶一般に相手の言葉を繰り返して反発する．

V. 先行の接続詞に代わる *que* 先行の接続詞はcomme (「時」と「原因」の意だけ), quand, si (疑問節のsiを除く), que を含む合成語 lorsque, puisque, quoique, après que, avant que, bien que, pour que, など：*Comme* je suis seul et *que* je n'ai pas de domicile, je n'ai naturellement que peu de soucis. (DURAS, *Square*, 13)「ひとり者で家もないので，当然気苦労もほとんどありません」/ *Quand* il fait beau et *que* la mer est calme, le pêcheur emmène toute sa famille. (LE CLÉZIO, *Mondo*, 21)「天気がよく海が静かなときには，漁師は家族全員を連れていく」/ Elle ne reconnaît pas l'endroit, *parce que* les volets sont fermés et *qu'*il fait sombre. (ID., *Désert*, 305)「彼女にはその場所がわからない，よろい戸が閉まっていて薄暗いからだ」

① (*comme*) *si... que* + 接 (伝統的)：S'il vient et *que* je *sois* absent, dites-lui de m'attendre. (*DFC*)「彼が来ても私がいなかったら，待っているように言ってください」/ Tu parles *comme si* elle t'avait dit de venir ici et *que* tu l'*aies* manquée. (ACHARD, *Patate*, 202)「彼女に呼ばれて会いそこねたような口ぶりだな」

② (*comme*) *si... que* + 直 ことに現代口語：Qu'est-ce qui vous donne cet air triste alors *si* vous m'aimez et *que* tout le monde le veut bien? (ANOUILH, *P.R.*, 40)「それならどうしてそんな悲しそうな様子をするの．あなたが私を愛していて，誰もがそれを望んでいるのなら」/ S'il fuit et *qu'*il ne *sait* même pas où coucher le soir... (ID, *P.B.*, 379)「彼が脱走して夜寝る所もないのなら」

以上のすべての場合に，*que*を用いずに接続詞を反復できる：*Si* vous alliez le voir au contraire, *si* vous-même vous lui parliez, je suis sûre que ça arrangerait les choses. (BEAUV., *Inv.*, 348)「それどころかあなたが彼に会いに行ったら，あなた自身が彼に話したなら，きっと万事うまくいくと思うわ」/ Elle se sent si lourde, *comme si* elle allait s'endormir, *comme si* elle allait mourir en arrivant au dernier étage. (LE CLÉZIO, *Désert*, 305)「彼女は眠りこみそうに，最上階に着いたら死んでしまいそうに，体がだるく感じる」 ▶接続詞の反復は数個の節を独立させ，queの使用はこれを一体として表わす．

♦動詞を省略された第2の補足節には接続詞もqueも用いられない：*Quand* les enfants sont à l'école et *le mari à son bureau*, le métier remplit les heures creuses... (MAUROIS, *Femmes*, 15)「子供が学校にいて夫が事務所にいるときには，この仕事は何もすることのない時間を満たしてくれます」

▶car... et que ⇨ car 3°

VI. 種々の接続詞(相当句)に相当する *que*

1° = *avant que*, *sans que*

ne... pas que ne + 接. 一般的構文：*Ne* bougez *pas* d'ici *que* votre père *ne* revienne.

(GREEN, *Sud* I, 5) (= avant que)「お父さんが帰ってくるまで，ここから動いてはいけません」/ Il ne se passait *pas* de jours, en effet, *qu*'on *ne* lui apportât quelque toile à peine ébauchée. (CAMUS, *Exil*, 147) (= sans que)「事実，辛うじて下絵程度の画布が彼のところに持ちこまれない日はなかった」

2º = *pour que*, *afin que*

命令の後で: Et *viens* ici *que* je t'arrange ta cravate. (QUENEAU, *Fleurs*, 56)「ネクタイをなおしてあげるから，こっちにいらっしゃい」

疑問の後で，目的節が問いの動機となる: Où est-il, *que* je l'embrasse! (GIRAUDOUX, *Tessa*, 257)「キスをしてあげたいのだけど，どこにいるのかしら」/ *Qui est-ce? Que* je lui casse la gueule. (ACHARD, *Patate*, 81)「そいつは誰だ．横面を張りとばしてやる」

3º = *puisque* 疑問文・感嘆文で: Vous êtes donc brouillés, *que* vous ne vous parlez pas? (F, 710)「あなたがた口もきかないところを見ると，仲たがいしたんですか」/ Tu es bien fière, *que* tu passes sans dire bonjour aux amis! (ZOLA — S, II, 329)「友達に挨拶もせずに通っていくとは，高慢ちきな奴だな」

se réjouir, se plaindre, s'étonner, se repentir, など，形容詞 heureux, confus, furieux, content などの後の que (⇨前記I. 4º, 5º)も原因の意を帯びる．その他: c'est que, ce n'est pas que (⇨ce¹ II. 10º), non (pas) que (⇨non 6º), surtout que.

4º = *tellement que*, *tel que*: Les branches pliaient, *que* ça faisait pitié. (CUREL, *Repas* I, 1)「枝が垂れ下がってみじめなものさ」/ Tu me parles sur un ton *que* je veux mourir. (GARY, *Au-delà*, 65) (= un ton tel que...)「わたしが死にたくなるような調子で物を言うのね」/ Mes pantalons sont dans un état *que* c'est une horreur. (FRANCE, *Mannequin*, 269)「私のズボンは目もあてられないざまになっている」 ▶si [tellement, tant, tel]... que の que も結果節を導く．(各項参照)

5º *que* + 接 = *si* (条件): *Qu*'elle vînt s'excuser, il lui pardonnerait. (ARLAND, *Ordre*, 285) (= Si elle venait...)「彼女が詫びに来れば彼は許してやるのだが」/ *Qu*'il te fasse partir, qu'il te rende à nous, j'abandonnerai toute idée de vengeance. (BATAILLE, *Vierge* IV, 5)「彼がお前を帰らせるなら，お前を我々に返すのなら，復讐という考えは一切捨て去ろう」 ▶多くは条件節と帰結節を et で結ぶ (⇨ et 4º).
♦ = même si (譲歩): *Qu*'elle revienne, il ne parlerait de rien. (ARAGON, *Aurél.*, 351)「彼女が帰ってきても，何の話もしまい」

6º *que* + 接 + *ou que* + 接 ; *que* + 接 + *ou non* = soit que: *Qu*'on s'en félicite *ou qu*'on s'en afflige, l'art est de plus en plus envahi par la vérité. (LEMAÎTRE, *Contemp.* VIII, 60)「人がそれを喜ぶにせよ悲しむにせよ，芸術は次第に真実に侵されている」/ *Qu*'il pleuve *ou qu*'il neige, elle sort tous les jours. (RM)「雨が降ろうと雪が降ろうと彼女は毎日外出する」

2つの補足節が同じ主語を持つならば，que + 接 + ou + 接 の形をとり得る: *qu*'il vente *ou* pleuve (MAUROIS, *Femmes*, 21)「風が吹こうと雨が降ろうと」

2つの補足節の主語と動詞が同じで，属詞・補語などの選択を表わす場合は第2補足節の主語・動詞を略す: C'est la première fois que je vois cette publicité, *que* ce soit dans le métro *ou* ailleurs. (ROB.-GRIL., *Projet*, 29)「地下鉄の中であろうとほかの場所であろうと，こんな広告を見るのは初めてだ」/ Les écrivains d'aujourd'hui — *qu*'ils le veuillent *ou non* — sont les disciples d'Emile Zola. (S, II, 394-5)「今日の作家は — 彼らが望むにせよ望まぬにせよ — Zの弟子だ」/ *qu*'il pleuve *ou non* (*Ib.*)「雨が降ろうと降るまいと」

7º = *lorsque*: Je n'avais pas prononcé cette phrase *que* je la regrettais. (SAGAN, *Sourire*, 115)「この言葉を言い終わらないうちに私はそれを後悔していた」/ Mathias n'a pas encore refermé la valise *que* déjà Maria Leduc est partie. (ROB.-GRIL., *Voyeur*, 250)「Mがまだカバンを閉めてもいないのに，もうLは立ち去っていた」/ J'ai courtisé des femmes *que* tu n'étais pas né. (SALACROU, *Terre* I, 1)「お前など生まれていなかった時分に，女を口説いていたんだぞ」/ Le train l'emportait *qu*'il criait encore. (KESSEL, *Enfants*, 115)「列車が彼を連れ去っていくのに，彼はまだ叫んでいた」

que で結ばれる節はいずれか一方 (大部分は第1節) が否定であるか，共に肯定の場合はその一方または双方に**時の副詞** (多くは déjà, encore) を用いるのが普通 (『新考』12-29)．à peine... que の que も同じ用法 (⇨ peine 5º).

LE B (I, 319; II, 436-7)はこのque を et に近い連結語とみなす(⇨下記 VIII).

♦まれに que を略す: Il n'avait pas fait vingt pas: quelqu'un marcha rapidement derrière lui. (ARLAND, *Ordre*, 135)「20 歩とゆかぬうちに, 誰かが後から急ぎ足に歩いてきた」

8° = *si ce n'est*, *excepté*　否定・疑問のあとで: Je *n'*aime *personne que* toi. (BUTOR, *Degrés*, 217)「あなたのほかは誰も愛していません」 / *Rien ne* me plaît *que* toi. (DURAS, *Bay*, 30)「あなたのほか私の気にいるものはありません」/ *Impossible* il m'était de l'observer *que* de profil. (JOUHAND., *Procès*, 61)「彼の横顔しか観察できなかった」/ *Que restait-il* de mon travail, *que* ma fatigue? (GIDE, *Porte*, 164)「私の仕事から疲れのほかに何が残されたか」

▶ ne... que, ne... plus [jamais, guère] que ⇨ ne... que

　　成句: que je sache ⇨ savoir 9°

VII.　比較の補語を導く ⇨ autre, moindre, pire, pis; aussi, autant, autrement, davantage, plus, mieux, moins(各項参照)

VIII.　連結語として

1°　多くは条件法を用いた２つの節の結合　第１節は譲歩節, 条件節に相当し, 時に疑問形に置かれる: Je le voudrais *que* je ne le pourrais pas. (BECQUE, *Parisienne* II, 5)「たとえそうしようとしても, できはしません」/ Voudrais-je obéir *que* je ne le pourrais pas. (PÉROCHON, *Ombre*, 160)「言うことをきこうとしても, できはしません」/ Il *ne* vous aurait *pas* connue *qu'*il serait encore garçon. (PORTO-RICHE, *Amoureuse* II, 4)「あなたと知り合いにならなかったら, 彼は今でも独り者でしょう」/ *Tirait-elle* les rideaux au réveil *que* son regard découvrait un bosquet de noisetiers. (DÉON, *Taxi*, 64)「起きしなにカーテンを引くと, はしばみの林が見渡せるのだった」(習慣的= Chaque fois qu'elle tirait...)

▶ このque は２つの節を結ぶだけで, B (874) はこれを que de ligature と呼ぶ. このque は省略可能. ⇨conditionnel II. B. 4°②

2°　副詞（相当句）+ *que* apparemment, assurément, avec ça, bien entendu, bien sûr, certainement, évidemment, heureusement, même, peut-être, plus souvent, probablement, sans doute, sûrement, surtout, vraisemblablement, などの後で: Peut-être [Probablement] *qu'*il viendra.「恐らく 彼 は 来るだろう」/ Certainement [Sûrement] *qu'*il vous écrira.「彼はあなたにきっと手紙を書きますよ」/ Evidemment *qu'*ils ont raison! (BEAUV., *Mand.*, 151)「もちろん彼らの言う通りだ」

♦B (27); G (180); GUIRAUD (*Fr. pop.*, 73)はこれらの副詞（相当句）を不完全な節に相当すると考え, S (II, 45) は Heureusement *qu'*il est venu. は C'est heureux *qu'*il soit venu. と Heureusement il est venu. と の 混 成 (contamination)によると説く. LE B (II, 585) は単なる連結語とみなす. この考え方は俗語 A ce qu'il paraît *qu'*il y est allé. (MART, 217, n.1)「彼はそこに行ったらしい」のque によく当てはまる. 上例のすべてで que を略すか, que の代わりに〈,〉を用い得る.

3°　疑問詞 + *que*《俗》: Où *que* t'as trouvé ça? (VERCEL, *Conan*, 24) (= Où as-tu trouvé ça?)「どこでそれを見つけたんだ」/ De quoi *que* je me plaindrais? (IKOR, *Gr. moy.*, 168) (= De quoi me plaindrais-je?)「わたしが何に苦情を言おうか」/ A qui *que* tu penses donc? (*Ib.*, 161) (= A qui penses-tu?)「一体誰のことを考えているのだい」

その他 qui [quoi, comment, pourquoi, quand, ...] que. que の挿入は疑問による主語倒置を避ける手段となる. LE B (*Inv.*, 64) はこのqueを est-ce que の縮約とみなす.

4° *que* + 挿入節《俗》: C'est sa fille d'amour, *qu'*il dit. (CLAIR, 369) (= dit-il)「惚れた娘だとさ」/ C'est pas bon signe, *que* je te dis! (*Ib.*, 409) (= te dis-je)「よくない前兆だって言ってるんだ」

♦挿入節を切離して相手の言葉に対する疑念を 表 わ す: Il est gâteux. — *Qu'*elle dit. (QUENEAU, *Contes*, 68)「ボケてるんです.—どうかな」/ Ça ne m'arrivera plus.— *Que* tu dis!—Et *que* je pense. (S, II, 222)「もうそんなことは起こらないよ.—そうかねえ.—そう思うよ」

♦このque は挿入節における主語倒置を避ける手段だから, 主語が名詞の場合, (...) que dit le brigadier (DORGELÈS—LE B, *Inv.*, 202) は好まれず, Répète un peu voir, *qu'*il dit Gabriel. (QUENEAU, *Zazie*, 11)「ちょっともう一度やってみてくれ, と G が言う」のようになる. S (II, 221) はque を関係代名詞とみなす. que

は時に略される. ⇨ incise (proposition)
5° ***c'est... que*** +名/ ***c'est... que de*** +不定詞
⇨ ce¹ II. 7°②
♦属詞の強調としてこのc'estが省略されたまま〈述部＋que＋主題〉となることも: Foutaises *que* tout cela. (QUENEAU, *Chiendent*, 34)「くだらんよ, 何もかも」
6° ***si j'étais que de vous*** ⇨ de I. 22°④(3)
IX. ***que*** **の反復**
1° 同じ動詞に主語の異なる数個の節が従属するとき, 各々の節の前にqueを反復する: On dit (...) *que* le climat progressivement s'y assèche, et *que* les rares taches de végétation d'année en année s'y amenuisent d'elles-mêmes. (GRACQ — G新, 1027 b, 1°)「その地の気候は次第に乾燥の度を増し, わずかに残る植物の緑も年々細りゆくばかりという」

♦queがなければ独立節となり, 従属関係は断たれる: Je sais *que* ce moment-ci est inoubliable et je l'oublierai. (DURAS, *Vie*, 162)「私は今の瞬間が忘れがたいことを知っているが, それでも忘れてしまうだろう」

2° 従属節の動詞が数個の主語を持つとき, 各主語の前にqueを反復してこれを強調することがある: Raymond savait *que* la colère, *que* la haine sont des prolongements de l'amour. (MAURIAC, *Désert*, 236)「Rは怒りが, 憎しみが愛の延長であることを知っていた」

3° ***ne... que***, plus [moins, aussi, mieux]... que, ainsi que, などの後に数個の語が続くときも2°と同じ: Pour Maurois écrivain il *n'*est *qu'*une loi, *qu'*une foi, *qu'*un guide et *qu'*un maître. (FILLON, *Maurois*, 255)「作家としてのMにとっては, ただ1つの法則, ただ1つの信念, ただ1人の案内者, ただ1人の師しか存在しない」/ Ses mots ne me choquaient jamais parce qu'ils étaient *aussi* spontanés *que* son désir, *que* son plaisir, *que* son amour. (BEAUV., *Mand.*, 438-9)「彼の言葉が私に不快感を与えることは決してなかった. それは彼の欲望, 彼の喜び, 彼の愛と同じように自然なものだったからだ」/ Luce devait être en route, *ainsi qu'*Elisabeth et *que* Marie-Claude. (TROYAT, *Araigne*, 276)「LもEやMのように出発しているに違いなかった」

♦前置詞・同格辞の前のqueの反復: En art, l'on n'atteint au général *que* par et *qu'*à travers le particulier. (GIDE, *Feuillets*, 252)「芸術においては, 特殊によってしか, それを通してしか普遍に到達できない」/ Ils ne rapportent *qu'*elle, *que* cette parole. (*Ib.*, 262)「彼らはそれしか, その言葉しか報じない」

♦queの不反復例: Autour des billards, ce n'était *qu'*appels, rires et disputes. (*Thib.* IV, 10)「玉突台の回りでは, 呼び声, 笑い声, 口争いの声が渦巻いていた」

X. ***que*** **の不使用・省略**
1° 省略節 動詞を省略された節ではqueは用いられない: Il ne savait pas *que* la terre est si vaste et la vie si courte. (BEAUV., *Tous les h.*, 15)「彼は地球がかくも広く人生がかくも短いことを知らなかった」/ bien *que* je sois riche et toi vraiment misérable (DHÔTEL, *Lieu*, 49)「わしは金持で君は本当に貧乏ではあるが」

2° 俗語: Tu veux je vienne? (= que je vienne?) / Faut je m'en aille? (= Faut-il que je...) / Je me dis je vais prendre l'autobus. (CÉLINE, *Mort* I, 13) (= Je me dis que...) cf. BAUCHE, 150; F, *Gr. fautes*, 123; S, II, 18 Rem.

quel(le) — **I.** 形 (疑問) 属詞・付加辞として直接疑問にも間接疑問にも用いられる.

1° ***Quel est*** +名? ①人: Quelle est cette femme? (ACHARD, *Mal*, 122)「あの女は何者だ」/ *Quel est* ce Frédéric (...)? — Ah oui! c'est un cousin à nous. (SAGAN, *Château*, 13) (2例ともquiで置き換えられる) / *Quel est* le plus fou de nous deux? (ACHARD, *Mal*, 237)「わたしたち2人のうちでいちばん頭が変になっているのはどっちです」 (= lequel, qui)

♦主語が人称代名詞, ceならば, 現代では *Qui* êtes-vous? *Qui* est-ce?, 漠然とした状態には *Que* serai-je dans dix ans? (ROB)「10年後にはどうなるだろう?」 ▶ ただし, 「どのような」の意で《文》: Mais *quels* étaient-ils? (PROUST — LE B, *Inv.*, 38)

♦間接疑問では主語が名詞であっても人について quelの使用は古典語 (ROB): Et quand je vous demande après *quel* est cet homme (...) (MOL., *Mis.*, v.21) (= qui)「それで今のあの男は誰だときけば」/ Je sais *quel* est Pyrrhus. (RAC., *Andr.* IV, 1) (= de quelle nature) / Il ne sut jamais très exactement *quel* il était. (DURAS, *Andesmas*, 41)「彼がどんな男であるか正確に知ったことはなかった」

②物: *Quel est* cet arbre?「あの木は何ですか」

/ *Quelle est* votre maison?「あなたの家はどれです」/ *Quel est* votre numéro de téléphone?「あなたの電話番号は何番ですか」/ *Quelle est* la superficie de ce champ?「この畑の面積はどれだけありますか」/ *Quel* peut être l'aboutissement du désir? (IONESCO, *Solitaire*, 157)「欲望の果てはどうなるのだ」/ Tu me donnes le rôle odieux de t'apprendre *quelles doivent être* tes manières avec mon mari. (GIRAUDOUX, *Tessa*, 219)「私の夫に対するあなたの態度がどうあるべきかを教えるなんていやな役割をさせるのね」

♦主語が人称代名詞．《文》: Y a-t-il un problème? Et *quel est-il*? (BEAUV., *2ᵉ sexe* I, 11)「問題があるのか．その問題とは何か」/ L'acte commun de deux personnes qui s'aiment, on peut prévoir *quel il sera*. (GIRAUDOUX, *Tessa*, 201)「愛しあう2人が共にする行動がどんなものかは予想がつく」

♦quel / qu'est-ce que．抽象的観念の問いに×Quelle est la vérité?「真理とは何か」は不可．正：Qu'est-ce que la vérité? (⇨ que² 1º ② (2))

ただし名詞が限定されている語ならば*Quel* est le but de la vie?「人生の目的とは何か」(= Qu'est-ce que c'est, le but de la vie?) / *Quel* est votre projet?「あなたの計画はなんですか」(= Qu'est-ce que c'est, votre projet?)

2º *quel* + 名 ① 主語: *Quel bon vent* vous amène, mon Père? (ANOUILH, *Ornifle*, 43)「ようこそお出でくださいました，神父様」/ *Quel soir* vous irait le mieux? (F, 1630)「いつの晩がいちばんご都合がよろしいでしょう」/ *Quels camarades* protestent? (MALRAUX, *Cond.*, 163)「同志の誰が異議を唱えているのだ」

♦ Quel + 名 + ne... (pas)?　修辞的に肯定の意を表わす疑問文で，凝った文体ではpasを略し得る：*Quel homme* n'eût au moins douté de sa raison! (GA, 74)「自分の理性に少なくとも疑いを抱かなかった者があろうか」⇨ qui² 1º

♦複合倒置をしないのが正規の構文．これを破る新傾向：*Quel secret* (...) le liait-il au nègre? (TOURNIER, *Coq*, 22)「どのような秘密が彼を黒人と結びきずなとなっていたのか」

②属詞: *Quelle femme* est-ce?「1)どんな女性ですか．2)どの女性ですか」/ *Quel genre de femme* est-ce?——C'est une bonne mère.「ど

んな女性ですか．——いい母親です」/ *Quel genre de femme* est la princesse? (PROUST——LE B, *Inv.*, 38)「大公夫人はどんな人ですか」

③直・目: *Quel âge* a-t-il [a Paul]?「彼[P]はいくつです」/ *Quel secret* cachait donc ce type? (IKOR, *Gr. moy.*, 175)「この男はいったいどんな秘密を隠していたのか」/ *Quel train* prendra ton père [ton père prendra-t-il]?「お父さんはどの列車に乗りますか」◆主語が名詞でも単純倒置が普通．しかし上記①の構文と取り違えられる恐れがあるならば，LE GAL (*Parler*, 131)が必然と言う複合倒置*Quel auteur* ce conférencier cite-*t-il*?「この講演者はどの作家を引用しているのですか」はまれで，普通は構文を変えてQuel est l'auteur que cite ce conférencier?と言う．cf. *Quel auteur* cite ce conférencier?「どの作家がこの講演者を引用しているのですか」

♦quel + 名 + 不定: *Quelle attitude prendre*? (TROYAT, *Araigne*, 133)「いかなる態度を取るべきか」/ Je ne savais *quels mots dire*. (GASCAR, *Herbe*, 65)「何と言ったらいいかわからなかった」

④状況補語: *Quel* jour sommes-nous?「1) 今日は何曜日　2) (まれに) 何日ですか」⇨ date 3º; jour de la semaine 6º

♦ 前 + quel + 名 : *De quel côté* allez-vous?「どちらの方面に行きますか」/ *Dans quel quartier* habitez-vous maintenant? (F, 378)「今はどの地区に住んでいますか」/ *De quel droit* vous avoir fait une piqûre? (ANOUILH, *Ornifle*, 209)「何の権利があってあなたに注射をしたのです」/ *De quel roi* était-elle la veuve? (CESBRON, *Prison*, 150)「彼女はどの王の未亡人だったのですか」

⑤ (= *de quoi*): à *quel* propos (= à propos de quoi)「何について」/ en *quel* honneur (= en l'honneur de quoi または de qui)「何 [誰] のために」/ de *quelle* part (= de la part de qui)「誰から」▶ quel = de quiをGEORG (217)は許容し，EBFは誤用とする．

II. 代 (疑問) = *lequel*

1º *quel de* + 名　古典語法 (= lequel). 現代では例外的: *Quel des* deux mots faut-il préférer? (THÉRIVE——G, 577, Hist.)「2つの語のうちどちらを選ばなければならないか」

2º 〈*de* + 名〉のあとで主語になるのは現代でも普通: Nous allons voir *de* nous deux *quel* est le plus entêté! (GIRAUDOUX, *Simon*, 9)「おれたち２人のうち、どっちのほうが強情か今にわかるさ」▶ROB; *EBF* は *Quel* est le plus intéressant *de* ces films?「これらの映画のうち、どれがいちばんおもしろいですか」の型（上記I.1° ACHARD の例）もこの中に加えるがそちらは属詞とも考えられる（*DFC*; S, I, 315）. すべて lequel で置き換えられる。

3° **名詞の省略**　古典語法。
① **単独に** (= lequel). 現代俗語に残る：Moi qui t'apportais une grande nouvelle! — *Quelle*? (BATAILLE—S, I, 314)「一大ニュースを持ってきたのに！—どんな？」◆同じ用法が次例では（MOLIÈREを思わせる）懐古的な気取りを感じさせる：Je vous livre un secret.— *Quel*? (ROSTAND, *Cyrano*, 28)「秘密をお話ししますから.—なんだ？」

② **前置詞と共に**：Je suis incapable de retrouver avec certitude (…) à quels moments tu as été attentif, à *quels* distrait. (BUTOR, *Degrés*, 118)「きみがいつ注意深くて、いつぼんやりしていたか、はっきり思い出すことはできない」

III. 形 (感嘆)　**1°** *Quel est* + 名 ! : *Quel est le criminel ici* (…)! (CAMUS, *Etr.*, 128)「ここにいる罪人はなんたる男か！」

▶ Quel n'est pas + 名 ; ⇨ pas I. 3°

2° ① *Quel* + 名 !　名詞は情意的意味を含む：*Quel* idiot [salaud]!「何というばか者［卑怯な男］だ」/ *Quelle* chaleur [horreur]!

◆名詞に情意的意味が含まれなければ称賛、多くは軽蔑を表わす：*Quel* homme!「何というひどい［りっぱな］男だ」/ *Quel* temps!「何というやな［いい］天気だ」/ *Quelle* idée!「何という（ばかな）ことを考えるのだ」

◆まれに名詞を省略：La nourriture — et *quelle*! — lui était assurée. (VIALAR, *Eperon*, 42)「食事は—といっても、なんというひどい食事だったろう！—彼に保証されていた」

② quel + 形 + 名: *Quelle* bonne idée! (BEAUV., *Sang*, 34)「なんてうまい思いつきだ」/ *Quelle* étrange question! (GREEN, *Epaves*, 136)「なんて妙なことをきくんでしょうね」◆ quel + 名 + 形：*Quelle* erreur grossière! (ANOUILH, *P.N.*, 488)「なんというひどい誤りだ」/ *Quel* gamin impossible! (TROYAT, *Vivier*, 52)「なんという手に負えない子でしょう！」

③ quel + 名 (que) + 名 [(que) de 不定詞, que + 節]〈述部 + 主題〉の構成の述部に：*Quelle* belle fleur *que* la rose!「バラはなんという美しい花だろう」(⇨ que⁴ VIII. 5°) / *Quel* salaud, cet Arland! (VIAN, *Pékin*, 187)「なんという下劣なやつだ、あのＡは」/ *Quelle* joie *de* vous voir! (COCTEAU, *Th.* II, 66)「まあうれしい、お会いできて」/ *Quel* dommage *que* tu n'y aies pas pensé plus tôt! (BUTOR, *Degrés*, 314)「きみがもっと早くそれを思いつかなかったのは残念だな」▶これらの構文は Fini, tout ça. (IKOR, *Gr. moy.*, 256)「終わってしまった、何もかも」と同一。

◆主題 + quel + 名．上記よりまれ：Ce trajet de Rome à Paris, tous deux côte à côte, *quelle* imprudence! (BUTOR, *Modif.*, 120)「２人並んでローマからパリまで旅をするとは、なんという軽はずみなことか」（côte à côte までが主題）

④ **動詞と共に**　(1) **主語**: *Quelle* âme fiévreuse habitait ce corps frêle! (ROB)「いかに熱烈な魂がこの弱々しい肉体に宿っていたことか」
(2) **属詞**: Oh, *quel* salaud je suis! (SAGAN, *Mois*, 136)「ああ、おれはなんて下劣な人間だろう」/ Ah! *quelle* idiote j'ai été de t'écouter. (ANOUILH, *P.B.*, 315)「あなたの言うことを聞くなんて、なんてわたしはばかだったんでしょう」
(3) **直・目**: *Quelles mains délicates* elles ont presque toutes! (VERCORS, *Divag.*, 132)「彼女たちはほとんど皆、なんと繊細な手をしているのだろう」/ *Quelle* sottise j'ai faite! (*Thib.* II, 12)「なんというばかなことをしたんだ」（過分の一致に注意）◆主語が名詞ならば単純倒置が普通：*Quel* mépris avait dû nourrir en elle ma retenue! (GASCAR, *Herbe*, 74)「私の控えめな態度は彼女にどれほど軽蔑の念を抱かせたことだろう」▶ただし、修辞的な ne... pas を用いるときは多く複合倒置。⇨ pas I. 3°
(4) 前 + quel + 名: *Avec quelle audace* ils m'ont répondu!「なんという厚かましい態度で彼らは私に答えたことか」

IV. 形 (関係)

1° quel que soit + 名 ; quel qu'il soit　動詞はほとんどいつも être. まれにそれに代わる繋合動詞. devoir, pouvoir に先立たれ得る. quel は属詞, 動詞の主語に一致：Mais *quelles que soient* tes raisons, je ne puis te laisser dire que tout est permis. (CAMUS, *Justes*, 71-2)「理屈はどうあろうと、どんなことでも許されるなど

と言わせておくわけにはいかない」/ Il était décidé à accepter les conditions de Korb *quelles qu*'elles *fussent.* (IKOR, *Gr. moy.*, 267)「K の条件がどうあろうと，それを受け入れようと腹をきめていた」

2° *quel soit* + 名 ; *quel soit-il* : *quelle soit leur valeur et leur compétence personnelle* (VALÉRY—G, 452, A)「彼らの価値，彼ら個人の専門的見識がどのようであろうと」/ *Je demande une besogne, quelle soit-elle.* (DUHAMEL—S, II, 319)「なんでもいいから仕事がほしいのです」▶ *si grand qu'il soit* > *si grand soit-il* (⇨si² IV. 2°)の類推．例外的．G は作家のまったくの気まぐれによると説く．

3° *quel* + 名 + *que*　*quelque* + 名 + *que* (⇨quelque III. 2°)の古形．17世紀まで用いられた．今日では例外的: *Elle saurait, à quel prix que ce fût, la protéger du monde entier.* (BEAUV., *Inv.*, 349)「どれほどの犠牲を払おうと，彼女を全世界から守ってやれるのに」

4° 動詞の一致　数個の〈quel + 名〉が主語となるとき，支配的な観念を持ついちばん近くの〈quel + 名〉に一致する: *quel que soit le sang, la qualité, le degré de développement* (VIALAR, *Eperon*, 50)「（馬の）血統，能力，発育程度がどうあろうと」

quelconque — **1°** 形 (不定) = *n'importe quel, quel qu'il soit*

① 名 + *quelconque*　普通の語順: *pour une raison quelconque* (MR; DFC)「何らかの理由のために」/ *Tu n'as pas un objet d'inquiétude quelconque?* (ROUSSIN, *Enfant*, 243)「何か心配事があるのではないの?」◆ *Prêtez-moi un livre quelconque.*「何でもいいから本を貸してください」は quelque livre (quelques livres と同音であいまい) に代わる傾向にある.

② (*l'*) *un*(*e*) *quelconque de* + 名 ; *deux* [*trois*] *quelconques de* + 名: *Je vous serai reconnaissante (...) de bien vouloir me considérer comme l'une quelconque des employées à votre service.* (*Ib.*, 230)「あなたにお仕えする女子職員の一人とお考えくださればこの上なく幸甚でございます」/ *un quelconque de* leurs amis (BEAUV., *Mém.*, 279)「彼らの友だちの誰か一人」/ *Prenons deux quelconques de ces nombres.* (G, 453, 3)「これらの数のうち任意の2つをとろう」

③ *quelconque* + 名　新しい用法: *une quelconque syllabe dans un mot* (GALICHET, *Physiol.*, 95)「一つの語の中の何らかの音節」/ *un quelconque moyen de locomotion* (TH, 314)「何らかの移動の手段」◆多くは軽蔑的意味を帯び下記2°の意に近づく: *Qui pouvait se souvenir encore d'un quelconque petit professeur d'autrefois?* (IKOR, *Gr. moy.*, 85)「昔の取るにたらないへっぽこ教師のことなんぞを覚えているような者が誰かいようか」

2° 形 (品質)　日常語で = ***banal***, ***médiocre***, ***insignifiant***. 付加形容詞にも属詞にもなり，très, aussi, bien などを先立て得る: *C'est un film bien quelconque.* (DFC)「いたって平凡な映画だ」/ *C'était une ville tout à fait quelconque.* (LOTI, *Chrys.*, 6)「まったく平凡な町だった」/ *Il est très quelconque.* (*Thib.* II, 214)「とてもくだらない男さ」

◆ *un bibelot quelconque* は「ある骨董品」，または「つまらない骨董品」．文脈で区別するほかはない．

quelque — quelqu'un のほかは母音の前でも quelque とつづるのが規則．まれに: *à quelqu'heure que ce soit* (DURAS, *Moderato*, 57) / *quelqu'autre endroit* (VILDRAC, *Auclair*, 39) ▶俗語の発音[kεk]を表わすために quéqu' とつづることがある．

I. 形 (不定) **1°** 単数　文学的．

① *quelque* + **不可算名詞**　不特定の少量 (= une petite quantité de): *Est-ce que vous désirez demeurer quelque temps ici?* (DHÔTEL, *Pays*, 73)「ここにしばらく住んでいたいですか」/ *j'ai quelque peine à* 不定詞 (= assez de)「…するのはなかなか困難だ」/ *répondre avec quelque hésitation* (= un peu de)「ためらいがちに答える」

② *quelque* + **可算名詞**　人・物の不特定性を強調して un に代わる: *Mon cousin, après une discussion au sujet de quelque jeune fille, était parti.* (MALRAUX, *Noyers*, 38)「いとこは，どこかの娘のことで口論をしたあとで出ていった」/ *A quelque autre de même nom était destinée cette somme.* (GIDE, *Prométh.*, 34)「この金は誰か同じ名前の人に宛てられていたのだ」/ *quelque jour* (= un jour ou l'autre)「いつか」

2° 複数　不特定の少数: *Quelques jours après, il partit pour l'Afrique.* (DFC)「数日後，A に発った」/ *L'horloge marquait neuf*

heures et *quelques* minutes. (*Thib.* VI, 139)「大時計は9時何分かを指していた」◆20以上の数の不特定の端数: quarante et *quelques* francs (VERCORS, *Marche*, 31)「40数フラン」
◆les[ces, mes] quelques + 名 : *Les quelques* heures qui suivirent me furent très douces. (GARY, *Au-delà*, 239)「それに続く数時間は私にはいたって心地よかった」/ C'est à *ces quelques* paroles que j'ai compris qu'il était parfaitement heureux. (DURAS, *Vie*, 100)「この二言三言を聞くだけで彼が申し分ないほどに幸福であることがわかった」/ Il m'a pris *mes quelques* sous. (MAUGER, 157)「私のわずかな金を巻きあげた」

3° 数詞(+ 名) *et quelques* 〈だけで: Nous étions à cette réunion *quarante et quelques*. (AC)「その会合では、われわれは40何人かだった」/ Il a *cinquante ans et quelques*. (DFA)「彼は50何歳かだ」▸× dix et quelques 「10何人か」とは言わず dix au moins「10人以上」と言う (LE B, I, 231).

◆まれに一部作家が単数に: quand on a *vingt ans et quelque* (COQUET — G, 452 c)
▸ plusieurs / quelquesの違い ⇨ plusieurs I
II. 副 文語調(= environ, à peu près): Je t'ai aimée, Liliane, il y a *quelque* quinze ans. (ANOUILH, *Ardèle*, 74)「15年ほど前には、お前が好きだった」
◆ quelque mille [cents] + 名 . H (211)は *quelques cents* mètres「数百メートル」の例を挙げるが, ROBはこの言い方は古めかしく *quelques* milliers [centaines] de を勧め, *EBF* もこれを支持, *quelque* mille francs はいつも「およそ」の意で無変化と説く.

III. *quelque... que* + 接 (譲歩節) 文語調.
1° *quelque* + 副 / 形 + *que* (= à quelque degré que) quelqueは強度の副詞で無変化, que は副詞の後では接続詞, 形容詞の後では関係代名詞: *Quelque* habilement *que* vous raisonniez [*Quelque* bonnes *que* soient vos raisons], vous ne convaincrez personne. (G, 452, B)「あなたがどれほどうまい理屈を言っても[あなたの理屈がどれほどうまかろうと], 誰も説得できまい」

2° *quelque* + 名 + *que* quelqueは形容詞で名詞に一致. queは関係代名詞.
① *que* = 直・目 : *quelques* efforts *que* vous fassiez (AC)「あなたがどれほど努力をしようと / *Quelque* précaution *que* l'on prît, la contagion se faisait un jour. (CAMUS, *Peste*, 194)「どんなに用心しても, いつかは感染してしまうのだった」/ *Quelque* temps *qu*'il fasse, je sortirai. (MAURIAC, *Désert*, 167)「どんな天気でも出かけます」

② *que* = 属詞 quelque... que は副詞節ではなく, 動詞の直・目: Non certes que je préfère *quelque* langue *que* ce soit à la nôtre. (GIDE, *Porte*, 188-9)「もちろん何語であれ自国語より好きなわけではない」/ Certes il y aurait imprudence à tirer de ces constatations *quelque* enseignement *que* ce soit. (GIDE, *Feuillets*, 17)「もちろん, これらの事実から何らかの教訓を引き出そうとするのは軽率であろう」

3° 前 + *quelque* + 名 + *que* que は接続詞: *De quelque* côté *que* je me retourne, je rencontre un mur. (KESSEL, *Enfants*, 130)「どっちを向いても壁にぶつかるのだ」/ *De quelque* manière *qu*'il s'y prenne, à présent, il n'a plus beaucoup de chances de s'en tirer. (SARTRE, *Mains* V, 1)「どうしようと, 今ではもうそれを免れる可能性はあまりない」/ Le bateau n'avait plus l'air de progresser, *dans quelque* direction *que* ce fût. (ROB.-GRIL., *Voyeur*, 12)「船はどちらの方角にも進んでいないようだった」/ Je vous l'amène, *dans quelque* état *que* ce soit. (ACHARD, *Patate*, 43)「どんな様子をしていても引っぱってきます」/ *à quelque* prix *que* ce soit「どんな値段でも」/ *pour quelque* raison *que* ce soit「いかなる理由によるにせよ」

◆次例では状況補語ではなしに間・目: Incapable à jamais de croire *en quelque* idéal social *que* ce soit. (IKOR, *Gr. moy.*, 205)「いかなる社会的理想も永久に信じられない」

4° *quelque* + 形 + 名 + *que*
① 〈形 + 名 〉が主語または直・目の属詞ならば, quelqueは形容詞を修飾する副詞, 無変化: *quelque* bons orateurs *qu*'ils soient [que vous les croyiez] (H, 788)「彼らがどんなにすぐれた雄弁家であろうと [雄弁家だとあなたが思おうと]」

② 〈形 + 名 〉が直・目ならばquelqueは名詞に一致: *Quelques* belles promesses *qu*'il ait faites, il ne s'améliore guère. 「どんなにうまい約束をしても彼はあまり素行が改まらない」

♦①では形容詞の省略不可能．②では形容詞を省略しても意味に大差なく，quelles que soient les promesses qu'il ait faitesと書き換えられる．

5° *quelque* + 名 + *qui* [*dont, où*, など] 古典語法．古文調: *Quelque* lien *qui* pût nous unir (...) je l'avais rompu pour toujours. (MUSSET—ROB) (= quel que soit le lien qui pût nous unir)「どのようなきずながわれわれを結びつけていようと，私はそれを永久に断ち切ってしまっていたのだ」/ A *quelque* distance *qui* me séparât de toi, je te verrais partout. (HERVIEU—S, II, 390)「お前との距離がどれほどあろうと到る所でお前の姿が目に浮かぶだろう」/ *quelque* sujet *dont* il s'empare (BRUNETIÈRE—*Ib.*) (= de quelque sujet qu'il s'empare)「どのような題材をとらえようと」/ dans *quelque* condition *où* l'on se trouve (FRANCE, *Rôtiss.*, 125)「どのような職業についていようと」▶古典構文quelque trouble où tu sois (CORN., *Othon*, v.1342) (= dans quelque trouble que tu sois)「お前がどれほど心を乱していようと」と正規形dans quelque condition que l'on se trouveの混交．

quelque chose — 代 (不定) **1°** 一般的用法 一致は男性: *Quelque chose* lui est arrivé.「何かが彼に起こった」/ *Quelque chose* est-*il* arrivé?「何か起こりましたか」/ S'il vous manque *quelque chose*, je vous *le* donnerai. (AC)「何か足りないものがあれば，さしあげます」♦ただし主語になる代名詞はcela: *Quelque chose* bougeait et *cela* sentait mauvais. (EBF)「何かが動いていた，それはいやな臭いがした」

♦quelque chose de + 男性形形容詞: Y a-t-il *quelque chose d*'intéressant?「何かおもしろいことがありますか」

cf. *quelque* bonne chose (EBF)「何かよいもの」/ 譲歩表現Quelque chose qu'il ait faite, on lui pardonnera toujours. (GLLF)「何をしようと，やっぱり彼を許すだろう」ではchoseは女性名詞．▶quelque... queの構文

2° ne... pas quelque chose: Nous *ne* parvenons *pas* à tirer *quelque chose* de lui. (CASTILLOU, *Thaddëa*, 141)「彼から何か聞きだすことはできない」/ Pourquoi *ne* dites-vous *pas quelque chose*? (GREEN, *Moïra*, 210)「なぜ何とか言わないの」♦ne... pas + quelque chose は文全体の否定．ne... rienとの微妙な違いに注意. cf. Pourquoi ne dites-vous rien?「なぜ何も言わないの」

3° *quelque chose comme* + 名: Il est surpris de distinguer (...) *quelque chose comme* un découragement sans remède. (*Thib.* III, 169)「いやすことのできない落胆といったようなものをみとめて驚いた」

♦quelque chose comme + 数詞 + 名 (= environ): Il a *quelque chose comme* soixante ans. (DFC)「彼は60歳ぐらいだ」

4° *un* [*ce, le*] *quelque chose* 名詞的用法: Je pensais (...) que ça te ferait plaisir de manger *un* petit *quelque chose* avec moi. (DORIN, *Th.* I, 61)「私といっしょに何か軽いものを食べるのがあなたにはうれしいだろうと思っていたの」/ *Quelque chose* luisait dans les charbons noirs (...): *ce quelque chose* émergeait des boulets. (SAGAN, *Chien*, 13)「何かが黒い石炭の中で光っていた．(…)その何かは粉炭の固まりの間から浮かび出ていた」/ *le quelque chose* qui est là (DIDEROT—G, 589, Rem. 1)「そこにある何か」

quelqu'un(e), 複quelques-un(e)s — 代 (不定)

I. quelqu'un

1° ①不定の人 (= une personne quelconque) (1) 単独に: *Quelqu'un* vous demande en bas.「下で誰かがあなたに会いたいと言っています」/ Il y a *quelqu'un*?「誰かいますか」

(2) *quelqu'un de* + 名 [関係代名詞]: J'avais une recommandation pour *quelqu'un du* consulat. (*Thib.* IV, 83)「領事館のある人にあてた紹介状を持っていた」/ Y a-t-il *quelqu'un* qui pourrait me renseigner? (DFC)「私に教えてくれることのできる人が誰かいますか」

♦quelqu'un de + 形: On a besoin de *quelqu'un de* très prudent. (ACHARD, *Mal*, 178)「とても慎重な人間が必要なのだ」/ Il y a *quelqu'un d*'autre dans la maison. (DURAS, *Abahn*, 13)「家の中には誰かほかの者がいる」

▶quelqu'un autreは文学的: Si c'était *quelqu'un autre*? (BREMOND—G, 590, Rem. 1)「ほかの誰かだったら」

♦〈形 + 補語〉を伴うときはdeを用いない: Il avait le ton de *quelqu'un* résolu à ne pas partir de si tôt. (GREEN, *Epaves*, 86)「すぐには帰るまいと腹をきめた人のような調子だった」

▶ただし *quelqu'un d'*autre que nous (BEAUV., *Mand.*, 149)「われわれよりほかの誰か」/ *quelqu'un* autre que lui (DAUDET—S, I, 342)

(3) **この意味では女性についても *quelqu'une* は用いない**: Ma femme est *quelqu'un* de très bien. (MAUROIS, *Climats*, 256)「妻はとてもりっぱな人間です」▶ **例外的**: si *quelqu'une* se montrait sur la rive à cette heure (MANDIARG., *Moto.*, 25) (= une femme quelconque)「どこかの女がこの時刻に川岸に姿を現わしたならば」

(4) ***ne... pas [jamais] quelqu'un***: Je *n*'ai *jamais* rencontré *quelqu'un* qui ne le pense pas. (DURAS, *Th.* II, 120)「そう考えない人に会ったことはありません」/ *Ne* parle-t-il *pas* avec *quelqu'un*?(...)—Non, avec personne. (DURAS, *Détruire*, 52)「誰かと話していません?——いいえ、誰とも」/ Il y avait longtemps qu'elle *n*'avait *pas* parlé avec *quelqu'un*. (SAGAN, *Mois*, 105)「彼女が人と口をきかなくなってから、久しくたっていた」◆否定語は文全体にかかる。実質的意味は変わらないが cf. (...) qu'elle n'avait parlé avec personne.「誰とも口をきかなくなってから」

◆***ce [un] quelqu'un***. 先行する quelqu'un を反復するとき: Quelqu'un lui avait promis un autre travail; en plus, *ce quelqu'un* ne lui déplaisait pas. (IONESCO, *Solitaire*, 128)「誰か別の仕事を世話すると約束した者があった。それにこの誰かが彼女は嫌いではなかった」

② (= ***homme ou femme de valeur, remarquable***) 女性・複数無変化。いつも属詞: Elle est [se croit] *quelqu'un*. (cf. H, 789)「彼女は相当の人物だ〔自分を相当の人物だと思っている〕」/ Elles sont «*quelqu'un*». (S, I, 342)

2° ***quelqu'un de [d'entre]*** + 名 代 (=un entre plusieurs) un よりさらに漠然としている: *Quelqu'un de* mes amis me l'a dit. (N, V, 392)「友だちの誰かがそう言った」/ *Quelqu'un de* vous a parlé. (GASCAR, *Herbe*, 69)「きみたちの誰かがしゃべったのだ」

quelqu'un de [または d'entre] nous [vous] と言う。ただし、いつも quelqu'un d'entre eux [elles] (S-H, 27).

◆quelqu'un de + 事物名詞。まれ、文学的: sur *quelqu'un* de ces baleiniers (LOTI, *Yves*, 317)「これら捕鯨船の一つの上で」
▶quelqu'une de + 名 は懐古的, 文学的: Louise risquait à tout moment d'accrocher *quelqu'une des* toiles dont l'atelier était encombré. (CAMUS, *Exil*, 142)「Lはアトリエに足の踏み場もなく置かれたカンバスのどれかに絶えず引っ掛かりそうだった」(une de が普通. *DFC*; *Lex* は quelqu'une を記載しない)

II. quelques-un(e)s

1° (= ***un petit nombre indéterminé de personnes***): *Quelques-uns* meurent pour que les autres soient sauvés. (ROB)「ある人たちは他人が助かるために死んでいく」

2° ***quelques-un(e)s de*** + 名 [*d'entre* + 強勢形人称代名詞]: *Quelques-uns de* mes camarades s'amusaient à pousser des cris. (GASCAR, *Herbe*, 19-20)「仲間の何人かは大声を立ててはおもしろがっていた」/ J'ai noué des relations privées avec *quelques-unes de* mes jeunes lectrices. (BEAUV., *Compte*, 69)「若い女性の読者の何人かと私的な交際をするようになった」

◆主語・間接補語になるとき〈de + 名〉に代わる en は用いられない: Les invités étaient nombreux. *Quelques-uns* partirent de bonne heure. (PINCHON, 43)「招待客は大勢だった。その何人かは早く帰っていった」/ Il parla à *quelques-uns*, seulement.「彼はその数人にだけ話しかけた」

◆直・目, 実主語になるときは en が必要: Les manifestations, j'*en* ai vu *quelques-unes*! (*Thib.* VI, 285)「デモなら、いくつか見たよ」/ Il y avait tant de voleurs dans cette ville qu'il doit bien *en* rester *quelques-uns*. (BEAUV., *Marche*, 436)「この町には泥棒がたくさんいたから、何人か残っているに違いない」

qu'est-ce que — 母音の前で qu'est-ce qu'.

1° que² の強調形 que よりも好まれ、日常語では que : qu'est-ce que = 28 : 328 (*FF*). 両者の用法の違いについては ⇨ que² 2° ②

① **属詞**: *Qu'est-ce que* nous deviendrons?「どうなるだろう」/ *Qu'est-ce que* je vais devenir sans toi? (GARY, *Cerfs*, 195) ▶主語=名詞: *Qu'est-ce que* Paul deviendra? が普通. 時に: *Qu'est-ce que* devient Swann? (PROUST—LE B, *Inv.*, 61)

② **直・目**: *Qu'est-ce que* vous cherchez? / *Qu'est-ce que* vous voulez que ça me

fasse? (VIAN, *Pékin*, 191)「それが私にどうだというのだね」/ *Qu'est-ce que* te dit Lucien? (ARAGON, *Aurél.*, 56)「L はなんて言ってるの」
③ 非人称動詞の補語：*Qu'est-ce qu'*il vous faut?「あなたに何が必要なのですか」/ *Qu'est-ce qu'*il y a?「どうしたのです」♦実主語は que² 3° よりさらにまれ：*Qu'est-ce qu'*il se passe? (CLAIR, 350)「どうしたのだ」/ *Qu'est-ce qu'*il t'est arrivé? (*Ib.*, 408)「何があったのだ」
④ *qu'est-ce que... de* + 形：*Qu'est-ce que* tu veux que j'aie fait *d'*autre. (BEAUV,. *Sang*, 35)「ほかに何をしてもらいたかったと言うの」(qu'est-ce que d'autre と接続できない) / *Qu'est-ce qu'*il y a *de* spécial demain? (BUTOR, *Modif.*, 53)「あしたは何か特別なことがあるのかい」
⑤ *valoir*, *coûter* などの補語：Mes propres poèmes, *qu'est-ce qu'*ils valent? (VERCORS, *Colères*, 30)「おれの詩なんぞ何の値打ちがある」
⑥ 間接補語：*Qu'est-ce que* cela vous regarde (...)? (CLAUDEL, *Midi*, 76) (= En quoi cela vous regarde-t-il?)「あなたになんの関係があるのです」/ *Qu'est-ce que* j'avais besoin, aussi, de mettre des enfants au monde? (AYMÉ—RENCHON II, 195)「なんで私がまた子供を生む必要があったというのでしょう」
♦間接疑問：Je me demande *qu'est-ce qu'*il avait en tête? (BEAUV., *Mand.*, 349)「何を考えていたんだろうね」/ *Qu'est-ce que* tu fais là? Tu vas me répondre *qu'est-ce que* tu fais là (...)? (ANOUILH, *Alouette*, 33)「そこで何してるんだ．何してるんだか返事をしないか」/ Vous avez expliqué très bien dans *Les Mots qu'est-ce que* ça a été pour vous de lire, d'écrire. (BEAUV., *Adieux*, 165)「あなたにとって読むとは、書くとは何だったのか，『言葉』の中ではっきりと説明していますね」(いずれも正しくは：ce que)
2° 副 (感嘆)《俗》：(強意語として) *Qu'est-ce qu'*elle était fière de voir son nom imprimé! (= comme, combien) (BEAUV., *Mand.*, 212)「自分の名が印刷されているのを見て、さぞ得意だったろうな」/ (数量詞として) *Qu'est-ce que* vous avez comme fleurs! (BEAUV., *Inv.*, 204)「花がずいぶんありますね」/ *Qu'est-ce qu'*il a comme argent de poche, celui-là! (BUTOR, *Degrés*, 238)「小遣いをなんて持っているんだ、あいつは」cf.『メモ』230-1.

qu'est-ce qui — 主語＝物を問う疑問代名詞．対応する単純形はない．
1° 物について：*Qu'est-ce qui* vous presse? (BUTOR, *Degrés*, 247)「どうして急ぐの」/ *Qu'est-ce qui* ne va pas? (*Ib.*, 164)「何か具合が悪いのですか」/ *Qu'est-ce qui* t'intéresse alors? (QUENEAU, *Zazie*, 18)「それじゃ何に興味があるんだ」 ♦非人称構文の実主語に que を用いることはまれで (⇨ que² 3°)，普通は人称構文として qu'est-ce qui を用いる：*Qu'est-ce qui* vous est arrivé? (GRENIER, *Ciné*, 219)「あなたの身に何が起こったのですか」/ *Qu'est-ce qui* se passe, là-bas? (LE CLÉZIO, *Déluge*, 158)「あそこで何があったのか」
♦主語が人か物か不明のときには qu'est-ce qui を用いる．したがって *Qu'est-ce qui* fait du bruit?「何がやかましいのだ」の問いに Paul; Un chien; Une voiture のどれかを答え得る (PINCHON, *LF*, n° 16, 80)．
♦間接疑問では ce qui となる：Je ne sais pas *ce qui* se passe [《俗》：*qu'est-ce qui* se passe].「何が起こっているのか知らない」
♦ *qu'est-ce qui... de* + 形：*Qu'est-ce donc qui* persiste *de blanc*, après que la neige est fondue? (LOTI, *3ᵉ jeunesse*, 11)「雪が消えたのに一体何が白く残っているのだろう」
2° 《俗》(= *qui est-ce qui*)：*Qu'est-ce qui* parle? (S, I, 310)「話しているのは誰ですか」
♦間接疑問：Je me demande *qu'est-ce qui* s'est permis de l'ouvrir. (PROUST—LE B, *Inv.*, 55 n.)「誰が勝手に開けたのだろう」

question — 1° *la question* + 名 補語名詞の前の de の省略は普及しているが避けたほうがよい：*La question* traitement a été étudiée par la commission. (COL)「待遇問題は委員会で検討された」⇨ côté 4°; point de vue
question (*de*) + 名 前置詞的用法 (= en ce qui concerne, quant à, au sujet de). de の省略は俗用：*Question d'*argent, il n'y a pas à s'en faire. (ROB)「金のことは心配はない」/ *Question* argent, tout est réglé. (*DFC*)「金のことはすべて清算されている」/ Je ne sais pas où nous en serions sans lui *question* finance. (BEAUV., *Mand.*, 139)「彼がいなければ財政面でどうなっていたかはわからない」/ *Question* théâtre, je ne discuterai pas avec vous. (DORIN, *Tournant*, 119)「芝居のことであなたと論争はしません」

2º *il est question de* **qch** [**qn**] (=il s'agit de, on parle de): *Il avait été fort question d'eux dans la conversation.* (BUTOR, *Degrés*, 333)「たびたび彼らのことが話題になった」／ *ce dont il était question* (*Ib.*, 92)「問題になっていた事柄」／ *Vous savez parfaitement de quoi il est question.* (CLAIR, 299)「何のことかよく御存じのはずです」／ *De toute façon, l'amour, il n'en est plus question.* (GRENIER, *Ciné*, 215)「どっちみち, 恋などもはや問題にはならない」

il est question de 不定詞 [*que*+接]: *Il n'était pas question de tout refaire.* (*Ib.*, 93)「全部やりなおすことなど考えられなかった」／ *Il n'était pas question que je puisse terminer ce travail dans l'état où j'étais.* (BUTOR, *Degrés*, 302)「あんな状態であの仕事を終えられるとは考えられなかった」(=On ne pouvait pas envisager que) ▶ 省略的に: *Pas question de me brouiller avec Olga.* (BEAUV., *Compte*, 31)「Oと仲違いするなど考えられなかった」 ▶ 補語なしに: *Tu peux même tomber amoureux d'elle si tu veux. — Il n'est pas question.* (ID., *Inv.*, 73)「その気になれば彼女に恋することだってできるわ.——考えられないね」

qui¹ — 代 (関係) 男性・女性, 単数・複数同形. 俗語では母音の前でqu'とつづることがある: *les gens qu'attendent à la gare d'Austerlitz* (QUENEAU, *Zazie*, 9) (=qui attendent)「A 駅に出迎えに来た者」

A. 先行詞+*qui*

I. 主語 先行詞は (代) 名詞 (人・物・中性語): *la personne* [*celui*] *qui est là*「そこにいる人」／ *ce qui est vrai*「真実であること」

1º 先行詞＝無冠詞名詞　先行詞となる名詞は原則として冠詞に先立たれるが, 主な例外として.

① 古典語法の名残り: *Pierre qui roule n'amasse pas mousse.* 《諺》「転がる石に苔はつかない」

② 同格名詞: *Il a vendu sa maison, chose qui a étonné sa famille.* (N, V, 167)「彼が家を売ったのは家族にとっては意外なことだった」 ⇨ chose 1º

③ *en*+名+*qui*: *Elle lui dit doucement, en mère qui questionne sa fille.* (ZOLA—S, II, 219)「娘に問う母のように静かに言った」

④ *de*+名+*qui*: *Elle lui raconta à son tour des anecdotes avec un entrain facile de femme qui se sait spirituelle.* (MAUPASS., *Bel-Ami*, 40)「彼女のほうも, 才気を自認する女性らしい気さくな快活さで, あれこれの逸話を物語った」

2º 先行詞 ... *qui*　qui が先行詞から離れる主な場合.

① 先行詞が疑問詞, 無強勢人称代名詞 le, la, les, en : *Qui voulez-vous qui l'attende?* (ROUSSIN, *Enfant*, 156)「誰がそれを待っていればいいと言うの」／ *Que voulez-vous qui arrive?* (BEAUV., *Mand.*, 192)「何が起こればいいと言うのです」／ *Il la vit qui se retournait.* (CASTILLOU, *Etna*, 60)「彼女が振り返るのが見えた」

② 先行詞＝主語, 動詞＝自動詞: *Une sirène retentit qui annonçait la fin du travail.* (DURAS, *Moderato*, 40)「仕事の終りを告げるサイレンが鳴り響いた」／ *Ils sont là-haut qui causent.* (SARTRE, *Mains*, 168)「彼らは上で話しています」(qui は属詞にはなれないから ×*Ils sont qui causent.* は不可)

3º (*et*)+名 代 +*qui*: *Et moi qui ne me doutais de rien.* (ARLAND, *Ordre*, 329)「それなのに私は何も気がつかなかった」／ *Moi qui me réjouissais de cette soirée!* (ANOUILH, *P. R.*, 168)「私は今夜を楽しみにしていたのに」／ *Ton nez qui coule!* (F, 27)「(子供をしかって) はなが垂れてるよ」 ▶ 主題+述部から成る文, 例えば *Quinze ans d'amitié effacés en une heure!* (BEAUV. *Mand.* 471)「15年にわたる友情が1時間にして消え去るとは」の後半 (述部) が qui 以下で置き換えられたものと考えられる. LE B (II, 379) は qui の結合力は弱く *Et moi qui* は *Et moi, je...* に相当すると考えた.

4º 先行詞＝節　古典語法: *qui plus est*「そのうえ」／ *qui pis est*「もっと悪いことに」／ *qui mieux est*「もっとよいことには」が古めかしい言い回しとして残る. 一般には節の同格として *ce qui* (⇨ce¹ III. 3º), *chose qui* (⇨chose 1º) を用いる.

5º *qui* / *qu'il*　日常語では qu'il を [ki] と発音するが, 非人称動詞に *ce qui faut* (=*ce qu'il faut*) とつづるのは俗語めかした綴りで不可. 人称・非人称両用動詞では, qui, qu'il が混用されることがある: *Vous verrez ce qu'il* [*ce qui*] *arrivera.* (TH)「何が起こるか今にわかります」／ *Allons voir ce qui* [*ce qu'il*] *se passe.* (TH)「何が起こったのか見に行こう」 ▶ 実例は qui のほうが断然多い. ⇨ arriver 4º, passer 6º, rester

▶ ne... pas si... qui (= qu'il) ⇨ si² II. 6°

II. 前+*qui*

1° 先行詞＝人（原則）: Je n'aime que les gens *à qui* je peux être utile. (ACHARD, *Patate*, 96)「私は自分がお役に立ててあげられる人しか好きでない」/ C'est le seul être *en qui* je puisse avoir confiance. (COCTEAU, *Th.* II, 340)「私が信頼できる唯一の人です」/ Sotiros était un homme d'une trentaine d'années, *pour qui* nous éprouvions, Marcos et moi, une grande admiration. (DHÔTEL, *Lieu*, 17)「SはMと私が感嘆していた30がらみの男であった」/ Je n'avais pas de camarades à Nauplie, sinon quelques galopins *avec qui* j'allais me baigner le jeudi. (*Ib.*, 12)「木曜日によくいっしょに泳ぎに行った数人の腕白小僧のほかにはNに仲間はいなかった」

♦名+前+qui+[否定]. pouvoir の接続法を補う: Elle n'avait personne *à qui* se confier. (*Thib.* VI, 81) (= à qui elle pût se confier)「打ち明け話のできる相手は誰もいなかった」/ C'était surtout pour avoir quelqu'un *avec qui* converser. (IKOR, *Gr. moy.*, 175)「ことに話相手がほしかったからだ」

parmi, entre, au nombre de の後では qui を避けて lesquels を用いる. ⇨ lequel I. 1°③

de qui / dont, duquel

①動詞・形容詞・名詞の補語となるときは *dont* を用いる. 次例の de qui の使用は気紛れで伝統に反する少し気取った文体 (LE B, I, 307; S, II, 162): deux hommes *de qui* j'ignore les noms (HERMANT—S)「名前も知らない2人の男」▶ DFC では文学的とする: la personne *de qui* je vous ai parlé「私が話した人」/ ce fils *de qui* il est fier「彼が得意な例の息子」

♦ただし出所・起源を表わすときは de qui が正規形: l'homme *de qui* j'ai reçu une lettre「私が手紙を受け取った男」/ Elle a dû avoir dans ses ancêtres un apôtre *de qui* elle a hérité le goût de sauver les âmes. (MAURIAC, *Désert*, 158-9)「彼女は先祖の中に使徒がいたにちがいない。その人から魂を救う趣味を受け継いだのだ」▶×l'homme dont j'ai reçu une lettre / l'homme dont j'ai ici une lettre (手紙の書き手) (H, 338)

②〈前+名〉の補語となるときは dont は用いられず, *de qui*, *duquel* を用いる: Il vécut jusqu'à la fin pour faire souffrir son oncle, à la mort *de qui* [*duquel*] il ne fut pas tout à fait étranger. (ROLLAND, *Beeth.*, 59)「彼は最後まで叔父を苦しめるために生きた。彼は叔父の死に全く無縁とは言えない」/ Je suis la seule personne de la discrétion *de qui* elle est sûre. (JALOUX—TOG, I, 547)「口が固いと彼女が信用しているのは私だけです」♦先行詞が人でなければ de qui は不可: le pays sur le sol *duquel* j'ai posé le pied (PÉCHOIN, dont)「その土地に私が足跡を印した国」

2° 先行詞＝家畜, 擬人化された事物: un chien *à qui* elle fait mille caresses (AC)「彼女がこの上なくかわいがる犬」/ Je t'imagine (...) avançant avec une constance têtue vers ce pays éblouissant *à qui* tu as donné ton cœur. (VERCORS, *Marche*, 27)「きみが心情を注いだあの輝かしい国に向かって執拗に歩み続けるきみの姿を心に描くのだ」/ La Chine dépend en grande partie de l'U.R.S.S., *sans qui* il lui serait impossible de se créer une industrie lourde. (BEAUV., *Marche*, 8)「中国は大部分はソ連に依存しており、ソ連なしで自国の重工業をつくり出すことはできまい」

♦事物の代理. 現代では古文調, 文学的: Et le soleil se lève derrière ces glaces, *sur qui* sa lumière tombe en coulée d'argent. (MAUPASS., *Sur l'eau*, 9)「この氷のうしろに日が昇るのだが、日の光は銀を流したようにその上に注がれるのだ」cf. BRUN, 676; LE B, I, 293; S, II, 161; G, 543, Rem.;『探索』164-202.

III. *qui* のあとの動詞の一致　先行詞を qui のあとの動詞の主語とみなして一致する: Céline et moi *qui* partageons sa vie, nous savons qu'elle ment. (JOUHAND., *Procès*, 85)「Cと私は彼女といっしょに暮らしているのだから彼女がうそをついていることはわかっている」cf. Céline et moi (, nous) partageons sa vie.

▶ c'est... qui (⇨ce¹ II. 6° ④) / il n'y a que... qui (⇨il y a I. 3°)

1° 呼びかけ　原則として2人称: Notre père *qui es* [*êtes*] aux cieux.「天にましますわれらの神よ」/ Montrez-vous, Monsieur, *qui avez tué* mon mari! (SALACROU, *Th.* V, 270)「夫を殺した人、姿を見せなさい」

2° 1・2人称主語の属詞+*qui*

①属詞が〈定冠詞[指示形容詞]+名〉, *celui* [*ceux*], 主節が否定・疑問のときは多くは属詞に一致（3人称）: Vous êtes l'élève [cet élève, celui] *qui* a le mieux répondu. (G, 810, 2º)「あなたはいちばんよく答えた生徒[あのときの生徒, 者]です」/ Vous n'êtes pas un homme *qui* aime la flatterie. (*Ib.*)「あなたは追従を好むような男ではない」/ Etes-vous l'homme *qui* sait réfléchir? (*Ib.*)「あなたは思慮のある人ですか」

② 属詞が〈不定冠詞＋ 名 〉, 限定辞なしの固有名(詞), *le seul* [*le premier, le dernier, l'unique*] (＋ 名)のあとでは一定しない: Vous êtes les seuls *qui* vous plaigniez [qui se plaignent]. (HØYB, 113)「あなた方だけが不平を言っておられる」/ Je suis Pierre, *qui* vous a [ai] écrit. (G, *Fr. cor.*, 275)「私がお手紙を差しあげたPです」

③ 属詞が限定辞なしの数詞(＋ 名), *beaucoup, plusieurs*, などの場合も一定しないが, 多くは主語に一致: Nous avons été trois orateurs *qui* avons emporté la vote de l'Assemblée. (ROUSSIN, *Enfant*, 164)「演説をしたのはわしたち3人だったが, この3人で国会の票をさらったのだ」/ Nous sommes quelques-uns dans ce salon *qui* nous croyons libres. (ANOUILH, *Ardèle*, 70)「自分が自由だと思っているのは, この客間ではわたしたち数人だけね」/ Nous sommes deux [plusieurs, quelques-uns] *qui* vous défendent [défendons]. (G, *Fr. cor.*, 275)「われわれは2人[何人も, 数人]であなたを弁護しているのだ」

3º *un(e) des* [*de*]＋ 名 ＋*qui*　動詞は意味によってun(e)または補語名詞に一致するが, 後者が普通: Il prit un des chemins *qui* conduisent au sommet.「山頂に通じる道の1つを通った」/ Je suis allé remercier un des laboureurs *qui* nous avait envoyé des roses. (MAURIAC—G, 810, 3º)「農夫のうちの, ばらの花を送ってくれた1人に礼を言いに行った」

un de ceux qui　動詞はいつも複数: Vous êtes *un de ceux qui ont* le plus de chances. (HØYB, 114)「あなたはいちばん幸運な者の1人です」▶un de ceux-là qui. 意味に従い, unまたはceux-làと一致.

ceux de [*d'entre*] *vous qui*　ceuxと一致: *ceux d'entre vous qui* auront le mieux répondu「あなた方のうちでいちばんよく答えた者」/ Douze filles de la Visitation Sainte-Marie remplaceront *celles de vous* qui partent. (MONTHERL., *Paul-Royal*, 140)「聖母訪問修道女会の12人の修道女があなた方のうちで出発することになっている者に代わります」

un groupe de [*une foule de, le reste des*, など]＋ 名 ＋ *qui*　先行詞を主語とした場合の一致と同じ: Le hangar était devenu trop grand pour *la poignée d'*hommes *qui* l'occupaient. (CAMUS, *Exil*, 84)「納屋はそこにいるわずかな人々には大き過ぎるようになっていた」

B. 先行詞なしで

I. 人を表わす　quiは後続動詞の主語, 属詞, 直・目, 間・目となり,〈qui＋ 動 〉の語群は主節の動詞の主語, 直・目, 間・目として機能する. このquiをG (461 b)は準名詞(nominal), DBは不定代名詞に分類,〈qui＋ 動 〉をS (II, 85)は独立関係節(proposition relative indépendante)と名づける.

1º 主語(＝ celui qui, quiconque)　動詞はいつも単数. 今日では古文調. 慣用句・諺に残るほか, それにならった格言調の表現に用いられる. 以下は〈qui＋ 動 〉の機能による分類.

① **主語**　最も普通: *Qui* veut voyager loin ménage sa monture.《諺》「遠く旅せんとする者は馬をいたわる」/ *Qui* s'est vaincu lui-même ne craint plus les autres. (MAUROIS, *Destins*, 48)「自己に打ち勝った者はもはや他人を恐れることはない」

◆主語倒置をした成句: Rira bien *qui* rira le dernier.「最後に笑う者がよく笑う」/ Sauve *qui* peut.「逃げ得る者は逃げよ」(難船時の命令) / これにならって: C'est la femme la plus chère de la ville. Ne l'a pas *qui* veut! (ANOUILH, *P.G.*, 484)「町でいちばん金のかかる女だ. 手に入れたい者が手に入れられるわけではない」▶動詞は多くはpouvoir, vouloir.

◆動詞の省略: Heureux *qui* possède là sa demeure. (THARAUD—S, II, 88)「仕合わせだなあ, あそこにわが家を持つ者は」　cf.〈述部＋主題〉から成る　Fini, tout ça! (IKOR, *Gr. moy.*, 256)「終わってしまった, 何もかも」と同一構文.

② **直・目**: Aimez *qui* vous aime. (AC)「あなたを愛する人を愛しなさい」

③ 前 ＋*qui*: Tout est possible *à qui* détient la splendeur éphémère du printemps de l'être humain. (MAURIAC, *Désert*, 246)「人生の春のつかの間の輝きを持ち続けている者にはすべてが可能だ」/ Je danse *avec qui* m'y invite. (Duras, *Square*, 22)「誘ってくれる人と踊ります」

2° 属詞 (= celui que)　例外的: J'ai cherché de vous dire comment je devins *qui* je suis. (Gide, *Imm.*, 240)「どのようにして今日の私になったのかあなたに言おうとした」

3° 直接目的語 (= celui que): Aimez *qui* vous voulez. (Anouilh, *Ardèle*, 82) (= celui que vous voulez aimer)「愛したい人を愛しなさい」/ Choisis *qui* tu veux. (Beauv., *Mand.*, 460) (= celui que tu veux choisir)「好きな人を選びなさい」/ Alors voilà *qui* Georges aurait épousé. (Roussin, *Enfant*, 229)「これがGの結婚するはずだった相手なのだ」

4° 前 + *qui*: Je le dis *pour qui* je dois le dire. (Zola—*S*, II, 92) (= pour celui pour qui je dois...)「言わなければならない者のためにそれを言うさ」　◆多くはvouloirのあとで既出の動詞を省略して: Demande *à qui* tu voudras. (Tr. Bern.—*Ib.*) (= à celui à qui tu voudras demander)「訊きたい者に訊きなさい」

◆ 前 + qui + 不定詞 : Je cherche *à qui* pouvoir causer. (Gide, *Prométh.*, 35)「話相手を捜しています」/ Il va trouver *à qui* parler. (Giraudoux, *Interm.* III, 1)「おれが相手になってやる」▶前記 A. II.の先行詞を略した構文で〈 前 + qui + 不定詞 〉が主節の直・目に相当する語群となる。

5° *à qui* + 単未 [条・現]　競争を表わす。多くはc'estの後でle premierまたは最上級の表現を伴う: C'est *à qui* arrivera le premier [C'était *à qui* arriverait le premier].「われ先に一着になろうとする [した]」(条・現は過去未来) / C'était *à qui* serait non pas le plus rusé mais le plus fort, le plus rapide. (Bedel, *Jérôme*, 73)「ずるさではなく、強さと速さを競った」/ C'était *à qui* des deux, maintenant, serait le plus tendre. (Rolland—Rob)「今では2人は争うように優しくした」

◆celuiが加わることもまれではない (S, II, 70): Nous avons joué six fois, *à celui qui* lancerait le chiffre le plus fort. (Le Clézio, *Désert*, 99)「誰が (さいころで) 最高の数を振り出すかを争って6回勝負をした」

▶ Le B (I, 280)はchacun aspire à être celui quiと説明する。S (II, 69); Mart (243)はこの à quiを間接疑問でpour savoir qui...の意味とみなす。

6° *à qui mieux mieux*: Les coqs chantaient *à qui mieux mieux*. (*DB*) (= comme s'ils cherchaient à chanter l'un mieux que l'autre; à l'envi)「鶏が声を競って鳴いていた」

7° *qui* = *si on*, *si quelqu'un*　古語法: Tout vient à point (à) *qui* sait attendre. 《諺》「待つことができれば万事が好都合に運ぶ、待てば海路の日和あり」▶仮定の意が理解されなくなり、誤ってquiの代わりにà qui (= à celui qui)と言われ、これが普及。

◆*comme qui dirait* (= comme si l'on disait > pour ainsi dire, quelque chose comme): Nous étions *comme qui dirait* voisins. (Arland, *Ordre*, 35)「いわば隣り同士のようなものだった」

◆慣用的: *Qui* de 5 ôte 3, reste 2. 「5から3引けば2残る」

8° *qui... qui...*　配分詞 (= l'un... l'autre, les uns... les autres; celui-ci... celui-là, ceux-ci... ceux-là). 文学的: Ils achetèrent vingt francs, *qui* un tableau, *qui* deux. (Carco—S, I, 354)「20フランである者は1枚の絵をある者は2枚を買った」

▶ quiの後に動詞を伴うことは例外 (G, 542)。まれに à qui... à qui (S, I, 354; N, V, 323)。

II. 中性 (= ce qui)　いつも主語。ことにvoilà, voiciのあとで: *Voilà qui* m'est bien égal! (Clair, 304)「おれにはどうでもいいことだ」/ *Voilà qui* est pour toi. (*Thib.* II, 9)「(手紙を差し出して) ほら、これはきみのだよ」

◆*Voilà qui* est certain. (= Voilà une chose qui...) cf. *Voilà ce qui* est certain. (= Je viens de [Je vais] vous dire la chose qui...) (S, II, 108). 上記 Clair; *Thib.* の例でvoilà quiをvoilà ce quiとした×Voilà ce qui m'est bien égal [ce qui est pour toi]. は不可。

C. *qui que* + 接

I. 譲歩節　**1°**　*que* = 属詞となる関係代名詞: *Qui que* vous soyez, je pense que vous êtes les meilleurs amis de Jenny. (Dhôtel, *Pays*, 252)「あなた方が誰であろうとJの最良の友だと思います」/ *Qui qu*'elle soit, je l'aime encore. (Anouilh, *P. N.*, 456)「彼女が誰であろうと、まだ愛しています」◆qui qu'il soitは古く、quel qu'il soitに代わられた (Rob)。

2° *qui que ce soit qui* + 接 : *Qui que ce soit qui* se présente, méfiez-vous. (*DB*)「誰

qui²　　　　　　　　　　464

が現れようと用心なさい」
II. qui que ce soit 代（不定）
1° 肯定文で＝n'importe qui（⇨importer 4°
③）：Je le soutiendrai contre qui que ce soit.
(DH)「誰を敵に回そうと彼を支持しよう」◆多
くは否定の観念を含む：Il est trop tard pour
appeler qui que ce soit. (SOLLERS, Parc, 40)
「誰にしろ電話をするには遅すぎる」/ Je doute
qu'il veuille voir qui que ce soit
aujourd'hui. (GIRAUDOUX, Tessa, 16)「きょ
うは誰にも会いたがるまいね」
2° ne... (pas) ... qui que ce soit（＝ne...
personne）　最も普通の用法．日常語では pas
を添える (S, I, 359)：N'en parlez (pas) à qui
que ce soit.「そのことは誰にも話さないでくださ
い」/ Je ne désire pas davantage convaincre
qui que ce soit. (ROMAINS, Dieu, 13)「これ以
上誰も説得したくない」▶ plus, jamais, rien な
どと共に：Il ne saurait rien faire contre qui
que ce soit. (SAGAN, Violons, 101)「誰かの
害になることなど何もできはしないわ」/ sans dire
un mot à qui que ce soit (S, I, 359)「誰にも
ひとことも言わずに」
◆ qui que ce soit は不定代名詞として凝結し無
変化が普通．まれに主動詞が過去時制のとき，
それに一致して qui que ce fût となる：Il ne
disait pas un mot à qui que ce fût.(S, I, 358)
「誰にもひとことも言わなかった」
◆qui que ce soit は主語にはなれない．×Qui
que ce soit ne viendra pas. の代わりに Il ne
viendra pas qui que ce soit. と言う．

qui² 代（疑問）— 原則として人に対する問い．
1° **主語**：Qui a fait cela?「誰がそれをしたの
か」/ Qui sait?「誰にわかるものか」/ Qui est
là?「どなたです」/ Qui a raison, lui ou moi?
(VERCORS, Colères, 126) (＝lequel. ⇨ 下記
7°)「どっちの言うことが正しいのだ，彼なのか私な
のか」▶間接疑問：Dites-moi qui a fait cela?
▶複合倒置 ×Qui a-t-il fait cela? は不可．
◆数人について問う場合も ×Qui sont venus? は
不可．動詞はいつも単数3人称．属詞を女性
形に用いることも例外 (G, 571)．女子学級で
Qui est admise dans la classe supérieure?
「誰が上級に進級を許されたか」と言うのは論理
的なようだが，普通は構文を変えて Laquelle
des élèves est admise...? と言う (EBF)．
◆中性の qui (＝qu'est-ce qui). 17世紀の用法．
大部分の用例は人が目的語 (GOUG, Etudes,

114-7)．現代ではまれ，古文調：Qui vous
presse? (HERVIEUX—S, I, 309)「どうして急ぐ
のです」/ Qui t'a retenue hier? (FLAUBERT—
LE B, I, 347)「きのうはどうして来られなかったの
です」
♦強調形：Tiens, qui est-ce qui vient?
(VIAN, Pékin, 240)「おや，あそこに来るのは
誰だろう」《俗》：Qui c'est qui chante sur
le disque? (DURAS, Bay, 67) / Qui c'est
qu'habite chez toi? (CLAIR, 409) / Qui
c'est-il qui [Qui que c'est qui] est venu?;
Qui qui est venu?; Qui s qui est venu?
(BAUCHE, 94) ▶間接疑問《俗》：Dites-moi
qui est-ce qui [qui c'est qui] est venu. (LE
B, Inv., 285; S, I, 310)
♦ Qui ne... (pas)?　修辞的に肯定の意を表わ
すとき，凝った文体では pas を略し得る：Qui n'a
pas ses imperfections? (PORTO-RICHE,
Vieil h. I, 13)「欠点を持たない者があろうか」/
Qui ne voudrait une vie comme la leur!
(ACHARD, Mal, 24)「彼らのような生涯を願わ
ない者がおりましょうか」▶Qui donc のあとでさ
え pas を略すことがある：Qui donc ne le ferait
(pas) aussi bien que lui? (H, 605)「彼と同じ
ようにそれをやれない者がどこにいようか」
2° **属詞**　人の名・身分・親族関係などの問い：
Qui êtes-vous?—Vous ne me connaissez
pas. Je m'appelle Madeleine Célestin.
(CLAIR, 32)「あなたは誰です．— 私を御存じあ
りませんね．Cと申します」/ On sonne... Qui
cela peut-il être? (COCTEAU, Th. II, 122)
「ベルが鳴っている．誰なのだろう」/ Qui est
cette jeune fille?—C'est ma sœur.「あの娘
さんは誰ですか．— 私の妹です」/ Qui est
Kamal?—Un poète égyptien. (VAILLAND,
Fête, 168)「Kって何者です．— エジプトの詩人
よ」/ Qui sont nos camarades? (CAMUS,
Justes, 19)「われわれの同志は誰か」/ Qui est-
il? (CLAIR, 115)「彼は何者です」/ Et ces
deux hommes, qui sont-ils? (ROB.-GRIL.,
Projet, 72)「あの2人の男は何者か」/ Qui est-
ce? — C'est ma domestique.(ID., Imm., 80)
「あれは誰です．— 私の女中です」/ Qui est-ce,
le vieux qui nous regarde?—M. Duperrier.
(CLAIR, 25)「だれ，こっちを見ているおじいさん
は．— Dさんですよ」▶数人についても Qui est-
ce? と問う．×Qui sont-ce? は不可．▶間接
疑問：Il ne t'a pas demandé qui c'était?

(Duras, *Th.* II, 71) / Dites-moi *qui* vous êtes.

◆強調形: *Qui est-ce que* vous êtes? (Mauger, 145)は好まれない.《俗》: *Qui que* c'est, ces gens-là? (= Qui sont ces gens-là?) / *Qui c'est-il qu'*c'est? (Le B, *Inv.*, 285) / *Qui* c'est, celui-là? (Clair, 389) / C'est *qui*? (Le Gof, *Gr.*, 140, Rem.)

◆動詞省略: *Qui*, Dupont? (Vian, *Pékin*, 276)「誰です,Dって」/ *Qui* ça, Barbier? (Clair, 376) / Cette fois, ce sont eux... — *Qui*, eux? (Giraudoux, *Amph.*, 47) / C'est moi. — *Qui* moi [*Qui* vous]? (S, I, 308)「わたしです.— 誰です,わたしって [あなたは]」

3º 直接目的語: *Qui* cherchez-vous? 主語=名詞ならば複合倒置: *Qui* votre frère cherche-t-il?「弟さんは誰を捜しているのですか」(状況が示されれば *Qui* cherche votre frère? とも言い得るが,これは上記1º と同じ語順で「誰が弟さんを捜しているのですか」と解せる)

◆主語が複数であいまいさがなくても: *Qui* vos amis ont-ils rencontré? (Le B, II, 10). Le B (*Inv.*, 280)は Proust の全作品中に *qui* cherche votre frère の語順例はゼロと言う.

◆Vous cherchez *qui*? (次例ではこの語順が必要) / A cette période de la vie, qui écoutait *qui*? (Sagan, *Brahms*, 69-70)「人生のその時期には,誰が誰 (=どの作曲家)を聴いていたろうか」

◆強調形: *Qui est-ce que* tu as vu? ▸《俗》: *Qui c'est (-il) que* tu as vu? (Bauche, 94)

◆間接疑問: Dites-moi *qui* vous cherchez [*qui* votre frère cherche].

4º 前+*qui*: *De qui* parlez-vous?「誰の話をしているのです」/ *A qui* voulez-vous parler?「誰と話したいのですか」/ *Avec qui* est-il sorti?「誰と外出したのですか」/ *Pour qui* travaillez-vous?「誰のために働いているのです」/ *Chez qui* habitez-vous?「誰の家に住んでいますか」/ *De la part de qui*?「(電話で)どなたさまですか」

◆名詞の限定補語: *De qui* es-tu l'enfant? (Déon, *20 ans*, 151)「君は誰の子供なんだ」▸ただし, *De qui* préfères-tu la voiture?「誰の車が好きかい」は好まれず, Tu préfères la voiture *de qui*?; La voiture *de qui* préfères-tu? 型のほうが普通 (小野『フ語研』nº 14).

◆+不定詞: *A qui* se fier?「誰を信頼したらよかろうか」/ *Sur qui* compter?「誰を当てにしたらよかろうか」

◆動詞省略: *A qui* la faute? (Cocteau, *Th.* I, 190; 231)「誰のせいかしら」/ *A qui* le tour? (Anouilh, *Ardèle*, 82)「誰の番だね」

  主語名詞の語順 ① 自動詞・代名動詞ならば単純または複合倒置: *A qui* Paul s'est-il adressé?; *A qui* s'est adressé Paul? (Le B, II, 11)

② 他動+直・目, 自動+属詞は複合倒置: *Pour qui* cet homme a-t-il apporté ce paquet? (*Ib.*) / *De qui* tout le monde a-t-il remarqué l'absence? (Anouilh, *P. R.*, 87)「みんな,誰のいないのに気がついたっけ」

◆強調形: A *qui est-ce qu'il* faut demander cette autorisation? (G, 570, 1º)「この許可を誰に求めなければならないか」

◆間接疑問: Dites-moi *de qui* vous parlez [*de qui* parle votre frère].

5º 名+*qui* ① 姓の問い: Hilda *qui*?—Hilda Lemm. (Sartre, *Diable*, 178)「H 何ていうのだ.—HLです」

② 敬称の要求: Non. — Non *qui*? — Non, madame. (Donnay—S, I, 308)「いいえ.— いいえ,それから?—いいえ,奥様」

6º *qui*+*de*+形: De *qui d'autre* veux-tu que je te parle? (Salacrou, *Th.* IV, 61)「ほかの誰の話をすればいいというの」

7º *qui de*+補語 (= lequel): *Qui des deux* a raison? (Wagn, *Gr. fr.* II, 109)「2人のうちのどちらが正しいか」/ *Qui* sera puni *de nous deux*? (Sartre, *Séques.*, 15)「我々2人のうち,どっちが罰を受けるかしら」/ Je me demandai un instant *qui de ma mère ou de moi* avait perdu le sens. (Green, *Voyageur*, 233)「母と私と,どちらが正気を失ったのかと,ちらっと考えた」▸×*qui d'eux* [*d'elles*]は不可で *qui d'entre eux* [*elles*]. *qui de nous* [*vous*]は *qui d'entre nous* [*vous*]も可能 (*Lar. Gr.*, 64)

quiconque — **1º** 代 (不定関係) (= toute personne qui; celui, quel qu'il soit, qui) 不定代名詞と主語関係代名詞の機能を兼ね,主語,直・目,間・目,前置詞付き補語となる. 改まった表現. 日常は *qui que ce soit qui* (⇨ *qui*¹ C. I. 2º)を用いる: *Quiconque* n'éprouve rien est incapable d'écrire. (Beauv., *Age*, 44)「何も感じない者は物を書くことはできない」/ Je descends sur place *quiconque* me désobéit. (IKOR, *Gr. moy.*, 246)「わしに逆らう者はその場で撃ち倒す」/ Elle ne pouvait supporter l'indifférence de *quiconque* l'approchait. (DURAS, *Vie*, 94)「彼女は自分に近づく者が自分に無関心でいることには耐えられなかった」

2° 代 (不定) ① (= toute personne) 否定の観念が潜在する: Elle cesse de regarder *quiconque*. (DURAS, *Abahn*, 41)「誰を見るのもやめてしまう」/ Elle était trop jeune pour inspirer la moindre confiance à *quiconque*. (DHÔTEL, *Pr. temps*, 111)「人にいささかなりと信頼の念を抱かせるには若すぎた」/ Un vieil homme aime étudier l'univers plus que *quiconque*. (ID., *Pays*, 153)「老人は誰よりも世界のことを学ぶのが好きなのだ」

② (= personne) 否定語と共に: Elle ne parlait jamais à *quiconque* de cette «manie». (MIRBEAU—S, I, 360)「この"奇癖"については決して誰にも話さなかった」/ Elle le dit sans s'adresser à *quiconque*. (DURAS, *Stein*, 127)「誰に言うともなしにそう言った」/ sans que *quiconque* le remarque (SAGAN, *Nuages*, 118)「誰にも気づかれずに」

qui est-ce que — qui² の強調形. ⇨ qui² 2°, 3°, 4°

qui est-ce qui — qui² の強調形 ⇨ qui² 1°

quitte — quitte à 不定. 無関心の意を帯びる: Elle pouvait rester ici longtemps, *quitte à* s'ennuyer. (*Ib.*, 81) (= au risque de)「退屈しても構わなければ、ここに長く滞在することもできた」/ Mais *quitte à* y revenir, passons. (GIDE, *Feuillets*, 247) (= en nous réservant de)「その問題はいずれ立ち戻ることにして次に移りましょう」

▶quitte àは前置詞句として無変化が普通. まれに同格形容詞として主語に一致 (G, 900, N.B.). quitte à ce que + 接 (S, II, 40)

quoi¹ 代 (関係) — queの強勢形. いつも前置詞と共に用いられる. 人物・事物名詞を先行詞とする古典語法は18世紀初頭に禁止され、中性代名詞または観念 (前文の代理) にのみ代わり得ることが定められた (BRUN, 473). 古典語法は現代文章語で復活した.

I. 先行詞と共に

1° 先行詞 = 中性代名詞 (ce, rien, quelque chose, autre chose, 疑問詞queなど): Voilà *ce à quoi* je pense. (GRENIER, *Ciné*, 223)「それが私の考えていることだ」/ Il n'y a *rien à quoi* je pense plus souvent qu'à la mort. (MAUGER, 165)「死ほど私がよく考えることはない」/ J'entrevois *quelque chose à quoi* je n'avais pas songé. (*Thib.* IV, 306)「今まで考えたことのなかったことまでわかってきました」/ Il y a *autre chose* aussi *à quoi* je tiens. (BEAUV., *Mand.*, 80)「ぼくが執着している別のこともある」/ *Qu'a-t-il dit à quoi* je ne puisse répondre? (MART, 224)「彼は私が答えられないようなことを何か言いましたか」

2° 先行詞 = 節、またはそれに含まれる観念: Ainsi quelques minutes s'écoulèrent rapidement, après *quoi* une servante vint annoncer que le repas était servi. (DHÔTEL, *Lieu*, 135)「かくして、またたく間に数分が過ぎ去った. そのあとで、女中が食事の用意ができたと知らせに来た」/ C'étaient les femmes qui portaient les bagages, qui faisaient les plus durs travaux, moyennant *quoi* leurs hommes les protégeaient contre les autres hommes. (IKOR, *Gr. moy.*, 68) (= à cette condition)「荷物を持ち最もつらい労働をするのは女たちであった. その代償として夫は彼女たちを他の男たちから守ってやるのだった」/ Elle devait aller en ville, sans *quoi* elle mourrait de faim et de soif. (KESSEL, *Steppe*, 115)「彼女は町に行かなければならなかった. さもなければ飢えと渇きで死ぬことだったろう」♦ après [sans, moyennant] quoi のほかは文語調. その他: en *quoi*「その点」/ faute de *quoi*「さもなければ」/ sur *quoi*「そこで」/ grâce à *quoi* (*Thib.* VIII, 194)「そのおかげで」/ au lieu de *quoi* (GREEN, *Sud*, 158)「そうする代わりに」/ malgré *quoi* (ID., *Moïra*, 93)「それにもかかわらず」

♦ 〈前 + quoi〉は副詞句として前の節との間に休止が置かれ、時として〈.〉の後の独立節の前にも用いられる: On distingue l'aîné des jumeaux à la verrue qu'il a sur la paupière gauche. Hors *de quoi* ils sont identiques. (M. DU GARD, *France*, 45)「ふた子の兄は左まぶたにいぼがあるのでそれとわかる. それ以外はそっくりだ」

3° 先行詞 = 名詞 ① 中性語に準じる名詞 ((une, quelque) chose, des choses, la seule chose, un point, など). 文学的: Ce n'est pas *une chose à quoi* vous pouvez trouver à

redire. (*DFC*)「あなたに文句をつけられるようなことではありません」/ Je cherchais *quelque chose* de fixe à *quoi* me retenir. (MODIANO, *Garçons*, 122)「しがみつけるような何か固定したものを探していた」/ La douleur pour la première fois l'obligeait d'arrêter sa pensée sur ces *choses* à *quoi* il n'avait jamais réfléchi. (MAURIAC, *Désert*, 267)「苦痛のあまり, 今まで考えたこともなかったこうした事柄に, 初めて心をとめざるを得なかった」/ Il y avait aussi *deux choses* à *quoi* je réfléchissais tout le temps. (CAMUS, *Etr.*, 158)「なお私が絶えず考えていた2つのことがあった」/ Notre amour est *la seule chose* à *quoi* je tienne en ce moment. (MAURIAC, *Thérèse*, 94)「われわれの愛は今私が大切に思っている唯一のものだ」/ C'est *un point* sur *quoi* il y a lieu d'insister. (MART, 224)「それこそ当然強調すべき点だ」
② **事物名詞**　古典語法の復活．文学的：Certes le mot Ennui est bien faible pour exprimer ces détresses intolérables à *quoi* je fus sujet de tout temps. (GIDE, *Isabelle*, 85)「確かに倦怠という語は私がいつも陥るこの堪えがたい苦悩を言い表わすには弱すぎる」/ Tchen le palpait de sa main gauche à *quoi* collaient les vêtements pleins de sang gluant. (MALRAUX, *Cond.*, 116)「Tはねばっこい血が一面にしみた衣服がはりついている左手で彼に触っていた」/ Et il est une autre raison pour *quoi* je la (=l'ingratitude) trouve bonne. (MONTHERL., *Cardinal* I, 5)「それがよいと思う別のわけがある」
♦日常語では①②に lequel を用いる．
II. 先行詞なしで
1º *c'est*, *voilà*, *voici* の後で (ce の省略)：C'est bien à *quoi* je pense. (S, II, 103)「それこそ私の考えていることだ」/ C'est en *quoi* vous vous trompez. (MART, 224)「その点あなたはまちがっている」/ Voilà de *quoi* je me plains. (GIRAUDOUX, *Tessa*, 207)「わたしはそれを嘆いているの」/ Voilà les hommes. *Voilà* contre *quoi* je me révolte. (COCTEAU, *Th.* II, 28)「男ってそうしたものよ. 反発感じるわね」
2º *de quoi* + 不定詞
① **動機・原因:** Ils ont de *quoi* être fiers. (VERCORS, *Divig.*, 116)「得意がるだけのことはある」/ Il n'y a pas de *quoi* rire. (BEAUV., *Mand.*, 144)「笑うことはない」
② (= *ce qui est nécessaire*, **suffisant pour**)：L'Etat m'assure de *quoi* n'être à charge à personne. (*Thib.* IX, 141)「国家はぼくが誰の世話にもならず暮らせるだけのものは保証してくれています」/ De toute façon, j'ai de *quoi* vivre modestement. (DÉON, *Taxi*, 309)「どっちみち, つましく暮らすだけの金はあります」
③ (= **quelque chose à** [**nécessaire pour**] 不定詞)：Va chercher de *quoi* écrire. (VAILLAND, *Loi*, 285)「書く物を取っておいで」/ J'ai apporté de *quoi* manger. (IONESCO, *Rhinoc.*, 170)「食べ物を持ってきました」
④ **不定詞の省略**　先行の不定詞, または他の叙法で表わされた動詞の不定詞の省略: Je suis consterné. — Il y a de *quoi*. (COCTEAU, *Th.* I, 201)「たまげたな. — むりもないさ」/ Je m'inquiète.—Il n'y a pas de *quoi*. (DÉON, *Taxi*, 140)「心配なんです. — 心配するには当たりません」/ Je vous remercie.—Il n'y a pas de *quoi*.「ありがとう. — どういたしまして (<お礼を言うには当たらない)」
III. *quoi que* + 接
1º 譲歩節 (= quelque chose que)
① **直・目:** *Quoi que* vous fassiez, il est maintenant trop tard. (TH)「あなたが何をしても, 今では手おくれです」♦quoi que j'en aie [qu'il en ait]「否でも応でも」は malgré que j'en aie と quoi que j'en dise との混成 (BRUN, 463; TH; ROB). 19世紀から用いられたが TH は古文調, EBF は気取った作家のきざな文体と言う.
② **実主語:** *quoi qu*'il arrive (AC)「何が起ころうと」
③ **属詞:** *quoi que* ce soit (MR)「それが何であろうと」　言い回し: *Quoi qu*'il en soit, vous avez tort. (TH) (= de toute façon)「いずれにしても, あなたがまちがっている」
④ 前 + *quoi que*: A *quoi qu*'elle eût pensé, ce n'était pas à la Magra. (DURAS, *Marin*, 29)「彼女が何を考えようと, それは M 河のことではなかった」/ de *quoi qu*'elle s'occupât (S, II, 392)「彼女がどんな仕事をしようと」
♦主語として例えば *quoi qui* puisse se passer は多くのフランス人に抵抗があり (LE GOF, *Gr.*, §336), ②の構文 *quoi qu*'il puisse se passer「何が起ころうと」(*Ib.*) または *quoi que* ce soit

qui... (*Lar. Gr.*, 130)を用いる．17世紀では主語も可能：*Quoy qui* s'offre à vos yeux, n'en ayez point d'effroy. (CORN.—G新, 1092 c, 2°, Hist.)「眼前に何が現れようと，いささかも恐れるな」

2° ***quoi que ce soit*** 代 (不定)

① 肯定文で (= quelque chose, n'importe quoi)：Puis-je, Madame, vous servir en *quoi que ce soit*. (S, I, 353)「何かご用はございませんか」/ Donnez-moi *quoi que ce soit*.「何でもいいから下さい」

♦多く否定の観念を含む：Tu ne sais rien, vraiment?—Comment aurais-je appris *quoi que ce soit*? (DHÔTEL, *Lieu*, 132)「本当に何も知らないのか．—何を知る手だてもなかったじゃないか」/ Nous étions d'ailleurs trop heureux de partir, mon père et moi, pour faire objection à *quoi que ce soit*. (SAGAN, *Bonj.*, 15)「それにまた父と私は出発するのがうれしくて何ごとにも反対する気にはならなかった」

♦quoi que ce soit de + 形：On pourra crever de faim avant de trouver *quoi que ce soit de* comestible. (GIDE, *Journal 1942-9*, 95)「何でも食べられるものが見つかる前に飢え死にするかもしれない」

② *ne... (pas) quoi que ce soit* (=ne... rien)：Il *n'a* (*pas*) pu réussir en [à] *quoi que ce soit*.「何ごとにも成功できなかった」(pasを添えるのが普通) / sans penser à *quoi que ce soit*「何も考えずに」

♦quoi que ce soitは不定代名詞として凝結し無変化．まれに主動詞が過去時制のとき，quoi que ce fûtを用いる：Il y avait beau temps que Brunet avait cessé de prendre l'avis de Mathieu sur *quoi que ce fût*. (SARTRE, *Age*, 46)「ずいぶん前からBは何ごとについてもMに相談しなくなっていた」

quoi² — 代 (疑問) *que*²の強勢形．物について用いられる．

1° 前 + *quoi*

① 人称法と共に：Ce drôle d'outil, *à quoi* va-t-il servir? (SALACROU, *Th.* II, 245)「その妙な道具は何に使うのかね」/ *De quoi* s'agit-t-il? (CAMUS, *Peste*, 55)「何のことです」/ *En quoi* cela me regarde-t-il? (SARTRE, *Mains*, 150)「それがぼくと何の関係があるのだ」/ *En quoi* puis-je vous être utile? (SARTRE, *Nekr.*, 173)「何かご用はありませんか」/ Par *quoi* commençons-nous? (*DFC*)「何から始めるかな」▶主語＝名詞．où² ③の語順にならう：A *quoi* pense votre père?; A *quoi* votre père pense-t-il?

♦人・物が不明なときにもquoiを用い得る：A *quoi* pens*ais*-tu?—Je pensais à Delarue. (SARTRE, *Age*, 32)「何を考えていたの．—Dのことを考えていたんだ」/ Ça vous libère *de quoi*? — De moi. (VIAN, *Pékin*, 293)「それはきみを何から解放するのだ．—私からです」

♦(俗)：Dans *quoi* est-ce que vous vous mettez pour qu'on vous admire? (QUENEAU, *Zazie*, 55)「人に見てもらうために何の中にはいりますか」/ De *quoi* que tu te mêles? (*Ib.*, 52)「余計な口を出さないで」/ De *quoi* vous vous plaignez? (*Ib.*, 80)「何をぐずぐず言っているんだ」/ J'hérite? J'hérite *de quoi*? (SAGAN, *Violons*, 29)「相続するんですって．相続って何を」

♦間接疑問：Je me demande *de quoi* j'aurai l'air dans une robe pareille.「こんなドレスを着たらどんな姿に見えるかしら」

② + 不定詞：Sur *quoi* compter désormais? (MART, 248)「これからは何に頼ったらよかろうか」 ♦間接疑問：Ne sachant *par quoi* commencer sa besogne, Jenny gagna sa chambre. (*Thib.* VI, 78)「何から仕事に手をつけていいかわからなかったのでJは部屋に行った」

2° 直接目的語または属詞 普通はque, qu'est-ce queを用いるから，quoiの使用は限られる．

① + 不定詞：*Quoi* faire?「何をしようか」/ *Quoi* dire?「何と言おうか」/ *Quoi* devenir? (S, I, 320)「どうなるだろうか」(D (286); BRUN (523)はqueより会話調と説くが，GOUG (*Etudes*, 124-9)は，人称法のときと違ってこの場合のqueは単に話者の心理的ためらいを，quoiは具体的な行為・言葉の実現にかかわると言う) ▶Je vais avec maman. — *Quoi* faire? — Acheter un petit chien. (S, I, 321)「ママと行くの．—何をしに．—小犬を買いに」はaller + 不定詞の不定詞に対する問い．Que faire? とは言えない．

♦ 前 + quoi + 不定詞：Allons d'abord chez nous. — *Pour quoi* faire? (IKOR, *Gr. moy.*, 38)「まずうちへ来ない?—何をしに」(Pourquoi faire? ともつづる) / Je parlerai à Josette.— *Pour quoi* lui dire? (BEAUV., *Mand.*, 399)

「Jに話すわ.——何を話すの」
♦間接疑問: Je ne sais pas *quoi* lui dire. (ANOUILH, *P.B.*, 67) / Je ne sais plus *quoi* faire. (COCTEAU, *Th*. II, 54) / Je ne sais *quoi* penser. (*Thib*. I, 136) ▶動詞は多くne... pas [plus] を伴う. cf. Je ne sais que faire (⇨ que² 2°③(2)) ▶肯定では quoi が圧倒的: Il ne savait pas *quoi* dire.—— Maintenant il sait *quoi* dire. (MONTHERL., *Brocél.*, 68)
②動詞に後続: Vous réclamez *quoi*? 「何を要求しているのです」/ Il menace de tout lui dire.——Lui dire *quoi*? (SAGAN, *Violons*, 97) 「彼にすっかりぶちまけてやるとおどしているのよ.——ぶちまけるって何を」/ Il est *quoi*? Maçon? Charpentier? (W-P, 206) 「彼は何をしてるんです. 左官ですか, 大工ですか」/ Ça sera *quoi*? (QUENEAU, *Zazie*, 90) 「(酒場の主人が客に)何にします」
③ *quoi de* + 形: Je n'imaginais pas cela.—— *Quoi* d'autre imaginiez-vous? (DURAS, *Détruire*, 18) 「そうとは想像していませんでした.——ほかの何を想像していらしたのです」
④ + 現分 成句的: En *quoi* faisant? (BATAILLE, *Masque* II, 4) 「何をして」(En faisant *quoi*? とも言う)
⑤(俗): *Quoi* c'est-il que vous voulez? *Quoi* (que) vous voulez? (= Qu'est-ce que vous voulez?) (BAUCHE, 95)

3° 主語 普通は qu'est-ce qui を用いるから, 動詞と共に用いるのは特殊な場合に限られる.
① *qui* と並置: Qui ou *quoi* vous a donné cette idée? (S, I, 320) 「誰が, それとも何があなたにそんな考えを起こさせたのです」
②他の語(ことに donc)を添えて: *Quoi* d'autre pourrait m'amener chez toi, à cette heure? (S, I, 320) 「こんな時間にきみのところに来るわけは, ほかにないじゃありませんか」/ *Quoi* donc a bien pu te séduire dans cette fille! (GIRAUDOUX, *Ondine*, 172-3) 「いったいあの娘の何があなたの心を引きつけたのかしら」
③ (= qu'est-ce qui): *Quoi* me ferait de l'effet? (DURAS, *Th*. II, 93) 「私にこわいものなど何がありましょう」 cf. W-P, 206.

4° 省略文 ①主語, 直・目など: Ce qu'elle est jolie! —— *Quoi*? —— La lune. (SARTRE, *Nekr.*, 11) 「なんてきれいなんだろう.——何が.——月だがよ」/ *Quoi* de plus absurde? (VAILLAND, *Fête*, 169) (= Qu'y a-t-il de plus absurde?)「これ以上ばかげたことがあろうか」/ J'ai une nouvelle à t'apprendre (...) —— *Quoi* donc? (BEAUV., *Mand.*, 501) 「知らせなければならないニュースがあるのよ.——何よ, いったい」/ Vous ne lui direz pas? —— *Quoi*? (SAGAN, *Château*, 49-50) 「あの人におっしゃらない? —— 何を」/ Quand? —— Quand *quoi*? (ID, *Violons*, 37) 「いつ?——いつって何が」
♦ ou quoi は並置節に当たる: Tu veux me vexer *ou quoi*? (ACHARD, *Patate*, 20) (= oui ou non) 「おれを怒らせる気か, どうなんだ」
②既出の動詞・形容詞・名詞の補語: Si on l'aidait d'abord? —— A *quoi* faire? —— A se relever? (BECKETT, *Godot*, 132) 「まず手伝ってやったらどうだろう.——何をするのを.——起き上がるのを」/ C'est charmant. —— En *quoi*, charmant? (GIRAUDOUX, *Ondine*, 65) 「すてきだ.——何が, すてきって」/ C'est un bon symptôme. —— De *quoi*? (SAGAN, *Violons*, 116) 「いい兆候だわ.——何の」/ Je crois que vous serez un grand homme. —— Oh! sûrement non... Un grand homme en *quoi*? (MAUROIS, *Cercle*, 84) 「えらい人になると思うわ.——とんでもない…えらい人って, 何の」
③言葉の先を続けさせる: Alors pourquoi? —— Pourquoi, *quoi*? (ANOUILH, *P.R.*, 261) 「じゃあ, どうして.——どうしてって, 何が」/ Gravement? —— Gravement *quoi*? —— Malade. (CESBRON, *Prison*, 61) 「重いのかい.——重いって, 何が.——病気がさ」/ N'est-ce pas? —— N'est-ce pas *quoi*? (SAGAN, *Bonj.*, 100) 「ねえ.——何がねえよ」/ Je m'appelle Daniel. —— Daniel *quoi*? (*Thib.* II, 121) 「Dっていうのです.——D何っておっしゃるの」(姓を問う. ⇨ qui² 2°) / Je ne voudrais pas que vous... —— Que je *quoi*? (VIAN, *Pékin*, 202) 「いやですね, あなたが…——私がどうしたというのです」/ Dis-moi, Lewis? —— *Quoi*, ma chérie? (GIRAUDOUX, *Tessa*, 270) 「ねえ, L.——なんだい, お前」(言葉をうながす)
④聞きとれなかった語, はっきりしない代名詞などの問い: Elle l'a tué? —— Elle l'a *quoi*? —— Tué. (GIRAUDOUX, *Judith*, 207-8) 「彼を殺したの?——彼をどうしたって.——殺したのって」/ Les contremaîtres sont là pour faire respecter cette règle irréfragable. —— Cette *quoi*? (VIAN, *Pékin*, 263) 「現場監督はこの犯すべからざる規則を守らせるためにいるのだ.——この何で

すって」/ Et ça?—Ça *quoi*? (COCTEAU, *Th.* II, 180)「これは?—これって何さ」

⑤ **文末で間投詞的に** 先行の説明・断定・列挙などをしめくくるだけた言い方(= en somme, après tout): Alors, qu'est-ce que vous faites aujourd'hui?—Eh, bien, comme tous les jours, *quoi*! Je travaille. (*Niv.* 2)「それで今日は何をするんです?—まあいつもとおんなじということ. 仕事ですよ」/ Ce n'est pas bien grave, *quoi*! (*Lar. Gr.*, 130)「まあ結局たいしたことじゃないさ」/ C'est arrivé par hasard, un coup de chance, *quoi*! (*Ib.*)「運よくこうなったんで、要するにまぐれさ」

quoique — il(s), elle(s), on, en, un(e)の前ではいつも、時として他の母音の前でもquoiqu'となる.

1° 対立を表わす接続詞 類義のbien queより日常語的.

① + 接 : *quoiqu*'il pleuve「雨が降ってはいるが」 ▶従属節の内容が事実を表わしても文法は接 を要求. 17世紀まで叙法は自由, 接 は17世紀後半からの規則 (B, 866).

+ 直 [+ 条] 現実性を強調するために 直 (ことに未来形)、可能事や語気緩和を表わすために 条 を用いるのは、文法的束縛からの脱却で、俗語調. 文語もはいる: Garde-moi rancune si tu y tiens. *Quoique* vraiment, tu devrais comprendre. (BEAUV., *Mand.*, 547)「恨みたけりゃ恨むがいい. でも本当に、わかってくれてもいいはずだが」/ *Quoique*, vous le saviez, vous n'y étiez pas obligée. (ANOUILH, *P.B.*, 399)「もっとも、あなたも知っていたように、そうしなければならないわけではなかったが」◆多くは従属は外観のみで、malgré cela, cependantに近い (B, 27, 867). 口語ではquoiqueの後でごく短い休止を置く (W, §167). LE B (II, 510)は条件法と未来形しか認めず、D (389)はすべてincorrectとみなす.

♦ 接 を用いながら、従属節が独立する過程を表わす文例 : Elle estimait que dormir c'était perdre son temps; *quoiqu*'elle ne sût trop que faire de son temps. (BEAUV., *Mand.*, 163)「彼女は眠るのは時間がむだだと思っていた. もっとも時間をいささかもてあましぎみではあったが」/ *Quoique* après tout tu sois libre. (ANOUILH, *P.N.*, 376)「でも結局はあんたの自由だけれど」

② + 形 [名], 過分, など](主語とêtreの省略): Il roulait à une allure vive et régulière, *quoique* gagné par une légère nervosité. (ROB.-GRIL., *Voyeur*, 157)「少しく神経がたかぶっていたが、一定の速度で軽快に走っていた」/ *Quoique* père de Cécile, je n'ai pas passé l'âge d'aimer. (ANOUILH, *P.B.*, 489)「Cの父親にしても、恋をする年が過ぎたわけではない」

③ + **副詞的補語** : Il est en grande tenue cardinalice (...), *quoique* avec les pieds nus comme au premier acte. (MONTHERL., *Cardinal*, 100)「第1幕と同じく素足ではあるが、枢機卿の礼服を着ている」/ C'était une toute petite femme, (...) habillée avec recherche, *quoique* très discrètement. (BEAUV., *Age*, 40)「すこぶる控え目ではあるが、凝った装いをした、ごく小柄な女性だった」

④ + 現分 : Il frappa aux échoppes, *quoique* sachant très bien qu'elles étaient inhabitées. (HUGO — G, *Pr.* IV, 99)「人が住んでいないことを知りながら、屋台店の戸をたたいた」

2° *quoique ça* (= pourtant, néanmoins) 前置詞的用法、俗語. COLはこの言い回しはすたれ、malgré çaに代わられたと言う.

**3° =*quoi que*: *quoiqu*'on leur dise「彼らに何と言おうと」 S (II, 393)に6例. 誤植か書き違い.

R

r — **1°　発音**　① 一般に [r]
② 語末の r ＋子音字．一般に r は発音され，その後の子音は無音：bor(d), mor(t), cler(c), ner(f). ただし，volontiers [tje], gars [gɑ]; ours [urs], mars [mars], mœurs [mœrs] または [mœːr].
③ 無音．例外的：monsieur [məsjø]．上記の ga(rs). -er[e] については ⇨ e
　閉鎖音 (p, b, t, d, k, g), f, v の後の re は日常会話では子音の前で時に落ちる：vot(re) cheval (⇨ e caduc). ただし，強勢語の re の脱落は日常語では次第に少なくなった (Coh, 325).
rh [r]：rhume.
rr ① 一般に [r]：terrible.　② [rr]　(1) courir, mourir, quérir とその合成語の単未, 条・現：je courrai, il mourrait, n. conquerrons. これらは courirai, mourirait の i が脱落したもの．他の法と時制 je courais, il mourait, n. conquérons と区別するため [rr] の発音が今日まで続いた．cf. ve(r)rai, enve(r)rai, pou(r)rai.　(2) irrespect などは [r] または [rr]
2°　r の種々の発音
① r roulé [巻き舌の r] あるいは r apical [舌尖の r]．舌先が上の歯茎に接したり離れたりして震動するもの．演劇・演説・歌では今日なお用いられるが，日常会話では田舎で用いるだけ (第 1 図).
② r grasseyé [のど鳴りの r] あるいは r uvulaire [口蓋垂音の r]．舌先を下の歯茎につけ，前に曲げた口蓋垂に後舌面が触れてこれを震動させるもの (第 2 図).
③ r parisien [パリの r] あるいは r dorsal [舌背音の r]．舌面が，r の後の母音，またはこれがなければその前の母音の調音点 (point d'articulation. ⇨ voyelle の図解) に向かって高まり，摩擦を生じるもの．口蓋垂は前に曲がらず震動しない．都会の普通の発音 (第 3 図).

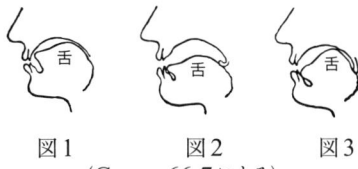

図 1　　図 2　　図 3
(Gram, 66-7 による)

racine [語根] — 一群の語に共通な観念を示す語の根本要素：*bat*tre, *bat*toir, a*bat*tre, a*bat*age, com*bat*tre, com*bat*, dé*bat*tre, dé*bat*. 同じ語根を持つ一群の語を famille de mots [同族語] と言う．

radical [語幹] — 語から語尾・接頭辞を除いた部分：a*moral*, bê*tise*, a*bord*er. 語幹は語根と異なる．fin-ir では語幹＝語根＝fin-. finiss-ons では語幹＝finiss-, 語根＝fin-. ⇨ suffixe III

raison — **1°　*à plus forte raison*** 多く主語倒置：*A plus forte raison* ne *puis-je* rien tirer d'une bibliothèque qui n'est pas à moi. (Alain, *Balzac*, 8)「まして私は自分のものでない蔵書からは何も引き出すことはできない」
2°　*raison pourquoi* (= pour laquelle) ⇨ pourquoi 3°
3°　*en* [*à*] *raison de* ① (= à proportion de)：payer un ouvrier *à raison de* l'ouvrage qu'il fait「仕事に応じて工具に支払う」／être payé *en raison du* temps qu'il y a mis「費した時間の割で金をもらう」　② (= à cause de, en considération de)：*en raison de* son extrême jeunesse「彼が年端がゆかぬために」(à raison はまれ)　③ ＋量, 価格 (常に à raison)：acheter une étoffe *à raison de* 10 euros le mètre「1 メートル 10 ユーロの割で布地を買う」

rappeler — **1°　*se rappeler* qch** [**qn**]　se は間・目 (cf. rappeler qch à qn「人に何を思い出させる」)：Je *me rappelle* son nom.「彼の名を覚えている」／ Je *me* le *rappelle*.「それは覚

ている」▶補語なしに：Je ne *me rappelle* plus. (ROB)「もう覚えていないね」(5°の第1例参照)
♦ *se rappeler de* qch[qn] は se souvenir de の類推形．ことに1・2人称代名詞を補語とするき ×Je me vous rappelle.「あなたのことは覚えています」とも ×Je me rappelle vous.とも言えないので Je *me rappelle de* vous.を普及させ，それ以外の場合にも広く用いられ始めた：Antoine *se rappelait d'*elle, enfant. (*Thib.* I, 272)「Aは子供のころの彼女を思い出した」/ Je *m'en rappelle*.「それは覚えています」▶G (599, Rem. 22)は誤用としたが，G (*Pr.* IV, 35-6)では11例を挙げ許容，G新 (274 b, 7°)ではさらに例を加えている．

2° *se rappeler* qch+属詞：Il *se* le(= cet été) *rappelle* torride, sans eau. (MAURIAC, *Désert*, 40)「思えばその夏は水もなく猛暑であった」▶se rappeler+名+現分：Je me rappelle mon père m'embrassant (...) avant de quitter la maison. (SAGAN, *Réponses*, 24)「家を離れる前に父が私に接吻したときのことを覚えています」

3° *se rappeler*+不定詞：Il *se rappelle* vous avoir déjà rencontré quelque part. (*DFC*)「彼はあなたにどこかでもう出会ったことがあると覚えている」▶se rappeler de 不定詞 は現代ではほとんど用いられず AC は第8版でこれを削除している．

4° *se rappeler que*+直：*Rappelez-vous qu'*on vous attend. (*PR*)「人が待っていることを忘れないでください」

5° *se rappeler*+間接疑問節：Vous *vous rappelez* qui je suis. (...) — Naturellement, je me rappelle. (ROB.-GRIL., *Imm.*, 122)「わたしが誰だか覚えているね．——もちろん覚えています」/ Elle ne *se rappellait* plus comment cela avait commencé. (LE CLÉZIO, *Géants*, 89)「初めがどんなだったかはもう覚えていなかった」

rapport — 1° *sous le rapport de* (= du point de vue de, en ce qui concerne)：Cette voiture est excellente *sous le rapport de* la commodité. (AC)「この車は使い勝手の点で申し分ない」/ *sous ce rapport*「この点から見て」/ Ce garçon est très bien *sous tous les rapports*. (*DFC*) (= à tous égards)「あの青年はあらゆる点から見てりっぱなものだ」

2° *rapport à* (= en ce qui concerne; à cause de)《俗》：C'est-il vrai (...) ce qu'on raconte, *rapport à* la mère Daigne? (M. DU GARD, *France*, 41)「Dばあさんについてみんながうわさしていること，本当ですか」/ Il a été absent *rapport à* l'accident qu'il a eu. (*DFC*)「事故にあったので欠席した」

♦ *rapport (à ce) que* (=parce que)《俗》：Il est utile à Maurice *rapport à ce qu'*il connaît un tas de bookmakers. (BATAILLE — S, II, 317)「私設馬券屋をたくさん知っていることがMには役に立つ」

rare — *un des rares... qui*+接[+直] (seul 8°にならう)：C'est *un des rares* hommes *qui soient [sont] allés* au pôle. (MART, 389)「彼は極地に行った数少ない人の1人だ」．il [c']est *rare* de 不定詞 [que+接]；c'est *rare* si+直「…することはまれ」(⇨ si¹ II. 1°②)

rarement — 時に rarement の後が主語倒置：*Rarement vit-on* victoire plus éclatante. (BAINVILLE — G, 187, 1°)「これにもましてはなばなしい勝利はほとんど見たことがない」

ras — 副詞的用法，無変化：ongles coupés *ras* (ROB)「短く切った爪」/ sous la moustache noire coupée *ras* (*Thib.* V, 30)「短く刈りこんだひげの下で」⇨ court 1°

rassir; rassie — pain rassis「固くなったパン」という言い方では rassis は rasseoir の過分とは感じられず，女性形は miche *rassie*．ここに rasseoir から離れて rassi > rassie という形容詞が作られたわけで，これから更に動詞 rassir (自動) laisser rassir le pain; (他動) La chaleur rassit le pain.)が派生した (*FM*, avril, '48)．

réfléchi ⇨ pronom réfléchi; verbe réfléchi

regarder — *regarder*+名+不定詞 [名+*qui*] voir 5°にならう：Je *regarde* la pluie tomber [tomber la pluie].「雨が降るのを眺めている」/ Je la *regardais* passer [*qui* passait]. (ROB)「彼女が通っていくのを見つめていた」/ Je *regardai* Sharon manger son œuf à la coque. (DÉON, *Taxi*, 128)「Sが自分の半熟卵を食べるのをじっと見た」

▶ *regarder*+名+*en train de* 不定詞：Besson le *regarda en train de* ramper sur le parquet de linolium. (LE CLÉZIO, *Déluge*, 179)「Bは彼がリノリウムの床の上をはうのをじっと見た」

▶ *regarder*+名+属詞：Le jeune homme était là, qui la *regardait* étendue. (MANDIARG.,

Lis, 104)「青年はそこにいて女が横たわっているのをじっと見ていた」
♦ 不定詞の動作主に à[par]＋ 名 を用いず (*MFU*, 401), regarder que (古典語法) が現用されない点 voir とは異なる.

relatif　[関係詞] — pronom relatif; adverbe relatif; adjectif relatif の総称.

remerciement — remercîment の綴りは古くなった. de, pour の用法は remercier にならう: Mille *remerciements* de toutes vos bontés. (TH)「いろいろとご親切にしていただいて重ね重ねありがとう」/ Tous mes *remerciements* pour ton amabilité. (*Ib.*)「ご親切にありがとう」/ Je vous renouvelle mes *remerciements* pour toutes les gentillesses que vous m'avez témoignées. (*DFC*)「いろいろご親切にしていただいて重ねてお礼申し上げます」/ Je vous fais mes *remerciements* de ce que vous nous avez accordé cela. (AC)「それを認めていただいてありがとうございます」/ Je vous en fais mes *remerciements*. (*Ib.*)「ありがとうございました」

remercier — *remercier* qn *de* [*pour*] qch 「何について人に礼を言う」 de が伝統的: Je vous *remercie de* votre aimable hospitalité. (SARTRE, *Sursis*, 41)「歓待して下さってありがとう」/ Je vous (*en*) *remercie*.「1)ありがとう. 2) (辞退して)いいえ, 結構です」 ♦日常語では de より pour のほうが多い. ことに具象名詞の前で: Je vous *remercie pour* vos fleurs.「花をありがとう」/ Je voudrais, du moins, vous *remercier pour* votre thé et *pour* l'accueil que vous m'avez fait. (CAMUS, *Malent.* II, 6)「せめてお茶をごちそうになりおもてなしいただいたことのお礼を申したい」 ♦辞退の意で: Je vous *remercie de* [*pour*] votre offre, mais je ne puis l'accepter. (H, 814)「お申し出はありがたいが, お受けできません」(COL; S-H, 54; G, 923, 8 にも)

　remercier qn *de* 不定詞 (pour は不可): Nous vous *remercions de* vous intéresser à notre fils. (COL)「息子にお目をかけてくださいましてありがとうございます」 ♦多くは 不定詞 複合形: Je vous *remercie de* m'avoir bien accueilli. (*DFC*)「ご歓待ありがとう」 ⇨ merci; remerciement

　remercier qn *que* ＋ 接　まれ: Nous devons *remercier* le ciel *qu'*elle ait, en plus, une jolie voix. (ANOUILH, *Ornifle*, 11)「彼女がおまけにかわいい声を持っているとしたら神に感謝しなければならない」 ▸ *remercier* qn *de* [*pour*] *ce que* ＋ 直 とも (S, II, 44-5).

remettre —「…まで延ばす」は remettre à (×jusqu'à は誤り): Nous *avons remis* notre visite *au* week-end suivant. (BUTOR, *Emploi*, 127)「見物は次の週末までに延ばした」/ *Remettons* ce travail *après* le dîner.「この仕事は夕食の後にしよう」

renoncer — 間接他動詞 (renoncer à＋ 名, à 不定詞, à ce que ＋ 接). 目的語となる人称代名詞は強勢形: Je ne peux pas *renoncer à* vous. (DURAS, *Eden*, 86)「あなたを諦めることはできません」 ♦古典・文語で直接他動詞としても用いられ, まれに受動態にも: L'espoir *a été renoncé*. (ID., *Amant*, 70)「希望は捨て去られた」

représentant　[代理詞] — B (171) の用語. いわゆる pronom 中, 他の語の代理をするもの: il(s), elle(s), eux, en, y, le mien, celui, など. cf. nominal.

reste — 1° *au* [*du*] *reste* どちらも d'ailleurs の類義語. AC; PR; DFC は意味の区別を設けない. au reste は文学的: Il est capricieux, *du reste* il est honnête homme. (AC) (=malgré cela)「気まぐれではあるが, それにしても誠実な人だ」/ Ce spectacle ne m'intéresse pas; *du reste* je ne peux pas venir. (*EBF*) (=au surplus)「この芝居に興味はない, それに行くこともできない」

2° *le reste des* ＋ 名　主語のときの動詞は普通は単数: *Le reste des* humains m'*apparaissait* comme bien lointain. (PROUST—G, 806 a, Rem. 4)「その他の人々は縁遠いように思われた」 ▸ 複数は文学的 (*PR*).

rester — 1° 主語倒置　他の自動詞とは異なり, 副詞に先立たれなくても, 主語名詞を倒置することが多い: On ne peut pourtant pas dormir plus de douze heures par jour. *Restent* les procédés classiques: l'alcool, les drogues. (ANOUILH, *P.R.*, 328)「とはいえ, 日に12時間以上は眠れない. あとは昔ながらの手段の酒と麻薬さ」/ *Est resté* ce qui l'a pu. (VALÉRY, *Teste*, 15)「残れたものが残ったのだ」

2° *il me* [*te, lui, ...*] *reste* ＋ 名 [代]　非人称: *Il me reste* deux francs. (CLAIR, 34) *résulter*

「2フラン残っている」/ Est-ce qu'*il reste* quelque chose à boire? (BEAUV., *Inv.*, 50)「何か飲むもの残っていて?」▶否定文：*Il ne reste* presque *plus de* vin dans la bouteille. (*DFC*)「びんに酒はもうほとんど残っていない」♦人称代名詞：*Il reste* vous, au milieu de ces trois folles.—*Il reste* moi. (ANOUILH, *P.R.*, 22)「この3人の気の狂った女性の中に，あなたが残っています。—わたしが残っている」
♦実主語＝le [ce, mon] ＋ 名 [固有] （一般の非人称構文と異なり，特定名詞も実主語となる）：*Il me reste* toujours *cette envie* de Tiène. (DURAS, *Vie*, 130)「相変わらずTに対する欲望が残っている」/ Jérôme mort, *il restait Clémence*. (*Ib.*, 47)「Jが死んだときClが残っていた」
♦ilなしで：*Reste* une centaine de milliers de voix qui doivent se porter sur le député radical, Perdrière. (SARTRE, *Nekr.*, 47)「まだ急進党の代議士Pに投じられるはずの約10万票がある」
3° *rester à* 不定詞：Des choses *restaient à* faire. (*Thib.* VII, 137)「なすべきことがいろいろ残っていた」/ La question la plus dure *restait à* poser. (LE CLÉZIO, *Déluge*, 137)「いちばんつらい質問をまだしなければならなかった」
il (*me* [*te*,...]) *reste à* 不定詞 非人称：*Il me reste*, Mesdames, *à* vous remercier et *à* m'excuser des ennuis que je vous cause. (COCTEAU, *Th.* II, 75)「みなさん，まだお礼を申しあげ，ご迷惑をおかけしたお詫びをしなければなりません」/ *Il ne me restait qu'à* attendre. (BEAUV., *Mém.*, 209)「あとはただ待つばかりであった」
♦ilの省略：*Restait à* faire cette visite à Neuilly. (*Thib.* V, 285)「まだNを訪れなければならなかった」▶*Reste à* savoir si...「…かどうかはまだわからない」は慣用的．
4° *il* (*me* [*te*,...]) *reste de* 不定詞 à 不定詞はこれからなすべきことを表わすから，なされたこと，なされていることを表わすには de 不定詞 が必要：Si ce que j'ai fait est vain, qu'*il me reste au moins de* m'être dépassé en le faisant. (MONTHERL.—S, III, 51; G, 765 b, Rem.1)「私のしたことがむなしかろうと，それをすることで自分を乗り越えたことだけは，せめて私に残されますように」
♦à 不定詞 と同義に用いることのほうが多いが，古文調：*Il reste de* ne plus rien me permettre que ma conscience réprouve. (MAURIAC, *Désert*, 164)「残る手段は，良心がとがめることは何一つ自分に許さないようにすることだ」/ *Il ne restait plus que de* se taire. (ID., *Vipères*, 73)「もはや口をつぐむほかはなかった」
5° *qui* [*qu'il*] *reste*：Personne ne sait le temps *qu'il* [*qui*] lui *reste* à vivre. (*DFC*)「自分の寿命がまだどれだけあるかは，誰も知らない」/ Dites-moi ce *qu'il* [*qui*] *reste* à faire. (*DFC*)「あとまだ何をしなければならないのでしょうか」▶*DFC*は qu'il のほうが頻繁に思われると言う．cf. G, 548, Rem. 2; LE B, I, 314-5.
6° (*tout*) *ce qui reste de*＋複数名詞　これを主語とする動詞は普通は単数：*Ce qui restait d'*habitants *s'est enfui*. (H, 968)「その他の住民は逃げ去った」▶複数は古文調 (*PR*).
7° *il reste que*＋直 (＝il est vrai néanmoins que, toujours est-il que, en tout cas)：*Il restait que* nous nous plaisions à nous-mêmes. (DURAS, *Vie*, 47)「ともかくわれわれは自分に満足していた」▶省略的 reste que は文学的 (*PR*).
8° *rester*＋不定詞　話し言葉：Je *resterai garder* la maison. (*MR*) (＝pour garder)「留守番のために家にいましょう」/ Vous allez *rester souper*. (BEAUV., *Mand.*, 184) (＝à souper)「夜食を食べていらっしゃい」
rester à 不定詞 (＝en passant son temps à)：Je *restais* chez moi *à* lire, *à* lire sans relâche. (MAUROIS, *Proust*, 65)「家にこもってひたすら読書にふけったものだ」
9° *rester*＋属詞：Il *est resté* fidèle à ses amis. (*DFC*)「相変わらず友だちに忠実であった」♦属詞の代名詞は le：Vous êtes jeune, Edouard, il faut que vous *le restiez*. (SAGAN, *Mois*, 85)「E，あなたは若いわ，いつまでもそのままでいなければいけないわ」

résulter — 主語は物であるから，各時制の3人称と不定詞と現分にしか用いられない．
il résulte de qch＋名 [*que*＋直] 非人称：*Il en résulte de* nombreuses incohérences. (BURNEY, *Orthogr.*, 40)「その結果，数多くの不統一が生じる」/ *Il en résulte que* ce jour-là il m'est impossible d'écrire une ligne. (BUTOR, *Degrés*, 101)「その日は1行も書けない結果になる」/ Qu'en *résultera-t-il*? (ROB)「その結果何が生じるだろうか」♦助動詞

は原則として動作にはavoir，結果・状態にはêtre．時として意味の区別は見られない (COL)：Qu'*a-t-il résulté* de là? (AC) / Qu'en *est-il résulté*? (*Ib.*) / *Il est résulté* de grandes pertes de sa mauvaise gestion. (DFC)「彼の経営がまずいので莫大な損失を生じた」/ *Il en était résulté* une rupture entre les deux frères. (TOURNIER, *Gaspard*, 84)「その結果兄弟2人は仲たがいしていた」

retour — de [au] *retour* de Paris「パリから帰ると」cf. de *retour* chez moi (= revenu chez moi)「家に帰ると」/ à mon *retour*「私が帰ったとき」♦de *retour*はêtre de retour (= être revenu)「帰っている」のêtreを省いたもの．したがって ×de mon retourとは言えない．retour de Paris (= de retour de)は新しい傾向．名詞の補語としても用いる：Les troupes *retour* de Shanghaï avaient été accueillies. (VIOLLIS, *Japon*, 19)「Sから帰った部隊は歓迎を受けていた」cf. crainte de [que].

réussir — Il *a réussi* dans sa profession [dans son entreprise].「彼は自分の職業［事業］で成功した」/ *réussir* à ce qu'on a entrepris (ROB)「企てたことをうまくやりおおせる」/ *réussir* à tout (*Ib.*)「何をやってもうまくやる」

    réussir à 不定詞「首尾よく…する」：Il n'*a pas réussi à* me convaincre. (MR)「彼は私を説き伏せられなかった」

    réussir à ce que + 接：J'*ai réussi à ce qu*'elle soit avec moi ailleurs que dans Rome. (BUTOR, *Modif.*, 119)「ローマ以外の所で彼女と落ち合うことに成功した」

♦à 不定詞, à ce que + 接 の代名詞yはしばしば略される：Il n'(*y*) *a pas réussi*.「そうはできなかった」▶yを略すほうが多い (LE GOF, 97)．

♦他動詞として：*réussir* un tableau「絵を見事に描きあげる」/ *réussir* un plat「すばらしい料理を作る」/ Pour *réussir* l'avenir, il faut regarder le présent en face. (BEAUV., *Mand.*, 33)「りっぱな未来を築くには現在を正視しなければならない」/ L'important c'est de *réussir* ce qu'on fait. (ID., *Tous les h.*, 14)「重要なのは今していることをりっぱにやりとげることだ」▶受動の意の過分はことに普通：un portrait *réussi*「見事に描かれた肖像画」

revenir — *revenir à* qn 単に「立ち戻る」の意ではà+強勢形人称代名詞：Il *est revenu à* moi.「彼は私の所に帰ってきた」しかし，和解・依頼または広く関心の意も加わるから，無強勢形と à+強勢形の区別はつけにくい：Son mari *revenait*-il *à* elle? (CASTILLOU, *Thaddëa*, 210)「彼女の夫は彼女のもとに帰ってきたのだろうか」 / Patientez: il *nous reviendra*. (*Thib.* I, 216)「辛抱なさい．われわれのもとに帰ってきますよ」

♦運動の意をまったく伴わない比喩的用法ではいつも無強勢形：Son retour de Vienne (...) *lui revint* à l'esprit. (*Ib.*, II, 70)「ウィーンから帰ってきたときのことが思い出された」/「返送」の意でも：Comme l'adresse était fausse, la lettre *lui est revenue*. (DFC)「住所が違っていたので手紙が戻った」

♦言い回し revenir à soi「意識を回復する；われに返る」：lorsqu'elle *revint à elle* (GREEN, *Epaves*, 170)「彼女がわれに返ったとき」/ La voix de M. Mesurat la fit *revenir à elle*. (ID., *Mesurat*, 59)「M氏の声で彼女はわれに返った」

revenir de 不定詞「…してから帰る」 *revenir de* la promenade「散歩から帰る」に 不定詞 を用いたもの：*revenir de* travailler (DFC)「仕事から帰る」/ Elle *revenait de* faire quelque course matinale en ville. (LOTI, *Roman*, 24)「町に朝の買物に行って帰ってきた」/ Elle est revenue de téléphoner? (DURAS, *Détruire*, 52)「電話から戻ってきたの?」

revenir + 不定詞「…しに戻ってくる」：Jacques était revenu s'asseoir près du poêle. (*Thib.* IV, 101)「Jはストーヴのそばに戻って腰をおろしていた」/ *Reviens* me *voir* demain. (*Ib.*, VIII, 86)「あしたまた会いに来てくれたまえ」

rêver — 同義で種々の構文が用いられる．

1º「夢を見る」① *rêver de* qn [qch]：J'*ai rêvé de* toi. (SAGAN, *Brahms*, 129)「きみの夢をみた」/ J'*ai rêvé d*'un incendie. (DFC) / Il *en rêve* la nuit. (PR)「（ある考えにつきまとわれて）夜それを夢に見るほどだ」/ De quoi *rêvez-vous* (...)? (QUENEAU, *Fleurs*, 38)「何の夢を見るのですか」

② *rêver* qch まれ：J'*ai rêvé* un incendie. (上記 d'un incendie のほうが普通) ♦直接構文は「夢見る」の意が多い (⇨下記2º②) (H, 828).

③ *rêver à* qn [qch]：Cette nuit, j'*ai rêvé à* mon père. (GREEN—G, 916, 23 n.)「昨夜，父の夢をみた」/ A quoi *rêvait* Adam lorsque

Dieu l'endormit pour lui soutirer la côte? (QUENEAU, *Fleurs*, 41)「神が肋骨を抜き取るために眠らせたとき、アダムはなんの夢をみていたか」▶まれ。Hは夢の意味では de のみをあげるが、EBFは現代では J'ai *rêvé à* vous cette nuit. を誤用とは言えないと説く。

④ *rêver que* : Je *rêvai* cette nuit-là *que* j'étais au lycée, en classe d'allemand. (PINGAUD, *Scène*, 137)「その夜、リセでドイツ語の授業に出ている夢をみた」

2º「夢見る、熱望する」 ① *rêver de* qch : Tout le monde *rêve d'*un sort meilleur. (DFC)「誰でもよりよい運命にあこがれている」◆具体的な対象については、いつも de: Elle *rêvait d'*une machine à laver. (TH)「洗濯機がほしくてたまらなかった」/ le petit appartement *dont* elle *rêvait* (*Ib*.) / Elle *en* rêvait.

② *rêver* qch 文学的。対象は抽象的 : *rêver* le pouvoir [la gloire, la richesse] (*DFC*)「権力［名誉、富］にあこがれる」/ A vingt ans, je *rêvais* une vie d'écrivain dans un décor de bibliothèque. (GREEN, *Journal* V, 139)「20歳の頃は、書斎で過ごす作家生活にあこがれていた」▶補語名詞が形容詞を伴えば2º ①の構文が必要。

③ *rêver de* 不定詞 : Elle *rêve de* devenir star. (F, 1079)「彼女はスターになることを夢みている」

3º「ぼんやり考える」 *rêver à* qn [qch] : Elle *rêvait* (...) *à* la jeune fille qu'elle avait été. (CAMUS — TOG, III, 1462, 5)「自分の娘時代のことをぼんやり考えていた」/ Je *rêve aux* vacances. (MR)「休暇のことを考えている」/ Elle (= cette famille) me fait *rêver à* ma propre enfance. (BEAUV., *Compte*, 181)「それは私自身の子供のころを夢想させる」/ *A* quoi *rêvez-*vous?「何をぼんやり考えているのだ」/ J'*y* avais *rêvé* dès l'enfance. (BEAUV., *Age*, 15)「子供の時分から早くもそのことを考えていた」

「熟考する」 *rêver sur* [*à*] qch : J'*ai rêvé* longtemps *sur* [*à*] cette affaire. (AC)「そのことは長い間考えた」/ Il *rêve sur* des statues et *sur* des meubles Knoll. (BEAUV., *Compte*, 183)「彼は彫像やクノールの家具に思いをこらす」

4º「想像する」 *rêver* qn [qch] : Cette réconciliation, c'est vous qui l'*avez rêvé*. (H, 828)「そんな和解なんて、あなたが勝手に想像しただけですよ」/ C'est vous qui *avez rêvé* cela. (*Ib*.)「（あなたがそんな気がしただけだ＞）そんなことは信じられない」/ Je vous cherchais partout. Je finissais par me demander si je vous *avais rêvée*. (SAGAN, *Brahms*, 40)「そこらじゅうあなたを探して、しまいには単なる自分の想像だったのではないかと思っていました」

rien — 1º 肯定的意味 (= quelque chose) 裏の意味はいつも否定。多く文語的。日常語は quelque chose, quoi que ce soit を用いる。

① 否定, 否定の観念を含む語のあとの不定詞・節と共に : Je *n'ai plus* le temps de *rien* vous dire. (ANOUILH, *P.R.*, 154)「もう何も言う暇はない」/ Je *n'ai jamais* vu ma mère s'étonner de *rien*. (BEAUV., *Mém*., 41)「母が何かに驚くなどということは見たことがなかった」/ Je te *défends* de *rien* lui dire. (BEAUV., *Bouch*., 67)「彼に何も言ってはいけない」/ Vous étiez *incapable* d'en *rien* expliquer. (BUTOR, *Modif.*, 123)「あなたは何一つ説明することができなかった」

◆ *sans* (*que*): J'avais peur que tu partes *sans rien* me dire. (ANOUILH, *N.P.N.*, 115)「わたしに何も言わずに出ていってしまうのがこわかった」/ Frantz ouvre le télégramme, le lit, le froisse *sans que rien* ait bougé sur son visage. (ID., *P.N.*, 91)「Fは電報を開いて読み、それをまるめるが、顔色一つ変えない」/ Mme de Fontanin regardait devant elle, *sans* force pour penser à *rien*. (*Thib*. VIII, 15)「F夫人は何を考える気力もなく、じっと前を見つめていた」

② *avant de* [*que*]; *trop... pour* (*que*): Robert a répondu qu'il voulait attendre les élections *avant de rien* décider. (BEAUV., *Mand*., 403)「Rは何かをきめる前に選挙を待ちたいと答えた」/ Quelque chose s'était passé, il est vrai, *avant qu'*Adrienne en sût *rien*. (GREEN, *Mesurat*, 27-8)「Aが何も知らないうちに、何かが起こっていたことは事実だ」/ Il est d'abord *trop* étonné *pour rien* dire. (ARLAND, *Ordre*, 390)「まず、あまり驚いて何も言えなかった」

③ 否定の意を含む疑問文 : Comment aurait-il osé *rien* lui refuser? (BEAUV., *Mand*., 11)「彼に何かを断るなどということをどうしてあの人がしようか」/ Est-ce que je t'ai jamais *rien* refusé? (VAILLAND, *Loi*, 19)「きみの頼みを何か断ったことが一度でもあったかい」

④ **条件文**（疑惑, 実現しない条件）: Je vous rends responsable *si rien* s'ébruite dans la presse. (BARRÈS— G, 592 a)「新聞に少しでも噂が流れるようなことがあれば, きみに責任をとってもらう」/ Je veux être pendu *si* j'en ai *rien* dit à personne. (S, I, 380)「誰かにそれを少しでも洩らしたとすれば首をくくられてもいい」

2º 否定的意味 (= nulle chose)

① **ne... rien**: Rien *n*'est éternel.「何物も不滅なものはない」/ Je *n*'entends *rien*.「何も聞こえない」/ Ça *ne* fait *rien*.「そんなことは構いません」/ Ce *n*'est *rien*.「何でもない」/ Elle *n*'avait envie de *rien*. (SAGAN, *Brahms*, 62)「何をする気にもならなかった」/ Cette histoire *ne* me regarde en *rien*. (ANOUILH, *Ardèle*, 72)「その話は私にはまったく関係がない」/ Je *ne* suis au courant de *rien*. (GARY, *Cerfs*, 328)「わたしは何も知らない」

◆ne... plus[jamais] rien: Cela *ne* me fait *plus rien*. (ROB)「それは私にはもうどうでもよい」/ *Rien ne* peut *plus* sauver Carradine. (ACHARD, *Patate*, 189)「どうしたってもうCは助からんぞ」/ jamaisとplusを合わせて: Je *ne* te refuserai *jamais plus rien*. (*Ib.*, 253)「もう何だろうと決して断わりはしないよ」

▶*Rien n*'est *plus* vrai.「これ以上真実なものはない」はplus I. 8º ①の構文.

② **neなしで** 省略節: Qu'a-t-il répondu?— *Rien*.「彼は何と答えましたか? — 何も」/ A quoi pensez-vous?— A *rien*.「何を考えているのですか? — 何も」/ *Rien* de plus différent que nos deux natures. (GIDE, *Feuillets*, 110)「われわれ2人の性格ほど異なるものはない」

▶(俗): J'ai *rien* fait. (SARTRE, *Mur*, 15) / C'est *rien*. (CLAIR, 354)

◆その他: Je voulais tout ou *rien*. (BEAUV., *Mém.*, 166)「私の望みは一切か無かであった」/ Elle (= la lampe) éclairait mal, mais c'était mieux que *rien*. (SARTRE, *Mur*, 17)「明かりは暗かったが, ないよりはましだった」/ Tu aimes mieux être heureuse et malheureuse que *rien*, non? (SAGAN, *Sourire*, 81)「幸福であり不幸であるほうが何でもないよりはましでしょう, そうじゃない?」/ Comme tu t'inquiètes de *rien*. (PEYRÉ, *Sang*, 22)「つまらないことを気にするんだな」

③ **n'être pas rien** (= n'être pas inexistant, être quelque chose) 俗語から文語にもはいった. ことに言い回し: Ça [Ce] *n'est pas rien*.「重大だ」(= C'est important) / Ce *n'était pas rien*, quinze années passées dans la maison. (IONESCO, *Solitaire*, 12)「会社で15年過ごしたということは, 大したことだった」

3º rien de+名 [代]: Rien de tout cela n'est facile à écrire. (NOURISSIER, *Bourgeois*, 16)「それらすべては何ひとつとして書きやすいものはない」 ◆言い回し: Elle *n'a rien d*'une ingénue. (MR)「うぶな所は少しもない」/ Je te prie de *n'en rien faire*. (GIRAUDOUX, *Tessa*, 141)「そんなことはしないでください」

4º rien de+形 [過分]: Il n'y a *rien de* plus beau que l'éloquence. (*Ib.*, 123)「雄弁ほどすばらしいものはない」/ *Rien d*'autre n'importe. (GREEN, *Epaves*, 138)「ほかのことは何も重要ではない」/ Tu n'es *rien d*'autre qu'une femme. (SARTRE, *Mouches*, 58)「あなたは女にすぎない」/ *Rien de* grand, *rien de* neuf, n'a jamais été enfanté dans le rire. (DORIN, *Tournant*, 101)「何ひとつ偉大なものも斬新なものも笑いの中で産み出されたためしはない」

◆rien autre. 文語調: On entend la cascade, et *rien autre*. (GIRAUDOUX, *Tessa*, 116)「滝の音が聞こえる. ほかには何ひとつ音もない」/ *Rien autre*? (MALRAUX, *Cond.*, 103) ▶rien+形は古典語法.

◆rien autre chose: pour ne plus voir *rien autre chose* (LOTI, *Pêch.*, 246)「もうほかのものは何も見ないように」

◆rien d'autre chose. 上記の構文とrien d'autreとの混交: la femme qui n'a *rien d'autre chose* à reprocher à l'homme que d'exister. (THIBAUDET, *Flaubert*, 112)「男性はまさに存在することこそが非難に値すると思っている女性」

5º ne... rien que ne... queの強調. queは excepté の意: Ils *n'ont rien que* leur salaire. (ROB)「彼らは給料のほかには何もない」/ Je *n'ai rien* dit *que* ce que je pense. (*Ib.*)「思っていることのほかは何も言わなかった」

◆ne... rien que de+形: Je *ne* sens *rien que de* bon dans mon cœur. (GIDE, *Symph.*, 94)「私は心の中に善いもののほかは何も感じません」

▶rien de bonの影響でdu bonがde bonとなっ

たもの (S, I, 380, n. 2).
6° rien que (=seulement)
① **rien que**+(前)+名: Cet héritage est à Jean, *rien qu*'à Jean. (MAUPASS.—S, I, 381)「この遺産はJのもの、Jだけのものだ」/ *Rien que* son sourire me déplaisait. (*DFC*)「笑顔を見るのもいやだった」
② **rien que** (*de*) 不定詞 主語: Et *rien que d*'y songer mit à son visage une expression de stupeur. (*Thib.* II, 29)「そのことを考えただけで彼の顔にはうつけたような表情が浮かんだ」 ▶時にdeなしで: *Rien que* nous regarder nous faisait rire à nouveau. (RAUCAT—S, III, 13)「顔を見合わせただけで、また笑ってしまうのだった」
③ **rien que de** [à] 不定詞 原因: *Rien que de* me retrouver chez moi, je suis déjà moins fatiguée. (BEAUV., *Inv.*, 275)「家に帰っただけでもう疲れがなおってしまうの」/ Les larmes m'en viennent aux yeux *rien que d*'y penser. (GIDE, *Feuillets*, 249)「そのことを考えただけで目に涙が浮かんでしまう」/ Je les nommerais tous, *rien qu*'à écouter d'ici la voix de leurs gars. (R. BAZIN, *Terre*, 170)「ここから彼らの子供の声を聞いただけで、みんなの名前を言えます」
7° rien moins que ① 否定の意 (=aucune chose moins que, moins... que quoi que ce soit d'autre, nullement, pas du tout): Il n'était, lui, *rien moins que* naïf. (FAGUET, *19ᵉ s.*, 13)「彼のほうはいっこう素朴ではなかった」 ▶まれにneなしで: Encore est-il *rien moins que* sûr de l'(=cette loi) obtenir. (VERCORS, *Anim.*, 118)「それにしてもその法律がうまく作れるかどうかも自信がない」 cf. G, 592, N.B.
② 肯定の意 (=rien de moindre que, pas moins que): Elle *ne* me demandait *rien moins que* de te sacrifier. (BEAUV., *Inv.*, 379)「きみを犠牲にすることばかりぼくに要求していた」/ Elle *ne* songe à *rien moins qu*'à empêcher le libérateur de venir au monde. (GIRAUDOUX, *Amph.*, 169)「救世主のこの世に現われるのを妨げようとばかりしていた」(àの反復に注意) ▶G (*Pr.* I, 47); *EBF*はrien moins queを避けることを勧める。
rien de moins que 肯定の意 (=rien d'inférieur à, rien de moins important que, bel et bien, exactement): Il *ne* voulait *rien de moins qu*'un miracle. (ARLAND, *Ordre*, 293)「奇跡ばかりを望んでいた」
rien de moindre que: Je *n*'ai prétendu à *rien de moindre qu*'à donner une monographie de chaque mot. (LITTRÉ—G, 352, b. Rem. 4)「各語の個別研究を発表したいと思っただけだ」
8° comme si (*de*) **rien n'était** LE B (II, 255)はcomme si (cela) n'était de rien = n'était d'aucune importanceと説明する: Après cette querelle, ils se sont parlé amicalement *comme si de rien n'était*. (AC) (=comme si la chose n'était pas arrivée)「あのけんかをした後で、彼らはそんなことは何もなかったかのように親しげに話し合った」
♦deの省略は誤用とされる (LE B; TH): Tu dois continuer à regarder les choses et les gens *comme si rien n'était*. (DHÔTEL, *Lieu*, 49)「何事もなかったように物事や人間を見つづけなくてはいけない」
9° 語順 ① 普通は **rien**+過分: Je ne vois *rien*.; Je n'ai *rien* vu. / Je n'ai jamais *rien* vu de si beau [まれにjamais vu *rien* de si beau]. (LE B, II, 112) / Il n'y a plus *rien* eu à vendre. (DURAS, *Eden*, 134)「もう売るものは何もなかった」/ Il n'en est *rien*.「そんなことはない」; Il n'en a *rien* été. (MART, 549) / Tout cela n'aurait *rien* été encore. (TOURNIER, *Roi*, 26)「そんなことはすべてまだなんでもなかったはずだ」
② **rien**+不定詞: J'aime mieux ne (plus jamais) *rien* voir. / Il est parti sans *rien* dire. / sans ajouter *rien* (強調) / Il n'a voulu *rien* écouter [*rien* voulu écouter]. / sans oser *rien* dire [sans *rien* oser dire] (S, I, 372) / pour n'avoir *rien* à se reprocher.
③ 人称代名詞, **y**, **en**: On ne peut *rien vous* cacher. (vous rien cacherは古文調. cf. D, *Etudes*, 91) / J'aimerais mieux n'*y rien* voir [時にne *rien y* voir]. / Je te prie de n'*en rien* faire.「絶対しないように頼むよ」/ pour n'*en rien* voir [時にpour ne *rien en* voir] (MART, 550)

risquer — **risquer de** 不定詞; **risquer que**+(*ne*)+接 (虚辞neの使用はcraindreにならう): Elle *risquait que* le fisc *ne* lui en prît une grande partie. (BEAUV., *Compte*, 61)「彼女は税務署にその(金の)大半をとられる恐れ

があった」/ *Risquer qu'*il sût sa retraite éventée, c'était du même coup *risquer de* le faire fuir ailleurs. (*Thib.* IV, 37)「隠れ家が見つかったことを気づかれたりすれば、それと同時に彼をほかの所に逃げさせることにもなりかねなかった」

rouge — Elle est devenue *toute rouge*.「彼女は真赤になった」/ ADÈLE, *toute rouge soudain.* (...) (ANOUILH, *Grotte*, 76)「Aは急に真赤になって」◆se fâcher tout rougeでは副詞的に無変化: Elle *se fâcherait tout rouge*. (SARTRE, *Mur*, 107)「真赤になって怒るだろうよ」

rue — dans la rue: Je sortis *dans la rue*. (GASCAR, *Graine*, 199)「通りに出た」/ J'ai marché *dans les rues*. (BEAUV., *Mand.*, 536)「街の中を歩いた」▶この意味でsurは不可. ◆前置詞はしばしば略される: Nous habitons (dans la) *rue* de Rivoli. (D, 347)「R街に住んでいる」/ Nous habitons (au) 19 (de la) *rue* de Rivoli. (*Ib.*)「R街19番地に住んでいる」
◆その他: aller [retourner, venir, se rendre, mener qn] *rue* X / avoir vue sur la *rue*「通りを見おろす」/ donner sur la *rue*「通りに面する」/ être à la *rue*「路頭に迷う」

S

s — **I. 発音** ①語頭では常に，語中では一般に [s]: son, presque, fisc. ただし le(s)quels, me(s)dames, De(s)cartes.

②[z] ⑴母音字の間で: rose, asile. ただし, 母音間で[s]となることがある. 複合要素が感じられるとき: asymétrie, parasol, antisocial, unisexuel, préséance, tournesol, soubresaut, vraisemblable, など. その他: dysenterie は[s], désuet は[z]または[s].

⑵trans- [trɑ̃z]: transaction, transatlantique, transiger, transition.

⑶同化(⇨ assimilation): Alsace [-zas], balsamique [balza-], subsister [sybzis-].

⑷その他: jersey [zɛ], nansouk [-zuk] (-zouk とも書く)

③語末の s ⑴一般に無音: pa(s), succè(s), pi(s), do(s), abu(s), san(s), pui(ts), le(gs), pou(ls), poi(ds). ことにrの後: cour(s), ver(s)

⑵[s]: as, londrès, lis, albatros, papyrus, contresens, laps.

 sc ①e, i, y の前で[s]: scie, discerner, convalescence. ②a, o, u の前で[sk]: escargot, escompte, sculpture.

 sch 外来語 ①[ʃ]: schilling. ②[sk]: schiedam.

 sh [ʃ] 外来語: Shakespeare.

 ss [s]: chasse.

II. 複数記号の s ⇨ pluriel des noms I. 1°

***s* adverbial** [副詞の s] — plu*s* (< lat. plus), moin*s* (< lat. minus), などにならい，古仏語で副詞・接続詞・前置詞に添えられた，語源にない s: avecque*s* (= avec), doncque*s* (= donc), encore*s*, など. tandi*s* (< tamdiu+s), san*s* (< sine+s), volontier*s* (< voluntarie+s) がその名残り. naguère*s*, guère*s*, jusque*s* は，ことに詩に残る.

sagement — faire *sagement* de 不定詞 ⇨ faire VIII. ②

salle — salle + 固有. 状況補語となるとき, しばしば dans [à] la を略す: La réunion avait lieu *salle* Wagram. (BEAUV., *Mém.*, 125)「集会はWホールで行なわれた」 ⇨ dans 1° ②

samedi ⇨ jour de la semaine

sans — **I.** *sans* + 名

1° *sans* + 無冠詞名詞 〈pas de + 名〉と同じく (⇨ article IV. 1° 名詞の存在は絶対的に否定される: Il a de l'argent. > Il n'a pas d'argent. > Il est *sans* argent.

 Et *sans* respect, il n'y aurait plus de famille. (ROUSSIN, *Enfant*, 151) (= S'il n'y avait pas de respect)「礼儀なしに家庭は存在しません」

♦*sans* のあとの名詞の数は対応する肯定文，〈pas de + 名〉の名詞の数と同じ. *sans* argent [pain, espoir] はいつも単数: Son ambition est *sans* limites. (AC)「彼の野心は限りを知らない」(< n'a pas de limites) / un homme *sans* défaut(s) (TH)「欠点のない男」/ un devoir *sans* faute(s). (H, 840)「間違いのない宿題」 ▶ ただし: Je viendrai *sans* faute. 「間違いなく来ます」(成句)

2° *sans* **le** [**un, mon, ce**] + 名: Il a parlé *sans la* moindre gêne.「彼は少しも気兼ねせずに話した」(< Il n'a pas la moindre gêne.) / Il est *sans le* sou.「一文なしだ」(< Il n'a pas le sou. 成句) / *Sans une* longue expérience, il est impossible d'être un vrai homme politique. (B, 668) (= Si l'on n'a pas une longue expérience)「長い経験がなければ真の政治家にはなれない」/ Il est parti *sans sa* serviette. (DFC)「カバンを持たずに出かけた」/ *Sans cet* accident, il aurait pu venir. (*Ib.*) (= S'il n'avait pas eu cet accident)「この事故に遭わなければ，彼は来られたのに」

▶ *sans* + 固有 [強勢形人称代名詞]: Nous partirons *sans* Paul [lui].「P [彼] を連れずに

◆sans un+名 (unは数詞)：Le temps était très calme, *sans un* souffle de vent. (ROB.-GRIL., *Voyeur*, 19)「そよとの風もなく、いたって穏やかな天気であった」

▶sans aucun+名 [名]+aucun] ⇨aucun 1º

3º ***sans***+副+***de***+名　文学的：*sans* presque *d'*accent (MAURIAC—G, 917, 3º)「ほとんどなまりもなく」/ *sans* guère *de* peine (RAMUS—COL)「ほとんど苦労もなしに」◆sans avoir presque d'accent, sans avoir guère de peine（下記IIの構文）が日常語.

II. sans 不定詞

1º 動+***sans*** 不定詞：Il répondit *sans* hésiter.「ためらわずに答えた」/ *Sans* être riche, il a une belle aisance.「金持ではないが、ゆとりのある暮らしをしている」/ Chacun se coucha, *sans* penser à rien. (CAYROL, *Hist. maison*, 32)「めいめい何も考えずに床についた」

2º être [rester]+期間+***sans*** 不定詞：Je *suis restée* dix ans *sans* le revoir. (ACHARD, *Patate*, 41)「10年あの方にお会いしていません」

3º ne... pas sans 不定詞：Moïra *ne* se déplaçait *pas sans* avertir la presse. (DÉON, *Taxi*, 184)「Mが旅をするときには、きまって新聞社に知らせるのだった」

4º ***sans*** 不定詞+***de*** [*un*, *du*, ...]+名

① 主動詞が肯定の場合，絶対的否定には***de***，部分的否定には***un***[***du***, ...]を用いる．⇨article IV

(1) de+名：Son mari est mort *sans* lui laisser *d'*enfant. (BUTOR, *Modif.*, 107)「夫は彼女に子供を残さずに死んだ」

(2) un [des, du, de la]+名 / le+名：Il a démissionné *sans* en faire *une* question d'honneur.「名誉にかかわる問題とはせずに辞任した」/ Il est parti *sans* faire *des* préparatifs sérieux. (MART, 63)「ちゃんとした準備はせずに出発した」/ *Sans* avoir *du* courage éternellement, il décida cependant de poursuivre ses investigations aussi loin que possible.「いつまでも勇気を保てるわけではないが、それでも彼はぎりぎりのところまで捜査を続行しようと決めた」/ Il a déposé plainte *sans* attendre *la* réponse. (H新, 796)「回答を待たずに提訴した」

② 主動詞が否定であるか否定の観念を含むときには，一般に***un*** [***des***, ***du***, ***de la***]を用いる：Les Chinois ne passent pas une heure *sans* boire *du* thé. (BEAUV., *Marche*, 418-9)「中国人は1時間として茶を飲まずに過ごすことはない」/ Edith ne passait jamais devant notre porte *sans* me donner *des* bonbons ou *du* chocolat. (ACHARD, *Patate*, 92)「Eはうちの前を通るとき、きまってボンボンやチョコレートをくれました」/ Il est impossible d'être une femme de Paris *sans* avoir *du* goût. (MAUROIS, *Femmes*, 8)「よい趣味を持たずにパリの女であることはできない」

◆2つの否定が肯定に相当すると感じられたもの．ただし，主動詞の否定とは無関係に①(1)に従って***de***も用いうる：Il n'est pas parti *sans* prendre *d'*[*de* l']argent [*sans* donner de [une] raison]. (MART, 63)「金を持たずに[理由を告げずに]出かけはしなかった」

5º 不定詞の動作主

①原則は主動詞の主語と同じ（上例参照）.

②主動詞の直・目[間・目]，所有形容詞で示される：*Notre* amitié était venue *sans* la chercher. (ESTAUNIÉ—S, II, 503)「われわれの友情は（われわれが）求めるまでもなく結ばれたものだった」

③ある慣用句では話し手が動作主：*Sans mentir*, la salle était comble pour l'entendre. (DFC, 725) (= à dire vrai)「本当に彼の話を聞くために会場は満員だった」/ La réalisation de ce projet coûterait cher, *sans parler de* la difficulté qu'il présente. (DB, 882) (= indépendamment de)「この計画の実現は、困難なだけでなく、多大の経費を要するであろう」

III. sans que+(*ne*)+接

① ***sans que***+接：Je sens bien cela *sans qu'*on le dise. (GIDE, *Symph.*, 90)「人に言われなくてもそれはよくわかります」/ Je ne puis parler *sans qu'*il m'interrompe. (AC)「私が話せばきまって彼に言葉をさえぎられる」/ Si nous restions ensemble, il ne se passerait pas de jour *sans que* je souffre et *que* je vous fasse souffrir. (ARLAND, *Monique*, 195)「いっしょにいれば、どの日も私は苦しみ、あなたを苦しめずにはいないでしょう」

◆neなしで否定語 aucun, rien, personne, ni などを伴い：Plusieurs minutes s'écoulèrent *sans qu'aucun* mot fût échangé. (CASTILLOU, *Thaddëa*, 237)「一言もかわさずに、何

分も過ぎた」/ Vous pouvez m'emmener à Catane *sans qu*'il m'arrive *rien*. (ID., *Etna*, 188)「私をCに連れていらしても何も起こりはしません」(niの例 ⇨ 後述 IV. 4º)
♦主節と従属節の主語が同じならば普通は〈sans 不定詞〉を用いるが, sans que も可能: Je n'aborderai pas l'examen *sans* m'y être préparé [*sans que* je m'y sois préparé]. (COH, *Subj.*, 191)「準備を終えずに試験を受けようなどとはしません」

② ***sans que... ne*** + 接　従属節の否定の観念を強めるためのneの使用 (DUB, II, 168; GA, 92-3). なお下記(3)参照. D (332)は誤用とするが, 用例は多い.

(1) **否定の主節の後で**: Il me semble qu'il ne se passe point de jour *sans que* les couturiers *n*'en (= toilettes) apportent de nouvelles. (APOLLIN., *Poète*, 17)「婦人服の店が新しい服装を届けに来ない日はないらしい」

(2) sans que のあとに ***aucun***, ***rien***, ***personne***, ***jamais***, ***ni*** などの否定語があるとき: Je l'ai suivie à plusieurs reprises *sans que* jamais elle *ne* me surprenne. (DURAS, *Stein*, 43-4)「何度も彼女のあとをつけたが, 一度も見つかったことはありません」/ Il a traversé toute la salle *sans que personne n*'ose l'arrêter. (ANOUILH, *Becket*, 142)「誰も止めようとする者もないまま, 彼は部屋を端から端まで横切ってしまう」

♦否定語を数個含む従属節, 古風な否定の成句の場合にはneは省きにくい: J'ai pris une chambre dans un petit hôtel *sans que personne ne* sache *rien*. (ACHARD, *Th.* II, 219)「誰にも何も知られずに, 小さなホテルに部屋を取りました」/ La promenade s'acheva *sans qu'aucun* de nous *ne dît* mot. (GIDE, *Feuillets*, 85)「われわれの誰ひとり口をきくこともないままに散歩が終わった」

(3) **主節は肯定**, sans que... ne が他の否定語を伴わない場合: Le lieutenant répondit militairement au salut *sans qu*'un muscle de sa figure *ne* bougeât. (PROUST—G, 882 b, Rem. 2, N.B.)「大尉は会釈に対して軍隊式に敬礼を返したが, 顔の筋肉は微動だにしなかった」cf.『新考』332-46; DUB, II, 168.

♦sans que... ne... pas. sans の表わす否定の観念をne... pasで強調する古典語法. 近年この用法が復活した: Ce n'est pas possible *sans que* cette réforme *n*'ait *pas* été adoptée globalement. (COH., *Reg.*, 94)「この改革が全面的に採用されなければ, それは不可能だ」

③ ***sans que... de*** [*un*, *des*, *du*, *de la*] + 名　前記 II. 4ºに準じる: Il est parti *sans qu*'il ait fait *de* bruit [*sans qu*'il ait donné *de* raison]. (MART, 63)「そっと「理由も告げずに」立ち去った」♦以下は II. 4º①(2)に対応: Il a démissionné *sans qu*'il en ait fait *une* question d'honneur. / Il est parti *sans qu*'il ait fait *des* préparatifs sérieux. / Sans qu'il eût *du* courage éternellement, il décida cependant de poursuivre ses investigations aussi loin que possible. / Il a déposé plainte *sans qu*'il ait attendu *la* réponse.

IV. sans... ni... [et sans...]

1º **sans** + 名₁ + ***ni*** [***et sans***] + 名₂: Il était *sans* pardessus *ni* chapeau. (*Thib.* I, 114)「コートも着ず帽子もかぶっていなかった」(sans pardessus et sans chapeau とも言う) ▶ **成句**: *sans* feu *ni* lieu「住む家もない」/ *sans* tambour *ni* trompette「こっそりと」

♦2つの名詞の間に自然な関係がなければetの使用が望ましい (MART, 565): Il vivait heureux *sans* procès *et sans* femme.「彼は訴訟もなく妻もなく幸せに暮らしていた」▶ et なしで(並置): Il (= le ciel) luit comme un miroir, calme, si calme, *sans* nuages, *sans* oiseaux, *sans* avions. (LE CLÉZIO, *Désert*, 85)「(空は)鏡のように輝いている. 穏やかに, あまりにも穏やかに, 雲もなく, 鳥も飛ばず, 飛行機の姿もない」

2º ***sans*** 不定詞₁ + ***ni*** [***et sans***] + 不定詞₂: *sans* boire *ni* [*et sans*] manger「飲まず食わずで」/ Ils attendent, comme cela, *sans* jouer, *sans* crier. (LE CLÉZIO, *Désert*, 173)「子供たちはそんな風にして待っている. 遊びもせず, 大声も出さずに」

3º ***sans*** 不定詞 + (***ni***) + 名₁ + ***ni*** + 名₂: *Sans* marquer *ni* étonnement *ni* contrariété, Mme Fontanin (...) lui tendit la main. (*Thib.* V, 292)「驚きも当惑も示さずにF夫人は彼に手を差しのべた」/ *sans* marquer surprise *ni* mauvaise humeur (TRIOLET—GA, 129)「驚きも不機嫌な様子もなく」

4º ***sans que... (ni) ... ni...***: *sans qu*'il soit (*ni*) riche *ni* influent (G, 962 e)「彼は金があるわけでも影響力があるわけでもなかったが」/ Sans qu'il osât se trahir par un mot *ni* par un geste, une fraîche tendresse lui vint au cœur. (Thib. IV, 61)「言葉でも動作でもあえて自分の気持を表わそうとはしなかったが, 心にはさわやかな愛情が湧いてきた」

V. 副詞的用法　後続名詞を略して副詞的に用いる次例は俗語: Ce sont les moustiquaires qui tiennent chaud. Moi je dors *sans*. (DURAS, *Marin*, 62)「蚊帳が暑くしているんです. わたしは, 蚊帳なしで眠ります」

sauf ── 1°　+ 名 [代]: *sauf* mon père [*sauf* lui]「父〔彼〕のほかは」

　　+ (*de*) 不定詞: Qu'ils fassent d'elle ce qu'ils veulent *sauf* la tuer. (SARTRE, *Diable* III, 6)「殺すほかは彼女を好きなようにするがいい」/ Elle ne bougea pas, *sauf d'*osciller sous chaque gifle. (VAILLAND, *Loi*, 207)「平手打を食うたびに体がぐらつくほかは身動きもしなかった」

　　+ 前: *Sauf en* ce moment où je me repose, je voyage tout le temps. (DURAS, *Square*, 11)「休息している今は別ですが, 私はしょっちゅう旅をしています」/ Elle n'a plus voulu chanter, *sauf pour* toi. (LE CLÉZIO, *Déluge*, 166)「お前のためのほかは, もう歌いたがらなかった」

　　sauf + ジェロンディフ: Mais il ne tuerait jamais, *sauf en combattant*. (MALRAUX, *Cond.*, 23)「戦闘のときでなければ決して人を殺すことはあるまい」

◆主動詞が要求する前置詞は一般には sauf のあとで繰り返される: J'en ai donné *à tous, sauf à* toi. (GLLF)「きみのほかは皆にそれを与えた」/ Je vous autorise à lui parler *de* tout, *sauf de* cette affaire. (*Ib.*)「この問題のほかは彼に何を話してもいい」▶前置詞の繰り返しは絶対的ではない: Il est en bons termes *avec* tout le monde, *sauf* (*avec*) ses voisins. (*Lar.Gr.*)「隣人のほかは, 誰とでも仲がいい」

　　+ 従属節　sauf quand: Sartre, *sauf* peut-être *quand* il dort, il pense tout le temps! (BEAUV., *Mém.*, 337)「Sは, おそらく眠っているときは別でしょうが, しょっちゅう思索にふけっているのです」

◆**sauf si**: Je savais aussi que je ne révélerais pas sa cachette, *sauf s'*ils me tortureraient. (SARTRE, *Mur*, 32)「私は拷問にでもかけられない限り彼の隠れ家を明かしはしまいということも知っていた」

◆sauf que + 直 (= excepté que, si ce n'est que): Tout a bien marché, *sauf qu'*on s'est disputé quelque peu. (*Lar. XX*ᵉ)「少し口論があったほかは万事うまく運んだ」

◆sauf que + 接　例外的: Tu peux penser ce que tu veux d'Egmont, *sauf qu'*il *soit* malhonnête. (VERCORS, *Colères*, 53)「不誠実だというのを除けば, Eのことをどう思おうときみの勝手だ」▶sauf que + 接 を à moins que の意に用いるのは誤用 (COL; TH). 正用は sauf si.

2° *sauf* + 無冠詞名詞 (= excepté s'il y a, à moins de)　成句的: *sauf* avis contraire「反対意見のない限り」/ *sauf* erreur de votre part「あなたの思い違いでなければ」◆その他: *sauf* exception [imprévu, changement, omission, など]

3° *sauf à* 不定詞　文語調 (= au risque de, sans exclure l'éventualité de, quitte à): Il acceptera, *sauf à* s'en repentir plus tard. (RM)「彼は承諾するだろう, あとで後悔するかも知れないが」

◆日常語では à moins de の意: On ne peut pas agir ainsi, *sauf à* renier ses engagements. (*Lar. Gr.*) (= à moins de renier, sauf en reniant)「約束を否認でもしない限り, あんな振舞いはできない」▶『前置詞活用辞典』(366) にも例. H (843) はこの意味では認めない.

savoir ── 1° savoir + 名 [不定詞, *que* + 直, 間接疑問節]: Je ne *sais* pas son nom. (MR)「彼の名は知りません」/ *Savez*-vous nager?「泳ぐことができますか」/ Je *sais qu'*il est en voyage. (MR)「彼が旅行中であることは知っています」/ Je *saurai* qui c'est. (ACHARD, *Patate*, 146)「誰だかつきとめてやるぞ」

▶savoir / connaître ⇨ connaître 5°

◆不定詞, que に代わる代名詞 le の使用は任意: Comment? Vous ne savez pas? ── Non. ── Tout le monde le *sait*. (BEAUV., *Tous les h.*, 19)「何ですって. 知らないのですか. ──ええ. ──誰でも知っていますよ」/ Je le ferai moi-même! (...) ── Tu *sauras*? (TROYAT, *Pain*, 173)「自分でします. ──できるかな」▶ことに Je ne *sais* pas.

2° savoir / pouvoir

① *savoir* は熟練による能力, *pouvoir* は外部事情による可能事を表わす: Je ne *sais* pas lire.「(無学で)字が読めない」/ Je ne *peux* pas lire.「(暗くて)字が読めない」; Je ne *sais* pas nager.

「泳ぎはできない」/ Je *ne peux* pas nager.「(用事・病気などで)泳げない」; Vous ne *pouvez* pas partir. Il vous faut attendre votre fille. (ACHARD, *Patate*, 59)「あなたは出発できませんよ。娘さんを待たなくちゃ」(当然savoirは不可)

② ***je ne saurais*** + 不定詞 (= je ne peux): *On ne saurait* accepter une telle situation. (PÉCHOIN, 523) (= On ne peut l'accepter)「こうした状況は受け入れることができない」▶この用法ではpas, pointは用いない (TH; G, 739, 4°, Rem.).

◆補語なしに: Prétendre que cet ouvrage est immortel, je *ne saurais*. (*Nouvel Ob*. — G 新, 859 b, 2°)「この著作を不朽のものと主張することは、私にはできない」

3° ***savoir que*** 否定文・条件節の後でも一般に+直。まれに+接: Je *ne savais pas que* tu *étais* là. (PINGAUD, *Scène*, 67)「君がいたのは知らなかった」/ si j'*avais* su qu'il *fût* là (MART, 428)「彼がいたと知っていたら」/ Je *ne savais pas* (...) *que* porter un enfant *fût* une chose si belle. (TOURNIER, *Roi*, 54)「子供を抱くのがこんなにすばらしいことだとは知らなかった」▶ 直 : 接 =(否定文)49:1, (条件文)23:1 (BÖRJ, 31)

4° *ne* (*pas*) *savoir* ①+ 名 [不定詞, que]で「知らない」「できない」の断定ならばいつも *pas* を用いる: Je *ne sais pas* l'anglais. / Je *ne sais pas* nager. / Je *ne sais pas qu*'il était là.

② + 間接疑問節 ne savoirは不知に関するめらい (je ne sais = je ne sais pas bien, je ne sais trop), ne pas savoir は断定的 (D-P, VI, 165-6; MART, 540; H, 605; GOUG, *Etudes*, 127; G, 876, 6°, Rem. 1). GA (71, n. 8) は言語水準の相違しか認めない (ne savoir は改まった話し方, ne pas savoir は日常語).

ne savoir: Je *ne sais* où je suis. (SOLLERS, *Parc*, 20)「どこにいるのかわからない」◆ + 疑問詞 + 不定詞 : Je *ne sais que* faire.「どうしたらいいかわからない」/ Je *ne savais quels* mots dire. (GASCAR, *Herbe*, 65)「なんと言ったらいいかわからなかった」/ Je *ne sais comment* vous remercier. (IONESCO, *Rhinoc*., 170)「お礼の申しようもありません」

ne pas savoir: Elle *ne sait pas* où je suis. (SOLLERS, *Parc*, 15)「私がどこにいるかは知らない」/ Je *ne sais pas comment* faire pour le rassurer. (DÉON, *Taxi*, 196) / Je *ne sais pas quel* geste j'ai fait. (CAMUS, *Etr*., 15) / Je *ne sais pas que* faire. (ARLAND, *Ordre*, 462)

③補語なしに 多くはJe ne sais pas.《俗》Je sais pas[ʃɛpa]. pasの省略は改まった話し方. 疑問文を受ける場合に多い: Fut-ce un mal ou un bien? Je *ne sais*. (SARTRE, *Mots*, 11)「悪いことだったか、よいことだったかはわからない」

5° *savoir* + 不定詞 (不定詞節)

① 不定詞 の動作主は主語: Je *savais trouver* un refuge chez vous. (S, III, 89) (= Je savais que je trouverais)「あなたのところが避難所になることはわかっていました」(être certainに近い意味)

② 不定詞 の動作主が直・目 (関係代名詞que): une matière noirâtre *que je ne savais* pas être du caviar (PROUST — COL)「キャビアとは知らなかった黒っぽいもの」◆savoir qn [qch] + 不定詞 は古文調、例外的: Il *me savait* alors *souffrir* de troubles respiratoires. (GIDE — COL) (= Il savait que je souffrais alors)「私が当時呼吸器疾患に悩んでいたことを知っていた」cf. G, 1007, e.

6° *savoir* + 直・目 + 属詞 [状況補語]: Je *la savais femme passionnée*. (SAGAN, *Sarah*, 177) (= Je savais qu'elle était femme passionnée.)「彼女が情熱的な女性であることは知っていました」/ Je ne *te savais* pas *là*. (DORIN, *Th*. II, 459) (= Je ne savais pas que tu étais là.)「あなたがここにいるとは知らなかった」

7° *savoir qch à qn* (= savoir que qn a qch) à qnは普通は無強勢人称代名詞: Je *lui savais* de nombreux talents. (*DSF*)「彼に多くの才能があることは知っていた」/ (...) celle-là aussi s'était remise à le considérer, depuis qu'elle *lui savait* des rentes. (ZOLA — ROB)「彼女もまた彼に金利暮らしの資産があると知って以来再び彼に敬意を払うようになっていた」/ Je ne *lui sais* pas *d'ennemis*. (ROB)「知る限りでは彼には敵はいない」◆まれにà qnが名詞: Un veritable chagrin pour elle était de *savoir à son mari* des opinions peu chrétiennes. (...) (BALZAC — ROB)「彼女がほんとうに悲しかったのは、夫があまりキリスト教徒的でない意見の持ち主だとわかっていることだった」

8º *savoir si* [疑問詞]　文頭でest-ce queに代わる疑問の言い回し: *Savoir si* l'usine de Bertrand est en grève? (ROMAINS — LE B, *Inv.*, 50)「Bの工場はスト中なのかどうか」/ *Savoir quel* jour il reviendra? (*Ib.*)「何日に帰ってくるのだろうか」

9º *que je sache* (= d'après ce que je sais, à ma connaissance) ラテン語quod sciamにならった言い回し (LE B, I, 317). queは節を先行詞とする関係代名詞, 接 は断定の緩和 (ID., I, 505; II, 387)と言われるが, このqueをすべて話し手が関係代名詞と感じているかは疑問 (G新, 1063 b, 5º). 否定文の文中, ことに文末に置かれる: Notre pénétration au Maroc n'a pas eu, *que je sache*, un caractère illégal. (*Thib.* V, 185)「われわれのモロッコ侵攻は, ぼくの知る限りでは, 違法な性質は持っていなかった」/ Elle a eu une histoire ici? — Pas *que je sache*. (VAILLAND, *Loi*, 27)「ここで艶種でもあったのか. — 私の知っている限りではありませんね」

▶まれにque nous sachions, qu'on sache, など. 肯定文とも用いられる (G, 747, 6º).

10º *je ne sache pas que*+ 接《文》主節中に断定緩和のために接続法が用いられる唯一の場合. Il n'est pas malade que je sache. (*DB*)「私の知っている限りでは彼は病気ではない」からJe ne sache pas qu'il soit malade.「彼が病気だなんて聞いたことがない」が作られた (N, VI, §391; BRUN, 368; MART, 378, n.1) ▶Je ne sais pas qu'il est malade. が「彼が病気であるという事実を知らない」のに対し, Je ne sache pas... は誰からもそういう知らせはないから,「病気ではあるまい」の意 (*DB*; GOUG, 191).

♦まれに*Nous* ne sachions pas, *on* ne sache pas. またque以外にJe ne sache *personne* qu'on puisse lui comparer. (AC) / Je ne sache *rien* de si beau. (AC)

11º *je ne sais* [*on ne sait*, *Dieu sait*, など]+疑問詞

① + *qui, quoi, lequel*　一種の不定代名詞: Je ne sais qui a dit je ne sais où que la littérature et les arts influent sur les mœurs. (GAUTIER — ROB, influer)「誰かが, どこかで, 文学と芸術は風俗に影響を及ぼすと言った」/ Il y a en elle *je ne sais quoi* qui force le respect. (*Thib.* IX, 71)「彼女のうちには, 何かしら, いやおうなしに尊敬させてしまうものがある」

♦ce [un, le] je ne sais quoi: *ce je ne sais quoi* de puéril (*Ib.*, VIII, 236)「この何とも知れぬ子供っぽさ」/ *Un je ne sais quoi* m'a dit que nous nous reverrions. (GIRAUDOUX, *Folle*, 168)「われわれはまた会うだろうという虫の知らせがありました」▶un je-ne-sais-quoiともつづる (TH; *DFC*).

♦形容詞はdeを介して添えられる(上例). まれにでなしに: Il adorait *le je ne sais quoi* invisible qui était en elle.(LOTI, *Pêch.*, 264)「彼女のうちにある何やら目に見えぬものを熱愛していた」cf. S, I, 352.

② + *quel*　一種の不定形容詞: Je la quittai sous *je ne sais quel* prétexte. (GIDE, *Porte*, 97)「何やら口実を設けて彼女と別れた」

③ + *comment, quand, où*　「どのようにしてか [いつか, どこか]知らぬが」: C'est un nom que j'ai entendu *je ne sais où*. (FRANCE, *Bonnard*, 234)「どこかで聞いた名だ」/ Il reviendra *Dieu sait quand*. (*DFC*)「いつか知らぬが帰ってくるだろう」

　前置詞の語順　(1) 一体をなす言い回しとして前置詞は多くはその前に置かれる: tout occupée *d'il ne savait quelle* passion (MAURIAC, *Désert*, 229)「彼には知る由もない情熱に心奪われて」/ Un cri jailli *d'on ne sait où* tira les femmes du sommeil. (GASCAR, *Femmes*, 50)「どこからとも知れず湧き起こった叫び声が女たちを眠りからさましました」(なお②の例) / Il arrivait à pied *d'on ne sait quel* quartier. (DÉON, *Déjeuner*, 11)「どこか知れぬ街から歩いてやって来た」

(2) 時に, savoirは動詞的価値を保ち, 前置詞をその後に置く. 間接疑問節としての本来の位置: Le mari d'Anna Vassilievna était mort la veille à l'hôpital, elle ne savait *de* quelle maladie. (KESSEL, *Steppe*, 111)「Aの夫は, その前の日に病院で, 彼女にはわからない病気で死んだ」/ Tu viens on ne sait *d'où*. (GREEN, *Moïra*, 35)「どこやらわからないところから来るのだね」/ Ces coups de sonnette on ne sait *de* qui! (MONTHERL., *Brocél.*, 23)「誰が押しているともわからないベルの音」cf. LE B, II, 728; G, 904 c.

second(e) — 序数詞. 発音[səgɔ̃]. 合成の序数詞(vingt-*deuxième*, trente-*deuxième*, など)には用いられないが, その他の場合にはdeuxièmeと差別なく用いられる: le *second* [または*deu-*

xième] acte「第2幕」▶secondを2つのものについてしか用いないのがbon usageだと説く学者が多い(*DG*; D, 310; BRACHET, 169). LITは2つのものについても2つ以上のものについてもsecondを用いるのが普通と説いたが, 今日では逆に, すべての場合にsecondはdeuxièmeに置き換えられる傾向にある.

secrétaire ── 「女性秘書」はune *secrétaire*. ただし*secrétaire* général「事務総長」, *secrétaire* d'Etat「政務次官」は女性についても男性語を用いる.

selon ── 後続語とliaisonされない: *selon*¦elle.
  selon / **suivant** 事物については*suivant* [*selon*] les circonstances「状況に応じて」, 人については*selon* lui「彼に従えば」, *selon* tel historien「ある歴史家の意見によれば」と用いるのが普通. ただし, suivantも人について可能で*selon* [*suivant*] Descartes. H(851)も*DBF*, PÉCHOIN, ROBも代名詞の前ではselonのみと説く: selon lui /×suivant lui.
  ♦selon + 節: C'est *selon* comment ils ont été élevés. (B, 419)「どんな風に育てられたかによる」▶*selon* que (=suivant que) + 直「…に従って, …に応じて」
  ♦単独に(俗): C'est *selon*.「それは場合による」

sémantique〔意味論〕── 言語の意味を研究する, 言語学の一部門. BRÉAL, *Essai de sémantique* (1897)に始まる術語と言われることも多いが, BRÉALはすでに1883年の論文でこの名称を用いている(TAMBA-MECZ, 3). 初期においては, 19世紀の史的言語学の影響下でもっぱら意味の変遷・発展を扱うものであったが, SAUSSURE以降, 共時的な意味論に研究の重点が移った. 近年のTAMBA-MECZ (*La sémantique*, 4)は「諸言語に固有の意味(significations)の記述とその理論的組織を対象とする, 言語学の研究分野」と定義する.

semblant ── faire semblant de 不定詞「…するふりをする」: Il *fait semblant de* dormir.「彼は眠っているふりをしている」♦de 不定詞の代理語はなく, これを省く: Certaines tricotaient; d'autres *faisaient semblant*. (VIAN, *Pékin*, 41)「ある女たちは編物をし, ほかの女たちはそうする振りをしていた」

sembler ── 1° sembler + 属詞 + (*à* qn): Tu *sembles* fatigué? (CAMUS, *Caligula* I, 5)「疲れたようですね」/ Tu (me) le *sembles*.「(私には)そう見える」▶ + 形容詞相当句: Paterson *semblait* en verve. (*Thib*. VI, 41)「Pは元気いっぱいのようだった」
2° sembler + 状況補語: Il ne *semblait* jamais dans l'embarras. (GRENIER, *Ciné*, 234)「彼が困ったように見えることは決してなかった」
3° sembler + 不定詞: Il me *semblait* déborder de jeunesse. (BEAUV., *Adieux*, 53)「彼は若さにあふれているように思われた」▶S (III, 192)は L'enfant *semblait* dormir.「子供は眠っている様子だった」のdormirを属詞と解する通説に反対し, l'enfant dormirがsemblaitの主語と主張する.
4° *il semble à* qn + 不定詞 [(古) *de* 不定詞] qnが不定詞の動作の主体: Il me *semblait* rêver. (S, III, 39)「まるで夢を見ているようであった」/ Il lui *semblait* entendre des petits cris de rats. (CAMUS, *Peste*, 29)「ねずみの小さな鳴き声が聞こえるように思った」
5° *il semble que* + 接 [直] (接): 直 = 184 : 66 — BÖRJ): Il *semble* qu'on ait vécu une drôle d'année. (BEAUV., *Images*, 207)「妙な一年を送ってきたようだね」/ Il *semblait* qu'on ne sortirait jamais plus de cette chambre. (GRENIER, *Ciné*, 51)「もはや決してこの部屋から抜け出せないように思われた」/ Il *semble que* les femmes auraient pu remporter la victoire. (BEAUV., *2e sexe* I, 21)「女性が勝利をおさめることもできたように思われる」
♦il ne semble pas que + 接 (接): 直 = 55 : 1): Il ne *semblait pas*, cependant, qu'il eût songé à l'abattre. (SARTRE, *Mots*, 40-1)「とはいえ彼が相手を打ち倒そうと考えたとは思われなかった」
♦semble-t-il que + 接?: *Semble-t-il* seulement qu'on s'en soit aperçu? (cf. H, 854; *DBF*)「せめて気づいた様子かね?」
6° *il semble à* qn *que* + 直 [接] (直): 接 = 66 : 2 — BÖRJ) à qnが断定的語調を与える: Il *semblait* à Sartre *que* sa vue s'améliorait. (BEAUV., *Adieux*, 71)「Sには視力が回復しているように思われた」/ Il lui *semblait que* tout ce qui avait bouleversé son sort fût parti de là, de cette rencontre. (ARAGON, *Aurél.*, 478)「彼の運命を覆したことはすべてそこに, あの出会いに端を発しているように思えた」
♦il ne me semble pas que [vous semble-t-il

que]＋接 [まれ＋直] (H)：*Vous semble-t-il qu*'il *faille* lui en tenir rigueur?「彼にそれを容赦なく責めるべきだと思いますか」/ *Il ne me semble pas que* vous *ayez fait* votre possible.「あなたが全力をつくしたとは思われない」▶ この文に直を用いて ... que vous avez faitとすると否定は従属節に移り，Vous n'avez pas fait votre possible, me semble-t-il. とほぼ同じ：*Il ne me sembla pas que* je *pouvais* opter. (BEAUV., *Compte*, 20)「選択の可能性はないと思われた」

7º il le semble leは前文に代わる：Cette liberté ne lui serait donc donnée que pour se ronger le foie? *Il le semblait*. (FABRE-S, I, 63)「してみると彼に自由が与えられたのは彼の心を悩ます種になったに過ぎなかったのだろうか？ そうらしかった」/ *Il* me *le semble*. (RUWET, *FM*, '75, nº 2, 107)「私にはそう思われる」

♦leの省略可能：Elle a compris que j'étais venu vous tuer!—*Il semble* bien. (ROUSSIN, *Nina*, 263-4)「わたしがあなたを殺しに来たことがわかったんだ．—そのようですね」(⇨ 後述 10º)

8º il semble＋形 (＋*à* qn)＋*de* 不定詞：*Il me semble nécessaire de* corriger certains détails de ce témoignage. (BEAUV., *Marche*, 441)「この証言の細部をいくつか訂正する必要があるように思われる」

il semble＋形 (＋*à* qn)＋*que*＋接 [直]：叙法の選択はil est＋形＋queの後と同じ(⇨ subjonctif II. B. 1º)：*Il me semblait* curieux qu'il ne m'*appartînt* plus. (SAGAN, *Sourire*, 135)「彼がもう私のものでないことが不思議に思えた」

9º ce qu'il (me) semble：C'est donc bien *ce qu'il m'avait semblé*. (ROB.-GRIL., *Projet*, 71)「私にも確かにそう思われた」

♦**à ce qu'il semble**：Saussure est mort en 1913 d'un cancer à la gorge *à ce qu'il semble*. (MOUNIN, *Ling. XXᵉs.*, 49)「Sは1913年に亡くなったが喉頭癌だったらしい」

10º ce (me) semble；**cela me semble** 古文調：L'améthyste est une pierre très convenable, *ce semble*, à orner l'anneau pastoral. (FRANCE, *Anneau*, 120)「紫水晶は司教の指環を飾るにはまことにふさわしい宝石のように思われる」/ *Cela te semblait*. (GIDE, *Enf. prod.*, 212)「お前にはそう思われたのだ」

il (me) semble；**(me) semble-t-il** 文中，文末に挿入されてil＝cela：Comment va-t-elle?—Très bien *il me semble*. (BEAUV., *Images*, 240)「彼女，ごきげんいかが？—いたって元気そうです」/ Il voudrait parler, *semble-t-il*. (DURAS, *Abahn*, 93)「彼は話したがっているようです」/ Le président m'a questionné avec calme et même, *m'a-t-il semblé*, avec une nuance de cordialité.(CAMUS, *Etr.*, 124)「裁判長は私に穏やかに，親しみがこもったとさえ思われた調子でたずねた」

il ne semble pas：De nouvelles tendances de prononciation se manifestent-elles depuis le début du XXᵉ siècle? *Il ne semble pas*. (D, *Phon.*, 106)「20世紀に入ってから発音の新しい傾向が現われたのか．そうは思われない」/ *Il ne semble guère*. (MAROUZ, *Aspects*, 64)「まずそうは思われない」

♦**Que vous semble(-t-il) de**＋名？ 古文調 (＝que pensez-vous de)：*Qu*'est-ce qu'*il vous en semble*? (DURAS, *Véra*, 19)「これをどう思います」

semi-auxiliaire ⇨ auxiliaire (verbe) II
semi-consonne [半子音]，**semi-voyelle** [半母音] — [ɥ], [u]を発音する際に両唇間の通路をせばめ，[i]の発音の際に舌の中央を硬口蓋に近づけて軽い摩擦音を生じたもの．1音節を構成しない．記号はそれぞれ[ɥ], [w], [j] ⇨ consonne I. 1º ②

半子音を表わす文字

[ɥ]：u (huit).

[w]：ou (oui), o (moi [mwa], foyer [fwaje], moelle [mwal], poêle [pwal])

[j]：i (ciel), ï (païen), y (yeux, payer), (i)l (soleil), (i)ll (haillon)

sentir — **1º sentir**＋名

① 「感じる」：Je *sens* un courant d'air.「すき間風が感じられる」/ Vous *sentez* cette odeur? (LE GOF, 69)「この匂いが感じられますか」♦名なしで：Vous *sentez*? (*Ib*.)「匂いがしますか」

② 「におう」(＝exhaler, répandre une certaine odeur)：Ça *sent* le brûlé.「こげくさい」/ Je *sens* l'alcool. Que voulez-vous que je *sente*? (ANOUILH, *P. B.*, 397-8)「わたしはアルコールくさい．何くさけりゃいいというんです」
▶名なしで (自動詞的)：La viande commence à *sentir*. (F, 1351)「この肉は臭いだした」

♦sentir bon [mauvais, fort]. 形容詞は副詞的用法，無変化: Cette fleur *sent bon* [*mauvais, fort*].「この花はいい［いやな，強い］匂いがする」

♦sentir bon + 名: L'omelette *sentait bon* le beurre chaud et la poêle. (*Thib.* III, 116)「オムレツは熱いバターとフライパンのいい匂いがしていた」/ Il *sent bon* la cigarette anglaise. (DURAS, *Amant*, 54)「彼は英国たばこのいい匂いがする」

2º *sentir* + 名 + 属詞

① *sentir* + 名 + 形 [形容詞相当句]: Je la *sentais* trop complètement indifférente. (SAGAN, *Bonj.*, 30)「彼女があまりにも徹底的に無関心であることを感じていた」/ On le *sentait* d'excellente famille. (GIDE, *Journal 1942-9*, 194)「彼が良家の出であることはそれと察しられた」

② *sentir* + 名 + 現分: Il la *sentait* indécise et luttant contre elle-même. (ARLAND, *Monique*, 116)「彼女が決しかねて自分と戦っているのが感じ取れた」

③ *sentir* + 名 + *qui*: Je *sens* ma tête *qui* éclate! (ACHARD, *Patate*, 178)「頭が割れそうだ」/ Il *sentit* quelqu'un *qui* lui tapait sur l'épaule. (ROB)「誰かに肩をたたかれた」

3º *sentir* + 名 + 不定詞

① *sentir* + 名 + 不定詞 (自動): Je *sens* battre mon cœur.「胸がどきどきする」/ Elle *sentait* l'odeur des gaz entrer dans ses poumons. (LE CLÉZIO, *Géants*, 84)「彼女はガスの臭いが肺にはいってくるのを感じていた」

② *sentir* + 名₁ + 不定詞 (他動) + 名₂: Je te *sentais* me haïr doucement. (SAGAN, *Brahms*, 153)「きみがぼくをひそかに憎んでいることはわかっていた」

4º *se sentir* + 属詞: Je *me sens* malade.(*DB*)「病気になったようだ」/ Je *me sens*, par moments, à bout de forces, et vieilli jusqu'au désespoir. (GIDE, *Journal 1942-9*, 168)「時おり自分が力つきはてて絶望的なまでに年老いたことを感じる」

♦se sentir + 様態の補語: La fatigue aidant, il *se sentait* la gorge sèche. (CAMUS, *Peste*, 116)「疲れも手伝ってのどがカラカラなのを感じていた」

▶CAPUT; ROBは最後の例を〈se sentir + 直・目 + 直・目の属詞〉とみなす．seは間・目．しかしseをsentirの直・目, la gorge sècheをseの属詞と考えることもできる（WAGNER氏談．cf.『覚え書』62-3).

5º *se sentir* + 不定詞

① *se sentir* + 不定詞 (自動): Elle *se sentit* rougir. (SAGAN, *Brahms*, 153)「彼女は顔の赤らむのを感じた」

② *se sentir* + 不定詞 (他動) + par + 名 (seは不定詞の直・目): Ils *se sont senti* attirer *par* elle. (= Ils ont senti qu'elle les attirait.)「彼らは彼女に引きつけられるのを感じた」

▶ 4ºにならったIls se sont sentis attirés par elle. (= Ils ont senti qu'eux-mêmes étaient attirés par elle.)は状態の表現．

6º *sentir que* + 直: Je *sentis que* j'étais un peu ivre. (GASCAR, *Herbe*, 127)「少し酔っているなと思った」/ Je *sens que* je m'énerve. (ACHARD, *Patate*, 56)「いらいらしてきたんだ」

7º *sentir* + 間接疑問節: Je *sens* bien à quel point cela a dû être difficile. (BUSSE-DUBOST)「それがひどくむずかしかったに違いないとよくわかる」

sept — 発音．pは無音．ただしse(p)tième(ment)以外では[p]: se*p*tembre, se*p*tentrional, など．

tはいつも[t]: J'en ai dix-sep*t*. / sep*t* francs / le sep*t* mai. 子音の前で[sɛ]と発音するのは古い．

septembre ⇨ mois (nom de)

servir — servir à qn [qch, 不定詞]: Cela ne *sert à* personne [*à rien*].「それは誰の［何の］役にも立たない」/ A quoi *sert* cet instrument? — Il *sert à* ouvrir les bouteilles. (*MR*)「この道具は何に使うのですか.— 瓶をあけるのに使います」

servir à qn *à* qch [*à* 不定詞] à qnは一般に me, lui など: Cette certitude ne *lui servait à* rien. (SAGAN, *Mois*, 182)「この確信も彼女には何の役にも立たなかった」/ A quoi cela *me sert*-il. (SARTRE, *Mouches* I, 4)「それが私に何の役に立ちましょう」/ Cela put *me servir à* comprendre. (ROB)「私が理解する役に立った」

servir à qn [qch] *pour* 不定詞: Ça ne *servirait à* rien *pour* empêcher une guerre. (S, III, 446)「戦争を妨げる役には立つまい」

cela [*il*] *sert à* qch *de* 不定詞 celaは日常語: *Cela* ne *servirait à* rien *de* parler à cet homme. (GREEN, *Voyageur*, 159)「あの男に

話したって何にもなるまいよ」/ *A* quoi *sert-il d'*être encore jeune? (MAURIAC, *Désert*, 245)「まだ若いということが何の役に立とう」◆非人称の il を省略, de 不定詞を主語として: *A* quoi *sert* de se boucher les yeux? (ID., *Pharis.*, 37)「自分の目をふさいだとて何になりましょう」/《文》Que *sert d'*ergoter ici? (GIDE, *Feuillets*, 254)「ここで詭弁を弄したとて何になりましょう」

 servir (*à* qn) *de* (= servir à). de rien, de quoi とだけ用いる. この意味での de はまれ, 古文調: Même si je vous donnais ce certificat, *il ne vous servirait de* rien. (CAMUS, *Peste*, 101)「その証明書を書いてあげたとしても, それはあなたに何の役にも立たないでしょう」/ Il ne *sert de rien* de 不定詞 [que + 接] / *De quoi sert* (-il) de 不定詞?

▶servir beaucoup [peu]を避け, ne pas servir à grand-chose, servir à peu de chose「大した役には立たない」, または言い回しを変えて Cet outil m'est très [peu] utile. と言う.

servitude grammaticale［文法的拘束］— B (826); D (451)の用語. ある構成が伝統的に伝わり, 発端では正当な理由があったものでも, 現在では表現しようとする内容と矛盾するように見える形態が文法上強制されること. 条件の si の後で未来形や条件法が禁じられ, quoique, bien que の後では事実を表わす場合でも接続法が要求されるなど.

seul — **1º** *un* [*le, mon, ce*] *seul*+名

① 同種の他のものに対して「唯一の」: Elle n'a qu'*un seul* fils. (*DB*)「彼女には息子が1人しかいない」(plusieurs fils に対す) / C'est le *seul* avantage. (*MR*)「それが唯一の利点だ」(d'autres avantages に対す) / C'est ton *seul* regret? (ACHARD, *Patate*, 125)「後悔しているのはそれだけ?」/ Cette *seule* raison aurait pu le décider. (*DFC*) (= Cette raison, à elle (toute) seule; Rien que cette raison...)「この理由だけでも彼に決意させることができたろう」

② 他の語に対して「…だけ」: Je voulais régner enfin par *la seule* parole sur une armée de méchants. (CAMUS, *Exil*, 50) (= seulement par la parole, et non pas par un autre moyen que la parole)「ついには, ただ言葉だけで悪意の人々の大群を支配したかったのだ」/ Bien que vêtu de *sa seule* chemise de nuit, Mathias ouvre la croisée. (ROB.-GRIL., *Voyeur*, 234)「寝間着1枚だったがMは窓を開く」

▶×副+seul+名（×un tout seul homme「たった1人の男」）は誤り. ただしun homme tout *seul*「まったく1人ぼっちの男」は可能.

2º 名+*seul*: C'est un travail trop dur pour un *homme seul*. (D-P, II, 86)「1人の男が独力でするにはつらすぎる仕事だ」/ compartiment pour *dames seules*「婦人専用車室」/ Imaginez un *musicien seul* à son piano devant une page inachevée. (DÉON, *Taxi*, 125)「作曲家が未完の楽譜を前にただ1人ピアノに向かっているのを想像してごらんなさい」▶〈le+名+seul〉の seul は普通は同格. ⇨ 4º ③

3º 属詞: Nous sommes *seuls*.「われわれだけです」◆情意的ニュアンスを帯び副詞に先立たれ得る: Robert se sentait *très seul*. (BEAUV,. *Mand.*, 404)「Rはとても孤独に感じていた」/ J'étais *si seul*. (SAGAN, *Brahms*, 185)「とてもさびしかったよ」/ Vous êtes vraiment *trop seul*. (IONESCO, *Solitaire*, 122)「本当にひとりぼっちすぎるのよ」

4º 同格 ① 動+*seul*: Je suis sorti *seul*. (*DB*)「1人で外出した」/ Tu t'ennuieras, *seule* ici. (SAGAN, *Mois*, 72)「ここに1人でいたら退屈するよ」/ Le bateau avance tout *seul*. (LE CLÉZIO, *Mondo*, 21)「舟はひとりでに進んでいく」

② 文頭: *Seul* je n'accepte pas! Mais si tu veux que je t'accompagne! (ACHARD, *Mal*, 185)「1人ならごめんだよ. だがお前がついて来いと言うのなら行くよ」

③ (= *seulement*): *Seule* la patience [La patience *seule*] nous permettra de réussir. (*EBF*)「忍耐だけがわれわれの成功を可能にするだろう」(忍耐以外の手段に対す)

◆Seul+主語名詞の単純倒置: *Seul* comptait à mes yeux le temps que je passais avec Sartre. (BEAUV., *Age*, 55)「Sといっしょに過ごす時だけが私には重要だった」

▶Une femme *seule* conviendrait pour cet emploi. (*EBF*) は「独身婦人がこの仕事に向いていよう」(2º の構文), 「女性だけが…」(4º ③ の構文)と両義に解される.

5º 否定と *seul*

① 能動と受動: Une *seule* personne n'a pas compris cette question. (DUB, III, 39)「1人だけこの問題がわからなかった」(= une et non

les autres) / Cette question n'a pas été comprise par une seule personne. (*Ib.*)「この問題はただの1人もわからなかった」(= personne n'a compris)
② 文中の位置: Les premiers ne seront pas *seuls* récompensés. (MART, 76)「最初の者だけが賞を受けるわけではないだろう」 / Les premiers *seuls* ne seront pas récompensés. (*Ib.*)「最初の者だけが賞をもらえないだろう」

6° *moi* [*toi, lui, ...*] *seul* ; *cela seul*: Hélène n'est pas à *toi seul*. (GIRAUDOUX, *Troie*, 66)「Hはきみだけのものではない」 ◆無強勢形なしで主語となる点も特別: *Moi seule* ai osé répondre. (ID., *Interm.*, 112)「私だけが思い切って返事をしたのです」 / *Vous seul* pouvez répondre à la question. (TOURNIER, *Coq*, 226)「あなただけが問いに答えられるのです」 / *Cela seul* compte à mes yeux. (ID., *Gaspard*, 31)「私から見れば、それだけが重大なのだ」 ▶ 強調的: Elsa, et *elle seule*, m'avait un peu aimé. (SAGAN, *Orage*, 11)「Eは、そして彼女だけが、少しは私を愛してくれたのだった」
♦ à moi [toi, lui, ...] seul: Il occupait *à lui seul* la maison de ses ancêtres. (MANDIARG., *Lis*, 39)「彼は先祖代々の家を一人占めして住んでいた」

7° *seul à seul* (en tête à tête) 無変化が伝統的. 現代では多く関係する語に一致: Judith veut me parler *seule à seul*. (GIRAUDOUX, *Judith*, 219)「Jは私と2人きりで話したがっている」 / Ils (=lui et elle) vont se rencontrer *seul à seule*. (VAILLAND, *Loi*, 131)「彼らは2人きりで会うのだ」 / Françoise était avide de la voir longuement *seule à seule*. (BEAUV., *Inv.*, 261)「Fは、ゆっくり時間をとって彼女と2人きりで会いたかった」 ▶ 一致は任意だが,「女2人について *seul à seul* と書く者はあるまい」(LE B, II, 147). ⇨ égal ③

8° *être (le) seul* [*le seul*+名] *à* 不定詞: Tu es peut-être *seul à* me trouver intelligent. (ACHARD, *Th.* II, 125)「ぼくのことを頭がいいと思ってくれるのは、おそらくきみだけだ」 / On croit toujours être *le seul à* savoir. (*Ib.*, 138)「自分だけが知っていると、いつだって思うものだ」 / Bleston est *la seule* ville de toute l'Angleterre *à* posséder de beaux spécimens de cette période. (BUTOR, *Emploi*, 72)「Bは英国じゅうで、この時代の(建築)のみごとな代表例をいくつも残す唯一の町です」 ◆ à 不定詞 を略して: Elle n'est pas la *seule*. 「彼女だけではない」 cf. Elle n'est pas *seule*. 「彼女はひとりきりではない」

9° *le seul* (+名)+*qui* [*que*]
① +接 断定の緩和: La *seule* femme *que* j'eusse aimée vraiment s'appelait Elisa. (SAGAN, *Orage*, 11)「私が本当に愛した唯一の女性はEという名だった」
② +直 確実: C'était la *seule qui croyait* un peu en moi. (SARTRE, *Mains*, 183)「少しはぼくを信頼してくれたただ1人の女性だった」
③ +条 仮定: Jaurès est le *seul qui* n'aurait jamais désespéré. (*Thib.* VII, 206)「Jはおそらく決して絶望したことのない唯一の人だ」(n'ait jamais désespéré が正式)
◆ 人称の一致: Vous êtes le seul qui *connaisse* [*connaissiez*] cette question. (GEORG, *Diff.*, 242)「この問題を知っているのはあなただけです」

seulement — 1° 制限する語の直前・直後に用いられる: J'y suis allé *seulement* deux fois [deux fois *seulement*].「そこには2度行っただけだ」 / Nous étions *seulement* deux [deux *seulement*].「われわれは2人だけだった」 / Il boit *seulement* un peu de bouillon [(まれ) un peu de bouillon *seulement*].「スープを少し飲むだけだ」 ◆ je te dis *seulement* que (...). 複合時制では多く je lui ai *seulement* dit [demandé] que (...). 時に il m'a répondu *seulement* que (...)
▶ ne... seulement que: Je ne dirai qu'un seul mot.「たった一言しか申しますまい」は許容されるが, Je ne dirai *seulement* qu'un mot. は避けたほうがよい (MART, 547).

2° *seulement*+時の表現: Il s'avisa *seulement* après coup. (ROB) (= Il ne s'avisa qu'après coup.)「あとになってはじめて気がついた」 / Je suis *seulement* retourné de Londres aujourd'hui. (*Thib.* I, 54)「きょうやっとロンドンから帰ったばかりです」 ▶ 時の補語を伴わない次の言い方は俗語調: Je suis en retard. — J'arrive *seulement*. (BEAUV., *Inv.*, 367)「遅刻ね. — 私も来たばっかりよ」

3° *ne... pas seulement* ①「…だけではない」: L'homme *ne* vit *pas seulement* de pain. (ROB)「人間はパンだけで生きているのではない」
肯定文を添えて: Elle *n'était pas seule-*

ment exilée de Paris, elle était exilée de l'univers entier. (BEAUV., *Inv.*, 129)「彼女はパリから追放されているだけでなく,全世界から追放されていた」/ Je *n'ai pas seulement* envie de dormir seule, j'ai envie de dîner seule. (SAGAN, *Chien*, 70)「ひとりで眠りたいだけではなく,夕食もひとりでとりたい」◆第2節は encore, même, aussiなどを伴うことがある: Ils *n'ont pas seulement* pillé la ville, ils ont *même* [*encore*] ravagé toute la contrée. (MART, 529, n. 2)「彼らは町を略奪しただけでなく,その地方全体を荒らしさえした[さらに荒らした]」/ Je *n'ai pas seulement* rencontré des Français. J'ai vu aussi des Belges, des Allemands, des Russes... (*Thib.* VI, 39)「フランス人に出会っただけでなく,ベルギー人,ドイツ人,ロシア人も見かけた」/ Je *ne* suis *pas seulement* docteur en droit et diplômé des Sciences Po, je suis aussi licencié ès sciences. (QUENEAU, *Contes*, 66)「法学博士で政治学院も卒業しているだけでなく,理学士でもあります」

② 「さえ…ない」(= pas même): Elle *n'avait pas seulement* regardé l'homme. (DURAS, *Journ.*, 188)「彼女は男には目もくれなかった」

▶sans seulement (= sans même): Il est parti *sans seulement* dire au revoir. (*DFC*)「彼はさよならも言わずに立ち去った」

non pas seulement 上記①の意: Il était malade et *non pas seulement* fatigué. (MART, 528)「彼は病気だったので,つかれていただけではなかった」/ Toute la ville le connaissait, et *non pas seulement* le haut-clergé et la bourgeoisie. (MAURIAC, *Pharis.*, 20-1)「彼のことは町中が知っていた.高位聖職者や有産階級の女性だけのことではない」▶nonなしに: Il les voit avec tout son corps, *pas seulement* avec ses yeux. (LE CLÉZIO, *Désert*, 121)「目だけではなく,全身でそれが見える」

ne... seulement pas (=ne... même pas). 俗用としてTH; *EBF*; LE Bは認めないが,単純時制ではありうる: Il ne l'exigeait pas, il *ne* le souhaitait *seulement pas*. (H, 858)「要求はしていなかったし願ってさえもいなかった」/ Je *ne* savais *seulement pas* qu'une telle chose existait. (PÉCHOIN, 533)「こういうものがあることさえ知らなかった」

4° non [時に **non pas**, 単に **pas**] **seulement... mais** (**encore**) [**mais aussi**, **mais même**, **mais de plus**]: *Non seulement* la ville fut prise, *mais* tout le pays fut ravagé. (MART, 529)「町が占領されただけでなく,国じゅうが荒らされた」/ Un chrétien doit aimer *non seulement* ses amis, *mais même* ses ennemis. (AC)「キリスト教徒は友だちだけでなく,敵をも愛さなければならない」/ Elle est jalouse de toi *pas seulement* à cause de moi, *mais* par rapport à toi-même. (BEAUV., *Inv.*, 261)「彼女は君に嫉妬しているんだ.ぼくのせいだけじゃなくて君自身に関してね」

♦non seulementとmaisは対応する要素の前に対照的に用いられる.しかし,作家は時にこの対照法を破る: Et *non seulement* le mariage est chose à faire, *mais* chose sans cesse à refaire. (MAUROIS, *Sent.*, 56)「結婚はするべきものであるだけでなく,絶えずつくり直していくべきものである」

♦2つの節の対応では,第2節の動詞のそばに même, encoreだけを用いることができる: *Non seulement* la ville fut prise, elle fut *même* pillée de fond en comble. (MART, 529, n. 2)

♦主語の対応と動詞の一致: *Non seulement* son père, *mais aussi* sa mère *est venue* [*sont venus*] me voir. (COL)「彼の父だけでなく,彼の母も私に会いに来た」▶動詞は多く第2の主語に一致,時に2つの主語に一致する.

主語が単純倒置されているときには複数が多い (cf. HØYB, 231; H, 982): C'est dans cette épreuve que *se sont manifestées* [*s'est manifestée*] *non seulement* sa fidélité, *mais encore* toute son affection.「まさにこの試練の中で彼の貞節のみならずその愛情のすべてが明らかに示された」

5° (= **au moins**) ①疑問文: Sait-il *seulement* où nous habitons? (PINGAUD, *Scène*, 76)「せめて私たちがどこに住んでいるかは知っているの」(知らないでしょう, の意を含む)

②条件節: Peut-être aurais-tu lavé la vaisselle, si *seulement* je te l'avais dit. (VERCORS, *Colères*, 281)「私がそう言いさえしたら,多分あなたは皿洗いだけでしたでしょうね」

③感嘆的: Si *seulement* je pouvais vous aider! (*DB*)「せめてあなたを手伝ってあげられたらいいのに」/ Si *seulement* il n'avait pas été

là. (BEAUV., *Sang*, 48)「せめて彼がそこにいなければよかったのに」
6° 接続詞的 (= mais, toutefois) : Vous pouvez aller le voir; *seulement* ne restez pas trop longtemps. (AC)「彼に会いに行ってもいいが、ただ長居はいけません」
♦ 否定の後で同一機能の要素の対立に : Il vient d'un pays où il n'y a pas d'hommes, *seulement* le sable des dunes et le ciel. (LE CLÉZIO, *Désert*, 123)「人のいない、ただ砂丘の砂と空だけの国から来たのだ」

si [1] — il(s)の前でだけ s' となる : *s'*il vient / *si* elle vient. ただし現代俗語で : *si* ils reviennent (CLAIR, 356)
I. 条件・仮定 同一形式が文脈により対立・譲歩をも表わし得る.
1° si + 直・現 現在、多くは未来の事実の単純な仮定. 現在の仮定か未来の仮定かは、主節の時制、時の副詞、多くは文脈で判断できる.
① **si** + 直・現, 単未 [または *aller* + 不定詞] : *Si* vous *essayez*, vous *réussirez*. (BEAUV., *Tous les h.*, 313)「やってみればできますよ」/ *Si* la femme *crie*, personne ne l'*entendra*. (DÉON, *Déjeuner*, 153)「女が叫んでも誰にも聞こえまい」/ *Si* vous *attendez* encore un peu, il *va être* trop tard. (LE CLÉZIO, *Géants*, 15)「もう少し待てば手おくれになるでしょう」
② **si** + 直・現, 命令形 [*que* + 接] : *Si* tu *sens* que je m'énerve, *fais*-moi signe. (ACHARD, *Patate*, 31)「おれがいらいらしてきたと思ったら合図をしてくれよ」/ *Si* c'*est* vrai, *qu'*elle *s'en aille*. (PEYRÉ, *Sang*, 103)「それが本当なら、あの女には帰ってもらおう」
③ **si** + 直・現, 直・現
(1) 現在の仮定 : Surtout *si* vous l'*aimez* encore, c'*est* probablement la seule solution. (ACHARD, *Patate*, 255)「ことにまだその方を愛しているなら、多分それが唯一の解決策よ」
(2) 未来の仮定 : *Si* tu *essayes* de te sauver, je *crie*. (DURAS, *Abahn*, 7)「逃げようとすれば大声をあげますよ」 ▶ je crierai より語調は強く即座に結果が実現することの強調
④ **si** + 直・現, 前未 (未来完了の意味) : *Si* la guerre *s'arrête*, j'*aurai fait* des frais pour rien. (DUHAMEL—STEN, 203)「戦争が中止されれば、むだ金を使ったことになります」
⑤ **si** + 直・現, 複過 (1) 現在 : *S'il est* deux heures, il *est* déjà *parti*. (MART, 423)「2時なら、彼はもう出発している」
(2) 未来完了の意味 : *Si* je te *perds*, alors j'*ai* tout *perdu*. (CAMUS, *Etat*, 87)「きみを失えば、そうすればすべてを失ったことになる」
⑥ **si** + 直・現, 条・現
(1) 語気緩和 : J'*aimerais* mieux ne pas bâtir, *si* je *peux trouver* une maison convenable. (F, 334)「適当な家が見つかれば、家を建てないほうがましだ」
(2) 反語的 : Comment la *respecterais*-je, *si* personne ne la *respecte*? (SARTRE, *Mots*, 13)「誰も彼女を尊敬しないのなら、どうして私が尊敬しようか」
⑦ **si** + 直・現, 直・半 si + 直・現は普遍的事実の仮定 : *Si* l'amour et la haine *sont* l'avers et le revers de la même médaille, je n'*aimais* rien ni personne. (*Ib.*, 29)「愛と憎しみが同じメダルの表と裏ならば、私は何物も何人も愛さなかったのだ」
2° si + 複過
① **si** + 複過, 複過 過去の仮定. 原因の意を帯びる : *Si* tu *as admis* cette opinion, tu *as eu* tort. (G, 1037, 1°)「その意見を認めたのなら、きみは間違ったのだ」
② **si** + 複過, 単未 [前未] : *S'il est parti* à deux heures, il *arrivera* dans un instant [il *aura terminé* son voyage avant la nuit]. (MART, 423)「彼が2時に出発したのなら、もうすぐ着くだろう [夜になるまでには旅を終えているだろう]」
③ **si** + 複過, 直・現
(1) 過去の仮定 : *S'il y a eu* malentendu, c'*est* bien dommage. (BEAUV., *Mand.*, 237)「誤解があったのなら、まことに残念です」
(2) 未来完了の仮定 : *S'il n'est* pas *rentré* avant minuit, c'*est* la catastrophe. (ANOUILH, *P.R.*, 162)「彼が夜中の12時になるまでに帰ってきていなければ、一大事だ」
3° si + 直・半
① **si** + 直・半, 条・現 (1) 現在の非現実の仮定 : *Si* elle me *rencontrait* maintenant, elle m'*aimerait*. (DORIN, *Th.* II, 92)「彼女が今ぼくと出会えば、ぼくを愛するようになるのに」
(2) 未来の実現不確実の仮定 : Que *diriez*-vous *si* je vous *posais* la même question? (BEAUV., *Marche*, 419)「私があなたに同じ質

問をしたとしたら，何とおっしゃいます」
▶Si je pouvais, j'irais vous voir. は(1)(2)の両義に解せる．
② *si*＋直・半，条・過　(1)主節は過去：*Si* tu m'*aimais*, tu m'*aurais dit* la vérité. (ANOUILH, *N. P. N.*, 142)「あなたがわたしを愛していたら，本当のことを言ってくれたでしょうに」
(2)主節は現在完了の意味：*Si* le déterminisme *était* aussi funeste qu'on croit, il *aurait détruit* l'humanité depuis longtemps. (FRANCE, *Jardin*)「決定論的秩序が人の思っているほど不幸をもたらすものなら，とっくの昔に人類を滅しているはずだ」
(3)主節は未来完了の意味：*Si* Adolphe *était* là au moins, nous *aurions fini* la journée ensemble. (BECQUE, *Parisienne* II, 4)「せめてAがいてくれたら，一日いっしょに過ごせたのに」
③ *si*＋直・半，接・大（＝条・過）　古風な文体：*Si* j'*étais* ambitieux, j'*eusse* depuis longtemps *vendu* la Ligue à Pombal. (VERCORS, *Yeux*, 103)「わたしが野心家なら，とっくの昔に同盟をPに売り渡していたろう」
④ *si*＋直・半，単未 [命令形]：*S*'il y *avait* quelque anicroche, *venez* m'en parler. (ROMAINS ── S, II, 342)「何か支障でもあったら，言いに来てください」/ Tu n'oseras pas le faire et *si* tu le *faisais*, je te *retrouverai* au bout du monde! (ANOUILH, *P. G.*, 175)「あなたにはそんなことはできはしません．たとえできたとしても，世界の果まで捜してまたあなたを見つけ出すわ」
⑤ *si*＋直・半，直・半　(1) si は原因の意（＝ puisque）：*Si* vous *vouliez* me voir, vous n'*aviez* qu'à me téléphoner! (IONESCO, *Rhinoc.*, 168)「わたしにお会いになりたかったら，電話をくださるだけでよろしかったのに」
(2)反復（si ＝ quand, chaque fois que）：*Si* Francis ne *disait* rien, je me *demandais* à quoi il pensait. (PINGAUD, *Scène*, 85)「Fが何も言わないと，私は彼が何を考えているのだろうかと自問するのだった」
4º *si*＋直・大
① *si*＋直・大，条・過　(1)過去の非現実な仮定：*Si* j'*avais su* ce que vous vouliez, je vous *aurais aidé*. (CASTILLOU, *Etna*, 268)「あなたの望みを知っていたら，手伝ってあげましたのに」
(2)未来完了の意味：*Si* je n'*étais* pas *rentré* dans une demi-heure, c'est que j'*aurais été obligé* d'aller à Paris. (ANOUILH, *P.R.*, 155)「ぼくが30分たっても帰ってこなかったら，パリに行かなければならなくなったということだ」
② *si*＋直・大，接・大（＝条・過）　古文調：C'est ce que nous *eussions répondu si* tu l'*avais osé*. (VERCORS, *Yeux*, 79)「君があえてそうしたなら，われわれはそう答えただろう」
③ *si*＋直・大，直・半：*Si* le vent *avait soufflé* du nord, mes pins de Balisac *étaient perdus*. (MAURIAC, *Thérèse*, 144)「風が北から吹いていたら，Bのわたしの松林は（火事に）やられていたね」▶*auraient été perdus* の代わりに直説法を用いることにより，行為の実現の確実性を強調する．
④ *si*＋直・大，条・現
(1)過去の非現実な仮定：J'ai été un temps diplomate et *si* j'*avais persévéré*, je *représenterais* peut-être la France en ce moment quelque part. (ANOUILH, *P.B.*, 383)「わたしはしばらく外交官をしていました．もし辛抱して続けていたら，今ごろはどこかでフランスの大使になっているところですがね」
(2) 現在完了の意味，非現実：*Si* vous *aviez* maintenant *réalisé* votre rêve, en *seriez-vous* plus heureux? (WAGN, *Hypoth.*, 257)「今あなたが自分の夢を実現していたとしたら，それによってもっと幸せになれたでしょうか」
(3)未来完了の意味，実現性の不確実：*Si*, demain, vous *aviez perdu* toute votre fortune, que *feriez*-vous? (STEN, 225)「もしあした全財産をなくしていたらどうします」
⑤ *si*＋直・大，未来：*Si* une de mes amies s'*était comportée* de cette façon-là, je ne la *saluerai* plus. (ACHARD, *Th.* II, 217)「わたしの友だちの誰かがそんな振舞いをしたのだったら，もうお辞儀もしてやらないわ」
⑥ *si*＋直・大，単過：*Si* Plessoye *avait cru* effrayer Roberte ou l'exaspérer, il *se trompa*. (KESSEL, *Enfants*, 237)「PがRをこわがらせようとか怒らせようとか考えていたのだったら，それは彼が思い違いしたのだ」/ *S*'il *avait cru* au début d'une aventurette, il *fut déçu*. (TOURNIER, *Coq*, 173)「彼がちょっとした情事の始まりと思ったのだとしたら失望ものだった」
5º *si*＋接・大（＝直・大過）　古風な文体．
① *si*＋接・大，接・大（＝条・過）：Il *eût été* content *s*'il vous *eût entendu*. (GÉRALDY,

Rob. et Mar. II, 3)「彼があなたの言葉を聞いていたら喜んだでしょうね」

② *si*+接・大, 条・過: *Si* vraiment elle *eût été* en danger, elle *aurait ouvert* la bouche toute grande, elle *aurait hurlé*. (GREEN, *Epaves*, 33)「本当に彼女が危険に陥っていたのなら、口を大きくあけてわめいたはずだ」

♦古風な文体で接・大はsiのあとでは直・大に、主節では条・過に代わり得るから、主節・従属節の時制に次の4つの組合せが成り立つ: S'il l'avait pu, il serait revenu [il fût revenu]. S'il l'eût pu, il fût revenu [il serait revenu].

6º *si* (*que*) + 条・現　俗語, 方言: *Si* tu *voudrais*, on travaillerait ensemble. (CARCO—S, II, 343)「もしなんなら、いっしょに働こう」/ *Si* tout de même *que* vous *diriez* une petite prière, puisque vous savez le latin? (IKOR, *Gr. moy.*, 58)「それにしても、ラテン語を御存じなのですから、ちょっとお祈りをあげてくださったらどうでしょう」

7º 〈条件節 + 主節〉の論理的関係の欠除: Quel âge avez-vous? *si* je ne suis pas indiscret? (GRENIER, *Ciné*, 160) (= je vous le demande, si...)「失礼ですが、おいくつです」/ Quelle est votre religion, *si* je puis vous le demander? (F, 943)「こんなことを伺ってはなんですが、ご宗教は?」/ *Si* tu tiens absolument à le savoir, je téléphonais à grand-père. (ROUSSIN, *Enfant*, 222) (= je te dirai que je téléphonais...)「どうしても知りたいというのなら（言いますけれど）、おじい様に電話してたのよ」/ *Si* tu veux tout savoir, c'est Frédéric qui m'y a fait penser. (SAGAN, *Château*, 42)「何もかも知りたければ（言ってやるが）、Fがわたしにそれを考えさせたのだ」

♦挿入節: *si* je ne me trompe (pas)「私の間違いでないとしたら」/ *si* j'ose dire「あえて言うならば」、など。

8º *si* +形 副 省略的条件節.
①慣用的: *si possible* (⇨possible 2º) / *si oui* (⇨oui 3º③)　例外的綴り: *si non* (=sinon. ⇨ non 1º②)

♦*si pas* (= sinon, si ce n'est pas): Qui pourrait vous dire cela, *si pas* moi? (G, 1031, Rem. 4)「私のほかに、だれがあなたにそれを言えましょうか」

②既出の動詞の省略: Si vous venez demain, vous me trouverez encore; *si après-demain*, je serai déjà parti. (AYER, 654)「あす来ればまだ私に会えますが、あさってだと、私はもう出かけています」

9º *si...*, *et* [*ou*, *mais*] *que*+ 接　que は si に代わる: S'il vient *et que* je sois absent, dites-lui de m'attendre. (DFC)「彼が来て私がいなかったら、待っているように言ってください」/ S'il y avait une guerre *et que* nous fussions battus, la victoire du Nord serait une sorte de suicide pour l'Amérique entière. (GREEN, *Sud* II, 4)「戦争が起こってわれわれが負けたとしたら、北軍の勝利はアメリカ全土にとって一種の自殺になります」

si..., *et* [*ou*, *mais*] *que*+ 直: S'il faisait froid et *que* la bonne *montait* lui allumer du feu, il attendait que le feu ait pris. (PROUST—G新, 1099)「もし寒い日で女中が暖炉をつけに上ってきてくれるときには、その火がつくのを待っているのが常だった」

si..., (*et*) *si...*: *Si* vous alliez le voir au contraire, *si* de vous-même vous lui parliez, je suis sûre que ça arrangerait les choses. (BEAUV., *Inv.*, 348)「それどころか、あなたが彼に会いにいったら、あなたのほうから彼に話したなら、きっと丸くおさまると思うわ」　♦et que は第1条件に付随する条件を示し、et si は2つの異なる条件を示すのが原則であるが、et que の代わりに強調的に et si を用いることがある: Si j'invite un camarade à dîner, *et s*'il n'accepte pas tout de suite, je n'insiste jamais. (ROMAINS—S, II, 339)「友だちを夕食に招いてもすぐ応じなければ、決してむりにとは言わない」

10º *si* + 名 ₁, *si* + 名 ₂ + 動　2つの名詞が同じ動詞の主語となる場合. 各主語の前に強調的に si を反復することがある: *Si* notre besogne, parfois cruelle, *si* nos tableaux terribles *avaient besoin* d'être excusés, (...) (ZOLA, *Rom. expérim.* III)「往々にして残酷なわれわれの仕事が、われわれの描く恐るべき場面が、もし弁解を必要とするならば…」各主語の前の接続詞の反復 ⇨ que⁴ IX. 2º

11º 従属節としての条件文　主節が過去時制: Joël *savait* que *s'il répondait*, il aurait la voix tremblante. (VIAN, *Arrache*, 174)「Jには返事をすれば声が震えることはわかっていた」/ Vous *disiez* que vous ne m'auriez pas tant aimée *si* j'avais été différente. (BEAUV.,

Mand., 446)「あなたは、わたしが今とは違った女だったらこれほど愛しはしなかったろうと、言っていらしたわ」◆主節が現在形ならばIl sait que s'il répond, il aura la voix tremblante [s'il répondait, il aurait la voix tremblante]. 条件文が〈si＋現在，未来〉でも〈si＋直・半，条・現〉でも、主節を過去時制に移すと条件文は〈si＋直・半，条・現〉となる．(Il m'a dit qu'il viendra. もIl m'a dit : «Je viendrai.» または«Je viendrais.»の両義に解せる) (WAGN, Hypoth., 85; STEN, 262)

12° 条件節の機能 状況補語となるほかに、

① **論理的主語**: C'est vous méprendre *si* vous croyez que je vais vous suivre. 「私があなたについていくとお思いなら、それは思い違いです」

② **直・目**: J'appellerais suppression (du corset) *si* on se contentait d'un soutien-gorge en étoffe. (ROMAINS—S, II, 346)「布のブラジャーで満足したらそれを（コルセットの）廃止と呼びましょう」(suppression は目的語の属詞)

③ **属詞**: Le seul mal qu'il pourrait me causer encore, ce serait *si* mon Renée se mettait à souffrir de ne voir que rarement son père. (*Ib.*)「ルネがまだ一つだけ私に心配をかけそうなのは、たまにしか父に会えないのを彼が苦にしはじめたときのことだ」

④ **比較の*que*の後**: Philippe restait *aussi* calme *que si* rien ne se fût passé. (ARLAND, Ordre, 166)「Phは何事も起こらなかったかのように落ちついていた」/ Il m'a traité *plus* mal *que si* j'avais commis quelque grand crime. (*Ib.*, 89)「私が何か大罪を犯した場合よりも、もっとひどい扱いをした」/ Le pauvre malade sentirait *autant de* douleur *que s*'il était brûlé vif. (MÉRIMÉE, Chronique, 138)「病人は生きながらに焼かれるほどの苦しみを味わおうぞ」⇨ comme¹ I. 2°

⑤ 前＋*si*《俗》: J'ai pris mon parapluie *pour s*'il allait pleuvoir. (N, VI, 73)「雨降りの用意に傘を持っていった」

13° 成句 ① ***si ce n'est*** (=excepté) 無変化: Rien ne traînait, *si ce n'est* quelques journaux hâtivement repliés. (*Thib.* VII, 82)「あわただしくたたんだ何枚かの新聞のほかには何一つ散らかってはいなかった」/ A quoi servirait l'amitié *si ce n'est* à autoriser la franchise? (ACHARD, Patate, 51)「ざっくばらんにしゃべれないようなら友情など何の役に立つ?」/ Je n'ai rien à vous dire *si ce n'est* que je voudrais ne vous avoir jamais rencontré. (SALACROU, Th. VI, 279)「あんたに会わなけりゃよかったと思っているほかには何も言うことはなくてよ」

② ***si ce n'était***

(1) (=sans): *Si ce n'était* ses yeux grands ouverts, il aurait seulement l'air de dormir. (ROB.-GRIL., Imm., 208-9)「大きく見開いた目がなければ、ただ眠っているように見えるだろう」

(2) (=excepté): Je demandais peu à un décor, *si ce n'était* de ne pas me gêner. (SAGAN, Sourire, 22)「居心地が悪くさえなければ、室内装飾にあまり注文はなかった」

③ ***si tant est que*** 疑わしい仮定 (=s'il est vrai que, en admettant que).

(1)＋接 (正規形): Elle doit être bien vieille, *si tant est qu*'elle *vive* encore. (DUHAMEL—S, II, 341)「今でも生きているものなら、ずいぶん年を取っているにちがいない」

(2)＋直: Et pourtant, *si tant est qu*'elle *a voulu* cesser de vivre, est-ce précisément pour avoir *su*? (GIDE, Symph., 131)「それにしても、彼女が生を断ちたいと願ったとすると、それはまさしく"知った"がためであろうか」

④ ***s'il en fut*** (*jamais*) 最上級を示す．原則としてfutの形は固定化されている: C'était un brave homme *s'il en fut*. (H, 863)「まれに見る正直者だ」◆まれに主節の時制に応じてs'il en est, s'il en avait jamais été, s'il y en a [eut] とも言う．s'il en fûtは誤植か．cf.『新考』347以下; G, 720, Rem. 5.

II. 事実を表わす

1° 補足節に相当 (si=que) ① *Pardon* [*Pardonnez-moi*, など] *si* (=Je vous demande pardon de ce que): Pardon, *si* je vous dérange. 「お邪魔してすみません」/ Vous me *pardonnerez*, maître, *si* je vous quitte pour quelques minutes. (ROMAINS, Trouhadec II, 2)「先生、ちょっと失礼させていただきます」▶類似の構成: Ne vous affligez pas *si* un autre vous a remplacé. (MART, 405, n. 1) (=Ne vous affligez pas qu'un autre vous ait remplacé または de ce qu'un autre vous a remplacé)「ほかの者があなたの後釜にすわったからとて嘆くには当たりません」

②**論理的主語**：*C'est tout juste si* on les salue. (Thib. I, 17)「彼らに挨拶してもそれが関の山だ」/ *C'était au plus s'*ils avaient cent métiers et *s'*ils occupaient trois cents ouvriers. (MAUROIS, *Instinct*, 55)「彼らはせいぜい100台の機械を持ち300人の職工を使っているだけだった」/ *C'est déjà beaucoup si* l'on a pu faire soi-même cette dérisoire maison de briques. (CAMUS, *Malent*. I 1)「こんなつまらない煉瓦の家を自分で建てられただけでも大したものさ」◆その他：c'est (un) miracle *si* / c'est à peine *si* / c'est rare *si* / c'est un [par] hasard *si* / c'est (de) sa faute *si* / ça ne m'étonne pas *si*, など。
◆これらの言い方では si は条件の意を失っているから, si の後の法・時制は上記Ⅰを適用されず, 条件法, 単未も用いられる: *C'est tout juste si* nous gagnerons Antibes. (MAUPASS., *Sur l'eau*)「Aにたどりつくのがせいぜいだ」

2º 主節の理由, 問いの動機 ① (=*puisque*) : Je ne pouvais pourtant pas le lui expliquer, *si* je ne savais pas parler. (FRANCE, *P. Pierre*, 18)「とはいえ, 私は話せなかったのだから, それを彼女に説明することはできなかった」
② (=*parce que*) : *Si* cet homme est pauvre, est-ce une raison pour le mépriser? (AYER)「あの男が貧乏だからといって, それが彼を軽蔑する理由になるだろうか?」
3º *si... c'est (parce) que* 主節でその理由を述べる事実: *Si* je suis gai, *c'est que* j'en ai sujet. (LIT)「私がうれしがっているのはうれしがるわけがあるからだ」
4º **２つの事実の同時成立** ①**比較**: *Si* la ville a ses agréments, la campagne a les siens. 「都会には都会の楽しさがあり, 田舎には田舎の楽しさがある」(Comme [De même que] la ville a... に相当)
②**対立・譲歩**: *S'*il a du talent, il a un sale caractère. (GOFF, *A. France*, 224)「彼は才能はあるが, 性質がいやらしい」/ Je ne le crois plus, *si* je l'ai jamais cru. (MAURIAC, *Thérèse*, 228)「かつてはそれを信じましたが, もう信じません」

III. 間接疑問節を導く
1º balancer, délibérer, (se) demander, discuter, disputer, douter, essayer, être incertain, examiner, hésiter, ignorer, s'informer, など + *si* : Je me demande *si* je rêve. 「夢を見ているのじゃあるまいか」/ J'*ignore* [Je *doute*] *s'*il viendra. 「彼が来るかどうかは知らない [疑わしい]」

constater, comprendre, décider, dire, penser, raconter, rappeler, savoir, se souvenir, voir, など + *si*　si を用いるには, 話者あるいは聴者が従節の内容を知らないことを予想させる文脈でなければならない. したがって, 動詞は否定形, 疑問形, 命令形あるいは単未に置かれることが多い: Je *ne sais pas* [Je *voudrais savoir*, *Savez-vous*] *s'*il viendra. 「彼が来るかどうか知らない [知りたいものだ, 知っていますか]」/ Eh bien, oui, je *sais s'*il viendra, mais je n'en dirai rien. 「そうさ, 来るかどうかは知ってるが, そればかりは言うわけにいかぬのだ」(相手が知らぬことが明らか) / *Racontez-moi* [*Dites-moi*] *si* vous l'avez fait. 「あなたがそれをしたのかどうか話して [言って] ください」/ *Constatons* [Nous *constaterons*, Il *faut constater*] d'abord *s'*il l'a dit. 「彼がそう言ったかどうか, まず確かめよう [確かめなければならない]」▶ 単に ×Je *sais s'*il viendra. / ×Il *raconte s'*il l'a fait. / ×Je *constate s'*il l'a dit. とは言わない (cf. S, II, 61).

▶《俗》: Sais-tu *si* c'est *s'*il (= Sais-tu s'il) viendra?

2º penser, savoir, songer, voir + *si*　話者が判断を控え, 文の主語に判断を委ねることを表わす.
① 肯定の補足節に相当. si は combien, comme に近い意味: Vous *pensez si* j'étais heureux. 「私がどんなにうれしかったかご想像がおつきでしょう」/ Vous *voyez si* j'ai confiance en vous. 「私があなたをどれほど信用しているかおわかりでしょう」/ Dieu *sait si* j'ai travaillé. 「私がよく働いたことは神様が御存じだ」
② 否定の補足節に相当: Vous allez bien voir *si* nous sommes des lâches. (S, II, 73)「おれたちが卑怯者かどうかわからせてやろう」
▶ 両者の区別は前後の関係によるが, Dieu sait si は①に属する成句.

3º 属詞的用法: Ce qu'on peut discuter, c'est *s'*il faut le faire ou ne pas le faire. (ANOUILH, *Antig*., 81)「議論の余地があるのはそれをしなければならぬか, してはならぬかということだ」

4º 独立節として ① *Si* vous voulez que je vous accompagne? (MART, 427) (= Dites-

moi si...)「お伴しましょうか」
② 相手の問いを繰り返して: C'est vrai ce que ta mère me dit? — *Si* c'est vrai? (AYMÉ, *Jument*, 80)(= Tu demandes si...?)「お母さんの言ってることは本当だろうか? — 本当ですとも」▶多く感嘆的に: En êtes-vous sûr? — Comment, *si* je suis sûr! (VERCORS, *Anim.*, 13)(= Comment pouvez-vous demander si...>Certainement que je suis sûr)「確かにそうですか? — なんですって. 確かにそうですとも!」

5° *ou bien si* [時に *ou si c'est que*] 2つの疑問が続くとき, 第2の疑問を表わす言い方. 直接疑問と間接疑問とのcontamination: Parle-t-il sincèrement, *ou s*'il ne cherche qu'à me faire plaisir? (ARLAND, *Ordre*, 349)「率直に話しているのだろうか? それとも私を喜ばせようとしているだけなのだろうか?」

IV. 独立条件節
1° *si*+直·現 ① おどし: *Si* je t'y *prends* encore! (C, 45)「悪いことをしているところを今度また見つけたらひどいよ」
② 願望: Ah! *si* j'*arrive* à me rendre libre! (*Ib.*)「ああ, 自由の身になれたらなあ」
③ 依頼: *Si* vous *voulez* bien m'attendre ici, mademoiselle. (CLAIR, 24)「ここでお待ち願いたいのですが」/ *Si* vous *voulez* inscrire votre nom et le motif de la visite. (BEAUV., *Mand.*, 121)「お名前とご来訪の用件をお書き願いたいのですが」
④ 憤慨: *Si* vous *croyez* que ça m'amuse! (ACHARD, *Mal*, 144)「それがわたしにおもしろいとでも思っているのかい」▶ROBは tu te trompes, vous vous trompezを補い, 仮定をしりぞける言い方とする.
♦du [au] diable si. 強い否定を表わす. 条件の意は弱まり成句化したから siの後に単未, 条件法も用いられる: Ce que tu es, *du diable si* je le saurai jamais. (FRANCE—G, 1039, N.B. 2)「あなたの正体など, いつまでたっても突きとめられはしません」/ *Du diable si* je vous aurais reconnu. (ARLAND—*Ib.*)「私にあなただとわかるはずがない」

2° *si*+直·半 ① 願望: Ah! *si* nous *arrivions* [*si* (seulement) nous *pouvions* arriver] à temps! (C, 46)「ああ, 間に合ったら [合えたら] なあ」/ *Si* je *pouvais* tuer tous ceux qu'elle a aimés! (FRANCE—RENCHON, I, 73)「彼女が愛した男をみんな殺してやれたらなあ」
② 提案: *Si* on *mettait* un disque? (BEAUV., *Inv.*, 423)「レコードでもかけたら」/ *Si* nous nous en *allions* maintenant? (ANOUILH, *P. R.*, 237)「これで帰りましょうよ」
③ 命令: *Si* vous *vous mêliez* de ce qui vous regarde! (RENARD, *Poil*, sc. 5)「よけいなことに口を出すんじゃないよ」/ *Si* tu *répondais* quand je te parle? (*Ib.*, sc. 4)「わたしが話しかけているときには返事をしたらどうだい」
④ 不安: Et s'il *se mettait* en tête de vivre de sa plume? (SARTRE, *Mots*, 128)「で, 彼が筆で身を立てようなどと決めたら (どうしよう)」
⑤ 相手の関心の喚起 動詞は多く savoir, connaître, voir, entendre, など: *Si* vous *saviez* comme elle est drôle! (CHATEAUBRIAND—RENCHON, I, 73)「彼女がどれほどこっけいか知っていらしたら」
⑥ 否定: Hector est parti, dit-elle. —Parti? Où?—*Si* je le *savais*! (TOURNIER, *Coq*, 151)「Hは発ったわよ, と彼女は言った.—発ったって, どこへ?—私がそんなこと知ってるもんですか」

3° *si*+直·大 遺憾: Ah! *si* nous *étions arrivés* [*si* (seulement) nous *avions pu* arriver] à temps! (C, 46)「ああ, 間に合ったら [合えたら] よかったのに」/ *Si* nous n'*avions pas perdu* de temps! (*Ib.*)「時間をむだにしなければよかったのに」

si² — **I. 肯定の副詞** 既出の否定文·否定的観念を打ち消して肯定で表現する: Vous ne savez pas que madame Rivière est là? —*Si, si*, nous l'avons vue. (CLAIR, 288)「R夫人がここにいらっしゃることを知らないのかい. — 知っているわ. お目にかかりましたもの」/ Vous n'avez aucune excuse à me faire. —Oh *si*! (*Ib.*, 286)「何も私にあやまることはないわ. —ありますとも」/ Allons donc! —*Si*, Docteur! (ANOUILH, *Hurlub.*, 16)「まさか. —いえ, そうですとも, 先生」/ Ce n'est pas grave, si? — *Si*, c'est grave. (SAGAN, *Bonj.*, 75)「重大じゃないんでしょう, 重大? —ええ, 重大だわ」♦相手の否定の身振りに対して: Asseyez-vous les gars. *Si, si*, asseyez-vous. (SARTRE, *Nekr.* I, 3)「掛けなさい, みんな. さあさあ, いいから掛けなさい」

♦強調形: *si, si* / mais *si* / oh *si* / *si* vraiment / que *si* / *si* fait.

♦補足節として: Tu ne me dis pas la vérité.

si²

—Je t'assure que *si*. (BEAUV., *Mand.*, 399)「本当のことを言っていないわ。——言っているとも」/ Cela n'a pas de sens. — Peut-être que *si*. (SARTRE, *Séques.* I, 2)「それは意味がない。——おそらくあるよ」⇨ oui 3º ②

♦先行する否定の節の主語を別語に置き換えて肯定文を作る: Sara n'écoutait pas. L'enfant, *si*. (DURAS, *Tarquinia*, 205)「Sは聞いてはいなかったが，子供は聞いていた」⇨ oui 3º ④

▶ si / oui / non ⇨ oui 6º

II. 強度の副詞

1º *si* + 形 副 (=à ce point, tellement): Elle est *si* bonne.「とても善い人だ」/ Ce n'est pas *si* facile. (ROB)「そうやさしくはない」/ Il parle *si* bien.「とても話がうまい」/ Cela ne m'arrive pas *si* souvent. (BUTOR, *Modif.*, 129)「そんなことが私にそうたびたび起こるわけではない」

♦si... que ça. 成句的: Oh! ce n'est pas un *si* gros sacrifice que ça. (ARAGON, *Aurél.*, 59)「それほど大きな犠牲じゃありません」

2º 動詞句: J'ai *si* peur. (ANOUILH, *N.P.N.*, 227)「とてもこわいの」/ Ils te font *si* honte que cela? (*Ib.*, 223)「彼らのことがそんなに恥ずかしいのかい」/ Mais tout cela fait *si* partie de moi que je ne vois pas comment je pourrais faire autrement. (GIRAUDOUX, *Tessa*, 219)「でも，それがみんなしっかりとわたしの一部になっているんで，それ以外にどうしたらいいかわからないのよ」

3º *si* + 過分 形容詞的用法 (Je suis si ému.「全く感動している」)を除き，動詞の価値を持つ限り古めかしい (ROB)とされるが，文学語では近代の例も (G, 843 a N.B.): cette femme *si* aimée (PROUST—*Ib.*)「あれほど愛されたこの女性」/ Iphigénie en Tauride *si* admirée par Maurice Barrès (CLAUDEL—*Ib.*)「Bがあれほど感嘆した『タウリスのイフィゲネイア』」

4º *si* + 形 副 + *que* + 直 que以下は結果節: J'étais *si* étonné *que* je ne trouvais rien à dire. (GIDE, *Feuillets*, 33)「あまりびっくりして言うべき言葉も見あたらなかった」/ Elle devint soudain pâle *si* extraordinairement *que* je ne pus achever ma phrase. (ID., *Porte*, 145)「彼女は急にあまりに異様に青ざめたので私は言葉を終えられなかった」

♦否定または疑問のあとで + 接: Angelouse n'est pas *si* éloignée *que* Jean et moi ne puissions nous rejoindre. (MAURIAC, *Thérèse*, 68)「AはJと私が落ち合うことができないほど遠くはありません」/ Est-il *si* habile qu'il soit sans rival? (G, 1029, Rem. 2)「彼は競争相手がいないほどじょうずなのですか」

5º 否定 [疑問] + *si* + 形 (*que*) *de* 不定期 不定期 は結果を表わす。古典語法。現代ではまれ，文学的: Il n'était pas *si* sot *que de* ne pas prévoir la lutte. (VERCORS—G, 1030, Rem. 1)「彼は闘争を予見し得ないほど愚かではなかった」

6º 否定 [疑問] + 名 + *si* + 形 *que* [関係代名詞] + 接 古語法，文学的: Il n'est *si* bon cheval *qui* ne bronche. (諺)「どんな名馬でもつまずかないものはない」/ Il n'est de mécréant *si* incrédule *qui* ne nourrisse quelque vestige des vieilles peurs humaines. (VERCORS, *Colères*, 110)「どんなに宗教心のない無信仰者でも人間古来の恐怖心の名残りを留めない者はない」

7º *si bien que* + 直: Il est déjà bien plus de neuf heures, *si bien qu*'un jour de semaine normal vous seriez déjà à votre travail. (BUTOR, *Modif.*, 22)「もう9時をずっと過ぎている。だから普通のウィークデーなら，あなたはもう職場についていただろう」

III. 比較の副詞 否定 [疑問] + *si* (= aussi) ... *que*: Je ne suis pas *si* mauvais *que* vous ne pensez! (*Thib.* VI, 70)「ぼくはきみの思っているほど悪人じゃない」

▶ si / aussi ⇨ aussi I. 1º

IV. 譲歩節の *si*

1º *si* + 形 [名, 副] + *que* + 接 (= quelque... que): *Si* fatigué *que* je sois ce soir, je veux essayer de raconter ma visite à Gide. (GREEN, *Journal* V, 320)「今夜はどれほど疲れていても，Gを訪問したときのことを書きしるしておきたい」/ *si* enfant *que* je fusse encore (GIDE, *Porte*, 215)「私がまだどんなに子供だったにしても」/ *si* profondément qu'il remue les cœurs (S, II, 386)「それがどれほど深く人の心を動かそうと」/ *Si* peu qu'il fît de bruit, Mᵐᵉ Guillaume l'entendit. (ARLAND, *Ordre*, 511)「彼がほんのわずかな音を立てても，G夫人にはそれが聞こえた」

♦si... que + 動 + 主語名詞: *Si* admirables *que* nous paraissent la plupart des poèmes de Valéry, je doute encore si je ne leur préfère pas sa prose. (GIDE, *Feuillets*, 112)「Vの大部分の詩がいかにすばらしいものに思われようと、私は詩より彼の散文のほうが好きなのではなかろうかと今でも思っている」/ *si* rapidement *qu*'eût agi mon instinct de conservation (PROUST — LE B, *Inv.*, 228)「私の自己保存本能がどれほど速やかに働こうと」

形容詞が2つある場合の語順

(1) *si* soumise et passive *qu*'on la suppose (S, II, 385)「彼女がどれほど従順で受動的であると仮定しても」

(2) *si* négligeables, *si* maladives que soient mes conjectures (PORTO-RICHE, *Vieil h.* IV, 4)「わたしの予想がどれほど取るにたらず、どれほど病的であろうと」

(3) *si* différenciés *qu*'ils fussent à l'heure actuelle et si dévers quant à l'aspect (FRANCE, *Mannequin*, 11)「それが現在どれほど分化し、外観がどれほどゆがめられていようと」

2º *si* + 形 + *soit-il*: Si vous obtenez de trop constants succès, *si* mérités *soient-ils*, vous aurez des ennemis. (MAUROIS, *Lettre ouverte*, 21)「あまり成功をし続けていると、その成功がどれほど当然のものであろうと、あなたは敵を作るだろう」/ Je me refuse à comparer ta peine, *si* dure *soit-elle*, à celle de cet enfant. (COCTEAU, *Th.* I, 269)「どれほどつらかろうと、あなたの苦しみをあの子の苦しみと比べるのはごめんですよ」/ *si* courte *soit notre mémoire* (VERCORS, *Pas*, 161)「我々の記憶がどれほど早く消えるものであろうと」

▶付加辞的用法: dans une mesure *si* faible *soit-elle* (YVON, *FM*, janv. '48, 28)「どれほどわずかでも」

sien(*s*), **sienne**(*s*) ⇨ pronom possessif; adjectif possessif XI

sifflante (consonne) ⇨ consonne

sigle [略号] ― 各語の頭文字を用いた短縮語. ⇨ abréviation

大文字だけを用い、これをalphabetの読みに従って発音する. 新聞などでは省略を表わすピリオドは付けないことが多い (cf. G新, 189-190): C.G.T. [seʒete] (= *C*onfédération *g*énérale du *t*ravail) / C.N.R.S. [seenɛrɛs] (= *C*entre *n*ational de la *r*echerche *s*cientifique) / R.P. [ɛrpe] (= *r*eprésentation *p*roportionnelle) / T.C.F [teseɛf] (= *T*ouriste-*C*lub de *F*rance), など. ▶これらの略語からcégétiste, erpéiste, técéfisteなどが派生. 略号は冠詞・前置詞・接続詞を省くのが普通だが、まれにE.D.F. (= *E*lectricité *d*e *F*rance).

♦頭文字に母音字が混ざっていて、略号を普通の語のように読むことが可能ならばこれに従い、1語につづることがある: E.N.A. [ena] (= *E*cole *n*ationale d'*a*dministration) / O.N.U. またはOnu [ɔny] (= *O*rganisation des *n*ations *u*nies) / Unesco [ynɛsko] (= *U*nited *N*ations *e*ducational, *s*cientific and *c*ultural *O*rganization) / S.I.D.A. またはSida [sida] (= *s*yndrome *i*mmuno-*d*éficitaire *a*cquis「エイズ」) / CRÉDIF [kredif] (= *C*entre de *r*echerche pour l'*e*nseignement et la *d*iffusion du *f*rançais), など. ▶読みやすくするために語頭の2字を用いることがある: radar [rada:r] (= *ra*dio *d*etection *a*nd *r*anging)

▶略語の性は主要名詞の性に従うが、もとの語が忘れ去られ、H.L.M. [aʃɛlɛm] (= *h*abitation à *l*oyer *m*odéré) は男性か女性か一定しない.

signe de ponctuation [句読点] ― 文の各部の論理的関係を示し、休止・音調などを表わす記号.

種類: point ⟨.⟩, virgule ⟨,⟩, point-virgule ⟨;⟩, deux-points ⟨:⟩, point d'interrogation ⟨?⟩, point d'exclamation ⟨!⟩, points de suspension ⟨...⟩, parenthèse ( ), crochets [ ], guillemets « », tiret ―. (各項参照)

句読点は文中の各要素の論理的関係を示すと共に、感情的なintonationをも示すから、その用法は筆者によって異なる.

signe orthographique [綴り字記号] ― 文字の表わす音を正確に示したり、脱落した文字に代わったり、同音同綴語を区別したりするために用いる記号. 16世紀に印刷術の普及に伴い考案された.

種類: accent ⟨´ ` ^⟩, tréma ⟨¨⟩, cédille ⟨,⟩, apostrophe ⟨'⟩, trait d'union ⟨-⟩. (各項参照)

s'il en fut (*jamais*) ⇨ si¹ I. 13º ④
s'il vous plaît ⇨ plaire 2º
singulier ⇨ nombre

sinon ― 1º 前文の否定的仮定 (= autrement, sans quoi): Il n'a pas eu votre lettre, *sinon* il serait venu. (*RM*)「彼はあなたの手紙を受け取らなかったのです. さもなければ来たでしょう」

♦ou sinon: Ecoute-moi, *ou sinon* je t'abandonne. (B, 882)「私の言うことをお聞きな、さもないと構ってやらないよ」▶ou だけでも sinon の意を表わせるから (⇨ ou 3°)，ou sinon は冗語的。Th; *DBF* は避けることを勧め，Lit; B; G (1036, Rem. 4); Le B (II, 642); Col は許容する。

2° *sinon* (+ 前) + 名 [代, 不定詞, 従属節] 否定文，疑問文で。前置詞は関係する語ごとに主動詞の要求による: Il ne sentait rien, *sinon* une légère douleur. (*RM*)「軽い痛みのほかは何も感じなかった」/ Il ne s'intéresse à rien *sinon* à la musique. (*DH*)「音楽のほかは何にも興味がない」/ Qu'y pouvons-nous maintenant, *sinon* faire ce que nous faisons. (Ikor, *Gr. moy.*, 146)「こうするほかに、今それをどうできるのだ」/ Cela ne servait à rien, (...), *sinon* à le faire souffrir. (Sagan, *Mois*, 80)「それは彼を苦しませるほかには、何の役にも立たなかった」/ L'idée singulière lui vint que sa promenade n'avait d'autre but *sinon* d'écouter le bruit de l'eau (...). (Green, *Epaves*, 35)「自分の散歩は水の音を聞く以外の目的はないのだという妙な考えが浮かんだ」/ Comment le sais-tu, *sinon parce que* tu as écouté les ragots de cette bonne (...)! (Anouilh, *P.G.*, 161)「あの女中の陰口を聞いたからでなければ、どうしてそれがわかったのだ」

◆*sinon de* 不定詞. 否定文・疑問文で他の語からの前置詞の要求なしに: Que fait-il, *sinon de* nous agacer? (H, 867)「我々をいら立たせるほかの何をしているのか」/ Que voulez-vous de moi? lui dis-je.—Rien, plus rien, s'écria-t-elle, *sinon de* ne plus vous voir. (Thérive —S, III, 146)「私に何を望んでいるのです、と私は言った。— 何も、もう何も、二度とあなたの顔を見たくないということのほかは、と彼女は叫んだ」

◆*sinon que* + 直 [接]. 古めかしく、まれ。多く si ce n'est que, sauf que を用いる。ただし、rien の後では普通: Je ne savais plus rien de lui *sinon qu*'il n'avait pas répondu à ma lettre. (Beauv., *Mém.*, 210)「私の手紙に返事をよこさなかったことのほかは、彼についてもはや何も知らなかった」▶動詞が要求する場合は 接: Je ne veux rien, *sinon que* vous n'entriez pas tous à la fois dans ma chambre. (Colette — Col, 700)「皆さんが全員同時に私の部屋へ入ったりしないようにと望むだけです」

3° 譲歩 (= en admettant que ce ne soit pas) 多く au [du] moins と相対して: Il a travaillé *sinon* parfaitement, *du moins* de son mieux. (*DFC*)「彼は完全とは言えないまでも少なくとも最善をつくして仕事をした」

4° 肯定の強調 (= peut-être même): Il a du talent, *sinon* du génie. (Mauger, 349)「彼は才能がある。いや天才的だと言ってもいい」◆上記 3° との区別がつかず、両義に解し得る場合が多い: La réunion doit être reportée, *sinon* annulée. (*DBF*)「1) 会合は中止しないまでも延期すべきだ。2) 会合は延期すべきだ、中止にしてもいいくらいだ」▶この区別は文脈によるほかはない。1) に sans être cependant annulée, または mais non annulée, 2) に peut-être même annulée, voire annulée を用いれば曖昧さは避けられる (*DBF*; *EBF*; Th)。

sitôt — **1°** *sitôt / si tôt*

① *si tard* の反対は *si tôt* (= de si bonne heure): Je ne vous attendais pas *si tôt*. (Ac)「あなたがこんなに早く来るとは思っていなかった」◆aussi vite の意では *sitôt* は古めかしい: Je n'arriverai pas *sitôt* que vous. (Ac)「あなたほど早くは着けないでしょう」. Lit は si tôt とつづり、H はこれを支持。*PR* は sitôt [または si tôt] que = aussi vite que と記す。

② *ne... pas de sitôt [de si tôt]*: Il *ne* partira *pas de sitôt*. (Ac)「そうすぐには出発しますまい」/ Je *ne* le reverrai *pas de si tôt*. (Vildrac — Le B, II, 617) ▶Rob; *PR* (sitôt) は si tôt が普通と言う。

2° *sitôt que* + 直 ; *sitôt* + 名 + 過分, など。aussitôt 1°~5° と同じ用法: *Sitôt que* j'aurai fini, je m'en irai. (Vian, *Pékin*, 229)「終えたらすぐ立ち去ります」/ *Sitôt* le dîner fini, je montai dans ma chambre. (Sagan, *Bonj.*, 53)「夕食がすむとすぐ部屋にあがった」/ *Sitôt* mon café *bu*, je sortis sur le pont. (Duras, *Marin*, 165-6)「コーヒーを飲んでしまうとすぐデッキに出た」/ *Sitôt recouvrée* l'électricité, je me précipite sur la radio. (Gide, *Journal 1942-9*, 70)「停電がなおるやいなやラジオにとびつく」/ *Sitôt allongé*, mon sommeil s'en alla. (Duras, *Marin*, 179)「横になるとたんに眠気が吹きとんでしまった」/ *Sitôt* seul, il se renversa en arrière. (Thib. I, 277)「ひとりになるとすぐ仰向けに寝ころんだ」◆前置詞的: *Sitôt* le dessert, elle emmenait Gise dans la salle

de bains. (*Ib.*, I, 242)「デザートがすむとすぐG
を浴室に連れていった」
six — 発音：[sis], [si], [siz] ⇨ dix
ski — aller *en* [*à*] *skis* (*DFC*; *MR*; *DB*)「スキ
ーをはいて滑っていく」(faire *du ski*の影響で
単でà skiともつづる—ROB; G, *Pr.* I, 99) /
Beaucoup de gens marchaient *sur des skis.*
(BEAUV., *Compte*, 320)
snob — 女は無変化：une *snob* (ROB) /
Gilberte était devenue très *snob*. (PROUST
—COL) ◆複は多くはsnobs：Ils sont un peu
snobs. (BORDEAUX—G, 359, N.B. 4). 時に
無変化：Ces gens sont un peu *snob*.
(PAGNOL—*Ib.*)
soi — 再帰代名詞 (pronom réfléchi) seの
強勢形. 男・女・単・複 共通.
I. *soi* / *lui*, *elle*, *eux*, *elles* lui, elle...も主語
と同一物を表わす強勢人称代名詞として用いら
れるから，用法の区別が問題になる.
1° 人に関する場合
① **不特定な主語** on, plus d'un, nul, personne,
tel, chacun, qui, quiconque, tout le monde,
celui qui, などに代わり，あるいは非人称文, 不
定詞，動作名詞と共に用いられて表現されていな
い主語に代わる場合は，soiを用いる：On songe
à *soi* avant de songer aux autres.「他人のこ
とを考えるより先に自分のことを考えるものだ」/
Qui [*Quiconque*] ne pense qu'à *soi* ne peut
être aimé.「自分のことしか考えない者は愛され
得ない」/ Chacun dit du bien de *soi*.「誰しも
自分のことをよく言うものだ」/ Tout le monde
rentra chez *soi*.「みんな自分の家に帰った」/ Il
est toujours intéressant d'entendre parler de
soi. (CAMUS)「自分の話を聞くのはいつだって面
白いものだ」/ le respect de *soi*「自尊」▶ただ
し×Il dépend de *soi* d'être honnête.「清廉な
人になるかならぬかは自分の心掛け次第だ」は不
可. 正：Il dépend de *nous* d'être honnêtes.
(MART, 304)
♦ceux quiのような複数の主語に代わることはま
れ：*tous ceux* qui ont devant *soi* un long
avenir (R. ROLLAND—N, V, 251)「自分の前
に長い将来を持つすべての人々」cf. ceux qui
ne pensent qu'à *eux*(*-mêmes*) (H, 872)
♦次例では複数の意のonを受ける：On parle
entre *soi* des histoires des autres. (AMIEL,
Couple I, 4)「みんな他の者の話をしあう」
♦soiが女性を表わすときの形容詞の一致：Elle
ajouta d'un air farouche: C'est reposant
d'avoir quelqu'un pour *soi seule*. (BEAUV.,
Inv. 352)「彼女はさも付き合い下手といった様
子で付け加えた.『自分のためだけに誰かがいるっ
て，心が休まるものね』」
♦lui, elle...を使用すれば，一般には主語と同一
人物を表わさない：Chacun dit du bien de *lui*
[*d'elle*].「誰しも彼［彼女］のことをよく言う」
(cf. 上記①第3例)
♦〈chacun [aucun] de + 補語〉の後ではlui-
mêmeが普通：Aucun d'eux ne pense à *lui-
même*. (H, *Ib.*)「彼らは誰も自分のことを考えな
い」⇨ chacun 3°, 4°
② **特定の人に関係する場合**, soiとlui...の使い
分けは時代によって変遷した. 古典時代には今
日より自由にsoiを用いた：Phèdre, malgré *soi*
perfide, incestueuse (BOILEAU)「われにもなく
不実不倫のP」
19世紀の慣用では，特に曖昧を避ける意図が
なければlui, elle...を用いた. この慣用は今日ま
で続いている：Ils ont fait cela malgré *eux*.
「心にもなくそれをした」/ Elles sont rentrées
chez *elles*.「自分の家に帰った」/ Il ne pense
qu'à *lui*(*-même*).「自分のことしか考えない」/
Elle est contente d'*elle*(*-même*).「自分に満
足している」▶最後の2例で単にlui, elleを用い
た場合，それが主語とは別の人を表わすようにも
解せるが，多くは前後の関係で判別できる. そう
した曖昧さのないlui[elle]-mêmeの使用が好ま
しい.
L'ami de mon frère me parle toujours de
soi. (H, *Ib.*)「兄の友人はいつも自分の話ばかり
している」Hは曖昧を避けるためにsoiを用いるほ
うがよいと説くが (luiはmon frèreを受けるよう
にも解せる)，この例でもlui-mêmeを使用するほ
うが普通.
♦現代ではsoiの用法が拡張され，古典時代の用
法が復活しつつある：Elle semblait sûre de
soi. (ARLAND, *Ordre*, 282)「自信があるらしか
った」/ Il en vint à parler de *soi*. (*Ib.*, 283)
「遂に自分の話をはじめた」cf. Mon ami n'a
confiance qu'en *soi*［またはlui］. (*Gr. Ac.*, 54)
《俗》：C'est vous l'aviateur en panne?—
Soi-même. (N, V, 251)「あなたですか, 飛行機
が故障した飛行士というのは?—その通り」
③ 名詞が**総称的あるいは不特定の人を表わすと
きは多くsoiを用いる**：L'égoïste ne vit que
pour *soi* ［またはlui］. (AYER, 432; cf. N,V,

250-1)「利己主義者は自分のためだけに生きる」/ Un grand homme, c'est un homme qui ne vit plus pour *soi*, mais pour les autres. (ARLAND, *Terre nat.*, 117)「偉人とは、もはや自己のためではなく、他人のために生きる人のことだ」

2° 事物に関する場合
① 単数名詞については*lui*, *elle*が普通： tous les maux que la guerre entraîne après *elle* (N, V, 227)「戦争がその後に引き起こすあらゆる災害」 ◆soiも使用されるがB (330); MART (305)によれば古めかしい． 古文調，文学的： L'amour... sacrifie tout à *soi*. (RADIGUET, *Diable*, 83)「恋愛は自己のためにすべてを犠牲にする」(à *lui-même*が普通) / La paresse traîne après *soi* un cortège de maux. 「怠惰は多くの悪を従えている」(après *elle*が普通) ▶ 抽象名詞の後にsoiを用いなければならないと考えるのは誤り．
◆celaの後ではsoiを使用： Cela va de *soi*. 「当然なことだ」 例外的： Il fallait que cela vînt de *lui-même*. (R. ROLLAND)「自然にそうならねばならなかった」
② ことに複数名詞の後では*eux*, *elles*が普通： Les fautes entraînent après *elles* les regrets. 「過ちは後で後悔を招く」cf. La faute entraîne après *soi* les regrets. は可能． ⇨ 上記①
③ *de soi*, *en soi* 成句的で複数名詞に関係しても用いる： il va *de soi* que... 「…は当然だ」/ Ce sont choses qui vont *de soi*. 「それは当然のことだ」/ *En soi* les revendications italiennes n'ont rien d'exorbitant. (BEAUV., *Inv.*, 120)「イタリアの要求はそれ自体としては何も無法なことはない」

II． *soi*の機能 **1°** 主語の同格： Il faut être [Il faut qu'on soit] *soi-même* bien sot pour ne pas voir la sottise des autres. (MART, 304)「他人の愚かさを見ずにいるには、自分自身がよほど愚かでなければならぬ」

2° 属詞： Il faut toujours être *soi*. 「常に自分の本心を失ってはならぬ」

3° 直接補語 (他の要素で動詞と隔てられる)： On ne peint bien que *soi* et les siens. (FRANCE, *P. Nozière*, 175)「人は自分や自分の身内の者しかよく描けない」

4° 前置詞の支配語　　soi の最も普通の用法． ⇨ 上記Iの例．

5° 比較の副詞・形容詞の補語： On a souvent besoin d'un plus petit que *soi*. 「人はしばしば自分より小さな者が必要となる」

soi-disant ― 形 (不変化), 副
1° *soi-disant*+名 ; 名+*soi-disant*+形
① 名 = 人物名詞　語源的意味 (= qui se dit, qui prétend être) に用いるのが正規の用法： des *soi-disant* philosophes (DFC)「自称哲学者たち」/ la plupart des femmes *soi-disant* artistes (G, 491, Rem.)「芸術家と自称する女性たちの大部分」
② 名 = 事物名詞 (= dont on dit que, qui passe pour)： Il n'y a pas de véritables frontières entre ces *soi-disant* deux mondes. (IONESCO, *Rhinoc.*, 73)「これらいわゆる両世界の間に真の国境はありません」 ▶ 用例は多くG; H; ROBはこの用法を支持，AC; DB; MFU; EBFは認容せず，soi-disantの代わりにprétenduの使用を勧める．
◆①も現在では用法が広がり、自称せずむしろ反対を主張するときにも使われる (DFA)： Le *soi-disant* coupable clamait son innocence. 「犯人とされた男は大声に無実を訴えていた」
2° *soi-disant* + 副詞相当句　[動] (= en prétendant, à ce qu'on dit)： L'après-midi je montais dans ma chambre, *soi-disant* pour y travailler. (SAGAN, *Bonj.*, 118) (= sous prétexte d'y travailler)「午後は勉強すると言って、自分の部屋にあがった」/ Mes arrivées la faisaient *soi-disant* sursauter. (ID., *Château*, 14) (= d'après ce qu'elle dit)「ぼくが家に帰ると、いつも彼女は飛びあがるほど驚いたと言うのだった」
3° *soi-disant que*　俗用 (= il paraît que)： *Soi-disant qu*'elle songerait à vendre sa bicoque? (M. DU GARD, *France.*, 41)「彼女は家を売ろうと考えているのだそうですね」

soir ― matinと同じ扱い．

soit ― **1°** *soit* A *soit* [*ou*] B　母音の前でリエゾンされる．*ou*の使用は古文調 (B, 712; D, 371; W, §92; TH; COL)
① A, B = 名　代，不定冠，副，前+名： *soit* mon père, *soit* ma mère [moi]「父か母[私]か」/ *soit* hier, *soit* avant-hier「昨日か一昨日か」/ Il faut *soit* écrire, *soit* envoyer quelqu'un. (FOUCHÉ, 477)「手紙を書くか使いを出すかしなければならない」/ Nous étions presque tous orphelins, *soit* de père *soit* de mère. (GASCAR, *Herbe*, 22)「われわれはほとん

ど皆, 父なり母なりを失っていた」 / *Soit* (par) crainte, *soit* (par) ignorance [または(*soit*) crainte *ou* ignorance], il ne voulait rien dire.「ものおじしたのか, 知らなかったのか彼は何も言おうとしなかった」

② *soit que* + 接, *soit* [*ou*] *que* + 接 : *soit qu*'il pleuve, *soit qu*'il fasse beau「雨が降ろうと天気がよかろうと」

◆①②の混用 : Si jamais tu oses entrer ici, *soit que* j'y sois, *soit* en mon absence, (...) (ARLAND, *Ordre*, 419)「もしいつか, 私がいるときにしても, 私の不在中にしても, お前がここに入ろうなどとすれば, (…)」

③ *soit* A, *soit* B, *soit* [*ou*] C 3辞項がある場合には, 第3辞項の前だけに ou を用い得る : *Soit* par habitude, *soit* par distraction *ou* par amitié, l'abbé m'avait classée première. (BEAUV., *Mém.*, 154)「習慣からか, うっかりしたためか, それとも友情からか, 神父は私を一番にしてくれたのだった」

2° *soit* [*soient*] *deux droites* XY *et* X'Y'「2つの直線 XY, X'Y' があるとする」 *Log*; MFU は soient が好ましいとする. TH は一致は古語法の名残りとして単数を勧める. G(新, 901 d) は数学者の著作に複数が多いと言う.

soleil — Il fait (un peu) *soleil*.「日が(少し)照っている」 / Il fait *du soleil* [un peu *de soleil*]. (Il y a du *soleil*. とも言う) / Il faisait un beau *soleil*. (BEAUV., *Adieux*, 68)

son, sa, ses ⇨ adjectif possessif

sonnant — à six heures *sonnant*(*es*)「6時を打っているときに」 / à midi *sonnant*「きっちり正午に」

sonner — 主語との一致 : La demie [Le quart] de huit heures *sonna*.「8時半[15分]が鳴った」/ Dix heures *sonnèrent*. (MALRAUX, *Cond.*, 178) ◆「何時15分[半]」は heure の数に一致 : Trois heures et quart [et demie] *ont sonné*. (cf. G, 812, Rem.) ただし D (448) は時計の打つ数で一致を定める : Trois heures et demie *a sonné*. ⇨ midi; minuit

◆非人称構文. 文学的 : Il *sonne* onze heures. (COL; ROB)

sonore (**consonne**) ⇨ consonne

Sorbonne — étudier en *Sorbonne* (M)「S 大学で学ぶ」/ cours professé en *Sorbonne*「S 大学での講義」/ professeur à la *Sorbonne*「S 大学教授」

sorte — 1° *toute*(*s*) *sorte*(*s*) *de*...「あらゆる種類の…」 新しい傾向として *toutes les sortes de* とも言う. ▶ BÉNAC (228) は toutes sortes de livres = des livres divers / toutes les sortes de livres = tous ceux qui existent とする.

2° *une sorte de* + 名 に関係する形容詞は名詞の性に一致 : Une *sorte* de nain, *furieux*, m'interpella. (G, 376, N.B.)「一寸法師みたいな奴が怒気満々として私に詰問した」

3° *deux* [*plusieurs, toutes*] *sortes de* の後の名詞は普通は複数, 抽象名詞は単数 : *deux sortes d*'imitateurs [*de* peur]「2種類の模倣者 [恐怖]」(G, 219, Rem.)

4° *de* (*telle*) *sorte que* ; *en sorte que*

① + 直 得られた結果, 時に方法の意を含む : Il est sorti sans pardessus, *de sorte qu*'il a attrapé un rhume. (M)「彼はコートなしで外出したので風邪をひいた」

② + 接 得られるべき結果. 目的, 方法の意を含む. 主節は il faut, あるいは動詞を命令法・未来時制に用いることが多い : Parlez *de* (*telle*) *sorte qu*'on vous comprenne. (M)「人がわかるように話しなさい」 / Je *ferai en sorte qu*'il croie. (BEAUV., *Inv.*, 106)「彼が信ずるようにしよう」(成句的)

◆現代話し言葉で時に単未 (正規形ではない) : Je ferai *en sorte que* vous n'en *sortirez* pas ce soir! (*Ib.*, 510)「今夜はそこから出られないようにするよ」

◆誤用 : Je vous prie de bien vouloir *faire en sorte pour que* mademoiselle revienne sur sa décision. (ANOUILH, *P.B.*, 433)「どうかお嬢さまが考えなおされるように取り計らっていただきたいのです」(en *sorte* que + pour que の contamination)

◆*en sorte de* 不定 : Je ferai *en sorte de* le voir plus souvent. (*Thib.* I, 216)「もっとたびたび彼に会うようにしよう」

sortir — 1° 助動詞は, ①自動詞では常に *être* ((俗) : *avoir*). 古くは, 外出の行為を表わすには avoir を, 外出の結果・不在の状態を表わすには être を用いると説かれた : Il *a sorti* ce matin.「彼は今朝外出した」(今では帰っている, の意を含む) / Il *est sorti* depuis le matin.「彼は朝から外出している」. この区別は今日では行なわれない (CLÉDAT, 171).

②他動詞では *avoir* : Il *a sorti* son mouchoir

de sa poche.「彼はポケットからハンケチを取り出した」▶他動詞は*DG*では俗語と記されているが、今日では文語でも普通.
2° *sortir de* 不定詞　近い過去を表わす準助動詞. *sortir* de la messe「ミサから帰る」、*sortir* de table「食卓を離れる」から *sortir d'*entendre la messe「ミサに参列してきたところだ」、*sortir de* dîner「夕食を食べ終わったところだ」となったもの. LIT はこの例のように、行為を終えた後で実際に場所を離れるという観念を伴う場合のみを許容したが、*venir de* 不定詞 と同じように発展して、場所の観念を伴わない言い方も普及している (ことに俗語): Je *sors de* lire ou *de* relire ces deux poèmes. (BRUNETIÈRE, *Evol.* II, 47)「私はこの2つの詩を読んだというよりは読みかえしたところです」
3° *en sortir*「うまく切りぬける」は *sortir d'affaire* [*d'un mauvais pas*]「窮地を脱する」からきた言い方. 同義で *s'en sortir* とも言う (cf. *se tirer d'affaire*, *d'un mauvais pas* > *s'en tirer*).
4° *sortir* + 不定詞「…しに外出する」⇨ infinitif C. III. 1° ③ (1)

souillon —「きたならしい下女〔女〕」. いつも女性を指すが、*un souillon* とも *une souillon* とも言う (COL; MART, 15): *Le souillon* grimpa dans sa mansarde. (QUENEAU, *Contes*, 43) / J'aurais l'air *d'une souillon*. (VERCORS, *Colères*, 169) ▶GEORG (168) は 女 を認めない.

soûl — 発音 [su]. saoul [su] は古い綴り. boire [manger] *tout son soûl*「たらふく飲む〔食べる〕」/ Méfie-toi *tout ton saoul*. (BEAUV., *Mand.*, 391)「気がすむだけ用心するがいい」▶*tout* なしの mon [ton, ...] soûl は ROB は古くなったと言う: Demain tout le monde dormira son saoul. (ID., *Marche*, 409)「眠りたいだけ眠るだろう」

souper ⇨ déjeuner

sourde (consonne) ⇨ consonne

sourire — sourire à qn [qch]. à qch の代名詞は lui: Elle prit ma main et *lui sourit*. (GARY, 133)「私の手をとって、それにほほえみかける」

sous — **1°** 場所　「下に、下で」. 必ずしも対象に接触していなくともよい: *sous* la table / nager *sous* l'eau「もぐって泳ぐ」/ travailler *sous* la pluie「雨の中で働く」(dans は不可) / *sous* le ciel / (Elle) retira *de sous* la banquette un large panier. (MAUPASS., *Boule de S.*, 24)「彼女は座席の下から大きな籠を取りだした」(de dessous とも言うが、この鈍重な形の使用は義務的でない. cf. sur) ▶接近: Napoléon resta plusieurs jours *sous* Moscou. (GOUG, 302)「N は何日間も M のすぐ近くにいた」(à Moscou とは異なり、à proximité immédiate de Moscou の意味)

2° 支配下、従属: tenir *sous* sa domination「自己の支配下に置く」/ prendre qn *sous* sa protection「人を保護する」/ *sous* le règne de Louis XIV「ルイ14世の治世に」/ étudier *sous* un maître「ある先生の指導のもとに研究する」

3° 原因: agir *sous* l'empire de la colère「怒りに駆られて行動する」/ *Sous* les caresses de son fils, son émoi se dissipait peu à peu. (DAUDET — B, 817)「わが子に愛撫されていると、不安が次第に消えていった」

4° 手段、条件: *sous* un faux nom「偽名を使って」/ *sous* promesse de la vie sauve「命は助けてやるという約束のもとに」/ *sous* condition「条件付きで」/ dire qch *sous* le secret「口外しないという条件で…を言う」

5° 時「…以内」: Je reviendrai *sous* peu de jours. (= d'ici peu de jours)「近いうちに帰って来ます」/ Répondez-moi *sous* huitaine. (= d'ici huit jours)「1週間以内に返事を下さい」

souvenir (se) — **1°** *se souvenir de* qn [qch, 不定詞]: Il *se souviendra de* moi toujours. (BEAUV., *Tous les h.*, 44)「私のことはいつまでも忘れまい」/ Je *me souviens de* cette rencontre [*de* l'avoir rencontré]. (MR)「その出会いの〔に出会った〕ことは覚えている」
♦ *se souvenir* + 不定詞 は類義の *se rappeler* + 不定詞 の類推: Je ne *me souviens* pas l'avoir vu. (DURAS, *Agatha*, 30-1)「それを見た覚えはありません」▶次第に普及しつつある (cf. S, III, 90; G, *Pr.* V, 203).

2° *se souvenir que* + 直: Je *me souviens* qu'il *a* le même âge que moi. (BUTOR, *Degrés*, 271)「思い出したわ、私と同い年なのよ」
♦ 主節・従属節に同一主語可能: Je *me souviens que j'*étais très heureuse. (SAGAN, *Réponses*, 23)「私がとても幸せだったことを覚えています」
♦ 否定・疑問では + 接: Je *ne me souviens*

*pas qu'*il se *soit* occupé d'elle d'une façon particulière. (ROB.-GRIL., *Projet*, 76)「彼が彼女のことを特別に世話をしたという記憶はない」

♦時に se souvenir de ce que + 直: Je *me souviens de ce qu'*une amie la pressait depuis longtemps de venir. (MAURIAC, *Vipères*, 136)「ある女友達が彼女に来るようにずっと前からせっついていたのを覚えています」

3º *se souvenir* + 間接疑問節: Je ne *me souviens* plus *si* ton père aime ça. (BUTOR, *Degrés*, 207)「きみのお父さんがそういうことが好きかどうかはもう覚えていない」/ Elle *se souvenait de quel père* il était né. (MAURIAC, *Désert*, 179)「彼がどういう父の息子であるかを思い出した」/ Je ne *me souviens* pas *qui* m'a raconté cette histoire. (*DFC*)「誰がこの話をしてくれたか覚えていない」

4º *se souvenir* (補語省略) 以上すべての場合に補語は en で受ける: Je *m'en souviens*.「そのことは覚えている」 ♦日常語での en の省略可能: Je ne sais pas si tu *te souviens*.(...)—Je *me souviens*. (BEAUV., *Mand.*, 496)「覚えているかどうか知らないけれど. — 覚えているよ」/ Je vous ai humilié? Je ne *me souviens* pas. (MONTHERL., *Cardinal* III, 5)「あなたを侮辱したんですって? 覚えていませんね」

5º *il me souvient de* qch [*de* 不定詞, *que* + 直] 非人称. 文語的: *Il me souvient d'*avoir lu cela [*que* j'ai lu cela] autrefois. (*MR*)「昔それを読んだことを覚えている」/ le plus mauvais des livres de Zola *dont il me souvienne* (GIDE, *Journal 1942-9*, 60)「私の記憶する限り Z の最悪の書」 ♦挿入節: Je me promenais, *il m'en souvient*, dans une des allées du jardin. (GIDE, *Feuillets*, 21)「覚えているが, 公園の並木道の一つを散歩していた」

souvent — Plus souvent! 古めかしい俗語. pas du tout, sûrement pas, jamais の意: D'ailleurs, le petit aussi vous écrira. —*Plus souvent!* (MAURIAC, *Pharis.*, 46-7)「それにお子さんもお便りをなさるでしょう. — くれるものですか」 ♦plus souvent que (多く + 条)はさらにくだける: *Plus souvent que* je resterais chez elle. (ZOLA — S, I, 48)「あんな女の家にいるのですか」 ⇨ que[4] VIII. 2º

spirante (consonne) ⇨ consonne

style direct [indirect] ［直接［間接］話法］ = discours direct [indirect]

style indirect libre ［自由間接話法］ — BALLY の用語. discours indirect libre あるいは discours semi-direct (LEGRAND, 226) とも言う. 名称としては, 多義的な style より discours のほうがよい (DUB, *Dict.*, 448). ⇨ discours indirect libre

stylistique ［文体論］ — 18世紀末の NOVALIS に遡る名称. 当初は修辞学 (rhétorique) と明確に区別されなかった (以下 cf. DUCROT, *Dict.*, 152-61; DUB, *Dict.*, 448-51; GLLF, 5746-51). フランス語の文体論としては出発点とされる BALLY (1909) は, 言語活動 (langage) は思考と感情を表現するもので, その感情の表現が文体論固有の対象となると考えた. いわば言 (parole) の文体論だが, 続く MAROUZEAU らも含めて, 言語そのものを対象とするもので, その後の主潮となる文学作品の文体論とは性格を異にする. 後者は VOSSLER, GRAMMONT らのいわば心理的文体論のほかに, なんらかの規範ないし無標・中性の用法からの隔り (écart) を文体の独自性と見る研究 (cf. GUIRAUD) も進められたが, そうした外的規範をまず定めることの困難に逢着する. これより作品の内部構造に隔りの基準を求めようとする SPITZER から RIFFATERRE を経て, 近年ではさらに多様できめの細かい理論が展開されるようになった (cf. MOLINIÉ など).

subjonctif (mode) ［接続法］ — indicatif ［直説法］に対し, 頭の中で考えられた動作・状態を表わす主観的・感情的な法.

I. 形態

1º 現在形 語尾: **-e, -es, -e, -ions, -iez, -ent**. 例外: avoir (il ai*t*, n. ay*ons*, v. ay*ez*), être (je sois, tu sois, il soi*t*, n. soy*ons*, v. soy*ez*).

　構成. 直・現・複 3 > 接・現・単 1: ils aim*ent* > j'aime. ils finiss*ent* > je finisse. ils vienn*ent* > je vienne. 例外: avoir (j'aie), être (je sois), aller (j'aille), faire (je fasse), pouvoir (je puisse), savoir (je sache), valoir (je vaille), vouloir (je veuille).

2º 半過去形 語尾. -er 動詞: **-asse, -asses, -ât, -assions, -assiez, -assent**. その他の動詞: **-i[u]sse**. venir, tenir とその複合語: **-insse**.

　構成. 単過・単 2 + se = 接・半・単 1: tu aimas > j'aimas*se*. tu finis > je finis*se*. tu rendis > je rendis*se*. 単数 3 人称は ˆ を持つが, il haït, ouït は例外.

subjonctif (mode)

3° **過去形**： 助動詞の接・現 + 過分 (j'aie aimé)
4° **大過去形**： 助動詞の接・半 + 過分 (j'eusse aimé)
II. 用法 接続法は従属節に用いられるのが普通であるが，独立節にも用い得る．
A. 独立節
1° *que* **に先立たれない接続法** ① 願望，命令，遺憾，仮定，条件など（⇨ 後述 III 1°）．古い語法： Je *sois* exterminé si je ne tiens parole! (MOL., *Dépit am.*, v. 1361, var.)「私が約束を守らなければ死んでもいい」◆慣用句： Ainsi *soit*-il.「かくあれかし」/ Dieu *soit* loué!「神のたたえられんことを」/ Dieu vous *bénisse*!「神があなたを祝福されますように」/ Honni *soit* qui mal y pense.「悪く思う者は辱かしめらるべし」/ La paix *soit* avec vous.「平和があなたと共にありますように」/ Plaise [Plût] à Dieu que...「…であればよいが［よかったのに］」/ Sauve qui peut.「逃げ得る者は逃げよ」/ Soit dit entre nous.「私たちの間だけの話にしておきたい」
▶*advienne* que pourra (⇨ advenir) / *coûte* que coûte / *vaille* que vaille ; Vive...! (⇨ vivre 4°)
② *soit* (⇨ soit); *Puissé*-je... (⇨ pouvoir 6°); je ne *sache* pas que... (⇨ savoir 10°)
2° *que* + 接 願望，命令，憤慨： *Que* ta volonté *soit* faite.「み心の行なわれんことを」/ *Que* personne ne *sorte*!「誰も外に出るな」(3人称に対する命令の手段) / Moi, *que* je *fasse* des excuses!「詫びなど言ってたまるものか」(⇨ que⁴ IV. 1°, 2°)
B. 従属節
1° 名詞節 ① **疑惑・不確実**
(1) **疑惑・否定・可能などを表わす動詞（相当句），非人称表現，名詞**など (contester, démentir, désespérer, disconvenir, dissimuler, douter, ignorer, nier; il est contestable, douteux, faux, possible, rare; il semble, il se peut que; non (pas) que, loin que, など) の後： Je *doute* [*nie*] que cela *soit* vrai.「それが真実であることを疑う［否定する］」/ Il *se peut* [Il est possible] qu'il *vienne*.「彼は来るかも知れない」/ Le hasard avait détruit la possibilité que cela *fût*. (AYER, 623)「偶然にもそんなことの起こる可能性はなくなってしまった」/ On commença à considérer comme *possible* que l'étranger *eût été* en Amérique. (ARLAND, *Ordre*, 478)「みんなはこの見知らぬ男がアメリカにいたことがあるのかも知れないと考え始めた」▶ 上記の動詞の否定形が断定的意味を持つか，なおそこに一抹の疑惑が残るかによって + 接 / + 直 が変わるが，これについては，各動詞ごとに検討を要する．
(2) **意見・認知を表わす動詞** (affirmer, apercevoir, apprendre, assurer, avouer, croire, déclarer, dire, espérer, imaginer, juger, jurer, parier, penser, prétendre, promettre, reconnaître, réfléchir, remarquer, savoir, sentir, songer, soutenir, voir, など), **確実・外観を表わす非人称表現** (il est certain, sûr, évident, vrai, vraisemblable, probable; il paraît, il y a apparence, il me semble, など) **が否定語** (ne... pas, à peine, peu, など) **を伴うとき**： Je *ne crois* [*dis*] *pas que* vous *ayez* raison.「私はあなたの言うのがもっともだとは思わ［言わ］ない」/ On *peut à peine dire que* l'allemand *ait* un futur. (MEILLET, *Ling. hist.*, 145)「ドイツ語に未来時制があるとはほとんど言えない」/ Je *me persuade difficilement qu*'il y *ait* repos à ne rien faire. (GIDE, *Journal 1942-9*, 242)「何もしないのが休息になるなどとは信じがたい」
この場合，従属節の内容は思考の主体（主語）の主観で疑惑の陰影を帯びるので，客観的に事実であることを妨げない： Il *ne croit pas que* je *sois* heureux. では「幸福である」ことが話者にとって事実であったとしても，主語 il の主観において疑わしいのである．cf. 家島『フ研』nº 5.
直説法の使用 (i) 従属節の内容が客観的事実であることをはっきりと表わす場合： Il *ne croit pas que* je *suis* heureux. (= Je suis heureux et il ne le croit pas) / Je *ne pensais pas que* c'*était* si grave. (BEAUV., *Inv.*, 107)「それがそんなに重大だとは思っていなかった」/ ことに超時的真理の表現： Il *ne savait pas que* l'eau *bout* à cent degrés. (MART, 393)「彼は水が100度で沸騰することを知らなかった」◆ある動詞の後では常に + 直 ： Vous *ne réfléchissez* [*considérez*, *songez*] *pas* que c'*est* une affaire très grave. (*Ib.*)「あなたはそれがゆゆしい事件であることを考えないのですね」
(ii) 従属節の動詞が単未： Je *ne crois pas qu*'il *pleuvra*. (= Il ne pleuvra pas, voilà ce que je crois) (BRUN, 368) / Je *ne crois pas que* je *pourrai* partir pour Berlin. (BEAUV.,

Sang, 201)　▶ことに Je ne crois [pense, espère] pas の後でこの傾向がある．DE BOER (73) は従属節の事実の未来性の強調と解する．
(3) **疑問文**における(2)の動詞の後．話者が従属節の内容の真偽を知らず返答を予知しない場合，その内容について軽い疑念とそれが事実でなければよいという気持を抱く場合：*Croyez-vous qu*'il *soit venu?*「彼が来たと思いますか」/ *Est-il sûr qu*'il *vienne?*「彼が来ることは確かでしょうか」
　直説法の使用 (i) 従属節の内容の事実であることを表わそうとするとき：*Pourquoi ne m'as-tu pas dit que* tu *étais* malade?「どうして病気だと言わなかったのだね」
(ii) 時に特別の陰影は認めがたい：*Croyez-vous qu*'il *le fera [le fasse]?* (H, 291)
　否定疑問 (i) 多く直説法：*N'avez-vous pas affirmé qu*'il *était venu?* (MART, 393)「彼が来たと言いませんでしたかね」(= Vous avez affirmé...) / *Ne croyez-vous pas qu*'il *le fera?* (H)「彼がそれをするとは思わないのですか」
(ii) 接続法もまれではない．ことに Ne croyez [pensez, espérez]-vous pas que＋接：*Ne croyez-vous point que* je *sois* dans l'intimité de monsieur le duc de Brécé? (FRANCE, *Anneau*, 126)「私がB公と親しい仲であるとは信じないのかね」
(4) **条件節**における(2)の動詞の後：*Je me sacrifierais avec joie si je savais que* ce sacrifice vous *soit* utile! (GÉRALDY, *Rob. et Mar.* II, 6)「私は喜んで犠牲になりましょう，この犠牲があなたの役に立つことがわかっているなら」
　直説法の使用：*Si* vous croyez que *j'ai* raison, pourquoi hésitez-vous?「私の言うのがもっともだと思っているのなら，どうして躊躇するのです」 ◆話者が vous croyez que j'ai raison という事実を知り，疑惑のない場合．この陰影の差は微妙で，必ずしも論理的に使い分けられない：*Si* tu estimes que je *doive* [または *dois*] venir, écris-moi. (C, 350)「私が来なければならないと思ったら，手紙を下さい」
(5) (2)の動詞中，思考，希望，外観など**疑惑を含み得るもの**の後．古典時代には接続法を用い得たが，その後は文法上の拘束で直説法のみを用いた．最近の傾向として接続法が復活しつつある (COH, 333; *Reg.*, 42)．⇨ penser 3°; supposer¹ ②; espérer 2° ③; il apparaît; il est probable que＋接
(6) **文頭に転位された名詞節** ⇨ que⁴ III. 1°
② **感情を表わす語句**の後
　動詞 (相当句)：admirer, adorer, affectionner, s'affliger, aimer, appréhender, attendre, craindre, dédaigner, déplorer, désirer, détester, enrager, s'étonner, se fâcher, se féliciter, s'impatienter, s'indigner, s'irriter, se lamenter, mépriser, se plaindre, redouter, refuser, regretter, se réjouir, rêver, souhaiter, trembler; avoir hâte [honte, horreur, peur, regret], など．
　形容詞：être aise, affligé, charmé, content, désolé, enchanté, étonné, fâché, furieux, heureux, honteux, impatient, irrité, ravi, saisi, stupéfait, surpris, triste, など．
　非人称表現：il est bizarre, étrange, étonnant, extraordinaire, surprenant; il m'est indifférent, pénible; c'est beaucoup, trop; il me tarde, il vaut mieux, など．
　名詞：crainte, indignation, peur, regret, など．
　Je m'étonne [regrette] qu'il ne *soit* pas là.「彼がいないのは意外［残念］だ」/ *Il est étrange [bizarre] qu*'il ne vous *ait* pas *prévenue*.「彼があなたに知らせなかったのは不思議だ」/ *On est furieux qu*'il ne *soit* pas *venu*.「彼が来なかったなんてみんな憤慨している」/ *Mon désir est qu*'il *réussisse*.「私の願いは彼が成功することだ」/ *Quel bonheur [dommage] que*＋接!「…とは何と有難い［残念な］ことだろう!」
③ **意志を表わす語句**の後
　動詞 (相当句)：accepter, accorder, aimer mieux, approuver, commander, concéder, consentir, défendre, demander, désapprouver, désirer, empêcher, éviter, exiger, s'expliquer, implorer, s'opposer, ordonner, permettre, préférer, prendre garde, prescrire, prier, réclamer, souffrir (＝permettre), souhaiter, supplier, tâcher, tolérer, trouver bon [mauvais], veiller, vouloir, など．
　非人称表現：Il est bon, convenable, indispensable, mauvais, nécessaire, temps, urgent, il faut, il importe, など．
　意味に従って意見の動詞あるいは意志の動詞となるもの：consentir, dire, écrire, entendre, être d'avis, faire savoir, prétendre, signifier,

など．

2° 形容詞節（関係節）　陰影に従って，直説法と接続法を使い分け得る可能性が最も多い．

① **目的・希望**を表わす：Il cherche un camarade qui *parte* avec lui. (BRUN, 559)「いっしょにでかけられる友だちを探している」▶ 現実の事実ではなく，希望された事実．俗語調では仮定的事実として qui *partirait* と言う．cf. Il a trouvé un camarade qui *partira* avec lui.（現実の事実）

② **最上級，それに準じる表現** (le seul, le premier, le dernier, un des premiers [derniers], l'unique, le suprême, un des, il n'y a que, など）の後で，その絶対的語調をやわらげる：C'est le meilleur homme que je *connaisse*.「私が知っているうちで一番よい人だ」/ C'était *la seule* personne de ma famille pour laquelle Odile *eût* quelque sympathie. (MAUROIS, *Climats*, 85)「私の家族のうちで O が多少好感を持っていたのはこの人だけだった」/ Je savais... qu'il avait été *l'un des premiers* officiers de marine qui *fût monté* en hydravion. (*Ib*., 86)「彼が水上飛行機に乗った最初の海軍士官の 1 人であったことを知っていた」

　直説法の使用　現実の事実を表わし，最上級の表現と関係節が密接に結びつかない場合．

(i) 比較が狭い範囲に限られるとき：C'est la plus vieille de ces deux femmes que je *connais*. (LE B, II, 407)「私が知っているのは，あの 2 人の女性の年をとったほうです」▶ 比較は 2 人に限られ，C'est celle-ci que je *connais*.「私が知っているのはこの女性です」という場合と同じ法．cf. Cette femme est la plus vieille que je *connaisse*. (*Ib*.)「この女性は私の知っているうちでいちばん年寄りです」．la plus vieille 以下が意味上一体をなす．すべての女性を知ることはできないから，la plus vieille は厳然たる事実とはなりがたい．

(ii) 関係節が比較の表現の補語に関係するとき：C'est le plus habile des ouvriers que je *connais*.「私の知っている職人のうちで，彼がいちばん上手だ」(cf. C'est le plus habile ouvrier que je *connaisse*.)

(iii) 説明的［同格的］関係節：Les monarques les plus puissants, qui *sont* souvent les plus malheureux, sont ordinairement les plus enviés du vulgaire.「最も力のある君主は，多くは最も不幸な君主なのであるが，一般には俗人から最も羨望される君主である」

(iv) pouvoir が不定詞を従えないとき：Je fais la meilleure contenance que je *puis*.「できるだけ毅然とした態度を示す」/ le mieux que je *peux*「できるだけよく」

(v) ⇨ seul, premier, un des (⇨un III. 2°②), il n'y a que (⇨il y a I. 3°)

③**否定・疑惑・疑問・条件を表わす節**の語を限定する場合：Nous *n'*avons *rien* dit qui *puisse* la peiner.「彼女につらい思いをさせるようなことは何も言わなかった」/ Il y a *peu* d'hommes qui *sachent* véritablement aimer.「真に愛することを知る者は少ない」/ Y a-t-il quelqu'un qui ne me *comprenne* pas?「私の言うことがわからない人が誰かいますか」/ *Si* c'est un homme à qui on *puisse* se fier, laissez-lui les clefs. (N, VI, 321)「信用のできる人なら，鍵をおあずけなさい」

3° 副詞節

①**時**：avant que, en attendant que, jusqu'à ce que, du plus loin que (⇨loin 5°), que (= avant que ⇨que⁴ VI. 1°) cf. après que + 接 (⇨après 3°②)

②**目的**：afin que, pour que, que (= afin que ⇨que⁴ VI. 2°), de crainte [peur] que.

③**原因（否定）**：non (pas) que. cf. ce n'est pas que.

④**結果（目的の意を含む）**：de (telle) façon [manière, sorte] que, en sorte que.

⑤**対立**：bien que, encore que, malgré que, quoique.

⑥**譲歩**：où que, pour... que, quel que, quelque... que, qui que, quoi que, si... que, tout... que, que (= même si ⇨que⁴ VI. 5°).

⑦**条件**：à [sous] (la) condition que, à moins que, à supposer que, au [en] cas que, en admettant que, en supposant que, pourvu que, si... et que (⇨que⁴ V. ①), supposé que, que (= si ⇨que⁴ VI. 5°).

III.　仮定・可能を表わす接続法　古語法で条件文に用いられた接続法は条件法に置き換えられたが，仮定・可能の意は次の場合に残る．

1° 現在形　si... que + 接 (⇨que⁴ V. ①), que + 接 (⇨que⁴ IV. 5°) のほか，que なしで条件を表わす．venir が普通：*Vienne* une maladie, nous sommes ruinés. (MART, 429)「病気にでもなれば破産だ」/ *arrive* le soir (S,

II, 355)「夕方になると」/ *paraisse* un génie surprenant (*Ib.*)「驚くべき天才が現われると」
2° 半過去形
① **補足節** 古典時代には条・現の価値を持った: On craint qu'il n'*essuyât* les larmes de sa mère. (RAC., *Andr.* I, 4) (= Il *essuierait* les larmes de sa mère, voilà ce qu'on craint)「あの子が母の涙を拭いはせぬかと気づかっております」▶近代作家も用いることがあるが、多くは接・現を用いるから可能事は表わせない.
② **譲歩節** この用法でも条・現の価値を持つので、MART (366, n.1) は条件法現在第2形 (seconde forme de conditionnel présent) と称する. ことに avoir, être, devoir. 多く単数3人称. 常に主語を倒置、名詞ならば devoir のほかは複合倒置: *eussé-je* [*eût-il, son père eût-il*] cent fois raison 「私 [彼、彼の父] がどれほど道理にかなっていようと」/ Je n'y toucherai pas, *fût-ce* du bout du doigt. (ROMAINS, *Trouhadec* IV, 5)「指一本触れるのもごめんです」/ Le *voulût-elle*, l'*essayât-elle* d'ailleurs qu'elle n'y réussirait pas. (MALOT — F-G, 236)「彼女がそれを望もうと、それを試みようと、やりおおせないだろう」(que については ⇨ que[4] VIII. 1°) ⇨ conditionnel II. B. 5°
③ **条件節** 上記②の構文で条件を表わすことはまれ. MART (367, n. 2) は誤用とみなす.
▶comme si+接・半. ⇨ comme[1] I. 2°①(1)
3° 大過去形 一般に条件法過去第2形 (seconde forme de conditionnel passé) と称せられ、上記の接・半に比べるとはるかに広く用いられる.
① **条件文の帰結節**で過去における非現実な事柄を表わす: Il *eût pensé* qu'elle dormait s'il n'avait vu briller ses yeux... (MAUPASS., *Bel-Ami*, 105)「彼女の目が輝くのを見なかったら、彼女が眠っていると思ったことだろう」/ Sans elle, il *eût été* un autre homme. (TROYAT, *Signe*, 15)「彼女がいなかったら、彼は別の人間になっていたことだろう」◆接・大は過去についてのみ用いられ、現在完了・未来完了を表わす条・過に代わり得ない. したがって、Si j'avais été là, il ne *serait* pas mort. (FRANCE, *Révolte*, 355)「私がその場にいたら、彼は死んではいないのに」(現在完了) / S'il commençait tout de suite, il *aurait fini* avant vous. (MART, 362, n. 2)「すぐ始めれば、あなたより先に終えられるのだが」(未来完了) では接続法は用いられない.

② **過去における非現実な仮定**を表わす条件節.
(1) *si* の後で 直・大に代わる: Il eût encore crié plus fort s'il n'*eût* pas *grelotté*. (PÉROCHON, *Nêne*, 152)「震えていなかったなら、もっと大声で叫んだことだろう」▶上記①と組合せると Il aurait réussi, s'il avait été plus habile.「もっと上手に立ち回れば成功したのだろうに」は接・大を使用してさらに3通りに書きなおせる: Il aurait réussi, s'il *eût été* plus habile. Il *eût réussi*, s'il avait été... Il *eût réussi*, s'il *eût été*... この接・大はまれに会話でも用いられる.
♦ plus [autant]... que si; comme si の後: Madame Trépof n'avait pas *plus* compris mon discours *que si* c'*eût été* du grec. (FRANCE, *Bonnard*, 64)「T夫人は私の言葉がギリシア語かなんぞのようにさっぱりわからなかった」/ avec *autant de* calme *que* s'il ne *se fût* pas *agi* de lui-même (GIDE, *Symph.*, 73)「自分のことではなかったかのように落ち着き払って」/ Pauline arpentait la pièce..., *comme si* elle *eût été* seule. (FERNANDEZ, *Violents*, 45)「Pはまるでひとりきりででもあるかのように部屋を歩き回っていた」
(2) *si* なしで下記③と同形式で条件の意が表わされる: *Eussé-je emporté* avec moi et *pris* aussitôt de la quinine, j'aurais sans doute mieux tenu le coup. (GIDE, *Journal 1942-9*, 215)「キニーネを持ってきていて、すぐそれを飲んだら、おそらくもっと打撃に耐えられたことだろう」/ *N'eût été* sa toilette verte, on l'*eût* pris pour un magistrat. (FRANCE, *P. Nozière*, 68-9)「緑の服さえ着ていなかったら、彼は司法官と間違えられたことだろう」(成句⇨être V. 1°)
③ **譲歩節** 譲歩接続詞なしで conditionnel II. B. 5°と同じ構文. まれに会話にも用いる: *Se fût-elle trouvée* seule avec lui *qu*'elle n'*eût* rien su lui dire d'autre. (TROYAT, *Araigne*, 35)「彼女が彼と2人きりになったにしても、ほかのことは何一つ言えなかっただろう」▶que の使用は任意. Elle *se fût trouvée* seule avec lui, (*qu'*) elle...も可能.
④ **仮定的事実**
(1) 比較節: Elle parlait d'une voix claire et monotone, comme elle *eût récité* une leçon. (GIDE, *Porte*, 179)「彼女は授業の課題でも暗唱しているように、澄んだ単調な声で話していた」
(2) 関係節: Qui m'*eût vu* alors se fût fait une

idée assez juste d'un mouton enragé. (FRANCE, *Bonnard*)「そのとき誰かが私を見たら、怒れる羊の何たるかをかなり正確に理解したことだろう」

⑤ **感情的用法**　感嘆文・疑問文で、遺憾・驚愕を表わす: *Eût-on* jamais *pensé* que cet homme eût pu commettre un tel crime? (LE B, I, 462)「あの男があんな罪を犯すなんて思いもよらないではないか」/ Mais comment *eussé-je pu* prévoir la question qui la tourmentait? (GIDE, *Symph.*, 125)「だが、彼女を苦しめているこの問いをどうして予知することができたろうか」

IV. 時制　接続法は4つの時制を持つのみであるから、これを直説法とくらべるときは、その1つが直説法の数個の時制を兼ねることになる。

1° 現在形　① **現在の行為**（直・現に相当）: Je ne crois pas qu'il *soit* chez lui.「彼が家にいるとは思わない」 cf. Je crois qu'il *est* chez lui.

◆主節が過去、従属節の内容が現在の場合: J'ai voulu que vous *soyez* au courant de cette affaire. (B, 782)「あなたにこの事件を知っておいてもらいたかった」/ A-t-il tellement changé que vous ne le *reconnaissiez* pas? (B, 797)「彼は誰だかわからないほどに変わったのですか」

② **未来の行為**（単未に相当）: Je doute qu'il *vienne* demain.「彼が明日来るとは思わない」 cf. Je crois qu'il *viendra* demain. ▶未来の時を特に表わす手段: Je doute qu'il *doive* venir.「彼が来るとは思わない」⇨ devoir 3°

◆主節が過去、従属節の内容が現在から見て未来の場合: Je l'ai averti qu'il nous *attende* demain. (B, 797)「明日待っているように彼に知らせた」/ J'ai proposé cette concession pour qu'il vous *fasse* bon accueil quand vous irez. (*Ib.*)「あなたが行ったら、丁重にもてなすように、こうした譲歩を申し出たのです」

③ **過去における現在、未来**（接・半の代用．直・半、条・現に相当）: Un soldat... m'enveloppa de son cache-nez pour que mes dents ne *claquent* pas. (GIRAUDOUX, *Simon*, 17)「1人の兵士が、私の歯が寒さでガチガチいわぬように、自分の襟巻きで覆ってくれた」/ Je voulais que ça *finisse* le plus tôt possible. (SARTRE, *Nausée*, 207)「それができるだけ早く終わればいいと思った」▶接・半の後退（⇨ 下記3°）の結果、時制の照応の規則に従わないこの現在時制の使用は、口語だけでなく、文語でも頻繁。

2° 過去形　① **過去の行為**（複過に相当）: Je suis content qu'il *soit venu*.「彼が来たことは嬉しい」 cf. Il *est venu*, j'en suis content.

② **未来における行為の完了**（前未に相当）: Je ne crois pas qu'il *ait fini* avant dix heures.「彼が10時前に終えてしまうとは思わない」 cf. Je crois qu'il *aura fini* avant dix heures.

③ **過去における過去、前未**（接・大の代用．直・大、条・過に相当）: Jusqu'à ce que nous *ayons atteint* les bois, nous causions. (MAURIAC, *Vipères*, 125)「森に着くまで話していた」

3° 半過去形　① **過去の行為**

(1) 過去における現在（直・半に相当）: Je ne savais pas qu'il *fût* là.「彼がいるとは知らなかった」 cf. Je savais qu'il *était* là.

(2) 主節が現在、従属節で過去の継続的行為を表わす: Je ne puis croire que Robert ne *fût* pas prêt. (GIDE, *Porte*, 126)「Rが準備ができていなかったとは思えない」 cf. Je crois que Robert *était* prêt. / Qu'il *fût* coupable, cela ne fait aucun doute à vos yeux, n'est-ce pas? (VERCORS, *Yeux*, 117)「彼に罪があったことは、あなたの目から見れば、少しも疑いはないのでしょう?」

(3) 単過: Je doute qu'il *partît* alors.「そのとき彼がでかけたとは思わない」 cf. Je crois qu'il *partit* alors. / quoiqu'il *vînt*「彼が来たけれども」 cf. Il *vint*, cependant...

② **未来**（単未に相当）．主節は条・現: Il faudrait qu'il *arrivât* de bonne heure.「彼は早く着かなければなるまい」

③ **過去における未来**（条・現に相当）: Je doutais qu'il *partît* le lendemain.「彼が翌日でかけるとは思っていなかった」 cf. Je pensais qu'il *partirait* le lendemain. / Je lisais en attendant qu'il *revînt*.「彼の帰りを待ちながら本を読んでいた」 cf. en attendant le moment où il *reviendrait*.

④ **法としての条・現に相当**．⇨ 上記III. 2°

接・半の後退　接・半は19世紀以来次第に用いられなくなった. je menasse (< mener), je susse (< savoir)は奇怪な感じを与える．同音の je menace (< menacer), je suce (< sucer) は異様には感じられないから、音そのものが不快なのではなく、使用がまれになった動詞活用形として耳ざわりなのである(cf. CLÉDAT, 212)．普通

に用いられるのは passé simple と同音の単数3人称だけ．Elle insistait pour que je *rentrasse*. (RADIGUET, *Diable*, 167)「彼女はどうしても私に帰ってもらいたいと言った」/ N'avait-il pas voulu que je *connusse* Marthe? (*Ib.*, 157)「彼は私がMと知り合いになることを望んでいたのではなかったか」のように，好んで接・半を用いる作家もあり，話し言葉でも時に用いられるが，一般フランス人はその活用を知らない (B, 784, n. 1). ことに複数1,2人称は避けるほうが好ましく，「rimassions, rimassiez はもはや許容しがたい．cassassiez, assassinassiez, ...は奇怪であろう」(D, 221-2).

接・半回避の手段 (i) 不定詞の使用. Il faudrait que j'y *allasse*.「そこに行かねばなるまい」> Il faudrait [Je devrais] y *aller*.

voirの使用: Je désirais que vous *réussissiez*.「ご成功を願っていました」> Je désirais *vous voir réussir*. ⇨ voir 7°①

(ii) 接・現の使用: Il a bien fallu que nous nous *résignions*. (ANOUILH, *P.N.*, 84)「どうしても諦めなければならなかったのです」/ Je voudrais que vous *parliez* avec mon mari. (MAUROIS, *Cercle*, 245)「主人と話していただきたいのです」(résignassions, parlassiezを避ける)

4° 大過去形 ①**過去における過去**（直・大に相当）: Je doutais qu'il *fût venu*.「彼が来たとは思わなかった」cf. Je pensais qu'il *était venu*. / Il était regrettable qu'elle *eût été* absente au moment de sa mort. (MAUROIS, *Cercle*, 119)「彼が死んだとき，彼女がいなかったことは残念だった」

♦完了: Marcelle ouvrit sa porte avant qu'il n'*eût atteint* le palier. (SARTRE, *Age*, 11)「Mは彼が階段の踊り場に着く前にドアを開けた」

②**過去における前未**（条・過に相当）: Je ne croyais pas qu'il *eût fini* avant dix heures.「彼が10時前に終えてしまうとは思わなかった」cf. Je croyais qu'il *aurait fini* avant dix heures.

③条・過 ⇨ 上記III. 3°

接・大は助動詞の接・半を含むが，avoirとêtreに限られるため，接・半ほどまれではない．しかし，これも単数3人称が普通．しばしば接・過に置き換えられる (⇨ 上記2°③).

5° 複複合時制（完了相の強調）まれ: Je suis arrivé avant que vous *ayez eu taillé* mes arbres. (D, 223)「あなたが木を刈り終える前に私は着いた」/ Une heure plus tard il *eût été parti* pour l'Amérique. (BALZAC — GOUG, 217, n. 1)「1時間後には，彼はアメリカに向かって出発していたことだろう」(= aurait été parti) cf. D-P, V, 655.

subordination［従属］⇨ proposition subordonnée

substantif［実詞］⇨ nom

succéder — *succéder à* qn「人の後を継ぐ」: Il *me* [*nous*] *succède*.「彼は私[われわれ]の後継者となる」/ Il *succédera à* son père *dans ce poste*.「父の後を継いでその職に就こう」♦lui yの併用不可能のため ×Il lui y succédera. は不可．yを略す (PINCHON, 332)

succéder à qch「何に続いて起こる」 à qchの代名詞はlui: Un cri identique *lui* (= à ce cri) *succède*. (ROB.-GRIL. — PINCHON, 133)「同じような叫び声がそれに続く」/ la Grammaire de Port-Royal et celles qui *lui succédèrent* (WAGN, *Gr. fr.* I, 7)「ポール・ロワイヤルの『文法』とそれに続いた文法書」

sucre — du *sucre* / un peu de *sucre* / un morceau de *sucre*「砂糖1個」

日常語でun *sucre* (= un morceau de *sucre*) (TH; *DFC*; MR; COL): Deux *sucres*? — Un seul. (*Thib.* V, 228)「砂糖は2個にするかい．— 1つでいい」

suffire — **1°** *suffire à* [*pour*] + qn [qch]: Cela *suffit à* [*pour*] mon bonheur.「それだけで私は幸福です」/ Rire *me suffit*. (BEAUV., *Compte*, 199)「笑うだけで私には十分なのだ」/ Pour l'instant, cela *me suffit*. (BUTOR, *Degrés*, 312)「今のところ，それで十分です」♦補語なしで: Ces explications *suffisent*. (DB)「この説明で十分だ」/ Cela ne *suffit* pas. (MR)「それではたりない」/ Cela [Ça] *suffit*. (主語を省略して*Suffit*.) (= (C'est) assez.)「たくさんだ，いい加減におし」

suffire (*à* qn) *à* [*pour*] 不定詞: Cela *suffisait à* [*pour*] me rendre heureux.「それだけで私を幸福にするには十分だった」/ Cette somme ne *suffit* pas *à* [*pour*] payer vos dettes.「この金額ではあなたの借金を払うには足りない」/ Cela leur *suffisait pour* se comprendre.「理解しあうには彼らにはそれで十分だった」▶日常語ではpourが普通．

suffire pour que + 接 : Cette somme ne *suffit* pas *pour que* vous payiez vos dettes.「その金額ではあなたが借金を払うには足りない」
♦ à [pour] + 名 不定詞 に代わる代名詞は y だが, 明らかならば略す：Cela *suffit* à votre bonheur? — Oui, cela (y) *suffit*. (y = à mon bonheur)「それだけであなたは幸福なのですか. — ええ, それで [私が幸福になるには] 十分です」/ S'il perd ce procès, tout son bien n'*y suffira* pas. (AC) (y = pour payer les frais de ce procès)「彼がこの訴訟に負ければ, 全財産を投げ出しても足るまい」

2° 非人称 ***il suffit*** (***à qn***) ***de*** + 名 (***pour*** 不定詞) : *Il me suffit d'*un seul coup d'œil. (CLAIR, 292)「ちらっと見るだけで十分だ」/ *Il suffirait d'*un après-midi *pour* en venir à bout. (BUTOR, *Degrés*, 107)「午後の半日もあればやれるだろう」/ Paris, *il suffisait d'*une fois *pour* y venir. (BEAUV., *Inv.*, 119)「パリなんぞ1度来れば十分だったのさ」

il suffit (***à qn***) ***de*** 不定詞 (***pour*** 不定詞) : *Il te suffira de* prendre quelques précautions. (BUTOR, *Degrés*, 95)「少し用心さえすればいいよ」/ *Il ne suffit* pas *d'*avoir de l'argent *pour* être heureux. (*DFC*)「金があるだけで幸福にはなれない」

il suffit que + 接 (***pour que*** + 接) : *Il suffit que* vous le vouliez. (BEAUV., *Inv.*, 36)「そうしたいと思えばそれでいいのよ」/ *Il suffit qu'*il s'approche de moi par accident *pour que* tu ne nous quitte pas des yeux. (ANOUILH, *P.R.*, 66)「あの人が何かの拍子に私のそばに寄っただけで, あなたは私たちから目を離さないじゃないの」

♦ de + 名, de 不定詞, que の代名詞は de cela : Il *suffit de cela*. (×Il en suffit. は誤り) ▸il suffit (=cela suffit) / il suffit que + 直 / suffit que + 接 は古めかしい (*EBF*; ROB).

suffisamment — suffisamment de + 名 : Tu gagnes *suffisamment d'*argent de poche. (ANOUILH, *N.P.N.*, 37)「たっぷり小遣い銭をかせぐね」▸de + 名 = en の代入 : Tu *en* gagnes *suffisamment*.
♦ suffisamment pour 不定詞 : Nous devons être les seules gens qu'elle connaisse *suffisamment pour* les inviter chez elle. (DURAS, *Stein*, 163-4)「自分の家に招待するほどよく知っている人はわれわれだけに違いない」

suffixe [接尾辞] — 語 (幹) の後に添えて派生語 (⇨ dérivation) を作る接辞 (affixe). 接頭辞 (préfixe) と同じく本来は独立語であったが, -ana (人名に付けて「…語録 [逸話集]」の意. 名男 として ana 単独でも用いる) のような例外を除き, 独立した機能を持たない.

I. 接尾辞の分類

1° **起源による分類** 少数のゲルマン語源, ギリシア語源を除けば, 大部分がラテン語源. このほかにフランス語で新たに作られたものがある. clou > clou*tier* は lait > lait*ier* の類推形. hiatus を避ける傾向から, 既存の -ier (suffixe primitif) のほかに -tier という二次的接尾辞 (suffixe secondaire) が作られた. その手段は,
① 子音の挿入. t が普通 (bijou-t-ier, numéro-t-age). まれに c (noir-c-ir), d (bazar-d-er), l (landau-l-et), s (banlieu-s-ard)
② 母音の挿入 : e (sûr-e-té), i (mond(e)-i-al, président-i-el), u (majest(é)-u-eux は somptueux の類推)
③ 接尾辞の重複 : chemise > chemis-ier > chemis-(i)er-ie. こうしてできた -erie は新しい接尾辞として直接に名詞に添えられる : gendarm(e)-erie. その他, -ass(e)-er, -el-et, -el-in, -el-ette, -et-on, -on-n-er, ot-(t)-er, など.

2° **語幹の種類による分類** 名詞語幹に添えるもの (fin-al, Europ(e)-éen), 形容詞語幹に添えるもの (haut-ain, bleu-âtre), 動詞語幹に添えるもの (pass(er)-age, trah(ir)-ison). いずれにも添え得るもの (can(e)-ard, rich(e)-ard, traîn(er)-ard) に分けられる.

3° **民間接尾辞** (suffixe populaire) **と学者接尾辞** (suffixe savant) ラテン語から音声変化を受けて自然にフランス語に入り民間の造語に用いられるものと, 学者が直接にラテン語から借りたもの. ラテン語 -atorem は民間接尾辞では -eur (cherch-eur), 学者接尾辞では -ateur (cré-ateur) となった. ギリシア語源接尾辞は俗ラテン語を介してフランス語に入った -isme, -iste を除けば, 日常語には用いられない.

4° **現用接尾辞** (suffixe vivant) **と廃用接尾辞** (suffixe mort) -ain (châtel-ain) は造語力を失い, 近代では -ien (collég(e)-ien) に代わられる. 母音と子音とから成るもの (-erie), 意味の明確なもの (-able) は, 母音のみのもの (-ie), 意味の漠然としたもの (-eau) より一般に生命が長い.

5º 派生語の品詞別による分類 ⇨ II
6º 意味による分類　行為者(-eur, -ateur), 行為(-ade, -age, -ation), 道具(-ail, -oir), 行為の結果(-age, -is), 場所(-erie), 性質(-ence, -té), 職業に携わる人(-ateur, -ien, -iste), 住民(-ain, -ois, -ien), 集合(-aille), 軽蔑(péjoratif), 指小辞(diminutif), 拡大辞(augmentatif), など.

II. 主要な接尾辞　*印は学者接尾辞. 起源の記載のないものはラテン語源と二次的接尾辞. ( )は語幹の種類.

1º 名詞を作るもの
-ade (名動)　集合: colonnade. 行為: glissade. **-age** (名動)　集合: feuillage. 状態: esclavage. 行為: lavage. **-aie**, まれ **-oie**, **-eraie** (名) 植物の集合: chênaie, charmoie, pineraie. **-ail** (動) 道具: épouvantail. **-aille** (名動) 集合・軽蔑: valetaille. 行為・結果: trouvaille. **-ain, -aine** (名形) 人: châtelain, mondain, Romain. 集合: quatrain, douzaine. *-**aire** (名) 人: millionnaire. **-ais, -ois** (名) 住民: Japonais, Français, Chinois, villageois. **-aison** (-ir 以外の動詞) 行為: liaison, pendaison. ▶-*oison*, -ir 動詞につく-*ison*は pâmoison, garnison, guérison, trahison だけ. *-**ana** (固有) 語録・逸話集: Voltairiana. **-ance** (現分) 行為: naissance, obéissance. **-ande** (動) …すべきもの: offrande. **-andier, -anderie** (動) 行為者: lavandière. 場所: buanderie. 職業: taillanderie. **-ard** germ. (名形動) 人: montagnard, richard, vantard. **-as, -asse** (名形動) 多数・軽蔑: plâtras, lavasse. *-**at** (名) 職, 位: doctorat, épiscopat. 行為: assassinat. 二次的-*iat*: prolétariat. *-**ateur** (動) 人: admirateur. *-**ation, -ition, -sion** (動, lat.語幹) 抽象名詞: démoralisation, ignition, compromission. **-âtre** (形) 軽蔑: gentillâtre. (marâtre は俗 lat.から). *-**ature** (名形動), **-iture** (-ir 動詞): ossature, filature, fourniture. **-aud[t]** germ. (多く形) 軽蔑: rustaud, levraut, lourdaud, courtaud. **-é** (名) 職・位: vicomté, évêché. **-eau, -elle** (名形動) 指小辞: drapeau, rondeau, ruelle. 二次的-*ereau, -eteau*: lapereau. **-ée** (名) 内容・継続・製品: cuillerée, gorgée, matinée, araignée (古仏の toile d'araigne の意味から). *-**éen** (名) 人: Européen, lycéen. **-ement** (現分) 多く行為: battement. 場所: logement.

-*iment* : sentiment. *-**ence** (-ent の形): permanence, adhérence. **-erie** > ier + ie (名形動) 性質: bizarrerie. 行為: causerie. 集合: argenterie. 職業・場所: imprimerie. **-esse** (形) 抽象名詞: richesse. **-eresse**: sécheresse. 事物: forteresse. **-esse** (名) 女性: princesse. **-et, -ette** (名形動) 指小辞: archet, fourchette, maisonnette. **-elet, -eret, -onnet**: dameret. **-eur** (形) 抽象名詞: grandeur. **-eur, -euse** (現分) 人: envahisseur, vainqueur. 道具: numéroteur, batteuse. **-ie** (名形) 性質: courtoisie, barbarie. 国: Normandie, Arabie. *-**ien, -ienne** (名) 人: musicien, Parisien. **-ier, -ière** (名) 人: banquier. 場所: herbier. 木: pommier. 容器: soupière. **-ille** (名) 指小辞: flottille. **-is** (名動) 行為・状態: roulis, fouillis. その結果: éboulis. **-ise** (名形) 抽象名詞: franchise. 事物: marchandise. *-**isme** (名形) 主義・特性・状態など: barbarisme, alcoolisme. *-**iste** (名形) 人: artiste. *-**ite** gr. (名) 医学用語: bronchite. 鉱物名: uranite. *-**ité** (形) 抽象名詞: actualité. *-**itude** (形) 抽象: platitude. **-oir, -oire** (動) 場所: parloir. 道具: arrosoir, baignoire. **-on** (名形動) 指小辞: aiglon, tendron, jeton. -*aillon, -eron, -ichon, -illon*: chaperon, maigrichon, négrillon. 拡大辞: ballon, million. *-**ose** gr. 病名: dermatose. **-ot, -ot(t)e** (名形動) 指小辞: îlot, pâlot, cachot, menotte. -*iot*: maigriot. **-té** (形) 抽象名詞: fierté. *-**ule** (名) 指小辞, 軽蔑: globule, libellule. **-ure** (名形動) 受動的行為の結果: blessure, meurtrissure. 集合: chevelure.

2º 形容詞を作るもの　同一語が名詞・形容詞となるもののうち, -ain, -ais [-ois], -an, -ard, -aud, -éen, -ien, -in, -ot は省いた.

-able (動名) 可能・性質: blâmable, charitable. *-**al, -el** (名): colossal, mortel. **-asse** (形) 軽蔑: fadasse. **-âtre** (形) 指小・軽蔑: bleuâtre, douceâtre. **-é** (名): azuré, imagé, étoilé. *-**é, -ié** (lat. 語幹): constellé, folié. **-er, -ier** (名形): ménager, passager, princier, hospitalier. *-**esque** it. < lat. (名) 時に軽蔑: funambulesque. **-et** (形) 指小辞: propret. -*elet, -ouillet*: maigrelet, grassouillet. **-eux, -euse** (名動): courageux, boiteux. *-**ible** (動名) lat. 語幹) 可能・性質: divisible, paisible, comestible. **-if** (名動): tardif, maladif, craintif. *-**ique** (名): chimique, volcanique. *-**toire** (動): blasphématoire. **-u** (名): barbu, feuillu. *-**ueux** (名): torrentueux, majestueux.

3° 動詞を作るもの
① **直接派生** (dérivation immédiate). 語幹に直接に語尾を添えるもの. 現用語尾は-er, -irの2種.

 -er 形容詞に添えることはまれ (vider), 多く名詞に添える. 造語力が豊かで, 盛んに新語を作る. 道具の使用 (crocheter), 備え付け (meubler), 性質の賦与 (courber, anémier), 行為 (boxer, calomnier), など. 類推形: -*ter* (clouter), -*der* (bazarder), -*ler* (chauler < chaux)

 -ir 名+irはまれ (meurtrir). 多く形容詞に添え, ある状態への移行を表わす: blanchir, verdir, rougir.

② **間接派生** (dérivation médiate). 語幹と動詞語尾の間に指小・反復・軽蔑などの意を表わす接尾辞を挿入するもの: -*ailler* (名動): ferrailler, toussailler. -*asser* (動): rêvasser. -*eler* (名): denteler. -*eter* (名動): becqueter, voleter. -*iller* (名動): pointiller, mordiller. -*iner* (動): trottiner. -*ocher* (動): flânocher. -*onner* (動): chantonner. -*oter* (形動): boulotter, tapoter. -*oyer* (形名): verdoyer, festoyer. (-*ayer*: bégayer. -*eyer*: grasseyer)

 学者の造語: *-*ifier* (名): personnifier. -*iser* (形名): égaliser, monopoliser.
4° 副詞を作るもの: -ment
III. 語幹の変化
1° **語末母音** ①口母音. 多く脱落: Canad(a)-ien, charit(é)-able, bêt(e)-ise. 類推による子音の添加: numéro-t-er. ⇨ I. 1° ①
② 鼻母音＞口母音: voisin-age ([ɛ̃] > [in]), patron-age ([ɔ̃] > [ɔn]).
2° **語末子音** ①有音子音 (1)発音不変, 綴りが変わる. c < > qu: tur*c* > tur*qu*oise. républi*que* > républi*c*ain. l > ll: col > collier. r > rr: cha*r* > cha*rr*ette. (2) f > ve: acti*f* > acti*v*ité. (3) l + 子音 > u: cheval > chevaucher.
② 無音子音 (1) 有音化: grand > grandeur. g > [g, ʒ]: long > longueur, allonger. c > [k, ʃ]: franc > franquette, blanc > blanchir.

jonc > joncer. s > [z, s]: niais > niaiserie, bas > bassesse. t > [t, s]: idiot > idiotisme, idiotie [-si], chat > chat*t*erie. (2)脱落: faubour(g)-ien.

③ **語末音節消失** (⇨ apocope) (1) -as, -eau, -er, -et, -ie, -ier, -on, -ot などの脱落: ois(eau)-illon, dîn(er)-ette, marm(ot)-aille. (2) 語末と接尾辞に同音が重複する場合: décrép(it)-itude. (3) 愛称: Suz(anne)-on.

④ **母音交替** (apophonie). 接尾辞の添加によってアクセントがずれるために起こる母音の変化: sav*a*te > sav*e*tier, f*ai*m > *a*ffamé, cl*ai*r > cl*a*rté, m*ai*n > m*e*notte, cl*e*f > cl*a*vier, mod*è*le > mod*e*ler, ser*ei*n > sér*é*nité, corb*ei*lle > corb*i*llon, douc*eu*r > douc*e*reux, p*a*steur > p*a*storal, *œu*vre > *ou*vrage, cheval*i*er > chevalerie, gl*oi*re > gl*o*rieux, など.

suite — *tout de suite* (= sur-le-champ, immédiatement, sans délai): Venez *tout de suite*. 「すぐおいでなさい」 *de suite* (= l'un après l'autre, d'une façon continue): deux heures *de suite* 「2時間続けざまに」 ♦de suite は sur-le-champ の意にも頻繁に用いられ, 今日ではこれを誤用とはなしがたい (G, 856; H, 938; 『新考』134以下): Il faut lui annoncer *de suite, de suite*, que nous allons la mettre au couvent. (BATAILLE, *Vierge* I, 8) 「彼女を修道院に入れることを, 今すぐに彼女に知らせねばならぬ」

♦tout de suite は元来は de suite 「続けざまに」を強めただけのもの: Je vous défie de les (= ses lettres) lire *tout de suite*. (SÉVIGNÉ—DG)「それをいちどきに読むなんてあなたにはできそうもありませんね」 継続, したがって間隔のない行為を示す語は迅速を示しやすいところから, 今日の意に変わった. cf. incessamment 「絶え間なく＞すぐに」

 tout de suite que 《俗》 = aussitôt que (S, II, 279)

suivant ⇨ selon
sujet [主語] — 動詞の表わす能動的行為をなし, 受動的行為を受ける人・物を示す語(群). qui est-ce qui, qu'est-ce qui の答えとなる語. 主語はそれに支配される動詞の人称と数, また être を助動詞とする受動態と複合時制では過分に性・数の一致を促す. 伝統文法のこうした定義の問題点については cf. *Gr. d'auj.*

(654-8)など．

A. 主語になるもの
① **名詞**: *Le ciel* est bleu.
② **代名詞**: *Il* est mon père. / *Le mien* [*Ceci*] est plus joli. / son père *qui* est mort / *Qui* est venu? / *Quelqu'un* est venu.
③ **不定詞**: *Crier* n'est pas chanter.
④ **名詞として用いられた語**: *Le moi* est haïssable. (PASCAL)「自我は憎むべし」
⑤ **節**: *Quiconque est homme* peut se tromper.「人間は誰しも間違うことがある」/ *Qu'il ait composé lui-même* n'est pas douteux.「彼が自分を取り繕ったのは疑う余地がない」⇨ que⁴ I. 1°

B. sujet grammatical と sujet logique 非人称構文: Il vint *des étrangers*.「見知らぬ人々が来た」/ Il est honteux *de mentir*.「嘘をつくのは恥ずべきことだ」/ C'est un péché *de mentir*.「嘘をつくのは罪悪だ」などで, il, c'を sujet grammatical［文法的主語］（あるいは sujet apparent［外観上の主語］), イタリック体の部分をs. logique［論理的主語］（あるいはs. réel［実主語］）と言う. B (289, 291) は論理的主語という考え方を許容せず, これを「真の目的補語」とみなし, 非人称動詞の séquence［後続語］と名づけた.

C. 主語の語順 格変化の消滅した近代フランス語では, 主語の位置は文法的に定まり, Paul bat Pierre. の Paul が主語であるのはその位置によるから, 語順をみだりに変えることはできない. しかし, 語順によって主語が識別できなくならぬ限り, 主語の位置は動き得るだけでなく,〈動＋主語〉の語順が必要なことさえある.

主語倒置の形式
(i) **単純倒置** (inversion simple): Arriva-*t-il*? / Arriva *son père*. (ii) **複合倒置** (inversion complexe): *Son père* arriva-*t-il*?

I. 独立節における倒置
疑問文・感嘆文・挿入節における倒置 ⇨ interrogative (phrase); exclamative (phrase); incise (proposition)

1° 自動 代名 ＋ **主語名詞** 絶対倒置 (inversion absolue) と呼ばれる (LE B, *Inv.*, 19).
① **存在・出現・移動・継起を表わす動詞** 動詞よりも主語が焦点であり, 最大量の情報を担う. 主語が長いほど倒置されやすい. DE BOER (§548, e) は動詞は主語を導入するだけで, voilàの類義語と考えられると言う. 主語はつねに名詞: Régnait dans la pièce *une odeur fraîche et légère*. (DÉON, *Taxi*, 63)「部屋の中には, さわやかなかすかな匂いが満ちていた」/ Arriva *un personnage duquel Yves m'avait entretenu souvent*. (LOTI, *Yves*, 88)「イヴがよく話していた男がやってきた」/ Vint *la minute de séparation*. (QUENEAU, *Fleurs*, 44)「別離の時が来た」/ S'élève *une clameur de joie*. (CESBRON, *Prison*, 61)「歓声があがる」/ Suivit *un long silence*. (DÉON, *Déjeuner*, 311)「長い沈黙がそれに続いた」▶この種の動詞は多く非人称構文に用いられる. ⇨il impersonnel II
② **卜書** 上記の特別な場合. entrer とその類義語は多く倒置: Entre *Véronique*. (SARTRE, *Nekr.*, 137) / Entrent *Tavernier et Périgord*. Le secrétaire sort. (*Ib.*, 33) ▶主語は名詞, 動詞は直・現. ただし,〈主語＋動〉も可能: *Florence* entre. (DORIN, *Th*. I, 153)（動詞が舞台にすでにいる俳優の動作を表わす sortir ならば倒置は少ない）
③ **定義, 官庁文体** 動詞は多く être, 受動形: Est transitif *le verbe qui...* (D, 435)「…する動詞は他動詞である」/ Seront punis d'une amende *ceux qui...*「…する者は罰金に処せられる」
④ **諺**: Rira bien *qui rira le dernier*.「最後に笑う者がよく笑う」
⑤ **類似構文**: A perdu *qui n'est pas perché sur le velours d'un coussin noir*. (LOTI, *3ᵉ jeunesse*, 67)「黒いビロードのクッションに座らなかった者が負けとなる」/ Vous avez de l'esprit. (...) De nos jours, n'en a pas *qui veut*. (ANOUILH, *P.R.*, 270)「あなたは才気がある.（…）今日では, 才気を持ちたいと思う者が才気があるわけではありません」/ Le superbe n'est pas seul à être impur; sont impurs *tous ceux qui approchent de lui par goût*. (MONTHERL., *Cardinal* II, 3)「尊大な人間だけが不純なわけではない. そういう人間に好んで近づく者は皆不純です」

2° **補語** 副＋動＋**主語** 古仏語では普通の語順. ゲルマン語の影響があるという (D, 433). 近代語ではことに表現に生彩を与える目的に利用する.
① **時・場所の副詞** (alors, aussitôt, bientôt, enfin, parfois, puis, tout à coup; ici, là, など), **状況補語**, **間接補語**の後の主語名詞の倒置. 補語と動詞を接近させる傾向と, 人称法に

用いられた動詞を文末に置くことを避ける傾向による．主語が長いほど倒置されやすい．動詞は自動詞（ことに 1° ①に記載のもの），代名動詞が普通：Ici commencent *les années d'apprentissage*. (MAUROIS, *Alain*, 15)「ここに修行時代始まる」/ Là était *le danger*. (MALRAUX, *Cond.*, 137)「そこには危険があった」/ Au pied de la montagne coulait *un ruisseau*. (LE CLÉZIO, *Mondo*, 114)「山のふもとを小川が流れていた」/ Et bientôt entrèrent dans la chambre *un vieil homme et une vieille femme*... (FLAUBERT, *St Julien* II)「やがて，部屋の中に 1 人の老人と 1 人の老婆が入ってきた」/ Mais, le 24 février, éclata *la révolution de 1848*. (MAUROIS, *Dumas*, 235)「しかし，2 月 24 日に 1848 年の革命が勃発した」/ Peu de temps après arriva *la voiture du médecin*. (DHÔTEL, *Pays*, 131)「しばらくすると，医者の車が着いた」/ Pour m'achever, survint *l'affaire Boucoyran*. (DAUDET, *Pet. Chose* I, 9)「私に止めをさすために B 事件が起こった」

♦ 他動 ＋直・目＋主語名詞：Quelquefois traversait le ciel *un gros avion italien*. (ZÉRAFFA — GEORG, 218)「ときどきイタリアの大型機が空を横切った」▶この構文はまれ．多くは誤用とされる (cf. LE B, *Inv.*, 265, n.).

♦ 〈他動＋無冠詞名詞〉が一体をなす動詞相当句・自動詞的代名動詞（⇨ verbe pronominal II. 1°, 4°）は単一動詞として扱われる：leur enfant (...) à qui faisait horreur *toute nourriture* (MAURIAC — *Ib.*, 266)「食べ物が何でも大嫌いな彼らの子供」(cf. 下記 II. 1° ①) / Devant l'église se tenait *un groupe de jeunes gens*. (KORZEN — *Revue romane*, n° spécial 24, '83, 65)「教会の前には若者の群れがいた」

② *à peine, à plus forte raison, aussi, aussi bien, du* [*au*] *moins, en vain* [*vainement*]*, et encore, peut-être, sans doute* の後．規則としては人称代名詞，ce, on も名詞（複合倒置）も倒置は自由：Sans doute *elle a* [*a-t-elle*] raison.；Sans doute *ma mère a* (*-t-elle*) raison.「おそらく彼女［母］の言う通りなのだろう」▶ただし倒置の頻度は各語によって異なり，à peine, peut-être などはほとんど常に倒置を促す（各語参照）．

de même, difficilement, rarement の後ではまれに，*toujours* (= en tout cas), *encore* [*mais encore*]*, tout au plus* の後では常に倒置．*ainsi* の後の倒置は意味による（各項参照）．

③ 諺，成句：Tant va *la cruche* à l'eau qu'à la fin elle se casse.「（たびたび水を汲みに行けば壺もしまいには壊れる＞）たびたび危険を冒すときはついに身を滅ぼす」▶ *mieux* [*autant*] *vaut* (⇨ valoir 3°; autant 10°)

3° 属詞＋繋合動詞＋主語名詞 ⇨ attribut V. 1°②

II. 従属節における倒置

1° 関係節　補語と動詞を接近させる傾向から主語名詞が倒置されやすい．無強勢代名詞は倒置されない．

① 直・目 *que*；前＋*qui, lequel, quoi*；*où* の後：le livre que m'a prêté *mon ami* [*que mon ami* m'a prêté]「友人が貸してくれた本」/ l'événement auquel pensait *ma mère* [*auquel ma mère* pensait]「母が考えていた事件」▶主語が長ければ倒置は必要．

② 属詞 *que* の後．倒置しないと est が節の終わりに来るときは主語名詞の倒置は必要：cette chose atroce qu'est *la jalousie*「嫉妬というあの恐ろしいこと」▶ que la jalousie est で文を終えることはできないが，que la jalousie est trop souvent は可能．

③ *dont*　目的語名詞を伴わない動詞の補語となるとき，主語名詞は倒置されやすい：les marroniers dont est planté *le côté droit du boulevard* (CARCO, *Equipe*, 7-8)「大通りの右側に植えられたマロニエの木」/ ces choses familières dont parle *l'Evangile* (FLAUBERT, *Cœur* III)「福音書が語っている，日常見なれたこれらの事柄」

2° *quelque* [*si, tout, pour*]... *que*；*où* [*quel, quoi*] *que* の後でも主語名詞は多く倒置：quelque [si] grand que soit *votre frère*「あなたの兄さんがどれほど大きくても」▶主語が人称代名詞，ce, on ならば倒置されないが (quelque grand qu'*il* soit), si grand soit-*il* (⇨ si², IV, 2°) の構文がある（各項参照）．

3° 時・比較などの接続詞：quand [dès que] parut *cet homme* [*cet homme* parut]「その男が現われたとき［現われるや否や］」/ avant que se termine *la fête* [*la fête* se termine]「祭が終わらぬうちに」/ comme l'ordonne *la loi* [*la loi* l'ordonne]「法の命ずるように」▶動詞が

直・目を伴うときは倒置しない.
4°　補足節　主語が長く，動詞が自動詞・代名動詞ならば倒置されやすい：Il lui semblait que du meurtre des animaux dépendait *le sort de ses parents*. (FLAUBERT, *St Julien* II)「両親の運命は彼が動物を殺生するかいなかにかかっているように思われた」(que 以下は I. 2° の語順) / Ils attendent que cesse *la musique*. (DURAS, *Camion*, 24)「彼らは音楽が終わるのを待っている」/ Il fallait que disparût *jusqu'au souvenir de cette faute*. (ARLAND, *Ordre*, 51)「この過失の思い出まで消え去らねばならなかった」/ Je voulais d'abord que sèche *la sueur qui m'inondait le visage et collait ma chemise à ma peau*. (MODIANO, *Vestiaire*, 94)「まず，顔をぐっしょり濡らし，シャツを肌にへばりつかせている汗が乾いてもらいたかった」
5°　*c'est... que*　先行する補語が動詞を牽引し，主語名詞は倒置されやすい(cf. 上記 II. 1° ①)：C'est surtout les sottises humaines qu'a peintes *Flaubert*. (FAGUET, *Flaubert*, 189)「Fが描いたのはことに人間の愚劣さだ」
6°　条件節　条件は倒置だけでも表わされる.
①直説法：Fait-*il* beau, nous sortons.「天気がよいと，外出する」/ Passait-*il* près d'eux, ils détournaient la tête. (ARLAND, *Ordre*, 42)「彼がそばを通ると，彼らは顔をそむけるのだった」/ Le contredisait-*on*? son front se plissait. (*Ib.*, 56)「人が言い逆らうと，額にシワを寄せるのだった」▶疑問文から条件の意に移ったもの. 純然たる条件を表わすことはまれで，toutes les fois que の意が普通 (cf. S, II, 358). したがって，動詞は多く反復的動作を表わす直・現，直・半．⇨ point d'interrogation
②条件法 ⇨ conditionnel II. B. 4°
③接続法 ⇨ subjonctif III. 1°
7°　譲歩節 ⇨ conditionnel II. B. 5°; subjonctif III. 2° ②
D.　主語の省略 ⇨ pronom personnel II. 2°; il impersonnel III

superlatif ⇨ degré de signification
supposé — supposé + 名 (= en supposant) では前置詞とみなされ無変化：*supposé* son honnêteté (COL)「彼が誠実であるにしても」◆ supposé que + 接：*Supposé qu'*il fasse beau, viendrez-vous avec nous en promenade? (*DFC*)「天気がいいとすれば，われわれと散歩に行きますか」

supposer — **1°** *supposer que*
① + 直 (= admettre comme un fait, présumer, penser, croire)：Je *suppose que* je n'*ai* rien à dire. (SAGAN, *Brahms*, 140)「何も言うことはないと思うよ」/ Je suppose que Gilbert a parlé. (BEAUV., *Images*, 158)「Gが話したんだと思うわ」◆le = 〈que + 節〉はしばしば省略：Je suppose qu'il n'est pas au courant.—Je *suppose* aussi. (BEAUV., *Tous les h.*, 12)「彼はそれを知らないと思う.—わたしもそう思う」
② + 接 (= admettre comme une hypothèse)：*Supposons que* pour une raison ou pour une autre, il *faille* retarder l'opération. (VERCORS, *Colères*, 160)「何らかの理由で手術を遅らせなければならないものと仮定しましょう」▶ + 接 は主語が明示されない構文 (supposons que, supposez que, à supposer que, en supposant que) にことに多い (BÖRJ, 40). ◆à supposer que + 接：*A supposer que* vous *soyez refusé* à votre examen, que ferez-vous? (*DFC*)「試験にはねられたとしたら，どうします」/ *A supposer qu'*elle (= la solution proposée) *soit* juste, elle ne résoudrait qu'une partie du problème. (GALICHET, *Méthod.*, 59)「それが適切なものであったとしても，問題の一部しか解決しないだろう」
2° *supposer* + 直・目 + 属詞：On vous *supposait* averti. (*MR*)「あなたが知っているものと思っていたのです」(1° ①の意) / *Supposons le problème résolu*. (*MR*)「問題が解決されたものと仮定しよう」(1° ②の意)
◆supposer + 直・目 + 場所：On le *suppose* à Paris. (= On suppose qu'il est à Paris)
3° *supposer* qch *à* [*chez*] qn：On lui *suppose* des vices. (ROB)「彼にはかずかずの不品行があるとみられている」

suprême — le suprême の後の関係節の法. ⇨ subjonctif II. B. 2° ②

sur — **1°　場所** ⇨ dans 1°; à I. 10°
①事物の表面に接触：*sur* la table / *sur* la chaise / Il a son nom *sur* sa porte.「彼のドアには表札がつけてある」(cf. au-dessus de sa porte 「入口の上部に」) / Ton pain, fit-il, le tirant *de sur* ses genoux. (VIALAR, *Eperon*, 25)「君のパンだよ，と彼は膝の上からパンを取りだして言った」(文法は de dessus を要求するが，この鈍重な形の使用は義務的ではない．cf.

sous 1º)　◆jurer *sur* l'Evangile「福音書の上に手をおいて誓う」から jurer *sur* la tête de son père「父親の首にかけて誓う」, déclarer *sur* l'honneur que...「名誉にかけて…と断言する」を生じた.

◆付着, 所持: avoir qch *sur* soi「あるものを身につけている」　接近: une maison *sur* le bord de la mer「渚にある家」cf. *au bord de la mer*「海岸に」/ une maison *sur* le [または au] bord de la route「街道沿いにある家」

②方向: tourner *sur* la droite [gauche]「右[左]にまがる」(à droite のほうが普通) / tirer *sur* qn「ある人に向けて発砲する」(ただし tirer un coup de revolver *à* qn「人をピストルでうつ」; tirer une flèche *à* qn「人に矢を射る」) / Cette pièce donne [*s'ouvre*] *sur* la rue「この部屋は通りに面している」◆急速な運動の方向: L'armée marche *sur* Paris.「軍隊は一路パリに向かって進軍している」/ fondre *sur* l'ennemi「敵におそいかかる」/ se jeter *sur* qn「人にとびかかる」▶運動の到着点となる対象に覆いかぶさる感じを含む(⇨ *à* I. 1º①).

③上部: Des avions volent *sur* la ville.「飛行機が町の上を飛んでいる」cf. ... volent *au-dessus de* nos têtes「われわれの頭上を」/ Il est toujours *sur* les livres.「絶えず本を読んでいる」

2º 時 ①同時, 直後: *Sur* ces mots [*Sur* ce], il sortit.「そう言うと彼は出ていった」/ *sur* l'heure「ただちに」cf. à l'heure「定刻に」/ *sur* ces entrefaites (= pendant ce temps-là)「そうこうするうちに」

②直前: Il est *sur* son départ.「まさに出発しようとしている」

③およその時: *sur* le midi (= vers midi)「正午ごろ」/ *sur* le soir「夕方ごろ」/ *sur* la fin de「…の終わりごろ」/ *sur* les 3 heures (= vers (les) 3 heures)「3時ごろ」⇨ article défini II. 5º

④方向: aller *sur* (ses) 30 ans「30歳になろうとしている」

3º 優越, 支配: régner *sur* un pays「一国を支配する」/ agir [influer] *sur*「…に影響する」/ l'emporter *sur* ses camarades「同級生をしのぐ」/ remporter la victoire *sur*「…を打破る」

4º 根拠, 基準: se modeler [se régler] *sur* qn「人を模範にする」/ juger *sur* les apparences「外観で判断する」(具体的な手本にならう意で

は d'après を用いる: peindre *d'après* nature「写生する」) / prêter *sur* gages「担保をとって金を貸す」/ faire qch *sur* le désir [*sur* la prière] de qn「人の望み[願い]によって…をする」

5º 話題: discourir *sur* qch「…を論ずる」/ prendre des renseignements *sur* qch「…について問い合わせる」/ interroger qn *sur* qch「…について人に尋ねる」/ faire une conférence *sur* Mallarmé「Mについて講演する」/ *sur* ce point「この点について」

6º 抽出: économiser *sur* ses revenus「収入の一部を貯金する」/ faire des épargnes *sur* la dépense「支出の一部を節約する」/ prendre une partie *sur* un tout「全体から一部を取る」/ lever un morceau *sur* une dinde「七面鳥の肉を一切れ切りとる」/ *Sur* (=De) dix invités, cinq sont venus.「10人招待されたうち5人来た」/ une fois *sur* mille「千回に一回」/ un jour *sur* trois「3日のうち1日」(cf. un jour *sur* deux=de deux jours l'un. ただし2以外の数について最後の言い方は用いない)

7º 2つの尺度の対比: une chambre de 3 mètres *sur* 5「縦横3mに5mの部屋」/ Cette table a 1 mètre de long *sur* 2 de large.「この机は縦1m, 横2mある」

surtout que — = surtout parce que, d'autant (plus) que. 俗語法, 文語にも入った (G, 986; S, II, 318-9): Je ne le payerai pas, surtout qu'il me doit encore trois mille francs. (W, 95)「彼に支払ってはやらない, なにしろ彼はまだ3千フラン私に借りがあるのだから」▶surtout que は真の従属節というよりは que[4] VIII. 2º の構文. surtout の前に休止がある (W).

syllabe [音節] — 1º 音声学上の音節　直観的には, 音節とはそれ自体の中には発音上の切れ目がなく, その前後に息の切れ目の感じられる単母音または母音と子音 (および半母音) の連音ということになるが, その厳密な定義と記述については cf.『白水社ラルース仏和辞典』, 1217以下. なお同書の見出し語には発音, 綴り字ともにすべて切れ目が表示されている.

①フランス語ではすべての音節はただ1つの母音を含む (以下, 母音・子音というのは文字とは関係がない).

②母音に先立つ1子音は母音と1音節をなす: ré¦pé¦ter.

③ 語末子音は先行の母音と同音節に含まれる：a ｜ gir, ma ｜ dame, père, homme.
④ a ｜ gi ｜ r en ｜ n ho ｜ nnê ｜ te homme（6音節）．したがって，音節の切れ目は語の切れ目とは必ずしも一致しない．
⑤ 母音間の2子音は2音節に分かれる：ar ｜ gent, ob ｜ ser ｜ ver. ただし，子音+l, r, 半母音は後続母音と同音節：com ｜ pri ｜ mer, la ｜ loi[lwa].
⑥ 2子音間のsは，正書法上の音節の分け方と同じく先行音節に属すとされてきた：s'abs ｜ te ｜ nir, lors ｜ que. ただし，現在の日常語では s'ab ｜ ste ｜ nir. lor ｜ sque で，さらには lorsque と1音節になることもある．
⑦ 連続する2母音は2音節に分かれる：po ｜ ète, ha ｜ ïr. ♦i, ou, u は [j, w, ɥ] を表わすときは後続母音と1音節をなし，[i, u, y] を表わすときは後続母音と音節を異にする：pia ｜ no[pja-no], ou ｜ vri ｜ er[vri-je]; é ｜ chouer[e-ʃwe], é ｜ blou ｜ ir [blu-i:r]
▶ 接頭辞はこれを分離して発音しないから，語の構成は音節の分け方とは必ずしも一致しない：i ｜ nu ｜ tile, dé ｜ so ｜ bé ｜ ir. ただし en ｜ i ｜ vré.

2°　正書法上の音節　音節はまた正書法 (orthographe) では伝統的な分け方をする．上記と異なった点をあげると，
① 子音+脱落性の e が1音節を作る：ma ｜ da ｜ me, pè ｜ re.
② 2子音字は1子音しか表わさなくても，2音節に分ける：hom ｜ me, hon ｜ nê ｜ te. ただし，いわゆる二重字（digramme）で一音を表わすときは分けない：ra ｜ chat, pa ｜ thos, gra ｜ phie, mi ｜ gnon.
③ 母音と合体する y は先行音節に入れる：moy ｜ en.
④ 半母音+母音が1音節か2音節かは一定しないが，rien, bien などは1音節．
♦ 1語を2行に分けて書くときは以上の音節の分け方に従って語を切る．ただし，連続する2母音は，たとえ2音節であっても，これを切って次行に送ることはできない：théâ-tre, poè-me.

3°　分類　① 開音節 (s. ouverte). 発音上母音で終わるもの：a ｜ mi, bra(s). 閉音節 (s. fermée). 発音上子音で終わるもの：mer, pip(e).
② 強勢音節 (s. accentuée, s. tonique). 強勢を持つもの：*ami*. 無強勢音節 (s. non accentuée, s. atone). 強勢を持たないもの：*ami*. ⇨ accent I. 1°
③ 長音節 (s. longue). 長母音を含むもの：base [bɑ:z]. 短音節 (s. courte). 短母音を含むもの：lac [lak] ⇨ voyelle II

syllepse [シレプス] ── 1つの語をそれが文法的に関係する語に一致させず，後者の意味から念頭に浮かぶ性・数・人称に一致させること：*On est tous égaux devant la loi.*「人は皆法律の前では平等である」/ *C'est la sentinelle qui le premier s'inquiète du Franzose ficelé sous la chaise.* (J. PERRET—GEORG, 186)「椅子の下で縛り上げられていたFのことを最初に心配したのは歩哨だ」(歩哨が男だから)

syncope [語中音消失] ── 語中の文字，音節が消失すること．ラテン語＞フランス語の変遷過程に多く見られる：ca*la*mus ＞ chaume, ob*œ*dire ＞ obéir. ⇨ abréviation I. 1° ③

synecdoque [提喩] ── 部分 ⇆ 全体，種 ⇆ 類，固有名(詞) ⇆ 一般名称のような意味転換．例えば voile「帆」で navire「船」を，rouge「赤」で sang「血」を表わすなど．換喩の一種とも言える．⇨ métonymie

synonyme [類義語，同義語] ── 同一または近似した意味を持つ語．従来の類義語研究家は完全に同一意味を持つ語はあり得ないとの信念に基づき，もっぱら論理的見地から，独善的に意味の差を設けた（例えば LAFAYE）．しかし，「自転車」= bicyclette, vélo, bécane 《俗》；「印刷する」= imprimer, tirer（印刷用語）は完全に同一な物・動作を表わす類義語で，その差は使用環境の差であり，「自由思想家」= libertin (17世紀), philosophe (18世紀), libre-penseur (19世紀) は時代的な差，「蜜蜂」= abeille, avette（古語，方言）は地理的な差，「同意する」= approuver, donner son assentiment（後者のほうがしかつめらしい）は感情内容の差である．なお，類義というのは語の有するすべての意味が等しいのではなく，その一部だけが等しいのが普通．cf. *GLLF*, 5894-8.

syntaxe [統辞論] ── 伝統文法では，文を構成するための語の相互関係・結合の仕方を研究する部門として音声学，形態論，語彙論，意味論に対置されるが，その定義は時代により，理論によりかなり異なる．cf. *Gr. d'auj.*, 665-7; *GLLF*, 5903-5.

T

t —発音. ①語頭・語中で[t]： ton, astre. 時に Mon(t)martre （語源 mont のため）.
②語末のt （1）一般に無音： acha(t), défau(t), prom(pt). ことにrの後： cour(t) (⇨r 1°②)
(2)[t]： brut, dot, mat, net, ouest, fait. ラテン語, 外来語： exeat, vermout. ctについては ⇨ c

　th ①一般に[t]： théâtre, luth. ②時に無音： as(th)me, is(th)me.

　ti ＋ 母音 ①[sj, si]： inertie, minutie, confidentiel, ambitieux, satiété, balbutier, initier, béotien, nation, patient, nuptial, spartiate, など.
② [tj, ti] （1） s, xの後： question, dynastie, bestial, mixtion.
(2)昔tの前にsがあった語： chrétien （＜古： chrestien）, châtier （＜ chastier）, Etienne （＜ Estienne）
(3)語尾-**tié**, -**tier(s)**, -**tière(s)**, -**tième**の名詞・形容詞・副詞： amitié, inimitié, moitié, pitié; entier, portier, héritier, quartier, volontier; jarretière; septième, pénultième.
(4)語頭： tiède, tiers.
(5)tenirとその合成語の活用形と派生語： je tiens, maintien, entretien, soutien.
(6)語尾-tier以外の動詞の直・半と接・現, 過分女性形, その派生名詞： n. étions, n. portions; bâtie, sortie, partie, garantie.
(7)その他： ortie, sotie, antienne, galimatias.

　tt ①一般に[t]： a(t)trister. ②時に[(t)t]： attique.

　tz ①[s]： Metz [mɛs] ②[s]または無音： Retz [rɛ(s)] ③[s]または[ts]： Seltz [sɛl(t)s] ④[ts]. 固有名詞, 外国語： Austerlitz [ostɛrlits], quartz [kwarts]

t' — teだけでなく, tuも俗語では母音の前でt'となる： *T'as* compris? (QUENEAU, *Zazie*, 15) / Quand *t'étais* gosse? (*Ib.*, 27)

***t* analogique** ⇨ ti

tâcher — 1° ***tâcher de*** 不定詞 (＝ faire des efforts pour)： Nous *tâcherons de* vous donner satisfaction. (*DFC*)「ご満足のいくように努めましょう」 ▶tâche(z) de 不定詞. 命令緩和の婉曲語法： Et *tâche de* ne pas recommencer. (*MR*)「2度とそんなことはしないようにしなさい」

◆tâcher à 不定詞は同義, 古文調： Je *tâche à* m'élever au-dessus de l'idée de péché. (GIDE, *Symph.*, 125)「罪の観念を超越しようと努力している」 ▶THは非常に努力を要する行動についてのみ用いられると説くが, COL; G (*Pr. III,* 248) は à, deの意味の区別を認めない.

2° ***tâcher que*** ＋ 接 (＝ faire en sorte que)： Je *tâcherai* surtout *que* le colonel ne sache rien. (PROUST — G, *Ib.*)「ことに大佐に何も知られないようにしましょう」 ▶命令の緩和： *Tâchez que* ça ne se reproduise pas. (ROB)「2度とそういうことがないようにしなさい」

▶tâcher à ce que ＋ 接 はG (*op. cit.*) も誤用とする. S (II, 38) にMIRBEAUの例あり.

◆tâcherの補語となる de 不定詞, que ＋ 接 に代名詞leの代入は不可能. Je *tâcherai* (de le faire).「そう努めましょう」と言う： Tu expliqueras à Gérard. — Je *tâcherai*. (GARY, *Au-delà*, 212)「Gに説明してくれ. — そうしよう」

3° ***tâchez moyen de*** 不定詞 [*que* ＋ 接]] ＝ tâchez de [que]. trouver moyen deと tâcher deの混交から生じた俗語法. G (*op. cit.*) は避けるべき言い方とする. この言い回しはROB; PR; MRにもある.

tant — **I. 強度の副詞**

1° 動 ＋ ***tant*** (＝tellement)： Il travaille *tant*! [Il a *tant* travaillé!]「彼はよく働く [働いた]」 ▶ne... pas tant： Ça *ne* me déplaît *pas tant*. (BEAUV., *Age*, 468)「私にとってそんなに

いやなことではない」/ Elle n'avait pas tant changé. (ID., Mand., 540)「彼女はそれほど変わってはいなかった」

♦tant + 過分: cette femme tant aimée (AC)「あんなにも愛されたこの女性」/ Le jour tant attendu arriva. (MAUROIS, Dumas, 67)「あんなにも待ちこがれた日がやってきた」⇨ si² II. 3º

♦動詞句 + tant: Ça me fait tant plaisir. (ARLAND, Ordre, 355)「とてもうれしい」/ J'en ai tant besoin. (Ib., 416)「それがとても必要なのです」

2º tant de + 名 (可算・不可算名詞): Tout est oublié: tant d'années ont passé! (DB)「何もかも忘れ去られてしまった．あんなにも長い年月が過ぎ去ったのだから」/ Tant de travail reste encore à faire! (DFC)「まだしなければならない仕事がこんなに残っている」▶tant deの性質についての諸説はbeaucoupと同じ．

♦〈tant de + 名〉の後の動詞・形容詞は原則として名詞に一致（上例参照）．しかし量に重点を置けばtantとの一致も可能: Tant de puissance est dangereuse [dangereux].「あまりに強力なのも危険だ」⇨ beaucoup 6º. cf. G, 376, N.B. 2.

3º 準名詞 ①補語なしに (= tant de choses): J'attendais tant de ces moments. (PINGAUD, Scène, 85)「私はこういう瞬間からあまりにも多くのことを期待していた」/ J'ai tant à vous dire et je ne trouve pas les mots. (CLAIR, 276)「言いたいことが山ほどあるのに，いざとなると言葉が出てこないのです」

② **tant de ce** [ces, son, ses, など] + 名: Il se demandait pourquoi elle lui donnait tant de son temps. (VERCORS, Colères, 59) (= une si large part de son temps)「どうして彼女があんなにも多くの自分の時間を彼のために割くのかといぶかった」

③**不定数量**: Il gagne tant par mois.「彼は月にこれこれかせぐ」

4º 代名詞的 ①**主語**: Leur réussite étonne: tant avaient échoué avant eux! (DB) (= tant d'autres)「彼らの成功は意外だ．あれほど多くの人たちがその前に失敗しているのだから」

②**直・目，実主語** enの使用が必要: Il a montré du courage; de lui on n'en espérait pas tant. (PINCHON, 59)「彼は勇気を見せたが，あれほどの勇気があろうとは期待されていなかった」/ Ce n'était pas une amourette comme il y en a tant. (ROB)「ざらにあるような浮いた恋ではなかった」

5º 動 + tant que + 直 (que以下は結果節): J'aimais tant la campagne que la vie des paysans me semblait heureuse. (BEAUV., Mém., 131)「私はいなかが大好きだったから，農民の生活は幸福に思われた」

♦ 動 + tant de + 名 + que: Il a tant d'argent qu'il ne sait qu'en faire. (MART, 520)「彼は金がありあまって，持てあましている」

♦否定［疑問］+ tant que + 接 (⇨ si² II. 4º): A-t-il tant de besogne qu'il n'ait aucun loisir? (G, 1029, Rem.2)「全く暇がないほど仕事があるのですか」

6º 接続詞的 文頭で原因の意．文語的: Il m'exaspère, tant il est bavard. (DFC)「彼には腹が立つ．それほどおしゃべりなのだ」/ Jenny lui parut petite et plutôt laide, tant Nicole avait d'élégance naturelle et d'éclat. (Thib. II, 32)「Jは小さくてむしろ醜くさえ思われた．それほどまでにNは自然な美しさと華やかさを持っていたのだ」

♦日常語はtant = tellement. しかし Il est tellement [si] bavard qu'il m'exaspère. とは言えても ×tant bavardは不可．古語法〈tant + 形〉は現代文語でまれに用いられるだけ．

II. 同等比較の副詞

1º 否定［疑問］+ tant que (= autant que): Il ne travaille pas tant que vous.「彼はあなたほどには働かない」/ Tout le monde en a, de l'argent. — Pas tant que moi. (ANOUILH, Ornifle, 109)「誰だって持っているさ，金ぐらい．—ぼくほどは持っていないよ」

♦否定［疑問］+ tant que ça [cela] 成句．ça, celaは何も指し示さない (GA, 195): Vous m'aimiez tant que ça? (VIAN, Pékin, 296)「そんなに私を愛していたの?」/ Elle ne tenait pas tant que ça à mon concours. (BEAUV., Mand., 506)「彼女は私の資格試験受験にそれほどこだわっていたわけではない」⇨si² II. 2º; III; tellement 5º

2º ne... rien tant que + 名 不定詞: Il savait qu'Anne n'aimait rien tant que ces randonnées avec lui, sans chauffeur. (Thib. VI, 12)「彼はAが運転手なしでこうして彼とドライヴするのが何より好きであることを知っていた」/ Je lui ai assuré que je ne désirais rien tant que me mettre à son service. (DHÔTEL, Lieu, 76)

「私は彼に雇われることを何よりも願っていると断言した」/ Je *n'aime rien tant que* l'écouter parler. (LACRETELLE—S, III, 131)「彼が話すのを聞くのが何より好きです」

♦最後の2例では désirer＋不定詞, aimer＋不定詞 にならって不定詞の前に前置詞を用いない． cf. Il n'aimait rien tant qu'à persuader autrui. (*Thib*. VIII, 196)「他人を説得するのが何より好きだった」(＜ aimer à 不定詞) / Gise n'aimait rien tant que *de* l'avoir dans ses bras, *de* le bercer, *de* l'endormir contre sa poitrine. (*Thib*. VIII, 245)「Gは彼を腕に抱いてあやし，胸にあてて寝つかせるのが何より好きだった」(＜ aimer de 不定詞)

3º *tant que* (肯定の慣用句)

① (＝***autant que***)：Je crierai *tant qu'*il me plaira. (BEAUV., *Images*, 68)「思いきりわめくわよ」/ Donne-lui-en *tant qu'*il voudra. (IKOR, *Gr. moy*., 296)「ほしいだけおやり」/ Il travaille *tant qu'*il peut. (MART, 520)「できるだけ働いている」 ▶ くだけて：Ma petite Eva s'ennuie *tant qu'*elle peut. (ANOUILH, *P.R.*, 44)（＝beaucoup)「わたしのEはひどく退屈しているの」

② (＝***aussi longtemps que***)：Il ne me quittera pas *tant que* je serai seule. (DURAS, *Th*. II, 29)「私が1人でいるかぎり，彼は私のもとを去らないでしょう」/ *Tant que* nous traversions le village, je ne disais mot. (ARLAND, *Terre nat*., 116)（＝pendant tout le temps que)「村を横切る間じゅう，私はひとことも言わなかった」

4º *tant... que* (＝aussi bien... que)：les auteurs *tant* anciens *que* modernes (H, 905)「古今の作家たち」/ *tant* chez les sauvages *que* chez les civilisés「野蛮人も文明人も」/ *tant* en latin *qu'*en grec (MART, 520)「ラテン語でもギリシア語でも」

5º *ne... pas* [*plus*] *tant... que*：Ce qu'il éprouvait, ce *n'*était *plus tant* de la crainte *qu'*une sorte d'abattement. (*Thib*. IV, 135)（＝C'était plutôt une sorte d'abattement que de la crainte.)「彼が感じていたことは恐怖というよりは一種の気落ちであった」/ Jamais il ne s'était senti aussi mortifié. *Pas tant* révolté, ni découragé, *que* confondu et humilié. (*Ib*., VII, 246)「いまだかつて，これほど自尊心を傷つけられたことはなかった．憤慨するというより，唖然とし屈辱を受けたという感じだった」/ L'important *n'*est *pas tant* d'être franc *que* de permettre à l'autre de l'être. (GIDE—S, III, 131)「肝心なのは率直であるより相手を率直にさせることだ」/ Ce qui l'avait le plus fortement attaché à Anne, ce *n'*était *pas tant qu'*elle fût encore belle, mais *qu'*elle parût si manifestement construite pour l'amour. (*Thib*. VI, 10)「何よりも強くAに引き付けられたのは，彼女がまだ美しかったためというよりも，愛欲のために作られたことがいかにも歴然としているように見えたからだった」

♦*que* なしで：J'ai un service à vous demander; ce *n'*est *pas tant* pour moi: c'est pour Josette. (BEAUV., *Mand*., 470)「お願いがあるのです．わたしのためというより，Jのためなのですが」

♦**non tant... que**：Je quêtais de l'avenir *non tant* le bonheur *que* l'effort infini pour l'atteindre. (GIDE, *Porte*, 31)「未来から得たいと思ったのは幸福よりはむしろ幸福に達するための限りない努力であった」/ Il était désespéré, *non tant* pour lui-même *que* pour sa patrie. (VERCORS, *Plus ou moins h*., 237)「自分のためよりは祖国のために絶望していた」

III. *tant qu'à* 不定詞：*Tant qu'à* parler de choses graves, parlons plutôt de Françoise. (SAGAN, *Sourire*, 78)（＝Si nous devons parler...)「重大なことを話すのならFのことを話しましょう」/ *Tant qu'à* être anticommuniste, pourquoi ne pas être militaire? (BEAUV., *Mand*., 466)（＝Si vous voulez être...)「反共主義者になるのなら，どうして軍人にならないのです」/ *Tant qu'à* faire, j'aime mieux régler cette affaire le plus tôt possible. (ID., *Inv*., 382)（＝Puisqu'il faut faire quelque chose)「何かするなら，この仕事をできるだけ早く片づけたほうがいい」

♦まれ：*A tant faire que d'*être ici, j'essaierai de m'habituer à vos manières. (SARTRE, *Putain* I, 2)（＝Puisque, de toute façon, je dois rester ici,)「どうせここにいるのなら，あなたのやり方に慣れるようにしてみましょう」

tantôt — **1º** 同じ日の近い過去あるいは近い未来 (＝peu après あるいは il y a peu de temps dans la même journée) を表わし，多くはcet après-midi の意 (LE B, II, 618). D (322);

G (860)はパリ地方では「午後」の意とする。しかしH (907)は、パリでも現在はこの意味にあまり用いず、地方なまりと感じられると言う。
① 未来：Je reviendrai [reviens] *tantôt*.「じきに帰ってきます」◆名詞的用法：Au revoir, à *tantôt*.「さよなら、また後ほど」/ Attendez jusqu'à *tantôt*.「後ほどまで待ってください」/ Je vous distribue mes ordres pour *tantôt*. (MOL.)「これからの用事を言いつけて仕事を割り振ってやろう」▶(俗)：sur le *tantôt* (= dans l'après-midi. LIT) / à ce *tantôt* (= à *tantôt*) / vers les quatre heures du *tantôt* (G新, 966, f. 3°)(方言)「午後4時頃に」
② 過去：Je suis venu *tantôt*.「さっき来たんですがね」/ une affaire pareille à celle de *tantôt* (MOL.)「さっきのようなこと」
2° 直・現あるいはvoiciと共に用いられてbientôtの意：Il est *tantôt* midi.「やがて正午だ」/ voici *tantôt* deux ans que...「…してからやがて2年になる」◆この意は古く、普通にはbientôtを用いる：Il sera *bientôt* midi. / il y aura *bientôt* deux ans que...

tard — 1° 副 se lever [se coucher] *tard*「遅く起きる［寝る］」
2° 形 ① 非人称：Il faut dormir. Il est *tard*. (ANOUILH, *Ardèle*, 112)「眠らなければいけない。遅いよ」/ Il se fait *tard* déjà. (VERCORS, *Divag.*, 146)「もう遅い」/ Dépêchons-nous, c'est déjà *tard*. (F, 1718)「急ごう。もう遅いよ」/ Maintenant, il était trop *tard*. (*Thib.* VIII, 49)「今となっては手遅れだった」
② 人が主語：Je suis un peu *tard*, excusez-moi. (F, 653)「少し遅れました。すみません」
3° *plus tard* ① Le docteur est occupé en ce moment, il vous demande de le rappeler *plus tard*. (*Niv. 2*)「先生は今は手がふさがっているので、後でまたお電話くださいとのことです」/ Deux mois *plus tard* il était guéri. (F, 1671)「2か月後には彼は回復していた」
② 名詞的機能：Il remit sa décision à *plus tard*. (TROYAT, *Pain*, 39)「彼は決心を先に延ばした」cf. 成句：au *plus tard* 「遅くとも」/ Je réserverai pour *plus tard*... mes explications. (VERCORS, *Anim.*, 11)「説明はもっと後でしましょう」

tarder — 1° *tarder à* 不定詞：Elle *tarde à* répondre. (DURAS, *Abahn*, 4)「彼女はなかなか返事をしない」◆à 不定詞に代名詞の代入は不可 (PINCHON, 219). これを省く：J'espère que Tarrou ne *tardera* pas. (CAMUS, *Peste*, 166)「Tも間もなく来ると思います」▶ tarder de 不定詞は文語 (S, III, 315に2例).
2° *il me* [*te*, *lui*, など] **tarde de** 不定詞 [*que* + 接]「早く…したくて堪らない」：Il me tarde d'être rentrée. (GRENIER, *Ciné*, 74)「早く帰っていられるといいわね」/ Il me tarde que ce travail soit terminé. (DFC)「この仕事が早く終わってしまうといいなあ」▶ + ne explétifは古語法 (ROB).

tautologie［類語反復］— 類義の語を反復すること．pléonasmeの一種：C'est *sûr* et *certain*. / arriver *sain* et *sauf* / il est *évident* et *manifeste* que...▶俗語で用いられる避けるべきもの：puis ensuite / car en effet.

tel(le) — I. 形 一般に不定形容詞に分類．GOUG (68)は品質形容詞に、MART (135)は指示形容詞に加える.
1° 類似・同一 (= pareil, semblable) あるいは強度 (= si grand) を表わし、指示詞的価値を持つ.
① 不定冠詞 + *tel* + 名：une telle action「かかる行為」(同一、行為そのもの) / de telles choses「そのようなこと」(類似) / une telle obstination「あれほどの頑迷さ」(強度)▶多くの場合、類似・同一の意と強度の意とを兼ねる. *une telle* action [conduite]は称賛あるいは嫌悪の感情をも含む.
▶ 不定冠詞 + 名 + telは強調的：dans une occasion *telle* (N, V, 403)「そのような場合に」
② 属詞 すでに述べた事柄、これから述べようとする事柄を示す：S'il les a décrits *tels*, c'est qu'il les a vus *tels*. (FILLON, *Maurois*, 221)「彼らをそんなふうに描いたのは、彼らがそんなふうであるのを見たからだ」/ *Tel* est mon avis.「以上が私の意見です」/ Ses paroles furent *telles*.「彼の言葉は次の通りであった」▶最後の2例では語順により意味が異なる.
◆時に、ただ1つの語に代わる：Si je vous dis qu'ils sont *mauvais*, c'est que je les crois *tels*. (= mauvais) (MART, 136)「私が彼らを悪人だと言うのは、そう思っているからだ」
2° 性質の比較を示す.
① *tel que* (= comme) (1) 付加形容詞：une lassitude *telle qu*'on éprouve par un jour orageux (M)「嵐模様の日に感じるようなけだるさ」/ un homme *tel que* lui (= *tel* qu'il est)

「彼のような男」 / une œuvre poétique *telle que* «Jocelyn»「Jのような詩的作品」 ▶*tel que... ne... pas*: une tyrannie *telle que* le monde *n*'en a *pas* encore connu (AMIEL, *Journal*, 1-7-1856)「この世界がまだ見たこともないような暴政」 ⇨ *comme*[1] I. 1°②

(2) 属詞: Sa méchanceté est *telle qu*'elle a toujours été [*telle qu*'auparavant]. (MART, 136)「彼の意地悪さは昔のままだ」/ Je vois les choses *telles qu*'elles sont. (M)「私はものごとをありのままに見る」◆同格(間接属詞): *Tel que* je l'ai connu, il dut souffrir cruellement. (S, II, 439)「私が知る通りの彼だから、ひどく苦しんだに相違なかった」 / Cela s'est passé *tel que* je vous l'ai dit. (*Ib.*, 440)「それは私が話した通りに起こったのです」 / Mais *tel que* je suis, je t'aime. (BEAUV., *Sang*, 78)「僕はこのままで君を愛しているのだ」

② *il n'y a rien de tel que* + 名 [*de* 不定詞]「…ほどよいものはない」▶省略的に: il n'est *tel que* + 名 [*de* 不定詞] (同義)
◆時に比較の補語を文頭に置き *que* なしで: Un bon repas, il *n'y a rien de tel*. (MART, 137)「ご馳走、それが何よりだ」

③ *tel* (= *comme*) とその一致 (1) 後続名詞との一致 (これが普通): La falaise était absolument droite, tel un mur. (DBF)「断崖は完全に切り立って壁のようだった」 *tel* の後に動詞 *être* が略されたものと考えられる.
(2) 主語あるいは先行名詞との一致: dans les pays, *tels* la Suisse ou la Belgique (D, *Lang. fr. d'auj.*, 163)「SやBのような国では」(1)の例も telle un mur と書き得る. この一致は tel que にならったもの. tel que と(1)の構成との contamination (LE B, I, 270; N, V, 437).

④ *tel... tel*: *Tel* père, *tel* fils. (= Le fils est *tel que* le père.)「この父にしてこの子あり」/ *Telle* tu m'as connue au couvent, *telle* je suis encore. (BATAILLE, *Marche* I, 3)「私は今でもあなたが修道院で私を知った時分とちっとも変わってないわ」 ◆まれに無変化の副詞的 (= *ainsi*) 用法 (G新, 248, a, 4°): *Tel* font les pères, *tel* feront les enfants. (M)

⑤ *tel quel* (1) (= *tel* qu'il est, sans changement): A mon retour, j'ai retrouvé mon appartement *tel quel*. (= *tel* qu'il était lors de mon départ) (*Gr. Ac.*, 90)「帰ってくると、部屋はもとのままだった」

(2) (= médiocre): un homme *tel quel*「平凡な男」/ des raisons *telles quelles*「つまらぬ理由」

⑥ *tel que* = *tel quel, tel qu'il est* (誤用): Donnez-le moi *tel que*. (MART, 137)「そのままでいいから、それを下さい」 ▶古道具などの価格票に 3 fr. 75 *tel que* (B, 725) と記するのは、売却の際に塗りかえたり磨いたりしないそのままの価格の意.

3° *tel... que* 強度を示す (= *si grand... que*). *que* 以下は結果節.
① 属詞: Sa mémoire est *telle, qu*'il n'oublie jamais rien. (Q)「彼の記憶力は決して何も忘れることがないほどだ」 / *Telle* était la vertu de ces religieux, *qu*'elle soumettait à son pouvoir jusqu'aux bêtes féroces. (FRANCE, *Thaïs*, 7)「これら修道士たちの徳は、猛獣までもその力に従えたほどであった」

② 不定冠詞 + *tel* + 名 [名 + *tel*]... *que*: Tous avaient un *tel* respect pour Bayard, *qu*'ils descendaient de cheval pour le saluer. (BRUNO, *Tour de la Fr.*, 174)「皆はBに非常な尊敬を抱いていたので、彼に挨拶するために馬からおりた」 / Je pénétrais les choses avec une sensibilité *telle, que* c'était comme une lame fine qui m'entrait à tout instant dans le cœur. (STE-BEUVE, *Poisons*, 5)「私は鋭い感性をもって物事を底の底まで見抜いたので、絶えず心が鋭利な刃物で貫かれる思いであった」

▶*ne... pas à tel point que* + *ne* ⇨ *ne* II. 9°
▶*de telle sorte que* ⇨ *sorte* 4°

4° *tel que* + 接 (= *quel que*); *tel* + 名 + *que* + 接 (= *quelque... que*): *tel que* tu puisses être (CORN., *Cinna*, v. 1033, var.)「たとえあなたがどのような方であろうと」▶17世紀に VAUGELAS に非難されてからも用いられているが、19世紀以降はまれ.

5° 不特定を表わす ① *tel* + 名 (無冠詞) [代]: Le goût aussi qui nous porte vers *tel* ouvrage contemporain et nous éloigne de *tel* autre est-il bien libre? (FRANCE, *Jardin*, 172)「われわれを同時代のある作品に親しませ、ある他の作品から遠ざける趣味もまた非常に自由なものであろうか」◆特定のものを明らかに言い表わさずに: La réunion se tiendra *tel* jour, en *tel* endroit.「集会は某日某所で行なわれよう」この意味でも17世紀には不定冠詞が用いられ

た」: en *un tel* lieu (LA FONT., *Fab.* IX, 13)

② ***tel et* [*ou*] *tel*+名** 多く単数: Il m'a dit *telle et telle* chose.「これこれのことを私に言った」/ Je ne lui reproche pas *telle ou telle* parole.「彼の言ったある言葉を咎めているのではない」▶複数も可能. 単数の *tel* et [ou] *tel*+名が主語となるとき, 動詞は普通は単数. 原則としては l'un et [ou] l'autre (⇨ un IV. A. 4°, 5°) に倣う.

II. 代(不定) 不特定な人(まれに物)を表わす.

1° (*un*) *tel*: *Un tel* vous dirait que vous avez raison; moi je vous dis franchement que vous avez tort. (*Gr. Lar. XX*^{e}, 208)「あなたの言うのが正しいという者もいましょうが, 私は率直にあなたが間違っていると申します」

M. *un tel*「某氏」/ Mme *une telle*「某夫人」/ Messieurs *un tel et un tel*「某氏と某氏」/ Mesdames *une telle et une telle*「某夫人と某夫人」/ les *un tel*「某夫妻」

2° *tel et* [*ou*] *tel*: *tel ou tel* vous dira que...「ある者はあなたに…と言うでしょう」/ s'adresser à *tel et tel*「誰彼かまわず頼みこむ」▶複数 des *tels* et des *tels* (S, I, 350) はまれ. 主語となるとき, *tel* et *tel* の後では動詞は複数, *tel* ou *tel* の後では単数が普通.

3° *tel qui* celui qui より意味がもっと漠然としている: *Tel qui* était à son aise autrefois avec dix mille francs de rente, se trouve aujourd'hui fort gêné. (LABICHE, *Poudre aux yeux* II, 12)「昔は1万フランの年金をもらって安楽な暮らしをしていた者でも, 今日では非常に生活に困っている」/ *Tel* est pris *qui* croyait prendre. (LA FONT., *Fab.* VIII, 9)「してやるつもりでいた者がしてやられる」(この語順にならった文例は多い)

4° *tel... tel* (*autre*)「ある者は…他の者は」: *Telle* l'en blâmait, *telle autre* l'en excusait, *telle autre* enfin l'en approuvait. (FRANCE, *Anneau*, 9)「ある女はそれを非難し, 他の女はそれを大目に見, 更に他の女はそれを是認していた」▶un tel... tel autre の構成も用いられる (S, I, 350).

5° *tel de* [*d'entre*]+補語 物についても用いられる: *tel de* mes amis「私の友達の1人」/ *tels de* ces souvenirs「これらの思い出のあるもの」

tellement —〈動+tant〉,〈si+形〉〈副〉の機能を兼ねるため広く用いられる. 日常語的.

1° 動+*tellement* (= tant): J'aimerais *tellement* connaître le père de Léone. (VAILLAND, *Fête*, 129)「Lのお父さんとぜひとも知り合いになりたいね」/ J'ai *tellement* souffert! (*DB*)「とても苦しかった」▶動詞相当句+tellement: J'ai *tellement* confiance en toi. (SAGAN, *Brahms*, 87)「とてもきみを信頼しているのだよ」

♦ne... pas tellement (=beaucoup, très). くだけた表現で: Vous aimez ça? — *Pas tellement*. (ROB)「これが好きですか. — それほどでもありません」

2° *tellement*+形 (=si): Elle parle avec une voix *tellement* aiguë! (F, 1342)「とてもかん高い声で話すのだ」/ Ça ne semble pas *tellement* impossible. (BEAUV., *Sang*, 13)「それほど不可能とは思われない」▶si tellement+形. 俗, 誤用: Ils sont *si tellement* crédules! (*Thib.* VI, 39)「彼らはとってもおめでたいのだ」(正: si または tellement crédules)

tellement+*plus* [*moins, meilleur*, など]: Je m'y intéresse *tellement plus* [davantage]. (MART, 523)「そのほうがずっと興味がある」/ Tu n'es pas *tellement plus* âgé qu'elle. (VIAN, *Pékin*, 239)「きみは彼女よりそれほど年上じゃない」/ Ce serait *tellement mieux*. (ROB)「そのほうがずっといいだろう」cf. ×si [tant]+plus [moins, など] は不可. ただし tant mieux「よかった」は熟語.

3° *tellement de*+名 くだけて (=tant de): J'ai *tellement de* choses à vous demander! (MAURIAC, *Galigaï*, 36)「おききしたいことがとてもあるんです」/ Pour lui ce n'est pas *tellement d'*argent. (DURAS, *Th.* II, 66)「彼にとってはそれほど大したお金ではありません」/ Nous n'avons pas *tellement d'*occasions de nous voir ici. (BUTOR, *Modif.*, 156)「ここでお会いする折はそうありません」

4° *tellement que*+直 que 以下は結果節: C'est *tellement* silencieux *qu'*on entendrait voler une mouche. (F, 1325)「あんまり静かなので蝿の飛ぶ音さえ聞こえそうだ」/ Il y avait *tellement* de lumières *qu'*on avait besoin de lunettes noires pour ne pas être aveuglé. (LE CLÉZIO, *Géants*, 83)「あまりにさまざまな光があるので目が眩ぬためにはサングラスが必要だった」

♦否定[疑問]+tellement que+接: Il n'est

pas *tellement* malade [Est-il *tellement* malade] *qu'*il ne puisse m'accompagner.[?] (EBF)「私といっしょに来られないほど病気が重いわけではない[病気が重いのですか]」

5° *tellement que ça* [*cela*]　ça, celaは特に何も指し示さない (GA, 195)：Je ne déteste pas *tellement que ça* d'avoir la tête d'une héroïne de mélo. (*Thib*. VI, 22)「わたし，メロドラマの女主人公みたいな顔をするのもまんざら嫌いじゃないのよ」

6° *ne... pas tellement... que* = ne... pas tant... que (⇨ tant II. 5°)：Il *n'est pas tellement* question d'un régime *que* d'une surveillance médicale constante. (ANOUILH, *Ornifle*, 223)「食餌療法よりも絶えず医学的に監視することが必要なのだ」

7°　接続詞的：Il m'ennuie, *tellement* il est bavard. (H, 913)「彼はうんざりするよ，それほどのおしゃべりなんだ」⇨ tant I. 6°

témoin — **1°** 女性形なし：Elle est *témoin* de ce qui s'est passé. (AC)「彼女は起こったことの目撃者だ」

2° *prendre à témoin* (= en témoignage)では témoinは無変化．prendre pour témoinではtémoinは直・目の属詞としてこれに一致：Je les *ai pris* tous *à témoin*. (AC)「彼らの全部を証人にした」/ Je les *ai pris* tous *pour témoins*. (同義)　◆伝統的なこの規則はしばしば破られる (ROB)：C'est la seconde fois que Couderc les *prend* ainsi *à témoins*. (CESBRON, *Prison*, 149)「Cがこうして彼らを証人にするのはこれが2度目だ」

3°　文頭の*témoin*　無変化：*Témoin* leurs demandes extravagantes. (B, 644)「彼らの無法な要求がその証拠だ」◆古仏語で形容詞・過分が非修飾語より先に言われるとき，これを無変化にした名残り (*Ib*.)．　この規則も時として破られる：*Témoins* les exemples suivants. (D-P, V, 73)「次例がその証拠だ」

temporelle (proposition)　[時況節] — 副詞節 (⇨ proposition subordonnée) の一種．時の関係を表わすもの．
① 時を表わす接続詞 (⇨conjonction II. 2° ⑦) の使用．
② après, avant de 不定
③ ジェロンディフ，分詞節の使用 (⇨ gérondif 5° ①; participe présent II. 4° ①, 5° ③; participe passé IV. 4° ①, 5°).

temps [時制] — 動詞における時間的関係を表わす形態．

1°　種類　① **直説法** (indicatif) 1.現在 (présent) 2.半過去 (imparfait) 3.単純過去 (passé simple) 4.複合過去 (passé composé) 5.大過去 (plus-que-parfait) 6.前過去 (passé antérieur) 7.単純未来 (futur simple) 8.前未来 (futur antérieur) ② **条件法** (conditionnel) 1.現在 2.過去 ③ **接続法** (subjonctif) 1.現在 2.過去 3.半過去 4.大過去 ④ **命令法** (impératif) 1.現在 (単一形) 2.過去 (複合形) ⑤ **分詞法** (participe) 1.現在 2.過去 ⑥ **不定詞** (不定法，不定形とも呼ばれたものを本書では不定詞に統一) (infinitif) 1.現在 (単一形) 2.過去 (複合形)
◆直説法の時制に過去における未来 (futur dans le passé)，過去における前未来 (futur antérieur dans le passé) を加えることができる．それぞれ条・現，条・過を用いる．

上記の諸時制中，1語より成るもの (j'aime, j'aimais, など) を**単一時制** (temps simple)，〈助動〉＋〈過分〉の形態をとるもの (j'ai aimé, j'avais aimé, など) を**複合時制** (temps composé) と言う．一つの単一時制はそれに対応する複合時制を持つから，上記の表には両者が同じ数だけ含まれる．複合時制に対応する**複複合時制**については ⇨ temps surcomposé.

2°　時間的位置づけの基点　現在を基点として動作を過去・現在・未来の時 (temps) に位置づけるものを絶対時制 (temps absolu)，他の動作の行なわれる時 (過去・未来) を基点として時の関係を示すものを相対時制 (temps relatif) と言うことがある．直説法の現在，単過，複過，単未は前者，直・半，直・大，前過，前未は後者に属する．この区別は1747年のGIRARD (*Parole réduite en Méthode* II, 25) に始まり，今日まで踏襲されているが，相対時制は他の動作の行なわれる時を基点として時間的に位置づけられるとは限らず，絶対時制としても用いられるから (各時制の項参照)，H. YVON (*FM*, oct. '51) は，この区別を明確に否定した (cf. G, 619, Rem. 2).

動作の時間的位置づけは現在を基点とするほかに，話者が想像によって基点となる現在を過去，未来に転移することがある．例えば，歴史的現在は過去の事件のさなかに身を投じて事件が，眼前に展開するかのように物語る (⇨présent de l'indicatif B. II. 1° ②). この転移された現在を基点として過去は複過で，未来は単未 (⇨ futur simple II. A. 2°)で表わされる．この場合は現在を基点とする過去・現在・未来がそのまま過去に転移されたわけであるが，これを未来に転移することもできる（予定，近き未来を表わす直・現）．

このように，転移された時を仮想の時（temps figuré あるいは fictif）(Le B, I, 421; G, 619, Rem. 1)，あるいは転移の時（temps transposé）(GALICHET, Gr. psych., 92)，現在を基点とする現実の時を現実の時（temps réel）あるいは本来の時（temps propre）と呼ぶこともある．

時制の諸問題については GLLF (5987-98) に詳しい．

temps — **1°** *quelque temps*；*le temps que* +直 [*de* +名]など．前置詞なしで副詞相当句を作る：Il attendit *quelque temps*. (MR)「彼はしばらく待った」/ Reste *le temps qu*'il faudra. (BEAUV., *Sang*, 136)「必要なだけ いてやりたまえ」/ Et, *le temps d*'un éclair, tout lui parut aplani. (*Thib.* I, 13) (= avec la rapidité d'un éclair)「すると，たちまち，万事が都合よくいくように思われた」/ Mais *le temps d*'une lecture, je vis dans la peau d'un autre. (BEAUV., *Compte*, 159) (= Pendant que je suis occupée à lire,)「だが本を読んでいる間は，私は他人になりきってしまう」/ La lutte avec l'affreuse bête (...) dura *un temps qu*'on ne put mesurer. (BLANCHOT, *Thomas*, 40)「おぞましい獣との闘いは測り知れぬほどの間続いた」

♦*tout le temps*: Il me dérange *tout le temps*. (= continuellement)「しょっちゅう私のじゃまをする」/ Les disques, on peut les écouter *tout le temps*. (= quand on veut)「レコードはいつだって聴けるよ」 ▶第2の意味は ROB にも未収録．

♦*le temps de* 不定詞 [*que* +接]: *Le temps d*'aller à Cannes, il sera minuit. (SAGAN, *Bonj.*, 55) (= Avec le temps qu'il faut pour aller à C,)「カンヌまで行くうちには真夜中になるだろう」/ *Le temps de* me changer, je suis à vous. (*Thib.* VI, 10)「服を着かえてすぐ来ます」/ Laisse-moi entrer juste *le temps que* je reprenne mon veston. (VAILLAND, *Loi*, 210)「入らせてくれよ．上着を取る間だけだ」/ *Le temps de* prévenir l'archiduchesse et *qu*'elle intervienne, il peut arriver n'importe quoi. (COCTEAU, *Th.* II, 346)「大公妃にお知らせしてお取りなしいただくまでには，どんなことでも起こり得ます」

2° *avoir le temps de* 不定詞: Je n'*ai* pas *le temps de* vous parler en ce moment. (DFC)「今はあなたと話している暇がありません」/ Je n'*ai* [n'en *ai*] pas *le temps*.「(その)暇がない」▶*en*の使用は自由 (PINCHON, 223)．

3° *il est* (*grand*) *temps de* 不定詞 (= c'est le moment de): *Il était temps de* rentrer. (GRENIER, *Ciné*, 178)「帰る時刻だった」/ *Il est grand temps de* te lever. (BUTOR, *Degrés*, 211)「すぐに起きなければいけないよ」

♦*il est* (*grand*) *temps que* +接 　緊急の観念が強調される (= Il est maintenant nécessaire que): *Il est grand temps que* vous partiez. (*Ib.*, 243)「すぐにも出発しなければいけない」♦il (en) est *temps*: Il faut que j'aille réserver des places pour le wagon-restaurant, s'*il en est* encore *temps*. (*Ib.*, 195)「まだ間に合うなら，食堂車の座席の予約に行かなければならない」/ Il n'*en est* plus *temps*. (PR)「もう手遅れだ」▶多くは補語なしに: Sept heures... *Il va être temps*. (*Thib.* VIII, 19)「7時…そろそろ時間だ」/ Demain, *il sera* bien *temps*. (BUTOR, *Degrés*, 199)「あしただって，じゅうぶん間に合うだろう」/ Il est parti en courant, *il était temps*. (*Ib.*, 347)「彼は走っていった．やっと間に合った」

4° *au* [*du*] *temps de* どちらも常用．

♦*dans le temps* [*du temps*, *au temps*] +*où* [*que*]では *où* が常用．*que* は古文調: *du temps que* j'étais vivante (FRANCE, *Jardin*, 10)「私が生きていたときには」

temps surcomposé ［複複合時制］— 〈助動の複合時制＋過分〉の構成を持つ時制．一般に時制の表からは除外されるが，命令法以外のすべての複合時制はそれに対応する複複合形を持ち得る．(1)*passé surcomposé (j'ai eu aimé) (2)*plus-que-parfait surcomp. (j'avais eu aimé) (3)*passé antérieur surcomp. (j'eus eu aimé) (4)*futur antérieur surcomp. (j'aurai eu chanté) (5)*passé surcomp. du conditionnel (j'aurais eu aimé) (6) passé surcomp. du subj. (j'aie eu aimé) (⇨subjonctif IV. 5°) (7)plus-que-parfait surcomp. du subj. (j'eusse eu aimé) (8)passé surcomp. de l'infinitif (avoir eu aimé) (9)passé surcomp. du participe (ayant eu aimé)

上記のうち(1)(2)(4)が主なもの．BRUN (359) の掲げる表は(3)(9)を欠く．(1)は passé antérieur

の代わりに日常語で用いられる．すべて完了相を強調する手段（用法は＊印の項参照）．

tenir ― **1° tenir qn [qch]＋属詞**「…をある状態のままにしておく」：Mme Legras *tenait* les yeux *fixés* sur la jeune fille. (GREEN, *Mesurat*, 173)「Lは娘にじっと目を注いだままであった」/ Jacques *tenait détourné* son visage en larmes. (THIB. I, 263)「Jは涙に濡れた顔をそむけていた」/ Le bonheur va me *tenir éveillé* toute la nuit. (GIRAUDOUX, *Ondine*, 79)「うれしさのあまり一晩じゅう眠れないでしょう」/ Elle se *tenait droite*. (SAGAN, *Mois*, 36)「まっすぐ立っていた」

2° tenir qn [qch]＋(pour)＋属詞（凝った文体で＝considérer, regarder comme）：Je le *tiens* un rare esprit et un habile écrivain. (FRANCE, *Vie litt.* IV, 225)「彼はまれに見る精神の持ち主であり巧みな作家であると考えている」◆pourのないこの構文は古くなり，Je le *tiens (pour)* honnête homme. (AC)「彼を誠実な人と考えている」よりもJe le *tiens pour* un honnête homme. (DFC)が普通．DFCはpourのない例を記さず*EBF*はpourは不可欠と説く．cf. Je le *tiens pour* un de nos plus grands poètes. (GIDE, *Feuillets*, 182)「彼をわが国最高の詩人の１人と思っている」/ Il *tenait pour* utopique l'idée d'un rétablissement de la royauté. (BEAUV., *Mém.*, 38)「王制の回復という考えは夢物語と思っていた」 同様にして：Il ne se *tient* pas *pour* battu. (DFC)「敗れたとは思っていない」▶まれに tenir comme とも言う (G, 942, 5 b, N.B. 2)．

♦tenir à＋無冠詞名詞は古典構文．Je *tiendrai* cela *à honneur*. (AC)「それを光栄に思いましょう」/ Il *tient* ce propos *à injure*. (*Ib.*)「彼はこの言葉を侮辱と考えている」が言い回しとして残る．

♦se le tenir pour dit (＝ne pas insister, ne pas répliquer)．命令は複数では Tenez-*vous*-*le* [Tenons-*nous*-*le*] pour dit.「黙って言われたとおりにしなさい［しよう］」のほうが Tenez-*le*-*vous* [Tenons-*le*-*nous*] pour dit. より普通．逆に，単数では Tiens-*le*-*toi* pour dit. のほうが Tiens-*toi*-*le*... より多い (G, 482, 3° N.B.; H, 916)．

3° tenir à qn：tenir *à* une femme「ある女性に執着する」♦à qnの代名詞は à moi [lui, elle, ...]，あいまいでなければ，繰り返しを避けるためにもyは可能：Dis-moi pourquoi tu *tiens à lui* tant que ça. (SARTRE, *Age*, 32)「どうしてあの人がそんなに好きなのか言ってよ」/ Je *tiens à elle*, se dit-il. J'*y tiens* même beaucoup. (BEAUV., *Mand.*, 540) (＝à elle)「彼女に愛着を感じているんだ，と彼は思った．夢中だと言ってもいい」

tenir à qch [à 不定, à ce que＋接]：Il *tient à* la vie [à l'argent].「生［金］に執着がある」/ Il *tient à* venir [à ce qu'elle vienne] plus souvent.「もっとたびたび来たがっている［彼女が来ることを熱望している］」▶à...＝y：Il *y tient*. à...に対する問い：A quoi *tient*-il?

4° tenir à qch [à ce que＋直] (＝provenir de, résulter de)：Leur dynamisme *tient à* leur jeunesse. (MR)「彼らのエネルギーは若さによる」/ Cela *tient à ce que* nous n'avons pas la même nature. (FRANCE, *Lys*, 361)「それはわれわれが同じ性質を持っていないことに起因する」/ A quoi donc *tient* son illusion? (PAULHAN―ROB)「彼の錯覚は一体何に基づくのか」

il (ne) tient (qu') à... de 不定 非人称：Il ne tiendrait qu'à toi d'y vivre aussi. (THIB. II, 249)「きみ次第できみもそこで暮らせるよ」

il tient à... que＋接とne explétif

(1)肯定文 虚辞を用いない：Il *tient à* vous *qu*'il soit nommé. (H, 916)「彼の任命はあなた次第です」

(2)否定文，疑問文 多くneを用いる：Il ne tiendra pas à moi *qu*'il *ne* réussisse. (MART, 569)「(できるだけのことはしてやるが)成功しなくても私のせいではない」/ 否定文に準じて：Il a tenu à peu de chose *qu*'il *ne* fût vainqueur. (*Ib.*)「もう少しで勝利者になるところだった」/ A quoi tient-il que nous *ne* partions? (AC)「どうして出発するのですか」 ▶MARTによると最後の例は「出発しないのか」の意味にもなる．あいまいさがあればneを用いないほうがよい．

♦従属節のne... pasは否定の意：Il ne tiendra pas à moi *qu*'il *n*'y aille *pas*. (MART)「(彼がそこに行かないようにできるだけのことはするが結果として)行っても私のせいではない」/ A quoi tient-il que nous *ne* soyons *pas* d'accord? (DFC)「どうして意見が一致しないのだろう」

(3) **il ne tient qu'à... que** 肯定に準じて虚辞neを用いない．ne... pasは否定：Il ne tient *qu'à* toi *que* nous le gardions, que nous *ne* soyons *pas* seules dans cette maison.

(ANOUILH, *N.P.N.*, 106)「あなた次第で彼を手離さず，わたしたちもこの家に自分たちだけでいなくてもすむのだよ」
　17世紀以来，ne の使用は一定せず (LE B, II, 737-8)，今日でも ne の使用例が見られる：Maintes fois *il n'a tenu qu'à* elle *que* je *ne* me crusse un grand coupable. (FRANCE, *P. Pierre*, 8)「何度も，彼女のおかげで私は自分を大罪人と思った」
◆ *s'il ne tenait qu'à* moi *que* cela se fît [fasse] (MART)「私の一存でそうなるのならば」は肯定文と同じ意なので ne を用いず．
◆il tient à... si: *Il ne tient pas à* moi *si* cela n'a pas de succès. (ROB)「それがうまくいかなくても［いかないのは］私のせいではない」

terre — 1° *à* [*par*] *terre*「地面に，床に」．成句 courir ventre *à terre*「全速力で走る」, mettre pied *à terre*「馬［車］から降りる，上陸する」などのほかは，区別なく用いられる．口語では par が多い：jeter [lancer] *à* [*par*] *terre* (ROB) / tomber *à* [*par*] *terre* (*Ib.*) cf. G, 916, 14.
　2° *sur* [*sous*] (*la*) *terre*: Je voulais faire régner *sur la terre* la justice, la raison. (BEAUV., *Tous les h.*, 178)「地上に正義と理性を君臨させたかった」/ Que peut-on faire *sur terre*? (ID., *Compte*, 18)「この世で何ができようか」/ Dans deux ans je serai *sous terre*. (GREEN, *Mesurat*, 321)「2年たてば墓場の下にいるでしょう」/ objets cachés *sous* (*la*) *terre* [dans la terre, en terre] (ROB)
◆terre は唯一物として古仏語では無冠詞 (LE B, I, 40). toucher (la) *terre* (ROB)「地面に触れる」/ oiseau qui rase la *terre* (*Ib.*)「地面をすれすれに飛ぶ鳥」に対し Je rase *terre*. (GIDE, *Prométh.*, 69) は古文調．

tête à tête — 副詞相当句: Elles dînèrent *tête à tête*. (GREEN, *Mesurat*, 180)「差向かいで夕食を食べた」/ Elle dîna *tête à tête* avec M. Mesurat. (*Ib.*, 38)「Mと差向かいで夕食をとった」/ Je te promets de lui parler *tête-à-tête*. (COCTEAU, *Th.* I, 224)「約束するよ，彼女と2人きりで話すって」(*EBF* は副詞的に tête-à-tête の綴りを認めない)
◆現在では多く en と: Il déjeuna donc, *en tête-à-tête* avec Mme Hortense. (DUHAMEL — COL) / Je les ai trouvés *en tête-à-tête*. (*DFC*)

thème [主題] — それについて何かが語られる文の要素．主題について語られる部分を述部 (prédicat) と言う．Cette pièce? un vrai four.「この部屋か？ まさにかまどだ」と Cette pièce est un vrai four. では主題と主語は一致．しかし En 1815?... Napoléon a été battu à Waterloo.「1815年か？ NがWで打ち破られたのだ」(En 1815 が主題) と Napoléon a été battu à Waterloo en 1815. では主題と主語の違いがわかる (W-P, 495).
　主題と述部を結ぶ動詞はしばしば略される．
　主題＋述部: Quinze ans d'amitié│effacés en une heure! (BEAUV., *Mand.*, 401)「15年にわたる友情が1時間にして消し去られるとは」/ Moi│pleurer? (ANOUILH, *P.R.*, 222)「わたしが泣くって？」/ Ton nez│qui coule! (F, 27)「はなが垂れているよ」▶│印が主題と述部の切れ目．
　述部＋主題: Si pauvre,│moi! (CESBRON, *Prison*, 175)「哀れな人間ですよ，私は」/ Loin de moi│cette pensée! (ANOUILH, *P.R.*, 169)「とんでもない，私がそんなことを考えるなんて」/ Quelle joie│de vous voir! (COCTEAU, *Th.* II, 66)「まあうれしい，お会いできて」/ Quel dommage│que tu n'y aies pas pensé plus tôt! (BUTOR, *Degrés*, 314)「残念だなあ，きみがもっと早くそれを思いつかなかったのは」▶最後の2例では〈de 不定詞〉〈que＋節〉が主題．
◆感嘆文では意味の担い方の少ない主語（ことに ce），動詞（ことに être）が省略されて，述部だけになることがある：Curieux! (＜ C'est curieux!)「妙だなあ」/ Pas possible! (＜ Ce n'est pas possible!)「まさか」

ti — すべての単数3人称疑問形が t analogique の添加により t-il (くだけた発音[ti]) で終わるので，ti が疑問詞的小辞として独立し，俗語・方言であらゆる人称に用いられる (cf. VENDR, 201-3; N, II, 172-3; RENCHON, II, 79-87).
　綴りは一定せず, ti, ty, t'y, t-y, t-il, 語尾 t の動詞のあとでは時として i, y, il など: Je peux-*t-y* m'en retourner chez moi? (SALACROU, *Th.* V, 94)「うちに帰ってもいい？」/ C'est-*il* la guerre? (SARTRE, *Sursis*, 67) / C'est-*ti* oui? (QUENEAU, *Zazie*, 183) / Ça serait-*i* de ton âge? (*Ib.*, 122)「お前の年頃にはそんなことするのか」/ C'est-*y* pas stupide? (CAYROL, *Mot*, 109)「ばかげてないか」
◆ *c'est-il que* (＝est-ce que): *C'est-il que* tu veux mourir? (PÉROCHON, *Nêne*, 235)「死に

たいのか?」

♦感嘆文: C'est-*il* bête que Pierre soit parti! (GIDE, *Feuillets*, 24)「Pが行ってしまったなんて,なんてばかげているのだろう」/ C'est-*ti* possible!「まさか」

♦本来が主語倒置の回避手段だから,主語倒置をされた文には用いられない. Voulez-vous-*t'y* que je vous embrasse? (DAUDET, *Jack*, 194)「キスしてあげようか」は俗語の文学的転写 (LE B, *Inv.*, 67).

tiers — ⟨un [le] tiers de + 名⟩ のあとの動詞の一致. moitié のあとにならい多くは複数: *Un bon tiers des fidèles ne vont plus à la messe.* (ARLAND, *Ordre*, 457)「ゆうに3分の1の信者はもうミサには行きません」

deux tiers のあとでは複数: *Les deux tiers du pays sont occupés.* (HØYB, 292)「国の3分の2は占領された」補語が複数なら属詞・過分は補語に一致: *Les deux tiers des maisons ont été détruites* [まれに détruits]. (ID., 296)「それらの家の3分の2は破壊された」

tiret [ダッシュ] — signe de ponctuation の一種. ⟨—⟩ の印.

1º 対話で話し手が変わったことを示す: *Des habitants dans toutes les planètes?—Très probablement.—Semblables à nous?—Assurément non!* (FAGUET, *18ᵉ s.*, 49-50)「どの遊星にも住民がいる?—おそらくはね.—われわれと似た住民が?—それは違います」▶ ⟨:⟩ の後で直接話法を改行して記すときは guillemets より ⟨—⟩ のほうが普通.

2º 付随的要素: *M. Claude Mauriac—dont chacun admire la puissante originalité—pouvait écrire à propos des femmes:...* (BEAUV., *2ᵉ sexe* I, 26)「M氏—誰しも氏の逞ましい独創性を称賛しているのだが—氏は女性について次のように書き得た」

3º 先行の語句の反復敷衍: *Salvator ouvrit la grille sans quitter son patron des yeux—des yeux atterrés, presque implorants.* (VERCORS, *Yeux*, 54)「Sは師匠から彼の目を—ほとんど哀願するような落胆の眼差を離さずに,鉄柵を開いた」

4º 前言の訂正: *Il ne pensait à rien,—il s'empêchait de penser à rien.* (*Ib.*, 96)「彼は何も考えなかった.—何も考えまいとしていた」

5º 新しい alinéa を設けるほどではないが,休止符では十分に分離されないと思われる文の冒頭に用いることがある. 筆者の好みによる. FAGUET の文では頻繁.

titre [表題] — 表題と動詞・形容詞の一致 (⇨ accord du verbe A. I. 7º). tout + 表題 (⇨ tout I. 1º ① (5)). 冠詞の縮約 (⇨ contraction 2º). 表題の複数 (⇨ nom propre III. 3º).

tmèse [合成語分割] — 合成語の2要素間に他の語を挿入して切り離すこと: *Ma chère dame* (⟪俗⟫). Chère madame が正規形) / *lors même que* (< lorsque) / *puis donc que* (< puisque), など.

tomber — 自動 助動詞は être. 行為を表わすために avoir を用いるのは古文調: *Pendant la nuit la neige avait tombé.* (ARLAND—G, 656, 2º, n. 3)「夜の間に雪が降ったのだ」

tomber + 形 (1) tomber + 属詞 (= devenir soudainement). 限られた言い回しで: *Il tomba gravement malade.* (CHAIGNE, *Vies et œuv.*, 130)「急に重態になった」/ *Ne tombez surtout pas amoureuse d'un homme léger.* (ANOUILH, *P.B.*, 434)「ことに軽薄な男にほれてはいけない」

(2)「倒れるように…になる」: *Il tombe assis.* (SALACROU, *Poof*, 13)「どっかり腰をおろす」/ *Il(...) tomba endormi.* (*Thib.* I, 90)「倒れこむなり寝入った」♦同格的: *Elle pousse un cri (...) et elle tombe, morte.* (ANOUILH, *P.R.*, 265)「あっと叫ぶと(…)ばったり倒れて,こと切れました」

ton — *déclarer d'[sur] un ton convaincu* (PR)「確信ある調子で言明する」

言い回し: *le prendre sur ce ton*「横柄な口をきく」これにならい: *Sur quel ton osez-vous me parler?* (SALACROU, *Th.* VI, 14)「わしに向かってなんという口をきくのだ」/ *Pourquoi me dis-tu ça, sur ce ton?* (BEAUV., *Mand.*, 359)

まれに: *Tu crois? demanda-t-elle avec un ton d'angoisse.* (ARAGON, *Serv.*, 98)「そう思う?と苦痛に満ちた調子で彼女が尋ねた」

tonique (voyelle) ⇨ voyelle II

tôt — 1º *ne... pas plus tôt... que* 動詞の時制は類義の à peine... que に準じる: *Il n'eut pas plus tôt aperçu son père qu'il courut à lui.* (AC)「父の姿を認めるやいなや駆けよった」/ *Je n'avais pas plus tôt fait le geste de lancer de petits cailloux contre ses carreaux qu'une voix sévère me rappelait au salon.*

(GREEN, *Voyageur*, 234-5)「窓ガラスに小石を投げるかっこうをするとすぐ厳しい声で客間に呼び戻されるのだった」 / Nous *n'étions pas plus tôt* rentrés *qu'*il fallut repartir. (*MR*)「帰るとすぐまた出発しなければならなかった」 ▶ que 以下は本来は比較節だから à peine... quand のように que の代わりに quand を用いることはできない.
2º *avoir tôt fait de* 不定詞 ⇨ faire IX
3º 形容詞的に　非人称：Il est encore *tôt*. (BEAUV., *Inv*., 370)「時刻はまだ早い」 / Il devait être *tôt*. (SAGAN, *Sourire*, 87)「時刻は早いに違いなかった」
♦ 人が主語. 属詞として：Je suis trop *tôt*. (F, 1722)「早く来すぎたな」 ⇨ tard
4º *tôt ou tard* [to(t)utar] (COL)

tour — *c'est au* [*le*] *tour de* + 名 + *de* [*à*] 不定詞　「…が…する番だ」　c'est à + 名 [代] de [à] 不定詞 (⇨ à I. 8º) と同じく de [à] 不定詞は論理的主語. de が普通. 4つの組合せができる：Ce fut au tour de l'abbé de penser avec intensité. (VIAN, *Pékin*, 156)「今度は司祭がじっと考えこんだ」 / *C'était au tour de* Michèle *à* errer dans les allées. (MAURIAC, *Agneau*, 236)「今度はMが小路をさまよった」 / *C'est mon tour de* crever. (VERCORS, *Colères*, 23)「今度はわたしのくたばる番です」 / Ce fut le tour du noir à trouver folles et extravagantes les propositions du blanc. (MÉRIMÉE, *Mosaïque*, 59)「今度は黒人のほうが白人の申し出をばかげた途方もないものに思った」
♦ 省略形：*Au tour des* passants *de* bousculer ce garçon immobile dans leur courant comme une souche. (CESBRON, *Prison*, 29)「今度は道を行く人々のほうが、人の流れの中に切株のように立ちすくんでいるこの少年を突きとばすのだ」 / *C'est à ton tour*, parrain, dis? (LOTI, *Yves*, 386)「あなたの番でしょう、ね、おとうさん」 / *C'était ton tour*, Stepan. (CAMUS, *Justes*, 183)「きみの番だったのだよ、S」

tout, toute, tous, toutes — 複数形 tous は gent > gens と共に古仏語の複数形の名残り. tous の発音は形容詞 [tu], 代名詞 [tus].
I. 形 (品質)　常に単数. ただし cf. 下記 1º①(5)
1º 付加形容詞として名詞・代名詞に先行する
① **全体の, 全部の** (= entier)
(1) *tout* + 冠 [指示・所有形容詞] + 名　名詞限定辞に先行する点がこの語の著しい特徴：*toute l'*humanité「全人類」 / *tout le* pays「(特定の)国じゅう」 / *tout un* pays「ある一国全体」 / *toute cette* ville「この町全体」 / *toute ma* vie「私の全生涯」 / J'ai *tout mon* temps.「時間はたっぷりある」
♦ *tout un, toute une* は誇張的に véritable の意：C'est *toute une* affaire.「それは大仕事です」 / Si je refuse ça fait *tout un* drame. (BEAUV., *Mand.*, 350)「わたしが嫌だといえば、大騒ぎになるのよ」 / Son histoire est *tout un* roman.「彼の身の上は優に一篇の小説のようだ」 / C'est *toute une* histoire. (DORIN, *Th*. II, 86)「話せば長いことだ」 ▶ まれに *tout une* histoire とつづる (S, I, 408). ⇨ 下記 V. 6º ①
▶ *tout un chacun* ⇨ chacun 6º

(2) 無冠詞の成句：à *toute* vitesse「全速力で」 / en *toute* franchise「率直に」 / de *tout* cœur「心から」 / avoir *tout* lieu de 不定詞「…する十分な理由がある」 / donner *toute* liberté d'agir「思いのままの行動をさせる」, など.

(3) *tout* + 都会名　「町全体」 (= toute la ville de...) の意でも、「全市民」 (= tous les habitants de...) の意でも、無変化が普通：Nous avons traversé *tout* Paris. (BEAUV., *Sang*, 125)「パリ全体を通り抜けた」 / *Tout* Paris le connaît. (*Thib*. III, 58)「パリ中の人が彼を知っています」 / Il fallait traverser *tout* Naples. (YOURC., *Anna*, 53) / *Tout* Bordeaux le sait. (MAURIAC, *Désert*, 234) ▶ どちらの場合にも一致例が見られる：*Toute* Rome en causait. (ZOLA — S, I, 404)

♦ *le Tout-Paris*「パリの名士たち」の型：J'ai assisté à la «première» du théâtre japonais où *le Tout-Pékin* était rassemblé. (BEAUV., *Marche*, 418)「私は日本演劇の初演を見物したが、そこには北京の名士たちが集まっていた」 ▶ 都会名が女性でも *le Tout-Rome* (TH, 410).

(4) *tout* + 作家名　tout は無変化：Il a lu *tout* Mme de Sévigné. (G, 457, A, 1º Rem. 1)「S夫人の作品は全部読んだ」

(5) *tout* + 作品名　DBF によれば, 作品名が文をなすときを除き, 定冠詞 la, les の前では変化：*toute* «*la* Débâcle» de Zola / *toutes* «*les* Fleurs du mal»
その他の場合は無変化：*tout* «le Père Goriot» / *tout* «Eugénie Grandet» / *tout* «Les affaires sont les affaires» / *tout* «A la

recherche du temps perdu»
♦ただし、文法家の意見も一定せず, *tout* «Une Vie» (G, 457, Rem. 1, a)をCOL (748)は不可とする．困難回避手段：Il a lu «Les Misérables» *en entier. / toute la comédie* «Les Précieuses ridicules» (G, 457 A, 1º, Rem. 1, N.B.)

(6) ***tout*** + 中性代名詞．***tout ce*** + 関係節：C'est *tout ce que* je vous demande.「私がお願いしていることはそれだけです」/ Est-ce que vous pouvez penser à *tout ce qui* arrive sur la terre? (LE CLÉZIO, *Fuites*, 11)「地球上に起こるすべてのことを考えることができますか」/ *Tout cela* est faux. (ROB.-GRIL., *Marienbad*, 121)「それはみんな間違っています」

♦〈数個の tout ce + 関係節〉を主語とする動詞は単数：*Tout ce qu*'il voit, *tout ce qu*'il entend, *tout ce qu*'il lit *excite* son inspiration. (TROYAT, *Flaubert*, 15)「見るもののすべて，聞くものすべて，読むものすべてが，彼の霊感をかき立てる」

tout ce qu'il y a de + 名 ：*Tout ce qu'il y avait d*'héroïsme en moi se réveilla. (IONESCO, *Solitaire*, 153)「私のうちに潜む勇猛心のすべてが目をさました」 ♦名詞が複数ならば, tous, toutesの強調的表現．主語になるとき動詞は単数, 時に複数：Alors *tout ce qu'il y a de* bateaux dans Ploubazlanec *avait appareillé* en hâte. (LOTI, *Pêch.*, 47)「すると，P港に停泊している船という船が急いで出港をしたのだった」/ *Tout ce qu'il y a avait de* gens éclairés *l'accueillirent, l'exaltèrent.* (STE-BEUVE — ROB)「教養人こぞって彼を迎え，ほめたたえた」

tout ce qu'il y a de (***plus***) + 形 = très, extrêmement. 形容詞は属詞, 付加辞：C'est *tout ce qu'il y a de plus* drôle. 「滑稽きわまる」/ J'ai un remplaçant *tout ce qu'il y a de* bien. (PAGNOL, *Marius* III, 3)「とてもいい補欠がいる」(bienは形容詞) ▶形容詞は無変化, または関係する語に一致：C'est une jeune fille *tout ce qu'il y a de plus sérieux* [または *sérieuse*]. (H, 45)「とてもまじめな娘です」

(7) ***tout celui*; *toute celle*** (文)：tout le mal qu'elle a fait, et *tout celui* qu'elle peut faire (MÉRIMÉ—G, 457, A, 1º, n. 1)「彼女が行なったあらゆる悪事と，行ない得るあらゆる悪事」/ La guerre en Corée? Ou *toutes celles* qui vont suivre? (GARY, *Clowns*, 60)「朝鮮戦争? それともそれに続くすべての戦争?」

(8) ***tout moi*** [***toi, lui***] 文語調, 気取った文体：C'est *tout lui* [*toi*]. (H, 929, Rem. 4)「彼[君]のすべてだ」cf. S, I, 405.

② 強意語 (= parfait, extrême)

tout + 無冠詞名詞：de *toute* beauté「この上なく美しい」/ de *toute* importance「極めて重要な」/ de *toute* urgence「大至急を要する」/ être à *toute* extrémité「死に瀕している」

la *toute* jeunesse [***enfance***]; **le *tout* début** tout-puissant > toute-puissance (副-形 > 形-名)に倣って, tout jeune, tout enfantから作られた：Dès sa *toute jeunesse*, il avait manifesté ce talent. (*Lar. Gr.*)「ごく若いころから，この才能を現わしていた」 ▶dès sa (*toute*) *première* jeunesseが常用 (*Ib.*). depuis sa *toute* enfanceより depuis sa *petite* enfanceが普通 (G, 457, D, Rem.2; H, 936).

tout débutはこれらの類推形：Nous étions au *tout début* d'octobre. (IONESCO, *Solitaire*, 25)「10月になったばかりだった」 ▶tout au débutが正式.

2º 同格形容詞 (= entier)：La maison est *toute* en feu. (= *toute* la maison)「家全体が火に包まれている」/ Laissez-la *toute* à sa douleur.「彼女を悲嘆にくれさせておきなさい」 ▶être tout à. ⇨ 下記 V. 6º ⑤

II. 形 (不定) 数に従い意味が異なる．

1º *tout*(*e*) + 名 ①どんな…も (= chaque, n'importe quel)：*Tout* homme est mortel.「いかなる人も死ぬべきものだ」/ à *toute* heure「絶えず」/ en *tout* temps「どんな時にも」(下記2º④) ▶上記 I. 1º ② とは意味が異なる. chaqueとの相違 ⇨ chaque 1º

② ***pour tout*** + 名   toutはseulと同じく制限的意味を持つ：Pour *toute* arme, il avait une canne.「唯一の武器として杖を持っていた」/ Pour *toute* réponse, elle fondit en larmes.「答える代わりに彼女は泣きくずれた」

2º *tous*, *toutes* ①***tous*** [***toutes***] ***les*** [所有・指示形容詞]+ 名   個物の総体 (la totalité des individus)を表わす. *Tous les* hommes sont mortels. は *Tout homme* est mortel. と同じ意味だが, 後者が人間の個々をとりだして共通の性質を述べているのに対し, 前者は人間全体を総括的に示す：*toutes ces* fleurs「これらの花全

体」/ *tous mes* livres「私の本全部」
◆2つしかないものに用いられた強意的用法（成句）: écouter de *toutes ses* oreilles「耳を傾けて聞く」/ regarder de *tous ses* yeux「注視する」/ s'enfuir à *toutes* jambes「一目散に逃げる」

② ***tous les*** +（数量詞）+ **時間・距離を示す名詞** chaqueと同じく配分詞的: *toutes les* heures「毎時間」/ *tous les* jours「毎日」/ *tous les* mercredis「毎水曜日」/ *tous les* deux jours「2日ごとに」/ *toutes les* dix pages「10ページごとに」/ *tous les* cent mètres「100メートルごとに」/ *Tous les quelques* jours, j'envoyais par la poste de l'argent à Ruiz. (GARY, *Au-delà*, 222)「数日置きにRに郵便で送金した」

③ ***tous*** + 代: Il connaissait à présent *tous ceux* qui venaient aux offices. (MAUPASS.)「彼は今ではミサにくるすべての人を知っていた」

④ ***tous*** + 無冠詞名詞 (= tous les...) 古語法で限定辞をしばしば省略した名残り.

(1)成句: écrire en *toutes* lettres「略さずに書く」/ mettre *toutes* voiles dehors「満帆を揚げる；あらゆる手段をつくす」/ cesser *toutes* relations avec qn「人とあらゆる関係を断つ」/ de *toutes* couleurs「あらゆる色の」/ à *tous* égards「あらゆる点で」/ *toutes* sortes de 「あらゆる種類の」cf. la Toussaint (< tous+saints)「万聖節」/ toujours (< tous+jours)「いつも」/ toutefois (< toutes+fois)「しかしながら」

tout + 名; ***tous*** (***les***) + 名 個別的な見方と総括的な見方との違いだから, lesを略したtous + 名 と tout + 名 とが共に用いられる成句がある: à *tout* venant, à *tous* venants「誰にでも」/ à *tout* moment, à *tous* moments「絶えず」/ à *tout* [*tous*] propos「何事につけても」/ de *tout* côté, de *tous* côtés「四方八方に」/ de *toute*(*s*) sorte(s)「あらゆる種類の」/ en *tout* [*tous*] cas「いずれにしても」/ *toute*(*s*) chose(s)「あらゆるもの」, など. ◆複数の成句は近代の統辞法に従い, 冠詞を用いる傾向にある: à tous *les* égards / de tous *les* côtés / de toutes *les* sortes / toutes *les* sortes de / de toutes *les* couleurs.

tous les deux = ***tous deux*** lesの使用が普通. lesの省略はやや文語的. cinq以上でlesの省略は極めてまれ, dix以上はlesを略さない (COL; TH; *EBF*): Tous deux [Tous *deux*] sont venus. (*MFU*)「2人とも来た」/ Ils descendirent *tous quatre* l'escalier en courant. (VIAN, *Arrache*, 183)「4人とも階段を駆け降りた」/ Ils marchaient *tous les cinq* depuis une demi-heure. (CASTILLOU, *Etna*, 31)「5人とも半時間前から歩いていた」

▶*tous* deux [trois, quatre] を文末に置くことはまれ (*Lar. Gr.* 150; COL, 213).

(2)文学的あるいは官庁的文体は時に古語法にならう: *Toutes* infractions à cette règle seront punies.「この規則の違反はすべて罰せられる」/ *Tous* bruits s'éteignaient alentour. (ARLAND, *Terre nat.*, 142)「周囲ではあらゆる物音が消え去った」

⑤ ***tout, tous* の反復** (1)性の異なる等位名詞の前では繰り返される: *tous les* hommes et *toutes les* femmes.

(2)性・数の同じ等位名詞の前では, 第2のtout[s]を略し得る: *Toute son* angoisse et *sa* fatigue avaient fondu dans le sommeil. (*Thib.* III, 203)「あらゆる悩み, あらゆる疲れが眠りのうちに消えていた」/ Je suis né avec *tous les* instincts et *les* sens de l'homme primitif. (MAUPASS., *Contes*, 317)「私は原始人のあらゆる本能と感覚をもって生まれた」

(3)列挙された名詞の前で冠詞と共に省略できる: *toutes les* affections, haines, curiosités, sensations de l'homme (LANSON, *Hist. litt. fr.*, 994)「人間のあらゆる愛情, 憎悪, 好奇心, 感覚」

3º *tout, tous* と否定
① ***ne... pas tout*** ; ***tout ne... pas*** Vous *ne* savez *pas tout*. (MONTHERL., *Port-Royal*, 57) は Vous savez tout. の全体を否定して「すべてを知っている, わけではない」の意. 同様にして: Je *ne* vous ai *pas* encore dit *toute* la vérité. (*Thib.* VI, 160)「まだ事実をすっかり話してはいない」/ *Tout* ce qui reluit *n'*est *pas* or.《諺》「光るものがすべて黄金であるわけではない」/ Les infinitifs sont proprement des noms d'action, mais *tous* les noms d'action *ne* sont *pas* des infinitifs. (VENDR, 150)「不定詞はまさしく行為名詞であるが, すべての行為名詞が不定詞であるとは限らない」/ *Tout* le monde *n'a pas* eu un ami. (ST-EXUP., *Prince*, 20)「誰もが友を持ったわけではない」

◆tout, tousを主語の同格としてpasの後に置けば, いつも上記の意: Les idées fausses *ne* sont d'ailleurs *pas toutes* mauvaises. (AYMÉ, *Confort*, 41)「もっとも，誤った考えがどれもこれも悪いわけではない」

② ***tout ne... plus*** [*jamais*]「すべての…がもう[決して] …でない」: *Tous* ces bâtiments *n'*existent *plus*.「それらの建物はもうことごとく存在しない」/ *Tous* les hommes *ne* seront *jamais* libres. (GA, 60)「すべての人間は決して自由になることはあるまい」

♦ tout ne... pas はまれに aucun の意: *Tout* homme, ami des arts, *n'*a pu passer à Séville sans visiter l'église de Charité. (= Aucun homme,) (MÉRIMÉE—LE B, II, 750)「芸術を愛する者は誰しも S の町に来て Ch 教会を見物せずにはいられなかった」

III. 代 (不定) **1° *tout*** 中性，準名詞 (nominal): *Tout* était juvénile sur ces visages. (*Thib*. IV, 10)「これらの顔は何もかも若々しかった」/ *Tout* a une fin. (IONESCO, *Solitaire*, 151; 130 にも)「何事にも終わりがある」/ Ce soir je ne suis pas calme, voilà *tout*. (CLAIR, 217)「今夜は冷静ではない．それだけのことだ」/ Il s'intéressait à *tout*. (BEAUV., *Mém*., 339)「彼は何にでも興味を抱いていた」

♦ 部分を表わす de tout: On trouve *de tout* à Paris. (*Thib*.— S, I, 411)「パリには何でもある」/ Il mange *de tout* à présent. (GIDE—GLLF)「今では何でも食べる」cf. Il a *tout* mangé.「全部食べてしまった」

♦ 列挙名詞の要約: Honneur, fortune, il avait *tout* perdu. (W, 317)「名誉も財産も，すべてを失った」 この用法では人も表わせる: Femmes, moine, vieillards, *tout* était descendu. (LA FONT, *Fab*. VII, 9)「女たちも，僧も，年寄衆も，皆車から降りていた」 ▶ tout は時に列挙名詞に先行: Je lui ai *tout* donné, mon nom, mon corps et mes biens. (JOUHAND., *Procès*, 232)「彼女にすべてを与えた，名前も体も財産も」

♦ tout de + 補語: J'ai oublié presque *tout du* grec [J'*en* ai *tout* oublié]. (S, I, 413)「ギリシア語はほとんど全部 [それは全部] 忘れた」♦成句: Devons-nous (...) coopérer dans l'avenir avec tout *ou* partie du peuple allemand? (VERCORS, *Plus ou moins h*., 233)「我々は…将来ドイツ国民の全部または一部と協力しなければならないのか」

♦ avoir tout de qn [qch] (= avoir toutes les qualités de, ressembler tout à fait à): Pour Fanny, elle *avait tout d'*une mère. (DAUDET—S, I, 413)「F にとって彼女は全くの母親だった」/ Sa maison *a tout d'*un château. (*MFU*)「彼の家はまるで館だ」

直・目 *tout* の語順　動詞が不定詞・複合時制ならば，不定詞・過分の前が一般的: Je vais *tout* lire.「全部読もう」/ J'ai *tout* lu.「全部読んだ」▶ 強調的にそれらの後にも置く: Je vais lire *tout*. / J'ai lu *tout*. / Je peux bien dire *tout*. (AYMÉ, *Jument*, 89)

♦ 間・目との併用. tout + 間・目 (一般的): On peut *tout* me dire. (BEAUV., *Mand*., 183)「私に何を言っても構いません」複合時制ならば間・目 + tout + 過分: Je vous ai *tout* dit. (GIRAUDOUX, *Tessa*, 17)「これでみんな話しました」 強調: Vous n'avez qu'à lui refuser *tout*. (MONTHERL., *Brocél*. I, 1)「みんな断ってしまえばいいのです」▶ 間・目 + tout + 不定 古語法の名残り (S, I, 5): Lui non plus n'hésitera pas *me tout* révéler. (GIRAUDOUX, *Folle*, 21)「奴もためらわずに私にすべてを打ち明けるだろう」

♦ 副 + tout + 過分 (一般的): Vous avez *déjà tout* oublié. (ROB.-GRIL., *Marienbad*, 116)「もう何もかも忘れています」/ Tu as *bien tout* senti? (ANOUILH, *P.N*., 110)「すべてをはっきり感じたのかい」

2° *tous*, *toutes* ① *tous*「すべての人間」(les hommes en général). 時として tous「すべての男」，toutes「すべての女」: Jésus-Christ est mort pour le salut de *tous*. (AC)「イエス・キリストは万人を救済するために死んだ」/ Elle était plus jolie que *toutes*. (MAUPASS., *Parure*)「彼女はどの女よりもきれいだった」/ Aimer, n'est-ce pas... préférer à *tous* et à *toutes* une certaine personne? (HALÉVY— S, I, 392)「愛するというのは，どの男性よりも，どの女性よりも，ある人を好むということではないでしょうか」

② すでに話題にのぼった人・物の全体: *Tous* sont venus.「みんなやってきた」/ Aucune de mes lettres n'a dû lui parvenir, puisque *toutes* sont sans réponse.「私の手紙はどれも彼のところに届かなかったに違いない．どれにも返事がないのだから」/ Cette politique belliqueuse est la plus dangereuse de *toutes*! (*Thib*. VI, 136)「こうした好戦的政策はあらゆる政策中のもっとも危険なものだ」/ C'est notre

affaire à *tous*. (CAMUS, *Justes*, 75)「それはわれわれ一同の問題だ」
◆同格: *Ils* sont *tous* [*Elles* sont *toutes*] là.「彼〔彼女〕らはみんないる」/ Il faut que je *vous* parle *à tous*. (COCTEAU, *Th*. II, 201)「あなた方全部に話さなければならない」/ Il faut *tous* faire votre devoir.「みんな自分の務めを果たさなければならない」/ Sortez *tous*.「みんな外に出てください」▶同格の tous は時に主語でなく属詞と一致する: Ce que vous dites là ce sont *tous* contes à dormir. (N, V, 415)「あなたの言っていることは、みんな退屈な話だ」/ C'était *tous* des fumiers. (BEAUV., *Mand*., 123)「どいつもこいつも汚い奴らだった」(俗): C'est *tout* de braves gens. (S, I, 394, n.)「みんないい人たちだ」▶tous に代わる tout は(俗)
◆語順: On devrait les fusiller *tous* [時に *tous les* fusiller]. (S, I, 396)「彼らをみんな銃殺しなければなるまい」/ Je veux *tous* vous remercier. (BEAUV., *Mand*., 418)「あなた方みんなにお礼を申しあげたい」

IV. 名男 (複) ***touts***) **1° 分割できるものの全体**: Je ne peux pas vous vendre ces livres séparément, ils forment *un tout*. (*Niv. 2*)「この本は分売できません。一揃いになっているのですから」/ J'achète *le tout*. (*MFU*)「全部そっくり買います」

2° 肝心なこと (= l'important, l'essentiel): *Le tout* était d'agir avec force et rapidité. (*Thib*. VI, 102)「肝心なのは力強く迅速に行動することだ」

3° *du tout* **否定の強調** ne... pas [plus, point, rien] du tout. du tout は pas などの直後、またはそれらから離れて用いられる: Je *ne* suis *pas du tout* fatiguée. (BEAUV., *Inv*., 354)「ちっとも疲れていません」/ Il *n'est pas* poétique *du tout*. (VIAN, *Pékin*, 94)「詩的なところなどこれっぽっちもありません」/ Il *n'avait pas du tout* d'amitié pour elle. (BEAUV., *Inv*., 363)「彼女に少しも友情を抱いてはいなかった」/ Il *n'*y a *pas* d'énigme *du tout*. (*Thib*. IX, 79)「何の謎もない」/ Je *ne* veux *pas* habiter ici *du tout*. (SAGAN, *Violons*, 33)「ここに全然住みたくない」/ Je *ne* suis *point du tout* un critique. (FRANCE, *Vie litt*. IV, I)「私は全く批評家などではない」/ Il *ne* sait *rien du tout*. (BEAUV., *Inv*., 214)「全く何も知らない」/ Il *n'est rien* arrivé *du tout*. (SARTRE, *Nekr*.

II, 6)「全く何も起こらなかった」◆省略文で: Au début, je dormais mal la nuit et *pas du tout* le jour. (CAMUS, *Etr*., 113)「初めは夜よく眠れず、昼は全然だめだった」/ Alors, vous vous ennuyez?—*Pas du tout*. (BEAUV., *Inv*., 35)「じゃ、手持ちぶさたでしょう。—ちっとも」/ Est-ce que je vous dérange?—*Du tout, du tout*. (COCTEAU, *Machine* I, 6)「お邪魔?—いいえ、ちっとも」

V. 副 **1°** *tout* + **副詞(相当句)** (= complètement, entièrement): J'habite *tout près* (d'ici).「(ここの)すぐ近くに住んでいます」/ *Tout au loin*, il vit un pêcheur. (SARTRE, *Age*, 97)「ずっと遠くに釣人の姿が見えた」/ Elle vint *tout droit* à lui. (GARY, *Clowns*, 16)「まっすぐ彼のところに来た」/ Il sort et revient *tout aussitôt*. (DURAS, *Détruire*, 28)「彼は外に出て、すぐに戻ってくる」
◆***tout*** + 前 (+ 名): Il tira le lit *tout contre* la fenêtre ouverte. (GRACQ, *Balcon*, 15)「開け放った窓のすぐそばにベッドを引きよせた」/ Il est là *tout contre*. (*PR*)「彼はすぐそばにいます」(= tout près)

2° *tout* + **形容詞(相当句)** (= tout à fait, entièrement): Le mur est *tout blanc* [*tout lézardé*]. (*MFU*)「壁は真白だ〔一面にひび割れしている〕」

tout と ***très*** 共に高度を表わすが、tout は越え得ない絶対的程度: *tout* puissant「全能の」, *très* puissant「非常に権力のある」◆程度の差を設けられない表現には tout だけを用いる: *tout* plein「すっかり一杯になった」/ *tout* en larmes「さめざめと涙を流している」/ *tout* hors d'haleine「すっかり息を切らした」/ *tout* à la fin de...「…のずっと終わりのほうに」/ *tout* seul「たったひとりぼっちの」(*très* seul「全く孤独な」は情意的意味) ▶多くはどちらも用い得るが、tout は主観的、très は客観的 (GOUG, 249): Il est *tout* [*très*] pâle.「まっさおだ」H (933) は très は習慣的、あるいは一時的性質に用いられるが、tout はことに一時的性質の修飾にふさわしいと言う: Il est *très* aimable.「非常に愛想がよい」/ Le voilà *tout* aimable.「おや、今日はとても愛想がいい」

3° *tout* + **ジェロンディフ** 同時性・対立(⇨ gérondif 5°)の強調: J'aime lire *tout en marchant*. (GIDE, *Feuillets*, 44)「歩きながら本を読むのが好きだ」/ Au fond, le don, ça n'est presque rien,— *tout en étant* indispensable! (*Thib.* VI, 93)「結局、才能なんてほとんど取るにたりないさ、— なくてはならないけれど」 ▶toutは反復されない：*Tout en parlant* et *en marchant*, il observait son ami. (H, 934)「歩きながら話している間、彼は友を観察していた」

4º *tout* +形［名］,副］+ *que*

① *que* +直 伝統的. (1)対立 (= bien que)：*Tout* timide *qu*'il *est*, il sait faire ses affaires. (B, 855)「全く小心者だが、商売はできる」/ *Tout* incroyant *que* j'*étais*, je pensais à Dieu souvent. (GARY, *Cerfs*, 249)「私は無信仰な人間だったが、よく神のことを考えた」

(2)譲歩. B (855)は上記第１例のqu'il estの箇所を強めれば譲歩にもなる、つまりtimideであることを認めてはいるが全面的に肯定しているのではない、と言う.

▶属詞が２つあってもtoutを繰り返さないのが普通： *tout contrebandier et pauvre qu*'il allait être (LOTI, *Ramuntcho*, 9)「密輸入者となり貧しい生活を送ろうとはしていたが」

♦次例は原因を表わす同格形容詞（⇨ adjectif qualificatif V. 3º）にtoutを先立てた別構文：Ils ne disaient plus rien, *tout* concentrés *qu*'ils étaient dans une attente de plaisir. (LOTI, *Yves*, 15)「彼らは快楽の期待にただわれて心を奪われて、もはや何も言わなかった」

② *que* +接 古くから存在したが、si... que +接の類推で近年次第に多くなり (MART 421; LE B, II, 516), COH (*Subj.*, 172)はほとんどいつも接続法を用いるとさえ説く.

(1)譲歩. 可能事, したがって疑惑を含む： *Tout juste qu*'il *soit*, il se trompe parfois. (MART, 421)「どれほど公平であろうと、彼は時には間違える」（malgré toute la justice qu'il peut avoir et qui monte peut-être à un degré fort élevéの意で, *tout juste qu*'il *est* = quoiqu'il soit parfaitement juste, tout en étant justeとは異なる）/ Elle avait tiré bon augure de ce que sa ruse, *tout enfantine qu*'elle *fût*, eût aussi bien réussi. (VAILLAND, *Loi*, 230)「自分の計略がどれほど子供らしいにしても、こんなにうまくいったので、幸先がいいと思った」

(2)対立： *Tout* nouveau venu *que je sois*, je gagne probablement autant que vous. (BUTOR, *Emploi*, 28)「ぼくは新参者ですが、おそらくあなたぐらい収入があります」/ Je lui servais d'aide, *tout* duc *que je sois*. (QUENEAU, *Fleurs*, 229)「公爵とはいえ彼の助手を務めていました」

tout... soit-il (= tout... qu'il soit). si... que +接 と並んで用いられる si... soit-il (⇨si² IV. 2º) の類推形： Votre indignation, *toute* justifiée *soit-elle*, risque d'y introduire la confusion. (GIRAUDOUX, *Ondine* III, 4)「お怒りはまことにごもっともながら紛糾を招くおそれがあります」

5º 副詞 *tout* の一致 副詞的用法の形容詞を変化させた古仏語法の名残りを留めて (⇨ grand 3º), **子音または有音のhで始まる女性形容詞の前では性・数の変化**をするが, **母音・無音のhの前では無変化**: il est *tout* triste ; elle est *toute* triste ; ils sont *tout* tristes ; elles sont *toutes* tristes. cf. C'est une *toute* jeune fille qui les surveille. (VERCORS, *Divag.*, 67)「彼らを見張っているのはまだ全く若い娘だ」/ Ses lèvres tremblaient, *toutes* blanches. (IKOR, *Gr. moy.*, 217)「彼女の唇はすっかり血の気も失せて震えていた」

il est *tout* ému ; elle est *tout* émue ; ils sont *tout* émus ; elles sont *tout* émues. cf. Comme il avait dû souhaiter une femme qui fût *tout* entière à lui! (BEAUV., *Mand.*, 536)「彼は自分にすべてを捧げてくれるような女性を、きっと強く望んでいたに違いない」/ (...) trois légions périrent *tout* entières. (THIERRY — D-P, VII, 53)「３つの軍団が全滅した」

♦したがって, Ils sont *tout* tristes.「悲嘆にくれている」/ Ils sont tous [tus] tristes.「みな悲しんでいる」では、副詞と代名詞が綴りと発音ではっきり区別されるが, Elles sont *toutes* tristes. では、代名詞の場合にtoutesの後に短い休止を置くか, Toutes sont tristes. と言い換えるかしなければその区別がつかない.

♦実例は必ずしもこの規則を守らない： *Toute* endormie encore, elle murmurait. (TROYAT, *Signe*, 19)「まだぐっすり眠りこんだまま、彼女はつぶやいていた」/ Elle sembla *toute* heureuse de voir Jacques. (*Thib.* VI, 41)「Jに会えたのをとても喜んでいるようだった」

1976年の文部省令ではこの一致を任意とする： Elle se montra *tout* [*toute*] étonnée.「ひどく驚いた様子だった」

6º 副詞 *tout* ／ 形容詞 *tout*

① *tout*(*e*) *autre*

(1) = n'importe quel autre, un autre quelconqueの意では形容詞として名詞に一致（上記II.1º）：Donnez-moi *toute autre* chose. (H, 937)「何でもいいから，それとは別のを下さい」/ si vous étiez *toute autre* femme (GIRAUDOUX, *Tessa*, 117)「あなたが誰か別の女性なら」 ▶ 名 + autreの語順も可能：*toute* place *autre* (LE B, I, 251).

(2) tout à faitの意では副詞で無変化：C'est une *tout autre* affaire. (PR; H, 937)「全く別問題だ」/ C'était pour de *tout autres* raisons. (BEAUV., *Mand.*, 478)「全く別の理由によるものだった」 次の語順も可能：C'est *tout* une autre affaire. (H)

▶ 上記(1)のtoutを無変化にし，(2)でtouteとつづる者があるが (S, I, 420; LE B, I, 251), 従うべきではない.

② tout + 形容詞的用法の名詞 (付加辞, 多くは属詞)

(1) 無変化：Il est *tout énergie*.「すこぶる精力的だ」(= entièrement [tout à fait] énergie, plein d'énergie, 多くはtrès énergiqueの強調) (H, 935) / Jeanne d'Arc fut *tout piété* et *patriotisme*. (HANOTAUX—S, I, 425)「Jは信仰に厚く愛国心に燃えていた」

(2) 後続名詞との一致．不定形容詞扱い：Il est *toute légèreté* française, elle *toute* gravité orientale. (HARRY—ID.)「彼はフランス的な軽妙さを，彼女のほうは東洋的な荘重さを備えている」

(3) tout + 形 (上記5º) に倣う：Il est *toute sagesse*. (H, 935)「思慮分別に富む」/ Elle est *tout innocence*.「天真爛漫である」

(4) toutが無変化の成句：Elles étaient *tout yeux* et *tout oreilles*. (AC)「一心にひとみを凝らし，耳をすましていた」/ Nous sommes *tout ouïe*. (ANOUILH, *P.R.*, 131)「聞耳を立てているのよ」/ Nous étions *tout sourires*. (BEAUV., *Mand.*, 207)「いかにもにこやかだった」/ Notre Mère Agnès est *tout sucre*. (MONTHERL., *Paul-Royal*, 53)「A院長様はとてもお優しいのです」/ être *tout feu*, *tout flamme* pour... (TLF)「…に熱中している」/ des étoffes *tout laine* [*tout soie*]〔商〕「純毛［純絹］の生地」

③ tout de + 名 単数(代)名詞にかかる場合は，普通はそれに一致：l'*existence* nouvelle qu'il menait, *toute de* travail et de privations (DAUDET—S, I, 422)「彼が送っていた労苦と耐乏の新たな生活」/ une *pièce toute de* circonstance (H, 937)「まさしく時事的劇作品」/ un *sujet tout de* circonstance (*Ib.*)「まさに当面の問題」 ▶ 色の形容詞を伴うときは無変化 (DBF)：Une femme, *tout de blanc* vêtue, (...) surgit. (IKOR, *Gr. moy.*, 289)「1人の女性が純白の服を着て，現われた」

④ tout à + 名 関係する語が女性単数名詞ならば，同格形容詞とみなしtouteが普通：Elle est *toute à ses occupations*. (DBF)「彼女は仕事に没頭している」 ▶ まれにElle était *tout à son souci*. (COLETTE—H, 936)「気がかりでたまらなかった」(初めtouteとつづり，後で訂正) ▶ 複数名詞に関係するときは曖昧を避けるために無変化：Ils [Elles] sont *tout à leurs occupations*. (DBF) cf. tous [toutes] とつづればTous [Toutes] sont à leurs occupations 「全員が仕事にかかっている」の意.

◆女性の手紙末尾の早々，敬具に当たる決まり文句Je suis *toute à vous*. は「身も心もあなたに捧げます」の意の愛情の吐露，Je suis *tout à vous*. は「何なりとご用をつとめます」の意の儀礼的表現，と区別するのが普通 (TH; *DBF*). S (I, 423)はこの区別を虚構として一蹴するが，H (937)はこの区別を考慮に入れることを勧める.

⑤ tout en + 名 (1) 関係する名詞が女性単数ならば一致は一定しない：une jupe *tout(e) en soie* (TH)「純絹のスカート」/ La ville est *tout(e) en flammes*. (*Ib.*)「町は炎に包まれている」/ Elle était vêtue *toute en blanc*. (GIDE, *Porte*, 142)「純白の服を着ていた」/ Elle était *tout en noir*. (H, 937; S, I, 424)「黒ずくめだった」/ L'automobile découverte de Vivant était d'une forme étrange, *toute en bosses*, en creux. (KESSEL, *Enfants*, 59)「Vのオープンカーは凸凹だらけの妙な格好だった」/ une salle à manger *tout en vitres* (VERCORS, *Divag.*, 138)「一面ガラス張りの食堂」 成句：Elle était *tout en larmes*. (TH)「さめざめと泣いていた」

(2) 複数名詞に関係するときにはtoutは無変化：des tissus *tout en soie* (*Ib.*)「純絹の織物」/ des jupes *tout en broderies* (*Ib.*)「一面に刺繍のあるスカート」/ Elles étaient *tout en noir*. (H, 936) (= Tout à fait en noir) cf. Elles étaient *toutes en noir*. (*Ib.*) (= toutes sans exception)

tout à coup ⇨ coup

train¹ ── 列車：le *train* de Paris「パリ発の [またはパリ行きの = pour Paris] 列車」/ voyager en [par le] *train*「列車で旅をする」(ˣpar *train*, ˣau *train* は不可—H, 940) / Tu es arrivé par le *train* de six heures? (ANOUILH, *Grotte*, 39)「6時の列車で着いたのかい」/ par le *train* de nuit (*Thib.* I, 280)「夜行列車で」▸Nous sommes arrivés au *train* de 7 h. 20. (ANOUILH., *P.R.*, 181) は俗語調．

train² ── (= manière de se comporter)
 être en train de 不定詞 動作の進展の様を表わす迂言法．アスペクトの助動詞に加える者もある：Elle est *en train de* raccommoder ses bas. (F, 257)「彼女は靴下のつくろいをしています」/ On était *en train de* faire un brin de causette. (ID., 983)「一同はちょっとおしゃべりをしていた」▸être の時制は直・現，直・半が普通．継続相を表わし得ない時制には用いられない．ˣon a été en train de... は不可 (KAHN, 90)．
 ♦en train de 不定詞 は形容詞相当句をなし，主語の属詞となるほか，形容詞の果たし得る他の機能を果たす．
 目的語の属詞：Ma sœur m'a trouvé *en train d'*embrasser la bonne. (ANOUILH, *Hurlub.*, 48)「女中にキスをしているところを妹に見つかりました」/ Bogo le Muet regardait les gens *en train de* parler. (LE CLÉZIO, *Géants*, 150)「おしのBは人々が話しているのをじっと見ていた」▸ 名 + 不定詞 を従える écouter, entendre, sentir もこの構文が可能 (LE GOF, 100)．不定詞節を従えられない apercevoir の後ではこの構文が有効である．
 同格辞：Le commissaire, *en train de* rédiger un rapport, poursuivit son travail sans répondre. (VAILLAND, *Loi*, 304)「警視は報告書を作成している最中で返事をせずに仕事を続けた」
 付加辞：On dirait un écolier *en train de* faire ses devoirs de vacances. (BEAUV., *Mand.*, 539)「まるで夏休みの宿題をしている小学生みたいね」

trait d'union [ハイフン] ── 綴り字記号 (signe orthographique) の一種．⟨-⟩ の印．数個の語を1つに連結する符号．1901年の文部省令で使用の自由を認められたが，慣用は次の通り．
 ①合成語：arc-en-ciel, petit-fils, coffre-fort, ouï-dire, rendez-vous / aigre-douce / peut-être．合成名詞の⟨-⟩の用法には矛盾がある．cf. portefeuille / porte-allumettes ; chef-d'œuvre / pomme de terre.
 ▸基数詞とハイフン ⇨ numéral cardinal I. 3° ③
 ②動詞 -(t)- 主語代名詞：avez-vous, a-t-il, est-ce.
 ③命令形動詞 - 人称代名詞：Ecoute-moi. / Allez-vous-en. Donnez-nous-en. Trouvez-vous-y. cf. Veuillez ǀ me suivre. (me は suivre の直・目)
 ④副詞 ci, là：ce livre-ci [-là], ci-inclus, ci-gît, là-dessus, là-bas. ただし là contre, de là, par là, dès là.
 ⑤代名詞 -même：moi-même.
 ⑥固有名 (詞)．洗礼名：Louis-Charles-Alfred de Musset. 地名：Pont-l'Evêque. 名と姓を⟨-⟩で結ぶ郵政省の慣用 (rue Charles-Nodier) は普及したが，D (43) は誤りとする．その他 ⇨ demi; grand; numéral cardinal I. 3° ③ ; nom propre I. 2°.
 ⑦行末で1語を切って2行に書く場合．

tramway ⇨ à I. 10°; article défini II. 3° ① (5)

travailler ── *travailler* en [dans une] usine (*RM*) / *travailler* dans une banque [à la banque X] / *travailler* chez Renault / *travailler* pour [dans] la société Secam.

tréma [トレマ] ── 綴り字記号 (signe orthographique) の一種．⟨¨⟩の印．i, u, e の上に用いられ，多くは直前の母音から独立して発音することを示す：haïr [ai:r], Saül [sayl]. güe [gy] は gue [gə] と区別する標識：aiguë. 16世紀に作られ，[y]・[v] のどちらにも用いられた u, v を区別するために u あるいはその直後の母音の上に付けたこともある．古い綴り poëte, poëme は19世紀まで残った．

très ── 1° *très* + 形容詞 (相当句)：Il est *très* riche.「たいへん金持だ」/ C'est un garçon *très* bien.「非常にりっぱな青年です」/ un objet *très* bon marché (ROB)「とても安い品物」/ Il est *très* en colère. (= *très* irrité)「彼はとても怒っている」/ C'est *très* à la mode [*très* en vogue].「たいへん流行しています」
 ▸très + 形容詞的用法の名詞：Denise est *très* musicienne.「D はとても音楽がじょうずなのです」/ Elle s'assied, *très* femme du monde.「彼女はいかにも社交界の婦人といった様子で腰をおろす」

2° *très* + 副詞(相当句)：Il se lève *très* tôt.「とても早く起きる」/ Il vit *très* à l'écart. (GIRAUDOUX, *Interm.* II, 2)「彼は人目を避けて暮らしています」⇨ bientôt

3° *très* + 動詞相当句：Faites *très* attention. (VIAN, *Arrache*, 183)「よく注意なさい」/ J'ai *très* envie d'être seul. (DÉON, *Taxi*, 167)「とてもひとりきりになりたい」/ C'est *très* dommage.「とても残念です」/ その他：avoir *très* faim [soif, peur, など] ▶ne... pas *très*: Je n'ai *pas* fait *très* attention. (QUENEAU, *Fleurs*, 161)「あまり注意をしなかった」/ Je n'ai *pas très* faim. (ANOUILH, *Antig.*, 33)「そんなにお腹はすいていません」

4° *très* + 受動形[代動]の過分：Il est *très* aimé de ses parents. (DUB, *Eléments*, 176) / Je me suis *très* enrhumé. (GLLF) まれに他動詞複合過去の過分：Luc a *très* apprécié ce discours. (GROSS, *Nom*, 156) ◆受動形＋動作主補語 (L'enfant fut très effrayé par ces récits.「子供はその物語に非常におびえた」) のほかは規範文法は認めない.

5° 単独に　くだけた会話で、*très* のあとの語を略す：Tu es contente? ― *Très*. (COCTEAU, *Th.* II, 176)「うれしいかい?―とっても」/ Vous avez passé de bonnes vacances? ― Non, pas *très*. (= pas très bonnes) (ROB)「よい休暇を過ごされました?―いや、あまりね」

triphtongue [3重母音] ― 3母音の連続が1音節として発音されるものを言うが、フランス語ではその意味の3重母音はなく、時に半母音＋母音＋半母音の名称として用いることがある：ouaille [wɑːj] ⇨ diphtongue

tris(s)yllabe [3音節語] ― 3音節から成る語：a-mi-cal.

tromper ― 1° *se tromper* (= commettre une erreur)：Tu as dû *te tromper* dans les chiffres. (BEAUV., *Mand.*, 149)「きっと数字を間違えたのだよ」/ C'est *en* quoi je *me trompais*. (ROB)「その点で間違っていたのだ」/ Tu *t'es trompé* sur moi. (GARY, *Cerfs*, 289)「私のことを思い違いしたのよ」/ Mais tu *te trompes en disant* que j'ai changé. (LE CLÉZIO, *Déluge*, 97)「ぼくが変わったと言うのは間違っている」/ Tu *te trompes si* tu penses que... (ROB)「…と考えているとすれば間違っている」

◆y = dans [sur] qch: Ne vous y trompez pas. (GARY, *Clowns*, 45)「それを間違えるな」▶多くはyが漠然と外観をさす言い回しとなる.

2° *se tromper de* qch「あるものを他のものと間違える」：*se tromper de* route [*de* direction, *de* date, *d'*heure]「道 [方向, 日付, 時間] を間違える」/ Vous *vous trompez d'*adresse.「住所を間違えている；(比喩的に) (私にそんなことを頼むのは) おかど違いです」

◆*de* qch に *en* の代入不可 (GROSS, 55; LE GOF, 52). 補語を略す：Ce n'était pas la route qui conduisait au village. Il *s'est trompé*. (PINCHON, 218)「村に通じる道ではなかった。彼は間違えたのだ」

trop ― 1° *trop* + 形 [副]：C'est *trop* cher.「値段が高すぎる」/ Il parle *trop* vite.「早口すぎる」▶Il est venu de *trop* bonne heure. (G, 853, Rem. 5)「彼はあまり早く来すぎた」(×*trop de* bonne heure は誤り)

◆bien [beaucoup, un peu] *trop*: C'est *beaucoup* [*un peu*] *trop* cher. (MR)「ずいぶん [少し] 高すぎる」/ Elle est *bien trop* catholique. (BEAUV., *Mand.*, 550)「彼女はカトリックにこり過ぎている」

◆儀礼的表現, 親愛的表現では *trop* = *très*：Vous êtes *trop* aimable. (MR)「ご親切痛み入ります」/ Vous m'aviez acheté des fleurs? C'est *trop* gentil. (SAGAN, *Bonj.*, 28)「私に花を買っておいてくださったんですか。ご親切に」/ Cet enfant est *trop* mignon. (MR)「この子はとてもかわいい」

2° 動 + *trop*: Vous parlez *trop*.「しゃべりすぎます」▶複合時制ならば語順は：J'ai *trop* bu.「飲みすぎた」

◆動詞相当句 + *trop*: J'ai *trop* chaud. (MR)「暑すぎます」/ Je ne peux pas, j'ai *trop* peur. (ANOUILH, *N.P.N.*, 247)「だめです。あんまりこわくて」

3° *trop de* + 名 (可算・不可算名詞)：Il a *trop d'*argent [*d'*amis].「彼は金 [友だち] がありすぎる」⇨ beaucoup 3° ▶複合時制ならば語順は：Il a bu *trop de* vin. 時として Il a *trop* bu *de* vin.

◆動詞・形容詞の一致．原則は *trop de* のあとの名詞と一致．ただし、支配的観念が「過度」の意にあれば一致は男性単数：*Trop de* plaisirs est malsain. (H, 969)「快楽も度を過ごすと健康に害がある」cf. *Trop de* plaisirs sont malsains.「健康に害のある快楽が多過ぎる」

4º ne... pas [jamais] trop
① *trop*の意味は弱まり pas trop (= pas beaucoup, guère): Il *ne* faut *pas trop* s'y fier. (BEAUV., *Mand.*, 131)「あまりそれを信頼してはいけない」
② *trop*は「過度」の意を失わず，ne... pas [jamais] は節全体を否定: On *n*'est *jamais trop* dur pour Lewis. (GIRAUDOUX, *Tessa*, 242)「Lには何を言ったってひどすぎることはない」

5º trop... pour 不定詞 [**pour que**＋接] 原則として主動詞の主語と不定詞の動作主が同じならばpour 不定詞，異なればpour queを用いる。pourは結果を表わし，肯定形の結果は否定の意: Il est *trop* ému *pour* parler. (*Thib.* VIII, 142)「感動のあまり言葉が出ない」/ Son trouble était *trop* grand *pour qu*'elle pût dormir. (MAUROIS, *Cercle*, 112)「あまりに心が乱れて，眠れなかった」

◆trop... pour ne pas＋不定詞 [pour que ne... pas] pour以下は肯定の意: Tu me connais *trop* bien *pour ne pas* savoir quand je mens et quand je dis la vérité.(DORIN, *Th.* II, 301)「きみはぼくのことをよく知っているから，ぼくがいつ嘘を言い，いつ本当を言うかわからないはずはない」/ Le souvenir des souffrances endurées restait *trop* vif *pour qu*'elle ne ressentît pas quelque soulagement d'être délivrée de ces épreuves. (*Thib.* VI, 67)「今まで耐えてきた苦しみの思い出はあまりになまなましかったので，こうした試練から解放されてほっとした気持を感ぜずにはいなかった」

6º 準名詞 (nominal)
①主語: *Trop* est trop. (*Lar.*) (諺)「過ぎたるは及ばざるがごとし」/ Si un peu de pluie et de froid favorisait le cinéma, *trop* pouvait être nuisible. (GRENIER, *Ciné*, 76) (trop = trop de pluie et de froid)「少し雨が降ったり寒かったりすると映画には好都合だったが，それも度が過ぎれば害になることもあった」
②直・目，実主語: Il ne faut pas *trop* demander aux gens. (BEAUV., *Mand.*, 66) (= demander trop de choses)「人にあまり多くのことを求めてはいけないわ」/ Il y a *trop* à faire. (CAMUS, *Justes*, 110)「なすべきことがありすぎるのだ」
③属詞: C'est [C'en est] *trop*.「あんまりだ」/ Il n'y a qu'à les supprimer. ─ Ils sont *trop*.

(GIRAUDOUX, *Folle*, 86)(= trop nombreux)「葬ってしまえばいいのよ。─ それには数が多すぎます」

7º de trop, 時に **en trop**
① 名＋*de* [*en*] *trop* 「過度」の度合を示す数量表現の後で: Vous avez dit un mot *de trop*. (TH)「ひとこと多すぎましたね」/ Il y en a quelques-uns *de trop* [*en trop*]. (G, 853, Rem. 1)「いくつか余分がある」/ Tu n'as pas des chaises *en trop* dans ton appartement (...)? (BUTOR, *Degrés*, 83)「きみんちに余分な椅子がないか」
② *être de* [*en*] *trop*: Il faut retrancher ce qui est *en trop* [*de trop*]. (AC)「余分なものは削除しなければならない」/ Vous n'êtes pas *de trop*. (AC)「あなたは邪魔ではありません」

trouver ─ **1º trouver qn [qch]**: Personne n'y *trouvera* rien à redire. (S, III, 285)「これには誰ひとり文句のつけようがないだろう」
▶trouver à qui parler ⇨ qui¹ B. I. 4º
2º trouver à 不定詞 (= trouver l'occasion, le moyen de): Il *trouve* à redire à tout ce qu'on dit. (AC)「人が何を言っても文句の種を捜し出す」/ Il y a en vous assez de ressources pour que vous *trouviez* facilement *à* vous distraire! (GÉRALDY, *Rob. et Mar.* II, 6)「あなたは臨機応変の人だから，気晴らしの機会を見つけるのは何でもないでしょう」/ J'ai *trouvé à* emprunter de l'argent. (*DB*)「金を借りられる人を見つけた」
3º trouver qch à qn [qch] (= reconnaître qch à qn [qch]) 直・目のqchは性格・特性などを表わす語: Je lui *trouve* de la bonhomie. (R. BAZIN, *Tache*, 227)「彼は純朴な人だと思う」/ Je *trouvais à* cela une grande poésie. (MAURIAC ─ *PR*)「それは非常に詩趣があると思っていた」
4º trouver qn [qch]＋[形][現分, *à* 不定詞, qui ＋関係節, 状況補語]: Les policiers *trouvèrent* la maison vide. (*DB*) (= virent que la maison était vide, lorsqu'ils y arrivèrent)「警官隊が家に行ってみるともぬけのからだった」/ Je le *trouve* se portant très bien. (ANOUILH, *Ornifle*, 207)「彼に会えば元気いっぱいだ」/ Je l'ai *trouvé à* écrire une lettre. (S, II, 148)「彼に会うと手紙を書いているところだった」/ Elle *trouva* Lazare et Louise *qui* s'embrassaient. (ZOLA ─ S, II, 147)「LとL

がキスしているところを見つけた」/ Je l'*ai trouvé* au lit.「見れば彼は床についていた」

5° *trouver* qn [qch] + 形 (= estimer, juger que qn [qch] est...)：Je *trouvais* les heures longues et le soleil monotone. (PINGAUD, *Scène*, 27)「時間が長く日の輝きが単調だと思った」/ Je *trouve* ce livre [Je le *trouve*] intéressant.「この本［それ］をおもしろいと思う」/ Comment *trouvez*-vous ce livre?「この本をどう思いますか」/ ce livre que je *trouve* intéressant「私が興味深いと思っているこの本」

◆〈*trouver* qn [qch] + 属詞〉の構文ではqn, qchは定冠詞・指示［所有］形容詞に先立たれる名詞．ただしJ'ai trouvé ce livre intéressant. は「この興味深い本を見つけた」(intéressantは付加形容詞) とも解される．この場合，変形した文はcomment avez-vous trouvé... ではなくqu'avez-vous trouvé...; Je l'ai trouvé; ce livre que j'ai trouvé となる．▶Je l'ai trouvé malade. は「彼に会うと病気だった」(4°の意)とも「彼は病気のようだった」とも解せる．

◆〈不定冠詞 + 名〉のあとの形容詞はいつも付加辞：J'ai trouvé un livre *intéressant*.

trouver + 形 + *que*　*que*のあとの叙法はil est + 形 + que (⇨ être IV. 2° ①)のあとに倣う：Je *trouve* un peu fort *qu*'elle m'en veuille. (ACHARD, *Jean* I, 6)「彼女がぼくを恨むとはちとひどいね」

6° *trouver que* + 直 (= juger, penser que)：Je *trouve qu*'il est sympathique. (SARTRE, *Age*, 32)「彼は好感の持てる男だと思う」

◆否定・疑問のあとの叙法はne pas croire queのあとに倣う：*Trouves*-tu *qu*'il soit bien portant? (COL)「彼は元気だと思うかい」/ Je *ne trouve pas qu*'il aille bien. (ID.)「彼が元気だとは思わない」/ Tu *ne trouves pas qu*'il est un peu curieux? (BUTOR, *Degrés*, 333)「彼はちと好奇心が強いとは思わないかい」

7° *se trouver* + 不定詞
① 偶発事：Antoine *se trouvait* être l'unique major atteint par le gaz. (*Thib.* VIII, 194)「たまたまAは毒ガスにやられた唯一の軍医となった」/ Mes cousins(...), qui *se trouvaient* habiter le même immeuble, s'indignaient de ces mœurs hospitalières.「偶然同じ建物に住んでいた従兄たちは，こうした客のもてなし方に慣慨していた」

② *se voir, se sentir*に倣った構成：Lorsque je referme le volume, je *me trouve* avoir acquis certaines connaissances. (BEAUV., *Compte*, 159)「書物を閉じると，いくつかの知識を得ていることに気づく」

8° *il se trouve* 非人称．
① *il se trouve* + 名 (= il y a)：Il s'y *trouvait* un mur assez solide. (VIAN, *Pékin*, 35)「そこにはかなり頑丈な塀があった」

◆ilが「彼」と解される次の構文は避けるべきである：Il s'est trouvé un homme pour résoudre ce problème. (il s'est trouvé = il a trouvé pour lui)「彼はこの問題を解く男を捜し出した」/ Il se trouve de quoi manger.「彼は食べ物を捜し出す」▶存在の意を表わすにはil y aを用いるほかはない．

② *il se trouve que* + 直 (= il arrive que, le hasard fait que)：Il s'est trouvé qu'on les a engagés tous deux. (BEAUV., *Inv.*, 65)「たまたま彼らは2人とも雇われたんです」

▶ + 接 は不可能ではないが，まれ (COL).

tu — 無強勢主語．俗語では母音の前でt'となる：T'as vu ça, toi? (BAUCHE, 98)　強勢をとる場合：Où vas-*tu*? (文末) / être à *tu* et à toi avec qn「親密な間柄である」(成句)

　単数2人称の使用 (tutoiement)．vousも単数2人称に用いられるが，tu, te, toi; ton, ta, tesは

① 親密を表わし，夫婦・親子・兄弟・親友・子供・青年の間で用いられる．社会的環境で慣習が異なり，上流家庭では夫婦間で，あるいは子供が親に向かってvousと言う．
② 自分自身に向かって言う：Bonnard, me dis-je, *tu* sais déchiffrer les textes, mais *tu* ne sais pas lire dans le livre de la vie. (FRANCE, *Bonnard*)「私は思った．Bよ，おまえは文書の解読はできるが人生という本を読むことはできないな，と」
③ 目下の者に向かって言う．
④ 軽蔑・憎悪を表わす．
⑤ 聖書の文体：*Tu* ne tueras point.「なんじ殺すなかれ」
⑥ プロテスタントが神に対し，詩人が神・帝王に対して用い，高度の崇拝を表わす：Notre père qui *es* aux cieux「天にましますわれらの父」(カトリックではêtes)

tutoiement ⇨ 上記 tu

ty, t'y, t-y ⇨ ti

U

u — 発音．①[y]：nu, sucre. 最終音節の[r] [z] [ʒ] [v]の前で[y:]：pur, ruse, juge, cuve. ②＋母音 （1）[ɥ]：nuage, tuer, huit. （2）[y]．子音＋1 [r] の後：cruauté [kryo-], concluant. ただし[ɥ]となるもの：bruit [brɥi], fluide, fruit, pluie, truie, truite, détruire, instruire, construire. （3）無音．俗語では[ɥi]が[i]となることがある：puis [pi], puisque [pisk] ③[u] 外国語：Gluck [gluk]または[glyk], Schubert [ʃubɛ:r] ④[œ] 英語：puzzle.

　ù　 où のみに用いる（ou と区別するため）．

　û [y]：affût, brûler, n. fûmes [fym], v. fûtes [fyt]. [y:]：mûr.

　ü [y]：Saül.

　ueil, ueill- [œj]. ue は古仏語で œ, eu の代わりに用いられた：ueil (= œil), fueille (= feuille). 今日では c, g に [k], [g] の音を保たせるためにその後に用いるだけ：accueil, orgueil, je cueille, orgueilleux.
　　例外：(1) Bueil [bœ:j] (2) Rueil [rɥɛ:j]

　um ①[œ̃] 語尾：parfum. [œ̃:]：humble. ②[ɔ̃]：lumbago, rhumb [rɔ̃:b] ③[ɔm] lat. からの借用語の語尾：album, laudanum, maximum, opium, sanatorium. ④[um] 外国語：Humperdinck.

　un ①[œ̃]：un, brun. [œ̃:]：j'emprunte, jungle, junte. ②[ɔ̃(:)] lat., 外来語：secundo, punch [pɔ̃:ʃ] ③[un] Munkacsy [-tʃi]

　uy＋母音　①[ɥij]：appuyer, ennuyer, tuyau.　②[yj] 例外的：gruyère, bruyère ([brɥijɛ:r] とも言う).

un, une ―― **I. élision** と **liaison**
　1° 数名詞の場合は élision も liaison も行なわれない：Mettez *le* un avant le trois.「3の前に1をお書きなさい」 / *le* un「第1幕」 / au début *du* un「第1幕の初めに」 / *la* une「(新聞の)第一面」 / compter *de* un à dix「1から10まで数える」 / Onze s'écrit avec deux │ un. (無変化)「11 は1を2つ並べて書く」

　2° 形容詞的・代名詞的用法では普通は élision と liaison を行なう：Il n'en reste *qu'*un. / plus *d'*un homme / le train *d'*une heure.　ただし le repas *de* une heure「1時に食べる食事」 / le repas *d'*une heure「1時間続く食事」　cf. Allez faire une course, n'importe laquelle, une course *d'*une heure. (ACHARD, *Jean* I, 1)「なんでもいいから使いをしに出てくれ，1時間ばかりな」 / *l'*un l'autre / les‿uns les autres / quelques‿-uns / pas‿un arbre.

　◆時に：Notre découvert était *de* un million six cent mille francs. (SALACROU, *Th.* V, 17)「われわれの当座貸越は160万フランでした」 / une belle pièce *de* un franc toute neuve (ID., *Poof*, 28)「ま新しい1フランのきれいな銅貨」 / vers les │ une heure ⇨ article défini II. 5°

II. 形 (数) **1°** (=*premier*)：livre *un* / chapitre *un* / paragraphe *un* / tome *un* / acte *un* / scène *un* / numéro *un* / page *un* / l'an *un*, など．▶このunは番号を示す数として無変化．(⇨ numéral cardinal II. 2°⑤)

　2° vingt et *un* [*une*] mille livres de rente. ⇨ mille 3°

III. 代 (不定) **1°** ①=*quelqu'un* 古語法．現代でも関係代名詞，〈de ＋ 名 〉 を伴い，気どった文体あるいは俗語で用いる：C'est *un* de la classe. (*Gr. Lar. XX*ᵉ, 201)「同じクラスの者です」 / L'homme descendait lentement..., mais non pas comme *un* qui hésite. (VERCORS, *Silence*, 67-8)「男はゆっくりと降りてきた．…だが，ためらっている人のようではなかった」
　②= *une chose* (中性)．古語法：Promettre est *un*, et tenir est un autre. (LA FONT.—*Lar.*)「約束するのと約束を守るのとは別問題だ」
　2° 補語を伴って人・物を表わす語に代わる．

① 補語は *en*: De trois hommes, il n'*en* est resté qu'*un*. (B, 117)「3人のうち1人しか残らなかった」
② (*l'*)*un de*+ 名 [代]: (*l'*)*un d*'eux「彼らの1人」/ (*l'*)*une d*'elles「彼女たちの1人」/ Il dînait tous les soirs chez *un de* ses oncles. (MAUROIS, *Cercle*, 138)「彼は毎晩叔父の1人の家で夕食を食べていた」/ L'*un* des vieillards s'est réveillé. (CAMUS, *Etr*., 20)「老人の1人が目をさました」 ▶List (76)によると両者の頻度は un de (51-198), l'un de (34-70).

♦de deux choses l'une「2つのうちの1つ」/ de deux jours l'un (= un jour sur deux)「2日のうち1日」という言い方では必ず定冠詞を用いる.

un des... que+ 接 : C'est *un des* bons tireurs *que* je connaisse. (MART, 389)「私の知っているうちで, 最も射撃の上手な者の1人だ」/ *un des* meilleurs tireurs *que* je connaisse の類推. 意味は最上級を用いた場合と同じ.

▶un des... qui の後の動詞の一致. ⇨ accord du verbe A. I. 8º. 過分の一致. ⇨ participe passé VI. 4º ⑤

▶un de ces... ⇨ ce² I. 7º ④

3º (*l'*)*un* 既出の語に代わる (un のほうが普通): Elle... criait en détresse au milieu de ses rêves. *Un*, surtout, l'obsédait. (FLAUBERT, *Cœur* III)「彼女は悲しみのあまり夢のさなかに叫び声を発した. ことに一つの夢が彼女につきまとっていた」/ Cependant *l'une* (= l'une d'elles), qui avait un fils marin, essaya... de le retirer de l'eau. (LOTI, *Yves*, 29)「しかし, 船乗の息子を持っている1人が彼を水から引きあげようとした」

IV. 定冠詞を先立て *autre* と相対して用いるのが un の一番普通の用法.

A. 代 (不定) celui-ci, celui-là のように2物 [2群] を対立させて指示する. この用法では un の複数として古語の複数形 uns が用いられる.

1º *l'un... l'autre* ; *les uns... les autres*

① 既述の2つ [2群] の人・物を対立させ, *l'un*, *les uns* は先に述べたものを, *l'autre*, *les autres* は後に述べたものを示す: La jeunesse est présomptueuse, et la vieillesse est timide; *l'une* veut vivre, *l'autre* a vécu. (Mme ROLLAND — *Lar*.)「青年は不遜であり老人は小心である. 前者は生きんとするが, 後者はすでに生活を終えているからだ」
② 既述の, あるいは補語で示される2つの人・物を対立させ, あるいは多数のものを2群に分けて対立させる: Puis deux femmes passèrent, *l'une* jeune, *l'autre* vieille. (RENARD, *Vigneron*, 119)「それから2人の女が通りすぎた. 1人は若く, もう1人は年をとっていた」/ De là il voyait les rails fuyant vers la Roche, le chemin par où *l'un* de ses fils était parti, par où *l'autre*, tout à l'heure, allait rentrer à la Frontière. (BAZIN, *Terre*, 133)「そこからはRのほうに走っている線路が見えた. この線を通って彼の息子の1人は去っていき, この線を通って, 今すぐにもう1人の息子がFに帰って来ようとしているのだ」

2º *l'un... un autre* / *les uns... d'autres* 多くの人・物の任意の2つ (単数), 任意の2群 (複数) の対立. 1º とは異なり l'un と un autre, les uns と d'autres では全体を表わさないから, l'un... un autre... un autre [un troisième] / les uns... d'autres... d'autres [les autres] と続けることができる: Les uns fumaient, *d'autres* s'étaient mis à jouer, un petit nombre restait à table. (MUSSET, *Confess*. II, ch. 4)「いく人かがたばこをふかしていた. ほかのいく人かは勝負をはじめていた. 少数の者は食卓に残っていた」/ L'*un* se plaignait de ses coureurs qui engraissaient, *un autre* des fautes d'impression qui avaient défiguré le nom de son cheval. (FLAUBERT, *Bov*. I, 8)「1人が自分の競走馬がふとったといってこぼせば, 別の1人は誤植で馬の名がだいなしだとこぼしていた」 ♦時に, un... un autre: Quand *une* (d'elles) se relevait pour s'en aller, *une autre* tout de suite, prenait sa place. (PÉROCHON, *Nêne*, 122)「1人が立ち去るために立ちあがると, 別の1人がすぐにその席についた」

♦ l'un... l'autre... le troisième... / les uns... les autres... les autres... も見出されるが, 正常の用法ではない: On lisait sur *l'un*: «Au Commerce»; sur *l'autre*: «A l'agriculture»; sur *le troisième*: «A l'industrie» et, sur *le quatrième*: «Aux Beaux-Arts». (FLAUBERT, *Bov*. II, 8)「その旗の1つには"商業万歳", もう1つには"農業万歳", 3番目のには"工業万歳", 4番目のには"芸術万歳"と書いてあった」 cf. GOUG, 172.

3º ***l'un l'autre*** / ***les uns les autres*** 相互を表わす: Aidez-vous *l'un l'autre* [*les uns les autres*].「たがいに助け合いなさい」/ Ils se trompent *l'un l'autre* [*les uns les autres*].「たがいにだましあっている」◆l'un l'autre は 2 人について, les uns les autres は数人について言う. l'un [les uns] は主語, l'autre [les autres] は直・目: Ils se trompent: *l'un* trompe *l'autre*.

l'un [*les uns*] + 前 + ***l'autre*** [*les autres*]

① 前置詞が動詞によって導かれるもの: Ils se pardonnent *les uns aux autres*.「たがいに許し合う」cf. pardonner à qn「人を許す」/ Ils se sont battus *l'un contre l'autre*.「2 人は戦い合った」cf. se battre *contre*「…と戦う」/ Ils se sont éloignés *l'un de l'autre*.「たがいに遠ざかって行った」/ Vous n'allez jamais vous promener *l'un sans l'autre*. (BEAUV., *Inv.*, 104)「あなた方は決して 1 人では散歩にいかないんですね」/ Il frotte *l'une contre l'autre* ses longues mains. (SARTRE, *Nausée*, 85)「細長い手をこすりあわせる」/ Ces bruits nous arrivent *les uns après les autres*. (LOTI, *Chrys.*, 121)「この物音は次々に聞えてくる」/ *L'une après l'autre*, toutes les boutiques ferment. (GIDE, *Journal 1942-9*, 69)「すべての店が次々に閉まる」(l'une, l'autre と単数なのは「1 軒ずつ」の意を表わすため)

② 前置詞が形容詞によって導かれるもの: Ils étaient dévoués *l'un à l'autre*.「たがいに献身的であった」cf. dévoué *à* qn「…に対して献身的な」/ Ils étaient aimables *l'un pour l'autre*.「たがいに親切にしあった」cf. aimable *pour* qn「…に対して親切な」/ Je les crois jaloux *l'un de l'autre*.「彼らがねたみあっていると思う」cf. jaloux *de* qn「…をねたむ」

③ 前置詞が名詞によって導かれるもの: la haine des hommes *les uns pour* [*contre*] *les autres*「人間相互の憎しみ」/ les rapports des sexes *l'un avec l'autre*「両性相互の関係」

④ ***de*** を伴う前置詞相当句は, l'un と l'autre の間に置くこともあり, de だけを l'un と l'autre の間に, 他を l'un の前に置くこともある: Ils marchèrent... *l'un à côté de l'autre*. (MAUPASS., *Notre cœur*, 226)「並んで歩いた」/ Mettez-vous *à côté l'un de l'autre*. (AMIEL, *Voyageur*, sc. 4)「2 人ならんでごらんなさい」◆この 2 つの構成が成立つのはその他 auprès de, en face de, vis-à-vis de, près de, autour de, au-dessus [dessous] de. 次のような場合には de だけが l'un と l'autre の間に入る: *dans les bras l'un de l'autre*「たがいに抱きあって」

⑤ 前 + ***l'un l'autre*** (正規形ではない. ことに方言. cf. S, I, 454): Ils restaient debout *devant l'un l'autre*. (LOTI, *Pêch.*, 68)「おたがいに向きあって立っていた」

4º ***l'un*** [*les uns*] ***et l'autre*** [*les autres*]

① **主語** l'un et l'autre を主語とする動詞は複数, 時に l'un aussi bien que l'autre と考えて単数にする: *L'un et l'autre* sont venus [まれ est venu].「2 人とも来た」

② **直・目**: Je connais *l'un et l'autre*.「彼らを 2 人とも知っている」

③ **主語**, **直・目の同格**: Elles sont venues *l'une et l'autre*.「彼女たちは 2 人とも来た」/ Je les crois mauvais *les uns et les autres*.「彼らがどれもこれも悪人だと思う」

④ **前置詞と** ***l'un et l'autre*** l'un と l'autre を区別して考えるときは, 双方の前に前置詞を繰り返す: Je leur écrirai *à l'un et à l'autre*.「どちらにも手紙を書こう」/ Elle a apporté des livres différents *pour l'un et pour l'autre*.「どちらにも違った本を持ってきた」/ J'ai parlé *de l'un et de l'autre*.「どちらの話もした」◆l'un と l'autre を特に区別しないときは, これを les deux に相当するものと考え, 前置詞を一度しか用いない: Je suis allé *chez l'un et l'autre*.「2 人の家に行った」/ *envers l'un et l'autre*「両人に対して」

5º ***l'un ou l'autre*** 同格: Ils viendront *l'un ou l'autre*.「彼らはどちらか来るだろう」◆直接に主語となるときは動詞は単数 (S, I, 448): *L'un ou l'autre* viendra. ▸ 意味が拡張して (例外的): *L'une ou l'autre* (= quelques-unes, telle ou telle) des choristes... *pousse* parfois une série de cris stridents. (BORDEAUX — cf. G, 594 c, Rem. 1)「合唱団員のある者はよく続けざまにかん高い声をだす」

▸ 前置詞は規則的に反復: Vous êtes injuste *envers l'un ou envers l'autre*. (MART, 172)「どちらかに対して不当である」

6º ***ni l'un ni l'autre*** 同格: Ils ne sont venus *ni l'un ni l'autre*.「彼らは 2 人とも来なかった」◆直接に主語となり l'un et l'autre の否定を意味するときは動詞は複数あるいは単数: *Ni l'un ni l'autre* ne sont venus [n'est

venu]. 2つの主語が同時に行動できないとき、つまり l'un ou l'autre の否定に相当するときは、動詞は単数: *Ni l'un ni l'autre* n'est mon père.「どちらも私の父ではない」 ▶CLÉDAT (164) によれば、ni l'un ni l'autre が補語を伴うときは動詞は常に単数: *Ni l'une ni l'autre* de ces hypothèses n'*est* vraisemblable.「これらの仮説はどれも本当らしくない」
▶前置詞は常に反復: Je n'ai parlé *ni à l'un ni à l'autre*.「私はどちらにも話さなかった」

7⁰ 中性: Est-ce dans votre intérêt ou dans le mien que vous me demandez cela? — *L'un* et *l'autre*. (BEAUV., *Tous les h.*, 269)「そういうことを求められるのはあなたのためなのですか、それとも僕のためなのですか? — その両方です」/ Vous semblez malade ou malheureux. — *L'un* et *l'autre*. (S, I, 449)「お加減が悪いのか、それとも悲しみごとでもおありのようですね。— その両方なのです」
♦2つの女性名詞を受けるときは一般に l'une et l'autre、性の異なる名詞を受けるときは l'un et l'autre: Etes-vous sa sœur ou sa cousine? — Ni *l'une* ni *l'autre*. (H, 558)「あの人のきょうだいかいとこですか? — どちらでもありません」/ Est-ce de l'amitié ou de l'amour? — Exactement ni *l'un* ni *l'autre*. (*Ib.*)「それは友情なのだろうか、それとも恋愛なのだろうか。— まさにそのどちらでもないのだ」 ▶時に、2つの女性名詞の後で l'un et l'autre も用いる (S, I, 450).

B. 形 (不定) **1⁰** *l'un et l'autre*+名: *l'une et l'autre* doctrine(*s*)「両方の学説」(名詞は単数が正規形. cf. G, 458, B, Rem. 2) ♦動詞の一致: *L'un et l'autre* raisonnement(s) *sont* faux [raisonnement *est* faux]. (cf. H, 557, 985)「どちらの推論も間違っている」(Les [Ces] deux raisonnements sont faux.; Ces raisonnements sont faux tous les deux [l'un et l'autre]. と言うほうが普通)

2⁰ Donnez-moi *l'un ou l'autre* livre [l'un ou l'autre de ces livres].「どちらの本でもいいから下さい」 ▶主語となるときは代名詞として *L'un ou l'autre* de ces raisonnements est faux.「この推論はどちらか間違っている」と言う.

3⁰ *Ni l'un ni l'autre raisonnement* n'est juste [または *Ni l'un ni l'autre de* ces raisonnements ne *sont justes* または n'*est juste*]. (H, 985)「この推論はどちらも正しくない」(Ces raisonnements ne sont justes ni l'un ni l'autre. がいちばん普通)

4⁰ Il passe *de l'une à l'autre* pièce. (= d'une pièce à l'autre) (H, 557)「1つの部屋からもう1つの部屋に行く」

V. ⇨ article indéfini

unipersonnel (verbe) [単人称動詞] = verbe impersonnel ⇨ il impersonnel

V

v — 発音 [v]：vérite. 語末には用いない.

vain — **en vain**：Je l'avais cherché *en vain*. (CAMUS, *Etr.*, 167)「それを捜したがむだだった」
▸ ×Je l'avais *en vain* cherché. は不可. cf. J'ai attendu vainement [vainement attendu]. (*EBF*)

◆冒頭の en vain のあとではほとんどいつも主語倒置：*En vain* Justin s'efforçait-il de se montrer impassible. (ARLAND, *Ordre*, 285)「Jは平然と構えようと努めたがだめだった」 cf. LE B, *Inv.*, 119-20.

valoir — **1° *valoir* qch**

① **qch＝価格**：Ce livre *vaut* 50 euros.「この本の値段は50ユーロだ」/ Elle m'a demandé le prix que ça *valait*. (DURAS, *Eden*, 87)「いくらするのかと尋ねた」

受動形が成り立たないため伝統的に自動詞とみなされ, 過分は無変化. ただし：Ce livre *vaut* les 50 euros que j'ai dû payer. 「この本は50ユーロ払わなければならなかったが, それだけの値打ちはある」/ Ce livre le *vaut*. (GROSS, *LF* n° 1, 67; D-P, III, 253)「この本はそれだけの値打ちはある」のように代名詞は直・目の形をとる. cf. Trois mille cinq.—(...) Je crois que ça les *vaut*. (VIAN, *Pékin*, 28)「3千5フラン…それだけの値打ちはあると思う」/ Que *vaut* ce livre? (GROSS)「この本はいくらですか」

② **転義**（＝mériter; rapporter, faire obtenir）では他動詞とみなし過分を一致させる：la gloire que cette action lui *a value* (AC)「この行為によって彼が得た栄光」（ただし, この意味でも受動形は取れない）

2° *valoir de* 不定詞 [*que*＋接] 《文》：Mais la vie *vaut*-elle *d*'être vécue dans n'importe quelles conditions? (BEAUV., *Compte*, 186)「しかし人生はどんな状態にあっても生きるに値するか」/ Le discours ne *vaut* pas qu'on l'écoute. (ROB)「演説は聞く価値はない」 ▸日常語では valoir la peine de [que] を用いる.

◆*de* 不定詞, *que* の代名詞は ça：Il ne faut pas pleurer pour une fille. Les filles ne *valent* pas *ça*. (VIAN, *Pékin*, 151)「女の子のことで泣いちゃ駄目だ. 女の子なんかそんな価値はない」

3° *valoir mieux* ：Cela *vaut mieux*.「そのほうがましだ」/ Ça *vaut mieux* que d'être un assassin. (*Ib.*, 232)「人殺しになるよりはそのほうがましだ」

***mieux vaut*＋名＋*que*＋名** vaut は多く無変化：*Mieux vaut* des souffrances *que* la mort.「死ぬよりは苦痛のほうがましだ」 cf. Les souffrances valent mieux que la mort.

***il vaut mieux* [*mieux vaut*]＋不定詞 [*que*＋接]** 非人称：Il *vaut mieux* ne rien lui dire. (SAGAN, *Bonj.*, 100)「彼に何も言わないほうがいい」/ Il *vaudrait mieux* que vous restiez ici. (PINGAUD, *Scène*, 127)「あなたはここにいたほうがいい」/ *Mieux vaudrait* ne pas y penser. (DÉON, *Taxi*, 125)「そのことは考えないほうがよくてよ」 ▸複合時制における mieux の語順：Il aurait mieux valu prendre l'autobus. (BUTOR, *Mondif.*, 64)「バスに乗ったほうがよかった」

◆俗語では il を略す：Là où je veux aller, *vaut mieux* que j'aille seule. (CLAIR, 405)「あたしの行きたい所はひとりで行くほうがいいの」

***il vaut mieux* [*mieux vaut*]＋不定詞＋*que* (*de*)＋不定詞 [*que si*＋直]**：Il *vaut mieux* souffrir *que* (*de*) mourir.「死ぬよりは苦しんだほうがましだ」（deの省略は文語）/ *Mieux vaut* s'accommoder *que de* plaider. (AC)「訴訟するよりは我慢するほうがましだ」/ 2つの節の主語が異なれば, que si を用いる：Il *vaut mieux* tuer le diable *que si* le diable nous tue. (STENDHAL—LE B, II, 273)「悪魔に殺されるくらいなら悪魔を殺すほうがましだ」 ▸plutôt que de 不定詞を用いて：*Plutôt que de* grogner, il

vaut mieux admettre ce qu'on ne peut empêcher. (COH, *Reg.* I, 31)「文句を言うより、どうにもならないことは受け入れたほうがましだ」
♦*il vaut mieux*．不定詞, *que* の省略：Mais si cela peut s'arranger sans lui, *il vaut mieux*. (CAMUS, *Peste*, 225)「彼がいなくても話がつくなら、そのほうがいいでしょう」

il vaut mieux que + 接 + ***que de*** 不定詞 [***que si*** + 直]：*Il vaut mieux qu'*il parte *que de* rester. (H, 957; TH, 260)「彼はここにいるより出かけたほうがいい」(×*que qu'il reste* は不可) / *Il vaut mieux qu'*il parte *que* s'il restait．♦*EBF* は構文を変えることを勧める：*Il vaut mieux qu'*il parte; *qu'*il ne reste pas!「彼はでかけたほうがましだ．ここにいてはいけない」または *Qu'*il parte! *il vaut mieux qu'*il ne reste pas．「彼は出かけるべきだ．ここにいないほうがいい」

▶autant vaut+不定詞+que (de)+不定詞 ⇨ autant 7°; valoir la peine de 不定詞 [que+接] ⇨ peine 2°

vélaire ⇨ consonne

vélo — *à* [*en*] *vélo* この語自体が日常語的だから *en* が普通：Je suis venu *en vélo*. (BEAUV., *Mand.*, 563) 冠詞[所有形容詞]を伴うときは：Il sauta *sur son vélo*. (MAURIAC, *Pharis.*, 132)

同様にして：Une jeune fille *en* vélomoteur apparut. (LE CLÉZIO, *Déluge*, 20) / Il (...) remonte *sur* son vélocipède. (ANOUILH, *P.R.*, 278)

vendre — vendre+直・目+(pour) 価格：Il *a vendu* son terrain (*pour*) vingt mille euros.「2万ユーロで土地を売った」(*pour* の使用はまれ) / Combien avez-vous *vendu* ce terrain?「この土地をいくらで売りましたか」/ Il dit qu'il *a vendu* le diamant *le prix qu'*en voulait la mère. (DURAS, *Eden*, 113)「彼はダイヤを母の望みの値段で売ったと言っています」/ Mon père les *vendit une bouchée de pain*. (DÉON, *Déjeuner*, 14)「父はそれを捨値で売った」

vendredi ⇨ jour de la semaine

venir — **1° *venir à* qn**「人の所に来る」：Elle *vient à* Paul [*à lui*].「彼女はP [彼] の所に来る」

比喩の意味では無強勢代名詞：Une idée *m'est venue* soudain. (DFC)「ふとある考えが頭に浮かんだ」/ Je vous dis les choses comme elles *me viennent*. (GÉRALDY, *Rob. et Mar.*, 102)「頭に浮かんでくるままにそんなことを言っているのだ」

2° *venir de* + 名 [*de* 不定詞, *de ce que* + 直]「…に起因する」(=provenir de)：Cette erreur *vient de* la précipitation avec laquelle vous avez agi. (DFC)「その誤りはあなたがせっかちに行動したからだ」/ Toutes les erreurs de ma vie *sont venues d'*avoir sacrifié mes opinions à celles d'autrui. (MAUROIS—S, III, 357)「私の生涯のすべての誤りは他人の意見のために自分の意見を犠牲にしたことによる」/ Votre étonnement *vient de* ce que le véritable esprit démocratique vous est totalement étranger. (ANOUILH, *P.G.*, 483)「あなたが驚くのは真の民主的精神がまったくわかっていないからです」

d'où [***de là***] ***vient que*** + 直 (= c'est pourquoi) où, là は前文を受ける．que+節が主語．ROB は非人称の il の省略と見る：Je suis né en Argentine, *de là vient qu'*on m'a donné ce prénom exotique. (VERCORS, *Portrait*, 51)「私はAで生まれました．こんな異国的な名がついたのはそのためなのです」

d'où vient que + 接 [時に 直] 接続法は驚き, 否認の陰影を帯びる (cf. LE B, II, 323)：*D'où vient qu'*on ne s'en soit pas aperçu? (DFC) (= comment se fait-il que)「どうしてそれに気がつかなかったんだろう」/ *D'où vient* donc *que* la situation se gâta? (PINGAUD, *Scène*, 95)「一体どうして状況が悪化したのだろう」

3° *venir* + 不定詞
① 「…しに来る」 venir+不定詞 が一連の動作をなす：Viens t'étendre ici. (CAMUS, *Justes*, 157)「ここに来て横になりたまえ」 cf. venir pour 不定詞 目的：Je *suis venu pour* vous mener sur l'autre rive. (BUTOR, *Mondif.*, 183)「あなたを向こう岸にお連れするために来たのです」

② 意外な, または好都合・不都合な動作 (S, III, 151) を表わし, 驚き・抗議などの情意的表現となる：Qu'est-ce que l'amour *vient* faire ici? (SARTRE, *Mains*, 178)「恋なんぞここで何のかかわりがあるんです」/ Une sorte de ravissement intérieur *vint* dès lors remplacer ses doutes. (GIDE, *Symph.*, 50)「それからは一種の内心の歓喜が彼の疑惑に取って代わった」/ Alors, ne *viens* pas me dire que c'est toi qui le trompes! (ROUSSIN, *Nina*, 231)「それなら, 彼をだましているのはあんただなんて言わないでよ」

4º **時制の注意** 完了の時点が明確でないから「来た」というとき, 現在形が用いられる：D'où *venez*-vous?「どこに行ってきたのですか」／ Il *vient* de Chine.「彼は中国から来たのです」または「来るのです (未来)」／ Je *viens* vous chercher. (GIRAUDOUX, *Folle*, 73)「あなたを呼びに来たのです」／ Je *suis venu* vous voir. (IONESCO, *Rhinoc*., 139)「あなたに会いに来たのです」◆直・半は語気緩和：Je *venais* te demander si tu as changé d'avis depuis l'autre jour. (BEAUV., *Mand*., 388)「この間から意見を変えたかどうか聞きに来たの」

5º ***venir* と *aller*** 話し手のほうへの移動 (Venez chez moi.), 話し手との同伴 (Venez avec moi.) を表わすのが原則 (cf. H, 960; TH; COL)：*Viens*-tu? ― On y *va*! (COL)「来るかい. ― 行くよ」／ J'*irai* vous voir bientôt. (H, 961)「やがてお会いしに行きます」◆ただし, 話し相手・話題の人のいる場所を中心としても言われ, aller と混用される：Venez. ― Bon. Je *viens*. (GIRAUDOUX, *Folle*, 74)「いらっしゃい. ― ええ, 行きます」／ Dites-lui que, demain matin, je *viendrai* le voir. (SAGAN, *Bonj*., 96-7)「あすの朝会いに行くと言ってください」

6º ***venir de*** 不定詞 近接過去の準助動詞. 本来は比喩的に場所を示す (= être de retour après avoir été. cf. S, III, 350)：D'où *viens*-tu? ― De me promener. (ANOUILH, *N.P.N*., 138)「どこに行ってきたの. ― 散歩に」⇨ revenir de 不定詞

① **時制** ほとんどいつも直・現, 直・半：Je *viens* [*venais*] *de* le voir.「彼に会ったばかりだ [だった]」ただし, 複合時制を除く他の叙法・時制も可能：quoique je *vienne* seulement d'arriver (H, 960)「着いたばかりだが」／ *Venant d*'arriver, je ne veux pas me mêler à la discussion. (*Ib*.)「着いたばかりから討論に加わりたくはない」／ (...) lisant les quotidiens que vous *viendrez d*'acheter (BUTOR, *Modif*., 37)「買ったばかりの日刊紙を読みながら」 cf. GOUG, *Périphr*., 126; LE B, II, 698;『探索』62-6.

② ***je viens de* と複過** je viens de は時間的に複過に先行することもあり得る：Ce que je *viens d*'entendre me surprend [m'a surpris].「今しがた聞いたことは意外だ [だった]」▶聞いたことはその後の事実の原因として鮮明に話者の頭に残る (cf. D-P, V, 275; STEN, 242).

③ **副詞の併用** まれに時の副詞 tout à l'heure「今しがた」, à l'instant même「たった今」, 強調として seulement「…したばかり」, (tout) juste「ちょうど」, à peine「…したところ」, など：Vous *venez seulement d*'atteindre les quarante-cinq ans. (BUTOR, *Modif*., 9)「45歳になったばかりだ」／ Il *venait tout juste de* commander un whisky. (BEAUV., *Mand*., 288)「ちょうどウイスキーを注文したところだった」／ Tu repars? Tu *viens à peine d*'arriver. (CLAIR, 82)「帰るのか. 今来たばかりじゃないか」

④ **時制の照応** 過去時制として照応を行なう：Il *vient de* me faire dire, par Monier, qu'il y *avait* du nouveau. (THIB. VI, 43)「新しい問題が起こっていることをMを使いによこして私に知らせてきたところだ」／ Vous *venez de* dire à Paris que vous n'y *retourniez* jamais. (GIRAUDOUX, *Troie*, 71)「そこには決して帰らないとPに言ったばかりだ」

⑤ **否定形で**：Est-ce que je *ne viens pas de* t'aider? (SARTRE, *Mains* III, 5)「あなたを手伝ってあげたばかりじゃないの」

7º ***venir à* 不定詞** 偶発事を表わす：s'il *venait à* mourir (AC) (= s'il arrivait qu'il meure)「彼が死ぬようなことがあれば」／ s'il *vient à* pleuvoir (DFC)「ひょっとして雨が降ったら」／ Par bonheur un taxi vide *vint à* passer. (SARTRE, *Mur*, 119)「幸い空のタクシーが通りがかった」

verbe [動詞] ― 品詞の一種. 主語の動作・状態を叙述する語. 動詞は数 (nombre), 人称 (personne), 時制 (temps), 法 (mode), 態 (voix) によって形態を定められる. 逆にこれらの形態範疇すべてを備えたものが動詞だとも言える (*Gr. d'auj*., 679). この形態変化を活用 (conjugaison) と言う. ある形態はアスペクト (aspect) をも表わす.

分類 ① 動作の性質による分類 (1) 他動詞 (v. transitif) (2) 自動詞 (v. intransitif). 自動詞中, 主語とその属詞を結ぶものを繋合 [連結] 動詞 (v. copule) (⇨ attribut) と言う.
② 態による分類 (1) 能動動詞 (v. actif) (2) 受動動詞 (v. passif) ⇨ passive (voix) (3) 代名動詞 (v. pronominal) (cf. D, 201)
③ 主語の性質による分類 (1) 人称動詞 (v.

personnel）(2)非人称動詞（v. impersonnel）④活用による分類 (1)規則動詞（v. régulier）(2)不規則動詞（v. irrégulier）．変化形の一部を欠くものを欠如動詞（v. défectif）と言う．⑤他の動詞を助けてその時制，法，態の形態を作る動詞を，とくに助動詞（v. auxiliaire）と言う．

verbe actif — **1°** ［能動動詞］ D (201)の用語．能動態に用いられた動詞：Il *frappe* un chien.（直接他動詞）/ Il *obéit* à son père.（間接他動詞）/ Il *marche*.（自動詞）
2° 《古》：［他動詞］＝ verbe transitif direct.

verbe attributif ［属詞動詞］— **1°** 古い文法書で，すべての動詞を〈être＋属詞〉を表わすと考えて名づけれられたもの：Je lis ＝ Je suis lisant． この考え方は今日では廃されている(cf. LE B, I, 376; B, 10)．
2° ＝ verbe copule. cf. W, 181.

verbe copule ⇨ attribut

verbe impersonnel ⇨ il impersonnel

verbe intransitif ［自動詞］— 目的（補）語（complément d'object）をとらない動詞．例えば運動（marcher, aller），状態（être, rester; dormir），状態への推移（grandir），様態（serpenter），行為（pleurer, parler）などを表わすもの．他動詞（verbe transitif）に対する．自動詞と他動詞は動詞そのものの区別ではなく機能上の区別で，多くの動詞は両様に用いられる．
1° 他動詞となるとき，使役的の意味を表わすもの：Je désespère de lui.「彼に絶望している」（自）; Je l'ai désespéré.「彼を絶望させた」（他）/ La pluie cesse.「雨がやむ」（自）; Il cesse le travail.「仕事をやめる」（他） その他 augmenter, baisser, changer, descendre, échouer, monter, passer, rentrer, sonner, sortir, tomber, など．（多く運動・変化を示す動詞）
◆形容詞から作られた動詞は，自らその性質を帯びる意にも（自動詞），その性質を与える意にも（他動詞）なりやすい：Il a maigri.「彼は痩せた」（自）/ La barbe le maigrit.「ひげをはやしていると痩せて見える」（他）．その他 amoindrir, blanchir, bleuir, embellir, enlaidir, grandir, grossir, jaunir, mûrir, pâlir, rajeunir, rougir, vieillir, など．
2° 自動詞と同じ語根を持つ名詞，あるいは動詞と類似の意を持つ名詞をこれに添えて，その意味を制限し明確にする場合，一般にこの自動詞を他動詞的に用いられたものと考え，この補語を同族［内含］目的語（objet interne）と言う（*Gr. d'auj.*）：pleurer des larmes de sang「血の涙を流す」/ mourir une mort ignominieuse「不名誉な死をとげる」/ vivre une vie de galérien「徒刑囚のような［みじめな］生活をする」/ dormir un bon somme「ぐっすり眠る」cf. N, VI, 177; B, 312.
3° ある自動詞は力強い圧縮の結果，時・様態などの補語を直・目として他動詞となる：J'ai bâillé ma vie. (CHATEAUBRIAND)「私は一生をあくびしながら過ごした」（＝ J'ai vécu ma vie en bâillant）/ dormir une conférence「講演の間じゅう居眠りをする」/ causer une valse「ワルツの間じゅう踊らずにしゃべっている」 cf. B, 313; BRUN, 318; CR, 116.

verbe neutre ［自動詞］— 《古》＝ verbe intransitif と verbe transitif indirect.

verbe perfectif / v. imperfectif ［完了動詞/未完了動詞］— 1950年ころから用いられ始め，KLUM (107-17); OLSSON (31-9)などにより，その区別の有効性が認められ今日に至る．

完了動詞とは動作がその終局に達しなければ行なわれたとは言えない動詞(STEN, 8)：arriver, atteindre, entrer, mourir, naître, partir, sortir, trouver, tuer, など．一般には完了動詞は期間を表わす副詞 une heure, longtemps, toujours, などとは用いられない．

未完了動詞とは動作が始まりさえすれば行なわれたといえる動詞：aimer, attendre, chercher, courir, dormir, habiter, marcher, nager, porter, regarder, rire, travailler, vivre, voyager, など．

完了動詞か未完了動詞かによって，直・現の表わす時間的価値が異なり(⇨présent de l'indicatif B.I)，時況節で単純時制/複合時制が使い分けられ(⇨quand¹ I)，受動形の意味が異なる(⇨être VIII)．
◆完了・未完了が動詞の意味に内在するとはいえ，同じ動詞でも主語・時制により完了的にも未完了的にもとらえられる：Attention... René, l'armoire *tombe*... (APPIA, *Fr. chez vous*, 13))「気をつけて…ルネ，たんすが倒れるよ」（完了）; La neige *tombe*.「雪が降っている」（未完了）/ J'ai su [Je *sus*] cette nouvelle.「私はそのニュースを知った」（完了）; Je *sais* [savais] cette nouvelle.「…を知っている［いた］」（未完了）

verbe pronominal ［代名動詞］— 主語と同一物を表わす目的語代名詞を伴う動詞．単に

pronominal とも言う．代名動詞をめぐる諸問題については cf. *GLLF* 4679-85.

I. 形態　目的語となる代名詞は1・2人称は me (m'), te (t'), nous, vous, 3人称には直・目，間・目，単数・複数の区別なく se (s') を用いる．

　肯定命令では te は動詞の後に置かれて toi となる: Lève-*toi*.

II. 意味上の分類

1º 再帰的用法　他動詞より作られ，主語の行為が主語自身に及ぶもの．主語の行為を受け，主語と同一人称の代名詞を**再帰代名詞** (pronom réfléchi)，これを伴う動詞を**再帰動詞** (verbe réfléchi) と言う．

① *se* = 直・目: Ils *se sont donnés* à leurs études. 「研究に身を捧げた」/ Elle *s'est cachée* derrière un arbre. 「木の蔭に隠れた」/ Je crois *m'être* toujours bien *jugé. Je me suis* rarement *perdu* de vue. (VALÉRY, *Teste*, 15)「私はつねに自分を正しく判断したと思う．自分を見失ったことはほとんどない」

◆+ 属詞: Elle *se croit détestée*. (*RM*)「彼女は人に嫌われていると思っている」⇨ attribut III. 1º

② *se* = 間・目　(1) 他動詞は直・目（名詞・代名詞・不定詞・節）を伴う: Ils *se sont donné* beaucoup de peine.「非常に苦労をした」/ Elle *s'est attiré* une grande réputation.「大評判を取った」/ Je *me* le *dis* souvent.「たびたびそう考える」/ Je *me suis promis* de travailler.「働く決心をした」/ Je *me disais* que tout était fini.「万事終わりと考えていた」

(2) *se* = 所有を表わす間・目: Elle *s'est caché* la figure.「顔を隠した」/ Elle *s'est blessé* le doigt.「指をけがした」(se を直・目, doigt を状況補語として Elle *s'est blessée* au doigt. とも言う) / Il traînait la jambe depuis qu'il *se* l'*était cassée* en tombant de cheval. (MAUPASS., *Contes*, 57)「落馬して脚を折ってから，脚をひきずっていた」　▶強意的意図により間・目代名詞と所有形容詞をともに用いることがある. ⇨ adjectif possessif VI. 1º ④

(3) *se* = 間接他動詞の目的語: Sur cent écrivains il n'y en a que deux ou trois qui *se survivent*. 「百人の作家のうち後世に名を残す者は2, 3人しかいない」(se survivre = conserver après sa mort une réputa-tion)

2º 相互的用法　数人が相互に行為をなしあうことを表わすもの．Ils se regardent. は「自分の姿をじっと見る」の意では再帰的用法．「互いに見つめあう」の意では相互的用法．後の場合にも，動作が相互に作用しあうだけで，眺める者も眺められる者も主語自身である点は，再帰的用法と変わらないから，相互的用法は再帰的用法の特別の場合にほかならない (cf. LE B, I, 403; *Gr. Lar. XXᵉ*, 315).

① *se* = 直・目: Ils *se battent* et *se blessent*. 「彼らは殴りあい傷つけあう」/ Leurs regards *se sont croisés*. 「視線が合った」

② *se* = 間・目

(1) 他動詞が直・目を伴う場合: Elles *se* sont écrit *des lettres*. 「手紙を書きあった」/ Ils *se sont jeté* des pierres. 「石を投げあった」(2) *se* = 間接他動詞の目的語: Ils *se ressemblent* comme deux gouttes d'eau. 「2つの水滴のようによく似ている」

◆ensemble, mutuellement, l'un l'autre [les uns les autres], 接頭辞 entre- などの併用．再帰的意味に解されるおそれのあるときには特に必要である: Ils *se sont nui les uns aux autres*. 「互いに傷つけあった」/ Elles *se sont mutuellement persuadées* de leur sincérité. 「互いに自分の誠実さを相手に信じこませた」

3º 受動的用法　再帰的用法は主語が行為をなすと同時に，行為を受けるものも主語であるから，受動的意味を生じた．したがって，これも再帰的用法の特別な場合と考えられる: Ce mot ne *s'emploie* guère. 「この語はほとんど用いられない」/ Les blés *se sèment* en hiver. 「麦は冬種をまく（まかれる）」/ Cela *se trouve* partout. 「それはどこにでもある（見出される）」

◆受動的代名動詞の現在時制は完了を表わさないから，限界ある行為の現在あるいは超時的現在を表わすために必要となる: Le blé *se vend* bien. 「小麦がよく売れる」▶Le blé *est* bien *vendu*. 「小麦がよく売れてしまった」は現在完了（⇨ êtreVIII）．On vend bien le blé. は行為を強調し，Le blé *se vend* bien. は行為の対象（主語）を強調する．

　受動的用法の制限

① **3人称にしか用いられない**　B (369) は Je *m'appelle* [*me nomme*] Paul. 「私の名はポールです」を例外とする．

② **主語はほとんど常に事物**　主語が人物である

verbe pronominal

と，普通は再帰的意味になるので，Le coupable se pendra. は「罪人は首つり自殺をするだろう」の意で，「絞首刑にされるだろう」の意にはならない (G新, 750, 1°)．◆ただし，再帰的意味に解されるおそれのない場合には，人物を主語とすることがある：Le brave ne *se connaît* qu'à la guerre. (AYER, 460)「勇者は戦場に臨んで初めて勇者たることを知られる」(s'appeler, se nommerも同じ)　▶非人称的表現の論理的主語となるときは人物でも再帰的意味には解され得ない：Il *s'est rencontré* des hommes extraordinaires. (Lar.)「非凡な人々がいた」

③ **動作主補語** (complément d'agent) **を伴わない** (LE B, I, 408; MART, 302; RAD, 186)．《古》：Tout *se fit par* les prêtres. (RAC.—RAD)「すべては司祭の手で行なわれた」　今日の統辞法では動作主を表現しない．動作主はon, quelqu'unのような不定の語．あるいは前後の関係から察知される．▶La porte *se ferme* par un verrou. 「その戸は閂で閉められる」のpar un verrouは手段，用具を表わす補語．

4° **本来の代名動詞**　再帰代名詞が意味上・機能上目的語とは考えられないもの．代名形にしか用いられず，あるいは単一形とは意味が全く異なる．*Gr. d'auj.* (575) は語彙化された代名動詞(pronominal lexicalisé)と呼ぶ．

① *se* + 自動　seは単に主語を強調する (B, 297)．古仏語では多くの自動詞が代名形と単一形の両形に用いられた：(s')apparaître, (se) disparaître, など．現代では自由に再帰代名詞を使用することはできない．

(1) 古仏語で両形が同義に使用された自動詞のうちcombattre, devenir, disparaître, dormir, éclater de rire, jouer「遊ぶ」, sourire, などは現在では単一形にしか用いられない．ただし，俗語や方言でse batailler, se bouger, se languir, などが用いられるほか，作家が文学的効果をねらって代名形を用いることがある (N, VI, 193)．

(2) se démener, se désister, s'évader, se lamenter, se taire, などは代名形にしか用いられない．

(3) ある自動詞は代名形と単一形の意味が異なる：mourir「死ぬ」, se mourir「死に瀕する」/ jouer avec qn「誰と遊ぶ」, se jouer de qn「誰を愚弄する」, など．◆運動を表わす自動詞の中には場所からの離脱を示す副詞enを添えて代名形を作るものがある：s'en aller, s'enfuir, s'envoler, s'en retourner, s'en revenir, s'en sortir.

(4) 少数の自動詞は今日でも両形が同義に用いられる：(se) pâmer de rire (単一形は特に《古》)「抱腹絶倒する」/ (se) rire de「…をばかにする」(代名形は《文》)

② *se* + 他動 = **自動詞**　s'agrandir, se détruire, s'effrayer, s'ennuyer, s'essouffler, s'étonner, s'éveiller, se fâcher, s'obscurcir, se répandre, se tromper, se révéler, など．これらは，意味上 s'agrandir「わが身を大きくする」, s'éveiller「眠っている者が自分の目をさまさせる」とは解しがたいから，〈se + 他動〉が自動詞となったものと考えられる (AYER, 459; B, 297)．ことに，主語が事物である場合には，他動詞的意味には解しがたい．

◆ある代名動詞は再帰的用法とも自動詞ともなる：La température *s'est* beaucoup *élevée*. 「温度が非常に高くなった」(自) / Il *s'est élevé* par sa propre mérite. 「自分の功績によって出世した」(再帰)　意志が働くかどうかの問題であるが，はっきり区別しがたい場合も多い．

③ 〈*se* + 他動〉**の組合せが新しい意味を生じるもの**．多くはもとの他動詞とは構成を異にし，前置詞を介して補語をとる：apercevoir「…を認める，見かける」, s'~ de「…に気がつく」/ attaquer「…を攻める」, s'~ à「…に挑みかかる」/ attendre「…を待つ」, s'~ à「…を期待する」/ aviser「見つける」, s'~ de「…を考え出す，…に気づく」/ battre「…を打つ」, se ~ avec「…と闘う」/ douter qch《古》…を疑う」, se ~ de「…ではないかと思う」/ louer「…を称賛する」, se ~ de「…に満足する」/ moquer qn《古》誰をもの笑いにする」, se ~ de「…を嘲弄する」/ plaire à「…に気に入る」, se ~ à「…して楽しむ」/ railler《文》…をあざける」, se ~ de《古》…をあなどる」/ saisir「…を握る」, se ~ de「…をとらえる」/ réclamer「…を要求する」, se ~ de「…を盾にとる」/ refuser「…を断る」, se ~ à「…をいやがる」/ servir「…に仕える」, se ~ de「…を使う」, など．

これらの代名動詞の意味は単一形の意味からは説明しにくい．したがって，再帰代名詞は真の目的語ではなく，〈se + 他動〉の組合せから新しい意味を持つ動詞ができたものと考えられる．意味からいえば，大部分は一種の間接他動詞である (cf. BRUN, 314)．多くはdeを伴うが，DARM; Nは自動詞から作られたse jouer de (上記4°①(3))の構成にならったものと説く．

♦代名動詞を本質的代名動詞（v. essentiellement pronominal）と臨時的代名動詞（v. accidentellement pronominal）とに分類することがある．前者は単一形がなく代名形のみに用いられるもの，後者は普通の他動詞・自動詞が代名形に用いられたものを言う．しかし，前者の大部分は古くは単一形にも用いられたものであるから，本質的に後者と何の変わりもない．この分類は AYER; DARM; N; LE B によって非難され，*Gr. Lar. XX*ᵉ は全然これに触れていない．

III. 代名動詞と類義の自動詞

1° ある他動詞は再帰代名詞を伴って自動詞的代名動詞となり，次いでこの**再帰代名詞が省略されて同義の自動詞**となる：approcher「近づける」> s'approcher「近づく」> approcher（同義）その他：(s')arrêter「止まる」，(s')augmenter「増す」，(se) baisser「下がる」，(se) casser「壊れる」，(se) changer「変わる」，(se) dessouler「酔がさめる」，(se) gonfler「ふくらむ」，(se) pencher「傾く」，(se) plonger「没頭する」，(se) raidir「固くなる」，(se) rompre「折れる」（単一形は《文》），(se) tourner「向きを変える」，など．

♦ある場合には代名形と単一形とが全く同義：Son bras commence à (se) *désenfler*.「彼の腕は腫れがひき始めた」/ Le métier (*s*')*arrête*.「機械がとまる」 ▶あるものは両形の用法が異なる：Le temps va *changer*.「天気が変わりそうだ」/ La pluie *s'est changée* en neige.「雨が雪に変わった」

2° ある自動詞は**再帰的・受動的意味の再帰代名詞を省略**したものと考えられる．これは近代の日常語に多い．baigner「浸っている」，boutonner「ボタンでとめられる」，coucher「泊る」，fermer「閉まる」，lever「(麦が) 芽を出す，(パンが)ふくらむ」，ouvrir「開く」，など：Cette robe (*se*) *boutonne* par derrière.「この服は後ろでボタンがかかる」 ▶多くは代名動詞とは意味と用法が異なる．

IV. 再帰代名詞の省略

1° 形容詞的に用いられた現分・過分の前では再帰代名詞は略される：le soleil *levant* (= qui se lève)「日の出」/ un homme bien *portant* (=qui se porte bien)「健康な男」/ un souvenir *évanoui* (= qui s'est évanoui)「消え去った思い出」/ une fille *repentie* (= qui s'est repentie)「悔い改めた娘」/ Elle est *évanouie*.「気を失っている」 cf. Elle s'est évanouie.「気を失った」

2° 使役・感覚動詞の後の不定詞として

① **faire** の後では再帰代名詞を略すことがある：On l'*a fait échapper*.「人々は彼を逃がしてやった」/ Cela *fit évanouir* mes espérances.「それで私の希望ははかなく消え去った」 ことに faire asseoir, faire repentir, faire souvenir, faire taire は慣用的．ただし，

(1) 今日では慣用的組合せに代名形を用いる傾向があり，On la *fit s'asseoir*.「彼女を座らせた」/ Je l'en *ai fait se souvenir*.「彼にそのことを思い出させた」とも言う．

(2) 再帰代名詞の省略によって意味が曖昧になるとき，ことに相互的意味では省略しない：Il m'*a fait me rendre compte* de mon erreur.「彼は私に誤りをさとらせた」（rendre compte de は「報告する」）/ Je les *ai fait se connaître* [*se plaire*].「彼らを知り合いに［互いに好きになるように］させた」

② *envoyer*, *laisser*, *mener*, *sentir*, *voir* の後でもまれに省略される（古文調または慣用的）：Ne laissez pas *éteindre* le feu.「火が消えないようにしてください」（s'éteindre le feu とは言わない．慣用的．ただし Ne laissez pas le feu *s'éteindre*. のほうがいっそう普通．したがって，se の省略は語順に関係する）/ J'ai vu *lever* le soleil.「日の出を見た」（古めかしい．voir *se lever* le soleil (DARM, IV, 105) も可．普通は J'ai vu le soleil *se lever*.) ▶envoyer promener [coucher]「追い払う」，mener promener「散歩につれていく」は慣用的．

V. 代名動詞の助動詞
代名動詞の意味に関係なしに常に être. 古仏語で単一形にも代名形にも用いられた自動詞 (II. 4° ①) が être を助動詞としたことから，再帰的用法もこれに倣ったもの (*DG*, 263)．再帰的用法は非常に古くは avoir を用いた (*Ib.*)．今日でも方言・俗語で avoir を用いることがある：Je *m'ai trompé*. (= Je me suis trompé.) (B, 331; BAUCHE, 116)

VI. 再帰代名詞の人称
常に主語と同一人称．俗語では主語の人称とは無関係に se を用いることがある：Je *s'ai* trompé. (BAUCHE, 116) (= Je *me* suis trompé.) ことに〈se+不定詞〉が一体をなすものとみなされる：Nous allons *se* coucher. (= *nous* coucher) (D, 203) cf. N, V, 247-8.

VII. 過去分詞の一致

1° 再帰代名詞が間接補語でないときは過分は

主語に一致する．本来の代名動詞中 se rire, se plaire, se déplaire, se complaire の過分は無変化．ただし，最後の3つは一致させることもある (G, 796, b).
2° 再帰代名詞が間接補語となる場合 (⇨ I. 1° ②; 2° ②) は，avoir と共に変化する他動詞の過分と同じく，直・目が過分に先行するときにはこれに一致，後続するときは無変化: Ils se sont *écrit* des lettres.; les lettres qu'ils se sont *écrites*; Ils se les sont *écrites*.

verbe réfléchi ［再帰動詞］ ⇨ verbe pronominal II. 1°

verbe transitif ［他動詞］— 目的(補)語(complément d'object) をとる動詞．自動詞(verbe intransitif) に対する．
I. 構成 前置詞を介さずに目的語をとるものを**直接他動詞** (v. transitif direct), 前置詞を介して目的語をとるものを**間接他動詞** (v. transitif indirect) と言う: J'aime mes parents. (直接) / J'obéis *à* mes parents. (間接)
1° 間接他動詞のとる前置詞 ① *à*: accéder, aspirer, attenter, compatir, consentir, déplaire, désobéir, échapper, importer, nuire, obéir, penser, plaire, prétendre, recourir, remédier, renoncer, répugner, résister, ressembler, songer, succéder, survivre, vaquer, など．② *de*: douter, hériter, jouir, profiter, regorger, témoigner, triompher, など．③ *en*: croire．④ *après*: soupirer．⑤ *sur*: veiller.
◆直接・間接の別は単に構成の相違であって，性質の相違ではない．léser qn と nuire à qn, vaincre と triompher de とを比べよ．なお，構成は時代的にも変遷した．cf. 《古》obéir qn > ～ à qn / ressembler qn > ～ à qn / profiter qch > ～ de qch. しかし，受動形を持つのは直接他動詞のみであるから，構成が重大な役割を果たす．直接・間接の別は A. LEMAIRE が設けたもので, B; BRUN; D; RAD; LE B などがこの区別を採用している．*Gr. Ac.* や多くの辞典は直接他動詞のみを他動詞とし，間接他動詞は自動詞に加える．
2° ある他動詞は2様の構成をとる．
① 意味に大きな相違がないもの: aider (à) qn, goûter (à) une sauce, pardonner (à) qn, réussir (à) un examen, présider (à) une réunion「会合の議長を務める」(この意味の à は《古》), toucher le [du] piano「ピアノを弾く」(この意味ではともに《古》cf. jouer du piano)
② 意味ないし陰影が異なるもの: tenir qn「捕まえる」/ ～ à qn「愛着を感じている」/ ～ de qn「似ている」; user qch「すりへらす」/ ～ de qch「使用する」; atteindre l'âge de 20 ans「20歳になる」/ ～ à perfection「完全の域に達する」(努力の観念を伴う); commander ses hommes「部下を指揮する」/ ～ à ses hommes「部下を統御する」
③ 目的語が**人を表わすか物を表わすか**によるもの: essayer un vêtement「洋服の仮縫いをする」/ ～ d'un tailleur「ある洋服屋で試しに作って見る」; suppléer un professeur「ある教師の代講をする」/ ～ à l'absence d'un professeur (同義); insulter qn「人を侮辱する」/ ～ à la misère de qn「人の貧しいことをあざける」
④ 目的語が**他の補語を伴うか否か**によるもの: hériter d'une maison「ある家を相続する」/ ～ de son père un beau domaine「父から立派な土地を相続する」

II. 目的語の省略
① 動詞が普遍的意味を持つとき: Je n'espère plus.「もはや希望を持たぬ」/ Je pense, donc je suis.「われ思う，故にわれあり」/ Il aime à donner.「彼は人に物を与えるのが好きだ」/ Il écrit bien.「彼は字がうまい」
② 目的語が明らかなとき: Ce peintre n'expose jamais.「この画家は決して出品しない」/ Ma mère reçoit tous les lundis.「母は月曜毎に客を迎える」/ L'ennemi cessa de tirer.「敵は射撃をやめた」
　これらの場合，他動詞が自動詞的に(intransitivement)用いられていると説く者もあるが，補語なしに(absolument)用いられても他動詞としての性質に変わりはない．

vibrante (consonne) ⇨ consonne
ville — à [dans] la *ville*, en *ville*. ⇨ à I. 1° ③ (4)
virgule ［コンマ］— signe de ponctuation の一種．〈,〉の印．短い休止を示す．
1° **並置** ① 同一機能の語句・従属節: Il ne voyait partout que calcul, égoïsme, avarice, laideur. (TROYAT, *Signe*, 134) / J'allai enseigner à Princeton, à Cambridge. Je parcourus l'Europe, l'Amérique. (MAUROIS, *Destins*, 11) ◆主語の並置では，動詞の前に〈,〉を置くかどうかは不定，置かないほうが多い: Aucun oiseau, aucun animal sauvage ne

s'enfuyait à notre approche. (BEAUV., *Tous les h.*, 239) / Les conversations, les promenades, permettaient d'approfondir les sympathies. (MAUROIS, *Destins*, 2)
② 強度を表わす同一語の反復：Non, non. / C'est joli, joli, joli.「とてもきれいだ」
③ 同一主語を持つ動詞：Elle me regarda, rosit un peu, parut réfléchir. (ROMAINS, *Dieu*, 166)「彼女は私を眺め, 少し顔を赤らめて, 考えこむように思われた」
④ 独立節：Le père lit, la mère coud, l'enfant dort. (C, 11)「父は本を読み, 母は縫物をし, 子供は眠っている」独立節の切れ目に〈.〉〈;〉〈:〉〈,〉のどれを用いるかは, 節の長短と文意による.
2°　等位　① et, ou で結ばれる2要素は普通は〈,〉を用いない：Il faudra vaincre *ou* mourir. / Il croit *et* il espère. ◆異なる主語を持つ2節, 対立の2節の等位には多く〈,〉を用いる：Nous vaincrons, ou nous mourrons!
② ni による2要素の等位では〈,〉の用法は不定：*Ni* Eve *ni* lui n'avaient été à Hambourg. (SARTRE, *Mur*, 60) / *Ni* la raison, *ni* les préjugés ne sont utiles à l'homme. (BEAUV., *Tous les h.*, 250)
③ 2個以上の要素が et で結ばれるときは A, B et C が普通. 時に強調的に：A, B, *et* C.
④ 2個以上の要素の各々の前に et, ou, ni を用いるときは (et) A(,) et B(,) et C の形をとる：Je regardais à mes pieds les temples et les cimetières, et les bois, et les vertes montagnes. (LOTI, *Chrys.*, 103) (les temples et les cimetières は一まとめでAに相当) / Elle ne sut ni feindre, ni dissimuler, ni épier, ni ruser. (MAUPASS., *Pardon*) ⇨ et 1°
⑤ et, ou, ni 以外の等位接続詞の前：Je pense, donc je suis. (DESCARTES) / Il est pauvre, mais honnête. 時に〈;〉〈.〉も用いられる.
3°　説明的な語句・節
① 同格：Paris, capitale de la France.
② 説明的［同格的］関係節：Les soldats, qui ne s'étaient pas sauvés, furent faits prisonniers. ⇨ proposition relative II. 2°
③ 強意的同格：Alain, lui, parlait de Sand avec respect. (MAUROIS, *Lélia*, 7) / Nous, nous ne trouvions pas cela trop extraordinaire. (LOTI, *Yves*, 144) ▶文法的関係を示すのが目的であるから, Moi je...Toi tu...の間に〈,〉は必ずしも用いられない.
④ 同格形容詞：Denise, impartiale, le jugeait moins intelligent que Ménicault. (MAUROIS, *Cercle*, 138)
4°　挿入節：Aide-toi, dit le proverbe, le ciel t'aidera. ⇨ incise
5°　状況補語　数個の状況補語の間, 文頭の状況補語・副詞節の後, 文中で転位された状況補語の前後：Une fois, à table, sa mère, en le regardant avec des yeux pleins de larmes, lui dit. (DAUDET, *Lettres*) / Un matin, comme il achevait de la traire, la chèvre se retourna... (*Ib.*, 34) / A ce moment, la diligence s'arrêta. (*Ib.* 16) / Naturellement, je ne te reproche rien. (SARTRE, *Age*, 20) 分詞節も同じ (⇨ participe passé IV. 3°, 4°; participe présent III. 3°, 4°). ◆すべて絶対的な規則があるわけではなく, 文法的関係を明示するためであって, 〈,〉は時に落ちる：A la longue pourtant tout se découvrit. (DAUDET, *op. cit.*) / Depuis ce jour je ne l'ai plus revu. (MAUROIS, *Destins*, 30) / Odile tout de suite m'entraîna dans l'univers des couleurs, des sens. (ID, *Climats*, 35) / Quand ils furent sortis il dit d'une voix douce. (VERCORS, *Yeux*, 225)
◆補語＋動＋主語の語順でも補語の後に〈,〉を用いないことが多い. ⇨ sujet C. I. 2°
◆文末に置かれた副詞節の前の〈,〉の使用は一定しない. 副詞節が意味の上から主動詞と密接に結ばれるならば〈,〉は用いない：Faites comme vous voudrez. / Nous commencerons quand vous voudrez. ▶副詞節を導く que の前でも不定：Viens, que je te voie un peu. (FRANCE, *Bergeret*, 14) ⇨ que[4] VI. 2°
6°　*oui, non, si* の後：Oui, monsieur.
7°　強調を示す：Il s'était précipité par la brèche, impétueusement. (FLAUBERT — THIBAUDET, *Flaubert*, 295)
8°　文意を明瞭にするため　主語と動詞は〈,〉で分離されないのが普通だが, 主語が相当長いときには〈,〉を用いることがある：Qui peut écrire une page, peut en écrire dix. (ALBALAT, *Art d'écrire*, 3) / Qu'il ait composé lui-même, n'est pas douteux. (ROLLAND, *Goethe et Beeth.*, 168) ▶主語となる関係節, 名詞節の後で〈,〉を用いないことも多い.
9°　文の埒外の要素　① 呼びかけ：Ecoutez,

monsieur Seguin, je me languis chez vous. (DAUDET, *Lettres*)
②転位的要素：Votre projet, je le connais. / Que vous ayez raison, je le reconnais.
10° 省略された動詞に代わる：Son frère travaille beaucoup; lui, fort peu.

vivre — **1°** *vivre* ＋属詞　暮らす際の性質・状態：Il *vit heureux*.「彼は幸せに暮らしている」/ Saurez-vous *vivre pauvre*? (ANOUILH, *P.B.*, 500)「貧乏暮らしができますか」◆暮らした結果としての状態：Elles *vivent* plus *vieilles* que les hommes. (BEAUV., *Vieill.*, 35)「彼女たちは男たちより長生きする」▶B (619) は attribut de résultat と呼ぶ.

2° *vivre de* [*sur*] qch　H; TH; G (946, Rem. 1) は意味の区別をつけないが，de は具体的手段：L'homme ne *vit* pas seulement *de* pain.「人間はパンだけで生きるものではない」/ *vivre de* ses rentes「年金で暮らす」/ *vivre de* son travail「仕事をして生計を立てる」　sur は「…を使いへらして」：*vivre sur* la fortune de sa femme「妻の財産を食いへらして暮らす」/ *vivre sur* son capital「元手を食って生きる」▶転義では sur: *vivre sur* sa réputation「名声に得々として生きる」/ *vivre sur* ses souvenirs「思い出に生きる」

3° *vivre* qch: Ils *ont vécu* une existence difficile. (MR)「困難な生活を送った」(＝avoir, mener) / *vivre* des jours heureux (*Ib.*)「幸福な日々を過ごす」(＝passer) / *vivre* sa foi (ROB)「信仰を生き抜く」/ La vie ne vaut pas la peine d'*être vécue*. (CAMUS, *Etr.*, 157)「人生は生きる価値がない」/ La vie humaine est impossible mais il faut la *vivre*. (VERCORS, *Colères*, 295)「人生は耐えがたいけれど，それを生きなければならない」◆過分の一致．上記の意では過分は変化：les jours difficiles qu'il *a vécus* (PR)「彼が体験した困難な日日」/ Mes amours, je les *ai vécus*. (ROB)「私の愛，私はそれにひたって生きてきた」　ただし，作家は時に無変化につづる (G, 786 b, Rem. 1).
▶単に生活した期間を示すときは vivre は自動詞で過分は無変化：durant les dix années qu'elles *avaient vécu* dans ce pensionnat (BENOIT—LE B, II, 183)「彼女たちがこの寄宿学校で暮らした10年の間」

4° *Vive* [*Vivent*]...!　本来は願望を表わす接続法．したがって，複数人物名詞が続けばこれを主語として Vivent とつづることもあるが，多くは感嘆詞として無変化：*Vive*(*nt*) les Français!「フランス人万歳」/ *Vivent* les mariés! (SALACROU, *Poof*, 71) ▶後続語が事物名詞ならば無変化が論理的：*Vive* [*Vivent*] les vacances. (D, 219)

voici; voilà — voir の命令法古形 voi と副詞 ci (＝ici), là との合成語．前置詞 (ROB), 副詞 (*Lar. 3vol.*; *DFC*), 前置詞・副詞両用 (*P. Lar.*) などと分類されるが，動詞と指示詞の働きを兼ね，どの品詞にも分類しがたい．MOIGNET (*TLL*, VII, 1) は不変化動詞と考える．B(8) が présentatif [提示詞] と名づけて以来，今日まで多くの文法家はこの用語を踏襲．提示される語との一致，叙法・時制の変化がなく，下記 1°④ のほか疑問・否定にならない．単独に用いられる点（下記 4°）は他の提示詞 il y a, c'est と異なる．

　遠近の対立を表わすために相応じて用いられる：*Voici* ma maison, et *voilà* le jardin. (*DFC*) ◆この対立がなく，1つの物だけを示すときは voilà を好んで用いる．使用度比は voici : voilà ＝ 日常会話 1 : 11.6，文芸作品 1 : 2.1 (『ノート』44)．提示される語は voir の直・目の性質を帯びる．

1° *voir* の直・目 ① ＋名 [代]：*Voici* mon frère.「これが弟です」/ *Voilà* le mien.「あれが私のです」/ *Voilà* tout.「それっきりです」
◆＋plus＋形（名詞的用法 ⇨ il y a I. 1°⑥）：*Voici* plus délicat. (WAGN, *Hypoth.*, 323)「次はもっと微妙な場合である」
◆無強勢人称代名詞：Me *voici*.「私はここにいる」/ Le *voilà* justement.「ほらちょうど彼が来た」/ En *voilà*.「それならここにある」/ En *voilà* un.「それならここに1つある」▶情意的用法：En *voilà* une blague! (ROB)「とんでもないほらだ」

Que voilà ＋不定冠詞＋情意的形容詞（相当句）＋名!（Que は感嘆副詞）：*Que voilà* de beaux fruits! (CHEVALIER, *LF* n° 1, 84)「何という見事な果物だ」/ *Que voilà* une personne intéressante! (DÉON, *20 ans*, 122)「なんて面白い人でしょう」/ *Que voilà* une promenade que je n'apprécie guère! (QUENEAU, *Fleurs*, 199)「なんと気の進まぬ散歩でしょう」
② *Voilà* à boire [de quoi boire]. (CHEVALIER, *Ib.*)「あそこに飲み物がある」

③ [名]+que (関係代名詞)+voici [voilà]: Je plongerai tout d'un coup les deux doigts que voilà dans ses yeux. (SARTRE, Mouches, 88)「この2本の指をいきなりあの子の目の中に突っ込んでやります」/ Quel est cet homme, donc, que voici devant vous? (VERCORS, Plus ou moins h., 230)「ここの、あなたのすぐ前にいる男は一体何者です」/ Dis, qu'as-tu fait, toi que voilà, De ta jeunesse (VERLAINE, Sagesse III, 6)「そこのお前、どうしてしまったのだ、え、お前の青春を」
▶感嘆文: Les beaux fruits que voilà!「これはみごとな果物ですね」/ Etranges mots que voilà. (VERCORS, Colères, 15)「妙なことを言うものだ」
④+従属節: Voilà où [comment] cela s'est passé.「それはあそこで[そんなふうにして]起こったのです」▶省略的に: Voilà comment.「このやり方はこうです」/ Voici pourquoi.「そのわけはこうです」
♦voilà que (voici queは文学的). 突発的な出来事を表わす: Ah! voilà que j'ai froid. (DURAS, Th. II, 102)「ああ、急に寒くなってきた」/ Voici que l'aîné des garçons rentre. (BUTOR, Modif., 131)「おや、上の子供が帰ってきた」/ Voici que la lave surgit. (LE CLÉZIO, Déluge, 220)「突然、熔岩が吹き出す」
♦否定が可能な唯一の場合: Voilà-t-il pas qu'il s'en va maintenant!「ほら、彼は行ってしまうではありませんか」 ne voilà pas, voilà pasは古語、ne voilà-t-il pas queも古めかしい (PR). ▶この否定構文でqueに代わって〈[名]+関係節〉も可能: Voilà-t-il pas ton père qui rentre?「おやお父さんが帰ってきたのじゃないかい」

2º 繋合[連結]動詞的 ①voici [voilà]+直・目+属詞[状況補語]: Voici le jeune commis père de famille à vingt-deux ans. (MAUROIS, Dumas, 51)「今やこの年若い使用人が22歳で一家の父となったのだ」/ Me voilà libre jusqu'à sept heures. (Thib. III, 251)「これで7時まで体があきました」/ Nous voilà dans la place. (ROB)「おや広場に出た」/ Nous y voici [voilà].「われわれは今やここ[そこ]にいる」
♦+[過分]: Les voilà partis.「彼らはでかけた」/ Nous en voilà débarrassés. (CLAIR, 147)「これで厄介払いができたというものだ」▶属詞となる過分は名詞に先行しやすい: Et voici venu le moment pour lequel j'ai tant travaillé. (CLAIR, 139)「それを目ざしてあれほどまでに働いたその瞬間が来たのだ」
②+関係節: Le voici qui sort de la maison, justement. (DHÔTEL, Pays, 71)「ほら、ちょうど家から出てくるよ」/ 従属節で: Il s'installe donc lorsque voilà le ciel qui s'obscurcit, le vent qui se lève (...)(QUENEAU, Fleurs, 131)「でそこに腰を落ちつける、とそのとき空がにわかに曇り、風が起こり、…」▶この構文は3人称に限られる. 1・2人称は③を用いる
♦+[現分]: Me voici errant au milieu des maisonnettes de bois et de papier (LOTI, 3e jeunesse, 12)「私は今、木と紙の家々の間をさまよっている」
③+à [不定詞]: Me voici à trembler comme une pensionnaire. (BOURGET—S, III, 313)「今や私は女子寮の学生のように震えている」/ Le voilà à m'énumérer les dernières nouvelles. (BOYLESVE—Ib.)「すると彼は最近のニュースを並べ立てる」
3º voici+[不定詞] 文学的. voilàは用いない. 運動動詞 (H, 999), ことにvoici venir: Voici venir le printemps. (S, III, 169) (= Nous voilà bientôt au printemps)「もうすぐ春だ」/ Le voici venir.「ほら彼が来る」
4º 単独用法 文脈・状況によってさまざまな意を表わす: Léon! Léon!—Voilà. (ANOUILH, Ardèle, 7)「L! L!—ここにいるよ」/ Passe-moi mon peignoir.—Voilà, Madame. (COCTEAU, Th. II, 17)「ガウンを取ってちょうだい.—(差し出して)はい」/ Je lui ai laissé la plus grande liberté. Et voilà. (Thib. II, 12)「ぼくは彼にできるだけの自由を与えてやりました. その結果がこのざまです」/ Et voici pour Madame Robin. (ROB.-GRIL. Voyeur, 64)「(行商人が品物を見せながら)これは奥様にはうってつけです」
5º 従属節: Ton pied ne serait pas infecté comme le voilà. (VERCORS, Colères, 131)「足がこんなにうみはしなかったのに」/ Maintenant que la voilà sauve, elle mesure son épuisement. (MAURIAC, Thérèse, 26)「救い出された今、彼女は自分の疲労の度合をはかってみる」/ Je pense de ce que vous dites que voilà beaucoup de sagesse. (MONTHERL., Brocél., 41)「あなたの言うことは至って賢明だと思う」

♦voici, voilà は直説法に相当するから，接続法を要求する動詞のあとでは用いられない：×Je veux [Il faut] que le voilà.

6° **voilà**＋期間　[まれに voici＋期間]時制の用法はil y a II. にならう．ただし時の起点はいつも現在，したがってil y avaitには代わらない．Voilà bientôt huit jours qu'il est parti.「彼が出かけてから，やがて1週間になる」は可能だが，×Voilà un mois hier [demain].「きのう[あした]でひと月になる」は誤り．

　Voilà presque dix ans de cela. (DHÔTEL, Pays, 247)「あれから10年近くになる」/ Il est parti voilà un mois.「ひと月前に出発した」/ Voilà deux heures que je vous attends! (F, 1843)「2時間も前から待っていたよ」/ Voilà près de deux heures qu'ils sont partis (ANOUILH, P.G., 186)「彼らが出発してから2時間近くになる」/ Voici quarante-cinq minutes que nous attendons. (ACHARD, Patate, 16)「もうこれで45分も待っているんだぜ」

voir ── 1° **voir qn** [**qch**]：J'ai vu Paul [un film intéressant].「Pに会った[おもしろい映画を見た]」

2° **voir** [くだけて**y voir**] (＋副)：Je [J'y] vois bien [mal].「私は目がいい[悪い]」/ Il ne [n'y] voit plus.「彼は盲目になった」/ Je ne [n'y] vois pas clair.「(暗くて)よく見えない」

3° **voir qch à qn** [**qch**] (＝découvrir, remarquer, trouver)：Vous ne lui voyez aucun défaut. (GÉRALDY, Rob. et Mar. II, 3)「あなたから見れば彼には何の欠点もないのでしょう」/ Elle me regardait, avec cet air triste que je devais lui voir de plus en plus souvent par la suite. (PINGAUD, Scène, 38)「後にはいっそう頻繁に見かけるようになったあの悲しげな様子で私を見つめていた」

♦voir＋名＋dans＋名 [en＋代]：Je vois dans ce propos une injure. (DSF)「あの言葉は侮辱だと思う」/ Il vit en elle une bienfaitrice. (ROB)「彼女を恩人と思った」

4° **voir**＋名＋属詞　①**voir**＋名＋形 [形容詞相当句，名]：J'aime te voir polie. (GIRAUDOUX, Folle, 113)「礼儀を心得てほしいね」/ Je ne l'ai jamais vu en colère. (LE CLÉZIO, Fièvre, 46)「彼が怒っているのを見たことがない」/ T'attendais-tu à le voir si bel homme? (SALACROU, Poof, 114)「彼があんなに美男子だと思っていた?」

② **voir**＋名＋過分　受動態に相当：On n'a pas fermé le lycée, par crainte de le voir réquisitionné. (GIDE, Journal 1942-7, 70)「徴発されることを恐れてリセは閉鎖されなかった」
♦se voir＋過分 (名＝se)：Il détestait se voir deviné. (KESSEL, Enfants, 220)「人に腹の底を見すかされるのは嫌いだった」

③ **voir**＋名＋様態の補語：Personne ne m'a jamais vue pieds nus. (ANOUILH, P. R., 246)「誰も私が素足でいるところを見た人はありません」

④ **voir**＋名＋現分　文語的：Il l'avait souvent vu, au Dôme, sirotant (＝siroter) un café crème. (SARTRE, Age, 43)「彼がDでクリームコーヒーをすすっているのをよく見かけたものだった」♦voirが se représenter en imagination の意ならば不定詞は用いられずこの構文が必要 (LE B, II, 317)：Je le vois encore buvant son café dans cette tasse. (GASCAR, Meubles, 16)「彼がこの茶碗でコーヒーを飲んでいる姿がいまだに目に浮かぶ」

⑤ **voir**＋名＋qui：Je le vis devant la boîte d'un bouquiniste, qui feuilletait un livre en peau de veau. (AYMÉ, Confort, 5)「彼が古本屋の箱の前で子牛皮で装丁された本をめくっているのを見かけた」

5° **voir**＋不定詞　①**voir**＋名＋不定詞 (自動 または 代動)； **voir**＋不定詞＋名：Je vois Paul venir [venir Paul].「Pの来るのが見える」; Je le vois venir.; Paul que je vois venir. ▶名が不特定ならば省略される：Ça vous amuse de voir danser? (S, III, 176)「踊っているのを見るのはおもしろい?」

② **voir**＋名₁＋不定詞 (他動)＋名₂：J'ai vu ces acteurs jouer cette pièce. (MFU)「これらの俳優がこの劇を上演するのを見た」; Je les ai vu(s) jouer cette pièce.; Je les ai vu(s) la jouer.; ces acteurs que j'ai vu(s) jouer cette pièce. (過分の一致の自由 cf. MFU, 400)

③ **voir**＋不定詞 (他動)＋名₂＋par [à]＋名₁：J'ai vu cueillir des fleurs par ces enfants. (H, 502)「あの子供たちが花を摘んでいるのを見た」/ Je comptais sur mes doigts comme je l'avais vu faire quelquefois à Marthe. (RADIGUET, Diable, 183)「Mが時々そうするのを見たように私は指で数えた」♦この〈à＋名〉は常用されないが (『メモ』133)，これを代名詞で置き換えれば自然な文となる：Je le lui ai vu

peindre. (FRANCE, *Révolte.* 263)「彼がそれを描くのを見た」
6° *se voir*+不定詞+名
① *se* = 間・目: C'était justement l'époque où l'abbé Calou *s'était vu* retirer le droit de dire la messe. (MAURIAC, *Pharis.*, 291)「それはちょうどC師がミサを唱える権利を剥奪された時期であった」(< retirer qch à qn) / Gaspard *se vit* octroyer une petite cabine dans l'entrepont. (DHÔTEL, *Pays*, 144)「Gは中甲板に小さな船室を与えられた」(< octroyer qch à qn) ⇨ 下記 7° ②
② *se* = 直・目: Aussitôt il *s'était vu* affubler du sobriquet de Prof. (IKOR, *Gr. moy.*, 60)「すぐに彼は教師というあだ名をつけられた」(< affubler qn de qch)
7° 助動詞 *voir* voirは本来の意味を失ってはいないが上記4°5°6°の構文は文の鈍重を避ける手段となる.
① *que*, *à* [*de*] *ce que*の回避: Je désire le *voir* heureux. (< Je désire qu'il soit heureux.) (*Gr. Lar. XXe*, 97)「彼の幸福な姿を見たい」/ la crainte de le *voir* partir (< la crainte qu'il ne parte) (*Ib.*)「彼が行ってしまいはしないかという心配」/ Tu souffres de le *voir* partir? (GIDE, *Symph.*, 90) (Tu souffre de ce qu'il parte?)「彼が行ってしまうのがつらいのかね」
② 不可能な受身形の回避: La Roumanie (...) *se vit* déclarer la guerre par les Alliés. (*Lar. Univ.* II, 694)「ルーマニアは連合軍に宣戦を布告された」▶能動態. Les Alliés déclarèrent la guerre à la Roumanie. の間・目を主語とする受身変形は成り立たない. 誤: ×La Roumanie fut déclarée la guerre par...
③ 〈関係節 + *que* + 従属節〉の回避: Nous avons lu ensemble la lettre de Gargantua à son fils Pantagruel, dans laquelle il lui expose ce qu'il désire lui *voir* étudier. (BUTOR, *Degrés*, 109)「Gが息子のPに宛てた手紙をいっしょに読んだ. その中でGは息子に何を勉強してほしいかを述べている」▶ce qu'il désire qu'il étudie に代わる.
④ 〈比較の *que* + 従属節〉を導く *que* の接続の回避. ⇨ plutôt 1° ②③; aimer 2°; préférer 3° ①
8° *voir que*+直: J'*ai vu que* quelqu'un pleurait. (DURAS, *Abahn*, 38)「誰かが泣いているのを見ました」/ Tu *vois que* j'ai bien fait de t'entraîner. (GIRAUDOUX, *Tessa* II, 3, 2) (= constater que)「ほら連れてきてあげてよかったじゃないか」
9° *voir à* 不定詞; *voir* (*à ce*) *que*+接 (= veiller à): *Voyez à* nous loger. (AC)「泊れるように取り計らってください」/ *Voyez à ce que* tout soit en règle.「万事規定どおりになるように注意してください」▶同義のvoir que+接は古語法.
10° *voir* + 間接疑問節: Je *vois* mal comment on pourrait faire cela. (BUSSE-DUBOST)「どんなふうにしたらやれるのかよくわかりません」/ Je ne *vois* pas de quoi il s'agit. (ROB)「なんの話なのかわかりません」
11° 命令形 + *pour voir* 挑戦的 (= pour voir ce qui arrivera): Répétez, *pour voir*. (GIRAUDOUX, *Ondine* I, 3)「もう一ぺん言ってごらんなさい」/ Tuez-vous, *pour voir*. (*Ib.* I, 5)「自殺できるものなら自殺してごらんなさいよ」
◆命令形 + voir. voirは命令の強調. 《俗》: Essaie *voir*. (VAILLAND, *Loi*, 210)「やってみな」/ Goûte *voir* ce café! (F, 36)「まあこのコーヒーを飲んでごらんよ」

voiture ⇨ à I. 10°

voix [態] — 主語が動作をなすか受けるかの関係を表わす動詞の形態. 普通voix activeとv. passiveに分ける. これにv. pronominaleを加える者 (D, 201) もある. 1910年以来, 学校文典はvoixの代わりにformeを用い, 一般に動詞を形態の点からforme active, f. passive, f. pronominaleに分ける(cf.C,157). ただしformeという語は動詞だけでなく, あらゆる品詞についても用いられるから, 漠然としすぎるという欠点がある. voixについてはGLLF(6550-2)が詳しい.

vol — Un *vol d'*oies *traversait* le lac. (...) *Elles* passèrent au-dessus de nous. (DÉON, *Taxi*, 11)「雁が群をなして湖を横切っていた. (…) 雁は我々の頭上を通っていった」▶un vol de + 名を主語とする動詞は単数または複数 (⇨ accord du verbe A. I. 1° ②). ただし, これを受ける主語代名詞は補語と同性の複数.

votre ⇨ adjectif possessif

vôtre ⇨ pronom possessif; adjectif possessif XI

vouloir — 意志・意図の表現. 条・現は語気を緩和し願望を表わす. 疑問形×Veux-je? は用いない. ▶誤: ×Que *voulé-*je faire d'elle?

(GIRAUDOUX, *Judith* I, 2)「わしがあの娘を何にしたいと言うのだ」

I. ***vouloir*** + 不定詞　*vouloir*の主語と不定詞の動作主は必ず同一.

1° ***je veux*** **[*voudrais*, など] + 不定詞**: *Je veux rentrer au Brésil.* (GARY, *Au-delà*, 65)「わたしはブラジルに帰りたい」/ *Je voudrais vous demander quelque chose.* (SAGAN, *Bonj.*, 65)「お願いしたいことがあるのですが」◆まれに *Je voulais vous demander quelque chose.* (LE CLÉZIO, *Fuites*, 24) とも言う. 語気緩和の直・半. cf. STEN, 143; G, 718, 2; W-P, 358.

2° ***vouloir bien*** ①*bien*は強意語: *Je voudrais bien savoir s'il a raison.* (VIAN, *Pékin*, 250)「彼の言っているとおりかどうか知りたいものだ」

② (= accepter, consentir): *Je veux bien vous prêter ma voiture, mais pour aujourd'hui seulement.* (DFC)「車を貸してもいいが, きょうだけですよ」

③ 挑戦的に. 条件法を使用: *Je voudrais bien que vous osiez prétendre le contraire.* (EBF)「反対を唱えるならどうぞ」

④ *bien vouloir / vouloir bien*: *Il vous prie de vouloir bien choisir une autre table.* (GIRAUDOUX, *Lucrèce* I, 1)「ほかの席に変わっていただきたいと申しております」▶官庁文体・軍隊語で *Je vous prie de bien vouloir* + 不定詞「…してくださいますよう願いあげます」は目上の者に対する敬譲の表現, ... *de vouloir bien* は命令的な表現とする両者の区別（TH; D, *Guide*, 197）は日常語では守られない.

3° ***Voulez*** **[*Voudriez*]-*vous*** **+ 不定詞?**　重な依頼: *Voulez-vous bien m'attendre une petite minute?* (BEAUV., *Inv.*, 41)「ちょっと待ってくださらない?」/ *Est-ce que tu voudrais me coudre ce bouton?* (F, 255)「このボタンをつけてくれない?」

◆*Ne voulez* [*voudriez*]-*vous pas* + 不定詞? さらに重に: *Vous ne voudriez pas déjeuner avec moi, un jour?* (SAGAN, *Brahms*, 29)「いつかぼくと昼食をおつきあい願えないでしょうか」

◆命令・勧告の表現 + *veux-tu* [*voulez-vous*]? 同意を求める言い回し: *Verse-moi à boire, veux-tu?* (SARTRE, *Mains*, 180)「飲み物をついでよ, ねえ」/ *Sortons ensemble, voulez-vous?* (MALRAUX, *Cond.*, 41)「いっしょに出ようじゃありませんか」/ *Si nous allions goûter, veux-tu?* (Thib. I, 185)「おやつを食べに行こうじゃないか, ねえ」

4° ***Veux-tu*** **[*Voulez-vous*] (*bien*) + 不定詞!** 強い命令: *Veux-tu te taire!* (SARTRE, *Mains*, 165)「黙らないか」/ *Veux-tu bien me lâcher!* (F, 72)「離してくれよ」/ *Voulez-vous ne pas me pousser!* (CLAIR, 27)「押さないでください」/ *Veux-tu ne pas crier!* (GREEN, *Mesurat*, 57)「きゃーきゃー言うな」▶否定の命令には *ne pas* は必ずこの語順をとる（BLINK, *Ordre* II, 195）.

5° ***je*** **(*le*) *veux***　不定詞の代理語 *le* はしばしば省略される: *Je viendrai si vous (le) voulez.* (MFU)「お望みならまいりましょう」/ *Voulez-vous partir? — Je (le) veux bien.* (PINCHON, *FDM*, n° 75, 31)「帰りたいですか.—ええ, そうしたいですね」◆多く *le* を省略される言い回し: *Nous pouvons partir quand tu voudras.* (DORIN, *Tournant*, 151)「きみの好きなときに出かけられるよ」/ *comme* [*tant que*] *vous voulez*「好きなように [好きなだけ]」

◆*le* の使用は念入りな文体: *Elle ne pouvait pas rivaliser avec lui, elle ne le voulait pas.* (BEAUV., *Inv.*, 186)「彼女は彼と張り合うことはできなかった. そうしたくもなかった」

II. *vouloir que* **+ 接**　*vouloir* の主語と従属節の主語は必ず異なる: *Je veux que vous me disiez tout.* (ANOUILH, *P. B.*, 40)「何もかも言っていただきたいの」/ *Que voulez-vous que je vous dise?*「何と言えばいいと言うんです; 私には何ともならない」▶従属節を省略した言い回し: *Que voulez-vous?*「仕方がないじゃありませんか」

◆*le malheur veut que* + 接 [直]. 主語が *le sort, le destin, le hasard, la* (*mal*)*chance* などで, 従属節が事実を表わせば 直 も可能. *le malheur veut* などは真の主節ではなく, 従属節が独立文の意味を持つ（B, 559）: *Le malheur veut que les spécialistes ne savent pas toujours écrire.* (GREEN — G, 1000, Rem. 3)「不幸にして専門家は必ずしも文が巧みではない」▶ただし, この場合でも + 接 のほうが多い: *Le jour suivant, le hasard avait voulu que l'homme vînt à passer près d'eux.* (DHÔTEL, *Pays*, 88)「翌日, はからずも例の男が彼らのそばを通りがかった」

◆*vouloir bien que* + 直 (= admettre que,

reconnaître que）：Je *veux bien que* toute règle de justice *est* vaine.（*EBF*）「正義の掟がむなしいことには同感だ」

III. ne pas vouloir / vouloir ne pas
1° ne pas vouloir + 不定詞 [*que* + 接]］
① 多くは不定詞・節の否定（= ne pas avoir la volonté [l'intention] de, refuser）：Je *ne veux pas* sortir.「外出したくない」／ Vous aurez beau temps pour partir.—Je *n'aurais pas voulu* partir.（SARTRE, *Sursis*, 175）「出発にはいい天気になりそうね.—出発したくはなかったのにね」／ Je *ne veux pas* que vous *sortiez*.「外出しないでいただきたい」

② まれに意志・意図の否定（= sa volonté, son intention n'est pas de）：Il *n'a pas voulu* vous insulter.（ROB）「彼はあなたを侮辱するつもりはなかった」／ Je comprends un peu mon oncle.—Moi je *ne veux pas* comprendre un peu.（ANOUILH, *N.P.N.*, 145）「叔父さんの気持も少しはわかるわ.—わたしは少しわかるなんて, いやなのよ」／ Je *ne veux pas* qu'il parte, mais je veux qu'il reste parmi nous.「彼に立ち去ってもらいたいのではなくて, われわれといっしょにいてもらいたいのだ」

2° vouloir ne pas + 不定詞 [*que ne... pas*]　上記1°①の意に帰着するが使用はまれ：Je n'ai pas à vous demander ce que vous *voulez ne pas* me dire.（GIRAUDOUX, *Tessa*, 122-3）「おっしゃりたくなければ, きかなくったっていいのよ」／ Je *voudrais ne plus jamais* en parler.（ACHARD, *Nouv. hist.*, 198）「その話はもう決してしたくない」／ Je ne veux pas mourir.—Moi aussi j'*aurais bien voulu ne pas* mourir.（ANOUILH, *N.P.N.*, 145）「死ぬのはいやよ.—わたしだって, 死なずにいられればそのほうがいいのだわ」

◆Je *ne* veux *pas* qu'il revienne *jamais* [qu'on en dise *rien*, qu'il le dise à *personne*, qu'il le dise à *aucun* de ses amis].「彼がいつか帰ってくることを [それについて何か言うことを, 彼がそれを誰かに言うことを, それを友人の誰かに言うことを] 望まない」と Je *ne* veux *plus* qu'il revienne.「彼にはもう帰ってきてもらいたくない」はそれぞれ Je veux qu'il *ne* revienne *jamais* [qu'on *n'*en dise *rien*, qu'il *ne* le dise à *personne*, qu'il *ne* le dise à *aucun* de ses amis, qu'il *ne* revienne *plus*].と言い換えられる（MART, 551）. ▶ただし×Je *veux que* vous *ne* sortiez *pas*. とは言わない（MART, 536）. 命令の調子が強すぎるためで, これに対し Je *voudrais que* vous *ne* sortiez *pas*. ならば可能.

IV. 命令形
強い意志を持つことを勧告する veux, voulons, voulez は例外的（⇨ 2°）. il faut vouloirと言う.

1° veuille [veuillez] + 不定詞　veuillonsは用いない. 接続法に基づくこの形は肯定で, 非常に鄭重な命令を表わす助動詞：*Veuillez* vous asseoir.「どうぞお掛けになってください」

2° en vouloir à qn (de qch [+ 不定詞]）　日常語では否定命令形に直・現のまま n'en veux [voulons, voulez] pas を用いる：*Ne* lui *en veux* pas.（DORIN, *Tournant*, 155）「彼のことを悪く思うなよ」 ▶ 命令形による *Ne m'en veuillez* pas.（GIRAUDOUX, *Ondine* III, 4）「私を悪く思わないでください」／ N'*en veuillez* à Leni.（SARTRE, *Séques*. I, 2）は改まった文体.

V. vouloir (de) qch [qn]
1° vouloir qch [qn]（= désirer fortement avoir; exiger）：*Voulez*-vous du café?「コーヒーをお飲みになりますか」／ Je *voudrais* une auto.「自動車がほしいものだ」／ Tu ne me *veux* plus?（ANOUILH, *P.R.*, 102）「もうわたしがほしくなくなったの」／ Elle est à celui qui la *veut*.（DURAS, *Détruire*, 131）「彼女は自分を望む男のものになる」

2° vouloir de qch [qn]（= rechercher; accepter de le prendre, de le recevoir）　多くは否定文・疑問文：Je ne *veux* pas *de* votre argent.（SAGAN, *Sarah*, 29）「あなたのお金なんぞほしくありません」／ Laissez-moi! Je ne *veux* pas *de* vous!（LE CLÉZIO, *Géants*, 53）「ほっておいてよ. あなたなんぞに用はないわ」／ Qui *voudrait de* toi, pauvre diable!—J'ai trouvé qui *veut de* moi.（ANOUILH, *P.G.*, 177）「お気の毒さま, 誰があんたなんぞに用があるものですか.—ところがわしに用がある者を見つけたんだ」／ Tu *veux* toujours *de* moi?（DURAS, *Th.* II, 26）「今でもぼくが必要かい」／ Nous allons lui demander si elle *veut de* toi.（VIALAR, *Eperon*, 112）「彼女がきみのこと好きなのかどうかきいてみよう」

◆vouloir + 名 + 属詞：Je *voulais* Flora heureuse.（SAGAN, *Orage*, 195）「私はFが仕合わせになってもらいたかった」 ▶Je veux ma robe rouge. は robe と rouge の間に小休止がなければ rouge は付加形容詞で celle de mes robes qui est rouge の意．小休止があれば rouge は属詞で私のドレスは赤くしてもらいたいの意 (D-P, II, §497)．

vous — 主語・補語・属詞となる．機能・位置によって強勢あるいは無強勢．⇨ nous

1º 単数形 *tu*, *te*, *toi* に代わる．①敬譲語として知らない人，親しくない人，婦人，老人に対して用いる．上流家庭では夫婦間で，あるいは子供が親に対しても用いる．
② 平常 tu を用いている間柄の者が用いると，よそよそしさ，非難を表わす．

2º 不定な意味に用いる：*Vous* diriez un prince.「まるで貴族のようだ」/ Ah! ces paysans! Occupez-*vous* d'eux, voilà comment ils *vous* remercient! (R. BAZIN, *Terre*, 109)「ああ，田舎者ときたら！面倒を見てやれば，そのご返礼にこんなことをするんです！」/ C'est tellement terrible de sentir qu'on *vous* juge. (BEAUV., *Inv*., 173)「人から批判されているのを感じると，とても恐ろしいわ」▶on の補語として ⇨ on IV

voyage — partir en *voyage*「旅に出る」, faire un *voyage*「旅をする」, faire (un) bon *voyage*「楽しい旅をする」：Tu as fait bon *voyage*? (BUTOR, *Modif*., 53) / Tu as fait un bon *voyage*, papa? (*Ib*., 68)

voyelle [母音] — 呼気の通路が広く，噪音を伴わない音を言う．母音と子音 (consonne) との中間に半母音 (semi-voyelle) がある．

I．分類 呼気の通路により2種に大別する．
(1)**口母音** (v. orale)．呼気が口腔だけを通るもの．(2)**鼻母音** (v. nasale)．呼気が口腔と鼻腔とを同時に通るもの．

母音を発音する際に口腔は共鳴箱の働きをするが，この共鳴箱は，口の開き方と舌の位置と唇の形によって種々の変化を受ける．

開口度 口の開き方の大小により広[開]母音 (v. ouverte) と狭[閉]母音 (v. fermée) に分ける．この中間のものを半広[開]母音 (v. demi-ouverte)，半狭[閉]母音 (v. demi-fermée) あるいは中間母音 (v. moyenne) と言う．GRAM による上下犬歯間の開き (数字はミリメートル)：[i] (1), [e] (3), [ɛ] (5), [a] (7), [ɑ] (10), [ɔ] (8), [o] (5), [u] (2)

舌の位置 舌の一部は口蓋に接近して呼気の通路をせばめ，調音する．次の図は調音点の配置を示す (GRAM. 11)．

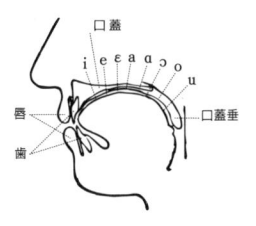

舌の前部が硬口蓋に近づく [i] [e] [ɛ] [a] を前舌母音 (v. de la série antérieure, v. d'avant) あるいは硬口蓋母音 (v. palatale)，舌の後部が軟口蓋に近づく [ɑ] [ɔ] [o] [u] を奥[後]舌母音 (v. de la série postérieure, v. d'arrière) あるいは軟口蓋母音 (v. vélaire) と言う．

唇の形 唇は横に開くか円くなる．
前舌母音は平唇で平唇硬口蓋母音 (v. palatale non arrondie)，奥[後]舌母音は円唇で円唇軟口蓋母音 (v. vélaire arrondie)，前舌母音で円唇の [y] [ø] [œ] を円唇硬口蓋母音 (v. palatale arrondie) と言う．

GRAM は平唇・前舌，円唇・奥[後]舌の組合せを単純母音 (v. simple)，円唇・前舌を複合母音 (v. composée) と称する．

フランス語の母音は口母音12種，鼻母音4種．開口度，舌の位置，唇の形を組合せてこれを表示すると

	口母音			鼻母音		
	平唇 前舌	円唇 前舌	円唇 奥[後]舌			
狭母音	i	y	u			
	e	ø	o			
·······	·······	(ə)	·······			
広母音	ɛ	œ	ɔ	ɛ̃	œ̃	ɔ̃
	a		ɑ			ɑ̃

[i] [e] [ɛ] [a] [ɑ] [ɔ] [o] [u] の順で舌は後退し，口腔の間隙は次第に大きくなる．上図は上から下に行くに従い，口の開きは大きくなり，調音器官の緊張度は弱まる．

[e][ɛ]; [ø][œ]; [o][ɔ]; [a][ɑ] は狭音の e, eu, o, a (e, eu, o, a fermé)，広音の e, eu, o, a (e, eu, o, a ouvert) と呼ばれる．[a][ɑ] は開口度から言えば共に広音であるから，これを前舌母音の a (a antérieur)，奥舌母音の a (a postérieur) と区別することも多い．[y][ø][œ] はそれぞれ唇を [u][o][ɔ] を発音するときの形にして [i][e][ɛ] を発

音すれば得られる．[ə]は調音器官の緊張の最も弱い音で，[ø][œ]に近い（⇨ e caduc）．鼻母音 [ɛ̃][œ̃][ɔ̃][ɑ̃]はそれぞれ[ɛ][œ][ɔ][a]を鼻に抜いて発音するもの．口は閉じない．

II. 母音の強弱，長短 母音は強勢音節にあるか否かに従って強勢母音（v. tonique, v. accentuée, v. intense）と無強勢母音（v. atone, v. inaccentuée, v. non-intense）に分ける．⇨ accent I. 1º

フランス語の母音は一般に短く，非常に長くなることはない．母音の長さには種々の段階があるが，これを**長母音**（v. longue）と**短母音**（v. brève）に大別し，長母音を[:]の記号で表わす．

① 長母音は常に強勢音節（最終音節）にある：chante [ʃɑ̃:t], chèvre [ʃɛ:vr] cf. chantons [ʃɑ̃tɔ̃], chèvrerie [ʃɛvrəri]. 強勢が tons, rie に移ったため．⇨ accent I. 1º

② 強勢音節の[r][ʒ][z][v][vr]の前の母音は常に長い：part [pa:r], cage [ka:ʒ], rose [ro:z], vive [vi:v], vivre [vi:vr]. cf. parte [part] は子音が後続するため短い．

③ 有音語末子音を伴う鼻母音，奥舌母音 [ɑ][o]は常に長い：chambre [ʃɑ̃:br], monde [mɔ̃:d], timbre [tɛ̃:br], vase [vɑ:z], chose [ʃo:z]

④ 絶対語末母音（発音上，子音の後続しないもの）は短い：mât [mɑ], dépôt [depo], joli, jolie [ʒɔli]．しかし，多少の程度の差はあって droit [drwa]の[a]は droite [drwat]の[a]よりわずかに長いと言われる．

⑤ 無強勢母音は常に短いが（上記①），それが属する意味単位が長ければ長いほど短くなる．したがって pâtissier, pâtisserie, pâtisserie Saint-Germain の â[ɑ]は順次に短くなると言われる．(GOUG, 21).

III. 母音の表わし方 母音は16種あるのに，母音字の数は a, e, i, o, u, y の6種であるから，accent 記号を添え，あるいは母音字を重複させて，音を区別する．しかも，フランス語は歴史的発達のあとを文字に留めようとするから，1音は数種の手段で表わされ繁雑を極める．

1º 口母音

[i]: i (lit), î (gîte), y (lys)

[e]: e (nez, et), é (été), ê (têtu), ai (aigu), ay (pays [pei])

[ɛ]: e (section), é (événement), è (père), ê (forêt), ë (Noël), ai (laid), aî (traîner), ay (crayon [krɛjɔ̃]), ei (peine), eî (reître)

一般に (1) e, é は[e]; è, ê, ei, ai は[ɛ]. (2) 同音節の発音される子音の前では[ɛ]: sel, servante. 例外的な céderai, événement は[sɛdre], [evɛnmɑ̃]と発音され，e の脱落により，発音上 [ɛd], [ɛn]が1音節に入る．

[a]: a (état), à (là), â (aimât), oi (loi [lwa]), e (femme, -emment の副詞)

[ɑ]: a (vase), â (âme), oi (pois), aill (railler [rɑje])

â が一般に[ɑ], a が[a]を表わすほか，[a], [ɑ]の区別に関する法則はない．その区別は微妙で個人差も多い．

[ɔ]: o (vol), ô (hôtel), au (Paul), u (album)

[o]: o (dos), ô (côte), au (chaud), eau (beau)

強勢音節で発音上子音を伴わない場合は常に[o]．+子音は一般に[ɔ]．[o]となる場合：(1) 子音が[z]: rose [ro:z] (2) 綴りが au, ô. 例外：laure [lɔ:r], Paul [pɔl]

無強勢音節では一般に[ɔ]．ただし eau, au, ô とつづられるとき，+[z]は一般に[o] (例外がある．各母音字参照)．

[u]: ou (tout), oû (goût), aoû (août)

[y]: u (rue), û (mûr), eu (j'ai eu)

[ø]: eu (feu), eû (jeûne), œud (nœud)

[œ]: eu (jeune), œu (œuf), œ (œil)

◆この[ø] / [œ]については，強勢音節で[f], [v], [r], [j], [l]; [r]+子音; [vr]; [g], [p], [b]+[l]; [n]の前では[œ]: neuf, neuve, peur, œil, seuil, seul, heurte, œuvre, aveugle, peuple, meuble, jeune．絶対語末，語末音[t][z][ʒ][tr]の前では[ø]: deux, meute, berceuse, Maubeuge, feutre．無強勢音節では一般に[œ]．例外[ø]: jeudi; [ø]を含む語の派生語：deuxième.

[ə]: e (premier), 例外的 ai (faisons [fəzɔ̃]) ⇨ e caduc

2º 鼻母音

[ɛ̃]: in (fin), im (impoli), ain (pain), aim (faim), ein (plein), eim (Reims), yn (synthèse), ym (symbole), en (examen)

[œ̃]: un (brun), um (parfum), eun (à jeun)

[ɔ̃]: on (non), om (ombre), un (punch), um (lumbago)

[ɑ̃]: an (banc), am (jambe), en (enfant), em (temps), aon (paon, faon, Laon)

vrai — **1º** il est *vrai* que +直「…ということ

は事実である」: il n'est pas *vrai* que+接
[直]=8:1 / est-il *vrai* que+[直] [接]=
14:4 / s'il est vrai que+直 [接]=23:0
(BÖRJ) ♦s'il est vrai que は多くは étant
donné que, une fois admis que に相当し現実
性に制限を加えないことによる. ただし si が仮
定を表わし接を用いた例: S'il était *vrai*
qu'il y *eût*, en ce moment, de vagues
menaces à l'horizon, Poincaré (...) saurait
fort bien écarter à temps ces nuages. (*Thib.*
V, 196)「もしいま地平線上にもやもやとした危

険があるというのが事実だとすれば, かならずや P
は適切な時期にその雲を取り除くことができる
であろう」
2° C'est vrai. Cela est vrai.「それは本当だ」
(×Ça est vrai. は不可) 同義の il est vrai は多
く挿入節: J'étais toujours premier en
classe; j'avais, il est *vrai* (= à vrai dire),
un an de plus que mes camarades. (*MFU*)
「ぼくはいつもクラスで1番だった. 本当のところ,
ほかの友達より1つ年上だったのだ」

W, X, Y, Z

w —外来語のみに用いる.
① ドイツ語 [v]: wagnérien.
② 英語 [w]: tramway, または [v]: wagon.
その他: outlaw [awtlo], tomahawk [-o:k],
New-York [nujɔrk]

x — **I. 発音. 1°** 語頭（まれ）① [ks]: xénon.
② [gz]: Xavier, Xénophon. ③ [k] （スペイン
語）: Xérès [k(s)erɛs または gze-]
2° 語中 ① [ks]: extrait, sexe. ② [k]
(xc[ks]+e,i): excentrique, excepter, excès.
③ [gz]. 語頭の ex-, inex-, hex-: examen,
inexact, hexagone. ④ [z]（例外的）（1）
deuxième, sixième, dixième, dix-huit [-
neuf]. (2) liaison で: deux ans. ⑤ [s]（例外
的）: soixante, Auxerre, Bruxelles.
3° 語末. ①一般に無音: afflu(x), choi(x),
crucifi(x), deu(x), pai(x), perdri(x), Chamo-
ni(x). ② [ks]: index, silex, sphinx. ③ [s]:
six, dix.
II. 複数記号 x ⇨ pluriel des noms I. 3°

y **¹** —発音. ① [i(:)]. i にならう. [i]: cycle,
rythme. [i:]: analyse. ② [j] (1) 語頭: yeux,
yacht [jɔt] (2) 子音+y+母音: zyeuter. cf. il
y a [ilja] (3) 例外的に母音間で: mayonnaise
[majɔ-] (⇨ a), bruyère [bryjɛ:r] または

[bruijɛ:r] (⇨ u) ③ [ij]. 子音+l(r)+y+母音:
amphitryon.
ay, ey, oy, uy ⇨ a, e, o, u
ym, yn im, in にならう. [ɛ̃]: symbole,
synthèse. [ɛ̃:]: nymphe, lynx.

y **²** — 本来は場所の副詞. 早くから名詞・代
名詞・不定詞・節に代わり, 副詞的代名詞
(pronom adverbial) と呼ばれたり (*GLLF*;
DB; PINCHON), 場所を表わす y を副詞, その他
の用法の y を人称代名詞に分類したりする
(ROB; *DFC*; *Lex*).
I. 場所の副詞 à [dans, en, sur, sous, chez,
など]+名 [代] に代わる (= à cet endroit):
Il arrive *à Paris* [*dans la capitale, en
France, sur la lune, chez elle*]. > Il *y*
arrive. / Pourriez-vous passer toute une vie
auprès de moi? — J'*y* passerais l'éternité.
(BEAUV., *Tous les h.*, 276) (y = auprès de
vous)「僕のそばで一生過ごすことができますか.
—いつまでもおそばで過ごせます」▶場所の副詞
に代わる: Je me plais *ici*, je m'*y* plais fort...
(DURAS, *Th.* II, 135)「わたしはここが気にいっ
ている, とてもここが気にいっている」/ Il
déjeunait *dehors*, souvent même il *y* dînait.
(S, I, 135)「彼は外で昼食を食べていた. 外で
夕食をすることさえよくあった」

×*y irai(s)* は不可 y は aller の単未や条・

現の前では好音調euphonieのために省かれる (G, 504,1; ROB): Je n'ai pas été à Lhassa, je n'*irai* pas. (BEAUV., *Marche*, 405)「Lに行ったことはなかったが,そこに行くことはあるまい」/ Je n'avais pas encore demandé à mon père si j'irais à l'Assistance : je ne croyais plus que j'irais. (GASCAR, *Graine*, 201)「私は施設に行くのかと父に尋ねたことはまだなかったが,そこに行くとはもう思っていなかった」 ▶強いて場所を示すにはlà-basを用いる: J'irai là-bas en septembre. (F, 1653)「9月にそこに行きましょう」 助動詞allerを用いたJe vais y aller. は可能. 古文調の一部作家に y irai(s) の例も見られる(G, *Ib*.).

♦partir pour+目的地. pour+目的地=y はまれ: Si vous allez à Paris, j'*y* partirai avec vous. (GLLF, y)「あなたがパリに行くなら、いっしょに行きましょう」(多くyを省く)

♦比喩的に状態を表わす: Je n'ai jamais été dans la dépendance de personne, et je n'*y* serai jamais. (AUGIER—LE B, I, 173)「私は誰かの支配下に置かれたことは決してない. 今後もそうなることは決してあるまい」/ Laissez-moi en repos!—Je vous *y* laisse. (PINCHON, 85) (y=en repos)「休ませておいてください.—休ませておいてあげますよ」▶yが無冠詞名詞に代わる点, 中性のle, en 以外の他の代名詞とは異なる. ⇨en² I. 1° ②; le neutre I. 1°

II. 人称代名詞

1° à+事物名詞, *à* [不定詞], (*à ce*) *que*+節に代わり, 動詞・属詞形容詞の補語となる: Bien qu'il connaisse son devoir, il *y* manque trop souvent. (AC, 55) (=il manque *à son devoir*)「彼は義務をわきまえているのに, 始終それを怠っている」/ Fouille dans mes tiroirs, je t'*y* autorise. (PORTO-RICHE, *Vieil h.*, 16) (=je t'autorise *à fouiller*...)「引出しの中を捜すがいい. 許してやるから」/ Elle (=cette ville) avait un charme. J'*y* étais sensible. (BOSCO—PINCHON, 315) (=*à ce charme*)「この町は魅力があった. 私はそれに心を引かれていた」/ Partez, j'*y* consens. (AYER, 430) (=je consens (*à ce*) *que vous partiez*)「出発なさい, 承知だから」

♦時に, 被代理語(群)に先行する: J'ai cherché sans *y* parvenir *à me défaire* de cette idée. (SARTRE, *Nausée*, 22)「私はそうした考えを追払おうとしたが, そうはいかなかった」

▶lui, leur, à lui, à elle も事物名詞に代わり得る. ⇨lui¹ 2°; lui ² 4°

目的を表わす不定詞に代わる: Tu ne vas pas voir Mireille, Pierre?—Je peux *y* aller? (MOGET, *De vive voix*, leç. 12) (*y* aller = aller *voir* M)「Mに会いに行かないの, P?—行ってもいい?」cf. 運動動詞の後の不定詞が行為の目的であると同時に終着点と感じられることは, oùを用いた問いに不定詞で答え, 場所の状況補語と不定詞が等位され得ることによっても示される: Où vas-tu?—*Voir* la lune. (GIRAUDOUX, *Tessa*, 66)「どこへ行く?—月を見に」/ Il regarda les sports à la télévision, alla *au cinéma* avec Nicole, puis *dîner* chez elle après le cinéma. (SAGAN, *Chien*, 19)「彼はテレビでスポーツを見て, Nと映画に行き, それから映画のあとで彼女の家に夕食を食べに行った」

♦不定詞=y が成立つ他の運動動詞: Vous me mènerez dîner?—Oui, je vous (*y*) mènerai. 「夕食に連れてってくれますか.—ええ, 連れてってあげますよ」(menerの代わりにemmenerも可) / Vous ne vous baignez plus?—Je vais *y* retourner. (DURAS, *Tarquinia*, 33)「もう泳がないのですか?—また泳ぎに戻ります」/ Courez vite chercher un médecin.—J'*y* cours. 「急いで医者を呼んできてください.—急いで行ってきます」

2° *y*=*à*+人物名詞 物を表わすと解される恐れのない場合に限る. ことに penser, songer, rêver, tenir, s'intéresser, se fier と共に. 多くは前文中に被代理語となる〈à+人物(代)名詞〉が表現されていて, それを同じ構成の〈à+強勢形人称代名詞〉で繰り返すのを避けるためもある: Dis-moi pourquoi tu tiens *à lui* tant que ça. — (...) Je n'*y* tiens pas tant que ça. (SARTRE, *Age*, 32) (y=à lui)「ねえ, どうしてそんなに彼に執着してるの. —(…)そんなに彼に執着しているわけじゃない」/ Alors il pensa *à Michèle*; il *y* pensa chastement. (MAURIAC, *Pharis.*, 129) (y=à elle)「その時, 彼はMのことを考えた. 清らかな気持で彼女のことを考えた」/ Tu *y* penses toujours, *à ton lieutenant*? (CLAIR, 261) (y=à ton lieutenant. 転位構文)「相変わらず思いつめているの, 例の中尉さんのことを」 ♦y=à+1・2 人称代名詞: Quand vous penserez *à moi*, pensez-*y* sans trop de rancune. (MAUROIS, *Climats*, 128) (y=à moi)「わたしのことを考えることがあっても,

あんまり恨まずに考えてね」/ Pourquoi vous intéressez-vous *à moi?*—Ne comprenez-vous pas qu'on puisse s'*y* intéresser? (BEAUV., *Tous les h.*, 270) (y = à vous)「どうして私になど関心を持つのです?—あなたに関心を抱くこともあり得るということがわかりませんか」

◆y =《俗・方言》lui[1]: J'*y* ai dit. (BAUCHE, 99) (= Je *lui* ai dit) / Il dit que j'*y* ai volé sa portion. (VIALAR, *Eperon*, 24) (= je *lui* ai volé)「わたしが彼の分け前を盗んだと言っています」

3° *y* = *à* + 動物名詞 penser, se fier, s'attacher, renoncerなど,〈à＋強勢形人称代名詞〉を要求する動詞（⇨pronom personnel III. 3° ①）の後でやはり2°と同じくà lui, à elleを避けるために: Ce paysan est inquiet au sujet de ses vaches malades, il *y* pense sans cesse. (*DBF*)「この農夫は病気の雌牛のことを心配して，絶えずその牛たちのことを考えている」/ Ce cheval est capricieux, ne *vous y fiez* pas. (TH)「この馬は気まぐれです．気を許すんじゃありません」

◆ただし,〈à＋事物名詞〉に代わってlui, leurを用いる動詞（⇨lui[1] 2°）は動物についてもlui, leurを用いる: Ne *lui* (= à ce chien) *donnez* rien à manger. (DÉON, *Taxi*, 20)「あれに食べ物を何もやらないでください」

その他の動詞では不特定の動物にはyを,特定の動物にはluiを用いる: Dans dix minutes... Belœuf ressemblera ou ne ressemblera pas à *un chat.*—S'il doit *y* ressembler dans dix minutes, il *y* ressemble déjà. (DUHAMEL—S, I, 52, n.)「10分後に…Bは猫みたいになるかならないかだ——10分たって猫に似るものなら，もう似ているはずだ」/ Regardez *ce chat*, il me semble que cet homme *lui* ressemble. (*Ib.*)「この猫をご覧，こっちの男の人が似てると思うけど」/ J'ai vu chez lui *un gros chat*; eh bien! cet homme *lui* ressemble. (H, 1011)（前文ではun chatとあってもlui = à ce chat. ⇨lui[1] 2°）

4° *y* = *en* [*pour, sur, ...*] + 名   代 : Vous ne croyez pas *en* Dieu?—J'*y* croyais. (SAGAN, *Violons*, 70)「神様を信じないの?—信じていたさ」/ A ta place, je n'*y* compterais pas. (GIRAUDOUX, *Judith* II, 7) (= je ne compterais pas sur cela)「わたしがあなたなら，それは当てにしないわ」

5° 転位構文と *y* 原則として被代理語の文頭遊離にはàを先立てず，文末遊離にはàを用いる: *Le* théâtre, je n'*y* vais plus.(LE B, I, 175)「芝居なら，もう行きません」/ Je n'*y* vais plus, *au* théâtre.「もう行きません，芝居には」/ Acheter une maison, il ne fallait pas *y* songer.; Il ne fallait pas *y* songer, *à* acheter une maison. / *Que vous partiez*, j'*y* consens.; J'*y* consens, *à ce que* vous partiez.

6° *gallicisme* の *y* yは漠然とした状況を表わす: On n'*y voit* goutte. (MAURIAC, *Désert*, 203)「暗くて何も見えない」/ Avec ce clair de lune, on *y* voit comme en plein jour. (*Ib.*, 213)「この月明かりでは，真昼間のようによく見えます」/ Attends, *ça y est*. (BECKETT, *Godot*, 31)「(ポケットの中を捜しながら)待って待て．あった」/ *Il y va du* salut de la ville, et *de* son honneur. (GIRAUDOUX, *Judith* I, 5)「町の救済とその名誉にかかわることです」 ▶その他 s'*y* prendre「振舞う」/ s'*y* reconnaître「見分けがつく」/ Il *y* paraît.「はっきりそれとわかる」/ Il n'*y* paraît pas.「そうは見えない」，など.

7° 語順 ① *y* + 動   助動 : J'*y* crois. / J'*y* ai cru. / N'*y* va plus.

肯定命令形 -*y*: Pensez-*y*. ▶-a, -eで終わる命令形にはsを添える: Vas-*y*. / Restes-*y*. neを略した否定命令文でも:《俗》Touches-*y* pas! (SARTRE, *Nekr*. VI, 7)「それには手をつけるな」 ▶不定詞を伴えばsを添えない: Va *y* mettre un peu d'ordre. (COL, 25; *DBF*)「少しあれを片づけてこい」

② 人称代名詞と併用 (1) 代 + y: Je *vous y* mènerai. / Ne *vous y* fiez pas. (2) 肯定命令形 + 代 + y: Fiez-*vous-y*. / Menez-*nous-y*. / Mets-*les-y* tous les deux! (GIRAUDOUX, *Tessa*, 93)「2人ともそこに入れるのだな」/ Préparez-*m'y* de quoi écrire. (COCTEAU, *Bacchus* III, 4)「何か書くものをそこに用意しておいてください」 ◆ただし命令形のあとのmoi, toi yに代わるm'y, t'yは好まれず，普通にはFie-*t'y*, Mène-*m'y*. は別構文でm', t'を無強勢形に用い Tu peux *t'y* fier. Veux-tu *m'y* mener? と言う (H, 489). ▶《俗》Menez-*moi-z-y* [またはz'*y*]. H (489); D (423)は許容しない.

③ *ne... pas* [*plus*] と *y* (1)ne pas y+ 不定詞 （一

般的）: Je tâche de *ne plus y* penser. (GIDE, *Feuillets*, 34)「そのことはもう考えまいと努める」(2)n'y pas+不定詞 (書き言葉): Il essayait de *n'y pas* penser. (SAGAN, *Mois*, 141)「そのことは考えまいとしていた」/ C'est à *n'y pas* croire. (S, I, 7. 慣用)「信じられぬほどだ」

④**動詞の支配する不定詞の補語 *y*** (1)y+不定詞: Les filles, faut jamais *y* croire. (CLAIR, 374)「女の子の言うことなんぞ、決して本気にするんじゃないよ」(2)y+主動詞．書き言葉に限らない: Il n'*y faut* pas songer. (GREEN, *Moïra*, 69)「そんなことを考えてはならない」/ J'espérais la voir à la Bibliothèque ou même à l'église, bien qu'elle n'*y doive* pas aller souvent, à l'église. (*Ib.*, 209)「僕は図書館か、教会ででも、彼女に会えたらと願っていた．彼女は教会にあまり行かないに違いないが」/ Je n'*y puis* croire. (VERCORS, *Portrait*, 93)

⑤**不定詞の前で*y*が*tout*, *rien* あるいは *assez*, *tant*, *trop* などと共に用いられるとき**: Je commence à n'*y* plus *rien* comprendre [または à ne plus *rien y* comprendre]. (*TLF*)「何が何だかわからなくなってきた」

*y*³ — t'y, t-y⇨ ti

z — **I.** 発音．①語頭 [z]: zéro. ②語末 (1)無音: ne(z), asse(z), aime(z). (2) [z] (例外的): gaz [gɑːz], fez [fɛːz]　固有名詞: Berlioz, Veracruz. (3)[s または z]　スペイン系固有名詞: Fernández, Vélasquez. ③語中 [ts または dz]: scherzo [skɛrtso または -dzo]

　zz ① [z]: lazzi [lazi または -dzi]　② [dz]: mezzo.

II. 語末 z の名詞の複数形．⇨ pluriel des noms I. 2°

索　引

1. 配列は50音順．数字はページ数で，左欄か右欄かも示す．/ は対立を表わす．
2. まず，日本語の文法用語により検索：例えば「自由間接話法［discours indirect libre］」「属詞［attribut］」など．
   見出し以外にも，記述の中に出てくる用語で拾ったものがある．
3. 次いで，複雑・長大な項目中，ゴシック体で分類・記述した主な内容もかなり採録．例えば「所有形容詞か定冠詞か（体の部分）」「体の部分（所有形容詞か定冠詞か）」など，しばしば別のキーワードで引けるようにした．
4. さらに，本文見出しがイタリック体の語彙項目も，なるべく索引項目に関連づけて示すようにした：例えば「近接未来の助動詞 aller」「比較（comme）の無冠詞」など．

折に触れ，この索引でどういう項目が採られているかに目を通し，あるいは，これはどういう問題か，と興味を引かれることがあれば，本書に親しみも増そう．

あ〜お

愛称語［hypocoristique］　246右
アクサン記号　10左
アクセント［accent］　9右
「朝」(hier matin / la veille au matin)　300左
アステリスク［astérisque］　71左
「あとで」と「さっき」(tout à l'heure)　245右
アルファベット［alphabet］　42左
アンシェヌマン［enchaînement］　289左
異化［dissimilation］　177右
「行く」の意味（être）　206右
イコール（égaler）　187右 ;（faire）　211右
意志・意図の vouloir　558右
意志（単未）　228右
「以上」(plus de / plus que)　397右
「椅子」と前置詞（fauteuil）　221右
一致／無変化（seul à seul）　490左
一般的真理（単未）　228左 ;（複過）　375左
一方を否定して肯定語と対立させる（non）　335右
「今」/「その時」(moment)　311左
意味と音調　272右
意味変化［changement de sens］　120左
意味論［sémantique］　486左
依頼（vouloir）　559左
色の名（couleur）　149右

隠喩［métaphore］　305左
引用符［guillemets］　242左
迂言法［périphrase］　384左
　〜の表わす相　70左
運動動詞と pour ［不定詞］　409右
「駅」(gare)　231右
エリジョン［élision］　188左 ;（presque＋母音）　423左
延期（à）　3右
婉曲語法［euphémisme］　207右
遠近（ici と là）　279右
大文字［majuscule］　297左;（国籍の属詞）　322左
驚き・憤慨（que[4]＋［接］）　449左
同じ行為への協力（à）　6右
重さ（peser）　385右
オルガン（orgue）　347左
音位転換［métathèse］　305右
音韻論［phonologie］　388左
音声学［phonétique］　388左
音（声）変化［changement phonétique］　120左
音節［syllabe］　518右 ;（音声学）　518右 ;（正書法）　519左
音素［phonème］　388左
音調［intonation］　271右
　（感嘆文）　272左 ;（疑問文）　272左 ;（平叙文）　271右
　〜で種々の意味　352左
　〜と意味　272右

か

外延の制限（de） 159左
絵画的半過去形［imparfait pittoresque］ 257右
概数（environ） 199右
外来語の複数 394左
価格（à） 6右；（coûter） 150右；（de） 159右；（payer） 379右；（valoir） 546左；（vendre） 547左
　～の補語（acheter） 15左
角括弧［crochet］ 152左
拡大辞［augmentatif］ 77右
過去形［prétérit］ 424左
過去における過去（直・半） 258左
　～における現在（直・半） 258左
　～における未来（直・半） 258右
　～・未来を表わす直・現 422左
　～を表わす前未 226左
　～を基点とした未来（単未） 227右
過去における前未来形［futur antérieur dans le passé］ 226右
過去における未来［futur dans le passé］ 227左
過去分詞［participe passé］ 361左
　（一致） 363左
　（時制的価値） 361左
　（絶対分詞節） 362右
　（態） 361右
　（他品詞への転化） 363左
　（副詞節で置き換え得る種々の意味） 362右
　～の前置詞的用法（passé） 372右
過去分詞の一致（courir） 150右；（laisser） 282左；（代名動詞） 552右
過去未来（devoir） 172右
可算名詞／不可算名詞 330右
　～と部分冠詞 68右, 69左
活変化［conjugaison vivante］ 144左
活用 144左
仮定・可能を表わす接続法 508右
仮定的事実（条件法） 141左
　～との比較（comme si） 127右
髪の色（châtain） 121左
髪の毛（cheveu） 122左
体の部分（所有形容詞か定冠詞か） 18右
ガリシスム［gallicisme］ 230右
　～のy² 565右

「考える」（penser） 382右
感覚動詞 sentir 487右
関係形容詞［adjectif relatif］ 29左；quel 454右
関係詞［relatif］ 473左
関係節［proposition relative］ 434右
　（意味） 435右
　（形容詞的機能） 435左
　（限定的） 436左
　（説明［同格］的） 436左
　（不定詞） 268右
　（名詞的機能） 434右
　～の接続法／直説法 508右
関係代名詞［pronom relatif］ 433左；dont 179左；lequel など 286右；où¹ 349左；que¹ 442右；qui¹ 460左；quoi¹ 466左
　（先行詞から離れて） 433左
　（先行詞と共に） 466左
　（先行詞なしで） 467左
　（反復，省略） 433右
　［前］＋qui¹） 461左
　～と人・物（lequel／qui） 287左
関係副詞［adverbe relatif］ 33左
関係形容詞 lequel 288右；quel 454右
簡潔な表現としての行為名詞 328左
冠詞［article］ 52右
　（機能） 52右；（反復） 61左
　～と集合名詞 325左
　～と地理名 55左
　～と文全体の否定 57左
冠詞の縮約［contraction de l'article］ 147左；（ès） 200右
感謝（grâce à） 240右
感情的用法（cela） 111右
間接疑問［interrogation indirecte］ 271左
間接疑問節（ce） 108左；（se souvenir） 505左；（si¹） 496左；（不定詞） 268右
　～の独立使用 271左
間接属詞［attribut indirect］ 25右, 75右, 435左
間接他動詞［verbe transitif indirect］ 553左
間接補語となる節（que⁴） 447右
間接補語を問う（qu'est-ce que） 459左
間接目的語［complément d'objet indirect］ 133右
　～代名詞の用法 428右
間接話法［discours indirect］ 176左
感嘆（Et...!） 203右；（不定詞） 264右
感嘆形容詞 quel 454左

感嘆詞 〜的 (diable)　173右
　〜のない感嘆文　208左
　〜を伴う感嘆文　208右
感嘆の副詞 comme[1]　128右
感嘆表現の無冠詞　60右
感嘆符 [point d'exclamation]　406左
感嘆副詞 ce que　108右；combien　125左；comment　131左；que[3]　446左；qu'est-ce que　459左
感嘆文 [phrase exclamative]　208左
　(形+que)　208左
　(主語以外を修飾, 肯定形)　208右
　(主語以外を修飾, 否定形)　208左
　(主語の修飾)　208右
　(名+qui [que])　208左
　(名詞文)　389左
　〜と ne pas　369右
「観点」(point de vue)　405右
間投詞 [interjection]　269右
願望 (puisse+不定詞)　415左
　〜・非難 (que[3] ne...)　446右
換喩 [métonymie]　305右
完了結果の過去の状態　402左
完了相 [aspect d'accomplissement]　70左；(前過)　373左
完了動詞 [verbe perfectif]　549右

き・く

期間 (ça fait)　217右；(en[1] / dans)　191左；(il y a... que)　314右；(voilà)　557左；(経過 il y a)　254左
危惧を表わす (虚辞 ne)　315左
起源・離隔 (de)　157右
既出の語を受ける (定冠詞の特定的用法)　63左
既出の動詞の概念を受ける (le faire)　212左
既出の不定詞の省略 (qu'il faut, quand il faut, comme il faut)　220左
基準 (sur)　518左
基数詞 [numéral cardinal]　339左
　(序数詞の代用)　340左
　(単一形 / 合成形)　339左
　(ハイフン)　339右
　(漠然とした少数あるいは多数)　340左
　(用法)　339右
擬声 [擬態] [onomatopée]　346左
季節 (printemps)　424右；(automne)　83左
規則動詞 [verbe régulier]　144右

〜(-er) の注意　144右
貴族の姓 (de)　157右
帰属の補語 (à)　4左
起動相 [inchoatif]　70左
「きのう」(hier)　245右
義務・必然 (devoir)　171右
疑問形容詞 [adjectif interrogatif]　16左；quel　452右；quel+名　453左；quel est+名　452右
疑問詞+que[4]　451右
疑問代名詞 [pronom interrogatif]　426左；(lequel など)　288右；que[2]　444右；quel=lequel　453右；qu'est-ce que　458右；qu'est-ce qui　459左；qui[2]　464右；quoi[2]　468左
　(主語)　469左
　(省略文)　469左
　(前+quoi)　468左
　(直・目, 属詞)　468右
疑問の道具 (est-ce que)　202左
疑問符 [point d'interrogation]　406左
疑問副詞 combien　124左；comment　130右；comment+不定詞　131左；où[2]　351左；pourquoi　413左；quand[2]　441右
疑問文 [節] [phrase interrogative, proposition 〜]　269右
　(間接疑問)　271左
　(間接疑問節の独立使用)　271左
　(直接疑問)　269右
　(不定詞)　264右
　〜の語順 (où[2])　351右
逆形成 [dérivation régressive]　169左, 225左
逆行同化 [assimilation régressive]　71左
級 [degré de signification]　163右
急速な完了 (前過)　372右
ギュメ [guillemets]　242左
強意語 (ça)　112左；(donc)　178右；(mais)　296左；(tout+無冠詞名詞)　532右
強意複数 [pluriel augmentatif]　392右
強勢形人称代名詞　426右；(d'entre nous)　199左
　〜と en[1]　191左
　〜の用法　429右
競争を表わす (à qui[1]+未来)　463左
強調アクセント [accent d'instance, 〜 emphatique]　10左
強調構文 (c'est... que)　104右；(c'est... qui)

105左
強度の副詞 [adverbe d'intensité]　30左
　　encore　195右；si² 498左；tant　520右
強度の級　164左
曲言法 [litote]　290右
虚辞 [explétif]　209右
虚辞のne [ne explétif]　315左
　　(craindre, crainte)　151左；(douter)　182
　　右；(douteux)　183左；(empêcher)　189
　　右；(peur)　387右；(plus que)　396右；
　　(risquer)　478右；(sans que)　482左
疑惑の副詞 [adverbe de doute]　31左
近似の接続詞comme¹　128右
近接過去の助動詞venir de　548左
近接未来の助動詞aller　39右
具象名詞 [nom concret]　327右
句, 相当句 [locution]　290右
句読点 [signe de ponctuation]　499右
句読法 [ponctuation]　407左
「暮らす」(vivre)　555左
「クリスマス」(Noël)　321右

け

継起 (pour 不定詞)　410左；(quand¹)　439右
繋合 [連結] 動詞 [verbe copule]　73左
　　～ (avoir)　92左
　　～ (mettre)　306左
　　～的voilà　556左
形式的主語ce　102右
継続 (encore)　195右；(直・半)　255右
　　～的行為 (à 不定詞)　7左
継続相 [duratif]　70左
形態素 [morphème]　312左
形態論 [morphologie]　312左
軽蔑語 [péjoratif]　381右
形容詞　22左
　　(比較・強度の級のないもの)　164右
　　～ seul　489左
　　～ toutと副詞tout　537左
　　～女性形 (nouvelle)　337右
　　～的機能 (関係節)　435左
　　～的用法の副詞　31左
　　～と non　337左
　　～と peu　385右
　　～と un peu　386右
　　～としての副詞bien　97左
　　～の機能　25左

～の修飾 (副詞)　31左
～の前置詞 [副詞] 的用法 (plein)　391左
～の (代) 名詞的用法 (pire)　389右
～の比較級・最上級 (moindre)　308左
～の比較級 (pire)　389左
～の副詞化　24右
～の副詞的用法 (pareil)　359左
～の名詞化　24左
～の要求する前置詞　28右
形容詞節 [proposition adjective]　436右
　　～の接続法 / 直説法　508左
形容詞の女性形 [féminin des adjectifs]　221右
形容詞の複数 [pluriel des adjectifs]　392右
形容詞の一致 (nous, vous, on と)　24左；
　　(avoir l'air)　37右；(des plus + 形)　400
　　右；(grand)　240右；(large)　282右；
　　(nu)　338左；(personne)　385左
　　(色彩)　23右
　　(数個の名詞)　22右
　　(性が異なる名詞)　22右
　　(名 et 名)　23左
　　(名 ou 名)　23左
　　(名 avec 名)　23左
　　(名₁ de 名₂ + 形)　24左
　　(最も近い名詞)　22右
形容詞の語順 (grand)　240右；(pauvre)
　　379右
　　(2つ以上の 形 と1つの 名)　28左
　　(名 + 形 / 形 + 名)　26左
形容詞の補語　28左, 132右；(不定詞)　268右
　　～となる節 (que⁴)　447右
結果 (pour que)　411右；(pour 不定詞)　410左
結果節 [proposition consécutive]　145右
　　(tellement que)　525右
結果相 [résultatif]　70左
月末 (fin)　223右
月名 [nom de mois]　310右
牽引 [attraction]　73左
原因 (à 不定詞)　8右；(de)　158右；(par)
　　356左；(parce que)　100右, 357右；
　　(pour 不定詞)　410右
原因節 [proposition causale]　101左
原因の接続詞comme²　130左；puisque
　　436右
原級 [positif]　163右

現在　～とつながりのある過去（複過）　374左
　　～を表わす直・半　258右
　　～を基点とした未来（単未）　227右
現在完了（複過）　373右
現在分詞 [participe présent]　364右
　　（主語の同格）　365右
　　（絶対分詞節）　366右
　　（単純形／複合形）　365左
　　（直・目の属詞）　365右
　　（動詞的形容詞）　367左
　　（付加形容詞として）　365左
　　～とジェロンディフ　240左
限定形容詞 [adjectif déterminatif]　16左,
　52右
限定辞 [déterminant]　170右
　　～的 (près de)　420右
限定的関係節　115右, 436右
県名と冠詞　55右

こ

語 [mot]　312左
語彙論 [lexicologie]　289左
行為　～・状態の場所 (à)　2左
　　～の行なわれるとき (à)　4左
　　～の行なわれる場所 (de)　159右
行為名詞 [nom d'action]　17右, 327右
　　（主語・補語）　327右；（役割）　328左
交換 (pour)　409左
合成形容詞 [adjectif composé]　15右
合成 [composition]　135左, 225左；
　　（形態）　135左；（構成）　135左
合成語分割 [tmèse]　530右
合成名詞 [nom composé]　326右
　　（性）　326右；（複数形）　326右
後接語 [proclitique]　424右
後続語 [séquence]　515左
後続性 (après)　48右
肯定　～的意味 (personne)　384左
　　～の強調 (sinon)　500右
肯定の副詞 [adverbe d'affirmation]　30右
　　oui　352左；si²　497右
語気緩和　（条件法）141左；（前未）226
　右；（直・大）403右；（単未）228右
国名・地方名と冠詞　55左
語形成 [formation des mots]　225右
古形の活用 (pouvoir)　413右
古語法 [archaïsme]　50右

語源学 [étymologie]　207右
語根 [racine]　471右
語順 (rien)　478右
答え (oui ; non ; si)　353左
語中音消失 [syncope]　519右
語中音添加 [épenthèse]　200右
誇張的用法の不定冠詞　67左
語頭音消失 [aphérèse]　45右
語頭母音の影響（名詞の性）　232右
諺の無冠詞　58左
語尾音消失 [apocope]　45右
古仏語複数形の名残り（名詞）　393右
個別的／総括的 (tout + 名／tous (les) +
　名)　533左
語末-sの発音 (plus)　401右
固有名(詞) [nom propre]　328左
　　（起源）　328左
　　（複数）　329左
　　（普通名詞化）　328右
　　～と冠詞　53右
　　～として扱われる語の無冠詞　60右
　　～と部分冠詞　69左
　　～の性（国・都会など）　237右
コロン [deux-points]　171右
混交 [contamination]　146右
コンマ [virgule]　553右

さ

再帰代名詞 [pronom réfléchi]　432右
　　soi　501左
　　（事物）　502左
　　（特定な人）　501右
　　（不特定な人）　501左
　　～の省略（代名動詞）　552左
再帰的代名動詞 [verbe réfléchi]　550左
祭日名の無冠詞　58左
最上級 [superlatif]　164左
　　(ce que... de plus)　398右
　　(le plus)　399左
　　～と定冠詞　64左
　　～の形態　164右
　　～の補語　164右
　　～を表わす (plus のみで)　399左
材料 (de／en, avec)　158右
材料で作る (faire)　211左
3音節語 [tris(s)yllabe]　539左
3子音の法則 [la loi des trois consonnes]

185左
3子音の連続　185右
3重母音 [triphtongue]　539左

し

子音 [consonne]　146左
使役構文の再帰形 (se faire + 不定詞)　217左 ;
　　(se laisser + 不定詞)　281右
使役の助動詞 (faire)　214左
ジェロンディフ [gérondif]　239左
　　(enの反復・省略)　239左
　　(意味)　239右
　　(現在分詞との違い)　240左
　　(主語)　239左
　　(複合形)　239右
　　～の強調 (tout)　535右
時間 (il est)　206左 ; (c'est)　107左
色彩を表わす形容詞　23右
時況節 [proposition temporelle]　526左
　　～の機能 (quand¹, lorsque)　440左
　　～の複合過去　375左
時刻 (heure)　244右 ; (midi)　306左 ;
　　(minuit)　307右 ; (quart)　442左 ;
　　(sonner)　503左
指示形容詞 [adjectif démonstratif]　16左
　　ce²　109左
　　～合成形 ce 名 -là　110右
指示詞としての定冠詞　62左
指示代名詞 [pronom démonstratif]　425右
　　～強勢形 celui-ci　114右
　　～主語 (ce) と動詞の単・複　106右
　　～中性 ce¹　102左
　　～無強勢形 celui　113左
事実を表わす si¹　495右
指小辞 [diminutif]　174左
時制 [temps]　526右
　　(絶対時制 / 相対時制)　526右
　　(単一時制 / 複合時制)　526右
　　～の表わす相　70左
　　～の助動詞 être　207左
時制の照応 [concordance des temps]　137右
　　(従属節が条件法)　138右
　　(主節が条件法, 従属節が直説法)　137右
　　(主節が命令法, 従属節が直説法)　137右
　　(主節・従属節とも直説法)　137右
自然の性 [genre naturel]　231右
　　～と一致しない文法性 (名詞の性)　234左

湿音のl [l mouillé]　279右
湿音のn [n mouillé]　313左
実詞 [substantif]　511右
「知っている」(savoir)　483右
時点 (+ d'après)　49右
「自転車」(vélo)　547左
自動詞 [verbe intransitif]　549左
　　～の助動詞 être　207右
　　～の他動詞化　549右
　　～の他動詞化 (vivre)　555左
支配語 (前置詞)　418左
事物名詞の形容詞化　322右
死変化 [conjugaison morte]　144右
字母 [alphabet]　42左
島の名と冠詞　56左
借用 [emprunt]　189右, 225左
従位接続詞 que⁴　447左 ; (反復)　452左
自由間接話法 [discours indirect libre]　176右
　　(叙法的条件法)　140左
　　(単未)　228左
　　(直・半)　258右
習慣 (直・半)　256左
集合名詞 [nom collectif]　325左
　　(総称的; 部分的)　325左
　　～と冠詞　325右
　　～と動詞の一致　10右
　　～と動詞の一致 (plupart)　392左
　　～と部分冠詞　69左
　　～の代理語　326左
修辞的疑問文 (ne)　313右 ; (quel 名 + ne... pas)　453左
終止符 [point]　405左
修飾語を伴う en²　193左
従属節 [proposition subordonnée]　434右, 436左
　　～動詞の直・目 (que¹)　442右
　　～における主語倒置　516右
　　～の主語の属詞 (que¹)　443右
　　～の状況補語 (que¹)　444右
　　～の直・目の属詞 (que¹)　444右
　　～の非人称動詞の補語 (que¹)　443右
　　～を導く感嘆副詞 combien　125左
主語 [sujet]　514右
　　(ジェロンディフ)　239左
　　(不定詞)　265右
　　(文法的主語 / 論理的主語)　515左
　　～となる強勢形代名詞　427右

～となる節（que⁴）　447左
　～人称代名詞 je の省略　275左
　～の一致（le reste des）　473右
　～の語順　515左
　～の選択（il / ce）　106左
　～の属詞を導く動詞　73右
　～の同格（過分）　362左
　～の同格（現分）　365右
　～名詞にかかる en²　192左
　～を問う（qui²）　464左；（quoi²）　469左
主語代名詞　tu　541右；vous　561左
　～の省略　427左
主語倒置（ainsi）　36右；（à peine）　380右；（à plus forte raison）　471右；（encore）　196左；（en vain）　546左；（peut-être）　388左；（pourquoi）　413左；（quand²）　441右；（rarement）　472右；（rester）　473右；（tout au plus）　400右
　（感嘆文）　208右
　（従属節）　516右
　（独立節）　515左
　～を避ける（est-ce que）　202右
種々の接続詞に相当する que⁴　449右
主節［proposition principale］　434右
　～と従属節の主語（sans que）　482左
　～の省略（quand¹）　441左
　～の省略（感嘆文）　208左
種属名［nom générique, terme ～］　235右
　～のみで男性語・女性語がない（名詞の性）　236左
主題［thème］　529右
手段（par）　356左
　～・道具（de）　158右
出発点（de）　157右
述部［prédicat］　415左
　～と主題　529右
受動形［forme passive］　379左
　～非人称構文（B型）　249右
　～非人称構文（C型）　250右
　～をとり得る動詞　379左
受動態［voix passive］　379左
　～の助動詞 être　207右
受動的代名動詞　550右
出発点・開始点（à partir de）　368右
瞬間相［instantané］　70左
準助動詞［verbe semi-auxiliaire］　88右
順応（à）　4左
準名詞［nominal］　335左

celui　113左；peu　386左；plusieurs　402左；tant　521左；tout　534左；trop　540左
情意的用法（ce²）　110左；（条件法）　141右
　～の不定冠詞 des　67右
　～の部分冠詞　69右
状況補語［complément circonstanciel］　133左
　～（前置詞なし）の無冠詞　60左
　～（前置詞の省略）　323右
　～の表わす相　70左
　～の語順　133右
　～を問う（que²）　446左
条件（sous）　504右；（ジェロンディフ）　240左；（単未）　229右
　～・仮定（à 不定詞）　8右
　～・仮定（si¹）　492左
条件節［proposition conditionnelle］　141右
　（n'eût été）　206左
　～の機能（si¹）　495左
条件文で pas の省略　314左
条件法［conditionnel］　138右
　～に代わる直・半　258右
　～の価値を持つ接・半　508右
　～の形態　139左
条件法の用法（仮定的事実）　141左
　（語気緩和）　141左
　（時制として）　139左
　（自由間接話法）　140左
　（情意的）　141右
　（条件節）　140右
　（条件文の帰結節）　140右
　（譲歩節）　140右
　（叙法として）　139右
条・過に代わる直・大　404左
　～に代わる複過　375右
　～第2形（＝接・大）　509左
冗語法（pleuvoir）　391右
女性のみの形容詞　223左
状態（dans）　155右
譲歩（dût-il）　173左；（pour 形 que）　411右；（quand¹＋条）　440左；（単未）　229右
譲歩節［proposition concessive］　136右
　（fût-ce）　206右；（quelque... que）　456左；（qui¹ que）　463右；（quoi¹ que）　467右；（si²）　498右；（sinon）　500右；（条件法）　140右

省略 [ellipse]　188右
　〜的疑問文（quoi²）　469左
　〜できるか（en²）　194左
省略符 [apostrophe]　45右
叙事的過去（単過）　376左
序数詞 [numéral ordinal]　340右
　premier　417左；second　485右；（基数詞+ième）　340右；（語順）　341右
　〜の代用（基数詞）　340右
　〜の用法　340右
女性 [féminin]　231右
　〜を持たない名詞　234右
　〜接尾辞（名詞）　232左
　〜についても男性語（professeur）　424右
所属（à）　5左；（de）　159右
助動詞 [verbe auxiliaire]（avoirとêtre）　87右；（代名動詞）　207左
　être / avoir（monter）　311右
　être / avoir（paraître）　356右
　être / avoir（passer）　378右
　être / avoir（sortir）　503右
　être / avoir（tomber）　530右
　〜的 voir　558左
叙法の助動詞（avoir à 不定詞）　93左
書名・広告名などの無冠詞　61左
所有（à）　4右
所有形容詞 [adjectif possessif]　16右
　（意味）　16右；（情意的用法）　17左；（反復）　21右
　〜＝前＋人称代名詞　18左
　〜か定冠詞か（体の部分）　18右
　〜強勢形の用法　22左
　〜使用上の注意　20左
　〜と en²　20右
　〜と行為名詞　17右
　〜と2つの体の部分　18右
　〜と不定代名詞（chacun）　118右
　〜の単・複（1つしか持たないもの）　22左
　〜＋名と en¹　190右
所有者の明示（sa mort à elle）　21右
所有代名詞 [pronom possessif]　432左
　（所有形容詞＋名に代わる）　432右；（名詞的用法）　432右
「知る」（connaître / savoir）　145左
「知る限り」（savoir）　485左
シレプス [syllepse]　519右
新語 [néologisme]　318左
進行相 [progressif]　70左

進行同化 [assimilation progressive]　71左
人物固有名（詞）の性　236右
人物名詞の形容詞化　322左
人名と冠詞　53右

す

推測（前未）　226左；（単未）　229左
　〜・仮定（devoir）　172左
　〜・可能性（pouvoir）　414左
数 [nombre]　330左
数形容詞 [adjectif numéral]　16左
数個の主語と動詞の単・複　12右
数詞 [numéral]　339左
　et quelque(s)　456左；huit　246右；mille　307左；neuf　318右；onze　346右；sept　488右；un　542左；un（エリジョン）　542左
　〜の発音（dix）　178左
　〜の用法（cent）　115右
数の範囲（de... à）　3右
数の表現の補語（dont）　181右
数量　〜＋（à 不定詞）　8右
　〜の強調（en²）　195左
　〜の状況補語（à）　7左
数量詞　pas mal　298左；peu de　386左
　〜と動詞の一致（un grand nombre de など）　10右
数量副詞（beaucoup）　95左
　〜と動詞の一致　11左
　〜の不定代名詞的用法　95右
　〜の補語としての en²　192右
すべての人・物（tout）　534右
「ズボン」単・複　154右

せ

性 [genre]　231右
性（名詞）　231右
成句の無冠詞　58左
制限（ne... que）　316左
性質・特徴（de）　160左
正書法 [orthographe]　347左
　〜上の音節　519左
生物名詞の性　232右
節 [proposition]　434左
　〜と de　162右
　〜と前置詞（à ce que）　9左

〜に代わる副詞　31右
〜の代理 (en²)　193右
〜の等位 (ni)　320左
〜の同格 (chose)　122右
接辞 [affixe]　33右，168右
接続詞 [conjonction]　142右
　quoique　470左；si¹　492左；sinon　499右
　（起源と形態）　142右
　（従位）　143左
　（等位）　142右
　（分語法）　144左
　（分類）　142右
　〜か? (pourtant)　413右
　〜機能の副詞 (aussi)　79右
　〜相当句 (parce que)　357右
　〜的機能の副詞 (ainsi など)　31右
　〜と前置詞　144左
　〜と副詞　143右
接続法 [mode subjonctif]　505右
　（過去）　510左
　（仮定・可能を表わす）　508右
　（形容詞節）　508左
　（現在）　510左
　（条・過第2形）　509左
　（条件法の価値を持つ接・半）　508右
　（接・大）　511左
　（独立節）　506左
　（接・半）　510左
　（副詞節）　508右
　（名詞節）　506左
絶対最上級 [superlatif absolu]　164左
絶対的否定の冠詞 (de)　56右
絶対分詞節（過分）　362右；（現分）　366右
接中辞 [infixe]　269左
接頭辞 [préfixe]　415右
　（ギリシア語源）　416右；（ラテン語源）　416左
　〜的 (presque)　423右
接尾辞 [suffixe]　512左
　（形容詞を作るもの）　513右
　（語幹の変化）　514左
　（動詞を作るもの）　514左
　（名詞を作るもの）　513右
説明・原因（直・半）　257左
説明［同格］的関係節　436左
説明を述べる (car と en effet)　187左
セディーユ [cédille]　113左

セミコロン [point-virgule]　406右
前過去形 [passé antérieur]　372左
　（従属節）　373右；（独立節）　372右
　〜に代わる複複過　377右
線行為 [action-ligne]　15右
先行詞 [antécédent]　44右
　〜が節 (dont)　182左；(où¹)　350右
　〜が時 (où¹)　349右
　〜が場所・状態 (où¹)　349左
　〜から離れた関係代名詞　433左
　〜から離れる (qui¹)　460右
　〜と関係節の動詞の単・複　12左
　〜と冠詞　44右
　〜として (ce)　107左
　〜となるもの　44右
　〜なしで (où¹)　350右；(qui¹)　462右
先行の接続詞に代わる (que⁴)　449左
前置詞 [préposition]　418左
　(habiter)　243左；pendant　381右；sans　480右；sans (sans que)　481右；sans (不定)　481左；sauf　483左；sous　504左；sur　517右
　（支配語）　418左
　（支配語から分離）　418右
　（反復）　418右
　（1つの支配語に数個）　419右
　（副詞的用法）　419右
　（フランス語で形成）　418左
　（ラテン語由来）　418左
　〜＋従属節 (sauf)　483左
　〜＋無冠詞名詞　59右
　〜付補語の機能　419右
　〜と presque の語順　423右
　〜と動作主補語　33右
　〜なしの副詞相当句 (temps)　527左
　〜の省略 (salle)　480右
　〜をとる形容詞　28右
前置詞的用法（過分）　364右；（副詞）　31右
前置詞の副詞的用法 (avec)　90右；(pendant)　382右；(sans)　483左
前未来形 [futur antérieur]　225右
　（叙法的用法）　226左
先立性（前未）　226右；（直・大）　402右
　〜を表わさぬ直・大　402右

そ

相 [aspect]　70左

相互関係 (entre) 198右
相互的代名動詞 550右
総称 〜単数／複数 333右
　〜的意味の定冠詞 64右
　〜的集合名詞 325左
　〜の不定冠詞 67左
「そうするだけ」(ne faire que) 213右
相対最上級 [superlatif relatif] 164左
挿入節 [proposition incise] 262左
　（倒置） 262左
　〜で (faire) 213左
　〜として (que⁴) 451右
属詞 [attribut] 73左
　(être) 204右；(中性の le) 285右；(不定詞) 266左
　〜・過去分詞の一致 (on) 346左
　〜形容詞にかかる en² 193左
　〜となる節 (que⁴) 447左
　〜となる代名詞 205左
　〜となる副詞 204右
　〜となる不定詞 205左
　〜となる名詞 204右
　〜となるもの 73左
　〜の構成 75右
　〜の語順（主語） 75右；（直・目） 76左
　〜の導入 (à) 7右
　〜の無冠詞 60右
　〜名詞にかかる en² 192右
　〜を従える (faire) 211右
　〜を問う (que²) 445左；(qu'est-ce que) 458右；(qui²) 464右
　〜を導く (sembler) 486左
属詞動詞 [verbe attributif] 73左, 549左
「空」の単・複 123左
「そればかりする」(ne faire que) 213右
存在 (être) 205右
存在の il y a 252左
　(il n'y a que) 253右
　(il y a que) 253右
　（疑問代名詞補語） 253左
　（固有名（詞）） 252右
　（人称代名詞補語） 253左
　（無冠詞名詞） 252右

た

態 [voix] 558右
　（不定詞） 264左

第1要素の否定 (non) 336左
対義語 [antonyme] 45左
対照語の無冠詞 59右
代動詞 [pro-verbe] 212左
第2目的語 [complément d'objet secondaire] 134右
代名詞 [pronom] 425左
　（無冠詞名詞は表わせない） 425左
　〜 en² の代入不可 (se tromper de) 539右
　〜 le の省略 (vouloir) 559右
　〜 y² の語順 566右
　〜化 (avoir l'air de) 38左
　〜と被代理語 425右
　〜の補語 132左
　〜の補語（不定詞） 268右
代名詞的副詞 [adverbe pronominal] 33左
代名態 [voix pronominale] 434右
代名動詞 [verbe pronominal] 549右
　(se faire + 不定詞) 217左；(se laisser + 不定詞) 281右；(se sentir) 488左
　（再帰代名詞の省略） 552左
　（再帰的） 550左
　（受動的） 550右
　（相互的） 550右
　（本来の） 551左
　（類義の自動詞） 552左
　〜の se の省略（使役の faire と） 216右
　〜の助動詞 être 207右
代理詞 [représentant] 473右
対立 (à) 7右；(alors que) 42左；(cependant) 116左；(quoique) 470左
　〜・譲歩 (pour 不定詞) 410右
　〜・譲歩 (pouvoir) 414右
多音節語 [polysyllabe] 407左
高さアクセント [accent de hauteur, 〜 musical] 10左
「だからといって…わけではない」(n'en... pas plus) 397左
「だけではない」／「…さえない」(ne... pas seulement) 490右
ダッシュ [tiret] 530左
脱落性の e [e caduc] 185左
他動詞 [verbe transitif direct] 553左
　（目的語省略） 553右
他の人称に代わる nous 337左
他の人称に代わる on 345左
単音節語 [monosyllabe] 311左
単純過去形 [passé simple] 375右

（基本的意味）　376左
　（叙事的過去）　376左
　（普遍的真理）　377右
　〜と複・過　376右
　〜の後退　377右
単純未来形 [futur simple]　227左
　（一般的真理）　228左
　（過去を基点とした未来）　227右
　（構成法）　227左
　（自由間接話法）　228左
　（叙法的用法）　228左
　（従属節の未来形）　228左
単数のみの名詞　334右
男性 [masculin]　231右
　〜・女性同形（形容詞）　223左
　〜のみの形容詞　223左
断定の強調 (oui)　352左
単・複　〜で意味の異なる名詞　334右
　〜の単一化（名詞）　393右

ち

近い過去 (ne faire que)　213右
　〜あるいは近い未来 (tantôt)　522右
「近く」(aux environs)　200左
地名と前置詞　2右
抽出 (sur)　518右
抽象的観念を表わす名詞の性　236右
抽象名詞 [nom abstrait]　325左
　〜と不定冠詞　66右
　〜と部分冠詞　68右
　〜の単・複　331左
中性 [neutre]　318右, 231右
　〜指示代名詞 (cela)　111左
　〜代名詞 (autre chose)　86右
　〜の qui[1] (voilà qui[1])　463右
中性の le [le neutre]　284左
　(sembler)　487左
　（主語の属詞）　285右
　（省略）　284右
　（比較を表わす語の後での省略）　286右
　〜の省略 (pouvoir)　414右
中断符 [points de suspension]　406左
聴者が知っている事実 (puisque)　436右
直接疑問 [interrogation directe]　269右
直接他動詞 [verbe transitif direct]　553左
直説法 [indicatif]　263左
直説法現在形 [présent de l'indicatif]　421左

　（過去・未来を表わす）　422左
　〜と関係して用いられる直・大　403右
直説法／接続法 (probable)　424右
直説法大過去形 [plus-que-parfait de l'indicatif]　402左
　（完了結果の過去の状態）　402左
　（語気緩和）　404右
　（条・過に代わる）　404左
　（先立性）　402左
　（先立性を表わさない場合）　402右
　（直・現と関係して）　403右
　（直・半との共通性）　403左
直説法半過去形 [imparfait de l'indicatif]　255右
　（過去時制として）　255右
　（現在を表わす）　258右
　（条件法に代わる）　258右
　〜と直・大の共通性　403左
直接目的語 [complément d'objet direct]　133右
　〜 tout の語順　534右
　〜となる節 (que[4])　447左
　〜にかかる en[2]　192左
　〜人称代名詞 le, la, les　282右
　〜を問う (que[2])　445右；(qu'est-ce que) 458右；(qui[2]) 465左；(quoi[2]) 468右
直・目の属詞 (avoir)　92左；(faire) 210右；(penser) 383右；(porter) 407左；(regarder) 472右；(savoir) 484右；(supposer) 517右；(tenir) 528左；(trouver) 541左；(voir) 557左；（現在分詞）365右
　〜か付加形容詞か　75左
　〜を導く動詞　74右
直接話法 [discours direct]　176左
　〜を導く動詞（直・半）　258左
地理名（＋形容詞・補語の場合の冠詞）　56左
　〜と冠詞　55左
陳述の強調 (c'est... que)　105右

つ〜と

対をなす物の単・複　331右
綴り字改良運動　347右
綴り字記号 [signe orthographique]　499右
強さアクセント [accent d'intensité, 〜 tonique]　9右
定過去 [passé défini]　375右

定冠詞 [article défini]　62左
　～+名とdans / en¹　190右
　～と最上級　64左
　～と人名（形容詞・補語を伴う）　54左
　～と人名（特殊用法）　53右
　～の総称的意味　64右
　～による特定化　62右
　～の意味と用法　62左
　～の配分的用法　65右
提示詞 [présentatif]　voilà　555右
程度 (de)　159左
　～・結果 (à)　4左
　～の比例的変化 (plus... plus [moins])　398左
提喩 [synecdoque]　519右
転位 [dislocation]　177左
　～要素の代理 (en²)　194右
天候 (par)　355左
点行為 [action-point]　15右
問いの理由 (puisque)　437右
等位 [coordination]　148右
等位接続詞 et　202右；mais　296右；ni　318右；ou　348左
等位要素の否定 (non)　335右
同意を求める (n'est-ce pas)　318左；(non)　335右
同音異義語 [homophone]　246左
同化 [assimilation]　71左
同格（辞）[apposition]　46右
　(quand¹, lorsque)　441左；(seul)　489右；(不定詞)　269左
　～節 (que⁴)　447右
　～的関係節　115右, 436左
　～と前置詞の反復　48左
　～の表わす意味　47右
　～の語順の自由　48左
　～の性質　47左
　～の被修飾語の種類・性質　47左
　～の無冠詞　60右
同格形容詞 [adjectif apposé]　15右
　～の表わす意味　25右
動機 (puisque)　437左
同義語 [synonyme]　519右
道具 (à / de, avec, par)　5右
道具語 [mot-outil]　312右
同形異義語 [homonyme]　246左
動作主補語 [complément d'agent]　33右
　(à)　7右；(à / par)　215右；(par)　356

左；(不定詞の)　263右
動作の急速な完了 (avoir vite fait de)　213右
動作の進展を表わす迂言法 (en train de)　538左
動詞 [verbe]　548右
　venir　547左；venir と aller　548左；voir　557左
　～的形容詞（現分）　367左
　～と修飾 (peu)　386左
　～の意味の表わす相　70左
　～の修飾（副詞）　31左
　～の省略 (dont)　181右
　～の省略（感嘆文）　208右
　～の単・複 (c'est / ce sont)　106右
動詞(相当)句 [locution verbale]　291左
動詞の補語　132右；(en²)　191左；(不定詞)　266右
動詞の一致 [accord du verbe]　10右
　(A et B)　203右；(aucun)　77左；(chaque 名 の並置)　121左；(ni... ni)　319右；(ou)　349左；(qui¹)　461右；(tiers)　530左；(trop)　539右；(une moitié de)　310右；(過分)　363左；(パーセント)　412右
　～と集合名詞　10右
　～と数個の主語　12右
　～と数量詞　10右
　～と数量副詞　11左
　～と先行詞　12左
　～と人称（1つの主語）　13右；(数個の主語)　14右
　～とパーセント　11右
　～と表題　11右
同時 (à)　3右
同時性 (durant)　183右
　（ジェロンディフ）　239右
　（直・半）　256左
統辞論 [syntaxe]　519右
同族目的語 [objet interne]　549左
到達すべき結果・程度 (à 不定詞)　8右
倒置 [inversion]　272右
　（挿入節）　262左
　～の回避（挿入節）　262右
同綴異義語 [homographe]　246左
同等比較の数量副詞 autant　80右
同等比較の副詞 aussi　78左；tant　521右
「通り」(rue)　479右
　～と前置詞 (avenue)　91左；(boulevard)

99左
都会名と冠詞　56左
時 (dans)　156左 ； (sous)　504右 ； (sur)　518左
時の接続詞 comme² 129右 ； quand¹, lorsque 438左 ； (時制の制約)　438右
時の副詞 [adverbe de temps]　30右
　alors　41右
特徴 (à)　7左
特定的用法の定冠詞　62右
特定物の一部を表わす部分冠詞　69右
独立関係節 [proposition relative indépendante] 462右
独立条件節 (si¹)　497左
独立節 [proposition indépendante]　434左
　(quand¹)　441左
　〜における主語倒置　515左
トレマ [tréma]　538右

な〜の

二重語 [doublet]　182左
二重母音 [diphtongue]　174左
二重母音化 [diphtongaison]　174左
人称 [personne]　384左
人称代名詞 [pronom personnel]　426左 ； en² 191左 ； il, elle 248左 ； je 274右 ； le, la, les 282右 ； lui², eux, elle(s) 293右 ； lui¹, leur 293左 ； nous 337左 ； on 344左 ； on / l'on 344右 ； y² 564右
　〜 y² (間・目形の用法)　428右
　〜強勢形 (arriver à)　51右
　〜 (強勢形)　429右
　〜 (強勢形 / 無強勢形)　426右
　〜 (主語代名詞の省略)　427左
　〜 (主語となる強勢形)　427右
　〜 (補語代名詞の語順)　431右
　〜 (無強勢形の性質)　426右
　〜 (無強勢形 / à+強勢形)　430右
　〜 (目的語代名詞の反復)　432左
　〜 (呼びかけ)　432左
　〜 (表現されていない名詞に代わる ils, elle(s)) 249左
　〜に代わる y²　565右
　〜の人・物 (lui, eux, elle(s))　294左
人称法 [mode personnel]　308右
年 (an / année)　43左
年齢 (an / année)　43右

能動と受動の意味の違い (seul)　489右
能動動詞 [verbe actif]　549左
能力・可能 (pouvoir)　414左
能力 / 可能事 (savoir ; pouvoir)　483右
のど鳴りの r [r grasseyé]　471左
乗物 (à ; en, dans, par, sur)　6左

は

パーセント　412右
　〜と動詞の一致　11右
倍数詞 [multiplicatif]　312右
ハイフン [trait d'union]　538左
　(数詞)　339右
配分 (par)　355右 ； (qui¹... qui¹...)　463右
　〜的用法の定冠詞　65右
配分詞 [distributif]　177右
　〜的 (tous les)　533左
破格構文 [anacoluthe]　44左
「博士」(docteur)　178左
漠然とした少数あるいは多数 (基数詞)　340右
場所 (après)　49左 ； (dans)　155左 ； (par) 354右 ； (sur)　517右
　〜の前置詞の使い分け (à ; dans, en)　2左
場所の副詞 [adverbe de lieu]　30右
　y²　563右
派生 [dérivation]　168右, 225左
派生語 [mot dérivé]　168右
発音の注意 (eの脱落)　185右
「話す」(parler)　359右
パリの r [r parisien]　471左
反意節 [proposition adversative]　33左
反義語 [antonyme]　45左
反語的疑問文　313右
半子音 [semi-consonne]　487右
万能の関係代名詞 que¹　444右
反復 (関係代名詞)　433右
反復相 [itératif, fréquentatif]　70左
反復の意 (直・半)　256左
反用 [antiphrase]　45左

ひ

比較　〜・強度の級のない形容詞　164右
　〜の副詞 si²　498右
　〜の補語 (不定詞)　268右
　〜 (comme) の無冠詞　59左
比較級 [comparatif]　163右

（副詞）　31右
　　〜の形態　164左
　　〜の補語　164右
　　〜を表わす (le plus)　400左
比較節 [proposition comparative]　132左
　　〜で既出の動詞に代わる (faire)　212左
日付 [date]　156左
否定 (personne)　384右
　　〜と不定詞 (ne pas)　370左
　　〜の de (vouloir)　560右
　　〜の ne を伴わない ni　320右
　　〜の pas の省略 (pouvoir)　414右
　　〜の移動 (ne... pas)　369右 ；（vouloir）560左
　　〜の観念の比較 (non plus)　79左
　　〜の強調 (du tout)　535左
　　〜の語順 (pas)　370左
　　〜の主節に従属する関係節 (pas の省略)　314左
　　〜の接続詞 ni　318右
　　〜の範囲 (parce que)　358左 ；（pas）369左
否定冠詞 (de)　56左
否定疑問文（修辞的）　57左
否定語 [négatif]　317右
　　〜の単独使用 (pas)　370右 ； personne 385左 ； guère　242左
否定の副詞 [adverbe de négation]　31左 ； jamais　273左 ； ne　313左 ； non　335左 ； pas　369左 ； plus　401左 ； point / pas　405左
　　〜 ne の単独使用　313左
　　〜 point の単独用法　405右
否定文　〜中の等位接続 (ou / ni)　348右
　　〜で aussi に代わる (non)　336右
　　〜に相当 (non)　335左
　　〜の強調 (non)　335右
人・物に対する関係 (pour)　408右
人を表わす en　193左
皮肉な否定 (Pour ce que... !)　412右
非人称構文 (s'agir)　34右 ；（convenir）148右 ；（échapper）186右 ；（empêcher）189右 ；（falloir）219左 ；（il est）205右 ；（il est question）460左 ；（il est temps de）527右 ；（il fait）218左 ；（il lui prend＋名）417右 ；（il se peut）415左 ；（il 省略）252右 ；（importer）260右 ；（manquer）299右 ；（naître）313右 ；

(paraître)　357左 ；（passer）378右 ；（plaire）390右 ；（pleuvoir）392左 ；（possible）407左 ；（rester）473右 ；（résulter）474右；（sembler）486右 ；（se souvenir）505左 ；（se trouver）541右 ；（suffire）512左 ；（tenir）528右 ；（valoir）546右 ；（vrai）562右
　　（実主語の制限）251左 ；（動詞の制限）250左
　　〜の成立条件（C型）250左
　　〜の分類　249左
　　〜の補語を問う (que^2)　446左 ；(qu'est-ce que)　459左
非人称的主語 (ça)　112右
非人称動詞と直・目人称代名詞　283右
非人称文の無冠詞　58右
非人称の il [il impersonnel]　249左
非人称法 [mode impersonnel]　308左
比喩的意味 (pire)　389左
描写（直・半）　256左
表題と冠詞の縮約　147右
表題と動詞・形容詞の一致　11右
病名と冠詞　53左
ピリオド [point]　405左
比例節 [proposition de proportion]　434左
品詞 [parties du discours]　367右
品質形容詞 [adjectif qualificatif]（⇨形容詞　22左）

ふ〜ほ

付加形容詞 [épithète]　25左， 200右
　　〜の語順（名＋形／形＋名）25右 ；（2つ以上の形と1つの名）28左
不可算名詞のみ (un peu de)　387左
不規則動詞 [verbe irrégulier]　144右 ；（être）204左
複合過去形 [passé composé]　373右
　　（一般的真理）375左
　　（過去）374左
　　（現在完了）373右
　　（時況節）375左
　　（未来完了）374左
　　（条・過に代わる）375左
　　〜と単過　376右
複合形（ジェロンディフ）239右 ；（命令法）259右
副詞 [adverbe]　30左

même 303左；mieux 306右；peu 385右；pourtant / cependant 413右；près 420左；presque 423左；seulement 490右
〜＋que⁴ 451左
〜としての quelque 456左
〜の意味上の分類 30左
〜の機能 31左
〜の修飾（副詞） 31左
〜の接尾辞 -ment 304左
〜の前置詞的用法 31右
〜の補語 32左，132右
〜のs [s adverbial] 480左
〜の語順 32左；(longtemps) 292右；(plus) 396左
〜の比較級 (pis) 390左；(moins) 308右；(plus) 395左
〜の比較級・最上級 31右
副詞 tout 535右
〜＋[形] que 536左
〜と très 535右
〜と形容詞 tout 536右
〜の一致 536右
副詞 très 538右；(単独に) 539左
〜と tout 535左
副詞 trop 539右；(準名詞) 540左
副詞節 [proposition adverbiale, 〜 circonstancielle] 436右
〜の接続法 508右
副詞的代名詞 [pronom adverbial] 425右
副詞的に機能 (nouveau) 338左
副詞的用法の前置詞 419右；(avec) 90右
副詞の形容詞的用法 31左；(ensemble) 196右；(ici) 247右；(loin) 291右；(mieux) 306右；(pis) 390右；(tôt) 531左
副詞の接続詞的用法 31右；(aussi) 79左；(seulement) 491右；(tant) 521右
副詞の名詞的用法 31左；(ici) 247左；(loin) 291左；(longtemps) 292右；(maintenant) 296左；(mieux) 306右；(oui) 352右；(peu) 387左；(pis) 390左；(plus) 396左；(tard) 523左
複数（名詞）393左；(形容詞) 392右
〜のみの名詞 334左
〜別語（名詞） 394左
複数所有者と所有物の数（名詞の数） 332右
複数の間 (entre) 198右

複接派生 [formation parasynthétique] 357右
複前未来形 [futur antérieur surcomposé] 226右
複大過去形 [plus-que-parfait surcomposé] 404右
複複合過去形 [passé surcomposé] 377右；(前過に代わる) 377右
複複合時制 [temps surcomposé] 527右
2つの間 (entre) 198左
2つの性を持つ名詞 237左
2つの部分から成る物の単・複 331右
普通名詞 [nom commun] 326左
〜化（固有名） 328右
〜化された人名（冠詞） 54右
〜と冠詞 53左
物質名詞 [nom de matière] 328左
〜の単・複 330右
〜と不定冠詞 66右
〜と部分冠詞 68右
不定過去 [passé indéfini] 375右
不定関係代名詞 quiconque 465右
不定冠詞 [article indéfini] 66左
（対立文） 57左
（複数形容詞の前） 66左
（物質名詞・抽象名詞・唯一物名詞の前で） 66右
（意味と用法） 66右
（誇張的用法） 67左
（情意的用法） 67右
（総称用法） 67左
〜と人名（形容詞・補語を伴う） 54左
〜と人名（特殊用法） 54左
〜の特殊用法 (des) 67右
不定形容詞 aucun 76左；autre 83右；certain² 116右；différents, divers 174左；l'un et l'autre＋[名] 545右；même 300右；nul 338右, 339左；pas un 371右；plusieurs / quelques 401右；quelconque 455左；quelque 455右；tel 523右
不定形容詞 tout 531左, 532右；(無冠詞の成句) 531右；(tout＋[名] / tous (les) ＋[名]) 533左；(配分詞的) 533右；(否定と) 533右
不定形容詞＋[名]と dans / en¹ 190右
不定形容詞（数詞 et quelque (s)） 456左
不定形容詞と譲歩節 456左

不定詞 [infinitif]　263左
　（関係節）　268左
　（間接疑問節）　268左
　（感嘆）　264右
　（疑問）　264右
　（形容詞の補語）　268右
　（主語）　265右
　（属詞）　266左
　（態）　264左
　（代名詞の補語）　268右
　（同格）　269左
　（動作主）　263右
　（動詞的機能）　264右
　（動詞の補語）　266右
　（比較の補語）　268左
　（名詞化）　264左
　（名詞的機能）　265右
　（命令）　265左
　（物語体）　265左
　〜と de　162左
　〜と否定 (ne pas)　370左
　〜による疑問文 (que², 不定詞)　445右
　〜の代理 (en²)　193左
　〜の動作主 (sans)　481右
不定詞節 [proposition infinitive]　434右
　(laisser)　280左；(mener)　304左
　〜と代名詞化 (laisser)　281左
不定代名詞 [pronom indéfini]　426左
　aucun　77左；autre　85左；certains　117左；chacun　118左；grand-chose　241右；l'un... l'autre　543左；n'importe qui　261左；nul　338右；pas un　372左；personne　384左；plusieurs　402左；quelque chose　457左；quelques-uns　458右；quelqu'un　457右；quiconque　466左；qui¹ que ce soit　464左；quoi que ce soit　468右；rien　476右；rien（肯定的意味）　476右；rien（否定的意味）　477左；rien（語順）　478右；tel　525左；tout　534左；tout（直・目としての語順）　534右；un de　543左
　〜か? on　344左
　〜的用法 (nous)　337左
　〜的用法の数量副詞 beaucoup　95右
　〜 chacun と所有形容詞　118右
　〜の一種 je ne sait qui²　485左
不特定の on　344右
不特定の on に対応する目的語・所有形容詞　346左

不特定の tel　524右
不平等比較（虚辞 ne)　315右
部分の de　158左；(de tout)　534左
部分冠詞　68左；(形+名の前)　68左
　〜の意味と用法　68右
　〜の情意的用法　69左
部分的集合名詞　325左
部分的 [完全] 同時 (quand¹, lorsque)　439左
不変化形容詞　bien　97右；chic　122左；debout　163左；soi-disant　502右
普遍的真理（単過）　377右
「プラットホーム」(quai)　438左
フランス語特有語法 [gallicisme]　230左
「ふりをする」(faire)　211左
文 [phrase]　388右
　〜の構造　388右
　〜の同格 (ce)　107右
憤慨（単未）　229左
文献学 [philologie]　388左
分詞節 [proposition participe]　434右
分詞法 [mode participe]　361左
文全体の修飾（副詞）　31左
文全体の否定と冠詞　57左
文体論 [stylistique]　505右
文頭　〜転位　177左
　〜音節の e　185左
　〜の témoin　526左
　〜補足節の叙法 (que⁴)　448右
文法的拘束 [servitude grammaticale]　489左
文法的性 [genre grammatical]　231右
　〜に従って意味の異なる名詞　237左
　〜の転換（名詞の性）　235左
文末転位　177右
文末を避ける (plus)　396左
文要素の取り出し (quant à)　442左；(pour)　411右
分離 (à)　7右
並置 [juxtaposition]　278右
並置総合 [formation parasynthétique]　357右
「弁護士」(avocat) の女性形　91右
母音 [voyelle]　561右
　〜化 (l)　279右
　〜の書き表わし方　562左
母音交替 [apophonie]　45右
母音字省略 [élision]　188左
母音接続 [hiatus]　245右
母音調和 [harmonisation vocalique]　244左

法 [mode]　307右
「ほうがいい」(faire bien de)　213左
「方角」(direction)　175右
包括的単数　332左
方向 (à)　2左；(de)　159右
補語 [complément]　132左
　〜代名詞の語順　431左
星じるし [astérisque]　71左
補足節 [proposition complétive] 134左, 436左, 447左
本来の代名動詞　551左

ま〜も

巻き舌のr [r roulé]　471左
「まだ」(pas encore)　196左
丸括弧 [parenthèse]　359左
未完了 (直・半)　257左
未完了動詞 [verbe imperfectif]　549右
「道」と前置詞 (chemin)　121右
未来完了 [futur accompli]　225右
　(複過)　374左
未来の予定の期日・期間　408左
未来・予定 (devoir)　172右
無音のe [e muet]　185左
無冠詞　58左
　〜補語名詞の単・複 (à, de+名)　334右
　〜名詞 (il y a)　252左
　〜名詞 (il y a 名 et 名)　203右
　〜名詞 (属詞)　204右
　〜名詞とen¹　190左
　〜名詞と代名詞　425右
無強勢形人称代名詞　426右
　〜 / à+強勢形人称代名詞　430右
無生物名詞の性　236右
名詞 [nom]　321右
　〜 (他の品詞の名詞的用法)　322左
　〜化された語の複数　394左
　〜化 (不定詞)　264左
　〜限定辞 (jusqu'à)　277右
　〜・代名詞の補語 (dont)　180右
　〜的機能 (関係節)　434右；(不定詞) 265右
　〜とnon　337左
　〜としてのtout　535左
　〜の形容詞化　322左
　〜の限定補語となる節 (que⁴)　448左
　〜の個体化 (冠詞)　52右
　〜の標識 (冠詞)　52右
名詞節 [proposition substantive, 〜 nominale]　436左
　〜の接続法 / 直説法　506左
名詞の数 [nombre des noms]　330右
　(総称単数と総称複数)　333右
　(単・複で意味の違うもの)　334右
　(抽象名詞)　331左
　(対をなす物)　331右
　(常に単数のもの)　334右
　(複数所有者と所有物の数)　332右
　(複数にしか用いられないもの)　334左
　(2つの部分から成る物)　331右
　(物質名詞)　330右
　(包括的単数)　332左
　(無冠詞補語名詞)　334右
　(唯一物名詞)　331左
名詞の性 [genre des noms]　231右
　(gens)　238左
　(男にふさわしい職業)　234右
　(国・都市など)　237右
　(合成名詞)　326右
　(語頭母音の影響)　232右
　(自然性との不一致)　234左
　(種属名)　235右
　(女性接尾辞)　232左
　(人物固有名(詞))　236右
　(性決定の要素と性の変化)　231右
　(性の転換)　235左
　(生物名詞)　232右
　(2つの性を持つ)　237左
　(無生物あるいは抽象的観念)　236右
　〜・数を示す (冠詞)　52右
名詞の複数形 [pluriel des noms]　393左
　(外来語)　394左
　(原語の複数形)　394右
　(合成名詞)　326右
　(古仏語複数形の名残り)　393右
　(固有名(詞))　329左
　(単・複の単一化)　393右
　(複数形別語)　394左
　(名詞化された語)　394左
名詞の補語　132左；323左；(en²)　192左；(quand¹)　441右
命令 (que⁴+接)　449左；(vouloir)　559左
　(前未)　226右；(単未)　228右；(不定詞)　265左
命令法 [mode impératif]　259左

(時制) 259左；(複合形) 259右；(用法) 259左
「目」と単・複 (œil, yeux) 343右
目的 (pour que) 411左；(pour 不定詞) 409右
目的語　〜省略 (他動詞) 553右
　　〜代名詞無強勢／強勢 (revenir) 475左
　　〜となるもの　134左
　　〜の語順　134右
目的節 [proposition finale]　223右
目的地 (pour)　408左
目的地に発つ (partir)　368左
文字 [lettres]　289左
物語体不定詞 [infinitif de narration]　265左

や〜よ

唯一物名詞　〜と不定冠詞　66右
　　〜と部分冠詞　69左
優等比較の否定 (davantage)　157左
遊離的形容詞 [adjectif détaché]　16左
「夢を見る」(rêver)　475右
様態 (à)　7左；(de) 158右；(par) 356左
　　〜・強度の感嘆副詞 comme[1]　129左
　　〜・程度の比較の接続詞 comme[1]　126右
様態の副詞 [adverbe de manière]　30左
用途 (à)　4左
「曜日」[jour de la semaine]　275左
予定・必要・義務 (à 不定詞)　8左
呼びかけ [apostrophe]　45右
　　(madame, mademoiselle) 295左；(monsieur) 311右
　　〜の定冠詞　62右
　　〜の無冠詞　60右
「夜」(nuit)　338右

ら〜わ

濫喩 [catachrèse]　101左
リエゾン [liaison]　289左
　　(fort)　225左
　　(必ずされる場合)　289右
　　(語末子音の音の変化)　289右
　　(注意)　290右
　　(鼻母音)　289右
　　〜しない場合　290左
リズムグループ [groupe rythmique]　187右
リズム要素 [élément rythmique]　187右
略号 [sigle]　499左
略語(法) [abréviation]　9右, 225左
理由・説明 (car)　100右
量の副詞 [adverbe de quantité]　30左
類音語 [paronyme]　361左
類義語 [synonyme]　519右
類語反復 [tautologie]　523右
類似・同一・比較 (tel)　523右
類推 [analogie]　44左
類推形 (se rappeler de)　472左
類推の t [t analogique]　529右
歴史的現在形 (直・現)　422右
列挙の無冠詞　60右
列挙名詞の要約 (tout)　534左
「列車」(train[1])　538左
連音 [liaison]　289左
連結語 (de)　160右；(de+形) 161左
　　〜として (que[4])　451右
連結[繋合]動詞　73左
　　〜 (avoir)　92左
　　〜 (mettre)　306左
　　〜的 voilà　556左
話題 (de)　159左

著者略歴
1909年生.
1934年東京大学仏文科卒.
フランス語学専攻.
主要著書「フランス文法覚え書」「フランス文法ノート」
「フランス文法メモ」
「朝倉フランス基本単語集」「朝倉初級フランス語」
「フランス語の基本構文」「白水社フランス語講座 (全2巻)」
「フランス文法論——探索とエッセー」
「フランス文法集成」
「スタンダード佛和辞典」「スタンダード和佛辞典」(共著)

校閲者　　獨協大学名誉教授

新フランス文法事典

2002年 8月10日 第 1 刷発行
2024年10月31日 第15刷発行

著　者 © 朝_{あさ}倉_{くら}季_{すえ}雄_お
校閲者　木_{きの}下_{した}光_{こう}一_{いち}
発行者　岩　堀　雅　己
装丁者　伊　勢　功　治
DTP組版　ワード・ワークス
印刷所　株式会社理想社

発行所　101-0052東京都千代田区神田小川町3の24
　　　　電話 03-3291-7811 (営業部), 7821 (編集部)　　株式会社　白水社
　　　　www.hakusuisha.co.jp
　　　　乱丁・落丁本は、送料小社負担にてお取り替えいたします。

振替 00190-5-33228　　Printed in Japan　　株式会社松岳社

ISBN978-4-560-00037-3

▷本書のスキャン、デジタル化等の無断複製は著作権法上での例外を除き
禁じられています。本書を代行業者等の第三者に依頼してスキャンや
デジタル化することはたとえ個人や家庭内での利用であっても著作権法上
認められていません。